हड़प्पा सभ्यता और वैदिक

हड़प्पा सभ्यता और वैदिक साहित्य

भगवान सिंह

राधाकृष्ण प्रकाशन

ISBN : 978-81-7119-301-1

हड़प्पा सभ्यता और वैदिक साहित्य

पहला संस्करण : 1987
सातवाँ संस्करण : 2016
पहली आवृत्ति : 2024
This book is printed on **Print on Demand** Technology : 2025

मूल्य : ₹1495

प्रकाशक
राधाकृष्ण प्रकाशन प्राइवेट लिमिटेड
जी-17, जगतपुरी, दिल्ली-110 051
शाखाएँ : अशोक राजपथ, साइंस कॉलेज के सामने, पटना-800 006
पहली मंजिल, दरबारी बिल्डिंग, महात्मा गांधी मार्ग, प्रयागराज-211 001
1, अनमोल सोराबजी संतुक लेन, धोबी तलाव, मरीन लाइंस, मुम्बई-400 002
वेबसाइट : www.radhakrishnaprakashan.com
ई-मेल : info@radhakrishnaprakashan.com

HADAPPA SABHYATA AUR VAIDIK SAHITYA
by Bhagwan Singh

डॉ. महादेव साहा को

चौथे संस्करण का आमुख

इस पुस्तक के प्रथम प्रकाशन के समय इसके साथ शब्दानुक्रमणी भी दी गई थी। बाद के संस्करण में इसमें अन्य जो भी बदलाव किए गए, पर शब्दानुक्रमणी के लिए समय नहीं निकाल सका। यह अभाव बाद के संस्करण में भी बना रहा। पुस्तक का आकार भी कुछ दूर तक इसमें बाधक रहा।

इस बार हमने पुस्तक को आदि से अन्त तक नए सिरे से संपादित करते हुए ऐसे प्रसंगों को, जो अब स्वीकृत से हो गए हैं, कुछ घटाया है। कतिपय अन्य स्थलों में कुछ अंशों को निकाला है। इस बात का पूरा ध्यान रखा गया है कि पुस्तक की पाठ्य सामग्री इससे प्रभावित न हो। पहले की दो सहायक ग्रन्थ सूचियों को एकसार कर दिया गया है तथा शब्दानुक्रमणी दी गई है।

–भगवान सिंह

प्रथम संस्करण का आमुख

एक प्रसिद्ध इतिहासकार ने इतिहास और गल्प के बीच फ़र्क़ करते हुए लिखा था कि इतिहास एक ऐसा गल्प है जिसमें नामों और तिथियों को छोड़कर सब कुछ ग़लत होता है और गल्प एक ऐसा इतिहास जिसमें नामों और तिथियों को छोड़कर सब कुछ सही। वैदिक कालीन इतिहास के विषय में तो नामों और तिथियों के सही होने का दावा भी नहीं किया जाता। इसके विषय में जितनी विचित्र और परस्पर अनमेल बातें अधिकारी विद्वानों द्वारा भी की जाती रही हैं, उनकी तुलना विश्व-इतिहास के किसी अन्य क्षेत्र और काल से नहीं की जा सकती। इसके बावजूद हमारे सांस्कृतिक दाय का सबसे जीवन्त और उर्वर स्रोत यही रहा है। इसके नैतिक, बौद्धिक, सामाजिक, आर्थिक, सांस्कृतिक आदर्श परवर्ती कालों पर कुछ इस तरह छाए रहे कि वेद को न मानने का अर्थ ही था नास्तिक। वेद ही ब्रह्म और वेद ही अन्तिम प्रमाण! इससे विरोध उत्पन्न होने पर अपने प्रत्यक्ष अनुभव और ज्ञान को भी नकारा जा सकता था, पर वेद-वाक्य को नहीं। वह अकाट्य था। आखिर वह उपलब्धि का कौन-सा शिखर-बिन्दु था जिस पर इस दौर में भारतीय समाज या, कम-से-कम, इसका स्वामी वर्ग पहुँचा था कि अपने पराभव के दिनों में भी वह इसी के सुखद स्वप्न देखता जीवित रहा और इसे पुनः हासिल करने के मंसूबे बाँधता रहा? यदि संक्षेप में कहें तो, यही वह जिज्ञासा थी जो लेखक को सृजनात्मक साहित्य से अलग ले जाकर इतिहास के भयावह परधर्म में विगत पन्द्रह वर्षों से निरन्तर भटकाती रही और इसका जो उत्तर मिला वही इस पुस्तक के रूप में सुधी विद्वानों के सामने है।

जब इस विषय पर जब काम करना आरम्भ किया था तब अकादमिक पर्यावरण आज से कुछ भिन्न था। हड़प्पा सभ्यता वस्तुतः वैदिक सभ्यता ही थी, इस बात का दावा करने की बात तो दूर, हड़प्पा सभ्यता के साथ इसकी समवर्तिता और निकट सम्बन्ध की बात भी इसके प्रस्तावक की अकादमिक निष्ठा और निष्पक्षता को संदिग्ध बनाने के लिए पर्याप्त थी और इसका साहस या दुस्साहस बहुत कम लोग ही कर पाते थे और वे इसका मूल्य भी चुकाने को बाध्य होते थे। आज अनेक कोनों से और अनेक कारणों से, जिनमें से एक है भारत में आर्यों के प्रवेश का एक भी प्रमाण जुटा पाने में

पुरातत्त्व की विफलता और वैदिक सभ्यता के केन्द्र सरस्वती-क्षेत्र से हड़प्पा और पूर्व-हड़प्पाकालीन स्थलों की प्राप्ति, यह आवाज़ आने लगी है कि हड़प्पा सभ्यता वस्तुतः वैदिक सभ्यता ही थी। पर इसके बावजूद अपेक्षाकृत अधिक सावधानी बरतनेवाले अध्येता अभी कुछ और रुकने और नए साक्ष्यों के सामने आने की प्रतीक्षा के पक्ष में हैं।

वास्तविकता यह है कि हड़प्पा सभ्यता के पूरे प्रसार में भौतिक साक्ष्य भरे पड़े हैं। इनकी कमी का प्रश्न नहीं उठता। असली कठिनाई साहित्यिक साक्ष्यों को भौतिक साक्ष्यों से जोड़ने की है और इसके लिए मूल वैदिक कृतियों का पुनरावलोकन पुरातत्त्व से कम महत्त्वपूर्ण नहीं है। यदि लेखक के प्रयास की कुछ सार्थकता है तो इसी दृष्टि से।

यह शुद्ध शास्त्रीय तकाज़ों से लिखा गया शोध-प्रबन्ध नहीं है। शास्त्रीयता के प्रति विशेष आग्रहशील इतिहासकारों को यदि इसकी कुछ बातें खटकती हैं तो इसके लिए हम उनसे क्षमाप्रार्थी हैं, पर हमारा लक्ष्य इसे केवल 'मूर्धन्य' विद्वानों के समक्ष पेश करना नहीं, अपितु इतिहास, संस्कृति और जातीय परम्परा में रुचि लेनेवाले सामान्य पाठकों तक पहुँचने का और तथ्यान्वेषण की इस यात्रा में उन्हें अपना सहयात्री बनाने का भी रहा है और इस दृष्टि से आलेख को यथासम्भव कम बोझिल किन्तु सर्वथा प्रामाणिक और तर्कसंगत बनाने का प्रयत्न किया गया है। वैदिक कृतियों के उद्धरणों को सन्धि-विच्छेद करके दिया गया है ताकि संस्कृत का साधारण ज्ञान रखनेवाले अध्येता भी इनका जायज़ा ले सकें। इतिहास का अध्ययन मात्र 'विशेषज्ञों' या पेशेवर इतिहासकारों तक सीमित तथ्यों और आँकड़ों की दहशतनाक भीड़ बनकर न रह जाए, अपितु हमारी अन्तर्दृष्टि को भी प्रखर करे, यह रहा है हमारा दृष्टिकोण और इसीलिए साक्ष्यों को प्रस्तुत करते समय इनके प्रति पूर्ववर्ती विद्वानों द्वारा अपनाए गए रुख के कारण और औचित्य पर विचार, अपने द्वारा किए गए अर्थ का तार्किक व भाषिक आधार, इनकी विस्तार से परीक्षा, नए तथ्यों और साक्ष्यों की ओर ध्यानाकर्षण तथा आवश्यकतानुसार सैद्धान्तिक पक्ष का विवेचन इसमें जगह-जगह देखने में आएगा, जो अपने ज्ञान और ग्रहणशीलता के अनुसार किन्हीं पाठकों को सर्वथा वांछनीय, कुछ को किंचित् विषयान्तर और कुछ को उबाऊ भी लग सकता है। एक का अमृत दूसरे का ज़हर। दायरा बड़ा रखने पर यह संकट तो स्वाभाविक है ही।

—भगवान सिंह

अनुक्रम

भाग-2

परिशिष्ट

भाग-1

अध्याय एक

समस्या का स्वरूप

एक छात्र के रूप में जब हम इतिहास की पाठ्यपुस्तकें पढ़ते हैं तब हमारे सामने ऐसी उक्तियों की एक लड़ी पेश कर दी जाती है जिसे हम, कमोबेश उदासीनता के साथ, सत्य मान लेते हैं। हम दर्जनों भिन्न-भिन्न स्रोतों से आँकड़े लेकर, उन्हें जोड़-मिलाकर, तैयार की गई उस कुशल पैबन्दबाजी को नहीं देख पाते जिससे घटनाओं का यह सुथरा चित्र तैयार किया गया है। और हमारे भीतर उस मानसिक प्रक्रिया की पड़ताल करने की ललक भी नहीं होती, जिसके द्वारा इन पैबन्दों को एक-दूसरे में गूँथा और जोड़ा जाता है (422/12-13)।

यद्यपि प्रत्येक जन-समाज में अपने अतीत को समझने-जानने की एक स्वाभाविक ललक होती है, और अपनी समझ से महत्त्वपूर्ण तथ्यों और घटनाओं को वह आकलित भी करता है, पर अतीत का प्रत्येक आकलन इतिहास नहीं होता। भारत की जातीय स्मृति में अतीत का एक विराट चित्र रहा है, जिसका आखिरी छोर उस धुर दिगन्त तक पहुँचता है, जहाँ धरती और आकाश एक में मिले दिखाई देते हैं; मनुष्यकृत और दैवकृत में फ़र्क़ मिट जाता है और इसके बावजूद यह भ्रम बना रहता है कि शायद इसकी शृंखला इससे भी पीछे जाती है। पर जिसे हम सही अर्थ में इतिहास कहते हैं, सामाजिक तथ्यों का देशकाल सापेक्ष और क्रमबद्ध विवरण कहते हैं, वह पाश्चात्य सम्पर्क की देन है। इस दृष्टि से भारत का इतिहास लिखने का पहला प्रयत्न भी पाश्चात्य विद्वानों द्वारा ही किया गया। भारत पर अधिकार करने के साथ ही विजित क्षेत्र के प्रशासन का प्रश्न आरम्भ हुआ और सफल प्रशासन के लिए भारतीय मानस को–इसकी भाषाओं, धर्मों, विश्वासों, रीतियों, सामाजिक मूल्यों और मान्यताओं को–समझने की अपरिहार्यता पैदा हुई और इसी क्रम में अठारहवीं शताब्दी के उत्तरार्ध में इन विभिन्न क्षेत्रों में योजनाबद्ध रूप में अध्ययन आरम्भ हुए। पर ऐसे अध्ययन अंग्रेज़ प्रशासकों से पहले विभिन्न मिशनरियों द्वारा धर्म प्रचार के उद्देश्य से आरम्भ किए जा चुके थे (60/42-60)। इन फुटकल अध्ययनों को भारतीय जनमानस और जातीय अतीत की टोह का प्रयत्न तो कहा जा सकता है, पर इतिहास नहीं। भारत का इतिहास लिखने का पहला काम एक ऐसे व्यक्ति ने किया जो न तो भारत की किसी भाषा से परिचित था, न ही जिसने भारत को अपनी आँखों देखा था, न ही भारत को समझना चाहता था। यह था उपयोगितावादी विचारक स्टुअर्ट मिल का पिता जेम्स मिल जिसकी पुस्तक 'हिस्ट्री ऑफ़ ब्रिटिश इंडिया' (600/4; तु. 343/236) उसके

दस वर्षों के अध्ययन का परिणाम तो थी, पर कुछ रुग्ण पूर्वाग्रहों के साथ और केवल गौण साक्ष्यों के आधार पर लिखी गई थी।

1. भारतीय इतिहास लेखन की पृष्ठभूमि और विचार दृष्टियाँ

भारत पर लिखित इतिहासों पर दृष्टिपात करने पर एक बात जो उभरकर सामने आती है वह यह है कि अब तक लिखे गए इतिहास राजनीतिक तक़ाज़ों से लिखे गए हैं, जिन्हें वस्तुपरक इतिहास नहीं कहा जा सकता। भारतीय इतिहास-लेखन के इतिहास को हम मोटे तौर पर चार कालों में बाँट सकते हैं और इन चार कालों में इतिहास-लेखन के प्रेरक आग्रहों को सामने रखते हुए ही उन जटिलताओं को समझ सकते हैं, जिनके कारण भारतीय अतीत को दो विपरीत रूपों में चित्रित किया जाता रहा :

(1) **सन् 1817 तक का काल :** इसे सही अर्थ में ईसाई प्रचारकों और ब्रितानी प्रशासकों के भारतीय भाषाओं और विशेषतः संस्कृत से परिचय प्राप्त करने का काल कह सकते हैं। इसकी मुखर अभिव्यक्ति विलियम जोन्स के 'एशियाटिक सोसायटी ऑफ़ बंगाल' के तीसरे अधिवेशन के अवसर पर दिए गए भाषण में हुई थी। इसमें उन्होंने घोषणा की थी कि यूरोप की भाषाओं का संस्कृत से गहरा सम्बन्ध है। सच कहें तो तुलनात्मक भाषा-विज्ञान का जन्म भी इसी के साथ हुआ था। इस काल के महत्त्वपूर्ण राजनीतिक तथ्यों में से एक तथ्य यह था कि ब्रितानी उपनिवेशवादियों के बढ़ते हुए प्रसार के बावजूद फ्रांसीसी भारत में एक प्रबल प्रतिस्पर्धी के रूप में बने हुए थे। भारत का एक बड़ा हिस्सा अभी तक ब्रितानी आधिपत्य में नहीं आया था। इस दौर में प्रशासन से अधिक महत्त्वपूर्ण थीं कम्पनी की व्यापारिक गतिविधियाँ, जिनमें जनसम्पर्क की अधिक आवश्यकता बनी रहती है और सम्बन्धित पक्षों को एक-दूसरे को समझने का अधिक अवसर मिलता है। इसके अतिरिक्त यह भी एक सच्चाई है कि अठारहवीं शताब्दी के विवेकवाद और श्रेण्यवाद (क्लासिसिज्म) ने विश्ववादिता को जन्म दिया था, जिससे इस काल के अंग्रेज़ अधिक प्रभावित थे और दूसरी संस्कृतियों को समझने की दृष्टि से विक्टोरिया-कालीन ब्रिटेन की तुलना में अधिक अच्छी स्थिति में थे (343/5)। अतः हेस्टिंग्स की दृष्टि में "भारतीय प्रशासन को सुदृढ़ आधार पर रखने के लिए भारतीय संस्कृति को समझना" (व/13) ज़रूरी था। "भारत पर प्रभावशाली ढंग से शासन करने के लिए भारत को प्यार करना ज़रूरी था, भारत को प्यार करने के लिए लोगों के साथ सम्पर्क क़ायम करना ज़रूरी था और सम्पर्क के लिए उनकी भाषा को सीखना ज़रूरी था" (व 21)।

भारतीय भाषाओं और विशेषतः संस्कृत से परिचय, संस्कृत में रचित साहित्य से परिचय, अध्येताओं की भारत-विषयक धारणा को बदलने में सहायक तो हुआ ही, इस क्रम में एक ऐसी प्राचीन संस्कृति का पता चला जिसका प्रभाव भारत से लेकर यूरोप के अन्तिम छोर तक था। वेदान्त और इसके दृष्टान्त में लिखी गई कृतियों को पढ़ते समय यह विश्वास किए बिना रहा नहीं जा सकता था कि "पाइथागोरस और प्लेटो ने अपने उत्कृष्ट सिद्धान्त उसी स्रोत से लिये होंगे जिससे भारतीय ऋषियों ने लिये थे" (312/425)। भारतीय अतीत

का एक ऐसा अध्याय सामने आ रहा था जो चिर काल से पिछड़े भारत के विषय में शासकों की धारणा को बदल रहा था, "हिन्दू आज जितने भी पतित और अधम क्यों न दिखाई देते हों, प्राचीन काल में कभी वे कलाओं में और शौर्य में विलक्षण, प्रशासन में सुयोग्य, विधि-निर्माण में बुद्धिमान और ज्ञान के विभिन्न क्षेत्रों में प्रवीण थे" (व)। इस बात के प्रमाण मिल रहे थे कि पश्चिम "कलाओं और विज्ञानों में एशिया की सभ्यताओं के योगदान के लिए उनका आभारी है" (व/39) और "सभ्यता का जन्म एशिया में हुआ था" (व)। इन अध्येताओं को भारतीय समाज अपने प्राचीन वैदिक आदर्शों से भटका हुआ लग रहा था, कारण, वैदिक काल में न तो मूर्तिपूजा थी, न ही बहुदेववाद (व/196), पुराणों पर आधारित रीतियों ने और, इनसे भी बुरे, तान्त्रिक स्रोतों से लिये गए, अनुष्ठानों ने वेदों का स्थान ले लिया था (व)। वैदिक काल में विधवाओं की भी स्थिति इतनी बुरी नहीं थी और सती प्रथा तो थी ही नहीं (व/40)।

इस तरह भारतीय समाज की तत्कालीन विकृतियों को एक बौद्धिक चर्चा के द्वारा सुधारने, स्वस्थ और रक्षणीय पहलुओं को पुनरुज्जीवित करने का भी एक प्रयत्न इन प्राच्यविदों द्वारा आरम्भ किया गया था। यदि इस दौर के प्रशासकों के इतने ही जघन्य लोभ को छोड़ दिया जाए जिसके कारण, अन्य बातों के अलावा, बंगाल का महादुर्भिक्ष पड़ा था और जिसमें कथित रूप में तीन लाख लोगों की जान गई थी (व/14-16), तो इनका सब कुछ उज्ज्वल ही दिखाई देगा।

पर कम्पनी के साम्राज्य के समानान्तर ही ईसाई चर्च भी अपना साम्राज्य स्थापित करने के लिए लालायित था। इसके सामने सबसे बड़ी बाधा कम्पनी प्रशासन स्वयं था जो इन प्रचारकों की गतिविधियों को भारत में अशुभ मानता था, (व/137) अतः इसने धर्म-प्रचारकों पर अंकुश लगा रखा था। इन प्रचारकों की दृष्टि में भारत का उद्धार हिन्दू धर्म को निर्मूल करके ही सम्भव था। कारण, भारतीय सभ्यता बर्बर थी। इसका धर्म गर्हित था, अतः "ऐसी संस्कृति को सहन करना भी ईसाई भावना का घोर उल्लंघन था" (व/134-35)। इस तरह भारत में काम कर रहे और भारत से परिचित होने का दावा करनेवाले इन दो पक्षों में एक तनाव पैदा हो गया था, जिनमें से एक के अनुसार 'इन मूढ़ और जड़ धर्मान्ध अंग्रेज़ मिशनरियों–इग्नोरेंट एंड बाइगाटेड से सेक्टेरियन इंग्लिश मिशनरीज़–को वापस बुला लेना ही एक मात्र उपाय था' (व) और दूसरे की दृष्टि में प्रशासन में बैठ ये अंग्रेज़ प्राच्यविद् अंग्रेज़ युवकों का भारतीयकरण करने पर उतारू थे, जबकि अंग्रेज़ी हितों की रक्षा तभी सम्भव थी जब प्रशासक ईसाई विश्वासों में सरोबार हों (व)।

संक्षेप में कहें तो भारत के साथ सांस्कृतिक सामंजस्य का जो दौर प्राच्यविदों द्वारा आरम्भ किया गया था, वह विवाद का बिन्दु बन गया था। अतः वेलेज़ली की वापसी, या कहें बेंटिंग के आगमन के साथ प्रशासन के अंग्रेज़ीकरण का कारण यह भी था। स्वयं जेम्स मिल ने अपने दस वर्षों के अध्ययन में जो जानकारी भारत के विषय में जुटाई थी उसका बहुत बड़ा अंश इन मिशनरियों द्वारा भेजी गई रपटों पर आधारित था। वेलूर हत्याकांड के बाद, जिसके अपराधी मिशनरी थे, मिशनरियों के भारत में बने रहने के प्रश्न पर लम्बी बहस छिड़ी थी और ब्रिटिश पार्लियामेंट के बाहर-भीतर तूफ़ान मच गया था। वेलूर

हत्याकांड के समय मद्रास में नियुक्त बेंटिंग को अपने कर्तव्य में असावधान पाया गया था। इस बहस के साथ ही मिल का भारत का इतिहास लिखने की तैयारी में लग जाना और उनके इतिहास में भारत के विषय में उन्हीं के विचारों की पुष्टि जिन्हें ईसाई प्रचारकों का विचार कहा जा सकता है, इस विषय में कोई सन्देह नहीं रहने देता कि मिल का इतिहास धार्मिक और सांस्कृतिक जुगुप्सा से लिखा गया था।

(2) **प्रतिक्रिया का दौर :** मिल ने न केवल भारतीय प्राच्यविदों पर प्रहार किया था, अपितु वाल्तेयर ने भी, जो चीनी सभ्यता के प्रशंसक थे, 'प्राच्य निरंकुशतावाद के प्रति मूर्खतापूर्ण भावुक आसक्ति' पाई थी (व/240)। मिल की नज़र में भारतीय और चीनी दोनों अनेक मामलों में समान थे, "समान राष्ट्रों में एक जैसी कुटिलता पाई जाती है। दोनों इतने पाखंडी, धोखेबाज़ और मिथ्यावादी हैं जितना कोई असभ्य-से-असभ्य समाज नहीं होगा। दोनों में अपनी हर बात को अतिशय बढ़ा-चढ़ाकर पेश करने की आदत है। दोनों कायर और भावशून्य हैं। दोनों बेहद घमंडी हैं, दूसरों के प्रति दम्भपूर्ण घृणा से ओतप्रोत हैं, पर अपने व्यक्तिगत जीवन में और घरों के मामले में दोनों नितान्त जुगुप्सु हैं" (व/237)। प्रश्न यह नहीं है कि मिल के ये विचार सही थे या ग़लत, रोचक बात यह है कि उन्होंने भारत या चीन किसी को देखा नहीं था। यह धारणा मिशनरियों की रपटों के आधार पर बनाई गई थी। इसी पर आधारित था भारतीय इतिहास का मूल्यांकन जो अपने प्राचीनतम काल से 'जड़ और परिवर्तनहीन' बना हुआ है और इसके पीछे निरंकुश राजाओं और ब्राह्मणों का दुहरा स्वेच्छाचार था (व/240)। मिल ने अपने इतिहास का काल-विभाजन भी धर्मों के आधार पर किया था। इसके बाद में पाश्चात्य विचारकों और दार्शनिकों के मन में भारत की जो छवि तैयार हुई, वह मुख्यतः इसी पुस्तक पर आधारित थी। मिल का सबसे कठोर प्रतिवाद स्वयं अंग्रेज़ प्राच्यविदों ने किया था, जिनमें विल्सन, स्टीवर्ट और मैकनाटन आदि के नाम प्रमुख हैं। पर अब सांस्कृतिक सामंजस्य की दिशा में प्रयत्नशील प्राच्यविदों का ज़माना लद चुका था।

आगे के पाश्चात्य इतिहासकारों के लिए मिल का इतिहास एक मॉडल का काम करता रहा है। अब वही अतीत बर्बर या अर्धबर्बर से भिन्न कुछ नहीं रह गया था। आगे के वैदिक अध्येता भी इससे अप्रभावित नहीं थे। इसकी अच्छी मिसाल मैक्समूलर हैं, जिनके संस्कृत साहित्य के इतिहास का शीर्षक ही था–*'ए हिस्ट्री ऑफ़ संस्कृत लिटरेचर सो फ़ॉर इलस्ट्रेट्स दि प्रिमिटिव रिलिजन ऑफ़ दि ब्राह्मणाज़'*। मोटे तौर पर पाश्चात्य विद्वानों का आज तक यही रुख रहा है।

(3) **पुनरुत्थानवादी मूल्यांकन :** मिल के विवेचन ने जिस बात को रेखांकित किया था उनमें से एक तथ्य यह था कि भारतीय जातिगत रूप से एक लम्बे अरसे से जड़ता की स्थिति में रहने के कारण सभी प्रकार की योग्यताओं से शून्य हो चुके हैं, और इनमें अपना शासन करने तक की योग्यता का अभाव है, जो क्रमिक शिक्षा और पश्चिमीकरण के द्वारा ही आ सकती है। अतः स्वतन्त्रता की माँग तेज़ होने के साथ भारतीय इतिहासकारों की कुछ पीढ़ियों ने इस दौर में पुनः प्राचीन भारत का नया मूल्यांकन करने का और मिल की मान्यताओं का, जो पाश्चात्य मान्यता का रूप ले चुकी थीं, खंडन करने का प्रयत्न किया।

इन्होंने प्राचीन भारतीय संस्थाओं, समृद्धियों, उपलब्धियों को सामने रखते हुए उस काम को आगे बढ़ाया जिसे पहली पीढ़ी के अंग्रेज़ प्राच्यविदों ने आरम्भ किया था। इनमें भंडारकर, रायचौधरी, जायसवाल, मजूमदार, ओझा, कुमारस्वामी, काणे आदि के नाम लिये जा सकते हैं। इनके अनुसार प्राचीन भारत में उन सभी संस्थाओं का अस्तित्व था जिन पर किसी सभ्यता को गर्व हो सकता है और जिन पर स्वयं पश्चिमी जगत को गर्व है। भारतीय अतीत के इस 'गौरवशाली चित्र' की स्वतन्त्रता-संग्राम के दौरान एक महत्त्वपूर्ण भूमिका थी और इसने भारतीय मनोबल को ऊपर उठाने में भी बहुत काम किया।

(4) **पुनर्मूल्यांकन :** स्वतन्त्रता-प्राप्ति के बाद मार्क्सवादी इतिहासकारों ने अतीत के मूल्यांकन का काम सँभाला। इसका आरम्भ कोसंबी से होता है। गौरवशाली अतीत का चित्र उभारनेवाले इतिहासों से एक तरह का ख़तरा भी था। इनसे हमारा विवेक कुंठित होता है और अतीतोन्मुखता आती है। यदि अतीत गौरवशाली है तो उसकी वापसी करते हुए हम अपना भाग्य-परिवर्तन क्यों न करें? दूसरे, अतीत का, मिल जैसे इतिहासकारों द्वारा दिया गया, जड़ और गर्हित चित्र हो या अचल गौरवमयता का स्थिर चित्र, इससे ऐतिहासिक विकासक्रम को नहीं समझा जा सकता। इसके अतिरिक्त इनके द्वारा 'हिन्दू काल' पर बल से भारत के बहुजातीय और संस्कृति-बहुल समाज में प्रतिक्रियावाद को बढ़ावा मिल सकता था; अंग्रेज़ी काल से चली आ रही 'फूट-डालो-लड़ाओ और राज करो' की प्रवृत्ति बढ़ा सकती थी, जो और भी ख़तरनाक थी। इन विविध तथ्यों को ध्यान में रखकर ही सम्भवतः कोसंबी ने एक नए प्रकार के इतिहास-लेखन का प्रस्ताव रखा था जिसमें, अन्य बातों के साथ ही, ऐतिहासिक कालों को उत्पादन के साधनों और सम्बन्धों के अनुसार विभाजित करने की आवश्यकता पर बल दिया गया था। (345) अतीतोन्मुख इतिहासकारों से उनकी शिकायत थी कि "वे एक बिलकुल नए क़िस्म का इतिहास शुरू करने की कोशिश करते हैं, पर मात्र विदेशी मध्यवर्गीय पूर्वाग्रहों के स्थान पर देसी पूर्वाग्रहों को रखने में ही सफल हो पाते हैं" (348/197)। कोसंबी एक प्रतिबद्ध इतिहासकार थे और उनके अनुसार, "इसमें सन्देह नहीं कि इतिहास को बदलने का काम इतिहास लिखने के काम से ठीक उसी तरह अधिक महत्त्वपूर्ण है जैसे मौसम के बारे में निरी बातें करने की अपेक्षा इसके बारे में कुछ करना (351/199)। मोटेतौर पर कहें तो कोसंबी ने पहली बार एक ऐसी नई ऐतिहासिक व्याख्या की नींव रखी, जिसे मार्क्सवादी इतिहास-लेखन कहा जा सकता है और इसने आगे के मार्क्सवादी इतिहासकारों को बहुत अधिक प्रभावित किया। इन लेखकों की सारी शक्तियाँ और सीमाएँ मोटेतौर पर कोसंबी में देखी जा सकती हैं।

इन इतिहासकारों का लेखन भी अतीतवादी इतिहासकारों की तरह एक ऐतिहासिक आवश्यकता की देन था—इतिहास की इस प्रकार की व्याख्या जिससे सामाजिक बदलाव लाया जा सके। यह उन भारतीय इतिहासकारों के प्रति एक प्रतिक्रिया थी जो गौरवमय अतीत का स्फीत और इकहरा चित्र पेश कर रहे थे।

पर इनकी अपनी कुछ सीमाएँ थीं। यह लेखन भी इतिहास का इकहरा चित्र पेश कर रहा था। जब हम वर्तमान के तकाज़े से इतिहास को एक विशेष रूप में चित्रित करना चाहते हैं तो चाहे उसे गौरवशाली दिखाकर अपनी आवश्यकता की पूर्ति करें या गतिशील

दिखाकर, हम इतिहास के वैज्ञानिक अध्ययन को छोड़कर एक मिथकवादी इतिहास की सृष्टि ही कर सकते हैं। मिथकवादी इतिहास हमारी चेतना के विकास में सहायक नहीं हो सकता और इसका दूरगामी प्रभाव अनिष्टकर ही होता है। मार्क्सवाद का लक्ष्य है इतिहास से विवेक अर्जित करना और वर्तमान को बदलना, न कि वर्तमान की ज़रूरत से इतिहास को बदलना। इस तरह सामाजिक बदलाव की चिन्ता में जिस तरह का इतिहास लिखने की शुरुआत हुई वह स्वयं भी मार्क्सवादी इतिहास न होकर, भाववादी रुग्णता से ग्रस्त था। इसमें भाववाद की वे सारी सीमाएँ मौजूद थीं जिनसे किसी मार्क्सवादी इतिहासकार को शिकायत होनी चाहिए। मिसाल के लिए, इसमें एकल शब्दों की मनचाही व्याख्या करके आत्मगत निष्कर्षों को इतिहास पर आरोपित करने के प्रयत्न मुखर थे। कोसंबी को पुनरुत्थानवादी भारतीय इतिहासकारों से शिकायत थी कि वे काल-क्रम का ध्यान न रखकर और आंचलिक परम्पराओं की समवर्तिता की परवाह न करके, एक घोटाला-सा पैदा कर रहे थे (345/259), पर परवर्ती काल में विकसित वर्ण-जाति व्यवस्था को पीछे ले जाकर इसे भारत पर आर्यों के कल्पित आक्रमण से जोड़कर, एक क्षत्रियप्रधान आर्य आक्रमण की तसवीर उभारते हुए कोसंबी स्वयं भी यही कर रहे थे। उनको और अन्य मार्क्सवादी इतिहासकारों को इस बात के लिए भी दोष दिया जा सकता है कि वे अपने अनजाने ही उस साम्राज्यवादी ऐतिहासिक व्याख्या के भी शिकार हो रहे थे जिसमें प्रत्येक संघर्ष में एक विदेशी आक्रमणकारी होता है और दूसरा स्थानीय। उनकी क्षत्रिय-ब्राह्मण संघर्ष की व्याख्या भी नई नहीं थी और इतिहास का उपयोग फूट डालने के लिए करने के शासकीय षड्यन्त्र का ज़हर लिये हुई थी (344/35)। वे हड़प्पा सभ्यता को आर्येतर सिद्ध करने के लिए मामूली ब्योरों को तूल देकर इकहरे चित्र पेश कर रहे थे, मानो एक ही समाज में अनेक मान्यताएँ और विचार एक साथ काम नहीं करते होते और इनका ऐतिहासिक विकास नहीं होता। सबसे बड़ी बात यह कि आर्य सभ्यता को आक्रामक जनों की और, इस तरह, सिन्धु सभ्यता से भिन्न मानकर, आदिम समाज से लेकर विकसित सभ्यता के इतिहास को उन्हीं आर्य जनों की कृतियों के आधार पर प्रस्तुत करते हुए वे भारत का इतिहास न लिखकर आक्रामक आर्यों का इतिहास लिख रहे थे और एक ख़ास अर्थ में आर्यसमाजियों से भी अधिक आर्यसमाजी सिद्ध हो रहे थे। यदि आर्य आक्रामक के रूप में, या किसी भी अन्य रूप में, बाहर से आए थे और उनके आने से पहले भारत में एक विकसित सभ्यता थी, तो इतिहास लेखक के रूप में उनसे यह अपेक्षा थी कि वे उस विकसित सभ्यता की पृष्ठभूमि की छानबीन करते हुए इसके सामाजिक और आर्थिक तन्त्र के विकास को स्पष्ट करते और इसके लिए जो भी समय उनकी समझ में अपेक्षित हो सकता था, उसकी छूट देते हुए इसका विवेचन करते। ऐसी स्थिति में विकास के एक निश्चित चरण पर आर्य जनों का आगमन और उसमें पटपरिवर्तनकारी के रूप में उनकी भूमिका का चित्रण कुछ सार्थकता रखता। पर ऐसा न करके, आर्य आव्रजन या आक्रमण के मिथक को स्वीकार करके, ऋग्वैदिक समाज को ही बर्बर बनाकर, बर्बरता से सभ्यता के विकास की तलाश करते हुए इससे पीछे के इतिहास को बट्टेखाते में डालते हुए, इतिहास सवार होने का जो चुनाव किया गया, उसमें इतिहास का भी सत्यानाश हुआ और इतिहास- बोध का भी ह्रास हुआ।

2. वैज्ञानिक ऐतिहासिक दृष्टि

जैसा कि ऊपर के विवेचन से स्पष्ट है, प्रश्न तथ्यों की अपर्याप्तता से उत्पन्न उलझन का नहीं, अपितु दृष्टिदोष से उत्पन्न हुई उलझन का है। वैदिक काल इस बात की एक अच्छी मिसाल है कि मामूली दृष्टिभेद से आधार-सामग्री वही होते हुए भी इससे कितने भिन्न-भिन्न आशय निकाले जा सकते हैं। इतिहास का अध्ययन यदि किसी सीमित उद्‌देश्य से प्रेरित होकर किया जाएगा और उस उद्‌देश्य के अनुसार तथ्यों को ही विकृत किया जाएगा तो इससे हमारा उद्‌देश्य सिद्ध हो या नहीं, इतिहास की समझ अवश्य विकृत होगी। इतिहास को विकृत और विषाक्त बनाकर हम गुज़रे हुए कालों का न तो कुछ भला कर सकते हैं, न बुरा। वे जो कुछ थे, थे; अब वे हमारी पहुँच से बाहर हैं। पर ऐसा करके हम अपने वर्तमान को अवश्य विकृत और विषाक्त बना सकते हैं। किसी भी राष्ट्र का अहित चाहनेवालों ने, या शेष समाज को अपने उपकरण के रूप में काम में लाने के लिए उत्सुक वर्गों ने, हर बार यही किया है। किसी भी अन्य इतिहासकार की तुलना में मार्क्सवादी इतिहासकार का सबसे बड़ा दायित्व है कि वह मिथ्या आग्रहों से इतिहास को विकृत न होने दे। यह तभी सम्भव है जब हम इतिहास के नियमों को समझें और उनकी कसौटी पर तथ्यों को कसते हुए आगे बढ़ें।

बुद्ध ने किसी भी वैज्ञानिक समझ के लिए एक मानदंड प्रतिपादित किया था जो इतिहास पर भी लागू होता है, "इमस्मिं सति इदं होति; इमस्स उप्पादा इदं उपज्जति। इमस्मिं असति इदं न होति; इमस्स निरोधा इदं निरुज्झति।" दूसरे शब्दों में कहें तो, कार्य-कारण के बीच गहरा सम्बन्ध है। कोई भी परिघटना किन्हीं विशेष कारणों और कारकों की अनिवार्य देन होती है। "यदि ऐसा है तभी ऐसा होगा, यदि यह पैदा हुआ तो यह अवश्य पैदा होगा। यदि ऐसा नहीं है तो ऐसा नहीं हो सकता। यदि इसे रोक दिया जाए तो यह भी रुक जाएगा।"

भूल वहाँ की जाती है जहाँ यह मान लिया जाता है कि यदि समय बीतता है तो परिवर्तन अवश्य होता है और यह विकास के रूप में ही होता है। प्रत्येक परिवर्तन विकास ही नहीं होता और प्रत्येक विकास अपनी जड़ों में ही नहीं होता। सामाजिक विकास की प्रक्रिया के तीन घटक माने जा सकते हैं : भौतिक दबाव, आर्थिक आधार और तकनीकी ज्ञान। इनमें से किसी के अभाव में सभ्यता का विकास नहीं हो सकता, इनमें से किसी के लुप्त होने पर उन्नत सभ्यता में गिरावट या बिखराव आ सकता है।

विगत कालों में हम जिन सभ्यताओं को उन्नत पाते हैं, उनके मूल में उनकी आर्थिक समृद्धि पर ही हमारा ध्यान जाता है। यह समृद्धि पूरे समाज की न होकर उसके एक ख़ास वर्ग की होती है और यह शेष जनों के उत्पादों को उस वर्ग द्वारा हथियाने के किसी तन्त्र के विकास पर निर्भर करती है। सामाजिक उत्पाद के इस अपहरण से जमा धन से ही उत्कृष्टतर उपभोक्ता वस्तुओं, अधिक शानदार आवासों, अधिक सुख और ऐश्वर्य की आकांक्षाएँ और अधिक परिष्कृत कलावस्तुओं की माँग आरम्भ होती है। इसके स्तर को बनाए रखने या ऊपर उठाने के लिए, उत्पादों के अपहरण को बनाए रखने के लिए, अपने धन-जन की सुरक्षा के लिए एक पूरा प्रशासनिक तन्त्र विकसित होता है, नगर बनते हैं, कलाकारों और चिन्तकों को प्रोत्साहन मिलता है, समाज के विभिन्न वर्गों, एक ही वर्ग के

विभिन्न वय, ज्येष्ठता और कनिष्ठता तथा लिंग के आपसी आचारों के लिए सामाजिक मानदंड बनते हैं, आचार-संहिताएँ बनती हैं, प्रोत्साहन, अपेक्षा और दबाव के द्वारा इनको क्रियान्वित किया जाता है और इस तरह उस विशेष चीज़ का जन्म होता है जिसे 'नियम और शिष्टाचार' कहा जाता है। उस चीज़ का जन्म होता है जिसे 'नैतिक चेतना और विवेक' कहते हैं। अपनी सुरक्षा और उन्नत जीवन-स्तर के लिए बसाए गए इन शहरों में विभिन्न कलाकारों, प्रविधिज्ञों, विचारकों और कवियों को अपने अनुभव, ज्ञान, कौशल और मौलिकता को प्रकट करने और इनका आदान-प्रदान करने का अधिक अवसर मिलता है और इससे इन सभी क्षेत्रों में विकास की गति में तेज़ी आती है और इस तेज़ी के अनुरूप सभ्यता का स्तर क्रमशः उठता चला जाता है और इसके उपक्रमों में नए पहलू जुड़ते चले जाते हैं (234/19 और आगे; 162/109)।

इस तन्त्र का विस्तार होने के साथ व्यापार आदि की गतिविधियाँ और तेज़ होती हैं और प्रशासन-तन्त्र के रख-रखाव के लिए अपेक्षित वसूली आदि का और व्यापार में लाभ-हानि आदि का हिसाब रखने के लिए रेखांकनों आदि का सहारा लिया जाता है, जो क्रमशः परिमार्जित होते हुए लिपि का रूप लेते हैं। लेखन के विकास के साथ सम्पर्क और विचार-विनिमय का दायरा और फैलता है।

परन्तु जिस तथ्य की हम अनदेखी कर देते हैं, वह है–उन दक्षताओं का पक्ष। वे समृद्धि से पैदा नहीं होतीं, न ही समृद्धि के अभाव में मिट जाती हैं। उनके अपने उत्कर्ष और अपकर्ष में धन और सम्मान की महत्त्वपूर्ण भूमिका अवश्य होती है। उनका एक लम्बा इतिहास होता है जो हज़ारों साल पुराना होता है। धन की भूमिका उनको अवसर देकर अपने से जोड़ने तक होती है। कहें जब तक कोई सभ्यता उन प्रतिभाओं को प्रोत्साहन- धन और मान–देने को तत्पर रहती है, वह ऊपर उठती चली जाती है। जिस चरण पर यह प्रोत्साहन दमन और शोषण का रूप ले लेता है, उसके साथ ही सभ्यता की आन्तरिक सर्जनात्मकता का ह्रास आरम्भ हो जाता है। उसमें ठहराव आ जाता है। बाहर से सुदृढ़ दीखने पर भी वह भीतर से खोखली होने लगती है और उसका ह्रास आरम्भ हो जाता है जो लम्बे समय तक नज़र नहीं आता, पर जब नज़र आता है तब उसे रोकना सम्भव नहीं रह जाता। यह सभी सभ्यताओं के साथ होता है पर व्याख्या का जो तरीका हमने अपना रखा है उसमें यह व्यक्त नहीं हो पाता।

इन विविध कारणों से एक निश्चित स्तर तक पहुँच जाने के बाद इसके भीतर और बाहर दोनों ओर अधिक अधिकार, अधिक छूट या अधिक लाभ चाहनेवाले वर्ग और इसको लूटकर मालामाल होने के लिए आतुर तत्त्व सामने आते हैं और हम इसे संकटग्रस्त, अवरुद्ध और कुंठित होती पाते हैं और यहाँ से इसका विनाश हमारी चेतना में दर्ज़ होने लगता है। सभ्यता के पतन या विनाश के अनेक कारण हो सकते हैं। उस समाज के अपने विषम विकास के कारण पतन के बीज उसके भीतर ही पैदा हो सकते हैं। अधिकतम लाभ की चिन्ता में उसके आन्तरिक कलह, दूसरों को उनके हक़ से वंचित करने के लिए उसके बौद्धिक सेवकों द्वारा गढ़े गए कपट-तन्त्र के अन्तर्विरोध उजागर हो सकते हैं। वस्तुपरक दृष्टि पैदा होने से अन्धविश्वासों की पकड़ ढीली हो सकती है। श्रमिकों द्वारा और, विशेषतः

शिल्पियों द्वारा उचित लाभ या प्रोत्साहन की माँग को लोभवश ठुकराया जा सकता है और इससे खिन्न होकर वे उदासीन हो सकते या विद्रोह कर सकते हैं या नए संरक्षकों की खोज में अन्यत्र जा सकते हैं। प्राकृतिक उपद्रव इसके आर्थिक आधार को नष्ट कर सकते हैं। आक्रमणकारी इसको लूटकर बर्बाद कर सकते हैं।

सभ्यता के पतन के बाद इसके शिल्पी या तो आकर्षण के अन्य केन्द्रों की ओर पलायन कर सकते हैं या अपने ही भू-भाग में अन्य ग्राहकों की सेवा में लग सकते हैं। इस तरह सभ्यता-विशेष तो नष्ट हो सकती है पर इसकी उपलब्धियाँ नष्ट नहीं होतीं, अपितु एक अधिक बड़े क्षेत्र में इनका प्रसार हो जाता है जहाँ ये प्रेरकशक्ति का काम करने लगती हैं। कुछ सीमित व्यक्तियों की समृद्धि नष्ट होने पर भी, समग्र मानव-समाज को ध्यान में रखें तो, न तो समृद्धि का ह्रास होता है, न ही ज्ञान और कौशल का। इनका मात्र प्रसार होता है। इसी ज्ञान और कौशल की अभिव्यक्ति अनुकूल परिस्थितियाँ पाकर अधिक ओजस्वी रूप में दूसरे क्षेत्रों में होती है। इन तथ्यों को ध्यान में रखते हुए कुछ इतिहासकारों को सभ्यता के पतन के स्थान पर 'पुनर्समायोजन' शब्द अधिक सही लगता है। (260)

दूसरे शब्दों में कहें तो, जिन्हें हम सभ्यता का उत्थान काल कहते हैं वे सामाजिक श्रम और उत्पादन के संचित भंडार की अभिव्यक्तियाँ हैं और जिन्हें हम ह्रास का काल कहते हैं वे इस दौर की उपलब्धियों के बिखराव और प्रसार के काल हैं। इस सभ्यता को जब हम स्थान और वर्गबद्ध रूप में देखते हैं तभी विकास-क्रम में उत्थान और पतन की बात करते हैं। समग्र मानव-समाज की चेतना, ज्ञान, शिल्प और समृद्धि को सामने रखें तो इसका कुल योग अपने पहले चरणों की तुलना में हर समय आगे रहता है; विकास में एक निरन्तरता और अग्रवर्तिता प्रत्येक काल में दिखाई देती है। इसके बावजूद यह स्वीकार करना होगा कि जिन कालों में ज्ञान और अनुभव के आदान-प्रदान के अवसर अधिक रहते हैं उनमें विकास की दर अपेक्षाकृत अधिक प्रखर रहती है और विपरीत स्थितियों में मन्दता, जड़ता और विगलन भी उत्पन्न होता है।

अतः हमारी दृष्टि में वैदिक काल को समझने में सबसे बड़ी बाधा तथ्यों के अभाव की नहीं अपितु तथ्यों के प्रति सही दृष्टिकोण के अभाव की रही है और इसको दूर किए बिना हम जिस भी प्रकार का इतिहास लिखेंगे, वह इतिहास न होकर एक मिथक ही होगा। भारतीय परम्परा हो या भारतीय इतिहास, इसमें मिथकों की कमी नहीं है। मोहासक्ति से या भय से इतिहास के पुनर्लेखन के नाम पर इन मिथकों को बल देने या नए मिथक गढ़ने का कोई औचित्य नहीं है। इतिहासकार का दायित्व परम्परागत रूप में चले आ रहे मिथकों को तोड़ना तो है ही, आधुनिक इतिहासकारों द्वारा गढ़े गए मिथकों को तोड़ना भी है।

एक मिथक की सबसे बड़ी सीमा यह होती है कि इसमें इतने छिद्र और अन्तर्विरोध होते हैं कि यह हर मोड़ पर अविश्वसनीय लगता है। इसे समझना नहीं, मानना पड़ता है। इसकी सबसे बड़ी शक्ति यह है कि इसको गढ़ने वाले अपने समय के अधिकारी विद्वान् हुआ करते हैं, अतः लाख खामियों के बावजूद, उनके बौद्धिक आतंक में आकर हम इनको स्वीकार कर लेते हैं। क्रमशः प्रसारित और प्रचारित होते हुए ये आप्त वाक्य की तरह हमारी चेतना में इस तरह उतर जाते हैं कि प्रत्यक्ष असंगतियों के बावजूद इनका निषेध करने का

हमारा साहस नहीं हो पाता। हमारे विश्वास का अंग बन जाने के बाद ये प्रत्यक्ष प्रमाणों को भी अप्रामाणिक और अपनी अप्रामाणिकता को भी एक कसौटी बना देते हैं। प्रमाण हमारी आँखों के सामने होते हैं और हम उन्हें देखने से इनकार कर देते हैं और शिकायत करते हैं कि इसका कोई निर्णायक प्रमाण ही उपलब्ध नहीं है।

3. पुरातत्त्व और वैदिक काल

इतिहास के अध्ययन की सबसे विश्वसनीय शाखा पुरातत्त्व है। पर वैदिक काल के मामले में हम पुरातत्त्व को भी एक उलझन में फँसा पाते हैं। या तो वैदिककाल के विषय में प्रमाण हैं ही नहीं, जो एक असम्भव-सी बात है या, यदि हैं तो, हम इनको इस सभ्यता से जोड़ने में आज तक सफल नहीं हुए हैं। (596) चित्रित स्लेटी भांडों की प्राप्ति ने एक बार अध्येताओं में खासे उत्साह का संचार कर दिया था और आज भी आर्यों का नाम आने पर इनकी चर्चा आए बिना नहीं रहती। पर इनकी व्याप्ति सरस्वती घाटी से लेकर गंगा-यमुना के दोआब तथा उत्तरी उत्तर प्रदेश तक ही सीमित है (261)। कुछ स्थानों पर हड़प्पा के अवशेषों से इसका स्तरगत सम्बन्ध इस भ्रम को तोड़ता है कि इन भांडों का उपयोग करनेवाले हड़प्पा सभ्यता से विलोम सम्बन्ध रखते थे (437)। भारत से बाहर ही नहीं, अपितु सरस्वती क्षेत्र से आगे भी इसका कोई सूत्र हाथ नहीं आता। (290) वैदिक सभ्यता के सन्दर्भ में यदि इनका सम्बन्ध किसी काल से जुड़ता है तो उत्तर-वैदिक काल से ही (568; 534)। जहाँ तक हड़प्पा समाधि-भूमि एवं गान्धार-समाधि-संस्कृति तथा झूकर का सम्बन्ध है, इनके बीच एकरूपता का अभाव है। बस्ती के ढंग, कलवस्तुओं, हथियारों और समाधि की रीतियों में भी अन्तर दिखाई देता है (600/25)। इन्हें अलग-अलग रखा जाए तो इनका क्षेत्र इतना सीमित हो जाता है कि इनको आर्यों से सम्बद्ध करने का कोई प्रश्न ही नहीं उठता।

चित्रित स्लेटी भांडों को जैसे भारत में आर्यों से सम्बद्ध किया गया है उसी तरह कुरगान संस्कृति या त्रिपोली संस्कृति को भारतीय आर्यों से सम्बद्ध करने के प्रयत्न किए जाते रहे हैं। पर इनके साथ सबसे बड़ी कठिनाई यह है कि इनका प्रसार पश्चिमोत्तर की ओर, या कहें यूरोप की ओर तो होता दिखाई देता है (243; 158; 436; 258), पर ईरान या भारत की ओर इनके बढ़ने का कोई चिह्न नहीं दिखाई देता। प्रकारान्तर से कहें तो भारतीय आर्यों का साहित्यिक या पुरातात्त्विक प्रमाण ले-देकर ऋग्वेद और पश्चिमी एशिया के अभिलेखों तक सीमित रह जाता है। इनमें से किसी से भी अविकसित और बर्बर सांस्कृतिक स्तर की पुष्टि नहीं होती और दोनों में साम्य भी अनन्य दिखाई देता है। इस तरह हम बर्बर आर्यों, सभ्यताद्रोही आर्यों और भारत पर आक्रमण करनेवाले या भारत में प्रवेश करनेवाले आर्यों के विषय में कोई पुरातात्त्विक साक्ष्य नहीं पाते। पर इस छवि को भुला दें तो प्रमाणों के विषय में निराशा का प्रश्न नहीं रहता।

प्रश्न यह है कि एक ऐसा जन-समाज जिसने दुनिया के विशालतम भूखंड पर इतना गहरा प्रभाव छोड़ा, विश्व की अनेक उन्नत सभ्यताओं का विकास किया, उसके विषय में पुरातात्त्विक प्रमाणों का इतना दुर्भिक्ष क्यों है? इसका एक उत्तर यह हो सकता है कि

भारोपीय जन और उनमें भी, खासतौर से, आर्य शाखा के लोग, घुमक्कड़ थे। न तो उन्होंने कहीं कोई स्थायी बस्ती बसाई, न ही अपनी गतिविधि का कोई निशान छोड़ा (636/22; 383/84)। इस तरह का उत्तर उन लोगों का हो सकता है जो आदिम भारोपीय संस्कृति को त्रिपोली या कुरगान संस्कृति से या इनके ही किसी समरूप से जोड़ना उचित समझते हैं। पर जैसा कि हम कह आए हैं, स्वयं कुरगान और त्रिपोली जनों ने अपनी संस्कृति की स्पष्ट छाप छोड़ी है और ये संस्कृतियाँ भारत की ओर किसी अभियान की सूचना नहीं देतीं। इसके विपरीत, कुछ रूसी विद्वानों का मत है कि त्रिपोली संस्कृति के सर्जक पूर्व की ऐसी सभ्यताओं से वहाँ पहुँचे थे जिनके पास कृषि का विकसित आधार था (436/112)। जहाँ तक कुरगान संस्कृति के सर्जकों के उक्त क्षेत्र में पहुँचने का प्रश्न है, जिंबुतास का मत भी इससे अधिक भिन्न नहीं है (243/174-75)। शक, जो बर्बरता में अपनी मिसाल नहीं रखते, जो इतने घुमक्कड़ थे कि उनकी स्त्रियाँ भी घुड़सवारी करती थीं, अपने अस्तित्व और गतिविधियों की अमिट छाप छोड़ गए हैं। आखिर भारतीय-ईरानी 'आर्य-शाखा' के साथ ऐसी क्या समस्या आ गई थी? प्रमाण न सही, प्रमाणों के अभाव का कोई संगत समाधान तो हो!

इसका दूसरा जवाब यह हो सकता है कि हमने आर्यों की जो तसवीर गढ़ रखी है, वह ग़लत है। पुरातात्त्विक प्रमाण हैं, पर हम उन्हें वैदिक जनों से जोड़ नहीं पा रहे हैं। भारत में आर्यों के आक्रमण के लिए कल्पित काल के ठीक आसपास पश्चिमी एशिया के जिन भी स्थलों से उनके अस्तित्व के ठोस भाषिक व पुरातात्त्विक प्रमाण मिले हैं, वहाँ हम उन्हें उन्नत अवस्था में पाते हैं। भारत में या भारत से बाहर वे अपने लिए आर्य शब्द का प्रयोग इतने गर्व और श्रेष्ठता-बोध के साथ करते हैं कि इसको किसी पिछड़ी संस्कृति से जोड़ने का औचित्य नहीं दिखाई देता। अतः दोष पुरातत्त्व का नहीं, उस मिथक का दिखाई देता है जिसे तोड़ने का साहस पुरातत्त्ववेत्ता भी नहीं जुटा पाए हैं।

यदि स्थिति ऐसी है तो हमें अपनी आधार-सामग्री की नए सिरे से जाँच करनी होगी। इन भ्रमों की बुनियाद साहित्य, भाषा और देवशास्त्र आदि पर टिकी हुई है; अतः परीक्षा भी इन्हीं की करनी होगी। आरम्भिक अवस्था में पुरातत्त्व हमारी कोई मदद नहीं कर सकता, पर एक बार इस भ्रम के निर्मूल हो जाने के बाद हमारे पास पुरातात्त्विक साक्ष्यों का भी अभाव नहीं रहेगा।

4. मूल भारोपीय जन

हम जिन मूल भारोपीय जनों की बात करते हैं उनके बारे में हमें कुछ भी ज्ञात नहीं। हमें केवल इतना ही पता है कि भारत से लेकर यूरोप तक बोली जानेवाली भाषाओं की शब्दावली में और इस समूचे क्षेत्र में बसे जनों की पुराण-कथाओं और गल्प-कथाओं में कुछ ऐसे प्रभावशाली सर्वनिष्ठ तत्त्व हैं जो निरे आकस्मिक नहीं हो सकते। मूलतः इनके प्रसार का कोई एक ही केन्द्र अवश्य था। प्रसार कब और कैसे हुआ, इस पर विवाद है।

एक बात जिसका हमें सुनिश्चित पता है, वह यह है कि इन समान तत्त्वों का

प्राचीनतम लिखित स्रोत ऋग्वेद है। संस्कृत वह अकेली भाषा है जो उन मामलों में भी विभिन्न यूरोपीय भाषाओं से तथा अवेस्ता की भाषा से अपना जुड़ाव प्रकट करती है जहाँ ये अपनी पड़ोसी भाषा से अनमेल प्रतीत होती हैं (413/64-65)। इसके देवशास्त्र में हम भारोपीय देवशास्त्र को आकार लेते देखते हैं और अन्य क्षेत्रों में इसका ह्रासोन्मुख रूप ही दिखाई देता है (387/2; 413/381; 630/65)। भारोपीय गल्पों का स्रोत भारत दिखाई देता है (453/501; 174/32)।

जहाँ तक भाषा की प्राचीनता का प्रश्न है, दुनिया की अविकसित-से-अविकसित भाषा का भी इतिहास उतना ही लम्बा है जितना किसी विकसित भाषा का। अतः मुख्य प्रश्न इस बात का है कि भाषा-विशेष का किसी काल में क्या स्तर पाया जाता है? वैदिक भाषा को हम ऋग्वैदिक काल में भी उतनी ही समर्थ और ओजस्वी पाते हैं जितनी परवर्ती कालों की संस्कृत को। संस्कृत के विषय में जो बात विलियम जोन्स ने कही थी उसे उच्छल भावोद्‌गार नहीं माना जा सकता, "संस्कृत भाषा की प्राचीनता चाहे जो भी क्यों न हो, इसका गठन अद्‌भुत है। यह ग्रीक से अधिक निर्दोष, लातिन से अधिक सक्षम और इनमें से किसी की तुलना में अत्यधिक परिमार्जित है" (308/83-84)।

भाषा का विकास शून्य में नहीं होता। यह मानव-समाज के सांस्कृतिक संघर्ष के दौरान अर्जित ज्ञान, अनुभव, कौशल, चिन्तन और प्रत्ययन का; उसकी अनुभूति, अभिरुचि और सौन्दर्यदृष्टि का; उसके भौतिक योग-क्षेम, नैतिक मूल्य-चेतना और सामाजिक सम्बन्धों, संस्थाओं और व्यवस्थाओं का प्रतिबिम्ब है। विलियम जोन्स की उक्त घोषणा के कुछ ही बाद, 1796 में, जेनिख ने भाषा और समाज के सांस्कृतिक स्तर के बीच इस बिम्ब-प्रतिबिम्ब सम्बन्ध का उल्लेख करते हुए अविकसित और बर्बर जनों की भाषाओं तथा उन्नत समाजों और उनके भी उन्नत चरणों की भाषा के बीच अन्तर को स्पष्ट किया था (व/30)। उन्नत भाषा न केवल उन्नत सभ्यता को प्रकट करती है, अपितु उसकी उन्नति की महत्त्वपूर्ण दिशाओं को भी प्रतिबिम्बित करती है। वैदिक भाषा की यह समृद्धि इस बात का एक अकाट्‌य प्रमाण है कि वैदिक जन ऋग्वैदिक काल में एक उन्नत सभ्यता के निर्माता थे।

5. वैदिक साहित्य

वैदिक साहित्य की अपनी भी मुश्किलें हैं। इसकी भाषा की प्राचीनता बहुत पहले ही पंडितों को दुरूह लगने लगी थी। एक ही शब्द या उक्ति के कितने भिन्न-भिन्न अर्थ किए जा सकते हैं, इसका कुछ आभास ब्राह्मणों आदि में दी गई व्याख्याओं से मिल सकता है। शब्दों के रूप, ध्वनि, अर्थ सभी में जहाँ-तहाँ बहुत अन्तर आया है। स्वयं ऋग्वेद में भी एक ही शब्द के अनेक ध्वनिगत विकार दिखाई देते हैं। अर्थ के विषय में भ्रान्ति सम्भवतः ऋग्वैदिक काल में ही, कम-से-कम नए मंडलों के रचना-काल तक, पैदा होने लगी थी। जब कवि एक-एक उक्ति को सत्तू की तरह छानने की बातें करते हैं, या एक ही कृति में इन्द्र के युद्धों की बात करते हैं और फिर यह कहते हैं कि ये युद्ध के वर्णन तो माया के वर्णन

हैं, इन्द्र का न तो कोई शत्रु कभी था, न ही आज है; तो वे ऋचाओं की विभिन्न प्रकार की व्याख्याओं के प्रचलन की ही सूचना देते हैं। अतः आज के व्याख्याकारों को यदि अर्थभ्रम होता है तो आश्चर्य की बात नहीं। अधिकांश उक्तियाँ तो कवियों द्वारा स्वतः जान-बूझकर गूढ़ बनाई गई हैं।

इन अनेक परतों की दुरूहताओं के कारण ऋग्वेद के किसी भी अनुवादक या भाष्यकार पर आँख मूँदकर भरोसा नहीं किया जा सकता। प्रसंग और औचित्य को ध्यान में रखकर ही कोई अर्थ निर्धारित किया जा सकता है। पाश्चात्य विद्वानों ने इस दृष्टि से काफ़ी सराहनीय काम किया है। पर जो बात सायण आदि परम्परागत भाष्यकारों पर लागू होती है उनसे हम आधुनिक व्याख्याता भी मुक्त नहीं हैं। विद्वान् अध्येता अपनी रुचि और पूर्वाग्रह के अनुसार शब्दों और पदों का, व्युत्पत्ति के आधार पर, मनमाना अर्थ करके वैदिक जनों को 'गौरवशाली' या 'बर्बर' सिद्ध कर सकते हैं। उदाहरण के लिए वे अर्थविकास की चिन्ता किए बिना यह मान सकते हैं कि यदि ऋग्वैदिक साहित्य में केवल 'यव' का उल्लेख आया है तो ये लोग अनाजों में केवल यव ही पैदा करते थे, न कोई अन्य धान्य, न दालें, न तिलहन।

दूसरी ओर, ऐसे शब्द जो एक उच्च सांस्कृतिक स्तर की सूचना देते हैं, उनको खींच-तानकर उनका अधिक आदिम अर्थ लिया जाता है। अतः एक सन्तुलित चित्र के लिए ज़रूरी है कि सांस्कृतिक उपलब्धियों को तदनुरूप आर्थिक आधार से जोड़ा जाए, पर इसके विकृत पक्षों का भी उद्घाटन किया जाए।

वैदिक भाषा निश्चय ही बहुत पुरानी भाषा है और इसका ठीक-ठीक अर्थ निर्धारित करने में किसी भी अध्येता को जब-तब असाध्य कठिनाइयों का सामना करना पड़ता है। पर इसकी क्लिष्टता को कुछ अतिरंजित भी किया गया है। स्थिति उतनी निराशाजनक नहीं है जितनी सामान्यतया मान ली जाती है। पाश्चात्य विद्वानों ने भाषिक और सांस्कृतिक दूरियों के बावजूद वैदिक साहित्य के क्षेत्र में असाधारण काम किया, वह हमारे लिए प्रेरणाप्रद हो सकता है। इस पुरातन और सांस्कृतिक दृष्टि से दूरस्थ भाषा के व्याकरण आदि का सामान्य ज्ञान अर्जित कर लेने के बाद वे इनके एक-एक शब्द और वाक्य का अर्थ-निर्धारण करने के लिए सादृश्य रखनेवाले स्थलों और प्रसंगों की गहरी छानबीन करते रहे और इस तरह इसकी दुरूहता से जूझते हुए उन्होंने अपने लिए वह असाधारण स्थान बनाया जिसको छू पाना उनके समकालीन भारतीय संस्कृतज्ञों के लिए कठिन था। वे निश्चय ही एक दुर्धर्ष संग्राम में जुटे हुए थे और यह था भारत पर सांस्कृतिक विजय का संग्राम (60/42-60) और इसलिए उनकी व्याख्या और अनुवाद यहाँ तक कि तुलनात्मक भाषाविज्ञान के क्षेत्र में उनके काम सन्देह से परे नहीं हैं। भारत के स्वतन्त्र होते ही वैदिक अध्ययन में उनकी रुचि का एकाएक क्षीण पड़ जाना अकारण ही नहीं माना जा सकता।

जिस तरह वैदिक भाषा से आतंकित होने की आवश्यकता नहीं, उसी तरह इन विद्वानों के संस्कृत ज्ञान से और उनकी व्याख्याओं से भी आतंकित होने की आवश्यकता नहीं। कुछ उनकी असावधानियों के कारण और कुछ इस वजह से कि उनकी दृष्टि में भी वैदिक

अध्ययन अभी अपनी शैशवावस्था में ही था, उनकी व्याख्याओं में अनेक कमियों को आसानी से पहचाना जा सकता है। वैदिक अध्ययन कितना अधूरा है, इसका हममें से अधिकांश को बोध ही नहीं है। इसकी बानगी के लिए हम यहाँ केवल दो शब्दों से यह समझ सकते हैं कि जहाँ केन्द्रीय महत्त्व के शब्दों का आशय समझने में भयंकर प्रमाद बरता गया है वहाँ शेष साहित्य और इसके दुरूह माने जानेवाले अंशों की क्या दशा हो सकती है। ये शब्द हैं–देवता और ऋषि।

ऋग्वेद में आए ऋषि-नामों में हम इन्द्र, गरुड़, वैश्वानर, सरमा नाम की कुतिया, वृषाकपि, इन्द्राणी, माष या उड़द, जुए के अक्ष, पणिगण, आत्मा, उर्वशी, जार, नदियों, मछलियों, यम, यमी, सप्तर्षियों, सर्प, सार्पराज्ञी, सोम आदि को भी परिगणित पाते हैं। क्या ये किसी भी सूक्त या ऋचा के रचनाकार हो सकते थे? ऐसी स्थिति में यह नहीं माना जा सकता कि ऋग्वेद में 'ऋषि' शब्द का प्रयोग मन्त्रों और सूक्तों के रचनाकारों के लिए हुआ है। जो बात किसी के मुँह से कहलाई गई है, वही उसका ऋषि है। ऋषि का प्रयोग रचनाकार के अर्थ में न होकर, पात्र के अर्थ में हुआ है। पशुओं-पक्षियों से लेकर प्राचीन ख्यात पुरुषों और चिन्तकों तक को पात्र बनाकर उनके माध्यम से किसी बात को अधिक प्रभावशाली ढंग से कहलाने की शैली समूचे प्राचीन भारतीय साहित्य में पाई जाती है, जिसकी अच्छी मिसाल महाभारत है।

इसके विपरीत जिन सूक्तों या ऋचाओं में जिन विषयों या वस्तुओं का वर्णन किया गया है वे ही उनके देवता हैं। इस तरह हम इषु, ज्या, वर्म, ग्रावना, उलूखल, मूसल, कृषि, दुन्दुभी, धनु, अश्व, निर्ऋति या आपदा, पणिगण, मेढक, रथ, यहाँ तक कि दानस्तुति को भी देवता के रूप में परिगणित पाते हैं। इस बात की ओर ध्यान न देने के कारण ही वैदिक देववाद को समझने में विद्वानों से भयंकर भूलें हुई हैं जिनके विस्तार में जा पाना यहाँ सम्भव नहीं है। पर मैकडनेल, जिन्होंने *बृहद्देवता* का सम्पादन और अनुवाद किया था, वह स्वयं अपने ग्रन्थ वैदिक माइथॉलॉजी में इस बात को भूल गए, यह कुछ विस्मय की बात अवश्य है, कारण, शौनक ने इपनी इस कृति में बहुत स्पष्ट रूप में लिखा है कि संवाद में जो वाक्य जिसके द्वारा कहलाया गया है उसमें वही ऋषि है और उसके द्वारा जो कुछ कहा गया है वही उस स्थान पर देवता है :

संवादेष्वाह वाक्यं यः सः तु तस्मिन् भवेत् ऋषिः।
यः तेनोच्येत वाक्येन देवता तत्र सा भवेत॥ बृह. 2.88

मैकडनेल लिखते हैं, "वैदिक देवशास्त्र का मूल प्राचीन काल से वैदिक युग तक अविच्छिन्न चलते आए उस विश्वास में है जो मानव के समक्षवर्ती पदार्थों एवं प्राकृतिक दृश्यों को चेतन एवं दैवी मानता रहा है।...फलतः आकाश, पृथ्वी, पर्वत, नदी और पौधों तक की उपासना दिव्य शक्तियों के रूप में चल पड़ी थी और घोड़ा, गौ, शकुन पक्षी एवं अन्य पशुओं का आह्वान किया जाने लगा था। यहाँ तक कि मानव के अपने हाथों बनाए पदार्थ, शस्त्र, युद्ध-रथ, ढोल, हल, कर्मकांड के उपकरण–सवन-पाषाण एवं यज्ञ-यूप आदि सभी की उपासना सामान्य बन गई थी" (387/2)।

शौनक के उक्त कथन में ऋषियों और देवताओं का यह विशेष अर्थ केवल संवादपरक

सूक्तों पर लागू होता है, पर ऐसा सोचने का कारण यह लगता है कि इन स्थलों पर स्थिति अपेक्षाकृत अधिक स्पष्ट है। अन्यत्र भी यही बात मानी जानी चाहिए, विशेषतः, इस बात को देखते हुए कि देवता शब्द स्त्रीलिंग और ऋषिकाओं के द्वारा अपने विषय में जो कुछ कहलाया गया है, वह किसी स्त्री का कथन नहीं लगता।

अतः हमें यह स्वीकार करना ही होगा कि केवल उपजीवी कृतियों के सहारे और मूल के विषय में असावधानी बरतकर हम वैदिक साहित्य को समझ नहीं सकते और इस क्षेत्र में अभी मूल कृतियों की छानबीन नए सिरे से करने की और इनके आधार पर, नई व्याख्याएँ देने की बहुत अधिक आवश्यकता है।

'देवता' शब्द के उक्त अर्थ के साथ ही इस बात पर भी ध्यान देना ज़रूरी है कि बहुत पहले 'देव' शब्द का प्रयोग भी समृद्ध या धनी के अर्थ में होता रहा लगता है। प्राचीन कृतियों में ऐसे विवरण भरे पड़े हैं जिनमें देवों को पहले धरती का निवासी और कृषि का आविष्कर्ता बताया गया है। वैदिक देवता–विशेषतः इन्द्र और पर्जन्य–कृषि के देवता हैं। इसके बाद भी यह कहा जाता रहा है कि वैदिक जन कृषि से अच्छी तरह परिचित नहीं थे। उनका मुख्य व्यवसाय पशुपालन था। पशुपालन की अवस्था से यदि किन्हीं देवताओं का दूरस्थ सम्बन्ध बैठ सकता है तो पशुपति (रुद्र) और पूषा का, पर उनका भी पुराना रूप प्रभावशून्य हो चला है। वास्तविकता यह है कि ऋग्वैदिक काल तक पहुँचकर सभी देवता व्यापारिक गतिविधियों में सहायक हो जाते हैं और पूषा भी अब राहगीरों और व्यापारियों के देवता बन जाते हैं। यही बात यज्ञ पर भी घटित होती है–पूर्ववैदिक काल में आर्थिक उपक्रमों से प्रत्यक्षतः जुड़ा यह आयोजन एक ओर तो व्यापारिक सत्रों की छाया ग्रहण कर लेता है और दूसरी ओर शुद्ध कर्मकांड में बदल जाता है।

अधिकांश अध्ययनों में यह देखा जा सकता है कि शोधकर्ता असुविधाजनक प्रतीत होनेवाले अंशों और विवरणों को इसलिए छोड़ जाते हैं कि इनसे कहीं उनकी मान्यता ही खंडित न हो जाए। जहाँ ऐसे असुविधाजनक तथ्य सामने आते हैं वहाँ रुककर इस बात पर विचार किया जाना चाहिए कि हम जिस धारणा को लेकर चल रहे हैं, वह सचमुच सही है भी या नहीं। कारण, यहाँ स्वतः वैदिक साहित्य के कालक्रम का यथोचित निर्वाह करने का सुझाव रखा जा सकता है। पर कालक्रम-निर्धारण भी हमारा पूरा साथ नहीं दे पाता। ऋग्वेद से लेकर ब्राह्मणों, उपनिषदों, यहाँ तक कि पुराणों तक के एक बहुत बड़े अंश की रचना श्रुत परम्परा पर आधारित है और परवर्ती रचनाओं में लिपिबद्ध घटनाएँ सदा पूर्ववर्ती कृतियों से बाद के काल की नहीं होतीं। ऋग्वेद में वर्णित अधिकांश घटनाएँ अतीत से, यदा-कदा तो उस धूमिल अतीत से, सम्बन्ध रखती हैं जिसे विवशता में सृष्टि का आरम्भ कह दिया जाता रहा है। पर यही बात ब्राह्मणों और पुराणों तक में आए अनेक विवरणों के विषय में भी कही जा सकती है। कभी-कभी तो इन परवर्ती कृतियों के विवरण ऋग्वेद से अधिक तर्कसंगत भी सिद्ध होते हैं। उदाहरण के लिए, ऋग्वेद के पुरुष सूक्त के अनुसार वर्णों की सृष्टि ईश्वर द्वारा की गई थी, पर परवर्ती साहित्य में स्पष्ट है कि यह श्रम-विभाजन की देन है। अतः कृतियों के कालक्रम से घटनाओं की अपनी प्रकृति और क्रम का महत्त्व किसी तरह कम नहीं है, और इन दोनों के बीच सन्तुलन बैठाते हुए ही उनके उल्लेखों का

इतिहास के लिए उपयोग किया जा सकता है। यह बहुत टेढ़ा काम है और इसके लिए बहुत सन्तुलन और संयम अपेक्षित है।

एक अन्य सीमा वैदिक साहित्य के साथ यह आती है कि इसका परिरक्षित अंश अपने काल का समस्त साहित्य नहीं है। अपने विपुल आकार के बावजूद ऋग्वेद में ऐसे सूक्त बहुत कम हैं जिनसे तत्कालीन सामाजिक और आर्थिक स्थिति पर सीधा प्रकाश पड़ सके। यदि ऐसी स्थिति में ऋणात्मक प्रमाणों पर बल दिया जाए, अर्थात् यह मान लिया जाए कि जिन चीज़ों का उल्लेख ऋग्वेद में नहीं आया है उनका अस्तित्व भी नहीं था; या यह कि जिन चीज़ों का उल्लेख जिस अनुपात में आया है उनका अस्तित्व उसी अनुपात में रहा होगा; या यह कि जिन चीज़ों को पुजारी और पुरोहित वर्ग महत्त्वपूर्ण मानता था उन्हें ही पूरा समाज महत्त्वपूर्ण मानता रहा हो सकता है, तो यह युक्तिसंगत नहीं होगा। दूसरे शब्दों में कहें तो, प्रमाणों के अभाव को अभाव का प्रमाण बनाना तो ग़लत है ही, प्रमाणों का यान्त्रिक उपयोग भी निरापद नहीं है।

6. हड़प्पा सभ्यता का उद्घाटन और वैदिक समस्या

हड़प्पा सभ्यता की खोज के बाद एक बार नए सिरे से इस समस्या पर विचार करने की आवश्यकता उत्पन्न हुई कि क्या इसका सम्बन्ध किसी भी रूप में वैदिक सभ्यता से हो सकता है? मार्शल ने इस पर विचार करते हुए जो कुछ लिखा उस पर एक दृष्टि डालना बहुत उपयोगी है। यहाँ हम मार्शल के वक्तव्य को यथातथ्य रखना और इस पर ग़ौर करना चाहेंगे।

मार्शल लिखते हैं, "यह आज भी विवादास्पद है कि वे (आर्य) गौरवर्ण नॉर्डिक थे, या श्यामवर्ग भूमध्यसागरीय, या दीर्घशीर्ष अल्पाइन (यद्यपि इसकी बिलकुल सम्भावना नहीं लगती), या इन तीनों के ही मिश्रण। यद्यपि इस मामले में मोहनजोदड़ो के मानव अवशेष हमारी कोई सहायता नहीं करते, पर सिन्धु और वैदिक संस्कृतियों की तुलना से यह निर्विवाद रूप में प्रकट होता है कि इनके बीच कोई सम्बन्ध नहीं था। इस तरह, ऋग्वेद में भारोपीय समाज का जो चित्र है, वह एक पशुचारी समाज का चित्र है जो आंशिक रूप में खेतिहर था, जो ग्राम्य स्तर से ऊपर नहीं उठा था, जिसे नगरों का या ऐसे जटिल आर्थिक संगठन का कोई ज्ञान नहीं है जो इस तरह के जीवन में होना ही चाहिए, और जिसके मकान मुख्यतः बाँसों के बने हुए, ऊलजलूल किस्म के हैं। दूसरी ओर, मोहनजोदड़ो और हड़प्पा में हम ईंटों के मज़बूत और बृहदाकार मकानों से बने सघन आबादी वाले नगर पाते हैं जिनमें यथेष्ट स्वच्छता है और जो स्नानागारों, कुओं और अन्य सुविधाओं से सुसज्जित हैं। ऋग्वेद काल में भारतीय आर्य जिन धातुओं का उपयोग करते थे, वे थे—सोना और ताँबा और काँसा, पर कुछ ही समय बाद यजुर्वेद और अथर्ववेद के समय में इन धातुओं के साथ लोहा और चाँदी भी जुड़ जाते हैं। सिन्धु सभ्यता के जनों में चाँदी सोने के मुकाबले अधिक प्रचलित है और बर्तन-भाँडे ताँबे और काँसे के अलावा पत्थर के बने हैं जो नव-पाषाण युग के अवशेष हैं। लोहे का तो नामो-निशान भी नहीं मिलता। वैदिक आर्यों के सामरिक अस्त्रों में धनुष और बाण, भाले, खड्ग और परशु है और बचाव के आवरणों में शिरस्त्राण और

वर्म है। सिन्धु जनों के पास भी धनुष और बाण, भाले और खड्ग और परशु हैं, पर मेसोपोटामियनों और मिस्रियों की तरह उनके पास गदा भी है जो कभी तो पत्थर की होती थी और कभी धातु की। दूसरी ओर, रक्षा-कवच का उन्हें पता ही नहीं है। यह एक ऐसी बात है जिसका कवचधारी और शिरस्त्राणधारी शत्रुओं के साथ हुई किसी लड़ाई में उनको खामियाज़ा भुगतना पड़ा होगा। वैदिक समाज एक मांसभक्षी समाज है जिसे मछली से अरुचि है, क्योंकि ऋग्वेद में मछली पकड़ने का कहीं सीधा उल्लेख नहीं है, जबकि सिन्धु के लोगों के आहार में मछली एक आम-सी चीज़ है और यही हाल केंकड़े और कछुए आदि जलचर जीवों का है। वैदिक आर्यों के जीवन में घोड़ा वैसे ही एक महत्त्वपूर्ण भूमिका अदा करता था जैसे कि यह उत्तरी स्तेप (घास के मैदानों) के दूसरे अनेक राष्ट्रों के जीवन में करता था। हड़प्पा और मोहनजोदड़ो के लोगों के लिए घोड़ा अपरिचित प्रतीत होता है, कम-से-कम इन स्थानों पर जिन अनेक जानवरों के अंकन मिले हैं उनमें इसका स्थान नहीं है, और यद्यपि मोहनजोदड़ो के ऊपरी स्तर से घोड़े की कुछ हड्डियाँ मिली हैं पर इस बात की अधिक सम्भावना है कि ये बहुत बाद के काल की हों। वैदिक आर्यों के लिए गाय का स्थान सबसे ऊपर है और इसको विशेष श्रद्धा का स्थान प्राप्त है। सिन्धु जनों के बीच गाय का कोई खास महत्त्व नहीं है। उनके बीच इसका स्थान वृषभ को मिला हुआ है जिसकी लोकप्रियता की पुष्टि इस पशु की अनेक प्रतिकृतियों और अन्य प्रस्तुतियों से होती है। ऋग्वेद में बाघ का कोई ज़िक्र नहीं है और हाथी की चर्चा नाम मात्र को है, पर ये दोनों पशु सिन्धु-जनों के लिए सुपरिचित हैं। वैदिक धर्म सामान्यतः मूर्तिपूजा से रहित है। मोहनजोदड़ो और हड़प्पा में मूर्तिपूजा सर्वत्र मौजूद है। वैदिक देवसमाज में नारी तत्त्व पुरुष के पूर्णतः अधीन है और मातृदेवी और शिव (जिसके साथ बाद में चलकर रुद्र का अभेद कर दिया गया) का इसके सदस्यों के बीच कोई स्थान नहीं है। सिन्धु के मत में मातृदेवी और शिव को प्राधान्य मिला है और नारीतत्त्व यदि पुरुषतत्त्व पर हावी नहीं है तो, लगता है, यह उसके समकक्ष तो है ही। अग्नि वैदिक देवताओं में सर्वोपरि है और गार्हपत्य अग्नि या अग्निकुंड प्रत्येक घर की विशिष्टता है। मोहनजोदड़ो के घरों में अग्निकुंड बिलकुल ग़ायब है। आर्यों की दृष्टि में लिंगपूजा जुगुप्सु थी। सिन्धुजनों के बीच इसके अस्तित्व के बहुत अधिक प्रमाण मिलते हैं" (404/110-11)।

इन कसौटियों को सामने रखते हुए मार्शल यह नतीजा निकालते हैं कि इन दोनों सभ्यताओं में कोई सम्बन्ध नहीं दिखाई देता। इसके बाद वह एक दूसरी सम्भावना पर विचार करते हैं कि क्या वैदिक सभ्यता सिन्धु सभ्यता से पूर्ववर्ती हो सकती है? इसको वह एक प्रश्न से खारिज कर देते हैं, "यदि वैदिक संस्कृति सिन्धु संस्कृति से पुरानी थी तो इस बात का क्या कारण है कि लोहा, रक्षाकवच और घोड़ा, जो वैदिक संस्कृति की विशिष्टताएँ हैं, सिन्धु संस्कृति के लिए अपरिचित हैं?" वह आगे कुछ और प्रश्नचिह्न लगाते हैं, "या इस बात का क्या कारण है कि सिन्धु काल में गाय के स्थान पर वृषभ पूज्य बन जाता है और बाद के कालों में इसका स्थान फिर गाय ले लेती है? और फिर यदि नव-पाषाण युग और सिन्धु संस्कृति के बीच में भारतीय आर्यों की ताम्र या कांस्य और लौह संस्कृति आ चुकी थी तो इस बात का क्या कारण है कि सिन्धु संस्कृति में नव-पाषाण युग के अनेक अवशेष–

पत्थर के उपकरणों और पात्रों की शक्ल में—बने रह जाते हैं?" (व/112)

मार्शल एक तीसरी सम्भावना को भी ख़ारिज करते हैं, "क्या भारतीय आर्य सिन्धु और वैदिक दोनों सभ्यताओं के निर्माता रहे हो सकते हैं? यहाँ भी हमें पहले ही जैसी विडम्बना का सामना करना पड़ता है। कारण, यद्यपि इस मान्य अवधारणा के आधार पर हम लोहे, घोड़े, कवच आदि के आरम्भ का कारण यह बता सकते हैं कि ये सभी इस संस्कृति के ही एक बाद के चरण में प्रकट हुए हो सकते हैं, पर हम इस बात का कतई कोई समाधान नहीं पाते कि भारतीय आर्य नगर-जीवन से ग्राम्य अवस्था में कैसे लौट गए, या एक बार ईंट के उत्कृष्ट मकानों का विकास करने के बाद वे बाद में बाँस के घटिया मकानों से कैसे सन्तुष्ट रहने लगे, या एक बार मातृदेवी और लिंग की पूजा करने के बाद वे ऋग्वैदिक काल से इसे बन्द कैसे कर बैठे और बाद में इनकी पूजा की ओर फिर कैसे लौट पड़े, या एक बार उन्होंने जिस सिन्ध पर अधिकार कर रखा था उसकी और सिन्ध के निम्न भागों की उन्हें कोई याद तक कैसे नहीं रह जाती" (व)?

मार्शल द्वारा उठाए गए प्रश्नों को ही किसी-न-किसी रूप में हड़प्पा और वैदिक को दो अलग और परस्पर असम्बद्ध सभ्यताएँ सिद्ध करने के लिए विभिन्न विद्वानों द्वारा समय-समय पर दुहराया जाता रहा है। ये बहुत महत्त्वपूर्ण प्रश्न हैं और किसी ऐसे अध्येता को, जिसे ऐसा लगता हो कि हड़प्पा सभ्यता और वैदिक सभ्यता के बीच अभेद है, इन प्रश्नों का कोई तर्कसंगत समाधान देना ही होगा। दोनों के बीच अभिन्नता दिखाने के लिए इन प्रश्नों का सन्तोषजनक समाधान ज़रूरी है।

मार्शल द्वारा उठाए गए इन प्रश्नों पर तीन तरह की प्रतिक्रियाएँ देखने में आती हैं। पहली यह कि इन दोनों सभ्यताओं के बीच कोई सीधा सम्बन्ध नहीं रहा है, जो कि सबसे लोकप्रिय मान्यता रही है। दूसरी यह कि वैदिक सभ्यता हड़प्पा के पड़ोस में उसके समानान्तर विद्यमान थी और इन दोनों के बीच पड़ोसियों जैसे तनाव और सौहार्द्र के दुहरे सम्बन्ध थे। इसका प्रस्ताव मार्शल के दल के ही लैंगडन ने रखा था जिसकी आलोचना स्वयं मार्शल ने की थी (व)। इसके बाद वासुदेवशरण अग्रवाल भी कुछ ऐसा ही मत प्रकट करते हैं (35/50-51)। हाल में लोथल और कालीबंगाँ से यज्ञ के प्रचलन के प्रमाण देखने के बाद भी केवल यही दावा किया जाता रहा है कि हड़प्पावासियों में एक शाखा वैदिकों की भी रही हो सकती है, या यह कि हड़प्पावासी उस पहले आव्रजन से सम्बन्ध रखते रहे हो सकते हैं जिनका ज़िक्र दो या अधिक आव्रजनों की हिमायत करनेवाले इससे पहले करते रहे हैं (509/235)।

दूसरे शब्दों में कहें तो, मार्शल द्वारा उठाए गए प्रश्न इतने प्रभावशाली प्रतीत होते रहे हैं कि इनके कारण जो अध्येता अन्यथा इन सभ्यताओं को सम्बन्धित मानते रहे हैं, उनका भी साहस यह कहने का नहीं हुआ कि ये दोनों अभिन्न हैं और वे इनकी पृथकता को मानते हुए ही किसी-न-किसी तरह का जोड़-तोड़ बैठाते रहे हैं।

मार्शल की आपत्तियाँ सतही और ग़लत हैं। वास्तविकता यह है कि जब हड़प्पा सभ्यता का नाम भी किसी को पता नहीं था उस समय समूचे ऋग्वेद का पहली बार अनुवाद करनेवाले विल्सन ने ऋग्वैदिक साक्ष्यों के आधार पर ही यह कहा था कि ऋग्वैदिक सभ्यता का स्तर उससे मिलता-जुलता है जिसका दर्शन भारत में सिकन्दर के आक्रमण के समय

यूनानियों को हुआ था। जब लगभग उसी काल के आसपास सचमुच उतनी ही उच्च और प्रत्येक मामले में विल्सन द्वारा परिकल्पित सभ्यता से मेल खानेवाली सभ्यता की खोज हो गई तो भी इस बात पर पुनर्विचार करने की कोशिश नहीं की गई कि वैदिक सभ्यता चरवाहों और कृषि से अल्प-परिचित समाज की नहीं है। यह एक विकसित नगर-सभ्यता थी। अतः सभ्यता के स्तर के सम्बन्ध में मार्शल के तर्कों का कोई अर्थ नहीं। जहाँ तक अन्य तर्कों का प्रश्न है वे भी वैदिक साहित्य के अज्ञान पर आधारित हैं और इन सभी पर हम यथाप्रसंग विचार करेंगे। संक्षेप में यहाँ इतना ही कहा जा सकता है कि आर्यों को लोहे का ज्ञान बाद में हुआ था। शैफर ने अपने हाल के एक अध्ययन में इस भ्रम को भी तोड़ दिया है कि हड़प्पावासी लोहे से अपरिचित थे। उन्होंने इस बात का निर्णायक प्रमाण पेश किया है कि लोहे से भारत पूर्व-हड़प्पाकाल में परिचित हो चुका था (551)। पाषाण काल के पात्रों और उपकरणों का प्रयोग भारत में, जैसा कि कोसंबी ने (351/भू) कहा था, आज भी होता है। पत्थर के सिल, बट्टे, खरल, प्याले, तश्तरियाँ, चाक, चक्कियाँ आदि पाए जा सकते हैं। मछली के शिकार का और इसके लिए जाल के प्रयोग का उल्लेख ऋग्वेद में भी पाया जाता है। वैदिक काल में गाय की पूजा नहीं होती थी, न ही हड़प्पा में बैलों की पूजा का चलन था। ऋग्वेद के आठवें मंडल तक गोमांस खाना बन्द नहीं हुआ था, यद्यपि इसके विरुद्ध एक ज़ोरदार अभियान आरम्भ हो चुका था।

7. विभिन्न शाखाओं के बीच सन्तुलन

भारोपीय समस्या ने विद्वानों को बार-बार हताश और निराश किया है। लगभग दो सौ वर्षों के अनवरत प्रयत्न के बाद भी ऐसा एक भी प्रमाण नहीं ढूँढ़ा जा सका जो इसकी किसी भी गाँठ को खोल सके। इसके लिए तुलनात्मक भाषा-विज्ञान, गल्प, देवशास्त्र, श्रुत-परम्परा, धर्मशास्त्र, नृतत्त्व-विज्ञान, आनुवंशिकी, पुरावानस्पतिकी, पुरातत्त्व, भूगर्भविज्ञान आदि, विभिन्न शाखाओं में हुए नवीनतम विकासों की सहायता ली गई, पर किसी से एक भी सूत्र ऐसा हाथ नहीं लगा जो इसकी अराजकता का दायरा तक कम कर सके। इसका कारण इन शाखाओं की अपनी व्यर्थता नहीं अपितु विद्वानों की अपनी आसक्ति है। इनमें से किसी भी शाखा का निष्पक्ष रूप में प्रयोग नहीं किया गया। इनका उपयोग पहले से बनी-बनाई धारणाओं के लिए कोई ठोस प्रमाण जुटाने के सीमित प्रयोजन के लिए किया जाता रहा, न कि इनके आधार पर अपनी मान्यताओं के दोषों को दूर करने के लिए। इनकी विफलता उन मान्यताओं की विफलता है जिनको आज तक इस क्षेत्र में प्रचलित पाया जाता है। अतः हम अपने प्रस्तुत अध्ययन में जिन मार्गदर्शक सिद्धान्तों को अपनाकर चलना चाहेंगे वे निम्न प्रकार हैं :

1. जहाँ किसी अनुशासन से किसी समस्या के समाधान में सहायता मिलती है वहाँ उसकी उपेक्षा समाधान में बाधक हो सकती है।
2. लेखन से पहले जातीय अनुभवों के हस्तान्तरण का एकमात्र सुलभ माध्यम परम्परा या अनुश्रुति ही रही है। अतः ऐतिहासिक कालों में परस्पर असम्बद्ध परम्पराएँ जहाँ किसी एक ही दिशा की ओर संकेत करती हैं, और इनके पीछे

कोई अवान्तर आशय काम करता नहीं दिखाई देता, वहाँ इनकी आप्तता उतनी ही असंदिग्ध है जितनी किसी अन्य वैज्ञानिक और वस्तुपरक शाखा की।

3. यह याद रखना ज़रूरी है कि पुरातत्त्व और दूसरी परीक्षणोन्मुख शाखाएँ एक सीमा तक ही अपनी सार्थकता रखती हैं। इनका गूँगापन इनकी सबसे बड़ी सीमा है और इसलिए जहाँ भी साहित्य आदि के माध्यम से इनसे मेल खानेवाली कोई सूचना मिलती है, उसे सम्मान देते हुए चित्र को अधिक स्पष्ट बनाया जाना चाहिए। यह ध्यान में रखना होगा कि पुरातात्त्विक प्रमाणों की अपव्याख्या की भी कम सम्भावना नहीं रहती है।
4. जहाँ परवर्ती काल की कोई कृति किसी ऐसी पूर्वावस्था का चित्रण करती है जिसके पीछे ऐतिहासिक तथ्यपरकता दिखाई देती है, वहाँ इसे अति प्राचीन काल से चली आ रही लिखित या मौखिक परम्परा का आकलन माना जाना चाहिए।
5. जहाँ एक ही स्रोत के आधार पर दो भिन्न सांस्कृतिक स्तरों की पुष्टि होती हो, वहाँ सभ्यता के स्तर की जाँच उसके उन्नत पक्ष को प्रकट करनेवाली सूचनाओं के आधार पर की जानी चाहिए। कारण, प्रत्येक विकसित सभ्यता में अभावग्रस्त और पिछड़े लोगों का अस्तित्व सम्पन्न और प्रबुद्ध तबके के साथ बना रहा है।
6. एक ही साक्ष्य का प्रयोग अपनी सुविधा के अनुसार दुहरे और विरोधी प्रयोजनों से नहीं किया जाना चाहिए।
7. सभ्यता के विभिन्न पक्षों का विकास आवयविक होता है। यदि कोई ऐसा सूत्र हमें उपलब्ध है–जैसे भाषा का समग्र भंडार–जिससे इसका समग्र चित्र प्रतिबिम्बित होता है, तो एकल और एकाधिक अर्थवाले आँकड़ों, जैसे फुटकल शब्दों की व्युत्पत्ति आदि के द्वारा खींचतान करके इसके विरुद्ध प्रमाण नहीं बनाया जाना चाहिए।
8. अपवादों के अस्तित्व से इनकार नहीं किया जा सकता। पर इनका अपवाद होना ही इस बात का प्रमाण है कि ऐसा बहुत ही कम हुआ करता है। अतः हमें कोई चित्र या सिद्धान्त अपवादों और अजूबों के आधार पर नहीं तैयार करना चाहिए। अपवाद के लिए भी बहुत सशक्त और अकाट्य प्रमाण होने चाहिए। भारोपीय क्षेत्र में सामान्य और सम्भव की तुलना में असम्भव और आश्चर्यजनक का दर्शन अधिक होता है, जो इस बात का प्रमाण है कि इसकी व्याख्याएँ ग़लतियों से भरी हुई हैं। अतः हमें अपनी व्याख्या में इस बात का ध्यान रखना चाहिए कि यह सामान्य-बोध के अनुरूप है या नहीं।

अध्याय दो

आर्य-आक्रमण का मिथक

भारतीय इतिहास का वैदिक काल एक आक्रमण से आरम्भ होता है। ऐसा कोई आक्रमण भारत पर हुआ भी था या नहीं, यह किसी को ज्ञात नहीं। जो कुछ हमें निश्चित रूप से ज्ञात है वह मात्र यह कि भारत से लेकर यूरोप तक फैली अनेकानेक भाषाओं में कुछ ऐसी आधारभूत समानताएँ पाई जाती हैं जो आकस्मिक नहीं हो सकतीं। यह समानता किस रूप में स्थापित हुई और इसका प्रेरक केन्द्र इस विशाल भू-भाग में कहाँ रहा हो सकता है, इसे रहस्य बना दिया गया। इस रहस्य को सुलझाने के लिए ही तरह-तरह की पहेलियाँ बुझाई जाती रही हैं। केन्द्र कहाँ था, प्रसार का रूप क्या था, इसका समय क्या हो सकता है–इन विभिन्न प्रश्नों से निबटने का प्रयत्न इन पहेलियों में किया जाता रहा है। इन पहेलियों के साथ एक वर्जना भी लगी रही है कि विचार क्षेत्र में दुनिया का कोई कोना आ सकता है, परन्तु भारत नहीं। फिर वर्जनाओं के बीच समाधान तलाशने पर धुन्ध तो पैदा होगी ही। अतः किसी भी अध्येता की सबसे पहली चुनौती इस धुन्ध को साफ़ करने की बन जाती है।

अनिर्णीत रूप में जिन बातों को बार-बार दुहराया जाता रहा है उनका सार यह है कि मूल केन्द्र भारोपीय के प्रसार क्षेत्र में कहीं भी रहा हो सकता है; कि मूल क्षेत्र को छोड़ने का कारण किसी प्राकृतिक आपदा से लेकर जनसंख्या की वृद्धि और नए क्षेत्रों की तलाश तक कुछ भी रहा हो सकता है; कि प्रस्थान आक्रमण से लेकर शान्तिपूर्ण प्रव्रजन तक कुछ भी रहा हो सकता है; कि आक्रमण या प्रव्रजन एक बार भी हुआ हो सकता है और एक-पर-एक अनेक लहरों में भी; कि इसका रास्ता सुविधा के अनुसार कोई भी रहा हो सकता है; कि आक्रमण करनेवालों का रूप-रंग, उनकी सभ्यता का स्तर आदि कुछ भी रहा हो सकता है; कि आक्रमणकारी या प्रव्रजित जन एक वंश के भी रहे हो सकते हैं और कई वंशों के भी; कि वे एक बोली बोलते रहे हो सकते हैं और कई बोलियाँ भी; कि इन बोलियों में अलगाव मूल भूमि से प्रस्थान करने से पहले भी घटित हो चुका हो सकता है और बाद में भी आया हो सकता है।

इतने सारे चर घटकों के रहते हुए सम्भाव्यताओं की संख्या कहाँ तक पहुँचती है, इसका सही उत्तर तो कोई गणितज्ञ ही दे सकता है। दो सौ वर्षों के अनवरत अध्ययन और विविध क्षेत्रों की विशेषज्ञता के बाद यदि इन सम्भाव्यताओं के दायरे को कुछ सँकरा भी किया जा सका होता तो इसे एक आंशिक उपलब्धि माना जा सकता था। परन्तु अराजकता

की सीमा यह है कि इनमें से सभी विकल्प आज भी खुले हुए हैं। मूल केन्द्र और वहाँ से भाषा और संस्कृति के प्रसार के कारणों तथा रूपों पर हम आगे चलकर विचार करेंगे। इस अध्याय में हम केवल इस बात पर विचार करेंगे कि क्या भारत पर आर्यों का आक्रमण, या भारत में उनका किसी अन्य रूप में प्रवेश हुआ हो सकता है? यदि नहीं, तो भारत में वैदिक जनों की स्थिति क्या है, और हड़प्पा सभ्यता से वैदिक सभ्यता का रिश्ता क्या है?

1. कोरी पट्टी

गाइल्स (240/641) लिखते हैं कि इतिहास इस विषय में हमें कुछ नहीं बताता कि भारत में इंडोजर्मनिक बोलनेवाली जातियों का प्रवेश कैसे हुआ। कीथ (324/70-71) का कहना है कि यह लगभग सुनिश्चित-सा है कि वैदिक भारतीय भारत में कैसे घुसे, इसका निश्चय करने में ऋग्वेद हमारी कोई सहायता नहीं करता। वह आगे (व) लिखते हैं, "यदि, जैसा कि हुआ हो सकता है, आर्य आक्रमणकारियों ने भारत में हिन्दूकुश के पश्चिमी दर्रों से प्रवेश किया हो और उससे होकर पूर्व की ओर पंजाब से होते हुए बढ़े हों, तो भी इस यात्रा की कोई झलक ऋग्वेद में नहीं मिलती जिसका, कम-से-कम, अधिकांश भाग आधुनिक अम्बाला से दक्षिण सरस्वती नदी के आसपास के क्षेत्र में रचा गया प्रतीत होता है।" इमेनो (214/132) स्वीकार करते हैं, "साफ़ बात तो यह है कि हमें (भारत के आर्यों के) आव्रजन के इतिहास के बारे में क़तई कुछ पता नहीं है।" थापर (596/160) इस समस्या पर विचार करते हुए लिखते हैं कि जिन संस्कृतियों को किसी भी तरह आर्यों से सम्बन्धित बताया जाता रहा है उनके नृतात्त्विक और पुरातात्त्विक साक्ष्यों का भाषा-वैज्ञानिक साक्ष्यों से मेल नहीं बैठता और "यहाँ तक कि अनातोलिया, उत्तरी इराक़, उत्तरी ईरान, सोवियत मध्य एशिया, स्वात घाटी, और गान्धार क्षेत्र या पाकिस्तान और भारत के गंगा-यमुना दोआबा, दक्षिणी राजस्थान और मालवा पठार और उत्तरी दकन के क्षेत्रों में पाए जानेवाले नृतात्त्विक और पुरातात्त्विक साक्ष्य भी, एक क्षेत्र से दूसरे क्षेत्र में, बदलते पाए जाते हैं।" थापर आगे लिखते हैं, "भारत में आर्यों के प्रवेश के सम्बन्ध में उपलब्ध वस्तुगत साक्ष्य अभी तक अनिर्णायक बने हुए हैं" (596/161)। स्वराज्य प्रकाश गुप्त (258/318) भारत के सीमावर्ती क्षेत्रों के पुरातात्त्विक साक्ष्यों की छानबीन करने के बाद इस नतीजे पर पहुँचे हैं कि सन्दर्भित काल में भारत से बाहर की किसी संस्कृति को सिन्धु पार भारत की ओर बढ़ते नहीं पाया जाता।

यदि ऋणात्मक साक्ष्यों का कोई अर्थ हो सकता है तो ऐसे ही मामलों में। कारण, किसी-न-किसी स्रोत से इस बात का क्षीण-से-क्षीण निर्णायक प्रमाण आना ही चाहिए था कि जिस भी रूप में सही, भारत में आर्यों का प्रवेश प्रस्तावित काल के आसपास हुआ था। पर प्रमाणों का सर्वत्र अभाव इस बात का प्रमाण है कि इस तरह का कोई आक्रमण या आव्रजन भारत की ओर हुआ ही नहीं था। कम-से-कम किसी प्रकार के प्रमाण के अभाव में इस तरह का दावा करना बौद्धिक सन्तुलन और अकादमिक संयम के अभाव का ही सूचक हो सकता है।

2. आर्य जन

आर्यों का आक्रमण या आव्रजन तो अलग बात है, प्रश्न यह है कि क्या आर्य नाम का कोई गण या क़बीला कभी अस्तित्व में था भी? 'आर्य' शब्द की व्युत्पत्ति और इसके प्रसार आदि के प्रश्न पर हम आगे विचार करेंगे और यथास्थान यह भी देखने का प्रयत्न करेंगे कि अर्थव्यवस्था में परिवर्तन के साथ इस शब्द का आशय किस तरह बदलता गया है।

यहाँ हम उस विडम्बना को सामने रखकर विचार करेंगे जिसकी ओर थापर ने संकेत किया है। वह नृतात्त्विक आदि पहलुओं से स्थिति का जायज़ा लेने के बाद लिखते हैं, "अतः यह स्पष्ट है कि कोई एक संस्कृति आर्यों से सम्बन्धित नहीं थी।" (596/160) और फिर वह प्रश्न करते हैं, "क्या हम यह मान लें कि आर्य ऐसे यायावर थे जिनमें एक भाषा से गहन लगाव के अतिरिक्त कोई सुनिश्चित संस्कृति नहीं थी?" (व) हम थापर के प्रश्न को इसकी तार्किक परिणति तक ले जाते हुए यह प्रश्न करना चाहेंगे कि क्या कोई ऐसा जन-समाज था जिसके प्रत्येक सदस्य को, जातीय या भाषायी उत्तराधिकार के आधार पर, आर्य कहा जाता रहा हो? यदि नहीं तो इसका किसी प्रकार के जन-संचलन से किसी प्रकार का सम्बन्ध कैसे हो सकता है?

आर्य जाति की परिकल्पना के पीछे यह तथ्य रहा है कि ऋग्वेद में आर्यों और दासों का उल्लेख अनेक बार आता है और इन उल्लेखों से यह प्रकट होता है कि इनके बीच सम्बन्ध तनावपूर्ण थे। इसी के आधार पर 'आर्य आक्रमण' को प्रमाणित करने के लिए उतावले विद्वानों ने आर्यों को आक्रमणकारी क़बीला और दासों को स्थानीय मूल निवासियों के रूप में पेश करना आरम्भ कर दिया था। परन्तु मैक्समूलर ने बहुत पहले ही इस बात की ओर ध्यान आकर्षित किया था कि 'आर्य' शब्द को जाति के अर्थ में लेना सर्वथा दोषपूर्ण है (415/120)। उनके इस मत का बाद के विद्वानों ने बार-बार समर्थन किया है (248/94) और इसके बावजूद भारतीय क्षेत्र में आते ही वे इस चेतावनी को भूल जाते रहे हैं। मैक्समूलर का कहना था कि 'आर्य' शब्द केवल भाषा के सन्दर्भ में ही सार्थकता रखता है, पर इसका भी कारण यह नहीं कि प्राचीन काल में आर्य भाषा जैसी किसी चीज़ का अस्तित्व था। वास्तव में इस नाम का चुनाव भी मैक्समूलर ने सुविधा के ख़याल से किया था, क्योंकि यह इंडोजर्मनिक, इंडो-यूरोपियन आदि नामों की अपेक्षा अधिक संक्षिप्त, अधिक सार्थक और अधिक व्यापक था (414/204-5)। प्रकारान्तर से कहें तो जैसे किसी भी काल में इंडोयूरोपियन नाम की किसी भाषा का अस्तित्व नहीं था और यह नाम हमारी आज की ज़रूरत को देखते हुए गढ़ लिया गया, उसी तरह आर्य भाषा का कभी अस्तित्व न था। यह नाम हमारी आज की ज़रूरत को ध्यान में रखते हुए मैक्समूलर द्वारा सुझाया गया था।

'आर्य' शब्द का जिस अर्थ में ज्ञात ऐतिहासिक कालों में प्रयोग होता रहा है और जिसकी पुष्टि ऋग्वेद से भी होती है, वह है—श्रीमान, मालिक, मान्यवर, महोदय आदि। पाणिनि (26.2) के अनुसार इसका प्रयोग 'स्वामी और वैश्य' के लिए होता था। यदि कार्य-विभाजन या वर्ण-व्यवस्था में निरूपित कर्तव्यों के अनुसार कृषि-सम्पदा, पशु-पालन और वाणिज्य तीनों पर वैश्यों का ही अधिकार था तो हम कह सकते हैं कि पाणिनि की उक्त व्याख्या में भी यही भाव निहित है कि यह शब्द वैश्यों के लिए ही विशेष रूप में प्रयोग

में आता था, जैसे इसी आशय को प्रकट करनेवाले 'श्रेष्ठि', 'महाजन' आदि शब्द बाद में प्रयोग में आते थे और साधु का प्रयोग वैकल्पिक रूप में ऋग्वेद में भी होता था। साधु भाषा आर्य भाषा, साधु आचरण, आर्य आचरण, साधु पथ आर्य या अर्य पथ, साध्वी और आर्या के बीच साम्य देखे जा सकते हैं।

परन्तु वैदिक काल के प्रारम्भ में जब परवर्ती कालों जैसा वर्ण-विभाजन नहीं हुआ था, यह उस वर्ग के लिए व्यवहार में आता था जिसका सम्पदा पर अधिकार था और इस वर्ग से ही क्षत्रिय और ब्राह्मण वर्ण भी आगे चलकर पैदा हुए (46/27वाँ; 281/110), यद्यपि इनके उपयुक्त कार्य-विभाजन सम्पदा पर इस वर्ग के अधिकार के साथ ही पैदा हो गया था। अतः 'आर्य' शब्द का प्रयोग इस स्वामी वर्ग के लिए और 'दास' शब्द का प्रयोग सेवक या श्रमिक वर्ग के लिए होता था। जैसे–एलीट और जेंट्री, लॉर्ड और कामनर, अमीर और ग़रीब, मालिक और नौकर शब्दों से यह ध्वनित नहीं होता कि ये दो जातियों के लोग हैं, न ही यह कि इनमें से एक आक्रान्ता है; दूसरा आक्रान्त। उसी तरह आर्य और दास शब्दों से कहीं इस तरह का विभेद प्रकट नहीं होता। इसके बावजूद आर्थिक विषमता और वर्ग-हितों के टकराव के कारण इनके बीच टकराव और तनाव बना रहना अधिक स्वाभाविक था, विशेषतः उन कालों में जब धर्म, विश्वास, नीति, नियम आदि के कठोर और मनोवैज्ञानिक बन्धनों में जकड़े हुए दास वर्ग की चेतना को उतना अधिक कुंठित नहीं किया जा सका रहा होगा, जितना बाद के कालों में। इस तनाव को सही सन्दर्भ न दे पाने के कारण 'आर्य' शब्द के साथ एक भिन्न जाति का भ्रम पाल लिया गया और जो विद्वान् जाति के अर्थ में इसके प्रयोग को दोषपूर्ण मानते रहे हैं उनके द्वारा भी इसका प्रयोग इस तरह होता रहा है मानो यह जाति का भी द्योतक हो। उदाहरण के लिए, मैक्समूलर की ठीक उसी कृति का शीर्षक जिसमें वह इस विषय में सावधान रहने की हिमायत करते हैं इस दृष्टि से कम भ्रामक नहीं है; यही भूल 'आर्य' शब्द के विवेचन के समय भी उनसे होती लगती है। अन्य लोग जो 'आर्यों' के मूल निवास की खोज के लिए बहुत चिन्तित रहे हैं, उनकी तो बात ही अलग है।

ऐसी स्थिति में विचारणीय यह हो जाता है कि वे कौन-सी स्थितियाँ हो सकती हैं जिनमें न केवल एक भाषा का, अपितु 'आर्य' शब्द का भी बहुत बड़े क्षेत्र में प्रसार हुआ? इसका उत्तर भी 'आर्य' शब्द में ही मिल जाएगा। यदि 'आर्य' शब्द का प्रयोग वैश्यों के लिए होता था तो इस भाषा और संस्कृति तथा 'आर्य' शब्द के प्रसार में वाणिज्यिक गतिविधियों का हाथ रहा हो सकता है और यही एकमात्र वह स्थिति है जिसमें भारत से लेकर बाहर तक की विभिन्न स्वविशिष्ट संस्कृतियों के बीच बड़े पैमाने पर किसी जन-संचलन के बिना भी इस तरह का प्रसार सम्भव हो। दूसरे शब्दों में कहें तो, भारत के बाहर जिन स्थानों पर इन व्यापारियों ने अपनी बस्तियाँ बसाईं उनको व्यापारियों की बस्ती या आर्यस्थान का नाम दिया। आरम्भ में यह केवल उनकी बस्ती तक के लिए व्यवहार में आता रहा और क्रमशः इसका प्रयोग उस समस्त अंचल के लिए होने लगा जो उनकी भाषा और संस्कृति से उनके व्यापारिक तन्त्र से, प्रभावित होता गया।

यहाँ पहुँचकर न केवल यह मान्यता डगमगा जाती है कि भारत पर आर्यों का आक्रमण हुआ था अपितु इससे भिन्न मान्यता, कि भारत से बाहर के देशों पर भारतीय आर्यों द्वारा

आक्रमण किया गया हो सकता है, भी अमान्य हो जाती है। इसके विपरीत अपने आरम्भिक चरण में यह एक शान्तिपूर्ण आर्थिक गतिविधि के रूप में सामने आती है। इससे भी महत्त्वपूर्ण बात यह कि आर्यों के सांस्कृतिक स्तर के विषय में जो आम मान्यता प्रचलित रही है, उसका भी खंडन होता है। अपने इस नए रूप में वे यायावर, पशुपालक, खेती से नाममात्र को परिचित जन न रहकर उन्नत आर्थिक तन्त्र से जुड़े हुए व्यक्ति सिद्ध होते हैं। कहें, उनका समाज एक ऐसा समाज सिद्ध होता है जिसमें वैश्यों का वर्चस्व था और इनका प्रधान कार्य व्यापार था। इसकी पुष्टि ऋग्वेद से भी होती है। इसमें व्यापारिक गतिविधियों की कितनी धूम मची दिखाई देती है, इस पर तो हम आगे विचार करेंगे, यहाँ केवल इस बात का उल्लेख किया जा सकता है कि वैश्य वर्ण की उत्पत्ति ऋग्वेद से मानी गई है–ऋग्भ्यः जातं वैश्यं वर्णं आहुः। (13/3.12.9.2) दूसरे शब्दों में कहें तो ऋग्वैदिक रचनाओं के और ऋग्वैदिक रचनाकारों के प्रधान संरक्षक वैश्य थे। हड़प्पा के नगरों से अलग आप इन व्यापारियों को कहाँ पा सकते हैं?

3. जनसंख्या का प्रश्न

ऋग्वेद के प्राचीनतम अंशों में ही हम वैदिक जनों को भारत के एक विशाल क्षेत्र में बहुत प्रभावशाली रूप में आबाद पाते हैं। क्या कोई आक्रमण इतना विशाल हो सकता था जिसमें विदेशी इतनी बड़ी संख्या में पहुँच सकें कि इस पूरे क्षेत्र को प्रभावशाली ढंग से आबाद कर सकें? भारत पर ज्ञात ऐतिहासिक कालों में बार-बार आक्रमण होते रहे हैं। कुछ समय तक शासन करने के बाद ये भारतीय जन-समुद्र में विलीन होकर उसमें अदृश्य हो जाते रहे हैं। इसका प्रधान कारण उनकी नगण्य तुलनात्मक संख्या रही है। उनकी भाषा के गिने-चुने शब्द भले भारतीय भाषाओं में बने रह गए हों, पर वे समूची भाषा और संस्कृति को प्रभावशाली रूप में बदलने में असमर्थ रहे हैं। एक अर्धबर्बर समाज द्वारा यदि कोई आक्रमण होता भी तो वह अपेक्षाकृत छोटे पैमाने पर ही हो सकता था। पर यदि इसे इतिहास के विशालतम आक्रामक जत्थे के रूप में भी स्वीकार किया जाए तो भी वे इतनी बड़ी संख्या में कदापि नहीं हो सकते थे कि इस समूचे क्षेत्र को आबाद कर सकें।

इस सीमा को ध्यान में रखते हुए 'इम्पीरियल गज़ेटियर' (634/301) के लेखक ने इसे एक विराट् आव्रजन के रूप में कल्पित किया था। परन्तु समस्या की गुरुता इसके बावजूद बनी रहती है। वह लिखता है :

"अब यदि भारत के सीमान्त देशों की भौतिक और सामाजिक स्थितियाँ उस सुदूर काल में भी वही रही हों जैसी कि इन्हें हम आज पाते हैं तो यह समझ में नहीं आता कि इस परिवार या क़बीले का मन्द प्रव्रजन इतने बड़े पैमाने पर कैसे हुआ होगा कि यह पंजाब को प्रभावशाली ढंग से आबाद कर सके। सीमान्त की पट्टी खुद सूनी पहाड़ियों और सँकरी घाटियों का जाल मात्र है जो कि किसी की आवभगत करने की दृष्टि से सर्वथा अनुपयुक्त है, जबकि एक चारणजीवी समाज उससे भी पश्चिम के अपेक्षाकृत अधिक अननुकूल प्रदेश से अपने कुल-कुटुम्ब के साथ बढ़ते हुए अपने रास्ते को ऐसी बाधाओं से अवरुद्ध पाता

जिन्हें उनमें से केवल सबसे शक्तिशाली लोग ही पार कर सकते थे। औरतों और बच्चों को पीछे ही छोड़ दिया गया होगा या वे रास्ते में ही मर-खप गए होंगे। इसके अलावा भारत के पड़ोसी देशों की वर्तमान वर्षा और जलवायु को देखते हुए आज सीमान्त से कुछ कायदे की दूरी के भीतर वह अनुकूल क्षेत्र कहाँ मिलेगा जिसमें से लोगों की इतनी बड़ी जमात निकल सके जो पंजाब को आबाद कर सके? दक्षिण-पूर्वी फ़ारस में तो कदापि नहीं, जिसके बालू के ढूह-बदलते हुए रेगिस्तान रहने के योग्य ही नहीं; न ही निर्जन दक्षिण-एशियाई स्तेपी में, जहाँ मुट्ठी-भर खानाबदोशों को भी मुश्किल से ही आहार मिल पाता है।"

लेखक इस मुश्किल को आसान करने के लिए कल्पना करता है कि सम्भव है, बीच के चार-पाँच हज़ार वर्षों के दौरान इन क्षेत्रों की जलवायु बदल गई हो और पहले वहाँ वर्षा का औसत अधिक रहा हो। इसकी पुष्टि में उसने एक भू-विज्ञानी डब्ल्यू. टी. ब्लैनफ़र्ड का हवाला भी दिया है। जलवायु परिवर्तन का यह मसला विवादास्पद है। ज्वाइनर, लन्दन विश्वविद्यालय और रॉबर्ट राइक्स, हाइड्रोलॉजिस्ट, पाकिस्तान सरकार आदि ने गहरी छानबीन के आधार पर कहा है (453/455) कि पिछले नौ हज़ार सालों में इस क्षेत्र की जलवायु में कोई विशेष परिवर्तन नहीं हुआ।

इस तरह, आक्रमण हो या आव्रजन, जनसंख्या के आधार पर भी हम वैदिक जनों के भारत में प्रवेश की कल्पना को असम्भव पाते हैं।

4. घुड़सवारी और लोहे का ज्ञान

भारत पर सुनियोजित रूप में और बहुत बड़े पैमाने पर जो आक्रमण हुए हैं, उनको भी सामने रखें तो इस विषय में किसी तरह का सन्देह नहीं रह जाता कि आर्यों का कोई भी आक्रमण या आव्रजन इतने बड़े पैमाने पर नहीं हुआ हो सकता कि यह गंगा से पश्चिम के समूचे भू-भाग को प्रभावशाली ढंग से आबाद कर सके। यह एक असम्भव-सी बात है। रोमिला थापर (600/214-15) का विचार है कि आर्यों का आगमन तो थोड़ी संख्या में ही हुआ होगा, पर उन्होंने अपनी भाषा और संस्कृति की धाक तकनीकी दृष्टि से हड़प्पावासियों से आगे बढ़े होने के कारण जमा ली होगी, "आर्यों के विषय में हमारी बनी-बनाई धारणाएँ जो भी क्यों न हों, पुरातात्त्विक साक्ष्यों से बड़े पैमाने पर किसी आक्रमण या आव्रजन का संकेत नहीं मिलता...। गंगा की उपत्यका के पुरातात्त्विक साक्ष्यों से यह प्रकट नहीं होता कि यहाँ के पुराने निवासियों को भागना या परिव्रजित होना पड़ा था।" और इसके अतिरिक्त "प्रमाणों से यह भी पता चलता कि कोई भी एक ऐसी प्रबल संस्कृति थी जो धीरे-धीरे समूचे उत्तरी भारत में फैल गई और इस तरह जिसने विभिन्न संस्कृतियों को अपने भीतर समेट लिया।...इससे यह संकेत मिलता है कि आप्रवासी अपने साथ औद्योगिकी के कुछ पहलू और सम्भवतः भाषा लेकर आए थे।" तकनीकी दृष्टि से उनके आगे बढ़े होने की कल्पना का आधार यह है कि आरम्भ से ही आर्यों को अश्वारोही जमात माना जाता रहा है और उनकी संस्कृति अश्व-संस्कृति मानी जाती रही है। (155/100; 404/110-11) और आर्य हमलावरों द्वारा स्थानीय जनों की पराजय की कल्पना करनेवाले भी इस बात पर

विशेष बल देते रहे हैं कि अपने फुर्तीले और ओजस्वी वाहन के कारण उन्हें जो गतिशीलता प्राप्त थी, उसके बल पर संख्या में कम होने के बावजूद उन्होंने विजय प्राप्त कर ली। (600/232; 133/104; 468/273) रोचक बात यह कि जिस चुस्ती की बात की जाती है वह अश्वारोहियों की चुस्ती नहीं ऊबड़-खाबड़ मैदान में रथारोहियों की चुस्ती है क्योंकि स्वीकार यह भी किया जाता है कि तब तक घोड़ों की पीठ पर सवारी का चलन नहीं था। यहाँ आकर तुलनात्मक चुस्ती का तर्क हास्यास्पद हो जाता है। तकनीकी कौशल में श्रेष्ठता का दूसरा आधार यह माना जाता रहा है कि वे लोहे से परिचित थे। इसकी पुष्टि में यह सुझाया जाता रहा है कि भारोपीय भाषाओं में अधिकांश में लोहे के लिए प्रचलित शब्द 'अयस्' से निकले हैं जो इस कारण ही हो सकता है कि वे भारत में आने से पहले या, कहें, अपने संयुक्त भारोपीय काल में ही लोहे से परिचित हो चुके थे।

घोड़ा हड़प्पावासियों के लिए अपरिचित पशु नहीं था, इसे राना गुंडाई के पुरातात्त्विक अवशेष के आधार पर ह्वीलर (626/60) भी स्वीकार करने को बाध्य थे और जोशी, राव, शर्मा (314; 509; 565) आदि ने हड़प्पा सभ्यता के अन्य स्थलों से प्राप्त घोड़े की अस्थियों के आधार पर इसके अपेक्षाकृत व्यापक प्रचलन की पुष्टि की है। पर रोचक बात यह है कि आर्य या हड़प्पा के जन क्रमिक पशुपालन के दौरान ही घोड़े का उपयोग करना सीख पाए थे। वैदिक विवरणों से पता चलता है कि घोड़े को पालतू बनाने से पहले वैदिक जनों ने गधे को पालतू बनाया था और इसे ही अश्व कहा जाता था। इसी कारण अश्विनीकुमारों का वाहन गधा है। (1.34.9; 162.21; 8.85.7) गधे का उपयोग गाड़ी और रथ खींचने के लिए प्राचीन काल में किया जाता था। (28/3.42.7; 21/1.132.7) और घोड़े को पालतू बनाने से पहले यह तेज़ वाहन माना जाता था। जब गधे को अश्व कहा जाता था उस समय खच्चर को अश्वतर या श्रेष्ठ अश्व कहा जाता था, जो खच्चर के लिए आगे भी प्रयोग में आता रहा। बेबीलोन में भारतीय व्यापारियों की बस्तियों में पहले अश्वमेध यज्ञ वस्तुतः गर्दभमेध था, अर्थात् भारतीय अश्वमेध से इसकी हर मामले में समानता थी, सिवाय इस बात के कि वहाँ पहले गधे का और फिर घोड़े का ठीक उसी रूप में उपयोग होता रहा जैसे भारत में घोड़े का। कीथ के अनुसार इसका प्रचलन वहाँ 2100-1800 ई.पू. के बीच आरम्भ हुआ होगा। (326) अंग्रेज़ी का 'ऐस' शब्द उस वैदिक प्रयोग का स्मरण दिलाता है जब अश्व का अर्थ गधा भी था, यद्यपि 'हार्स', जेंद–अस्प, लातिन–एकुअस, ग्रीक–इप्पोस आदि इस बात की भी सूचना देते हैं कि गधे के समानान्तर इसका प्रयोग घोड़े के लिए भी होने लगा था।

गधे को पालतू बनाने के बाद वैदिकों को इससे अधिक तेज़ चलनेवाले एक पशु का पता चला और अब अश्व या 'तेज़ चलनेवाला' शब्द इसके लिए प्रयोग में आने लगा। सम्भव है, भारतीय घोड़ा टट्टुओं की नस्ल का था जिसका प्रयोग माल ढोने के लिए किया जाता है। (509/308) इस नस्ल का घोड़ा सम्भवतः कच्छ के क्षेत्र में वन्य रूप में पाया जाता था। सम्भवतः कच्छ के क्षेत्र में इसके पाए जाने के कारण ही वैदिक परम्परा में यह विश्वास स्थान पा गया था कि घोड़े की उत्पत्ति जल से हुई, "अप्सु योनिः वा अश्वः।" (12.3.8.4.3); "अद्भ्यः ह वा अग्रे अश्वः सम्बभूव..." (31/5.1.4.5); "समुद्र एव अस्य बन्धुः समुद्रः योनिः।" (31/10.6.4.1) पर अपने व्यापारिक उपक्रम में अफ़ग़ानिस्तान से

सम्पर्क होने के बाद वैदिक जनों के पूर्वजों को उस तेज़ रफ़्तारवाले घोड़े का पहली बार परिचय मिला जो भारतीय टट्टुओं की तुलना में अधिक ओजस्वी, गतिशील और शक्तिशाली था। इस तथ्य को मिथकीय रूप में पेश करते हुए कहा गया है कि गन्धर्वों ने घोड़े में वेग भर दिया। (31/5.1.4.8; 7.5.2.15) गन्धर्वों ने घोड़े की रास पकड़ी, घोड़े पर सबसे पहले सवारी गन्धर्वों ने की। (1.163.2) ऋग्वेद के प्राचीन मंडलों में भी इस प्रखर वेगवाले घोड़े का ज़िक्र है जिसे दधिक्राव्ण कहा गया है और जिससे मुग्ध होकर इसी प्रशंसा में अनेक सूक्त रचे गए हैं। दधिक्राव्ण का शाब्दिक अर्थ है–'सवार को पीठ पर लिये-लिये छलाँग लगा जानेवाला'। (4/4.38; 39; 40; 44) अतः यह मानने का पर्याप्त कारण है कि वैदिक सभ्यता के उस प्राचीन दौर, में जो ऋग्वेद के रचनाकाल से भी पीछे जाता है, वैदिक जनों ने सुदूर स्थलों की व्यापारिक यात्राएँ आरम्भ कर दी थीं और न केवल भारतीय टट्टुओं को पालतू बना चुके थे, अपितु अच्छी नस्ल के घोड़ों को भी हासिल कर चुके थे। इसके बावजूद यह मानना होगा कि उत्कृष्ट नस्ल के ये घोड़े कुछ विशेष और असाधारण रूप में सम्पन्न लोगों के पास ही रहे होंगे जो अन्य पशुओं से भिन्न इसके दैवीकरण से और इन्द्र के पास वाजश्रवा नामक एक विशिष्ट घोड़े की पौराणिक कथा से तो प्रकट होता ही है, विश्वमित्र द्वारा श्यामकर्ण घोड़े की दुर्लभ दक्षिणा माँगने की कथा में भी प्रतिबिम्बित है, (21/5.104.26) जिसमें घोड़े के कान का रंग लाक्षणिक रूप में आया है और महत्त्व घोड़े की नस्ल का ही है।

यदि आर्य आरम्भ से ही घोड़े से परिचित होते तो वे यह नहीं कहते कि उनका अश्व कभी घोड़ा न होकर गधा था। गधे के लिए अश्व शब्द बाद तक लाक्षणिक रूप से प्रयोग में आता रहा। वैदिकों की यह स्वीकारोक्ति कि उनसे पहले घोड़े से गन्धर्व या अफ़ग़ानिस्तान (कंदहार) क्षेत्र के लोग परिचित थे, दो बातों की सूचक है–एक यह कि वे भारत में ही अपने विकास के एक विशेष चरण पर पहुँचकर उन्नत क़िस्म के, या कहें स्तेप के, घोड़ों से परिचित हुए थे; और दूसरा गन्धर्वों से उनका सौहार्द्रपूर्ण सम्बन्ध उनकी सम्पन्नता और उनके साथ व्यापारिक सम्पर्क के कारण तो था, पर वे स्वयं गन्धर्व नहीं थे, कभी गान्धार क्षेत्र से आए नहीं थे। अतः अश्वारोही भारोपीय संस्कृति और अश्वारोहण के कारण आर्यों की हड़प्पा पर विजय–ये दोनों ही मिथ्या प्रवाद हैं।

वैदिक जन घोड़ों से परिचित थे, पर उसी रूप में और उसी सीमा तक जिस रूप में और जिस सीमा तक हड़प्पावासी घोड़े से परिचित थे, और इस दृष्टि से दोनों में कोई भिन्नता नहीं पाई जाती।

जहाँ तक लोहे का प्रश्न है, शैफ़र ने (551) इस बात का निर्णायक प्रमाण पेश किया है कि हड़प्पावासी लोहे से परिचित थे, यद्यपि इसका उपयोग बहुत सीमित, कहें विरल, रूप में ही हो रहा था। लोहे का प्रचलन 'शतपथ ब्राह्मण' के रचनाकाल तक बहुत सीमित रहा लगता है, क्योंकि शतपथ में ताँबे के छुरे से मुंडन करने का ज़िक्र आता है। (31/2.6.4.5) ऋग्वेद में आयस् के फलकवाले बाणों का उल्लेख है, पर इनको आलक्त या लाल रंग का बताया गया है (6.75.15) जिसका अर्थ यह है कि 'अयस्' शब्द का प्रयोग लोहे के लिए न होकर ताँबे आदि के लिए होता था। फिर, इस दशा में अन्य भारोपीय भाषाओं में लोहे के लिए अयस् से साम्य रखनेवाले शब्दों के प्रचलन का क्या कारण है? स्पष्ट है कि भारत उन क्षेत्रों या

केन्द्रों से किसी सूत्र से उस काल तक सम्पर्क में बना रहा था जब अयस् का प्रयोग केवल लोहे के लिए होने लगा। यह सम्पर्क व्यापारिक और सांस्कृतिक सम्पर्क का ही हो सकता है।

5. दो आक्रमणों की कथा

हार्नले ने (286/12-13) भारतीय आर्य-बोलियों के विश्लेषण के बाद यह पाया कि मध्यदेश की भाषाएँ अपने चारों ओर की भाषाओं से कुछ भिन्न हैं–परिमंडल की आर्य भाषाओं में कुछ ऐसी समानताएँ पाई जाती हैं जो मध्यदेश की भाषाओं में उपलब्ध नहीं हैं। इसके आधार पर उन्होंने यह निष्कर्ष निकाला कि आर्यों के दो आक्रमण हुए थे। पहला जत्था आकर गंगा के पश्चिमी दोआबे में बस गया। इसके बाद आर्यों का एक दूसरा जत्था आया और इसने पहले बसे लोगों को हरा दिया और हारे हुए लोग इस मध्यदेश के चारों ओर–दक्षिण, पूर्व, उत्तर और पश्चिम में–बिखर गए। दुहरे आर्य-आक्रमण का समर्थन ग्रियर्सन और रिज़ली ने भी किया। ग्रियर्सन ने (248a/358) भारतीय आर्य भाषाओं का वर्गीकरण करते हुए परिमंडल में आनेवाली भाषाओं को 'आउटर बैंड' का नाम दिया। इस समूह में पंजाबी, सिन्धी, गुजराती, राजस्थानी, मराठी, पहाड़ी अंचल की बोलियाँ, बिहारी हिन्दी, असमिया, बांग्ला, और ओडिया आती हैं। मध्यदेश की भाषा पश्चिमी हिन्दी या खड़ीबोली है।

इसमें सन्देह नहीं कि परिमंडल की इन बोलियों में अनेक ऐसी समानताएँ हैं जो इनके बीच पाए जानेवाले भौगोलिक अन्तराल के बावजूद बनी हुई हैं। बहुत पहले भी स्थिति इससे भिन्न नहीं थी। इसका कोई समाधान तो अपेक्षित था ही और आर्य-आक्रमण की बलवती कल्पना के बाद इसका समाधान भी इस तरह करना था ताकि इस कल्पना में कोई व्यवधान न पड़े। यह काम हार्नले और ग्रियर्सन आदि ने कर दिखाया।

पर यह कैसा आक्रमण था कि इन बोलियों के बोलनेवाले इतने करीने से मध्यदेश के चारों ओर बिखर गए जैसे ठीक ऊपर से किसी भारी पिंड के गिरने पर पानी चारों और फैल जाए और पिंड के लिए जगह बना दे? यह दूसरा आक्रमण निश्चय ही विश्व इतिहास में एक चमत्कार ही कहा जाएगा। सुनीति कुमार चाटुर्ज्या इसे आक्रमण न मानकर आव्रजन मानते हैं, (151/30) पर उस दशा में भी पहले से बसे लोगों का बाद में आनेवाले लोगों के लिए अपना घर खाली करके चल देना और उनको चारों ओर से घेरकर अपेक्षाकृत असुविधाजनक क्षेत्रों में बस जाना, चमत्कार में कुछ इज़ाफ़ा ही करता है। यह आक्रमण किस रूप में हुआ कि मध्यदेश में पहले से बसे हुए लोग उस दिशा में भी बढ़ गए जिस दिशा में आक्रमणकारियों का आगमन हुआ था? हार्नले की समझ से दूसरा आक्रमण या प्रवेश सीधे कील की तरह मध्यदेश में उतर गया। यह आक्रमण मध्यदेश में कील की तरह सीधे उतरा या नहीं, इस पर विवाद की गुंजाइश है, पर आक्रमण की मान्यता इस तरह के विद्वानों के ज़ेहन में कील की तरह उतर गई थी, इसमें किसी प्रकार का सन्देह नहीं।

हार्नले और ग्रियर्सन की इस मान्यता का समर्थन रामप्रसाद चन्दा (148) ने नृतात्त्विक आधार पर किया था। उनके अनुसार बाहरी परिमंडल के आर्य लघुकपाल थे, और बाद में

आए आर्यों से भिन्न रक्त के थे। मध्य क्षेत्र के आर्य लम्बशीर्ष थे। रक्त का यह अन्तर ज्यों-का-त्यों भाषा में भी बना रह गया। पहली जमात के आर्यों में जाति, वर्ण और धर्म की वे बातें नहीं थीं जिनको आर्यों से जोड़ा जाता है। यह सब उन्होंने अपने नवागत बन्धुओं से लिया। ग़रज़ कि भारोपीय भाषा किसी ऐसे क्षेत्र में नहीं बोली जाती थी जिसमें लघुकपाल और लम्बशीर्ष दोनों प्रकार के लोग बसते थे, अपितु दो अलग नृजातियों में बोली जाती थी जिनमें सिर्फ़ भाषागत साम्य था, वह भी आभासिक। पहला आक्रमण लघुकपाल जनों के द्वारा हुआ फिर लम्बशीर्षों की बारी आई, या सम्भव है, इन दोनों आक्रमणों के बीच मूल देश में लघुकपाल ही लम्बशीर्ष हो गए हों, पर भारत में पहुँचने के बाद लघुकपालों ने अपने सिर की आकृति में परिवर्तन करने से इनकार कर दिया हो।

चाटुर्ज्या ने (151/32-33) इस मान्यता की कमियों की ओर संकेत किया है। वह लिखते हैं कि जहाँ तक गुजरातियों, बिहारियों और बंगालियों का सवाल है, ये द्रविड़, आर्य और कोल रक्त के मिश्रण हैं। वह लहँदी-भाषियों की शरीर-रचना की ओर संकेत करते हैं कि इस दृष्टि से ये कान्यकुब्ज ब्राह्मणों जैसे हैं जबकि न केवल बाहरी वर्ग में आते हैं अपितु इनके प्रति भी मध्यदेशीय आर्यों का वही भर्त्सनापूर्ण रुख़ रहा है जो मागधों आदि के प्रति। और "इसके अलावा केवल कपाल की माप पर आधारित जाति-विभाजन को आज निर्णायक नहीं माना जाता। फिर जिन्हें हार्नले आदि ने बाहरी मंडल में रखा है, मुमकिन है, वे आर्य रहे ही न हों।" चाटुर्ज्या (व/34) इस भाषिक विभेद का एक दूसरा समाधान वैदिक काल में अनेक आर्य-बोलियों के प्रचलन के रूप में देते हैं और मानते हैं कि "इनमें से कुछ दूसरी बोलियों से, या वंशगत कारण से, या स्वतन्त्र विकास के कारण, या फिर एक-दूसरे पर प्रभाव के कारण परस्पर समानता रखती हैं।"

चाटुर्ज्या द्वारा हार्नले और ग्रियर्सन आदि की मान्यता की आलोचना उनकी दुर्बलताओं को तो सामने लाती है और इसमें चन्दा द्वारा दिए गए नृतात्त्विक समाधान की सीमाओं का भी उद्घाटन किया गया है, पर वह मूल समस्या का कोई तर्कसंगत समाधान नहीं दे पाते। आखिर बीच की लम्बी दूरियों के बावजूद इन सभी बाहरी बोलियों में कतिपय समान लक्षण कैसे पैदा हो गए? वैदिक काल में अनेक बोलियों के प्रचलन से इस बात का समाधान कैसे हो जाता है कि इन बोलियों में परस्पर अधिक निकटता रखनेवाली बोलियाँ ही मध्यदेश में कैसे जमी रह गईं और शेष इनको घेरकर फैल गईं और इसके बावजूद इन अपेक्षाकृत अधिक भिन्न बोलियों तक ही वे समान लक्षण क्यों सीमित रह गए? हार्नले, ग्रियर्सन और चाटुर्ज्या के द्वारा परिकल्पित चित्र में आर्य सीधे मध्यदेश में दाखिल हुए और चाटुर्ज्या के अनुसार हड़प्पावासियों के डर से आर्यों ने उधर को रुख ही नहीं किया, पर जैसा कि कीथ का (324/71) विचार है, वैदिक साहित्य से इसकी पुष्टि नहीं होती–वह सरस्वती के क्षेत्र में रचा गया था।

इस भाषिक चित्र से उभरनेवाले प्रश्न का एक ही समाधान हो सकता है, जिसकी ओर आर्य आक्रमण की कल्पना के कारण ध्यान ही नहीं दिया गया। वह यह कि वैदिक भाषा का विकास किसी एक जाति की बोली से नहीं हुआ। सभ्यता के विकास के क्रम में आर्थिक और सांस्कृतिक गतिविधियों के कारण उस केन्द्रीय क्षेत्र में, जहाँ यह विकास आरम्भ हुआ, एक सम्पर्क भाषा का उदय विभिन्न स्थानीय बोलियों के विलय के कारण

सम्भव हुआ। यह केन्द्र सारस्वत क्षेत्र था। यहीं वैदिक संस्थाओं, मूल्यों, विश्वासों, सामाजिक व्यवस्थाओं आदि का विकास हुआ और इसका विस्तार अपने चतुर्दिक् होता गया और लगभग मिलती-जुलती बोलियोंवाले इस भू-भाग में, जिसमें अनेक मामलों में समान तत्त्व पहले से मौजूद थे, इस भाषा के स्वीकार किए जाने के साथ वर्तमान आर्य भाषा क्षेत्र की बोलियों में व्यापक एकरूपता क़ायम हुई। केन्द्र में अतिसंस्कृतीकरण के कारण अनेक ऐसे तत्त्व, जो पहले यहाँ की बोलियों में विद्यमान थे, दबकर समाप्त हो गए, जबकि परिमंडल की बोलियों में ये लक्षण आज तक बने रह गए हैं। स्वयं वैदिक काल में भी अनेक वैदिक बोलियों का प्रचलन मूल स्थानीय बोलियों की अपनी विशिष्टताओं के कारण ही था और यह विशेषता समूचे ऐतिहासिक काल में बनी रही है।

इस तरह भाषावैज्ञानिक दृष्टि से भी हम किसी आक्रमण या आव्रजन की मान्यता को खंडित होते पाते हैं। भारतीय भाषाओं में पाई जानेवाली भिन्नताओं और सादृश्यों को भी तभी सही रूप में समझा जा सकता है जब हम वैदिक सभ्यता के विकास की परिस्थितियों को सामने रखें, न कि इसे बनी-बनाई लाकर रोपने की कोशिश करें।

6. आक्रमण और जन-युद्ध

आर्यों के जिस आक्रमण की बात बार-बार दुहराई जाती है उसका सार यह है कि आर्य आक्रमण और विजय का रूप चाहे जो भी रहा हो, पर अपनी विजय के बाद न तो उन्होंने कोई नगर बसाया, न ही किसी एक केन्द्र में अपनी शक्ति का केन्द्रीकरण किया। इसके विपरीत वे सीधे ग्रामीण क्षेत्रों में फैलकर अपने ढोर चराने और मामूली क़िस्म की खेती वगैरह करने लगे। इससे कुछ सैद्धान्तिक समस्याएँ पैदा होती हैं जिन पर ध्यान देना ज़रूरी है।

वैदिक जनों के हड़प्पा के नगरों को छोड़कर ग्रामीण अंचल में पहुँच जाने का औचित्य यह कहकर सिद्ध किया जाता रहा है कि वे नगर-जीवन के अभ्यस्त नहीं थे। नगर-जीवन के अनभ्यस्त और अपनी ख़ानाबदोशी में ही प्रसन्न रहनेवाले क़बीलों की कमी कभी नहीं रही है, पर इस ख़ानाबदोशी के कारण वे बहुत बड़े पैमाने पर एकजुट भी नहीं हो सकते जो कि किसी सुनियोजित आक्रमण की पहली शर्त है। यदि कभी किसी पैमाने पर उनके गिरोह बने हैं और उन्होंने किसी क्षेत्र पर आक्रमण किए हैं तो विजय के बाद वे भी नगरों में ही बसे हैं। इसकी मिसाल अफ़ग़ान, शक और हूण हैं। यह किसी भी विदेशी विजेता की एक लाचारी है, कारण, किसी एक केन्द्र में अपना प्रभावशाली जमाव करके ही वह अपनी रक्षा कर सकता है। ग्रामीण क्षेत्रों में बिखरने के बाद उन लोगों का भी जीवन सुरक्षित नहीं रह सकता जिनकी बिरादरी के लोग किन्हीं केन्द्रों में प्रभावशाली रूप में जमे हुए हों और संकट की घड़ी में उनकी सहायता कर सकते हों। बिना इस तरह के जमाव के बिखरे हुए हमलावरों का जीवन तो सुरक्षित माना ही नहीं जा सकता।

दूसरे, वैदिक काल के लिए नियत समय के आसपास, या इससे पहले, पश्चिमी एशिया के जिन भी स्थलों से 'आर्यों' की उपस्थिति की पुष्टि होती है वहाँ वे नगरों में बसे दिखाई देते हैं और स्थानीय शासन की बागडोर सँभाले मिलते हैं। केवल भारत में प्रवेश करनेवालों

में नगरों के प्रति इतनी गहरी अरुचि क्यों पैदा होने लगी?

फिर कल्पना करें कि ये लोग अपने रेवड़ों के साथ आ रहे हैं। क्या आक्रमणकारियों के रूप में आनेवाले ये लोग अपने रेवड़ों की सुरक्षा के लिए चिन्तित होने की बजाय आक्रमणकारियों की शक्ल ले लेंगे? इन रेवड़ों को लेकर आनेवालों की मार्ग की कठिनाइयों की कल्पना करना भी ज़रूरी है और साथ ही इस बात पर ध्यान देना भी ज़रूरी है कि क्या ख़ानाबदोशों ने भी कभी अपने ढोर-डंगर साथ लेकर किसी क्षेत्र पर हमला किया है?

इसका एक विकल्प यह हो सकता है कि वे गाय और भेड़-बकरी लेकर न आए हों; केवल घोड़ों पर सवार होकर आए हों और अपनी विजय के बाद स्थानीय जनता के पशुओं को लूटकर चरवाहों में बदल गए हों। पर एक तो प्रस्तावित योजना में यह सुझाया जाता है–यद्यपि यह ठीक नहीं है–कि वे घोड़ों की पीठ पर सवारी करते ही नहीं थे, उन्हें मात्र रथों में जोतते थे और रथों को लेकर पश्चिमोत्तर की पहाड़ी बाधाओं को पार करने की बात निर्बन्ध कल्पना की ही उपज हो सकती है; दूसरे, इस स्थिति में भारत में आकर बिखरने के बाद उनको स्थानीय किसानों और चरवाहों की ज़मीन और पशुओं को लूटना-छीनना होगा और इससे स्थानीय जनता के आक्रोश का सामना करना पड़ेगा। जनता के उग्र रूप धारण करने पर ये बिखरे हुए लोग, विशेषतः किसी एक केन्द्र में भारी जमाव के अभाव में, साफ़ कर दिए जाएँगे।

दूसरे शब्दों में कहें तो, यदि हड़प्पा सभ्यता के अपने नगर न होते या वे नष्ट हो चुके रहे होते तो भी कम-से-कम इन 'आक्रमणकारियों' की अपनी सुरक्षा के लिए ही नगर बसाए जाने चाहिए थे, जहाँ केन्द्रित रहकर ही वे स्थानीय विद्रोह का दमन कर सकते थे। दूसरे, इन केन्द्रों पर क़ब्ज़ा कर लेने के बाद भी वे कर आदि की उगाही से अपना प्रभुत्व तो क़ायम रख सकते थे, पर सीधे देहातों में जाकर खेती और पशुपालन नहीं कर सकते थे।

अतः यदि ऋग्वेद के प्राचीनतम अंशों से ही स्थानीय भूसम्पदा और पशुधन पर वैदिक किसानों और चरवाहों का ही आधिपत्य दिखाई देता है तो इसका अर्थ है, वैदिक किसान और चरवाहे स्वयं हड़प्पा सभ्यता के किसान और चरवाहे थे और इनको आक्रमणकारी मानना ग़लत है। जिन असम्भव बातों का दूसरा कोई उदाहरण कहीं नहीं पाया जाता, उनको लादते हुए भारत पर आक्रमण की मान्यता पर अडिग रहनेवाले पंडितों के आत्मविश्वास की जितनी भी सराहना की जाए, उनके विवेक पर भरोसा नहीं किया जा सकता। अपने रेवड़ साथ लिये आनेवाले आक्रमणकारी, रथ पर सवार होकर पर्वत पार करनेवाले आक्रमणकारी, नगरों के प्रति अरुचि रखने के कारण सीधे देहातों में जाकर बस जानेवाले आक्रमणकारी, आर्य नाम से अपने को अभिहित करनेवाला आक्रमणकारी उस मनोविलास की देन हैं जो तर्क के बन्धन को नहीं मानता।

7. हड़प्पा सभ्यता पर हमला

हड़प्पा सभ्यता की खोज से पहले तक भारत पर जिस आक्रमण की कल्पना की जाती थी उसके अनुसार वैदिक आक्रमणों का भारत में जिन शत्रुओं से मुक़ाबला हुआ वे यहाँ के

चपटनास मूल निवासी थे। इसका आधार यह था कि ऋग्वेद में जिन संघर्षों के उल्लेख बार-बार आते हैं उनमें वैदिक अपने शत्रुओं के लिए जिन विशेषणों का प्रयोग करते हैं, वे हैं—तम, तमोवृध, राक्षस, पिशाच, क्रव्याद, स्तेन, तस्कर, दस्यु, धूर्त, दुःशंस, अत्रि, मन्यमान, अभिमाती, अधम, अघशंस, दुःशेव, जिघांसु, व्यथी, उब्ज, ध्वरस, मूर, अंभृण, रिष, दुच्छु, अभिद्रुह, पृतन्यु, अचित, शर्ध, भंगुरावत, निरामिण, मायावी, किमीदिन, अनप्नस, अभिहुत, मृध्रवाच, देवनिद, निद, अयज्यु, अव्रत, अकर्म, अन्यव्रत, तायु, विद्विष, द्वेषधत्त, द्विष, अमित्र, वृक, द्वयाविन्, अनिन्द्र, यातुधान, वनर्गू, हुरश्चित्, मुषीवान, मलिम्लुच आदि कहकर पुकारते हैं। इनमें से कुछ शब्द निश्चय ही मात्र शत्रुता के द्योतक हैं और इनमें वैदिक जनों के शत्रुओं के सांस्कृतिक स्तर की कोई झलक नहीं मिलती, पर शेष से उनके असभ्य, जंगली और नितान्त पिछड़े होने की सूचना मिलती है। इन आदिवासियों को काले रंग, ठिगने आकार और चपटी नाकवाला कल्पित किया गया था। इनके विपरीत, आर्यों को गोरे रंग, लम्बे क़द और ऊँची नाकवाला माना गया था। यदि 'आर्य आक्रमणकारी' किसी भी रूप में तत्कालीन शासकों से सम्बन्ध रखते थे तो उनकी नाक तो ऊँची रहनी ही चाहिए थी।

परन्तु हड़प्पा सभ्यता की खोज के बाद यह तिलिस्म टूट गया। अब यदि आर्यों का स्तर उसके कुछ आसपास ही था, जिसकी इससे पहले कल्पना की गई थी, तो भारत में एक ऐसी सभ्यता का पता चल गया था जिसके सामने आर्य स्वयं असभ्य माने जा सकते थे। हड़प्पा सभ्यता के साथ वैदिक जनों का तालमेल एक कठिन समस्या पैदा कर रहा था। यदि इस समस्या पर तटस्थतापूर्वक विचार किया गया होता तो यह तय करने का प्रयत्न किया गया होता कि वैदिक कवि जिन शत्रुओं को वनर्गू, क्रव्याद, पिशाच, मूर, अंभृण, व्यथी, शर्ध, भंगुरावत, ध्वरस, निरामिण, अनप्नस, अकर्म, यातुधान, हुरश्चित्, मलिम्लुच, मुषीवान आदि कह रहे थे, क्या वे हड़प्पा के लोग हो सकते थे? क्या वे हड़प्पा सभ्यता के नष्ट होने के बाद उसके उजड़े किसान और कारीगर आदि हो सकते थे? इन दोनों प्रश्नों का उत्तर केवल 'नहीं' में दिया जा सकता है। ऐसी स्थिति में एक तीसरा सवाल उठता था कि चूँकि वैदिक कवि ठीक उसी क्षेत्र में आबाद हैं और वहीं से अपने अभियोग-आरोप लगा रहे हैं जिसको असंदिग्ध रूप से हड़प्पा सभ्यता का क्षेत्र कहा जाता है, ऐसी स्थिति में, क्या वे स्वयं हड़प्पा सभ्यता के नागरिक हैं, और क्या उनकी शिकायतें उन जंगली और पिछड़े हुए कबीलों और अपने समाज के चोर-लुटेरों तथा व्यापारिक मार्ग में संकट पैदा करनेवाले देशी-विदेशी तत्त्वों से हो सकती है? अन्तिम प्रश्न एक मात्र ऐसा प्रश्न था जिसका उत्तर 'हाँ' में दिया जा सकता था। यह उत्तर इसलिए भी सबसे अधिक तर्कसंगत था कि मार्शल, स्वयं (404/48) यह लक्ष्य कर रहे थे कि हड़प्पा सभ्यता के सांस्कृतिक तत्त्व वैदिक परम्परा में सुरक्षित पाए जाते हैं।

आगे के अनुसन्धानों (626/89) से यह सिद्ध हुआ कि हड़प्पा सभ्यता की अतिजीविता दूसरी सहस्राब्दी ई.पू. के मध्य तक बनी हुई थी, सन् 1946 और 1950 के बीच हड़प्पा और मोहनजोदड़ो में हुई खुदाइयों से सामने आए नए कालांकनों के आधार पर आर्यों के आव्रजन से सम्बन्धित साहित्यिक परम्परा पर पुनर्विचार करना अपेक्षित हुआ (व/90) और इसका सार यह निकलकर आया कि हड़प्पा सभ्यता के विनाश के अन्य जो भी कारण रहे

हों, इनमें से एक कारण हड़प्पा और मोहनजोदड़ो पर आर्यों का आक्रमण अवश्य था। अब ऋग्वेद में प्राप्त विवरणों का एक नया पक्ष सामने आया, "ऋग्वेद में ये आक्रमण निरन्तर आदिवासियों के प्राकारवेष्टित नगरों पर प्रहार का रूप लेते जाते हैं। इन नगरों को पुर कहा गया है, जिसका अर्थ है 'प्राचीर', 'दुर्ग', 'गढ़'। एक को विशाल 'पृथिवी' और विस्तृत 'उर्वी' कहा गया है। कभी-कभी गढ़ को रूपकीय शैली में धातुनिर्मित 'आयसी' कहा गया है। शारदी दुर्गों का भी उल्लेख है, 'इनका सम्बन्ध आर्य-आक्रमण में इस मौसम में जीते हुए दुर्गों से हो सकता है या उमड़ती नदियों से बचाव के लिए बने बाँधों से हो सकता है।' 'शतभुजी' या सौ दीवारोंवाले दुर्गों का भी उल्लेख है। कोट पत्थर का 'अश्ममयी' हो सकता था; साथ ही 'आमा'—कच्चा, अपक्व—की उपमा से प्रकट होता है कि कच्ची ईंटों का भी प्रयोग होता था। आर्यों के युद्ध का देवता इन्द्र 'पुरन्दर' (दुर्ग-भंजक) है। उसने अपने आर्य उपासक दिवोदास के लिए नब्बे क़िलों को ध्वस्त किया था। अन्य सूक्तों में जहाँ बार-बार आदिवासी नेता शम्बर की निन्यानबे और सौ पुरियों को ध्वस्त करने के उल्लेख हैं, वहाँ भी तात्पर्य इन दुर्गों से ही है। संक्षेप में कहें तो, वह दुर्गों को उसी तरह विदीर्ण कर देता है जैसे जीर्णता वस्त्र को।" (व/91)

ह्वीलर (व/90-91) आगे लिखते हैं, "अभी हाल तक यह माना जाता था कि ये कोट मिथकीय हैं, या ये 'हमले से बचाव के लिए बने शरणस्थल हैं जो पक्की ईंट के बाँध और खाई थे।' हड़प्पा और मोहनजोदड़ो में किलाबन्द कोटों की खोज से—मकरान में सुत्कागेनदोर, सिन्ध में अली मुराद और संदिग्ध कालों के दूसरे ऐसे स्थलों से जिन्हें हड़प्पा सभ्यता का माना जाता है—इन बचावों की तसवीर बदल गई है। यहाँ हमें मूलतः अनार्य किस्म की अति विकसित किलाबन्दी का प्रमाण मिलता है जो आर्यों के आक्रमण के सम्भावित काल से कुछ ही पहले पश्चिमोत्तर भारत की नदियों की उपत्यकाओं में छाई हुई थी। इस मज़बूती से जमी हुई सभ्यता का विनाश कैसे हुआ? मुमकिन है इसे मौसम, अर्थव्यवस्था व राजनीतिक गिरावट ने कमज़ोर कर दिया हो; निश्चय ही मोहनजोदड़ो के उत्तरवर्ती चरणों में नागरिक स्तर में भारी गिरावट आई थी, जहाँ से इसके प्रचुर प्रमाण पाए जाते हैं...। फिर भी इस बात की सम्भावना मानी जा सकती है कि इस प्रकार के किसी समाज का अन्तिम विलय बाहरी कारणों से हुआ होगा। और ऐसा ही हुआ।"

इसके बाद ह्वीलर (व/92), मार्शल (405/624) और मैकाय (394/94) का हवाला देते हुए मोहनजोदड़ो और हड़प्पा पर हुए आक्रमण और नरसंहार की एक जीती-जागती तसवीर गढ़ते हैं और अन्त में निष्कर्ष निकालते हैं कि "परिस्थितियाँ इस बात की गवाह हैं कि इस हत्या का दोष इन्द्र पर आता है। कारण—यदि इसे अमान्य कर दिया जाए तो हम हड़प्पा को छोड़कर वे क़िले वगैरह कहाँ से लाएँगे जिन्हें इन्द्र ने ध्वस्त किया था?"

यह सारा मामला हत्या का था या नहीं, यह एक विवादास्पद विषय है। इस हत्याकांड की बारीकी से छानबीन करने पर अधिकारी विद्वान् (360; 178; 179; 180; 491) इस नजीजे पर पहुँचे हैं कि यह कोरा मिथक है। उन्होंने हड़प्पा के पतन के इतर कारण सुझाए हैं। स्वयं ह्वीलर ने भी आगे चलकर अपनी ग़लती को कुछ हद तक स्वीकार करते हुए माना कि यह बिना गहराई से विचार किए हुए, झटके में की गई एक अटकलबाज़ी मात्र थी।

(627/113-14) इसके बावजूद कुछ विद्वान् (600/18, 237; 102/29-30) इस हत्याकांड को एक सम्भावना मानते हैं।

यहाँ हमारा सम्बन्ध इस बात से नहीं है कि हड़प्पा और मोहनजोदड़ो पर हमला हुआ था और उसके दौरान हत्याएँ हुई थीं या नहीं। प्रश्न यह है कि यदि ऐसा हुआ भी तो इन दुर्घटनाओं के भोक्ता कौन थे? इसके साथ ही यह विचारणीय हो सकता है कि आतंककारी जमात का सम्बन्ध किससे रहा हो सकता है?

ह्वीलर ने जो सबसे दिलचस्प काम किया वह यह कि उन्होंने हड़प्पा सभ्यता के अतिजीवी अंशों के लिए सुझाए गए काल को हड़प्पा और मोहनजोदड़ो के पतन से जोड़ दिया। बाद के जिन कालनिर्धारणों में (76/19-44) स्वयं ह्वीलर के अनुसार हड़प्पा काल को काफ़ी आगे खींच लाया गया है और इसमें सुधार करते हुए काफ़ी पीछे ले जाने की ज़रूरत है, उनके अनुसार भी परिपक्व हड़प्पा का काल अठारहवीं शताब्दी ई.पू. से नीचे नहीं आता और ह्वीलर (628/72-73) के मत से इसे 2500-2000 ई.पू. के बीच रखना अधिक तर्कसंगत है। अतः आर्य आक्रमण की पूर्व-कल्पित तिथि में बहुत भारी फेर-बदल किए बिना हड़प्पा और मोहनजोदड़ो के नगरवासियों से 'आर्य आक्रमणकारियों' का सम्पर्क नहीं कराया जा सकता था। यदि आक्रमण की तिथि को लगभग पाँच या आठ सौ वर्षों तक पीछे खींचा जा सकता है तो फिर यह आक्रमण, जिसका कोई प्रमाण नहीं है, एक प्रेत-छाया की तरह हर निर्णायक बिन्दु पर बाधक क्यों बनता रहा? फिर हड़प्पावासियों और वैदिक जनों की अभिन्नता पर एक बार गम्भीरता से विचार क्यों न किया गया? कारण, जैसा कि हम देख आए हैं, आर्यों का टकराव जिन कबीलों से था, वे सभ्य थे ही नहीं। वे आचार, विचार, उत्पादन, नैतिक मानदंड–सभी दृष्टियों से वैदिक जनों से पिछड़े दिखाए गए हैं और ऐसे लोग हड़प्पा सभ्यता के नागरिक तो हो ही नहीं सकते थे। निश्चय ही वे 'सिविलाइज्ड डेमन' नहीं हैं जैसा कि मालती शेंडगे ने (575) मान लिया है। शेंडगे का खयाल है कि अपने से सभ्य हड़प्पावासियों को ही आर्यों ने असुर या डेमन कह दिया होगा, मानो वह मात्र एक शब्द के प्रयोग का प्रश्न हो, सभ्यता के समूचे स्तर से इसका कोई सम्बन्ध ही न हो और दूसरे विशेषण भी मनचाहे ढंग से गढ़ लिये गए हों। कुछ इसी तरह का विचार रोमिला थापर का भी लगता है। ये मान्यताएँ सतही हैं। वैदिक जनों के शत्रु अपने पूरे क्रिया-कलाप, गुण आदि की दृष्टि से असभ्य हैं।

वैदिक जनों के शत्रु सभ्यता में उनसे आगे बढ़े हुए थे, यह भ्रम पुर शब्द की ग़लत व्याख्या पर और इसके साथ ही इस भ्रान्ति पर टिका हुआ है कि स्वयं वैदिक आर्य पुरों से अपरिचित थे या यदि पुरों से उनका कोई सम्बन्ध था तो इसके ध्वंसक के रूप में ही। इस पहलू पर हम आगे चलकर विचार करेंगे; कारण, इनका सम्बन्ध व्यापारिक यात्राओं के क्रम में वैदिक बेड़ों और सार्थों पर हमला करनेवाले तस्करों और जलदस्युओं के पोतों और जत्थों से है। परन्तु यहाँ इस बात की ओर संकेत कर देना उचित है कि यदि ह्वीलर ने पुरन्दर इन्द्र को दिवोदास के लिए शंबर की पुरियों या दुर्गों का ध्वंसक मान भी लिया था तो उन्हें इस बात का ध्यान तो रखना ही चाहिए था कि स्वयं दिवोदास की स्थिति हड़प्पा और मोहनजोदड़ो की सापेक्षता में क्या है? वह सरस्वती तट का निवासी है और इससे पहले

से उसके पूर्वज सरस्वती तट पर विराजमान हैं। इस दृष्टि से यदि इसे नगरों या दुर्गों पर हमला माना भी गया तो कम-से-कम यह हमला भारत में ही बसे दो प्रतिस्पर्धियों में से एक के द्वारा दूसरे पर माना जाना चाहिए था, जिसकी दिशा पूर्व से पश्चिम की ओर थी, न कि पश्चिम से पूर्व की ओर। दूसरे शब्दों में कहें तो, साहित्यिक साक्ष्यों का पुरातात्त्विक साक्ष्यों की रोशनी में नया अर्थ करने से पहले ह्वीलर ने इस साक्ष्य के अन्य पहलुओं पर ध्यान नहीं दिया। हम कह सकते हैं कि ह्वीलर पुरातत्त्व के आदमी थे और वेद और संस्कृत का उन्हें ज्ञान नहीं था और उनके अज्ञान के लिए उन्हें क्षमा कर सकते हैं। पर भारत पर बाहर से आर्य आक्रमण की यह मान्यता तो पूरी तरह खंडित होती ही है।

8. वैदिक सभ्यता का प्रसार-क्षेत्र

पश्चिमी भारत में वैदिक जनों के निवास के विषय में सबसे स्पष्ट विवरण ऋग्वेद के दसवें मंडल के नदी सूक्त में मिलता है जहाँ गंगा से लेकर सिन्धु की पश्चिमी सहायक नदियों तक का उल्लेख आया है। (10.75) पूर्व से पश्चिम तक हड़प्पा का प्रसार-क्षेत्र ठीक यही है। उत्तर से दक्षिण की ओर को वैदिक क्षेत्र का प्रसार क्या था, इसके बारे में कुछ सूत्रों की ओर ध्यान देना ज़रूरी है। सरस्वती और सिन्धु के प्रसंग में न केवल गिरि अर्थात् हिमालय से इनके निकलने का उल्लेख पाया जाता है (6.61.2; 7.95.2; 10.75.2) अपितु इन पर्वतीय क्षेत्रों की वैदिक कवियों को अच्छी जानकारी थी। कारण, सरस्वती के विषय में वे दावा करते हैं कि यह पर्वतपार्श्वों को तोड़ती हुई उतरती है (6.61.2), जो आगे चलकर सरस्वती के ग्रहण क्षेत्रों में घटित होनेवाले भूस्खलनों और इसके कारण सरस्वती की जलराशि के यमुना की ओर निकास पाने और सरस्वती के लोप से प्रमाणित होता है और सिन्धु के विषय में उनका दावा है कि यह मैदान की तुलना में पर्वतीय प्रदेश में अधिक लम्बी दूरी तक बहती है, (10.75.2) जो कोरी अटकलबाज़ी नहीं है।

दक्षिण की ओर सरस्वती के समुद्र-पर्यन्त प्रवाहित होने (7.95.2) और सिन्धु के अन्य नदियों के साथ (समुद्र की ओर) जाने के उल्लेख बहुत सार्थकता रखते हैं। इनके अतिरिक्त समुद्र में धन की लालसा में व्यापारियों के अपनी नौकाओं के साथ दौड़-भाग करने के विवरण पाए जाते हैं (1.56.2; 116.3-5; 167.2; 4.55.6)। काठियावाड़ को परवर्ती परम्परा यदुओं (वृष्णियों) की गतिविधियों का प्रमुख केन्द्र मानती रही है और यदुजन वैदिक काल के उन खास जनों में आते हैं जिनके समुद्री यात्राओं पर जाने के उल्लेख बार-बार आते हैं। एस.आर. राव के निर्देशन में द्वारका क्षेत्र में समुद्र-तल में चल रहे सर्वेक्षणों और खुदाइयों ने न केवल हड़प्पा और भारतीय पौराणिक विवरणों की संगति पर मुहर लगा दी है, अपितु हड़प्पा लिपि और ब्राह्मी की अन्तर्वर्ती कड़ियों को भी उजागर किया है। कुरुक्षेत्र को प्रायः जानु प्रदेश कहा जाता रहा है, जो भी इस बात का सूचक है कि वैदिक क्षेत्र इससे दक्षिण समुद्र-पर्यन्त फैला हुआ था। सबसे बड़ी बात यह कि जिन स्थलों से यज्ञ के प्रमाण मिले हैं उनमें से लोथल एक है।

अब यदि इन पूरे भौगोलिक क्षेत्र का मिलान हम हड़प्पा सभ्यता के प्रसार क्षेत्र (चित्र 2.1)

से करें तो दोनों में अद्‌भुत साम्य पाते हैं। यह ठीक वहाँ तक पहुँचता है, और ठीक वहीं समाप्त होता दिखाई देता है, जहाँ हड़प्पा क्षेत्र। केवल आक्रमण के मामले में ही नहीं, भारत में ही स्थित दो भिन्न सभ्यताओं के रूप में भी इनकी कल्पना करें तो क्षेत्रगत अभिन्नता हमारे लिए सबसे बड़ी चुनौती सिद्ध होगी। यह इस बात का प्रमाण है कि ये दोनों सभ्यताएँ अलग नहीं हैं, बल्कि सभ्यता एक ही हैं और इसके भौतिक अवशेषों को सामने रखने पर हम इसे हड़प्पा सभ्यता का नाम देते हैं और साहित्यिक साक्ष्यों को सामने रखने पर वैदिक सभ्यता कहकर पुकारते हैं। हड़प्पा सभ्यता को अलग मानकर चलते हैं तो यह तो स्वीकार करते हैं कि इसका भी एक विशाल साहित्य रहा होगा (102/22; 394/11), पर साहित्य अवशेषों में ही नहीं, भारतीय पौराणिक परम्पराओं में भी ग़ायब दिखाई देता है और वैदिक

सरस्वती–घग्घर–हाकड़ा पर हड़प्पाकालीन आबादी
294/517 पर आधारित

चित्र सं. 2.1

आर्यों के साहित्य और भाषा को पकड़कर चलते हैं तो हड़प्पा के पुरातात्त्विक साक्ष्यों का निषेध करते ही इसका कोई निश्चयात्मक अवशेष ही नहीं मिलता।

9. सम्पर्क-क्षेत्र

ऊपर प्रसार-क्षेत्र की अभिन्नता से जो चित्र तैयार होता है, उसकी अनन्य पुष्टि हड़प्पा सभ्यता के सम्पर्क में आनेवाले बाहरी देशों और वहाँ आर्य भाषा और संस्कृति के अवशेषों से भी होती है। हड़प्पा सभ्यता का सम्पर्क व्यापारिक कारणों से बलूचिस्तान, अफ़गानिस्तान, ईरान, सोवियत मध्य एशिया, सुमेरिया, मेसोपोटामिया, बेबीलोनिया और अक्कद आदि से था। यदि इससे आगे के क्षेत्रों में आर्य भाषा के प्रसार के लिए यह माना जाए कि यह प्रसार हड़प्पा सभ्यता के विदेशी उपकेन्द्रों से हुआ हो सकता है तो हड़प्पा का सम्पर्क-क्षेत्र ठीक वही पड़ता है और सम्पर्क की गहनता का अनुपात भी ठीक वही रहता है जो भारत से बाहर आर्य-भाषा के प्रसार में प्रतिबिम्बित होता है। (चित्र 2.2)

इस पहलू पर ध्यान न देने के कारण विद्वान् लोग आर्यों को जाने किन-किन क्षेत्रों से और जाने किन-किन रास्तों से भारत में पहुँचाने का प्रयत्न करते रहे हैं। इसका कारण यह रहा है कि रास्ता तो कोई एक ही हो सकता था, जबकि प्रत्यक्ष सम्पर्क इन सभी क्षेत्रों से दिखाई देता रहा है। उदाहरण के लिए मैक्समूलर (413/64-65) और कीथ (324/70-71) आदि इस प्रवेश को मध्य एशिया से हिन्दूकुश के मार्ग से होकर दिखाते रहे हैं। गाइल्स (240/64-65), ग्रियर्सन (248/100), सुनीति कुमार चाटुर्ज्या (158/5-6) आदि बोग़ाज़कुई (वर्तमान तुर्की) से प्राप्त देवनामों का भारत से अभिन्न साम्य देखते हुए यह सुझाते रहे हैं कि यह भारत की ओर प्रस्थान करनेवाले आर्यों की सूचना देता है। परन्तु एशिया माइनर के छोटे-से क्षेत्र में भी आर्य भाषा-भाषियों की संख्या विरल ही थी। उसके शासकों की भाषा ही वैदिक से साम्य रखती थी। जो लोग एशिया माइनर में अपनी सत्ता क़ायम करने के बावजूद वहाँ की आम बोलचाल की भाषा और संस्कृति पर अपनी गहरी छाप नहीं छोड़ सके उन्हीं की एक शाखा भारत में पहुँचकर इतनी प्रभावशाली कैसे हो गई कि यह उससे कई गुने क्षेत्र की भाषा और संस्कृति को आमूल परिवर्तित कर दे?

अतः याकोबी यह मानते हैं कि ये लोग भारत से एशिया माइनर में पहुँचे थे। कोसंबी भी भारत पर आर्य-आक्रमण के क़ायल रहे हैं, पर उनकी सूचना के अनुसार कुछ हित्ती मुहरों पर हड़प्पा सभ्यता के ककुद्मान वृषभ की आकृति अंकित है। इसके आधार पर वह (351/77) मानते हैं कि आर्य-आक्रमणकारियों में से कुछ या तो भारत में पराजित होने के बाद एशिया माइनर की ओर लौटे थे, या इसलिए कि भारत उन्हें पसन्द नहीं आया। जिस ककुद्मान वृषभ की आकृति से वह यह मानने को उत्सुक हुए थे कि यह आर्यों के भारत से लौटने का सूचक है, उसका सीधा पाठ यह है कि एशिया माइनर में पहुँचे लोग हड़प्पा सभ्यता से सम्बन्धित थे और तब उन्हें एशिया माइनर में हड़प्पा की भाषा की भी कुछ झलक मिल जाती और आर्य-आक्रमण की मान्यता पर भी पुनर्विचार का अवसर मिलता।

उन दूसरे देशों की स्थिति भी ठीक ऐसी ही है जिनसे आर्यों को भारत में पहुँचाने का

सिन्धु घाटी की सभ्यता और इसके पश्चिमी सम्पर्क

456/300 पर आधारित

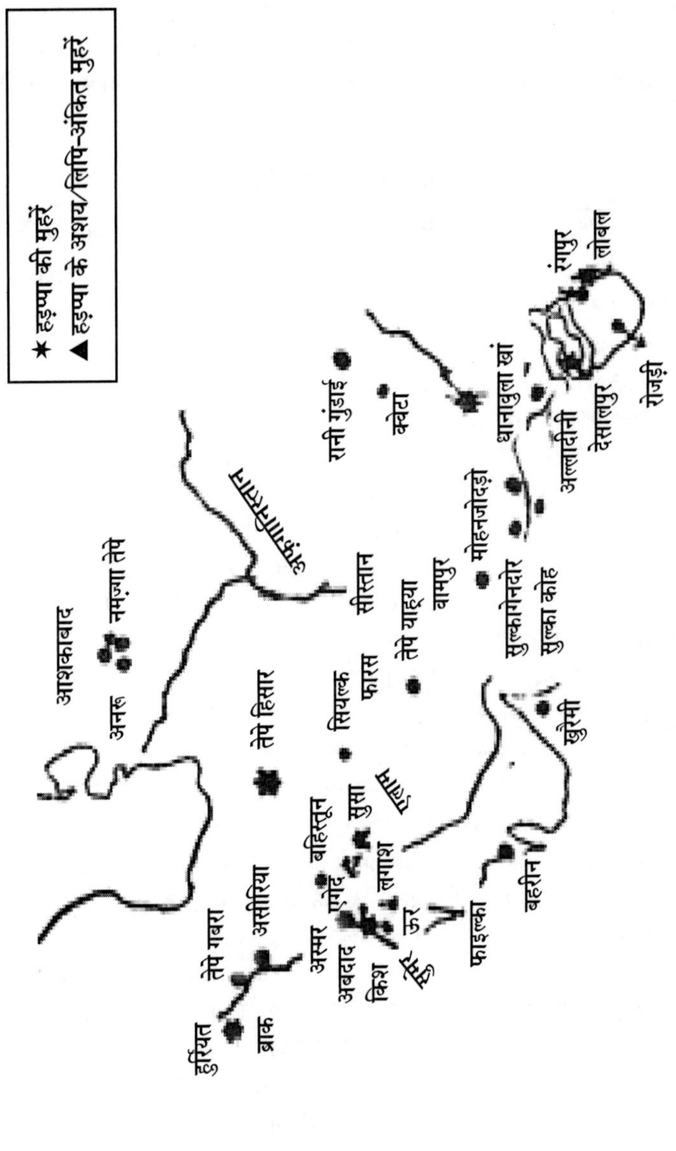

चित्र सं. 2.2

प्रयत्न किया जाता रहा है। इस विषय में हम कुछ विस्तार से इस पुस्तक के अगले खंड में विचार करेंगे। यहाँ केवल इतना ही याद दिलाना ज़रूरी है कि भारत में वैदिक और हड़प्पा सभ्यताओं का विस्तार ठीक एक तो सिद्ध होता ही है, भारत से बाहर इनका सम्पर्क क्षेत्र भी ठीक एक ही सिद्ध होता है। इन सभ्यताओं में इतना भी अन्तर नहीं है कि हम इन्हें भारत में ही एक-दूसरे के पड़ोस में समानान्तर विकसित होनेवाली सभ्यताओं तक के रूप में कल्पित कर सकें। इनको अभिन्न मानने पर ही हम इस सर्वसादृश्य की कल्पना कर सकते हैं।

10. सभ्यता की आवयविकता

सभ्यता का एक सुनिश्चित भौतिक आधार होता है और उसका विकास इस आधार के अनुरूप आवयविक रूप में होता है। इसका यह अर्थ नहीं कि विविध क्षेत्रों में होनेवाले विकास पूरी तरह सन्तुलित होते हैं, अपितु मात्र यह कि एक क्षेत्र का विकास अन्य अनेक अनुषंगी विकासों पर निर्भर करता है और स्वतः भी अनेक विकासों को जन्म देता है। इस तरह एक शाखा में होनेवाला विकास अपने से भिन्न शाखाओं की उपलब्धियों को प्रतिबिम्बित करता है और स्वतः उन भिन्नतर शाखाओं की उपलब्धियों में प्रतिबिम्बित होता है। जहाँ हम इस आवयविकता के ध्रुव नियम का खंडन होते देखें, वहाँ इस बात पर ग़ौर कर लेना ज़रूरी है कि इसका कारण क्या हो सकता है?

जब हम हड़प्पा सभ्यता को एक अवैदिक सभ्यता के रूप में कल्पित करते हैं तो हमारे सामने हर क़दम पर मुश्किलें पेश आती हैं हम पाते हैं कि अर्धबर्बर समझे जानेवाले वैदिक कवि दार्शनिक चिन्तन कर रहे हैं और वह भी कुछ इस तन्मयता के साथ कि भ्रम होता है कि यह पूरी जाति ही दार्शनिकों की जमात थी। मैक्समूलर (413/66) लिखते हैं, "दि एशिएंट हिन्दूज़ वेयर ए नेशन ऑफ़ फिलॉसफर्स, सच ऐज़ कुड नोव्हेयर हैव इक्ज़िस्टेड एक्सेप्ट इन इंडिया, एंड देयर टू इन अर्ली टाइम्स एलोन।" हम भूल जाते हैं कि दार्शनिक चिन्तन के लिए फ़ुरसत की और इस फ़ुरसत के लिए उन्नत अर्थव्यवस्था की आवश्यकता होती है, जो इस उपजीवी वर्ग का भरण-पोषण कर सके और ऐसा अर्धबर्बरता की अवस्था में सम्भव नहीं।

हम पाते हैं कि वैदिक देव-समाज में एक सुव्यवस्थित प्रशासनिक तन्त्र का प्रतिबिम्ब पाया जाता है जो भौतिक स्थितियों का ही तिर्यक् प्रतिबिम्ब हो सकता है। फिर जिनको हम इस सभ्यता की सर्जना का श्रेय देते हैं, उनके देववाद को हीन स्तर के पशुओं, प्राणियों और वनस्पतियों की पूजा तक सीमित मान लेते हैं। इस स्पष्ट और यान्त्रिक विभाजन के समय हम यह भूल जाते हैं कि कोई समाज धर्म और दर्शन को लेकर पैदा नहीं होता। सभ्यता और संस्कृति के विकास के साथ इनमें भी परिवर्तन और क्रान्तियाँ होती हैं, यद्यपि इनके बावजूद पिछली अवस्थाओं के अनेक विश्वास और चलन जीवित रहते हैं। प्रकारान्तर से कहें तो, हम भूल जाते हैं कि जिन आदिम विश्वासों को हम वैदिकों द्वारा अनार्यों से लिया हुआ मान रहे हैं वे स्वयं उसी समाज की पिछली अवस्थाओं के विश्वासों और रीतियों के अवशेष हो सकते हैं और जो क़बीले इस उन्नत चरण की ओर अग्रसर नहीं हो सके उनके विश्वास और रीति-रिवाज केवल इन आदिम तत्त्वों तक ही सीमित रह गए, या यदि उन्होंने

उन्नत वैदिक विश्वासों और रीतियों का कुछ अंश ग्रहण भी किया तो वह किंचित् अनमेल, अनगढ़ और आदिम रूप में ही।

भाषा के पक्ष पर विचार करते समय हम प्रायः इस भ्रम के शिकार हो जाते हैं कि तमिल जो संस्कृत की तरह ही एक प्राचीन भाषा है और जिसमें काफ़ी लम्बे दौर में बहुत कम परिवर्तन हुए हैं, वही सम्भवतः हड़प्पा की भाषा रही हो सकती है। इस सादृश्य को खड़ा करते समय हम उन कारणों पर विचार नहीं करते जिनके तहत भाषा में विकास होते हैं, न ही उन बाध्यताओं पर ध्यान देते हैं जिनके कारण एक सीमित दायरे में प्रयोग के लिए एक कृत्रिम और आरोपित मानक भाषा जन्म लेती है। हम इस बात पर भी ग़ौर नहीं करते कि इस आरोपण और कठोर आग्रह के बावजूद नए दबावों के कारण इस भाषा में बहुत गहरे परिवर्तन होते रहते हैं, यद्यपि कठोर व्याकरणिक नियमों के कारण ये परिवर्तन मुख्यतः शब्द-भंडार के क्षेत्र में ही अधिक दृष्टिगोचर होते हैं। हम उस तमिल परम्परा को भी भूल जाते हैं जिसके अनुसार तमिल का पहला व्याकरण लिखने का श्रेय भी एक वैदिक ऋषि अगस्त्य को दिया जाता है।

यदि तमिल में परिवर्तन कम हुए हैं तो यह उसके लिए गौरव की बात नहीं, न ही इसके पीछे किसी पुरातन उच्च संस्कृति का हाथ है। भाषा में स्वल्प परिवर्तन बाह्य परिवेश से तदनुरूप कटे रहने का और इस तरह क़बीलाई आत्मतुष्टि से जुड़े रहने का ही परिणाम है; कारण, तमिल का आम बोलचाल का रूप कभी उस तरह कृत्रिम रूप में अपने मानक रूप से विच्छिन्न नहीं हुआ था जैसा संस्कृत और इसके प्रसार-क्षेत्र की बोलियों के बीच दिखाई देता है। इसके बावजूद यह मानना होगा कि संधम् काल, जो अधिक-से-अधिक ई.पू. की तीसरी शताब्दी तक जा सकता है, के दौरान तमिल दरबारी और साहित्यिक उपयोग में आने के कारण मानक भाषा बनी और इसकी प्राचीनता का कारण यही है कि इसके बाद इस क्षेत्र की सभ्यता संधम् काल को अतिक्रान्त नहीं कर पाई। संस्कृत को मानक और कृत्रिम रूप देने के पीछे लगभग वही बाध्यता काम कर रही थी जिसके तहत बी.बी. सी. के मानक उच्चारण वाली अंग्रेज़ी का विकास हाल में हुआ है। अर्थात् एक व्यापक क्षेत्र में सम्पर्क-भाषा के रूप में प्रयोग में आने के बावजूद एक क्षेत्र के व्यक्ति के लिए उसी भाषा में दूसरे क्षेत्र के व्यक्ति द्वारा कही बात को समझने में असमर्थ होना। पर एक लम्बे काल और व्यापक क्षेत्र के लिए समान उच्चारण और समान नियमोंवाली भाषा के विधान के बावजूद यह शिक्षित वर्ग और दरबारी तबक़ों की, और वहाँ भी केवल औपचारिक बातचीत की ही भाषा रही, जबकि इसके प्रसार-क्षेत्र में विभिन्न बोलियाँ निरन्तर विकास करती रहीं।

भाषा के पक्ष पर तुलनात्मक परिवर्तनहीनता को नहीं, अपितु दो भाषाओं में परस्पर शब्दावली के आदान-प्रदान के पहलू को लेकर विचार किया जाना चाहिए और जैसा कि हम आगे देखेंगे, इस दृष्टि से हड़प्पा की भाषा वैदिक और इसकी बोलियों को छोड़कर अन्य कोई हो ही नहीं सकती थी।

ठीक यही बात श्रम-विभाजन के मामले में भी पाई जाती है। कोसंबी (323/54) हड़प्पा सभ्यता के विषय में लिखते हैं, "कुछ लोगों को अतिरिक्त खाद्य पैदा करना पड़ता था जो उन लोगों द्वारा खसोट लिया जाता था जो उत्पादन नहीं करते थे, पर जो उत्पादन

के प्रचलनों की योजना बनाते, इन्हें निदेशित और नियन्त्रित करते रहे हो सकते हैं। इसका तात्पर्य केवल यह है कि प्राचीन काल में कोई नगर वर्ग-विभाजन और श्रम-विभाजन के बिना, जो बहुजन के ऊपर अल्प जनों के शासन पर आधारित था, अस्तित्व में आ ही नहीं सकता था।" और वर्ण या जाति के विषय में वह (351/50) लिखते हैं कि यह उत्पादन के आदिम स्तर का वर्ग था। रोमिला थापर (600/219-20) यह मानती हैं कि चूँकि भारत से बाहर कहीं वर्ण-व्यवस्था नहीं पाई जाती, अतः आर्यों ने यह व्यवस्था हड़प्पा के आर्येतर जनों से ली होगी। कोसंबी, आर. एस. शर्मा आदि (344/35; 564/19) का मत भी इससे भिन्न नहीं है; कारण, वे अधिकांश वैदिक पुरोहितों को हड़प्पा से लिया गया मानते हैं और आर्य-आक्रमण को क्षत्रिय-आक्रमण के रूप में कल्पित करते हैं।

इस तरह के सरलीकरणों का कारण यह है कि किसी भी पहलू पर टुकड़ों में विचार किया जाता रहा है और हर मामले में यह मानकर चला जाता रहा है कि आर्य, जैसे ही सही, भारत में आए बाहर से ही थे। पर हम पाते हैं कि भारत में वर्ण और जाति-व्यवस्था केवल उस समाज में ही और उसी तक पाई जाती है जिसे वैदिक भाषा और संस्कृति से प्रभावित माना जाता है और इसका प्राचीनतम विधान भी वैदिक परम्परा में ही पाया जाता है। दक्षिण भारत के द्रविड़ समाज में केवल दो ही जातियाँ पाई जाती हैं—ब्राह्मण और ब्राह्मणेतर—और इनमें से ब्राह्मण उत्तर भारत से और वैदिक परम्परा से ही, दक्षिण के राजाओं के आमन्त्रण पर, गए थे। प्राचीन द्रविड़ समाज में भी इन ब्राह्मणों के प्रति कितना गहन सम्मान-भाव था, इसे इस बात से समझा जा सकता है कि वहाँ के राजाओं और सामन्तों के ऊपर ही अपनी जीविका से लेकर सुरक्षा तक के लिए निर्भर करनेवाले इन ब्राह्मणों को समाज में उनके द्वारा भी सर्वोपरि स्थान दिया गया था। अन्य भारतीय जनजातियों के भीतर वर्ण-व्यवस्था या जाति-व्यवस्था का अस्तित्व नहीं पाया जाता। जब यह सुझाया जाता है कि हड़प्पा के ब्राह्मण ही वैदिक ब्राह्मण बन गए तो यह नहीं सोचा जाता कि इन ब्राह्मणों का यदि आर्यों के समाज में अस्तित्व ही नहीं था तो फिर इनकी आवश्यकता भारत में आने के बाद हुई क्यों? और यदि उन मन्त्रों आदि के लिए हुई जिनके बल पर वे अपनी श्रेष्ठता क़ायम किए हुए थे तो फिर अपने नए स्वामियों को भी वे अपने पुराने मन्त्रों से तुष्ट कर सकते थे और इस दशा में भी इन पुरोहितों की भाषा और वेदों की भाषा एक हो जाती है। सच तो यह है कि वैदिक सभ्यता और साहित्य के रूप में हमें जो कुछ उपलब्ध है वह इन पुरोहितों का ही रचा हुआ है और जहाँ हम इनका अनिवार्य सम्बन्ध हड़प्पा से जोड़ते हैं वहाँ तत्त्वतः यह स्वीकार करते हैं कि हड़प्पा का साहित्य वैदिक साहित्य है और अज्ञान या भ्रम के कारण इन दोनों के बीच एक सर्वथा कृत्रिम और असम्भव खाई तैयार करते हैं।

आरम्भ में आर्यों के विशिष्ट रूपाकार के विषय में बड़े आत्मविश्वास से दावे किए जाते थे, पर हड़प्पा के अवशेषों से प्राप्त कंकालों का अध्ययन करनेवाले विद्वानों का मत है कि हड़प्पा काल में भी उस पूरे क्षेत्र में बसे लोगों के नाक-नक्श उन क्षेत्रों के वर्तमान निवासियों के समान ही थे (547; 140; 327; 328; 444)। यह नृतात्त्विक दृष्टि से भी आर्य या कहें वैदिक जनों और हड़प्पा के निवासियों की अभिन्नता को ही प्रकट करता है।

11. सांस्कृतिक उपलब्धियाँ

किसी सभ्यता के पतन का प्रभाव उसकी सांस्कृतिक उपलब्धियों पर भी पड़ता है, पर यह प्रभाव मुख्यतः एक गतिरोध के रूप में ही दिखाई देता है। सभ्यता के पतन के साथ इसके आहरण और दमन-तन्त्र की जकड़ भी ढीली पड़ती है और इसलिए कुछ क्षेत्रों के पतन का प्रभाव धनात्मक भी हुआ करता है–इससे इसके उत्पादक वर्गों को एक सीमित राहत भी मिलती है। अन्य मामलों में जिन चीज़ों का उत्पादन पहले सम्पन्न और विलासी उपभोक्ताओं और संरक्षकों की हैसियत, रुचि आदि के अनुरूप अधिक भड़कीले रूप में होता रहता है, उनके लिए अब सामान्य जन की पहुँच के भीतर के उपादान बनाए जाने लगते हैं। एक केन्द्र के टूटने के बाद जब शिल्पी आदि बिखरते हैं तो उन सांस्कृतिक उपलब्धियों का अधिक बड़े क्षेत्र में प्रसार भी होता है। पर अपने सम्पन्न आश्रयदाताओं के अभाव में, जो अधिक श्रम और तल्लीनता से बनाई गई वस्तुओं का उचित मूल्य दे सकते थे, अब शिल्प और परिष्कृति में कमी आती है। दक्षता का स्तर इससे प्रभावित होता है।

यदि हड़प्पा सभ्यता का पतन हो गया तो इसके दस्तकार–जो हाथी के दाँत के कंघे बनाते थे–सींग, बाँस, लकड़ी आदि के कंघे बना सकते थे। चमकदार और पॉलिशदार नक्काशी का स्थान खुरदरी नक्काशी ले सकती थी। बहुत बारीक या ज़रीदार कपड़ों का स्थान खुरदरे और साधारण कपड़े ले सकते थे, आदि। यही हुआ भी।

12. हड़प्पा का उदय और अस्त

हड़प्पा सभ्यता का उदय किस प्रकार हुआ और कहाँ हुआ और इसके पतन के बाद इसके निर्माताओं की नियति क्या हुई, इस विषय में भी यदि कुछ ठोस जानकारी मिल सकती है तो वैदिक साहित्य से ही, जिसे यदि पुरातात्त्विक साक्ष्यों के अनुपूरक प्रमाणों के रूप में उपयोग में लाया जाए तो इस सभ्यता का धुँधलापन मिट जाएगा।

अभी तक हड़प्पा सभ्यता के जो अवशेष प्राप्त हुए हैं, वे मुख्यतः परिपक्व अवस्था के हैं। इसके प्राथमिक विकास की स्थिति क्या थी, इस विषय में हमें बहुत स्पष्ट जानकारी नहीं है। यदि कोई दावा इस सभ्यता के प्रसार-क्षेत्र आदि को ध्यान में रखते हुए किया जाता है तो केवल यह कि इसका विकास भारत में ही हुआ और अपने विकास-क्रम में इसने अन्य सभ्यताओं से कुछ लेन-देन अवश्य किया हो सकता है, पर कहीं अन्यत्र से भारत में लाई नहीं गई थी। भारत में भी यह सिन्धु घाटी में विकसित हुई नहीं लगती।

इस सभ्यता के पतन के बाद हम हड़प्पा सभ्यता के दस्तकारों आदि को पूर्व और दक्षिण की ओर पलायन करते पाते हैं। इसके बाद इनकी नियति का कुछ पता नहीं।

जब हम वैदिक साहित्य पर दृष्टिपात करते हैं तो ठीक यही कहानी दुहराई जाती प्रतीत होती है। जैसा कि हम आगे चलकर विस्तार से देखेंगे, इस सभ्यता का विकास सरस्वती घाटी में होता है। पुनः सरस्वती नदी कुछ समस्याएँ पैदा करने लगती है। कुछ इस कारण से और कुछ अपने विस्तार के कारण इस सभ्यता का केन्द्रीकरण सिन्धु के तटीय नगरों में होता

दिखाई देता है। पुराने मंडलों की महिमामयी सरस्वती का स्थान नए मंडलों में सिन्धु को मिल जाता है। ऋग्वेद और, कहें, अन्य वेद भी हमें इससे अलग कोई जानकारी नहीं देते।

इस तरह उत्थान, पतन और पलायन की इस कहानी में ठीक वही बिम्ब-प्रतिबिम्ब दिखाई देता है जो अन्य मामलों में। क्रम और औचित्य का ध्यान न रखने के कारण वैदिक साहित्य में उपलब्ध सूचना को जोड़-मिलाकर आर्यों की इस नियति को इनके आक्रमण का प्रमाण बताया जाता रहा है। दसवें मंडल में, जो निर्विवाद रूप से सबसे बाद का है, पहली बार गंगा से लेकर गोमल और काबुल नदियों तक का उल्लेख आता है जो, जैसा कि हम कह चुके हैं, पूर्व से पश्चिम की ओर हड़प्पा सभ्यता के पूरे क्षेत्र को प्रकट करता है। पर इसमें शेष समूचे क्षेत्र को छोड़कर केवल पश्चिमी नदियों के उल्लेख के आधार पर यह बताया जाता रहा है कि भारत में हमें आर्यों की प्रारम्भिक उपस्थिति पश्चिमोत्तर सीमान्त पर मिलती है और बाद में वे पूर्व की ओर फैले दिखाई देते हैं, अतः वे इससे भी पश्चिम और उत्तर की ओर से आए रहे हो सकते हैं। इस बात पर क़तई ध्यान ही नहीं दिया जाता है कि प्राचीन अंशों में पश्चिमोत्तर क्षेत्र के विषय में ही नहीं, सिन्धु तक के विषय में कोई आत्मीय जानकारी नहीं मिलती और बाद के अंशों में पश्चिमी सीमान्त से लेकर गंगा-पर्यन्त के क्षेत्र का एकत्र उल्लेख पाया जाता है न कि केवल पश्चिमोत्तर का और इस विवरण को तोड़-मरोड़कर पेश करना अविवेकपूर्ण है।

आक्रमण और अग्रधर्षण के इस चित्रण की एक अन्य विडम्बना यह है कि जब हम इन आर्यों को पूर्व की ओर अग्रसर होते देखते हैं और इस पर एकांगी बल देते हैं तो इसके साथ इस बात पर ध्यान नहीं देते कि इनको इसी के साथ पश्चिम के इतने ही बड़े भाग को छोड़ना पड़ रहा है, और वह भी किसी दबाव में। दूसरे शब्दों में कहें तो वैदिक साहित्य में यदि भारत के भीतर कहीं किसी जन-संचलन की कोई सूचना मिलती भी है तो वह आक्रमण के रूप में नहीं, अपितु पलायन के रूप में मिलती है। युद्धों का दौर इस काल के अन्त में आता अवश्य है जिसमें यमुना के पश्चिम की ओर से भरतवंशी इससे पूर्व के राजाओं पर आक्रमण करके अपना क्षेत्र विस्तार करते हैं, पर वे जिन पर आक्रमण करते हैं वे भी वैदिक मतानुयायी और आर्य भाषा-भाषी राजा ही हैं।

उपसंहार

इस तरह हड़प्पा सभ्यता और वैदिक साहित्य पर विचार करने की जितने भी सम्भव पहलू हो सकते हैं उनकी पड़ताल में जाने पर हम हर दृष्टि से यही पाते हैं कि इन दोनों सभ्यताओं में किसी प्रकार का अन्तर नहीं है। अतः इन पहलुओं की कुछ विस्तार से जाँच-पड़ताल के साथ उन भिन्नताओं की छानबीन नए सिरे से करने की बाध्यता उत्पन्न होती है जिन्हें इनकी पृथकता दिखाने के लिए बार-बार दुहराया जाता रहा है। आगे के अध्यायों में हम देखेंगे कि इस महत्त्वपूर्ण सभ्यता को कितने सतही और बेबुनियाद तर्कों से रफ़ा-दफा करने का और बार-बार इन्हीं को दुहराकर एक बौद्धिक जड़ता और निष्क्रियता पैदा करने का प्रयत्न किया जाता रहा है।

अध्याय तीन

वैदिक संघर्षों की प्रकृति

वैदिक जन आक्रमणकारी के रूप में भारत में न ही आए थे, न भारतीय सभ्यता की प्रथम अभिव्यक्ति–हड़प्पा सभ्यता–के पतन में उनके आक्रमण का हाथ था (178; 179; 307; 576)। फिर भी ऋग्वेद से लेकर महाकाव्य काल तक के साहित्य का केन्द्रीय विषय युद्ध और संघर्ष ही है। अतः इन संघर्षों की प्रकृति और गुरुता का अध्ययन वैदिक सभ्यता के साथ-ही-साथ परवर्ती भारतीय सभ्यता को समझने के लिए भी ज़रूरी है। पर इन संघर्षों को समझने के लिए पहले इस बात पर ध्यान देना ज़रूरी है कि वैदिक कवि अपनी अभिव्यक्तियों को सायास जटिल बनाने का प्रयत्न करते थे। सम्भवतः दुरूहता उस काल की रचनाओं का एक प्रधान गुण मानी जाती थी। इन आयास-सिद्ध दुरूहताओं को समझने के लिए भी व्यक्ति का बहुश्रुत होना ज़रूरी होता था।

1. संघर्ष के स्तर

वैदिक जनों के संघर्ष के तीन स्तर हैं : (1) अतिवृष्टि, अनावृष्टि, अभाव और दारिद्र्य के विरुद्ध संघर्ष; (2) अपने भौतिक जीवन के लिए अनिष्टकारी तत्त्वों–जंगली पशुओं, सरीसृपों, वन्य-असभ्य कबीलों, लुटेरों, चोरों, तस्करों आदि के विरुद्ध संघर्ष; और (3) व्याधियों, बुराइयों और मानसिक दुर्वृत्तियों के विरुद्ध संघर्ष। इनमें से पहला संघर्ष मानवजाति का वह संघर्ष है जिसके कारण आज तक सभ्यता का विकास हुआ है। इस पर विजय के लिए वैज्ञानिक प्रगति अपेक्षित है और अपने युग को देखते हुए वैदिक जन पिछड़े नहीं दिखाई देते। पर आज तक हम अनावृष्टि, अतिवृष्टि और कुवृष्टि पर नियन्त्रण नहीं रख पाए हैं। बहुत-कुछ अपनी शक्ति से परे, प्राकृतिक शक्तियों की कृपा और अकृपा पर निर्भर करता था। अतः वे इन शक्तियों को तुष्ट करने के लिए इनका मानवीकरण करके इनकी स्तुतियाँ करते हैं। न केवल इन्हें मानव या अतिमानव के रूप में चित्रित किया जाता है, अपितु इनके रथ, वाहन, निवास, ललकार और अट्टहास आदि के विवरण इस तरह दिए जाते हैं मानो हम एक वास्तविक मानवीय संघर्ष देख रहे हों। सहायक प्राकृतिक शक्तियों की विजय से अधिक हर्षोल्लास की बात और क्या हो सकती है? वे भाव-विभोर होकर इनकी विजय की कामना करते और विजय पर हर्ष मनाते हैं। पर विजय न तो हर बार मिलती है, न ही सदा उल्लास का वातावरण

रह सकता है।

दूसरे स्तर का संघर्ष सभ्यता की रक्षा और विकास के लिए उचित वातावरण तैयार करने के लिए ज़रूरी है। यह एक उपयुक्त रक्षातन्त्र की माँग करता है। इन संघर्षों के विवरण वास्तविक हैं। पर यह एक संघर्ष एक लम्बे समय तक चलता रहा है। वैदिक सभ्यता के लम्बे इतिहास में इन शत्रुओं का रूप बदलता जाता है, पर इनके लिए लगभग एक जैसी शब्दावली का प्रयोग किया जाता है। इनमें से विविध शत्रुओं के लिए भेदक शब्दावली का प्रयोग तो किया ही नहीं जाता, प्रायः इनका अभेद प्राकृतिक अभावों से कर दिया जाता है। इस तरह एक ऐसी कुहरिलता आ जाती है कि मानव शत्रु हिंस्र पशु में बदल जाता है या प्राकृतिक अभाव के रूपकों से अभिन्न हो जाता है। धरती से आकाश और मध्य-आकाश या अन्तरिक्ष की यह यात्रा अध्येता के लिए उलझन पैदा करती है।

तीसरे वर्ग के शत्रु के साथ संघर्ष एक सभ्य समाज के भौतिक और नैतिक उत्थान को प्रतिबिम्बित करता है। इसके आधार पर ही यह तय किया जाना चाहिए कि किसी सभ्यता का स्तर क्या था। भौतिक सम्पत्ति-संग्रह और वैभव के जिस प्रदर्शन से सभ्यताओं की नाप की जाती है, वह किंचित् इकहरा और दोषपूर्ण है। जो भी हो, इन शत्रुओं की चेतना और इन पर विजय प्राप्त करने की वैदिकों की कामना उन्हें सभ्यता के एक ऐसे स्तर का अधिकारी सिद्ध करती है जिसकी मिसाल तत्कालीन जगत में अन्यत्र नहीं मिलती। इसे मोटेतौर पर सांस्कृतिक आत्म-संघर्ष और नागरिक दायित्वों की चेतना का विकास कह सकते हैं। जो भी हो, अज्ञान, मानसिक दूषण—झूठ, लोभ, पाप, ईर्ष्या—आदि को भी वे रूपकीय ढंग से ही प्रस्तुत करते हैं और इससे भ्रामकता का एक और स्तर पिछले दो स्तरों पर जम जाता है।

वैदिक साहित्य में चित्रित मानव संघर्षों को दो वर्गों में बाँटा जा सकता है : बाहरी शत्रुओं या उपद्रवकारी तत्त्वों के विरुद्ध संघर्ष। ये बाहरी शत्रु आर्य और अनार्य दोनों हो सकते हैं। मोटे तौर पर इनमें जंगली क़बीले, व्यापारिक सार्थों पर या वैदिक नगरों और बस्तियों पर हमला करनेवाले डाकू और तस्कर तथा प्रतिस्पर्धी व्यापारी और राजा रखे जा सकते हैं। दूसरे वर्ग में अपनी ही व्यवस्था से उत्पन्न समाजविरोधी तत्त्व चोर और बटमार—तथा असन्तुष्ट किसान, मज़दूर और कारीगर आते हैं। इन असन्तुष्ट जनों को शस्त्रबल से काबू में रखने की आवश्यकता पड़ सकती है और हड़प्पा सभ्यता के अन्तिम दिनों में जब इसकी अर्थव्यवस्था की जड़ें कमज़ोर हाने लगी थीं, और किसी भी पतनोन्मुख अर्थव्यवस्था की तरह यह अपने ही समाज के उत्पादक हिस्सों को उचित पारिश्रमिक, पुरस्कार और प्रोत्साहन देने में अक्षम होकर परम्परागत रूप में उन्हें प्राप्त सुविधाओं को भी कम करने लगी तब तो इसकी ख़ासतौर पर ज़रूरत पड़ने लगी होगी। वैदिक साहित्य में हम इसकी झलक अनेक रूपों में पाते हैं। जब हम वैदिक साहित्य में वर्णित युद्धों और संघर्षों पर विचार कर रहे हों तो इन विभिन्न स्तरों के संघर्षों में फ़र्क़ करना ज़रूरी है, अन्यथा सरलीकरण के कारण अनर्थ की सम्भावना रहेगी।

2. असुर

वैदिक साहित्य में असुरों के साथ इन्द्र आदि देवताओं के युद्धों का वर्णन बार-बार आता

है। जैसा कि हम उल्लेख कर आए हैं, एक ओर तो शत्रुओं पर इन्द्र के आक्रमण का और उनकी विजयों का बड़े आह्लाद के साथ वर्णन किया जाता है और दूसरी ओर कहा जाता है कि 'इन्द्र का कोई शत्रु न तो कभी था, न आज है। युद्धों का यह विवरण माया का वर्णन है। जो इस तथ्य को नहीं जानता वह असलियत को नहीं जानता' (1.32.4; 10.27.3; 54.2)। ये दुहरे दावे इस बात के प्रमाण तो हैं ही कि ये युद्ध कुछ भिन्न प्रकृति के हैं।

इन्द्र जिन असुरों को पराजित करते हैं उनके नाम वृत्र, शम्बर, चुमुरि, धुनि, विप्रु, रुधिक्रा, शुष्ण, अराव्ण आदि दिए गए हैं। इनसे सामान्यतः यह भ्रम होता है कि ये व्यक्तिवाचक नाम हैं और इन्हें उन राजाओं अथवा सेनापतियों से जोड़ लिया जा सकता है, जिन पर इन्द्र ने 'हमला' किया था। इनमें बार-बार आनेवाले नामों, वृत्र और शम्बर, के बहुवचन रूप वृत्राणि (1.58.6; 3.30.22) और शम्बराणि (2.24.2) का भी प्रयोग हुआ है। यह इस बात का द्योतक है कि ये व्यक्तिनाम न होकर विशेषणपरक शब्द हैं। परम्परागत रूप से इन्हें जल के रोधक, जल को अपने भीतर छिपाए हुए, बादलों, अन्धकार, अभाव और अकाल से सम्बद्ध किया जाता रहा है। इन शब्दों का अर्थ भी यही सिद्ध करता है। वृत्र का अर्थ है घेरनेवाला, रोकनेवाला पर इसका अर्थविस्तार करके इसे घिरे हुए, लिपटे हुए, चतुर्दिक् व्याप्त क़बीलों, रास्ता रोकनेवाले दस्युओं, अन्धकार, कृष्ण (मेघवर्ण, अकाल) आदि के आशय से भी प्रयोग में लाया जा सकता है। ठीक यही भाव 'शंबर' शं-वर भी है। शेष नामों में अर्थ की उतनी व्याप्ति नहीं है पर आशय मिलता-जुलता ही है, चुमुरि–भक्षक; धुनि–हड़कम्प मचानेवाला, गर्जना करनेवाला; विप्रु–जल को पी जानेवाला, जल से भरपूर; शुष्ण–शोषणकर्ता, बलवान; रुधिक्रा–अवरोधों का उल्लंघन करनेवाला; अर्बुद–जल देनेवाला; कुयव–दुर्भक्षी; उरण–आच्छादक; नमुचि–न छोड़नेवाला, जल का त्याग न करनेवाला आदि। ये सभी विशेषण बहुत सटीक रूप से बादलों पर और अकाल तथा सूखे पर लागू होते हैं। पर इनका प्रयोग अदाता, धन जोड़कर रखनेवाले और पुरोहितों को दान न देनेवाले, वैदिक मत को न माननेवाले, व्यक्तियों के लिए भी किया जा सकता है। जब-तब इनमें से अनेक का नाम एक साथ आया है। (2.14.5; 6.18.8) ऐसी स्थितियों में इनको विशेषण मानने के अतिरिक्त अन्य कोई चारा नहीं रहता, यद्यपि सायण ने ऐसे स्थलों पर भी इनका 'इस नाम का असुर' आशय लिया है। कम-से-कम इन संदर्भों में इन्हें राजा या सेनापति तो नहीं ही माना जा सकता।

यदि इन असुरों के नामों पर ध्यान दिया जाए तो इनसे असुरों के भयंकर और अदम्य चरित्र का ही उद्‌घाटन होगा। परम्परागत रूप से असुरों का जो चित्र जनमानस पर अंकित रहा है, वह भी उन्हें असभ्य और दुर्दान्त, निरंकुश और नृशंस ही सिद्ध करता है। इन सभी तथ्यों की अवहेलना करके, स्वयं वैदिक साक्ष्यों की भी अवहेलना करके ही हम हड़प्पावासियों को सभ्य और वैदिकजनों को असभ्य आक्रामक मान सकते हैं।

इन्द्र ने ऐसे ही शंबर की तथाकथित निन्यानबे पुरियों को ध्वस्त करके उसे पराजित किया था। कभी तो इन पुरियों की संख्या नब्बे, (3.1.26), कभी निन्यानबे (2.19.6) और कभी सौ (2.14.6) बताई जाती है। प्रायः ऐसा लगता है कि यह मात्र इतने लोगों के मारे जाने का मामला है (2.14.3.5)। असुरों को पराजित करने में सामान्यतः इन्द्र का ही

उल्लेख आता है, पर कभी-कभी इनके साथ अग्नि, (3.12.6) मरुद्गण (1.23.9), या सोम (2.15.5) का भी उल्लेख आता है। सोमपान से ही इन्द्र को वृत्र-वध की शक्ति मिली है।

पाँच, दस, सात, सौ और हज़ार की संख्याएँ, ऋग्वेद में 'बहुत' और 'समस्त' के अर्थ में प्रयुक्त होती हैं। यदि स्थिति नव, नवति, नवतिंनव, त्रयस्त्रिंशत, पंचपंचाशत, सप्तसप्तति आदि की भी है तो भी इन्हें निश्चित संख्याओं का सूचक नहीं माना जा सकता। सप्त, नवति और नवतिंनव की इन्हीं संख्याओं का उल्लेख जलधाराओं के सन्दर्भ में भी आता है (1.32.14)। इन्द्र द्वारा वृत्र आदि की पुरियों का भेद न करने का रूपक कुछ स्थलों पर तो इतना अभेदात्मक है कि इनसे वास्तविक युद्ध का चित्र उभर आता है, (2.14.4; 6) पर सामान्यतः इन विवरणों में जल का मुक्त होकर गिरना या जलधाराओं का समुद्र की ओर मुक्त रूप में प्रवाहित होना ही दिखाया गया है। (2.19.2) वृत्र का निवास जल के भीतर (3.32.11), पर्वत पर (4.30.14) या अन्तरिक्ष (2.14.3) में दिखाया जाता है।

इन विभिन्न विवरणों में अभूतपूर्व संगति है और इनका यह आशय लिया जा सकता है कि यह बादलों के उमड़कर छाने, बिजली के कड़कने और चमकने के साथ झूम और गरज के साथ होनेवाली वर्षा का वर्णन है। बादलों के उमड़कर आने को एक विचित्र सर्प के सरकते भागते हुए आसमान में आने के रूप में कल्पित किया गया है। काली घटाओं को आयसी या धातु-निर्मित या पाषाण-निर्मित कह दिया गया है। इन्हें पर्वत के रूप में भी चित्रित किया गया है। इनके काले रंग का चित्रण कभी-कभी बादलों की इस काली सेना के रूप में किया गया है (4.16.13)। बिजली की चमक के साथ उसकी गर्जना को इन्द्र और अग्नि का एक साथ प्रहार दिखाया गया है, एक ही साथ एक ही कर्म द्वारा वे अहि का वध करते हैं। (3.12.6) वायु के साथ वर्षा की झड़ी लगने के कारण इसे मरुतों के साथ इन्द्र द्वारा प्रहार माना गया है (1.23.6)। ऐसे स्थलों पर इस प्रकृति-लीला को वास्तविक युद्धों का सूचक मानना इस काव्यात्मक चित्रण को न समझ पाने का ही परिणाम है (322/63-65)।

जिन इतिहासकारों ने इसमें युद्ध के रूप में कल्पित किया उन्हें इस बात पर भी ध्यान देना चाहिए था कि इन्द्र का उल्लेख अवेस्ता में और बोग़ाज़कुई के अभिलेखों में भी है। अतः यदि वे इन युद्धों को भारत में हुए वास्तविक युद्धों के रूप में कल्पित कर रहे थे तो उन्हें यह भी स्वीकार करना चाहिए था कि ईरान और लघु एशिया में इन जनों का प्रवेश भारत से हुआ है। यही बात दासों के साथ इन्द्र के युद्धों में भी देखी जा सकती है। दासों के साथ युद्ध का उल्लेख भी 'अवेस्ता' में पाया जाता है। यदि वह युद्ध भारत में हुआ था तो अवेस्ता में इसका उल्लेख भारत से प्रव्रजित जनों द्वारा अतीत घटनाओं की स्मृति के रूप में किया जा सकता था। ऐसी स्थिति में दास और दस्यु के बीच नृतात्त्विक आधार पर भेद किया जाता है और यह भुला दिया जाता है कि दास और दस्यु दोनों के प्रतिशब्द ईरानी में पाए जाते हैं (569/19; 287)। दस-काटना, दबाना, मारना से ही दास और दस्यु दोनों की व्युत्पत्ति होती है। वैदिक साहित्य में इस तरह के विपरीतार्थक प्रयोग–राक्षस, असुर, दास, दानव–प्रायः देखने में आते हैं और यहाँ वाच्यार्थ और रूढ़ार्थ में फ़र्क़ करना अधिक उपयोगी होगा। सायण दास का अर्थ 'उपक्षयिता' या हिंसा करनेवाला लेते हैं और इन

अवसरों पर यही उपयुक्त है।

वस्तुतः इन्द्र के युद्धों और वृत्र और शंबर आदि के वध तथा पुरियों को विदीर्ण करने की कथाओं को ध्यान में रखते हुए सामान्यतः यह निष्कर्ष निकालना होगा कि इस रूप कथा का विकास एक ऐसे भौगोलिक क्षेत्र में हुआ है जहाँ बादल घुमड़कर उठते हैं और धारासार वृष्टि करते हैं। वर्षा के साथ बिजली की कौंध और तड़क तथा बादलों की गर्जना जुड़ी रहती है। उड़ते हुए बादल एक बढ़ती हुई वाहिनी की तरह आकाश में छा जाते हैं और युद्ध का-सा दृश्य उपस्थित हो जाता है। जल की धाराएँ चारों ओर फूटकर बहने लगती हैं। ऐसा क्षेत्र न तो ईरान है, न रूसी स्तेपी, न उत्तरी या मध्य यूरोप, जिनको मुख्य रूप से जल के लिए हिमपात पर निर्भर रहना पड़ता है। वर्षा के इस देवता के समानान्तर हिम या तुषार का कोई देवता भारोपीय देवशास्त्र में नहीं पाया जाता। इसके विपरीत वर्षा के पर्जन्य देव का उल्लेख उन क्षेत्रों में भी पाया जाता है जहाँ मुख्यतः हिमपात ही होता है : गाथिक–फेयूर्गुनी, आइसलैंडिक–फिओर्जिन, लिथुआनियन्–पेर्कुनास।

पुरन्दर और शंबर की इस कथा को थोड़ी देर के लिए हम वास्तविक युद्धों से सम्बद्ध मान लें, क्योंकि, जैसा हम पहले कह आए हैं, इन रूपकों और शब्दों का प्रयोग अनेक अर्थों में न केवल हो सकता है, अपितु हुआ भी है तो इससे क्या हम किसी आर्य-आक्रमण की सूचना पाते हैं? शंबर का वध करके इन्द्र ने दिवोदास के लिए राज्य का विस्तार किया था (6.2.65; 47.22) हमें आर्यों का पता-ठिकाना भले न मालूम हो पर दिवोदास का पता मालूम है। वह मध्य क्षेत्र का राजा था। और वह पहला राजा भी नहीं था। ऐसी स्थिति में यह युद्ध भारत में ही बसे 'राजा' के पक्ष में लड़ा गया दिखाई देता है और चूँकि वृत्र और शंबर का सम्बन्ध पर्वत से और दुर्ग–दुर्गम स्थलों–से जोड़ा गया है, अतः यदि यह सिद्ध हो भी जाए कि हड़प्पा सभ्यता पर हमला हुआ था और उनमें से एक पक्ष पहाड़ी क्षेत्रों के बर्बर कबीलों का था और दूसरा पक्ष हड़प्पावासियों का; एक छिपकर रहनेवाला है और दूसरा नहीं; छिपकर या अपनी बस्तियों को दुर्गम स्थानों पर बसाकर रहनेवाला पक्ष शंबर का है (2.12.11; 6.26.5) और दूसरा वैदिक देवता इन्द्र के उपासक दिवोदास का; तो आक्रमणकारी शंबर ही सिद्ध होगा, जिसका पीछा इन्द्र या उसके उपासक उसके छिपने के अथवा रहने के दुर्गम स्थानों तक करते हैं और उनकी बस्तियों को उजाड़ देते हैं। कारण, इस प्रसंग में बहुसंख्यक पुरियों के विनाश या ध्वंस की बात आई है और सारा मामला इस तरह से निबटाया जाता है कि यह एक ही कार्रवाई का अंग प्रतीत होता है। इतनी पुरियाँ कभी तबाह की जा सकती हैं जब हम इन्हें छोटी-छोटी क़बीलाई बस्तियाँ मानकर चलें। इन्द्र और शंबर या वृत्र के युद्धों में छेड़छाड़ इन्द्र की ओर से नहीं होती अपितु अपर पक्ष से ही होती है। परम्परागत विवरणों के अनुसार भी देवता असुरों के उपद्रवों से तंग आ जाते हैं तभी उनके हाहाकार से द्रवित होकर इन्द्र या दैवी अवतार प्रकट होता है जो असुरों का संहार करता है। उस अवतार के मामले में भी छेड़छाड़ की कार्रवाई असुर पक्ष से ही की जाती है। दिवोदास के मामले में भी इन्द्र दिवोदास की रक्षा करते हैं–प्र आवः दिवोदासं चित्राभिः ऊती–'विविध उपायों से दिवोदास की रक्षा की। इन युद्धों में जब-तब वज्र-प्रहार के स्थान पर मुष्टि-प्रहार और पाद-प्रहार के उल्लेख आते हैं (1.8.2; 5.58.4; 6.26.2)

जिनसे प्रकट होता है कि युद्ध या मुठभेड़ का रूप किसी नगर पर आक्रमण से भिन्न था (62)। दिवोदास अतिथिग्व की अपनी भौगोलिक स्थिति इन टुकड़ों को एकस्यूत कर देती है और आक्रमणकारी के चित्र को बिलकुल उलट देती है।

ऋग्वेद में आक्रमण और नगर की रक्षा का एक उल्लेख बहुत स्पष्ट है। यह युद्ध यव्यावती नदी के तट पर हरियूपीया में हुआ था। वस्तुतः इन दोनों के बीच नदी कौन-सी थी और नगरी कौन यह तय करना कठिन है, कारण इस विषय में पाठ में स्थिति स्पष्ट नहीं है। कुछ विद्वानों ने इसमें 'अनार्य नगर' पर आर्यों के आक्रमण की छाया देखी है और हरियूपीया को हड़प्पा सिद्ध किया है (626/18)। पर रोचक बात यह है कि **उपलब्ध विवरणों के अनुसार यह आक्रमण वैदिक राजा चयमान के पुत्र अभ्यावर्ती के ऊपर वरशिख नामक असुर के पुत्र वृचीवान ने किया था।** वरशिख के पुत्रों द्वारा हमले की बात निम्न तथ्यों से प्रकट है : वरशिख के पुत्रों के द्वारा आकर तोड़-फोड़ करने का उल्लेख है; उसकी सेना की संख्या का स्पष्ट उल्लेख है, जिसे एक सौ तीस बताया गया है; वे कवच और तीर-धनुष से लैस हैं, अर्थात् पूरी तैयारी से आए हैं; उनकी पूरी सेना हमले के समय नदी को पार नहीं कर पाई है, आधी सम्भवतः अभी दूसरी ओर ही है, या यदि सेना पार आ चुकी है तो वृचीवान के पक्ष के लोग दूसरे पार किसी स्थल के निवासी हैं, क्योंकि वृचीवान के हारने पर उस पार के वरशिख के पुत्रों के भयभीत हो जाने का उल्लेख मात्र आया है, और अन्ततः वृचीवान के पक्ष को अपने प्रयोजन में विफल सिद्ध किया गया है (6.27.4-6)।

एक अन्य उल्लेख आयसी पुर की रक्षा का है जिसकी सायण ने कुछ अटपटी-सी व्याख्या दी है जो ठीक नहीं लगती। इसमें भी आक्रमण वैदिक पुर पर होता है और सैनिक वेग से अपने पुर की रक्षा में तत्पर होकर बाहर निकलते हैं (4.27.1)। इन विभिन्न तथ्यों और विवरणों की उपेक्षा करते हुए, आर्यों को आक्रमणकारी सिद्ध करने के लिए विद्वानों द्वारा इन विविध उल्लेखों का उपयोग केवल यही सिद्ध करता है कि अपनी मान्यता की पुष्टि के लिए वे कितने बेसब्र रहे हैं।

3. वैदिकों के शत्रु

जिन शत्रुओं के विषय में प्राकृतिक लीला आदि का भ्रम पैदा नहीं होता और जिन्हें वैदिक कवि अपने उत्पीड़न का प्रमुख कारण मानते हैं, उनको निम्न चार वर्गों में बाँटा जा सकता है :

1. **असामाजिक तत्त्व** (चोर और डाकू)–स्तेन, तम, तमोवृध, मायाविन, मुषीवान, द्वयाविन, तस्कर, निरामिण, दस्यु, दास, धूर्त, जिघांसु, पृतन्यु, व्यथि, उब्ज, ध्वरस, अंभृण, रिषण्य, भंगुरावत, पृतन्यु, अभिह्रुत, दुः, दुःशंस, दुरित आदि।
2. **जंगली जनजातियाँ या यायावर कबीले**–मूर, अत्रि, व्यथि, दुः, रिषण्य, अम्भृण, अकर्म, अनप्नस, मृध्रवाच, वृक, अधम, अघशंस, पिशाच, क्रव्याद, राक्षस, यातुधान आदि।

3. **सामान्य शत्रु**–अमित्र, अभिद्रुह, द्वेषधत्त, अरि, अराति, शत्रु, स्पृध आदि;
4. **वैचारिक या रीतिविधान विषयक मतभेद रखनेवाले**–निद, वध्रिवाच, मृध्रवाच, मन्यमान, अतिमानी, किमीदिन, अयज्यु, अनिन्द्र, अकर्म, अनास, अन्यव्रत, द्विष, द्वेषधत्त, पणि आदि।

इन शत्रुओं के लिए इन शब्दों का प्रयोग बहुत स्पष्ट और भेदक रूपों में नहीं किया जाता और चूँकि सभी शब्द निन्दापरक हैं इसलिए इनका प्रयोग अपने ही समाज या मत के लोगों के लिए (7.104) भी हो सकता है। इसी तरह असुर, वृत्र आदि का प्रयोग क़बीलों से लेकर व्यापारिक यात्राओं के दौरान रास्ता रोकनेवालों या अन्यथा घेरा डालनेवालों के लिए होता दिखाई देता है।

ऋग्वेद में जिन संघर्षों के विवरण मिलते हैं उन्हें मोटेतौर पर इन्हीं के भीतर समेटा जा सकता है। इनमें से किसी से शत्रुओं के विदेशी आक्रमणकारी होने की पुष्टि नहीं होती। वैदिक जनों को जिस बात का अधिक खतरा दिखाई देता है वह आक्रमण न होकर अशान्ति ही है। बाहरी तत्त्वों में दस्युओं और जंगली क़बीलों के उपद्रव प्रधान हैं। सम्भवतः ये जंगली लोग न केवल समय-समय पर खेती और पशुओं को नुकसान पहुँचाते हैं अपितु स्वयं इन्हें भी अकेला या असुरक्षित पाकर यातना देते हैं। वे इन शत्रुओं को कोसते हैं (7.104.2; 10)।

4. आर्तनाद

जैसा कि ऊपर के इन दो उदाहरणों से प्रकट है, वैदिक समाज अपने आसपास के परिवेश से और सम्भवतः अपने तन्त्र के भीतर भी पैदा हुए अराजक और अपराधकर्मी तबकों से परेशान दिखाई देता है। उसके संघर्षों की एक सामान्य विशेषता यह है कि ये मुख्यतः रक्षापरक दिखाई देते हैं। वैदिक सभ्यता का दोष यह नहीं दिखाई देता कि यह आक्रामक और हिंसक थी, अपितु यह कि अपने युग और परिवेश को देखते हुए यह कम हिंसक और अधिक सहिष्णु थी। यही उसकी दुर्बलता थी और कुछ दृष्टियों से यही उसकी सबसे बड़ी शक्ति भी थी। विभिन्न उपक्रमों के विकास और विस्तार के लिए शान्ति और व्यवस्था अपेक्षित है, न कि अशान्ति; पर इस व्यवस्था को सुरक्षित रखने के लिए रक्षा-प्रबन्ध और आततायियों को विरत करने की शक्ति भी अपेक्षित है। यही वैदिक साहित्य के मानव संघर्षों का सार है। युद्ध सामान्यतः उनकी विवशता है, आत्मरक्षा का उपाय है। अतः जो उल्लेख शौर्य और युद्ध के आते हैं, उनसे कहीं अधिक प्रखर है रक्षा के लिए उनका आर्तनाद। वे सभी देवताओं के शौर्य की याद दिलाकर उनसे रक्षा की माँग करते हैं। राक्षसों के अत्याचारों और उत्पीड़नों के विरुद्ध 'त्राहि मां, त्राहि मां' की यह पुकार वैदिक काल से लेकर परवर्ती साहित्य तक में गूँजती रहती है। मर्त्य अघायु (शत्रु) चाहे वे पास हों या दूर, उनसे रक्षा करो। हमारी जान बचाए रखो (1.27.3)। अग्नि, धूर्त हिंसकों से हमारी रक्षा करो (1.36.15)। जो हमारी जान लेना चाहते हैं, हमारे ऊपर क्रुद्ध रहते हैं, उनसे रक्षा करो। हे यज्ञ यूप, इन नरभक्षी राक्षसों को जला डालो, इन पापियों से हमें बचाओ (1.36.14)।

अग्नि अपने अदम्य रक्षा-उपायों से हमारी रक्षा करो (1.95.9)। वरुण, जो चोर और उठाईगीर हमें मारता है उससे हमें बचाओ (2.28.10)। हम कभी इन द्रोही हिंसकों के सम्पर्क में न आएँ (2.35.6)। अग्नि, हमारे यज्ञ से प्रसन्न होकर अपनी रक्षा से हमें सुरक्षित रखो, प्रज्वलित होकर इन निरन्तर बढ़ते हुए राक्षसों को मार डालो (4.3.14)। इन विवादी, निन्दक, द्रोही, बुरे राक्षसों को भस्म कर डालो, और हमें बचाओ (4.4.15)। ब्रह्मणस्पति, अपना प्राचीन पराक्रम फिर पैदा करो और अपनी तीखी तपनी से उन राक्षसों को जलाओ जो तुम्हारी निन्दा करते रहते हैं (2.23.14)। बृहस्पति इन चोरों, उचक्कों, द्रोहियों, दूसरों के माल पर नज़र रखनेवाले देवविरोधियों के हाथ में कहीं मुझ भक्त को न सौंप देना (2.23.16)। इन्द्र तुम्हारी मित्रता के भरोसे रहनेवाले हम लोगों को डर न लगे। हे अपराजित जेता, हम तुम्हें नमस्कार करते हैं (1.11.2)। अग्नि निरन्तर हमरी रक्षा करते रहना, हमारे प्रिय घर में दीप्त रहना, तुम्हारे भक्त को और दूसरे लोगों को डर न लगे (1.189.4)। हे वरुण, हमें सपने में भी चोरों का डर लगा रहता है (2.28.10)। इन्द्र हमारे भय दूर करें (2.40.10)। हे यज्ञ के देवता, हमारी ओर नज़र करो, तुम्हारी रक्षा से हमारा भय को दूर हो जाए। देवताओ, हमें नृशंस हिंसकों से बचाओ, इन अपकारियों से हमारी रक्षा कर (2.29.6)। अग्नि, हमारी एक पुकार सुनकर हमारी रक्षा करना, दूसरी, तीसरी और चौथी पुकार पर हमारी रक्षा करना (8.60.9)। बृहस्पति पश्चिम, उत्तर और नीचे की ओर से और इन्द्र पूर्व और मध्य से इन पापियों से हमारी रक्षा करें (10.42.11; 43.11; 44.11)।

यह खीझ और विवशता अक्सर बददुआओं का रूप ले लेती हैं : शत्रुओं के जीवित सदस्य और गर्भस्थ शिशु तक मर जाएँ (4.4.5; 6.44.17)। जो हमें सताता है वह नरक में चला जाए (1.79.11)। अग्नि चोरों और तस्करों को मैं तुम्हारे मुँह में झोंकता हूँ, इन्हें चबा-चबाकर खा जाना, इन चोरों का मुँह नोच-नोचकर खा जाना (27/11.77-79)। यहाँ इन शत्रुओं की स्थिति भी स्पष्ट है, ये वनचर या जंगली और कक्ष या नदी के कछार में छुपे रहकर प्रहार करनेवाले या चोरी-लूट करनेवाले लोग हैं।

यह है उन वैदिक देवताओं और उनके उपासकों की आक्रामकता की स्थिति। यह भय, यह त्रास, बचाओ-बचाओ की यह कातर पुकार, तंग आकर शाप देने और अमंगल चाहने की यह प्रवृत्ति, शायद इतिहासकारों की नज़र से ओझल रह गई है जबकि इन संघर्षों का केन्द्रीय स्वर यही है। जिन संघर्षों की कहानी वैदिक स्तोत्रों में बार-बार दुहराई जाती है वह है सभ्यता और उत्पादन के अपेक्षाकृत ऊँचे स्तर पर पहुँचे हुए और खुशहाल लोगों का बर्बर, लुटेरे, हिंसक, घुमक्कड़, असभ्य, चोरों, डाकुओं, आदिवासी क़बीलों, गिरिजनों, धन-दौलत और मवेशी चुराकर भागनेवालों के विरुद्ध सतत संघर्ष। जैसा कि हम कह आए हैं, इनमें से कुछ अपने ही समाज की देन हो सकते हैं, और अन्य बलूचिस्तान की पहाड़ियों से शीतकाल में उतरनेवाले क़बीले जिसका वर्णन मार्शल ने 1931 के मोहनजोदड़ो की खुदाई की रिपोर्ट में किया है, और जिसे एक अर्थ में ह्वीलर ने भी स्वीकार किया है अपेक्षित समृद्धि और वैभव में जीते हुए, अपनी सुरक्षा के लिए चिन्तित इन जनों की कामना युद्ध की नहीं शान्ति और व्यवस्था की है। सर्वत्र शान्ति की, सबके कल्याण की यह कामना भी असुरों और आततायियों के भय और आतंक की ही तरह वैदिक काल से लेकर आज तक

की परम्परा में–नाटकों के भरत वाक्यों, काव्यों के मंगलाचरणों और सामान्य पूजा-पाठ में, सब कुछ के बाद शान्तिपाठ के रूप में चली आई है। सब कुछ अनुकूल रहे, सब कुछ मंगलकारी हो, किसी को कोई कष्ट न हो, अनुष्ठान निर्विघ्न पूरा हो, यही वैदिक स्तोत्रों का केन्द्रीय स्वर है। अनिष्टकारी तत्त्वों के नाश की कामना और बददुआओं के बाद अन्ततः वे इसी पर लौटते हैं। शान्ति की इतनी उत्कट कामना तत्कालीन जगत में कहीं अन्यत्र भी पाई जाती है या नहीं, इसकी खोज विद्वान् लोग करें। हमारे लिए इतना ही पर्याप्त है कि यह शान्तिपाठ उसी प्राचीन ऋग्वैदिक अंश में मिलता है जिसके आधार पर वैदिकों को बर्बर सिद्ध किया जाता है। इन्द्र, अग्नि, वरुण, सोम, पूषा, भग, अर्यमा, धाता, धर्ता, पृथिवी, आकाश, पर्वत, अश्विनीकुमार, अन्तरिक्ष, रुद्र, त्वष्टा, सूर्य, अदिति, मरुद्‌गण, वसुगण सभी से और धरती, आकाश, वन, औषधि, नदी, समुद्र वायु, पर्जन्य, समस्त दिशाओं में, अर्थात् सर्वत्र शान्ति की कामना की जाती है (7.35)।

इस शान्ति और कल्याण की कामना के पीछे अपने आर्थिक उपक्रमों के निर्विघ्न चलते रहने की कामना पर ध्यान देना ज़रूरी है : इन्द्र और पूषा अन्नलाभ के लिए 'वाजसातौ' शान्ति-कारक हों, धन-धान्य सकुशल रहे, 'शमु सन्तु राय'; हम शुभ कर्मियों के सुकर्म कल्याणकर हों 'शं नः सुकृतां सुकृतानि सन्तु; वर्षा सुखकर हो, अतिवृष्टि या अनावृष्टि न हो; खेत के मालिक आराम से रहें, फसल अच्छी हो; वायु कल्याणकारी हो, आँधी-तूफ़ान न आए; धरती और आकाश शान्तिप्रद हों, मौसम खराब न हो और भूचाल आदि न आए; भेषजदाता और व्याधिकारक देव रुद्र शान्तिकर हों, बीमारी-महामारी न आए; उत्पादन कर्म से जुड़े लोग, 'अभिषाच' और दान पर जीनेवाले 'रातिषाच' चैन से रहें; कलाकार और शिल्पी 'ऋषभः सुहस्ताः' सुख-शान्ति से रहें; नदियाँ कल्याणकर हों, बाढ़ न आए; समुद्र कल्याणकारी हों, समुद्री यात्राओं के समय तूफ़ान आदि न आए, गरज कि आर्थिक प्रचालन और चतुर्दिक् का परिवेश सब कुछ अनुकूल रहे यह कल्पना और ये कामनाएँ क्या बर्बर जनों की, या पिछड़े अर्थतन्त्र से जुड़े लोगों की हो सकती है?

5. इन्द्र-विजय

ऋग्वेद में गविष्टि और गवेषणा आदि शब्द, जिनका शाब्दिक अर्थ गाय की इच्छा या कामना (गो-इष्टि, गो-एषणा) है, युद्ध या संघर्ष के अर्थ में भी प्रयोग में आते थे। इसके आधार पर यह भ्रम पैदा किया गया कि वैदिक जन दल बाँधकर जाते थे और अपने शत्रुओं की गायें लूट ले आते थे। बलि उगाहने का उनका यही तरीक़ा था। इस पहलू पर हम आर्थिक पक्ष के सन्दर्भ में विचार करेंगे। यहाँ इन्द्र की उन स्तुतियों का उल्लेख ज़रूरी है जिनमें उन्हें गोजित्, अश्वजित्, उर्वराजित्, (2.21.1) सहस्रजित् (1.88.1) आदि कहा जाता है। पर यदि हड़प्पावासियों के यहाँ से वे घोड़े भी छीनकर लाते थे तो फिर घुड़सवार आर्यों की छवि खंडित होती है। यदि हड़प्पावासियों या अनार्यों के पास घोड़े न हुए तो इन्द्र इन्हें जीतेंगे कैसे और यदि हुए तो घोड़े की सवारी और रथचालन से परिचय के कारण आर्यों की जिस श्रेष्ठता की बात की जाती है, वह खत्म हो जाएगी। जो भी हो, युद्ध रक्षापरक

हों या विस्तारपरक, ये उन समाजों और व्यवस्थाओं की भी लाचारी होते हैं, जो शान्तिकामी होते हैं। शान्ति और व्यवस्था की रक्षा के लिए भी युद्ध ज़रूरी हो जाता है।

यहाँ इन्द्र की विजयों में जीत के जो उल्लेख हैं उनके दो आशयों पर ध्यान देना उचित होगा। एक तो यह कि 'जीत' या 'जय' शब्द का वैदिक कालीन अर्थ अधिक व्यापक था। इसका एक अर्थ 'अर्जन करना' था। आज हम इसके लिए कमाई–काम के बदले मिला धन–का प्रयोग करते हैं। यह आशय तेलुगु के 'ज़ीतमु', कमाई, में आज भी सुरक्षित है। अतः इन विवरणों में से कुछ का सम्बन्ध निश्चित रूप से व्यापारिक अर्जन से भी हो सकता है, जंगलों आदि की सफ़ाई करके उर्वर भूमि तैयार करने अर्थात् अर्जित करने–उर्वराजित्–से भी हो सकता है। जहाँ युद्धों के स्पष्ट उल्लेख हैं, वहीं इसका वाच्यार्थ ग्रहण करना अधिक उचित प्रतीत होता है। 'क्षेत्रस्य पतिना वयं हितेन एव जयामसि' (4.57.1) जैसे स्थलों पर परम्परावादी टीकाकारों को भी बाध्य होकर 'जयामसि' का अर्थ 'उपार्जयामः' करना पड़ता है।

यदि हम प्राचीन जगत के युद्धों और विजयों पर दृष्टिपात करें तो पाएँगे कि विजयी राजा अपने शत्रु को सोना, पशुधन, कभी-कभी सुन्दरियाँ या राजकुल की कुमारियाँ और रानियाँ, अनाज, कपड़े और दूसरी कीमती चीज़ें, और इन सबके साथ, यदि वांछित हुआ तो, राज्य का कोई हिस्सा देने को बाध्य करते रहे हैं। यहाँ जो तथ्य उभरकर आता है वह यह है कि इन्द्र की इन विजयों का, जिन्हें इन्द्र उपासकों की या राजा की विजय मानना उचित होगा, सम्बन्ध न तो लूट-पाट से है, न ही यह विदेशी आक्रमण का सूचक है। यह महत्त्वाकांक्षी राजा की विजय और राज्य-विस्तार का सूचक अवश्य हो सकता है जो अपने अधीनस्थ राजाओं से राजबलि लेता हो : इन बलियों का सम्बन्ध चाहे विजय काल से जोड़ा जाए या वार्षिक कर से। वह इसीलिए धनजित्, धनंजय, स्वर्णजित्, सत्रजित्, सर्वजित्, विश्वजित्, अपराजित, अप्रतिष्कुत, अप्रतिम, अप्रतिमान या प्रतिद्वन्द्वी-विहीन भी है। इन्द्र को जब गोजित् के साथ अन्य चीज़ों को जीतनेवाला कहा जा रहा है तो सन्दर्भ किन्हीं बड़े अभियानों से है; उर्वराजित् में क्रमिक राज्यविस्तार का भाव भी निहित है। एक और तथ्य यह है कि यह स्थिति वैदिक काल की है, पूर्व वैदिक काल में इन्द्र की स्थिति भिन्न थी और जैसा कि आगे चलकर हम देखेंगे, ऋग्वेद के नवीन मंडलों तक आकर ये शब्द भले इन्द्र के नाम के साथ जुड़े रह गए हों, वह शुद्ध वणिक बन जाते हैं और मुख्यतः इसी रूप में, जिसका अर्थ है मुख्य रूप से यजमानों के इसी वर्ग द्वारा, उन्हें याद किया जाता है। अतः इन्द्र की विजयों में स्वयं अपने उद्यम से अर्जित धन और सम्पत्ति के सभी पहलू सिमट आते हैं और प्रायः ये व्यापारी सार्थों पर लुटेरों और आततायियों के आक्रमणों के समय धन-माल तथा जान की रक्षा का द्योतक बन जाती हैं।

6. युद्ध

जहाँ ऋग्वेद में युद्धों के स्पष्ट उल्लेख आए हैं वे स्थल संख्या में बहुत कम हैं। सामान्य संघर्षों की तुलना में इन्हें नगण्य कहा जा सकता है, जो पुनः इस बात का सूचक है कि

उपासक वर्ग मुख्यतः वह है जिसे हम आर्थिक उत्पादनों और व्यापारिक कार्यों से जुड़ा पाते हैं। फिर भी राजाओं के स्पष्ट उल्लेख हैं, उनके दान आदि के चर्चे हैं जिन पर आगे विचार किया जाएगा। इन युद्धों के विवरणों में जो बात उभरकर आती है, वह है इनका आकार। इन्हें सामान्य मुठभेड़ नहीं माना जाना चाहिए। वैदिक युद्धों के विषय में कुछ अधिकारी विद्वानों ने भी ऐसी बातें की हैं जो हास्यास्पद प्रतीत होती हैं। इनमें एक यह है कि युद्ध के समय वैदिक पुरोहित राजा के साथ जाते थे और युद्ध भूमि में मन्त्र पढ़ते थे आदि। इन मन्त्रों का सम्बन्ध युद्ध से नहीं, अध्वर से है जिसे हिंसा रहित यज्ञ माना गया है। बिना हथियार उठाए, मन्त्रों से शत्रुओं और अनिष्टों का नाश यज्ञ द्वारा किया जा सकता है, यह इस विश्वास की देन है। इसी धारणा के चलते हवि, मन्त्र की वाणी आदि को वज्र कहा गया है। इसी तरह का एक दूसरा भ्रम यह है कि वैदिक राजाओं के पास कोई स्थायी सेना नहीं होती थी। कबीले के पूरे लोग लड़ते थे।

ऋग्वेद के प्राचीन माने जानेवाले अंशों से भी विशाल सेनाएँ रखनेवाले प्रतापी राजाओं के उल्लेख मिलते हैं–'तपन्ति शत्रुं स्वः न भूमा महासेनासः अमेभिः एषाम्' (7.34.19) अर्थात् विशाल सेनाएँ रखनेवाले राजा शत्रुओं को तपते सूर्य की तरह झुलसा देते हैं।

इन युद्धों के आकार का अनुमान हम जब-तब उपलब्ध साठ-सत्तर हज़ार लोगों के अभिमान के आधार पर नहीं लगा सकते। कारण, संख्याएँ अविश्वसनीय होती हैं। पर जहाँ ध्वजा लेकर (7.83.2) और रथ आदि पर सवार होकर (6.75.6), रथों को गोचर्म से कवचित करके (6.75.8), वर्म धारण करके (6.75.1), संग्राम भूमि से क्षेप्यास्त्रों–बाण आदि–के साथ युद्ध की चर्चा आ रही हो, वहाँ इस विषय में किसी प्रकार का सन्देह नहीं रह जाता कि ये युद्ध सामान्य मुठभेड़ों से अलग हैं (6.75.2-4)। ऐसे मामले में सेना (1.66.4; 2.33.11; 5.30.9) और सेनानी (7.20.5) जैसे स्पष्ट प्रयोगों पर भी ध्यान दिया जाना चाहिए।

इन युद्धों के आकार का कुछ अनुमान इस बात से भी लगाया जा सकता है कि सेनाओं के जमघट की तुलना बादलों की घटाओं से की गई है, 'जीमूतस्य एव भवति प्रतीकम्' (6.75.1)। सेना के साथ चित्र का विशेषण यह सूचित करता है कि इसमें अनेक अंगों के सैनिक हैं (6.75.9)। बाणों की वर्षा सचमुच बरसाती झड़ी का रूप ले लेती है (6.75.15)। युद्ध के अवसर पर रणवाद्य बजते दिखाई देते हैं। सेना का जमाव तो इतना भारी है ही कि उनके शोर से आकाश फटने लगता है (7.83.3)।

7. आयुध

यदि हड़प्पा सभ्यता के अवशेषों से प्राप्त हथियारों की तुलना वैदिक विवरणों से करें तो इन दोनों के बीच इतना साम्य मिलेगा कि हड़प्पा के हथियारों को वैदिक नाम दिए जा सकते हैं और वैदिक आयुधों की शक्ल हड़प्पा के अवशेषों से पहचानी जा सकती है। हड़प्पा के हथियार और औज़ार कांस्य-कालीन हैं। यही स्थिति वैदिक हथियारों और औज़ारों की है। जैसा कि हम देख आए हैं, अयस् शब्द के प्रयोग को देखते हुए और अनेक भारोपीय

भाषाओं में लोहे के लिए अयस् शब्द के प्रचलन को ध्यान में रखते हुए कुछ इतिहासकारों ने यह सम्भावना प्रकट की है कि वैदिक जन लोहे से परिचित थे। कुछ को लोहे का आर्य जनों से सम्बन्ध इतना गहरा प्रतीत होता है कि वे लोहे के उपकरणों को परवर्ती आर्यों के सांस्कृतिक अवशेषों की पहचान के लिए एक अपरिहार्य लक्षण मानते हैं (256/78)। पर जैसा कि हम पहले उल्लेख कर आए हैं, अयस् शब्द ऋग्वैदिक काल में केवल धातु (ताँबा, काँसा, आदि) के अर्थ में व्यवहृत होता था।

युद्ध और शान्ति के प्रति वैदिक जनों के दृष्टिकोण के विषय में पीछे हम जो कुछ देख आए हैं, उससे स्पष्ट है कि अपरिहार्य स्थितियों में युद्ध में भाग लेने के बावजूद वैदिक जनों को युद्ध से घृणा थी। शत्रु के प्रति उनकी पहली प्रतिक्रिया यह होती है कि वह किसी तरह दूर हो (1.35.10; 2.7.2; 7.32.27)। ऐसे लोग आयुधों के विकास की दृष्टि से बहुत आगे नहीं बढ़ सकते थे। हड़प्पा सभ्यता के अध्येताओं का ध्यान जिस बात पर बार-बार जाता है वह है इसके हथियारों का अन्य पक्षों की तुलना में कम विकसित होना। इस असावधानी को वैदिक मनोवृत्ति को सामने रखकर ही समझा जा सकता है। सच बात तो यह है कि हड़प्पा संस्कृति के नगरों के परकोटे केवल शान्ति रक्षा के लिए ही थे—उनके द्वार साधारणतम थे (306)।

हड़प्पा के हथियारों में भाला, फ़रसा, कटार आदि आते हैं (404/6, 626/52; 54; 99/22)। ह्वीलर (626/53) बिल्लौरी चकमक के फलकों को, जो विविध हड़प्पा-स्थलों से काफ़ी संख्या में पाए गए हैं, आयुधों की गिनती में नहीं लेते। इन्हें कोई उपकरण मानना अधिक उचित होगा।

हथियारों के मामले में उन्नत 'आर्यों' के नेता और महाविजेता इन्द्र का प्रधान आयुध वज्र या गदा है, जो आगे चलकर सभी असाधारण पौरुषवाले चरित्रों—विष्णु, हनुमान, भीम आदि का प्रमुख हथियार बना रहता है, और ज़ाहिर है यह एक पाषाण-कालीन हथियार है (344/35)। हड़प्पा के अवशेषों में भी पत्थर की गदाएँ पाई गई हैं, पर मार्शल इन्हें ही वैदिक सभ्यता से अलगाव सिद्ध करने के लिए एक तर्क के रूप में प्रस्तुत करते हैं (404/31 तु. 110-20)। व्यक्तिगत मुठभेड़ों में इसकी जो भी उपयोगिता हो, पर युद्ध के मामले में इससे भोंडा कोई अन्य हथियार नहीं हो सकता। यदि इस पहलू पर ध्यान दिया जाए तो हथियारों के मामले में 'आर्यों' के उन्नत होने का मिथक आसानी से टूट जाएगा। घोड़े पर सवार होकर इस हथियार के उपयोग का तो प्रश्न ही नहीं उठता। इसके साथ यदि पाद-प्रहार (1.133.2) और मुष्टि-प्रहार (1.8.2) को भी जोड़ लें तो पता चलेगा, कि कम-से-कम, इन्द्र के युद्धों में शारीरिक शौर्य और शक्ति पर अधिक बल दिया गया है और यह उन्हें मल्लयुद्धों की कोटि में ला देता है। इस वज्र का शतपर्व (1.80.6; 8.6.6) या सहस्रभृष्टि (1.85.9; 5.34.2) होना सभी अतिरंजनाओं के बावजूद इसे परवर्ती शतघ्नी या सौ नोकोंवाली गदा से आगे नहीं ले जाता। वज्र (1.8.3, तु. वज्रकूट, वज्रलेप, बंजर, बजरी) स्वतः पत्थर का हथियार सिद्ध होता है। वैदिककाल में अथवा हड़प्पा सभ्यता में पत्थर की गदा के अतिरिक्त धातु की गदा का भी प्रयोग होता था (404/111; तु. 1.52.8; 10.48.3)। पत्थर और धातु दोनों से बनी गदाओं की हड़प्पा से प्राप्ति और दोनों का ही

ऋग्वेद में उल्लेख असाधारण महत्त्व रखता है।

कुल्हाड़े के लिए ऋग्वेद में कुलिश (1.32.5), परशु (4.6.8; 6.3.4) आदि पर्यायों का प्रयोग हुआ है। हड़प्पा के अवशेषों में कुल्हाड़े के अनेक रूप मिलते हैं। इन्हें देखते हुए यह अनुमान लगाया जा सकता है कि ये विभिन्न नाम इसके प्रभेदों के सूचक हैं। परशु का प्रयोग आयुध के रूप में करने के विवरण बाद की परम्पराओं में–परशुराम–भी मिलते हैं, अतः यह मानने का पर्याप्त आधार है कि वैदिक काल में इसका प्रयोग आयुध के रूप में भी किया जाता था (7.83.1) पर इसका उपयोग मुख्यतः लकड़ी काटने और छीलने के लिए किया जाता था (6.3.4)। हड़प्पा की खुदाइयों से प्राप्त परशु बहुत अच्छी किस्म के नहीं माने जा सकते। यही स्थिति सामान्य वैदिक परशु की दिखाई देती है। परिव्राजक साधुओं के साथ आयुध रूप में हम जिस फ़रसे को देखते हैं वह सम्भवतः अपने वैदिक पूर्व-रूप का ही अवशेष है। वस्तुतः लोहे के व्यापक प्रचलन के बाद जिस तरह के चौड़े फ़रसे बनने लगे, वे कांस्य काल में सम्भव भी नहीं थे। फिर भी अपने समय को देखते हुए कुछ परशु अधिक चौड़े भी होते थे; इसकी सूचना इनके लिए प्रयुक्त शब्द 'पृथुपर्शु' (7.83.1) से मिलती है। मरुद्गण, जिनका चित्रण व्यापारियों और योद्धाओं के रूप में भी किया गया है। (1.85.8) अपना आयुध, ऋष्टि लेकर चलते हैं (1.64.4)। ऋष्टि की वास्तविक शक्ल कैसी थी, यह तय कर पाना कठिन है। कुछ विवरणों से ऐसा लगता है कि यह भी एक ऐसा उपकरण था जिसका चट्टानों को तोड़ने के लिए और साथ ही संकट की घड़ी में हथियार के रूप में उपयोग किया जाता था। एक उपकरण जिसे 'खनित्र' कहा गया है (1.179.6) निश्चय ही खुदाई का यन्त्र–खंती–होगा। पर प्राचीन काल में, और कुछ हद तक आज भी, काम करनेवाले लोग अपने उपकरणों का प्रयोग भी हथियार के रूप में आपातिक स्थितियों में करते हैं। यदि 'अर' (वीक्ष्णाग्रदंड) को आयुध के रूप में कभी प्रयोग में लाया जाता रहा होगा तो वह कुछ इसी प्रकार का रहा होगा। यह पुनः नागा साधुओं के आयुधों में से एक है। जो भी हो, अर–प्राचीन तीक्ष्णाग्र दंड–अब तक 'लांगल' बन चुका था, अर्थात् खुदाई या चिराई के आदिम उपकरण में हरिस लगाकर इसको ऐसा रूप दिया जा चुका था कि इनमें बैलों का उपयोग किया जा सके। इसकी विकर्तन शक्ति या वक्रता के कारण ही इसे वृक भी कहा गया है। (1.117.21; 8.22.6) अतः अर/अल और खनित्र का प्रयोजन अलग हो गया था। हड़प्पा के अवशेषों में खनित्र के फलक या फाल को आसानी से पहचाना जा सकता है।

ऋष्टि के अतिरिक्त 'हेती' और 'भृष्टि' के उल्लेख हथियारों के रूप में आए हैं। इन दोनों के विषय में सायण कुछ दुविधा में दिखाई देते हैं (4.4.4; 6.74.4; 4.5.3; 1.85.3)। मोनियर विलियम्स हेती को एक प्रकार का क्षेप्यास्त्र, आयुधों का प्रतीक या मानवीकृत रूप और भृष्टि को एक प्रकार की बर्छी या स्पाइक मानते हैं। ह्वीलर हड़प्पा से प्राप्त एक विशिष्ट आयुध के फलक का उल्लेख करते हुए (626/53) लिखते हैं, "पत्ती की शक्लवाली छुरियों को कभी-कभी भाले से अलग किया जा सकता है, जिनकी नोक या अग्र भाग कुछ टेढ़ा-सा है। यह हड़प्पा की अपनी ख़ास चीज़ है जो हड़प्पा से बाहर शायद ही कहीं पाई जाती हो, यद्यपि पूर्वोत्तर ईरान से इसके मिलने की सूचना मिली है। हेती का उल्लेख

(6.74.4) सोम और रुद्र के सन्दर्भ में आया है। सोम को अन्यत्र (9.97.9) तिग्मशृंग भी कहा गया है। रुद्र का एक आयुध शूल है जो आगे चलकर तीन की संख्या के आध्यात्मिक आशय से सम्भवतः त्रिशूल हो गया। अतः भृष्टि और हेती दोनों को इस विशेष प्रकार के भाले के रूप में पहचाना जा सकता है, जिसके फल की ओर ह्वीलर ने संकेत किया है। शूल के अग्र भाग का कुछ मुड़ा होना इस प्रस्ताव के पक्ष में जाता है। सम्भवतः इसका उपयोग औज़ार, शस्त्र और अस्त्र तीनों रूपों में किया जाता था। मूलतः यह आखेट का हथियार रहा लगता है जिसकी नोक पशु के शरीर में धँस जाती रही होगी और इसके आसानी से निकल न पाने और दूसरा सिरा शिकारी के हाथ में होने के कारण पशु छूटकर भाग नहीं पाता रहा होगा। आज भी इस यन्त्र 'अँकारी' का प्रयोग किया जाता है।

वैदिक काल का एक विशेष आयुध 'असि' है। यह हड़प्पा के उस हथियार की याद दिलाता है जिसका नमूना अन्यत्र नहीं मिलता, और जिसको ह्वीलर ने (626/53) छोटी तलवार (शॉर्ट शोड्‌र्स ऑर डक्स) मानना चाहा है। ऋग्वेद में 'असि' का उल्लेख (10.79.6; 89.8) सम्भवतः इसी शस्त्र के लिए किया गया है। इसका एक उपयोग छेदने या भोंकने के लिए भी किया जाता था (1.162.20)। इसके अतिरिक्त 'कृपाण' का उल्लेख भी पाया जाता है, जिसे हड़प्पा से प्राप्त डैगर के रूप में पहचाना जा सकता है। 'चक्र' (404/भू.) के विषय में श्रुति है कि यह आघात करके चालक के पास लौट आता है। कोसंबी के अनुसार इसे एक तरह का बूमरैंग माना जा सकता है। कोसंबी ने इसकी पहचान (351/115) डिस्कस के रूप में भी की है। इससे मिलता-जुलता कोई हथियार हड़प्पा से प्राप्त हुआ है तो उसे डिस्कस के रूप में नहीं अपितु उस बाँकी के रूप में ही लिया जा सकता है जिसका खंडित अवशेष (526/10.9) ही मिला है। 'तपनी' जो डिस्कस की धारणा की याद दिलाती है, 'हेती' के विशेषण के रूप में (2.23.14) प्रयुक्त है। इसकी पहचान करना अभी कठिन है।

पर वैदिक साहित्य का सबसे प्रधान और असंदिग्ध रूप में विश्वसनीय हथियार धनुष और बाण ही है। युद्ध के अवसर पर जितने विस्तार और जिस आत्मीयता से इसका चित्रण किया गया है उतनी आत्मीयता और विस्तार के साथ अन्य किसी का नहीं। इसके सन्दर्भ में धनु. (6.75.2; 8.72.4), ज्या (6.75.3) या प्रत्यंचा, आर्त्नि (6.75.4) या धनुष के छोर जिनसे प्रत्यंचा बाँधी जाती है, बाण (1.85.10) और इसके पर्याय शर (6.75.16), इषु (8.77.7) तथा सायक (1.32.3), इसके फल (7.75.11), तरकश अर्थात् इषुधि (1.33.3), या वस्ति (4.25.2) तथा बचाव के लिए वर्म (1.31.15) का उल्लेख आया है। तकनीकी दृष्टि से इसे बहुत विकसित नहीं माना जा सकता। बाण का फल धातु (6.75.15) के अतिरिक्त सींग (6.75.11) का भी बना होता था। यह ध्यान देने योग्य है कि युद्ध के विवरण जहाँ स्पष्ट हैं वहाँ केवल और केवल धनुष, बाण, वर्म और इषुधि के उल्लेख आते हैं, अन्य किसी हथियार के नहीं, अतः मुख्य रूप से अन्य सभी हथियार औज़ार अथवा शिकार के हथियार हैं, युद्ध के नहीं।

युद्ध में रथों का उपयोग, निश्चय ही, केवल प्रधान व्यक्तियों द्वारा ही किया जाता रहा होगा। पर रथ संचालन के विषय में दक्षता का स्तर न केवल सारथी (1.55.7; 2.19.6)

के एक अलग कुशल पेशे से प्रकट होता है, अपितु इस बात से भी कि एक अच्छा सारथी घोड़ों को इतने अधिकार से चलाता है कि वह रथ को जब और जिधर चाहे मोड़ लेता है (6.75.6)। उसकी इच्छा जानकर ही घोड़े मुड़ जाते हैं, लगाम (रस्सियाँ) बाद में खिंचती हैं। युद्ध के समय योद्धाओं के अतिरिक्त घोड़ों के भी रथों से भिड़ जाने का विवरण (6.75.7) तथा अन्य पहलू युद्ध के एक प्रसंग को तो काव्यात्मक दृष्टि से उत्कृष्ट कोटि का सिद्ध करते हैं।

इस तरह हम पाते हैं कि वैदिक जन आयुधों के मामले में न केवल हड़प्पा से आगे नहीं बढ़े थे, अपितु उनके हथियार ठीक वे ही हैं जो हड़प्पा के अवशेषों से प्राप्त हुए हैं। प्रश्न एक-दो बातों को लेकर उठाए जाते रहे हैं। घोड़ों से हड़प्पावासी परिचित न थे, रथ की उपस्थिति उस काल में संदिग्ध है और वर्म या कवच तो हड़प्पा के अवशेषों से मिला ही नहीं है। वर्म और शिरस्त्राण के अभाव को मार्शल (404/11) ने हड़प्पावासियों की पराजय का प्रधान कारण माना है। पर भाषा वैज्ञानिक साक्ष्यों के आधार पर कुछ विद्वान् (113/46) यह सुझाते हैं कि सं. घोट, हिं, घोड़ा, द्रविड़ 'गुर्रमु' से निकला है। इससे इतना तो ज़ाहिर है कि हड़प्पावासी घोड़े से अच्छी तरह परिचित थे और इसका उपयोग करते थे और इस विषय में प्राप्त साक्ष्य भी सन्देहजनक नहीं है। रथ से उनके परिचय को अस्वीकार करने का कोई कारण नहीं है। इसकी लोकप्रियता इस बात से भी प्रकट है कि बच्चों के खिलौने के लिए भी इसके मॉडलों का उपयोग होता था। जहाँ तक कवच का प्रश्न है, इसका न पाया जाना ही इस साम्य को सर्वांगीण साम्य बना देता है। कारण, वैदिक जन जिस कवच या वर्म का प्रयोग करते थे वह कपड़े या चमड़े को सिलकर बनाया जाता था (10.101.8)। अतः यदि हड़प्पा से कवच के प्रमाण मिलते तो ही यह प्रश्न उठाया जा सकता था कि हड़प्पावासी जहाँ धातु के कवच का प्रयोग करते थे वहाँ वैदिक जनों के कवच कपड़े या चमड़े को सिलकर बनाए जाते थे। लगता है मार्शल ने शिप्रा (8.7.25) को ही वैदिकों का शिरस्त्राण मान लिया। इसे मोहनजोदड़ो की पत्थर की प्रतिमा के सिर पर (509/351) देखा जा सकता है।

इस तरह वैदिक संघर्षों की प्रकृति पर विचार करते समय हम पाते हैं कि वैदिक जन उन लोगों में से नहीं थे जिन्हे शस्त्रोपजीवी कहा जाता है।

इन्द्र को जब अश्वजित्, गोजित्, सत्रजित्, सुवर्णजित् आदि कहा जाता है तो ऐसे स्थलों पर जीत का अर्थ न तो लूट है, न ही जीत, अपितु व्यापारिक प्रतिलाभ या कमाई है, जिसमें लुटेरों आदि से अपने माल और जान को बचाकर सकुशल वापस आने का भी भाव निहित है। यह धन-सम्पत्ति के बढ़ाने मात्र का सूचक है। जीत का अर्थ ही कमाई है। पर कुछ अवसरों पर इसका सीधा अर्थ आत्मरक्षा और अपनी सम्पत्ति की रक्षा में सफलता है। यह बात तब स्पष्ट हो जाएगी जब हम सोम पर विचार करें। यह पण्यवस्तु था और इसकी खरीद-बिक्री होती थी, इस विषय में तो किसी सन्देह की सम्भावना ही नहीं है। सोम के बदले भी ठीक उन्ही चीज़ों की प्राप्ति या कमाई होती है : गोजित् नः सोमः रथ-जित् हिरण्य-जित् स्वः-जित् अप्-जित् पवते सहस्र-जित् (9.78.4)।

पर जहाँ वास्तविक युद्ध का वर्णन आता है वह 'राजाओं' का आपसी टकराव है,

जिसमें मुख्य सवाल आर्य-अनार्य का नहीं है, अपितु मैत्री और विरोध का है। इन युद्धों में भी प्रधान कारण व्यापारिक प्रतिस्पर्धा हो सकती है। यदि राजा की ओर से भी व्यापारिक सार्थ जाते रहे हों या कभी-कदा राजा अपने राजकुमारों को भी इन उपक्रमों पर भेजते रहे हों तो आश्चर्य की बात नहीं। मिस्र इसका एक उदाहरण हो सकता है।

शान्ति और व्यवस्था की अपनी समस्याएँ थीं और इनके कारण भी यदा-कदा दमन अभियान आवश्यक हो जाते रहे होंगे, जो त्रसदस्यु के नाम से भी प्रकट होता है।

जो भी हो, वैदिक प्रवृत्ति अनावश्यक खून-खराबा करने की नहीं है। वे किसी भी प्रकार के टकराव को यथासम्भव टालते दिखाई देते हैं। जहाँ तक आतंक का प्रश्न है उनसे उनके शत्रु नहीं, अपने शत्रुओं से वे स्वयं आतंकित रहते हैं। उनकी दृष्टि में शौर्य की एक परिकल्पना यह है कि युद्ध से घिर जाने पर भी शूर बिना लड़े ही अपने को व अपने जनों को बचाकर सकुशल वापस आ जाता है (8.45.3), यद्यपि यह भी इन्द्र के सख्य या सहायता से ही सम्भव है।

पर यदि तर्क के लिए कुछ मामलों में गायें आदि छीनने की बात भी ली जाए तो यहाँ उलटा ही चित्र दिखाई देता है। गायें उनकी हुआ करती हैं और अपहरण करनेवाले उनके शत्रु या तस्कर आदि हुआ करते हैं।

साथ ही स्थायी सेना न होने की बात या जहाँ युद्ध की स्थितियाँ हैं वहाँ उनको कबीलाई स्तर का करार देने की बात तथ्यों से (7.34.19) अनमेल पड़ती है और इससे विद्वानों की एकांगिता प्रमाणित होती है न कि वैदिक युद्धों का क़बीलाई स्तर।

जहाँ तक हड़प्पा से तुलना का प्रश्न है, दोनों में हर मामले में पूर्ण सादृश्य और अभेद दिखाई देता है। यह अभेद युद्ध, सुरक्षा की चिन्ता, व्यवस्था की चिन्ता, आयुध और उपकरण सभी मामलों में दिखाई देता है। यह संगति भाव और अभाव, जैसा कि कवच के मामले में हम देखते हैं, दोनों में बनी रहती है।

अध्याय चार

अर्थव्यवस्था

सभ्यता का मेरुदंड उसका आर्थिक ढाँचा होता है। युद्ध या प्रतिरक्षा से सभ्यता या बर्बरता का निर्धारण नहीं किया जा सकता। अतः किसी सभ्यता के स्तर का निर्धारण करने के लिए उसकी अर्थव्यवस्था को समझना ज़रूरी है। जब हड़प्पा और वैदिक सभ्यताओं को परस्पर असम्बद्ध मानते हुए इनका विवेचन किया जाता है, तब इस बात पर विशेष रूप से बल दिया जाता है कि हड़प्पा सभ्यता नगर सभ्यता थी, जबकि वैदिक सभ्यता कृषि और पशुचारण पर आधारित थी। सिद्धान्ततः प्राचीन काल में सुदृढ़ कृषि और पशुधन के अभाव में नगर सभ्यता विकसित नहीं हो सकती थी। इन दोनों के उत्कृष्ट और अतिरिक्त उत्पादन से ही क्रमशः नगर सभ्यता का जन्म हुआ। अतः यह स्वयंसिद्ध है कि हड़प्पा सभ्यता कृषि और पशुधन के मामले में भी आगे बढ़ी हुई थी (247/71; 626/62-63; 351/58)। इसकी पुरातात्त्विक पुष्टि हड़प्पा और मोहनजोदड़ो के विशाल अन्नागारों, कालीबंगाँ से पूर्व हड़प्पा स्तर पर हलाई के निशानों, हड़प्पा की मुहरों पर अंकित पशुओं की आकृतियों आदि से भी होती है। पशुओं की हड्डियों के अध्ययन भी यही बताते हैं। यही बात विभिन्न प्रकार के अन्नों के अध्ययन से उभरती है। अल्चिन व अल्चिन (76) में इसका पूर्ण विवरण दिया है। इसके विपरीत वैदिक सभ्यता के कृषि और पशुधन की बात करते समय भी विशेष बल इसके पशुधन पर दिया जाता है। इसके नागर पक्ष की उपेक्षा कर दी जाती है। प्रच्छन्न रूप से यह मान लिया जाता है कि जो सभ्यता पशुधन और कृषि की दृष्टि से समृद्ध है उसका नगरों से कोई सम्बन्ध नहीं हो सकता। वैदिक समाज को मैक्समूलर आदि ने जिस रूप में प्रस्तुत किया है, उसको सार रूप में आर. एस. शर्मा (54/11-12) के शब्दों में निम्न रूप में देखा जा सकता है :

"सिन्धु घाटी की शहरी सभ्यता के उदय से पहले ही भारतीय समाज का बनना आरम्भ हो गया था, पर ऋग्वेद से लेकर निरन्तर हमारे समाज का विकास होता रहा, कभी इसकी गति तेज़ और कभी धीमी रही। ऋग्वैदिक लोग प्रधानतः पशुपालक थे। जौ उपजाते थे, पर जीने का असल साधन गाय-गोरू का पालन था। वे अलग-अलग क़बीलों में बँटे थे, और बराबर गोरू के लिए लड़ते रहते थे। इसलिए युद्ध का नाम गवेषण, अर्थात् गोरू की खोज पड़ा। सरदारों और पुरोहितों के पास अधिक पशु होते थे, उन्हें दासियों का भी अभाव नहीं था। सरदार अपने क़बीले के प्रधान होते थे और राजा कहलाते थे। हारे हुए क़बीलों

पर उनकी ज़ोर-ज़बरदस्ती चलती, पर अपने भाई-बन्दों से उन्हें केवल नज़राना मिलता था। मूलतः पशुचारी होने के कारण लोग कर देने की स्थिति में नहीं थे। भाई-बन्दों के अलावा सरदारों के पास कोई बराबर लड़नेवाली सेना नहीं थी। समाज में काफ़ी समता थी, और लोग अपने-अपने क़बीले की सभा में लूट का माल बाँट लेते थे। सरदारों और पुरोहितों का ऊँचा पद था, पर उनका न अलग-अलग वर्ण था और न कोई वर्ग था।"

प्रश्न उठता है कि सिन्धु घाटी की सभ्यता तक समाज कहाँ तक बन चुका था? क्या वह नगर सभ्यता की अपेक्षाओं के लिए पर्याप्त था? क्या बर्बर और पशुचारी आर्यों के सम्पर्क में आने के बाद हड़प्पा सभ्यता के विशाल जन-समाज ने बर्बरता को इतना रुचिकर पाया कि वे भी पिछड़ी अर्थव्यवस्था की ओर लौट गए? क्या इतिहास में इसका कोई और उदाहरण मिलता है? यदि वे पीछे नहीं लौटे तो क्या उनकी सामाजिक निर्मिति अलग विकसित हुई? ऋग्वैदिक काल से लगातार विकास का जो क्रम दिखाई देता है उसकी संगति क्या है?

डॉ. शर्मा (569/24) लिखते हैं, "यद्यपि, अर् धातु, जिससे आर्य शब्द निकला है, का अर्थ खेती करना होता है, पर वंश मंडलों (फेमिली बुक्स) से पता चलता हे कि वैदिक जन मुख्यतः पशुचारी थे।" वह साथ ही इस बात की भी याद दिलाते हैं कि आगे चलकर भारतीय सन्दर्भ में इसका अर्थ श्रेष्ठ हो गया था और वह भी इस तथ्य के बावजूद कि दोनों उच्च वर्णों के लिए खेती करना वर्जित था (व)।

वास्तविकता यह है कि आर्य शब्द प्राचीन मंडलों के समय में भी श्रेष्ठता का सूचक बन चुका था। यदि आर्य शब्द का मूल अर्थ किसान था और ऋग्वैदिक काल तक इसका अर्थ श्रेष्ठ या अमीर हो गया था तो इसका सीधा अर्थ यह हुआ कि कृषि का सुदृढ़ आधार ऋग्वेद के प्राचीनतम अंशों से बहुत पहले कायम हो चुका था और इसके उच्चवर्ण अब खेती का श्रम-भार किन्हीं दूसरों पर डालकर इसका लाभ उठा रहे थे और स्वयं किन्हीं ऐसे कार्यों से जुड़े थे जिनमें अन्य बातों के अलावा इस उत्पादक वर्ग को नियन्त्रित करना भी शामिल था।

1. वैदिक पशुचारी संस्कृति का आधार

जिन तथ्यों पर एकांगी बल देते हुए वैदिक समाज को पशुचारी सिद्ध किया जाता रहा है, उन्हें निम्न रूप में रखा जा सकता है :

1. ऋग्वेद के प्राचीन अंशों में कृषि की तुलना में 'गो' शब्द का अधिक प्रचुरता से प्रयोग हुआ है।
2. 'गोमत्' शब्द का अर्थ धनवान या रयिवान है और 'गो' धन या रयि का वाचक है।
3. कृषि का सूचक 'कृष्टी' शब्द हो सकता है, पर सायण के अनुसार इसका अर्थ प्रजा है और वह भी शत्रु-जन है।
4. ऋग्वेद के अनेक शब्दों से यायावरी के संकेत मिलते हैं जिनमें से एक 'चर्षणी' है।

5. दानस्तुतियों में गोदान का उल्लेख तो आया है, पर कहीं अन्नदान का नहीं।
6. युद्ध के अनेक पर्याय ऐसे हैं जिनके पूर्वपद के रूप में 'गो' शब्द आया है, इससे प्रकट है कि युद्ध अक्सर पशुओं को लेकर होते थे।
7. बँटवारे या हिस्सा लगाने की बात बार-बार आती है। इससे प्रकट होता है कि लूट का माल लुटेरों में बराबर बाँट लिया जाता था और कृषि का उत्पादन भी सामूहिक आधार पर होता था जिसमें से लोगों का हिस्सा बाँटा जाता था।

ऐतिहासिक विवेचन के लिए भाषिक आँकड़ों का उपयोग करते हुए अधिकारी भाषाविदों से भी चूक हुई है। कारण यह है कि भाषा में परिवर्तन ठीक उसी तरह नहीं होता जैसे आर्थिक आधार और सामाजिक सम्बन्धों में। इस दृष्टि से भाषा आधार और अधिविन्यास दोनों की सीमाओं का अतिक्रमण करती है। प्राचीन सामाजिक-आर्थिक सम्बन्धों के दबाव में निर्मित अभिव्यक्तियाँ इन सम्बन्धों के बदल जाने के बाद भी भाषा में जीवित रहती हैं। दमड़ी, छदाम और कौड़ी का चलन समाप्त हो जाने के बाद भी दमड़ी, छदाम और फूटी कौड़ी पास न होने के मुहावरे चलते रहते हैं। जिन लोगों की प्रधान सम्पत्ति कभी उनकी पशु सम्पदा ही थी, वे हज़ारों वर्षों तक सिक्के का प्रयोग करते रहने के बाद भी जब बिलकुल धन-दौलत की बात कर रहे हों तो 'गो-धन गज-धन वाजि-धन और रतन-धन खान' की बात तो करते हैं पर अनाज और सिक्के का नाम भी नहीं लेते। परिष्कृत मानों के विकास के बाद भी ग्रेन, ग्राम, मासा, रत्ती, क्यूबिट फर्लांग (फर्रो लांग), फूल्सकैप जैसे प्रयोग चलते रहते हैं। इसके आधार पर युग की तसवीर बनाने चलें तो पता चलेगा कि सम्बन्धित समाज अभी पशुचारी और आदिम कृषि की अवस्था से उबर नहीं पाया है। वैदिक सांस्कृतिक स्तर का निर्धारण करने के लिए विशिष्ट प्रकृति की कृतियों से धनात्मक और ऋणात्मक प्रमाण जुटाते समय उचित सावधानी नहीं बरती गई है।

पशुचारी संस्कृति के समर्थन में अनेक विद्वानों द्वारा दिए जानेवाले जिन तर्कों का हम ऊपर उल्लेख कर आए हैं उनकी तफ़सील में जाने पर हम पाते हैं कि वैदिक साहित्य जिस वर्ग को सम्बोधित है, उसकी रुचि कृषि में तो कम थी ही, पशुपालन में उसकी दिलचस्पी कृषि से भी कम थी। यह बात कुछ विस्मय में डालनेवाली हो सकती है कि ऋग्वेद में कृषि-प्रचालनों के उल्लेख जिस तन्मयता के साथ आए हैं उस तन्मयता से गोचारण का एक भी उल्लेख नहीं आया है। इतना ही नहीं अपितु गोचारण के उल्लेख कृषि की तुलना में संख्या में भी कम हैं। इसके विपरीत उद्योग और शिल्प के उल्लेख कृषि की अपेक्षा अधिक प्रचुरता से आते हैं और वाणिज्य के उससे भी अधिक प्रचुरता से। रागात्मकता का पुट भी ठीक इसी अनुपात में है।

जब हम ऋग्वेद को पुराने और नए मंडलों में बाँटकर यह दिखाने का प्रयत्न करते हैं कि पुराने मंडलों के रचनाकाल में आर्थिक आधार नए मंडलों से भिन्न था तो सामान्यतः हम इस बात का ध्यान नहीं रखते कि इनके बीच समय का जितना छोटा अन्तराल रखा गया है उतने छोटे अन्तराल में पुरानी अर्थव्यवस्थाएँ इतनी अधिक नहीं बदल जाया करती थीं। यदि अर्थव्यवस्था में परिवर्तन के लिए अपेक्षित अन्तराल की छूट देते हुए यह दावा

किया जाए तो नए और पुराने मंडलों के बीच हज़ारों वर्ष का अन्तराल आ जाएगा जो अपने तईं ही एक मुसीबत पैदा कर देगा।

शर्मा जी के अनुसार ऋग्वेद में 'गो' शब्द का विविध रूपों और विकारों सहित 176 बार प्रयोग हुआ है, यद्यपि उन्होंने प्रत्येक मामले में यह निश्चित करने का प्रयत्न नहीं किया है कि यह प्रयोग किन अर्थों में हुआ है। 'गो' शब्द की तुलना कृषि के उल्लेखों से करना भी उचित नहीं है। यदि गोचारण की तुलना कृषि-प्रचालन से की जाए तो ऐसा करना सर्वथा उचित होगा, पर तब यदि 'गो' शब्द को लिया जाए तो यह निश्चय करना ज़रूरी है कि गो शब्द कितनी बार बैल के लिए प्रयुक्त हुआ है और कितनी बार गाय के लिए। रोचक बात यह है कि 'गो' शब्द बहुत कम स्थलों पर गाय का सूचक है। इसका प्रयोग पशुमात्र, गाय या बैल, गमनशील, भूमि, वाणी, जल, इन्द्रिय, किरण, धन, गो-उत्पाद–चमड़े, सींग आदि से बनी वस्तु, बैल पर लदे सामान आदि विविध अर्थों में हुआ है। यदि केवल इस बात का ही अनिश्चय बना रहता है कि किसी स्थल पर इसका अर्थ गाय है या बैल तो भी स्थिति डाँवाँडोल हो जाती है : एक जहाँ पशुचारण को प्रकट करेगा वहाँ दूसरा कृषि की प्रधानता को। यदि यह प्रयोग माल-वहन के लिए प्रयुक्त बैलों और गाड़ियों के लिए भी हुआ हो तो इसका सम्बन्ध वाणिज्यिक गतिविधियों से होगा। ऋग्वेद में कुछ स्थलों पर अश्व्य, रथ्य, गव्य का प्रयोग (1.15.14; 4.31.14) इन पर लदे माल का सूचक तो है ही।

धनी के लिए 'गोमत्' शब्द का प्रयोग बहुत कम बार ही हुआ है। धन के अन्य पर्यायों और धनी के लिए प्रयुक्त शब्दों को तुलना के लिए लें और नए तथा पुराने मंडलों में इनकी आवर्तिता पर विचार करें तो दूसरी श्रेणी में आनेवाले शब्दों की आवर्तिता बहुत अधिक पड़ेगी।

ऋग्वेद में 'कृष्टी' शब्द का प्रयोग दो अर्थों में आया है, सामान्य प्रजा और किसान। दूसरे शब्दों में कहें तो सामान्य प्रजा के लिए किसान शब्द का प्रयोग स्वतः इस बात का सूचक है कि खेती का आधार बहुत व्यापक था। किसान का अर्थ ही था जनता। 'कृष्टी' शब्द का 'शत्रु जन' के अर्थ में यदि कहीं प्रयोग हुआ है तो वह हमारी नज़र में नहीं आया। डॉ. शर्मा ने 6.21.2 का हवाला दिया है पर उसमें 'कृष्टी' शब्द का प्रयोग नहीं हुआ है। यहाँ छापे की भूल हो गई लगती है। इस तरह का अर्थ सायण ने (7.19.1) में किया है पर सायण की व्याख्याओं की अपनी सीमाएँ हैं। इस ऋचा से केवल यह प्रकट होता है कि भूस्वामियों और भूश्रमिकों के आपसी सम्बन्ध तनावपूर्ण थे, या वसूली की दर क्षोभकर थी और प्रायः किसान कर देने में हीला-हवाला करते थे। यह तथ्य भी इस प्रस्तावना के अनुरूप ही है कि इस काल में भूमि पर जिनका स्वामित्व था वे उत्पादन कार्य में प्रत्यक्ष भाग न लेते हुए भी इसका अधिकतम लाभ स्वयं अर्जित कर रहे थे। (8.18.3) में 'कृष्टी' का अर्थ सायण ने 'पुत्रदासादीन' किया है और इस ओर भी शर्मा जी ने ध्यान दिलाया है, पर यह भी इसी बात की पुष्टि करता है कि भूस्वामित्व किन्हीं और के पास था और श्रमकार्य के लिए आश्रितों और दासों का प्रयोग किया जा रहा था।

ऋग्वेद में जिस यायावरी के संकेत मिलते हैं वह पूरे समाज की यायावरी नहीं अपितु इसके एक विशेष वर्ग की और एक विशेष प्रयोजन से, एक निश्चित ठिकाने से किन्हीं

अनिश्चित या अर्धनिश्चित ठिकानों तक आवाजाही है जिस पर हम व्यापार और वाणिज्य के सन्दर्भ में विचार करेंगे।

दानस्तुतियों में यदि अन्न के स्पष्ट उल्लेख नहीं आते तो जिन वस्तुओं के उल्लेख आते हैं–जैसे उत्कृष्ट भोजन, वाहन–घोड़ा, ऊँट, रथ, बैलगाड़ी–वस्त्र, आभूषण आदि, वे चारणजीवी अवस्था से कितना मेल खाते हैं? यदि केवल दानस्तुतियों में अनाजों का या अन्न-दान का उल्लेख नहीं आया तो इसकी पूर्ति सुन्दर भोजन से हो जाती है, जो सन्दर्भों को देखते हुए उचित भी है, पर सोचना तो यह चाहिए कि पूरे ऋग्वेद में दुग्ध शब्द का प्रयोग एक बार भी क्यों नहीं हुआ है? इसकी तह में जाने पर अन्नदान के अभाव की शिकायत दूर हो जाएगी। इसके अतिरिक्त यदि दान लूट के माल का वितरण है तो अन्य वस्तुएँ लूटते हुए अनाज की लूट क्यों नहीं की जाती थी? वस्त्र, आभूषण, स्वर्ण, रथ आदि चरवाहों से तो नहीं ही लूटे जाते रहे होंगे।

गविष्टि, गवेषण आदि शब्द युद्ध के अर्थ में रूढ़ हो चुके हैं। जहाँ भी 'गायों' की या माल की चोरी का उल्लेख स्पष्ट है, चोरी करनेवाले वैदिक आर्यों के शत्रु सिद्ध होते हैं और खोज करनेवाले स्वयं वैदिक जन हैं। बँटवारे के जो उल्लेख हैं उनकी तफ़सील में हम अगले अध्याय में जाएँगे। यहाँ केवल इतना ही कि बँटवारा बराबरी का नहीं होता था, अपितु अपने-अपने हिस्से के अनुसार होता था। बँटवारे के सन्दर्भ में विभक्ता–विशेष भाग देनेवाला, विभाग–विशेष भाग, देव भाग या धर्म का हिस्सा आदि प्रयोग तो आते हैं पर संभक्ता या संभाग–बराबर बाँटनेवाला, बराबर का हिस्सा, प्रयोग में नहीं आता। अल्प और अधिक भागों के उल्लेख आते हैं। दूसरों को अधिक लाभ देने और स्तोता को कम देने की शिकायत आती है (4.32.20)। व्यक्तिगत सम्पत्ति और व्यक्तिगत भूमि के संकेत (1.112.22; 116.3) मिलते हैं।

अब इन सतही आक्षेपों के खारिज हो जाने के बाद हम कुछ अधिक आश्वस्त होकर ऋग्वैदिक अर्थव्यवस्था पर विचार कर सकते हैं।

किसी उन्नत अर्थव्यवस्था के चार आधार होते हैं : पशुधन, कृषि उत्पाद, उद्योग और वाणिज्य। हड़प्पा के अवशेषों से और वैदिक साहित्य से इन चारों का विकास अपने युग को देखते हुए किसी अन्य सभ्यता से आगे बढ़ा हुआ दिखाई देता है। हम इस अध्याय में पहले तीन पक्षों पर विचार करेंगे और चौथे पक्ष पर कुछ विस्तार से अगले अध्याय में विचार किया जाएगा।

2. पशुपालन

हड़प्पा के अवशेषों से जिन पशुओं के अस्थि-अवशेष और इसकी मुहरों पर जिनके अंकन मिले हैं उनमें वृषभ, भैंसा, भेड़ा, बकरा, हाथी, गधा, घोड़ा, ऊँट, हाथी, सूअर और मुर्ग तथा बत्तख आते हैं। यद्यपि घोड़े से हड़प्पावासियों के परिचय को एक लम्बे समय तक विवादास्पद माना जाता रहा, पर उन दिनों भी उत्खननकर्ताओं का विचार था कि वे टट्टू की नस्लवाले घोड़ों का उपयोग करते थे। कुत्ता, बिल्ली, बन्दर, खरगोश, कबूतर, तोता

और अन्य पक्षी भी उनके पालतू या अर्ध-पालतू पशुओं-पक्षियों में आते थे। जंगली जानवरों में गवल (घड़रोज, नीलगाय), गैंडा, शेर, भालू, साँभर, चित्रमृग, ऋष्यमृग आदि से वे परिचित दिखाई देते हैं (404/27-28; 626/63; 468/156-57; 102/18; 247/71; 328/58) और इन सबको ध्यान में रखते हुए यह अनुमान लगाया गया है (626/63) कि उनके पड़ोस में कुछ जंगल भी रहे हो सकते हैं जो आज सिन्ध की उपत्यका में नहीं पाए जाते।

हड़प्पा के पशुधन को बाद के किसी भी काल की तुलना में कम समृद्ध नहीं पाया जाता और इसके कुछ लोग पूरी तरह पशुपालन में ही लगे हुए थे। सुमन पंड्या (453/61) का विचार है कि काठियावाड़ और गुजरात की ओर हड़प्पा सभ्यता का आरम्भिक प्रसार हड़प्पा के चरवाहों के कारण ही हुआ हो सकता है।

ऋग्वेद में गाय, भैंस, घोड़ा, हाथी, भेड़, बकरी, गधा, सूअर, कुत्ता, हंस, कबूतर, और तोता आदि पालतू, अर्ध-पालतू जानवरों का ज़िक्र आया है। लगता है बन्दर भी पाले जाते हैं। जंगली जानवरों में हाथी, शेर, हिरन, भेड़िया, सिंह, रीछ, गौर आदि की चर्चा आई है। एक स्थल पर सिंह को (10.28.10) पिंजरे में बन्द दिखाया गया है। मोटेतौर पर कहा जा सकता है कि हड़प्पा के अवशेषों से जिन पशुओं का पता चलता है उन्हें हम ऋग्वेद में भी पाते हैं।

घोड़े के विषय में प्रधान आपत्ति यह रही है कि इसका अंकन हड़प्पा की मुहरों पर नहीं हुआ है और इस बात को ध्यान में रखते हुए कि आर्यों के लिए घोड़ा महत्त्वपूर्ण पशु था, मुहरों पर इसका अभाव समस्या पैदा करता रहा है। पर जैसा कि हम देख आए हैं आर्य जिसे अश्व कहते थे वह मूलतः गधा था। इसी का प्रयोग आगे चलकर टट्टू के लिए और फिर व्यापारिक क्रम में स्तेप के क्षेत्र के घोड़े के लिए होने लगा। अतः शौर्य और वीर्य के सन्दर्भ में ऋग्वेद में भी अश्व का नहीं, अपितु वृषभ का ही उल्लेख आता है। अश्व देवताओं का वाहन तो है पर कहीं किसी देवता की उपमा अश्व से नहीं दी गई है, यद्यपि इन्द्र, अग्नि, सोम, बृहस्पति और रुद्र की तुलना वृषभ से की गई है। ज़ाहिर है, जिस अश्व से वैदिक जन मूलतः परिचित थे वह ओजस्विता में साँड़ से घटकर था या, कहें, वह भारवाही टट्टू मात्र था। एक बार उपमा और सादृश्य रूढ़ बन जाने के बाद उन्नत नस्ल के घोड़ों से भी इन देवताओं की तुलना का प्रश्न नहीं उठता था और हड़प्पा की मुहरों पर वृषभ का अंकन देवताओं के प्रतीक रूप में ही हुआ लगता है, अतः घोड़ों के अंकन के अभाव से कोई समस्या नहीं पैदा होती। हाथी के सन्दर्भ में दो स्थलों पर इसके साथ 'मृग' शब्द का प्रयोग आया है, अतः यह कल्पना कर ली गई कि यह वैदिक आर्यों के लिए एक अपरिचित पशु था और इसके सूँड़ को हाथ समझकर वैदिक जनों ने इसके लिए 'मृग, हस्ती या हाथवाला जानवर' शब्द प्रयोग करना आरम्भ कर दिया। यद्यपि इस मत का समर्थन कुछ प्रख्यात भाषाविदों ने भी किया है, पर उनको हम पशुओं, प्राणियों और वस्तुओं के नामकरण के पीछे काम करनेवाले तर्क की अवज्ञा करते पाते हैं।

हाथी के लिए 'हस्ती' के अतिरिक्त 'इभ', 'वारण' और 'शफ़ारुज' आदि अन्य प्रयोग भी आए हैं और वारण के साथ तो दान या मद का उल्लेख इस बात का आभास देने लिए

पर्याप्त था कि वैदिक जन हाथी पालते थे। हाथी को अनुशासित रखने के लिए प्रयुक्त अंकुसी इस दृष्टि से बहुत महत्त्व की है।

हड़प्पा की मुहरों पर बाघ या व्याघ्र का चित्रण पाया जाता है, ऋग्वेद में व्याघ्र शब्द एक बार ही प्रयोग में आया है जबकि सिंह शब्द का ही भयंकरता आदि के मामलों में बार-बार प्रयोग आया है। जब तक हड़प्पा के अवशेषों का पता नहीं चला था तब तक इसका उपयोग इस रूप में किया जाता था कि आरम्भ में वैदिक जन भारत के पश्चिमोत्तर में ही बसे हुए थे जहाँ सिंह तो मिलते थे पर शेर या व्याघ्र नहीं। व्याघ्र शब्द चूँकि पहली बार अथर्ववेद में प्रयुक्त हुआ है, अतः "अथर्ववेद की रचना उस काल में हुई थी, जब वैदिक भारतीय (389/व्याघ्र) बंगाल तक पहुँचकर बस गए थे।" अर्थात् इससे पहले बाघ से परिचय का प्रश्न ही नहीं उठता था। क्या अब इस तरह का तर्क दिया जा सकता है कि हड़प्पा सभ्यता का प्रसार बंगाल तक था? बाघ हड़प्पा क्षेत्र में भी पाए जाते थे और इसी क्षेत्र में बसे वैदिक जन समान परिवेश में रहनेवाले हाथी आदि अन्य पशुओं की तरह इससे भी अपरिचित नहीं रह सकते थे। फिर इस बात का क्या कारण हो सकता है कि ऋग्वेद में सिंह शब्द का ही प्रयोग हुआ है और हड़प्पा की मुहरों पर बाघ का ही अंकन है? इसका कारण वैदिक शब्दावली में ढूँढ़ना उचित होगा जिसमें गधे तक के लिए वही अश्व शब्द प्रयोग में आता था, या आ सकता था, जो घोड़े के लिए। यव और धान्य समस्त अन्नों के लिए प्रयोग में आ रहे थे और गो शब्द अन्य बातों के अलावा, गाय और बैल दोनों के लिए। क्या यह सम्भव नहीं है कि सिंह शब्द जिसका शाब्दिक अर्थ 'हिंसा करनेवाला' या 'हिंस्र' है, सिंह और व्याघ्र दोनों के लिए प्रयोग में आता रहा हो? हम निरुक्त (3.18) से भी इसकी पुष्टि होते पाते हैं, जिसके अनुसार सम्मान भाव प्रकट करने के लिए व्याघ्र को सिंह भी कहते हैं।

इस तरह हम पाते हैं कि पशु-जगत के विषय में अपने ज्ञान और पशुपालन तथा पशुधन के मामले में हड़प्पा सभ्यता ठीक वैदिक सभ्यता ही प्रमाणित होती है और वैदिक साहित्य में पशुओं के जिन उल्लेखों के आधार पर यह साबित किया जाता रहा है ये मुख्यतः पशुचारी थे, उन पर गहराई से विचार करने पर हम पाते हैं कि ऋग्वेद में पशुओं के उल्लेख जिन रूपों में आए हैं उनसे एक भिन्न तसवीर उभरती है। यह है पशुओं में एक ऐसे वर्ग की रुचि का ही उल्लेख जिसके लिए इनका विशेष महत्त्व इनकी श्रमशक्ति और भारवहन-क्षमता थी जिसका सम्बन्ध मुख्य रूप से वाणिज्यिक प्रचलनों से है।

3. कृषि

पशुपालन की तुलना में ऋग्वैदिक कृषि की स्थिति अधिक विवादास्पद रही है। कुछ विद्वानों को हड़प्पा सभ्यता का भी कृषि आधार पर्याप्त सुदृढ़ नहीं दिखाई देता। उदाहरण के लिए डी.पी. अग्रवाल (68/229) को चूँकि हड़प्पा क्षेत्र में नहरों का उस तरह का जाल नहीं दिखाई देता जैसा पश्चिमी एशिया की सभ्यताओं में दिखाई देता है, अतः उन्हें लगता है कि यहाँ नदियों के कछारों में ही थोड़ी-बहुत खेती होती रही होगी। पश्चिमी एशिया की तुलना में तो हड़प्पावासी निश्चय ही कृषि के मामले में पिछड़े रहे होंगे।

अग्रवाल ने एक ओर तो एक बहुत महत्त्वपूर्ण पहलू की ओर संकेत किया है कि कृषि का मूल्यांकन करते समय सिंचाई की व्यवस्था पर ग़ौर किया जाना चाहिए, दूसरी ओर वह उस विशेष व्यवस्था को नज़रअन्दाज़ कर गए हैं जिस पर भारतीय कृषि विगत पाँच हज़ार वर्षों से या सम्भवतः इससे भी पहले से निर्भर करती रही है।

वह हड़प्पा सभ्यता के विशाल अन्नागारों की भी उपेक्षा कर गए हैं जिनकी तुलना भी पश्चिमी एशिया से ज़रूरी थी। हम हड़प्पा और मोहनजोदड़ो में सुव्यवस्थित और कोटरबन्द अन्नागार पाते हैं। जिनके फ़र्श का क्षेत्र ही लगभग 9000 वर्ग फीट है और जिनसे अन्न के भारी भंडार का पता चलता है। पश्चिमी एशिया के नगरों में कहीं इतने विशाल अन्नागारों का प्रमाण नहीं मिला है। ऊर के एक अभिलेख में (626/23-24) एक अन्नागार में 4020 दिनों की मज़दूरी संचित करने का उल्लेख है, दूसरे में 10,930 मानव दिवसों की मज़दूरी संचित रखने की ज़िम्मेवारी कोषपाल को दी गई है, जो तीस मज़दूरों की पूरे साल की मज़दूरी हुई। एक अन्य विवरण में पाँच अन्नागारों का ज़िक्र है जिनमें से प्रत्येक में दो टन अनाज अर्थात् कुल दस टन अनाज के भंडारण का उल्लेख है। दोनों सभ्यताओं के अन्न-भंडारों के आकार के अन्तर से हड़प्पा सभ्यता कृषि के मामले में पश्चिम एशिया की तुलना में कहीं बहुत आगे बढ़ी दिखाई देती है। कालीबंगाँ में हड़प्पा-पूर्व स्तर से हलाई के निशान मिले हैं (365/78-88) जो हल के उपयोग के प्राचीनतम प्रमाण हैं। ऋग्वैदिक किसानों द्वारों हलों का बड़े पैमाने पर प्रयोग हो रहा था।

नहरों का निर्माण दजला-फरात की उपत्यका की संस्कृतियों की प्राथमिक आवश्यकता थी। पश्चिमी एशिया में दजला और फरात के ग्रहण-क्षेत्रों की बर्फ़ पिघलने से बाढ़ आती है। जिन दिनों नदियाँ उफन रही होती हैं उन दिनों आसपास का क्षेत्र झुलस रहा होता है। यदि भूगर्भीय जल दुर्लभ हो तो इसके अतिरिक्त कोई दूसरा विकल्प नहीं रह जाता। ऐसी स्थिति में उस काल में भी पीने आदि के लिए पानी प्राप्त करने लिए कोई युक्ति निकालना एक विवशता हो जाती है जब नदियों का जल-स्तर नीचे चला जाता हो। पश्चिमी एशिया को ऐसा ही करना पड़ा।

इसके विपरीत भारत में बाढ़ उन दिनों आती है जब पूरे देश में वर्षा हो रही होती है। समस्या नदियों की बाढ़ को अपने खेतों में पहुँचाने की नहीं, अपितु प्रायः खेतों में जमा पानी से राहत पाने की या अधिक-से-अधिक उसे रोककर रखने की रहती है। जिन दिनों पानी की आवश्यकता होती है उन दिनों बड़ी नदियों का पानी अपनी पेटी में उतर चुका रहता है। अतः छोटी धाराओं का उपयोग सिंचाई के लिए तो हो सकता है, पर बड़ी नदियों का नहीं और इन छोटी धाराओं से भी पानी काटकर खेतों में नहीं लाया जा सकता; कारण, उनका भी जल-स्तर तट से नीचे ही रहता है। दूसरी ओर भारत में भूगर्भीय जल प्रचुर मात्रा में उपलब्ध रहा है, अतः वर्षा के मौसम में वर्षा पर और जाड़े की फ़सल के लिए सिंचाई के अन्य साधनों पर निर्भर रहना पड़ता था। उस प्राचीन काल में न तो बराजों का विकास हो सका था, न ही उतने बड़े पैमाने के निर्माण कार्य सम्भव थे, जो भारत में नहरों के विकास के लिए ज़रूरी थे, अतः जब प्राचीन कालों में सिंचाई और जल-भंडारण के कार्य हाथ में लिये गए तो विशाल तालाबों या 'सागरों' का ही निर्माण हुआ, नहरों का नहीं।

नहरों पर आधारित कृषि केवल उस सीमित अंचल तक ही सम्भव थी जिस तक नहरों का जाल पहुँच सका हो, जब कि हड़प्पा के मामले में खेती पूरे मैदानी भाग में सम्भव थी जिसमें भूगर्भीय जल प्रचुर मात्रा में पाया जाता है। अतः यहाँ, कुछ आयास से ही सही, सिंचाई की सुविधा बहुत बड़े क्षेत्र में उपलब्ध थी और पश्चिमी एशिया की तुलना में यहाँ अधिक बड़े पैमाने पर खेती होती थी।

ऋग्वेद में सिंचाई (7.16.11; 8.49.6; 10.101.10) तथा सिंचाई के साधनों के उल्लेख बार-बार आते हैं। ऋग्वेद के पुराने मंडलों से लेकर ऐतिहासिक कालों तक, कहें आज भी, यथासमय वर्षा की चिन्ता बनी रही है। अग्नि या इसके माध्यम से किए जानेवाले यज्ञ का सबसे प्रधान लक्ष्य यही बताया जाता है कि इससे वृष्टि होती है और वृष्टि से ही खेती-बारी सम्भव होती है। अग्नि के बाद ऋग्वेद के दूसरे सबसे प्रधान देवता इन्द्र हैं और इनका भी दैवी महत्त्व वर्षा कराने की इनकी क्षमता में निहित है। तीसरे स्थान पर सोम को महत्त्व दिया गया है और यदि नवें मंडल को नया मानकर छोड़ भी दें तो पुराने मंडलों में भी सोम का जहाँ दैवीकरण किया गया है वहाँ उन्हें जल का प्रतीक माना गया है। नदी जल को, मेघ जल को तथा द्युलोकीय जल को सोम के रूप में कल्पित किया गया है। मरुद्गण जो बादलों को उड़ाकर लाते हैं और उन्हें झकझोर कर वर्षा कराते हैं, उनके प्रधान देवों में एक हैं और इनके अतिरिक्त पर्जन्य अलग भी देवता हैं। इन्द्र और वृत्र की सारी लीला कुछ अध्येताओं द्वारा वर्षा के दृश्य का रूपकीय चित्रण मानी ही जाती है। इसके लिए एक उत्कट चाव ऋग्वेद के प्राचीनतम अंशों में ही नहीं उस प्राचीन परम्परा में भी, जिसके आधार पर ऋग्वेद की रचना हुई थी, प्रतिबिम्बित पाया जा सकता है। वर्षा के विषय में यह चिन्ता किसानों की चिन्ता है। इस तरह की ललक पशुचारी क़बीलों में नहीं पाई जा सकती। कारण, एक तो घास-दूब और काँस आदि की जड़ें तीन-चार फीट तक गहरी होती हैं, अतः यदि वर्षा में कुछ विलम्ब भी हो जाए तो यह सूखती नहीं; दूसरे, सूखे आदि के दौर में यायावर लोग प्रभावित क्षेत्र को छोड़कर चले जाते हैं। इसके विपरीत धान्यों की जड़ें मुश्किल से चार-पाँच इंच गहरी होती हैं, अतः यदि थोड़े समय का भी अन्तराल पड़ जाए और इन्हें किसी युक्ति से पानी न मिल सके तो पूरी फसल बरबाद हो जाती है। अतः कृषि के व्यापक प्रसार को मापने का एक आधार है यज्ञों का, विशेषतः जल के लिए किए जानेवाले यज्ञों का विधान तथा इन्द्र, अग्नि, मरुद्गण आदि का प्राधान्य।

खेतों की जुताई के लिए वैदिक काल में हल का प्रयोग किया जाता था और हल को खींचने के लिए बैलों का उपयोग किया जाता था। हल के लिए ऋग्वेद में लांगल (4.57.4), सीर (10.101.3) और वृक (1.117.21) शब्दों का प्रयोग हुआ है। हल के सन्दर्भ में वरत्र (4.57.4) या पगहा, अष्ट्रा (4.57.4) या पैना, फाल (4.57.8), युग (4.57.8) या जुआठ तथा सीता (4.57.6-7) या हलाई के उल्लेख आए हैं। हलवाहे के लिए कीनाश (4.57.8) तथा भूस्वामी के लिए क्षेत्रपति (4.57.2-3) शब्द का प्रयोग हुआ है। बैलों को बधिया करने का चलन था। क्षेत्रपति और कीनाश की भिन्नता से प्रकट है कि भूस्वामित्व जिनके हाथ में था, वे इसके लिए भूदासों के श्रम का ही उपयोग करते थे। हलाई के लिए योनि (10.101.3) शब्द का भी प्रयोग किया गया है जो सादृश्यपरक हो

सकता है। एक अन्य प्रसंग में अधिगर्त (5.62.7) शब्द का प्रयोग सोम या गन्ने की बुआई के लिए विशेष रूप से बनाई गई नालियों के लिए हुआ लगता है। बीज बोते समय इस बात का ध्यान रखा जाता था कि बीज हलाई में ही पड़ें। (10.101-3) अक्षित बीज (5.53.13) से ऐसा लगता है कि इसका ध्यान रखा जाता था कि बीज अच्छी किस्म का हो, इसे कीड़े आदि न खा गए हों। उर्वरा शब्द का प्रयोग कृषि-योग्य भूमि के लिए हुआ है, परन्तु इससे यह स्पष्ट नहीं होता कि भूमि की उर्वरता बढ़ाने के लिए खाद का प्रयोग किया जाता था या नहीं।

वर्षा कालीन फ़सलों की सिंचाई के लिए वैदिक किसान मुख्यतः वर्षा के जल पर निर्भर थे। अतः इन्द्र से वर्षा के लिए बार-बार अनुरोध किए जाते हैं। रबी की फ़सल के लिए अन्य स्रोतों का सहारा लेना ज़रूरी था। ऋग्वेद में अकेले कुएँ के तेरह पर्याय–कूप (1.107.17), कर्त (2.34.6), वव्र (5.32.8), काट (1.106.6), खात (4.50.3), अवत (4.17.16), क्रिवि (5.44.4), सूद (10.39.8), उत्स (2.16.7), कारोतर (1.116.7), ऋश्यदात (10.39.8) और केवट (6.54.7) आए हैं। इनमें सभी को सामान्य कुएँ का द्योतक नहीं माना जा सकता।

यह कहना कठिन है कि इन विभिन्न शब्दों का प्रयोग किस तरह के कुओं के लिए होता था। मुमकिन है कि कुछ कुएँ न होकर मामूली गड्ढे ही रहे हों जैसा कि काट, खात, अवत और ऋश्यदात से प्रकट होता है और इनमें से कुछ का सम्बन्ध धाराओं से पानी निकालने के लिए इनके कगार से सटकर खोदे गए गड्ढों या तालाब से पानी उलीचने के लिए प्रयुक्त विशेष युक्तियों से रहा हो जिनका चलन आज तक देखा जाता है। हड़प्पा काल के कुछ कुएँ इतने पतले हैं कि इनमें आसानी से बर्तन डालकर पानी नहीं निकाला जा सकता। कुछ विद्वानों का यह विचार है कि इतने पतले कुएँ बनाने का तरीका इसलिए अपनाया गया था कि पानी निकास-मार्ग के सँकरेपन के कारण स्वतः ऊपर आकर बहने लगे। इसमें कहाँ तक सच्चाई है, कहना कठिन है। ऋग्वेद में उद्रिण (10.101.5-6) शब्द का प्रयोग आया है। सम्भव है, वह इस प्रकार के कुओं के लिए या पानी के सोतों के लिए प्रयोग में आया हो।

यजुर्वेद (16.37-38) में 'स्रुत्य'–पतली जलधारा या नालों आदि के पानी, 'पथ्य'–पतली नालियों के पानी, 'काट्य'–पोखरों, तालाबों और नदियों से क्रमिक उत्तोलन द्वारा ऊँचे क्षेत्रों के लिए उठाए जानेवाले पानी, 'नीप्य'–झरनों के या नीचे की ओर बहते हुए पानी, 'कुल्या' के या नहरों के पानी, 'सरसी' या तालाबों के पानी, नदी के पानी, पोखर के पानी, कुएँ के पानी, गड्ढे के पानी, निर्मल तड़ाग के पानी, गर्मी के मौसम में सुलभ पानी, मेघ से वर्षा-काल में और वर्षा-काल के बाद यदा-कदा वृष्टि से प्राप्त पानी का उल्लेख है जिसमें आज तक के सिंचाई के समस्त साधन आ जाते हैं। इससे यह भ्रम भी दूर हो जाता है कि वैदिक जन नहरें बनाना जानते ही नहीं थे। निरापद स्थितियों में वे कुल्या या नहरें बनाया करते थे और आज भी बनाते हैं। भौतिक सीमाओं को ध्यान में रखते हुए बड़े पैमाने पर नहरें नहीं निकाली जा सकती थीं।

सिंचाई के सन्दर्भ में कूचक्र (10.102.11) या ढेंकुल और पक्के कुओं अश्मचक्र

(10.101.7) और जगत-बँधे अंसत्रकोश (व) का संकेत मिलता है। 'द्रोण आहाव' का आशय पानी उलीचने के लिए प्रयोग में लाई जानेवाली बेड़ी या टोकरी अधिक उपयुक्त प्रतीत होता है। इसमें बाँस की बनी छिछली टोकरी से इस तरह रस्सियाँ बाँध दी जाती हैं जिनको दो ओर से सँभाला जा सके और पानी उलीचनेवालों के एक या दो जोड़े एक साथ पानी को चार-पाँच फीट की ऊँचाई तक बड़े लयात्मक ढंग से उठाते हैं। काम आयासकर होता है, अतः पारियों में होता है और पारी समाप्त होने पर आवाज़ लगाते हैं। पूर्वी उत्तर प्रदेश में पारी को ओहार (वैदिक–आहाव) कहते हैं।

अन्य अनेक इकहरी मान्यताओं की तरह यह भी मान लिया गया है कि चूँकि ऋग्वेद में अनाजों में से केवल यव का ही उल्लेख आया है, अतः वैदिक किसान केवल जौ ही पैदा करते थे। (54; 324; 600) यह धारणा भाषिक प्रयोगों को समझने में असावधानी को प्रकट करती है। व्यवहार में प्रधान वस्तु अपने पूरे वर्ग और उपवर्ग का प्रतीक बन जाती है।

कुछ लोगों को खाद्यान्नों का यह मामला इतना महत्त्वपूर्ण लगता है कि हड़प्पा सभ्यता से वैदिक सभ्यता का फ़र्क़ करने के लिए वे इसे निर्णायक तत्त्व मान बैठते हैं। उदाहरण के लिए रोमिला थापर (600) लिखती हैं कि वैदिक आर्य केवल जौ से परिचित थे। गेहूँ को तो वे म्लेच्छ भोजन मानते थे। धान से बिलकुल अपरिचित थे। इसके विपरीत हड़प्पावासियों के भोजन में ये सभी चीज़ें पाई जाती हैं। आप्टे (87/358) भी इस मत के समर्थक हैं कि वैदिक काल में धान की खेती नहीं होती थी। जैसा कि हम आगे, पुस्तक के दूसरे खंड में देखेंगे वैदिक जनों ने कृषि का आरम्भ श्यामाक और ब्रीहि, अर्थात् ख़रीफ़ के अनाजों से ही किया था।

रोमिला जी ने जिस सूचना के आधार पर यह नतीजा निकाला कि आर्यों के लिए गेहूँ म्लेच्छ भोजन था, वह बारहवीं शताब्दी के एक ऐसे चावलभोजी क्षेत्र के विद्वान् की एक पंक्ति पर आधारित है जहाँ आज भी यह माना जाता है कि गेहूँ की रोटी खाने से पेचिश हो जाती है। यदि वैदिक कालीन स्थिति को समझना है तो इस लेखक से कम-से-कम दो हज़ार वर्ष पहले रचे गए 'शतपथ ब्राह्मण' (5.2.1.6) पर दृष्टि डालनी होगी, जिसके अनुसार गेहूँ मनुष्य के सबसे निकट है, क्योंकि जैसे अनाजों में गेहूँ का छिलका सबसे पतला होता है वैसे ही मनुष्य की चमड़ी सभी जानवरों में पतली होती है। देवताओं ने गेहूँ से ही सारे भुवन को जीता था। यजुर्वेद (18.12) में भी गोधूम का अन्य अनेक अनाजों के साथ उल्लेख आया है।

'शतपथ ब्राह्मण' में ही यव के अतिरिक्त ब्रीहि या धान का भी उल्लेख स्पष्ट रूप से अनेक बार आया है। पहले यह माना जाता था कि पंजाब में रहनेवाले आर्य चावल से परिचित हो ही नहीं सकते थे, अतः वे चावल की खेती वैदिक काल में कर ही नहीं सकते थे। अब हम जानते हैं कि हड़प्पा में चावल का भी उपभोग होता था (613; 617)। ऋग्वेद पर दृष्टि डालने पर हम पाते हैं कि इसमें भी चावल का उल्लेख स्पष्ट रूप में आया है (8.77.6; 10)।

हमने कृषि के सन्दर्भ में जो संकेत ऋग्वेद से प्रस्तुत किए हैं उन्हें देखने पर यह नहीं लगता कि तत्कालीन खेती के लिए अपनाई गई युक्तियाँ और बोई जानेवाली फ़सलें तथा किसानों की व्यापकता परवर्ती कालों से भिन्न थी। जिन लोगों को यह विश्वास था कि वे

जौ के अतिरिक्त कुछ बोते ही नहीं थे, उन्हें वर्षा के लिए की गई उन याचनाओं की ओर ध्यान देना चाहिए था जो वर्षा ऋतु से ही सम्बन्ध रख सकती हैं और वह भी अनावृष्टि के दौर में या मानसून आने में देर हो जाने की स्थिति में।

4. कार्य-विभाजन और शिल्प

हड़प्पा सभ्यता के अवशेषों से जिस उत्कृष्ट कोटि की कार्यदक्षता का पता चलता है वह अपने समकालीन जगत को देखते हुए अनेक दृष्टियों से आगे बढ़ी हुई प्रतीत होती है। इसकी विभिन्न निर्मितियों से भी अधिक महत्त्वपूर्ण है वह संयत और नितान्त उपयोगितावादी दृष्टि जिसमें अनावश्यक अलंकरण और अपव्यय की उपेक्षा दिखाई देती है। यह बात ऐहिक जीवन और मरणोत्तर संस्कार दोनों पर लागू होती है। उद्योगों की स्थिति यह है कि हड़प्पा सभ्यता के कुछ नगर मुख्य रूप से औद्योगिक नगर प्रतीत होते हैं। (395/38) दक्षता का वह स्तर जो हड़प्पा के विभिन्न उत्पादनों में दिखाई देता है, वह कार्य-विभाजन और लम्बे विशेषीकरण के अभाव में सम्भव नहीं था और इसलिए अनेक विद्वानों ने हड़प्पा में वर्ण-व्यवस्था और दास-वर्ग के अस्तित्व को भी स्वीकार किया है।

ऋग्वेद में स्पष्ट कार्य विभाजन ही नहीं, अपितु उन सभी क्षेत्रों में विशेषज्ञता के प्रमाण मिलते हैं जिनमें हड़प्पा सभ्यता आगे बढ़ी हुई थी। कौशलों का हस्तान्तरण भी पैतृक क्रम से हो चला था, इसकी पुष्टि उन स्थलों से होती है जहाँ पिता द्वारा पुत्र को शिक्षा देने के उल्लेख हैं। (10.39.6) इसके बावजूद वर्ण-व्यवस्था ने जाति का रूप नहीं लिया था और किसी विशेष क्षेत्र में विशेष रुचि और दक्षता रखनेवाला कोई बालक अपने पेशे को बदल सकता था।

ऋग्वेद में जिन व्यवसायों का उल्लेख आया है उनमें कर्मार (10.72.2), तन्तुवाय (2.3.6), भिषग (2.33.4; 9.112.3) और शिक्षक (7.103.5) का उल्लेख किया जा सकता है। एक सूक्त के रचनाकार की माँ के लिए उपलप्रक्षिणी का प्रयोग जो केवल एक बार (9.112.3) आया है, इसे भूना भूनने से सम्बन्धित सिद्ध करता है।

ऋग्वेद में यद्यपि कलश (6.69.6, 3.32.15), द्रोण (6.2.8), कुंभ (7.33.13), कुंड (1.29.6), चमू (9.8.2) आदि के स्पष्ट उल्लेख हैं, पर चूँकि कुम्भकार के लिए स्पष्टतः किसी शब्द का प्रयोग ऋग्वेद में नहीं पाया जाता, इसलिए कुछ विद्वान् (569/22) यह निश्चय ही नहीं कर पाते कि वैदिक आर्य बर्तन-भाँडे का प्रयोग करते भी थे या नहीं।

जो भी हो, यह स्वीकार किया जाता है कि 'भारोपीय समाज' में भी कार्य-विभाजन था। कार्य-विभाजन विशेषज्ञता का पहला चरण है और इसलिए विशेषज्ञता को स्वतःसिद्ध माना जा सकता है। आर्यों को असभ्य माननेवाले भी यह स्वीकार करते हैं कि वे तकनीकी दृष्टि से बहुत आगे बढ़े हुए थे। वैशम (102/38) लिखते हैं, "यद्यपि उन्होंने नगर-सभ्यता का विकास नहीं किया था और पत्थर और ईंट से अपने निर्माण नहीं करते थे, पर आर्य तकनीकी दृष्टि से काफ़ी आगे बढ़े हुए थे। उनके कांस्यकर्मी अत्यन्त दक्ष थे और हड़प्पा संस्कृति से अधिक उन्नत औज़ार और हथियार बनाते थे। इनका और सुतारों (बढ़ई) और रथकारों का उल्लेख सूक्तों में अक्सर काफ़ी आदर के साथ किया जाता है।"

यदि रथ का आविष्कार दूसरे किन्हीं जनों से पहले आर्यों के पूर्वजों ने किया था तो कुम्हार का चाक भी उन्हीं के आविष्कार की देन हो सकता है। कारण, पहिए के आविष्कार से पहले या इससे प्राप्त अनुभव और अन्तर्दृष्टि के अभाव में चाक के आविष्कार की कल्पना करना कठिन है। धातु कर्म में इतने उन्नत लोग, जो भांडों से और इनको पकाने की कला से परिचित हैं, और जो अपने यज्ञ-कुंडों का निर्माण तक ईंटें चिनकर किया करते थे, ईंट पकाने से अनभिज्ञ नहीं रह सकते।

ऋग्वेद में जब भी किसी विशेष मामले में निपुणता का प्रश्न आता है, जनसाधारण को नहीं याद किया जाता, कुछ विशेष देवों या व्यक्तियों का ही उल्लेख आता है। तक्षण के लिए त्वष्टा और ऋभुगण क्रमशः पत्थर और लकड़ी के लिए याद किए जाते हैं। चिकित्सा के लिए रुद्र और अश्विनीकुमार; शौर्य के लिए सेनापति और सैनिकों के रूप में इन्द्र और मरुद्‌गण; वास्तुशिल्प के लिए वास्तोस्पति; शिक्षा और ज्ञान के लिए विशेष रूप से अग्नि और सोम; प्रशासनिक मामलों में वरुण तथा न्याय-विचार के लिए अग्नि और वरुण को याद किया जाता है। दैवी धरातल पर यह कार्य-विभाजन सामाजिक स्तर पर तदनुरूप कार्य-विभाजन का प्रतिबिम्ब है।

काष्ठकला में आरे का आविष्कार करके अपने समकालीन जगत को पीछे छोड़ जाने का जो श्रेय (102/22) हड़प्पावासियों को दिया जाता है, यह काष्ठकला रथ, नाव और मकान तक लकड़ी से या इसके प्रचुर उपयोग से बनानेवाले और आकाश तक के सन्दर्भ में धरन और स्तम्भ की याद न भूलनेवाले इन वैदिकों के पास ही पाई जाती है। उनके आरेवाले पहिए और इतनी खूबसूरती से बने पहिए जो धातु के मेखल के अभाव में युद्ध के मैदान में तेज़ी से रुख बदलते रथों के धक्कों को झेलने में समर्थ हैं, चूल और जोड़ मिलाने की एक ऐसी कलाकारी की याद दिलाते हैं जिसकी बराबरी शायद उनके समकालीन जगत में कोई न कर सके। यदि हड़प्पा सभ्यता को इनसे अलग कल्पित किया जाए तो हड़प्पा के खिलौनों के आधार पर कल्पित इस सभ्यता के ठोस पहिए और साथ ही उसकी काष्ठकला वैदिकों के सामने हास्यास्पद लगने लगेगी। ऋग्वेद में रथ के अरे, नेमि और नाभि के उल्लेख आते हैं और धातु के सीमित उपयोग के उस काल में सम्भवतः इसके धुरे अपेक्षित तकनीकी कौशल और तदनुरूप उपकरणों के विकास के बिना सम्भव नहीं थे। यह एक रोचक बात है कि रथ की लीक की चौड़ाई हड़प्पा-काल से आज तक बदली नहीं है (247/71)। ऐसी स्थति में स्वधिति (3.2.10; 7.3.9), वाशी (5.53.4), वृक्ण (3.8.7), तेजस (6.3.5), क्ष्णोत्र (2.39.7), अशनि (6.6.5), दात्र (8.78.10), सृणी (4.20.5), खनित्र (7.49.2), ऋष्टि (1.64.4), यन्त्र (1.34.1), तन्त्र (10.71.9) तन्तु (6.9.3), रश्मि (1.35.7) आदि उपकरणों के उल्लेखों और इनसे जुड़ी मानसिकता पर ध्यान देना ज़रूरी हो जाता है।

स्वधिति को सामान्यतः कुल्हाड़ा ही माना जाता है (432/1280)। पर इसके सन्दर्भ में कुछ विवरण ऐसे आए हैं जो इसे आरा सिद्ध करते हैं। उदाहरण के लिए, इसे पीटकर या घिसकर नहीं, अपितु क्ष्णोत्र से तेज़ किया जाता है (2.39.7)। इसकी धार नीचे-ऊपर को चलती है (3.2.10)। बाहर आकर इसकी धार शुद्ध और चमकदार हो जाती है, या कहें

बुरादे को बाहर गिरा देती है (7.3.9)। अपने कारोबार के लिए आरे की आवश्यकता और इसके साथ ही अन्य दंतुर औज़ारों, जैसे दात्र (8.78.10) का उपयोग इस धारणा की पुष्टि करता है। इसी तरह वाशी को शर्मा जी (569/26) कुल्हाड़ी मानते हैं। वासुदेवशरण अग्रवाल ने (35/11) इसे बसूला और अपने पाषाणकालीन पूर्वरूप का विकास माना है, जिसके नमूने भारत में नवपाषाण-काल से ही प्रचुरता से मिलने लगते हैं। पहिए आदि जैसी निर्मितियों के लिए सूत्र या रस्सी के उपयोग की बात स्वतःसिद्ध है और वृत्त बनाने के लिए तो नहीं, पर माप के सन्दर्भ में इसके उपयोग का उल्लेख ऋग्वेद में मिलता है। ज्यामितीय अल्पनाओं में एक सबसे लोकप्रिय अल्पना पूर्णिम (पुरइन) है जिसमें वृत्त की परिधि पर किसी बिन्दु को केन्द्र बनाकर पुनः वृत्त खींचे जाते हैं और इसकी परिधि को छह बराबर खंडों में बाँटा जाता है। यह पहिया बनाने की उसी प्रचलित युक्ति का सांस्कृतिक दाय है जिसके बिना द्वादशार चक्र का निर्माण नहीं हो सकता था। इस तरह ज्यामिति के विकास को जो लोग यज्ञ और शुल्ब सूत्र से सम्बन्धित (590/50) मानते हैं, उन्हें इसे आर्थिक आधार और तकनीकी प्रगति से जोड़कर देखना चाहिए।

यदि ऋग्वेद में वर्णित उपकरणों की तुलना हड़प्पा के अवशेषों से की जाए तो इन दोनों के बीच असाधारण साम्य देखने में आएगा। परन्तु इन उपकरणों के उल्लेखों से भी अधिक महत्त्वपूर्ण है निर्माण और उत्पादन-कार्यों के साथ लगाव और तकनीकी उत्कृष्टता के उल्लेख। हड़प्पा सभ्यता में कताई की व्याप्ति का उल्लेख करते हुए मार्शल (404/32) लिखते हैं कि मोहनजोदड़ो के घरों में बहुत सारे तकुओं के टिक्कल पाए गए हैं, जिनसे प्रकट होता है कि सूत कातना हर एक घर के लिए एक आम-सी बात थी और चूँकि ये टिक्कल कई तरह के उपादानों के पाए गए हैं अतः इनसे प्रकट होता है कि सूत कातने का चलन ग़रीब-अमीर सभी घरों में था। गरम कपड़ों के लिए ऊन का प्रयोग होता था और हलके कपड़ों के लिए कपास का (404/32)। ह्वीलर ने (626/69) हड़प्पा के बुनकरों द्वारा करघे के प्रयोग की पुष्टि की है। ठीक यही तसवीर ऋग्वैदिक विवरणों से उभरती है। सूत के लिए तन्तु (2.28.9), रशना (5.1.3) और रश्मि (1.134.4) का प्रयोग हुआ है। कताई और बुनाई वैदिक जनों का इतना परिचित उद्यम है कि इनका उल्लेख उपमाओं में बार-बार आता है। यदि तनय (3.15.2) और सन्तति शब्द पर ध्यान दिया जाए, वयन के सन्दर्भ में यदि वियत या आकाश पर गौर किया जाय, यदि तन् से तत, तत्र–फैला हुआ या दूर या वहाँ, तनु, तन्वी, तनय, सन्तति आदि शब्दों पर ध्यान दें तो पता चलेगा कि ये उद्यम वैदिक समाज में कितने पुराने समय से चले आ रहे थे।

बुनाई के चित्रण भी बहुत हृदयग्राही हैं। ऋग्वेद में वायु के लिए प्रकाश-रश्मियाँ अन्तरिक्ष में नए धागों से रंग-बिरंगा उम्दा वस्त्र बुनती हैं (1.134.4)। उषा और निशा धागे तानकर यज्ञ के लिए मन लगाकर वस्त्र बुनती हैं (2.3.6)। सूर्य रात्रि के काले तानों को नीचे दबाता हुआ, अपनी चमकीली किरणों का बाना फैलाता हुआ वस्त्र-सा बुनता है (4.13.4)। कवि अपना अज्ञान प्रकट करते हुए कहता है, मैं यज्ञ के मन्त्र रूपी धागों को न तो फैलाना जानता हूँ, न ही ऊपर-नीचे करके–साम और यजुः का भेद करके–बाने पिरोना जानता हूँ, और इस तरह यज्ञ का वस्त्र बुनना नहीं जानता (6.9.2), और उत्तर मिलता है कि वही इस

वस्तु को जानता है, वही इसे उठाना-दबाना जानता है, वही इसे समझाना जानता है जो अमृत के रक्षक (लिपटे हुए धागे) की लपेटन को जानता है और अपनी निगाह ऊपर से नीचे दोनों ओर रखता है। बुनाई के लिए तार फैलाते हुए (वंशवृद्धि के लिए प्रयत्नशील) हमारे (वंश का) तार न टूट जाएँ (2.25.8)। माताएँ अपने बच्चों के लिए वस्त्र बुनती हैं (5.47.6)। सूर्य-रश्मियों की तुलना अक्सर बुनाई और कताई के तारों से की जाती है (5.76.3)। वंश-विस्तार को सूत्र-विस्तार के रूप में ही कल्पित किया जाता है (2.9.2)।

सिलाई के उल्लेख भी बड़े मार्मिक रूप में आते हैं। अग्नि मानो तम को सी रहे हों (2.17.4)। राका देवी बिना छेद वाली सुई से सिलाई करती हैं (2.32.4)। वर्म की सिलाई का उल्लेख हम कर आए हैं। यह आत्मीय विवरण जिस लोकप्रिय और व्यापक उद्यम की ओर संकेत करता है, वह मोहनजोदड़ो के विषय में मार्शल के अनुमान से कितना मेल खाता है, इस पर किसी टिप्पणी की आवश्यकता नहीं।

कताई-बुनाई की तरह ही तक्षण का भी उल्लेख बड़ी आत्मीयता से किया जाता है। धरती और आकाश को भी गढ़कर बनाने की कल्पना की जाती है (3.38.2)। धन के लिए बुद्धि का तक्षण किया जाता है (3.54.17)। उशना अपनी काव्य शक्ति से इन्द्र के बल का तक्षण करते हैं (1.51.10)। ऋभुगण धनलाभ के लिए सुन्दर चक्रवाले रथों का तक्षण करते हैं (1.111.1)। बछड़े के साथ उसकी माँ का तक्षण करते हैं (व)। बिना चमड़े की गाय का निर्माण करते हैं (1.110.8)। सूर्य के स्थान (ओक) का तक्षण किया जाता है (5.33.4)। इन्द्र के वज्र का तक्षण किया जाता है। (1.32.2) स्वधिति से वनस्पति का तक्षण किया जाता है। (3.8.6) यहाँ तक कि सरस वाणी का भी तक्षण किया जाता है (1.164.41)। तक्षण निर्माण का पर्याय-सा बन गया है।

इस तक्षण के साथ त्वष्टा ऋभुगणों, मरुद्गणों और अश्विनी कुमारों का प्रायः उल्लेख आता है। ऋभुगण इन्द्र के सखा हैं (3.60.3)। मरुद्गण इन्द्र-ज्येष्ठ हैं (2.41.15)। इन्द्र इनके नेता हैं (3.17.4)। ऋभुगणों के कौशल की प्रशंसा उन्हें बार-बार सुहस्त (1.20.4; 3.60.3; 4.33.8) या मँजा हुआ शिल्पी कहकर की जाती है। उनकी प्रतिभा की बार-बार सराहना की जाती है (1.20.2; 3.60.2)। उनके इस महत्त्व का कारण यह है कि उनकी बदौलत उत्तम भोजन और धन प्राप्त होता है (4.36.5-7)। वे यात्रा में सहायक होते हैं और इनके बनाए हुए यानों से सभी प्रकार के जलों को पार किया जा सकता है (4.37.7)।

ऋभुगणों के विषय में यह श्रुति है कि उनको सोमपान में शामिल किया गया था और यह एक साथ ही दो तथ्यों पर प्रकाश डालता है—दस्तकारों की सामाजिक हैसियत को अपेक्षाकृत हीनतर माना जाता था और इसके बावजूद उन्हें सामाजिक प्रतिष्ठा या, यदि सोमपान को आर्थिक प्रतिलाभ में उपयुक्त हिस्सेदार होने का प्रतीक माना जाए तो आर्थिक प्रतिलाभ में सन्तोषजनक भाग प्राप्त होता था (4.35.7; 324/90)। इसके पीछे है उनकी तकनीकी दक्षता जिसके अभाव में वैदिक अर्थव्यवस्था का आधार डगमगा सकता था।

तकनीकी दृष्टि से वैदिक समाज न केवल आगे बढ़ा हुआ था, अपितु इसके तकनीकी उत्पादनों का विशेष आर्थिक और वाणिज्यिक महत्त्व था। तकनीकी उपक्रमों के प्रति यह

सजगता, अन्य बातों के अलावा, इस बात का अच्छा प्रमाण है कि वैदिक उद्योग-धन्धे उन अपेक्षाओं की पूर्ति करते हैं जिनकी अनिवार्यता हड़प्पा सभ्यता के अवशेषों से प्रमाणित होती है।

5. धन-सम्पत्ति के रूप

वैदिक रचनाओं में जिन वस्तुओं की कामना की गई है उन्हें भोजन, वस्त्र, वाहन, आवास और अलंकार की कोटियों में रखा जा सकता है। यह बात अक्सर उलझन पैदा करती है कि वैदिक कवि जिस उत्कटता से चल सम्पत्ति की कामना करते हैं उतनी उत्कटता से भूमि की नहीं। कृषि-कर्म और कृषक वर्ग के उल्लेख तथा अनाजों के उल्लेख तो बहुत कम पाए ही जाते हैं, गोचारण के उल्लेख भी नाममात्र को ही आते हैं। पशुओं में भी परिवहन के साधनों का उल्लेख दुधारू पशुओं की तुलना में अधिक आया है। गो–बैल और गाय आदि की तुलना में अश्व अर्थात् गधे और घोड़े के उल्लेख, अश्व की तुलना में रथों और नौकाओं के उल्लेख, बकरी की तुलना में भेड़–जिसका ऊन उनके निर्यात की मदों में से एक रहा लगता है–के उल्लेख अधिक बार आए हैं। यदि गाय और बैल की तुलना में घोड़ों और गधों की संख्या अधिक रही हो तो भी यह तो कदापि नहीं माना जा सकता कि गधों, घोड़ों और बैलों की तुलना में रथों की संख्या अधिक रही हो सकती है। यदि इससे कोई नतीजा निकाला जा सकता है तो यही कि श्रेष्ठतर वस्तुओं के और वाणिज्यिक उपयोग की वस्तुओं के उल्लेख शेष की अपेक्षा अधिक प्रचुरता से आए हैं। घोड़े के पर्यायों में भी अनेक का सम्बन्ध इसकी गति से न होकर इसकी भार-वहन क्षमता से है, जैसे–वाजि, हरि, हर्यत, वह्नि, पैद्व आदि।

आवास की चर्चा हम आगे करेंगे। यहाँ शेष काम्य पदार्थों की ओर ध्यान देना उचित होगा। खाद्य और पेय पदार्थों में अन्न, अंधस्, पुष्टि, भोजस् आदि आते हैं। दूसरी कोटि में धन के सामानार्थक शब्दों को रखा जा सकता है : रयि, वसु, धन, अप्नस्, द्रविण, वित्त, सुवित, अर्थ, भग, रिक्थ, रेक्ण, मध, पुरुक्ष, वय, वस्न, राधस्, जिन्हें सभी प्रकार के द्रव्यों का वाचक माना जा सकता है। पण का उल्लेख अलग से नहीं हुआ है, पर पणि शब्द से प्रकट होता है कि यह भी धन का सूचक था। बहुमूल्य पदार्थों में मूल्यवान धातुओं–सोना या हिरण्य, रजत, मणि, रत्न तथा कान, हाथ, गले और माथे तथा पाँव के आभूषण आदि आते हैं।

निघंटु (2.7) में यास्क ने अन्न के 28 पर्याय गिनाए हैं–अन्ध, वाज, पय, श्रव, पृक्ष, पितु, सुत, सिन, अव, क्षु, धासि, इरा, इडा, इष, ऊर्क, रस, स्वधा, अर्क, क्षद्म, नेम, सस, नम, आयु, सूनृता, ब्रह्म, वर्च, कीलाल। धन के पर्यायों में (2.10) वह मध, रेक्ण, रिक्थ, वेद, वरिव, श्वात्र, रत्न, रयि, क्षत्र, भग, मीढुस, पय, द्युम्न, इन्द्रिय, वसु, राय, राध, भोजन, तना, नृम्ण, बन्धु, मेधा, यश, ब्रह्म, द्रविण, श्रव, वृत्र और ऋतु आदि अट्ठाईस पर्याय गिनाते हैं। हिरण्य या खनिज धातुओं में (1.2) वह हेम, चन्द्र, रुक्म, अयस्, हिरण्य, पेश, कृशन, लोह, कनक, कांचन, भर्म, अमृत, मरुत, दत्र और जातरूप की गणना करते हैं।

6. माप-तौल और विभाजन

उन्नत विनिमय प्रणाली के लिए सुनिश्चित माप-तौल और मूल्य-निर्धारण की किसी प्रणाली का होना ज़रूरी है। हम देख आए हैं कि ऋग्वेद में भाग, भग, भक्त आदि शब्दों के प्रयोग को देखकर यह अनुमान कर लिया गया है कि यह समान वितरण का और इसलिए आदिम साम्यवाद का प्रमाण है। (163/562; 569/39) भारत जैसे विषम आर्थिक विकासवाले किसी देश में यह कहना तो किसी भी ऐतिहासिक काल के विषय में ग़लत होगा कि उस काल में किसी भी जनजाति में ऐसी व्यवस्था नहीं थी, न ही यह दावा किया जा सकता है कि स्वयं वैदिक-कालीन समाज में कभी ऐसा चलन नहीं रहा होगा। पर इस तथ्य को इन शब्दों के सहारे वैदिक समाज में स्थापित करना अशोभन है। वैदिक काल में निजी सम्पत्ति का न केवल अस्तित्व दिखाई देता है, अपितु इसका वंशानुक्रम से हस्तान्तरण भी दिखाई देता है (1.116.3; 388/598-603; 50/141-46)।

विभाजन से अधिक महत्त्वपूर्ण है विभाजन की रीति और विभाज्य वस्तु। अध्येताओं का ध्यान इस ओर गया है कि ऋग्वेद में मान और बाट की चर्चा ऐसी स्थितियों में भी आती है जहाँ सामान्यतः इसकी अपेक्षा नहीं की जानी चाहिए। सृष्टि के विवरण में भी माप-तौल का हिसाब चलता दिखाई देता है। ऋग्वेद में मान और मात्रा के प्रयोग विभिन्न रूपों और विकारों में दो सौ से अधिक बार हुए हैं। पर इस आवर्तिता से अधिक महत्त्वपूर्ण है यह बात कि माप-तौल वैदिक मानसिकता में इस तरह समाई हुई है कि वे मन, चित्त, संकल्प, (10.191.3-4), वाणी (1.164.24), हवि (10.71.11), रूप (6.59.5), आकार (4.51.8) आदि के सारूप्य और सादृश्य के लिए भी 'स-मान', अर्थात् माप में बराबर, न कि 'सदृश' अर्थात् देखने में बराबर का प्रयोग करते हैं। इन दोनों समानार्थकों में अन्तर यह है कि पहला जहाँ परिशुद्धता के आग्रह को प्रकट करता है जो मानदंडों और मानांकों के विकास के बिना असम्भव है, वहाँ दूसरे में मात्र प्रतीति का भाव निहित है और इसका प्रयोग किसी ऐसे समाज में भी प्रचलित हो सकता है जो अभी बहुत पिछड़ी अवस्था में हो। यह माप-तौल उनके लिए इतना पुराना हो चुका है कि 'मान' को नाभि बनाकर इस काल में निकले शब्द स्वयं नाभिकीय महत्त्व पाकर नए शब्द-भंडार का विकास करने लगे हैं। वि-मान (2.40.3), मित्-र, मित्-उन (1.8.3), अति-मान (1.138.4), अभि-मान (1.85.3; 6.7.3) आदि शब्दावली को इस दृष्टि से उल्लेखनीय माना जा सकता है। इसका सम-मान, घिसकर समान और सम सं/स हो चुका है और बराबर, भला, उपयुक्त का अर्थ पा चुका है।

सामान्यतः यह माना जाता है कि वैदिक मान-प्रणाली दाशमिक थी, जबकि हड़प्पा सभ्यता में जो मान-क्रम प्रचलित था वह 1 : 2 (द्विगुण) क्रम में था। यह निरा सत्याभास है। संख्याओं के विकास पर हम आगे विचार करेंगे। यहाँ इतना ही कहना उचित होगा कि मान-क्रम मेय वस्तु के गुध-धर्म को आधार बनाकर नियत किया जाता है, और एक ही क्रम सभी पर लागू नहीं हो सकता। अतः किसी भी विकसित या विकासोन्मुख सभ्यता के विषय में इस प्रकार का सरलीकरण करना निरापद नहीं है। महीने के दिनों, वर्ष की ऋतुओं और

महीनों को हम अपने नियत क्रम के अनुसार नहीं ढाल सकते; इनके अनुसार ही इनके लिए गणनाक्रमों के विकास की अनिवार्यता पैदा होगी। इसी तरह गणना का आधार या सहायक साधन मनुष्य का हाथ ही रहा है। अतः कहीं अँगूठे को छोड़कर एक हाथ की उँगलियों के सभी पोरों और दोनों हाथों की उँगलियों के सभी पोरों के अनुसार 1 : 3 : 4 : 2 के क्रम को लम्बाई के मामले में बालिश्त, हस्त और अंगुलों से मापने के क्रम में 1 : 4 : 3 : 2 को; कहीं दोनों हाथों की उँगलियों को आधार बनाकर दशम क्रम को; कहीं हाथ और पाँव की सभी उँगलियों को आधार बनाकर कोटि या सबसे बड़ी संख्या–जो आगे चलकर मान या मन, कोड़ी या बीस की संकुल राशि, और फिर कोटि (149/कुड़ी) का सूचक बनती है–का विकास हुआ है। ये मात्र कुछ उदाहरण यह संकेत देने के लिए काफ़ी हैं कि किसी भी सभ्यता का काम न तो एक मानक्रम में चल सकता था, न ही चलता था; साथ ही सभी संस्कृतियों में संख्याओं के विकास का जो प्रेरक तत्त्व रहा है, वह हाथ अपने भीतर भी अनेक मान-क्रमों के विकास की सम्भावनाएँ लिये हुआ था। इसके साथ ही अब यह भी स्पष्ट हो चला है कि हड़प्पा सभ्यता में केवल एक मान-क्रम प्रचलित नहीं था। बृजभूषण विज ने (612/153 तु. 626/61-62) यह सिद्ध किया है कि मोहनजोदड़ो के स्नानागार को दाशमिक प्रणाली की नाप-जोख से बनाया गया था।

इससे जुड़ा हुआ ही यह भ्रम भी है कि वैदिक विनिमय की इकाई गाय थी। इस सत्याभास के पीछे यह तर्क काम करता है कि धनिक व्यक्ति के लिए 'गोमत्' शब्द का व्यवहार होता था और यह कि गाय को प्राचीन भारतीय परम्परा धन मानती थी। दान आदि के प्रसंग में गो-दान का उल्लेख प्रायः आता है। इसको स्वीकार कर लेने के बाद हम कई ऐसी शंकाओं का कोई समाधान नहीं पाते जिनको सामान्यतः उठाया जाना चाहिए था पर उठाया नहीं गया है। पहली बात तो यह कि इससे विनिमय का पूरा आधार ही खंडित हो जाता है। यदि गाय एक मात्र विनिमय वस्तु हो तो गाय देकर गाय लेने का कोई तुक नहीं है। यदि गाय देकर कुछ चीज़ें पाई जा सकती हैं तो ज़रूरी नहीं कि उन चीज़ों को देनेवाले को गाय की ही ज़रूरत हो। यदि होगी तो अपनी चीज़ों के बदले गायें लेते-लेते एक दिन वह भी चरवाहा बन जाएगा और फिर उस चीज़ का स्रोत ही खत्म हो जाएगा। अतः गाय देकर कुछ बड़ी या प्रचुर चीज़ें अवश्य खरीदी जा सकती थीं, या इसे उलटकर कहें कि एक नियत परिमाण में दूसरी चीज़ें देकर गाय अवश्य खरीदी जा सकती थी, पर ज़रूरी नहीं कि हर लेन-देन गाय के सममूल्य का हो। अतः हर लेन-देन में गाय का प्रश्न नहीं आता। अधिक-से-अधिक गाय के अंशों के रूप में या इसके मान-खंडों और गुणकों के रूप में ही उन वस्तुओं का परस्पर विनिमय हो सकता था। पर यहाँ आकर हम ऐसे बिन्दु पर पहुँच जाते हैं जहाँ गाय, गाय नहीं रह जाती, एक मान बन जाती है। अतः जहाँ हम यह स्वीकार करते हैं कि विनिमय का साधन गाय थी, वहीं हमें यह स्वीकार करना होगा कि गाय एक मान थी, निश्चय ही एक बड़ा मान। वस्तु का वस्तु से हटकर एक मान में बदल जाना, सभी वस्तुओं का मूल्य किसी एक वस्तु के संविभागों और मानांकों से नियत होना–चाहे वह सोना हो या गाय–विनिमय की एक ऐसी उच्च अवस्था का सूचक है जिसका विकास किसी आदिम समाज में नहीं हो सकता, जिसमें वस्तु-विनिमय का कोई प्रतीकात्मक आधार

नहीं होता, अपितु यह उभय पक्ष की अपनी आवश्यकता पर निर्भर करता है। गाय को मान मानते ही हमें 'गोमत्' शब्द का एक अन्य अर्थ भी करना होगा—बहुमान या बड़ा। मान का यह भाव सम्पन्नता और दक्षता के मामले में मानी, माना हुआ—बड़े आदमी, में भी दिखाई देगा। गोसाईं; गोसयाँ अर्थात् गोस्वामी का अर्थ 'मालिक' या स्वामी मात्र है। यह आशय वैदिक काल से बहुत पहले प्रचलित हो चुका लगता है।

अब इस सिद्धान्त के स्थिर हो जाने पर हम वैदिक साहित्य पर एक बार पुनः यह देखने के लिए दृष्टिपात कर सकते हैं कि 'गोमान' क्या था? ऋग्वेद में शफ (3.39.6; 8.47.17) कला (8.47.17) और पाद (3.39.6) का उल्लेख आया है। ब्राह्मणों में सोमक्रयणी गो का उल्लेख सोम की खरीद के सन्दर्भ में होनेवाले मोलभाव के मामले में आया है। (31/3.3.3.1-6) इसमें कला, शफ, पाद, गवार्ध और गो का क्रमशः उल्लेख आया है। कहीं-कहीं यह क्रम कला, शफ, पाद, गवार्ध और धेनु का है। (12/1.1.1-6) शफ का शाब्दिक अर्थ है खुर, खुर से ज़मीन में पड़ा निशान या 'गोपद'। अतः कला इसका आधा या खुर के एक हिस्से का निशान हुआ। शफ के बाद पाद का आशय दो शफ हुआ और गवार्ध दो पाद तथा गो या धेनु दो गवार्धों या चार पदों के बराबर हुआ। इस तरह हम पाद को कुछ समय पहले प्रचलित मान-प्रणाली के पाव, और कला को छटाँक या षष्ठदशांक—सोलहवें हिस्से के बराबर पाते हैं। यहाँ हम 1 : 2 के ठीक उसी मान पर पहुँचते हैं जिसको हम हड़प्पा का सबसे प्रचलित मानक्रम मानते हैं।

यह एक रोचक तथ्य है कि गाय का मान लगभग शेर या सेर के बराबर था। छटाँक तक की छोटी मात्रा का ध्यान विनिमय की बारीकी को प्रकट करता है। सोने आदि की तोल के लिए यह मान भिन्न रहा होगा। लम्बाई की माप के लिए कुछ समय पहले प्रचलित गज का नाम कुछ रोचक है। यह भी ध्यान देने योग्य है कि लम्बाई की माप 1 : 2 के क्रम में दिखाई देती है। अंगुल, वितस्ति और हस्त तक 1 : 4 : 3 : 2 का क्रम चलता है। ऋग्वेद में एक स्थल पर दशांगुल का उल्लेख आया है। (10.90.1) और प्रहस्त या गज का मान 30 अंगुल का बताया जाता है, इस तरह 1 : 10 : 3 का एक अन्य क्रम दिखाई देता है। तीन, छः, बारह और चौबीस के पीछे सम्भवतः मौसमों, ऋतुओं, मासों और पक्षों का हाथ रहा है और इस तरह ज्यामितिक गणनाओं में वर्ष के 30 दिनों के 12 महीनों से परिकल्पित 360 की संख्या और पूर्ण चक्र के लिए 360 अंशों या 180 अंश के विषुव की अवधारणा का विकास हुआ है। पंडितों ने अपने भोलेपन में हड़प्पा के बटखरों के मान को ही उसका एकमात्र मानक्रम समझ लिया और यह नहीं देखा कि ठीक वही मानक्रम ऋग्वेद और बाद के साहित्य में भी मिलता है। इकाई गो, उसके भाग गवार्ध, पाद, शफ और कला। यह सोचना कि वैदिक जनों में केवल दाशमिक मान-क्रम प्रचलित था, मान-क्रम और गणना-पद्धति के पारस्परिक अन्तर को न समझने का परिणाम है। इसी तरह की नासमझी हड़प्पा के उपादानों में बाट को निर्धारक और लम्बाई मापने की इकाई दंड के अंशविभाग पर ध्यान न देने के कारण की गई। वे हड़प्पा सभ्यता के मान-क्रम और भौतिक विकास दोनों के अन्तःसम्बन्ध को समझने में असमर्थ रहे हैं परन्तु अपने पद और प्रभाव के कारण एक भ्रम खड़ा करने में समर्थ। यह भ्रम अब पुरातात्त्विक खोजों से भी टूट चुका है (468/356; 600/233)।

माप-तौल, गणना और विभाजन के उक्त विवरणों से स्पष्ट है कि वैदिक-कालीन भौतिक कार्य-व्यापार का स्तर भी इनके अनुरूप ही रहा होगा। यह सच है कि इस काल में मुख्य रूप से वस्तु-विनिमय ही प्रचलित रहा होगा, पर सोने आदि के ऐसे मानक खंडों का प्रचलन भी देखने में आता है जो किसी उन्नत व्यापार के लिए अपेक्षित था (6.47.23)। निष्क को हार मानने का पूरा कारण हमारे पास है, पर यदि इस बात को सामने रखें कि सोने-चाँदी के सिक्कों के हार बनाने का चलन बहुत पुराने समय से आज तक प्रचलित रहा है, और साथ ही इस बात पर भी ध्यान दें कि बहुत प्राचीन काल से ही निष्क शब्द का प्रयोग सोने की मुहरों के लिए होता आया है, तो यह स्पष्ट हो जाएगा कि वैदिक काल में भी मानक स्वर्ण-खंडों का अस्तित्व था। लोथल से निष्कों का पता चलने के बाद तो इस विषय में किसी प्रकार के सन्देह की आवश्यकता ही नहीं रह जाती (509/351)। इस स्थिति में पण को भी ताँबे के नियत आकार व भार के खंडों के रूप में कल्पित किया जा सकता है, यद्यपि इनके प्रचलन की कल्पना पणि शब्द के प्रयोग के आधार पर ही की जा सकती है जिसके इतर अर्थ–व्यापारी, व्यवसायी (पण् वण्–खंडन, वितरण) आदि हो सकते हैं। पर धनी के लिए 'पैसेवाला' प्रयोग आम है और यह बात पणि के मामले में भी लागू हो सकती है। रजत शब्द का प्रयोग ऋग्वेद में केवल एक बार आया है (8.25.22) पर स्वर्णमुद्राओं के लिए जैसे कभी-कभी स्वर्ण शब्द ही प्रयोग में आता रहा है वैसे ही रजत-खंडों के लिए रजत शब्द प्रचलित रहा हो सकता है। मार्शल ने (404/110) इस पहलू पर बहुत बल दिया है कि हड़प्पा सभ्यता में चाँदी का प्रचलन बहुत अधिक था और इसके पात्र आदि भी बनाए जाते थे, जबकि ऋग्वेद में इसका वैसा प्राचुर्य नहीं दिखाई देता। शब्दों की आवर्तिता को आधार बनाकर निकाला गया यह नतीजा भी अन्य सांख्यिकीय नतीजों की तरह अविश्वसनीय है।

इस तरह हम आर्थिक और औद्योगिक विकास के मामले में भी हड़प्पा सभ्यता को वैदिक साहित्य के विवरणों के अनुरूप पाते हैं। यह एक अन्य महत्त्वपूर्ण बात है कि ऋग्वेद के अपेक्षाकृत आधुनिक मंडलों में शिल्प और दक्षता के मामले में भारी प्रगति दिखाई देती है, यद्यपि इन विविध गतिविधियों का आरम्भ प्राचीन माने जानेवाले मंडलों में और अनुमानतः इनसे भी काफ़ी पहले हो चुका है।

अध्याय पाँच

व्यापार और वाणिज्य

हड़प्पा सभ्यता का उद्घाटन होने के समय से ही इसके वाणिज्यिक और औद्योगिक पक्ष पर इतना एकांगी बल दिया जाता रहा मानो इसके समूचे प्रसार क्षेत्र में जीविका का एक मात्र आधार सुदूर व्यापार ही रहा हो। इसके पीछे क्षीण रूप में हड़प्पा के नगरों को पश्चिमी एशिया की औपनिवेशिक बस्तियाँ सिद्ध करने का आग्रह भी काम कर रहा था। इसके ग्रामीण पक्ष की ओर विद्वानों का ध्यान कुछ बाद में गया और इसकी विशालता और स्वविशिष्टता ने पुराने बद्धमूल आग्रहों को निरन्तर ध्वस्त किया है, यद्यपि आज भी इन आग्रहों की झलक यदा-कदा देखने में आती रहती है (137)। इसके विपरीत जैसा कि हम आगे भी देखेंगे वैदिक सभ्यता के नागर पक्ष की और इसकी व्यापारिक गतिविधियों की इस तरह उपेक्षा की गई कि व्यापारिक यात्राओं के क्रम में आवागमन के विवरणों को ही यायावरी का प्रमाण बना दिया गया। इस अध्याय में हम यह देखने का प्रयास करेंगे कि व्यापार और वाणिज्य के मामले में वैदिक विवरण हड़प्पा सभ्यता के भौतिक प्रमाणों से किसी भी दृष्टि से विसंगति प्रकट करते हैं या नहीं।

1. हड़प्पा सभ्यता का व्यापारिक प्रसार

हड़प्पा सभ्यता का जिन विशेष मामलों में पश्चिमी एशिया से कोई सादृश्य दिखाई देता है उनमें यह पश्चिमी नगरों से आगे बढ़ी हुई और उन पर हावी दिखाई देती है। पिगट (468/210) लिखते हैं, "सुमेर में अक्कदी काल (2300 ई.पू.-2000 ई.पू.) से पहले हड़प्पा सभ्यता से सम्पर्क के सुस्पष्ट प्रमाण नहीं मिलते हैं। पर इस दौर के अवशेषों में हड़प्पा की बहुत-सी उत्खचित मुद्राएँ पाई गई हैं और एक ऐसा मुद्रांक मिला है जिसके पीछे मोटे कपड़े की छाप दिखाई देती है। इन मुहरों से प्रकट होता है कि हड़प्पा के व्यापारी सुमेरियाई नगरों में जमे और व्यापार में जुटे हुए थे।" उनके अनुसार इनकी विपणन वस्तुओं में सूती कपड़ा भी शामिल था और यह व्यापार 2000 ई.पू. के जल्द बाद ही बन्द हो गया था। वह आगे (व/211) लिखते हैं, "हड़प्पा और सुमेर के व्यापारिक मिलन की प्रकृति चाहे जो भी रही हो, इसमें सुमेर का योगदान मुख्यतः अलक्ष्य निर्यातों (इनविजिबल एक्सपोर्ट्स) का ही रहा होगा।" पिगट का सुमेरी निर्यात के विषय में यह कथन यह कहने की छूट देता है कि जहाँ

व्यापारिक सम्पर्क सुनिश्चित हो वहाँ भी यह ज़रूरी नहीं कि इसकी पुष्टि में अपेक्षित पुरातात्त्विक प्रमाण मिल ही जाएँ। पिगट (व/212) अपनी मान्यता को सूत्रबद्ध करते हुए लिखते हैं, "यह लगभग निश्चित-सा है कि सुमेर के साथ व्यापार दक्षिणी बलूचिस्तान के कुल्ली संस्कृति के व्यापारियों ने आरम्भिक सल्तनत काल (अर्ली डाइनेस्टिक पीरियड) में शुरू किया होगा और यदि हम कहें कि सुमेरिया के नगरों में, जिनमें भारतीय व्यापारी रहते थे और परम्परागत रूप में अपने देवताओं की पूजा करते थे, भारतीय व्यापारियों के 'कारखाने' भी स्थापित थे तो यह बहुत खींचतान न होगी। हड़प्पा के व्यापारियों ने ऐसा व्यापार कायम कर रखा था जो 2300 ई.पू. के लगभग अपने पूरे रौ पर था और फिर उनके प्रतिनिधि ऊर और लगाश और व्यापार के दूसरे केन्द्रों पर भी रहे होंगे। जहाँ वे माल और काग़ज़-पत्र पर अपनी मुहरें लगाते रहे होंगे।"

हड़प्पा की मुहरों के अतिरिक्त पशुओं-पक्षियों के आशयोंवाले साज-सामान, भांड और हथियार और औज़ार मिस्र और मध्य एशिया तक के क्षेत्रों से प्राप्त हुए हैं जिनका हड़प्पा सभ्यता में प्रयुक्त प्रतिरूपों से निकट साम्य दिखाई देता है। इस विषय में उपलब्ध सूचनाओं की आवृत्ति यहाँ अप्रासंगिक होगी; कारण, इस पर अनेक अध्येताओं ने इससे पहले भी विचार किया है (163; 404; 626; 394; 231; 91)। इस सम्पर्क के विषय में किसी प्रकार का विवाद नहीं है। महत्त्वपूर्ण बात यह है कि उपलब्ध सूत्रों से प्रकट होता है कि इन व्यापारिक गतिविधियों में पहल हड़प्पा के व्यापारियों की थीं और उनकी बस्तियाँ पश्चिमी एशिया के अनेकानेक केन्द्रों में कायम थीं जब कि इसके विपरीत हड़प्पा क्षेत्र में पश्चिमी एशिया के व्यापारियों की किसी बस्ती का पता नहीं चलता। लोथल की गोदी की खोज ने हड़प्पा के व्यापरियों की नौवहन की गतिविधियों को उजागर किया है, पर सरस्वती और सिन्धु से भी इस तरह के समुद्रगम्य जहाज़ बहुत पहले से जाया करते थे, यह कहने की आवश्यकता नहीं। इन जहाज़ों को चलाने के लिए पालों का प्रयोग भी होता था और सामान्यतः इनको पचासों मल्लाह डाँड़ों से चलाते थे, यह लोथल से प्राप्त जहाज़ की प्रतिकृति से प्रकट है।

हड़प्पा का व्यापार केवल नदी और समुद्र मार्ग से ही होता रहा हो, ऐसी बात नहीं। सोना, चाँदी, टीन, सीसा, रत्नों आदि की खोज में वे पश्चिमोत्तर की पर्वतीय बाधाओं को पार करके अफ़ग़ानिस्तान, सोवियत मध्य एशिया, ईरान और तुर्की के क्षेत्रों में पहुँच गए थे और इनमें बदख़्शाँ, शोर्तुगाई आदि में इन्होंने अपनी व्यापारिक बस्तियाँ भी बसा ली थीं और ऐसा लगता है कि इनमें से कुछ क्षेत्रों में उन्होंने व्यापारिक एकाधिपत्य क़ायम कर रखा था। (255; 92) उनके इस एकाधिकार का हाल यह था कि पश्चिमी एशिया के केन्द्रों को भी इन क्षेत्रों से उपलब्ध कुछ वस्तुओं का निर्यात हड़प्पा के व्यापारियों के माध्यम से ही हो रहा था (92)।

सुदूर देशों के साथ उनका व्यापार घरेलू स्तर पर उन्नत व्यापार के बाद ही, और इसकी सफलताओं के कारण ही, सम्भव था, अतः हड़प्पा प्रसार-क्षेत्र के भीतर और इसके बाहर पड़नेवाले भारतीय भू-भाग में भी इनकी गतिविधियाँ बहुत तेज़ थीं और निश्चय ही परिपक्व हड़प्पा-काल से बहुत पहले से ज़ारी थीं। वे सम्भवतः नीलगिरि और मैसूर तक के

क्षेत्रों से सोना और रत्न प्राप्त कर रहे थे और उनके उपयोग और विपणन की वस्तुओं में चन्दन आदि भी रहा प्रतीत होता है। खेतड़ी की ताँबे की खानें उनके ताँबे का प्रधान स्रोत थीं। इस बात की कुछ सम्भावना प्रकट की गई कि चाँदी की उपलब्धि का उनका एक स्रोत बिहार भी रहा हो सकता है (404)।

इस प्रकार हम देखते हैं कि वाणिज्यिक गतिविधियाँ परिपक्व हड़प्पा-काल में अपने चरम शिखर पर पहुँची हुई थीं और इसके नगर केन्द्रों की तो प्रधान गतिविधि उद्योग और व्यापार ही प्रतीत होती है। चान्हूदाड़ो के विषय में कहा जाता है (395/381) कि यह शहर मुख्यतः शिल्पियों का ही रहा होगा।

2. वैदिक व्यापार के विषय में आशंकाएँ

हड़प्पा सभ्यता से वैदिक सभ्यता का अन्तर दिखाने के लिए इस बात पर बहुत ज़ोर दिया जाता है कि हड़प्पा की सभ्यता शहरी थी और इसमें व्यापारिक गतिविधियों का प्राधान्य था, जबकि वैदिक जन वाणिज्य से कोई सरोकार ही नहीं रखते थे। इस विषय में भी सन्देह प्रकट किया जाता रहा है कि वे समुद्र से परिचित थे।

वैदिक कालीन अर्थव्यवस्था पर विचार करते समय हम देख आए हैं कि यह ऋग्वेद के रचना-काल से पहले के चरण से ही उन विभिन्न अपेक्षाओं की पूर्ति करती दिखाई देती है जिनकी आवश्यकता व्यापार और वाणिज्य के लिए होती है।

कृषि, पशुपालन और उद्योग के मामले में इसका हड़प्पा से अभिन्न साम्य दिखाई देता ही है। वैदिक समाज के समृद्ध वर्ग का सम्बन्ध मुख्य रूप से व्यापार और वाणिज्य से था और ऋग्वेद के कवियों का संरक्षक व्यापारी वर्ग ही था।

ऋग्वैदिक काल में वाणिज्य के प्रचलन के विषय में आशंका प्रकट करनेवालों के दुराग्रह का कारण ऋग्वेद से उनकी अनभिज्ञता रही है। वे (569/30-31; 102/32-38) वैदिक समाज को पशुचारी सिद्ध करने के लिए आग्रहशील रहे हैं, क्योंकि उनकी समझ से ऋग्वेद में कृषि का उल्लेख पशुपालन की तुलना में कम आया है। उनकी 'जानकारी' के अनुसार घरेलू दासियों के उल्लेख तो मिलते हैं, पर दासों और मज़दूरों के नहीं। ऋण की चर्चा तो आती है पर ब्याज की दर का ज़िक्र नहीं आता, अतः यह महज़ उधार या हथफेर रहा होगा। और सबसे बड़ी बात यह है कि उनके अनुसार वाणिज्य के लिए ऋग्वेद में कोई शब्द नहीं आता, आदि।

कृषि और पशुधनवाले पक्ष की उलझन पर हम पहले ही विचार कर आए हैं। ऋग्वेद में दासता थी। इसका रूप क्या था यह स्पष्ट नहीं। एक स्थल पर दास-प्रवर्ग का स्पष्ट उल्लेख है (1.92.8)। अन्यत्र सौ दासों के दान की चर्चा है (8.56.3)। दासों का अस्तित्व अन्य बातों से भी प्रमाणित होता है (1.84.16; 8.66.11)। जहाँ तक दासी शब्द का सम्बन्ध है, सायण इसका अर्थ दास-सेना करते हैं। सन्दर्भों से भी उनके आशय की ही पुष्टि होती है (1.103.3; 2.11.4; 20.7; 4.28.4)। इसके बावजूद सेविकाओं के अस्तित्व से इनकार नहीं किया जा सकता। जो व्यक्ति पचास दासियाँ दान में दे सकता है, उसके

पास दासियों की संख्या क्या रही हो सकती है? और उस दान-जीवी पुरोधा द्वारा इन दासियों का जिस भी रूप में उपयोग किया जाता रहा हो, वह इनका भरण-पोषण कैसे करता रहा होगा? यदि किसी समाज के उपजीवी वर्ग की हालत यह मानी जाए कि वह पचास-पचास दासियाँ रख सकता हो तो उसकी आर्थिक समृद्धि क्या रही हो सकती है? और ब्राह्मणों की तरह क्षत्रिय भी उपजीवी हैं और वैदिक काल में इनकी आर्थिक स्थिति ब्राह्मणों से अधिक अच्छी दिखाई देती है। फिर यह प्रचुर उत्पादन जो दो उपजीवी वर्णों को इतना समृद्ध बना रहा था, दास श्रम का उपयोग किए बिना कैसे हो सकता था?

यह बात उन विद्वानों की असावधानी को प्रकट करती है जो दानस्तुतियों में वधू शब्द को देखकर इसे नारीवाचक मानते रहे हैं और यह कल्पना करते रहे हैं कि ये दासियाँ ही हो सकती हैं। वास्तविकता यह है कि दान के इन प्रसंगों में वधू शब्द का प्रयोग 'वहन करनेवाले' के अर्थ में हुआ है और इनके सन्दर्भ में प्रायः रथों का उल्लेख आया है (1.126.3; 6.27.8; 7.18.22)।

एक-दो स्थलों पर स्वयं सायण भी इसे स्त्री के अर्थ में लेते हैं (6.27.8), पर अन्यत्र उनका ध्यान इस बात की ओर जाता है कि यहाँ आशय वहन करनेवाले या रथ खींचनेवाले घोड़ों और बैलों से है। ग्रिफ़िथ ने सन्दर्भ और औचित्य का निर्वाह करते हुए वधू का अर्थ घोड़ियाँ (मेयर्स टु ड्रा) किया है।

ऋण के प्रसंग में हम पाते हैं कि यह ऋण कबीलाई हथफेर नहीं है, अपितु इस पर ब्याज देना पड़ता है। ब्याज की दर कठिन लगती है; कारण, दिन-रात की गिनती करते रहनेवाले इन सूदखोरों को कोसा जाता है (8.66.10)। रत्ती-पाई करके ऋण को जैसे-तैसे उतारने की चर्चा आती है (3.47.17)। इसमें क़बीलाई उदारता भी नहीं है।

ऋण के लिए सूदखोर के पास जाना पड़ता है, अतः कामना यह की जाती है कि दूसरों के पास क़र्ज लेने न जाना पड़े। आश्चर्य नहीं कि पणि शब्द का एक आशय इस प्रकार के सूदखोरों से भी रहा हो और वे कर्जे की वसूली में जब-तब वैदिक ऋणग्रस्तों के गाय-बैल खोल ले जाते रहे हों। द्यूतवाले प्रसंग में यह उल्लेख भी है कि जुआरी को महाजन इस डर से क़र्ज़ नहीं देता कि कहीं उसका पैसा डूब न जाए। अब ऐसी दशा में ब्याज की दर का स्पष्ट उल्लेख न भी हो तो इससे क्या फ़र्क़ पड़ता है? इसके बावजूद कुछ विद्वानों का यह ख़याल है कि ऋग्वेद में ब्याज की दर का भी उल्लेख है। वैदिक इंडेक्स के लेखक (388/121-23) लिखते हैं, "ऋण का ऋग्वेद में और उसके बाद बार-बार उल्लेख है तथा यह वैदिक भारतीयों के बीच प्रचलित एक सामान्य व्यवहार था। पासे के सम्बन्ध में भी ऋण लेने का अक्सर संकेत मिलता है। ऋण चुका लेने को 'ऋण-सन्नी' कहा गया है।...ऋण न चुकाने का परिणाम अत्यन्त गम्भीर हो सकता था; यथा–पासा खेलनेवाले को दास तक बनना पड़ सकता था। अन्य बुरे तत्त्वों, जैसे–चोरों आदि की भाँति, ऋण लेनेवाले व्यक्तियों को, कदाचित् उन पर और उनके मित्रों पर दबाव डालने के उद्देश्य से, महाजन लोग उन्हें (ऋण लेनेवाले व्यक्ति को) खम्भों से बाँध देते थे।

"ऋण पर कितना सूद देना पड़ता था, इसका अनुमान करना असम्भव है। ऋग्वेद

और अथर्ववेद के एक स्थल पर आठवाँ (शफ) और सोलहवाँ (कला) भाग देने का उल्लेख है; किन्तु यहाँ यह निश्चित नहीं है कि वास्तव में इसका तात्पर्य सूद से है अथवा मूलधन की किसी किस्त से।..."ऋण किस सीमा तक उत्तराधिकार की वस्तु था, इसका उल्लेख नहीं है...।"

यह कहना भी युक्तिसंगत नहीं है कि वाणिज्य का उल्लेख ऋग्वेद में नहीं आया है। ऋ. 1.112.11 में वाणिज्य करने का, 5.45.6 में वणिक शब्द का और 4.24.10 में 'क्रीणाति'–खरीदता है का, 4.24.9 में अविक्रीत का प्रयोग हुआ है, जिस पर सायण का भाष्य अवलोकनीय है। अथर्ववेद में तो इन्द्र को वणिक कहा ही गया है। ऋग्वेद में भी इन्द्र को बार-बार मघवा कहा गया है, जिसका भी अर्थ महा-धनी ही है।

3. व्यापारिक सम्पर्क-सूत्र

पहले हम इस मुद्दे को लें कि वे कौन-सी वस्तुएँ थीं जिनका वैदिक समाज उपयोग करता था और जो उसे सिन्धु से लेकर गंगा तक के मैदान में, स्थानीय स्तर पर, सुलभ नहीं थीं? वैदिक जन धातु के औज़ारों और हथियारों का उपयोग करते थे। उनके आभूषण सोने और चाँदी के बने होते थे और इनके लिए वे मणियों या मनकों और रत्नों (मूल्यवान और अल्प-मूल्य पत्थरों) का प्रयोग करत थे। इनको वे निश्चय ही सुदूर स्थलों से प्राप्त करते थे। ज़ाहिर है, वे किसी-न-किसी व्यापारिक सम्पर्क-सूत्र से जुड़े हुए थे।

लेन-देन, चाहे वह उपहारों के रूप में हो या सामान्य अदला-बदली के रूप में, अविकसित क़बीलों में भी पाया जाता है और इस क्रम में अनेक वस्तुएँ अपने उत्पादन-स्थल से सैकड़ों-हज़ारों मील की दूरियाँ पार कर जाती हैं। (110/115-17) अतः यह कहा जा सकता है कि कुछ ऐसी चीज़ों का पाया जाना जिनका स्रोत-स्थल प्राप्ति-स्थल से बहुत दूर है, व्यापारिक सम्पर्क-सूत्र के अस्तित्व का पर्याप्त प्रमाण नहीं है। यह सच भी है। वास्तव में इस दृष्टि से अधिक महत्त्वपूर्ण तथ्य है उपलब्ध वस्तुओं की गुणवत्ता और मात्रा, उपलब्धि-स्थल तक पहुँच, माप और तौल के मानक, विनिमय के रूप, स्थानीय कार्य-विभाजन और दक्षता का स्तर इत्यादि, जिनसे ही व्यापारिक गतिविधियों की प्रकृति और प्रखरता का सही ज्ञान हो सकता है। यहाँ यह उल्लेख करना अप्रासंगिक न होगा कि ख़ानाबदोश और पशुचारी जमातों में सुनियोजित और दूरस्थ व्यापार की प्रवृत्ति नहीं होती। यदि उनका अटनक्षेत्र बहुत व्यापक हुआ तो वे अपने मार्ग में पड़नेवाले स्थानों की कुछ खास चीज़ों को अपने उपयोग के लिए जुटा भी सकते हैं। ऐसे सामानों की संख्या बहुत थोड़ी और मात्रा भी बहुत स्वल्प होगी, अन्यथा यह उन पर भार सिद्ध होगी। इसके विपरीत कुछ ऐसे अविकसित पर दक्ष कबीले भी हो सकते हैं जो अपने क्षेत्र का माल लादकर और कुछ चीज़ें बनाकर जगह-जगह बेचते फिरें और उनकी पूरी जिन्दगी केवल यात्राओं में ही कटे, जैसा कि पत्थर के चाक, सिलबट्टे आदि बनाकर बेचनेवाले कंजर आदि आज भी करते हैं, पर इनके पशु केवल भारवाही–टट्टू, खच्चर और गधे आदि–होते हैं और साथ में उनके कुत्ते होते हैं जो उनकी और उनके माल की रखवाली करते हैं। ये अपने पशुओं को चरने के लिए

अपने पड़ाव के आसपास ही छोड़ देते हैं। इन पशुओं में गाय, भेड़ और बकरी आदि नहीं आते।

ऋग्वैदिक समाज को जब हम ऊपर की कसौटियों पर कसते हैं तो पाते हैं यह अविकसित समाज के किसी भी खाके में अँट नहीं पाता। उनको हर चीज़ प्रचुर चाहिए, भूरि और अकूत चाहिए। उन्हें सारी दुनिया की (1.31.9; 1.36.4), चारों समुद्रों की (10.47.2) सम्पत्ति चाहिए। भोजन हो या मकान, वस्त्र हो या वाहन, सब कुछ श्रेष्ठ चाहिए (2.21.6; 3.21.2)। यदि चुनाव दूध और घी में करना हो तो दूध नहीं, घी चाहिए। ऋग्वेद में दूध शब्द का एक दर्जन बार भी प्रयोग नहीं हुआ है और हुआ भी है क्रिया अर्थात् दोहन के लिए, जबकि घृत शब्द का 201 बार प्रयोग हुआ है। दान-उपहार में देनेवाले की मर्जी चलती है, पानेवाले की नहीं, पर इन्हें अपनी इष्ट और स्पार्ह वस्तु चाहिए (1.31.14; 2.23.9)।

यदि ऋग्वेद के संख्यावाची और परिमाणवाची शब्दों पर दृष्टि डालें तो उनकी समृद्धि और स्वप्नों की दुनिया का एक ठोस चित्र सामने आ जाएगा। जहाँ वैदिक काल से सहस्राब्दियों बाद की उन्नत सभ्यताओं को भी हज़ार से ऊपर के संख्यावाची का ज्ञान नहीं है वहाँ वैदिक जनों ने हज़ार के अतिरिक्त अयुत और नियुत (4.26.7; 8.34.15) की अवधारणा को विकसित कर लिया है। परिणाम के सन्दर्भ में विश्व, सर्व, अऋण–कभी समाप्त न होनेवाला और परीणस–सब प्रकार का, शश्वत–अक्षय; व्यानशी–अनश्वर, सलिल–अपार, आदि उनके लोभ और वैभव दोनों को प्रकट करते हैं। किसी भी साहित्य में पूरे समाज का चित्र नहीं होता है। इसमें अपने समय के प्रभुवर्ग को प्रधानता दी जाती है और उन्हीं के कारनामों का किसी भी साहित्य में गुणगान और विस्तृत विवरण होता है। शेष का उल्लेख यदि आता भी है तो प्रासंगिक रूप में। अतः यह गतिशीलता पूरे वैदिक समाज की नहीं, अपितु इसके प्रभुवर्ग की है। वास्तव में 'कृष्टी'–कृषि-कर्मी, जन सामान्य या प्रजा और चर्षणी– व्यापारिक यात्राओं पर जाते रहनेवाले लोग, उनके दल, इस दृष्टि से काफ़ी महत्त्वपूर्ण है कि कृषि-कर्मियों की विशाल जनसंख्या के समानान्तर व्यापारिक उपक्रमों में लगे हुए लोगों की संख्या भी काफ़ी प्रभावशाली थी।

4. यात्राएँ

वैदिक यात्राओं के सन्दर्भ में निम्न तथ्यों पर ध्यान देना कुछ उपयोगी हो सकता है :

1. इन यात्राओं के सन्दर्भ में गो आदि को लेकर चलने के उल्लेख जहाँ आए भी हैं वहाँ गो शब्द पर ध्यान देना ज़रूरी है। यद्यपि ऐसे उल्लेख कम हैं। इसके विपरीत भारवाही पशुओं–ऊँट, गधा, बैल, घोड़ा, खच्चर आदि के उल्लेख अधिक स्पष्ट हैं।
2. परिवहन के अन्य साधनों में नौकाओं, रथों, बैलगाड़ियों के उल्लेख अधिक प्रचुर हैं। गो की तुलना में रथ के उल्लेख लगभग दूने हैं।
3. नदियों की प्रशंसा उनकी तेज़ धाराओं के लिए (6.61.8; 10.75.3), पर्वत से

लेकर समुद्रपर्यन्त उनके प्रवाह के लिए (7.72.2), धन कमाने में उनकी भूमिका के लिए (6.61.5; 10.75.9), और यातायात के साधन के रूप में (10.75.8) की गई है और इनके सहारे कुछ व्यक्तियों के मालामाल होने के स्पष्ट उल्लेख आए हैं (6.61.1; 7.95.2)। लहरों को नाव डुबानेवाली बताया गया है (4.75.9)।

4. पितरों को और कुछ देवों को मार्ग के अनुसन्धानकर्ता और निर्माता के रूप में (2.23.6; 10.14.15; 75.2) याद किया गया है।
5. इन यात्राओं को दुस्तर बताया गया है (1.64.14; 2.2.10), जानमाल को लेकर बार-बार चिन्ता प्रकट की जाती है (1.120.7; 2.27.7)। इस बात की प्रार्थना की जाती है कि किसी तरह शत्रुओं से सामना न हो (2.35.6; 3.31.20)। रक्षा के लिए चौकसी रखी जाती है (4.4.12; 6.1.3)। रात के समय या अँधेरे में ख़ासतौर से डर बना रहता है (1.50.10; 2.27.14)।
6. जहाँ मुठभेड़ के स्पष्ट विवरण आए हैं वहाँ आक्रमण विरोधी पक्ष की ओर से होता है और वैदिकों का प्रयास आत्मरक्षा तक सीमित दिखाई देता है। इन आक्रमणकारियों को बाधक या रास्ता रोकनेवाला (6.47.126) द्वयाविन या दिन और रात दोनों समय लूट करनेवाला, दुःशेव, दुराध्य अर्थात् आसानी से प्रसन्न न होनेवाला और तमोवृध या तम, अँधेरे में सक्रिय होनेवाला बताया जाता है। दुःशेव और दुराध्य शब्दों से ऐसा प्रतीत होता है कि संकट से बचने के लिए वैदिक यात्री अपने माल का कुछ हिस्सा इन्हें देकर भी मुक्ति पाने की कोशिश करते थे। एक स्थल पर इनके विषय में स्पष्टतः यह कहा गया है कि वे न तो कुछ पूछते हैं, न बोलते हैं और न ही बातचीत पर राजी होते हैं (8.101.4)।
7. जहाँ नौचालन के विवरण आए हैं, समुद्री जहाज़ों 'नावः समुद्रियः' (1.25.7) और 'शत-अरित्र' (1.116.5) नौकाओं को सामान्य नौकाओं से अलग पहचाना जा सकता है। अपेय समुद्री जल के बीच पानी के लिए तरसते हुए यात्रियों की कष्ट-कथा का भी उल्लेख आता है (7.89.4)। इसके अतिरिक्त एक-दो दुर्घटनाओं का बार-बार उल्लेख आता है जिनका सम्बन्ध असंदिग्ध रूप से समुद्री यात्राओं से ही है (1.112.6; 116.3-5 आदि)।
8. यात्राओं का लक्ष्य धनार्जन है (1.36.10; 3.45.4; 6.45.12)। धनार्जन के लिए की जानेवाली इन यात्राओं के दौरान ही मुठभेड़ों की नौबत भी आती है, पर जैसा कि ऊपर उल्लेख कर आए हैं, ये आर्यों द्वारा अनार्यों के धन-माल की लूट के लिए नहीं बल्कि लुटेरों से अपनी और अपने माल की रक्षा के लिए होनेवाले मुक़ाबले हैं। विजयों का अर्थ भी रक्षापरक है। यदि आक्रमणकारी के मंसूबे विफल कर दिए जाते हैं और उसे जान बचाकर भागना पड़ता है तो यह भी विजय ही है और जिन चीज़ों को लुटेरा लूट लेना चाहता है, उन्हें बचा लेना भी जीत ही है। पर आदर्श स्थिति वह है जिसमें लड़ने की नौबल ही न आए–*अयुद्ध इत् युधाः वृतः शूरः आजति सत्वभिः* (8.45.3)।
9. ये यात्राएँ सुदूर देशों से सम्बन्ध रखती हैं (1.22.4; 3.33.9; 4.21.3)। इनके

मार्ग में पहाड़ और समुद्र (6.64.4; 8.6.28; 34.13) पड़ते हैं, रास्ता काफ़ी बीहड़ पड़ता है (6.46.13)। पहाड़ी रास्ते में रोंगटे खड़े करनेवाली सर्दी और ठंडी हवाओं का सामना करना पड़ता है (7.89.2)। अन्य किसी धन की अपेक्षा उन्हें समुद्र और पर्वत-पार के देशों का धन अधिक आकर्षक लगता है (8.18.16; 31.10)।

10. इन यात्राओं का उद्देश्य धनार्जन होने और इनके साथ लुटेरों से संघर्ष की अक्सर सम्भावना पैदा होने के कारण, धन और इसके पर्यायों के साथ युद्ध और इसके पर्यायों का लगभग नित्य सम्बन्ध स्थापित हो गया है और प्रायः ये एक-दूसरे के पर्याय बन गए हैं।

यदि हम इन विभिन्न तथ्यों को व्यापारिक उपक्रमों के अतिरिक्त किसी भी अन्य उपक्रम से जोड़ना चाहें तो हमें निराशा का ही सामना करना पड़ेगा। चारणजीवी जमातों को एक चरागाह से दूसरी चरागाह तक जाने के लिए किसी निश्चित मार्ग की आवश्यकता नहीं होती। वे अपनी मन्द-मन्थर गति से चलते हुए न तो अलग से चलने की कोई तैयारी करते हैं, न ही इस बात की उनके मन में पृथक् अनुभूति होती है कि वे कहीं जा रहे हैं। अतः यात्रा के स्पष्ट उल्लेख का उनके सन्दर्भ में कोई अर्थ नहीं। चरवाहे अपनी गायों, बकरियों को न तो रथों पर लाद कर चलते हैं, न नावों पर और उनके पास इतना सामान भी नहीं होता कि इसके लिए अलग से गाड़ी की ज़रूरत पड़े। वास्तव में गाड़ी उनकी यात्रा में बाधक ही हो सकती है। कारण, खुले जानवरों का सँभालना और जुते जानवरों के साथ चलना अपने आप में एक समस्या हो जाएगी। अतः हम कहीं घुमन्तू चरवाहों को गाड़ी पर चलते नहीं देख सकते। मैदानों का उल्लेख जितना कम आया है और नदियों का जितना अधिक, उसे ध्यान में रखना ज़रूरी है। चरवाहों के प्रसंग में थोड़ी देर के लिए कल्पना कर लें कि नदी आदि पार करते समय उन्हें अपने मवेशियों को नाव पर लादना भी पड़ सकता है तो कम-से-कम नावें तो उनके पास नहीं ही हो सकतीं। नावों के सन्दर्भ में यहाँ बार-बार अपनी नावों का उल्लेख आता है।

5. वैदिक ऋषि और राजा

जिन सूक्तों के रचयिता वसिष्ठ और विश्वामित्र माने गए हैं उनमें कतिपय सूक्तों में इनके लिए प्रयुक्त 'तृत्सवः' (7.18.15) और 'कुशिकाः' (3.53.10) 'वसिष्ठा' (7.7.7) और 'कुशिकासः' (3.26.1) जैसे बहुवचन प्रयोग यह प्रमाणित करते हैं कि इन सूक्तों की रचना उसी गोत्र या गुरु-परम्परा के अन्य कवियों ने की है, स्वयं वसिष्ठ या विश्वामित्र ने नहीं, जबकि ऋषि के रूप में इन्हीं का नाम आया है।

ऋषि शब्द का शाब्दिक अर्थ है, द्रष्टा या देखनेवाला (14/2.11)। इसका एक अन्य अर्थ है–भ्रमण करनेवाला। प्राचीन काल में जब ज्ञानवर्धन के दो ही साधन थे–परम्परा का ज्ञान और देश-देशान्तर का भ्रमण और परम्परा का ज्ञान भी एक जगह बैठकर अर्जित करना सम्भव नहीं था–तब भ्रमण या देश-देशान्तर गमन का अर्थ ज्ञानवर्धन भी

था (व 2.11)। अथर्व आंगिरस, जिनको प्राचीन आस्था-प्रतीक ऋषियों में गिना जाता है, पथ का विस्तार करनेवाले बताए जाते हैं (1.83.5)। अन्यत्र भी पूर्ववर्ती पितरों को पथों का निर्माण या खोज करनेवाला बताया जाता है। अन्य अनेक देवताओं को भी दुर्गम मार्गों को सुगम बनानेवाला या मार्गों का निर्माता कहा गया है (2.23.6; 6.21.12; 9.106.5)।

ऐसा लगता है कि सांस्कृतिक विकास-क्रम में मेधावी जनों की विभिन्न भूमिकाओं के सन्दर्भ में ऋषि शब्द का प्रयोग होता रहा है। जिन लोगों ने कृषि की ओर पहल की वे भी ऋषि थे और इसके निमित्त उन्होंने घोर श्रम और तप भी किया। आगे चलकर वाणिज्य के चरण में देश-देशान्तर की यात्रा करनेवाले उन साहसिक व्यक्तियों के लिए भी ऋषि शब्द का प्रयोग होने लगा जिनके लिए सबसे उपयुक्त शब्द 'खोजी' या अनुसन्धाता हो सकता है। ऋषि का अर्थ पर्यटक और देखनेवाला होता है, यह न केवल ऊपर की व्याख्या में अपितु बाद में दुर्गम स्थलों की यात्रा करने की साधुओं और तपस्वियों की परम्परा में भी देखा जा सकता है। इसके अतिरिक्त इनके मन्त्रद्रष्टा होने का अर्थ यह प्रतीत होता है कि जो लेखन से परिचित या साक्षर थे उनके लिए भी इस शब्द का प्रयोग होने लगा था।

हमारे लिए जो तथ्य अधिक महत्त्वपूर्ण है वह यह कि व्यापारिक यात्राओं पर अनेक ऐसे व्यक्तियों के जाने के उल्लेख मिलते हैं, जो बाद की परम्परा में ऋषि के रूप में याद किए जाते रहे हैं। नवग्वों और दशग्वों को न केवल इन यात्राओं पर जाते हुए दिखाया गया है, अपितु वे इन्द्र के साथ दस्युओं से युद्ध करते हुए भी दिखाई जाते हैं।

नवग्व और दशग्व

नवग्वों और दशग्वों को सामान्यतः नव और दस महीनों का यज्ञ-सत्र करनेवाला माना जाता रहा है। यदि यह सच भी हो तो नव और दस महीनों के इस यज्ञ-सत्र का कुछ विशेष ही अर्थ होना चाहिए जिसमें अन्य बातों के अलावा यात्रा और दस्युओं से युद्ध भी शामिल है। इनकी संख्या सात बताई गई है (6.22.2)। जो प्राचीनतम ऋषियों का, सप्तर्षियों की संख्या से मेल खाती है। इनमें सबसे प्रधान स्थान अथर्व आंगिरस को दिया गया है, जिन्हें अन्य बातों के अलावा नर या नेता भी कहा गया है (5.29.12)। इन पूर्व पितरों को पदज्ञ भी कहा गया है, जिसका स्थूल अर्थ 'स्थानों का ज्ञान रखनेवाला' होगा (1.62.2; 9.97.39)। अंगिरा ने पर्वत विवर का द्वार खोला था (5.29.12)। इनकी पर्वत की चढ़ाई की भी चर्चा आती है। इन्होंने अन्धकाराच्छन्न मार्ग को पार कर पुनः प्रकाश हासिल किया था (3.39.5)। इनकी यात्राओं के उल्लेख स्पष्ट हैं (1.33.6) और इन यात्राओं का धन से सम्बन्ध है (6.22.6)। जिस विलक्षण बुद्धि से इन्होंने शत्रुओं से पार पाते हुए अपनी यात्रा पूरी की थी, उसी बुद्धि को प्राप्त कर जलमार्ग में होनेवाली शत्रु-बाधा को पार करने की कामना व्यक्त की गई है। वस्तुतः इन नवग्वों के पर्वतीय मार्गों से जाने का ही उल्लेख नहीं है, अपितु जलमार्गों से जाने का भी उल्लेख है। इन सभी

तथ्यों को सामने रखने पर नौ और दस महीनों के पुरोहिती यज्ञ से भिन्न एक आर्थिक या व्यापारिक यज्ञ की ही पुष्टि होती है। स्वयं सायण भी इस विषय में दुविधा में दिखाई देते हैं कि इनका सम्बन्ध नौ और दस महीनों के यज्ञ से जोड़ा जाए या नहीं (1.33.6)। पर अपने भाष्य में सायण 'नवग्वाः' का अर्थ 'नवनीयगतयः' 'नवभिर्मासैर्वाप्तफलाः' और 'नवभिर्मासैर्गच्छन्तीति' आदि करते हैं जो हमारे आशय के अनुरूप पड़ते हैं। ऋ. 5.45.7 में वह नवमासपर्यन्त गवार्थ अनुतिष्ठन्तः अंगिरसः नवगोयुक्तावा करते हैं। प्रकारान्तर से कहें तो नवग्व और दशग्व वर्षा-काल को छोड़कर शेष वर्ष-भर पर्यटन करनेवाले उन जिज्ञासुओं के लिए प्रयुक्त पद हैं जो 'धरती का अन्त क्या है? इस बाधा के आगे, इस जंगल के पार, पर्वत के पार क्या है? इसकी खोज करने या परम सत्य का साक्षात्कार करने निकल पड़ते थे और उनकी इन यात्राओं के क्रम में जिन नए भंडारों का, नए क्षेत्रों का पता चलता उससे अनेक संरक्षक और पुरस्कर्ता भी लाभान्वित होते थे, अतः उन्हें असाधारण सम्मान दिया जा रहा था। वे इनकी आरम्भिक यात्राओं पर मार्गदर्शक के रूप में तो जाते ही थे, बाद की यात्राओं पर भी इनको साथ लेना आवश्यक समझा जाता था। कारण, अपने पर्यटन के क्रम में इनको सम्बन्धित क्षेत्रों का जितना अच्छा ज्ञान हो जाता था, उतना अपनी लीक पकड़कर जानेवालों को नहीं हो सकता था। इनके मार्गदर्शन के अभाव में वे भटक सकते थे या किसी मार्ग के, किन्हीं भी कारणों से, अवरुद्ध हो जाने की दशा में घोर संकट में पड़ सकते थे।

ऐसी स्थिति में अन्धकार को पार करके आलोक में पहुँचना, विवर या गुहा-द्वार को खोलकर गायों को देखना, मार्ग का निर्माण करना, पर्वतों पर चढ़ना, उत्तर-पश्चिमी पर्वतीय दर्रों की कठिनाइयों को पार करने और एक नया सम्पर्क मार्ग बनाने से, कहें पश्चिमोत्तर के सुदूर देशों की ओर यात्रा से और, जैसा कि हम आगे देखेंगे, खनिज भंडारों की खुदाई से सम्बन्ध रखता है। आश्चर्य नहीं कि इन नवग्वों में ऋग्वेद में प्रधान स्थान रखनेवाले अथर्वांगिरस को ईरानी परम्परा में भी श्रद्धा-प्रतीक बनाया गया है और इनके अद्भुत कारनामों की इतनी अधिक धूम थी कि आगे चलकर मात्र मन्त्र-बल से इच्छित प्रभाव दिखानेवाले सूक्तों के संग्रह को भी अथर्ववेद की संज्ञा दी गई।

राजा

जिन व्यक्तियों को परम्परा राजा मानती रही है, उनमें से अनेक की गतिविधियों पर ध्यान देने पर वे राजा से अधिक व्यापारी ही सिद्ध होते हैं। उदाहरण के लिए सुदास, जिन्हें वैदिक काल का एक प्रधान राजा बताया जाता है, शायद ही कहीं किसी राजकीय भूमिका में सामने आते हों। इसके विपरीत उन्हें व्यापारिक गतिविधियों से जुड़ा दिखाया गया है, जिनमें समुद्री यात्राएँ भी आती हैं (1.47.6)। उनके सन्दर्भ में किसी निश्चित भौगोलिक क्षेत्र का उल्लेख नहीं है। यही बात दूसरे भरतों के विषय में भी सच है। यदि उल्लेख आया है तो जल-धाराओं का ही (2.23)। दाशराज युद्धवाले प्रकरण में एक स्थल पर तो सुदास की तुलना पेत्व या बकरी के बच्चे से की गई है और उनके शत्रुओं की उपमा सिंह से दी

गई है। इसे इन्द्र का कमाल बताया गया है कि उन्होंने बकरी के बच्चे से सिंह को परास्त करा दिया और दूसरा कमाल यह है कि इन्द्र ने अकिंचनप्राय सुदास को मालामाल कर दिया (7.18.17)। बकरी के बच्चे से किसी राजा की तुलना कुछ अपमानजनक-सी लगती है और अपने धन की चिन्ता में हर प्रकार के उपद्रव से बचनेवाले वणिकों की नम्रता और अहिंसकता के सर्वथा उपयुक्त। लगता है, बनिए की बकरी का मुहावरा वैदिक काल से चला आ रहा है। सुदास का माल ही उनका सर्वस्व लगता है जिससे वंचित हो जाने पर वह बर्बाद हो जाते और इन्द्र की कृपा से इसका बच जाना सबसे बड़ी उपलब्धि है। पर इनते विवादास्पद पहलू पर इसी आधार पर यह मान लेना उचित न होगा कि सुदास राजा नहीं रहे होंगे, अतः सुविधा के लिए हम यह मान सकते हैं कि यदि वह, या उन्हीं की तरह दूसरे व्यक्ति भी, जिनको परम्परा राजा मानती रही है, राजा थे, तो मानना होगा कि व्यापारिक गतिविधियों में राजकीय पहल भी महत्त्वपूर्ण थी और सम्भवतः इसी के संरक्षण या अभिभावकत्व में उस समय के काफिले चला करते थे। यदि यह प्रस्ताव असुविधाजनक प्रतीत हो तो ही यह मानना अधिक संगत होगा कि वैदिक काल में राजा शब्द का प्रयोग उन प्रधान व्यापारियों के लिए भी होता था जिनको काफिलों के नेतृत्व का भार सौंपा जाता था (वु. 49/171-81)।

ऋग्वेद में वंशपरम्परा से राज्याधिकार के प्रमाण हैं, पर साथ ही राजाओं के वरण का (10.124.8) भी बहुत उल्लेख आता है। महत्त्वपूर्ण बात यह है कि यहाँ राजा का वरण वृत्र से भयभीत होकर, अर्थात् एक विशेष अवसर पर एक सीमित प्रयोजन के लिए किया जा रहा है जिसका सम्बन्ध व्यापार से ही हो सकता है। इस वरण का सम्बन्ध इन काफिलों या सार्थों के नेता के रूप में किसी प्रधान वणिक के चुने जाने से लगता है। इन्द्र, जिनके राजा के रूप में वरण के उल्लेख आए हैं, नर और नेता के रूप में भी याद किए जाते हैं (2.12.7; 10.126.6)। प्राचीन कालों से राजाओं को युद्ध के समय सैनिक नेतृत्व भी सँभालना पड़ता था, अतः किसी राजा के सन्दर्भ में नेता का प्रयोग ग़लत नहीं लगता, पर हम इन्द्र को अपने नेतृत्व में व्यापारियों को सुरक्षित ठिकाने तक पहुँचाने के भी हवाले पाते हैं (8.45.3)। अतः यह नेता सेनापति या सैन्य संचालन करनेवाले राजा से भिन्न है। इसके अतिरिक्त इन्द्र को ऐसे अवसरों पर 'उपयुक्त सखा' या मित्र बताया जाता है (1.4.10)। राजा का अपने सैनिकों से मित्र और सहायक का सम्बन्ध नहीं होता।

ऋग्वेद में दान की जो प्रशस्तियाँ आई हैं उनका सम्बन्ध प्रशासनिक राजाओं से न होकर इन महाजनों से ही लगता है। ऐसा लगता है कि अपनी यात्रा से भारी लाभ कमाकर सकुशल लौटनेवाले ये व्यापारी इसका एक भाग मुक्त रूप से दान करते थे (8.21.18)। इसके पीछे उनकी यश-कामना तो थी ही, जो वैदिक समाज की एक बड़ी कमज़ोरी थी, (1.9.8; 4.17.20) साथ ही एक अन्य कारण यह भी था कि वैदिक पुरोहितों ने यह प्रचारित कर रखा था कि भारी लाभ उसी को मिलता है और यात्रा उसी की निरापद पूरी होती है जो दानी और धर्मपरायण होता है (1.8.8-9; 2.19.4; 3.24.5)। यात्रा में साथ जानेवाले रक्षकों और सेवकों को पुरस्कृत करने का भी यही उपयुक्त अवसर था। बाद की

परम्परा में भी सदावर्तों का चलन और आज का धर्मादा खाता इसी का अवशेष है। इस पहलू पर ध्यान दें तो यह बात किसी तरह की समस्या पैदा नहीं करेगी कि क्यों वैदिक दानों में भूमि और अन्न के दान के उल्लेख नहीं आते जबकि भोजन, वस्त्र, वाहन, सोना, रत्न आदि के उल्लेख बार-बार आते हैं।

6. वैदिक देवता

वैदिक काल तक आकर, सामाजिक-आर्थिक अवस्था में परिवर्तन के कारण पशुचारण की अवस्था के देवताओं ने भी अपनी प्राचीन भूमिकाओं के समानान्तर एक नई भूमिका अपना ली है :

पूषा–यह छाग-वाहन (1.138.4; 162.3) देवता, जिसे अग्नि का पोषक रूप भी माना गया है और जिसे यदा-कदा सूर्य का रूप माना जाता रहा है, जैसा कि इसके वाहन से ही पता चलता है, उस आदिम पशुचारण अवस्था का अवशेष है जब पालतू पशुओं में केवल बकरी थी। पर ऋग्वैदिक काल में यह पशुओं की रखवाली छोड़कर रास्ते की रखवाली करता दिखाई देता है। इससे रास्ते को पार लगाने के लिए, बदमाशों को दूर रखने के लिए, संकट में सहायता के लिए, रास्ते पर साथ चलने के लिए अनुरोध किया जाता है। प्रथम मंडल का पूरा एक सूक्त इसको सम्बोधित है और इसका भाव कुछ निम्न प्रकार है :

हे पूषा, हमारा रास्ता पार कराओ, पतन से बचानेवाले देव, दुष्टों से छुड़ाओ और हमारे साथ आगे-आगे रहो। ऐ पूषा, जो दुष्ट और बदमाश हमारे ऊपर हुक्म चलाता है, उसे हमारे रास्ते से दूर करो। रास्ते में बाधा उत्पन्न करनेवाले चोर और डाकू चाहे दूर हों या करीब, उन्हें रास्ते से अलग हटाओ। वे पापी जो रात को चोरी और दिन को लूटपाट करते हैं, उनको पैरों से रौंद डालो (1.42.1-4)।

पूषा का प्राचीन रूप पूरी तरह भुलाया नहीं गया है, पर यह तथ्य कि उनका हथियार औज़ार में बदल चुका है, (1.42.5; 8.4.16)। ये तथ्य उस आर्थिक रूपान्तरण को स्पष्ट करने के लिए पर्याप्त हैं जो ऋग्वैदिक काल तक घटित हो चुका है।

वरुण–वरुण सम्भवतः उंछ या आहार संग्रही अवस्था के देवता हैं जब किन्हीं विशेष धान्यों को पकने से पहले खाने या तोड़ने पर प्रतिबन्ध लगना आरम्भ हुआ था और इसलिए वह आर्थिक विकास को समझने की दृष्टि से बहुत महत्त्वपूर्ण देवता हैं। पर वैदिक काल तक उनका एक रूप प्रशासक का और दूसरा सम्भवतः प्रधान नाविक या कप्तान का हो चुका है। यात्रा के प्रसंगों में वह मार्गों के ज्ञाता हैं और उनका यह ज्ञान समुद्री यात्राओं के प्रसंग में विशेष रूप से याद किया जाता है (1.25.7)। उनकी वेशभूषा भी एक सम्पन्न और अधिकार-प्राप्त व्यक्ति की है (1.25.13)। वह सरल मार्ग के ज्ञाता हैं और यात्रा के समय नेतृत्व उनके हाथ में रहता है (1.90.1)। उन्होंने नदियों के मार्ग को बनाया है (7.34.10)। जब लोग वरुण की नाव पर चढ़कर चलते हैं तो समुद्री लहरों के साथ दोलायमान होते हुए उन्हें लगता है, मानो झूला झूल रहे हों (7.88.3)। वरुण ने आकाश

की तरह समुद्र को भी मार्यादा में बाँध रखा है। महायशस्वी और शक्तिशाली वरुण जब पार जाने के लिए नौका पर सवार होते हैं तो सचमुच राजा जैसे लगते हैं (7.87.6)। अपने प्रभाव क्षेत्र में वह मालिकों के भी मालिक हैं, नदियों के मर्मज्ञ हैं, उनका प्रभाव अद्वितीय है और वे सर्वत्र जा सकते हैं (7.34.11)। वह जीवन-रक्षा करते हुए पार लगाते हैं (1.25.12)।

इन्द्र वरुण–जहाँ इन्द्र और वरुण का उल्लेख साथ आता है, वहाँ यह निश्चय करना कठिन हो जाता है कि इनमें श्रेष्ठ कौन है। पर एक कप्तान के रूप में लगता है वरुण का ही आदेश यात्रा के दौरान सर्वोपरि रहता है। इन दोनों को विविध प्रकार के धनों के लिए याद किया जाता है (1.17.7)। सामान्य प्रशासन में और इन विशेष स्थितियों में वरुण के कठोर नियमों की चर्चा बार-बार आती है, और इनके आदेशों की अवहेलना करनेवाले को मृत्युदंड देने या कारागार में डालने का अधिकार केवल वरुण को है (1.25.2)। वह सब पर नज़र रखते हैं, सबके मन की बातें जान लेते हैं–जो कुछ हो चुका है या होनेवाला है, सबका उन्हें ज्ञान है (1.25.11)।

इस तरह यदि इन्द्र की तुलना में वरुण को रखा जाए तो स्थानीय मामलों में न्याय और सामान्य प्रशासन का भार वरुण पर आता है और राज्यपद इन्द्र का प्रतीत होता है– *इन्द्रः राजा जगतः चर्षणीनां अधि क्षमि विषुरूपं यदस्ति* (7.27.3)। व्यापारिक संदर्भों में वरुण प्रधान नौचालक और इन्द्र प्रमुख व्यापारी प्रतीत होते हैं।

इन्द्र–किसी प्राचीनतर अवस्था में इन्द्र वर्षा के देवता थे। प्रकारान्तर से कहें तो पूषा, वरुण, रुद्र आदि की तुलना में भी ये नए देवता हैं, जिनका उत्थान कृषि के आरम्भ के बाद होता है। चारणजीवी अवस्था में इनके देवत्व का प्रश्न नहीं था और परम्परा के अनुसार भी इनके देवत्व को चुनौती चारणजीवी समुदायों से ही मिलती है। ऋग्वेद में और इसके बाद से अब तक के कालों में भी इनके देवत्व के इस पक्ष को भुलाया नहीं जा सका है। पर ऋग्वेद तक आकर इनका सम्बन्ध मुख्यतः धनार्जन से जुड़ गया है। इन्द्र का एक पर्याय ही 'मघवा' (200 से अधिक बार प्रयुक्त) हो गया है, जिसका शाब्दिक अर्थ है–धनी। उन्हें मघवंतम (8.54.5) या महाधनी कहकर भी याद किया जाता है। यह उपमा उनके वर्षक रूप से भी अनमेल नहीं पड़ती। पर स्थिति यहाँ तक ही नहीं रहती। अथर्ववेद (3.15.5) तक आकर तो उन्हें सीधे वणिक करार दे ही दिया जाता है। ऋग्वेद में भी इन्द्र-विषयक विवरणों पर ध्यान देने पर इस विषय में किसी प्रकार का भ्रम नहीं रह जाता कि इस समय तक उनका सम्बन्ध मुख्यतः व्यापारिक गतिविधियों से जुड़ चुका है और वर्षा आदि के करतब गौण हैं जो इस काल में भी चलती रहती हैं। वह वसुपति हैं (1.9.9)। उनकी नज़र पैसे पर रहती है (1.10.2)। धन-लाभ के लिए वह घोड़े की तरह दौड़कर जाते हैं (1.130.6)। वह दिव्य धनों के ही नहीं, पार्थिव धनों के भी राजा हैं (2.14.11)। उनकी प्रेरणा से उनके उपासक भी धन की ओर उसी तरह दौड़ते हैं जैसे मांस की ओर गिद्ध दौड़ता है और वे ऊँचे-नीचे विषम मार्गों को पार करते हुए अनजान क्षेत्रों तक अपने घोड़ों पर दौड़ते चले जाते हैं (6.46.13)। उनसे श्रेष्ठ धन की याचना की जाती है (2.21.6)। वह स्पृहणीय धन देनेवाले हैं (2.22.3)। उनकी भुजाएँ कल्याणकारी, हाथ शुभकर्मा हैं, और

उनकी स्तुति से धन प्राप्त होता है (4.21.9)। वह धन के निधान हैं और महाधन की प्रेरणा जगानेवाले और रक्षक हैं (6.46.4)। जैसे पिता पुत्र को बुलाता है वैसे ही धनकामी इन्द्र को बुलाते हैं (7.32.3)।

इन्द्र का महत्त्व उनकी रक्षणशीलता और नेतृत्व में है (1.52.9, 2.11.19)। नदियों को सुपारा और जलयात्राओं को सुगम और निरापद बनाने का श्रेय उन्हें प्राप्त है (1.65.8; 4.19.6)। तुर्वश और यदु को वह विघ्न-बाधाओं को पार कराकर सकुशल ले आए थे (6.45.1)। इन्द्र के मार्गदर्शन में सभी विघ्न-बाधाओं को पार किया जा सकता है (6.47.7)। वह लोगों की नौका को पार लगाते हैं (8.16.11)। द्वेषियों को दूर करते हुए सकुशल पार ले जाते हैं (8.45.28;28)। इस तरह मूलतः कृषि का यह देवता व्यापार और वाणिज्य का भी देवता बन चुका है और उसके उपासक खरीद-बिक्री के काम में जुटकर धन से धन पैदा करने लगे हैं। (1/3.15.5)

अग्नि–वैदिक देवताओं में सबसे प्राचीन माने जानेवाले देवता अग्नि हैं। आश्चर्य नहीं कि पाषाणकाल में ही कभी मनुष्य का ध्यान हथियार बनाते समय पत्थर की टकराहट से पैदा होनेवाली चिनगारियों की ओर गया हो। आग से मनुष्य का परिचय कब हुआ यह कहना कठिन है, पर अनेक जनजातियाँ अपने आखेट और आहार अन्वेषण के दिनों में आग से परिचित हो चुकी थीं। अन्य बातों के अतिरिक्त आग के धुएँ से शिकार आदि की तलाश में जंगल में भटक गए क़बीले के लोगों को अपने निश्चित ठिकाने का पता लगाने में सहायता मिलती थी। अग्नि के दाहक पक्ष की तुलना में इसके धूमवाले पक्ष पर यज्ञ आदि में अधिक बल देने, इसके धूमकेतु नाम और देवताओं को बुलाने की इसकी कीर्ति के पीछे यह एक प्रधान कारण दिखाई देता है। पशुचारण की अवस्था में जंगली जानवरों से पशुओं की रक्षा और सम्भवतः कीट-पतंगों को दूर करने में इसके धुएँ की सहायता के कारण इसको पशुपा या पशुपति की संज्ञा प्राप्त हुई (3.9.7; 4.4.6)। कृषि का विस्तार करने के लिए आग से जंगलों को जलाकर इनकी सफ़ाई की गई। इस चरण में यह धरती और आकाश को अलग करनेवाला (31/1.4.1.22-23), धरती का विस्तार करनेवाला (6.7.7), सृष्टि के कारणों में से एक हो गया। इस प्रकार उपलब्ध धरती में ही वनस्पतियाँ या कहें अनाज बोए जाने लगे और इसलिए यह वनस्पतियों का जनक भी बन गया। इससे खानपान की जो सुविधा हुई उसके कारण इसको प्रजापति की भी संज्ञा मिली। (31/6.2.11) इसी दौरान जंगलों के जलाने के क्रम में ही यह अनुभव किया गया कि आग लगने से हवा का कम दबाव-क्षेत्र होने के कारण अनिवार्य रूप से वर्षा होती है, अतः–सम्भवतः कुछ भ्रमवश ही बादलों के रंग और धुएँ के रंग की समानता, धुएँ के आकाश में जाने और घटाओं के घिरने के साहचर्य को और बादलों में चमकनेवाली बिजली को अग्नि का ही एक रूप मानकर अग्नि का अनिवार्य सम्बन्ध वर्षा से मान लिया गया और यह सोचा जाने लगा कि यज्ञ के द्वारा वर्षा कराई जा सकती है। (2.6.5) यहाँ आकाशीय अग्नि या इन्द्र का एक अलग देवत्व कायम हो गया। अन्न को आग पर पकाने पर इसका स्वाद बढ़ जाता है, अतः यह मधुजिह्व हो गया। (1.13.3; 44.6) बर्तन और ईंट आदि पकाने के क्रम में इसके नाशक या शर्व रूप के विपरीत अमरतादायक रूप का परिचय

मिला (6.7.7; 7.4.4;31/6.2.19)। धातुओं को गलाने की अवस्था तक इसके द्रविल्नु रूप का साक्षात्कार हुआ और यह द्रविणदा बन गए (2.1.7; 7.16.11) और जब मनके या मणियाँ बनाने की कला सूझी तो यह रत्नधा भी बन गए (2.1.7; 5.8.3)। पर इन सबके अलावा इनका एक रूप था जो उत्पादन से सम्बन्धित इन विभिन्न रूपों से अलग था। यह था विभक्ता का रूप। अग्नि जातवेद हैं, झूठ-सच का पता लगा सकते हैं, इनके समक्ष कोई झूठ बोलकर दूसरे के माल को अपना माल कहकर या, अन्यथा, बेईमानी नहीं कर सकता था, अतः अग्नि को साक्षी बनाकर हिस्से का बँटवारा होता था। उस काल में लम्बी व्यापार-यात्राओं पर न तो कोई अकेले निकलने का साहस कर सकता था, न ही निकलने पर सुरक्षित रह सकता था। अतः एक साथ बहुत से व्यापारी अपना माल-असबाब लादकर यात्रा पर निकलते थे और रास्ते में माल उतारने-चढ़ाने और रखने में, समुद्री यात्राओं में तूफ़ान आदि के समय माल सँभालने और बचाने में गड़बड़ी की क़ाफी सम्भावना रहती थी। अपने माल की पहचान के लिए मुहरों आदि की सहायता से उचित व्यवस्था के बावजूद गड़बड़ी से बचना आसान नहीं था। इसके अतिरिक्त आपस में भी कभी-कभी घोटाले की नौबत आती रही होगी। सही माल और हिस्से के निर्णय के लिए वरुण के कठोर प्रशासन के अतिरिक्त भी किसी अन्य विधान की आवश्यकता उन्हें थी और इसकी पूर्ति भगभक्ता (1.24.5; 27.6) अग्नि के साक्ष्य के द्वारा पूरी की गई थी। इसके साथ ही आवश्यकता थी किसी ऐसे सर्वमान्य नेता या न्यायचारी में विश्वास की जिसका निर्णय सर्वमान्य हो, और यह भूमिका सम्भवतः सार्थ के राजा या इन्द्र को सौंपी गई थी (4.17.11; 6.36.1)।

व्यापार के लिए घर से निकले यात्रियों को कब किस अनिष्ट का सामना करना पड़ जाए, यह कहा नहीं जा सकता था। उनका जहाज़ डूब सकता थ, तूफ़ान में वे भटक सकते थे; रास्ते में बीमार पड़ सकते थे, उन पर दस्युओं का आक्रमण हो सकता था और सब कुछ के बाद उनका उचित लाभ मारा जा सकता था, या घाटा हो सकता था। अतः सुरक्षा का कोई प्रबन्ध इतना सुचारु नहीं हो सकता था जिसे पर्याप्त कहा जा सके। इन आशंकाओं का लाभ उठाते हुए उनके पुरोधाओं ने रक्षा और शत्रुओं के विनाश का अपना एक तन्त्र विकसित किया था। यदि देवता प्रसन्न रहें तो इन सभी विघ्नों से पार पाया जा सकता है, और उचित लाभ कमाया जा सकता था। वास्तविक हथियार ही हथियार नहीं है, यज्ञ स्वयं एक हथियार है जिससे अदृश्य, निकटस्थ और दूरस्थ शत्रुओं को नष्ट किया जा सकता है। ब्रह्मणस्पति या बृहस्पति या यज्ञ देव राक्षसों का विनाश करने में और अपेक्षित सुरक्षा प्रदान करने में समर्थ हैं। वास्तविक वर्म ही कवच नहीं है, मन्त्र और यज्ञ स्वतः कवच है। धन की प्राप्ति केवल उद्यम और पूँजी पर ही निर्भर नहीं करती, देवताओं की कृपा पर और दान-पुण्य और यज्ञ-तत्परता पर भी निर्भर करती है (1.36.4; 94.14)। जो यज्ञ आदि नहीं करता उसका धन और सुख तो उलटे देवगण छीनकर दानी और यजनशील व्यक्ति को दे देते हैं (1.176.4)। अतः यज्ञ-विधान द्वारा सभी अनिष्टों और अनिष्टकारियों को अग्नि के मुँह में झोंका जा सकता है (30/1.28-29)। यदि चोरों-बदमाशों ने किसी को पकड़ भी लिया तो देव-कृपा से वह उनके बन्धन से छूट

सकता है (2.34.15)।

घोर अनिश्चय के उस जीवन में इससे बड़ी और कौन गारंटी हो सकती थी? पर इसके साथ अग्नि की एक और भूमिका है। अपना माल-असबाब लेकर बाहर निकले इन लोगों का सबसे बड़ा शत्रु अन्धकार है। रात के अँधेरे में पता नहीं कब किधर से कैसी आफ़त आ जाए। लूट और चोरी की तो सारी सम्भावना रात के अँधेरे में ही रहती है। अतः रात को आग जलाकर, सम्भवतः बारी-बारी से, ये अपने माल का पहरा देते हैं। रात के पहरे में भी इनकी आँख आनेवाले दिन की रोशनी की ओर लगी रहती है : इतना दान-पुण्य करनेवाले हम लोग प्रसन्न रहें और सूर्य को उगता हुआ देखें...(6.52.5)। अग्नि यज्ञमान् को खूब धन दे और वह लम्बे समय तक सूर्य का उदय देखे–लम्बी उम्र का हो (4.25.4)। जो सो गया, वह लुट गया। वे मानते हैं कि उन्हें न नींद आए, न तन्द्रा घेरे (2.30.7)। अग्नि जागनेवाले को ही धन देते हैं (3.28.5)। अग्नि वहाँ सोच-समझकर ले जाते हैं जहाँ अच्छा मुनाफ़ा होता है (4.1.10)। वह दिन और रात शत्रुओं से रक्षा करते हैं (1.98.2)। जैसे नाव से जलधारा को पार किया जाता है वैसे अग्नि अदृश्य आपदाओं से पार लगाते हैं (1.97.8; 4.4.10)। वह धन के साथ जानेवाले देवता हैं (1.96.6; 1.89.1)।

जो बात हम इन देवताओं के साथ देखते हैं उसी की पुष्टि अन्य देवताओं से भी होती है। ये सभी अपने प्राथमिक चरित्र को कुछ सीमा तक सुरक्षित रखते हुए भी या तो वाणिज्यिक अर्थव्यवस्था में सहायक और रक्षक की भूमिका में उपस्थित होते हैं; या उनके इस पक्ष पर अधिक बल दिया जाता है। उषा जैसी देवी से भी वे प्रार्थना करते हैं कि वह उन्हें कमाई के लिए प्रेरित करे और विविध प्रकार की दौलत से मालामाल कर दे–*महे नः अद्य सुविताय बोधि, उषः महे सौभगाय प्र यन्धि। चित्रं रयिं यशसं धेहि अस्मे* (7.75.2;)। *वाजिनीवती सूर्यस्य योषा चित्रा राय ईशे वसूनाम्* (7.75.5)।

7. वैदिक सार्थ

ऋग्वेद में युद्ध या संघर्ष के लिए प्रयुक्त शब्दों को मुख्यतः तीन वर्गों में बाँटा जा सकता है। पहले वर्ग में आनेवाले शब्दों का वाच्यार्थ है लोगों का भारी संख्या में एकत्र होकर चलना, जैसे–समिति, समोह, संगथ, समरण, समत्, समन, समीक, संयुज, आदि। दूसरे वर्ग में आनेवाले शब्दों का वाचिक अर्थ शोर, पुकार या गुहार है, जैसे–रण, आक्रन्द, आहव, आदि। तीसरे वर्ग में आनेवाले शब्दों का सम्बन्ध इच्छा, इच्छापूर्ति या अभीष्ट पदार्थों की प्राप्ति से है, जैसे–इष्टि, आजि, वाज, स्पृध, वाजसात, धन, महाधन, धनसात, गविष्टि, गवेषण आदि। आगे चलकर भी युद्ध के लिए प्रयुक्त होनेवाले शब्दों को प्रथम दो कोटियों में रखा जा सकता है, जैसे–संग्राम, संख्य, अभियान, समर आदि।

परम्परागत व्याख्याकारों ने इस शब्दावली को युद्धपरक या संग्रामपरक ही माना है। इस व्याख्या को आधुनिक विद्वानों ने भी स्वीकार किया है। इनमें से कुछ ने कुछ शब्दों के साथ गो-पूर्वपद को ध्यान में रखते हुए यह अनुमान लगाया है कि वैदिक संघर्षों की वजह

मवेशियों की लूटपाट ही हुआ करती थी।

अतः विचारणीय प्रश्न यह है कि वे कौन-सी स्थितियाँ रही हो सकती हैं जिनमें धन से सम्बन्धित विभिन्न शब्दों का सम्बन्ध युद्ध और यात्रा दोनों से जुड़ गया और विजय के उल्लेखों के साथ भय और असुरक्षा की घोर चिन्ता इस तरह छाई दिखाई देती है कि विजय अपना और अपने माल का बचाव बनकर रह जाती है। यहीं पर हमारे सामने व्यापारियों के सार्थों का चित्र बहुत स्पष्ट होकर उभरता है जो तत्कालीन असुरक्षित मार्गों पर बहुत बड़े जत्थे बनाकर और किसी भी आपदा का सामना करने के लिए तैयार होकर निकलते तो थे, पर हर समय अपने जान-माल के विषय में चिन्तित रहते थे और यदि रास्ता निर्विघ्न कट गया तो अपने देवताओं की बहुत बड़ी कृपा समझते थे। संघर्ष की नौबत आ जाने पर यदि वे दस्युओं और चोरों को भगाने, मारने या पकड़ने में सफल हो गए तो भी यह देवताओं की कृपा ही थी। यदि इस पहलू को नज़रअन्दाज कर दें तो यह समझ में न आएगा कि एक ओर तो वे अपने देवों के और स्वयं अपने रक्षकों के शौर्य और साहस की प्रशंसा करते हैं; यह दावा करते हैं कि उन्हें कोई दबा नहीं सकता और दूसरी ओर वे क्यों आशंका और भय से काँपते रहते हैं।

उनके प्रधान सरोकारों में योग और क्षेम अर्थात् धन का अर्जन और उसकी सुरक्षा ही है, जिसका आधुनिक रूपान्तर 'लाभ-शुभ' बनियों के घरों और दूकानों के दरवाजे पर और उनकी खाता-बही के पहले पन्ने पर आज भी अंकित मिलेगा। स्वस्ति या कल्याण तथा इसका भावलिपि में अंकन भी इसी मनोवृत्ति का सूचक है। ऋग्वेद में योग का प्रयोग विविध रूपों और आशयों से लगभग 50 बार हुआ है और क्षेम का लगभग 21 बार। अनेक बार इन दोनों शब्दों का प्रयोग एक साथ हुआ है (5.37.5; 7.54.3)। स्वस्ति शब्द का प्रयोग 193 बार अर्थात् गो शब्द के लगभग बराबर ही हुआ है। वस्तुतः वैदिक स्वस्ति पाठों का सम्बन्ध व्यापारिक यात्राओं के आरम्भ के समय किए जानेवाले उन यज्ञों से है जो मार्ग के अनिष्टों और बाधाओं से मुक्ति के लिए किए जाते रहे होंगे। स्वस्ति शब्द के साथ ही 'शं' या कुशल, मंगल की आवर्तिता भी ध्यान देने योग्य है जो ऋग्वेद में लगभग 125 बार व्यवहृत हुआ है। ऋग्वेद के विश्वदेव या सभी देवता इस योग, क्षेम, स्वस्ति और त्राण के लिए ही याद किए जाते हैं और आगे चलकर दूसरे दैवी अवतारों को भी योग-क्षेम और कल्याण का यही भार वहन करना पड़ता है। यह कल्याण अपराधियों और आततायियों के दमन के बिना सम्भव नहीं, इसलिए इन सभी देवताओं को आततायियों के संहार का भी व्रत लेना पड़ता है। मुख्य बात यह है कि वैदिक काल से लेकर बाद की समूची भारतीय परम्परा में ये देवता आततायियों के उपद्रव से क्षुब्ध और पीड़ित 'भक्तों', जो मूलतः व्यापारिक उपक्रमों के भागीदारों और देवों को उनका देय भाग अर्पित करनेवालों का सूचक रहा लगता है, की रक्षा के लिए अवतार लेते हैं, न कि लूटपाट करने के लिए। रामायण हो या महाभारत या अन्य कोई कृति, युद्ध की सम्भावना उत्पन्न होने के बाद संतप्त पक्ष की ओर से पहले युद्ध के बिना ही समस्या का समाधान करने का प्रयत्न किया जाता है और इसके विफल होने पर, अन्य कोई उपाय न रह जाने पर ही, युद्ध का सहारा लिया जाता है। यही दृष्टिकोण ऋग्वेद में भी दिखाई देता है। वैदिक जनों का सारा प्रयास शान्ति और

सद्भावना से समस्याएँ हल करने का रहता है। इसके विफल होने पर युद्ध तो अनिवार्य है ही। युद्ध भी अपने बचाव तक, या अल्पतम रक्तपात तक सीमित रहता है (1.32.4; 10.27.3)। प्रकारान्तर से कहें तो भारतीय मूल्य-व्यवस्था वाणिज्यिक मूल्य-व्यवस्था है जो वाणिज्य-प्रधान वैदिक समाज की देन है।

इसके अतिरिक्त ऐसे अनेक दूसरे संकेत हैं जिनके आधार पर लुटेरों और लूटनेवालों के चरित्र को समझा जा सकता है। इनमें से एक है वैदिक जनों की नैतिकता जिसमें व्रत, श्रम और तप को इतनी प्रधानता दी गई है कि अन्तिम दो तो प्रभु-वर्ग के श्रम-कार्य से विरत होने और इसका भार सेवकों पर डालने के क्रम में आध्यात्मिक अर्थ पा जाते हैं। वे अनृत, एनस, आगस, हिंसा, उपद्रव, छल, अकर्म, आलस्य, सज्जनों के उत्पीड़न को अपराध मानते हैं। चोरों की सजा का उल्लेख हम कर आए हैं। उनको जैसा-तैसा धन नहीं, शुद्ध धन (8.95.7-8) चाहिए। शुद्धता की यही धारणा आगे चलकर सम्यक् आजीव या शुद्ध भक्त और शुद्धोदन जैसी अवधारणाओं को जन्म देती है और बनियों की शुद्ध आजीव की इस स्वविशिष्ट धारणा के कारण उनके साथ साधु या साहु, साधुकार और साहूकार आदि विशेषण जुड़ते हैं। रोचक बात यह है कि शुद्ध की ही भाँति साधु का भी यह विशिष्ट आशय ऋग्वेद तक विकसित हो चुका है (1.67.1; 5.12.6)। इसका शाब्दिक अर्थ है सही रास्ते पर चलने या चलानेवाला। जिस समाज की नैतिक चेतना इतनी विकसित है कि इसमें मन्यु या क्रोध और अहंकार तक को निन्दनीय माना जाता है। कुछ काम ऐसे हैं जिनकी चर्चा तक करना दोष है जो अवद्य शब्द से प्रकट होता है। वे दूसरों के धन पर पलने या पराश्रित होने को गर्हित समझते हैं (4.3.13; 5.70.4; 6.51.7), उनको लुटेरा बतानेवाले बदहवास लगते हैं।

ऋग्वेद में और परवर्ती वैदिक साहित्य में भी जय का तीन अर्थों का प्रयोग हुआ है : अर्जन करना, प्रतिस्पर्धा में आगे बढ़ जाना और संघर्ष की स्थिति में प्रतिद्वन्द्वी को परास्त कर देना या उसके प्रयत्न को विफल करके बिना संघर्ष के बच निकलना।

अतः जय से अधिक रोचक शब्द भय है। जय तो आध्यात्मिक अर्थ लेकर आत्म-जय का और प्राकृतिक अर्थ लेकर वृष्टि-लाभ तक का रूप ले सकती है, पर भय जिसकी अभिव्यक्ति ऋग्वेद में बार-बार होती है और जब-तब तो ठीक जय के प्रसंग में भी होती है, अधिक ठोस और पार्थिव है। यह वैदिक आर्यों की विडम्बना को अधिक मूर्त रूप में पेश करता है।

क़ाफ़िलों को हमेशा सबसे अधिक खतरा डाकुओं से रहता रहा है, अतः वे उनका मुकाबला करने की पूरी तैयारी के साथ निकलते रहे हैं। इतनी आपन्न स्थितियों में बिना साहस और शौर्य के वे अपना माल-असबाब लेकर देश-देशान्तर की यात्रा पर नहीं निकल सकते थे और रक्षा की तैयारी और निजी साहस जितना भी क्यों न रहे, वे अपनी सुरक्षा के विषय में पूरी तरह आश्वस्त नहीं हो सकते थे। यही वह स्थिति है जिसमें हम उनके अपने सैनिकों और देवताओं के शौर्य और साहस की प्रशस्ति और साथ ही आतंक की गहरी छाया का मिला-जुला रूप देखते हैं : मरुद्‌गण इन्द्र के साथ मिलकर वृत्र का नाश करें, अधशंस (बदनीयत) हमारे ऊपर हावी न होने पाए (1.23.9)। अग्नि, जो उपद्रवी

हमारे ऊपर हमला करते हैं उन्हें मार डालो ताकि वे हमारे ऊपर हावी न हों (1.36.16)। देव या मर्त्य, किसी प्रकार का शत्रु हमें अपने वश में न करे। इन द्वेषियों से हमें पार कराओ (2.7.2)। बृहस्पति, दुष्ट आततायी हमें अपने वश में न करें, सद्भावनापूर्वक हमें उनसे पार कराओ (2.23.10)। जो निर्दयी, द्वेषी, घमंडी, उद्दंड हमारी जान लेना चाहते हैं उनके हथियार हमें छू न पाएँ और हम उन दुष्टों और उद्धतों से बचे रहें (2.23.12)। चोर और पापी हमारे ऊपर हावी न हों (6.28.7)। सविता, अपने अदम्य मंगलकारी संरक्षण से हमारे धन की रक्षा करो...कहीं अधशंस हमारे ऊपर हावी न हो जाएँ (6.71.3)। हे सोमप्रेमी, मेधावी, पितृगण, धरती और आकाश सभी हमारे लिए दुर्भावशून्य हों। छिपकर घात लगानेवालों से पूषा हमें बचाएँ। वे बदनीयत हमें अपने वश में न कर लें (6.75.10)। यह है उस विडम्बनापूर्ण स्थिति का खाका, जिसमें उन्हें विशाल जत्थों में रक्षा की पूरी तैयारी के साथ, और मुठभेड़ होने की स्थिति में विजय की कामना करते हुए निकलना पड़ता था और जिसे सही सन्दर्भ न दे पाने के कारण इन्हें आक्रमणकारी या लुटेरा बताया जाता रहा है।

हम उल्लेख कर आए हैं कि ऋग्वेद में इन्द्र को मघवा, धनी, धन पर नज़र रखनेवाला, आदि कहकर सन्तोष कर लिया जाता है, पर अथर्ववेद में इन्द्र को स्पष्टतः वणिक कहा गया है (1/3.15.1)। वैदिक व्यापारी लूट से नहीं, अपितु खरीद से धन और माल का आहरण करते थे (1/3.15.2)। वे पणन, प्रतिपणन और विक्रय में लगे हुए थे (1/3.15.4)। वे धन के बदले में धन पाने की इच्छा करते थे (1/3.15.5-6)। इनके गोषु, गवेषण, गविष्टि और गव्यूति का भी मर्म यहीं आकर स्पष्ट होता है (1/3.15.7; 4/5.63.5; 6.56.5)।

वैदिक सार्थों के आकार के विषय में जो सूचना ऋग्वेद में मिलती है उसमें मामूली अतिरंजना हो सकती है, पर तत्कालीन परिस्थितियों को ध्यान में रखते हुए ये विवरण अविश्वसनीय नहीं लगते। वे हज़ारों बैलों और घोड़ों पर अपना माल लादकर चलते हैं और फिर भी अदृष्ट आशंकाओं को ध्यान में रखते हुए देवताओं से अनुरोध करते हैं कि वे उनके पास ही रहें और उनकी रक्षा करें (8.73.14-15)। देवता उनकी आगे से रक्षा करें, बीच से रक्षा करें, पीछे से रक्षा करें, नीचे और ऊपर से रक्षा करें, दाएँ और बाएँ से रक्षा करें (6.19.9; 10.42.11)। देवताओं से इन सभी दिशाओं से रक्षा मिलती रही हो या नहीं, पर वे हर तरह से चौकन्ने अवश्य रहते रहे होंगे। उनके उत्कृष्ट रथ एक-दूसरे के पीछे कतार बनाकर चलते थे और देखने पर लगता था यह माला की एक लम्बी लड़ी है। कच्चे रास्तों पर चलते इन सार्थों में जुते पशुओं के खुरों से उड़ती-बिखरती धूल से एक गुबार-सा छा जाता था (4.38.6-7)। उनके भारवाही पशुओं में ऊँट, घोड़े, बैल, गधे और खच्चर थे और रखवाली के लिए वे कुत्तों को भी साथ लेकर चलते थे (8.46.28; 29.31)। सम्भवतः प्रधान व्यापारियों के अतिरिक्त शेष लोग पैदल ही चलते थे और माल-वहन के लिए ही पशुओं और रथों का उपयोग होता था। रक्षा की पूरी व्यवस्था रहती थी और सम्भव है कुछ योद्धा यात्रा के दौरान हथियारों से निरन्तर लैस रहते रहे हों। वाहनों के साथ हज़ारों लोगों के चलने के उल्लेख आते हैं (4.38.9)।

एक स्थल पर सार्थ या वणिकदल (श्रेणी) के आगे चलते हुए सोने से अलंकृत,

पण्यवस्तुओं से लदे हुए, कक्षीवान के दश रथों का उल्लेख आया है जिनमें चार-चार करके चालीस-घोड़े जुते हुए हैं और जिनके पीछे हज़ारों के जत्थे के चलने का उल्लेख है :

चत्वारिंशत दशरथस्य शोणाः सहस्रस्य अग्रे श्रेणिं नयंति।

मदच्युतः कृशनावतः अत्यान् कक्षीवन्तः उत् अमृच्छंत पज्राः। (1.126.4)

यह ऋचा सार्थ के गठन को समझने की दृष्टि से तो महत्त्वपूर्ण है ही, तत्कालीन सम्पन्नता की सीमा को और भारतीय मूल भूमि से लेकर विदेशी बस्तियों तक में रहनेवाले कुछ व्यक्तियों के 'दशरथ' के नाम के पीछे निहित आशय को समझने की दृष्टि से भी महत्त्व रखता है। सार्थ का नेता या राजा प्रधान व्यापारी और उसके रथ सबसे आगे चलते थे और सार्थ में सम्मिलित अन्य जनों के रथ और वाहन पीछे।

काव्यात्मक विवरणों में हम सार्थों का इससे अधिक स्पष्ट विवरण पाने की आशा नहीं कर सकते। इनसे यात्राओं के अपने क्षेत्रों आदि के विषय में कुछ अनुमान लगाने में हमें सहायता तो मिल सकती है, पर पूरा ब्योरा नहीं। उदाहरण के लिए, जिन क्षेत्रों की यात्राएँ ऊँटों के द्वारा की जाती रही होंगी उनको हम आसानी से पहचान सकते हैं। राजस्थान और सिंध के रेगिस्तानी क्षेत्रों में ही इनका विशेष रूप से उपयोग हो सकता था और खेतड़ी की ताँबे की खानों आदि तक पहुँचने के लिए ऊँटों का विशेष रूप से उपयोग होता रहा होगा। इसी तरह पहाड़ी क्षेत्रों में नौकाओं, बैलगाड़ियों और रथों और ऊँटों के पहुँचने की सम्भावना नहीं थी। इसके बावजूद इन यात्राओं के प्रसंग में विभिन्न भारवाही साधनों का एक साथ उल्लेख किया गया है।

इसी तरह समुद्री यात्रा के विवरणों को भी अनेक सूक्तों में पहाड़ी क्षेत्रों की यात्राओं के साथ ही गिना दिया गया है। काव्यात्मक विवरणों की इस सीमा को छोड़कर अन्य विवरण काफ़ी महत्त्वपूर्ण हैं। यहाँ यह याद दिला देना ज़रूरी है कि ऋग्वेद में अश्व शब्द का प्रयोग आशु-गामी के अर्थ में हुआ है और इसका प्रयोग गधे, बकरे, घोड़े, नाव, बादल, पानी, सभी के लिए हुआ है। इसी तरह रथ शब्द का प्रयोग बैलगाड़ियों और घोड़ागाड़ियों के लिए ही नहीं हुआ है, अपितु पोतों या नौकाओं के लिए भी हुआ है। इन्द्र के जिन बहुसंख्यक घोड़ोंवाले रथों का यदा-कदा वर्णन आता है, उसे लेकर तरह-तरह के अनुमान लगाए जाते रहे हैं, पर यह इन हज़ारों वाहनोंवाले सार्थों के लिए प्रयुक्त हुआ है और ऐसी स्थिति में रथ को एक साथ चलनेवाले समूचे सार्थ के रूप में कल्पित गया है। पहाड़ी क्षेत्रों के सन्दर्भ में या नौकाओं के सन्दर्भ में भी रथ समूचे सार्थ या बेड़े का ही द्योतक है, न कि पृथक् रथों का।

8. वैदिक व्यापारी और उनके प्रतिनिधि

हम इस बात का उल्लेख कर आए हैं कि अनेक व्यक्ति जिनको बाद में ऋषियों और राजाओं के रूप में सम्मान दिया जाता रहा है, इन व्यापारिक यात्राओं पर जाते दिखाए गए हैं। राजाओं की भूमिका इनमें क्या थी? ये इन अभियानों के प्रायोजक और संरक्षक ही थे या स्वयं भी कभी यात्राओं पर जाते थे, यह कहना कठिन है, पर उपलब्ध विवरणों में इन्हें

यात्रा पर ही दिखाया गया है। यदि इनमें से जिन्हें राजा माना जाता रहा है, वे मात्र व्यापारी ही थे तो उनकी इस असाधारण कीर्ति और पूरी परम्परा में उनके महत्त्व की अनुगूँज उस असाधारण समृद्धि का प्रमाण है जो उनके पास रही हो सकती है। इससे व्याापारिक गतिविधियों की प्रखरता का कुछ अनुमान हो सकता है। यदि ये व्यापारी न रहे हों और राजा होने के साथ-साथ व्यापारिक उपक्रमों में भी मिस्री राजाओं की तरह रुचि लेते रहे हों तो भी इन राजाओं की भागीदारी से इस उपक्रम की विशालता और व्यापकता की ही पुष्टि होती है।

इन व्यापारिक अभियानों पर जानेवालों में सबसे प्रधान स्थान तुर्वश और यदु का है जो व्यक्तिनाम के स्थान पर गण-नाम प्रतीत होते हैं। चाटुर्ज्या द्वारा उद्धृत हारीत कृष्ण देव के एक सुझाव के अनुसार तो तुर्वश में भी तुर और वश दो गण पढ़े जा सकते हैं (42/55-56)। इनका उल्लेख ऋग्वेद में व्यक्तियों के रूप में ही आया है और प्रख्यात व्यक्तियों के नाम पर कुल नाम चलते रहे हैं, अतः यदुओं के परवर्ती उल्लेख के कारण यह मानना ज़रूरी नहीं है कि जिस यदु और, इसी तरह, तुर्वश का ज़िक्र ऋग्वेद में आया है वे व्यक्ति नहीं ही थे। इन दोनों के साथ यात्रा के समय क्या आपदा आई थी, यह कहना कठिन है, पर इनकी यात्रा का सम्बन्ध समुद्र-पार से था और किसी भारी विपत्ति से बचकर ही ये वापस आ सके थे, इसका उल्लेख बार-बार आता है (1.174.9; 4.30.17; 6.45.1)।

तुर्वश और यदु की आपदा के विषय में स्पष्ट संकेत भले न हों, तुग्र के पुत्र भुज्यु की कथा बहुत संक्षेप में पेश की गई है। उनके अभियान का सम्बन्ध भी समुद्री व्यापार से ही था और समुद्र के बीच सम्भवतः किसी तूफ़ान में फँसकर वे भटक गए थे और फिर तूफ़ान शान्त होने पर किसी तरह किनारे आ सके थे, या सम्भवतः उनका पोत नष्ट हो गया था और वह इसके किसी भग्न पटरे पर कुछ समय तक तैरते रहे थे और इसी बीच किन्हीं दूसरे मल्लाहों की नज़र में आ गए थे और उन्होंने इनकी जान बचाई थी और वापस ले आए थे। इस संक्षिप्त कथा में सन्दर्भ बहुत स्पष्ट नहीं है, पर जो विवरण है वह निम्न प्रकार है :

तुग्रः ह भुज्युं अश्विना उद-मेघे रयिं न कश्चिन् ममृवानं अव अहाः।
तं ऊहथुः नौभिः आत्मन्वतीभिः अन्तरिक्षप्रुद्‍भिः अप-उदकाभिः॥
तिस्रः क्षपः त्रिः अहा अतिव्रजद्‍भिः नासत्या भुज्युं ऊहथुः पतंगैः।
समुद्रस्य धन्वन् आर्द्रस्य पारे त्रिभिः रथः शतपद्‍भिः षट्-अश्वैः॥
अनारंभणे तत् अवीरयेथां अनास्थाने अग्रभणे समुद्रे।
यत् अश्विनौ ऊहथुः भुज्युं अस्तं शत-अरित्रां नावं आतस्थिवांसम्॥ (1.116.3-5)

"अश्विनीकुमारो, तुग्र ने अपने पुत्र भुज्यु को समुद्रयात्रा पर उतनी ही अनिच्छा से भेजा था जैसे कोई मरणासन्न व्यक्ति सम्पत्ति को त्यागता है, पर तुम उसे अपने यान में बैठाकर समुद्र के ऊपर तैराते हुए, पानी से बचाकर ले आए। नासत्या, तुम अपने तीन पोतों के बेड़े पर जिसमें सौ चक्र (डाँड़) लगे हुए थे और जिसको छह अश्व (पाल) खींच रहे थे, लगातार तीन दिन और तीन रात चलाते हुए समुद्र के सूखे तट पर ले

आए थे। अश्विनीकुमारो, तुमने यह असाधारण वीरता उस समुद्र में दिखाई थी जिसमें कोई सहारा नहीं होता, टिकने को कोई ठाँव और सहारे को कोई अवलम्ब नहीं होता। इस तरह तुम भुज्यु को अपने सौ डाँड़ोंवाले पोत में बैठाकर उसके पिता के पास ले आए थे।

इस घटना का वर्णन अश्विनीकुमारों के असाधारण पराक्रम को प्रकट करने के लिए नए और पुराने मंडलों में बार-बार किया जाता है (1.112.6; 6.62.6)।

सुदास का उल्लेख हम इससे पहले कर आए हैं। इन कुछ अभियानों और आपन्न स्थितियों के सन्दर्भ में, जिनका सम्बन्ध व्यापारिक यात्राओं से ही लगता है, जिन अन्य राजाओं और ऋषियों का नाम आता है वे हैं–उग्रदेव, वृहद्रथ, तुर्वीति (1.36.18), अंगिरा (4.2.15), एतश (1.54.6), मंधाता, दीर्घश्रवा, औशिज, आर्जुनेय, पुरुषन्ति, ऋतस्तुभ, ऋज्राश्व, अंबरीष, कण्व, वश, पुरुकुत्स, तरुषंत, कक्षीवान, वम्र, कलि, भरद्वाज, शर्यात, श्रुत, कषव, त्रसदस्यु, शुचन्ति, (1.100.17; 112.5-7; 9-11; 13-18; 23), वसिष्ठ (7.88.4), विश्वामित्र (3.33.9-11) आदि।

जैसा कि हम कह आए हैं, राजा माने जानेवाले व्यक्ति चाहे सचमुच के राजा रहे हों या नगर-सेठ मात्र, यह ज़रूरी नहीं कि अपनी व्यापारिक यात्राओं पर वे स्वयं ही जाते रहे हों। सम्भव है, ऋषियों में से कुछ ऐसे उपक्रमों में किसी के प्रतिनिधि होकर भी जाते रहे हों। इस विषय में तो किसी प्रकार के सन्देह की आवश्यकता ही नहीं कि सुदास के कुछ व्यापारिक अभियानों पर विश्वामित्र उस दौर में गए थे जिस दौर में वह सुदास के पुरोहित थे। बाद में यह भूमिका वसिष्ठ ने भी निभाई हो तो इसमें आश्चर्य नहीं। वसिष्ठ के नेतृत्व में फूट और कलह में उलझे हुए भरतों का संगठित होना और उनके नेतृत्व में ही उनका समृद्ध होना (7.33.5-6) स्पष्टतः व्यापारिक गतिविधि का सूचक नहीं लगता, पर इस सम्भावना से इनकार भी नहीं किया जा सकता। कण्व, प्रियमेध, उपस्तुत, अत्रि, शिंजार, सोभरि और अगस्त्य को किन परिस्थितियों में संकट का सामना करना पड़ा हो सकता है (8.5.25-26)? अगस्त्य के विषय में तो यह स्पष्ट है कि वह धर्नाजन के लिए ही गए हुए थे और सोभरि की भी स्थिति स्पष्ट ही है। प्रसंग एक ही होने के कारण इतर ऋषियों के सम्बन्ध में भी यही बात रही हो सकती है। अश्विनीकुमारों द्वारा रक्षा के विधान निश्चय ही व्यापारिक यात्राओं के दौरान बचाव के सूचक हैं।

यदि उक्त ऋषि अपनी पहल पर और केवल अपने-आपको लाभान्वित करने के लिए इन यात्राओं पर जाते होते तो उनकी ख्याति एक भिन्न रूप में होती। ऐसी स्थिति में यह सोचने की बाध्यता उत्पन्न होती है कि वे अपने आश्रयदाताओं के प्रतिनिधि के रूप में, सही अर्थ में पुरोधा या नेता के रूप में ही, व्यापारिक यात्राओं पर जाते रहे होंगे और यात्रा से भारी लाभ कमाकर लौटने पर इनको अच्छी तरह पुरस्कृत भी किया जाता रहा होगा। ऐसी स्थिति में दान की प्रशस्तियों में से अधिकांश निरे दान की प्रशस्तियाँ न होकर समुचित पुरस्कार की प्रशस्तियाँ बन जाती हैं और अन्यथा अतिरंजित प्रतीत होनेवाले उल्लेख किंचित् अधिक संगत दिखाई देने लगते हैं।

परन्तु मात्र दान शब्द को देखकर सर्वत्र दान या पुरस्कार की कल्पना कर लेना भी

उचित नहीं है। इनकी एक सीमा होती है और यह सीमा उभय-पक्षीय होती है। न केवल दाता इतना अधिक दान नहीं दे सकता जितना कुछ ऋचाओं में दिखाया गया है, अपितु एक दाता से यदि इतना अधिक पुरस्कार या दान मिल जाए तो याचक की भी स्थिति बदल जाएगी और ऐसे कुछ दानियों के चलते तो उसकी मुसीबत हो जाएगी कि इतने अधिक धन का वह करें क्या? अतः जहाँ दान दो-चार पशुओं, भोजन, वस्त्र, अलंकार आदि की सूचना देता है वहाँ तो इसे दान या पुरस्कार मानना उचित है, अन्यथा यह मानना होगा कि यहाँ यात्राओं के लिए दिए गए धन और माल का वर्णन है जो वक्ता को इसलिए गद्गद कर रहा है कि उसके संरक्षक ने उसके जिम्मे इतने बड़े अभियान का भार सौंपा। एक महत्त्वपूर्ण बात इन प्रसंगों में यह है कि इनमें भोजन, वस्त्र और सोने का उल्लेख न होकर प्रायः भारवाही पशुओं का और उन पर लादे माल का उल्लेख है और इनके कुछ पशु, जैसे–गधे और कुत्ते, तो दान की दृष्टि से सर्वथा अनुपयुक्त हैं (8.55.2; 56.3)।

इसका दूसरा पक्ष यह है कि जब यजमान देवताओं से उनकी दानवीरता की याद दिलाकर उनसे सदाशय और उदार होने का और धनधान्य देने का अनुरोध कर रहा है, तब निश्चय ही इसका सम्बन्ध व्यापारिक या अन्न और पशुधन के लाभ से रहता है, न कि किसी के दान से। ऐसे ही एक प्रसंग में वह दस घड़े सोने की याचना करता है और शिकायत करता है कि इन्द्र इतना बड़ा दानी होते हुए और दूसरों को इतनी उदारता से दान देते हुए भी उसे कम क्यों देता है (4.32.19-21)। दस कलश निश्चय ही कुछ अतिरंजित कामना है, पर कामना तो अतिरंजित होती ही है। इसके बावजूद यह उस समृद्धि का कुछ आभास तो देती ही है जो वैदिक व्यापारियों को मुनाफे से मिली हुई थी। उनके वेश का विस्तृत परिचय तो प्राप्त नहीं है, पर सिर की सुनहली पगड़ी का उल्लेख बार-बार आता है और इन्द्र तो प्रायः मात्र शिप्री या पगड़ीवाले के नाम से ही जाने जाते हैं (1.29.2; 81.4; 3.32.1)।

यह सुनहली पगड़ी जो आज तक व्यापारी परिवारों में वैभव और अधिकार के प्रतीक के रूप में चलती आई है, हड़प्पा की एक प्रतिकृति में आसानी में पहचानी जा सकती है।

9. व्यापारिक प्रतिस्पर्धा

इन्द्र दासों के साथ जब-तब आर्यों का भी दमन करते हैं (6.60.6)। मर्त्य शत्रुओं के अतिरिक्त देव शत्रुओं का भी भय बना रहता है। ये आर्य या देव कौन हो सकते थे? निश्चय ही प्रतिस्पर्धी व्यापारी जिनकी रीति और विश्वास की दृष्टि से कोई भिन्नता नहीं थी। अतः आपसी मुठभेड़ के समय एक जैसे रथ पर सवार और इन्द्र का नाम लेकर भिड़नेवालों के उल्लेख भी आते हैं (2.12.8)। जिस दाशराज युद्ध की हम चर्चा कर आए हैं उसमें भी कुछ शत्रु तो निश्चित रूप से आर्यव्रत को ही माननेवाले थे। इन प्रतिस्पर्धाओं में अपने व्यापार के लिए खतरा प्रतीत होनेवाले या अधिक तेज़ी से आगे बढ़नेवाले

व्यापारियों को तबाह कर देने का प्रयत्न देखा जा सकता है। तिरिंदिर को यदुओं का धन इन्द्र की कृपा से हासिल हुआ था। इसी तरह दूसरे कुछ विवरणों में भी पारस्परिक प्रतिद्वन्द्विता की छाया पाई जा सकती है। जब व्यापारी एक ही सार्थ का अंग बनकर जाते थे तब भी आपसी होड़ में माल का भाव गिराने या खरीदे जानेवाले माल का भाव चढ़ाने का अन्देशा बना रहता था। अतः, सम्भवतः, यात्रा आरम्भ करने से पहले, अग्नि को साक्षी बनाकर सभी सदस्यों को प्रतिज्ञा करनी पड़ती थी कि वे यात्रा के दौरान साथ रहेंगे, एक-दूसरे के मनोभाव को ताड़ते हुए एक जैसी बोली बोलेंगे, एक जैसा दाम लगाएँगे, हानि और लाभ में बराबर की हिस्सेदारी करेंगे, उनमें किसी तरह का मतभेद पैदा नहीं होगा, हार्दिक सौमनस्य बना रहेगा आदि।

10. व्यापारिक प्रसार

जब तक देसी स्तर पर उपभोग और खपत का आधार तैयार न हो तब तक विदेशों से, सुदूर स्थलों से जितना भी धन-संचय कर लीजिए, सब बेकार है। धन का मूल्य ही उसकी क्रय-शक्ति में है, भले ही वह सिक्के के रूप में हो या धातु-पिंडों के रूप में या विनिमेय वस्तुओं के रूप में। अतः यदि वैदिक समाज में असाधारण व्यापारिक हलचल देखने में आती है तो इस विषय में किसी अन्य प्रमाण की आवश्यकता नहीं रह जाती कि घरेलू बाजार में भी काफ़ी सरगर्मी रही होगी। इस बात के कुछ संकेत हैं कि वणिक अपना माल लादकर स्वयं फेरी पर निकलते थे और जगह-जगह रुककर बस्ती के लोगों को अपना सामान दिखाते और मोलभाव करते थे। विपणन का अर्थ था पणन। उस चरण पर जब वस्तु विनिमय अधिक व्यावहारिक था, ऐसा होना अनिवार्य था। परन्तु इसका चलन बीसवीं शताब्दी तक बना रहा। उसके अन्तिम दशकों में इसे बहुराष्ट्रीय कंपनियों ने चुरा लिया। जो भी हो, वैदिक कालीन फेरीवाला वणिक भोर, या भोर के तारे के लुप्त होने से पहले फेरी पर निकल जाता था और साँझ के तारे के साथ डेरा डाल देता था। ऋग्वेद में जितना अधिक ज़ोर सुदूर व्यापार पर दिया गया है उतना स्थानीय व्यापार पर नहीं। इसके प्रधानतः दो कारण हो सकते हैं–पहला यह कि काव्यात्मक विवरणों में सदा अधिक महत्त्वपूर्ण पक्ष का ही उद्घाटन होता है। सुदूर व्यापार बहुत बड़े पैमाने पर हो रहा था, जबकि स्थानीय व्यापार के लिए इतने बड़े उपक्रमों की आवश्यकता नहीं थी। दूसरा कारण यह है कि ऋग्वेद में आए सूक्त लाभ और रक्षा के लिए देवताओं से प्रार्थनाओं के रूप में आए हैं और खतरे और भारी लाभ दोनों की अधिक सम्भावना सुदूर व्यापार में ही हाती है।

अतः हम निकटस्थ क्षेत्रों की अपेक्षा दूरस्थ स्थानों–दूर (1.27.3;2.27.13) और परावत (1.34.7; 5.53.8) आदि–के उल्लेख अधिक पाते हैं। परावत का शाब्दिक अर्थ है–पार का भू-भाग। यह पार नदी के पार भी हो सकता है, पहाड़ या समुद्र के पार भी। ऐसी स्थिति में विशेष सन्दर्भों को सामने रखकर ही यह निश्चय किया जा सकता है कि यह दूर का देश कितनी दूर है। निकटस्थ या इस पार के क्षेत्रों के सन्दर्भ में अर्वावत (3.37.11),

आस (4.20.1) और अन्त (1.30.21) का प्रयोग देखने में आता है।

आगे चलकर हम देखेंगे कि समुद्र और पर्वत-पार के देशों के लिए दिव या द्युलोक का भी प्रयोग हुआ है।

समुद्र-यात्रा

एक लम्बे समय तक इस बात को लेकर विवाद चलता रहा है कि वैदिक जन समुद्र से परिचित भी थे या नहीं और आज भी यदा-कदा उन तर्कों को, जिनकी विश्वसनीयता इनके प्रस्तावकों को भी कुछ समय बाद ही संदिग्ध प्रतीत हुई थी, दुहरा दिया जाता है। समुद्र का प्रयोग ऋग्वेद में निश्चय ही अनेक अर्थों में हुआ है, पर प्रश्न सन्दर्भ का है और इस पर ध्यान देना ज़रूरी था। समुद्र वह है जिसमें नदियाँ जाकर मिलती हैं (9.86.8) और जिसका ओर-छोर नहीं दिखाई देता (1.116.5; 182.6)। सरस्वती गिरि (हिमालय) से समुद्र-पर्यन्त–गिरिभ्यः आ समुद्रात्–प्रवाहित होती है। समुद्र तक जानेवाली नदियों के मार्ग का उल्लेख (7.87.1) भी बहुत निर्भ्रान्त है।

वास्तविकता यह है कि ऋग्वेद में स्थल-यात्राओं की तुलना में जल-मार्ग से की जानेवाली सुदूर यात्राओं के उल्लेख अधिक मुखर होकर आए हैं और प्रायः इन यात्राओं का उद्देश्य भी बहुत स्पष्ट रूप में दिया गया है (1.167.2)। समुद्र-यात्राओं के दौरान सबसे बड़ा संकट पानी के अभाव का हो सकता था। पानी के बीच रहकर प्यासों मरने का प्रचलित मुहावरा भारत में वैदिक काल से चला आ रहा है और यह इन्हीं समुद्री यात्राओं की देन है (7.89.4)। कुछ स्थलों पर अपना माल-असबाब लिये यात्रा करनेवाले व्यापारियों के बहुत ही सजीव वर्णन आते हैं।

पिबतं च तृष्णुतं च आ च गच्छतं प्रजां च धत्तं द्रविणं च धत्तम्।...
जयतं च प्रस्तुतं च प्र च अवतं...
हतं च शत्रून् यततं च मित्रिणः प्रजां च धत्तं द्रविणं च धत्तम्।
सजोषसौ उषसा सूर्येण च ऊर्जं नः धत्तं अश्विना॥ (ऋ. 8.35.10-12)

समुद्री-यात्रा के दौरान अनेक मुसीबतों का सामना करना पड़ता था, जिनमें से एक था समुद्री विक्षोभ। ऐसे अवसरों पर ही रास्ता खो जाने या दिशा-भ्रम हो जाने की सम्भावना भी बनी रहती थी। लगता है रात के समय दिशा-निर्देश के लिए उन्हें ध्रुवतारे और सप्तर्षिमंडल का सहारा लेना होता था (1.24.10)। समुद्र में दूर बहक जाने पर तट का पता लगाने के लिए कौआ छोड़ा जाता था (1.25.7), और आपदा की सूचना देने के लिए कबूतर (10.165.1-4) से सन्देश भेजा जाता था।

समुद्र-यात्रा पर जानेवाले पोतों का आकार बड़ा होता था और इनको चलाने के लिए पालों का प्रयोग होता था (1.116.4; 118.1)। अनुकूल वायु न मिलने पर ही डाँड़ों का प्रयोग किया जाता रहा होगा। ऐसे जहाज़ों में सैकड़ों चालकों के होने के उल्लेख आए हैं (1.116.5)। जहाज़ों को परस्पर बाँधकर एक बेड़ा बनाया जाता था और भुज्यु के प्रसंग में जिस बेड़े का उल्लेख है उसमें तीन (1.116.4) अथवा चार (1.182.6) पोत जुड़े हुए थे।

समुद्री जहाज़ों के या सामान्य पोतों के भी पर्याय थे, उनमें से एक था रथ। इसका एक अन्य पर्याय है विमान।

जिस तरह समुद्र शब्द का अनेक बार प्रयोग आकाश के लिए हुआ है उसी तरह इसके उलटे अन्तरिक्ष शब्द का प्रयोग प्रस्थान-स्थल और गन्तव्य स्थल के बीच के विशाल समुद्री प्रसार के लिए भी हुआ है। नभ व रज का तो एक अर्थ जल है ही, अतः रजस विमान का जलयान के अर्थ में प्रयोग सर्वथा स्वाभाविक ही है। जहाँ तक विमान शब्द का प्रश्न है, सायण ने सर्वत्र इसका एक ही अर्थ लिया है और वह है निर्माण (7.87.6)।

त्रिबन्धुर, त्रिचक, त्रिवृत, त्रियुग रथों का सायण अलग-अलग ढंग से अर्थ करते हैं (1.47.2;118.2)। इन रथों के सम्बन्ध में दो शब्द बहुत सार्थकता रखते हैं और वे हैं वातरंहा या हवा से चलनेवाले और श्येनपत्व जो पालों से चलनेवाले पोतों की तसवीर को स्पष्ट कर देते हैं (1.118.1)। परस्पर बाँधे जानेवाले पोत भिन्न आकार-प्रकार के भी हो सकते थे। एक स्थल पर सम्भवतः इसका एक विनोदपूर्ण उल्लेख यह कहते हुए किया गया है कि "गधे और घोड़ों का कोई मेल नहीं। इन्हें एक साथ जोता नहीं जा सकता, पर अपने त्रिवृत रथ में कुछ ऐसा ही जुगाड़ कर अश्विनीकुमार आ रहे हैं।" (1.34.9)

इन बेड़ों के लिए रथ, जिसका शाब्दिक अर्थ है चलनेवाला, शब्द का प्रयोग करते हुए और फिर रथ के रूढ़ अर्थ या रूप से इसकी भिन्नता या विचित्रता दिखाते हुए वैदिक कवि इसे तीन मस्तूलों या खम्भोंवाला (1.34.2), बिना घोड़ों और बिना लगाम के चलनेवाला (4.36.1) बताकर एक कुतूहल की सृष्टि करते हैं। इसी तरह स्व, जिसका वाचिक अर्थ जल और धन भी है, का प्रयोग माल से लदे और जल से चलनेवाले इन पोतों के लिए करते हुए वे इन्हें स्ववान कहते हैं (1.118.1)। अहि शब्द का भी अर्थ चलनेवाला है और शत्रुओं की नौकाओं के लिए वे इसी अहि शब्द का प्रयोग करते हैं (7.34.16)। पोतों के पालों का पक्षी के डैनों से साम्य देखते हुए वे इनको एक पक्षी के रूप में भी कल्पित करते हैं (1.116.4; 118.1)।

उनकी इस कुतूहली वृत्ति की ही अभिव्यक्ति विश्पला और च्यवन के मिथकों में हुई लगती है। विश या जल पर प्लवन करनेवाली नौका ही विश्पला हो सकती है और इसकी टाँग धनसाति या व्यापारिक यात्रा के क्रम में सम्भवतः दस्युओं से किसी मुठभेड़ के दौरान टूटती है, (1.116.15) और इनको आयसी टाँग प्रदान की जाती है या कहें धातु की कीलों आदि से इसके क्षत हुए पतवार की मरम्मत की जाती है (1.112-10)। च्यवन का शाब्दिक अर्थ है चूने या न चलनेवाला, यह किसी पुरानी जर्जर नौका को जिससे पानी रिसने लगा था या जो बेकार-सी हो गई थी, मरम्मत करके कामचलाऊ या जवान बनाने की घटना हो सकती है (10.39.4)। ऐसा मानने का पर्याय है कि वैदिक रचनाकाल के दौरान ही ये दोनों घटनाएँ अपने भौतिक पक्ष से कटकर मिथकीय रूप ले चुकी थीं (1.117.13; 5.75.5)। इन दोनों का श्रेय अश्विनीकुमारों को दिया जाता है जो अपनी भूमिका में नौचालक और रथचालक लगते हैं। कभी-कदा इसका श्रेय ऋभुगणों के अद्भुत कारनामे को दिया जाता है और ऋभुगण कुशल शिल्पी हैं, न कि चिकित्सक और ऋभुगणों का अपने माता-पिता को युवा बनाने का सम्बन्ध पुराने पोतों की मरम्मत से हो सकता है (4.33.3; 36.3)। ऋभुगणों

को भी उनके शिल्प कौशल के अतिरिक्त अश्विनीकुमारों की ही तरह धन-धान्य के साथ आते-जाते दिखाया जाता है (4.34.5)। और उनकी दक्षता में विशेष रूप से रथों के निर्माण की भी चर्चा की जाती है (4.33.8)। वे रथ स्थलगामी भी हो सकते हैं, पर जलपोतों से इनके निर्माण-कार्य का सम्बन्ध भी स्पष्ट है *(अनश्वो जातो अनभीशुरुक्थ्यो३ रथस्त्रिचक्रः परिवर्तते रजः,* 4.36.1)।

समुद्र-मंथन

समुद्र-मंथन का प्रयोजन था आर्थिक लाभ और अमृत की प्राप्ति। धातुओं में सोने को अमृत कहा जाता था (31/3.3.3.6)। यह मंथन हज़ारों वर्ष तक चलता रहता है और अमृत या लाभ के बँटवारे को लेकर ही देवताओं और असुरों में—मालिकों और उनके सेवकों में—फ़साद होता है। इस काल में समुद्री गतिविधियाँ इस हद तक बढ़ी हुई थीं कि लगता था समुद्र को मथा जा रहा है।

स्थल-यात्राएँ

स्थल-मार्ग में पड़नेवाले जंगलों और बीहड़ों के कारण जीवन अधिक असुरक्षित तो रहता ही था, भारत जैसे देश में एक सीमित दायरे से बाहर स्थल-मार्ग से जाने पर कम-से-कम असबाब को एक पार से दूसरे पार ले जाने के लिए भी नौकाओं का सहारा लेना ज़रूरी होता था।

कुछ ऐसे स्थल भी हो सकते थे जो स्थल-मार्ग से कुछ दिनों की दूरी पर होने के बावजूद जल-मार्ग से बहुत दूर पड़ सकते थे। इनके लिए समस्त असुविधाओं के बावजूद स्थल-मार्ग को ही अपनाया जा सकता था। इसके अतिरिक्त कुछ ऐसे क्षेत्र हो सकते थे जहाँ जल-मार्गों का अभाव हो सकता था और इनकी यात्रा स्थल-मार्ग से ही की जा सकती थी। इस दृष्टि से रेगिस्तानी क्षेत्र और पहाड़ी अंचल ख़ासतौर से महत्त्वपूर्ण थे। वैदिक व्यापारियों को अपने उपयोग के लिए ताँबा खेतड़ी से ही प्राप्त हो सकता था और चाँदी, अच्छी नस्ल के घोड़ों और रत्नों के लिए उन्हें अफ़ग़ानिस्तान, ईरान और मध्य एशिया पर निर्भर करना पड़ता था। इन यात्राओं के सन्दर्भ में ही ऊँटों, गधों, बैलों, खच्चरों और घोड़ों का सहारा लेना पड़ता था। ठीक यही है हड़प्पा के सार्थों की स्थिति। ह्वीलर (626/60) लिखते हैं, इस बात की काफी सम्भावना है कि सिन्धु के सार्थों में ऊँट, घोड़े और गधे हुआ करते थे।

पर्वतीय यात्राएँ

ऋग्वेद में पर्वतीय यात्राओं के उल्लेख प्रायः आते हैं। इन यात्राओं के दौरान ही उन्हें उन दस्युओं का सामना करना पड़ता रहा होगा जिन्हें पर्वत के शिखर पर बैठा या पर्वत-कन्दराओं में छिपा बताया जाता है, यद्यपि उपलब्ध विवरणों में इन दोनों के बीच कोई स्पष्ट भेद नहीं किया गया लगता है। जिस प्रकार नौका से सिन्धु को पार किया जाता है उसी तरह अग्नि

हमें समस्त दुर्गम्य क्षेत्रों से पार कराएँ (1.99.1)। जिस तरह रथ से (बिना किसी अतिरिक्त आयास के) यात्रा की जाती है उसी तरह उदार वसुगण हमें उपद्रवकारियों से भरे इस दुर्ग से रक्षा करते हुए पार ले जाएँ (1.106.6)। जैसे जल में नाव से जाते हो उसी तरह, ऐ मरुतो, तुम दुर्ग से बिना किसी क्षति के पार जाते हो (5.54.4)। जो इन्द्र हमारे अपार धन को वहन करते हैं वह समस्त दुर्गों को सुवाह्य रूप में पार कराएँ (6.22.7)। जिस तरह दुर्गम्य स्थलों को छोड़कर रथगम्य मार्ग ले चलते हैं वैसे ही इन्द्र हमें पापियों से बचाकर ले चलें (8.47.5)।

परन्तु दुर्ग शब्द को एक विशेष स्थल पर यास्क और सायण ने माँ का गर्भ माना है और इस ऋचा का सम्बन्ध जन्म-ग्रहण से जोड़ा है। इस अभेद रूपक से दुर्ग के सम्बन्ध में जो उपयोगी जानकारी मिलती है वह है इसके मार्ग का सँकरा होना, यात्रा का तिरश्च या चढ़ाई और ढलानवाला होना और पर्वत-पार्श्वों से मार्ग का निकलना (4.18.2) पहाड़ी मार्गों से की जानेवाली यात्राओं के अनुभव पर आधारित प्रतीत होता है। एक अन्य प्रसंग में कहा गया है कि जब इन्द्र धन-लाभ के लिए उद्यम करने को हमारे घोड़ों को प्रेरित करते हैं तो हम ऊबड़-खाबड़ मार्गों पर उसी तरह बढ़े चले जाते हैं जैसे गिद्ध मांस की ओर लपकता है (6.46.13)। इसका सम्बन्ध निश्चित रूप से पर्वतीय क्षेत्रों से है। इस प्रसंग में बल का भेदन करके मार्ग का निर्माण करने और निधियों का आविष्कार करने का प्रसंग एक नई अर्थवत्ता ग्रहण कर लेता है (1.116.11; 2.15.8)।

ऋग्वेद में जहाँ भी वल का उल्लेख आया है वहाँ उसका वध आदि करने की नहीं; अपितु इसको सुगम्य मार्ग चाहनेवालों के लिए चीरने, तोड़ने और मार्ग को खोलने का ही उल्लेख पाया जाता है। इसे एक रोधक के रूप में कल्पित किया गया है, पर यह रोध जैसे किसी द्वार का हो। जैसे हवा बादलों को चीर देती है या काई को हटा देती है उस तरह इन्द्र ने वल को चीरकर उसके भीतर छिपे धन का उद्घाटन किया (2.24.3-6)। इन्द्र ने पर्वत-शिलाओं से दृढ़ीकृत वल को उद्घाटित किया (10.68.5)। इन्द्र ने वल का भेदन किया (3.45.2)। इन्द्र ने वल को चीर दिया, विदीर्ण कर दिया (2.11.20)। वल की चोटी को इन्द्र ने छिन्न-भिन्न कर दिया (6-39.2)। वल को गिराकर गुह्य मार्ग का आविष्कार किया। (8.14.8) यदि इन विवरणों पर ध्यान दें तो यह स्पष्ट हो जाएगा कि यहाँ वल नामक किसी असुर का वध करने का प्रसंग न होकर, पहाड़ी दर्रे का मार्ग खोलने का, जल धाराओं को मुक्त करने का या खनिज भंडारों की खुदाई का हवाला है। यही कारण है कि यदा-कदा बिल या विवर और फलिग या फाँक या सँकरे मार्ग का भी उल्लेख आता है (1.11.5; 62.4)। वल बोलन का पुराना नाम रहा हो सकता है।

ऋग्वेद में पर्वत शब्द का प्रयोग अनेक अर्थों में हुआ है, पर जब कहा जाता है कि हम नदियों और पर्वत के धन को वरणीय समझते हैं (8.18.16;31.10), जब पर्वतीय और समुद्री स्थानों से इन्द्र को आने को कहा जाता है और साथ ही गव्य और अश्व्य या बैलों और घोड़ों पर लदे हुए माल को प्रचुर संख्या में लाने का अनुरोध किया जाता है (8.34.13-18), तब इस विषय में सन्देह नहीं रह जाता कि यहाँ पर्वतीय क्षेत्रों से व्यापारिक लाभ की बात की जा रही है। एक स्थान पर अग्नि से प्रार्थना की गई है कि वह नदियों

और पर्वतों की यात्रा के समय मित्र भाव से सहायता करें (3.5.4)। अग्नि को अन्य स्थलों के साथ-ही-साथ पर्वतों के धन का भी राजा बताया गया है (1.59.3)। इन्द्र और अग्नि को आमन्त्रित करते समय कहा जाता है कि वे द्युलोक, पृथ्वी, पर्वत, जल, जहाँ कहीं भी हों वहाँ से आ जाएँ (1.108.11)। पर्वत में उदारतापूर्वक देय धन को धारणा करने का उल्लेख भी रोचक है (1.51.4)। उषा से कहा जाता है कि पर्वतों के बीच से जाते हुए उसका मार्ग सुगम्य हो (6.64.4)।

समुद्र-मंथन के प्रसंग में मन्दराचल का उल्लेख आता है। इसमें समुद्री व्यापारिक गतिविधियों को पर्वतीय गतिविधियों से मिला दिया गया है। मन्दराचल विदेश यात्रा के दौरान बीच में पड़नेवाली पर्वतमाला प्रतीत होती है।

विदेशों के साथ स्थल-मार्ग से सम्पर्क का एक मार्ग खैबर (कुभन्यव) और बोलन (वल) के दर्रों से था और एक दूसरा मार्ग जो कदाचित् अधिक निरापद, किन्तु बहुत लम्बा था सरस्वती और सिन्धु के मार्ग से समुद्र-तट पर पहुँचकर मकरान तट से पर्वतीय बाधा को पार करके पश्चिमी पार्श्व से होकर मध्य एशिया की ओर जाता था।

व्यापारियों के स्वर्ग

स्वर्ग की संकल्पना का विकास किस तरह हुआ और कैसे यह क्रमशः दूर होता हुआ द्युलोक तक पहुँच गया, इस पर हम इस पुस्तक के दूसरे खंड में विचार करेंगे। यहाँ इतना ही कहना पर्याप्त है कि जिन क्षेत्रों के माल से तत्कालीन व्यापारी सम्पन्न हो रहे थे, वे उनके लिए स्वर्गतुल्य प्रतीत हो रहे थे। इन भिन्न जलवायविक क्षेत्रों के विशिष्ट उत्पाद भी इनमें से प्रत्येक को अलौकिक या स्वर्गीय प्रतीत हो रहे थे। इस तरह पाश्चात्य व्यापारियों के लिए भारत के विशिष्ट उत्पाद—चन्दन, हाथी-दाँत, कस्तूरी, गन्ना, बन्दर, मोर आदि विचित्र लगते थे तो भारतीय व्यापारियों को पश्चिम के खजूर, किशमिश, रत्नों की खानें और वहाँ के घोड़े आदि। यदि पश्चिमी विवरणों में स्वर्गतुल्य देश के ब्योरे में जाएँ तो भारत का चित्र सजीव हो उठेगा। भारतीय विवरणों में स्वर्ग की कल्पना हिमालय के पार की जाती रही है और इसके सन्दर्भ में आरोहण, जो मूलतः पर्वतारोहण रहा है, की बार-बार चर्चा आती है। देवयान के जो विवरण ऋग्वेद में पाए जाते हैं उनका सम्बन्ध इन व्यापारिक यात्राओं से भी है। वैदिक जन अपने लिए जिन शब्दों का प्रयोग करते थे उनमें से एक था 'देव'। जब वे स्पष्टतः धन की आकांक्षा से देवयान पर जाने की बात करते हैं तब हमें केवल आध्यात्मिक और रीतिवादी अर्थ लेकर सन्तोष नहीं कर लेना चाहिए (1.72.7; 162.4)।

उपनिवेश और बस्तियाँ

ऐसा लगता है कि वैदिक व्यापारियों ने विदेशों में अपनी बस्तियाँ भी बसा ली थीं। समुद्र में बने मकानों का आशय समुद्र-पार के देशों में बनी आर्य-बस्तियों से ही हो सकता है (8.10.1)। इसी तरह द्वीपों का सम्बन्ध वास्तविक द्वीपों या तटीय अड्डों से हो सकता है

(1.169.3)। ऋग्वेद में जिन मुठभेड़ों के उल्लेख आते हैं उनमें से अनेक का सम्बन्ध इन दूरस्थ देशों और बस्तियों से हो सकता है (8.20.4)।

विपणन

यद्यपि ऋग्वेद में खरीद-बिक्री के उल्लेख बहुत कम आए हैं, पर स्थिति निराशाजनक नहीं है।

जहाँ वाणिज्य और पणन का उल्लेख भी बहुत कम आया हो वहाँ इन वस्तुओं के बेचने और खरीदने के संकेतों की आशा नहीं की जा सकती। जिन वस्तुओं का स्थानीय स्तर पर लेन-देन और उत्पादन-उपभोग दिखाई देता है, वे ही बाहरी बाज़ारों में भी जाती रही होंगी। मुमकिन है, इनके अतिरिक्त कुछ मामलों में गुलामों की भी खरीद-बिक्री होती रही हो–जिन्हें दान में दिया जा सकता था, उन्हें खरीदा और बेचा भी जा सकता था।

जहाँ तक वस्त्रों का सवाल है, यह आपत्ति उठाई जाती रही है कि वैदिक जन तो केवल ऊनी वस्त्रों से परिचित थे। पर इस तरह की मान्यता केवल नकारात्मक प्रमाणों पर आधारित है। ऋग्वेद में वस्त्र का जहाँ भी उल्लेख आया है, वहाँ इस बात का संकेत नहीं मिलता कि वस्त्र है किस चीज़ का बना। कुछ ऐसे प्रसंग हैं जिनमें घूँघट काढ़ने या पिंडली ढकने के संकेत मिलते हैं (8.33.19)। ऊनी वस्त्र इतनी उम्दा किस्म के उस ज़माने में शायद ही कहीं बुने जाते रहे हों कि इनको ओढ़नी के रूप के प्रयोग में लाया जा सके। ऊर्ण को भ्रमवश ऊन समझ लिया जाता है। परन्तु ऊन या भेड़ के बाल के लिए रोम/लोम का प्रयोग हुआ है। जिन प्रसंगों और स्थलों पर ऊर्ण का प्रयोग हुआ है, वे रेशम के अर्थात् कीटलब्ध तार से है जिस विशेषता के कारण मकड़ी को ऊर्णनाभ कहा जाता है। इसके अतिरिक्त वस्त्रों के रंग-बिरंगा होने की भी चर्चा आती है (1.134.4)। यह पुनः सूती वस्त्रों के चलन की पुष्टि करता है। माताओं द्वारा बच्चों के लिए वस्त्र बुनने की रीति भी कुछ सीमा तक किसी अधिक मुलायम वस्त्र का सूचक माना जा सकता है (5.47.6), यद्यपि यहाँ यह स्पष्ट नहीं है कि वत्स से आशय किस उम्र के बच्चे से है। दूसरी ओर, हड़प्पावासी केवल सूती वस्त्र से ही परिचित नहीं थे। वे सर्दी के दिनों में गरम या ऊनी कपड़ों का प्रयोग करते थे।

यह मान लेने में कोई हर्ज नहीं है कि वैदिक जन सूती और ऊनी दोनों प्रकार के वस्त्रों से परिचित थे और रुई के गद्दे-आसंदी और तकिए-उपबर्हण भी प्रयोग में लाते थे। ये वस्त्र उनके व्यापारिक असबाब में भी शामिल रहे हो सकते हैं।

इस घरेलू उत्पाद के अतिरिक्त विविध प्रकार के आभूषण–हाथ और पाँव के खाद, गले के हार–रुक्म और स्रग, निष्क और मणि, कर्ण-शोभन या कान के अलंकार, माथे के पेश आदि आते हैं। इन अलंकारों को हड़प्पा की प्रतिमाओं में पहचाना जा सकता है और इनके वाणिज्यिक महत्त्व को हड़प्पा की पण्य वस्तुओं में ढूँढ़ा जा सकता है।

जैसा कि ह्वीलर का सुझाव है, यदि हम सातवीं-आठवीं शताब्दी के विवरणों को हड़प्पा

काल पर भी लागू करना चाहें और यह मानना चाहें कि इस दौर में पश्चिमी एशिया को निर्यात होनेवाली वस्तुओं में से अधिकांश का निर्यात हड़प्पा काल से चला आ रहा हो सकता है तो वैदिक साहित्य में इसके पर्याप्त प्रमाण मिल जाएँगे। लकड़ी भारतीय निर्यात की वस्तुओं में से एक रही है और पेड़ों को काटने और चीरने के जो विवरण वैदिक साहित्य में बार-बार मिलते हैं, वे इसके निर्यात की दृष्टि से भारत की क्षमता को प्रकट करते हैं। सामान्य लकड़ी के अतिरिक्त सुगन्धित द्रव्य (7.59.12), गन्धलेप (7.55.8), अंजन का (10.85.7) प्रयोग वैदिक काल में होता था। वैदिक साहित्य में सुन्दर केश-सज्जा के प्रसंग में कुरीर और ओपस (10.85.8; 1.173.6; 8.14.5) के अतिरिक्त पुरुषों के द्वारा चोटियाँ रखने के उल्लेख (1.114.5; 6.55.2) को देखते हुए केश-विन्यास के लिए प्रयुक्त कंघों और दर्पणों के प्रचलन का सहज अनुमान किया जा सकता है और ये वस्तुएँ भी निर्यात की जाती रही हो सकती हैं।

दूसरी ओर निर्यात की कुछ वस्तुएँ पशु, पक्षी और हाथीदाँत के बने सामान और रथ तथा नौका स्वतः भी रहे हो सकते हैं। वैदिक जन मुर्गे से (30/1.16) परिचित थे और इस विषय में कोई विवाद नहीं है कि दुनिया में सबसे पहले मुर्गे को भारत में पालतू बनाया गया था और यहीं से इसे दूसरे देशों को निर्यात किया गया था (102/26)। ऋग्वेद में पक्षियों से शकुन विचार कराने का वर्णन आया है (2.42)। यह शकुन का पक्षी शकुंत सन्दर्भ को देखते हुए कौआ प्रतीत होता है। मयूर (3.45.1;8.1.25) से भी वैदिक जन परिचित थे और सम्भवतः यह भी निर्यात होता था। इनके अतिरिक्त भारत से निर्यात होनेवाले पशुओं में ऊँट और विशेषतः दो कूबड़वाला ऊँट भी शामिल रहा है। बुखारी मुकद्दसी के अनुसार, जिनकी पुस्तक का हवाला मौलाना सैयद सुलेमान नदवी ने दिया है, ऐतिहासिक कालों में भी अरब और ईरान आदि में अच्छी नस्ल के ऊँटों के लिए सिन्ध से ऊँट मँगाकर संकर नस्ल तैयार की जाती थी (48/65; 512/93-94; 84.189)। हाथी से वैदिक जन परिचित थे और इसे प्रशिक्षित करके अपने उपयोग में लाते थे। हाथी के लिए प्रयुक्त वैदिक पर्यायों में एक है–इभ (10.44.9.84.17.4.4.1)। यह शब्द ही हाथीदाँत के लिए मिस्री भाषा में इब्न बन गया। पश्चिमी देशों में इसने आइवरी का रूप ले लिया है। यह इस बात का सूचक है कि हाथीदाँत से बनी वस्तुओं का भी निर्यात वैदिक काल में होता था। ऋग्वेद में मदमस्त हाथी या 'दाना वारण' का प्रयोग हुआ है और हाथीदाँत नर हाथी से ही प्राप्त होता है (8.33.8)। हड़प्पा में हाथीदाँत का काम होता था (393/94) और लोथल से हाथीदाँत का एक पैमाना भी मिला है (529/60)। ऋग्वेद में सोम का बड़े महत्त्व के साथ उल्लेख आता है। सोम, जैसा कि हम अन्यत्र संकेत कर आए हैं, वस्तुतः गन्ना था और इस शब्द का प्रयोग सोम के विविध विपाकों–गुड़ आदि–के लिए भी होता था (577)। ब्राह्मणों में सोम की खरीद आदि के विवरण मिलते हैं और यह माना जा सकता है कि यह वैदिक कालीन व्यापारिक मदों में से एक रहा होगा।

ऋग्वैदिक काल तक जो व्यापारिक गतिविधियाँ दिखाई देती हैं, उनकी तुलना यदि हम हड़प्पा सभ्यता की व्यापारिक गतिविधियों के सम्बन्ध में अब तक प्राप्त जानकारी से करने चलें तो इन दोनों में पण्यवस्तु, व्यापारिक सम्पर्क-क्षेत्र, मार्ग, परिवहन के साधन,

सार्थ आदि सभी मामलों में अभिन्नता दिखाई देती है। कुछ मामलों में तो हम यह दावा कर सकते हैं कि अपनी समस्त सीमाओं के बावजूद ऋग्वेद से प्राप्त होनेवाली सूचनाएँ हड़प्पा के भौतिक अवशेषों से भी अधिक स्पष्ट हैं और हड़प्पा के व्यापारियों के जिन अनुभवों को इसके मूक अवशेष हम तक नहीं पहुँचा सकते, उन्हें वैदिक साहित्य ही मुखर करता है।

अध्याय छह

वैदिक उद्यमियों के खनिज स्रोत

वैदिक जनों की सक्रियता का एक क्षेत्र ऐसा था जिसने वैदिक अध्येताओं को निरन्तर भटकाया है। इसकी व्याख्या न तो लूटपाट की मान्यता से हो सकती थी, न ही आक्रमण और युद्ध के ब्याज से। यह है बलूचिस्तान से लेकर मध्य एशिया पर्यन्त के क्षेत्र में वैदिक उद्यमियों का खनन कर्म। जहाँ व्यापार की बात को ही अस्वीकार किया जाता रहा हो वहाँ खानों की खुदाई की ओर ध्यान जाने का प्रश्न ही नहीं था और इस सूत्र को समझे बिना पणियों द्वारा छिपाई गई गायों के उद्धार की या वल के भेदन की कथा का पूरा मर्म उद्‌घाटित ही नहीं हो सकता था। अतः इन रहस्यमय गायों का जल, किरण, स्वर्गीय खज़ाना आदि विभिन्न लाक्षणिक आशयों में ग्रहण करके इस प्रसंग की व्याख्या के प्रयत्न किए जाते रहे, और इसके बावजूद यह अनुभव किया जाता रहा कि इनमें से कोई भी व्याख्या सन्तोषजनक नहीं है। इन विशेष प्रसंगों में गो का अर्थ और जो कुछ भी हो, गाय नहीं है, यह प्राचीन भाष्यकारों से लेकर आधुनिक विद्वानों तक सभी मानते रहे हैं।

वस्तुतः इस रूपकीय विवरण की कठिनाई यह है कि इसकी कोई ऐसी व्याख्या सन्तोषजनक नहीं हो सकती जो अंगिराओं, मरुतों, इन्द्र, पणियों, गायों और वल के चरित्रों से और ऋग्वेद में पाए जानेवाले सभी ब्योरों से मेल न खा सके।

इनमें अंगिराओं के विषय में हम नवग्वों और दशग्वों पर विचार करते हुए यह देख आए हैं कि इनके नौ और दस महीनों के यज्ञ-सत्र ऐसे आर्थिक अभियान थे जिन पर सम्भवतः मार्गदर्शक या व्यापारियों के प्रतिनिधि की हैसियत से वैदिक ऋषिगण भी जाते रहते थे। वल के रूपक में मार्गों की खोज और दर्रों के एक पक्ष का भी हम उल्लेख कर आए हैं और साथ ही यह संकेत कर आए हैं कि इसका एक पक्ष खानों की खुदाई से सम्बन्ध रखता है।

मरुद्‌गण : ऋग्वेद-काल तक मरुद्‌गण दो गतिविधियों से जुड़े दिखाई देते हैं। इनमें से एक है कृषि (1.23.10; 117-21) और दूसरा व्यापार (5.57.1; 31/4.5.2.16)। यास्क ने निघंटु में मरुत् को हिरण्य के पर्यायों में गिनाया है। हिरण्य के पर्यायों में समस्त धातुएँ आ जाती हैं। ऐसी दशा में यह सोचना ग़लत न होगा कि मरुतों का सम्बन्ध खनन कर्म से और सार्थों में शामिल होनेवाले वैश्यों या सामान्य व्यापारियों से हो सकता है। इस विशेष दृष्टि से मरुद्‌गण का अर्थ खनिकर्मी भी किया जा सकता है।

व्यापारिक सार्थों में शामिल होनेवाले सदस्यों की हैसियत एक जैसी हुआ करती थी, जो बिरादरी की आम अवधारणा में भी देखी जा सकती है। इसमें अमीर-ग़रीब सभी एक दर्जे के समझे जाते हैं। यही कारण है कि मरुद्गणों को हर दृष्टि से बराबर माना जाता है जिनमें न तो कोई ज्येष्ठ है, न कनिष्ठ, न मध्यम (5.59.5-6; 60.5)। इस विशिष्टता के कारण और इनके जत्थों में या सार्थों में चलने के कारण कुछ अध्येताओं को यह लगता है कि ये स्थानीय आबादी से निकले हुए और आर्यों के भृत्य वर्ग में शामिल लोग हैं जिनमें कबीलाई ढाँचा अभी बाकी रह गया है (160/148), पर अज्येष्ठ, अकनिष्ठ आदि होने के साथ ही मरुद्गण सुजात (5.56.9; 59.6) भी हैं और इन्हें विश्ववेदसु या हर तरह से सम्पन्न और विश्वदेवों का प्रतिरूप (युंजंतु त्वा मरुतः विश्वेदस इति युंजंतु त्वा देवा इति एव एतत् आह। (31/5.1.4.9) तथा मरुत् को ऋत्विक् का भी पर्याय माना गया है (14/3.18)। ऋत्विक् का अर्थ है ऋतुकाल में गमन करनेवाला या यजन करनेवाला *(ऋत्विक् ईरणः ऋग्यष्टा भवति इति शाकपूणिः। ऋतुयाजी भवतीति वा)* (14/3.19)। इस दृष्टि से इनका नवग्वों और दशग्वों से अभेद हो जाता है।

मरुद्गणों का नेतृत्व इन्द्र करते हैं या वे इन्द्र-ज्येष्ठ हैं (1.23.8; 2.41.15) सोने-चाँदी और मणियों के विविध आभूषणों का इन्हें बहुत शौक है (5.53.4; 55.6)। इनके हथियारों में धनुष और बाण आते हैं (5.33.4;8.20.4) पर साथ ही इनको अनेक औज़ारों से, जिनमें ऋष्टि (5.52.13) वज्र या पवि (1.166.10), दात्र (1.166.12), वाशी (1.87.6), कृति (1.168.3) आदि आते हैं, सज्जित दिखाया जाता है। इन औज़ारों में से कुछ का उपयोग पर्वतों को तोड़ने या पथरीली मिट्टी और चट्टानों को तोड़ने और खुदाई करने के लिए किया जाता रहा लगता है। कारण, इनको प्रायः पर्वतों को तोड़ते हुए दिखाया गया है (1.37.7;85.5)। इनके चलने से धरती काँपती है और आकाश थर्राने लगता है। (1.37.8) उनको पहाड़ी रास्तों से जिनमें तरह-तरह की चढ़ाई-उतराई आती है–आपथ, विपथ, अन्तस्पथ, अनुपथ–से गुज़रते दिखाया गया है (5.52.10)।

इस तरह हम पाते हैं कि मरुतों का उन उत्साही नौजवानों से पूरा सादृश्य है जो मालामाल होने के लिए लम्बी यात्राओं पर निकलते थे और सुदूर व्यापार के अतिरिक्त जिनका सम्बन्ध खानों की खुदाई से भी था।

वल : वल शब्द पर हम पीछे कुछ विचार कर आए हैं। यहाँ इस विषय में मैकडनेल की टिप्पणी (387/159-60) को ही रखना उपयोगी होगा। वह लिखते हैं, "यह शब्द ऋग्वेद में लगभग चौबीस बार आया है और नियमित रूप से इन्द्र और उनके सहयोगियों, विशेषतः अंगिरसों द्वारा गौओं को मुक्त कराने से सम्बन्धित है। तैत्तिरीय संहिता (2.1.5.1) में इन्द्र को वल या बिल खोदनेवाला कहा गया है। परन्तु ऐसे अनेक सूक्त हैं जिनमें इस शब्द का मानवीकरण किया गया है। इन मामलों में मूल अर्थ आवरण (कवरिंग) या गुफा (केव) प्रतीत होता है।...कहा गया है कि इन्द्र ने गायों को बाहर निकाला और वल का खोला (अपावर्) या वल के उस विवर को खोल दिया (अपावर्) जिसमें गाय बन्द थीं। पंचविंश ब्राह्मण में असुरों की गुहा (वल) का उल्लेख आया है जो पत्थर से बन्द थी। अनेक ऋचाओं में इस शब्द का मूल या मानवीकृत भाव हो सकता है। इन्द्र के विशेषण 'वलं रुज्' (वल

भंजक) में जो वृत्रखाद (वृत्र विनाशक) के ठीक बाद आता है, बादवाला भाव हो सकता है। मानवीकृत आशय की ओर संक्रमण 3.30.10 में प्रकट होता है जिसमें वल को गोष्ठ (व्रज) कहा गया है, जिसने इन्द्र के प्रहार से बचने के लिए अपने को खोल दिया था। यह मानवीकरण पूरी तरह विकसित नहीं हो पाया है, यह इन्द्र और दूसरों की उस कार्रवाई से प्रकट होता है जो वे वल पर प्रहार करते समय करते हैं जिसे 'भिद्' तोड़ना और कभी-कभी 'दृ' फाड़ना या 'रुज्' खंडित करना द्वारा तो व्यक्त किया गया है, पर जैसा कि वृत्र के मामले में किया गया है, 'हन्' मारना द्वारा नहीं। वल के साथ 'भिद्' का सम्बन्ध 'वलभिद्' में सुरक्षित है जो उत्तरवैदिक साहित्य में इन्द्र का अक्सर प्रयोग में आनेवाला पर्याय है।''

स्पष्ट है कि वल का सम्बन्ध किसी व्यक्ति या असुर से नहीं है। इसे वैदिक कवियों की उक्ति-वैचित्र्य की भूख ने खनिज भंडारों तक पहुँचनेवाले मार्ग या सुरंग से उठाकर मानवीकृत कर दिया, पर जिसकी पहचान, इनके बावजूद, उनके अपने विवरणों में उभरती रहती है। मैकडनेल ने इन दोनों पहलुओं को कुछ इस रूप में पेश किया है मानो प्राथमिक विवरण बिलकुल वस्तुपरक रहे हों और इन्हें बाद में ही मानवीकृत किया गया हो और इस अगले चरण पर इसकी पहली पहचान मिट-सी गई हो। पर हमें ऐसा लगता है कि काव्यात्मकता का यह पुट आरम्भ से ही था और बहुत बाद तक भी इसके वस्तुगत रूप की पहचान साफ़ बनी हुई थी जैसा कि उनके अनुसार भी तैत्तिरीय संहिता और पंचविंश ब्राह्मण से प्रकट होता है, पर कालक्रम से इसमें कुहरिलता अवश्य आती गई जो वालि की कथा में देखी जा सकती है जिसमें वल का वालि हो गया है जो दुन्दुभी का पीछा करते हुए विवर में प्रवेश करता है। इस रूपक में वल का वालि और बिल में विशाखन हो गया है (28/7.9.11-19)।

हड़प्पा सभ्यता के व्यापारी बलूचिस्तान से लेकर पूर्वी मध्य एशिया तक की खनिज सम्पदा का उत्खनन और उपयोग कर रहे थे और अब पिछले कुछ दशकों में सामने आनेवाले प्रमाणों से ज़ाहिर है कि इन खनन कार्यों मे उनकी पहल ही नहीं थी, अपितु कुछ क्षेत्रों पर उनका एकाधिकार भी कायम हो चुका था। इन विभिन्न खनिज पदार्थों की खानों और खुदाइयों के विषय मे हमें बहुत स्पष्ट जानकारी नहीं प्राप्त है, पर अफ़ग़ानिस्तान की लाजवर्द की खानों के विषय में ए. नासिरी ने (442/48-56) जो कुछ लिखा है वह वल की कथा को समझने में उपयोगी हो सकता है। उनके द्वारा दी गई सूचना के अनुसार लाजवर्द संगमरमर की मोटी चट्टानों के नीचे पाई जाती है। बदख़्शाँ की लाजवर्द की खानों में इसके टुकड़े एक ग्राम से लेकर अंडे के आकार तक के पाए जाते हैं। सारीसुंग क्षेत्र में पुरदारा और रौबत के चरागाहों के बीच पुरदर्रा घाटी (दर्रा शब्द का अफ़गानी में अर्थ होता है घाटी) में एक का जो विवरण उन्होंने दिया है उसके अनुसार खान घाटी के तल से 350 मीटर की चढ़ान पर संगमरमर की मोटी परत काटकर निकाली गई है। इसमें कई गलियारे खोदे गए हैं, जिनमें उत्तर की ओर जानेवाला गलियारा तो कई हज़ार वर्ष पहले खोदा गया था और इसकी खुदाई लम्बे समय तक चलती रही थी। यह सुरंग 75 फीट लम्बी है जिसके अन्तिम सिरे पर एक विशाल गुफा-सी बन गई है। इस गुफा की चौड़ाई 10 मीटर, लम्बाई 340 मीटर और ऊँचाई फ़र्श से 25 मीटर है। यहाँ खनन क्षेत्र 6 से 8 मीटर तक गहरा है। खुदाई

करनेवालों को खुदाई के लिए इस क्षेत्र तक पहुँचने के लिए एक पतली सुरंग का प्रयोग करना पड़ता था।

नासिर (व/55-56) कुछ दूसरी खानों का भी उल्लेख करते हैं जिन तक पहुँचने का रास्ता अधिक कठिन है और जिनकी ऊँचाई भी बहुत अधिक है। उदाहरण के लिए, प्रोरा में स्थित चलमक खान घाटी से 450-500 मीटर के चढ़ान पर स्थित है। वह आगे लिखते हैं, ''प्राचीन काल में टोहपरक खननों के प्रयोग लगभग संगमरमर की सभी चट्टानों पर किए गए थे। उन्हें जहाँ कहीं भी लाजवर्द का तनिक भी आसार दिखाई देता वे गड्ढे और सुरंगें खोदना शुरू कर देते थे। इसी तरह की एक प्रायोगिक सुरंग सारीसुंग घाटी में मूल खानों के निकट पूर्व-पश्चिम के रुख में खोदी गई है। इन खननों को चार गर्तों में, जो विविध आकारों के हैं, पूरा कर लिया गया था। ये लगभग 20 से 50 मीटर लम्बी टोहपरक सुरंगें हैं जो डेढ़ से तीन मीटर गहरी और डेढ़ से तीन मीटर चौड़ी हैं।

लाजवर्द की इन खानों के विषय में इस सूचना के बाद हम आसानी से समझ सकते हैं कि गुहाहित या गूढ़ निधि के उद्धार की जो कहानी ऋग्वेद में इतने आवेग के साथ बार-बार दुहराई जाती है उसका सम्बन्ध किन निधियों से हो सकता है? मरुतों, अंगिराओं, इन्द्र और अग्नि द्वारा पर्वतों को तोड़ने, भेदने, इनमें छेद करने का प्रयोजन क्या है? यह प्रयोजन मन्त्रांशों में भी प्रायः स्पष्ट होकर आया है, जैसे—मरुतों के प्रसंग में 'तुविद्युम्नासः धनयन्ते अद्रिम्', (1.88.3) 'वाजे अद्रिं मरुतः रंहयंतः' (1.85.5) और अंगिराओं के प्रसंग में, 'दधन् ऋतं धनयन् अस्य धीतिभिः' (1.71.3) आदि में धन या खनिज सम्पदा के लिए पर्वतों की खुदाई के स्पष्ट संकेत मिलते हैं। पर धन के लिए इसके एक अन्य पर्याय 'गो' के उल्लेख धन या निधि की तुलना में कुछ अधिक आए हैं, अतः धन को भी भाष्यकारों ने गो-वाची मान लिया जबकि सन्दर्भ और प्रसंग और इस तथ्य को देखते हुए कि गो शब्द स्वयं धन का पर्याय है और इस रूप में इसका प्रयोग होता आया है, इसे इन प्रसंगों में खनिज सम्पदा का ही सूचक मानना चाहिए था। पर इसके साथ उस मनोबाधा का भी हाथ कम नहीं है जिसके चलते परम्परागत व्याख्याकार ऋग्वेद से यथासम्भव आध्यात्मिक अर्थ ही तलाशते हैं और जहाँ भौतिक पक्ष स्पष्ट है वहाँ भी इसे रहस्यात्मक बनाते रहे हैं। आधुनिक विद्वान् जिन्होंने वैदिकों को पशुचारी आदि मान रखा था, यह सोचने के लिए तैयार ही नहीं हो सकते थे कि खानों की खुदाई जैसे उद्यम में स्वयं वैदिकों की पहल हो सकती थी। वल के मानवीकरण के बावजूद नए मंडलों में भी यह बात कतई भुलाई नहीं गई है कि यह सुरंगों और खानों के गर्भ का ही मानवीकृत रूप है। उदाहरण के लिए, इसे स्पष्टतः 'बिल' (1.11.5) और विवर (1.112.18) तो कहा ही गया है, साथ ही इसे लगभग नियमित रूप से गुहा कहा गया है (1.130.3)। इन लम्बी सुरंगों से गुजरते हुए अँधेरे में जिस गहरी असुरक्षा और भय की अनुभूति होती रही होगी और दिन ढलने के समय जो आकुलता बनी रहती रही होगी कि रोशनी कुछ अधिक देर तक बनी रहे, इन सुरंगों से निकलकर पुनः रोशनी में आने पर जिस सन्तोष और उल्लास की अनुभूति होती रही होगी इसे उन विभिन्न उक्तियों में देखा जा सकता है जिनमें अन्धकार में जाने से भय, अन्धकार की जगह प्रकाश को चुनने, लम्बे समय तक सूर्य के दिखाई देने; अन्धकार से प्रकाश में

जाने या ले जाए जाने की (1.33.10; 50.10; 2.287; 3.39.7) उत्कट कामनाएँ व्यक्त की गई हैं। मैक्समूलर ने (423/77) कहा था कि ऋचाओं की तो बात ही नहीं, ऋग्वेद के सूक्त-के-सूक्त हमारे लिए निपट दुर्बोध (डेड लेटर) बने रहेंगे। इस दुर्बोधता का उतना बड़ा कारण भाषा की दुरूहता नहीं है जितना इनको सही सन्दर्भ न दे पाना। वल की इस कथा के मर्म को समझते ही दसियों सूक्तों का मर्म उद्‌घाटित हो जाता है। कारण, वल की कथा केवल उन्हीं सूक्तों या मन्त्रों में नहीं आई है जिनमें वल शब्द का प्रयोग हुआ है अपितु यह उन सूक्तों और मन्त्रों में भी दुहराई गई है जिनमें अंगिराओं (नवग्वों, दशग्वों) और पणियों के हवाले आए हैं। ऐसे बहुत-से मन्त्र जिसमें इनके नाम नहीं आए हैं पर जिनमें गायों के उद्धार का रूपक मात्र आया है या जिनमें मरुतों के शौर्य की चर्चा है, इन खनन उद्योग की छाया लिये हुए हैं। आज इसकी कल्पना करना भी कठिन है कि यह उपक्रम जिसके हवाले इतने अधिक मन्त्रों में आए हैं अपने समय में कितना आकर्षक, उत्तेजनापूर्ण और चुनौती-भरा रहा हो सकता है।

वल की इस कथा का मर्म खुलने पर हम देख पाते हैं कि जल को चुराकर भागनेवाले बादलों को ही असुरों के रूप में नहीं कल्पित किया गया है अपितु खनिज द्रव्यों को छिपाकर रखनेवाले पर्वत आदि भी असुर हैं। खनन अभियान असुरों पर विजय के रूप में या विजय के लिए प्रस्थान के रूप में प्रस्तुत किया गया है। अब गविष्टि और गवेषण जैसे शब्दों का अर्थ न केवल बदल जाता है, अपितु यह भी स्पष्ट हो जाता है जिन्हें युद्ध-अभियान समझा जाता रहा है उनमें बिना किसी अपवाद के भारी लाभ की बात क्यों की जाती है? जहाँ किसी एक व्यक्ति के धन को इन्द्र द्वारा दूसरे को दे देने के उल्लेख हैं, वहाँ इनकी एक नई व्याख्या भी दिखाई देती है। उदाहरण के लिए, यदि किसी भी क्षेत्र में आरम्भिक टोहपरक खनन के बाद एक दल ने निराश होकर आगे की खुदाई छोड़ दी हो और इसके बाद किसी दूसरे ने इसके बावजूद इस क्षेत्र को सम्भावनापूर्ण मानकर काम शुरू किया हो और उसे बहुत स्वल्प आयास से ही खनिज भंडार मिल गया हो तो इस लाभ को क्या कहेंगे? जिन लम्बी टोहपरक खुदाइयों के उल्लेख नासिर ने किए हैं उनमें अपना पूरा मौसम खराब करने और खाली हाथ लौटनेवालों और दूसरी ओर अपने उपक्रम में सफल होनेवालों के भाग्य को देखते हुए पुरोहितों के इस प्रचार का कि दानशील, यज्ञपरायण और उदार व्यक्तियों को ही धन मिलता है और देवता उन्हें कृपण, अनुदार और अयजनशील व्यक्ति के हिस्से का भी धन दे देते हैं, एक नया पक्ष सामने आता है, जिसे लड़ाई-झगड़ेवाले नुक्ते से समझा ही नहीं जा सकता था। हमने यह सुझाया कि व्यापारिक सार्थों के साथ ऋषि माने जानेवाले लोग भी जाते दिखाई देते हैं। वैदिक मानसिकता को देखते हुए यह सोचना ग़लत नहीं होगा कि नए स्थलों पर खनन आरम्भ करने से पहले या पिछले मौसम में जहाँ तक काम पहुँचा था उसे नए मौसम में आगे बढ़ाने से पहले मुहूर्त करने या पूजा-पाठ जैसा कुछ विधान अवश्य किया जाता रहा होगा और अन्य बातों के अलावा एक पुरोधा का अभियान दल के साथ जाना इसलिए भी ज़रूरी समझा जाता रहा होगा।

परन्तु सबसे महत्त्वपूर्ण है ऋग्वेद की भौगोलिक परिधि। अभी तक इस पर दो तरह की प्रतिक्रियाएँ रही हैं। कुछ विद्वान् जिनमें से हिल्लेब्रांट एक हैं, यह मानते रहे हैं कि ऋग्वेद

की रचना के दो ही नहीं तीन चरण हैं, अर्थात् पुराने मंडलों में से भी कुछ अधिक पुराने मंडल, जैसे छठा मंडल, हैं, जिनकी रचना उस समय हुई थी जब आर्य अभी भारत में नहीं आए थे और फिर भारत में रचे गए शेष ऋग्वेद में नए और पुराने मंडलों का सवाल आता हैं। इनकी समझ के अनुसार ऋग्वेद आमू दरिया के क्षेत्र से लेकर भारत तक की घटनाओं और जनों को समेटता है जिनमें पुराने मंडलों का सम्बन्ध तो आमू दरिया क्षेत्र या कहें बदख्शाँ और मध्य एशिया के क्षेत्र तक सीमित है, क्योंकि इस समय तक आर्य भारत में पहुँचे ही नहीं थे, पर नए मंडलों की रचनाओं की परिधि में यह पूरा क्षेत्र आता है क्योंकि इस समय तक आर्य भारत में तो आ ही चुके थे और आमू दरिया क्षेत्र के अनुभव भी परम्परालब्ध रूप में रचनाकारों को प्राप्त थे। दूसरी ओर, अधिकांश विद्वान् जो समूचे ऋग्वेद की रचना भारत में ही सम्पन्न मानते रहे हैं, इसके विवरणों को खींच-तानकर भारतीय भू-भाग तक ही और इसके भी पंजाब तक ही सिमटा मानते रहे हैं और असुरों, दासों, मित्रों, शत्रुओं सभी की पहचान इसी दायरे में करने के लिए प्रयत्नशील रहे हैं। व्यापार और वाणिज्य के प्रसंग में हमने जो कुछ कहा है और विशेष रूप से वैदिक खनन उद्योग से जो तसवीर उभरती है वह उक्त दोनों ही सरलीकरणों का निषेध करती प्रतीत होती है। पहली मान्यता के विपरीत हम पाते हैं कि ऋग्वेद की रचना निरपवाद रूप में भारत में हुई थी और बहुत पहले से भारत में ही आबाद जनों के अपने बुद्धिजीवियों द्वारा हुई थी। दूसरी के विपरीत हम पाते हैं कि इसमें उन गतिविधियों और उनके दौरान अर्जित अनुभवों को भी समेटा गया है जिनका सम्बन्ध भारत से बाहर के, और वह भी दूरस्थ, देशों से था। अतः इसमें वर्णित घटनाओं को इस व्यापक दायरे में ही समझा जा सकता है। इस दायरे को छोटा करने का कोई भी प्रयत्न मूल पाठ को समझने में तदनुरूप बाधा उत्पन्न करता है।

इस प्रसंग में हिल्लेब्रांट द्वारा उनकी पुस्तक **वैदिक माइथॉलॉजी** के भाग एक में दिए गए तर्कों और प्रमाणों पर कुछ रुककर विचार करना ज़रूरी है। हिल्लेब्रांट अपने उक्त निष्कर्ष पर मुख्यतः दो कारणों से, या कहें अपनी समझ से दो कारणों से, पहुँचे हैं। वह (285/178) एक लम्बी जाँच-पड़ताल और उतनी ही लम्बी तर्क-शृंखला से यह नतीजा निकालते हैं कि सोम वैदिकों का एक अति प्राचीन पेय था जो उस समय प्रचलित था जब वे भारत में नहीं पहुँचे थे और इसकी सुलभता उनके पश्चिमोत्तर भारत में बसे रहने तक जारी थी। जब वे और पूर्व की ओर खिसक गए तो यह सुलभ नहीं रह गया और बाद की कृतियों में इसके उल्लेख मात्र प्राचीन परम्परा की आवृत्ति हैं। सोम का मूल क्षेत्र वह आमू दरिया का क्षेत्र मानते हैं। ब्राह्मणों में पणियों से सोम खरीदने के कर्मकांडीय हवालों को देखते हुए वह पणियों की शिनाख्त और उनके निवास का निर्धारण इस पुस्तक के परिशिष्ट एक में करते हैं और जैसा कि स्वाभाविक है इन्हें भी उसी क्षेत्र का निवासी सिद्ध करते हैं।

सोम की वानस्पतिक पहचान और इसके प्रतीकात्मक अर्थ की जटिल समस्या पर हिल्लेब्रांट ने जो कुछ कहा है उसकी तफ़सील में जाना यहाँ सम्भव नहीं है, पर कुछ असंगतियों का ध्यान उन्होंने नहीं रखा है, यह तो उनके लम्बे विवेचन पर सरसरी नज़र डालने पर भी पता चल जाता है। उदाहरण के लिए, यदि पश्चिमोत्तर भाग में और वह भी मध्यदेश में बसने के समय तक भी सोम उपलब्ध था तो कम-से-कम इस क्षेत्र के लिए तो

बाद में भी उपलब्ध रह ही सकता था। फिर सूत्रकाल तक भी सोम का क्रय-विक्रय जारी था (34/10.88), अतः इस काल में भी सोम की पहचान लुप्त नहीं हुई थी। यदि इसने एक असाधारण महत्त्व और विचित्र अर्थ पा लिया तो यह अर्थ इसे वैदिक काल से पहले ही मिल चुका था और इस प्रतीकात्मक अर्थ ने ही इसके वानस्पतिक रूप को कुहरिल बना दिया। हमारे लिए इतना ही पर्याप्त है कि हिल्लेब्रांट (285/178) स्वयं भी स्वीकार करते हैं कि वैदिक जनों के लिए 'सू' का अर्थ सोम का रस निकालने से कहीं अधिक गहन था।

पणि शब्द का अर्थ हिल्लेब्रांट से पहले के व्याख्याकारों ने कंजूस और यज्ञविरत व्यापारी, आदिवासी, संचरणशील व्यापारी, लोभी, असुरों के ख़ज़ाने पर पहरा देनेवाले आदि के रूप में किया था (व/333)। वह इस दृष्टि से ऋग्वैदिक उद्धरणों को पेश करते हुए यह दिखाते हैं कि पणि संचरणशील व्यापारी नहीं हो सकते थे और फिर इनको दासों से अभिन्न और इन्द्र के आराधकों और सोम सेवन करने तथा दक्षिणा देनेवालों से मतभेद रखनेवाले रूप में कल्पित करते हैं जो स्तेपी के मैदान में बसे हुए थे और जिनकी पहचान ग्रीक लेखकों ने पर्नियनों के रूप में की है। वह पाते हैं कि पणियों का सबसे अधिक जिक्र छठे मंडल में आया है जिसके पुरोहित भारद्वाज थे और इनके प्रधान संरक्षक दिवोदास थे जो सरस्वती तट के राजा थे और छठे मंडल की सरस्वती अर्कोसिया की हरौती थी। उनके ऐसा मानने के अनेक कारणों में से एक यह था कि छठे मंडल में जिस सरस्वती का वर्णन आया है वह मध्यदेश की सरस्वती जैसी कोई मामूली (इंसिग्निफ़िकैंट लिटिल स्ट्रीम) नहीं हो सकती जो बाद में सूख गई थी। रसा को वह आमू दरिया मानते हैं। सरस्वती तट के राजा दिवोदास को वह अर्कोसिया में राज करता दिखाते हैं, जहाँ ही उसकी शत्रुता पणियों से हो सकती थी। दिवोदास को वह दास कबीले का राजा मानते हैं और इस मामले में वह पणियों के ही गोत्र का था और दोनों में फ़र्क़ मात्र धार्मिक रीति-विधान का था और इसे छोड़कर, ज़ाहिर है, आर्यों और दासों में कोई फ़र्क़ नहीं रह जाता। इसी तरह बृबु, बृसय, पारावत आदि की भी रोचक व्याख्याएँ उनके द्वारा दी गई हैं।

हिल्लेब्रांट (व) नतीजा निकालते हैं, "ऋग्वेद में वर्णित कुछ घटनाएँ सिन्धु से पश्चिम अर्कोसिया और इसके पड़ोस के ईरानी क्षेत्र में घटित हुई थीं और शत्रुओं में एक क़बीला पर्नियनों का था जिसका उल्लेख बाद के कालों में अक्सर आता रहता है।" "दिवोदास निश्चय ही अर्कोसिया की हरौती (हेराक्वती) के तट पर अर्थात् एक ऐसे क्षेत्र में रहते रहे होंगे जिस पर पर्नियनों के, जो कि इससे उत्तर या उत्तर-पश्चिम में रहते थे, हमले होते रहते थे।" "यदि दिवोदास के नाम से निकाला गया हमारा यह निष्कर्ष सही है कि वह स्वयं भी दास था तो ज़ाहिर होगा कि वह अपने ही क़बीले के सदस्यों से रार ठाने बैठा था।...दास-राजा दिवोदास ने पर्नियनों के क़बीले से अर्कोसिया के तट पर युद्ध किया और भारद्वाज उसके सहायकों में थे (व/345)। दिवोदास के वंशधर सुदास "एक विजेता के रूप में पूर्व की ओर बढ़ते हुए उस क्षेत्र में पहुँचे जहाँ विश्वामित्र और वसिष्ठ के परिवार रहते थे जिनमें से विशेषतः वसिष्ठ को मालूम था कि इस शक्तिशाली विदेशी की कृपया कैसे प्राप्त की जा सकती है" (व/349)। "हमारी इस परिकल्पना से सिद्ध होगा कि आर्यों के पूर्ववर्ती आव्रजन के बाद दासों के नेतृत्व में एक नया आव्रजन हुआ। हम सम्भवतः तृत्सुओं को

पहले के बाशिन्दों का प्रतिनिधि मान सकते हैं।" (व/350) हिल्लेब्रांट के अनुसार, पूरु भी पहले दिवोदास के पड़ोस में अर्कोसिया के पास रहते रहे होंगे, क्योंकि शंबर को उन्होंने भी अग्नि वैश्वानर की सहायता से हराया था (व/351)। साथ ही भरद्वाज, जो दिवोदास के पुरोहित थे, वे ही पूरुओं के भी पुरोहित थे (व) अतः, "पूरु या उनका एक हिस्सा दिवोदास की राजधानी से अधिक दूर नहीं रहा होगा। ऋ. 7.8.4 में एक पुरु पर भरतों की विजय की घोषणा है, अतः पुरुओं ने अपना राज्य यमुना और परुण्णी तक फैला रखा होगा। लगता है वे भरतों से अलग जबान बोलते थे। ऋ.7.18.13 में उन्हें मृध्रवाच कहा गया है जिसका अर्थ है 'विदेशी भाषा बोलनेवाला,' न कि 'भर्त्सनापूर्ण कथन करनेवाला' (व/352)। भाषा का यह अन्तर हैरत की बात नहीं है, खासतौर से तब जब कि भरत उस क्षेत्र में पुरुओं के बाद आव्रजित हुए हों। (व)

वल के इस प्रसंग में पणियों के साथ-ही-साथ दिवोदास और पूरुवंश तक के बड़े दायरे को समेटने की और इस पर विचार करने की बाध्यता इसलिए उत्पन्न होती है कि ये सवाल एक-दूसरे से गुँथे हुए हैं और इनके बीच संगति स्थापित करना ज़रूरी है।

हिल्लेब्रांट की इस तर्कपद्धति और उनके द्वारा निकाले गए निष्कर्षों या उनके द्वारा लगाई गई अटकलों को अनेक विद्वान् खासा महत्त्व देते हैं। यद्यपि कीथ ने बहुत पहले ही इसे अमान्य कर दिया था, पर हिल्लेब्रांट ने अपने पक्ष को कुछ और युक्तियाँ देते हुए पुनः दुहराया था (व/347–)।

ऋग्वेद में पणियों को कहीं व्यापार करते नहीं दिखाया गया है, अतः हम हिल्लेब्रांट से इस मामले में आंशिक सहमति प्रकट कर सकते हैं कि पणि शब्द को 'पण्-वण्' से व्युत्पन्न मानने के कारण इन्हें व्यापारी मान लिया गया है। परन्तु पणियों को पर्नियन क़बीला मानने और इन्हें आमू दरिया के निकट और वहीं बसा हुआ सिद्ध करने के लिए हिल्लेब्रांट ने जिस तर्क का सहारा लिया उसमें भी इकहरापन है। वह छठे मंडल की ही उस ऋच के उत्तरार्ध को जानबूझकर नज़रअन्दाज़ कर गए हैं जिसके पूर्वार्द्ध का उपयोग उन्होंने पणियों का सम्बन्ध बृबु से कायम करने के लिए किया है और जो पणियों की पहचान के लिए बहुत महत्त्व रखता है। यह है '*उरुः कक्षो न गांग्यः।*' स्पष्टतः भरद्वाजों का सम्बन्ध भारत से था और यदि छठे मंडल को सबसे पुराना माना जाए तो भी इस मंडल के रचनाकार गंगा के कछार से परिचित थे।

पणियों की शिनाख्त के लिए ऋग्वेद में आए इनके विवरणों को भी पेश करते हुए हिल्लेब्रांट खींचतान से काम लेते हैं।

दिवोदास और सुदास के साथ दास उपपद को देखकर उन्होंने, और उन्हीं के सहारे कुछ अन्य विद्वानों ने, इन्हें दास क़बीले का राजा सिद्ध करने का जो प्रयत्न किया है वह भी तर्कसंगत नहीं है। यदि यह गण या क़बीले के नाम का द्योतक था जो व्यक्ति-नाम के साथ जुड़ता था तो दिवोदास का प्रधान नाम हुआ 'दिव' और सुदास का 'सु' जिनके साथ गण-नाम दास लगा हुआ है। दिवोदास के पिता वध्र्यश्व और सुदास के पिता पिजवन के नाम के साथ वह क़बीलाई नाम नहीं दिखाई देता। कहें, यह एकान्तर क्रम से जुड़ता चलता है। आख़िर क्यों?

अब हम पणियों और उनके उस खजाने पर विचार कर सकते हैं जिस पर वे पहरा देते हैं और जिसकी ओर पीटर्सबर्ग कोश, और बर्गेन आदि ने तथा परम्परागत व्याख्याकारों ने संकेत किया है और मुख्यतः जिसके कारण ही इसके साथ कंजूसीवाला भाव जुड़ गया है। कुछ स्थलों पर सायण ने पणि का अर्थ वल के अनुचर 'वलस्यानुचरा असुराः पणयः' किया है। अन्यत्र प्रायः 'पणन्' खरीदना से पणि कंजूस और लोभी वणिक आशय लिया है। पणियों के असाधारण धनी होने की बात एकाधिक स्थलों पर की गई है, पर यहाँ भी इनकी कृपणता का भाव बराबर बना हुआ है (1.33.3)। एक स्थल पर इन्हें दिन गिननेवाला सूदखोर 'अहर्दृश बेकनाट' कहा गया है (*इन्द्रः विश्वान् बेकनाटान् अहः-दृशः उत् कृत्वा पणीन् अभि,* (8.66.10)। सायण बेकनाटान पर टिप्पणी करते हुए लिखते हैं कि इसका अर्थ सूदखोर है, वह जो कर्जखोर को एक देकर इशारे से बताता है कि इसके बदले मुझे दो चाहिए, ''अनेन कुसीदिनो वृद्धिजीविनो वार्धुषिका उच्यन्ते।...एकं कार्षापणं ऋणिकाय प्रयच्छन् द्वौ मह्यं दातव्यं...नयेन दर्शयन्ति ततो द्विशब्देन एकशब्देन नाटयन्तीति बेकनाटाः।''

तीन-चार स्थलों पर इनकी निष्ठुरता की या इनके न पसीजने की चर्चा है। रोचक बात यह है कि जहाँ भी उनकी इस कठोरता का वर्णन आया है, सायण ने उनको या तो लोभी बनिया कहा है या स्पष्टतः सूदखोर। लोभी बनिये का आशय भी उनकी दृष्टि से सूदखोर ही है। ऋ. 6.53.5-8 में पूषा से पणियों के हृदय को नरम बनाने का अनुरोध किया गया है और इन चारों ऋचाओं में वह 'वणिजां लुब्धानां' और इसके पूर्व ऋ. 5.53.3 में 'पणेः चित् वि म्रद मनः' का ''वणिजः अपि वार्धुषिकस्य अपि हृदयं दानार्थं मृदु कुरु,'' अर्थ करते हैं। ऋ. 7.6.3 में ''*नि अक्रतून् ग्रथिनः मृधवाचः पणीन् अश्रद्धान् अवृधान् अयज्ञान्*'' में भी सायण ने पणि का अर्थ वार्धुषिक ही किया है। ऋ. 6.51.14 में उनकी तुलना भेड़िये से की गई है, ''*जहि नि अत्रिणं पणिं वृकः हि सः।*''

'पण् वण्' का मूल अर्थ खरीदना नहीं अपितु तोड़ना-फोड़ना है, जिससे वितरण, व्यवहार और इस तरह पणन और विपणन का भाव विकसित हुआ है, अतः कुछ स्थलों पर जहाँ इनको खतरनाक और वृक बताया गया है, हिंसकवाला भाव भी काम कर सकता है। कुछ स्थलों पर पणियों की निधियों का उल्लेख है और दसवें मंडल के प्रसिद्ध सरमा सूक्त में पणियों के विषय में जो जानकारी मिलती है उसके अनुसार, उनका ठिकाना पश्चिम की ओर लम्बी दूरी पर रसा नाम की नदी के पार, ''*दूरे हि अध्वा जुगरिः पराचै...रसायाः अतरः पयांसि*'' है (10.108.1)। उनकी निधि अद्रिबुध्न या पर्वतीय शिलाओं के नीचे छिपी हुई है जिसकी रखवाली में ही पणिगण तत्पर हैं, और इसे बैलों, घोड़ों और गधों पर लादकर ले जाने योग्य बताया गया है, ''*अयं निधिः सरमे अद्रिबुध्नः गोभिः अश्वेभिः वसुभिः नि-ऋष्ट। रक्षन्ति ते पणयः तं सुगोपाः रेकुः पदं अलकं आ जगंथ,*'' (10.108.7)। एक स्थल पर पणियों की निधि को परम गुहा में निहित होने की बात की गई है (2.24.6)।

यद्यपि मुक्त कराने के प्रतीकात्मक विवरणों में प्रायः गो शब्द का ही प्रयोग हुआ है, पर गो या बैल पर लादकर लाए जानेवाले—गव्य—धन के अतिरिक्त अश्व्य या घोड़ों और गधों पर लाए जानेवाले धन की भी चर्चा आई है (10.156.3)। अन्यत्र 'सूनरं वसु' या आसानी से ढोए जा सकनेवाले धन की भी बात की गई है (1.40.4; 5.34.7)।

वल तो पर्वत-विवर का सामान्य प्रतीक है जिसमें दर्रों से लेकर खानों की सुरंग और खनन स्थल के कोटरों तक को सम्मिलित किया जा सकता है। पर वल के इस खजाने पर पहरा देनेवाले ये पणि कौन हैं? सरमावाले सूक्त में इनको एक क़बीले के रूप में प्रस्तुत किया गया है और अन्य उपलब्ध ब्योरों से ऐसा प्रतीत होता है कि इस शब्द का प्रयोग वैदिक खनन क्षेत्र के क़बीलों के लिए हुआ है जो अपने को उन पहाड़ों का स्वामी तो मानते थे, पर खनन-कार्य की उपयोगिता से अपरिचित थे। उनका असाधारण धनी होना और स्वयं इस धन का उपयोग न करना, न ही किसी को देना, इसी का द्योतक हो सकता है जिससे उनके लोभी, कंजूस, अकर्म अव्रत, अयज्यू आदि होने की बात की गई है।

आरम्भ में जो शब्द सूदखोरों के लिए प्रयोग में आता था, सम्भवतः उसी का प्रयोग इन क़बीलों के लिए भी होने लगा। ऐसा लगता है कि वैदिक खननकर्मियों ने आरम्भ में उनको समझाने, फुसलाने और इस तरह उनके विरोध को कम करने की कोशिश की। यद्यपि उनका प्रतिरोध पूरी तरह कभी खत्म नहीं हुआ, पर सम्भवतः उनके नेताओं को कुछ हिस्सा या प्रतिलाभ मिलने लगा था और क्रमशः खननकर्मियों की गतिविधियों में तेज़ी आने के साथ ये उन क्षेत्रों पर हावी होते चले गए थे। सम्पर्क की इस सघनता के कारण ही इन क्षेत्रों के निवासियों का आर्यीकरण भी आरम्भ हुआ था। जहाँ इन्द्र की प्रशंसा में यह दावा किया जाता है कि उसने दस्युओं को आर्य बनाया (9.63.5) या जहाँ वैदिक कवि सारी दुनिया को आर्य बनाने या सारी दुनिया में आर्य-व्रत का प्रसार करने (10.65.11) के दावे करते हैं वहाँ इनका सम्बन्ध इस प्रकार के प्रभावों से ही हो सकता है।

पर्नियनों का मूल नाम पणि रहा हो सकता है। दहए का सम्बन्ध दस् और दस्यु से हो सकता है। इस दृष्टि से इन दोनों का प्रयोग बलूचिस्तान, अफ़ग़ानिस्तान, मध्य एशिया और ईरान के क्षेत्र में बसे या विचरणशील उपद्रवी क़बीलों के लिए होता रहा लगता है, पर मूलतः ये शब्द उनके अपने क़बीलों के नाम न होकर आर्य व्यापारियों द्वारा उनके लिए प्रयुक्त भर्त्सना के शब्द थे जो क्रमशः क़बीले की संज्ञा बन गए होंगे। आधुनिक काल में 'निगर', रेड इंडियन' आदि शब्द इस दृष्टि से रोचक हैं। किसी अन्य के लिए आपका सम्बोधन कितनी स्वीकृति पा सकता है, यह इस बात पर निर्भर करता है कि उस क्षेत्र में और इससे बाहर की दुनिया में आपका प्रभाव कितना व्यापक और गहन है। जो लोग या क़बीले आर्यों के सम्पर्क के कारण अपनी जीवन-पद्धति में अपेक्षित सुधार करते जा रहे थे वे वैदिक मूल-भूमि के निवासी न होते हुए और उनके समकक्ष समादर न पाते हुए भी वैदिक आचार-पद्धति को या वैदिक व्रत को अपनाने के कारण अपने ढंग से आर्य और भारतीयों की दृष्टि में व्रात्य थे–आर्यों के निकटस्थ पर वैदिक समाज और वर्ण-व्यवस्था से बाहर और जो इस समय भी उपद्रवी बने हुए थे उनको अवज्ञापूर्वक दस्यु ही कहा जा रहा था।

पर यह सोचना ठीक न होगा कि पणि और दस्यु शब्द का प्रयोग केवल भारत से बाहर के उपद्रवकारियों और क़बीलों या व्यक्तियों तक के लिए ही सुरक्षित था। इसका प्रयोग निश्चय ही पहले से इन लक्षणोंवाले व्यक्तियों के लिए हो रहा था और बाद में भी होता रहा।

अध्याय सात

आवास और नगर

मोहनजोदड़ो के नगर-विन्यास पर अपने ग्रन्थ की भूमिका में मार्शल (404/15) निम्न वाक्य से आरम्भ करते हैं, ''कोई भी आदमी पहली बार मोहनजोदड़ो के बीच से गुज़रते हुए इस भ्रम का शिकार हो सकता है कि वह आज के लंकाशायर जैसे किसी औद्योगिक नगर के भग्नावशेषों से घिरा हुआ है।'' वैदिक कालीन नगर-जीवन की ऋग्वेद के आधार पर कल्पना करते हुए उसके अनुवादक विल्सन (629/12) लिख चुके थे, ''ऋग्वेद के सूक्तकारों के लिए, ज़ाहिर है, किंचित् शानदार भवनोंवाले नगर विरल नहीं रहे होंगे।'' इन दोनों उक्तियों में, जिनमें से एक हड़प्पा के भौतिक अवशेषों पर आधारित है और दूसरी ऋग्वेद के पाठ पर, कितना साम्य है, यह दुहराने की आवश्यकता नहीं। इसके बावजूद इस बात को बार-बार दुहराया जाता रहा है कि वैदिक आर्य नगर से परिचित ही नहीं रहे हैं, बल्कि उनकी ग्राम-बस्तियाँ भी अस्थायी प्रकृति की रही हैं और उनके आवास बाँस और फूस के झोंपड़े रहे हो सकते हैं। यदि कहीं इन आवासों की विशालता की बात आती भी है तो यह ऐसे विशालकाय झोंपड़े की तसवीर हो सकती है जो इनके संयुक्त कुटुम्ब के लिए बनाए जाते रहे हो सकते हैं।

वैदिक आवासों के विषय में टिप्पणी करते हुए वैदिक इंडेक्स के लेखक (388/255-56) लिखते हैं :

''**गृह** : वैदिक आर्यों के 'घर' के अर्थ में इस शब्द का एकवचन अथवा अपेक्षाकृत अधिकतर बहुवचन में प्रयोग किया गया है। 'दम्' अथवा 'दम' का भी यही आशय है, जबकि 'पस्त्या' और 'हर्म्य' विशेष रूप से घर और उसके आसपास की परिवारिक सम्पत्ति के भी द्योतक हैं। परिवार बहुत बड़ा हो सकता था। पर परिवार के लोग ही घर में नहीं रहते थे, रात के समय मवेशी और भेड़ भी उसी में रहते थे। जैसा कि इनके बहुवचन के प्रयोग से व्यक्त होता है, इनमें अनेक कमरे होते थे, तथा इसे सुरक्षित रूप से बन्द भी किया जा सकता था। 'द्वार्', 'द्वार' का भी अक्सर उल्लेख आता है और इसी से घर को दुरोण कहते थे। प्रत्येक घर में हर समय अग्नि प्रज्वलित रखी जाती थी।''

वैदिक इंडेक्स के लेखकों का सबसे बड़ा संकट यह था कि वे ऋग्वैदिक काल में सभ्यता के इतने ऊँचे स्तर की कल्पना वहाँ भी नहीं कर सकते थे जहाँ इस विषय में अकाट्य साक्ष्य उपलब्ध थे। उतने प्राचीन काल में सुव्यवस्थित नगरों का अस्तित्व रहा हो सकता है, यह उनकी समझ से बाहर था। जहाँ-तहाँ वह इस दुविधा को प्रकट भी करते

हैं (389/614)। अतः वैदिक नगरों और आवासों के विषय में भी उन्होंने बहुत बचते हुए, अल्पतम तोड़-मरोड़ के साथ, तथ्यों को पेश कर दिया है और जहाँ अपनी ओर से कोई सामंजस्य बैठाने का प्रयत्न किया है वहाँ उनसे चूक हुई है। उदाहरण के लिए, वे मवेशियों को परिवार के सदस्यों के साथ रहने का जो प्रस्ताव करते हैं, वह निराधार है। जिन ऋचाओं (7.56.16; 10.105.5) को उन्होंने इस विषय में उद्धृत किया है उनमें उपमा में घोड़े और भेड़ का जिक्र तो आया है, पर इस अर्थ में नहीं कि इन्हें रिहायशी मकान में बाँधा जाता था। इसी तरह वह विशाल भवनों के सन्दर्भ में यह कहते हैं कि ऋग्वैदिक काल का परिवार आकार में बहुत बड़ा होता था जबकि ऋग्वेद से इसकी कहीं पुष्टि नहीं होती। दादा, परदादा और चाचा-चाचियों से युक्त संयुक्त परिवार की कहीं चर्चा नहीं आती। स्वयं इन लेखकों के अनुसार (388/600) भी "इस बात को व्यक्त करने के लिए कोई प्रमाण नहीं है कि बड़ा हो जाने पर पुत्र साधारणतया अपने पिता के साथ ही रहता था और उसकी पत्नी उसके पिता के परिवार की सदस्या हो जाती थी, अथवा वह अपना अलग घर बना लेता था।" वे आगे लिखते हैं, "हमें यह भी ज्ञान नहीं कि विवाह के बाद, अथवा अन्यथा, पुत्र को भूमि का एक विशेष अंश दे दिया जाता था, या वह केवल पिता की मृत्यु के उपरान्त ही ऐसी सम्पत्ति का अधिकारी होता था।...पिता के वृद्ध हो जाने पर या तो उसके पुत्र स्वयं ही उसकी सम्पत्ति विभाजित कर लेते थे, अथवा स्वयं पिता ही उसे पुत्रों में वितरित कर देता था, और यह भी कि जब श्वसुर वृद्ध हो जाता था तब उसे अपनी पुत्रवधू के नियन्त्रण में रहना पड़ता था।" ऐसी स्थिति में लगता है, विशाल आवासों को देखकर ही धर्मसंकट के कारण तथ्यों के विपरीत तदनुरूप विशाल परिवारों की कल्पना कर ली गई है।

विश्व-सृष्टि के प्रसंग में मैकडनेल (387/11) लिखते हैं, "ऋग्वैदिक कवि विश्व की रचना की बात करते समय विविध ब्योरे देते हुए भवन का रूपक खड़ा करते हैं। पैमाइश करने का हवाला बार-बार आता है। इस तरह इन्द्र ने छहों लोकों की माप की, धरती का विपुल विस्तार और आकाश का गुम्बद खड़ा किया, विष्णु ने पृथ्वी के प्रसार को मापा और अपने आवास को ऊर्ध्व बिन्दु पर स्थापित किया। जिस मानदंड का कभी-कभी उल्लेख आता है, वह है सूर्य, जिससे वरुण ने यह काम किया था। पितरों ने दोनों भुवनों को मापा और इन्हें विस्तृत बनाया। स्वाभाविक है, माप आगे या पूर्व की ओर से आरम्भ होती है। इस तरह इन्द्र ने उसी तरह माप की जैसे किसी मकान को आगे से मापते हैं। इसी से जुड़ा है धरती को फैलाने का विचार, जिसका श्रेय अग्नि, इन्द्र, मरुतों आदि को दिया जाता है। चूँकि वैदिक आवास लकड़ी के बने होते थे, इसलिए निर्माण-सामग्री के रूप में एक-दो बार लकड़ी का उल्लेख आता है। कवि पूछता है, "वह पेड़ कौन-सा था, वह लकड़ी कौन-सी थी, जिससे उन्होंने धरती और आकाश की रचना की?"...धरती और द्युलोक को प्रायः स्कम्भ या स्तम्भ पर टिका हुआ दिखाया गया है, पर आकाश को बिना बल्ली के टिका हुआ बताया गया है। आश्चर्य इस बात पर प्रकट किया गया है कि यह गिरता नहीं।...कभी-कभी नींव का भी ज़िक्र आता है।...जहाँ विशेष व्यावसायिक कौशल के ब्योरे आते हैं वहाँ त्वष्टा या दक्षकर्मी ऋभुओं का उल्लेख आता है। इनके आशयों के बारे में कुछ नहीं कहा गया है, पर विष्णु के विषय में यह कहा गया है कि "जैसे आदमी अपने

रहने के लिए मकान बनाता है वैसे ही उन्होंने लोकों को मापा और मनुष्यों के रहने के लिए उनका विस्तार किया।"

इस विवरण को ध्यान से पढ़ने पर यह स्पष्ट हुए बिना नहीं रहेगा कि यह एक ऐसे समाज के कवियों का विवरण है जो न केवल विशाल भवनों से परिचित थे, अपितु जिन्हें नगर-योजना का भी ज्ञान था और इस तरह का ज्ञान हड़प्पा के नगरों की समस्त पूर्वापेक्षाओं की पूर्ति करता है। पैमाइश आदि के बाद मकान को बनाना; आवास को ऊँचे स्थान पर स्थापित करना, जो बाढ़ आदि के अन्देशों की छाया लिये हुए हैं और जिसकी पुष्टि हड़प्पा के नगरों से होती है; धरती को फैलाने की कल्पना जो नई बस्तियों को योजनाबद्ध रूप में बसाने की झलक देता है; पूरे आकाश को ही एक विशाल छत के रूप में कल्पित करना जो अपनी सीमा में बड़े मकान बनाने और बड़ी छतें डालने की क्षमता को प्रकट करता है; यह कल्पना कि इतनी बड़ी छत के लिए बहुत-से खम्भों का होना ज़रूरी है और आश्चर्य की बात यह कि यहाँ खम्भा एक भी नहीं है, जो हड़प्पा सभ्यता के सभागारों की याद दिलाता है, जिनमें बहुत-से खम्भे खड़े करके अपने समय को देखते विशाल कक्ष तैयार किया गया था; इन निर्मितियों के साथ दक्ष पेशेवर कारीगरों का उल्लेख और केवल अपने ही लिए नहीं, अपितु मनुष्यों के लिए लोकों की माप जो बहुत बड़े समुदाय के लिए एक ही उपक्रम में नगर या बस्ती बसाने का या अपने नौकरों-चाकरों के लिए भी अपने भवन के पास आवास बनाने का आभास देता है; माप की दिशा का पूर्व से आरम्भ होना जो सम्भवतः सरस्वती के क्षेत्र में पूर्व से पश्चिम की ओर जाकर बस्तियाँ बसाने का स्मृतिशेष हो सकता है।

लकड़ी का उल्लेख देखकर यह कल्पना कर लेना कि वैदिक कालीन मकान केवल लकड़ी के ही बनते हैं, उचित नहीं है। देखना यह चाहिए कि हड़प्पा के मकानों में लकड़ी का कितना उपयोग होता था। मार्शल (404/15) लिखते हैं, "इसके अलावा अग्निकांडों के साक्ष्य से जो मोहनजोदड़ो के अनेक मकानों को अपना ग्रास बना चुके थे, हम यह जानते हैं कि इनके ऊपरी ढाँचे में लकड़ी का खुलकर उपयोग किया गया होगा।" ऋग्वैदिक आवासों की कल्पना में भी लकड़ी का उल्लेख मुख्य रूप से ऊपरी ढाँचे के सन्दर्भ में ही आया है। अतः लकड़ी के प्रचुर उपयोग से दोनों की भिन्नता नहीं, अपितु अभिन्नता का ही पता चलता है। छत के पटाव के लिए कड़ियों के रूप में बाँस का ही उपयोग हड़प्पा सभ्यता में भी होता था, इस बात को लकड़ी की चिराई के लिए प्रयुक्त औज़ार की सीमाओं को सामने रखते हुए समझा जा सकता है।

1. आवास के पर्याय

ऋग्वैदिक में आवास के लिए जिन पर्यायों का प्रयोग हुआ है उनमें से कुछ निम्न प्रकार हैं : शर्म (1.22.15; 5.64.3; 10.66.5), धाम (7.61.4; 8.41.10), क्षय (3.8.1; 5.12.6; 7.66.5), दम (2.1.7), गुहा (3.1.9), गृह (1.22.4; 2.41.2; 4.49.3), दुरोण (1.69.2; 3.1.18; 4.2.7), अस्त (1.66.5; 3.53.4; 4.16.10), सदन (1.31.17; 3.30.9), सद्म (3.55.14; 4.1.8), वरूथ (2.34.14), वास्तु (1.154.6;8.25.5), गय (1.74.2;5.10.3;

7.18.13), दुर्य (1.51.14), छदि (10.85.10), छर्दि (4.53.1), वसति (6.3.3), हर्म्य (5.32.5), वेश्म (10.107.10), निवेश (6.71.2), भुवन (1.35.6), पस्त्या (4.1.11), नील (4.1.11), कृत्ति (8.90.6), शरण (2.3.8), अज्म (6.4.4), गर्त (1.124.7), योनि (1.66.3)। इनमें से अनेक का प्रयोग अभेदक रूप में किया जाता रहा होगा। व्युत्पत्तिपरक दृष्टि से विचार करने पर इनमें से अनेक का सही रूपाकार नहीं समझा जा सकता। कारण, आवास के लिए प्रयुक्त किसी भी भाषा के शब्दों में छाया, घेरा, रहने या ठहरने की जगह, निर्मित चीज़ आदि का सरल भाव ही मूल रूप में देखने में आता है। इनमें से कुछ का प्रयोग मामूली क़िस्म के आवासों के लिए ही होता रहा होगा। कोई भी समाज केवल धनिकों का समाज नहीं होता और धनी-गरीब सभी अपने मकान अपनी आर्थिक हैसियत के अनुसार ही बनाते हैं। पूरे समाज को ध्यान में रखें तो अच्छे मकानों की तुलना में घटिया क़िस्म के मकानों की हमेशा अधिकता रही है, कारण, एक व्यक्ति का धनी होना अनेक की निर्धनता पर ही निर्भर करता है, जिनके संचित और अपहृत श्रम और उत्पाद ही उसकी समृद्धि में प्रकट होते थे। प्रश्न यह है कि क्या इनमें से कुछ मकान उस कोटि के भी रहे हो सकते हैं जिन्हें हम हड़प्पा के नगरों में देखते हैं?

ऋग्वैदिक आवासों के रूपाकार का निश्चय करने में आवास के लिए प्रयुक्त शब्दावली कुछ अन्य कारणों से भी हमारी सहायता नहीं करती। अनेक शब्द जो आवास के लिए प्रयुक्त हुए हैं, आवास के अतिरिक्त अन्य अर्थों में भी प्रयुक्त हुए हैं। उदाहरण के लिए, 'शर्म' का प्रयोग प्रायः सुख के लिए, 'धाम' का प्रायः प्रकाश, स्थान, पद या कर्म के लिए और 'गय' का प्रयोग अनेक बार धन के लिए भी हुआ है। साथ ही ऋग्वैदिक कवि अपनी झक के अनुसार विभिन्न शब्दों का प्रयोग वाचिक और लाक्षणिक दोनों आशयों से करते हैं और इस तरह एक ही शब्द अपने पूर्वरूपों, रूपान्तरों, व्यंग्यार्थों आदि के साथ अपना रूढ़ अर्थ भी रखता है, जो शाब्दिक प्रयोगों पर कुछ सतर्कता से विचार करने की माँग करता है। पर इसके बावजूद हम एक सीमा तक यह अनुमान कर सकते हैं कि यदि शर्म आवास और सुख दोनों का वाचक है तो जहाँ इसका प्रयोग घर के लिए हुआ है वहाँ आशय आरामदेह मकानों से या अच्छे मकानों से हो सकता है, विशेषतः वहाँ जहाँ सन्दर्भों में इसकी पुष्टि हो। इसी तरह धाम अच्छी तरह लिपे-पुते मकानों का भाव और गय सम्पन्न मकानों और, बहुत सम्भव है, अनाज आदि रखने के कोठारों का या पशुओं आदि के लिए बने साधारण छाजनों में से किसी का सूचक हो सकता है। वैदिक आवासों के विषय में और इसमें भी अधिक भव्य आवासों के विषय में हमें अधिक सार्थक संकेत आवास-विषयक वैदिक कामनाओं में और इनकी निर्मिति के विषय में उपलब्ध क्षीण सूचनाओं में मिलते हैं।

2. पक्की ईंटों का प्रयोग

वैदिक जन अपने यज्ञकुंड की चिनाई भी ईंटों से करते थे। यह एक अकल्पनीय-सी बात है कि जो लोग यज्ञकुंडों तक में ईंटों का प्रयोग करते थे वे इनका उपयोग मकानों या अन्य निर्मितियों–कुआँ, घाट आदि–में न करते रहे हों। सरकार (536/37-38) लिखते हैं, यदि

हम यह मानें कि उनके हवनकुंड और यज्ञकुंड तो ईंट के बनते थे पर आवास नहीं तो यह एक विलक्षण बात होगी। ऋग्वेद (1.122.13) में ईंटों के उल्लेख को देखकर कोसंबी (344/35) यह प्रस्ताव रखते हैं कि जिस ऋचा में यह प्रयोग आया है उसकी रचना मेसोपोटामिया में हुई हो सकती है। कारण, यायावर वैदिक आर्य भला ईंट से कैसे परिचित रहे हो सकते हैं? यह इस बात का अच्छा प्रमाण है कि यायावरी और बर्बरता की छवि को बनाए रखने के लिए विद्वान् किस सीमा तक जा सकते हैं। प्रश्न यह है कि मेसोपोटामिया से भारत आनेवाले आर्य वहाँ से इस ऋचा को ही लेकर चले आए थे या ईंट पकाने की कला भी? साथ ही यह भी कि पक्की ईंटों के आविष्कार और प्रयोग की दृष्टि से मेसोपोटामिया आगे पड़ता है या हड़प्पा? *शतपथ ब्राह्मण* (6.1.2.22; 2.1.1-9) के अनुसार ईंट का इष्टक नाम ही इसलिए पड़ा कि इसका जन्म इष्टि अर्थात् यज्ञ से हुआ। *शतपथ ब्राह्मण* में जिस रूपकीय शैली में इसे व्यक्त किया गया है, वह इस प्रकार है :

"प्रजापति ने अग्नि के रूपों का ध्यान किया। वह उस कुमार की खोज करने लगा जो विभिन्न रूपों में प्रवेश कर गया था।...उसने विचार किया कि मैं उस रूप की खोज करूँ जिसे मैं जल पर प्लवित रहने देता हूँ। उनकी उसने खोज की और उसका जो अंश जल में प्रविष्ट हो गया था, उस जल को उसने लिया और इसमें जो मिट्टी थी उसे भी एकत्र किया। जल और मिट्टी दोनों को लेकर उसने ईंट बनाई। अतः ईंट में दो चीज़ें होती हैं, मिट्टी और पानी। उसने फिर विचार किया, यदि मैं इस तत्त्व को अपने भीतर स्थापित कर लूँ तो पाप से लिप्त होने के कारण मैं मर्त्य हो जाऊँगा। 'अच्छा, तो मैं इसे आग में पकाऊँगा।' ऐसा कहकर उसने इसे आग से पकाया और इस तरह इसे अमर बना दिया, क्योंकि अग्नि में पककर हवि अमृत हो जाती है। इसलिए ईंटों को आग में पकाते हैं और उन्हें अमर बनाते हैं।" *तैत्तिरीय संहिता* (4.2.9) में यह उल्लेख है कि ईंटों का आविष्कार अंगिरस ने किया था।

इस तरह वैदिक परम्परा के अनुसार, ईंट और सम्भव है, बर्तन पकाने की युक्ति की भी खोज यज्ञ के माध्यम से ही हुई। *शतपथ ब्राह्मण* में ही उखा या यज्ञ-पात्र तथा विश्वज्योति इष्टक के निर्माण का एक हवाला आता है जिससे प्रकट होता है कि विश्वज्योति इष्टक के रूप में मिट्टी की पट्टियों पर देवताओं की प्रतिकृतियाँ बनाई जाती थीं और उन पर वाणी की मूर्त करने के लिए कुछ रेखांकन किया जाता था (31/6.2.3.2; 5.3.1-3)। ऐसा लगता है कि आरम्भिक अवस्थाओं में देवों को कल्पित किया या मूर्त रूप में गढ़ा जाता था और यज्ञ भाग ग्रहण करने के लिए सीधे यज्ञ-कुंड में ही डाल दिया जाता था। लम्बे समय तक चलनेवाले यज्ञ में इन प्रतिमाओं के पकने और इस तरह अमर होने के अनुभव ने ही सम्भवतः इस विचार को जन्म दिया कि विशेष आकार में मिट्टी को ढालकर इससे पक्के बर्तन और ईंट बनाई जा सकती हैं। दूसरे शब्दों में कहें तो, वैदिक आर्यों के पूर्वजों ने स्वयं अपने अनुभव से ईंटों का आविष्कार किया था और यह बात भी उन्हें हड़प्पा सभ्यता का जनक और निर्माता सिद्ध करती है।

मार्शल (404/263-64) हड़प्पा की ईंटों की चिनाई और इसकी विविध रीतियों का उल्लेख करते हैं। ऋग्वेद से चिनाई के विषय में अपेक्षित सूचनाओं की आशा करना उचित नहीं पर बाद की कृतियों, यजुर्वेद और तैत्तिरीय संहिता आदि में विविध प्रकार की ईंटों के

उल्लेख आए हैं, यथा–विकर्णी, वामधृत, कुंभेष्टक आदि (13/5.3.7,4.4.3,4.2.9,5.6.1; देखें, 536/36)

3. आवास की कामना

वैदिक जन केवल अपने यज्ञ-कुंडों में ही पक्की ईंटों का प्रयोग नहीं करते थे अपितु अपने मकानों में भी पक्की ईंटों का प्रयोग करते थे। एक स्थल पर यह अनुरोध किया गया है, कि 'हे वरुण, मुझे मिट्टी के घर में न जाना (रहना) पड़े।' हे सुक्षत्र, मुझसे प्रसन्न होओ। (7.89.1) यह उल्लेख निषेधपरक हैं, पर यदि मिट्टी के या कच्चे मकान की कामना नहीं की गई है तो ज़ाहिर है कि यह कामना झोंपड़े की नहीं, अपितु पक्के मकान की ही हो सकती है। एक अन्य स्थल पर पुष्करिणीयुक्त, देवोपम मनोहर और परिष्कृत भवन का उल्लेख आया है (10.107.10)।

ऋग्वेद में जहाँ (2.35.6; 3.30.14) आम या आमा शब्द आया है, सायण ने सामान्यतः इसका अर्थ कच्चा या अपक्व किया है। 'अम्' का मूल अर्थ जल (वु. अम्बु, आम्र, अमृत आदि) है, पर अपने आर्थी विकास में अनेक शब्द अपने विपरीतार्थी रूप में भी प्रयोग में आते दिखाई देते हैं। सम्भवतः मूलतः यह फ़र्क़ स्वराघात आदि के द्वारा व्यक्त किया जाता रहा होगा। इस तरह हम 'अम्' शब्द का प्रयोग मज़बूत के अर्थ में भी ऋग्वेद में पाते हैं और आमा या आँवा–ईंट पकाने की भट्ठी, आमाशय–पक्वाशय आदि इसी की देन हैं। ऋग्वेद में प्रायः अमवत वरूथ का उल्लेख आता है। (4.55.4) सायण ने ऐसे स्थलों पर अमवत का अर्थ 'मज़बूत' या 'विस्तृत' ही किया है। इसका यही आशय मोनियर विलियम्स भी ग्रहण करते हैं। ज़ाहिर है, ऋग्वेद में अमवत वरूथ की कामना पक्के मकानों के लिए ही व्यक्त हुई है। कोई अपनी ओर से कमज़ोर या कच्चे मकान में रहने की कामना करेगा भी क्यों?

ऋग्वेद में 'त्रिधातु शर्म' की कामना भी देखने में आती है। सायण ने इसका अर्थ 'वात-पित्त-कफ का शमन करनेवाला सुख' किया है जो स्वयं सायण को भी अटपटा लगता है, अतः वह इसकी दूसरी संगति 'पृथ्वी आदि तीन स्थानों पर अवस्थित आवास' मानते हैं। पृथ्वी पर आवास की कल्पना तो ठीक है, पर कोई अपने जीते जी स्वर्ग में मकान की बात क्यों सोचेगा और अन्तरिक्ष में तो यह कल्पना और भी आयासकार प्रतीत होती है। ये एकाधिक मंज़िलोंवाले मकान या तीन तल्लों के मकान हैं।

त्रिधातु शर्म के अतिरिक्त 'त्रिवरूथ शर्म' (4.53.6; 5.4.8) का भी उल्लेख बार-बार आता है। वरूथ का शाब्दिक अर्थ है 'श्रेष्ठ आवास'। सायण ने इसका अर्थ 'शीत-ताप-वृष्टि-निवारक गृह' माना है, पर कहीं-कहीं वह इसे 'त्रिभूमिक' अर्थ में ग्रहण करते हैं। प्रसंग और औचित्य को ध्यान में रखते हुए इसे तीन तल्लों का मकान मानना उचित लगता है। इसका यह अर्थ नहीं कि वैदिक कालीन आवासों में तीन तल्ले होते ही थे। इस बात की कुछ सम्भावना हो सकती है कि एक-आध मकान ऐसे भी रहे हों, पर महत्त्वपूर्ण बात यह है कि वे इन एकाधिक तल्लोंवाले आवासों की बात अपने प्रसंग में कर रहे हैं। मार्शल ने (404/16-17) मोहनजोदड़ो से एकाधिक तल्लोंवाले भवनों का बहुत ब्योरे

से उल्लेख किया है। महत्त्वपूर्ण बात यह है कि लकड़ी का प्रचुरता से उपयोग मकानों की छत बनाने के लिए ही नहीं किया जाता था, अपितु ऊपरी मंज़िल में लकड़ी का उपयोग अधिक उदारता से किया जाता था। मार्शल के अनुसार, ''ऊपरी तल्ले के निर्माण में लकड़ी का प्रचुरता से प्रयोग किया जाता था, यह मलबे में पाए गए प्रचुर कोयले से स्पष्ट है और साथ ही इस तथ्य से भी कि जिस अग्निकांड ने इस मकान को नष्ट किया था वह इतनी भयानक थी कि इसके कारण दीवार का कुछ हिस्सा पिघल गया था। इस तरह हम देखते हैं कि ऋग्वेद में भवन निर्माण के सन्दर्भ में लकड़ी के उपयोग के जिस तथ्य से हड़प्पा के आवासों से इनके आवासों की अभिन्नता सिद्ध होती है उन्हीं का उपयोग स्वयं मार्शल ने (व/110-11) भी दोनों के बीच भिन्नता प्रमाणित करने के लिए किया।

आवास के विषय में यह कामना की गई है कि यह बड़ा हो (5.55.9), खुला, लम्बा-चौड़ा या सप्रथ हो (6.15.3), अछिद्र हो (2.3.8), मज़बूत हो (1.127.5) आदि। राजाओं के निवास के सन्दर्भ में 'ध्रुव', 'उत्तम' और 'सहस्रस्थूण' (2.41.5) या हज़ार (अनेकानेक) खम्भोंवाले तथा प्रशासन और न्याय के लिए प्रायः याद किए जानेवाले वरुण के विशालतम और सहस्रद्वार (7.89-1) भवन का उल्लेख आता है जो हड़प्पा के आवासों से इतना साम्य रखता है कि इससे अधिक की आशा किसी कृति से, विशेषतः ऋग्वेद जैसी किसी कृति से, नहीं की जा सकती।

मोहनजोदड़ो और हड़प्पा के मकानों की दीवारें पाँच से सात फीट तक मोटी बताई जाती हैं। वीडु या मज़बूत और अछिद्र या ऐसे मकान जिनमें आसानी से सेंध आदि न लग सके, स्वस्तिमान या सायण के शब्दों में 'अविनाशयुक्त' भवन कहें या परम्परागत अमरावतियाँ, कैसे मकानों से बनी रही हो सकती हैं, इसका सही मूल्यांकन इन भवनों को देखकर ही किया जा सकता है। मकानों की विशालता के विषय में मार्शल (404/17) लिखते हैं, ''उच्च वर्ग के औसत मकानों का पाठकों को यथासम्भव सुस्पष्ट बोध कराने के लिए, मैंने दो नमूने तिर्यक् प्रक्षेपों में तैयार कराए हैं।..इनमें पहले (फलक चौथा और पैंतालीसवाँ ए) का सामने का हिस्सा 85 फीट और गहराई (लम्बाई) 97 फीट है। इसकी बाहरी दीवारें 4 से 5 फीट तक मोटी हैं और इनमें बाहर की ओर हलका-सा फैलाव है।...जैसा कि पहले संकेत किया जा चुका है, मोहनजोदड़ो में ऐसे अनेक भवन हैं जो ऊपर वर्णित दोनों इमारतों से बहुत अधिक विशाल है। इस तरह उसी वी.एस. क्षेत्र (खंड ए) में एक विशाल इमारत सं. 27 है,...और एच. आर. क्षेत्र में, खंड बी, ब्लॉक-2 में एक बहुत बड़ा मकान सं. 5 है। मध्यवर्ती काल में इसमें उन प्रांगणों और कक्षों के अतिरिक्त जिनको श्री साहनी ने इससे सम्बद्ध माना है, दूसरे अनेक प्रांगण और कक्ष रहे प्रतीत होते हैं।... एक तीसरी इमारत जिसकी योजना बहुत विशाल पैमाने पर बनाई गई थी, इसी क्षेत्र में है जो मेरी दृष्टि में पूरे ब्लॉक 4 को समेटे हुए थी और इसी में सं. 19-22 तक के अनुलग्न क्वार्टर भी शामिल रहे होंगे'' (व/22; 626/33;41)। मार्शल ने (404/17) अपनी राय को सार रूप में रखते हुए यह कहा है कि मोहनजोदड़ो के समृद्ध वर्ग के आवास महलों जैसे प्रतीत होते हैं। मैकडनेल और कीथ को गृह शब्द के बहुवचन में प्रायः आनेवाले प्रयोगों को देखकर जो उलझन हो रही थी उसका समाधान मार्शल द्वारा वर्णित इन भवनों से हो जाता

है, जिनमें एकाधिक प्रांगण हुआ करते थे और इनकी विशालता का रहस्य यह नहीं है कि ये वैदिक कालीन विशाल परिवारों के रहने के लिए बने थे, न यह कि इनमें मवेशी और मनुष्य एक साथ रहते थे। पर यह अनुमान लगाया जा सकता है कि हड़पा के नगरों के इन बहुखंडीय भवनों में अपने वाहनों को टिकाने, गायों, घोड़ों आदि को बाँधने और सेवकों के निवास का प्रबन्ध भी–स्वामी के भवन के पास ही और उसी से सटे क्वार्टरों और प्रांगणों में–रहता रहा होगा। यह स्थिति तो नगरों की है, गाँवों में किसानों के पशुओं के लिए घर उनके मकान के पास ही बने रहते हैं, इस विषय में किसी टिप्पणी की आवश्यकता नहीं।

हड़प्पा के नगरों में कुछ तत्त्व सर्वनिष्ठ हैं और ये सम्भवतः परिपक्व हड़प्पा या, कहें, सैंधव हड़प्पा की स्थापना से पहले ही विकसित हो चुके थे, अतः इनके इतने सटीक विवरण ऋग्वेद में पाकर चौंकने की ज़रूरत भी नहीं। अब हम इन सहस्रद्वार और बहुकक्षीय भवनों पर दृष्टिपात करने के बाद उस विशेष भवन पर दृष्टि डाल सकते हैं जिसे वरुण से सम्बन्धित माना जा सकता है और जिसे सहस्रस्थूण कहा गया है।

मार्शल (व/22) लिखते हैं, "मोहनजोदड़ो के वस्तु-अवशेषों के इस संक्षिप्त सर्वेक्षण को समाप्त करने से पहले दो अन्य इमारतों पर ग़ौर कर लेना होगा जो इस स्थल के पश्चिमी हिस्से में हैं, अर्थात्, एल क्षेत्र के खंड सी के ब्लॉक 4 का खम्भोंवाला विलक्षण हाल और स्तूप के पश्चिम एस डी क्षेत्र का विशाल स्नानागार। इनमें से पहला 90 फीट वर्ग (अर्थात् 8100 वर्ग फीट) का है...इसकी योजना मूल रूप में मध्यवर्ती काल में बनी थी।...इसकी छत ईंट के 20 खम्भों पर, जो पाँच-पाँच की चार क़तार में थे, टिकी थी, और यह बहुत विशाल था।"

इस भवन या हाल को दरबार के रूप में देखा गया है (404/30) और इसका विस्तृत विवरण देनेवाले मैकाय और स्वयं मार्शल भी पदक्रम आदि के अनुसार लोगों के बैठने के लिए आसन आदि से इसके सजे होने की कल्पना करते हैं।

यहाँ इस बात पर बल देना ज़रूरी है कि ऋग्वेद में सहस्रद्वार और सहस्रस्थूण भवनों को ही राजाओं या प्रशासकों के साथ सम्बन्धित किया गया है और इन्हें पाने का नहीं, बल्कि इन तक पहुँचने का ही उल्लेख आता है। शेष आवासों के विषय में यही कामना की गई है कि ये हमें प्राप्त हों, या ऐसे बने रहें। इसके बावजूद कुछ लेखकों का खयाल है कि ऋग्वेद में मकान की कामना नहीं व्यक्त की गई है। ऐसी शंकाओं को लाजवाब रहने देना ही अच्छा है।

सुन्दर और सुनियोजित भवनों का वैदिक जीवन में क्या महत्त्व था, इसका एक अच्छा प्रमाण यह भी है कि इनके यहाँ वास्तु का एक अलग देवता कल्पित किया गया है जिसका नाम है वास्तोष्पति। वास्तोष्पति की स्तुति में बहुत अधिक मन्त्र नहीं आए हैं, पर जो थोड़े-से मन्त्र आए हैं, वे आवास के विषय में वैदिकों के गहरे सरोकार को तो प्रकट करते ही हैं। इस देवता का सम्बन्ध केवल मकान के कल्याण से ही नहीं, अपितु इसके निर्माण से भी है। एक बार उसे त्वष्टा या निर्माता के रूप में स्मरण किया गया है (5.41.8)। हमें ऐसा लगता है कि यह स्थपतियों का अपना देवता था जिसकी प्रतिष्ठा वे अपने निर्मित मकानों के मुख्य द्वार पर इस आश्वासन के साथ कर देते थे कि जब तक इस देवता का सम्मान होता रहेगा, मकान में अभाव और व्याधियों का प्रवेश नहीं होगा और सम्भवतः

यही देवता आज भी परम्परागत मकानों में दरवाजे के दाईं ओर बने ताखे में पिंडी के रूप में स्थापित रहता है जिसकी पूजा गृहप्रवेश और विवाह आदि के अवसर पर गृह-देवता के रूप में की जाती है।

एक स्थल पर वास्तोष्पति से घर में खम्भों को सुदृढ़ बनाए रखने का अनुरोध किया गया है (8.17.14)। अन्यत्र उन्हें विविध वास्तुकृतियों में प्रविष्ट रोग आदि का नाशक बताया गया है (7.55.1)। एक अन्य स्थल पर स्वयं वास्तोष्पति को देवताओं द्वारा गढ़कर तैयार करने की बात की गई है (10.16.7)। सूक्त 7.54 जो वास्तोष्पति को ही सम्बोधित है, उनको रोग-नाशक, धन-धान्य बढ़ानेवाला और योग-क्षेम में सहायक बताता है।

एक कल्पना, जिसका आधार सम्भवतः अग्नि का गार्हस्पत्य रूप है, यह कर ली गई है कि वैदिक आर्यों के प्रत्येक घर में एक अग्निकुंड हुआ करता था। मार्शल ने ऐसे कुंडों के अभाव को भी यह सिद्ध करने का आधार बनाया था कि मोहनजोदड़ो के भवन वैदिक आर्यों से सम्बन्धित नहीं हो सकते। वस्तुतः गार्हस्पत्य अग्नि वह अग्नि है जिसे घर के भीतर रसोई आदि बनाने के लिए उपयोग में लाया जाता है। वैदिक यज्ञ घर के बाहर हुआ करते थे और यज्ञ के समय मंथित आग के साथ गार्हस्पत्य आग भी मिलाई जाती थी। सम्भव है, मंथन से आग पैदा करने के कष्टसाध्य प्रयत्न को देखते हुए, क्रमशः अरणि मंथन मात्र एक औपचारिकता ही रह गई हो और इस औपचारिकता को कुछ समय तक चलाने के बाद असल काम गार्हस्पत्य अग्नि से ही लिया जाता रहा हो। परन्तु दियासलाई के चलन से पहले प्रत्येक घर में आग जलाकर रखी जाती थी। इसका इससे अधिक आशय लेना ठीक नहीं है। कहीं जाते समय आग को साथ लेकर चलना ज़रूरी था, क्योंकि खाद्य-पदार्थ और जल की ही तरह आग भी उनकी आवश्यक वस्तुओं में आती थी, पर यह बात सुदूर अभियानों पर ही लागू होती थी। आग को साथ लेकर चलने की रीति क्या थी यह कहना कठिन है, पर सम्भव है वे झझरीदार पात्र जिन्हें इंसेंसबर्नर या धूपदानी कहा गया है, आग (अर्थात् उपले सुलगाकर इनमें रखकर) ले जाने के प्रयोग में आते रहे हों। यह सुझाव इसलिए रखा जा रहा है कि इनमें आग को रखकर टाँगकर ले जाना अधिक सुकर था और नीचे के छिद्रों के कारण निरन्तर ऑक्सीजन मिलती रहने से इनमें आग बुझने का भय नहीं रहता रहा होगा।

अतः यदि मोहनजोदड़ो और हड़प्पा के घरों में अग्निकुंड नहीं मिले तो चिन्ता की बात नहीं; हाँ, यदि उनमें रसोई ही न बनती रही हो और घर में आग ही न रखी जाती रही हो तो कुछ चिन्ता की बात अवश्य होगी, जिस विषय में मार्शल हमारी कोई सहायता नहीं करते।

4. नगर

भारत आज भी एक ग्राम-प्रधान देश है। प्राचीन काल की सभी सभ्यताओं के मेरुदंड उनके गाँव ही रहे हैं और हड़प्पा सभ्यता को भी हम ग्राम-प्रधान ही पाते हैं। प्रश्न यह है कि क्या वैदिक साहित्य में नगरों के अस्तित्व के संकेत मिलते हैं? 'गोपथ ब्राह्मण' में प्राचीन काल में प्रचुर जल-सम्पदावाली नदियों पर इन्द्र के नगर के बसे होने का ज़िक्र आता है जिसे

असुरों ने घेर लिया था (9/1.23)। यह विवरण प्राचीन परम्परा पर ही आधारित हो सकता है। सृष्टि के प्रसंग में कहा जाता है कि जैसे मानदंड से मापकर मकान बनाया जाता है उसी तरह इन्द्र ने पहले पैमाइश की और फिर नदियों को खोदा। नदियों के निर्माण के प्रसंग में पैमाइश करने के बाद वज्र या यन्त्र से खुदाई (2.15.3) करने की बात वे ही कर सकते थे जो जल-निकास आदि के लिए सुनियोजित रूप में नालियों, नालों और नहरों का निर्माण करने का ज्ञान, कौशल और अनुभव रखते रहे हों। ऋग्वेद में जिन विशाल भवनों के उल्लेख मिलते हैं वे भी नगरों में ही निर्मित हो सकते थे। सभागार की ओर रथ पर सवार होकर आनेवाला (8.4.9) अपने गाँव की बैठक में तो नहीं ही आ रहा होगा। अरेणु या धूलरहित मार्गों (1.35.11) की कल्पना भी वे ही कर सकते थे जिनके अपने नगर की कुछ सड़कों की नियमित सफ़ाई और धुलाई होती रही हो। स्वल्पवृष्टि के बावजूद सिन्धु के नगरों में बनी नालियाँ इस बात की सूचना देती हैं कि इसके पक्के मार्गों की धुलाई भी हुआ करती थी और धुलाई के लिए प्रयुक्त होनेवाले मशक या दृति को ऋग्वेद से ही समझा जा सकता है।

इसी तरह नागर आचार, जिसकी झलक हड़प्पा के अवशेषों में सर्वत्र मिलती है, की दृष्टि से भी हम वैदिक परम्परा को ही अधिक आग्रहशील पाते हैं। स्वच्छता चाहे वह शरीर की हो या वस्त्रों की या परिवेश की, शील या शिष्टाचार–पिता का पुत्र के प्रति, पुत्र का पिता और माता के प्रति, छात्र का गुरु के प्रति, शिक्षित और विद्वान् व्यक्तियों का सामान्य जनों और सामान्य जनों का उनके प्रति, विभिन्न हैसियत के व्यक्तियों का एक-दूसरे के प्रति; नारी का पुरुष और पुरुष के प्रति नारी का क्या व्यवहार होना चाहिए, इनका आमना-सामना होने पर कैसे पेश आना चाहिए, कब और कैसे बोलना चाहिए, कहाँ बैठना चाहिए, खाद्य और पेय पदार्थों को किस तरह साफ़ रखना चाहिए और किन खाद्यों और पेयों से परहेज़ करना चाहिए आदि के प्रतिबन्ध भी नागरिक चेतना और अनुशासन की देन हैं जिनके अभाव में हम किसी व्यक्ति को ग्राम्य, गँवार या प्राकृत जन कह दिया करते हैं। प्रातः स्नान का सम्बन्ध भी हड़प्पा और वैदिक नागर जीवन की ही देन है, जिसका सम्बन्ध शारीरिक श्रम से मुक्त 'भद्र जनों' से है। मिट्टी-धूल में काम करनेवाला काम करने के बाद नहाना पसन्द करेगा, न कि नहाकर मिट्टी-धूल में लिपटना।

5. नगर-योजना

हड़प्पा की बस्तियों से दो बातें सामने आती हैं : इनका निर्माण एक निश्चित योजना के अनुसार हुआ है और इनको वर्गाकार कल्पित किया गया है (317) वर्ग वृत्त की तरह पूर्णता का प्रतीक है और इसकी रचना में भी मूलतः वृत्त का ही सहारा लिया गया है। अर्थात् वृत्त के व्यास के समानान्तर रेखाएँ खींचकर इसके सिरों को पुनः उसी युक्ति से मिलाकर वर्ग की रचना। वृत्त और वर्ग की इस पूर्णता का आग्रह वैदिक यज्ञ-विधान में भी बहुत स्पष्ट देखा जा सकता है। यज्ञकुंड और यज्ञ की वेदी की रचना में ईंटों का चयन वर्गाकृति में ही किया जाता था और आज भी इनको वर्गाकार ही बनाया जाता है। यज्ञकुंड को अग्नि के निवास के रूप में और वेदी को देव-समाज के आवास के रूप में कल्पित किया जाता है।

6. नगर-प्रशासन

हम वरुण के सन्दर्भ में इस बात का उल्लेख कर आए हैं कि क्रमशः विकसित होते हुए यह देवता वैदिक काल तक दो व्यक्तियों में बँट चुका है। एक नौचालन के समय कप्तान का रूप और दूसरा उसका प्रशासनिक रूप। इस दूसरे पक्ष को ही मूल वरुण का सीधा विकास कह सकते हैं। वैदिक काल में वरुण को प्रायः राजा या सम्राट के रूप में प्रस्तुत किया जाता है। वह व्यवस्था और न्याय के सर्वोच्च देवता हैं। हड़प्पा सभ्यता के नगरों की व्यवस्था को देखते हुए हम इस नतीजे पर पहुँचते हैं कि नगर-नियमों का कठोरता से पालन करने के लिए उस समय किसी संस्था का अस्तित्व रहा होगा (102/27)। ऋग्वेद में वरुण के विषय में जो सूचनाएँ मिलती हैं, वे इस तरह की व्यवस्था को सुनिश्चित करने के लिए पर्याप्त मानी जा सकती हैं। केवल धरती का ही नहीं, समस्त सृष्टि का नियमित संचालन, सूर्य, चन्द्रमा और नक्षत्रों की गति और नियमबद्धता–सब कुछ वरुण के शासन के अधीन है। उनका व्रत या विधान सर्वमान्य है। इनके अटल नियम–ऋत–और आदेश का उल्लंघन नहीं हो सकता (1.24.15; 3.54.18)। स्थापित मर्यादा का उल्लंघन करनेवाले को प्राणदंड तक प्राप्त हो सकता है (2.28.5)। उनके पाश से मुक्ति नहीं है, या है तो उन्हीं की कृपा से (1.24.13)। वह उरुचक्षु या सब पर खुली नज़र रखनेवाले हैं (1.25.1.8;41.8) उनके चर अनिमिष भाव से अच्छे-बुरे कामों पर नज़र रखते है (10.10.8)। स्वयं वरुण लोगों के अच्छे-बुरे कामों का निरीक्षण करते चलते हैं (7.49.3)।

ऋण की अदायगी न कर पाना दंडनीय है (2.27.4)। चोरी करना दंडनीय है (7.55.3)। दूसरे की कमाई पर पलना या दूसरे की कमाई हड़पना पाप है। (2.28.9) झूठ बोलना अपराध है (1.23.22)। अभिचार करना या जादू-टोना करना अपराध है (7.104.15)। किसी स्त्री से विवाह से पूर्व सहवास करना वर्जित है (2.29.1; 10.8.5.24)। हत्या, लूट आदि निश्चय ही दंडनीय है। इनके अतिरिक्त ऋग्वेद में मानसिक या अकृत पापों या एनसों-आगसों का उल्लेख प्रायः आता है (1.179.5;2.27.14)। यह इस समाज की नैतिक चेतना को समझने के लिए महत्त्वपूर्ण नहीं है अपितु, इससे यह भी प्रकट होता है कि नियमों के कठोर परिपालन और प्रवर्तन के एक लम्बे क्रम के दौरान इन सामाजिक और नागरिक मूल्यों को जनचेतना का अंग बना दिया गया था। इसके अभाव में उस काल में इतने बड़े क्षेत्र में समान रूप से नियमितता और समस्त पुरवासियों और, सम्भवतः, ग्रामवासियों द्वारा नियम, व्यवस्था और स्वच्छता का परिपालन सम्भव नहीं था, जो हड़प्पा सभ्यता के पूरे प्रसार में देखने को मिलता है।

7. भोगवादिता और दुर्व्यसन

नागरिक सभ्यता का अधिक मुखर रूप इस समाज की भोगवादिता में प्रकट होता है। धन और उत्तम भोगों के पीछे इसके पागलपन में इसे देखा जा सकता है। वरुण के कठोर आग्रहों के बावजूद इस समाज में कम-से-कम एक वर्ग तो ऐसा है ही जो सारे बन्धनों को तोड़कर अपने अतिरिक्त धन-संचय को शराब, जुआ और वेश्यागमन आदि पर लुटाता है।

द्यूत : वैदिक कालीन दुर्व्यसनों में से एक जुआ है, जिसके लिए सभागार या अड्डे बने प्रतीत होते हैं (10.34.9)। जुए का कुछ विस्तार के साथ उल्लेख केवल एक ही सूक्त में आया है, जिसे इतने प्रभावशाली ढंग से चित्रित किया गया है कि लगता है इसने वैदिक समाज में एक व्याधि का-सा रूप ले लिया था। वैदिक काल में जुए का चलन कितना अधिक था, इसे समझने के लिए इस सूक्त के कुछ अंशों पर दृष्टिपात करना अप्रासंगिक न होगा : यह पत्नी मेरी और मेरे बन्धुओं की विशेष सेवा-सुश्रूषा करती थी, किन्तु केवल पासे के कारण मैंने उस परम अनुरागिनी को खो दिया। जो जुआरी जुआ खेलता है उसकी सास उसकी निन्दा करती है और उसकी पत्नी उसका साथ छोड़ देती है। जुआरी किसी से कुछ माँगता है तो उसे कोई कुछ नहीं देता। जैसे बूढ़े घोड़े को कोई नहीं खरीदता, उसी तरह जुआरी का कोई आदर नहीं करता। पासे का आकर्षण बहुत कठिन है। यदि किसी के धन के प्रति उसकी लोभदृष्टि हो जाए तो पासेवाले की पत्नी व्यभिचारिणी हो जाती है। जुआरी के माता-पिता और सहोदर कहते हैं, हम इसे नहीं जानते। जुआरियो, इसे पकड़कर ले जाओ। जिस समय मैं इच्छा करता हूँ कि अब मैं जुआ नहीं खेलूँगा उस समय मैं पासे के पास से हट जाता हूँ। किन्तु पटल पर पीले अक्षों को चलते देखकर अपने को रोक नहीं पाता। जैसे कुलटा स्त्री अपने यार के पास जाती है वैसे ही मैं जुए के अड्डे पर चला जाता हूँ। कभी-कभी पासा बेहाथ हो जाता है–अंकुश के समान चुभता है, बाण के समान छेदता है, छुरे की तरह काटता है, तप्त वस्तु की तरह जलाता है। जो जुआरी जीतता है, उसके लिए पासा पुत्र-प्रसवा के समान सुखदायी होता है, मधुरता से युक्त होता है, मानो मीठे स्वर में आलाप कर रहा हो, किन्तु हारे हुए जुआरी की तो जान ही चली जाती है। कोई कितना भी प्रबल क्यों न हो, पासा किसी के काबू में नहीं आता। राजा तक पासे को नमस्कार करते हैं। जुआरी की स्त्री दीन-हीन वेश में यातना भोगती है, बच्चे मारे-मारे फिरते हैं, माँ उसका चलन देखकर बिलखती है, कर्ज़ देनेवाला सन्देह में रहता है कि उसका धन वापस मिलेगा भी या नहीं। जुआरी बेचारा दूसरों के घर रात काटता है। जो जुआरी सुबह घोड़े पर सवार होकर आता है, वही शाम को दरिद्र के समान जाड़े से बचने के लिए आग ताप रहा होता है। उसके शरीर के वस्त्र तक उतर जाते हैं (10.34.2-5; 7,8,10-11)।

सूक्त दसवें मंडल में आया है जो नया है, पर इसके प्रचलन की पुष्टि प्राचीन मंडलों से भी होती है (2.29.5; 5.85.8; 7.86.6)। यह इस समाज की एक पुरानी व्याधि थी। यह हड़प्पा सभ्यता की भी एक प्रचलित बुराई दिखाई देती है। इसकी गोटियों को हड़प्पा के अवशेषों में पहचाना जा सकता है, जहाँ से एकाधिक प्रकार की गोटियाँ प्राप्त हुई हैं (124; 91/61)। ऋग्वैदिक काल में जुए की गोटियों के लिए 'विभीतक' शब्द का व्यवहार देखकर यह भ्रम नहीं होना चाहिए कि जुए में गोटों के स्थान पर हारीतकी की गुठली का प्रयोग होता था। परिष्कृत और मानकीकृत रूपों के लिए भी पुराने ग्राम, ग्रेन, माष, कृष्णल आदि प्रयोग चलते आए हैं।

स्वैराचार : अपेक्षा से अधिक लाभ और संग्रह अपने निकास के लिए जिस दूसरे रास्ते की तलाश करता है वह है स्वैराचार और वेश्यावृत्ति। जारवृत्ति वैदिक काल में इतने ज़ोर पर दिखाई देती है कि मनुष्य ही नहीं, देवताओं को भी इसमें शामिल कर लिया जाता है

(1.46.4; 6.55.4; 7.9.1)। देवताओं तक के प्रति किसी तरह की रियायत का न होना यह प्रकट करता है कि जुए की तरह ही यह बुराई भी एक वर्ग-विशेष में अपनी पराकाष्ठा पर पहुँची हुई थी। ऋग्वेद के कुछ अंश ऐसे हैं जिन्हें घोर अश्लील कहा जा सकता है। अश्लीलता की खपत भी सम्भवतः आशातीत लाभ या धनसंचय के साथ गहरा सम्बन्ध रखती है, इसे हम आज के उदाहरणों से भी समझ सकते हैं।

नृत्य वैदिक जनों के मनोरंजनों में से एक है, पर यह नृत्य सामुदायिक उल्लास की अभिव्यक्ति नहीं है जिसमें सभी शामिल होते हैं। यह नर्तकियों का एक पेशा है (1.92.4; 5.52.12; 6.29.3)। इन नर्तकियों का काम केवल नाचना ही नहीं है वे इस पेशे के साथ जुड़े अन्य रूपों में भी अपने ग्राहकों का मनोरंजन करती प्रतीत होती हैं बहुसूवरी, विश्पत्नी (2.32.6-7), साधारणी (1.167.4) देवपत्नी (2.32.8; 5.46.8), आदि विशेषणों का प्रयोग ऋग्वेद में देखने में आता है। उर्वशी की कथा तो ऋग्वेद की मार्मिक गाथाओं में से एक है ही (10.95)। वैदिक ऋषियों में भी कम-से-कम दो–वसिष्ठ और अगस्त्य अप्सराओं से उत्पन्न अज्ञात पितृत्ववाले देव-पुत्र हैं।

जुए की ही तरह वेश्यावृत्ति से भी घरों के तबाह होने और समृद्ध लोगों के रंक बनने की सूचना मिलती है (1.117.18)। अतः यह मानने का कोई कारण नहीं दीखता कि यौन आचरण में यह शिथिलता आदिम कबीलाई समाजों में स्त्रियों को प्राप्त छूट का द्योतक है। यह अवस्था वैदिक समाज के सुदूर अतीत के गर्भ में चली जा चुकी है। कबीलाई निर्बन्धता में स्वच्छन्द वरण का प्रश्न तो आता है, पर पैसे के लिए अपना शील बेचने का सवाल नहीं पैदा होता। भावुकता और रागात्मकता से शून्य, केवल पैसे के लिए अपने को समर्पित करने की वेश्याओं की प्रवृत्ति के कारण ही सम्भवतः स्त्रियों की उस निष्ठुरता और हृदयहीनता का मुहावरा चला है जो शृंगारिक कविताओं में आज तक दुहराया जाता है और जिसकी छाप ऋग्वेद में भी मिलती है; कारण, वेश्याएँ तब तक तो असाधारण स्नेह दिखाती हैं जब तक उन्हें सम्बन्धित व्यक्ति से उपहार और पुरस्कार मिलते रहते हैं, पर उसके कंगाल होते ही उन्हें पहचानती तक नहीं। यह मात्र संयोग नहीं है कि स्त्रियों की इस निष्ठुरता का उल्लेख स्वयं उर्वशी द्वारा किया जाता है, जो एक अप्सरा है (10.95.15)।

गणिका वृत्ति का सम्बन्ध भी नगरों में से है, इसे नगरवधू, नागरी, कसबिन आदि शब्दों में देखा जा सकता है।

मदिरा : जुए और गणिका-वृत्ति की ही तरह सुरापान का चलन भी वैदिक जनों में देखने में आता है। जुए और वेश्यावृत्ति को जिस तरह शहरी जीवन की बुराइयाँ माना जा सकता है, उसी तरह सुरापान को नहीं। सुरापान या किसी-न-किसी तरह के नशे का सेवन आदिम क़बीलों में भी पाया जाता है। पर यहाँ हम इसके चलन को नहीं, अपितु इसके प्रति सामाजिक दृष्टिकोण को शहरी जीवन का प्रमाण मान सकते हैं। कबीलों में जहाँ मादक द्रव्यों का सेवन होता है, इसमें किसी तरह की बुराई नहीं मानी जाती। पर सभ्य समाज में नशे के कारण उत्पन्न होनेवाली मानसिकता–उग्रता, कलह, अपराध की प्रवृत्ति आदि को शिष्ट लोगों के लिए निन्दनीय मानने के कारण–इसकी आलोचना की जाती है। वैदिक समाज में सुरापान (1.116.7; 191-10) की निन्दा की जाती है। सामान्यतः सुरापान को

ही अन्य बुराइयों की जड़ भी माना जाता है। ऋग्वेद में भी सुरापान के विषय में ठीक यही दृष्टिकोण देखने को मिलता है (7.86.6)।

हड़प्पा सभ्यता में मदिरापान का चलन किस सीमा तक था, यह कहना कठिन है, पर नृत्य आदि के प्रचलन के विषय में किसी को सन्देह नहीं है। वास्तविकता यह है कि यदि हड़प्पा की कांस्य नर्तकी को शिनीवाली के पूर्व-विवरण से मिलाकर देखें तो ही यह समझा जा सकता है कि सुबाहु, सुअंगुलि, सुषूमा और ब्राह्मणों की सुकपर्दा, सुकुरीरा (2.32.6-8; 31/6.5.1.10) शिनीवाली का आशय क्या है।

प्रकारान्तर से कहें तो धनात्मक उपलब्धियों के मामले में ही नहीं, अपितु दोषों के मामले में भी वैदिक समाज हड़प्पा नगर सभ्यता से अद्‌भुत साम्य रखता है। इसकी ये सभी विशेषताएँ और दुर्गुण नगर सभ्यता, और उसके भी सम्पन्न और भोगवादी वर्ग की विशेषताएँ और दुर्गुण हैं। ऋग्वेद के विषय में यह मत प्रायः व्यक्त किया गया है कि इसमें आध्यात्मिकता का वह आग्रह नहीं मिलता जो उपनिषद्-काल में देखने को मिलता है। यह समाज घोर भौतिकवादी है, जीवन के उल्लास और आनन्द को न केवल मुक्त रूप में स्वीकार करता और भोगता है, अपितु कुछ मामलों में इसकी यह प्रवृत्ति रुग्णता की सीमा तक पहुँच गई है। इसके देवताओं में भी इस भोगवादिता ने वही उच्छृंखलता पैदा कर रखी है जो उसके अपने समाज में है। रीतिकालीन कवियों के कृष्ण की तरह वैदिक इन्द्र भी असाधारण रसिक दिखाई देते हैं। इन्द्राणी की दर्पोक्ति तो किसी गणिका को ही शोभा दे सकती है (10.86)। उषा तक को अनेक बार एक वारांगना के रूप में दिखाया गया है (1.30.20)। पौराणिक इन्द्र को जिस तरह कामी के रूप में चित्रित किया जाता है और उनके सहयोगी के रूप में प्रायः चन्द्रमा (सोम) को ले लिया जाता है, वह कोई नई बात नहीं। यह वैदिक भोगवादिता और विलासिता का खुमार है। इन्द्रलोक की कल्पना, अप्सराओं, यक्षों और किन्नरों से उनका घिरा रहना, दिन-रात विलासिता में लिप्त रहना, अपने प्रतिस्पर्धियों से आशंकित रहना और उन्हें तबाह करने के लिए शिष्ट और न्यायोचित तरीकों को छोड़कर छल तक उतर आना, ये सभी उस नगर सभ्यता और इसके सम्पन्न वर्ग की जीवन-पद्धति की छायाएँ हैं। जैसा हम कह आए हैं, इन्द्र की अमरावती को मोहनजोदड़ो की ऊँचे नगर-प्राचीर से वेष्टित बस्ती और इसकी पाँच-सात फीट मोटी दीवारोंवाली इमारतों को सामने रखकर ही समझा जा सकता है। साथ ही, इस नगरी का नाम 'अलका', नदी-तट पर बने नगर को सामने रखकर ही समझा जा सकता है। लंका का अर्थ है द्वीप या जल से चारों ओर से घिरा भू-भाग और अलंका का अर्थ हुआ जल के साथ स्थित, पर घिरा हुआ नहीं। यदि अलंका का अर्थ अलंकृत नगरी या सुव्यवस्थित नगरी करें तो भी कोई कठिनाई नहीं होगी। है यह नगरी ही।

अध्याय आठ

भाषा और भारोपीय जन

साहित्य समाज का दर्पण हो या न हो, भाषा पूरे समाज का अचूक दर्पण होती है। यह समाज की समग्र उपलब्धियों को व्यक्त करती है। यह सामाजिक व्यवहार का ही एक रूप है। अतः भाषा इतिहास के अध्ययन में उसी स्थिति में सहायक हो सकती है जब हम केवल शब्दों को नहीं अपितु समाज-विशेष के सांस्कृतिक स्तर को सामने रखकर उस पर विचार करें। सिद्धान्ततः इस मान्यता से किसी को आपत्ति नहीं हो सकती, पर जब व्यवहार की बात आती है तो हम प्रायः इस तथ्य को भूल जाया करते हैं।

1. भाषा परिवार की अवधारणा

सामान्यतः ऐतिहासिक दृष्टि से भाषाओं पर विचार करते समय हम भाषा-परिवारों की बात करते हैं, पर भाषा का उसी तरह कोई परिवार नहीं होता जैसे मनुष्य-समाज द्वारा विकसित किसी संस्था या माध्यम का कोई परिवार नहीं होता। इसकी एक स्थानीय प्रकृति अवश्य होती है। परिवार के साथ वंशधरता का भाव अनिवार्य रूप से जुड़ा रहता है (624/12)। भाषाओं का न तो आपस में विवाह होता है, न ही उनके बच्चे पैदा होते हैं (व/13)। भाषा का निर्माण और विकास परस्पर सम्पर्क में आनेवाले मानव-समुदायों द्वारा, सामूहिक भागीदारी के क्रम में होता है। यदि अर्थव्यवस्था ऐसी है कि वह बहुत बड़े मानव-समुदाय को परस्पर निकट सम्पर्क में ला सके तो सम्पर्क में आनेवाले लोग भले ही अलग-अलग बोलियाँ बोलते हों, उनकी बोलियों में से ही कोई एक शेष बोलियों के शब्द-भंडार और अन्य विशेषताओं को आत्मसात् करती हुई सभी के सम्पर्क की भाषा बन जाएगी और इसके बाद इस समाज के तकनीकी और सांस्कृतिक विकास के अनुरूप अपने को ढालती, सँवारती और परिनिष्ठित करती, सभ्यता के अनुरूप प्रखरता और परिष्कृति प्राप्त करती चली जाएगी और इस सभ्यता के विस्तार के साथ इसका भी प्रभाव फैलता चला जाएगा। यह विकास उस समय तक जारी रहेगा जब तक इस सभ्यता का विकास जारी रहेगा।

इसके विपरीत यदि भाषा और बोली एक ही हो, पर अर्थव्यवस्था निम्न स्तर की हो, और अविकसित अर्थव्यवस्था के कारण इसके बोलनेवालों को अपने जीवन-यापन के लिए बिखरने को बाध्य होना पड़े तो उस एक ही बोली के इतने स्थानीय भेद हो जाएँगे कि

किन्हीं स्थितियों में यदि मूल क़बीले का कोई आदमी अपने ही क़बीले के दूर पड़े लोगों के सम्पर्क में एक लम्बे अन्तराल के बाद आए तो उनकी बातों को समझने में कठिनाई अनुभव करेगा। दूसरे शब्दों में कहें तो, सम्पर्क गहन होने पर भिन्न और सर्वथा असम्बद्ध स्रोतों से निकली बोलियाँ परस्पर रच-पचकर एक सर्वग्राह्य सम्पर्कसूत्र का या उन्नत भाषा का निर्माण कर सकती हैं और सम्पर्क टूटने पर एक ही बोली अनेक उपबोलियों में बँट सकती है। बिहार की भोजपुरी मॉरीशस, त्रिनिदाद, फिजी, सूरीनाम आदि संसार के अनेक देशों में 19वीं शती में गई—और ठीक इसी कारण आज उसके अलग-अलग रूप हो गए हैं। इस तथ्य को हम निम्न रूप में सूत्रबद्ध कर सकते हैं :

1. एक उन्नत और विकसित भाषा का नस्ल या जाति से नहीं, क्षेत्र से सम्बन्ध होता है। इसका निर्माण अनेक स्रोतों से ग्रहण की गई शब्दावली और रूपावली से होता है। यह एक विशाल नदी की तरह होती है जिसकी विशालता और प्रवाह-क्षेत्र की लम्बाई इस बात पर निर्भर करती है कि इसका ग्रहण-क्षेत्र कितनी व्यापक है, इसमें कितनी जलधाराएँ आकर मिलती हैं। शुद्ध और केवल एक स्रोत तक सीमित भाषा एक कपोल-कल्पना है और एक स्रोत से इसका सम्बन्ध केवल इस अर्थ में ही कोई संगति रखता है कि उसके उत्सबिन्दु से पीछे के ग्रहण-क्षेत्रों तक हमारी दृष्टि नहीं पहुँच पाती। सबसे बड़ी बात यह कि ऐसी कोई शुद्ध भाषा कमज़ोर, अनगढ़ और अविकसित ही रह सकती है जिसे खींच-तानकर बोली भले कह लिया जाए, भाषा नहीं कहा जा सकता।
2. भाषा का सम्बन्ध सामाजिक सम्पर्क से, विकसित भाषा का सम्बन्ध व्यापक सम्पर्क से और व्यापक सम्पर्क का सम्बन्ध उन्नत अर्थतन्त्र से है। संकल्पनाओं का विकास तकनीकी और औद्योगिक विकास से भी जुड़ा हुआ है। यदि हम किसी उन्नत और काफी बड़े क्षेत्र में फैली सभ्यता को देखते हैं तो इस बात का दावा अन्य किसी साक्ष्य की अपेक्षा किए बिना कर सकते हैं कि इस पूरे क्षेत्र में बोली जानेवाली भाषा भी अपनी सभ्यता के अनुरूप ही उन्नत और परिष्कृत रही होगी। इसी तरह यदि हम किसी भाषा को बहुत बड़े भू-भाग में फैली पाते हैं तो हम अन्य किसी बात की अपेक्षा किए बिना भी यह मान सकते हैं कि इस प्रसार से पहले और इसके दौरान उससे सम्बद्ध सभ्यता का स्तर अपने युग को देखते हुए उसी अनुपात में उन्नत था।
3. भाषा में सभ्यता का प्रतिबिम्बन मात्र इसके शब्द-भंडार में ही नहीं होता; इसकी अभिव्यक्ति शब्द-निर्माण की युक्तियों, व्याकरण के नियमों, वाक्य-रचना, छन्द-विधान और अलंकार-योजना आदि में भी होता है। एक परिनिष्ठित भाषा सम्बन्धित जन-समाज के जीवन में भी तदनुरूप नियमबद्धता और अनुशासनप्रियता को प्रकट करती है। इस अनुशासन की कठोरता और शिथिलता की ही अभिव्यक्ति इसके कठोर या शिथिल छन्द-विधान में भी होती है। रूढ़ियों से मुक्ति की माँग मुक्त छन्द की भी माँग बन जाती है। अलंकार-योजना मात्र सौन्दर्याभिरुचि को ही नहीं प्रकट करती, अभिव्यक्ति में स्पष्टता या उलझाव को या भिन्न कारणों

से एक ही समाज में मौजूद दुहरी प्रवृत्तियों को भी प्रकट करती है।

यदि भाषा के विषय में किन्हीं नियमों की बात की जा सकती है तो वे ध्वनि परिवर्तन के नियम नहीं हैं, जिनके सैकड़ों अपवाद प्रत्येक भाषा में मिल जाएँगे, अपितु उक्त नियम ही हैं, जिनका विश्व में कोई अपवाद नहीं देखा जा सकता।

ऐसी स्थिति में यदि हम हड़प्पा सभ्यता के प्रसार-क्षेत्र और इसके विकास के स्तर पर ध्यान दें और इस बात की कल्पना करना चाहें कि इसकी सम्पर्क-भाषा कौन-सी या कैसी रही होगी तो हमारा ध्यान सहज ही संस्कृत के ही किसी रूप की ओर जाएगा। दूसरी ओर, यदि भारत से लेकर यूरोप तक फैली तथाकथित भारोपीय भाषाओं के प्रसार-क्षेत्र और स्तर को ध्यान में रखते हुए किसी सभ्यता की कल्पना करना चाहें, जिसके विकास के साथ इस भाषा का जन्म और विकास हुआ होगा, तो इस पूरे प्रसार-क्षेत्र में हड़प्पा सभ्यता को छोड़कर दूसरी कोई सभ्यता या संस्कृति दिखाई नहीं देगी। हमें मूल भाषा की बात सोचते समय उस अर्थव्यवस्था को कदापि नहीं भूलना होगा जो इतने विशाल जन-समुदाय को, या इतने व्यापक प्रभाव-सूत्रों को एक सम्पर्क में जुड़ा रख सकती थी।

2. लुप्त भाषा की परिकल्पना

भारोपीय भाषाओं की परस्पर तुलना और ऐतिहासिक क्रम में इनके विकास का अध्ययन करनेवाले आरम्भिक विद्वानों ने ऊपर के तथ्यों का ध्यान नहीं रखा। संस्कृत से परिचित होते ही उन्होंने उसके सम्भावित अभारतीय स्रोत की घोषणा कर दी। सन् 1786 में रॉयल एशियाटिक सोसायटी ऑफ़ बंगाल के तृतीय वार्षिक भाषण में ही सर विलियम जोन्स ने अपने उद्‌गार जिन शब्दों में प्रकट किए थे, वे बहुत रोचक हैं : ''संस्कृत भाषा कितनी भी पुरानी क्यों न हो, इसका गठन अद्‌भुत है। यह ग्रीक से अधिक निर्दोष, लातिन से अधिक समृद्ध और इनमें से किसी से भी अधिक उत्कृष्ट या सुपरिमार्जित है; इसके बावजूद धातुओं और व्याकरणिक रूपों में यह दोनों से इतना प्रगाढ़ सम्बन्ध रखती है जो केवल आकस्मिक नहीं हो सकता; इतना प्रगाढ़ कि कोई भाषाविद् इनको किसी एक ही स्रोत से, जो अब शायद अस्तित्व में नहीं है, उत्पन्न माने बिना इनकी छानबीन ही नहीं कर सकता'' (312/422-23)।

दूसरे शब्दों में कहें तो, जोन्स ने पहले ही झटके में एक लुप्तप्राय आदि-भारोपीय और भारत से बाहर इस भाषा का प्रयोग करनेवालों की मूल भूमि की खोज के लिए जमीन तैयार कर दी और यही अटकल भारोपीय भाषाओं के तुलनात्मक और ऐतिहासिक विवेचनों की सबसे बड़ी सीमा बनी रही है। इसी के तहत भारत में आर्य भाषा और संस्कृति को लेकर आनेवाले जनों की खोज होती रही है, जो आज तक जारी है।

अन्य भारोपीय भाषाओं की तुलना में संस्कृत की प्राचीनता, परिरक्षणवादिता और नियमितता तथा अन्य दृष्टियों से भारत के पक्ष में अधिक सशक्त कारणों के होते हुए भी, भारतीय मूल निवास के विषय में कभी गम्भीरता से विचार नहीं किया गया और तथ्यों के

मुक़ाबले अटकलबाजियों को अग्रता दी जाती रही। उदाहरण के लिए, मध्य एशिया स्थित अपने 'मूल-निवास' से आर्यों के बिखराव का चित्र पेश करते हुए मैक्समूलर (413/63-65) लिखते हैं :

"पारम्परिक इतिहास की प्रत्यूष वेला में हम आर्य जनों को हिमालय की बर्फ को पार करके दक्षिण की दिशा में सप्त-सिन्धु की ओर जाते हुए देखते हैं। उस समय से ही भारत उनका निवास माना जाता रहा है।...इस विचार पर इतिहासकार अपना सिर हिला सकता है, शरीरविज्ञानी सन्देह प्रकट कर सकता है और कवि इसकी खिल्ली उड़ा सकता है, पर सभी को भाषा द्वारा पेश किए गए तथ्यों के आगे सिर झुकाना ही होगा। एक समय ऐसा था जब केल्टों, जर्मनों, स्कैंडिनेवियनों, ग्रीकों और इतालवियों, पारसियों और हिन्दुओं के पूर्वज सामी और तूरानी जातियों के पूर्वजों से अलग, एक साथ, एक ही छत के नीचे रहते थे।

"यह सिद्ध करना अधिक कठिन है कि हिन्दू ने इस संयुक्त आवास को सबसे बाद में छोड़ा, कि वह अपने दूसरे सभी भाइयों को अलग होकर अस्ताचल की दिशा में जाते देखता रहा, और फिर दक्षिण और पूर्व की ओर रुख करके, अकेले एक नई दुनिया की तलाश में चल पड़ा। पर चूँकि अपनी भाषा और अपने व्याकरण में उसने उत्तरी बोलियों में विलक्षण प्रतीत होनेवाले तत्त्वों का कुछ-न-कुछ अंश बचा रखा है, क्योंकि जहाँ दूसरी भाषाएँ जर्मन और ग्रीक से भिन्नता रखती हैं वहाँ भी वह भाषा ग्रीक और जर्मन से संगति रखती है, क्योंकि दूसरी कोई भाषा संयुक्त आर्य विरासत—चाहे धातुएँ हों, या व्याकरण, या शब्दभंडार, या मिथक या गल्प—का उतना बड़ा हिस्सा नहीं पा सकी जितना यह, अतः यह सोचना स्वाभाविक है कि सम्भवतः सबसे बड़ा भाई होते हुए भी हिन्दू ने आर्य-परिवार के पैतृक निवास को सबसे अन्त में छोड़ा।"

यह आर्यों के भारत आगमन का एकमात्र चित्र नहीं है, ऐसे अनेकानेक जीवन्त चित्र अलग-अलग विद्वानों ने अलग-अलग रास्ते सुझाते हुए कुछ इस आत्मविश्वास से पेश किए हैं मानो यह सब कुछ उनकी आँखों के आगे घटित हुआ हो और इसमें किसी फेर-बदल की सम्भावना ही न हो। रोचक बात यह है कि ये सारे यात्रा विवरण भारत को या भारत की ओर हुई यात्रा के विषय में ही इतने विश्वसनीय रूप में पेश किए जाते रहे हैं। प्रश्न यह है कि यदि किन्हीं कारणों से दूसरे भाई उस पैतृक निवास को छोड़कर चले ही गए थे, जो इतने बड़े कुनबे का भरण-पोषण करने में समर्थ था, तो फिर अन्त में 'बड़े भाई साहब' को अपना घर उजाड़कर चल देने की क्या लाचारी आ पड़ी थी? यदि ऐसा किसी प्राकृतिक आपदा के कारण हुआ तो उसकी प्रकृति क्या थी और इसका दौर कितने लम्बे समय तक चलता रहा? सबसे अन्त में अपना पैतृक निवास छोड़ने या बिलकुल न छोड़ने में क्या अन्तर है? सबसे बड़ा भाई कहने का एकमात्र अर्थ यह है कि उनकी भाषा और साहित्य में संयुक्त परिवार के प्राचीनतम अंश सबसे अधिक मात्रा में सुरक्षित हैं, और सबसे अन्त में इस निवास को छोड़ने का अर्थ है कि अन्य शाखाओं के अलग हो जाने के बाद भी मूल भाषा में जो परिवर्तन घटित होते रहे वे भी इसमें परिरक्षित हैं। इन दोनों सूत्रों को मिलाने पर हम सहज ही इस निष्कर्ष पर पहुँचते हैं कि संस्कृत भाषा और संस्कृत-भाषी जन अकेले

ऐसे हैं जो अति प्राचीन काल से लेकर बाद तक अपनी जगह पर ही बने रह गए। ऐसी स्थिति में यदि किन्हीं के परिव्रजन का चित्र तैयार किया जाना चाहिए था तो वे थीं अभारतीय शाखाएँ, जिनकी ओर ध्यान न देकर उलटे भारत में इन जनों के आव्रजन की कल्पनाएँ की जाती रहीं। यदि भाषा के तथ्य सचमुच ऐसे तथ्य थे जिनकी कुछ विश्वसनीयता थी और जिनके समक्ष सभी को सिर झुकाना था तो सबसे पहले स्वयं मैक्समूलर को तथा अन्य भाषाशास्त्रियों को इसका पालन करना चाहिए था, जो उन्होंने नहीं किया।

जो भी हो, यदि हम भाषिक तथ्यों की अवज्ञा करके अपनी मनोगत आकांक्षाओं को लादना चाहें और इसके लिए भाषा से खिन्न होकर अन्य अनुशासनों का उपयोग करें कि शायद उनसे अपने खयालों को स्थापित करने का कोई बहाना निकल आए और वहाँ भी निराशा हाथ लगने पर उन्हें भी अविश्वसनीय मान लें, तो इसमें दोष उन शाखाओं का है या अध्येताओं का? अविश्वसनीय कौन है : ये शाखाएँ या इन क्षेत्रों के पूर्वाग्रहग्रस्त विद्वान्? ग्रियर्सन (248/95) लिखते हैं, "आरम्भिक शोधकर्ताओं ने अपने निष्कर्ष मुख्यतः भाषाशास्त्र के आधार पर निकाले और पहले यह आमतौर पर माना जाता रहा कि मूल-स्थान की खोज या तो काकेशस में की जानी चाहिए या हिन्दूकुश में। तब से लेकर अब तक इस समस्या के लिए दूसरे विज्ञानों का सहारा लिया गया है। इतिहास, नृतत्त्व, ज्योतिष, भूगोल और भूगर्भ विज्ञान इन सभी को इस काम पर लगा दिया गया है।" पर इसका नतीजा क्या निकला? हमारी शिकायत यह है कि किसी विज्ञान का कभी निष्पक्ष भाव से उपयोग किया ही नहीं गया। भाषाशास्त्र के निष्कर्ष बहुत स्पष्ट थे, पर उनको उन आरम्भिक दिनों में भी आधार नहीं बनाया गया। दूसरे विज्ञानों के लिए आँकड़े पर्याप्त तो थे ही नहीं, जो थे वे स्पष्ट नहीं हो सकते थे, अतः इनमें तोड़-मरोड़ करने और अपने आग्रहों को लादने की अधिक छूट थी, पर इनसे निर्णायक प्रमाण तो अपने आग्रहों के अनुरूप नहीं ही पाया जा सकता था। निर्णायक प्रमाण केवल सचाई के होते हैं और जहाँ हम इसके विपरीत प्रमाणों की अपेक्षा करें वहाँ निराशा ही हाथ आएगी। ऐसी स्थिति में, जैसा कि ऊपर कहा गया है, सारा निष्कर्ष किसी ठोस आँकड़े पर आधारित न करके अटकलों और कल्पनाओं पर आधारित करने के प्रयत्न किए गए। टी. बरो (129/9-10) या उन जैसे दूसरे विद्वानों की कठदलील पर ध्यान देना हमारे लिए कुछ उपयोगी होगा।

"भारोपीय जनों के मूल निवास को लेकर काफी अटकलें लगाई जाती रही हैं। आरम्भिक दिनों में यह माना जाता था कि यह मध्य एशिया में स्थित था और प्रव्रजन की एक के बाद दूसरी लहर इस परिवार के सदस्यों को यूरोप में ले आई। इसका मुख्य कारण संस्कृत को अतिरंजित महत्त्व देना और आदि आर्य जनों को...और उनसे बहुत पहले के भारोपीय जनों को भ्रमवश एक मान लेना रहा है। जैसा कि हम देख चुके हैं कि अब यह काफी सुनिश्चित हो गया है कि मध्य एशिया से, ठीक-ठीक कहें तो आक्सस की घाटी से, भारतीय और ईरानी अपने-अपने क्षेत्र पर क़ब्ज़ा करने के लिए रवाना हुए। पर इस बात का लेश मात्र भी प्रमाण या सम्भावना नहीं है कि जर्मनों, केल्टों, ग्रीकों और इस परिवार के अन्य सदस्यों के पूर्वज कभी इस इलाके के क़रीब रहे हों। परिमाणतः *अब आमतौर पर यह माना जाता है कि मूल निवास कहीं यूरोप में था*। इसके लिए मुख्य और

सीधा, किन्तु प्रभावशाली, तर्क यह है कि यूरोप में लिखित इतिहास के आरम्भ से ही इनमें सर्वाधिक भिन्नता पाई जाती है। बहुत प्राचीन काल में ही हम एशिया के एक विशाल भू-भाग को इस परिवार की एक सदस्या, भारतीय-ईरानी के अधिकार में पाते हैं और वह भी अब तक बहुत कम भिन्नीकृत रूप में। दूसरी ओर, यूरोप में बहुत-सी भाषाओं का जमाव दिखाई देता है जो अपेक्षाकृत बहुत छोटे-छोटे क्षेत्रों में सिकुड़ी हुई हैं, और परस्पर बहुत अधिक भिन्नता रखती हैं। इससे यह अनिवार्य निष्कर्ष निकलता है कि भारतीय-ईरानी क्षेत्र में भारोपीय भाषा की उपस्थिति बहुत बड़े पैमाने पर हुए औपनिवेशिक विस्तार का परिणाम है, जबकि यूरोप में अभिलिखित काल के प्राचीनतम चरण से ही इतनी भिन्न-भिन्न भाषाओं के पाए जाने से यह प्रकट होता है कि वहाँ ये भारोपीय जनों के सुदूर अतीत काल से ही मौजूद थे।''

हम अलग-अलग विद्वानों को (240/262-64; 310/206; 241; 158; 242; 243) इस 'मुख्य, सीधे और प्रभावशाली' तर्क को अलग-अलग ढंग से दुहराते पाते। जब-तब इसमें कुछ पूरक प्रमाण जोड़ दिए जाते हैं, जैसे यदि मूल निवास भारत होता तो पश्चिमोत्तर सीमाओं को पार करने से पहले शेष भारत को आर्य बना लिया गया होता (290/138)। यह वैसा ही लाजवाब करनेवाली दलील है जिसका विस्तार यह है कि यदि अंग्रेज इंग्लैंड के रहनेवाले होते तो उन्होंने भारत को उपनिवेश बनाने से पहले यूरोप को अपना उपनिवेश बनाया होता। ऐसे विद्वानों को उनकी महिमा को देखते हुए आदर तो दिया जा सकता है, पर उनको समझा नहीं जा सकता।

प्रश्न यह है कि जिन दिनों संस्कृत को अतिरंजित महत्त्व दिया जा रहा था उन दिनों भी मूल निवास की खोज भारत में न करके मध्य एशिया में क्यों की जा रही थी? क्या संस्कृत का अस्तित्व वहीं था? क्या आज तक के भाषावैज्ञानिक अध्ययनों से संस्कृत के केन्द्रीय महत्त्व में कोई बुनियादी अन्तर आया है? यदि भारतीय-ईरानी क्षेत्र पर अधिकार बहुत बड़े पैमाने पर हुए उपनिवेशीकरण का परिणाम था तो फिर उन भाषा-क्षेत्रों में से किसी एक से, जो भारोपीय इतिहास के आरम्भ से ही बहुत छोटे-छोटे दायरों में सीमित थे, इतने विशाल भू-भाग को आबाद करने के लिए अपेक्षित जमात का आविर्भाव कब और कैसे हो गया? यह भारतीय-ईरानी शाखा, जिसमें नगण्य विभेदन आ पाया था, किस यूरोपीय भाषा-क्षेत्र से निकल आई कि इसमें वे सारे लक्षण एकत्र सिमट आए जो यूरोप की विभिन्न भाषाओं में पाए जाते हैं और उन मामलों में भी उन पर प्रकाश डालते हैं जिनमें वे एक-दूसरे से अनमेल पड़ती हैं? अन्ततः, जिसे यूरोप के सन्दर्भ में 'इतिहास का आरम्भ' कहा जाता है उसकी प्राचीनता क्या है?

जैसा कि हम पहले ही सूत्रबद्ध कर आए हैं, यदि यूरोप में ज्ञात इतिहास के आरम्भ से ही भारोपीय भाषाएँ अपने भिन्न-भिन्न रूपों में बहुत छोटे-छोटे अंचलों में व्यवहार में आ रही थीं तो इसका कारण यही हो सकता है कि इससे पहले यूरोप आर्थिक दृष्टि से बहुत पिछड़ा हुआ था, और इसलिए, न तो कोई व्यापक सम्पर्क भाषा विकसित हो पाई थी, न ही इसका आधार विकसित हो पाया था। अतः बहुत छोटे-छोटे अंचलों में भिन्न-भिन्न बोलियाँ बोली जाती थीं और भारोपीय भाषा का प्रसार इन बोलियोंवाले क्षेत्रों में हुआ। एक

ही भारोपीय भाषा इन उपस्तरीय बोलियों से प्रभावित होकर अनेक रूपों में बँट गई या बँटी दिखाई देने लगी (308/191-210)। चूँकि प्रत्यक्षतः ये सभी बोलियाँ परस्पर भिन्न थीं, अतः उनके बीच भिन्नता आगे भी बनी रह गई और चूँकि इन सब पर संस्कृत से अनन्य निकटता रखनेवाली भाषा का ही प्रभाव पड़ा, अतः संस्कृत उन मामलों में भी उन पर रोशनी डालने में समर्थ प्रतीत होती है जहाँ ये परस्पर अनमेल पड़ती हैं और इस मामले में एक-दूसरे पर प्रकाश नहीं डाल पातीं। इस तरह जिसे सीधा, मुख्य और प्रभावशाली तर्क बताया गया है उसकी तफ़सील में जाने पर भी हम इसी निष्कर्ष की पुष्टि होते पाते हैं कि प्रभाव-विस्तार का मूल केन्द्र यूरोप में न होकर भारत में था। बरो (129/12) लिखते हैं, "भारतीय-ईरानी का विकास एक समय में निश्चय ही एकनिष्ठ था, इसीलिए यह किसी प्रकार का प्रव्रजन आरम्भ होने से पहले घटित हुआ होगा।" दूसरे शब्दों में कहें, तो यह एकनिष्ठता ही प्रव्रजन से पूर्व की अवस्था की सूचक है, न कि यूरोपीय भाषाओं की विविधता। ध्यान रहे कि यहाँ यही लेखक संस्कृत की इस अतिरंजित प्राचीनता को स्वयं स्वीकार कर रहा है जिससे उसे शिकायत है। इसी तरह तूख़ारी पर विचार करते समय वह (व/10) इस तथ्य की ओर ध्यान आकृष्ट करता है कि इसमें बहुत गहरे ध्वनि-परिवर्तन हुए हैं और इसे वह इस बात का सूचक मानता है कि यह अपने मूल निवास से बहुत दूर यात्रा करके आई है। जैसा कि स्वयं यूरोपीय बोलियों की कथित भिन्नताओं से प्रकट है, इनमें भी भारतीय-ईरानी की तुलना में बहुत गहरे ध्वनि-परिवर्तन हुए हैं, क्या इससे भी यह निष्कर्ष नहीं निकाला जा सकता कि यूरोपीय भाषाएँ अपने मूल निवास से बहुत दूर चलकर उस अंचल में पहुँची हैं? आखिर एक ही तर्क को दो स्थितियों में दो तरह कैसे लागू किया जा सकता है? तूखारी अपने मूल निवास से चलकर बहुत दूर आई है, हित्ती भी अपने मूल निवास से बहुत अधिक दूर चलकर आई है, क्योंकि इसमें भी तूखारी की तरह ही बहुत गहरे ध्वनि परिवर्तन हुए हैं। यही हित्ती है जिसे संस्कृत से भी प्राचीन सिद्ध करने के प्रयत्न जब-तब किए जाते हैं।

बरो यूरोप में भारोपीय भाषाओं के प्रसार का चित्र देते हुए लिखते हैं कि यूरोप में इटली और ग्रीक प्रायद्वीपों में आकर बसनेवाले वहाँ उत्तर की ओर से आए थे, फ्रांस और ब्रिटिश द्वीप-समूह पर 500 ई.पू. के लगभग मध्य यूरोप के लोगों ने कब्जा किया था। आइबीरियन प्रायद्वीप रोमन काल तक लगभग गैर-भारोपीय बना हुआ था। इन तथ्यों से केवल यही साबित होता है कि यूरोप के अन्य भागों में भारोपीय का प्रसार मध्य यूरोप को केन्द्र बनाकर हुआ था और वह भी उससे कहीं बहुत बाद में जब भारतीय-ईरानी क्षेत्र में इसकी एक प्रधान 'शाखा' अस्तित्व में थी। अतः ज्ञात इतिहास का आरम्भ काल यूरोप में काफी बाद का ही है। और मध्य यूरोप में जाकर बसनेवाले लोग दक्षिण-पूर्व की ओर से ही गए थे (243/178-95)।

पर यहाँ भी स्थिति कुछ उलझी दिखाई देती है। ग्रीक का केंटुम वर्ग की भाषाओं में सबसे कम और संस्कृत से किसी अन्य भाषा की तुलना में अधिक गहरा सम्बन्ध दिखाई देता है (129/15)। हित्ती अन्य यूरोपीय भाषाओं से इतनी अनमेल पड़ती है और संस्कृत के साथ इसका सम्बन्ध इतना गहरा है कि विद्वान् इसे भारोपीय भाषाओं के सामान्य दायरे

से अलग करके भारतीय-हित्ती वर्ग में रखना अधिक संगत मानते हैं (व/17)। हालाँकि दूसरे कुछ विद्वान् जिनमें बरो स्वयं भी आते हैं, इस रुख को अतिवादी मानते हैं और भारतीय-हित्ती तथा शेष भारोपीय के दो वर्गों की अपेक्षा इसे उस अति प्राचीन अवस्था का अवशेष मानना अधिक उचित समझते हैं जब बोलियों का अलगाव नहीं हुआ था। जो कुछ सुनिश्चित रूप से हमें ज्ञात है उसके आधार पर भारतीय-आर्य भाषा और हित्ती उस अति प्राचीन अवस्था को ही प्रकट करती है जब बोलियों का अलगाव नहीं हुआ था। हित्ती, जिसमें बहुत गहरे ध्वनि-परिवर्तन हुए हैं, संस्कृत से बाद की ही भाषा सिद्ध होती है, अतः वस्तुपरक ढंग से देखने पर संस्कृत ही उस अविभाजित अवस्था की सबसे प्राचीन अवशेष सिद्ध होती है।

भारत के अतिरिक्त किसी अन्य क्षेत्र को भारोपीय भाषाओं का उत्स केन्द्र माननेवालों को हित्ती अभिलेखों से जितनी मुश्किल पेश आती है उतनी शायद संस्कृत की प्राचीनता और नियमितता तथा इसके विशद शब्द-भंडार को छोड़कर अन्य किसी कारण पेश नहीं आती। न केवल हित्ती और मितन्नी सूत्र भारतीय देवनामों और इनके युग्मों की पुष्टि करते हैं, जो सीधे वैदिक भारत के देवता हैं (व/27; 115/11), अपितु ये मुख्यतः वे ही देवता हैं जिनका व्यापारिक उपक्रमों से सम्बन्ध रहा है। इन अभिलेखों में जो व्यक्तिनाम आए हैं, वे भी भारतीय हैं–सुतर्न (श्रुतर्वन्), पर्शसतर (प्रशस्त्य), शोष्शतर (श्रवस्ति), अर्ददाम (ऋतधाम), अर्तशुमर (ऋतस्मर), तुशरथ (त्वेशरथ/दशरथ), मतिवाज़ (मतिवाज) आदि। इनके अतिरिक्त कुछ निजी अभिलेखों में अर्तम्न (ऋतूमन), बर्दश्व (बृहदश्व), विर्पसूर (विप्रसूरि), पुरुश (पूरु), शेमशुर (क्षेमसूरि), सतवाज़ (सातवाज), आदि नाम आए हैं। पड़ोसी प्रदेशों, सीरिया और फिलीस्तीन आदि में भी, जहाँ आर्य-भाषा का प्रसार नहीं था, आर्यों की उपस्थिति की सूचना मिलती है–सुबरदात (स्वर्दात), शतुआर (सध्वर), अर्तमन्य (ऋतुमन्य), वीर्यवाज़ (वीर्यवाज), इन्द्ररोत (इन्द्रोत), सुबुदु (सुबन्धु) आदि।

3. संस्कृत का अतिरंजित महत्त्व

इस विषय में सन्देह नहीं कि अनेक विद्वानों ने संस्कृत के महत्त्व का सही मूल्यांकन करने में भूलें की हैं। यह भूल केवल संस्कृत के महत्त्व के अतिरंजन तक सीमित नहीं है। इसकी अभिव्यक्ति उस प्रतिक्रिया में भी हुई है जो इस अतिरंजित महत्त्व से खीझकर प्रकट की गई है। सबसे बड़ी भूल उस आदि-भारोपीय की परिकल्पना है जिससे तथाकथित भारोपीय परिवार की सभी भाषाएँ निकली सिद्ध की जाती हैं। न तो ऐसी कोई आदि-भारोपीय भाषा थी, न ही उससे भारोपीय भाषाओं का जन्म हुआ। यदि सचमुच किसी भूल को खतरनाक भूल की संज्ञा दी जा सकती है तो वह संस्कृत की नहीं, आदि भारोपीय की अतिरंजना है।

किसी एक ही मूल भाषा से संसार की अन्य भाषाओं की उत्पत्ति की सम्भावना कुछ विद्वानों को उन्नीसवीं शताब्दी तक आकर्षक लगती रही। उदाहरण के लिए ऐल्फ्रेड त्रांबेत्ती ने अत्यन्त व्यापक और विशद अध्ययन के आधार पर भाषाओं के विशद और विशदतर

परिवारों की कल्पना करते हुए यह निष्कर्ष निकाला कि संरचनापरक शब्द अपने रूप में अधिक पुरातनवादी होते हैं और इन्हें आसानी से एक भाषा से दूसरी में उधार नहीं लिया जा सकता। उन्होंने सूडानी की बांतू और आस्ट्रो-एशियाटिक की ख्मेर में संख्यावाचियों की समानता, हैमिटिक–सामी, द्रविड़, मुंडा और पोलीनेशियन के बीच सर्वनामों की समानता, डकोटा (अमेरिकन इंडियन) और जार्जियन (काकेशियन क्षेत्र) की क्रियाओं की समानता का विवेचन करते हुए यह नतीजा निकाला कि सबसे अधिक समानताएँ भारतीय केन्द्र को घेरकर फैली हैं और परस्पर दूरस्थ भाषाओं में पाई जाती हैं, अतः भारत ही वह मूल निवास है जहाँ से सभी जातियाँ और भाषाएँ अलग-अलग दिशाओं में पहुँची हैं (545/73-74)।

श्लीगल ने 1808 में यह दावा किया था कि सभी भारोपीय भाषाएँ संस्कृत से ही निकली हैं। कर्जन ने (176) भी लगभग यही विचार एशिया और यूरोप में भारोपीय प्रसार को लेकर प्रकट किए थे। इस तरह के विचार उन्नीसवीं शताब्दी में ही अपनी लोकप्रियता खो चुके थे।

यूरोप को भारोपीय भाषा और संस्कृति का केन्द्र मानने के पीछे शुद्ध रंगभेद और प्राच्यवादी मानस था जिसके लिए कुल दलीलें तैयार करनी थीं। इसकी पहली ज़रूरत थी संस्कृत के महत्त्व को घटाने की। संस्कृत को जो महत्त्व दिया गया है, वह अपेक्षा से अधिक है, अतिरंजित है। इसके कारण भारोपीय भाषाओं का सवाल उठने पर यह निर्णायक बनी रहती है। यह एक छटपटाहट थी जिसके पक्ष में कोई तर्क न था। परन्तु मध्य यूरोप को मूल क्षेत्र सिद्ध करने के लिए यूरोपीय भाषाओं की प्राचीनता स्थापित करनी थी। जब तुलनात्मक और ऐतिहासिक भाषा-विज्ञान के जनक फ्रांत्स बॉप (308/48) ने कहा था, "मैं नहीं मानता कि ग्रीक, लातिन और दूसरी यूरोपीय भाषाएँ संस्कृत से निकली हैं।...इसकी अपेक्षा मैं यह मानना अधिक उचित समझा हूँ कि ये सभी एक ही मूल भाषा के विविध रूप हैं जिसे संस्कृत ने अधिक अविकल रूप में बचा रखा है (व्हिच संस्कृत हैज़ प्रिज़र्व्ड मोर परफेक्टली)।...जहाँ ब्राह्मणों की भाषा से ग्रीक और लातिन के आदिम रूपों का अनुमान करने में हमें अक्सर सहायता मिलती है, वहाँ...कभी-कभी ये भाषाएँ भी संस्कृत व्याकरण पर प्रकाश डाल सकती हैं," तब वह संस्कृत के अतिरंजित महत्त्व को घटाने का प्रयत्न करते हुए भी प्रकारान्तर से इसके महत्त्व को ही स्वीकार कर रहे थे।

भारोपीय परिवार में गिनी जानेवाली दूसरी भाषाएँ भी कभी-कभी संस्कृत व्याकरण पर प्रकाश डाल सकती हैं, और इस तरह इनकी तुलना से उस लुप्तभाषा और उसकी ध्वनियों का निश्चय किया जा सकता है, इस मान्यता को ही हम आदि-भाषा की पुनर्सर्जना के प्रयत्नों की भूमिका मान सकते हैं। पुनर्सर्जना का यह प्रयत्न ध्वनि परिवर्तन के अकाट्य नियमों की कल्पना पर आधारित था, और इस तरह जिस मूल रूप का प्रस्ताव रखा गया है उस पर हम आगे विचार करेंगे। यहाँ इस बात पर बल देना ज़रूरी है कि जब हम किसी एक ही भाषा से समस्त भारोपीय भाषाओं के निकलने की बात करते हैं, तो भाषा के विकास और प्रसार के कतिपय सर्वमान्य नियमों की उपेक्षा कर जाते हैं, यथा :

1. ऐसा करते समय हम एक उन्नत भाषा के विकास के उस सामान्य नियम की अवज्ञा करते हैं जिसका उल्लेख हम आरम्भ में कर आए हैं, अर्थात् आर्थिक

आधार सुदृढ़ होने के साथ विभिन्न बोलियाँ बोलनेवाले लोग उस आधार से जुड़ते हुए अचेत रूप में ही एक व्यापक सम्पर्क भाषा का विकास करते चले जाते हैं और यह भाषा उनके सांस्कृतिक जीवन के अनुरूप ही विकसित होती है। इसके तत्त्व उन बोलियों से आए हुए होते हैं जिनके संयुक्त होने से यह बनती है। जब हम एक ही आदिम भाषा के विकसित होकर टूटने और बिखरने की बात करते हैं तो इसके साथ हमें यह भी दिखाना चाहिए कि वह आर्थिक आधार जिसके कारण यह इतनी ऊपर उठी थी, टूट गया और इसके टूटने के साथ मूल जन बिखर गए। इसे ग्राह्य बनाने के लिए आर्थिक आधार के टूटने के कारणों को भी अवश्य दिखाया जाना चाहिए।

2. भारोपीय क्षेत्र का अध्ययन करनेवाले विद्वान् इस बात को बार-बार दुहराते रहे हैं कि भाषा और नृजाति दोनों एक नहीं हैं। मैक्समूलर ने इस पर अपनी तीव्र प्रतिक्रिया व्यक्त करते हुए लिखा था, "जो नृतत्त्वशास्त्री आर्य जाति, आर्य रक्त, आर्य आँख और केश की बात करता है वह मेरी नज़र में उसी तरह गुनहगार है जैसे कोई भाषाविद् जो लघुकपाल शब्दकोश या दीर्घकपाल व्याकरण की बात करे। यह भाषाओं के बेबीलोनी घालमेल से भी बदतर है–यह सरासर चोरी है" (415/120)। वे इस बात पर खिन्न भी अनुभव करते रहे हैं कि प्रायः भाषा को जाति का पर्याय मान लिया जाता है। पर हम जिस तर्क को लेकर चल रहे हैं उसकी अनिवार्य परिणति से कैसे बच सकते हैं? जब हम यह मान लेते हैं कि मूल भाषा ही क्रमशः टूटकर अलग-अलग भाषाओं में परिणत हुई थी तो हम अपने अनजाने ही उस जातिवादी फन्दे में अपना पाँव दे देते हैं जिससे बचना चाहते हैं। यदि मूलतः यह भाषा एक थी तो इसके बोलनेवाले लोग किसी-न-किसी एक जाति के रहे ही होंगे। भाषा और जाति का अनिवार्य सम्बन्ध तभी टूट सकता है जब इस विषय में हमारी दृष्टि साफ़ हो, अर्थात् हम यह देख सकें कि एक उन्नत संस्कृति और भाषा अपने निर्माणकाल में ही उन अनेक जनों और बोलियों को आत्मसात् करती हुई विकसित होती हैं जो परस्पर सम्पर्क में आती हैं और उन कारणों को पहचान सकें जिनके प्रभाव से ये परस्पर सम्पर्क में आई थीं। एक ओर एक ही भाषा के टूटने से विभिन्न भाषाओं का जन्म, उसके बोलनेवालों के संचलन या बिखराव से इसका क्षेत्र-विस्तार और प्रभाव-क्षेत्र में प्रव्रजित होनेवाले जनों के अनुरूप ही इस भाषा के प्रभाव की अवधारणा और दूसरी ओर यह मान्यता कि भाषा और जाति का सम्बन्ध अनिवार्य नहीं होता, एक तरह का पदव्याघात है, जो इन सभी विद्वानों के लेखन में पाया जा सकता है।

3. यदि भाषा और जाति एक ही नहीं होते तो यह भी सच है कि एक भाषा बोलनेवाले सभी जन एक ही कार्य-दिशा नहीं अपना लेते। जब भारत में आगमन या भारत पर आक्रमण की बात की जाती है तो एक ओर तो यह देखते हुए कि वैदिक काल में विभिन्न गण वैदिक समाज के अंग थे, आगन्तुक या आक्रामक

समुदाय को बहुजातीय (अनेक बोलियाँ बोलनेवाला) माना जाता है और दूसरे इन्हें किसी रहस्यमय कारण से एक ही नेतृत्व में संगठित भी मान लिया जाता है और भारत में पहुँचाकर उस केन्द्रीय नेतृत्व को अमान्य करके इन्हें भिन्न-भिन्न कबीलों में बँटा हुआ दिखा दिया जाता है। यदि यह एक सुनियोजित अभियान या आव्रजन है तो भारत पर अधिकार के बाद भी उसका वह संगठित जीवन बना रहना चाहिए और आरम्भ से ही एक शासकीय तन्त्र को सर्वोपरि मानकर चला जाना चाहिए। दूसरे शब्दों में कहें तो हमें मात्र कामचलाऊ ढंग से एक सीमित चरण तक किसी प्रस्ताव को न रखकर इसे आदि से अन्त तक अविकल रखना चाहिए, जो कि नहीं किया गया है।

4. यह बात भी अक्सर (248/357; 324/97-98; 214) दुहराई जाती है कि संस्कृत एक कृत्रिम भाषा थी जो अपने प्रचलन-काल में कभी आम बोलचाल की भाषा नहीं थी। सम्भवतः आम बोलचाल की भाषा प्राकृतें थीं। पर जब तुलना के लिए किसी भाषा का चुनाव किया जाता है तो प्राकृतों को नहीं, अपितु संस्कृत को ही प्रमाण माना जाता है। यदि आम बोलचाल की भाषा प्राकृत थी और संस्कृत का कृत्रिम विकास और प्रभाव-विस्तार लेखन-पूर्व के चरण से सम्बन्धित है तो आदि-भारोपीय सूत्र प्राकृतों में ढूँढ़े जाने चाहिए। फिर यह देखा जाना चाहिए कि किन प्रभावों और दबावों में संस्कृत का विकास हुआ। और यदि भारोपीय भाषाओं के व्याकरण से लेकर धातु-रूपों तक में संस्कृत से साम्य दिखाई देता है तो यह स्वीकार किया जाना चाहिए कि इन प्राकृतों से संस्कृत का विकास होने के बाद ही कभी इसका प्रभाव-विस्तार अन्य क्षेत्रों में हुआ था। यही नहीं, हमें यह भी स्वीकार करना होगा कि यह प्रभाव-विस्तार आम जनता के प्रव्रजन या आक्रमण के जरिए नहीं हुआ हो सकता, अपितु इसके लिए वह विशिष्ट तबका ही जिम्मेदार था जिसने अपने विशिष्ट प्रयोजनों के लिए संस्कृत को शिष्ट (शिक्षितों के बीच सम्पर्क की) भाषा के रूप में अपना रखा था। ज़ाहिर है, ऐसी स्थिति में उन्हें अपनी बद्धमूल धारणाओं को उलटना भी पड़ जाएगा।

4. ध्वनि-नियम और मूल भाषा की पुनर्सर्जना

हम यहाँ इस बात की चर्चा नहीं करेंगे कि मूल भारोपीय की पुनर्सर्जना के पीछे कौन-से आग्रह काम कर रहे थे, पर भाषा के किसी भी पक्ष के विषय में अकाट्य नियमों की बात करना युक्ति-संगत नहीं है। यदि ऐसा होता है तो व्याकरण और वर्तनी की अनेक मुश्किलें आसान हो जातीं। ध्वनि परिवर्तन के नियम भी मात्र प्रवृत्तियों के द्योतक हैं (55/15)। डॉ. रामविलास शर्मा इस पक्ष का विवेचन करते हुए अन्ततः लिखते हैं, "यदि कोई भाषा-विज्ञानी ऐसे नियम बता दे जिनके अनुसार स्वयं ग्रीक भाषा समुदाय में ध्वनि परिवर्तन होता है तो ऐतिहासिक भाषा-विज्ञान का मार्ग सुगम हो जाए" (56/14)।

जब तक हमें भाषा के पूर्ववर्ती और परवर्ती रूपों का पता न हो, हम यह नहीं कह सकते कि परवर्ती भाषा में कौन-से रूप किन पूर्वरूपों से विकसित हुए हो सकते हैं (308/44)। लुप्त पूर्व-रूप की तो बात ही अलग है। यदि मध्यवर्ती चरण भी लुप्त हो तो भी हम यह बात दावे के साथ नहीं कह सकते कि उसमें किन्हीं शब्दों या ध्वनियों ने ठीक क्या रूप लिया होगा।

इस बात का भी ध्यान नहीं रखा गया कि जिन क्षेत्रों में तथाकथित भारोपीय का प्रसार हुआ उनकी अपनी भाषाएँ भी थीं या वे बिलकुल जनशून्य क्षेत्र थे और यदि वहाँ पहले से कुछ बोलियाँ मौजूद थीं तो उनके सम्पर्क में आने पर विभिन्न क्षेत्रों में एक ही भाषा किन-किन रूपों में प्रभावित हुई हो सकती है? ऐसी स्थिति में सभी बोलियों को सममूल्य पर रखते हुए इनकी सर्वनिष्ठ या बहुनिष्ठ ध्वनियों के आधार पर मूल भाषा की ध्वनियों का निश्चय करना निरापद नहीं था।

डॉ. रामविलास शर्मा (56/13-14) ध्वनितत्त्व पर विचार करते हुए लिखते हैं, "किसी भी भाषा की मूल ध्वनियों का विकास एक से अधिक केन्द्रों में होता है। इन केन्द्रों के परस्पर सम्पर्क में आने के कारण ध्वनितत्त्व एक स्थान से दूसरे स्थान पर पहुँचते हैं।" यहाँ इतना और जोड़ा जा सकता है कि ये विभिन्न केन्द्र भी सांस्कृतिक एवं आर्थिक गतिविधियों के कारण विभिन्न बोलियों के परस्पर सम्पर्क में आने के बाद भी प्रायः छिटपुट द्वीपों की तरह एक ही भाषा के प्रसार-क्षेत्र में बने रहते हैं। किसी भी भाषा में व्याकरण के नियमों में जो अनियमितताएँ मिलती हैं उनका भी एक प्रधान कारण यह है कि अपने वर्तमान रूप में विश्व की कोई भी भाषा ऐसी नहीं है जिसमें अनेक बोलियों के तत्त्वों का मिश्रण न हुआ हो। प्रमुख बोली के दबाव के बावजूद कुछ ध्वनियाँ और रूप अपनी मूल विजातीय छाया को बनाए रखते हैं।

आदि-भारोपीय के अध्येताओं को सबसे अधिक उलझन का सामना टवर्ग तथा सघोष महाप्राण ध्वनियों की व्याख्या करते समय करना पड़ता है। डॉ. शर्मा (व/17) लिखते हैं, "द्रविड़, कोल, नाग इन तीनों परिवारों की भाषाएँ बोलनेवाले भारत में अत्यन्त प्राचीन काल से रहते आए हैं। कहा जाता है कि आर्यों ने द्रविड़ों को परास्त किया और उन्हें अपना दास बनाया। न्यूनाधिक मात्रा में उन्होंने यही व्यवहार कोल और नाग जनों के साथ किया। यदि यह बात सही है तो मानना होगा कि मुट्ठी भर आर्य आक्रमणकारी ऐसे देश में आ गए थे जहाँ की बहुसंख्यक जनता का भाषायी परिवेश घ्, ध्, भ् जैसी ध्वनियों के प्रतिकूल था। इस विरोधी परिवेश में दो-चार पीढ़ियों तक भी इन ध्वनियों का सुरक्षित रहना कठिन था। पर वैदिक काल से लेकर अब तक, कम-से-कम चार हज़ार साल तक, इन ध्वनियों का अविच्छिन्न व्यवहार भारत में होता आया है। नाग-कोल-द्रविड़ भाषाओं के समुद्र में इन ध्वनियों को डूबकर लुप्त हो जाना चाहिए था। यूरोप में इस तरह के विरोधी भाषायी परिवेश का प्रमाण नहीं मिलता। वहाँ तो इनका लोप हो गया और भारत जैसे विरोधी परिवेश में ये ध्वनियाँ कामय रहीं। इसका कारण क्या है?

इसका कारण डॉ. शर्मा (व/26) के शब्दों में यह है कि "महाप्राणता और सघोष महाप्राणता दोनों के प्रसार का मुख्य केन्द्र उत्तर भारतीय क्षेत्र–ब्रह्मावर्त, आर्यावर्त अथवा

मध्यदेश–है। यह कल्पना करना ठीक नहीं है कि महाप्राणता और सघोष महाप्राणता के जो लक्षण इस उत्तर भारतीय केन्द्र से दक्षिण-पूर्वी एशिया में फैलते दिखाई देते हैं, वे मध्य एशिया, पश्चिमी एशिया और इसकी सीमान्त भूमि यूरोप में भी प्रसारित हुए होंगे।

प्रकारान्तर से कहें तो, यदि भाषाविज्ञान से हम कोई नतीजा निकाल सकते हैं तो वह भी इस बात की ही पुष्टि करता है कि मूल भाषा, जिसका प्रचार अन्य भारोपीय क्षेत्रों में हुआ, भारत में ही विकसित हुई थी। भारोपीय अध्ययन में संस्कृत का तथाकथित अतिरंजित महत्त्व आज तक बना रह गया है। लेमैन (377/141) ने श्लीखर द्वारा कल्पित भारोपीय भाषाओं के वंशवृक्ष को उद्धृत किया है, जो निम्न प्रकार है :

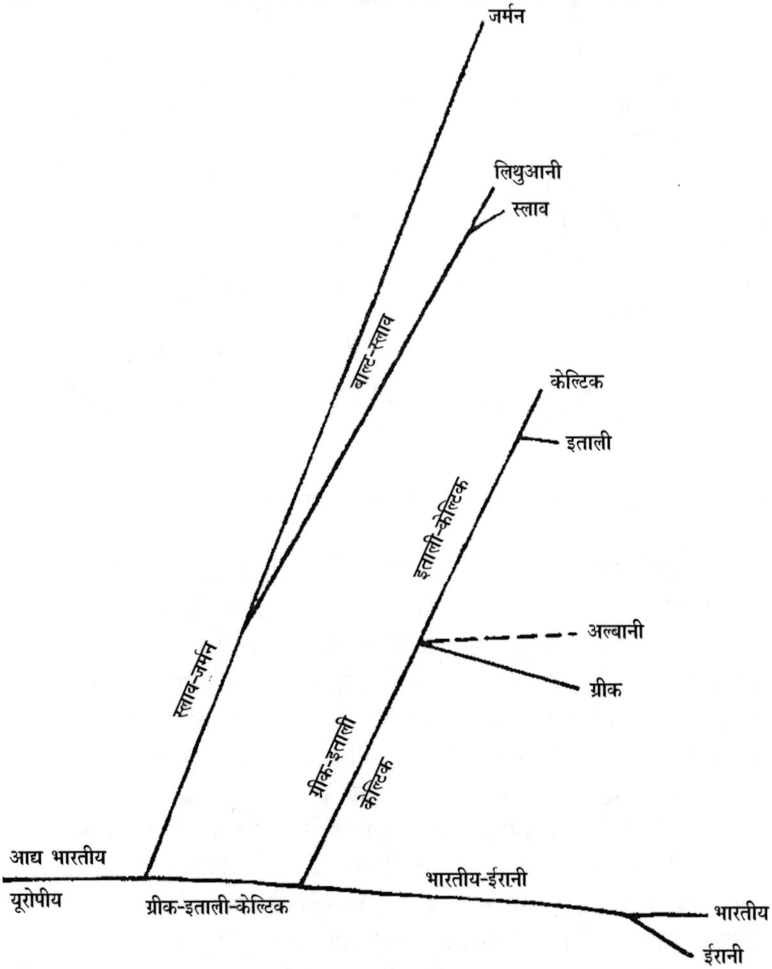

श्लीखर द्वारा प्रस्तुत भारतीय-यूरोपीय का वंशवृक्ष

उक्त लेखक ने ही स्मिट द्वारा तरंग सिद्धान्त के रूप में प्रस्तावित एक अन्य रेखांकन प्रस्तुत किया है (व), जो निम्न प्रकार है :

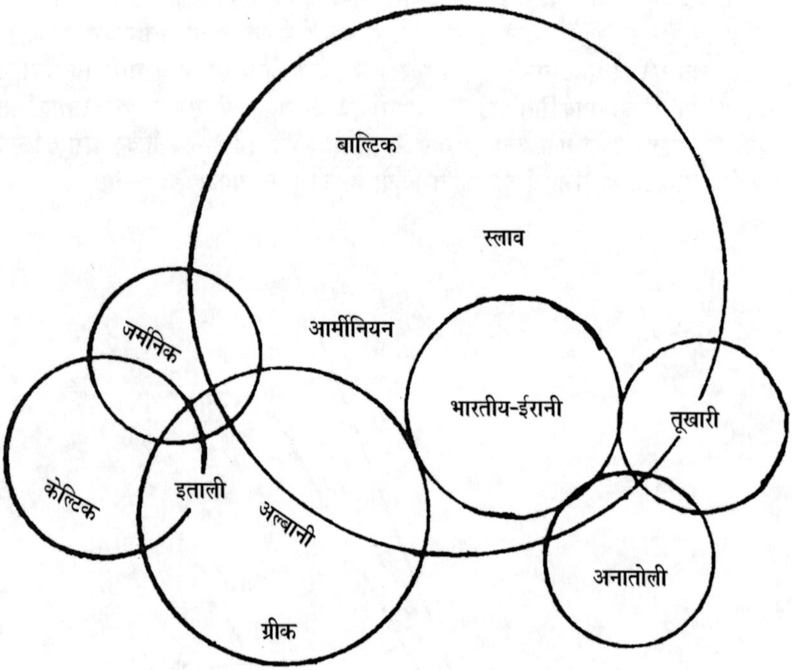

स्मिट द्वारा प्रस्तावित आद्य-भारतीय-यूरोपीय का सम्बन्ध सूत्र

इन दोनों आरेखों से ठीक वही चित्र उभरकर आता है जिसे तुलनात्मक अध्ययन के आरम्भिक दिनों में विद्वानों ने पेश किया था और जिसके विषय में यह शिकायत की जाती रही है कि उनके द्वारा संस्कृत को अतिरंजित महत्त्व दिया जा रहा था। पहले वंशवृक्ष में यद्यपि आदि-भारोपीय को भारतीय आर्य-भाषा से सबसे दूर रखा गया है और सरसरी तौर पर इससे लगेगा कि आर्य-भाषा को अपने मूल स्थान से सबसे अधिक लम्बी यात्रा करनी पड़ी है, पर इसके बावजूद यह कथित मूल भाषा की सीधी उत्तराधिकारिणी है जबकि अन्य इस तने से निकली हुई शाखाएँ और उपशाखाएँ।

दूसरे आरेख में मूल भारोपीय के भीतर ही बाल्टिक, स्लाव और अर्मीनियन को रखने का प्रयत्न किया गया है, यद्यपि इस बात को अस्पष्ट ही रहने दिया गया है कि इसकी ठीक स्थिति क्या है। भारतीय-ईरानी शाखा को यहाँ भी नाभिकीय महत्त्व प्राप्त है जबकि जर्मनिक, केल्टिक, इतालवी, ग्रीक, अल्बानियन, अनातोलियन और तूखारी को पार्श्विक स्थान दिया गया है, हालाँकि इन दोनों आरेखों में इनके प्रस्तावकों के पूर्वाग्रह भी छिपे नहीं रहते।

इस तरह संस्कृत के जिस अतिरंजित महत्त्व से शिकायत है, वह आज तक की सभी व्याख्याओं में, चाहे यह व्याख्या जिस भी सिरे से आरम्भ की जाए, बना रह जाता है (301/97)। इसका कारण है मूल भाषा की निर्मिति और इसके प्रसार के विषय में हमारी भ्रामक धारणा। यदि यह सच है कि संस्कृत एक शिष्ट भाषा थी और आम बोलचाल में इसका प्रयोग नहीं होता था और साथ ही यदि हम वैदिक काल में भी भारत में ही बोलचाल की अनेक प्राकृतों के अस्तित्व को स्वीकार करते हैं, तो हमें किसी भी तुलना में प्राकृतों को और साथ ही भारतीय बोलियों को स्थान देते हुए ही वास्तविकता पर विचार करना चाहिए। डॉ. शर्मा (56/378) अपनी मान्यता जिन शब्दों में व्यक्त करते हैं उससे हमारी आंशिक असहमति हो सकती है, पर उनके द्वारा निकाला गया निष्कर्ष काफी रोचक है, ''भाषा-विज्ञान में सामी और इंडोयूरोपियन परिवार दो छोरों पर पूरे अलगाव की स्थिति में हैं। तुर्क-मंगोल और फिनो-उग्रियन एक जगह हैं, सामी परिवार दूसरी जगह। आर्य-द्रविड़-कोल-नाग समुदायों से सामी और इंडोयूरोपियन समुदायों का कोई प्रत्यक्ष सम्बन्ध नहीं है। इंडोयूरोपियन परिवार की भारतीय पृष्ठभूमि की तरह सामी तुर्क-मंगोल परिवार की भी भारतीय पृष्ठभूमि है। प्राचीन काल में इन परिवारों की भाषाएँ बोलनेवाले निकट सम्पर्क में रहे हैं। यह स्वाभाविक है कि उनमें भाषा-तत्त्वों का आदान-प्रदान हुआ हो। इस सारी प्रक्रिया की केन्द्र-भूमि है भारत। ऐतिहासिक भाषा-विज्ञान की प्रगति के लिए भारतीय भाषाओं का अध्ययन सर्वाधिक महत्त्वपूर्ण है।

डॉ. शर्मा ने उक्त निष्कर्षों को पढ़ने पर एक बार के लिए त्रांबेत्ती की याद ताजा हो आएगी। पर यहाँ स्थिति की जटिलता का एक ऐसा पहलू उजागर होता है जिस पर गम्भीरता से विचार करना ज़रूरी है।

5. अर्थ-विकास

भारोपीय भाषाओं के अन्तःसम्बन्ध को और मूल भारोपीय निवास को निश्चित करने के लिए ब्रैंडेस्टाइन के विश्लेषण का उल्लेख प्रायः किया जाता है। ब्रैंडेस्टाइन ने (237/215) भारोपीय भाषाओं का विश्लेषण करने के बाद यह निष्कर्ष निकाला कि 'भारतीय-ईरानी शाखा' अर्थ-विकास की दृष्टि से अधिक प्राचीन स्तरों को प्रकट करती है। इस तुलना को यदि भारतीय और ईरानी पर घटित करें तो पता चलेगा कि भारतीय 'शाखा' मूल अर्थों और संकल्पनाओं को अपेक्षाकृत ईरानी से भी अधिक विश्वसनीय रूप में बनाए रही है। इस विशेषता को केवल संस्कृत तक ही सीमित नहीं माना जा सकता। भारतीय बोलियों में भी आदिम संकल्पना आज तक सुरक्षित पाई जा सकती है। प्रस्तुत लेखक ने शब्द-निर्माण और अर्थ-विकास की इस प्रक्रिया का उल्लेख अन्यत्र (60/153) किया है। भारतीय वैयाकरणों का यह दृष्टिकोण रहा है कि शब्द का अपना कोई निश्चित अर्थ नहीं होता। सन्दर्भ से ही वह सुनिश्चित अर्थ ग्रहण करता है (44/150)। आधुनिक भाषा-वैज्ञानिकों का क्षेत्र-सिद्धान्त भी इसी मान्यता की पुष्टि करता है। भाषा के शब्दों में अनेकार्थता का बीज उस प्राचीन अवस्था में ही मौजूद था जब विभिन्न परिवेशीय ध्वनियों को कुछ सुनिश्चित ध्वनियों से

व्यक्त करने के कारण अनेक वस्तुएँ, उनके कार्य आदि उस ध्वनि से ही अभिहित होने आरम्भ हुए थे। इनके क्रम-विकास से एक ही ध्वनि से सैकड़ों शब्द मामूली ध्वनि-परिवर्तन से निर्मित होते चले गए थे (60/154)। इनसे धातु, क्रियारूप, संज्ञा, विशेषण, क्रिया-विशेषण आदि भी विकसित होते चले गए और आगे चलकर इन्होंने सूक्ष्म संकल्पनाओं को जन्म दिया। वस्तुतः भारतीय भाषाएँ—केवल आर्य और द्रविड़ भाषाएँ ही नहीं, अपितु संताली आदि भी—भाषा के आदिम निर्माण और अर्थ-विकास के इस क्रम को जितने विश्वसनीय रूप में पेश करती हैं, उतने विश्वसनीय रूप में अन्य कोई भाषा यदि प्रकट करती हो तो इसकी हमें जानकारी नहीं है।

ब्रैंडेस्टाइन ने भारतीय और ईरानी के उक्त वैशिष्ट्य को ठीक उसी तरह उलटकर पेश किया जैसे अन्य मामलों में इन्हें पेश किया जाता रहा है। अर्थात् जहाँ सहज निष्कर्ष यह निकलता है कि चूँकि भारतीय-ईरानी में अर्थ-विकास की दृष्टि से अधिक प्राचीन अवस्था का परिचय मिलता है, अतः यदि भारोपीय भाषाओं का उत्स केन्द्र कहीं हो सकता है तो इन भाषाओं के प्रसार-क्षेत्र के भीतर ही, वहाँ ब्रैंडेस्टाइन ने यह सुझाया कि मूल निवास से सबसे पहले अलग होनेवाली शाखा भारतीय-ईरानी ही थी। परन्तु यदि हम नाभिकीय अर्थ और उन परिवेशीय ध्वनियों पर ध्यान दें (60/31) जिनसे इस शब्दावली का विकास हुआ तो पता चलता है कि यह एक जल-बहुल, गर्म प्रदेश था। इस दृष्टि से भारत से बाहर का अन्य कोई क्षेत्र उपयुक्त प्रतीत नहीं होता।

6. प्राकृतिक परिवेश

भारोपीय भाषाओं के उद्गम का निर्णय करने के लिए एक और तरीका काम में लाया गया। यह विभिन्न भारोपीय भाषाओं में प्राकृतिक परिवेश को व्यक्त करनेवाली शब्दावली में साम्यों का अध्ययन था। बेंडर (573/117-18) के अनुसार, ''हाथी, गैंडा, शेर, बन्दर, घड़ियाल, तोता, चावल, बरगद, बाँस, ताड़ आदि के लिए भारोपीय भाषाओं में मिलते-जुलते शब्द नहीं हैं पर बर्फ़ और पाले के लिए ओक, बीच, पाइन, बर्च, विलो, भालू, भेड़िया, ऊदबिलाव, बनबिलाव, पोलकैट, मार्टेन, लकड़बग्घा, हिरन, खरगोश, चूहा, घोड़ा, बैल, भेड़, बकरी, सुअर, कुत्ता, ईगल, बाज, उल्लू, नीलकंठ, जंगली बत्तख, डक, पैट्रिज फीजैंट, साँप, केकड़ा, चींटी, मक्खी, मधुमक्खी आदि के लिए कम या अधिक मिलते-जुलते शब्द पाए जाते हैं, '' और इससे यह ज़ाहिर होता है कि मूल निवास कहीं शीतोष्ण कटिबन्ध में था, न कि उष्ण कटिबन्ध में।

यदि इन तर्कों की कुछ बारीकी से जाँच करें तो पाएँगे कि इनका लक्ष्य मूल निवास का निर्णय करना नहीं था, अपितु भारत को सम्भावित मूल क्षेत्र से काटने के लिए दलीलें तैयार करना था। उदाहरण के लिए, ब्लूमफ़ील्ड (116/319) लिखते हैं, ''हम नहीं जानते कि आदिम भारोपीय कहाँ बोली जाती थी, न ही यह कि यह किस तरह के लोगों द्वारा बोली जाती थी; हम आदिम भारोपीय बोलियों को किसी विशेष प्रकार की प्रागैतिहासिक वस्तुओं के साथ भी नहीं जोड़ सकते। भारोपीय भाषाओं में 'स्नो' संज्ञा और क्रिया-रूपों में इतना

प्रचलित है कि हम भारत को भारोपीय समाज के आदिम निवास से बाहर रख सकते हैं।" चाहे वह स्नो हो या सालमन या समुद्र, इस जटिल समस्या का समाधान प्रायः एकल शब्दों के एकांगी प्रस्तुतीकरण के आधार पर करने का प्रयत्न किया गया है।

यह लँगड़ा तर्क एक समय में बहुत लोकप्रिय था और इस पर आवश्यकता से अधिक भरोसा किया जाने लगा था। पर जल्द ही इसकी सीमाएँ स्पष्ट हो गईं और इसकी विश्वसनीयता खत्म हो गई। पहली बात तो यह कि जब कोई जन-समाज अपना स्थान बदलता है और ऐसे परिवेश में पहुँच जाता है जहाँ उसकी पूर्व-परिचित वस्तुओं का अभाव हो तो उसकी भाषा से उन वस्तुओं को व्यक्त करनेवाले शब्द अपरिचित हो जाने के कारण मर जाते हैं। इक्के-दुक्के मामलों में पुराने परिवेश की परिचित वस्तुओं का नाम उनसे मिलती-जुलती ऐसी वस्तुओं को दे दिया जाता है जो नए परिवेश में उपलब्ध होती हैं। इसके बावजूद यदि अन्य भारोपीय भाषाओं में ऋग्वेद जैसा कोई अतिप्राचीन साहित्य अपने अविकल रूप में उपलब्ध होता तो भी यह जानने में कुछ सहायता मिल सकती थी कि भारतीय परिवेश की सूचना देनेवाले कुछ शब्द उस समय अन्य भाषाओं में पहुँचे भी थे या नहीं। जहाँ तक ऋग्वेद की बात है, इसमें कोई ऐसा शब्द नहीं आया है जिसका भारत में अभाव हो और जो किसी अभारतीय मूल की सूचना देता हो। तीसरी बात यह है कि अनेक ऐसी चीज़ें हैं जिनसे मूल भारोपीय जन असंदिग्ध रूप से परिचित थे, पर उनसे सम्बन्धित समान शब्दावली का अभाव देखने में आता है। 'हमारे पास हाथ के लिए कोई समान शब्द नहीं है; क्या हम यह दलील दे सकते हैं कि जब तक ये लोग छोटे-छोटे जत्थों में नहीं बँट गए तब तक उनके हाथ नहीं निकले थे? दूध के लिए भी कोई समान शब्द नहीं है, फिर भी हम जानते हैं कि उनके पास ढोर और रेवड़ थे?'

परिवेश का निर्धारण करने का कोई औचित्य तब हो जब हम यह सुनिश्चित रूप से जानते हों कि सचमुच भारोपीय जनों का किसी बड़े पैमाने पर प्रव्रजन हुआ भी था। पर जैसा कि इमेनो (214/132) और कीथ (324/70) आदि ने स्वीकार किया है, इस विषय में हम बिलकुल अन्धकार में हैं। ठीक यही निष्कर्ष पुरातत्त्व की खोजों से भी निकलता है। एफ.ए. खान (335) बालकृष्ण थापड़ (596/147-64) और स्वराज्यप्रकाश गुप्त (258/318) ने इसका विशद निरूपण किया है। यदि ऋणात्मक प्रमाणों का कोई अर्थ होता है तो सबसे पहले इनको इस बिन्दु पर ही अमल में लाया जाना चाहिए कि चूँकि हमें प्रव्रजन के विषय में इतनी सारी ऊहापोह के बावजूद एक भी प्रमाण नहीं मिला है अतः प्रव्रजन की बात ग़लत है। सारा मामला भाषा और सांस्कृतिक तत्त्वों का है। निश्चय इस बात का किया जाना चाहिए कि बड़ी संख्या में जन-संचलन के बिना भी क्या भाषा और संस्कृति का प्रसार हो सकता है? यदि हाँ, तो किन रूपों में? फिर वह तय किया जाना चाहिए कि प्रस्तुत मामले में इनमें से कौन-सा कारण इसके लिए उत्तरदायी रहा हो सकता है?

एक और तरीक़ा तुलना के लिए अपनाया जाना चाहिए था—ऋणात्मक के स्थान पर धनात्मक साक्ष्यों का उपयोग। चूँकि नए परिवेश में अनुपयुक्त शब्द मर जाते हैं, अतः यह देखना अधिक उचित है कि जो शब्द दोनों परिवेशों में जीवित हैं उनके आर्थी स्रोत किस

मूल परिवेश की सूचना देते हैं। उदाहरण के लिए, 'स्नो' शब्द को लिया जा सकता है, जिस पर ब्लूमफ़ील्ड ने आवश्यकता से अधिक भरोसा कर लिया है। भारत के लिए बर्फ़ कोई अजूबा नहीं है। प्राचीनतम काल से ही भारतीय हिमालय से परिचित रहे हैं और हड़प्पावासियों को पहाड़ों का बहुत निकट से परिचय प्राप्त था। उनके लिपि-चिह्नों में से एक पहाड़ का ही सूचक माना जाता है। वैदिक साहित्य में भी हिमालय से परिचय का संकेत मिलता है। भारत में बर्फ के लिए हिम शब्द प्रचलित रहा है। ला. 'हिएम्स' और प्रा. स्ला. 'ज़िम' आदि में यह शब्द सुरक्षित पाया जा सकता है। यदि इसके लिए अधिक प्रचलित शब्द 'स्नो'–जेंद 'स्निज्त्', गॉ, 'स्नेइव्स', लिथु. 'स्निग्-ति' आदि था तो भारतीय शाखा में यह लुप्त क्यों हो गया? 'स्नो' प्रवाही जल 'स्त्र/स्न-' सं. स्नेह, स्नान, सर-सल्-से व्युत्पन्न है। इसके गति या प्रवाह का मूल भाव अं. स्नेक, सर्पेंट, सर्कल, शर्क आदि में सुरक्षित है। मूलतः प्रवाही जल के लिए प्रयुक्त शब्द का ही बर्फ़ के लिए प्रयोग क्या इस बात का सूचक नहीं है कि पहले इन लोगों का परिचय जमे हुए जल की तुलना में प्रवाहशील जल से अधिक था? इसी तरह फा. 'बर्फ़' संस्कृत 'वृष्/वर्षा' से अभिन्न सादृश्य रखता है। हम अन्यत्र देवत्व पर विचार करते हुए यह देख आए हैं कि ऐसे यूरोपीय क्षेत्रों की भाषाओं और देवशास्त्रों में भी, जहाँ मुख्यतः बर्फ़ पड़ती है, हिम का कोई देवता नहीं है, अपितु वर्षा का ही देवता पाया जाता है।

कहा जाता है कि मूल जन-समुद्र से भी परिचित नहीं थे; कारण इसके लिए शब्दावली में समानता नहीं पाई जाती। संस्कृत 'सार' और अंग्रेज़ी 'साल्ट' का यदि कोई अर्थ निकल सकता है तो यही कि इसे सलिल या सर, अर्थात् जल से प्राप्त किया जाता था जो समुद्र से परिचय का सूचक है। ऋग्वेद में भूख या 'क्षुधा' की तुलना में 'तृषा', 'तृष्णा' आदि का विविध रूपों में चार गुने से अधिक बार प्रयोग हुआ है जो इस बात का सूचक है कि वैदिक जनों को प्रायः किन्हीं ऐसी परिस्थितियों में रहना पड़ता था जिनमें पेय जल का अभाव हो जाता था। पानी का इन स्थितियों में अभाव कितना भयानक और यन्त्रणापूर्ण हो सकता था, इसे 'त्रास' शब्द से (वु. संत्रास, त्रस्त) समझा जा सकता है। हमने इन परिस्थितियों को समुद्र यात्राओं के सन्दर्भ में स्पष्ट किया है। यह एक रोचक बात है कि क्षुधा नहीं, अपितु 'तृषा' के लिए विभिन्न भारोपीय भाषाओं में प्रयुक्त शब्दावली–ईरानी 'तरसना', ग्रीक 'तर्सस्थेह' ला. 'तोरेरे', प्राउज. 'डर्स्ट', अंग्रेज़ी 'थर्स्ट'–में गहरा साम्य पाया जाता है। इसी तरह सं, 'स्वेद', अं. 'स्वेट', ला. 'सुदोर', प्राउज. 'स्वेहज' आदि का साम्य भी रोचक है। 'स्नो', 'स्वेट', 'साल्ट' और 'थर्स्ट' को यदि सही सन्दर्भ दें तो इन सभी से किसी ठंडे देश की नहीं, अपितु गर्म देश का वह भी भारत की सम्भावना बढ़ती दिखाई देगी। श्रेडर, जो स्वयं भी भारोपीय मूल निवास के रूप में उत्तरी यूरोप के ही पक्षधर रहे हैं, यह स्वीकार करते हैं (546/353) कि भारोपीय भाषाओं में कम-से-कम दो शब्द ऐसे हैं जो मूल क्षेत्र में नौचालन के अस्तित्व की पुष्टि करते हैं। वह यह भी स्वीकार करते हैं (व/331-35) कि मूल जन अनसिले और खुले वस्त्र पहनते थे। वे ऊनी ही नहीं, सूती कपड़ों से भी परिचित थे (व/333)। जंगल से उनका कुछ ऐसा खास लगाव था कि अनेक यूरोपीय भाषाओं में मन्दिर और वृक्ष पर्याय से बन गए थे और ग्रीस में तो

देवताओं की मूर्तियाँ या तो पेड़ पर टाँग दी जाती थीं (व/278, 325) या इनके नीचे ही स्थापित की जाती थीं और अवेस्ता के अनुसार, आर्यों के मूल निवास ऐरन वेजो में सदा ग्रीष्म ऋतु रहती थी (282/688-703) जो अग्रमैन्यु द्वारा नष्ट कर दी गई, क्योंकि वह लोगों को खुश नहीं देखना चाहता था।

अनेक विद्वान् आज भी अपनी व्याख्याओं में आदिम भारोपीय के परिकल्पित रूपों का और वनस्पतियों तथा प्राणियों की तुलनाओं का सहारा लेते हैं। उदाहरण के लिए, मूल भारोपीय क्षेत्र का निश्चय करने के लिए पाल फ्रीड्रिक (467) ने पुनः उसी पद्धति को अपनाया है। उन्होंने इसके लिए पुरावानस्पतिकी (पराग विश्लेषण) को आधार बनाया है। उनके मत से 18 वनस्पतियों के लिए विभिन्न भाषाओं में प्रयुक्त शब्दावली में साम्य पाया जाता है, जिससे पता चलता है कि भारोपीय मूल निवास में ये पौधे पाए जाते थे। इनमें से 12 को उन्होंने प्रधान माना है।

उक्त लेखक ने जिन समानताओं पर बल दिया है उनमें से कुछ ऐसी हैं जिनसे मिलते-जुलते शब्द भारतीय भाषाओं में नहीं पाए जाते। ऐसी वनस्पतियों पर विचार करने का कोई औचित्य नहीं है। हम यहाँ केवल उन वनस्पतियों के विषय में विचार करेंगे जिनसे मिलते-जुलते नाम भारत में पाए जाते हैं। फ्रीड्रिक ने अपनी व्याख्या के लिए विचारणीय काल को तीन भागों में बाँटा है : बोरियल–7000-5500 ई.पू.; अटलांटिक–5500-3000 ई.पू. और कांटीनेंटल–3000-800 ई.पू.। उन्होंने बल अटलांटिक काल पर दिया है जिसे वह भारोपीय एकता का काल मानते हैं। हम उनके द्वारा प्रस्तुत वनस्पतियों में से कुछ पर यह देखने के लिए विचार करेंगे कि यदि इस प्रकार के शब्द-भंडार के विवेचन में उतरें तो भी यूरोपीय या मध्य एशियाई मूल निवासों की और वहाँ से इन जनों के प्रसार की कल्पना अटकलबाज़ियों पर आधारित सिद्ध होती है।

बर्च : सं. भूर्ज, प्रा. प्र. 'बेर्ज', रूसी 'बेरेजा', ईरानी 'बार्ज' में इसकी छाया दिखाई देती है। इसका मूल भारोपीय रूप 'भेरूह-ग्'–कल्पित किया गया है। यह वृक्ष बोरियल काल में लेखक द्वारा प्रस्तावित मूल निवास में प्रचुरता से पाया जाता था। पर अटलांटिक काल में इसकी संख्या घट गई और तब से यह वृक्ष विरल रूप में ही मध्य यूरोप, जिसमें रूसी यूरोप भी आता है, में पाया जाता है।

यह वृक्ष भारत में हिमालय क्षेत्र में अति प्राचीन काल से पाया जाता है और यहाँ के बहुत महत्त्वपूर्ण वृक्षों में से एक रहा है, क्योंकि इसकी छाल से भूर्जपत्र प्राप्त होता था जो लेखन-सामग्री के रूप में उपयोग में लाया जाता रहा है। बर्च के साथ यदि बार्क–पेड़ का छिलका, शब्द पर ध्यान दिया जाए तो पता चलेगा कि लेखन के लिए भले वहाँ भूर्जपत्र का प्रयोग न हो सका हो, पर इस वृक्ष के नामकरण के पीछे छिलके का हाथ है। यह बात ध्यान देने योग्य है कि बिखराव के लिए परिकल्पित काल में यह वृक्ष प्रस्तावित भारोपीय क्षेत्र में नहीं के बराबर ही पाया जाता था और यही स्थिति तब से लेकर लगभग आज तक बनी चली आई है। यह मृतप्राय पौधा, जिसके आर्थिक उपयोग के विषय में भी वहाँ कोई स्पष्ट सूचना नहीं मिलती है, क्यों बिखरनेवाले जनों की स्मृति में चिपका रह गया और भारत तक चला आया, यह स्पष्ट नहीं किया गया है। इसके विपरीत भारतीय पृष्ठभूमि को सामने

रखने पर इसकी उपस्थिति, उपयोगिता और महत्त्व के विषय में कोई भ्रम नहीं रह जाता, अतः यदि हम इस वृक्ष के लिए अनेक यूरोपीय भाषाओं में भी इससे मिलते नाम प्रयोग में आते हैं तो इसके लिए भूर्ज या भोजपत्र से परिचित जनों का हाथ हो सकता है।

स्काच पाइन : इसके लिए भारोपीय मूल रूप 'प्यत् (व)' कल्पित किया गया है। यही अल्बा. 'पिशे' है, जो मीयर के अनुसार, 'पीत्-सिया' और संस्कृत 'पीतदारु' में प्रतिबिम्बित है। इसका एक अन्य प्राचीन रूप कल्पित किया गया है जिसमें 'क्' जुड़ा हुआ माना गया है। इसकी पुष्टि लिथु. 'पुशिस', प्राउज. 'फिउहता' और मआ. 'ओक्टाक' से होती है। लेखक के अनुसार, इन विभिन्न शब्दों का प्रयोग पाइन, फ़र, स्प्रूस के पौधों के लिए और इनके विशिष्ट उत्पाद–गोंद–के लिए किया जाता रहा है। लेखक ने शंकु वृक्षों के लिए भेदक शब्दावली के अभाव को एक समस्या माना है। इसका समाधान उसने इस रूप में सोचा है कि अटलांटिक काल में भारोपीय निवास में 'फ़र' नहीं पाया जाता था। अटलांटिक काल के अन्तिम दौर में यह आर्मीनिया और प्राइपेट डेस्ना के समीपवर्ती क्षेत्रों में रहा हो सकता है। इन वृक्षों में सबसे प्रधान है स्काच पाइन जो बोरियल काल में तो अस्तित्व में था, पर अटलांटिक काल में अधिक सख्तजान वृक्षों ने इसका विनाश कर दिया। दूसरे शब्दों में कहें तो प्रस्तावित काल में उक्त लेखक द्वारा प्रस्तावित क्षेत्र में यह वृक्ष नहीं था, और बाद में भी यह कभी प्रमुख वृक्ष नहीं बन पाया।

ऐस्पेंस और पोप्लर : फ्रीड्रिक लिखते हैं, ''वानस्पतिक दृष्टि से 'पोपुलस' की प्रजातियाँ विगत हिमकाल से ही मौजूद रहीं और...अटलांटिक काल में ये एक अल्पसंख्यक सदस्य के रूप में ही जीवित रही हैं।''

ऐस्पेंस का मूल रूप 'अस्प' कल्पित किया गया है। लेखक के कथनानुसार कुछ अध्येता इसे संस्कृत के 'स्फ्य' से जोड़ते हैं जो लकड़ी का बना एक याजिकीय उपकरण था। 'अस्प'–की छाया मूल बाल्टिक, जर्मनिक, स्लाव, प्रास्ला आदि में प्रचलित 'ओप्स' में देखी जा सकती है। यूराल-अल्टाई भाषाओं में 'अप्सक' और 'अस्पक' में भी इसका प्रभाव दिखाई देता है, अतः लेखक ने इसे भाषा विशेष का शब्द न मानकर क्षेत्रीय शब्द माना है। क्षेत्रीय शब्द क्या होता है इसे लेखक ने स्पष्ट नहीं किया। कोई शब्द चाहे जिस भी क्षेत्र में हो, होगा तो किसी न किसी भाषा का ही। जो भी हो, 'पोप्लर' की एक किस्म 'पोप्लर ट्रेमुला' या झूमनेवाला पोप्लर है।

यह बात कुछ अजीब-सी है कि पंडितों का ध्यान 'स्फ्य' की ओर तो गया पर उनका ध्यान 'अश्वत्थ' की ओर नहीं गया जो 'अस्प' से अधिक निकटता रखता है। उनका ध्यान पोप्लर और पीपल के साम्य की ओर भी नहीं गया। अपनी बनावट में पोप्लर पीपल से इतनी निकटता रखता है कि इसका हिन्दी पर्याय कामिल बुल्के ने अपने कोश में वन-पिप्पल किया है। इसका 'अश्वत्थ' नाम इसकी पत्तियों की चंचलता के कारण पड़ा है। इसी चंचलता के कारण बिजली या चंचला का एक पर्याय 'अश्वजनी' है। 'पोप्लर ट्रेमुलस' में भी इस चंचलता की अर्थ-छाया शेष है।

ऐसी स्थिति में जिन लोगों ने पोप्लर को यह नाम दिया वे पीपल से और इसके अन्य पर्याय 'अश्वत्थ' से भी परिचित थे। रूपसाम्य को देखते हुए उनका ऐसा करना अस्वाभाविक

नहीं था। इस तर्क को उलटकर यह भी कहा जा सकता है कि पोप्लर से पहले से परिचित लोगों ने भारत में आने के बाद पीपल को ये नाम दिए। पर एक तो पोप्लर कभी अपने क्षेत्र का प्रधान वृक्ष था भी तो हिम युग से पहले ही। विचारणीय काल में वह एक विरल पौधा ही था। इसका ऐसा कोई उपयोग भी नहीं था जिससे वहाँ इसकी कोई विशेष प्रतिष्ठा मानी जाए। पर पीपल नाम 'पिप्यु' से निकला है जिसका अर्थ है–'खाद्य'। ऋग्वेद में 'पिप्युषी', 'सुपिपल्ला' आदि प्रयोग देखने में आते हैं और आगे चलकर तो 'पैप्पलाद शाखा' का अस्तित्व भी देखने में आता है। ऐसा लगता है कि आहार संचय के दिनों में पीपल का गोदा मनुष्य के खाद्य-पदार्थों में था और इसको सुखाकर अभाव के दिनों के लिए भी रखा जा सकता था। गोदा शब्द स्वतः भी–'गुद' आनन्द लेना, तृप्त होना–खाद्यपरक अर्थ रखता है। यही कारण है भारतीय समाज में पीपल एक पवित्र और समादृत वृक्ष माना जाता रहा है। हड़प्पा के भांडों आदि पर भी पीपल की पत्ती के आशय चित्रित हैं और मेह्रगढ़, मुंडीगाक आदि स्थलों से प्राप्त ठीकरों आदि पर इसके आशय को लक्ष्य किया तथा प्रसार की दिशा को पहचाना जा सकता है।

विलो : इसके आदि भारोपीय 'स्/व्–ल्यक' रूपों की कल्पना इस आधार पर की गई है कि इसके दो समानान्तर रूप यूरोपीय भाषाओं में देखने में आते हैं। ला. 'सैलिक्स, प्रा. आय. 'सेलेक', ग्री 'हेलिकोन' और प्राउज. 'सलह' एक श्रेणी में आते हैं और ग्रीक 'वेलिकोन', जर्मनिक 'विल्ज' दूसरे वर्ग में आते हैं। पहले वर्ग में आदि में 'स–' है और दूसरे वर्ग के आदि में 'व्–'। हित्ती में 'युएल्लु'–चरागाह और 'युएल्कु' घास के अर्थ में प्रयोग में आता था। 'स्/व्–ल्यक' के विषय में कल्पना यह की गई है कि ये 'सेल्क' बटना, ऐंठना और 'व्यट्–', मूल धातु 'व्य–' झुकना, मुड़ना से निकले हैं। विलो का पौधा इन दो नामों से कैसे पुकारा जाने लगा, इसका स्पष्टीकरण यह है कि "दोनों मूलोंवाले शब्द किसी-न-किसी तरह इस **आर्द्रता-प्रेमी और सर्वाधिक व्यापक प्रजाति** के दो प्रभेदों के लिए प्रयोग में आते रहे होंगे।" यह पौधा झाड़ी और वृक्ष दोनों रूपों में पाया जाता है और खासकर नदियों के किनारे उगता है। वाइन या 'विनी' को ध्यान में रखते हुए अनुस्वरान्त 'व्यं' की सम्भावना भी मानी गई है।

ध्वनिविशारदों द्वारा कल्पित मूल रूप कितने प्रामाणिक या अप्रामाणिक हैं इस पर किसी टिप्पणी की आवश्यकता नहीं, पर 'सेल्क' और सं. 'शर', 'व्यट्' और 'वेतस्' न केवल परस्पर ध्वनि-साम्य रखते हैं अपितु इनसे सन्दर्भित पौधों और इनके आर्थी स्रोतों पर भी प्रकाश पड़ता है। ये अन्य बातों के अतिरिक्त इस मामले में भी समानता रखते हैं कि आर्द्रता से और नदियों के किनारे की नम ज़मीन से इन दोनों का भी सम्बन्ध है। शर में कुश और कास से लेकर सरकंडा तक और वेतस् में पतले बेंत से लेकर बाँस जैसे मोटे बेंत तक आते हैं। वेतस् अर्थात् 'व्-ए-तस' का 'ए' अय-अइ, आई और घिसकर 'इ' बन सकता है और 'वाइन' 'विनी' बन सकता है। 'सेल्क' में उच्चारण स्थान अग्रवर्ती होकर अ–ए में, श–स में और र–ल में परिवर्तित होगा, जो सर्वथा नियमानुसार है।

ऐपल : इसके लिए प्रयुक्त केल्टिक 'एल्बु' प्रा. बा. ऐबोल में मध्यस्थ/-ब्-/-ल्-/ के उच्चारण की अनिश्चितता के कारण अधिकांश भारोपीय विशेषज्ञ उलझन महसूस करते

हैं। और इसके पूर्वरूप, ''ऐब्बल–को गैर-भारोपीय मानना अधिक पसन्द करते हैं। कुछ का खयाल है कि यह शब्द कभी केल्टिक में उधार लिया गया था और फिर जर्मनिक, बाल्टिक, स्लाव और इतालवी में पहुँचा।''

ऐपल का एक अन्य पर्याय ग्रीक 'मेलोन', ला. 'मालम्'–में पाया जाता है और तूखारी 'मला', गाल तथा हित्ती 'मह्ल'–अंगूर की याद दिलाता है, पर इसे भरोसे का नहीं माना जाता। लेखक ने दोनों शब्द रूपों को गैर-भारोपीय स्रोत का माना है और ग्रीक, तूखारी और हित्ती शब्दों के बीच पाए जानेवाले ध्वनि-साम्य को ध्यान में रखते हुए इनके बीच अर्थगत सम्बन्ध स्वीकार किया है। जो भी हो, यदि इसे अभारोपीय मूल का माना जाएगा और साथ ही यह भी स्वीकार किया जाए कि यह पौधा तथाकथित मूल भारोपीय क्षेत्र का है तो इससे यही सिद्ध होगा कि जिसे मूल भारोपीय क्षेत्र कहा जा रहा है वह प्रभाव विस्तार का गौण केन्द्र हुआ, जहाँ की स्थानीय बोलियों में से किसी से यह शब्द यूरोपीय तथा अन्य बोलियों में पहुँचा था।

मैपल, नट और ओक : मैपल के लिए ग्रीक में 'अक्स्तोस्' शब्द व्यवहार में आता है। इसकी तुलना सं. 'अक्ष'–बहेड़ा से की जा सकती है। यह स्मरणीय है कि मैपल के बीज के मनके भी बनते रहे हैं और मनके का एक पर्याय अक्ष भी है। अक्ष का प्रयोग बहेड़े के बीज के लिए भी होता रहा है। ग्रीक में मैपल के लिए एक अन्य शब्द 'एकॉर्न' है। ओक के लिए हित्ती 'तरु', तूखा. 'दोर्' तथा लगभग बारह शाखाओं में 'द्रेव', 'दोर्व' और 'देर्व' आदि रूप पाए जाते हैं। ये सभी शब्द सं. 'तरु' 'दारु' से इतना निकट साम्य रखते हैं कि इनके बीच किसी सम्बन्ध की सम्भावना से इनकार नहीं किया जा सकता। मूलतः यह शब्द वृक्ष मात्र के लिए प्रयोग में आता था, यह अंग्रेज़ी 'ट्री' में स्पष्ट देखा जा सकता है। ओक के लिए ही दूसरा पर्याय प्रा. नार्स 'फ़्ज्योर्नयन्' तथा प्राउज. 'फरेह-ईह' है जिसे लेखक ने संस्कृत 'पर्जन्य' से सम्बद्ध माना है। वृष्टिप्रेमी या बरसात में विकास करनेवाले पौधों के लिए संस्कृत में पर्जन्यवृद्ध और वृष्टिजनी शब्दों का प्रयोग देखने में आता है।

इन वृक्षों के लिए प्रयुक्त समान शब्दावली पर विचार करते समय जो तथ्य उभरकर आते हैं, वे काफी रोचक हैं। अनेक वृक्ष प्रस्तावित भारोपीय निवास में प्रस्तावित प्रसार-काल में या उसके बाद मृतप्राय से दिखाई देते हैं। इस काल के जो प्रधानवृक्ष थे उनके लिए प्रयुक्त शब्दावली में पूरे भारोपीय क्षेत्र में अपेक्षाकृत सादृश्य का अभाव है और जो मरणासन्न वृक्ष हैं उनकी शब्दावली में समानता दिखाई देती है और इस शब्दावली की व्याख्या कल्पित भारोपीय रूपों की तुलना में संस्कृत प्रतिरूपों से अधिक आसानी से होती है। यूरोप में इन वृक्षों की कोई आर्थिक उपादेयता या सांस्कृतिक अर्थवत्ता भी नहीं दिखाई देती, पर भारतीय भूमि में इनका महत्त्व स्पष्ट है। यूरोपीय भाषाओं में इनके नाम एकल और रूढ़ प्रतीत होते हैं, भारतीय भू-भाग में ये जातीय शब्द प्रतीत होते हैं। जल और पर्जन्य से सम्बन्ध जलवायु के सम्बन्ध में भी कुछ संकेत देता है। इस तरह वानस्पतिक जगत से भी लगभग वैसा ही चित्र उभरता है जैसा भाषिक विश्लेषण के अन्य पक्षों से।

उपसंहार

इस तरह हम पाते हैं कि हम जिस भी दृष्टि से विचार करें, मूल भारोपीय भाषा का विकास भारत में ही हुआ दिखाई देता है। भारोपीय जनों के विषय में जो कहानियाँ गढ़ी गई हैं, वे निराधार सिद्ध होती हैं। उनके पक्ष में कोई ठोस प्रमाण किसी ओर से आता नज़र नहीं आता। पर भाषा और संस्कृति का सादृश्य एक कठोर वास्तविकता है जिससे इनकार नहीं किया जा सकता और जिसके विषय में इससे अधिक किसी प्रमाण की आवश्यकता नहीं कि यह इस पूरे क्षेत्र में सबसे प्रभावशाली दाय के रूप में आज तक मौजूद है। यह सच है कि भाषा का अर्थ नृजाति नहीं होता और इनके बीच अनिवार्य सम्बन्ध भी नहीं होता। यही बात संस्कृति के विषय में भी कही जा सकती है। इस बात को कुछ और बल देकर कहें तो भाषा के प्रसार और प्रभाव के लिए न तो आक्रमण ज़रूरी है, न ही बड़े पैमाने पर प्रव्रजन। आक्रमण और प्रव्रजन की तुलना में मनुष्य की आर्थिक गतिविधियों, विशेषकर वाणिज्य, का भाषा और संस्कृति के प्रसार में अधिक योगदान हुआ करता है और भारोपीय प्रभाव विस्तार भी इसी तरह का है। जैसा कि हमने आरम्भ में कहा है, यद्यपि आज तक हड़प्पा की लिपि पढ़ी नहीं जा सकी है, हड़प्पा सभ्यता की भाषा का विकास जिस स्तर का होना चाहिए वह स्तर संस्कृत में वैदिक काल से ही दिखाई देता है और ऋग्वेद के प्राचीनतम अंशों की भाषा भी इतनी सशक्त है कि इससे प्रकट होता है कि ऋग्वेद की रचना आरम्भ होने से पहले ही इसने असाधारण विकास कर लिया था। इसके विपरीत वैदिक भाषा से जिस सभ्यता का पूर्वानुमान होता है वह पूरे भारोपीय क्षेत्र में केवल भारत और वह भी हड़प्पा सभ्यता में ही दिखाई देती है। अतः हड़प्पा की लिपि पढ़ी गई है या नहीं, कभी पढ़ी जा भी सकेगी या नहीं, पर वैदिक भाषा और हड़प्पा सभ्यता, वैदिक साहित्य और हड़प्पा का जीवन दोनों एक-दूसरे के अवियोज्य हैं। इसके बावजूद इस बात की पूरी सम्भावना हो सकती है कि हड़प्पा के अभिलेखों की भाषा वैदिक संस्कृति न होकर वैदिक प्राकृत ही हो, जो कि आम व्यवहार में काम में लाई जाती रही हो। पर इस प्राकृत का रूप निश्चय ही परवर्ती कालों की पालि और प्राकृतों जैसा रहा होगा, इसमें सन्देह है। यह भी ज़रूरी नहीं कि समूचे हड़प्पा क्षेत्र में अन्य भारतीय बोलियों के छिटपुट द्वीप न रहे हों। बल्कि इसकी सम्भावना निश्चय ही अधिक दिखाई देती है। प्रकारान्तर से कहें तो यदि प्रसार हुआ तो वह केवल संस्कृत या प्राकृतों का ही नहीं अपितु द्रविड़ और आस्ट्रिक तत्त्वों का भी हुआ और यह प्रसार विशिष्ट अंचलों से जानेवाले व्यापारियों की संख्या पर निर्भर करता दिखाई देता है। जो भी हो, भारत में बाहर से वैदिक या आर्य भाषा के आने का कोई प्रमाण दिखाई नहीं देता जबकि हड़प्पा के व्यापारियों के साथ इस प्रभाव के बाहर फैलने की हर सम्भावना दिखाई देती है। इस दृष्टि से इस प्रभाव विस्तार के दो चरण मानने होंगे–प्राथमिक प्रसार जो भारत से हड़प्पा के व्यापारियों के माध्यम से उन क्षेत्रों तक हुआ जहाँ से इनके व्यापारिक सम्पर्क थे और जहाँ अपने व्यापारिक हितों के कारण इन्होंने सम्भवतः स्थायी बस्तियाँ भी बसा ली थीं। वक्षु (आमू) नदी पर बसी शोर्तुगाई हड़प्पावासियों की एक ऐसी ही स्थायी बस्ती थी। दूसरा, परवर्ती प्रसार जो इन केन्द्रों से आगे की ओर

हुआ लगता है। पहले चरण में भारतीय मूल के व्यापारियों का योगदान इस प्रसार कार्य में ज़रूरी था पर दूसरे चरण के लिए यह कदापि ज़रूरी नहीं। आगे का काम उनके द्वारा पैदा किया गया प्रभाव कर सकता था। इस प्रसार को रिले दौड़ के रूप में ही समझा जा सकता है। यूरोपीय भाषाओं में परस्पर पाई जानेवाली ऐसी समानताएँ जिनको हम भारतीय क्षेत्र में नहीं पाते और जिनका सन्तोषजनक समाधान भारोपीय या वैदिक भाषा-तत्त्वों से नहीं हो पाता, इन उपकेन्द्रों से, वहाँ की स्थानीय बोलियों से लिये गए हो सकते हैं।

तूखारा या तूरान, सीस्तान या रूसी तुर्कमीनिया की संस्कृतियों के कतिपय तत्त्व जो भारत के साथ कुछ साम्य प्रकट करते हैं, इन प्रभावों की ही देन हो सकते हैं। यद्यपि इस बात का ध्यान रखना होगा कि कुर्गान, त्रिपोली आदि के अनेक साम्य सतही और भ्रामक हैं।

अध्याय नौ

समाज

वैदिक समाज एक संश्लिष्ट समाज था। इसका निर्माण जिन गणों से हुआ था उनमें कभी भिन्न-भिन्न भाषाएँ, सामाजिक रीति-नीति और विश्वास प्रचलित थे। वाणिज्य पर आधारित आर्थिक प्रचालनों ने क्रमशः इनके बीच जो निकट सम्पर्क और फिर सामंजस्य पैदा किया उसी का परिणाम थी वह उन्नत भाषा, व्यापक सांस्कृतिक और नैतिक चेतना तथा विश्वासों की वह कमोबेश समानता जो ऋग्वेद में प्रतिबिम्बित हुई है। पर यह भिन्नता सम्पर्क की प्रकृति और मात्रा के अनुरूप उस काल में भी मौजूद थी और आगे भी बनी रही। अनेकता में एकता की जो बात भारत के विषय में प्रायः दुहराई जाती है वह हड़प्पा-वैदिक काल में भी मौजूद थी।

1. बहुजातीयता के पुरातात्विक और साहित्यिक साक्ष्य

अपनी मान्यताओं और विश्वासों के प्रसार के लिए बौद्धिक और यदा-कदा भौतिक संघर्ष, जो कभी-कभी भिन्न मान्यताओं और विश्वासों की आलोचना तक ही सीमित न रहकर कटु निन्दा और घृणा के प्रचार का भी रूप ले लेते थे और दूसरी ओर उनसे जुड़े लोगों को अपने भीतर समेटने के लिए उनके कतिपय अंशों को आत्मसात् करते जाने का क्रम, हड़प्पा-वैदिक काल से पहले से ही आरम्भ हो गया था, जिसका प्रमाण अब पुरातत्त्व दे रहा है, विशेष रूप से कोट दीजी संस्कृति द्वारा। इसके बावजूद न तो यह भिन्नता कभी पूरी तरह समाप्त हुई, न ही इसने कभी इतना उग्र रूप लिया कि सामाजिक सम्पर्क को पूरी तरह छिन्न-भिन्न कर दे। यह बात पूरी तरह हड़प्पा के नगरों की योजना और उनसे प्राप्त मुहरों, मृद्भांडों आदि से भी प्रमाणित होती है।

इस भिन्नता के तत्त्व भारत में जाने कितने लम्बे समय से मौजूद थे और इस सामंजस्य के लिए आर्थिक विकास भी वैदिक काल से बहुत पहले आरम्भ हो चुका था। प्रायः 7000 ई.पू. में इसका प्रमाण बोलन नदी पर बसे मेहरगढ़ से मिलता है। अब इसी काल रेखा पर पूर्वी उत्तर प्रदेश के सन्त कबीर नगर स्थित लहुरा देवा और हरयाणा के भिर्राना से भी प्राप्त हो चुके हैं।

पर जब ऐसे इतिहासकार भी हड़प्पा सभ्यता के विषय में विचार करते हैं और उसमें

सम्मिलित जनों, प्रचलित विश्वासों और आर्थिक उपक्रमों की भिन्नताओं से उनका सामना होता है तो इनका निषेध करने का उनका साहस नहीं हो पाता। हड़प्पा से प्राप्त कंकालों से किसी नर-हत्या की पुष्टि भले ही न हो, पर इस बात की पुष्टि तो होती ही है कि इस समाज का निर्माण जिन जनों से हुआ था उनमें से कोई चपटनास नहीं था और इनमें अनेक नृजातीय तत्त्व विद्यमान थे, जो आज भी उस क्षेत्र में विद्यमान हैं (547; 537; 539; 327; 444; 250; 321)। इस तथ्य को स्वीकार कर लेने के बाद वैदिक साहित्य में प्रतिबिम्बित वैविध्यों को समझने में कठिनाई नहीं होनी चाहिए।

विद्वानों का ध्यान इस ओर गया है कि वैदिक समाज एकपिंडीय नहीं था (324/74;42/55-56; 351/73; 53/12-13)। इसमें अनेक गण सम्मिलित थे। ऋग्वेद में यदु, तुर्वश, द्रुह्यु, पक्थ, भलान, अलि, अज, शिव, पुरु, कुरु, शिग्रु, चेदि आदि गण-नामों के स्पष्ट उल्लेख मिलते हैं। ये उल्लेख विशेष सन्दर्भों से सम्बन्ध रखते हैं, अतः उक्त गणों को अपने समय की पूरी वास्तविकता का सूचक नहीं माना जाना चाहिए। इनमें से कुछ नामों को टोटेम से जुड़ा हुआ माना गया है (324/74; 348; 349; 160/88-89)। यदि टोटेम के तर्क को मानकर चलें तो इन गणों के उद्‌भव-क्षेत्र की भौगोलिक स्थिति की भी कुछ झलक मिल जाएगी, क्योंकि कौशिक, काश्यप, अलिन, मत्स्य, अज, ऋषभ, ऐन, वेन, मातंग आदि अनेकानेक प्राचीन नाम हैं जिनमें जीवों-जन्तुओं के नाम ढूँढ़े जा सकते हैं। यह क्रम वैदिक काल तक ही सीमित नहीं रहता। महाभारत-काल में नकुल, शिखंडी, शकुनि आदि नामों में भी इस तरह की छाया देखी जा सकती है। इनको टोटम मानना कहाँ तक ठीक है, यह कहना कठिन है, पर इनको आधार बनाकर यह नतीजा निकालना कि वैदिक समाज वैदिक काल में भी क़बीलाई स्तर पर जी रहा था, कुछ ज़्यादती है। ये और इस तरह के अन्य नाम बौद्ध और उत्तर-बौद्ध काल तक जीवित रहे हैं और गौतम, काश्यप, कौशिक आदि गोत्र-नाम तो आज भी प्रचलित हैं।

जो भी हो, वैदिक समाज की रचना जिन गणों से हुई थी उनमें रीतियों और विश्वासों की भिन्नता थी। यदुओं और तुर्वशों को तो स्पष्टतः 'अस्नाता' या उपनयन से वंचित भी कहा गया है (4.30.17)। पुरुओं को तो असुर तक कहा गया है (31/6.8.1.14)। इन्द्र की श्रेष्ठता के विषय में सन्देह का स्वर वैदिक साहित्य में देखा जा सकता है (10.86)। आगे चलकर तो यह विवाद और ज़ोर पकड़ता है। इसके साथ केवल वरुण की ही नहीं, इन्द्र की भी प्रतिष्ठा घटती है (41/190)। वैदिक अध्येताओं ने इस बात पर तो गौर किया है कि वरुण एक प्राचीन और प्रभावशाली देवता थे और नए मंडलों में इनकी प्रतिष्ठा ह्रास पर दिखाई देती है, पर वे यह भूल जाते हैं कि वैदिक काल के इसी चरण में इन्द्र की मर्यादा भी घटती है (387/65-66) और वैदिक समाज आगे अपना ही नहीं, अपने देवताओं का भी नए सिरे से समायोजन करता दिखाई देता है।

2. विवाह

सामाजिक घटकों की विविधता की पुष्टि अन्त्येष्टि और विवाह की प्रचलित रीतियों से भी होती है। मनु ने (3.21-34) आठ प्रकार की विवाह-रीतियों का उल्लेख किया है। ये हैं–

ब्राह्म, देव, आर्ष, प्राजापत्य, आसुर, गन्धर्व, राक्षस और पैशाच। ब्राह्म विवाह में वर को बुलाकर लड़की को यथाशक्ति अलंकृत करके दे दिया जाता था। देव विवाह में कन्या यज्ञ के पुरोहित को दी जाती थी। आर्ष विवाह में कन्या के साथ वर को गायों की दो जोड़ी दी जाती थी। प्राजापत्य में कन्या का पिता बिना किसी आपत्ति के या स्वेच्छा से कन्या को उसके पति को सौंप देता था कि वे सुख-सद्भाव से रह सकें। आसुर विवाह में कन्या का क्रय होता था। गन्धर्व विवाह में प्रेम और वरण ही पर्याप्त था। इसके लिए विवाह की औपचारिकता की आवश्यकता नहीं होती थी। अपहरण करके विवाह करने को राक्षस और आपराधिक बलात्कार को वैध रूप देने को पैशाच विवाह की संज्ञा दी गई है।

ये सभी विवरण बाद के हैं और इनकी पुष्टि वैदिक, पौराणिक तथा ऐतिहासिक काल के अनेक विवाहों से भी होती है, पर इन सभी के साथ सामाजिक मर्यादा की चेतना देखी जा सकती है। इनमें आर्ष और आसुर विवाह पशुचारण की अवस्था के और राक्षस आहार-संग्रह और आखेट की अवस्था के अवशेष हो सकते हैं, पर सबसे अधम पैशाच विवाह से जुड़ी अपराधवृत्ति, लड़की या उसके स्वजनों की इच्छा के विपरीत, पर शीलभंग हो जाने के बाद सामाजिक मर्यादा के कारण इसे विवाह में परिणत करना, निश्चय ही उन्नत समाज के धूमिल पक्ष को उजागर करता है। महत्त्वपूर्ण बात यह है कि एक ही समाज में एक समय में नई-पुरानी अनेक विवाह-रीतियाँ प्रचलित हो सकती हैं और ये सामाजिक वर्गों और अधिक स्तरों से तो कुछ सम्बन्ध रखती हैं, पर नृतात्त्विक भिन्नता की कसौटी नहीं हैं।

विवाह की ये विभिन्न रीतियाँ वैदिक काल में प्रचलित रही हो सकती हैं, पर ऋग्वेद से विवाह के विषय में बहुत कम जानकारी मिलती है। इसका कुछ विस्तृत उल्लेख सूर्या के विवाह के प्रसंग में मिलता है जो अब तक प्रचलित वैवाहिक रीतियों से काफी साम्य रखता है। इसमें कन्या को सविता द्वारा सोम को, सोम द्वारा गन्धर्व को, गन्धर्व द्वारा अग्नि को और अन्ततः अग्नि द्वारा मानव-पति को दिए जाने को (10.85.40-41) कुछ इतिहासकारों द्वारा इस बात का सूचक माना गया है कि एक स्त्री प्राचीन काल में एक पति को छोड़ती हुई दूसरे, तीसरे या चौथे पति का वरण कर सकती थी (185/71)। ऐसी रीतियाँ रही हो सकती हैं। अनेक जातियों में इस तरह की छूट आज भी पाई जाती है। पर प्रस्तुत मामले में यह लागू नहीं होता क्योंकि कुमारी के लिए जो मर्यादा नियत थी उसे वरुण का पाश कहा गया है और मानव पति को देते समय ही सूर्या को वरुण के पाश से मुक्त करते हुए, सतीत्व के साथ अर्थात् ऋत् का निर्वाह करते हुए दाम्पत्य की अनुमति दी गई है (*प्र त्वा मुंचामि वरुणस्य पाशात् येन त्वा बध्नात् सविता सुशेवः, ऋतस्य योनौ सुकृतस्य लोके अरिष्टां त्वा सह पत्या दधामि,* 10.85.24)। अतः अनेक देवताओं को प्रदान करना उन्हें साक्षी बनाने का द्योतक हो सकता है।

महत्त्वपूर्ण बात यह है कि वैदिक और उत्तर-वैदिक कृतियों में उस समाज में जो वैदिक काल में कठोर व्यवस्था से बँधा था किसी सुदूर प्राचीन काल में विवाह संस्था के अभाव का (185) स्त्रियों को प्राप्त पूर्ण निर्बन्धता का भी उल्लेख मिलता है (21/1.113.4)। बहू द्वारा वर की माता के लिए और वर द्वारा वधू की माँ के लिए प्रयुक्त सम्बोधन 'सास' से

भी यह प्रकट होता है कि किसी पूर्ववर्ती चरण में यह समाज पितृसत्तात्मक न होकर मातृ-प्रधान था, अर्थात् परिवार की शासिका माँ हुआ करती थी। उससे विकास करके यह वैदिक काल से काफी पहले ही पितृप्रधान हो चुका था और भारोपीय समाज सर्वत्र पितृप्रधान दिखाई देता है। इसका सीधा अर्थ यह है कि भारोपीय प्रभाव का विस्तार इस परिवर्तन के घटित होने से बहुत बाद की घटना है और इसके पूर्ववृत्त इन जनों के सम्बन्ध में केवल भारत में ही उपलब्ध होते हैं।

3. अन्त्येष्टि

विवाह की विभिन्न रीतियों के ही समान अन्त्येष्टि की भी अनेक रीतियाँ वैदिक समाज में प्रचलित थीं। 'अग्निदग्ध' पर टिप्पणी करते हुए वैदिक इंडेक्स के लेखक (388/9-10) लिखते हैं कि वैदिक काल में अन्त्येष्टि की मुख्यतः दो रीतियाँ प्रचलित थीं : शवदाह और समाधि। इसकी पुष्टि में उन्होंने 'अग्निदग्ध' और 'अनग्निदग्ध' शब्दों की ओर संकेत किया है। अथर्ववेद में 'परोप्त' और 'उद्धित' को ये कुछ संदिग्ध आशय का मानते हैं, पर त्सिमर के अनुसार 'परोप्त' ईरानियों की तरह शव को जानवरों के खाने के लिए छोड़ देने का सूचक है और 'उद्धित' को ऐसी पद्धति माना जा सकता है जिसमें निस्सहाय बूढ़ों को निराश्रित मरने के लिए छोड़ दिया जाता था। ह्विटने ने 'उद्धित' प्रथा को मृतक को किसी ऊँचे चबूतरे पर छोड़ देने की पद्धति माना है।

ऋग्वेदकालीन प्रचलन पर टिप्पणी करते हुए वह लिखते हैं, "गाड़ने की विधि ऋग्वैदिक काल में दुर्लभ नहीं थी, एक सम्पूर्ण सूक्त में इससे सम्बन्धित संस्कारों का वर्णन है। ऐसा प्रतीत होता है कि मृत अपने सम्पूर्ण परिधान के साथ गाड़ा जाता था। उसका धनुष उसके हाथ में रहता था और सम्भवतः जंगली जातियों में प्रचलित प्रथा के अनुसार एक बार उसकी पत्नी भी मृतक के साथ जाने को विवश थी। परन्तु वैदिक काल में दोनों प्रथाएँ एक परिष्कृत रूप में प्रकट होती हैं : मृतक के हाथ से उसका पुत्र धनुष ले लेता है और विधवा अपने पति के शव के पास से उसके भाई अथवा अन्य किसी निकट सम्बन्धी द्वारा अलग हटाई जाती है। मृत और जीवित व्यक्तियों को अलग करने के लिए उनके बीच एक पत्थर गाड़ दिया जाता था। ऋग्वेद में नहीं, तो अथर्ववेद में शव रखने के एक बॉक्स, 'वृक्ष' का भी उल्लेख है। दोनों संहिताओं में 'धरती के घर', भूमि-गृह के अन्य संकेत भी मिलते हैं।

वह आगे (व/10-11) लिखते हैं, "तथापि जलाना उतना ही परिचित था और क्रमशः इसके प्रसार में वृद्धि होती गई, क्योंकि *छान्दोग्य उपनिषद्* में मृतक के शरीर को परलोक प्राप्त कराने के लिए दही (आमिक्षा) और वस्त्रालंकारों से सजाने को सदोष और त्रुटिपूर्ण माना गया है, तथा *वाजसनेयि संहिता* के अन्त्येष्टि सम्बन्धी मन्त्रों का आशय भी केवल जलाना ही है। इस स्थान पर जिन पदों में गाड़ने के उल्लेख हैं उनका आशय वास्तव में गाड़ने के स्थान (श्मशान) पर राख या अस्थियाँ गाड़ना है। जैसा कि ऋग्वेद के अन्त्येष्टि सूक्त से प्रकट होता है, शव में तेल का लेप कर दिया जाता था तथा परलोक

में उसका पथ-प्रदर्शन करने के लिए सम्भवतः एक बकरा उसके साथ जला दिया जाता था... ।''

संक्षेप में कहें तो, इस बात के पर्याप्त संकेत मिलते हैं कि जिन जनों से वैदिक समाज की रचना हुई थी उनमें बहुत पहले कुछ अलग-अलग अन्त्येष्टि संस्कार प्रचलित थे, जिनका क्रमशः लम्बे सम्पर्क के दौरान परस्पर समन्वय भी होता आया था। प्राचीनतर रीतियों में कुछ अपेक्षाकृत अधिक असंस्कृत रही हो सकती हैं, पर वैदिक काल तक इनमें एक मार्जन और परिष्कार दिखाई देता है, जैसे पति के साथ पत्नी के दाह के स्थान पर उसका आत्मदाह के लिए तैयार होना और किसी सम्बन्धी द्वारा उठा लिया जाना।

गुप्त ने (256/78) इस मान्यता को ग़लत ठहराया है कि एक संस्कृति के साथ एक ही अन्त्येष्टि की रीति प्रचलित होती है। उनकी यह राय बहुत ठीक लगती है, पर इसके साथ ही इस बात को भी ध्यान में रखना होगा कि एक संस्कृति का अर्थ एक नृजाति या जनजाति नहीं होता, और यह भी कि एक नृजाति में भी एक ही अन्त्येष्टि या अन्य रीतियाँ प्रचलित होना ज़रूरी नहीं। सभ्यता का विकास कितने भी छोटे कालखंड तक सीमित क्यों न माना जाए, आदमी का जीना-मरना आदि काल से ही लगा रहा है और इस पूरे दौर में भी विभिन्न जनों का कभी प्रगाढ़ और कभी शिथिल सम्पर्क बना रहा है और आदिम समाजों की समस्त रूढ़िवादिता के बावजूद यत्किंचित् लेन-देन होता रहा है। अतः आदिम भाषाओं और संस्कृतियों को भी सर्वथा शुद्ध और प्रभाव-शून्य नहीं माना जाना चाहिए। उच्चतर सांस्कृतिक विकास के साथ सम्पर्क अधिक गहन होते ही हैं। अतः न तो हम यह कह सकते हैं कि कोई संस्कृति किसी एक ही जनजाति से निर्मित हुई थी, न ही यह कि उसमें प्रचलित कोई भी रीति इकहरी और एक-जातीय रही है।

जो भी हो, वैदिक अन्त्येष्टि रीतियों में से अधिकांश को हम किसी-न-किसी रूप में आज तक प्रचलित पाते हैं। यद्यपि, जैसा कि वैदिक इंडेक्स के लेखकों का विचार है, दाह-संस्कार उत्तर-वैदिक काल में अधिकाधिक लोकप्रिय होता गया और आज यह अन्त्येष्टि की सबसे प्रचलित रीति है, पर समाधि देने की प्रथा कुछ मतों के लोगों में आज तक प्रचलित पाई जा सकती है। त्सिमर ने 'उद्धित' को समझने में कुछ ग़लती की है, इसे 'उद्-हित' या जल-प्रवाह की रीति माना जाना चाहिए। शिशुओं और कुछ व्याधियों से ग्रस्त व्यक्तियों को आज भी जल-प्रवाह देने का चलन है। अस्थिकलश और अस्थि-विसर्जन की रीतियाँ आज तक चली आई हैं। कलश में भस्मावशेष को रखकर समाधि देने का चलन बौद्ध काल तक तो प्रचलित था ही। मृत शरीर भी व्यर्थ न जाए; कम-से-कम शवभक्षी पशुओं-प्राणियों के ही काम आ जाए, यह मान्यता एक विशेष जीवन-दृष्टि से सम्बन्धित है और जैन विचारधारा के अधिक अनुरूप है। शवदाह के समय कुछ लोग इस बात का ध्यान रखते हैं कि यह पूरी तरह जलकर भस्म न हो जाए, अपितु कुछ अंश जलचर प्राणियों के लिए बचा रह जाए।

ऐसा लगता है कि जीवन-दृष्टि में परिवर्तन ने भी अन्त्येष्टि-रीतियों को प्रायः प्रभावित किया है, जैसे कि परजीव-कातरता के दृष्टिकोण ने और इसके साथ पर्यावरण की शुद्धता आदि के विचारों ने भी इन रीतियों को संशोधित किया है। अग्नि को अमृत का धाम कहा

गया है और ऐसा लगता है कि दाह-संस्कार के प्रचलन का इससे गहरा सम्बन्ध है। जैसे आग धातुओं आदि के निस्सार तत्त्वों को जलाकर उनके अमर या शुद्ध अंशों को बचा लेती है और 'अमर' बना देती है, वैसे ही वह मृत व्यक्ति की काया के नश्वर तत्त्वों को जलाकर अमर तत्त्वों को या आत्मा को दीप्त और शुद्ध कर देती है। यह मात्र एक अनुमान ही है, पर आत्मा के सन्दर्भ में इसके शुद्ध ज्योति रह जाने या अंगुष्ठ मात्र शरीर के रह जाने की अवधारणा से इसका मेल दिखाई देता है। ऐसा सोचने का एक कारण यह भी है कि ऐसी बालिका को, जिसका कर्णवेध न हुआ हो, या ऐसे बालक को जिसका चूड़ा-संस्कार न हुआ हो, जलाया नहीं जाता। अतः कर्णवेधन और चूड़ा-कर्म से वंचित शिशुओं के प्रवाह की आज जो रीति है वह इस बात की सम्भावना प्रकट करती है कि दाह-कर्म का चलन वैदिक विश्वासों के क्रमशः ज़ोर पकड़ने के साथ और स्नातों के लिए ही आरम्भ हुआ था।

हड़प्पा और वैदिक रीतियों में कुछ साम्यों को स्पष्ट लक्ष्य किया जा सकता है। पहली बात तो मृत व्यक्ति को सुलाने की रीति ही है (256/54, 60, 68; 625/86; 502/29)। हड़प्पा के शवों के पाँव भी दक्षिण की ओर रखे जाते थे। यह चलन आज तक पाया जाता है। दक्षिण दिशा को वैदिक साहित्य में पितरों की दिशा कहा गया है (31/9.3.4.11)। दूसरी समानता मृत शरीर को अनावश्यक रूप से अलंकृत न करने आदि की मानी जा सकती है, जिसकी ओर हड़प्पा के अध्येताओं ने प्रायः ध्यान दिया है (256/76) और जिसके विषय में वैदिक मान्यता छान्दोग्य उपनिषद् (8.8.5) की वर्जना में देखी जा सकती है। तीसरी समानता, इस सादगी के बावजूद, मृतकों के प्रति यथोचित सम्मान और अन्त्येष्टि के किंचित् विस्तृत रीति-विधान की है (10.14; 25/8.20; 21), जिसमें मिट्टी के सादे नए भांडों का विशेष महत्त्व रहा है जो आज तक प्रचलित है। मृत व्यक्ति को भी भूख-प्यास लग सकती है और जल-तर्पण, पिंडदान और घटबन्ध से उनकी भूख-प्यास मिटाने की रीति सम्भवतः समाधि पद्धति का नई परिस्थितियों में रूपान्तरण है, जिनमें कुछ खान-पान के सामान मिट्टी के पात्रों में शव के साथ रख दिए जाते थे (256/77)। सधवा स्त्रियों के मरने पर उनको सजाने का आज तक चलन है और इसकी भी पुष्टि हड़प्पा की समाधियों से होती है (व)। शिशुओं को जल-प्रवाह देने की रीति को भी हड़प्पा की प्रचलित रीति माना गया है (व/76)।

4. वर्ण विभाग

यदि उत्पादन का स्तर उठेगा तो उसके ही अनुसार विशेषज्ञता का भी प्रश्न आएगा और विशेषज्ञता के लिए तदनुरूप शिक्षा या प्रशिक्षण की अपेक्षा होगी। कौशल सामान्यतः पिता-पुत्र क्रम से सिखाए जाते रहे हैं, या कहें बच्चा छोटी उम्र में ही अपने माता-पिता के काम में हाथ बँटाते हुए काम सीखता होता रहा है। अतः प्राचीन समाजों में व्यवसाय सामाजिक हैसियत और ऊँच-नीच की भावना का जनन करता रहा हो या नहीं, इसमें आनुवंशिक क्रम से चलने की और जाति का रूप लेने की प्रवृत्ति बहुत आरम्भ से ही रही

है। पर कौशल के आनुवंशिक हस्तान्तरण और उस कौशल या व्यवसाय के अतिरिक्त अन्य किसी विकल्प का अभाव, सामाजिक प्रतिबन्धों द्वारा व्यक्ति को उसके आनुवंशिक पेशे में जकड़ दिया जाना, दोनों दो चीज़ें हैं।

भारत में वर्ण-व्यवस्था और जाति-व्यवस्था स्थापित करने की जिम्मेदारी आर्यों की मानी जाती है। इसके लिए उन्हें कोसा भी जाता है और जब-तब तत्कालीन स्थिति को देखते हुए इनकी हिमायत भी की जाती है। जो भी हो, इस विषय में किसी प्रकार का सन्देह नहीं कि वर्ण-व्यवस्था मूलतः गुण-कर्म-विभाग के अनुसार की गई थी।

दूसरे शब्दों में कहें तो इसका सीधा सम्बन्ध उत्पादन से था और आगे चलकर इसने सामाजिक हैसियत और जन्म से ही उस हैसियत से जुड़ाव का रूप ले लिया।

जब हम हड़प्पा सभ्यता की कलात्मक उपलब्धियों को देखते हैं तो क्या एक क्षण के लिए भी यह सोच सकते हैं कि ये काम तकनीकी दक्षता और तदनुकूल प्रशिक्षण के बिना ही पूरे किए जा सकते थे? क्या यह सम्भव है कि कार्य-विभाजन के बिना ही वह सभ्यता उस स्तर तक पहुँची हो? ऐसा सम्भव नहीं था, और लगभग सभी विद्वान् इस बात पर एकमत हैं कि हड़प्पा-काल में कार्य-विभाजन था। फिर यदि आर्य जन भिन्न थे तो इस विभाजन के रहते उन्हें नए सिरे से यह विभाजन करने की क्या आवश्यकता थी? यह तो पहले से विद्यमान था। पर वैदिक रचनाएँ, समूची परवर्ती परम्परा और भारतीय समाज का अब तक का ढाँचा सभी इस बात की असंदिग्ध पुष्टि करते हैं कि यह विभाजन स्वयं वैदिकों ने किया था। रोमिला थापर (600/220) लिखती हैं, ''यह एक अजीब-सी बात है कि यद्यपि जाति-व्यवस्था को प्रायः आर्यों से जोड़ा जाता है, पर यह केवल भारत में ही पाई जाती है, आर्य संस्कृति वाले दूसरे समाजों में यह नहीं पाई जाती। अतः यह आर्यों के आने से पहले की व्यवस्था रही होगी, जिसका किंचित् पुनर्गठन किया गया और उत्तर-वैदिक साहित्य में विवेचन किया गया।...जातिवादी समाज के आवश्यक तत्त्वों में से पहला है असगोत्र और सवर्ण विवाह और पैतृक व्यवसाय (जाति); दूसरा, कार्य-विभाजन का पैतृक प्रणाली से जुड़ाव, जो अन्ततोगत्वा सेवक-सेव्य सम्बन्धों का रूप ले लेता है; तीसरा, अपवित्रता की धारणा जिसमें कुछ समूहों को रीतितः शुद्ध, दूसरों को कुछ कम शुद्ध और शेष को अशुद्ध या दूषित मान लिया जाता है; और अन्तिम है, जातियों को विशेष भौगोलिक अंचलों से जोड़ देना। ये सभी तत्त्व हड़प्पा सभ्यता में मौजूद रहे हो सकते हैं जिससे कम-से-कम सामाजिक स्तरीकरण का अनुमान तो लगाया ही जा सकता है।'' रोमिला थापर ने इस बात की ओर संकेत किया है (व/236) कि शुद्धता-अशुद्धता की धारणाएँ कबीलाई जमातों में भी पाई जाती हैं और विवाह आदि की संकीर्णता उनमें भी देखी जाती है। जो भी हो, उन्होंने कार्य-विभाजन के साथ इसके आर्थिक पक्ष की ओर समुचित ध्यान नहीं दिया है। इसके अतिरिक्त इस बात पर भी ध्यान देना ज़रूरी था कि चारों वर्णों का और सामाजिक प्रतिष्ठा की दृष्टि से जातियों और उपजातियों का अस्तित्व केवल उस क्षेत्र तक और ठीक उसी अनुपात में दिखाई देता है जिस क्षेत्र तक और जिस अनुपात में वैदिक प्रभाव। यहाँ तक कि द्रविड़ क्षेत्र में भी ब्राह्मण और ब्राह्मणेतर दो ही वर्ण हैं जिनमें से ब्राह्मण उत्तर भारत से गए हुए हैं। वसिष्ठ और अगस्त्य जैसे अज्ञात-कुलशील

व्यक्तियों का समाज के उच्चतम वर्ण में ससम्मान स्वीकार किया जाना ही इस बात का अच्छा प्रमाण है कि आरम्भ में यह व्यवस्था उतनी कठोर नहीं थी जितनी कठोर बाद में बन गई। पर इस कठोरता का कारण तुर्कों के आगमन को मानना (42/44) इतिहास की अनदेखी करना है।

वर्ण-व्यवस्था का स्पष्ट उल्लेख पुरुष-सूक्त में मिलता है जो नवीन माने जानेवाले दसवें मंडल (10.90) में आता है। इससे प्रायः यह समझ लिया जाता है कि वर्ण-व्यवस्था का अस्तित्व प्राचीन सूक्तों के रचनाकाल में नहीं था (39/111; 84/225)। इसकी पुष्टि में यह भी सुझाया जाता है कि नवम् मंडल के एक सूक्त में एक ही परिवार के अलग-अलग लोगों द्वारा अलग-अलग पेशे अपनाए जाने के संकेत मिलते हैं (9.112.3)। पर यह मंडल भी उन्हीं नए मंडलों में शामिल है। इसके अतिरिक्त पुरुष-सूक्त में वर्ण-व्यवस्था को दैवी सृष्टि माना गया है। जैसा कि हम अन्यत्र भी देखते हैं, दैवी उत्पत्ति उन संस्थाओं की ही मानी गई है जिनका विकास क्रमशः इतने लम्बे समय के दौरान हुआ था कि उनकी उत्पत्ति के विषय में जातीय स्मृति भी किसी का साथ नहीं दे पाती थी। इससे यह लगता है कि पुरुष-सूक्त के रचनाकाल तक वर्ण-व्यवस्था इतनी पुरानी हो चुकी थी कि लगता था, यह भी सृष्टि के आदि से ही अस्तित्व में है (10.90.13)। जहाँ तक नवें मंडल के मन्त्र का प्रश्न है, उसमें कवि के पिता को भिषग और माँ को उपलप्रक्षिणी बताया गया है और वह अपने को चारण या कारु बताता है। चिकित्सक का पेशा भी अन्य बौद्धिक गतिविधियों की ही भाँति वर्ण-विशेष से ही जुड़ा हुआ है। सायण ने उपलप्रक्षिणी को भूना-भूननेवाली माना है। यह पहले महिलाओं का सामान्य कार्य रहा लगता है। जो भी हो, इससे यह सिद्ध नहीं होता कि कार्य-विभाजन का अस्तित्व उक्त काल में नहीं था क्योंकि इसी ऋचा में अपनी प्रतिभा के अनुरूप जीविका का चयन-*नानाधियः वसूयवः अनुगा इव तस्थिम*—करने का स्पष्ट हवाला है और अगली दो ऋचाओं दो अन्य पेशों—कार्मार और विदूषक—का भी उल्लेख है।

ऐसा मानने का एक कारण यह भी है कि पुराने सूक्तों में भी ब्राह्मण और क्षत्रिय का प्रयोग विशेष गुणों और कार्यभारों वाले व्यक्तियों के लिए ही हुआ है (2.43.2; 4.42.1; 5.69.1)। यही बात शिल्पियों के विषय में कही जा सकती है। श्रेष्ठता और कनिष्ठता का आधार भी जन्म को माना गया है। सुजात और सुजाति के उल्लेख (2.1.15; 6.2; 3.15.2) इसके विलोम का भी आभास देते हैं। अतः यह मानना अधिक उचित प्रतीत होता है कि कार्य-विभाजन स्तरीभूत होकर जाति का रूप लेने लगा था, पर असाधारण प्रतिभा या प्रयास से कोई व्यक्ति अपने से ऊँचे वर्ण में प्रवेश पा सकता था। ऊँचे वर्ण या जाति में प्रवेश करने के लिए यह संघर्ष या प्रयत्न किसी-न-किसी रूप में वैदिक काल से लेकर बाद के कालों में, कहें, ब्राह्मणों, उपनिषदों, महाकाव्यों में और आगे के कालों में भी बना रहा है।

धर्मशास्त्रों में वर्ण-धर्म के जो विवरण मिलते हैं, वे मात्र संकेतपरक हैं। उनके रचनाकाल के सामाजिक सम्बन्धों का, जातियों और उपजातियों का, उनमें कोई स्पष्ट विवरण नहीं मिलता। लगता है जैसे स्मृतिकार प्राचीन ग्रन्थों में इस विषय में लिखी हुई

बातों या विधानों को ही दुहराते चले जा रहे हैं। यह सम्भवतः उस वैदिक स्थिति का ही सूचक है जब वर्ण-विभाजन को सामाजिक आवश्यकता से जोड़कर रखा गया था और प्रत्येक वर्ण के लोग अपनी रुचि और योग्यता के अनुसार कोई पेशा अपना सकते थे। उदाहरण के लिए, एक ब्राह्मण या क्षत्रिय चिकित्सक, अध्यापक, सैनिक, पुरोहित आदि हो सकता था। कहें, सैनिक होने के बावजूद ब्राह्मण अपना ब्राह्मणत्व बचाए रख सकता था और पौरोहित्य करने के बाद भी क्षत्रिय क्षत्रिय बना रह सकता था। यही बात आर्थिक उपक्रमों के विषय में भी कही जा सकती है। लगता है क्षेत्रीय और सुदूर व्यापार, दोनों में ही वैश्यों के अतिरिक्त क्षत्रिय और ब्राह्मण भी किसी रूप में जुटे हुए थे, या यदि यह माना जाए कि धनार्जन केवल वैश्यों के हाथ में था, भले वह कृषि हो या व्यापार, तो मानना होगा कि इस काल में वैश्य का स्थान सर्वोपरि था। क्षत्रिय मात्र उसके रक्षक और ब्राह्मण उनके उपजीवी पुरोहित की हैसियत रखते थे और प्राचीन वैदिक राजाओं में से अधिकांश वैश्य ही थे। उनमें व्यावसायिक चतुरता तो थी ही, शौर्य का भी अभाव नहीं था और सामरिक नेतृत्व में भी वे किसी से कम न थे। सुदूर व्यापार का इतिहास इन गुणों से लैस उपक्रमियों का ही इतिहास रहा है। इसी तरह शूद्रों का सम्बन्ध केवल श्रम और सेवा से नहीं था। कौशलों से जुड़े लोग भी इनमें परिगणित थे, गो इनमें व्यवसाय के कारण ऊँच-नीच की भावना नहीं पाई जाती थी।

वर्ण-व्यवस्था को प्रायः गोरे-काले के भेद के रूप में पेश कर दिया जाता रहा है। जैसा कि रोमिला थापर ने (600/220) कहा है, ऐसा करना एक जटिल समस्या को अतिसरलीकृत रूप में पेश करना है। सच कहें तो यह ऋग्वेद के अतिसरलीकृत पाठ का परिणाम है जिसके लिए कोसंबी भी उत्तरदायी है। ऋग्वेद में दस्युओं का वध करके आर्य वर्ण की रक्षा करने का हवाला है (*हत्वी दस्युन् प्रार्यं वर्णं आ अवत्*, 3.34.9) और इसी का एक दूसरा पाठ है जिसमें दस्यु के स्थान पर दास का प्रयोग हुआ है *(यो दासं वणं अधरं गुहा अकः*, ।2.12.4)। इससे यह तो सिद्ध किया जा सकता है कि दास और दस्यु का चरित्र एक जैसा है। ये लुटेरे, चोर या बटमार हैं, और यह भी कि आर्य का अर्थ सज्जन है, जिससे हम परिचित हैं, परन्तु इससे किसी समाज के विभाजन का पता तो नहीं चल पाता। हम किसी समाज का विभाजन सज्जनों और दुर्जनों में कर तो सकते हैं, आज तक करते हैं, परन्तु यह विभाजन व्यवस्था का हो तो व्यवस्था करनेवाले धन्य हैं। कोसंबी तो धन्य-धन्य हैं ही। वे दुर्जनों को सज्जन होने का अवसर ही न देंगे और सज्जनों के बीच दुर्जनता करनेवालों को दुर्जन-दस्यु, दास-माना ही नहीं जा सकता था। ऐसे कवित्व के पारखी भी होंगे, पर इससे वर्ण-व्यवस्था नहीं समझी जा सकती। वर्ण आरम्भ से ही चार कल्पित किए गए हैं और गोरे-काले का यह भेद इसका समाधान नहीं है। इसके बावजूद अँधेरे में सक्रिय अपराधियों-तमोवृद्ध, अगम्य क्षेत्रों के क़बीलों के लिए प्रयुक्त होनेवाला 'असुर' शब्द रंग से भी जोड़ लिया गया था। सुविधाजीवी, आरामतलब, सम्पन्न आदमी जो खुली धूप में आम श्रमिकों की तरह काम नहीं करता, श्रमिकों की तुलना में कुछ हलके रंग का होता है और गोरे आदमी को भी धूप में काम करना पड़े तो कुछ ही समय में गोरा रंग ताँबई होने लगता है। यह अन्तर तो कुछ सालों के भीतर ही आ जाता है।

कई पीढ़ियों में इससे कुछ अधिक अन्तर आ सकता है। पर वासिष्ठों का अपने को गोरा कहना और इस पर गर्व करना (7.33.1; 83.8) उसी स्थिति में सम्भव हो सकता था जबकि यह गौरांगता बहुत विरल रही हो। कृष्ण आंगिरस, श्याव काण्व जैसे नामों से भी प्रकट होता है कि उच्च वर्णों के लोगों में भी सभी लोग भारतीय गौरांगता के मापदंड से भी गोरे नहीं थे। प्रसंगवश वसिष्ठ उन लोगों में माने जाते हैं जिन्हें कुछ इतिहासकारों ने (344/34; 346/200) हड़प्पा के पुरोहितों का वंशधर माना है। गोरे-काले का अन्तर आरम्भिक स्थिति का सूचक नहीं है। यह जलवायु, भोजन, काम की प्रकृति, भूरचना आदि से बदला है। उदाहरण के लिए मैदानी क्षेत्र से पहाड़ों पर जाकर बसे लोगों के रंग में निखार देखने को मिलता है। वैदिक साहित्य में यह दावा किया गया है कि खेती करनेवाले देव विविध क्षेत्रों से भगाए जाने के बाद पूर्वोत्तर दिशा में अपना यज्ञ स्थापित करने में सफल हुए। ऐसी स्थिति में उनकी त्वचा का रंग वही नहीं रह सकता था जो मैदानी भाग की धूप और घुटन में जीनेवालों की। यदि वे अपने को शुक्लवर्ण कहें तो इस पर आश्चर्य नहीं होना चाहिए दिवा देवानसृजत् नक्तमसुरान्, स्ते देवा शुक्ला अभवन्, कृष्णा असुराः, (26/1.1.9.3)। परन्तु इस तरह का सरलीकरण भी निरापद नहीं है, यद्यपि इसके प्रयत्न लगातार होते रहे हैं।

इस बात को कभी भुलाया नहीं जाना चाहिए कि भारतीय सन्दर्भ में गोरे और साँवले का अर्थ वही नहीं होता जो यूरोपीय सन्दर्भ में।

ऋग्वेद में वर्ण–वर्ण-विभाजन या आर्थिक स्तरभेद का सूचक है : आर्य वर्ण–स्वामी वर्ग; दास वर्ण–सेवक वर्ग। जहाँ तक शरीर के रंग का प्रश्न है–कृष्ण आंगिरस, श्याव काण्व जैसे नाम सूचित करते हैं कि वैदिक ब्राह्मणों का रंग भी साँवला होता था। वैश्यों का रंग गोरा और क्षत्रियों का रंग धूम वर्ण या साँवला बताया गया है, *"यत् शुक्लानां आदित्येभ्यः निर्वपति तस्मात् शुक्ल इव वैश्यः जायते, यत् कृष्णानां वारुणं तस्मात् धूम इव राजन्यः"* (8/11.6)। अब यदि इन्हीं क्षत्रियों के आक्रमण के रूप में भारत पर आर्य-आक्रमण को कल्पित किया जाता रहा है तो इसकी असलियत यहाँ पहचानी जा सकती है।

जो भी हो, कार्य-विभाजन का सम्बन्ध रुचि और दक्षता से था और इस बात की प्रत्येक व्यक्ति से अपेक्षा की जाती थी कि वह अपने वर्ण के अनुरूप योग्यता प्राप्त करे। ऋग्वैदिक काल में जाति ने अपनी जड़ें जमाना आरम्भ कर दिया था। इसके पुराने मोटे विभाग वैश्य और शूद्र थे। वैश्य का पशुधन पर और भू-सम्पदा पर सीधा अधिकार था और वाणिज्य उसके हाथ में था, पर उत्पादन में श्रम के लिए वह शूद्रों पर ही निर्भर करता था। अतः स्वामी के रूप में 'वार्ता' वैश्य का धर्म है और सेवक के रूप में शूद्र का। अविकसित औज़ारों से किसी चीज़ का निर्माण करना भी आसान नहीं है, और यह बात नए युग में शक्ति के नए साधनों का आविष्कार होने से पहले तक बनी हुई थी। अतः तकनीकी काम–पेड़ों की कटाई, चिराई, ढुलाई, वस्त्र-निर्माण, चमड़े के काम, पत्थर, धातु और लकड़ी के काम–इन शूद्रों के हाथ में ही थे। वैश्य का वर्ण-धर्म चाणक्य के अनुसार, '*अध्ययनं यजनं दानं कृषि पशुपाल्ये वाणिज्या च*' और शूद्र का '*द्विजाति-शुश्रूषा वार्ता*

कारु-कुशीलवकर्म च।'' (अर्थ. 1.1.3) और वार्ता की परिभाषा करते हुए चाणक्य लिखते है, ''*कृषि पाशुपाल्ये वाणिज्या च वार्ता।*'' (1.1.4) इससे स्पष्ट है कि अर्थव्यवस्था पहले पूरी तरह वैश्यों के हाथ में थी, पर इसका श्रम-भार शूद्रों पर ही था, जिसमें शिल्प या तकनीकी काम भी शामिल था।

जब हम यह सोचते हैं कि आर्य-भाषा और संस्कृति का प्रभाव इसलिए फैला होगा कि आर्य तकनीकी दृष्टि से आगे बढ़े हुए थे और इसलिए अपनी अल्प संख्या के बावजूद अपना प्रभाव कायम करने में सफल हो गए (600/217) तब हम तकनीक और कौशल को पूरे अर्थतन्त्र के अंग के रूप में न देखकर इन दोनों को अलग कर देते हैं। प्रभाव तकनीकी ज्ञान और उत्पादन से नहीं, अपितु उत्पादन पर अधिकार से जुड़ा हुआ है। इस पहलू पर ध्यान न देने पर यह बात एक पहेली बनकर रह जाएगी कि भारत में सारा तकनीकी कर्म और कौशल एक ओर है और इसके सिद्धान्त पक्ष का ज्ञान बीच में और उसका लाभ दूसरी ओर। तकनीकी दृष्टि से आगे बढ़े लोगों को ही हम भारतीय समाज में शूद्रों के रूप में पाते हैं। सम्भवतः दूसरी सभ्यताओं की भी स्थिति इससे अधिक भिन्न नहीं थी। श्रम और कौशल से जुड़े इन लोगों को केवल अभाव में रखकर और इसके सैद्धान्तिक और सामाजिक ज्ञान को कुंठित करके, इनके लिए आचरण के आदर्श बनाकर और इन्हें उनका कायल बनाकर, और सबसे बड़ी बात, शस्त्र-बल से इनको नियन्त्रित करके और इनके विद्रोहों को कुचलकर ही सवर्ण समाज ने अपना प्रभाव और सामाजिक श्रेष्ठता कायम की थी।

पर सामाजिक प्रतिष्ठा को आर्थिक स्थिति का सूचक नहीं माना जा सकता। ब्राह्मणों की आर्थिक स्थिति क्षत्रियों और वैश्यों से निश्चित रूप से खराब दिखाई देती है। दान की अतिरंजित महिमा इस वर्ग की समृद्धि को नहीं, अपितु विपन्नता को ही प्रकट करती है (10.117)। क्षुधा से मुक्ति की कामना सम्भवतः उसके अपने अनुभवों की देन है (344/36)। इसके विपरीत कारीगरों की आर्थिक स्थिति उतनी बुरी नहीं दिखाई देती। इसका एक कारण यह है कि ये कारीगर ही देसी तथा विदेशी व्यापार के मेरुदंड हैं। प्राचीन कृतियों में प्रायः जब असुर माया की चर्चा आती है तो यह भ्रम होता है मानो यह वैदिक सभ्यता के समकक्ष ही एक अन्य सभ्यता का वर्णन है जो तकनीकी दृष्टि से इससे भी आगे बढ़ी हुई थी। पर वास्तव में ये वैदिकों के अपने ऋभुगण, रुद्रगण, अश्विनीकुमार, त्वष्टा, विश्वकर्मा और विश्वरूपा हैं। ये उनके अपने कुम्हार, बढ़ई, लोहार, सोनार, मणिकार, थवई, जुलाहे, निषाद, चर्मकार, सूत, मागध और कुशीलव हैं। यदि इनको सुनहरे हार पहनकर, गर्व से अकड़कर चलते हुए दिखाया जाता है, एक कनिष्ठ के रूप में ही सही, सोमपान में भागी होते दिखाया जाता है, तो यह इस बात का सूचक है कि उनके शिल्प से व्यापारी खूब लाभान्वित हो रहे थे और इन्हें भी इसी के अनुरूप पुरस्कृत और प्रोत्साहित कर रहे थे। जब तक व्यापारिक गतिविधियों में सरगर्मी बनी रहती है, इनको समुचित प्रोत्साहन और पुरस्कार मिलता है। अर्थव्यवस्था डगमगाने के बाद पहले से प्राप्त सुविधाओं पर भी चोट होती है। हिस्से के लिए कलह भी होता है, इनका दमन भी किया जाता है और इस तरह गिरावट की पूर्णाहुति हो जाती है।

हमारे लिए यह बात अधिक महत्त्व रखती है कि वर्ण-व्यवस्था का सम्बन्ध मूलतः कर्म से था। हड़प्पा सभ्यता में व्यापारी वर्ग, उनके रक्षक, पुरोहित और श्रमिक तथा कलाकार थे जो इन चारों वर्णों के अस्तित्व की पुष्टि करता है।

5. स्त्रियों की स्थिति

सुदूर अतीत में स्त्रियों की स्थिति भले अच्छी रही हो, पर वैदिक काल तक स्त्रियों की स्थिति परवर्ती कालों से अच्छी नहीं रह गई थी। अन्य अनेक बातों की तरह नारी जाति पर प्रतिबन्ध और सामाजिक उत्पादन से उसे अलग करके केवल सन्तान पैदा करने और पुरुष की विलासिता का साधन बनाने का तथ्य भी आर्थिक विषमता को प्रकट करता है। वैदिक काल में एक आदर्श पत्नी की स्थिति एक आज्ञाकारिणी दासी जैसी रह गई है (10.95.5) दुहिता शब्द से यह समझ लेना कि स्त्रियों का घर की चारदीवारी से बाहर के आर्थिक उपक्रमों में भी हाथ रहा हो सकता है, एक तरह का अतिवाद है। 'दुहिता' का अर्थ यदि स्त्री होता तो ऐसा मानना सर्वथा उचित था। पर ऐसा नहीं है। लड़कियों को पिता के घर में अपेक्षाकृत अधिक छूट हमेशा रही है। प्रश्न उसके विवाह के बाद की स्थिति का है। दुहिता का सम्बन्ध भी घर के दरवाज़े तक के कारोबार से ही लगता है। वह दुहिता तो है पर गोपिका या गोचारिका नहीं। ऋग्वैदिक विवरणों के अनुसार, स्त्री का मन चंचल होता है और बुद्धि भी छोटी होती है (8.33.17) / उसका विश्वास नहीं किया जा सकता (10.95.15), पति युक्त नारी ही अनिन्दनीय होती है (1.73.3)। सन्तान के रूप में केवल पुत्र की ही इच्छा व्यक्त की गई है (10.85.45)। पिता का प्रेम पुत्र के पति ही व्यक्त होता है (1.164.16; 10.22.3)। विवाह के बाद स्त्री के पाँव घर पर पड़ने के जल्द बाद यदि कोई अनिष्ट घटित हो जाता है तो उसका दोष भी उसी को दिया जाता था (10.85.43)। उससे परदा रखने की भी अपेक्षा की जाती थी (8.33.19)। उसकी किसी कार्यदक्षता का उल्लेख नहीं आता, परन्तु कूटने (1.28.3-5), भूनने (9.112.3), सोम का रस निचोड़ने आदि श्रम-कार्यों और घरेलू उपयोग के लिए कताई-बुनाई का (5.47.6); पर शृंगार-बनाव (10.27.12), कामुकता (10.86.6) और सुन्दरता (10.86.8) का जिक्र बार-बार आता है। सुन्दर स्त्री को देखकर केवल यही विचार आता है कि जाने कौन इसका भोग करेगा (1.30.20)। उसके भरण-पोषण का भार पुरुष पर है और यदि पति नालायक निकल जाए तो पत्नी कुलटा हो सकती है (10.34.10)। स्त्री पुरुष के लिए एक खेत के समान है जिसमें पुरुष बीज वपन करता है (10.85.37)। इसलिए, जाहिर है, उस खेत से उत्पन्न सन्तान पर भी मुख्यतः पुरुष का ही अधिकार है। अवैध सन्तान को कलंक से बचने के लिए गुप्त स्थान पर छोड़ने के उल्लेख (2.29.1) भी मिलते हैं। एक पुरुष अनेक पत्नियाँ रख सकता था अतः सपत्नियों के बीच कलह के उल्लेख प्रायः आते हैं (10.159.5-6)। बहुविवाह का, कहें एकाधिक स्त्रियों को अपनी विलासिता के लिए रखने और उन्हें गुलामी के मूल्यों में बाँधने का, उन्हें परदे में रखने से अनिवार्य सम्बन्ध है और यह स्थिति वैदिक काल तक आ चुकी थी। यदि मनु के विधानों की तुलना वैदिक

सन्दर्भों से की जाए तो वैदिक कालीन स्त्री की स्थिति तनिक भी भिन्न दिखाई नहीं देती। मनु का यह दावा कि स्मृति के विधान वेद-सम्मत हैं, दोनों में कोई द्वन्द्व नहीं है, इस मामले में ग़लत नहीं लगता (2.6.10)।

हड़प्पा के मकानों में खिड़कियों का लगभग अभाव-सा है। यदि खिड़की है तो इतनी सँकरी कि बाहर से भीतर नज़र न जा सके। मकानों के निकास गलियों में है न कि मुख्य मार्ग पर, साथ ही कुछ मकानों में अनेक प्रांगण हैं (404/16-22) जो बाद के अन्तःपुरों की याद दिलाते है। इनसे भी परदा-प्रथा के अस्तित्व की भी सूचना मिलती है।

जैसे वेद तक केवल सवर्णों की पहुँच रही है वैसे ही इन वैदिक विधानों का प्रसार भी केवल सवर्णों तक ही सीमित था। यदि ये वर्ण स्वयं भी शारीरिक श्रम से जुड़े होते तो अपनी स्त्रियों को भी इसमें शामिल किए बिना न रहते। श्रमिक वर्ग की स्त्रियों पर न तो उस तरह के प्रतिबन्ध रह सकते हैं, न रहे हैं, जो वैदिक महिलाओं पर दिखाई देते हैं। जहाँ तक कुल श्रम-भार का प्रश्न है, चक्की चलाने से लेकर दूसरे घरेलू कामों में उनकी स्त्रियों का श्रम-भार किसी भृत्य से कम नहीं था। इस श्रम पर एक दुहरी पीड़ा घर की सीमा की और बहु-विवाह की स्थिति में एक पत्नी के रूप में भी अपने सीमित अधिकारों के अधिकाधिक परिसीमन और यदा-कदा नारकीय उपेक्षा की थी, जो नारी की स्थिति को शूद्रों से भी बदतर बनाती रही है। इस तरह हम पाते हैं कि यह एक भ्रम है कि इस काल में स्त्रियों को पुरुषों की बराबरी का दर्जा प्राप्त था। जहाँ ऋषिकाओं के रूप में किन्हीं महिलाओं का उल्लेख आया है वहाँ वे वस्तुतः उन सूक्तों की रचयिता न होकर उन उक्तियों या संवादों के पात्रों के रूप में आती है और ऋषिका शब्द से अधिक ध्यान इस बात पर दिया जाना चाहिए कि उनसे कहलाया क्या गया है और यह उनकी उक्त छवि से अनमेल पड़ता है, या नहीं।

6. नैतिक आदर्श

वैदिक समाज के नैतिक मूल्य और अपराध की चेतना से एक ऐसे समाज की छवि सामने आती है जिसमें नागरिक दायित्वों और सभ्य आचार को व्यक्ति की अन्तश्चेतना का अंग बना दिया गया था। इस क्रम में कितना लम्बा समय लगा होगा, यह केवल अनुमान का ही विषय है। इसके लिए कठोर प्रशासन के साथ-साथ कुकर्म से अनिष्ट की सम्भावना और मरणोत्तर जीवन में दंड की सम्भावना को एक हथियार के रूप में काम में लाया जाता था। जो कर्म किसी को नहीं दिखाई देते उन्हें भी देवता देख लेते हैं। मन से भी अकृत्य की बात सोचना पाप है, क्योंकि देवताओं से यह भी छिपा नहीं रह सकता (2.27.3)। उनके चर बिना पलक झपकाए हर चीज़ को देखते हुए घूमते रहते हैं (10.10.8)।

वैदिक जन अपने शत्रुओं को द्वेषधत्त, निन्दक, गृध्नु, तायु, तस्कर, अतिमानी, अनृत, असत्य, पाप्मान, उब्ज, सन्देहवादी, शिश्नदेव आदि कहकर उनकी आलोचना या निन्दा करते हैं। प्रकारान्तर से कहें तो ईर्ष्या, द्वेष, निन्दा, लोभ, चोरी, लूट, दम्भ, उपद्रव, सामाजिक मान्यताओं पर आपत्ति या सन्देह, लम्पटता आदि को इस समाज में निन्दनीय

माना जाता था। किसी समाज के नैतिक आदर्शों का उस समाज के सभी सदस्यों द्वारा पालन ही किया जाता हो, यह ज़रूरी नहीं, पर इतना तो सच ही है कि कोई समाज अपने लिए ऐसे आदर्श ही चुनता है जिन पर उस समाज का अस्तित्व टिका होता है। यदि वैदिक जनों का अस्तित्व लूटपाट पर टिका हुआ था तो कम-से-कम लूटपाट को निन्दनीय नहीं होना चाहिए था। ये आदर्श, जिन्हें ही आगे स्मृतियों में और बाद की सभी वैदिक-अवैदिक परम्पराओं में दुहराया जाता है, एक शिष्ट और मर्यादित समाज का चित्र प्रस्तुत करते हैं जो तदनुरूप आर्थिक प्रगति के साथ ही सम्भव है। एक बार इन आदर्शों के मान्य हो जाने के बाद ये स्वतः एक शक्ति बन जाते हैं।

वैदिक समाज के आदर्श और व्यवहार में अन्तर ढूँढ़ना कठिन नहीं है। आर्थिक समृद्धि ने समाज के एक हिस्से को निश्चय ही उच्छृंखल बना दिया था और रीतिकालीन कवियों की तरह इन उच्छृंखल जनों को रास आनेवाली रचनाएँ भी उस समय हो रही थीं। पर सर्वमान्य मूल्यों के रूप में ये नैतिक मान ही निन्दा और प्रशंसा के आधार थे। यदि मैंने कभी कोई अपराध अनजाने भी किया हो, यदि किसी से द्वेष किया हो, झूठ बोला हो, तो यह जल उसे प्रक्षालित कर दे (1.23.22)। मित्र और वरुण झूठ से मुक्त करें, सत्य या सद्भाव से भर दें। किसी कुटिल व्यक्ति से ऋण न लेना पड़े। किसी शत्रु या मित्र का दिया हुआ न खाना पड़े (4.3.13)। न तो स्वयं किसी के धन पर जीना पड़े, न ही पुत्र-पौत्रादि को। इन उक्तियों के स्वर पर और इनसे जुड़े हुए मनोभाव पर ध्यान देने पर ये पाखंडपूर्ण उक्तियाँ नहीं लगेंगी और जिस समाज की मनोकामनाएँ इस प्रकार की हों उसे लुटेरा और बर्बर कहना अकादमिक बर्बरता है।

7. खान-पान

मार्शल ने (404-110) हड़प्पा सभ्यता को वैदिक सभ्यता से भिन्न प्रमाणित करने के लिए इस बात पर भी बल दिया था कि ''वैदिक आर्य-जन मांसभक्षी थे, जिनके मन में, लगता है, मछली के लिए एक आम वितृष्णा पाई जाती थी, क्योंकि वेदों में मछली के शिकार का कोई सीधा उल्लेख नहीं है। सैंधव जनों के मामले में मछली आहार की एक आम-सी चीज़ थी और यही बात केकड़े, झींगे, कछुए और अन्य जलीय प्राणियों पर लागू होती थी। जब तक हड़प्पा सभ्यता से तुलना की विवशता नहीं पैदा हुई थी तब तक यही तर्क वैदिक जनों को समुद्र से अपरिचित सिद्ध करने के लिए दिया जाता था, मानो समुद्र तक की यात्रा का प्रधान लक्ष्य मछली मारना ही हो सकता है। हम देख आए हैं कि मछली के अलावा खाद्यान्नों के विषय में भी इस बात पर ज़ोर दिया जाता है कि ऋग्वेद में केवल यव का उल्लेख है, गेहूँ और चावल का नहीं जबकि हड़प्पा-वासियों के आहार में ये अनाज शामिल थे।

ऋग्वेद में खान-पान के सन्दर्भ में केवल भोजन का और कुछ विशेष पकवानों का उल्लेख मिलता है। भोजन के मामले में सुन्दर भोजन (7.92.37), सभी प्रकार का भोजन (1.44.5), प्रिय भोजन (1.104.8), चित्र या विविध प्रकार का भोजन (7.92.3), श्रेष्ठ

भोजन (8.1.34), आर्द्र और शुष्क या सम्भवतः तरल और ठोस मधुर भोजन (2.13.6) आदि का उल्लेख तो आता है, जिससे यह प्रकट होता है कि उनकी खाने-पीने की रुचि और पाक-विधि काफी विकसित थी, पर इन विविध व्यंजनोंवाले भोजन में ठीक क्या चीज़ें शामिल थीं, यह निश्चित करना कठिन है। कुछ चीज़ों के विषय में हम आश्वस्त हो सकते हैं कि उनके भोजन में ये अवश्य शामिल रही होंगी, पर इनकी संख्या बहुत कम है। इनमें से एक था चावल और खीर या ओदन और क्षीर-पाक-ओदन (6.69.14), दूसरा है अपूप (3.52.1;7) या पुआ जो बाद के कालों में भी घृतपक्व भोजन के प्रति प्रेम में ज़ारी रहता है। इसके अतिरिक्त सत्तू (10.71.2) और धाना (1.16.2; 3.53.3) या लाजा उनके आहार का अंग था जो शुष्क भोजन की कोटि में आता है। यह यात्राओं के दौरान काफ़ी उपयोगी सिद्ध होता रहा होगा। सत्तू को दही में मिलाकर खाया जाता था (3.52.7)। मांस का आहार वे करते थे और बलि पशुओं को ध्यान में रखते हुए यह सोचा जा सकता है कि मांस के रूप में गोमांस और बकरे, भेड़, घोड़े (10.91.14) आदि का मांस खाया जाता रहा होगा। मांस को मछली आदि से श्रेष्ठ माना जाता है और देवताओं को श्रेष्ठ पदार्थ ही अर्पित किए जाते हैं। इससे उनके आमिष आहार का पूरा परिचय नहीं मिल सकता। शिकार के पशुओं में हिरन, सूअर, खरगोश, गवय तथा कुछ पक्षियों का मांस भी खाया जाता रहा होगा। मछली का शिकार जाल से किया जाता था (7.18.6; 10.86.8) और इसका उल्लेख उपमा के रूप में आया है। पानी के साथ इतना गहरा परिचय रखनेवाले और पानी में शिकार करनेवाले केकड़े, झींगे और कछुए से भी परिचित रहे होंगे और जब तक इनके विषय में निषेधपरक विधान न हों तब तक यह मान लेने में कोई हरज नहीं कि वे इनको खाते भी रहे होंगे।

ऋग्वैदिक काल की सामाजिक मान्यताओं को परवर्ती काल के विवरणों के सहारे पूरी तरह नहीं समझा जा सकता। अपनी गतिशीलता के कारण बाद के उन कालों की अपेक्षा जब इसकी अर्थव्यवस्था उजड़ चुकी थी और एक कट्टरवादिता इस समाज में घर करने लगी थी, ऋग्वैदिक काल का समाज कहीं अधिक ओजस्वी और उदार था। अस्पृश्यता का कोई प्रमाण ऋग्वेद में नहीं मिलता और ब्राह्मण-काल तक भी शूद्र खाना बना सकता था। वैदिक काल में पेय पदार्थों को रखने के लिए चमड़े के पात्रों का प्रयोग हो सकता था। (1.191.10; 4.45.1; 3) यह चलन भी कुछ बाद तक बना रहा। यज्ञ के समय पुरोहित स्वयं पशु-बलि दे सकता था। गो-मांस खाने पर कोई रोक नहीं थी, अतः बाद में चर्मकारों को जिस तरह अस्पृश्य माना जाने लगा उस तरह की अस्पृश्यता का न तो भौतिक कारण था, न मनोवैज्ञानिक।

परन्तु रक्षा और रखवाली में कुत्तों के महत्त्व के कारण कुत्ते का मांस खाना वर्जित था। ऐसा करनेवालों को तिरस्कार की दृष्टि से देखा जाता था। दूसरे शब्दों में कहें तो, चर्मकार तो नहीं, पर श्वपच शब्द ऋग्वैदिक काल में भी गर्हित शब्द था और कुत्ते का मांस खानेवाला पतित तक हो सकता था (4.18.13)। इस बात की जाँच कर ली जानी चाहिए कि हड़प्पावासी कुत्ते का मांस खाते थे या नहीं, क्योंकि यह इन दोनों समाजों की पृथकता सिद्ध करनेवाला निर्णायक प्रमाण अवश्य बन सकता है।

वैदिक काल में ही कुछ और पशुओं के मांस को, वस्तुतः इनके वध को, वर्ज्य बनाया जाने लगा था और इस दिशा में किए जानेवाले प्रयासों को अभी पूरी सफलता नहीं मिल पाई थी, पर लगता है इनके पक्ष में जनमत तैयार होने लगा था। इन्हीं में एक था गो-वध, जिस पर हम धर्म और विश्वास के अन्तर्गत कुछ अधिक विस्तार में विचार करेंगे।

इस तरह हम पाते हैं कि वैदिक खान-पान का स्तर काफी सराहनीय था और हड़प्पा सभ्यता में प्रचलित खान-पान से इनकी किसी मामले में भिन्नता नहीं थी। इसकी कुछ पाबन्दियाँ भी नागरिक सभ्यता, और इसमें भी एक सराहनीय आदर्शों वाली नागरिक सभ्यता, के अनुरूप थीं। उदाहरण के लिए, सुरापान को इसलिए निन्दनीय माना जाता था कि इसके बाद मनुष्य उद्दंड हो जाता है और झगड़े तथा कलह पर उतारू हो जाता है तथा चोरी आदि भी करने के लिए तैयार हो जाता है (1.191.10; 7.86.6; 8.2.12)। अपने मादक प्रभाव के बावजूद बहुत हलके किस्म के खुमार के कारण सोमपान पर किसी तरह का प्रतिबन्ध नहीं था और इसमें भी ज़रूरी नहीं कि इसे हमेशा ख़मीर पैदा करके (तीव्र करके) ही पिया जाता रहा हो। अतः इसे पेट भरकर पीने के उल्लेख आते हैं (8.1.23; 2.1; 78; 7)।

अनाजों में यद्यपि मुख्य रूप से यव का ही उल्लेख आता है, पर यह एकमात्र ऐसा अन्न नहीं था जिससे वैदिक किसान परिचित रहे हों। यव का अर्थ सर्वत्र यव है भी नहीं (322/89; 84/228)। यव केवल भारत ही नहीं, अपितु दुनिया की ऐसी सभी पुरानी सभ्यताओं का, जिन्हें हड़प्पा के समकक्ष रखा जा सकता है, सबसे प्रधान अनाज था और इस विषय में तो किसी सन्देह की आवश्यकता ही नहीं कि यह मानव-उपयोग में आनेवाले सबसे पुराने अनाजों में से एक है। पर गेहूँ, धान और अन्य अनाजों से तथा कुछ दलहनों और तिलहनों से वैदिक जन वैदिक काल से पहले से परिचित हो चुके थे, इसकी चर्चा हमने अन्यत्र की है।

8. वेशभूषा

हड़प्पावासियों के वेश-विन्यास के विषय में हमें इसके अवशेषों से बहुत अधिक सहायता नहीं मिलती। कारण, ऐसी मूर्तियाँ बहुत थोड़ी हैं जिनको किसी तरह के वस्त्र के साथ दिखाया गया है, और इनका भी अधोभाग ग़ायब है। समस्या इस कारण भी कुछ जटिल हो जाती है कि इनको भी अपने समाज के विशेष हैसियत के व्यक्तियों के रूप में कल्पित किया गया है, जो सच भी है। अतः इस बात का निश्चय करना कुछ कठिन हो जाता है कि इस काल के सामान्य स्त्री-पुरुष किस तरह की पोशाक पहनते रहे हो सकते हैं। वस्त्रों की तुलना में अलंकारों की स्थिति काफी सन्तोषजनक है।

इसके बावजूद हड़प्पावासियों की वेशभूषा के विषय में कुछ अनुमान आश्वस्त होकर लगाए जा सकते हैं। इनमें से पहली बात तो यह कि वे मौसम के अनुसार सूती और ऊनी वस्त्रों का उपयोग करते थे। दूसरे, उनके वस्त्र खुले और अनसिले वस्त्रखंड हुआ करते थे। ऊनी वस्त्रखंड बाँधने-ओढ़ने की दृष्टि से कुछ असुविधाजनक होता है और

नित्य स्नान करने के चलन के साथ भी इनका मेल नहीं खाता, अतः यह कहना अधिक युक्तिसंगत होगा कि उनके वसन अर्थात् पहनने के वस्त्र ऊनी नहीं होते रहे होंगे। जाड़े के दिनों में सूती वस्त्र के ऊपर ही ऊनी शॉल या कम्बल ओढ़ लिया जाता रहा होगा। कुछ अंचलों में इन शॉलों और कंबलों का भी विकल्प रुई-भरे या सुजनी आदि रहे हो सकते हैं।

हड़प्पावासी पुरुष एक उत्तरीय से अपने धड़ से ऊपर के हिस्से को ठीक उसी तरह अर्ध-आवृत रखते थे जैसे आजकल उत्तरीय का उपयोग करनेवाले। इसके अतिरिक्त वे एक तरह की पगड़ी भी बाँधते थे। इन दो के अतिरिक्त ऊपर का पूरा हिस्सा नंगा रहता था। उत्तरीय दाईं भुजा के नीचे से होकर आता और बाएँ कन्धे को ढँकता हुआ पीछे चला जाता था। इस तरह दायाँ हाथ पूरी तरह खुला रहता था और दाएँ कन्धे से नीचे की ओर लटकता हुआ हिस्सा विशेष स्थितियों में कोहनी के मोड़ पर सँभाल लिया जाता था। अपनी हैसियत के अनुसार व्यक्ति उत्तरीय पर उत्तम कढ़ाई आदि भी करवाता था या, कहें, सम्पन्न व्यक्ति ऐसे उत्तरीय का उपयोग कर सकता था। पर भारत के बाद के कालों के उदाहरण को सामने रखते हुए यह सोचा जा सकता है कि उत्तरीय केवल अभिजात वर्ग के लोग ही प्रयोग में लाते रहे होंगे। यही बात पगड़ी के विषय में कही जा सकती है। काम करनेवाले मज़दूर इस मामले में इन दोनों से वंचित ही रहे हो सकते हैं, पर उनमें भी कुछ प्रमुख व्यक्ति पगड़ी आदि का प्रयोग करते रहे हों तो आश्चर्य नहीं। कारीगरों की स्थिति अच्छी दिखाई देती है और इनके विषय में यही कहा जा सकता है कि यदि उत्तरीय आदि से इनको परहेज़ रहा होगा तो इसके काम-काज में असुविधाजनक होने के कारण ही।

नीचे की ओर उसी तरह धोती पहनी जाती थी जिस तरह पुराने किस्म के लोगों द्वारा आज पहनी जाती है। यह बात कपितय सीलों पर अंकित मानव आकृतियों से और दायमाबाद से प्राप्त रथ के नमूने (खिलौने) से तो स्पष्ट है ही, साथ ही यह भी स्पष्ट है कि सामान्य श्रमिकों का कमर से ऊपर का हिस्सा बिलकुल नंगा ही रहता था।

स्त्रियों के वस्त्र के विषय में कोई सुस्पष्ट सूचना नहीं मिलती। अनुमानतः वे भी खुला और अनसिला वस्त्रखंड या साड़ी ही पहनती रही हो सकती हैं, पर कुछ मामलों में लहँगे, चोली और ओढ़नी का चलन रहा हो सकता है।

स्त्री-पुरुष दोनों लम्बे केश रखते थे और वेणियाँ बनाते थे। जैसा कि नर्तकी की मूर्ति से लगता है, केश-सज्जा या जूड़ा बाँधने का भी चलन था। केश-सज्जा के लिए कुछ विशेष युक्तियों का भी सहारा लिया जाता था। कुछ मामलों में पुरुष भी जूड़ा बाँधते थे। दाढ़ी के बाल कटे-छँटे होते थे और मूँछ सफाचट करने का भी रिवाज था, पर इन दोनों बातों को सभी मामलों में अनिवार्य मानना ठीक नहीं है।

अलंकरण की प्रवृत्ति स्त्री-पुरुष सभी में पाई जाती थी। पुरुष कान की बाली, भुजबन्ध और शिरोबन्ध का प्रयोग करते थे और गले में मालाएँ पहनते थे। कुछ मामलों में हाथों में कड़ों की और गले में एकाधिक मालाओं की पसन्द भी रही हो सकती है। गले की मालाओं में कई प्रकार के हार प्रचलित थे। आभूषण अपनी हैसियत के अनुसार सोने,

चाँदी, मणियों, रत्नों, पत्थरों, हाथीदाँत, सीप आदि के विविध प्रकार के हो सकते थे। जड़ाई का या नग लगाने का भी चलन था। पाँवों में भी कड़े डाले जाते थे। ये कड़े खुले, मुड़े और बन्द सिरोंवाले कई तरह के हुआ करते थे। सम्भवतः वेणियों में भी मालाएँ पिरोने का चलन था।

ऋग्वैदिक वेशभूषा का सवाल आने पर सबसे पहली आपत्ति तो इस बात को लेकर ही उठाई जाती रही है कि वैदिक आर्य सूती वस्त्रों से परिचित नहीं थे और उनके वस्त्र केवल ऊन के ही बने होते थे, क्योंकि ऋग्वेद में कहीं कपास का या कपास के वस्त्र का स्पष्ट उल्लेख नहीं आया है। सामान्य बोध के तकाजे से यह सवाल उन लोगों को भी नहीं उठाना चाहिए था जो इस दलील के बल पर आर्यों को भारत में उत्तर से आया सिद्ध करना चाहते रहे हैं, क्योंकि उनकी अपनी मान्यता के अनुसार आर्यों का भारत में आगमन लगभग 1500 ई.पू. में हुआ और वेदों की रचना 1200-1000 ई.पू. के बीच हुई है। अतः यह एक कल्पनातीत बात थी कि इस तीन से पाँच सौ वर्षों के दौरान भी आर्य जन हड़प्पा सभ्यता के वंशधरों को सूती वस्त्र पहनते देखकर और इस वस्त्र को भारतीय जलवायु के इतने उपयुक्त पाकर भी इसे ग्रहण करने से परहेज करते। हम यह तो कदापि नहीं मान सकते कि 'आर्यों के आते ही' भारत के तत्कालीन निवासी उनकी नकल पर सूती कपड़ा छोड़कर सिर्फ़ ऊनी कपड़ा पहनने लगे होंगे, न ही यह कि उनको झाँसा देने के लिए उन्होंने अपने सारे कपड़े उतार दिए होंगे और नंगे रहने लगे होंगे कि कहीं आगन्तुक उनकी पोशाक की नकल न कर लें। इस समस्या का एक उतना ही बेढब जवाब सेठना ने (549/39) दिया है जो यह मानते हैं कि चूँकि कार्पास शब्द का प्रयोग पहली बार कल्पसूत्रों में हुआ है, अतः कल्पसूत्रों से पहले का सारा साहित्य हड़प्पा सभ्यता से पहले का है और कल्पसूत्रों का रचनाकाल हड़प्पाकाल है। इस उत्तर पर हँसने की ज़रूरत नहीं। ठोस और निर्भ्रान्त उल्लेखों के बिना किसी बात से इनकार करते रहनेवालों को जिस तर्क से सन्तोष हो सकता है, वह यही है। यद्यपि सेठना अपनी बात पूरी गम्भीरता से कहते हैं, पर उनकी मान्यता उन लोगों के आग्रह से कम हास्यास्पद है जो यह मानते चले आ रहे थे कि वैदिक रचनाकाल में आर्य जनों को सूती वस्त्र का परिचय नहीं मिला था।

हमारे पास इस विषय में और वैदिक जनों की वेशभूषा के विषय में कुछ अधिक रोचक जानकारी गैर-भारतीय क्षेत्रों से मिलती है। श्रेडर लिखते हैं, "मैं समझता हूँ कि हमें यह सोचने का अधिकार है कि वस्त्र (जिसके सादृश्यपरक शब्दों में से अनेकानेक का हम उल्लेख कर आए हैं) के लिए जिन सामग्रियों का उपयोग होता था उनमें क्षौम (लिनन) और ऊन दोनों ही आते थे। कम-से-कम यूरोपीय शाखा के मामले में तो ऐसा था ही (546/330)।

जिन सादृश्यमूलक शब्दों पर श्रेडर ने विचार किया है उनसे पता चलता है कि आदि-भारोपीय चरण में भी कताई-बुनाई की दिशा में काफी प्रगति हो चुकी थी और प्राचीन कालों में ऊनी वस्त्र बुनकर नहीं अपितु गूँथकर (प्लेटिंग से) बनाए जाते थे। इन दोनों के लिए भेदक शब्दावली पाई जाती है। वह भारोपीय मूल स्थानों में एक ऐसे चरखे की कल्पना

भी करते हैं जो खड़ा होकर चलाया जाता था (व/329-31)। वास्तव में यह सूत कातने की पुरानी भारतीय पद्धति है जो चरखे से पूर्ववर्ती चरण की है जिसमें स्त्रियों के अतिरिक्त पुरुष भी सूत कातते थे। स्त्रियाँ तकली के नीचे एक पत्थर की उथली प्याली रखती थीं और तकली उसी के भीतर चलती रहती थी और पुरुष चलते-फिरते हुए भी जहाँ अवकाश मिला रुककर सूत कात लिया करते थे। स्त्रियाँ तकुए को अपनी चुटकी में दबाकर घुमाती थीं और पुरुष तकली की ऊपरी डंडी को जाँघ पर रखकर हथेली से रगड़ते हुए उसे चक्कर देते थे और इसे नाचती छोड़कर सूत को एक झटके में आदमकद लम्बाई तक निकालने में समर्थ होते थे। यही खड़ा होकर की जानेवाली वह कताई है जिसे श्रेडर ने केवल भाषिक साक्ष्यों पर ध्यान रखने के कारण कताई का ऐसा चरखा मान लिया है जिसे खड़ा होकर चलाया जाता था। अन्यथा अपनी समस्त सरलता के बावजूद चरखा सम्भवतः उस प्राचीन काल में तैयार नहीं हो सका था। हड़प्पावासी भी सूत कातने के लिए तकली का ही प्रयोग करते थे और जनेऊ के लिए सूत कातने के लिए ब्राह्मण चरखे का आविष्कार हो जाने के बाद भी उसी पुरानी रीति से तकली से सूत काता करते थे जो चरखे के सूत से अधिक बारीक होता था।

महत्त्वपूर्ण बात यह है कि श्रेडर इस तथ्य के बावजूद कि यूरोप में ऊनी कपड़ों का ही प्रयोग होता है, भाषा-वैज्ञानिक साक्ष्यों से इस नतीजे पर पहुँचते हैं कि कम-से-कम यूरोपीय शाखा तो क्षौम वस्त्रों का उपयोग करती ही थी। मुमकिन है, गर्म क्षेत्रों की ओर आनेवाली शाखा ने ऊन को लिनन से अधिक उपयोगी पाया हो और ठंडे देशों के निवासियों ने ऊन की सुलभता के बावजूद पहले लिनन पर ध्यान दिया हो और फिर उनकी नज़र ऊन पर गई हो और उन्होंने क्रमशः लिनन को त्याग दिया हो। भारोपीय क्षेत्र उलटबाँसियों का क्षेत्र तो है ही।

वस्त्र की बनावट के विषय में वह (व/335) लिखते हैं कि यह अनसिला होता था और स्त्री-पुरुष दोनों ही एक तरह का ही वस्त्र पहनते थे, जिसे शरीर पर लपेट लिया जाता था और नीचे कौपीन की तरह लपेटा जानेवाला वस्त्रखंड एक काँटे के सहारे खोंस लिया जाता था। ट्यूटनों के विषय में उनकी जानकारी टैसिटस के विवरण पर आधारित है और यूनानियों की पोशाक के विषय में जानकारी का आधार कुछ व्यापक है। पर ग्रीक क्षेत्र के चलन से यह प्रकट नहीं होता कि स्त्री-पुरुष दोनों के पहनावे एक थे। इनके लिए पृथक् नाम थे और दोनों में कुछ भेद अवश्य रहा होगा। इसके बावजूद मुख्य मामलों में इन दोनों में कोई विशेष अन्तर नहीं था। दोनों ऊन के बने हुए सादे वस्त्रखंड हुआ करते थे जिन्हें बुनाई के आदिम किस्म के यन्त्रों से तैयार किया जाता था; कटाई और सिलाई तो कतई होती ही नहीं थी; इनको सिर्फ़ शरीर के चारों ओर लपेटकर ही पहनावे का रूप दिया जाता था और इसे एक काँटे में फँसा लिया जाता था। यह आदिम चलन ऐतिहासिक कालों में भी ग्रीस में था।

श्रेडर (व) लिखते हैं, ''यह प्रचलन ऐतिहासिक कालों में स्पार्टन लड़कियों की पोशाक में जारी रहा। आवरक लिबास एड़ी तक लटका रहता था और इसे बाएँ से दाएँ की ओर शरीर से लपेटते हुए गले के पास घुमाकर फँसा दिया जाता था। इस तरह शरीर

का बायाँ हिस्सा ढका तो रहता था, पर इस तरह कि बाएँ हाथ के लिए अवकाश बना रहता था; दाईं ओर वस्त्र के दोनों सिरे नीचे लटके तो रहते थे, पर परस्पर जुड़ते नहीं थे।''

इस विषय में किसी सन्देह की आवश्यकता नहीं कि यूरोपीय शाखा के लोग भी ठीक वही वस्त्र, ठीक उसी तरह पहनते थे जो भारत में हड़प्पा सभ्यता में पहना जाता था। जलवायु की दृष्टि से अनुकूल न होने के बावजूद वे लम्बे समय तक खुले और अनसिले वस्त्रों का उपयोग करते रहे और ऊनी के स्थान पर गैर-ऊनी वस्त्रों को अपनाए रहे। गैर-ऊनी वस्त्रों को अपने नए परिवेश में असुविधाजनक पाने के बाद जब उन्होंने ऊनी वस्त्रों को अपनाया तो भी वे लम्बे समय तक इन्हें भारतीय ढंग से ही पहनने की कोशिश करते रहे, यद्यपि ऊनी वस्त्रों को इस तरह लपेटना और बाँधना बहुत असुविधाजनक था और इन्हें कटिबन्ध आदि में उस तरह लपेटकर भी नहीं रखा जा सकता था जैसे सूती या गैर-ऊनी वस्त्रों को और इसलिए इसमें जगह-जगह काँटे आदि लगाकर फँसाने की कोशिश करते रहे। उनके अपने मामले में काँटों से ऊनी कपड़ों को फँसाना ही आगे चलकर कटाई और सिलाई आदि का जनक बना लगता है। इससे पहले इन अंचलों के मूल निवासी सम्भवतः ऊनी कपड़े बनाने से भी परिचित नहीं थे और जानवरों की खाल को उनकी ही ताँतों और फीतों से कस-बाँधकर अपना काम चला लिया करते थे। इन शीत कटिबन्धीय क्षेत्रों में भी ग़ैर-ऊनी वस्त्रों का प्रवेश आर्य संस्कृति के मूल क्षेत्र का निश्चय करने की दृष्टि से महत्त्वपूर्ण है।

ऋग्वेद में वस्त्रों के सन्दर्भ में एक बार भी ऊनी या सूती का भेदक प्रयोग देखने में नहीं आता। ऊर्ण का उल्लेख एक बार ही किसी वस्त्र के सन्दर्भ में दिखाई देता है। इसका शाब्दिक अर्थ सायण 'आच्छादित करनेवाला' करते हैं और इसी भाव का कुछ विस्तार नदियों के सन्दर्भ में सम्भवतः उफननेवाली, बाढ़वाली आदि के रूप में आया है। ऊर्ण के क्रियारूप–ऊर्णुषे, ऊर्णुष्व, ऊर्णुहि, ऊर्णोति आदि–भी सायण की व्याख्या को अधिक तर्कसंगत सिद्ध करते हैं। इस तरह यह एक भ्रम मात्र है कि वैदिक काल में सूती वस्त्र नहीं पहने जाते थे। वास्तविकता यह है कि न तो वैदिक समाज ऊनी वस्त्र पहनता था, न हड़प्पा के अवशेषों से इसकी पुष्टि होती है। वस्तुतः ऊर्णा कीटलभ्य रेशे से बने वस्त्र या रेशम के लिए प्रयोग में आया है।

बुनाई के सन्दर्भ में करघे का उपयोग इस बात का निश्चय करने के लिए काफी महत्त्वपूर्ण है कि यहाँ सन्दर्भ सूती वस्त्र का ही है। जैसा कि श्रेडर ने सुझाया है, ऊनी बुनाई-गुँथाई से की जाती थी। करघे में सूत को तानने, उठाने-दबाने और इनके बीच से ढरकी के घूमने और दाबी के एक ही झटके में पूरे सूत को दबाकर बुनावट को सघन बनाने के लिए जिन दो बातों की आवश्यकता होती है उनका ऊनी धागों में अभाव था। ढरकी के घूमने और तारों के कसने के लिए इनका चिकना होना ज़रूरी है और इसके लिए सूती धागों में भी माँड़ी लगाकर इनको चिकना किया जाता है जो ऊनी धागों के मामले में सम्भव नहीं था। हड़प्पा में वस्त्र बनाने के लिए करघे का प्रयोग किया जाता था (626/69)।

ऋग्वेद में करघे से कपड़ा बुनने का उल्लेख स्पष्ट रूप में एक बार और सांकेतिक रूप में–जहाँ तारों को बुनाई के लिए तानने आदि के हवाले हैं–प्रायः आता है। यहाँ वासोवाय या बुनकर का एक अलग पेशा ही दिखाई देता है।

ऋग्वेद में वेशभूषा का वर्णन लगभग उतने ही अस्पष्ट रूप में आया है जितने अस्पष्ट रूप में खाने-पीने की वस्तुओं का। उदाहरण के लिए 'सुवेश'; अच्छी पोशाक में होने की चर्चा तो आती है, पर सुवेश ठीक क्या है इसका स्पष्ट संकेत नहीं मिलता। वस्त्र से अच्छी तरह लिपटी हुई (सु : अधि) वधू का हवाला तो आता है, जिससे प्रकट होता है कि स्त्रियों की पोशाक कुछ ऐसी थी जिससे वे सिर से पाँव तक अपने शरीर को ढँके रह सकें, पर इसमें परवर्ती कालों की अवगुंठनवती स्त्री का भी भाव था या नहीं, यह पता नहीं चलता, यद्यपि इसके लिए प्रयुक्त शब्द अधिवस्त्रा अवगुंठनवती से अर्थ की दृष्टि से बहुत दूर नहीं है। सम्भ्रान्त परिवारों की स्त्रियों को अपनी पिंडलियों को अच्छी तरह ढँककर रखना होता था।

वस्त्र सादे और रंगीन दोनों तरह के होते थे और सम्भवतः नए वस्त्रों को हल्दी में रँगने का भी चलन रहा हो। बुनाई में भी कम-से-कम धारीदार या चारखानेवाले कपड़े तैयार किए जाते थे, पर सजावट के लिए क़सीदे का चलन ही अधिक लोकप्रिय लगता है। सुनहली पोशाक यदि सचमुच हल्दी में रँगे कपड़ों का ही सूचक नहीं है तो यह सोचा जा सकता है कि ज़रीदार कपड़ों का भी चलन था, जिसे वैभवशाली परिवारों के लोग उपयोग में लाते रहे हो सकते हैं।

'वासस्' शब्द पर टिप्पणी करते हुए वैदिक इंडेक्स के लेखक (389/326-27) लिखते हैं, ''यह ऋग्वेद और बाद में 'वस्त्रों' के लिए प्रयुक्त सर्वाधिक प्रचलित शब्द है। कपड़े अक्सर भेड़ की ऊन से बुने जाते थे। पूषन् देवता को 'वस्त्रों का बुननेवाला' (वासोवाय) कहा गया है, क्योंकि इनका सम्बन्ध आकृति निर्माण करने के साथ सम्बन्ध है। धारण किए जानेवाले परिधान अक्सर कढ़े (वु. पेशस्) होते थे, और मरुतों को स्वर्ण से अलंकृत परिधान धारण किए हुए बताया गया है। जहाँ अश्वों तथा स्वर्ण का दान करनेवालों के साथ 'वस्त्रों का दान करनेवालों' का उल्लेख है, वहाँ सम्भवतः कढ़े हुए वस्त्रों का ही तात्पर्य है। भारतीयों के अलंकार-प्रेम के ऋग्वेद में अनेक सन्दर्भ मिलते हैं, जिसकी मेगस्थनीज़ ने भी अपने समय में पुष्टि की है। ऋग्वेद में 'सु-वसन' और 'सु-रभि' जैसी उपाधियाँ भी मिलती हैं, जिनसे वस्त्रों के अच्छे लगने अथवा शरीर के ठीक नाप से सिले होने का तात्पर्य है।

''अक्सर ऐसा प्रतीत होता है कि वैदिक तीन वस्त्र धारण करते थे–एक भीतरी वस्त्र (तु. करें 'नीवि'), एक परिधान, और एक ऊपरी परिधान (तु. करें 'अधिवास'), जो सम्भवतः चोगा होता था और जिनके लिए 'अत्क' और 'द्रापि' का भी प्रयोग किया गया प्रतीत होता है। यही *शतपथ ब्राह्मण* में दिए हुए यज्ञीय परिधानों के उस वर्णन के भी अनुकूल है जिसके अन्तर्गत सम्भवतः एक 'रेशमी भीतरी वस्त्र' अथवा 'तार्प्य', बिना रँगा हुआ ऊनी परिधान, और सम्भवतः एक चोगा आता था। यह अन्तिम उल्लेख सामान्य जीवन का कदाचित् ही प्रचलित प्रयोग रहा होगा, किन्तु संस्कार का एक विशेष कृत्य

अवश्य प्रतीत होता है। ठीक-ठीक यह दिखाने के लिए कोई भी प्रमाण उपलब्ध नहीं है कि स्त्रियों और पुरुषों की वेशभूषा में क्या अन्तर था और न यही स्पष्ट है कि इन दोनों के वस्त्रों का ठीक-ठीक क्या स्वरूप था।

''यह उल्लेखनीय है कि प्रत्यक्षतः वैदिक भारतीय ऐसा मानते थे कि मुनियों के अतिरिक्त सभी सभ्य व्यक्तियों को किसी प्रकार का वस्त्र धारण करना चाहिए।''

मोटेतौर पर कहें तो, वैदिक इंडेक्स का उक्त विवरण वास्तविकता के काफी निकट है, पर कुछ पहलुओं को समझने में भूल हुई है। उदाहरण के लिए, वस्त्र केवल ऊन के बनते थे, यह, जैसा कि हम देख आए हैं, ठीक नहीं है। नीवी को वस्त्र मानना भी ठीक नहीं है। वास्तव में धोती या साड़ी बाँधते समय इसके बीच के ऊपरी छोर पर कमर की लपेट भर के हिस्से को लेकर एक गाँठ-सी लगाई जाती है और इसे सूत की मेखला से, जिसे स्त्री-पुरुष दोनों धारण करते थे, लपेट दिया जाता है और स्त्रियाँ शेष दो हिस्सों में से एक को चुन्नट बनाकर इसे इजारबन्द या मेखला के भीतर खोंस लेती हैं और दूसरे को उससे आगे बढ़ाकर कमर से ऊपर ले जाकर अपने ऊपरी हिस्से को एक लपेट से ढँकती हुई कन्धे पर ले जाती हैं, जहाँ से सिर को ढँकता हुआ यह सिरा पुनः कमर से कुछ नीचे तक आकर लटकता रहता है। पुरुष गाँठ को बीच में न बाँधकर एक ओर को बाँधते हैं, उसे मेखला में लपेटते हैं, या कहें जब इसका चलन आम था तब लपेटते थे, और लटके हिस्से को पीछे ले जाकर खोंस लेते हैं और बाकी हिस्से को या तो चुनकर इसके छोर को भी पछोटे के रूप में बाँधते हैं या इसे कमर में लपेटकर इसके बन्ध को अधिक मज़बूत कर लेते हैं। धोती और साड़ी के इस बन्ध को ही नीवी कहते हैं जो कभी केवल उस गाँठ के लिए भी प्रयोग में आता रहा है जो बाँधते समय लगाई जाती है और कभी उस चुन्नट की गाँठ के लिए जिसे पहले महिलाएँ एक इजारबन्द से बाँधती थीं। *अथर्ववेद* के जिन दो स्थलों का हवाला वैदिक इंडेक्स में दिया गया है, उनमें भी वासस् के साथ नीवी बनाने 'नीविं कृणुते' (8.2.16), 'नीविं कृणुष्व' (14.2.50) का ज़िक्र है जो भी इसी की पुष्टि करता है। जहाँ तक 'तार्प्य' का प्रश्न है, कात्यायन और सायण आदि परम्परागत व्याख्याकार इसके विषय में खासी उलझन में पड़े दिखाई देते हैं (212/86)। वैदिक काल में रेशम के वस्त्र प्रचलित हो चुके थे, पर इस विषय में सन्देह की पूरी सम्भावना है कि यह किसी तरह का 'भीतरी वस्त्र' होता था। शतपथ ब्राह्मण (5.3.5.20-21) में केवल यह उल्लेख है कि ''पुरोहित राजा को (अभिषेक के इस अवसर पर) वस्त्र पहनाता है। यह तार्प्य होता है...। फिर पांडु (वस्त्र) पहनाता है...।'' कहें, तार्प्य से न तो स्पष्ट रेशम का भाव प्रकट होता है, न सिले हुए भीतरी कपड़े का, न ही पांडु से ऊनी का। रेशम के लिए ऊर्णा का प्रयोग हुआ है। पांडु का अर्थ हलका पीला है और यह कोरे कपड़े का द्योतक है। जो भी हो, ये बाद के वितरण हैं और इनकी तफ़सील में जाना हमारे लिए उपयोगी नहीं है।

ऋग्वेद में जिन वस्त्रों का वर्णन है उनमें वास (1.115.4;7.77.2), अधिवास (1.140.9; 10.5.4) और शिप्रा (5.54.11) या कहें, शिर की पगड़ी आती है। ऊष्णीष, जिसका प्रयोग पगड़ी के लिए बाद में आता है, से लगता है कि इसका मुख्य प्रयोजन सिर को गर्मी या, कहें, धूप से बचाना था। वास को साड़ी और धोती का सूचक माना जा सकता

है, अधिवास को पुरुषों के मामले में उत्तरीय या शॉल का और स्त्रियों के मामले में चादर या ओढ़नी का; वह भी तब जब यह मान लें कि पुरुषों के ही समानान्तर स्त्रियों का भी एक वसन अवश्य होता था। शिप्रा (8.14.5) और ओपस (10.85.5) क्रमशः पुरुषों के मामले में पगड़ी और स्त्रियों के मामले में वह सज्जा होती है जो हड़प्पा की कुछ मूर्तियों से व्यक्त होती है। कुरीर लकड़ी या सींग का कुछ विशेष शैलियों के लिए बना यन्त्र है जिसके सहारे कुछ अतिशय आडम्बरपूर्ण केश-सज्जा की जाती प्रतीत होती है। इसे हड़प्पा की प्रतिमाओं में आसानी से लक्ष्य किया जा सकता है।

ऋग्वैदिक समाज में केश-सज्जा की अनेक रीतियों के आभास मिलते हैं। केश रखने का चलन स्त्रियों और पुरुषों में समान रूप से पाया जाता था। बालों की वेणियाँ गूँथने का और वेणियों को विभिन्न रूपों में सँवारने का चलन दिखाई देता है (388/151)। वसिष्ठों को एक स्थल पर 'दक्षिणतः कपर्द (7.33.1) कहा गया है और अन्यत्र चार वेणियाँ रखनेवाली लड़की का ज़िक्र आता है जिसके लिए चतुष्कपर्दा (10.114.3) प्रयोग में आया है। चौड़ा जूड़ा बाँधनेवाली या पृथुष्टुका (10.86.8) और बालों को मुक्त रखनेवाली 'विषितस्तुका' (1.167.5) का उल्लेख भी पाया जाता है। सिनीवाली के लिए तो सुकुरीरा, सु-ओपशा, सुकपर्दा आदि विशेषण आते ही हैं (27/11.56)।

अलंकारों के प्रति प्रेम भी स्त्रियों और पुरुषों के समान रूप से पाया जाता था। हाथों और पाँवों में खादि या कंगन, जिनको हड़प्पा के अवशेषों से ही पहचाना जा सकता है, स्त्रियों और पुरुषों में समान रूप से प्रचलित दिखाई देते हैं। इनको चूड़ियों की तरह, एक हाथ में अनेक, पहना जा सकता था जो कि खादि के बहुवचन प्रयोगों (5.54.11; 7.56.13) से और हड़प्पा की नर्तकी और रुद्र की प्रतिकृति में भी देखा जा सकता है। कानों का आभूषण (1.122.14) भी ठीक उसी तरह प्रचलित है जैसा हड़प्पा के अवशेषों में दिखाई देता है। गले के आभूषणों के उल्लेख मणिग्रीव (1.122.14), निष्कग्रीव (5.19.3), स्रक् (8.47.15) आदि के प्रयोग में स्पष्ट हैं और इन्हीं से यह भी स्पष्ट होता है कि ये आभूषण सोने, चाँदी, मणि, रत्न आदि के बनते हैं। आभूषण का प्रयोग और इसके लिए चाव कितना गहरा था, यह आभूषेण्य (5.55.4) जैसे प्रयोगों में भी स्पष्ट है और एक स्थल पर तो पुष्करस्रज (10.184.2) से फूलों की माला पहनने का भी पता चलता है।

जहाँ हिरण्ययी द्रापी और शिप्रा (1.25.13; 5.54.11) के उल्लेख आए हैं वहाँ हम वस्त्र के ज़रीदार होने की कल्पना कर सकते हैं। सत्ता के प्रतीक के रूप में सुनहली ज़री का स्वर्णखंड-युक्त पगड़ी की बात तो स्पष्ट है ही। हड़प्पा की उस विशेष प्रतिमा को सामने रखते हुए, जिसे पुजारी शासक की प्रतिमा माना गया है, वरुण के वेश का कुछ अनुमान लगाया जा सकता है।

सूर्या के विवाह के प्रकरण में तथा अन्यत्र अंजन, गन्धलेप या उपलेप का उल्लेख हम पीछे कर आए हैं। अंजन और उपलेप का चलन हड़प्पा के अवशेषों से भी प्रमाणित होता है और इसका निर्यात सम्भवतः पश्चिमी देशों को भी किया जाता था (626/73; 99/14)। इस तरह हम वेशभूषा के मामले में भी वैदिक विवरणों और हड़प्पा के साक्ष्यों में पूर्ण संगति पाते हैं।

9. राजसत्ता व प्रशासन

हड़प्पा सभ्यता के समूचे प्रसार-क्षेत्र में मामूली आंचलिक भेदों के बावजूद नीचे से ऊपर तक ऐसी एकरूपता और व्यवस्था पाई जाती है जो एक लोकप्रिय प्रशासन की देन प्रतीत होती है। इसके बावजूद शासन-व्यवस्था का रूप ठीक-ठीक क्या था और इस पूरे प्रसार-क्षेत्र में कितने राज्य थे, इस विषय में कोई स्पष्ट जानकारी न तो इसके मूक अवशेषों से मिल सकती है, न ही इसकी आशा की जानी चाहिए। इस विषय में विद्वानों ने अटकलों से ही काम लिया है। कुछ की दृष्टि में पूरा हड़प्पा क्षेत्र एक विशाल साम्राज्य का अंग था, तो कुछ दूसरों की दृष्टि में उत्तर और दक्षिण के दो प्रधान केन्द्रों से प्रशासित साम्राज्य था और कुछ के अनुसार मोहनजोदड़ो से प्राप्त मूर्ति पुरोहित शासक की है और प्रत्येक नगर का शासन इसके मन्दिर से ही होता था, यद्यपि हड़प्पा या मोहनजोदड़ो से ऐसी कोई इमारत नहीं मिली है जिसे मन्दिर कहा जा सके। वास्तव में प्रशासकीय ढाँचे की व्याख्या के लिए विद्वान् पश्चिम के नमूनों को सामने रखकर ही विचार करते रहे हैं, चाहे वह रोमन साम्राज्य का नमूना हो या मेसोपोटामिया का या कुषाण साम्राज्य का।

ऋग्वैदिक शासन-व्यवस्था के विषय में भी उलझन कम नहीं रही है। एक ओर तो वैदिक साहित्य पर काम करनेवाले अधिकारी विद्वान् इस विषय में एकमत रहे हैं कि वैदिक काल में राजतन्त्र था, तो दूसरी ओर इन विद्वानों की रचनाओं और अनुवादों व व्याख्याओं में से अपने प्रयोजन क लिए कुछ शब्दों को अलग छाँटकर कुछ दूसरे विद्वान् (102/34-35; 160/585; 569/83) आदिम क़बीलों के सादृश्य पर वैदिक राजा को क़बीले का सरदार सिद्ध करते रहे हैं। राजसत्ता को स्वीकार करनेवाले भी यह निश्चय करने में कठिनाई अनुभव करते रहे हैं कि इसका स्वरूप वंशागत था या निर्वाचन पर आधारित। उदाहरण के लिए, वैदिक इंडेक्स (389/234-35) के अनुसार, "यह सर्वथा स्पष्ट है कि आरम्भिक भारत में यद्यपि सार्वभौम रूप से तो नहीं, तथापि सामान्यतया सरकार का रूप राज-सत्तात्मक ही था।...त्सिमर का विचार है कि जहाँ वैदिक राजसत्ता वंशानुगत होती थी, जैसा कि उन अनेक स्थितियों में व्यक्त होता है जिनमें वंशानुक्रम देखा जा सकता है वहीं अन्य दशाओं में राजसत्ता चुनाव पर आधारित थी, यद्यपि यहाँ यह स्पष्ट नहीं है कि जनता द्वारा केवल राज-परिवार के सदस्यों में से ही किसी एक को राजा चुनना पड़ता था अथवा सभी श्रेष्ठ जातियों के सदस्यों में से। फिर भी यह स्वीकार करना होगा कि चुनाव पर आधारित राजसत्ता के पक्ष में प्रमाण बहुत शक्तिशाली नहीं है। जैसा कि गेल्डनर तर्क उपस्थित करते हैं, सभी उद्धृत स्थलों पर विशों द्वारा चुनाव नहीं वरन् प्रजा द्वारा राजा को स्वीकृति प्रदान करने का सन्दर्भ है; यही अपेक्षाकृत सम्भव आशय प्रतीत होता है। इसमें सन्देह नहीं कि इससे राजसत्ता की चुनावात्मक प्रकृति के विरुद्ध प्रमाण नहीं मिलता।"

इन अध्येताओं को राजसत्ता के स्वरूप के विषय में कितना भी अनिश्चय क्यों न हो, इसके अस्तित्व के विषय में किसी प्रकार का सन्देह इसलिए भी नहीं है कि ऋग्वेद में राजसत्ता के अस्तित्व के सूचक राजा जिसका प्रयोग 100 से अधिक बार हुआ है भुवः सम्राट् या भूपति (4.19.2), एकराट (8.37.3), अधिराट (10.128.9), विराट (1.188.4-6)

स्वराट (1.61.9) आदि अनेक शब्द पाए जाते हैं जिनसे प्रकट होता है कि इन सभी प्रकार के राज्यों और राजाओं का उस काल में भले अस्तित्व न रहा हो, पर छोटे राज्यों से लेकर विशाल राज्यों की कल्पना का ठोस भौतिक आधार अवश्य था। यदि प्रश्न केवल राजा शब्द के प्रयोग का होता तो इसकी तुलना कबीलाई सरदार से करना कुछ सार्थकता रखता भी (राजा शब्द का प्रयोग वस्तुतः उन कालों में भी जब राज्य-सत्ता का असंदिग्ध अस्तित्व था, गणों के प्रधानों के लिए भी होता रहा है), पर जहाँ तुलनात्मक रूप में छोटे-बड़े अनेक आकारों के राज्यों और पदों का उल्लेख मिलता हो तो इसे इतने सतही ढंग से नहीं निबटाया जा सकता।

ऋग्वेद में केवल इन विभिन्न प्रकार के राज्यों का ही आभास नहीं मिलता, अपितु अमात्य (7.15.3), मित्र (200 से अधिक बार), सेनानी (7.20.5), अधिवक्ता (2.23.8), उपवक्ता (4.9.5), दूत (3.3.2), चर या स्पश (4.4.3) आदि पद के भी आभास मिलते हैं जो अपनी समग्रता में इस बात की अकाट्य पुष्टि करते हैं कि इस काल में एक व्यवस्थित राजतन्त्र और पद-क्रम विद्यमान था। दूसरी ओर ग्रामणी (10.62.11), विश्पति (2.1.8), नाय (6.24.10), नर, नेता (3.6.5), गणपति (2.23.1) आदि शब्दों का प्रयोग अधिकार और संगठन के एक भिन्न रूप को प्रकट करता है जिसका सम्बन्ध प्रशासनिक दृष्टि से एक या अनेक अधिकार-क्षेत्रों में आनेवाले भू-भाग में सामाजिक या आर्थिक आधारों पर गठित और संचालित संगठनों से हो सकता है और इसका पहले वर्ग से स्पष्ट अन्तर है। नियमित सेना से अलग जहाँ मात्र कबीलों या गणों के आक्रमण या दल के संकेत मिलते हैं वहाँ इसके लिए दासी–दास वर्ग का जत्था, देवी–स्वामि-वर्ग का या धनिक वर्ग का समूह आदि शब्दों के भेदक प्रयोग मिलते हैं। अतः इस विषय में भ्रम की अधिक सम्भावना नहीं रह जाती। इन विभिन्न तथ्यों को सामने रखकर ही हम वैदिक कालीन प्रशासन के विषय में संक्षेप में विचार कर सकते हैं।

सबसे पहले इस बात को पुनः दुहराना आवश्यक है कि ऋग्वेद के रचनाकारों के संरक्षक राजा नहीं, अपितु वैश्य थे और इसलिए उन स्थलों पर भी जहाँ राजा शब्द का प्रयोग विशेष व्यक्तियों के लिए हुआ है, इस बात की सम्भावना अधिक है कि ये प्रशासक राजा न होकर प्रधान व्यापारी रहे हों। ऐसी स्थिति में यह मानना होगा कि वास्तविक राजाओं के विवरण ऋग्वेद में नहीं मिलते, यद्यपि इनके अस्तित्व, कार्यभार, योग्यता और प्रभाव आदि के विषय में निर्भ्रान्त सूचना ब्याज रूप में प्राप्त हो जाती है। जैसा कि हम सुझा आए हैं, यदि प्रशासकीय सत्ता भी इन प्रधान सेठों के हाथ में रही हो, या यदि राजा की ओर से भी व्यापारिक गतिविधियों में हिस्सा लिया जाता रहा हो, तो बात ही भिन्न है क्योंकि विशाल सैन्य बल रखनेवाले प्रतापी (7.34.19) राजाओं के उल्लेख भी मिलते हैं।

इस विषय में दूसरे अध्येताओं के मतामत की छानबीन करने या प्रत्येक मामले में तफ़सील में जाने के लोभ को रोकते हुए वस्तुस्थिति को निम्न प्रकार रखा जा सकता है। व्यापारिक सार्थों के प्रस्थान के समय पूरी यात्रा के दौरान सार्थ के नियन्त्रण और संचालन तथा आपातिक स्थितियों में दस्युओं आदि का सामना करने में अग्रणी भूमिका के लिए सार्थ के व्यापारी सदस्यों का विशॢ द्वारा एक व्यक्ति को नेता चुना जाता था, जिसके लिए

भी राजा शब्द का प्रयोग किया जाता था। कारण, जहाँ तक इस दल का प्रश्न है, इसे उसी प्रकार का अधिकार प्राप्त था जो अपने राज्य में किसी राजा को प्राप्त होता है। इसका चुनाव शौर्य और सम्पन्नता दोनों के आधार पर किया जाता था और, ज़ाहिर है, इसके उपयुक्त कोई तरुण ही हो सकता था। इस राजा के प्रतीक इन्द्र हैं जिन्हें युवा, नेता, नर, जेता, अपराजित, अप्रतिष्कुत आदि विशेषणों के साथ याद किया गया है। सार्थ के सदस्य व्यापारियों के प्रतीक मरुद्‌गण हैं जो इन्द्र के सखा हैं, सहायक हैं, परस्पर समान स्थिति रखनेवाले हैं, सुजात हैं, शौर्य के मामले में भी इन्द्र से कम नहीं हैं और इनका अपना वैभव इनकी सुनहली पगड़ी, गले के कीमती हारों, कानों की सुनहली बालियों आदि से प्रकट होता है, और प्रकट होता है विनोद और विलास के कतिपय उल्लेखों से जो प्रकृतितः इन्द्र से भिन्न नहीं है। सार्थ के सभी व्यापारी ही विश् के रूप में याद किए गए हैं, यद्यपि जहाँ भू-सम्पदा का प्रश्न आता है विश् और मरुद्‌गण किसानों के लिए प्रयुक्त हैं; कारण भू-सम्पदा, पशु-सम्पदा और वाणिज्य तीनों पर आरम्भ में वैश्यों का ही अधिकार था या, कहें, जिनका अधिकार था उन्हें विश् या आर्य कहा जाता था। अतः यात्रा के सन्दर्भों में विश्पति और राजा ही नहीं, अपितु ग्रामणी, चर्षणीधृत और 'वृजनस्य राजा' भी सार्थ के नेता के लिए ही प्रयुक्त हुए हैं। विश् और चर्षणी में अन्तर केवल यह है कि सार्थ के सदस्य व्यापारी, जिनको हर दृष्टि से समान स्तर का माना जाता था, विश् या मरुत् कहे जाते थे जो सजाति, सबन्धु, अज्येष्ठ, अकनिष्ठ और अमध्यम थे, यद्यपि ये सभी इन्द्रज्येष्ठ थे या, कहें, निर्वाचन के बाद सार्थ के नेता की श्रेष्ठता को स्वीकार करने को बाध्य थे। इसके विपरीत भृत्यों, रक्षकों सहित पूरे सार्थ को ग्राम, चर्षणी और एक-दो स्थलों पर प्रजा कहा गया है।

यात्रा के दौरान इन तरुण-उत्साही वणिकों के दल को नियन्त्रित करने के लिए एक अनुभवी और अपेक्षाकृत प्रौढ़, यद्यपि वृद्ध नहीं, परामर्शदाता की आवश्यकता थी और इसी प्रयोजन से हम कतिपय ऋषियों को इन सार्थों के साथ जाते देखते हैं।

यात्राओं के दौरान किन्हीं समस्याओं पर विचार करने की आवश्यकता होने पर विश् के सभी सदस्य मिलकर विचार करते थे और सभी को अपना मत प्रकट करने का अधिकार था। अनेक स्थलों पर समिति का सम्बन्ध इन बैठकों से ही है। (9.92.6) और बाद की परम्पराओं में इन्द्र की परिषद् में हज़ार ऋषियों या परामर्शदाताओं के जो हवाले आते हैं, उनका सम्बन्ध इन सार्थ-समितियों से ही प्रतीत होता है।

दूसरे शब्दों में कहें तो, राजा शब्द का एक व्यापक अर्थ में प्रयोग हुआ है जिसमें इसका ऐश्वर्य या अधिकार-पक्ष ही प्रधान है और जिसके पास यह अधिकार या क्षत्र है वह राजा है, चाहे वह सार्थ का नेता हो या परामर्शदाता, प्रशासक राजा हो या मन्त्री। अतः राजा का शब्द का प्रयोग इन्द्र, वरुण, मित्र, अग्नि और सोम के लिए हुआ है।

दूसरी ओर, राजा का प्रशासनिक रूप है जिसका सम्बन्ध किसी विशेष दल या समूह पर प्रभुत्व से नहीं है, अपितु एक निश्चित भू-भाग में आनेवाले सभी तरह के लोगों, सम्पदाओं और सभी प्रकार की गतिविधियों पर किसी एक व्यक्ति के प्रभुत्व से है। जहाँ सार्थ का नेता या राजा निर्वाचित होता था वहाँ इस प्रशासनिक राजा को सत्ता वंशानुगत

रूप में मिलती थी, यद्यपि इस मामले में सन्देह है कि जिन-जिन वंशों को लैनमैन और त्सिमर आदि राजवंश मानते हैं वे सचमुच के राजवंश थे या श्रेष्ठिकुल। जो भी हो, यहाँ हमें भुवन के राजा (5.85.3), लोक हितकारी राजा (3.55.2); दिव्य, पार्थिव और क्षम्य या भूगर्भीय सम्पदा के स्वामी राजा (2.14.11); पूरे जगत के एकमात्र राजा (3.46.2); चर्षणी, कृष्टी और मानुषी या व्यापारी, कृषिजीवी तथा इतर समस्त जनों के राजा (1.59.5; 6.22.9; 7.27.3); पर्वत, नदी, स्थल सभी के राजा (1.59.3) सार्थ के राजा की तरह से विश् के सदस्यों के सखा या भ्राता राजा नहीं, अपितु दूसरों से बिलकुल अलग कोटि का–असमः जनानां–राजा (6.36.4), ऋतजात या ऊँचे कुल में उत्पन्न राजा (9.108.8) आदि के विवरण मिलते हैं जो पहले से इसकी भिन्नता को प्रकट करने के लिए पर्याप्त है। यह राजा राज श्रेष्ठियों की तरह धन लुटानेवाला नहीं अपितु कर उगाहनेवाला या जनभक्ष है।

एक राजा को जिन गुणों और शक्तियों से युक्त माना गया है, ज़रूरी नहीं कि वैदिक राजा इन सब पर खरे उतरते रहे हों, पर इस विषय में सन्देह नहीं कि वैदिक जन एक आदर्श राजा को इन विशेषताओं के अनुरूप देखना चाहते थे और साथ ही यह भी कि अधिकांश राजा इन कसौटियों पर खरा उतरने का प्रयत्न करते रहे होंगे। राजा के साथ एक विशाल भू-भाग के शासनाधिकार का भाव प्रायः जुड़ा दिखाई देता है (7.27.3)। इस विशाल क्षेत्र के शासन के लिए ज़रूरी है कि वह इसकी जानकारी रखे, विद्वान् और विचारशील हो (9.97.56)। उसका पालन-पोषण और शिक्षा आदि तो विधिवत् हो ही, वह राजकुल में ही उत्पन्न हो (9.108.8)। वह किसी के अधीन न हो (6.7.7)। युद्ध के समय नेतृत्व सँभाल सकता हो (2.9.6)। समस्त लोग उसकी अधीनता स्वीकार करते हों और उसके सामने झुकते हों (4.50.8)। वह उदार हो और नियमों का स्वयं भी पालन करता हो (2.1.4)। राजा के लिए ज़रूरी है कि वह शत्रुओं को जीतकर राज्य-विस्तार करे अथवा उन्हें अधीन करके तथा स्वजनों से कर वसूली करके कोष को भरा-पूरा रखे (4.50.9)। उसको निष्पक्ष भाव से न्याय करना और नियम तोड़नेवालों को दंड देना चाहिए (1.24.15)। राजा के अनुपम वेश (1.25.13), वैभव (8.21.18), आवास (2.41.5; 3.1.18; 7.88.5), ऊँचे आसन (31/12.8.3.4) और सुसज्जित रथ का (2.18.4-6; 6.29.2) उल्लेख भी आता है। इन विभिन्न योग्यताओं को ध्यान में रखें तो पाएँगे कि वैदिक कालीन राजाओं से जो अपेक्षाएँ की गई हैं, उनका जो चित्र तैयार किया गया है, वह ऐतिहासिक कालों के राजाओं से तनिक भी भिन्न नहीं है।

अन्य पदों के साथ भी अपेक्षित योग्यताएँ पदों के अनुरूप ही दिखाई देती हैं। उदाहरण के लिए, अग्नि को जहाँ दूत के रूप में कल्पित किया गया है वहाँ उन्हें प्रायः विद्वान्, कवि आदि कहा गया है (2.6.7; 3.5.2)। उपवक्ता या राजा के पास जनता की ओर से जाकर फ़रियाद करनेवाले के लिए सुवेश और सुरूप होना ज़रूरी है (6.71.5; 9.95.5)। उपमाओं में भी राजा की तरह त्वेषयुक्त (1.85.8), राजा की तरह अमवान या शक्तिशाली (4.4.1), राजा की तरह विजयी (6.4.4), राजा की तरह प्रतापी (7.18.2), राजा की तरह सुव्रत (9.20.5) आदि विवरण इस चित्र को इतना स्पष्ट कर देते हैं कि इस तरह के एक स्थायी, सर्वमान्य और न्यायिक तथा प्रशासनिक शक्तियों से युक्त पद के विषय में कोई

दुविधा नहीं रह जाती। विशाल सेना रखनेवाले राजा अपनी शक्ति (प्र-ताप) से शत्रुओं को प्रचंड सूर्य की तरह तपाते हैं–*तपन्ति शत्रुं स्वः न भूमा महासेनासः अमेभिः एषाम्* (7.34.19)। जैसी उक्तियाँ शेष आशंका भी दूर कर देती हैं।

हम प्रशासन के अन्य पहलुओं–सभा, समिति और इसके गठन और राज-शक्ति की सीमाओं और जनता के अपने अधिकारों आदि के ब्योरे में जाना उचित नहीं समझते। यहाँ इतना संकेत ही पर्याप्त है कि इनका किसी प्रकार का सरलीकृत अर्थ लेना, चाहे वह जनतान्त्रिक परिषदों के रूप में हो या व्यापारिक जत्थों या आदिम समाजों की पंचायतों या बैठकों के रूप में (102/35; 160/585; 87/444; 568/36) सही नहीं है। कुछ विरल मामलों में ही इनका सम्बन्ध प्रशासनिक संस्थाओं से हो सकता है, जिन्हें समझना ज़रूरी है। इसी तरह बलि और शुल्क को लूट का माल मानना भी तर्कसंगत नहीं है। हाँ, इस बात की पूरी सम्भावना है कि दूसरों की अपेक्षा बड़े भूखंड का शासक अपने को सम्राट आदि विशेषणों से अलंकृत करता रहा हो, जबकि परवर्ती कालों के विशाल साम्राज्यों की तुलना में उसका राज्य एक प्रान्त के बराबर भी सिद्ध न हो।

अध्याय दस

लेखन और शिक्षा

वैदिक काल में लेखन का प्रचलन था या नहीं, इसका निर्णय तीन प्रश्नों को सामने रखते हुए किया जा सकता है :

1. क्या वैदिक सभ्यता का स्तर ऐसा था जो लेखन के अभाव में न तो हासिल किया जा सकता था, न ही इसे क़ायम रखा जा सकता था?
2. क्या वैदिक साहित्य का परिमाण और स्तर ऐसा है जो लेखन के अभाव में रचा और परिरक्षित नहीं किया जा सकता था?
3. क्या लेखन के प्रमाण वैदिक साहित्य में उपलब्ध हैं?

जैसा कि हम देख आए हैं, वैदिक सभ्यता के स्तर के विषय में दो परस्पर विरोधी रुख आधुनिक काल में वैदिक साहित्य का अध्ययन आरम्भ होने के समय से ही अपनाए गए थे। एक था आरम्भिक प्राच्यविदों का दृष्टिकोण, जो भारतीय सभ्यता और संस्कृति को गहराई से समझना चाहते थे और जिनको प्राचीन भारत सभ्यता के एक सराहनीय स्तर पर पहुँचा हुआ दिखाई दे रहा था; और दूसरा था ईसाई मिशनरियों का दृष्टिकोण, जिन्हें अपने 'सद्धर्म' के प्रचार के लिए यह सिद्ध करना ज़रूरी था कि भारत चिर काल से ही बर्बरता और जड़ता की गिरफ्त में रहा है और अपनी सत्ता मज़बूत करने के बाद यही दृष्टिकोण अंग्रेज़ प्रशासकों द्वारा और ईसाइयत के प्रचार से भारत का उद्धार करने को उत्सुक मिशनरी और गैर-मिशनरी विद्वानों द्वारा अपनाया जाता रहा। मैक्समूलर, जिन्होंने पहली बार बड़े ज़ोरदार ढंग से इस बात का प्रतिपादन किया था कि पाणिनि के समय तक भारत में लेखन का प्रचार नहीं था, इसी मत के समर्थक थे और अपनी पुस्तक '*दि हिस्ट्री ऑफ़ एंशिएंट संस्कृत लिटरेचर सो फ़ॉर इट इलस्ट्रेट्स दि प्रिमिटिव रिलिजन ऑफ़ दि ब्राह्मणज़*' में उन्होंने अपने पूर्वाग्रह को अकादमिक शालीनता की भी परवाह न करते हुए खुलकर व्यक्त किया था। इसके बावजूद विद्वानों का एक ऐसा वर्ग रहा है जो ज़ोरदार ढंग से उन 'कदाशयतापूर्ण' प्रयत्नों का प्रतिरोध करता रहा जिनमें भारत की अतीत उपलब्धियों को हेय सिद्ध करने के लिए हर चीज़ का हीनार्थ ग्रहण किया जाता रहा और तथ्यों को सन्दर्भों से काटकर और एकपक्षीय रूप में पेश किया जाता रहा। पहले दृष्टिकोण के अनुसार जहाँ इस बात की कल्पना भी नहीं की जा सकती थी कि सभ्यता के इतने ऊँचे स्तर पर पहुँचा हुआ कोई समाज लेखन से अपरिचित रह सकता था (629/II भूमिका; 244/17-18;

38; 47; 434; 590), वहीं दूसरे दृष्टिकोण के अनुसार बर्बर, अर्धयायावर, लुटेरे और नगर सभ्यता से अपरिचित ही नहीं अपितु इसके प्रति द्रोह-भाव रखनेवाले वैदिक आर्यों के लेखन से परिचित होने का प्रश्न ही नहीं उठता था (411 तथा अन्य)।

अपनी छानबीन में हम अब तक देख आए हैं कि वैदिक समाज ऐसे ऊँचे स्तर पर पहुँचा हुआ था जिसका ठीक-ठीक अनुमान उन विद्वानों के लिए भी सम्भव नहीं था जो इसकी सभ्यता को सराहनीय स्तर का मानते थे। परिस्थितिजन्य साक्ष्य वैदिक काल में लेखन के प्रचलन की अकाट्य पुष्टि करता है।

दूसरे प्रश्न के दो उपखंड हो जाते हैं : एक परिमाण से सम्बन्धित और दूसरा साहित्य के स्तर से सम्बन्धित। पहले के विषय में किसी प्रकार के सन्देह का प्रश्न नहीं था; कारण, यह अपने अवशिष्ट रूप में भी जितना विराट था वह समूचे ग्रीक और रोमन साहित्य से कुछ भारी पड़ता था और यह लेखन के अस्तित्व को नकारनेवालों के लिए मुश्किल पेश करता था। परिमाण को घटाना तो सम्भव नहीं था, पर गुणता या स्तर का अवमूल्यन तो सम्भव था ही और इसका यथासम्भव प्रयत्न मैक्समूलर ने किया और यह नतीजा निकाला कि "वैदिक सूक्तों में से अधिकांश सूक्त नितान्त बचकाने, दुरूह, हेय और मामूली किस्म के हैं" (413/27)। उन्होंने ऐसे सूक्तों का उदाहरण नहीं दिया; दिया होता तो इनका समकालीन, और बाद की भी, धार्मिक रचनाओं से मिलान करके यह देख पाना आसान होता कि इनमें अधिक बचकाने, दुरूह, हेय और मामूली किस्म के अंशों का अनुपात कितना कम या अधिक है। हम केवल इतना ही कह सकते हैं कि कुछ थोड़े-से सूक्तों को छोड़कर जिनमें जादू-टोने के प्रसंग आते हैं, ऋग्वेद के सूक्त भाषा, छन्द, अन्तर्वस्तु, काव्यसौष्ठव और वैचारिक गहनता की दृष्टि से भी, बेजोड़ हैं और इनकी रचना निरक्षर व्यक्तियों द्वारा सम्भव ही नहीं थी।

पर थोड़ी देर को मान लें, हलके स्तर के सूक्तों की संख्या काफ़ी है, तो भी बाकी सूक्तों का स्तर? जो भी हो, न तो मैक्समूलर एक निष्पक्ष अध्येता के रूप में इस सामग्री का अध्ययन कर रहे थे, न ही इसकी तफ़सील में जाकर हम उनसे उत्तर देने की अपेक्षा कर सकते थे। उन्होंने समस्या के एक पहलू को इस तरह निबटा लिया, पर परिमाण का प्रश्न फिर भी मुसीबत पैदा करनेवाला था। इसका समाधान करते हुए उन्होंने बहुत लम्बी दलीलें तैयार कीं, जैसे कि वेदों को श्रुति कहा जाता रहा है, जिसका अर्थ है कि इनका प्रसार और हस्तान्तरण श्रुत परम्परा से ही होता रहा है और यह इस बात का सूचक है कि वैदिक काल में लेखन का प्रचलन नहीं था। रोचक बात यह है कि मैक्समूलर की मान्यता के अनुसार ऋग्वेद ही नहीं, आरण्यकों, ब्राह्मणों और उपनिषदों तक के काल में, यहाँ तक कि पाणिनि के समय में भी, लेखन का चलन नहीं था, फिर उनके उक्त तर्क के अनुसार तो इन सबका प्रसार और हस्तान्तरण श्रुत-परम्परा से ही होता रहा था, अतः इन सबका नाम श्रुति ही होना चाहिए। ऐसा क्यों नहीं है? यदि वह इस प्रश्न का उत्तर ढूँढ़ते तो निश्चय ही उनको श्रुति नाम के पीछे कोई अन्य कारण दिखाई देता। मैक्समूलर अपने उत्साह में बहुत-से अनर्गल और परस्पर विरोधी तर्क देते जाते हैं, जैसे यह कि भारतीय ब्राह्मणों को लेखन की सबसे अधिक आवश्यकता अपने पुनीत ग्रन्थों, वेदों को परिरक्षित करने की चिन्ता के कारण थी और उन्होंने पश्चिम से लेखन का ज्ञान अर्जित करके इसे

नए रूप में ढालकर सबसे पहला काम वेद के संकलन और सम्पादन का ही किया और इसके समानान्तर यह भी; कि जब लेखन निश्चिन्त रूप से प्रचलित था और इसका प्रयोग अन्य ग्रन्थों को लिपिबद्ध करने के लिए किया जा रहा था उस सयम भी वेदों को लिपिबद्ध करने की मनाही थी; कि गृह्यसूत्रों आदि में छात्रों के लिए बहुत लम्बे अध्ययन-काल का– जब-तब तो अड़तालीस वर्ष तक का–विधान है और इतना लम्बा समय वेदों आदि को कंठस्थ करने में ही लगता रहा होगा। वह यह भूल जाते हैं कि इतने लम्बे समय का अध्ययन-काल ग्रन्थों, कहें ग्रन्थालयों, के अभाव में सम्भव ही नहीं है। कारण, यदि इतना समय केवल कृतियों को कंठस्थ करने में ही लग जाए तो इनको कंठस्थ कराने के लिए भी इतना ही समय लगेगा और इस तरह उपनयन के लिए नियतकाल कंठस्थ करने के लिए अपेक्षित अड़तालीस वर्ष के काल और कंठस्थ सामग्री यदि अविकल याद भी रह जाए तो, शिष्यों की एक पीढ़ी को पूरी सामग्री कंठस्थ कराने के लिए अपेक्षित इतने ही काल को ध्यान में रखते हुए प्रत्येक आचार्य का कम-से-कम 106 वर्ष तक न केवल जीवित रहना ज़रूरी था, अपितु उसकी स्मृति का निर्धूम स्वच्छ रहना भी ज़रूरी था, जो एक असम्भव-सी चीज़ है। अतः यह स्वयं इस बात का प्रमाण है कि इतना लम्बा अध्ययन-काल केवल कुछ ऐसे व्यक्तियों का ही हो सकता था जिन्होंने किसी विषय को अपना जीवन उत्सर्ग कर दिया हो और उनका यह अध्ययन पुस्तकों का अच्छा-खासा संग्रह मौजूद होने की दशा में ही सम्भव था, जिसकी पुष्टि उनके द्वारा अपनी कृतियों में अपने विषय के प्राचीन आचार्यों के मतों के उल्लेख और उनकी आलोचना आदि से भी होती है। सच कहें तो यह परम्परा ऋग्वेद से ही आरम्भ हो जाती है (117/1-21)। आगे धर्म, राजनीति, चिकित्सा, दर्शन, व्याकरण आदि सभी क्षेत्रों की महत्त्वपूर्ण कृतियों में जारी रहती है। उदाहरण के लिए पाणिनि अपनी *अष्टाध्यायी* में आपिशलि (6.1.92), काश्यप, (1.2.25), गार्ग्य (8.3.20), गालव (7.1.74); चाक्रवर्मण (6.1.30), भारद्वाज (7.2.63), शाकटायन (8.3.18), शाकल्य (1.1.16), सेनक (5.4.112), स्फोटायन (6.1.123) को उद्धृत करते हैं (49/4)।

मैक्समूलर ऐसे प्रत्येक साक्ष्य की, जिससे लेखन के प्रचलन की पुष्टि होती थी, इतनी 'बारीकी' से जाँच करते चले गए कि स्वयं पाणिनि भी उनको निरक्षर दिखाई देने लगे। यदि इतनी 'बारीकी' से काम लें तो अंग्रेज़ी के 'बुक', 'पेन', 'राइट', 'रीड' किसी से केवल भाषिक आधार पर लेखन और पठन की पुष्टि नहीं हो सकती।

हम अपने आगे के विवेचन में देखेंगे कि न केवल वैदिक काल में लेखन के प्रचलन के प्रमाणों का अभाव नहीं है, अपितु इनमें से अनेक तत्कालीन लिपि की प्रकृति पर भी कुछ प्रकाश डालते हैं। इनमें से अनेक की ओर इससे पहले दूसरे विद्वानों ने भी संकेत किए थे, यद्यपि कुछ निर्णायक महत्त्व के साक्ष्यों की ओर उनका भी ध्यान नहीं जा सका था।

1. हड़प्पा लिपि और भाषा

हड़प्पा सभ्यता की खोज से पहले तक अशोक के समय से पुराने पुरातात्त्विक साक्ष्य नहीं थे, अतः सारी बहस का केन्द्र साहित्य ही था। पर इसके बाद समस्या ने एक नया मोड़

लिया। एक ओर तो अशोक के समय से लगभग डेढ़-दो हज़ार वर्ष पहले भारत में एक ऐसी लिपि का प्रमाण मिला जो अपने समय की अन्य लिपियों की तुलना में उसी तरह अधिक व्यवस्थित और विकसित प्रतीत होती थी जैसे ब्राह्मी अपने समय की अन्य लिपियों की तुलना में। दूसरी ओर, आर्य-आक्रमण की मान्यता को जिलाए रखने के लिए हड़प्पा सभ्यता को अवैदिक और मुख्यतः द्रविड़ सभ्यता घोषित किया जाने लगा और ब्राह्मी तथा हड़प्पा लिपि के बीच एक व्यवधान मान लिया गया। दोनों कालों के पुरातात्त्विक साक्ष्यों के बीच पाए जानेवाले अन्तराल को ध्यान में रखते हुए यह सुझाया जाने लगा कि हड़प्पा लिपि सम्भवतः इस सभ्यता के विनाश के साथ ही नष्ट हो गई और ब्राह्मणों को अपने उपयोग के लिए पश्चिमी एशिया की प्रेरणा से ही ब्राह्मी का विकास करना पड़ा, अतः ब्राह्मी और हड़प्पा लिपि में कोई सम्बन्ध नहीं हो सकता। इस तरह इस समस्या पर विचार करनेवाले विद्वानों के बीच खासा मतभेद उभर आया। हाल की खोजों ने इस मिथक को भी तोड़ दिया है कि हड़प्पा सभ्यता एक झटके में ही समाप्त हो गई थी और अब यह अधिकाधिक स्पष्ट होता जा रहा है कि इसका ह्रास क्रमिक था (233; 200; 204; 542)। अतः इसके साथ हड़प्पा लिपि के लुप्त होने की बात निरर्थक है।

इसमें एक ओर तो वे विद्वान् रहे हैं जो हड़प्पा सभ्यता को द्रविड़ सभ्यता मानकर इसकी लिपि के माध्यम से आद्य द्रविड़ पढ़ने की कोशिश में लगे रहे हैं। इनमें मुख्य रूप से हेरास (276, 278), स्कैंडिनेवियाई पार्पोला दल (456-418), रूसी क्नोरोजोव दल (337; 338; 340; 618) और इरावदम् महादेवन (396; 397; 398) का उल्लेख किया जा सकता है। इनकी इस मान्यता का सीधा आधार यह रहा है कि हड़प्पा सभ्यता भारत में आर्यों के प्रवेश से पहले की अनार्य सभ्यता है, अतः यह द्रविड़ सभ्यता रही होगी। ये अध्येता लिपि को चित्र-लिपि या शब्द-रेखी (लोगोग्रैफ़िक) मानकर चले हैं और कुछ ने इसे शब्दाक्षरी (लोगोसिलैबिक) माना है (वु. 456; 457; 202)। इस तरह के पाठ में आसानी यह रहती है कि आप किसी चिह्न के पीछे उससे मिलती-जुलती वस्तु का अनुमान लगाएँ और उस भाषा में उसका पर्याय तलाशें जिस भी भाषा को पढ़ना चाहें घोषित कर दें कि आपने उसे पढ़ लिया। इसके बावजूद इनमें से कोई भी अध्येता कुछ आरम्भिक अटकलबाज़ियों से आगे सफल नहीं हो सका (362; 131; 167)। कारण, यदि चिह्न अनेक हों और उनको अलग-अलग क्रमों में पाया जाए तो इनको जो भी शब्द-मूल्य क्यों न दिया जाए, सर्वत्र इसमें संगति और प्रत्येक इबारत से इसका कोई बुद्धिग्राह्य अर्थ तो निकलना ही चाहिए।

हड़प्पा की भाषा आर्य भाषा नहीं होनी चाहिए, इसको हंटर भी मानकर चले थे, परन्तु उनके द्वारा लिपि का किया गया विश्लेषण ऐतिहासिक महत्त्व का है। उनके कुछ निष्कर्ष तो बहुत ही विचारोत्तेजक हैं : "आप देखेंगे कि मैं फीनीशियन चिह्नों के साथ बूलर के कुछ समीकरणों को स्वीकार करता हूँ। पर ये ठीक वे ही मामले हैं जिनमें लगता है कि सम्भवतः फीनीशियन चिह्न खुद आद्य-भारतीय लिपि से व्युत्पन्न हैं और यह भी याद रखना होगा कि हमें जो लिपि उपलब्ध है वह सारी-की-सारी उत्खचित (मान्युमेंटल)–मुद्राएँ, मुद्रांक और सिक्के–हैं। बहुत सम्भव है कि इसके समानान्तर ही सामान्य उपयोग की कोई लिपि भी

प्रचलित रही हो, जो एरण के सिक्के और अशोक के अभिलेखों से अधिक निकटता रखती रही हो।" (289/44-45) हड़प्पा लिपि और ब्राह्मी लिपि के सम्बन्धों पर वह लिखते हैं, "इस लिपि के खुले या व्यंजनान्त अक्षरों (ओपन सिलेबल) से ब्राह्मी की अर्धाक्षरी लिपि और सबाइयन का काफ़ी बड़ा अंश निकला है; कि इस बात की खासी सम्भावना है कि फीनीशिया और साइप्रस की लिपियाँ भी इसी तरह आद्य-भारतीय की ही परिष्कृतियाँ हों" (व/49)।

हड़प्पा की भाषा को वैदिक मानकर पढ़ने का प्रयास करनेवालों में प्राणनाथ (476-478), स्वामी शंकरानन्द (557-562) व कृष्णराव (354) आदि के नाम आते हैं। हाल ही में एस.आर. राव ने अपनी पड़ताल के बाद यह नतीजा निकाला है कि इसकी भाषा वैदिक से प्राचीन थी और यह भारोपीय की एक भिन्न शाखा रही हो सकती है, जिसकी भारतीय-ईरानी से निकटता रही हो सकती है (509/311-12)। ग़रज़ कि आर्य आक्रमण या आव्रजन की छाया इतनी गहरी है कि यह लेखक के अपने निष्कर्षों को भी बदलने की शक्ति रखती है।

हड़प्पा लिपि और ब्राह्मी के चिह्नों में सादृश्य की खोज करने का एक प्रयत्न सुधांशुकुमार राय द्वारा (513/471) किया गया, जिसे स्वीकार्य नहीं पाया गया। डिरिंजर (202/51) और दानी (186/8-9, 24) दोनों के बीच इसलिए कोई सम्बन्ध नहीं मानते कि प्राचीन भारतीय साहित्य में लेखन का कोई उल्लेख नहीं है। डिरिंजर (202/262) और दानी (186/23-28) दोनों मामूली हेर-फेर के साथ बूलर (127) की ही तरह ब्राह्मी को सामी लिपि से व्युत्पन्न करने का प्रयत्न करते हैं। इसकी सीमाओं की ओर डॉ. एस.आर. राव ने अपनी पुस्तक में संकेत किया है। डॉ. राव ने हंटर के तर्क को फिर दुहराया है कि सामी लिपियों के कुछ वर्णों के साथ ब्राह्मी का साम्य इस कारण है कि सामी लिपियाँ स्वयं हड़प्पा लिपि से प्रभावित हैं और जिन मामलों में सामी और ब्राह्मी वर्णों में समानता पाई जाती है उनमें से अधिकांश चिह्न हड़प्पा की लिपि में हैं। इसके बावजूद वह इस बात की कुछ सम्भावना मानते हैं कि ब्राह्मी और खरोष्ठी पर कुछ सामी प्रभाव भी पड़ा हो सकता है और इस पर खोज की जानी चाहिए (509/311-12)।

ब्राह्मी को हड़प्पा लिपि से व्युत्पन्न माननेवालों में केवल हंटर, राय और राव ही नहीं आते। ओझा (38), लैंग्डन (372/423), स्मिथ (583/415-22), डी. सी. सरकार (582), राजबली पांडे (47; 412) आदि भी इसी मत के हैं। पर डॉ. राव ने पहली बार इस बात को कुछ व्यवस्थित रूप में पेश किया है कि 2000 ई.पू. से 450 ई.पू. तक के दौर में भारत में लेखन के पुरातात्त्विक प्रमाणों का वैसा अभाव नहीं है जैसा कि सामान्यतः माना या बताया जाता है (509/चित्र 35)। इसके बावजूद उन्होंने इन लिपि-चिह्नों को ब्राह्मी से जोड़कर रखने के प्रलोभन से अपने को बचाया है और इसके लिए आगे शोध पर ज़ोर दिया है।

हमारे लिए यहाँ दो बातें महत्त्वपूर्ण हैं : पहली यह कि वैदिक काल में लेखन का प्रचलन था या नहीं और दूसरी बात यह कि हड़प्पा-काल से लेकर या, कहें, ऋग्वैदिक काल से लेकर अशोक के समय तक लेखन की परम्परा अक्षुण्ण रही है या नहीं?

क्योंकि जब तक हड़प्पा लिपि का सर्वमान्य पाठ नहीं हो जाता तब तक हड़प्पा लिपि को ब्राह्मी से जोड़ने का और हड़प्पा सभ्यता के सातत्य को सिद्ध करने का यही उपाय है।

हड़प्पा की अभिलिखित सामग्री क्षुद्र लेखों की है जिनका प्रयोजन भी सीमित था, पर इसके प्रसार-क्षेत्रों में हड़प्पा, मोहनजोदड़ो, लोथल, चान्हूदाड़ो, कालीबंगाँ, कोटदीजी, निंदोवाड़ी, झूकर, अमरी, बालाकोट, देसालपुर, लोहुमजोदाड़ो, सूरकोटडा, आलमगीरपुर, रोपड़, मीठाथाल, राखीगढ़ी, बनावली, चंडीगढ़, ढोलावीरा तथा भारत से बाहर के स्थलों में ऊर, किश, उम्मा, गिरसू, तेल अस्मर, तेपे गवरा, सूसा, बहरीन, फाइलका, हामा आदि आते हैं। सर्वत्र अभिलिखित सामग्री बहुत छोटी–1.25 : 1 से 5 : 5 सें. मी. है। इससे दो निष्कर्ष निकलते हैं : पहला यह कि जहाँ लेखन का उपयोग मुहरों आदि के रूप में होता था और इन मुहरों का उपयोग माल की शिनाख्त और मुहरबन्दी आदि के लिए होता था (व/4) वहाँ लेखन यहीं तक सीमित नहीं रहा हो सकता। वस्तुतः मात्र शिनाख्त और मुहरबन्दी के लिए लेखन ज़रूरी भी नहीं था। यह काम चिह्नों से या उन आकृतियों से भी लिया जा सकता था जो इन मुहरों पर अंकित हैं। अतः सामान्य लेखन के लिए निश्चित रूप से क्षयिष्णु सामग्री का उपयोग होता था (394/11)। इसकी पुष्टि इस बात से भी होती है कि हड़प्पा के अवशेषों में एक स्याही की दवात भी पाई गई है (102/20)। दूसरी यह कि लिपि और लेखन का जो चलन भारतीय भू-भाग में इतने व्यापक क्षेत्र में दिखाई देता है वह विकास की अगली मंजिलों की ओर बढ़कर अपना कलेवर तो बदल सकता है, पर लुप्त नहीं हो सकता। विद्या नगर और किला नहीं है जिसे आक्रामकों ने दखल कर लिया और वह हाथ से चली गई। अतः यदि हड़प्पा-काल से अशोक के काल तक किसी चीज़ का अभाव है तो वह लेखन का नहीं, अपितु उन मुहरों आदि का और उन विशेष प्रयोजनों का है जिनके लिए इन मुहरों आदि का प्रयोग होता था और इसकी खोज हड़प्पा की अर्थव्यवस्था और वाणिज्य में आई गिरावट में की जानी चाहिए। इसी के साथ इस तथ्य को भी जोड़ा जाना चाहिए कि मृद्भांडों आदि पर प्राप्त चिह्न लेख न होकर विशिष्ट चिह्न या लिपि-चिह्नों की अनुकृति मात्र हैं जिनके पीछे कर्मकांडीय या धार्मिक तकाजों का भी हाथ रहा हो सकता है। कड़ों और अन्य उपकरणों का चिह्न भी मुद्रिका आदि के चिह्नों के समान हैं जो लिपि में परिवर्तन के साथ समाप्त हो जाते हैं।

हड़प्पा लिपि की भाषा द्रविड़ नहीं हो सकती। कारण, शब्दरेखी या शब्दाक्षरी लिपि की दृष्टि से हड़प्पा के लिपि-चिह्नों की संख्या बहुत कम है और आक्षरिक लिपि मानी जाने पर, जो ही एक मात्र विकल्प है, इसकी संख्या संस्कृत के लिए भी समस्या पैदा करती है, फिर तमिल को ध्यान में रखते हुए द्रविड़ मूल की भाषा के लिए तो असाध्य हो जाएगी जिसमें वर्गों के घोष और महाप्राण वर्णों का अभाव अपेक्षित संख्या को बहुत घटा देता है। दूसरे, हड़प्पा लिपि के अनेक चिह्नों में असवर्ण संयोग बिलकुल स्पष्ट है, जबकि तमिल में असवर्ण संयोग होता ही नहीं। यही बाध्यताएँ रही हैं जिनके कारण हड़प्पा लिपि की भाषा को आद्य-द्रविड़ मानकर पढ़ने का प्रयत्न करनेवाले विद्वानों का साहस इसे आक्षरिक या अर्धाक्षरी मानकर पढ़ने का नहीं हुआ है और शब्दाक्षरी मानने पर उनकी कठिनाइयाँ दोनों ओर से बढ़ जाती हैं–विकारी चिह्नों के लिए उन्हें कोई औचित्य नहीं दिखाई देता और वे

पाठ में एक चिह्न पर अटकल लगाने की खुली छूट लेते हैं, पर आगे बढ़ते ही लड़खड़ा जाते हैं। इसके विपरीत गैड, हंटर, लैंग्डन, राव आदि सभी ठोस कारणों से इसको अर्धाक्षरी मानते हैं।

एक रोचक बात यह है कि जिन विद्वानों ने भाषा को द्रविड़ माना है उन्हें भी दबे स्वर में वैदिक भाषा और वैदिक साहित्य का सहारा लेना पड़ता है। उदाहरण के लिए, मुद्राओं पर अंकित आशयों की व्याख्या करते समय वोलचोक को निरन्तर वैदिक साहित्य का हवाला देना पड़ता है (618)। पार्पोला को हड़प्पा लिपि में ॐ (ˇ) और स्वस्ति के चिह्न (ˇ 卐) का दर्शन होता है (556/21) जिसे वैदिक परम्परा से अलग हटकर समझा ही नहीं जा सकता। महादेवन को (398) हड़प्पा के एक शृंग वृषभ में तो सोम की छाया दिखाई देती ही है, उन्हें इसके पात्रों में भी वैदिक पात्र और लिपि-चिह्नों में भी सोम के विषय में उपलब्ध वैदिक विवरणों का असर दिखाई देता है।

इस प्रकार हम देखते हैं कि हड़प्पा लिपि के विषय में भले डॉ. राव के वाचन को स्वीकार किया जाए या नहीं, इसकी भाषा वैदिक सिद्ध होती है और इस लिपि की परम्परा ब्राह्मी तक आती प्रतीत होती है। डॉ. पाठक के अनुसार बेट द्वारका के निकट चल रही खुदाइयों से मिलनेवाले लेखों में प्रयुक्त लिपि-चिह्न हड़प्पा और ब्राह्मी के अन्तर्वर्ती चरण या संक्रमणकाल की लिपि हैं (465/9)।

संक्षेप में कहें तो हड़प्पा लिपि आक्षरिक थी जिसमें कुछ शब्दाक्षरी चिह्न प्रचलित थे। आज भी हम एक पूरे विचार या शब्द के लिए एक संकेत-चिह्न का प्रयोग करते हैं, जैसे—गणित, ज्यामिति या यातायात के संकेत। इस तरह वर्णिक या अर्धाक्षरी लिपियों की तुलना में इसके संकेत-चिह्नों की संख्या बहुत अधिक थी और इसके बावजूद यह वाणी को यथातथ्य प्रस्तुत करने की दृष्टि से निर्दोष नहीं थी और लिखित वाक्यों का सही उच्चारण करने में किसी गुरु के सान्निध्य में रहकर इसका अभ्यास ज़रूरी था और ज़रूरी था कंठस्थ पाठ पर अपेक्षाकृत अधिक भरोसा। कहें, लेखन स्मृति में सहायक तो था, पर अकेले लेखन के आधार पर किसी कृति का निर्दोष पाठ सम्भव नहीं था। परन्तु एक सीमित रूप में ही सही, क्या अरबी, हिब्रू, रोमन आदि वर्णिक लिपियों तक पर यही बात आज तक लागू नहीं होती।

2. भारत की जातीय परम्परा में लेखन के प्रमाण

भारतीय साहित्य में और भारतीय परम्परा में लेखन के प्रमाणों का अभाव नहीं है; इनका सही मूल्यांकन करने में अवश्य भूल की गई है। विविध स्रोतों से उपलब्ध इन साक्ष्यों को हम निम्न रूप में पाते हैं :

1. कुछ पर्वों और अवसरों पर, यथा—करवा चौथ, गोवर्धन पूजा, कोहबर, आज भी हड़प्पा-काल से भी बहुत पुरानी चित्रलिपि या चित्रकथन की शैली के अवशेष देखे जा सकते हैं। इनमें एक पूरी कथा या वृत्त को एक फलक बनाकर उसके भीतर चित्रों के माध्यम से प्रकट किया जाता है। यह कथा इन चित्रों के सहारे

किसी महिला द्वारा बनाई जाती है और इसे रैखिक संकेत और मौखिक विवरण के दुहरे माध्यमों का एक साथ उपयोग करते हुए हस्तान्तरित किया जाता है। यह पद्धति केवल महिलाओं तक क्यों सीमित रह गई, इसका कारण यह है कि शिक्षा से वंचित होने के कारण महिलाएँ भावाभिव्यक्ति की उस प्राचीन शैली से ही चिपकी रह गईं जबकि पुरुष-समाज लिपि में निरन्तर होते रहनेवाले परिवर्तनों और संशोधनों से लाभान्वित होता हुआ, इस पुराने और दोषपूर्ण माध्यम को छोड़कर आगे बढ़ गया। महिलाओं के बीच भी इसका निरन्तर स्खलन ही होता गया है।

2. भारत के कुछ गुह्य सम्प्रदायों, जैसे–तान्त्रिकों में, एक गूढ़ संकेत-लिपि का प्रचलन आज तक बना हुआ है जिसे हड़प्पा-काल से भी पहले से चले आ रहे शब्दरेखन का अवशेष मानना होगा। इस तरह के बहुत से संकेत, जैसे–स्वस्तिक, ॐ, आदि इन सम्प्रदायों से बाहर भी प्रयोग में आते हैं। हड़प्पा लिपि में भी इनके पूर्वरूप विद्यमान हैं।
3. ऊपर के इन चिह्नों में से कुछ का क्रमशः अक्षरीकरण हो गया था। इनको बीजाक्षर कहा जाता है और इनके संकेतों को समझने के लिए सूत्रों का सहारा लेना पड़ता था। इनकी एक सीमा यह थी कि एक ही चिह्न अनेक अक्षरों या ध्वनियों का सूचक हो सकता था और एक ही ध्वनि के लिए अनेक चिह्नों का उपयोग हो सकता था। किसी ज्ञान को गुह्य रखने के लिए यह एक अनूठा तरीका था जिसमें एक साधारण-सी बात को समझने के लिए खासी माथापच्ची करनी पड़ सकती थी और इसके बावजूद मतभेद की गुंजाइश बनी रह सकती थी। इन्हें विहित सूत्रों के सहारे पढ़ने के बाद गुरु की सहायता से ही इनका अर्थ और उच्चारण सुनिश्चित किया जा सकता था। स्वामी शंकरानन्द ने इस शैली का बहुत सुन्दरता से प्रतिपादन किया है और उनका खयाल है इनमें से कुछ चिह्न हड़प्पा-काल से प्रचलित थे (557/2-22), भले ही इनका ध्वनि-मूल्य कुछ भिन्न रहा हो।
4. भारतीय परम्परा के अनुसार ब्रह्मा जन्म से पहले ही व्यक्ति का भाग्य उसके भालपट्ट पर एक गूढ़ लिपि में टाँकी से लिख देते हैं। व्यक्ति के कर्मों का हिसाब यमराज के महाभिलेखाधिकारी चित्रगुप्त लिखते रहते हैं। जिनका नाम, चित्र-गुप्त, बहुत रोचक है। यह हड़प्पा-काल से भी पहले से चित्र-लिपि में लेखन के प्रचलन और इसके गूढ़ होने का भाव अपने भीतर बचाए है। इन दोनों तथ्यों से लेखन के आविर्भाव और इसके स्वरूप के विषय में निम्न सूत्र हासिल होते हैं : 1. लेखन-सामग्री के रूप में कभी पट्टियों का प्रयोग भी होता था; 2. स्थायी प्रकृति के लेखन में यन्त्र के रूप में छेनी का भी प्रयोग होता था, क्योंकि ब्रह्मा भाग्य लिखते नहीं, टाँकते या टाँकी से उकेरते हैं; 3. उक्त लेखन चित्रलिपि या गूढ़ लिपि में था जिसे सभी नहीं पढ़ सकते थे; और 4. लेखन का विकास हिसाब-किताब रखने की बाध्यता से किया गया था, न कि वेदों को सुरक्षित

बनाने के लिए। इसका नाम उस काल में ही ब्राह्मी भी था, यह भारत की जातीय स्मृति में ब्रह्मा के लेख की कल्पना के रूप में आज तक सुरक्षित है। लिपि के जिन चरणों की एक-एक विशेषता याद रह गई है वह एकाएक लुप्त हो गई, यह अकल्पनीय है। इसका निरन्तर विकास होता रहा और इसी ने भारतीय लिपियों को जन्म दिया। इसे पुनः संक्षिप्त रूप में रखें तो, ब्राह्मी सम्भवतः ब्रह्मा की लिपि या टंकलिपि के लिए प्रयुक्त शब्द था और आगे भी हम इसे अशोक कालीन टंकलिपि में ही पाते हैं। सामान्य लेखन में प्रयुक्त लिपि इससे किंचित् भिन्न रही हो सकती है।

अब हम वैदिक साहित्य में पाए जानेवाले साक्ष्यों पर विचार कर सकते हैं।

3. वैदिक साहित्य में लेखन के प्रमाण

मैक्समूलर के इस कथन का कि वैदिक सूक्तों में स्याही या कलम आदि का उल्लेख नहीं है, प्रतिवाद करते हुए गोल्डश्टकर ने (244/22) लिखा था, "वैदिक सूक्तों का उद्देश्य यह बताना नहीं है कि आर्यों को कलम और स्याही का ज्ञान था; इसलिए यह मात्र एक संयोग की ही बात हो सकती है कि इस तरह के किसी नीरस उपादान का इनमें उल्लेख आ जाए। फिर उन्होंने उस अकादमिक गैर-ईमानदारी की चर्चा की थी जिसके चलते मैक्समूलर एक ओर तो पटल शब्द को लेखन का सूचक मानते हैं क्योंकि इसका उल्लेख सूत्रों में आया है, पर कांड जो लिखित वस्तु के उपखंडों का द्योतक है और ग्रन्थ को जो मान्य रूप में पुस्तक के लिए ही प्रयोग में आता रहा है और आया है, लिखित ग्रन्थों के अस्तित्व का सूचक नहीं मानते। श्रुति शब्द पर तो इतना बल देते हैं कि इसके आधार पर यह मान लेते हैं कि यह इस बात का द्योतक है कि वेदों को श्रुत परम्परा से ही हस्तान्तरित किया जाता था, पर वेदों में ही वाणी को देखने के जो उल्लेख आए हैं उनको लेखन का सूचक न मानकर सुझाते हैं कि 'देखना' समझने के अर्थ में भी प्रयुक्त हो सकता है। वास्तविकता यह है कि लेखन और पठन तथा लेखन-सामग्री के लिए आज तक प्रयुक्त कोई शब्द ऐसा नहीं है जिसका वाचिक अर्थ करते हुए उसको लेखन का असंदिग्ध प्रमाण मानने से इनकार न किया जा सके। अतः प्रश्न प्रयोगों का नहीं, अपितु समग्रता का और इनके साथ जुड़ी मानसिकता का है। वैदिक साहित्य में लेखन के प्रचलन के निम्न प्रमाण देखे जा सकते हैं :

ब्राह्मण ग्रन्थों का विभाग करते हुए कांड, प्रपाठक और अध्याय तथा खंडों का उल्लेख आता है। यदि यह मान भी लें कि अध्याय का अर्थ 'चैप्टर' नहीं था और इसका प्रयोग एक दिन के अध्ययन के लिए निर्धारित सामग्री से था तो भी खंड, कांड, प्रपाठक का अर्थ इतना खींच-तानकर नहीं लिया जा सकता। ये लिखित ग्रन्थों के ही विभाग और उपविभाग हो सकते हैं। अन्य किसी भी रीति से इन नामों का औचित्य सिद्ध नहीं किया जा सकता। मौखिक रूप में भी एक दिन का पाठ विभिन्न शिक्षकों, पाठशालाओं और पीढ़ियों में वही बना रहे और वह भी तब जब इनका आकार भी भिन्न हो, लिखित रचना के अभाव में असम्भव था।

2. *शतपथ ब्राह्मण* में एक स्थल पर तीन चित्तियोंवाले साही के काँटे को तीनों विद्याओं या तीनों वेदों का रूप माना गया है (31/2.6.4.5)। साही का काँटा कलम के रूप में प्रयोग में आता रहा है और इसका यह प्रयोग न तो केवल प्राचीन काल तक सीमित था, न ही प्रसार केवल भारत तक। यह निर्विवाद रूप से उस समय प्रयोग में आनेवाली लेखनी का सूचक है। अन्यथा केश-वपन के समय ताँबे के उस्तरे के साथ साही के काँटे का और मुड़े हुए सिर पर इसके स्पर्श से तीनों विद्याओं से मुंडित को सम्पन्न करने का कोई अर्थ नहीं।

3. *शतपथ ब्राह्मण* और *काठक संहिता* आदि में वाणी को लिपिबद्ध करने के स्पष्ट उल्लेख हैं। शतपथ ब्राह्मण के अनुसार आषाढ़ेष्टिका निर्माण में उखा बनाने के बाद यजमान विश्वज्योति इष्टकों का, अर्थात् अग्नि, आदित्य और वायु की इष्टकों का निर्माण करता है। इनका निर्माण वह उसी मिट्टी से करता है जिससे उखा या यज्ञ-पात्र बनाया है और इस तरह वह इसी दुनिया से इन देवताओं को पैदा करता है। इनको त्रिलिखित करता है। विश्वज्योति इष्टका वाणी है। त्रिलिखित करने के बाद वह वाणी को महिषी (महिमावान) बना देता है, आदि (31/6.5.3.3-4)। एगलिंग को या उनके समय के किसी अध्येता को इन इष्टकों का, इन पर बननेवाली देवाकृतियों का, इन पर लिखी जानेवाली वाणी का कोई अर्थ समझ में नहीं आ सकता था, पर अब हड़प्पा की मुहरों को, विशेषतः मिट्टी की बनी मुहरों को, सामने रखने पर स्थिति स्पष्ट हो जाएगी और शायद इसी से कुछ भांडों पर, जैसे–उखा पर हुए रेखांकनों का अभिप्राय भी समझ में आ जाएगा। आप पूरे विश्वास से इन मुहरों के कम-से-कम एक उपयोग का निश्चय कर सकते हैं और यह भी समझ सकते हैं कि इनको मुद्रा न कहकर इष्टक कहा जाता था, विश्वज्योति इष्टक या ज्ञान-प्रकाशक इष्टक। डॉ. विश्वम्भर शरण पाठक के अनुसार सामान्य मुद्राओं को रिप्र कहा जाता था (465)।

यहाँ प्रश्न कालक्रम का उठाया जाएगा। पर यह ध्यान में रखना होगा कि *शतपथ ब्राह्मण* ताम्रकालीन रचना है। इसके यजमान का केश-वपन ताँबे के छुरे से किया जा रहा है और यदि लोहे का व्यापक प्रचलन उस काल तक हो चुका होता तो कम-से-कम केश-वपन के लिए प्रयुक्त छुरा अवश्य लोहे का ही होता। इसके अतिरिक्त कुछ अध्येता बहुत आग्रहपूर्वक और कतिपय ठोस तर्कों के आधार पर यह सुझाते रहे हैं कि *शतपथ ब्राह्मण* तथा कल्प सूत्रों में से कुछ का रचनाकाल आज विद्वानों को मान्य काल से कम-से-कम एक हज़ार वर्ष पीछे जाता है।

4. *काठक संहिता* (19.3.7) में तो स्पष्टतः ऋग्वेद की तीन ऋचाओं (4.15.3; 10.89.22; 2.1.17) को लिखने का उल्लेख यज्ञ के प्रसंग में आया है। लिखने का अर्थ अनुवादक रेखा बनाना करते रहे हैं, पर जहाँ गायत्री और अनुष्टुप आदि छन्दों में ऋग्वेद की निश्चित ऋचाओं को विशेष प्रयोजन से लिखने का प्रश्न आए या जहाँ, जैसा कि शतपथ के ऊपर लिखे ब्राह्मण में वाणी को ठीक हड़प्पा जैसी इष्टकाओं पर देवाकृतियाँ बनाकर लिखने की बात आए वहाँ लिखने का तात्पर्य क्या हो सकता है, इसके विषय में किसी टिप्पणी की आवश्यकता नहीं। *काठक संहिता* (5.4.25) में सरस्वती के प्रति भक्तिवान होने और उसे प्रमा और प्रतिमा आदि द्वारा ग्रहण करने का भी उल्लेख है। यह पुनः हड़प्पा की मुहरों की देवाकृतियों को समझने की दृष्टि से एक सार्थक संकेत है।

5. *अथर्ववेद* (19.72.1) में यद्यपि इसे सम्भवतः इसी कारण से कुछ विद्वानों ने बाद का माना है, कोश या पेटिका से निकालकर वेद का पाठ करने और फिर इसे सँभालकर रखने का जिक्र आया है। कोश अर्थात् पेटिका में बड़े आकार के ग्रन्थों को सँभालकर रखने का प्रचलन पुराना है, संहिता शब्द भी मोटेतौर पर यही अर्थ रखता है और ऋग्वेद, यजुर्वेद, सामवेद तथा अथर्ववेद की संहिताएँ एकत्र संचित करके रखी गई पुस्तकों की द्योतक हैं। कहें, लिखित रूप में आए बिना इनके लिए संहिता शब्द का प्रयोग हो ही नहीं सकता था।

4. ऋग्वेद में लेखन के प्रमाण

ऋग्वेद में पाए जानेवाले लेखन के प्रमाणों को तीन कोटियों में बाँटा जा सकता है : परिस्थितिजन्य, सम्भावनापरक और निर्णायक। परन्तु पहले यह देखना ज़रूरी है कि 'श्रुति' शब्द का क्या अर्थ है, जिसके कारण यह माना जाता रहा है कि वैदिक साहित्य का हस्तान्तरण श्रुत परम्परा से ही होता रहा है। वेद को श्रुति मानने के पीछे जो सम्भावित कारण हो सकते हैं, वे निम्न हैं :

1. वेदों की रचना जिस सामग्री के आधार पर हुई थी, वह श्रुत परम्परा से वैदिक कवियों को प्राप्त थी। वेदों में स्वयं प्राचील काल से चली आ रही इन परम्पराओं (10.88.15) का उल्लेख है और साथ ही गाथाओं और पुराणों का भी उल्लेख है (1.7.1; 167.6; 190.1)। ऋग्वेद में ऐसी अनेक कथाओं और घटनाओं के नितान्त सांकेतिक हवाले आए हैं जिनको पुराणों आदि में कुछ विस्तार से बताया गया है (शुनः शेप–1.24.12; 13; दधीचि–1.84.13; नहुष–1.122.8; वातापि–1.187.8-10; मनु–1.36.19; 2.33.13; 5.45.6; पृथु–8.9.10; उशना–1.51.10; 4.26.1; 8.7.26 आदि)। बाद की परम्परा भी यह मानती है कि इतिहास और पुराणों से ही वेदों का सम्यक् विवेचन हो सकता है, जो इस बात का सूचक है कि वैदिक रचनाकाल में पहले से चली आ रही इन कथाओं का प्रचलन तो था ही–और प्रचलन भी इस सीमा तक था कि किसी रचना में आए संकेत मात्र से पाठक पूरी कथा को समझ सकता था। बाद में भी ये रचनाएँ या कथाएँ स्वतन्त्र रूप में, सम्भवतः कुछ विकृत और रूपान्तरित होती हुई चलती रहीं और इसलिए ऋग्वेद के इन संकेतों को समझने के लिए इन कथाओं या पुराणवृत्तों से परिचित होना ज़रूरी माना गया था। ब्लूमफ़ील्ड के अनुसार ऋग्वेद के प्राचीनतम अंश भी बहुत प्राचीन काल से चली आ रही अपने ढंग की रचनाओं की अन्तिम अभिव्यक्ति हैं (118/21)। अतः ऋग्वेद के श्रुत और लिखित रूपों में फ़र्क़ कर लेना उचित है।

2. ऋग्वैदिक काल की लेखन-प्रणाली उस पूर्णता को नहीं पहुँची थी कि यह भाषा को अविकल और निर्दोष रूप में प्रस्तुत कर सकती। ऋग्वेदिक भाषा को मन्त्र का-सा महत्त्व प्राप्त था, जिसकी ऋचाओं को अस्त्र के रूप में प्रयोग में लाते हुए इष्टसिद्धि की जा सकती थी और उच्चारण में स्वर, वर्ण-प्रयोग आदि की दृष्टि से कहीं भी चूक होने पर अनिष्ट हो सकता था। *काठक संहिता* में ऋग्वेद के मन्त्रों को लिखने का उल्लेख इस बात के खंडन के लिए पर्याप्त है कि वेद लिखा नहीं जाता था, यद्यपि धार्मिक उत्साह में सामान्य व्यक्तियों

द्वारा इसके लेखन पर प्रतिबन्ध लगा रहा होगा। वास्तव में *महाभारत* आदि में वेद को लिपिबद्ध करने को पाप बताने से भी वेद का लेखन प्रमाणित होता है। जिसका प्रचलन ही न हो उसका निषेध कैसे हो सकता है? इसके अतिरिक्त वेद-विक्रयी को महाभारत में 'निरयगामी' या नरकगामी कहकर कोसा गया है जो वेद के लेखन का ही नहीं, लिखित पुस्तकों के विक्रय को भी प्रकट करता है।

अब हम ऋग्वेद में उपलब्ध प्रमाणों पर विचार कर सकते हैं :

परिस्थितिजन्य : 1. ऋग्वेद का साहित्य जितना विशाल है और इसे जितने अविकल रूप में सुरक्षित रखा जा सका है वह लेखन के अभाव में असम्भव है।

2. एक ही ऋचा को जब-तब कई बार अनेक सूक्तों में अन्त में दुहराया गया है। पांडुलिपि के अभाव में केवल स्मृति पर निर्भर रहने पर इनको–प्रथम सम्पादकों द्वारा या कंठस्थ करनेवालों द्वारा–किसी एक स्थल या एक सूक्त से सम्बन्धित मानकर शेष से हटा दिया गया होता। लिखित रूप में परिरक्षित होने पर ही सम्बन्धित रचनाकार की अपनी योजना के अनुसार उसकी समस्त रचनाओं के अन्त में इनको रखा जा सकता था। यह आवर्तिता एक कवि की अपनी रचनाओं तक सीमित नहीं है, अपितु पूरे कवि समाज में प्रयोग रूढ़ियों, काव्य रूढ़ियों और मुहावरों तथा पद्यांशों के प्रचलन के कारण ग्राह्य और मान्य है (118/19)।

3. ब्राह्मणों आदि में ऋग्वेद की जिन ऋचाओं के उद्धरण आते हैं उनमें सूक्तों का क्रम नहीं निभाया जाता। विभिन्न क्रमों में प्रयोग में आते रहनेवाले अंशों का एक और अविकल क्रम लेखन के अभाव में नहीं बना रह सकता था।

4. मौखिक क्रम से चलती रहनेवाली रचनाओं में वह कसाव और भाषा का निखार नहीं पाया जाता जो ऋग्वैदिक रचनाओं में पाया जाता है।

5. विषयवस्तु की दृष्टि से मौखिक रचनाएँ भावप्रधान अथवा वर्णनात्मक होती हैं। उनमें वैसी सघन वैचारिकता नहीं पाई जाती जो ऋग्वेद के अधिकांश सूक्तों में पाई जाती है। कभी-कभी तो एक-पर-एक अनेक ऋचाएँ और पूरे-के-पूरे सूक्त मात्र विशेषणों, क्रियाओं या पर्यायों से ही पूरे हो जाते हैं। कथा-सूत्र जहाँ आते भी हैं वहाँ मात्र एक संकेत देकर गुज़र जाते हैं, जो मौखिक रचनाओं की नहीं अपितु लिखित रचनाओं की विशेषता है। ऐसी रचना दूसरे किसी को तो दूर स्वयं रचनाकार को भी रचना के तुरन्त बाद लिख न ली जाने पर भूल जाएगी। किसी दूसरे को तो कोई तब कंठस्थ कराए जब रचनाकार को वह स्वतः केवल स्मृति के बल पर कंठस्थ रह सके।

6. वैदिक भारतीयों का बहुत निकट सम्पर्क प्राचीन तुर्की–हित्ती व मितन्नी के अभिजात वर्ग और राजकुलों–से था और बोग़ाज़कुई आदि से प्राप्त अभिलेख पूरे भारोपीय परिवार में यदि किसी की भाषा और साहित्य से इसका अनन्य सम्बन्ध प्रकट करते हैं तो वह भारतीय ही हैं। यदि भारतीय शाखा तुर्की से आई थी तो वह निरक्षर नहीं रह सकती थी, क्योंकि वहाँ लेखन का प्रचलन था और इसके सबसे परम्परा-सजग और प्रबुद्ध लोग भारत में ही दिखाई देते हैं। यदि वे भारत से वहाँ पहुँचे थे तो भी उनका लिपि और लेखन से अपरिचय सम्भव नहीं था, क्योंकि इस काल तक भारत में हड़प्पा लिपि का व्यापक प्रचार था जिसकी इन मेधावियों को आवश्यकता थी ही।

7. कुछ विद्वानों ने, जैसा कि हम पहले देख आए हैं, तथाकथित आर्य-आगमन का मार्ग सुमेरिया, बेबीलोनिया आदि से होते हुए कल्पित किया है और वे यह भी मानते हैं कि आर्यजन अत्यन्त संवेदनप्रवण थे और किसी भी समाज से उसका सर्वोत्तम ग्रहण करने की दृष्टि से खुले हुए थे। ऐसी स्थिति में भी वे वहाँ प्रचलित लेखन से अनभिज्ञ नहीं रह सकते थे।

8. ईरान में, जिधर से उनके आने की एक अन्य सम्भावना मानी जाती रही है, हर्त्सफील्ड (281/307) के अनुसार स्वर्ग में मनुष्य के अच्छे-बुरे कर्मों का लेखा रखने का ठीक वैसा ही विश्वास रहा है जैसे भारत में यमराज के यहाँ चित्रगुप्त द्वारा। स्वर्गीय लेख को, हर्त्सफील्ड के प्राचीन ईरानियों के बीच लेखन के प्रचलन का प्रमाण माना है। ग़रज़ कि आर्यों को ईरान से भारत में आया हुआ मानने या भारत से ईरान पहुँचने के दोनों विकल्पों में से किसी को मानकर चलने पर भारतीय आर्यों को लेखन से अपरिचित मानने का कोई तुक नहीं था।

सम्भावनापरक प्रमाण : इस कोटि में उन प्रमाणों को रखा जा सकता है, जिनसे इस बात का किंचित् आभास मिलता है कि वैदिक काल में लेखन का प्रचलन था। दूसरे शब्दों में कहें तो, जो लेखन की सूचना तो देते हैं, पर जिन्हें अभी निर्विवाद और निर्णायक नहीं माना जा सकता। ये निम्न प्रकार हैं :

1. ऋषि मन्त्र-द्रष्टा हैं। वे मन्त्रों को साक्षात्कार कर सकते थे। दूसरे शब्दों में कहें तो, पढ़-लिख सकते थे।

2. ऋग्वेद में प्रयुक्त पर्यायों का जो संकलन यास्क ने किया है उसमें वाणी के 57 पर्याय दिए गए हैं (14/1.11)। इनमें अधिकांश वाचिक भाषा से सम्बन्धित हैं। पर कुछ का नामकरण लेखन के लिए प्रयुक्त साधनों के आधार पर किया गया लगता है, जैसे–वाणीची, वाणी, वाशी, सर, नाड़ी, कशा, पवि और सुपर्णी। लिखने का एक साधन सरकंडा रहा है जिसके लिए नाड़, सर, वाण आदि शब्दों का प्रयोग होता रहा है। सरकंडे से ही तीर बनाया जाता था, इसलिए उसके लिए भी बाण और सर का प्रयोग हुआ है। इसी के लेखन-यन्त्र या लेखनी के लिए प्रयोग में आने के कारण सम्भवतः वाक् के पर्यायों में वाण, वाणीची, नाड़ी, वाणी, सर आदि का प्रयोग मूलतः लिखित और बाद में वाणी मात्र के लिए होने लगा। इसी सर से सरस्वती या वीणा-पुस्तकधारिणी वाग्देवी का विकास हुआ लगता है, जो अपने नाम की नदी के नाम से वैदिक काल में ही अभेद कायम कर चुकी है। इसी तरह वाशी भी एक यन्त्र का नाम है, जिसके आकार-प्रकार के बारे में कुछ स्पष्ट पता नहीं चलता। पर यह पत्थर और लोहे दोनों की बनी होती थी। भाषा के लिए वाशी का प्रयोग भी सम्भवतः इस यन्त्र के लेखन में, वस्तुतः टंक-लेखन में, प्रयोग होने के कारण हुआ लगता है। इसी तरह वाक का एक पर्याय कशा है। कशा की व्युत्पत्ति देते हुए यास्क कुछ विकल्प सुझाते हैं जिनमें से एक है 'कृष्यतेः वा अणूभावात्' और पाणिनि के अनुसार कृष् का अर्थ है विलेखन। 'पवि' का वाणी के लिए प्रयोग 'सुपर्णी' की तरह लेखन-सामग्री–पत्थर और भोजपत्र–के कारण प्रचलित हुआ लगता है।

निर्णायक प्रमाण : ऋग्वेद में ऐसे अनेक स्थल हैं जिनसे लेखन की अकाट्य पुष्टि होती है। इनमें से कुछ की ओर विद्वानों ने इससे पहले भी ध्यान आकृष्ट किया था, पर इन्हें

बद्धमूल आग्रहों के कारण खारिज किया जाता रहा। कुछ की ओर पहले समुचित ध्यान नहीं दिया जा सका। ये निम्न प्रकार हैं :

1. ऋग्वेद (3.53.15-16) में विश्वामित्र द्वारा जमदग्नि से ससर्परी वाक प्राप्त करने का उल्लेख आया है। इससे इसके जिन कुछ लक्षणों का पता चलता है वे हैं, अज्ञान को दूर करने की इसकी क्षमता, इसके द्वारा देवताओं की कीर्ति को अमर बनाने की सम्भावना, इसका सूर्य की दुहिता या व्यक्त रूप में होना, इसका सर्पणशील होना, इसके द्वारा शीघ्र ही ज्ञान-भंडार का बढ़ना, इसका पक्ष्या (या पक्ष द्वारा लिखित) होना, इसके माध्यम से वाणी का नई आयु प्राप्त करना या उसकी अतिजीविता का बढ़ जाना, या जैसा कि पहली ऋचा से व्यक्त है, वाणी का अजर-अमर हो जाना, और इसका व्यक्ति-विशेष के माध्यम से अर्जित किया जाना। लेखन का इससे अधिक निर्णायक प्रमाण क्या हो सकता है? ससर्परी शब्द की व्याख्या करते हुए सायण इसे 'सर्वत्र शब्द-रूप तथा सर्पणशीला वाक्' और 'सर्वत्र गद्य-पद्यात्मकत्वेन सर्पणशीला वाग्देवता' बताते हैं। शौनक ने ससर्परी को स्पष्टतः ब्राह्मी कहा है। 'तस्मै ब्राह्मी तु सौरी वा नाम्ना वाचं ससर्परीम्' (16/4.113)।

2. ऋग्वेद (6.53.5-8) में पूषा से इस बात का अनुरोध किया गया है कि वह पापियों के वज्र कठोर हृदय पर आरा या धातु की नोकवाले लेखन-यन्त्र से प्रेम-भाव लिखकर उनको सदाशय और प्रेमयुक्त बना दें।

3. ऋग्वेद में अनेक स्थलों पर वाणी को देखने का, या अज्ञान और निरक्षरता के कारण देखते हुए भी न देख पाने के विवरण आते हैं। इनमें लेखन की या लिपिबद्ध साहित्य के अस्तित्व की अकाट्य पुष्टि होती है। गोल्डश्टकर ने (244/68) याज्ञवल्क्य, 3.191 का हवाला देते हुए यह स्पष्ट किया था कि पढ़ने के लिए प्राचीन काल में जिन शब्दों का प्रयोग होता रहा है उनमें से एक रहा है दर्शन या देखना। उक्त श्लोक में वेद के द्रष्टव्य, मंतव्य और श्रोतव्य होने की बात कही गई है। ऋ. 10.71.2 में लक्ष्मीः निहिता अधि वाचि या लक्षणों या प्रतीक चिह्नों में निहित वाणी का, ऋ. 10.71.4 में ऐसे लोगों का जो देखते हुए वाणी को देख नहीं सकते, सुनते हुए सुन नहीं सकते और इनके विपरीत ऐसे लोगों का जिनके सम्मुख वाणी अपने को पत्नी की तरह अनावृत कर देती है, का ऋ. 10.71.7 में अक्षण्वंत और कर्णवंत या पढ़ने में और सुनकर अर्थ समझने में समर्थ लोगों का उल्लेख है। विश्वम्भर शरण पाठक (465/4) ऋग्वेद (7.6.3) में पणियों के लिए प्रयुक्त 'ग्रथिनः' को खाता रखनेवालों के अर्थ में लेते हैं। इस शब्द को लेकर विद्वानों को खासी उलझन रही है और उनके द्वारा की गई अटकलबाजियों की तुलना में यह आशय अधिक ठीक लगता है और इसमें न केवल तोड़-मरोड़ से काम नहीं लिया गया है; बल्कि यह पणियों के लिए प्रयुक्त 'बेकनाट' और 'अहर्दृश' (8.66.10) आदि विशेषणों और उनकी सूदखोरी के भी अनुरूप पड़ता है। उनके अनुसार अक्षर शब्द का प्रयोग केवल लिखित अक्षर के लिए ही हो सकता था और (1.164.24; 39) में प्रयुक्त 'अक्षर' लेखन का प्रमाण है। वह द्युमंतीवाच (10.98.2; 3;101.7 आदि) तथा 'विदिद्युतानः अक्षरे' आदि में भी लेखन के साक्ष्य पाते हैं। वह वैदिक 'रिप' को परवर्ती 'लिप्'–'लिपि' का जनक मानते हैं और इस दृष्टि से 10.71.1 में प्रयुक्त 'अरिप्र' अलेख्य का द्योतक हुआ।

4. अनेक स्थलों (10.5.2; 71.1) पर गुहा या गूढ़ संकेतों में नाम आदि को धारण करनेवाले अग्नि या ज्ञान के देवता का जिक्र आता है और वह लिपि की प्रकृति को व्यक्त करता है।

5. एक स्थल (10.165.1) पर कपोत को निर्ऋति का दूत कहा गया है। कपोत जैसे निरीह पक्षी के विषय में इस प्रकार की उक्ति क्यों? जनसामान्य में आज तक यह विश्वास क्योंकि घर में कबूतर का बोलना अशुभ होता है? इसका एक ही समाधान दिखाई देता है कि कबूतर प्राचीन काल में सन्देश भेजने के लिए उपयोग में आते रहे हैं। इनका सहारा निश्चय ही आपातकालीन स्थितियों में ही लिया जाता रहा होगा। संचार के त्वरित माध्यमों के प्रति इस प्रकार की आशंका आज तक बनी हुई है और गाँवों में तार को आज भी किसी अशुभ समाचार का ही सूचक माना जाता है। अतः कपोत के विषय में इस वैदिक धारणा के पीछे केवल यही बात हो सकती है कि वैदिक काल में भी कबूतरों के माध्यम से संवाद भेजे जाते थे। पर कबूतर का इस रूप में तभी उपयोग हो सकता था जबकि लेखन के लिए सुवाही सामग्री का उपयोग किया जाता रहा हो, ताकि समाचार को लिखकर सन्देशवाहक कबूतर के गले या टखने में बाँधने के बावजूद इसके उड़ने में किसी तरह की रुकावट न पैदा हो।

अब यदि ऊपर के विवरणों के आधार पर हम वैदिक काल में लेखन के प्रचलन और लिपि के स्वरूप तथा लेखन-सामग्री आदि के विषय में उपलब्ध सूचनाओं को सूत्रबद्ध करना चाहें और इसको हड़प्पा सभ्यता की लिपि और लेखन को समझने के लिए निर्देशक संकेत मानना चाहें तो हम पाएँगे कि ये दोनों एक-दूसरे की पूरक हैं और एक के अभाव में दूसरे का सही मूल्यांकन असम्भव है। दूसरे शब्दों में कहें तो, ऋग्वैदिक काल में लेखन का सन्तोषजनक प्रचार था, पर इसके बावजूद साक्षरता की दर बहुत ऊँची नहीं थी और ज्ञानार्जन का प्रमुख साधन–सम्भवतः पुस्तकों की स्वल्पता आदि के कारण–मौखिक परम्परा ही थी। जैसा कि विश्वामित्र के प्रसंग में जमदग्नि से प्राप्त अक्षर-ज्ञान की कथा से प्रकट होता है बहुत सम्भव है, इसे एक गुप्त विद्या बनाकर रखा गया हो जिसे विशेष मामलों में योग्य और प्रिय शिष्यों को ही सिखाया जाता रहा हो। लेखन पत्थरों या कठोर लेखन-सामग्री के ऊपर नुकीले और ख़ासतौर से धातु की नोकवाली लेखनी से किया जाता था। पर लेखन के लिए सामान्य रूप में व्यवहृत होनेवाली सामग्री ताड़पत्र, भोजपत्र और चमड़ा आदि ही था, जिन पर साही के काँटे से या सरकंडे की कलम से या पक्षियों के पंख के दंडमूल से लिखा जाता था। लिपि बाद के कालों की भाँति सुव्यवस्थित नहीं थी या, कहें, एक प्रकार की गूढ़ लिपि थी जिसके संकेतों में विकारी चिह्नों का भी प्रयोग होता था। लेखन के लिए कर्षण और रेखन शब्दों का व्यवहार होता था। लेखनी के लिए प्रयुक्त शब्द थे–आरा, वाण, वाणी, सर, सलली आदि। याजिकीय प्रयोजनों से रक्षा और इष्टसिद्धि के लिए इष्टकाओं का उपयोग होता था, जिन पर देवताओं के प्रतीकों का अंकन होता था और साथ ही ऋग्वेद की कुछ विशेष महत्त्व की ऋचाओं के आरम्भिक या संगत अंश अंकित किए जाते थे और इन्हें यज्ञ के अवसर पर यज्ञ-कुंड में भी पकाया जाता था। सम्भवतः याजिकीय पात्रों पर भी इसी तरह कुछ रेखांकन होते थे। लेखन की यह परम्परा अकुंठित

रूप में वैदिक काल से लेकर बाद तक जारी रही। इसकी सुस्थिर वर्ण और क्रम वैदिक काल के अन्तिम चरणों में कभी किया गया और उसी समय स्वर-व्यंजन आदि के भेद और वर्णों के क्रम का निर्धारण किया गया। इस बात की सम्भावना दिखाई देती है कि सामान्य लेखन में उस टंक-लिपि के किसी अधिक आशुलेख्य रूप का व्यवहार होता था और खरोष्ठी के विकास में इसका हाथ रहा लगता है। टंक-लिपि को ब्राह्मी और लेख्य लिपि को सौरी या सर्परी कहा जाता था।

5. शिक्षा

वैदिक काल में किसी देवता या व्यक्ति के जिस पक्ष पर बहुत अधिक बल दिया जाता है वह उसका शौर्य और सम्पन्नता नहीं, अपितु उसका बौद्धिक उत्कर्ष या विचक्षणता है। समाज में अपने को बौद्धिक दृष्टि से सबसे श्रेष्ठ माननेवाले वर्ग द्वारा रचे साहित्य में यह सर्वथा स्वाभाविक ही है। पर इससे इस बात की भी पुष्टि होती है कि उस समाज में ज्ञान और अध्ययन का महत्त्व बहुत अधिक था, अन्यथा इन पक्षों पर बल देकर भी वह न तो इन देवताओं और व्यक्तियों की श्रेष्ठता प्रमाणित कर सकता था, न ही अपने को सर्वोपरि सिद्ध कर सकता था। यास्क वैदिक साहित्य में प्रयुक्त मेधावियों के जिन पर्यायों का उल्लेख करते हैं वे हैं विप्र, विग्र, गृत्स, धीर, वेन, वेधा, कण्व, ऋभु, नवेदा, कवि, मनीषी, मंधाता, विधाता, विप, मनश्चित्, विपश्चित्, विपन्यव, आकेनिप, उशिज, कीस्तास, उद्धाति, मती, मतुथ। बौद्धिक उत्कर्ष को प्रकट करने के लिए इनके अतिरिक्त कुछ और विशेषणों का भी प्रयोग ऋग्वेद में हुआ है, यथा–विद्वान्, पुरंधि, विश्वमन, विश्वदर्शी, दक्ष, प्रचेतस् अक्षण्वान्, श्रुधी, ऋतुविद् इत्यादि। प्रश्न केवल इन पर्यायों का नहीं है, अपितु इनकी आवर्तिता का भी है जो भी बहुत प्रभावशाली है। यदि हम लोक-गीतों आदि में जन नेताओं और प्राचीन नायकों के विषय में प्रचलित गाथाओं पर ध्यान दें और इनकी तुलना करें तो पाएँगे कि उनके बौद्धिक पक्ष पर अपेक्षाकृत कम बल दिया जाता है। प्रायः दूरदर्शिता के अभाव को भी शौर्य और साहसिकता की अतिरंजित उक्तियों से ढक दिया जाता है। यह गुण या दोष वीरगाथाकाल के काव्यों आदि में भी पाया जा सकता है। वैदिक देवताओं में यह शूरवीरता नहीं है। वे वीर हैं, पर शूर नहीं। समझ से काम लेते हैं; आवश्यकता के अनुसार बल की अपेक्षा कौशल से अधिक काम लेते हैं। इन्द्र तो अपनी माया के लिए प्रसिद्ध ही हैं और मायावियों को माया से ही पराजित करते हैं। शौर्य के बौद्धिक उत्कर्ष तथा दूरदर्शिता के बीच का यह अन्तर बहुत महत्त्वपूर्ण है। युक्ति से काम लेना और भौतिक टकराव से बचना उनका तरीका है और युद्ध अन्तिम विकल्प।

वे अपने बच्चों को अपने से दूर पाठशालाओं में, अधिकारी आचार्यों के पास पढ़ने को भेजते हैं। इन शिक्षा-संस्थाओं के जो विवरण दिए जाते रहे हैं वे किंचित् एकांगी हैं और पुरोहिती परम्परा ने इसके जिस पक्ष को अधिक बढ़ाकर पेश किया, उसी को आधार बनाकर इनकी रूपरेखा तैयार की जाती है। किसी भी समाज में प्रचलित शिक्षा उस समाज के युवकों को अपने वास्तविक जीवन की समस्याओं का सामना करने के लिए तैयारी की

व्यवस्था है। एक आखेटजीवी समाज भी अपने बच्चों को शिक्षित करता है और निशानेबाज़ी से लेकर तैराकी और दौड़ आदि के मामले में उसमें अपेक्षित गुणों का विकास करता है, गो इसकी सरल प्रकृति के कारण इसके लिए अलग पाठशालाएँ खोलने की आवश्यकता नहीं होती थी।

6. शिक्षा के विषय

सामान्यतः यह सुझाया जाता है कि वैदिक पाठशालाओं में केवल वेद कंठस्थ कराया जाता था, कि उपनयन तो उसी क़बीलाई रीति को प्रकट करता है जिसके द्वारा किसी सदस्य को वयस्क होने पर समुदाय का विधिवत् और मान्य सदस्य बनाया जाता था। यह सच है कि सभ्य समाज की अनेक रीतियों का इतिहास बहुत लम्बा है और इनमें क़बीलाई जीवन के अवशेष तलाशे जा सकते हैं, पर वैदिक समाज में उपनयन और शिक्षा का रूप किसी भी दृष्टि से आदिम या अविकसित नहीं प्रतीत होता। इसमें शिक्षा और परीक्षा का तरीका व्यवस्थित और विकसित दिखाई देता है।

परीक्षा की पद्धति आज के समान नहीं रही लगती, पर अपने लिए नियत पाठ पर अधिकार करने के बाद ही छात्र अगले पाठों की ओर बढ़ सकता था और इस तरह पूरा अध्ययन या अपने लिए नियत पाठ्यक्रम सिद्ध कर लेने के बाद वह तीर्ण माना जाता था। पाठ्यक्रम के लम्बे और कठिन विस्तार को पार कर जानेवाले तीर्थ और इस तरह एक साथ पार होनेवाले ही सतीर्थ होते थे। सतीर्थ सहपाठी का नहीं, गुरुबन्ध का भी नहीं, बल्कि साथ उत्तीर्ण होनेवाले या स्नात होनेवाले का ही सूचक है। ऋग्वेद में अनुपनीत और उपनीत का नहीं, अपितु स्नाता और अस्नाता का ही भेद देखने में आता है।

वैदिककाल के पाठ्य विषय क्या थे, इसके विषय में हमें वैदिक साहित्य से कोई स्पष्ट सूचना नहीं मिलती। शिक्षा का स्तर क्या था, यह भी बहुत स्पष्ट नहीं है। यदि हम पूरे समाज को या कम-से-कम उन तीन वर्णों को जिनके लिए औपचारिक शिक्षा का विधान था, पुरोहितों की एक जमात में बदलने के उद्देश्य को ही शिक्षा से न जोड़ते हों तो हमें यह भी मानना होगा कि कुछ सामान्य विषयों के अलावा, जिन्हें सभी के लिए अनिवार्य बना दिया गया था, सभी को उनकी आवश्यकताओं, रुचियों और योग्यताओं के अनुरूप ही शिक्षा दी जाती रही होगी। वेदों के कुछ चुने हुए अंश निश्चय ही सभी को पढ़ने पड़ते रहे होंगे। इस विषय में स्थिति स्पष्ट भी है। पर यह कुछ वैसा ही रहा लगता है जैसे चर्च के स्कूलों में छात्रों को अनिवार्य रूप से बाइबिल पढ़ाया और याद कराया जाता है। चर्च स्कूल हों या वैदिक आश्रम, यदि इनकी शिक्षा केवल वेद या बाइबिल तक ही सीमित रहे तो कोई मूर्ख पिता भी अपने बच्चों को इतना कष्ट सहकर उनमें पढ़ने को न भेजे। यह शिक्षा उनके लिए अवश्य उपयोगी हो सकती थी जिनको पुरोहित बनना था; कारण, पुरोहित बन जाने से उनकी अपनी सभी भौतिक आवश्यकताएँ पूरी हो जाती थीं, पर शेष के लिए नहीं।

वैदिक कालीन गतिविधियों और इनके स्तर को ध्यान में रखते हुए हम इस विषय में एक सही राय कायम कर सकते हैं।

ज्यामिति

ऋग्वैदिक काल के तकनीकी विकास और आर्थिक उपक्रमों को ध्यान में रखते हुए ही हम शिक्षा संस्थाओं की गतिविधियों को समझ सकते हैं। अभी तक इस दिशा में ठोस काम नहीं हुआ है और इसलिए हमारी समझ भी इसके विषय में काफ़ी धुँधली है। उदाहरण के लिए, कहा जाता है कि ज्योतिष, ज्यामिति और गणित का विकास यज्ञवेदी के निर्माण से जुड़ा हुआ है और इस प्रसंग में कल्पसूत्रों में आए शुल्बसूत्रों का प्रायः हवाला दिया जाता है (590/49)। प्रश्न यह है कि पहिए का निर्माण करनेवाले ज्यामिति से परिचित थे या नहीं? भारतीय अल्पनाओं में एक लोकप्रिय अल्पना–पूर्णिम–वृत्त से सम्बन्धित है। इसका सम्बन्ध वृत्त बनाने, इसे बारह समान भागों में बाँटने और इस प्रकार पहिया बनाने से रहा है। यह अल्पना निम्न प्रकार है :

इसको ज्यामिति की निम्न उपपत्तियों का मूल माना जा सकता है :

1. किसी बिन्दु से एक ही अर्ध-व्यास पर खींची जानेवाली वृत्तरेखा अन्ततः अपने आदि-बिन्दु पर आ मिलती है;
2. यदि किसी वृत्त की परिधि के किसी बिन्दु से केन्द्र को स्पर्श करती हुई सीधी रेखा खींचे तो यह वृत्त को दो समान भागों में विभाजित करेगी;
3. यदि वृत्त की परिधि के किसी बिन्दु को केन्द्र मानकर उसी के अर्ध-व्यास से वृत्त बनाएँ और यह वृत्त जिन बिन्दुओं पर परिधि को काटें, उन्हें केन्द्र बनाकर वृत्त खींचते चले जाएँ तो परिधि छह समान भागों में विभाजित हो जाएगी;

4. परिधि के किसी बिन्दु को केन्द्र मानकर खींचे गए वृत्त जिन बिन्दुओं पर मिलते हैं इनसे पहले वृत्त के केन्द्रों को मिलानेवाली रचनाओं से जो कोण बनेंगे वे समान होंगे;
5. परिधि के केन्द्रों से खींचे गए वृत्त इस परिधि के बाहर जहाँ मिलते हैं, वहाँ से पहले केन्द्र को मिलानेवाली रेखाएँ पुनः इसे छह भागों में और ऊपर क्रम सं. 4 के कोणों को समान कोणों में विभाजित करेंगी और इस प्रकार मूल वृत्त को बारह समान भागों में विभाजित किया जा सकता है;
6. परिधि के कटाव-बिन्दुओं को यदि क्रमशः सीधी रेखाओं से जोड़ा जाए तो इनकी लम्बाई ठीक वही होगी जो परिधि से केन्द्र तक की लम्बाई है, और इस प्रकार छह समान भुजाओं और कोणों का एक षड्भुज और समान कोणों के छह त्रिभुज बन जाएँगे; और
7. परिधि की लम्बाई व्यास के तीन गुने से कुछ अधिक है।

इस युक्ति से उन्होंने किसी भी कोण को समविभाजित करना, परिधि को बराबर बारह खंडों में विभाजित करना, वृत्त को समान दो खंडों में बाँटना, समषड्भुज बनाना, समबाहु त्रिभुज बनाना, समद्विबाहु त्रिभुज बनाना, त्रिभुज को दो खंडों में बाँटना, लम्ब डालना, कोण को दो बराबर भागों में बाँटना, वृत्त के क्षेत्रफल की माप आदि करना सीखा और इनके सूत्रों को जाना। मकान बनाते समय दीवार को सीधी रखने के लिए, मकान को ठीक आयताकार बनाने के लिए धरन, बँड़ेर और मुँड़ेर रखने के लिए, मुंड़ेर को सहारा देने के लिए, स्थूण लगाने के लिए, ईंट को सही घन आयताकार बनाने के लिए भी समकोण बनाने के सूत्रों का और इसके सहारे साँचों को तैयार करने का ज्ञान ज़रूरी था।

जैसे वृत्त की भुजा लौटकर फिर उसी बिन्दु पर आ जाती है और इसका दूसरा चक्र लगाने लगती है, इसी तरह वर्ष के चक्र चलते रहते हैं। वर्ष में लगभग बारह महीने होते हैं और प्रत्येक माह में लगभग तीस दिन होते हैं, इस तरह समसंख्या में रखें तो वर्ष 360 दिनों का होता है। द्वादशार चक्र की ही तरह वर्ष के बारह महीने हैं। प्रत्येक महीने में तीस दिन; इस तरह बारह भागों में विभाजित वृत्त का प्रत्येक खंड वर्षचक्र में एक महीने के बराबर है और महीने के तीस दिनों को तीस अंश का या कहें प्रत्येक दिन को एक अंश या अंशु (वु. उपांशु) का माना जा सकता है। आखिर सूर्य भी अंशुमान ही तो है—अंश का मान। इस प्रकार वर्ष के तीन सौ साठ अंशों या वृत्त के किसी बिन्दु पर तीन सौ साठ अंशों की कल्पना, एक रेखा पर 180 अंश की कल्पना, समकोण या 90 अंश की कल्पना, मात्र दिमाग़ की उपज नहीं, अपितु भौतिक गतिविधियों से प्राप्त ज्ञान और अनुभव का सारसूत्र थी। इन परिकल्पनाओं में से कुछ को प्रायः ग्रीक गणितज्ञों की स्वयंसिद्धियों के रूप में किताबों में पढ़ाया जाता है। स्वयंसिद्ध कुछ नहीं होता। ये सभी भौतिक उपक्रमों से सिद्ध किए गए सूत्र हैं। जिन्हें ये सिद्ध मिले उनके लिए स्वयं-सिद्धियाँ बन गए, जिन लोगों या जिस समाज ने सिद्ध किया उनके यहाँ यह पूरी परम्परा बच्चों के खेल में भी उतर गई। पिता अपने औज़ार और सामान बनाने के लिए रेखांकन कर रहा है, बच्चे उन्हीं का खेल खेल रहे हैं, पिता मूर्ति बना रहा है तो बच्चे खिलौने, पिता चक्र बना रहा है तो बच्चे मिट्टी

पर छोटे रूप में उसी की नकल कर रहे हैं–अल्पवयस्कों का यह रेखांकन किसी के लिए महत्त्व रखता हो या नहीं, उनकी माताओं के लिए अवश्य रखता है, जो उनकी भूलों को भी शायद सुधार रही हैं। अल्पों की यह रचना ही सम्भवतः महिलाओं की अल्पना बनकर एक सांस्कृतिक विरासत बन जाती है, चाहे वह घरौंदों के रूप में, चौक के रूप में हो या चक्र के रूप में, या उनकी सजावट के रंगों-रोलियों के रूप में हो।

यह मात्र एक उदाहरण है जिससे हम यह समझ सकते हैं कि अनेक विकास जिन्हें हम अपनी सीमाओं के कारण बाद के काल में आरम्भ मानते आए हैं, इससे बहुत पहले आरम्भ हो चुके थे।

ज्योतिष

वैदिककाल तक हम देखते हैं कि ये सारे चरण पूरे हो चुके हैं। चन्द्रमा की गति के अनुसार मास 30 दिन का है। पर साथ ही लम्बे अवेक्षण और मिलान के बाद यह बोध भी जागा कि मास पूरे तीस दिन का नहीं होता। प्रत्येक महीने में कुछ बच रहता है, ये बारहों महीने प्रजावत हैं (1.25.8)। फिर इन बारह महीनों का वर्ष, केवल बारह महीनों का नहीं होता; बारह महीनों से कुछ अधिक का होता है। इस तरह चान्द्र वर्ष से कुछ बचता रहता है जिसका समायोजन भी अपेक्षित है अन्यथा ऋतुओं का सही ज्ञान नहीं हो सकता। कहें, उपजात की अवधारणा और प्रजावत मासों की कल्पना, सौर और चान्द्र वर्षों के बीच समायोजन बैठाने का अकाट्य प्रमाण है।

इससे भी कुछ अधिक महत्त्वपूर्ण यह तथ्य है कि वर्ष को विषुव सम्पात से विभाजित किया गया था; जैसे शाला के दो पक्ष होते हैं वैसे ही वर्ष के दो पक्ष हैं (43/71)। वैदिक काल में यह धारणा विकसित हो चुकी थी कि पृथ्वी गोल है और सूर्य कभी अस्त नहीं होता बल्कि जब एक ओर दिन होता है तो दूसरी ओर रात होती है (7/14.8)। ज्योतिष के क्षेत्र में एक ही बड़ी भूल, जो जैन ज्योतिष में बाद तक बनी रह गई थी, यह अवश्य थी कि चन्द्रमा का स्थान सूर्य से सम्भवतः ऊपर माना गया था (43/25), पर तत्कालीन गणित तथा अन्य साधनों को देखते यह भूल भी एक वैज्ञानिक आधार पर टिकी दिखाई देगी–यदि चन्द्रमा सूर्य की अपेक्षा अधिक निकट है तो उसमें अधिक दाहकता होनी चाहिए, जो कि नहीं है; अतः उसकी दूरी सूर्य से अधिक हुई। यदि इस विश्वदृष्टि और ज्योतिष के ज्ञान की तुलना पौराणिक काल से करें, जिसमें गणना-पक्ष का विकास तो पृथक् होता है पर धरती को किन्हीं मिथकों के आवरण में ज्यों-का-त्यों समेटकर न जाने किन-किन की पीठ और कन्धे पर रख दिया जाता है और जाने कौन-कौन से दिग्गज इसका सन्तुलन बनाए रखते हैं, जिसके कारण भारतीय भू-ज्ञान परम्परा के प्रति यदा-कदा सन्देह प्रकट किए जाते हैं, तो यहाँ भी एक उन्नत अवस्था से गिरावट का प्रमाण मिलेगा : ऋग्वैदिक कालीन गोल पृथ्वी यहाँ आकर चपटी हो जाती है, ऋग्वैदिक कालीन निराधार पृथ्वी यहाँ आकर कछुए की पीठ और वराह के थूथन से लेकर शेषनाग के फनों तक पर सवार हो जाती है और बात तब भी नहीं बरती तो दिग्पाल आ जाते हैं। निश्चय ही इस काल में विकास विशृंखल

हो गया है, विभिन्न अनुशासनों के बीच सम्बन्ध कमज़ोर पड़ गया है, यद्यपि अलग-अलग विकास जारी है। कारण, हड़प्पा के नगरों जैसे प्रधान और संरक्षक केन्द्र नहीं रह गए हैं, जिनमें पारस्परिक आदान-प्रदान अधिक प्रखरता से हो सके। पृथ्वी को यहाँ सर्प के फन पर स्थित मानने के पीछे भी एक वैज्ञानिक तकनीकी शब्दावली की तार्किक परिणति देखी जा सकती है। वैदिक विद्याओं में एक विद्या का नाम सर्पविद्या है; यह धरती सार्पराज्ञी है (31/4.5.11.17)। अतः सर्पविद्या के अन्तर्गत सम्भवतः जीव-विज्ञान की या कहें चर-जगत की शिक्षा आती थी, पर इस सार्पराज्ञी को आगे सर्प के फन पर बैठाना पौराणिकों के मिज़ाज के अनुकूल ही था। यह तथ्य महत्त्वपूर्ण है कि वैदिक ज्योतिर्विदों ने यह भाँप लिया था कि पृथ्वी स्वयं गोलाकार है, जो अपने समय को देखते हुए एक आश्चर्यजनक उपलब्धि है।

इस तरह हम देखते हैं कि ज्योतिष के क्षेत्र में अपने समय को देखते हुए वैदिक प्रगति पराकाष्ठा पर थी। यह सोचना ग़लत होगा कि चक्र बनानेवालों ने ही इन सूक्ष्म गणनाओं और संकल्पनाओं का भी विकास कर लिया, पर इस तकनीक के विकास के बिना यह प्रगति असम्भव थी। किसी आविष्कार के हो जाने के बाद उसको एक कुशल मिस्तरी भी उपयुक्त साधन आदि पा जाने पर बना या सुधार सकता है, पर आविष्कार से पहले छोटे-से-छोटे नवप्रवर्तन के लिए बौद्धिक उत्कर्ष और चिन्तन अपेक्षित होता है। जो राष्ट्र आविष्कार करता है वहाँ आविष्कृत वस्तु ही नहीं, उसका सैद्धान्तिक पक्ष भी जीवित रहता है और वह चिन्तन और ज्ञान की परम्परा का अंग बनकर अन्य उद्भावनाओं की भूमिका तैयार करता है। सैद्धान्तिक पक्ष उन पिछड़े समाजों के लिए जिन्हें सिर्फ़ उस वस्तु की आवश्यकता होती है, संकल्पना की नहीं, किंचित् अतर्क्य और बेकार-से लगते हैं। अतः आविष्कृत वस्तु को ग्रहण करके ही वे सन्तुष्ट हो जाते हैं।

गणित

वैदिक काल तक द्विगुण क्रम, द्वादश क्रम, दाशमिक क्रम आदि के व्यवहार पर हम पीछे चर्चा कर आए हैं। दाशमिक क्रम का सारतत्त्व है शून्य की परिकल्पना। यह माना जाता है कि शून्य का आविष्कार वैदिक काल के बाद कभी हुआ। पर यह आविष्कार वैदिक काल तक पूरा हो चुका लगता है। शून्य की अवधारणा के बिना सत और असत से अलग उस सत्ता की कल्पना संभव न थी जिससे सृष्टि हुई। जो न होकर भी अनन्त संभावनाएँ लिये हुए था, और अनन्त संभावनाओं के बाद भी कुछ न था। उपनिषद् का यह श्लोक कि पूर्ण से पूर्ण को निकाल लें तो भी पूर्ण ही बचता है, शून्य के अभाव में समझा ही नहीं जा सकता। शून्य में से ही शून्य को निकालने पर शून्य शेष रहता है। पूर्णता की यह परिकल्पना चक्र की कल्पना की देन है। वैदिक काल में हम शून्य के अस्तित्व को मानने के दो आधार पाते हैं–एक तो ज्योतिष का अपेक्षाकृत उन्नन विकास, जिसमें गणना का बहुत महत्त्व है; पर इससे अधिक रोचक है एक ही अंक की दहाई के साथ उसकी इकाई का युगपत प्रयोग और इसकी ऋग्वेद में बार-बार आवृत्ति–एकादश, द्वाविंशत, त्रयस्त्रिंशत, चतु चत्वारिंशत, पंचपंचाशत, षड्षष्ठि, सप्तसप्तति, अष्टासीति, नवतिंनव–का इनकी दहाइयों, विशेषकर, विंशत,

चत्वारिंशत, पंचाशत, षष्ठि, सप्तति, असीति, नवति की तुलना में बहुत अधिक प्रयोग। यह संख्याओं का मिथुन या युग्म बनाने के वैदिक मोह का सूचक तो है, पर दाशमिक क्रम के बिना संख्याओं का यह युग्म असाध्य था। ऋग्वेद में शून्य शब्द का प्रयोग नहीं हुआ है। खं (4.11.2; 10.156.3) का हुआ है। खं पहिए के उस छेद को कहते हैं जो होता तो है पर उसमें कुछ नहीं होता। शून्य की तरह ख भी आकाश का बोधक था। रोचक है कि शून्य का रेखांकन भी उसी छिद्र के अनुरूप है। हड़प्पा की मुहरों पर इसको अंकित पाया जा सकता है।

चिकित्सा

चिकित्सा-शास्त्र में भी वैदिक काल में अपने युग को देखते हुए असाधारण प्रगति देखने में आती है। भिषग का एक स्वतन्त्र पेशा विकसित हो चुका था (9.112.1; 10.97.6)। एक स्थल पर तो रुद्र के लिए भिषग-तम (2.33.4) कहा गया है। रुद्र भेषजों के देवता हैं और अश्विनीकुमारों को देवताओं के चिकित्सक के रूप में कल्पित किया गया है। ऋग्वेद में शरीर के विभिन्न अंगों का उल्लेख आता है और यह विवरण क्रमशः अधिक विस्तृत होता चला जाता है। इस विषय में टिप्पणी करते हुए मैकडनेल और कीथ (389/116) लिखते हैं :

"ऋग्वेद में एक ऐसा सूक्त है जिसमें एक भिषग अपने पौधों और उनकी उपशामक शक्तियों की प्रशस्ति करता है। इसके अतिरिक्त अश्विनों द्वारा आश्चर्यजनक उपचार के सन्दर्भ भी मिलते हैं : लँगड़ों (1.112.7; 10.39.3) और नेत्रहीनों का उपचार (1.116.17), च्यवन और पुरंधि (10.39.4) को पुनः युवक बना देना, विश्पला (1.116.13) को एक लौह-पाद प्रदान करना, जो कृत्य उस समय और भी आश्चर्यजनक प्रतीत होगा जब हम, जैसा कि पिशल ने विचार व्यक्त किया है, यह मान लें कि विश्पला एक अश्वी थी" (1.116.15)।

इन उपचारों को यथा-तथ्य ग्रहण करना ज़रूरी नहीं है और इस पर कुछ और खोज ज़रूरी है, पर चिकित्सा का स्तर सराहनीय था, इस विषय में सन्देह नहीं।

शरीर विज्ञान के विषय में अथर्ववेद में जो विवरण आए हैं और जिनका कुछ अधिक विशद उल्लेख ब्राह्मणों आदि में आया है, उनसे ऐसा प्रतीत होता है कि शरीर की आन्तरिक रचना की ओर वैदिक भारतीयों का ध्यान बहुत पहले आकर्षित हुआ था। *वैदिक इंडेक्स* के लेखकों ने (389/399) पार्ष्णि–एडियों, मांस, गुल्फ–टखने की हड्डी, अंगुलि, ख–छिद्र, उच्छलक प्रतिष्ठा–पैर और टखनों के मध्य भाग, जानु-सन्धि या घुटनों के जोड़, चतुष्टय–घुटनों के ऊपर चौकोर, सरलता से मुड़नेवाला–शिथिर, कबंध–धड़, ऊरु, श्रोणि, कुसन्धि, उरस्–छाती की हड्डियाँ, ग्रीवा, स्तन, कफोड-स्कन्ध, पृष्टीः–रीढ़ की हड्डियाँ; अंसौ–हँसलियाँ, शीर्ष भाग के सात छिद्रों–सप्त खानि शीर्षाणि, कान, नासिका, नासारंध्र, आँख, मुख, हनु–जबड़ा, जिह्वा, मस्तिष्क, ललाट, मुख की हड्डियाँ या ककाटिका, कपाल, चित्या हन्वोः–जबड़ों का ढाँचा, मज्जा, यकृत, क्लोम–फेफड़ा, मस्तना–गुर्दा, पित्त, आंत्र, गुदा, प्लीहा, नाभि, वनिष्ठु, योनि, प्लाशि–भौं, आसन, पायु, पक्ष्म, करुकर– अनुप्रस्थ प्रवर्ध, जत्रु–वक्ष की सोलह हड्डियों, उरस्–मेरुदंड, पर्शु–पसलियों, कुलाप, अनूक, अर्थात् दोनों पार्श्वों की छब्बीस पसलियों, उदर भाग के 20 अनुप्रस्थ प्रवर्धों और वक्ष के 32 अनुप्रस्थ प्रवर्धों के

साथ बीच की हड्डियों आदि के उल्लेखों की ओर ध्यान आकृष्ट किया है (व/399-401) और उनके मतानुसार, "यह पद्धति बाद की चरक और सुश्रुत की पद्धतियों के साथ अत्यन्त समानता व्यक्त करती है" (व/400) वैदिक साहित्य में शल्य-चिकित्सा आदि के जो उल्लेख मिलते हैं, उन्हें देखकर प्रायः यह विचार प्रकट किया गया है कि चूँकि वैदिक जन अपने यज्ञों में पशु-बलि आदि देते थे, अतः उन्हें शरीर-रचना के विषय में जानकारी मिलनी शुरू हो गई। कहें, चिकित्सा को पशु-बलि से जोड़ा जाता है और इस विषय में कोई विवाद भी नहीं दिखाई देता। पर हमें ऐसी कोई जाति दिखाई नहीं देती जो शिकार न करती रही हो और मांस न खाती रही हो। फिर वैदिक बलि के साथ ही यह ज्ञान क्यों जुड़ा होना चाहिए? फिर ये विवरण पशुओं की शरीर-रचना के हैं या मनुष्यों के? वास्तविकता यह है कि

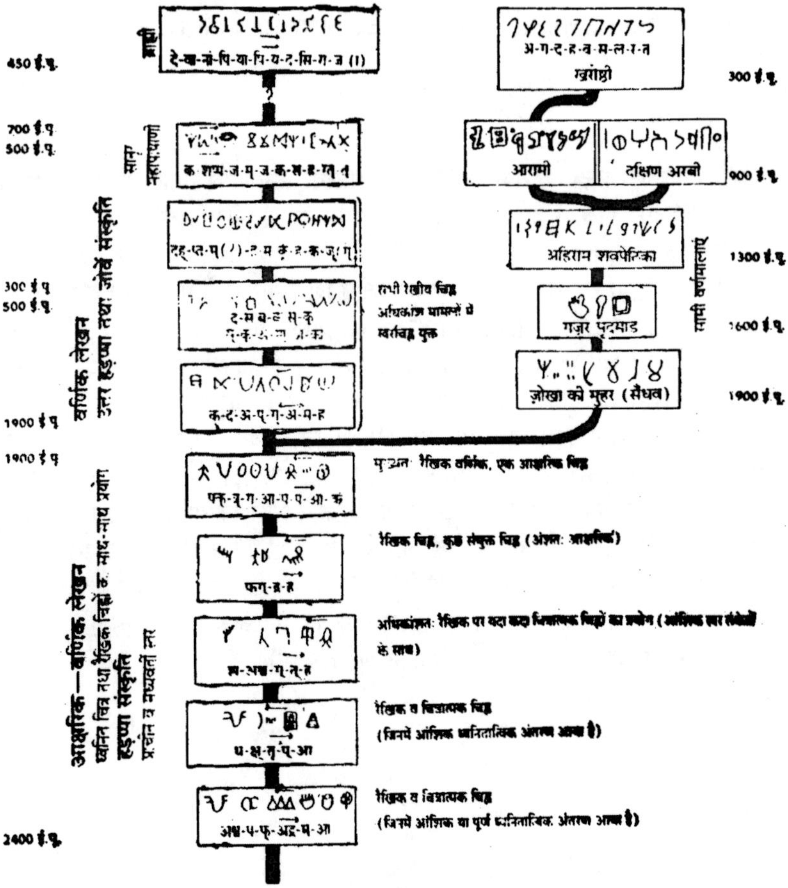

डॉ. एस.आर. राव द्वारा प्रस्तावित हड़प्पा-लिपि के ब्राह्मी और खरोष्ठी लिपियों तक का वंशवृक्ष

शल्यक्रिया के प्रति परवर्ती शुद्धिवादी दृष्टिकोण ने जो भावना पैदा की वह इसके विकास में बाधक रही और इस दृष्टि से वैदिक काल की स्थिति अपने युग को देखते हुए पौराणिक काल से कहीं उन्नत दिखाई देती है। शल्यक्रिया का स्तर क्या था, इसका निश्चय करना कठिन अवश्य है, पर इसके विकास के बिना मनुष्य के शरीर की आन्तरिक रचना के विषय में अपेक्षाकृत विशद जानकारी का प्रश्न नहीं उठता। पशु-बलि के शल्य-चिकित्सा के विकास को जोड़ना भी आदिमता की धारणा की देन है और इसमें इस बात का ध्यान भी नहीं रखा गया है कि चिकित्सा के दावे और शरीर-रचना के विवरण दोनों में पर्याप्त संगति दिखाई देती है (व) और बलि तथा चिकित्सा के लक्ष्य एक ही नहीं होते, न ही पहले मामले में उस सावधानी और बारीक विश्लेषण की आवश्यकता होती है जो दूसरे मामले में अपेक्षित है। जहाँ तक पारिभाषिक शब्दावली का प्रश्न है, आर्य भाषा की लौकिक बोलियों में शरीर-रचना के विषय में उपलब्ध शब्दावली आज भी वैदिक शब्दावली के पीछे दिखाई देती।

भाषा-विज्ञान

भाषा का विश्लेषण और इसके ध्वनितत्त्व, अर्थतत्त्व, छन्दशास्त्र आदि को लेकर गम्भीर चर्चाएँ ऋग्वैदिक काल में ही आरम्भ हो गई लगती हैं और वैदिक कवि इस विवेचन का प्रायः उल्लेख करते हैं।

ऐसी स्थिति में यह सोचना कि वैदिक कालीन शिक्षा-संस्थाओं में केवल वेद रटाए जाते थे, वास्तविकता के अनुरूप नहीं प्रतीत होता। यह मानना ग़लत होगा कि इन विविध क्षेत्रों के विकासों का शिक्षा से कोई सम्बन्ध नहीं रहा होगा। ऋग्वेद का एक भी अंश ऐसा नहीं है जिसको साहित्यिक दृष्टि से लचर कहा जा सके। इन रचनाओं में भाषा का परिमार्जन, अलंकार-योजना और छन्दों का कसाव ही नहीं, अपितु संवेदना का जो मार्मिक पक्ष सामने आता है, उसे देखते हुए भी यह सोचने की बाध्यता पैदा होती है कि ये अंश एक लम्बी साहित्यिक परम्परा की उपज हैं और इस तरह की बहुत सारी रचनाएँ उस काल में रची गई होंगी जो किन्हीं कारणों से नष्ट हो गईं और ये अंश उसी भंडार के अवशेष हैं। भारतीय परम्परा से इस अनुमान की पुष्टि भी होती है, जिसमें इस बात को बार-बार दुहराया जाता है कि किसी आपदा में वेद नष्ट हो गए थे और उनका कुछ अंश किसी तरह पुनः उपलब्ध किया जा सका था (19/4.1-3; 28/4.6.5; 20/1.3.17)।

अध्याय ग्यारह

धर्म और विश्वास

हड़प्पा सभ्यता को वैदिक सभ्यता से भिन्न सिद्ध करने के लिए जो प्रमुख तर्क दिए जाते रहे हैं उनमें से एक धर्म और विश्वास की भिन्नता पर आधारित रहा है। यह बात बार-बार दुहराई जाती रही है कि वैदिक समाज पितृ-प्रधान था, और उसके देवता मुख्यतः पुरुष थे, जबकि हड़प्पा सभ्यता मातृ-प्रधान थी और इसमें मातृ-देवियों का प्राधान्य था (151/148-49; 404/49; 155/81)। हड़प्पावासी लिंगपूजक थे, जबकि ऋग्वेद में इसकी भर्त्सना की गई है (102/24), हड़प्पा सभ्यता का एक प्रधान देवता रुद्र था जबकि वैदिक परम्परा में इसके प्रति भय और उपेक्षा का भाव दिखाई देता है (325/145; 102/23; 236/139); हड़प्पावासी साँपों, पशुओं तथा वृक्षों की पूजा करते थे जबकि वैदिक परम्परा में इनको बाद में अपनाया गया (155/3; 42/81; 404/110) और अन्ततः, वैदिक जन देवताओं की तुष्टि के लिए यज्ञों का अनुष्ठान करते थे, जबकि हड़प्पा में मूर्तिपूजा का प्रचलन था (152/35-36; 404/111)।

उक्त मान्यताएँ आर्य आक्रमण की कल्पना की देन हैं और उसी तरह एक अन्धविश्वास का रूप ले चुकी हैं। ये भाववादी अटकलों, एकपक्षीय आँकड़ों और सतही व्याख्याओं पर टिकी हुई हैं। इनके खोखलेपन को समझने के लिए धर्म और विश्वास की अपनी प्रकृति को समझना और फिर इनमें से प्रत्येक पहलू की गहराई में उतरकर जाँच करना ज़रूरी है।

1. धर्म और विश्वास की प्रकृति

धर्म और विश्वास हवा में पैदा नहीं होते। उसका एक ठोस भौतिक आधार होता है। पर भौतिक यथार्थ से इनका सम्बन्ध बिम्ब-प्रतिबिम्ब का न होकर तिर्यक् होता है। दूसरा अन्तर यह होता है कि भौतिक परिस्थितियों में परिवर्तन आने के बाद धर्म और विश्वास में तदनुरूप परिवर्तन नहीं होता। एक बार मान्यता पा लेने के बाद इसमें अतिजीविता की एक ऐसी प्रवृत्ति आ जाती है जो न केवल स्वतः बदलने से इनकार करती है अपितु, अपनी शक्ति के अनुसार, भौतिक परिवर्तनों को भी रोक रखने की या उनमें बाधा पहुँचाने की कोशिश करती है। उसके पीछे दो बातों का हाथ होता है। इनमें से एक तो यह है कि उनका बहुलांश तर्क और विचार पर आधारित नहीं होता, अतः एक बार हमारी अन्तश्चेतना

का अंग बन जाने के बाद यह अविचारित रूप में पीढ़ी-दर-पीढ़ी हस्तान्तरित होता है। दूसरा यह कि संस्थाबद्ध हो जाने के बाद इससे एक वर्ग का अपना हित, अस्तित्व और प्रभाव जुड़ जाता है और यह वर्ग अपने प्रभाव का प्रयोग अपने हित और अस्तित्व की रक्षा, और इसलिए, उन पूर्व-रूपों को अविकल बनाए रखने के लिए करता है।

इसके बावजूद परिवर्तन होते हैं और ये धर्म और विश्वास के स्तर पर दो रूपों में व्यक्त होते हैं। परिवर्तन की ओर अग्रसर होनेवाला और इससे सबसे अधिक लाभान्वित होनेवाला वर्ग धर्म और विश्वास के स्तर पर भी नए परिवर्तनों को प्रश्रय देता है और अपनी ओर से इसको यथासम्भव मान्य बनाने का प्रयत्न करता है। नए परिवर्तनों से न तो पूरा समाज समान रूप से लाभान्वित होता है, न ही नए धर्म और विश्वास सभी वर्गों में समान रूप से स्वागत पाते हैं। अपेक्षाकृत पिछड़े जीवन-स्तर से जुड़े हुए लोग धर्म और विश्वास के मामले में भी पिछड़े स्तर पर बने रह जाते हैं। दूसरे शब्दों में कहें तो, धर्म और विश्वास का एक वर्गीय आधार होता है और इसकी उपेक्षा करके हम न तो किसी समाज में प्रचलित विभिन्न मतों और मान्यताओं को समझ सकते हैं और न ही इनके अन्तःसम्बन्धों को उजागर कर सकते हैं।

दूसरी ओर, नए धर्म और विश्वास को उत्साह से अपनानेवाला वर्ग भी अपने पुराने विश्वासों से पूरी तरह मुक्ति नहीं पा लेता। यदि वह बहुत आग्रहशील हुआ और पुराने विश्वासों को एक सिरे से वर्ज्य ठहराने की ज़िद पर आ गया तो भी अपने परिवेश के धर्मों और विश्वासों के दबाव से वह पूरी तरह मुक्त नहीं रह पाता और आरम्भिक कठोरता के शिथिल पड़ते ही इसके द्वारा परित्यक्त और वर्जित विश्वास भी चोर दरवाजे से इसमें प्रवेश पा जाते हैं। पर सामान्यतः आम जनता के लिए अपने पुराने विश्वासों से, जिनके साथ उसकी गहरी आस्था जुड़ी होती है, पूरी तरह मुक्त हो पाना कठिन होता है और इसलिए नए विश्वासों को अपनाने के साथ ही वह पुराने विश्वासों का नए रूप में समायोजन करता है। इस तरह एक ही समाज के धर्म और विश्वास में युग-युगान्तर से चले आ रहे अनेक घटकों का गुंफन हो जाता है जिनमें से अनेक तो अन्तर्विरोधी होते हैं।

धर्म और विश्वास की इस दूसरी प्रवृत्ति को देखते हुए इसका अध्ययन विकासवादी रूप में करने की आवश्यकता होती है। साथ ही यह भी ज़रूरी होता है कि इसमें छिपे अन्तर्विरोधी के वर्गीय आधार की, और आविर्भाव के विभिन्न चरणों की, शिनाख्त करते हुए इनको सुलझाने का प्रयत्न किया जाए। ऐसा न करके इनको दो जातियों या दो विरोधी स्रोतों की देन मानकर सतही समाधान जुटा लेना यान्त्रिक समझ को प्रकट करता है।

धर्म और विश्वास की एक विशेषता यह भी है कि इसके जो तत्त्व अपेक्षाकृत अधिक तर्कहीन और पुरातन होते हैं उनमें अतिजीविता की शक्ति उसी अनुपात में अधिक होती है। नए विश्वासों और मान्यताओं में अपेक्षाकृत कम अतिजीविता होती है। पुरातन तत्त्वों की पहचान के लिए यह देखा जाना चाहिए कि इनमें भय और असुरक्षा का भाव कितना अधिक है। दूसरे शब्दों में, वे देवता अधिक पुराने हैं जिनकी तुष्टि न होने पर वे उपद्रव खड़ा कर सकते हैं बनिस्बत उन देवताओं के जो कृपा करने पर लाभ तो दे सकते हैं, पर जिनकी पूजा न की जाए तो वे किसी प्रकार का अनिष्ट नहीं करते। इस दृष्टि से प्रेतों और

भूतों में विश्वास मातृ-देवियों आदि में विश्वास की अपेक्षा अधिक पुराना सिद्ध होगा, और मातृ-देवियों और रुद्र आदि में विश्वास इन्द्र आदि अन्य देवताओं की तुलना में अधिक पुराना। जादू-टोने में विश्वास यज्ञ आदि की तुलना में अधिक पुराना है, और ईश्वर के अवतारों आदि की तुलना में यज्ञ आदि अधिक पुराने हैं।

अपने प्रस्तुत अध्ययन में हम ऊपर की इन प्रवृत्तियों को दृष्टि में रखते हुए हड़प्पा सभ्यता के देवताओं और विश्वासों को समझने का प्रयत्न करेंगे।

2. मातृ-देवियाँ

यह सच है कि हड़प्पा सभ्यता के अवशेषों से मातृ-देवियों के अस्तित्व की पुष्टि होती है, पर न तो यह सच है कि इसका वैदिक समाज के अपने धर्म और विश्वास से विरोध है, न ही यह कि ये ही हड़प्पा सभ्यता की—इसके उन्नत वर्ग की—प्रधान उपास्य शक्तियाँ थीं, और न ही यह कि हड़प्पा सभ्यता मातृ-प्रधान थी। वस्तुतः मातृ-प्रधान और पितृ-प्रधान बहुत व्यापक शब्द हैं और प्रत्येक समाज में मातृ-प्रधानता और पितृ-प्रधानता के आनुपातिक भेद भी होते हैं। मातृ-प्रधान समाजों का अस्तित्व विकास के एक स्तर से आगे बढ़ने पर मिट जाता है और इसलिए विकास के निश्चित चरणों से भी समाज की पितृ-प्रधानता और मातृ-प्रधानता का गहरा सम्बन्ध होता है। प्राधान्य का निश्चय इस बात से भी होता है कि किसी समाज या समुदाय में पहले विवाह-संस्था का क्या रूप है? यदि इसके अनुसार लड़की अपने पिता के घर से वर के घर में दान या लूट या किसी अन्य रीति से आती रही है तो उस समुदाय का पितृ-प्रधान होना अनिवार्य था। कारण, ऐसी स्थिति में सम्पत्ति का हस्तान्तरण पिता-पुत्र क्रम से होगा और समाज के सभी नियम और कानून पुरुष वर्ग को प्रधानता देते हुए निर्मित होंगे। इससे विपरीत स्थिति में समुदाय मातृ-प्रधान होगा और यही स्थिति इसके नियमों और आचारों की होगी। प्रायः प्राधान्य का निश्चय करने के लिए उत्पादक कार्यों में स्त्री और पुरुष की भागीदारी का प्रश्न भी उठाया जाता है, पर यह एक विशेष अर्थ में ही सही है। उत्पादन में प्रत्यक्ष भाग लेनेवाले उत्पाद के स्वामी ही हों, यह अनिवार्य नहीं। इसके विपरीत हम पाते हैं कि उत्पादन के स्रोतों पर अधिकार जमाने के बाद इसके स्वामित्व का दावा करनेवाले स्वतः दूसरों से ही काम कराते रहे हैं और स्वयं इन उत्पादों को हड़पने के लिए अपेक्षित तन्त्र का विकास करके अपना स्वामित्व बनाए रहे हैं। अतः केवल काम नहीं, अपितु सम्पत्ति और उत्पाद पर अधिकार और जहाँ तक काम का सवाल है, काम के क्षेत्र और प्रकृति के चुनाव की स्वतन्त्रता को सामने रखकर ही प्राधान्य का निश्चय करना निरापद होगा, अन्यथा हम पाएँगे कि प्रभुवर्ग की स्त्रियों, दासों और पुत्र आदि आश्रितों को उनकी अपेक्षा हमेशा अधिक काम करना पड़ता रहा है।

हड़प्पा सभ्यता की मातृ-देवियों की अनगढ़ आकृतियों की तुलना यदि हम इसके अवशेषों में प्राप्त अन्य प्रतिकृतियों से, जिनमें मुहरों पर अंकित प्रतिमाएँ भी हैं, करें तो यह स्पष्ट हुए बिना नहीं रहेगा कि इनका निर्माण उन्हीं सधे हाथों से नहीं हुआ है जिनके द्वारा शेष आकृतियों का। इसका अर्थ? ज़ाहिर है कि ये हड़प्पा के शहरी प्रभुवर्ग की देवियाँ नहीं

हैं। इनका सम्बन्ध उनके दासों, सेवकों, स्त्रियों आदि से है। इनकी लोकप्रियता नगरों की अपेक्षा गाँवों में अधिक दिखाई देती है। अब यदि हम आज तक नागर और ग्राम्य देवों-देवियों के अन्तर पर ध्यान दें तो पाएँगे कि इसमें हड़प्पा काल से आज तक कोई अन्तर नहीं दिखाई देता।

गाँवों में आज भी सबसे लोकप्रिय देवता काली या दुर्गा और शिव हैं। कोई ऐसा गाँव हो ही नहीं सकता जिसकी अपनी काली और अपने ग्राम-देवता–या शिव-डीह या ब्रह्म बाबा–न हों। मुंडन, विवाह आदि सभी आयोजनों में इन देवताओं के स्थल पर जाना और आपदाओं के निवारण के लिए इनको तुष्ट करने के लिए मनौतियाँ मानना और चढ़ाना भारत के उस समूचे क्षेत्र में एक अनिवार्य-सी चीज़ है जिसे आर्य प्रभाव से प्रभावित माना जाता है। इसके विपरीत, नगरों में इन देवताओं के स्थान अपेक्षाकृत बहुत कम मिलेंगे और जो हैं भी वे बहुत प्राचीन नहीं। वास्तव में ये सम्बन्धित ग्राम-क्षेत्रों के नगर की सीमा में आ जाने के परिणाम हैं। दूसरी ओर, विष्णु और इनके अवतारों के मन्दिर गाँवों में शायद ही कहीं मिलें, पर नगरों में इनका प्राधान्य दिखाई देता है।

इस अन्तर के तीन प्रधान कारण माने जा सकते हैं : ग्रामीण अंचलों में प्राचीनतम देवताओं और विश्वासों का बना रहना; उनकी अर्थव्यवस्था की अपनी ज़रूरतें और उनकी आर्थिक स्थिति। दूसरे शब्दों में, कहें तो, ग्राम-देवताओं में काली, दुर्गा और शिव की प्रधानता का एक कारण यह भी है कि ये प्राचीनतम देवताओं में आते हैं। शैव और शाक्त मतों में भी परस्पर गहरे साम्यों का एक कारण इनका बहुत प्राचीन काल से एक ही समाज में प्रचलन रहा है। इनकी प्राचीनता का सही अनुमान कर पाना कठिन है, पर शिव के कपाली और काली के मुंडमाला-धारिणी रूप से इस बात का अनुमान लगाया जा सकता है कि इनका प्रचलन वन्य जीवन के उस काल में भी था जब नरभक्षण वर्जित नहीं था। यही दुर्गा–दुर्गम प्रदेशों या जगलों और पर्वतों में विचरण करनेवाली देवी, अरण्यानी या अरण्य की देवी से भी प्रकट होता है। ग्राम-सीमा से बाहर किसी वृक्ष के नीचे काली आदि की वेदी का होना भी उस वन्य जीवन से इसके सम्बन्ध का अवशेष है। ग्राम्य देवता के रूप में इसकी प्रतिष्ठा का दूसरा कारण रहा है उर्वरता से और विशेषतः कृषि और पशुधन की वृद्धि से इसका सम्बन्ध जिस पर हम आगे विचार करेंगे। और अन्तिम कारण रहा है इसकी तुष्टि के लिए न तो किसी लम्बे तामझाम की ज़रूरत होती है, न ही मन्दिर और पुजारी आदि का चक्कर, जो वैदिक यज्ञों में या विष्णु के अवतारों आदि से सम्बन्धित मन्दिरों आदि के मामले में देखा जाता है, जो गाँवों में बसनेवालों के लिए आर्थिक दृष्टि से असाध्य था।

हड़प्पा के अवशेषों पर नज़र डालने पर हम पाते हैं कि इसके नगरों में मातृ-देवियों का उतना प्राधान्य नहीं था जितना सामान्यतः मान लिया गया है। कारण, सभी मृण्मूर्तियों को देवी की मूर्ति मान लेना निरापद नहीं है। इनमें से अधिकांश तो अनगढ़ हाथों से बनाए गए बच्चों के खिलौने प्रतीत होते हैं। ऐसी मूर्तियों की संख्या बहुत कम है, जिन्हें सही अर्थ में मातृ-देवियों का द्योतक माना जा सके। इनकी जो छवि उभरकर आती है वह है इनकी उर्वरशीलता या जननशीलता।

मातृ-प्रधान समाज एक निश्चित स्तर के विकास के आगे नहीं बढ़ सकता। कारण, प्रजनन और शिशु-पालन के नैसर्गिक अवरोधों के कारण स्त्रियों की गतिविधियाँ एक निश्चित सीमा में बँधकर रहने को बाध्य हैं। अतः जब कभी मातृ-प्रधान समुदायों का सवाल आता है हमारे सामने अपेक्षाकृत अविकसित क़बीलों का ही उदाहरण पेश किया जाता है। विकसित सभ्यताएँ, चाहे वे नई दुनिया की रही हों या पुरानी दुनिया की, निरपवाद रूप में पितृ-प्रधान दिखाई देती हैं। हड़प्पा सभ्यता के विकास के स्तर को देखते हुए और इस तथ्य को सामने रखते हुए कि इसका एक प्रमुख आधार विदेश-व्यापार था और इसके चलते इसके लोगों का सम्पर्क मध्य एशिया से लेकर पश्चिमी एशिया के देशों से स्थल और जल-मार्ग के द्वारा था, इस बात की कल्पना भी नहीं की जा सकती कि यह समाज मातृ-प्रधान रहा हो सकता है, या कहें, इन यात्राओं पर स्त्रियाँ जाती रही हो सकती हैं। अतः हड़प्पा सभ्यता के मातृ-प्रधान होने का खंडन सैद्धान्तिक आधार पर ही हो जाता है।

हड़प्पा का देव-समाज मातृ-देवियों तक सीमित नहीं था। जो लोग मातृ-देवियों पर अपेक्षा से कुछ अधिक बल देते हैं, वे भी कम-से-कम यह तो स्वीकार करते ही हैं कि इसका एक प्रधान देवता पशुपति रुद्र था। रथचालन, शिकार आदि के सन्दर्भ में भी केवल पुरुषों को ही मूर्त किया गया है। इसके विपरीत हड़प्पा की प्रसिद्ध नर्तकी इस बात की सूचना देती है कि इस समाज में स्त्री पुरुष के मनोरंजन का साधन थी। मिट्टी का एक खंडित मुखौटा, जो स्पष्टतः नारी का है, इसकी कर्मठता को नहीं अपितु इसकी कमनीयता और रूपाशक्ति को ही प्रकट करता है। पर एक पुरुष की खंडित प्रतिमा, जो हड़प्पा के उल्लेखनीय अवशेषों में आती है, इस समाज में पुरुष के अधिकार और प्रभुत्व को प्रकट करती है।

इसके साथ ही यह मात्र आकस्मिक बात नहीं है कि हड़प्पा की मुहरों पर अंकित सभी पशु नर हैं। मुहरों पर मादा आकृतियों को स्थान नहीं दिया गया है। वृषभ, वराह, हाथी आदि जिन पशुओं को प्रमुखता से चित्रित किया गया है, उन्हीं से वैदिक देवताओं की बार-बार तुलना की गई है। जैसे पशुपति की प्रतिकृति मानी जानेवाली उत्कीर्ण प्रतिमा के विचित्र रूप और परिवेश को ध्यान में रखते हुए यह नहीं माना जा सकता कि यह किसी मनुष्य का शैलीबद्ध प्रस्तुतीकरण है उसी प्रकार अनेक सिरोंवाले, विचित्र रूपाकारवाले विशिष्ट अंकनों से युक्त और अनूठी मुद्राओंवाली पशु-आकृतियों को देखते हुए, जिनके सामने कुछ खाद्य-पदार्थ विशेष आदर और सम्मान के साथ सजाए गए हैं, यह मानने की बाध्यता उत्पन्न होती है कि ये देवताओं के प्रतीक हैं (404/53-55) और इनके वैचित्र्य की व्याख्या ऋग्वेद से ही सम्भव है। इस पहलू के सामने आने पर हम ऋग्वैदिक देवसमाज और हड़प्पा के देवसमाज में असाधारण सादृश्य पाते हैं।

डॉ. वासुदेवशरण अग्रवाल (35/34) लिखते हैं, “अनेक मुद्राओं पर चित्रित एकशृंग पशु की पहचान वृषशृंग से की जा सकती है।” वह ऋग्वेद के मन्त्र 8.17.13 का हवाला देते हैं और लिखते हैं, “इस मन्त्र में इन्द्र के नाती किसी कुंडपाय्य, कूँडे में खाने-पीनेवाले, वृषभ का उल्लेख है, जिसमें ऋषि अपना मन लगाना चाहता है। कुंडपाय्य शृंगवृष को

व्यक्ति विशेष का नाम मान लिया गया है, किन्तु स्पष्ट ही वह इस प्रकार के पशु का भी सूचक है जिसका सम्बन्ध विशेषतः इन्द्र से था। इसे ही आगे चलकर हम रुद्र के वृषभ में पाते हैं, क्योंकि रुद्र को इन्द्र का ही रूप माना गया है। पशु के सामने एक विचित्र स्तम्भ या ध्वजचिह्न है। सभी मुद्राओं पर इस ध्वज के तीन भाग हैं–(1) एक गोल सलामीदार यष्ठिभाग या गावदुम मझलेट; (2) लाट के ऊपर रखा हुआ कटोरा जिसके बाहरी भाग में कमल के बीजकोश की तरह दाने हैं या जो खाँडेदार आकृति का है, या जो चौकोर या गोल वेदिका की आकृति का है। यह कटोरा वह कुंड जान पड़ता है जिसमें से शृंगवृष को खाने-पीनेवाला कहा गया है। सम्भवतः वह इन्द्र का सोमभाग था और उसकी पहचान सोमकुंड या सोमकद्रुक, या सोमचमस से की जा सकती है... ।"

डॉ. अग्रवाल (35/48) अपने तर्क को आगे बढ़ाते हुए लिखते हैं, "स्तूप के मस्तक पर हर्मिका के बीचोबीच एक क्षत्रमयी यष्टि देखी जाती है। यहीं देवों का निवास माना जाता था। ज्ञात होता है कि सिन्धु घाटी के इन स्तम्भों पर वह भाग देव-सदन या विश्वदेवों का स्थान माना जाता था।" वह ऋग्वेद के 'यस्मिन् वृक्षे सुपलाशे दैवैः सं पिबते यमः' (10.135.1) का हवाला देते हुए बड़े सारगर्भित रूप में अपनी मान्यता का समर्थन करते हैं। उनके अनुमान से सैंधव सभ्यता के मुद्रा-स्तम्भ रुद्रध्वज के रूप में कल्पित किए गए थे। वह सिन्धु घाटी से प्राप्त मातृ-देवी की मृण्मूर्तियों को महीमाता या अंबिका की मानते हैं, जिनको रुद्र की बहन कहा गया है।

वह (35/44) लिखते हैं, "वेदिका के कोणात्मक चित्रण से नितान्त स्पष्ट है कि यह स्तूपगत हर्मिका जैसी ही थी। कुछ मुद्राओं पर वेदिका के खुले भाग से अग्नि की ज्वाला या धुआँ उठता हुआ दिखाया गया है।" मोहनजोदड़ो आदि से और इससे भी पूर्ववर्ती कुल्ली से प्राप्त शृंगान्तर से युक्त एक महावृषभ को जिसे तीन रस्सियों में बँधा दिखाया गया है, वह ऋग्वेद के 'त्रिधाबद्धः वृषभः महादेवः...' (4.58.3) में प्रतिबिम्बित पाते हैं।

डॉ. अग्रवाल की मान्यता में कुछ संशोधन की आवश्यकता हो सकती है, पर इस विषय में कोई सन्देह नहीं रह जाता कि ये पशु-आकृतियाँ मुख्यतः उन्हीं देवों की प्रतिकृतियाँ हैं जिनको हम ऋग्वेद में पाते हैं और ऋग्वेद की सहायता के बिना इनकी व्याख्या सम्भव नहीं है। इसका एक अन्य उदाहरण मोहनजोदड़ो से प्राप्त तीन शीर्षोंवाला वह विचित्र पशु है जिसका एक सिर वृषभ का है जो झुका हुआ है, दूसरा हिरन का जो मध्य में है और तीसरा बकरे का जो सबसे ऊपर और पीछे की ओर मुड़ा हुआ है। इसे अग्नि के तीन रूपों का द्योतक माना जा सकता है।

हड़प्पा सभ्यता की एकमात्र देवता मातृदेवी ही नहीं हैं, इस देवी के भी अनेक रूप हैं, और यह इस समाज के पुरुष-प्रधान देव समाज को देखते हुए प्रधान नहीं मानी जा सकती। इसके बावजूद ग्रामीण अंचलों में इसका प्रभाव सबसे अधिक रहा लगता है, जहाँ उर्वरता की देवी का अपेक्षाकृत अधिक औचित्य था। नागर समाज ने अपने लिए भिन्न देवताओं को प्रधान देवों के रूप में चुन रखा था जिनके अंकन में विशेष सावधानी और सूझबूझ का परिचय दिया गया है और जिनके लिए प्रयुक्त उपादान–पत्थर–भी अपनी कहानी कहता

है। इस तरह हड़प्पा सभ्यता का समाज मातृ-प्रधान न सिद्ध होकर पितृ-प्रधान सिद्ध होता है और इन सभी मामलों में वैदिक समाज से इसका अभिन्न साम्य दिखाई देता है।

3. उर्वरता की उपासना

जिसे सामन्यतः लिंग-पूजा कहा जाता है, उसके लिए अधिक उपयुक्त शब्द उर्वरता की उपासना है। इसके लिए जो प्रतीक आज देखने में आता है उसके पीछे एक लम्बे चिन्तन और उसी के अनुरूप जटिल और विकसित दृष्टि का हाथ है। जब हम इसे लिंग-पूजा कहते हैं तो इसको किंचित् भोंडे रूप में पेश करते हैं और फिर इसकी तर्कसंगति को पकड़ने के प्रयत्न में एक लम्बी छलाँग लगाते हैं। चट्टोपाध्याय (160/17) लिखते हैं, "आदिम विश्व-दृष्टि का सबसे प्रधान लक्षण देहवाद प्रतीत होता है," अर्थात् यह दृष्टिकोण कि "मानव काया विश्व का सूक्ष्म रूप है, और इसके साथ जुड़ा है" एक सृष्टि-दर्शन कि विश्व की उत्पत्ति "पुरुष और नारी के संयोग से हुई।" यह सच है कि भारतीय चिन्तन अपने क्रमिक विकास में उस बिन्दु पर पहुँचता है जहाँ 'जो पिंड में है वही ब्रह्मांड में' दिखाई देता है, पर इसे आदिम विश्व-दृष्टि मानना ठीक नहीं लगता। यह कुछ वैसा ही है जैसे अणु को ब्रह्मांड का सूक्ष्म रूप मानने की या आज परमाणु को सौरमंडल का सूक्ष्म रूप मानने की कल्पना को आदिम सूझ मान लेना। वस्तुतः विश्व-दृष्टि जैसी सर्वग्राही और अमूर्त अवधारणा की कल्पना आदिम समाज के साथ कुछ अधिक सावधानी के साथ ही की जा सकती है। सूर्य, चन्द्रमा, तारों आदि को देख लेना, उनके सम्बन्ध में कहानियाँ गढ़ लेना या कल्पनाएँ कर लेना अलग बात है और इन सबको और सृष्टि के शेष तत्त्वों को एक व्यवस्थित और तर्कसंगत दृष्टिकोण में समाहित कर लेना बिलकुल दूसरी बात। यह ज्ञान और तकनीक के विकास के क्रम में एक निश्चित चरण के बाद, और कुछ विशिष्ट अनुभवों के सन्दर्भ में ही, सम्भव है। जब हम विश्व-दृष्टि की बात करते हैं तो हमेशा इस बात की खोज जारी रहनी चाहिए कि इसके विभिन्न घटकों के पीछे मानव क्रिया-व्यापार के कौन-से पहलू हैं और इनसे अर्जित कौन-सा ज्ञान यहाँ काम कर रहा है।

वास्तविकता यह नहीं है कि मनुष्य ने यह सोचा कि विश्व की उत्पत्ति पुरुष और नारी के संयोग से हुई है और इसे एक विश्व-दृष्टि का रूप दे दिया गया है, अपितु यह कि उत्पादन के क्रम में उसने जिस सृष्टि-व्यापार को देखा उसको मूर्त करने के लिए उसे सबसे उपयुक्त प्रतीक प्रजनन-व्यापार ही लगा और इसी के माध्यम से उसने इसे मूर्त किया।

प्रकृति को एक माता के रूप में कल्पित करना आहार-संग्रह के दौर में भी सम्भव था। धरती और इस पर उगनेवाली वनस्पतियाँ मनुष्य का पोषण कर रही थीं और इन्हें माता के रूप में कल्पित करना सर्वथा स्वाभाविक था। उसने ऐसा किया भी। परन्तु इस काल तक प्रकृति के सूक्ष्म व्यापार का ज्ञान होना उसके लिए कुछ कठिन था और इसलिए पुरुष और नारी के संयोग की बात सम्भवतः उनके मस्तिष्क में नहीं आ सकती थी। पर कृषि का आरम्भ होने पर, धान्यों की उत्पत्ति और विकास के लिए उसे जल के महत्त्व का, सृष्टि के तर्क का ज्ञान होना ही था। अतः बादल उसे पर्जन्य या जनन करनेवाली सत्ता प्रतीत

हुए। बादलों से बरसनेवाला जल उनमें कहाँ से आता है, इसका स्पष्ट ज्ञान उसे नहीं हुआ था। उसने सोचा, धरती का जल आकाश या द्युलोक में चला जाता है और फिर वही बरसता है। अतः उसने आकाश या द्यौ को पिता के रूप में और धरती को माता के रूप में कल्पित किया और इस चरण पर आकर प्रजनन की क्रिया और उर्वरता के बीच उसे एक सादृश्य दिखाई दिया। जिस तरह पुरुष नारी-गर्भ में रेतःसेक करता है और इसके परिणामस्वरूप सन्तान उत्पन्न होती है, नर-पशु मादा में रेतःसेक करता है और पशुओं के बच्चे पैदा होते हैं, उसी तरह द्यौ पिता माँ धरती में रेतःसेक करता है और वनस्पतियाँ और धान्य पैदा होते हैं। यह धारणा उसके मन में इस तरह समा गई कि उसे सर्वत्र इसी का सादृश्य दिखाई देने लगा और इसका मूर्तन उसने नर-नारी के युग्म में, पुरुष और प्रकृति के साहचर्य में किया और यह अवधारणा ही आगे चलकर सांख्य दर्शन के सृष्टि-विकास के सिद्धान्त में परिणत हुई। यह मानना सही नहीं लगता कि सांख्य दर्शन पूर्णतः भौतिकवादी दर्शन रहा है और इस पर बाद में पुरुष को आरोपित कर दिया गया है (160/272)। कारण, विकास के स्तर को देखते हुए पुरुष और प्रकृति के साहचर्य की या दोनों तत्त्वों के संसर्ग की मान्यता अधिक बुद्धिग्राह्य थी। इसके बावजूद यदि समस्त भौतिक विकास प्रकृति के अपने ही अन्तर्निहित द्रव्यों के विक्षोभ और संघटन से होता है तो इसमें किसी तरह की कठिनाई नहीं थी। कारण, प्रजनन में भी रेतःसेक करने के बाद पुरुष अपने कार्य-भार से मुक्त हो जाता है और सन्तान की समस्त रचना माँ के गर्भ में और उसी के रक्त-मांस में होती है।

जो भी हो, ऋग्वेद में हम धरती को माँ के रूप में और आकाश को पिता के रूप में ही कल्पित नहीं पाते हैं, अपितु धरती गो है (14/2.5) और आकाश वृषभ (14/4.8; 9.22)। ऋग्वेद में कई स्थलों पर धरती को उत्तान पड़ी स्त्री के रूप में कल्पित किया गया है जो जल के कल्पित स्रोत आकाश या अग्नि से गर्भ धारण करती दिखाई गई है (1.164.33; 2.10.3)। उसे ही सम्भवतः इन्द्राणी, वरुणानी आदि रूपों में भी कल्पित किया गया हो सकता है (5.46.8; 7.34.22) क्योंकि अग्नि को इन्द्र और वरुण के रूप में अनेक बार याद किया गया है (2.1.3.4) और सूर्य, इन्द्र, अग्नि आदि को ही वर्षा करनेवाला देवता बताया जाता है (1.70.2; 2.35.13; 3.1.13)।

माता और पुत्र की यह कल्पना या स्त्री और पुरुष के संसर्ग से नई उत्पत्ति की कल्पना आकाश और धरती तक ही नहीं रह जाती। खेत जोतने से बननेवाली हराई योनि है और किसान इसमें बीज बोता है (10.101.3)। अग्नि-मंथन की अरणियाँ भी नर और मादा का रूप ले लेती हैं और अरणियों के गर्भ से अग्नि को जन्म लेते दिखाया जाता है (5.9.3; 10.61.20)। यज्ञ स्वयं योनि है। (1.144.4), यज्ञ-वेदी योषा है (31/1.9.2.24)। जल स्वयं योषा है क्योंकि वृषाग्नि के मिथुन से प्रजनन बढ़ता है (31/2.1.1.4)। उत्तरवेदी योनि है (31/7.3.1.28), औषधियाँ देवताओं की पत्नियाँ हैं (31/6.5.4.4)। मूज योनि है (31/6.6.2.15), परिमंडल योनि है (31/7.1.1.37), उखा योषा है और जैसे योषा में रेतःसेक किया जाता है उसी तरह उखा में दूध रखा जाता है (31/7.1.1.44), पुष्कर-पर्ण योनि है (31/6.4.3.6), काला मृगचर्म सुकृत की योनि है (31/6.4.2.6), उलूखन योनि है

और मूसल शिश्न (31/7.5.1.38)। गर्भ और योनि शब्दों का ऋग्वेद में क्रमशः 96 और 122 बार प्रयोग हुआ है और इनका सामान्य अर्थ है–'धारण करनेवाला' और 'उत्पत्ति का स्थान या कारण' अथवा मिलन का स्थान। इन शब्दों का जितनी उदारता से प्रयोग हुआ है उससे यह तो ज़ाहिर है कि इनके पीछे प्रजनन-क्रिया के लैंगिक पक्ष का हाथ रहा है, पर अपनी व्याप्ति में ये एक लिंग-निरपेक्ष रूप ले लेते हैं। जिस तत्त्व को एक सन्दर्भ में पुरुष-रूप में कल्पित किया जाता है उसी से जब किसी अन्य चीज़ की उत्पत्ति होती दिखाई देती है तो वह स्वयं उसकी योनि बन जाता है, जैसा कि अग्नि और जल के मामले में देखा जा सकता है। आरम्भिक सरलीकरण यह था कि प्रत्येक नए उत्पादन या सृजन के पीछे एक नारी-तत्त्व और एक पुरुष-तत्त्व होता है, पर उत्पादन के सभी क्षेत्रों पर यह लागू नहीं हो पाता, अतः इसके पीछे कम-से-कम दो तत्त्वों या एक युग्म या मिथुन का हाथ माना जाने लगता है और यह ज़रूरी नहीं रह जाता कि इनमें से एक स्त्री और दूसरा पुरुष ही हो। निष्कर्ष यहाँ आकर रुक जाता है कि कोई भी चीज़ एकल रूप में असमर्थ है, असहाय है। अतः कुछ भी करने के लिए एक की अपेक्षा दो का होना ज़रूरी है। ऐसी स्थिति में जहाँ तक सम्भव होता है, प्रतिलैंगिक मिथुन का तालमेल बैठाया जाता है; कारण, मिथुन ही प्रजनन है (10.10.9; 31/2.3.1.23)। पर अन्यथा भी युग्म बनाने की यथासाध्य कोशिश दिखाई देती है। इस झक से ही वैदिक देवशास्त्र में विविध देवों के युग्म बनते दिखाई देते हैं, और हम एक ओर तो इन्द्र, वरुण, अग्नि, रुद्र, सविता, विष्णु, ब्रह्मा आदि देवताओं के साथ इनकी पत्नियों की कल्पना होते पाते हैं और इन्द्राणी, वरुणानी, अग्न्यानी, रुद्राणी, सावित्री, वैष्णवी या लक्ष्मी, ब्रह्माणी या सरस्वती की प्रतिष्ठा पाते हैं और दूसरी ओर इन्द्र-अग्नि, इन्द्र-सोम, इन्द्र-वरुण, उषा-रात्रि, मित्र-वरुण, रुद्र-सोम आदि के युग्मों की कल्पना पाते हैं (31/2.4.4.9-11) और कुछ मामलों में जहाँ किसी उत्पादन में जुटे हुए बहुत अधिक लोगों का सवाल आता है हम गणों की कल्पना होते पाते हैं। जब देवों के युग्म को हम बोग़ाज़कुई आदि के अभिलेखों में लक्ष्य करते हैं और इनके पीछे काम करनेवाले तर्क को नहीं पकड़ पाते तो सतही तालमेल बैठाते हैं।

वस्तुतः प्रजापति या जगत का मूल कारण सभी चर-अचर वस्तुओं की उत्पत्ति का प्रेरक और स्रोत होने के कारण स्वयं ही रेत और योनि दोनों होने को बाध्य था (31/5.1.3.10)। वह सही अर्थ में अर्धनारीश्वर था। इस प्रजापति या सृष्टि के बीज और योनि के लिए कहा जा सकता है कि इसमें निमित्त कारण और उपादान कारण दोनों विद्यमान थे, अतः न तो इसका इससे भिन्न कोई पिता था, न माता, यह स्वयंभू था। पर इस अवधारणा और कल्पना का विकास किन भौतिक और तकनीकी परिस्थितियों में हुआ, इस पर हम सोम के सन्दर्भ में विचार करेंगे।

यहाँ हमारे लिए महत्त्वपूर्ण बात यह है कि जिसे लिंग-पूजा कहा जाता है वह उत्पादन और सर्जन की, सृष्टि के कारणभूत तत्त्वों की, लाक्षणिक पूजा है, जिसके लिए लैंगिक सादृश्य सबसे अनुकूल प्रतीत हुए। इसके लिए जो प्रतीक आज प्रचलित हैं उसका विकास कब और कैसे हुआ, इस पर भी हम सोम के सन्दर्भ में ही विचार करेंगे। मुख्य प्रश्न यह है कि इसका अस्तित्व उस परम्परा में अति प्राचीन काल से दिखाई देता है जिसके विकास

के एक निश्चित चरण पर हम इसे ऋग्वेद में और इससे आगे लिपिबद्ध पाते हैं। इसके बावजूद ऐसा क्यों मान लिया गया कि 'लिंग-पूजा' या उर्वरता की पूजा अवैदिक है?

इसके पीछे एक कारण तो यह माना जा सकता है कि ऋग्वेद में जिन लोगों की कटु आलोचना की गई है उनको दो स्थलों पर 'शिश्नदेव' कहा गया है (7.21.5; 10.99.3) जिसका अर्थ यह लिया गया कि वे शिश्न-पूजक थे और यदि वैदिक जनों के विरोधी शिश्नपूजक थे तो निश्चय ही तथाकथित लिंग-पूजा वैदिक परम्परा में उस परम्परा से अपनाई गई होगी जिसकी यहाँ आलोचना की गई है। दूसरा कारण यह था कि 'लिंग-पूजा' का सम्बन्ध शैव और शाक्त मतों से बना रहा है और रुद्र की भयावहता को देखते हुए इसे और मातृ-देवियों को भी अवैदिक देवता मान लिया गया।

'शिश्नदेव' का अर्थ सायण ने 'अब्रह्मचारी' किया है, जिसे सरल शब्दों में कामुक या ऐयाश कहा जा सकता है। परन्तु वैदिक समाज में न तो परवर्ती कालों जैसी काम-वर्जना पाई जाती है, न वेदों में ब्रह्मचर्या का वह अर्थ जो बाद में प्रचलित हुआ। इसके बावजूद छात्रों को ब्रह्मचारी कहा जाता था और छात्र-जीवन में उन्हें संयत जीवन बिताने की बात सर्वथा तर्कसंगत लगती है। जननांगों के प्रति या यौन आचरण के विषय में वेदों में जुगुप्सा या वर्जना का कोई भाव नहीं है, अतः शिश्नदेव का केवल एक ही अर्थ संगत लगता है और वह है ऐसा जनसमुदाय जो कबीलाई मुक्त सहवास से ऊपर नहीं उठ पाया है। यौन-आचरण के विषय में एक निश्चित आचार-संहिता का विकास कर लेने के बाद वैदिक समाज के उच्च वर्ग को जंगली क़बीलों की यह रीति निन्दनीय लगती रही होगी। इसे रामायण और महाभारत आदि में भी इसी भाव से प्रस्तुत किया गया है (21/1.113.14; 28/2.67.10)।

4. रुद्र शिव

रुद्र को अनार्य देवता सिद्ध करने के पीछे जो तर्क दिए जाते रहे हैं वे निम्न प्रकार हैं, "पशुपति या रुद्र की स्थिति वैदिक धर्म में कुछ अजीब-सी है। याजिकीय कृतियों में दूसरे सभी देवताओं को यज्ञ के स्थान पर आने को कहा जाता है, पर रुद्र को और उनके अनुगामियों (रुद्रियाः) को चले जाने को कहा जाता है। रुद्र का नाम तक वर्जित था। *ऐतरेय ब्राह्मण* में रुद्र का उल्लेख 'यह देवता या वह देवता जिसके नाम में भूत या पशु शब्द आते हैं' के रूप में आता है। ऋ. (2.33.1) में आनेवाला रुद्र का नाम ऐतरेय ब्राह्मणः (13.9-10) में जानबूझकर 'रुद्रय' के रूप में ग़लत ढंग से लिया जाता है, और ऐसा भी लगता है कि 'अभि–', हमारी ओर, से आरम्भ होनेवाले एक मन्त्र को जान-बूझकर बदल दिया गया है कि कहीं इससे रुद्र को आने का बहाना न मिल जाए (ऐ.ब्रा. 13.10)।

"यदि इन्द्र, वरुण और अन्य देवताओं की ही तरह रुद्र भी वैदिकों के ही देवता थे तो उनके प्रति यह उपेक्षा क्यों? ऐसा क्यों है कि रुद्र के लिए चढ़ावा वर्जित स्थलों पर डाल दिया जाता है, जबकि अन्य देवताओं का भाग यज्ञ में डाला जाता है? प्राचीन याजिकीय ग्रन्थों में अनेक विलक्षण तत्त्व हैं जिनसे प्रकट होता है कि वह वैदिक आर्यों के लिए एक पराए देवता थे" (236/139; 325/145)।

रुद्र को अनार्य देवता सिद्ध करने के लिए दिए गए ये तर्क कुछ एकपक्षीय हैं और इनमें से कुछ को सन्दर्भ से काटकर रखा गया है। उदाहरण के लिए, उनके कल्याणकारी रूप की उपेक्षा कर दी गई है। वह देवता जिसके नाम के साथ भूत अथवा पशु शब्द जुड़ा है, जैसा प्रयोग *ऐतरेय ब्राह्मण* में जिस प्रसंग में आया है वह तो रुद्र की अतिप्राचीनता और वैदिक परम्परा के रक्षक देवता होने की पुष्टि करता है। ग्रीस में पाए जानेवाले रुद्र के प्रतिरूप से भी यह सिद्ध करने का प्रयत्न किया गया है कि इसे भी ग्रीक आर्यों ने स्थानीय जनों से लिया होगा (236/139)। पर इन सबके बावजूद रुद्र का देवत्व अन्य सभी देवताओं से अधिक विचित्र है जो किसी को उलझन में डालने के लिए काफ़ी है। इस वैचित्र्य को रुद्र के देवत्व के विकास को सामने रखते हुए ही समझा जा सकता है।

रुद्र को अनार्य सिद्ध करने की मुहिम हड़प्पा सभ्यता में इसकी प्रतिष्ठा के बाद तेज़ हुई, पर इसका कुछ कारण इसका वैचित्र्य और कुछ रुद्र शब्द की व्युत्पत्ति के विषय में वैदिक व्याख्याकारों की उलझन रही है, यद्यपि यह उलझन केवल रुद्र शब्द के साथ ही नहीं अपितु सैकड़ों दूसरे शब्दों के साथ भी पाई जाती है। परम्परागत व्याख्याकार इसका अर्थ 'रुलानेवाला या द्रवित करनेवाला (14/10.6), करते रहे हैं। सुनीतिकुमार चाटुर्ज्या (151/45-46) का खयाल है कि रुद्र शब्द शिव शब्द का अनुवाद है और शिव शब्द द्रविड़ का है जिसका अर्थ लाल है, अतः इसे लाल देवता कहा गया। इसी तरह वह शंभु शब्द को भी द्रविड़ से सीधे लिया हुआ मानते हैं, जिसका मूल अर्थ भी लाल या ताम्र ही रहा है। पर शिव शब्द का ऋग्वेद में केवल कल्याण के अर्थ में प्रयोग हुआ है। ठीक यही बात शं' के विषय में भी लागू होती है जिससे शंभु और शंकर शब्द बने हैं। रुद्र के लिए रूढ़ अर्थ में इनका प्रयोग बहुत बाद में आरम्भ होता है। इसके बावजूद इस बात की सम्भावना मानी जा सकती है कि रुद्र शब्द का मूल अर्थ 'लाल रंग वाला' रहा हो, पर इसका कारण इसका अग्नि से अभेद, न कि अनार्य देवता होना, प्रतीत होता है।

हड़प्पा की जिस विशेष आकृति को रुद्र शिव का अंकन माना गया है उसे गुहा (242/29) एक शिकारी का अंकन मानते हैं। एस.आर. राव (509/306) इसे अग्नि का प्रत्यंकन मानते हैं। कुछ लोग (90/294; 404/53-54) इसे ध्यानस्थ योगी का चित्रण मानते हैं। पर ये सभी लक्षण रुद्र के अपने देवत्व के अनुरूप हैं ।

प्राचीनतम देवता

रुद्र उन थोड़े-से देवताओं में से एक हैं जिन्हें वैदिक समाज का प्राचीनतम देवता माना जा सकता है। किसी देवता की प्राचीनता के जिन लक्षणों की बात हम कर आए हैं उन्हें एक बार पुनः दुहराना ज़रूरी है। यह हैं उसके कल्याणकारी रूप के साथ ही उसका भयावह पक्ष; उसका अन्तर्विरोधी चरित्र जो विकास के क्रम में एक पर एक नई परत चढ़ते चले जाने के कारण पैदा होता है, और इससे उत्पन्न जटिलता। भयावह देवताओं में रुद्र, धरती माता या अम्बिका, अग्नि और वरुण आते हैं। वरुण के देवत्व में जटिलता और अन्तर्विरोधों का अपेक्षाकृत अभाव है, क्योंकि अन्य देवताओं की तुलना में इसकी अतिजीवितता कम रही है। इसके बावजूद यजुर्वेद तक इन सबसे इस बात का अनुरोध किया जाता है कि वे हिंसित न करे (1.114.7; 2.28.5; 27/1.25; 10.22; 13.48)। इनमें रुद्र और मातृ-देवी अकाल

और महामारी लाकर और अग्नि असावधानी में अग्निकांड फैलाकर भारी अनर्थ कर सकते थे। वरुण, आहार-संग्रह के चरण में और बाद में भी 'टैबू' या निषेध और वर्जना के देवता, यही काम प्रशासकीय कारणों से कर सकते थे और छोटी-से-छोटी असावधानी या प्रमाद के लिए घोर दंड दे सकते थे।

स्वयं वैदिक परम्परा के अनुसार भी रुद्र देवताओं में ज्येष्ठतम और श्रेष्ठतम हैं (27/16.30)। इस मामले में उनकी स्थिति अग्नि जैसी है जिन्हें भी देवताओं में प्रथम बताया जाता है और अग्नि शब्द की व्याख्या भी इस तरह की जाती है मानो यह अग्र का ही रूप-विकार हो (7/1; 28/31/3.9.1.6)। दुर्गा को भी परवर्ती साहित्य में आद्या भगवती के रूप में ही याद किया जाता है।

इस प्राचीनता के कारण, विभिन्न कालों में होनेवाले परिवर्तनों की जमी हुई परतों के कारण इन तीनों देवताओं का व्यक्तित्व अन्तर्विरोधों का पुंज बन गया है। इन अन्तर्विरोधों का कारण कुछ सीमा तक इनके साथ जुड़ी संकल्पनाएँ भी हैं। अग्नि के देवत्व के विषय में हम कुछ चर्चा पीछे कर आए हैं और यथाप्रसंग उनके कुछ ऐसे पक्षों का विवेचन हम यहाँ भी करेंगे जिनका सम्बन्ध रुद्र से है। मातृ-देवी और रुद्र के देवत्व में तो इतनी समानान्तरता है कि शिव के किसी भी पर्याय का लिंग परिवर्तन कर दें तो वह दुर्गा या मातृ-देवियों का पर्याय—भवानी, आद्या, त्रिनेत्र, शूलधारिणी, पिनाकधारिणी, महातपा, शाम्भवी, अनेकवर्णा, माहेश्वरी, घोरा, करानी, ऐशानी, नीलग्रीवा, गुह्येश्वरी, कपालिनी; चंडी—बन जाता है और उनके किसी भी लक्षण को इनके भीतर पाया जा सकता है।

रुद्र के देवत्व में पाए जानेवाले अन्तर्विरोधों की स्थिति यह है कि वह अकेला देवता है जिसे उपवीती कहा गया है (27/16.17) और इसके बावजूद वह अकेला देवता है जो व्रात्य है (व/16.25)। एक ओर तो इसका सम्बन्ध प्रभावशाली वर्ग के विभिन्न पदों—मन्त्री (व/16.12), क्षेत्रपति (व 16.18), वणिक (व/16.12), क्षत्रिय (व/16.26), सेनानी (व/16.26), संगृहीता (व/16.26), अधिवक्ता (व/16.5), सभापति (व/16.26) आदि से है तो दूसरी ओर इसके अर्थतन्त्र की सेवा करनेवाले रथकारों, इषुकारों, कलालों, कर्मारों, तक्षकों, स्थपतियों आदि से (व/16.27), तीसरी ओर निषादों, पुंजिष्ठों, व्याधों आदि पिछड़े जनों से (व/16.23; 51) और चौथी ओर इसका सम्बन्ध वैदिक समाज को आतंकित करनेवाले अपराध-कर्मियों—स्तेनों, तस्करों, आततायियों, निशाचरों आदि से (व/16.21)। यजुर्वेद के अध्याय 16 में उनका और उनके गणों का जो दायरा है उससे भूमि से लेकर आकाश तक का चर-अचर, सद-असद, कोई भी प्राणी, तत्त्व या गुण छूटा नहीं रहता।

रुद्र का उद्भव

रुद्र पाषाण-युगीन देवता हैं। आज भी रुद्र या शिव के नाम पर जलधाराओं के साथ बहकर आए हुए चिकने हुए पत्थर (वटिकाश्म) रखे जाते हैं, जिन्हें शिव कहा जाता है। इन पत्थरों का उपयोग पाषाण-काल का मनुष्य अपने हथियार बनाने के लिए करता था। प्रकारान्तर से कहें तो, इसकी पूजा शस्त्र-पूजा के रूप में या इसके उपादान के रूप में आरम्भ हुई जो

पहले पूजा न होकर इसके प्रति गहरा सम्मान-भाव या इसे कुछ यत्न के साथ जुटाने और सँभालकर रखने तक सीमित रही होगी। ये पत्थर जिन धाराओं के साथ बहकर आते थे, वे इसकी बहनें थीं जिसकी सूचना अम्बिका (अंबु-अम्बिका) में मिलती है (27/3.57; 31/2.6.2.9)। स्तरीय चट्टानों से निकल इन शर्करों या पत्थर-खंडों में से वे पत्थर उस रेखा पर अधिक आसानी से टूट सकते थे जहाँ पर इनमें निशान बना होता है और इस तरह अलग हुए खंडों में सहज ही तेज़ धार बन जाती थी, अतः सम्भवतः इन्हें अधिक उपयुक्त माना जाता था। यही निशान आगे चलकर शिव के उपवीत के रूप में कल्पित हुआ और यही कारण है उपवीती शिव या वटिकाश्म को विशेष महत्त्व दिया जाता है। इन पत्थरों के रंग के अनुसार ही रुद्र के रंग की बात जुड़ गई। अतः वह श्वेत रंग के या श्वितीची (2.33.8), ब्रभु, (2.33.8), नीलोहित (27/16.47), लोहित (व/16.6-7) आदि हैं। यदि पाषाण कालीन हथियारों पर दृष्टिपात करें तो रुद्र के रंगों को पहचानना कठिन न होगा। दो स्तरों के बीच पड़नेवाले निशान को 'उपवीत' तो उपवीत का चलन होने पर कहा जाना ही था। पहले इसे सम्भवतः कंठ या जोड़ ही कहा जाता था। जहाँ भेदक निशान नीला हुआ वहाँ इसका नाम नीलकंठ पड़ गया और श्वेत हुआ तो श्वेतकंठ (व/16.57), नीलग्रीव (व/16.7), और शितकंठ (व/16.7) और एक ही साथ लाल, ब्रभु, नीललोहित और श्वेत रंगोंवाले व्यक्ति या देवता का वह वैचित्र्य पाषाण काल में ही क़ायम हो गया था जिसे लेकर बाद में कहानियाँ गढ़ ली गईं।

वैदिक साहित्य में रुद्र को बार-बार अग्नि से अभिन्न माना गया है। रुद्र के विकास-सूत्र को न समझने के कारण यह तथ्य 'द्रविड़ देवता' पर वैदिक देवता का आरोपण प्रतीत होता रहा है। पर इसका रहस्य भी पत्थरों के औज़ार बनाने के भीतर ही छिपा है। औज़ार गढ़ते समय आग की चिनगारियों को निकलते देखकर मनुष्य को यह सोचकर विस्मय अवश्य हुआ होगा कि वही आग जो जब-तब जंगलों में, और विशेषतः बाँस के वनों में, रगड़ से उत्पन्न हो जाती है वह इन पत्थरों के भीतर भी विद्यमान है। ज़रूरी नहीं कि इस समय तक मनुष्य ने आग का उपयोग सीख ही लिया हो, यह भी ज़रूरी नहीं कि इस नए तत्त्व की ओर उसका ध्यान भी पहली ही बार में चला गया हो। अधिक सम्भव है कि हज़ारों वर्षों तक वह इस दिशा में उदासीन ही रहा हो और आग पर नियन्त्रण पाने के बाद, स्वयं आग पैदा करने में समर्थ हो जाने के बाद ही उसने इसे लक्ष्य किया हो, पर पत्थर में जहाँ भी ठोकर मारो वहाँ से चिनगारियों का फूटना उसे इस बात का यक़ीन दिलाने के लिए काफ़ी था कि काठ की ही तरह पत्थर भी अग्निमय है, या कहें, यह रुद्र भी अग्नि का ही एक रूप है। कौंधती हुई बिजलियों में, कहें जल से भरे बादलों में या प्रकारान्तर से जल में, सूर्य में, सर्वत्र अग्नि की विद्यमानता ने किसी चरण पर उसको यह सोचने पर मजबूर किया कि अग्नि एक ऐसा तत्त्व है जो सर्वत्र विद्यमान है और उसे सृष्टि मात्र में क्रियाशील और गूढ़ रूप में विद्यमान एक शक्ति का या ब्रह्म–ब्र/भ्र–जलना, प्रकाशित होना, जिससे अग्नि का नाम ब्रह्म पड़ा और जिसके कारण रुद्र का अग्नि से अभेद हो जाता है–का आभास हुआ और इस अभिन्नता के कारण रुद्र अग्नि की ही तरह सर्वव्यापी मान लिये जाते हैं। इस अभेद की अभिव्यक्ति अग्नि और रुद्र के अनेकानेक पर्यायों में पाई जानेवाली

समानता में दिखाई देती है—रुद्र और अग्नि के नव पर्याय; रुद्र, शर्व, पशुपति, उग्र, अशनि, भव, ईशान, महादेव और कुमार—बिलकुल एक जैसे हैं (31/6.1.3.18)। इसकी सबसे मुखर अभिव्यक्ति अथर्ववेद के व्रात्य-सूक्तों में हुई है जिन्हें लेकर विद्वान् खासी उलझन का सामना करते रहे हैं (1/15.2.1-7)। ऋग्वेद में और अन्य वैदिक कृतियों में तो यह बार-बार दुहराया ही जाता है कि अग्नि ही रुद्र भी है (2.1.6)।

रुद्र के व्यक्तित्व में अग्नि और वरुण का, और सम्भव है इन्द्र का भी, हाथ *ऐतरेय ब्राह्मण* की उस कथा में देखा जा सकता है, जिसको न समझ पाने के कारण कीथ ने इसे एक अटपटे तर्क में बदल दिया था, और अन्य अनेक विद्वान् मूल पाठ के भाव को न समझकर इसे दुहराते रहे हैं; यद्यपि यहाँ स्पष्टतः इनका नाम नहीं लिया गया है। इस कथा के अनुसार देवताओं में जो घोरतम या सबसे भयानक थे उनके तत्त्वों को या भूतों को एकीभूत करने से रुद्र की उत्पत्ति हुई थी और इसीलिए उसका नाम भूतवान पड़ा था। ऋश्य मृग का रूप धारण करके अपनी दुहिता के साथ संसर्ग करनेवाले प्रजापति पर बाण से प्रहार करने को कहा गया और फिर रुद्र के ऐसा करने पर उसे इच्छित वर दिया गया, जो था पशुओं पर उसका आधिपत्य और इस तरह वह 'पशुमान' हो गया (7/3.9.10)। इस रूपकीय कथा को, जो कल्पना-प्रसूत है, दर-किनार कर दें तो इसके मूल में दो तत्त्व रह जाते हैं, पहला है कि रुद्र के उद्भव में ही इसमें अग्नि आदि के अन्तर्निहित होने का तथ्य और दूसरा, बाण से प्रहार करने की क्षमता के कारण इसका पशुपति होना।

पाषाणी संस्कृति के आहार-संग्रही और आखेटजीवी मनुष्य ने शिलाखंडों में इसकी प्रतिष्ठा मानने और इन्हें औज़ार का साधन मानने से कुछ अधिक महत्त्व देने और पूजने के अतिरिक्त इसे अपनी छवि में भी ढाला। उसी की तरह वह मृगयाजीवी—मृगायु (27/16. 27), व्याध (16.18), विव्याध (16.20), शिकार के पीछे ऊँची आवाज़ में आक्रन्दन करते हुए दौड़नेवाला (16.19), आततायी या हथियार उठाए रहनेवाला (16.18), निचेरव (16. 20), धावक (16.23), कुलुंच (16.22) या फल-फूल नोचकर खानेवाला, विचिन्वनकारी (16.46) या फलों (गूलर, महुआ, पीपल आदि के) को चुननेवाला, दरिद्र (16.47) या सम्पत्तिहीन, अवसन (16.31) या दिगंबर या अधिक-से-अधिक कृत्तिवास (16.51) या चमड़े से शरीर को (सम्भवतः रक्षा-कवच के रूप में) ढकनेवाला, बिना घर-द्वार के जंगल में विचरनेवाला, अरण्यपति (16.20), वनपति (16.18), वृक्षपति (16.19) या कहें जंगली पेड़ों पर चढ़कर अपने आहार के लिए फल आदि तोड़नेवाला, गह्वरेष्ठ (16.44), गिरिष्ठ (16.24), गिरिशंत (16.24), या गुफाओं आदि में रातें काटनेवाला, पर्णसद (16.46) या पत्ते और फूस आदि बिछाकर गुज़र करनेवाला, सफ़ाई आदि के प्रति उदासीन या जघन्य (16.32), विरूप (16.32), जटा बढ़ाए हुए कपर्दी (16.10) है। ठिकाने का अभाव इस हद तक कि वह अपने हथियार भी, जो उसकी एकमात्र सम्पत्ति थी, किसी पेड़ पर—कोतड़ आदि में—छिपाकर रखता था (16.51)। ज़ाहिर है कि उसकी रूप-रचना में आम मृगयाजीवी मनुष्य को नहीं, अपितु उसके नेता या सरदार को ही आदर्श बनाया गया है। हर मामले में उसका स्वामित्व-भाव—वनस्पति, सत्वपति, गणपति (16.25), सेनानी (16. 26) आदि इसको प्रकट करता है। वह व्रातपति या क़बीले का सरदार है, और उसकी सेना

किसी राजा की सेना नहीं जिसे ख़बर करने और जुटाने में देर लगे। वह आशुसेन (16.34) है। एक आवाज़ हुई कि क़बीला उठकर लड़ने को तैयार। यह समाज, कम-से-कम, यदि अन्य क़बीलों का मामला हो जिनकी इससे शत्रुता हो तो उनका नरसंहार ही नहीं, नरभक्षण करने से भी परहेज़ नहीं करता था। शिव का कपाली और मसानी रूप और शैवों की गुह्य साधनाओं में प्रचलित शवसाधना इसी का अवशेष है। ऋग्वेद में तो उसे पुरुषघ्न कहा ही गया है। वैदिक कवि उससे अपनी खैर मनाता है। वह अपनी क्रुद्ध दृष्टि उस पर न डाले, अपने हथियारों की दिशा उसकी ओर न करके उलटी ओर रखे (27/16.12), इधर तभी दृष्टि फेरे जब अपने हथियार ढीले कर लिये हों (16.9), यह वीर-विनाशक या नरसंहारक–क्षयद्वीर (1.114.1) उसके माता-पिता, लड़कों-बच्चों, पालतू पशुओं को न मारे और किसी तरह प्रसन्न रहे (1.114.7)।

इसकी संहारशीलता, उग्रता (27/16.40) और भीमता, दूर से प्रहार करने की इसकी शक्ति (16.40) के समानान्तर ही इसकी दूसरी विशेषता है अपना आयुध स्वयं बनाने की इसकी दक्षता, जो इसे स्वायुध (16.36) बनाती है। यह कुशल शिल्पी है, तक्षण-कार्य में चतुर और इसलिए बाद के विभिन्न शिल्पियों का देवता बना रहता है (16.27; 46)। आदिम अवस्था में मुक्त सहवास के कारण और उसमें प्रचलित क़बीलाई नाच-गानों के कारण वह ज्ञान और कला का देवता बाद के कालों में तो बना ही रहता है, इसके साथ साधना के अंग के रूप में मैथुन आदि भी जुड़े रहते हैं।

अब उक्त विवरण को सामने रखते हुए कोई उन विचित्रताओं को समझना चाहे तो आसानी से समझ सकता है जो रुद्र या शिव के देवत्व से जुड़ी हुई हैं।

बाद के कालों में रुद्र के चरित्र में बहुत मामूली अन्तर ही आ पाता है। पर इसके बावजूद यह परिवर्तनों से पूरी तरह अछूते नहीं रहते। उन्हें पशुपति की संज्ञा वस्तुतः पशुचारण काल में ही दी गई होगी। अब वह पालतू पशुओं का नहीं अपितु जंगली पशुओं का ही शिकार करते हैं (31/12.7.3.20) और हिंस्र वन्य पशुओं से पालतू पशुओं की रक्षा करते हैं। इसी काल में सम्भवतः वन्य पशुओं को आतंकित करके भगाने के लिए दुन्दुभी और डमरू आदि का आविष्कार हुआ था और इनका सम्बन्ध भी शिव से जुड़ गया था (27/16.35)। रात के समय वन्य पशुओं के प्रति सावधान करने के लिए कुत्तों का विशेष महत्त्व था और इनका नामकरण (स्वान) इनके भौंकने की विशेषता को ध्यान में रखते हुए किया जाना और शिव का सम्बन्ध कुत्तों से जोड़ा जाना भी इसी काल की देन है (16.27)। उनके कुत्ते का नाम भैरव या 'भयकारक आवाज़ पैदा करनेवाला' और उसका काला रंग इस विषय में हमारी कुछ सहायता कर सकता है। इसी चरण में शिव का एक नाम दंडी पड़ जाता है।

कृषि-काल में यह वृष-वाहन बन जाते हैं। इनका कुछ सम्बन्ध बैलगाड़ियों से भी जुड़ जाता है। कृषि को क्षति पहुँचानेवाला चूहा इनका शिकार बन जाता है (व/3.57) जो आगे चलकर गणपति–जो शिव का ही एक अन्य पर्याय है, पर जिसका एक अलग देवत्व कल्पित हो जाता है, का वाहन बन जाता है। पर मूलतः यह चूहे का ही अतिरंजित चित्र है जिसका उदर विशाल है, कारण यह अनाज को भारी क्षति पहुँचाता है और इसकी गर्दन

शिव स्वयं काट देते हैं और अब इसको एक नया गजानन रूप मिलता है। गणेश या गणपति के प्रति भी आरम्भ में भय और उपेक्षा का भाव दिखाई देता है जो विद्वानों को कुछ उलझन में डालता है (160/130)। कृषि क्रान्ति के ही दौरान पहली बार आर्य और दास, भूसम्पदा पर अधिकार रखकर दूसरों से काम कराते हुए भी उसका प्रतिलाभ स्वयं अर्जित करनेवालों और उनके अनुचरों या सेवकों और सहायकों का भेद क़ायम होता है और इन सेवकों और सहायकों तथा विभिन्न शिल्पियों को रुद्र के पुत्रों के रूप में कल्पित किया जाता है। इनमें प्रमुख हैं मरुद्गण (12/2.1.8.7) पर सामान्य रूप से इसमें उन सभी को शामिल किया जाता है जिनको गणबद्ध कहा जाता है, यथा–वसुगण, आदित्यगण, ऋभुगण, आदि।

कृषि के आविर्भाव से आगे के कालों में क्रमशः स्थायी बस्ती बसने के बाद यह ग्राम की रक्षा के देवता बन जाते हैं। कभी अनागरिक रहनेवाले शिव शिल्पियों के सम्बन्ध के कारण वास्तु के देवता या वास्तोष्पत्ति बन जाते हैं और इनको गेही के रूप में भी कल्पित कर लिया जाता है (व/16.39; 44)। इसी दौर में वह विभु, सृष्टिकर्ता और विश्वकर्मा आदि के रूपों में मान्य होते हुए त्रिदेवों में एक पृथक् देवता ब्रह्मा का रूप लेते हैं। ब्रह्मा, रुद्र तथा विष्णु तीनों के विकास में अग्नि की भूमिका प्रधान रहती है और यदि अग्नि, ब्रह्मा, विष्णु और रुद्र में कोई भेद ही नहीं है, सबके पीछे एक ही शक्ति–अग्नि–कल्पित है, तो इसमें किसी तरह की उलझन का सवाल भी नहीं था। हमारे लिए महत्त्वपूर्ण बात यह है कि वैदिक काल तक त्रिदेवों की कल्पना रूपाकार ले चुकी है यद्यपि इनका व्यक्तित्व उस तरह निखर नहीं पाया है जैसा कि बाद में दिखाई देता है। इनमें सबसे प्रधान भूमिका अग्नि की और सोम की रहती है। पर यह विश्वास कि परमदेव एक ही है और विद्वान् लोग उसे विभिन्न नामों से पुकारते हैं (1.164.46; 2.1.2-12) उत्पादन और श्रम के दौरान अर्जित अनुभवों के सारबद्ध अभिव्यक्ति है, न कि ऊपर से आरोपित मान्यता।

रुद्र के चरित्र-निर्धारण में आदिम पाषाण-कर्मियों, उनके तक्षणकार्य के दौरान अर्जित अनुभव-सार और उनकी अपनी सामाजिक-आर्थिक स्थिति के अतिरिक्त एक अन्य तत्त्व का भी बहुत अधिक हाथ है और वह है सोम; जिस पर अलग से विचार करना ज़रूरी है।

5. सोम

सोम का प्रचलन भारत और ईरान दोनों में रहा है और इसलिए लम्बे समय तक इस बात की अटकलें लगाई जाती रहीं कि सोम की उत्पत्ति का स्थान क्या था और इसका प्रचलन कहाँ आरम्भ हुआ था। अन्य बातों के अलावा 'आर्य' प्रव्रजन और इसके स्वरूप का निर्णय करने में भी यह कुछ महत्त्व रखता है, क्योंकि इसका सम्बन्ध आर्य जनों से माना गया है।

सोम के सम्बन्ध में दो बातें बहुत महत्त्वपूर्ण हैं : एक तो इसे रुद्र के साथ कुछ इस अनन्य भाव से जोड़ा गया है कि अन्ततः यह शिव की चूड़ा पर विराजमान हो जाता है, शिव सोमनाथ हो जाते हैं। दोनों की दिशा उत्तर है। दोनों का उत्पत्ति-स्थान पर्वत है। दोनों

के इस निकट सम्बन्ध के कारण ही एक के चरित्र का दूसरे पर आरोपण होता है, जैसे दोनों तिग्मायुध बन जाते हैं। सोम और रुद्र दोनों वनस्पतियों के राजा हो जाते हैं। रुद्र जलाषभेषज होने के कारण, महाचिकित्सक या भिषक्तम हो जाते हैं आदि। सोम की ही तरह रुद्र भी अवैदिक दवेता नहीं हो सकता और इन दोनों का आविर्भाव एक ही भौतिक और सांस्कृतिक पर्यावरण में हुआ है।

महादेवन अपने एक अध्ययन में, जो कई दृष्टियों से बहुत रोचक है, इस नतीजे पर पहुँचते हैं कि हड़प्पा सभ्यता में सोम का प्रचलन था। उनकी मान्यता है कि हड़प्पा के भांडों में से कुछ का सम्बन्ध सोम के आसवन से है और हड़प्पा की लिपि के कतिपय चिह्न उक्त भांडों की ही तरह ऋग्वेद में सोम के विषय में आए विवरणों की सटीक पुष्टि करते हैं (398)।

महादेवन के निबन्ध से यह स्पष्ट है कि सोम ने हड़प्पा सभ्यता के दौरान या सम्भवतः इससे कुछ पहले से ही एक आध्यात्मिक अर्थ पा लिया था और इसका अनुष्ठानों और यज्ञविधानों में लाक्षणिक रूप में उपयोग होने लगा था। यदि वैदिक सोमयागों और अनुष्ठानों के पात्र, सोम के साथ जुड़े आशय आदि सभी की पुष्टि हड़प्पा सभ्यता के अवशेषों से होती है और यदि हड़प्पा की मुहरों पर अंकित एकशृंग वृषभ का अर्थ सोम है, तो इससे हम बिना किसी उलझन के दो निष्कर्ष निकाल सकते हैं : पहला यह कि हड़प्पा सभ्यता में यज्ञ विधान का व्यापक प्रचलन था और इस मामले में यह रुद्र शिव की पूजा से कई गुना अधिक व्यापक था। दूसरा यह कि हड़प्पा की मुहरों पर अंकित वृषभ आदि की अन्य प्रतिकृतियाँ भी वैदिक देवों की ही लाक्षणिक अभिव्यक्तियाँ हैं। इस तरह धर्म, विश्वास, दर्शन और मृद्भांडों की दृष्टि से भी हड़प्पा सभ्यता निरपवाद रूप से वैदिक सभ्यता सिद्ध होती है।

इसमें सन्देह नहीं कि एकशृंग वृषभ के ऊपर चित्रित चिह्न, उसके सामने रखे पात्रों और आधारों के साथ लाक्षणिकता जुड़ी हुई है, पर वह केवल यहीं तक सीमित नहीं है। मार्शल ने बहुत पहले इस बात की ओर संकेत किया था कि रुद्र शिव के सिर पर सींगनुमा बने चिह्न का भी एक पवित्र लाक्षणिक अर्थ है। यह किसी पशु का सींग नहीं है। यही भिन्न अनुपातों में आराधकों के सिर पर तथा अन्य प्रतिकृतियों के सिर पर भी पाया जाता है जिनको रुद्र शिव नहीं माना जा सकता (404/53-55)। डॉ. अग्रवाल ने, जैसा कि हम पीछे देख आए हैं, एकशृंग वृषभ के सम्मुख रखे पात्रों को सोम से सम्बन्धित माना था, यद्यपि उतने युक्तिपूर्ण ढंग से नहीं जितने युक्तिपूर्ण से महादेवन ने।

सोम-लता की पहचान में विद्वानों को प्रायः उलझन होती रही है। इसका एक कारण यह है कि पर्वत से इसके सम्बन्ध को शब्दशः ग्रहण करने के कारण इसे एक वन्य पौधा मान लिया गया और फिर इसी दृष्टि से अटकल लगाए जाते रहे जिन्हें बढ़ाने में बाद के कालों में प्रचलित भ्रमों ने भी मदद की। हमने अन्यत्र इस पहलू पर विचार करते हुए यह सुझाया है कि सोम गन्ना था (578)। यहाँ केवल इस बात की ओर ध्यान दिलाना ही काफ़ी है कि ऋग्वैदिक विवरणों के अनुसार सोम की खेती की जाती थी (9.46.37)। इस पौधे में फल नहीं लगता था, अतः किसान इसके डंठल को काटकर इसे लगाते या इसकी

बोआई करते थे (10.94.13)। इसे सीधे दाँत से भी चूसा जाता था (8.8.1-2)। इसका रस इसके डंठल के भीतर भरा रहता था और यह सर्वाधिक मीठा होता था (9.1.1)। इसमें रस इतना प्रचुर होता था कि दबाने पर इससे रस की धार फूट निकलती थी (व)। ध्यान रहे कि इक्षु आदि को भी लता कहा जाता था (432/इक्षु लता) और सोमलता में भी गन्ने की तरह पोरियाँ और गाँठें हुआ करती थीं (9.97.18)। वास्तव में सोम-लता इक्षु-लता या गन्ना ही थी। इसके साथ ही यह उल्लेख करना भी ज़रूरी है कि जहाँ वैदिक परम्परा के अनुसार सोम पहले स्वर्ग में था और वहाँ से धरती पर लाया गया था। वहाँ दक्षिण भारत की संगम परम्परा के अनुसार गन्ना वहाँ स्वर्ग से लाया गया था।

पाषाणी काल में कुछ मनस्वी व्यक्तियों को किंशिल से फूटनेवाली जिस चिनगारी का दर्शन हुआ था और आग का आविष्कार होने के बाद, जिसकी व्याप्ति धरती से लेकर आकाश तक की हर वस्तु में दिखाई देने लगी थी, उसने इस बात का तो एहसास कराया था कि समस्त सृष्टि के भीतर एक सत्ता गूढ़ रूप से विद्यमान है जिसका उद्‌घाटन विभिन्न रूपों में होता रहता है और इससे इस विचार को बल मिला था कि सृष्टि का कोई एक ही मूल कारण है, पर एक ही तत्त्व से इस नाना रूप जगत की रचना कैसे हुई हो सकती है, यह समझ में नहीं आ रहा था। गन्ने के रस से गुड़ पकाते समय किसी चरण में इस रहस्य का एक समाधान सामने आया, अर्थात् आरम्भ में समस्त सृष्टि जलमय थी। यह जल सामान्य जल न होकर सारगर्भित या हिरण्यगर्भित और तेजगर्भित था और इसी में समस्त ब्रह्मांड अव्यक्त रूप में विद्यमान था (10.121.1-7)। इसे एक चेतना-सम्पन्न आदिजल या सोम के रूप में कल्पित किया गया। गुड़ पकाते समय भरे हुए कड़ाह का रस खौलने पर भाप (जल और वायु दोनों की सर्जना का आभास देने के लिए पर्याप्त) ऊपर उठती है और क्रमशः गुड़ फेन का रूप लेता है और फिर और तपाने पर गाढ़ा हो जाता है, जैसे गीली मिट्टी। कुछ और तपाने पर यह सूखी मिट्टी की तरह कठोर हो जाता है और इसे असावधानीवश कुछ और गर्म कर दिया गया जो आरम्भिक चरण में प्रयोग करते समय किया भी गया होगा तो यह सूखकर चट्टान की तरह कठोर हो जाता है (31/6.1-3)। कड़ाहा क्रमशः ऊपर खाली (शून्य या आकाश) हो जाता है। इस तरह इस आदि सारगर्भित तत्त्व से ही धरती, आकाश, वायु और तेज या अग्नि आदि सभी तत्त्वों का सृजन सम्भव था। इस कल्पना ने सोम को सृष्टि का बीज कारण बना दिया और इसी से इन्द्र, अग्नि, आदि सभी तत्त्वों की उत्पत्ति मानी जाने लगी (9.96.5)। प्रजापति द्रोणकलश (गुड़ पकाने का कड़ाहा) है, यह मान्यता इसी सूझ की देन है (31/4.3.1.6)।

सोम अब मात्र गन्ना नहीं रह गया और इसको समस्त जलों का प्रतिरूप, समस्त जगत का राजा मान लिया जाता है (9.7.5; 10.3)। इसका मूल निवास जल की तरह द्युलोक मान लिया जाता है (9.86.28) और इसको चन्द्रमा से अभिन्न मान लिया जाता है (31/10.4.2.1)। अपनी ऊँचाई और रस की मधुरता के लिए यह औषधियों का राजा तो पहले से था ही (9.11.3)। इसके सादृश्य पर चन्द्रमा भी औषधियों का राजा बन जाता है। इस तरह यह एक ऐसी विराटता ग्रहण कर लेता है जो कुछ मामलों में अग्नि का भी अतिक्रमण कर जाती है और साथ ही इसमें अग्नि के कुछ गुण, जैसे—ज्ञान, भास्वरता आदि

आ जाते हैं (9.2.2; 5.10; 6.5)। अग्नि का जन्म तो जल से माना ही गया है। बल्कि वह जल का नाती-अपां नपात है।

जल मात्र से अभिन्नता इसे समस्त जलस्रोतों से जोड़ देती है (9.86.8)। जिन किंशिलों को शिव के रूप में प्रतिष्ठित किया गया था उनको नदियाँ अपनी धाराओं के साथ बहाकर लाती थीं और इसका उद्गम भी उत्तर का वही पहाड़ था जिससे ये पत्थर निकलकर आते थे, अतः जहाँ तक इस धरती का प्रश्न है, रुद्र और सोम दोनों का निवास उत्तर का हिमालय पर्वत हो जाता है (9.46.1)। हिमालय की चोटियों पर जमी बर्फ़ की तरह रुद्र या शिव के भी शिखर पर सोम को चन्द्रमा के रूप में प्रतिष्ठित मान लिया जाता है। सोम या गन्ने का रंग ब्रभ्रु (9.11.4) भूरा, लाल (व) आदि तो होता ही है, इसकी पत्तियाँ हरी होती हैं और इसकी कुछ नस्लों का रंग भी कुछ हरियाली लिये होता है। पहले दोनों रंगों का साम्य तो किंशिलों में भी पाया जाता है, पर रोचक बात यह है कि उसका पर्याय (9.3.3) शिव और अन्य दैवी अवतारों का सबसे लोकप्रिय पर्याय बन जाता है। गन्ने के छिलके के ऊपर कार्बन की एक काली-सी परत जम जाती है और सम्भवतः इसके प्रति आदर-भाव ने ही शैवों को सर्वप्रथम अपने शरीर पर विभूति लपेटने को प्रेरित किया, यद्यपि इसके दूसरे कारण भी सुझाए जा सकते हैं। गन्ने के मोटा होने के साथ-साथ इसकी पत्तियाँ सूखकर अपने आप उतरती जाती हैं और चमकता हुआ डंठल खुलता जाता है, मानो कोई साँप अपनी केंचुल उतार रहा हो (9.86.44)। साँप से गन्ने के इस साम्य ने ही सम्भवतः शिव के शरीर पर लिपटे साँपों का रूप लिया हो। इस तरह हम देखते हैं कि रुद्र–शिव और सोम के बीच अनेक व्याजों से गहरा सम्बन्ध कायम किया गया है। सोम की तुलना प्रायः वृषभ से की गई है और उसे नन्दी कहा गया है। यही नन्दी शिव का वाहन बन जाता है और प्रायः इसकी स्वतन्त्र रूप में पूजा की जाती है। इस अभिन्न सम्बन्ध को ध्यान में रखते हुए यह सोचना ग़लत नहीं लगता कि सोम का रस निकालने के लिए प्रयुक्त यन्त्र का भी सम्बन्ध शिव से जुड़ गया हो और जिस प्रतीक को शिवलिंग माना जाता है वह सोम का रस निकालने के यन्त्र का ही लघु रूप हो।

सोम-रस निकालने की ठीक विधि क्या थी, इस विषय में बहुत उलझन है (389/528; 285/265; 398), जहाँ सोम का ही निश्चय न हो पा रहा हो वहाँ रस निकालने की विधि और इसके लिए प्रयुक्त यन्त्र या युक्तियों के विषय में अनिश्चय होना स्वाभाविक ही है। पर सोम की पहचान गन्ने के रूप में कर लेने के बाद इसके लिए प्रयुक्त विधि और यन्त्रों को समझने में कुछ सुविधा हो जाती है। पहली बात यह है कि सोम का रस पेरकर निकाला जाता था, न कि कूट और छानकर। इसके लिए बार-बार हिन्वन् का प्रयोग हुआ है जिसका अर्थ भाष्यकारों ने पेरना किया है (14/2.5)। सोम का रस निकालने से पहले इसके छोटे टुकड़े बना लिये जाते थे। इनके लिए अंशु शब्द का प्रयोग हुआ है। जब-तब इन टुकड़ों को और भी छोटी गेड़ियों में काटा जाता था और इनके लिए ही उपांशु शब्द का प्रयोग हुआ लगता है। अंशु को सूर्य-रश्मियों का द्योतक मान लेने और बहुत पहले ही सोम का सम्बन्ध द्युलोक से जुड़ जाने के कारण, अंशु और उपांशु दोनों शब्दों का अर्थ करने में असुविधा होती रही है (31/1.3.5.10)। *काठक संहिता* (27.2.9) में उपांशु

को शृंग की उपमा दी गई है–शृंग उपांशु...यत् शृंगं धयति यत् एतौ पूर्वार्धे यज्ञस्य क्रियते–जिससे लगता है, गन्ने के ऊपरी सिरे को या गाँठों से जब-तब फूटनेवाली टहनी को उपांशु कहते रहे हैं। जो भी हो, ब्राह्मणों आदि में विभिन्न उपखंडों में सोम को कर्मकांडीय तकाजों से काटने के उल्लेख मिलते हैं जिनको एगलिंग ने बार-बार दबाने या कुचलने के अर्थ में ग्रहण किया है जो मूल से कुछ हटकर है (212/4.1.1.8-12)। मैकडनेल और कीथ ने अंशु को अंकुर माना है (389/525), और एगलिंग इसका अनुवाद स्प्रिग या फुनगी करते हैं (212/248), पर हम इनसे सहमत नहीं हो पाते। सोम की फुनगी को या अंकुर को दबाने का कहीं उल्लेख नहीं आता। इसका तना ही रस का स्रोत था। *वैदिक इंडेक्स* के अनुसार, "इसके अंकुर को अंशु जबकि समस्त पौधे को 'अंधस्' कहा गया है, जो कि इसके रस का भी द्योतक है। पर्व इसका तना है। इसके अंकुर की उपाधि के रूप में 'क्षिप' (उँगली–का प्रयोग किया गया है जिससे ऐसा प्रतीत होता है कि अंकुर का आकार उँगली जैसा ही रहा होगा 'वक्षणा' और 'वाण' से भी अंकुर का ही आशय प्रतीत होता है (389/525)। वास्तविकता यह है कि सोम या गन्ने को पेरने के लिए पहले इसके टुकड़े किए जाते थे और इन टुकड़ों की लम्बाई के कारण इनको क्षिप, वक्षणा, वाण आदि कहा गया है और कभी-कभी इनको ऊध या स्तन कहा गया है और सोम रस के इन टुकड़ों से निकलने की तुलना दुहते समय निकलनेवाले रस या दूध से की गई है (9.93.9)।

रस निकालने के लिए लकड़ी की ओखली और ग्रावन या मूसल का और पत्थर के बड़े आकार के खरल (दृषद) का और ग्रावन (उपल) का प्रचलन था। सोम रस निकालने के लिए प्रयुक्त उलूखल अनाज कूटने की ओखली जैसी न होकर तेल पेरने के देशी कोल्हू जैसी थी। यह गूलर की लकड़ी की बनाई जाती थी। ग्रावा के लिए सम्भवतः पलाश की लकड़ी अधिक उपयुक्त मानी जाती थी। ग्रावन का नीचे का सिरा कुछ मोटा होता था जिसके कारण इसे पृथुबुध्न भी कहा गया है (31/1.1.4.7), और यह ओखली के गर्त में ऊर्ध्वाधर खड़ा रहता था। इसके ऊपरी सिरे पर एक टोपाकार लकड़ी का डंडा लगा होता था जिसका ऊपरी सिरा बकुल या कुबड़ी की मूठ की तरह होता था जिसमें बना टोप या कलछी के आकारवाला हिस्सा ग्रावन के ऊपरी नोक को दबाता था और इसका नीचे का डंडा एक पटरे से आकर जुड़ता था। इस पटरे का वही सिरा ओखली के मध्यभाग को आधा घेरकर रखता था, इसका कटाव ज़ाहिर है अर्ध-वृत्ताकार होने के कारण यह ओखली के मध्य में बने खाँच या दबे हुए घेरे पर जुड़ जाता था। ऊपर से आए डंडे से ही जुड़ी रस्सियाँ पटरे के दूसरे सिरे को ऊपर की ओर तानती हुई इसे ज़मीन के समानान्तर उठाए रखती थीं। इस पटरे को ही सम्भवतः उपसद कहा जाता था और सम्भवतः इस पर कोई आदमी बैठ जाता था या भार रख दिया जाता था जिसके दबाव से ग्रावन ओखली के गर्त पर दबाव डालता था। जब यह पटरा रस्सियों के सहारे खींचा जाता था तो ओखली के चारों ओर परिक्रमा करता था और ग्रावन इस तरह कुछ तिरछा होकर सोम की गिल्लियों को ओखली के पार्श्वभाग के साथ दबाता था और रस बाहर आता था। कहें, पूरी प्रक्रिया तेल पेरने के समान थी (1.28)। ओखली या धिषणा के गर्भ से एक तिरछी नाली रस के

बाहर निकलने के लिए बनी रहती थी। इस नाली के रास्ते ऋजीष या सोम के खोइए को रोकने के लिए सम्भवतः एक छलनी लगी रहती थी जिसे बहिःपवित्र कहते थे। अब यह रस सोम कलश या पात्र में आकर गिरता था जिसके ऊपर भी एक छलनी रहती थी। यह छलनी सम्भवतः मिट्टी का पात्र था जिसमें बहुत से छेद बने होते थे और इसके भीतर रस को पूरी तरह शुद्ध करने के लिए भेड़ के बाल रखे होते थे। इस तरह पूरी तरह शुद्ध होकर पवित्र के छेदों से निकलने के कारण सोम को सहस्रधार कहा गया है। निकलता हुआ रस धार के साथ नीचे आता था और कलश में गिरते हुए इससे आवाज़ पैदा होती थी। सोम रस निकालने के यन्त्र, जिसे कोल्हू कहना अधिक उपयुक्त होगा, से इसके कटि भाग से रगड़ खाकर चलते हुए पटरे से और भीतर घूमते ग्रावन से भी चरमराहट की आवाज़ होती थी जिसे ही सम्भवतः राक्षसी प्रभाव को दूर करनेवाला माना गया है। धिषणा या नीचे के फलक में छेद बने होने के कारण इसे तृदिल अर्थात् छिद्रित और ऊपर के ग्रावन में ऐसा कोई छेद न होने के कारण इसे अतृदिल कहा गया है, जिसे कुछ विद्वान् सोमसवन के पटरों में बना छेद मानते हैं और इसका प्रयोजन यह बताते हैं कि इनसे दोनों पटरों को बाँधा जाता था, पर फिर मुसीबत में पड़ जाते हैं कि आखिर दूसरे पटरे में छेद हुए बिना ये बँधते कैसे रहे होंगे (10.94.11;285/271)। सम्भवतः सोम रस निकलने के लिए बनी नाली से सोम रस निकलने का साम्य इन्द्र के अपनी माँ के गर्भ से तिरछा होकर निकलने से दिया गया है (4.18.2), पर महादेवन इसे शतपवित्र के छेदों से तिरछी होकर निकलनेवाली बूँद मानते हैं, जो ठीक नहीं लगता। कहीं-कहीं धिषणा का प्रयोग द्विवचन में हुआ है और धिषणा या यहाँ नीचे की ओखली और प्रवर्ग्य या ऊपर के कुबड़ीनुमा डंडे के गर्त के लिए यह प्रयोग हुआ है, जिसमें से एक को धरती और दूसरे को आकाश का द्योतक माना गया है (285/283) और सोमदंड या ग्रावन को जो प्रतीक रूप में चषाल या यज्ञयूप के रूप में स्थापित किया जाता था, दिवस्कभ या आकाश को सहारा देनेवाला खम्भा बताया गया है। ब्राह्मणों के विवरणों में जब यूप से यज्ञ के रस को निकालकर देवताओं के स्वर्ग चले जाने के हवाले आते हैं (31/1.6.2.1) तो उसकी प्रेरणा इस सोमदंड से ही मिली लगती है। इसी तरह जब यज्ञ में प्रायः यज्ञ के सिर आदि की बात की जाती है तो आशय प्रवर्ग्य या ऊपर के बकुलाकार दाब से रहता है। यज्ञ का सिर काटने का प्रतीकात्मक अर्थ है प्रवर्ग्य को ग्रावन से अलग करना। सोम यन्त्र के चारों ओर की परिक्रमा के कारण यूप या ग्रावन के वृत्ताकार घूमने के कारण ही शायद एक स्थान पर इसे रघुवर्त्म या छोटे घेरे में घूमनेवाला कहा गया है (9.81.2)। इसके बावजूद न तो ओखली अपने स्थान से हटती है, न ही ग्रावन का निचला पृथुबुध्न सिरा, जिसके कारण इन दोनों को स्थिर बताया गया है (10.94.12)। सोम यन्त्र के चारों ओर परिक्रमा से ही देवताओं और इनके मन्दिरों की परिक्रमा या प्रदक्षिणा का चलन आरम्भ हुआ लगता है। उपसद आदि को भी कर्मकांड के तकाजों से आगे काफ़ी भिन्न अर्थ दे दिया गया लगता है।

पहली पेराई में निकलनेवाले सोम को ही शुक्र सोम (1.137.1;3.32.2) या शुचि सोम (1.5.52;30) या, कहें, शुद्ध सोम रस कहते थे। यह अग्नि का भाग था—गुड़ आदि पकाने के लिए सबसे उपयुक्त यही था। रस निकलना कम हो जाने के बाद इसमें पानी के छींटे

दिए जाते थे और इस क्रिया को आप्यायन (1.91.18) कहा जाता था और इसके बाद निकले रस को अप्तुर (9.61.13) या जल मिश्रित सोम। यही दूसरा सवन था जिसे इन्द्र का भाग माना गया है। और छींटे देने का यह काम अन्त तक पूरा रस निकलने तक ज़ारी रहता था। तीसरे सवन तक आकर मिठास लगभग खत्म-सी हो जाती थी (31/4.3.5.17)। वैदिक कालीन सेवक वर्ग को अपने हिस्से में यही रस मिलता था (388/530)।

इस जटिल तरीके के अलावा पत्थर के यन्त्र से सोम रस निकालने का एक अन्य तरीका भी था जिसमें दृषद् या नीचे का पत्थर और उपल या ग्रावन दोनों का आकार छोटा होता था और ग्रावन को हाथ से घुमाया जाता था। छोटे पैमाने पर रस निकालने का यह सुगम तरीका था और इसे हस्तच्युत या अंजसुत सोम कहा गया है (9.11.5; 10.94.13; 285/271)। इस यन्त्र की बनावट ठीक वही थी जो शिव प्रतीक की है जिसे शिवलिंग कहा जाता है। लिंग पूजा वस्तुतः ग्रावन की पूजा है। इसमें रस निकलने की नाली एक ओर को आगे को निकली होती थी जैसा कि सोमनाथ या शिवलिंग के साथ देखने में आता है। लगता है नशे के शौकीन लोग गन्ने के साथ भाँग की पत्ती या धतूरे का फल भी इसमें डाल देते थे (9.61.13) जिससे निकला हुआ रस बहुत मादक और कभी-कभी विषाक्त तक हो जाता था और इससे वमन (31/5.5.4.9), विषूची (व/12.7.3.2; 388/351) आदि उपद्रवों की सम्भावना पैदा हो जाती। सोम हिंसा न करे, विषूची और यक्ष्मा आदि से मुक्त रखें यह अनुरोध सम्भवतः इस कारण ही किया गया है। इन्द्र को सम्भवतः ऐसा ही विषाक्त रस विश्वरूपा के वध के बाद बदले की भावना से पिलाया गया था (31/1.6.3.1-7)।

सोम रस निकालने के लिए पत्थर का यह उपकरण—दृषद् और उपल—अधिक उपयोगी पाया गया और लोहे के बेलनोंवाले कोल्हू के आरम्भ से पहले यही गन्ने का रस निकालने के लिए प्रयोग में आता था, जिसके दृषद् या अधो-भाग को आज भी पूर्वी उत्तर प्रदेश के कुछ गाँवों में उपेक्षित पड़ा देखा जा सकता है। इस यन्त्र की बनावट शिव प्रतीक से इतनी मिलती-जुलती है कि यह सोचने को बाध्य होना पड़ता है कि यह मुख्यतः सोम पूजा से सम्बन्धित था जो रुद्र के साथ सोम के अभिन्न सम्बन्ध के कारण सोमनाथ या शिव के रूप में पूजा जाने लगा। शिव को गन्ने की पोरियाँ, भाँग, धतूरा आदि चढ़ाने के पीछे भी सोम का ही हाथ दिखाई देता है।

6. हड़प्पा सभ्यता में शिव और सोम

हड़प्पा सभ्यता में सोम और शिव दोनों का प्रचलन था और सोम का महत्त्व शिव की तुलना में कुछ अधिक दिखाई देता है, पर उक्त काल में भी दोनों के बीच निकट सम्बन्ध था। जैसा कि हम कह आए हैं, मार्शल ने सिन्धु घाटी में प्रचलित धर्म पर विचार करते हुए रुद्र शिव के विषय में एक बहुत महत्त्वपूर्ण बात यह कही है कि इनके माथे पर लगा सींग किसी पवित्र प्रतीक का द्योतक है और यही अनेक दूसरे सन्दर्भों में भी मिलता है, अतः इसका अनिवार्य सम्बन्ध शिव से ही नहीं है (404/53-55)। यह एक महत्त्वपूर्ण संकेत है और यदि

इसका सम्बन्ध अनिवार्यतः शिव से नहीं है और यह सींग के रूप में दिखाए जाने के बावजूद सींग से भिन्न कोई चीज़ है, तो वह चीज़ कौन-सी है जिसे यह व्यक्त करता है? यह वस्तुतः सोम या गन्ने का पौधा है जिसे गाँठों के साथ शैलीबद्ध रूप में प्रकट किया गया है जिससे यह सींग होने का भी भ्रम पैदा करता है और इसी के कारण आगे चलकर रुद्र चन्द्रभाल या इन्दुशेखर बन जाते है। शिव के सिर पर द्वितीया या चाँद ही क्यों दिखाया जाता है, इसका कारण भी सोम ही है। पूर्णचन्द्र अपने मूल संकेत, सोम या गन्ने को प्रकट नहीं कर सकता। यह सोम ही, जैसा कि मार्शल ने सुझाया है, कुछ आराधकों के सिर पर भी विराजमान दिखाया गया है। एक मामले में व्याघ्र के सिर पर इस शृंग को सोम का ही प्रतिरूप माना जा सकता है, क्योंकि सोम की तुलना सिंह से भी की गई है और व्याघ्र का आदरसूचक नाम भी पहले सिंह था (15/3.18)।

परन्तु सोम का सबसे ओजस्वी रूप एकशृंग वृषभ है जिसके सींग को भी सोमलता के रूप में ही दिखाया गया है और जिसके आगे के खाद्य पदार्थ और इसके प्रस्तुतीकरण की विधि का सोम से गहरा सम्बन्ध है, यद्यपि इस विषय में सन्देह है कि यह सोम छानने के दो पवित्रों का सूचक है। जो भी हो, चूँकि सोमयन्त्र से बाहर को निकलते रस या बहिःपवमान सोम को यन्त्र के साथ लगी किसी युक्ति से जिसे बहिःपवित्र कहा गया है, साफ़ करने और पुनः इसे दशापवित्र शतछिद्र छलनी से जो कलश के ऊपर होती थी, साफ़ करने का उल्लेख पाया जाता है और इसलिए महादेवन का यह सुझाव संगत लगता है कि सोम रस को छानने के दो चरण थे, पर इसको जिस तरह प्रतीकांकित किया गया है उसका अपने मूल से दूर का ही सम्बन्ध हो सकता है।

रुद्र की उपासना का एक रूप उन पत्थरों में पाया जा सकता है जो शिव के रूप में आज तक पूजे जाते हैं, पर जिन्हें कलाकारों ने इस सभ्यता के अनुरूप ही गढ़कर सुघड़ बनाया है और जो एक साथ किंशिल या वटिकाश्म के रूप में आदि शिव को और ग्रावन के रूप में सोम यन्त्र के एक प्रधान अंग को प्रकट करता है। इस ग्रावन की तुलना शिश्न से करने के कारण ही इसे यदा-कदा शिश्न रूप में भी गढ़ा गया है।

रुद्र की मान्य प्रतिकृति के कुछ पहलू वैदिक परम्परा के सहारे ही समझे जा सकते हैं, यथा–शिव के वक्ष का वर्म जिसके कारण यजुर्वेद (16.35, आदि) में उन्हें वर्मी, कवची आदि कहा गया है। उनके तीन मुख जो *ऐतरेय ब्राह्मण* की उस कथा की याद दिलाते हैं जिसके अनुसार रुद्र के व्यक्तित्व का निर्माण कुछ अन्य देवों के मन्यु या क्रोध को, उनके भूततत्त्वों को लेकर किया गया था और जिसके कारण उन्हें भूतनाथ की संज्ञा मिली। उनके पशुपति होने के विषय में जो स्पष्टीकरण *ऐतरेय ब्राह्मण* की उक्त कथा में है उसको और प्रजापति के उषा के साथ हिरन बनकर सहवास करने और उनका वध रुद्र द्वारा किए जाने की कथा एक रूपकीय आख्यान है, इसमें सन्देह नहीं, पर ऐसा लगता है कि इस कथा का प्रचलन हड़प्पा काल में भी था। अन्यथा हिरनों के एक जोड़े को ही रुद्र के आसनपीठ के नीचे दिखाए जाने का तर्क समझ में नहीं आता। इसी तरह मरुद्गणों को, जो रुद्र के पुत्र हैं, खादिहस्त बताया गया है जो रुद्र के हाथ के आभूषणों के स्पष्टीकरण की दृष्टि से सार्थकता रखता है।

7. यज्ञ और पूजा

जब तक कालीबंगाँ और लोथल आदि से यज्ञ-कुंडों का उद्‌घाटन नहीं हुआ था तब तक इस तर्क का कोई अर्थ था कि वैदिक आर्य यज्ञ करते थे और हड़प्पा सभ्यता में यज्ञ प्रचलित नहीं था और उनकी उपासना की पद्धति पूजा की थी जिसे आर्यों ने शताब्दियों बाद ग्रहण किया। पर इन यज्ञ-कुंडों के उद्‌घाटन के बाद और इनसे वैदिक यज्ञ-पद्धति और यज्ञ के उपकरणों की पुष्टि होने के बाद (509/फलक 33d; 33k) तो इस विषय में किसी तरह की आशंका होनी ही नहीं चाहिए।

फिर भी केवल तर्क के लिए ही हम इस बात पर विचार कर सकते हैं कि क्या वैदिक समाज में प्राचीन काल से ही पूजा का, और विशेष रूप से वृक्षों और पशुओं आदि की पूजा का, चलन था या नहीं?

कर्मकांडीय यज्ञ के प्रचलन से पहले देवताओं की आराधना की एक ही विधि थी और वह थी पूजा। यदि हम इस बात की परिभाषा करने चलें कि पूजा क्या है तो हमें कुछ कठिनाई होगी। पर मोटेतौर पर यह कहा जा सकता है कि देवता के प्रति नमन, ध्यान, गन्ध, फूल और फल आदि से देवता की तुष्टि और इस तुष्टि के फलस्वरूप इच्छित फल की प्राप्ति या कामना की सिद्धि–भले यह कामना भौतिक लाभ की हो या मानसिक शान्ति की या पारलौकिक सुख की–और देवता की प्रतिमा या देवस्थान की प्रदक्षिणा आदि में से कुछ या सभी तत्त्वों को पूजा के अन्तर्गत शामिल किया जा सकता है। एक शब्द में कहें तो, पूजा आराध्य देव की साकार रूप में कल्पना उसके सम्मुख समर्पण, उसका गुणगान और इसके द्वारा इच्छित फल की सिद्धि है।

वैदिक साहित्य याजिकीय विधान और कर्मकांड का साहित्य है और यह अपने समय में प्रचलित अन्य उपासना पद्धतियों और रीतियों पर प्रासंगिक रूप में ही प्रकाश डालता है। इसने पूजा के तत्त्वों को अपने भीतर आत्मसात् कर रखा है। आराध्य के प्रति नमस्कार, उसका ध्यान, उसका गुण-कथन या प्रशस्ति, उसकी तृप्ति के लिए अर्घ्य, पाद्य और भोज्य पदार्थों का अर्पण, इसके भी अंगभूत हैं। दूसरे शब्दों में कहें तो, वैदिक यज्ञ-विधान में भी देवता को सभी मानवीय गुणों, रूपों-आकारों, इच्छाओं और शक्तियों से उसी तरह युक्त माना गया है जैसे मूर्तिपूजा में माना जाता है, और इसलिए यह सोचना ग़लत नहीं होगा कि देवताओं का मानवीकरण और यदा-कदा मनुष्यों का दैवीकरण, जैसा कि पितरों और प्राचीन ऋषियों के मामले में देखने में आता है, करनेवाले इनकी प्रतिमाएँ भी गढ़ते रहे होंगे। प्रतिमा रूप की कल्पना और प्रतिष्ठा से भिन्न क्या है? और इस तरह की कल्पना और प्रतिष्ठा के संकेत वैदिक विधानों में प्रायः पाए जाते हैं। जहाँ देवताओं को बुलाया जा रहा है और उन्हें अपने स्थान पर बैठने को कहा जाता है वहाँ निश्चय ही उनकी आकृति, प्रतीक रूप में ही सही, गढ़कर विहित स्थान पर रखी अवश्य जाती रही होगी।

अतः यह कहना ग़लत नहीं होगा कि मूर्तिपूजा और यज्ञ-विधान में तात्त्विक असंगति नहीं है और आगे के कालों में इनका अलगाव उस विशाखन की देन है जो भौतिक यज्ञ को मानसिक यज्ञ और योगसाधना में बदलकर यज्ञ के समानान्तर एक नए सम्प्रदाय को जन्म देता है और मूर्तिपूजा अलग होकर यज्ञ को अनुषंगी बनाकर चलती है।

प्रकारान्तर से कहें तो, अपने क्रमिक विकास में पूजा और ध्यान व्यक्तिगत आराधना के अंग बन जाते हैं और यज्ञ सार्वजनिक अवसरों और विशेष पर्वों के लिए सुरक्षित रह जाता है। यह स्थिति वैदिक काल में भी थी। यज्ञ रोज़ नहीं किए जाते थे, जबकि पूजा सम्भवतः धार्मिक प्रवृत्ति के लोगों और पुरोहितों आदि के लिए नियमित-सी चीज़ थी। इसकी पुष्टि भी ऋग्वेद से ही होती है, जिसमें ऋषियों के सन्दर्भ में स्तुति और मनुष्यों–सामान्य गृहस्थों–के सन्दर्भ में यज्ञ का उल्लेख आया है (1.84.2)। इसके अतिरिक्त एक स्थल पर दस गो (दस सेर अनाज) पर इन्द्र (इन्द्र की प्रतिमा) को बेचने का भी एक हवाला आया है (4.24.10; 83/228)।

अतः यह सोचना युक्तिसंगत नहीं लगता कि वैदिक काल में मूर्तिपूजा का प्रचलन नहीं था। जैसा कि हम शिव और काली के स्थानों के विषय में चर्चा करते हुए देख आए हैं, मन्दिरों का निर्माण बहुत बाद से आरम्भ हुआ। इनसे पहले पेड़ों के नीचे ही देवी या देवता की वेदी बनाकर उस देवी या देवता का निवास कल्पित किया जाता था और इनकी भी पूजा नियमित रूप से न होकर विशेष अवसरों पर ही होती थी, जैसे–फ़सल की कटाई या नए अन्न का ग्रहण (नवान्न) या किसी हारी-बीमारी के आने पर। सम्भवतः विवाह आदि के अवसर पर भी इन स्थानों की परिक्रमा आदि कर ली जाती थी, जो आज भी की जाती है। इन्हीं वेदियों पर सम्भवतः देवी की प्रतिमा या उनका वाहन भी स्थापित कर दिया जाता था। कृषि-क्रान्ति के साथ नए देवताओं का उद्भव होने के साथ प्राचीन यज्ञ-विधान ने, जो सम्भवतः देवस्थान पर बलि-पशु को काटने और देवता को भोग अर्पित करने के बाद स्वतः खाने तक सीमित था, एक आडम्बरपूर्ण रूप ले लिया और इनमें प्रधान हवि कृषि-उत्पाद और दूध-घी आदि हो गए, यद्यपि पुराने चलन के अनुसार पशुओं की बलि भी चलती रही। अन्तर यह भी था कि पहले बलि-पशु आखेट में पकड़ा हुआ पशु होता था, जिसे पकड़ने में देवकृपा का भी हाथ माना जाता था, पर अब पशुचारण काल से ही पालतू पशु हो गया था, जिसकी वृद्धि में देवता की कृपा को सहायक माना जाता था।

अब यदि हम उन वृक्षों पर दृष्टि डालें जिनकी पूजा होती रही है या जिन्हें असाधारण महत्त्व दिया जाता रहा है और इनके महत्त्व के पीछे छिपे कारणों पर विचार करें तो हमें पुनः इस बात के अकाट्य प्रमाण प्राप्त होते हैं कि हड़प्पा सभ्यता ही वैदिक सभ्यता है। हड़प्पा सभ्यता के भांडों पर जिन वृक्षों की पत्तियों के चिह्न हैं, उनमें प्रमुख हैं–पीपल, गूलर और पलाश। इन्हीं का महत्त्व वैदिक परम्परा में भी है, पर जहाँ हड़प्पा के अवशेष मूक हैं, वैदिक परम्परा में इनके महत्त्व की व्याख्या भी है। पीपल और शमी की लकड़ी को रगड़कर आग पैदा की जाती थी और इनके अभाव में यही काम खदिर आदि से लिया जाता था। गूलर, पीपल और पलाश की लकड़ी के विविध उपकरण और पात्र बनाए जाते थे, जैसे–ओखली, मूसल, कठौत, कछली या दर्बी आदि। सोम-रस निकालने के यन्त्र में प्रयुक्त होने के कारण तो अश्वत्थ और पलाश को सोम का ही पर्याय मान लिया गया था; कारण, ये सोम-रस या सोमलता के न सही, सोमयन्त्र के पर्याय तो थे ही। इस सूत्र की ओर ध्यान न देने पर इस बात को लेकर प्रायः उलझन होती है कि सोमलता जैसे पौधे का भला पीपल और पलाश से क्या सम्बन्ध हो सकता है। पलाश जिसका ग्रावन बनता था और जिसे ओखली

की तुलना में अधिक सम्मान से याद किया जाता रहा है, सोमदंड होने के कारण संन्यासियों के लिए सबसे उपयुक्त माना जाने लगता है। इसकी लकड़ी के पीढ़े पर बैठना तो ब्रह्मपीठ पर बैठने जैसा है। इसकी लकड़ी से पात्र बनाना उतना सरल नहीं था, पर इसकी पत्तियों को पात्र या पत्तल बनाने के लिए सबसे उपयुक्त माना जाता रहा है। इस तरह हम पाते हैं कि सोम के प्रति वैदिकों की एकाग्रनिष्ठा ने ही उन वृक्षों को भी अतिरिक्त सम्मान देने और इन्हें पूज्य बनाने में मदद की जिनके कारण यह कहा जाता रहा है कि हड़प्पा सभ्यता में वृक्ष-पूजा का प्रचलन था और वैदिकों ने इसे उन्हीं से अपनाया।

सर्प की पूजा और सर्प को शिव के शरीर पर लपेटने के विषय में हम सोम के सन्दर्भ में विचार कर आए हैं। अन्य विभिन्न पशु किसी-न-किसी रूप में उन देवताओं के ही वाहन या उनके प्रतिरूप हैं—छाग अग्नि और पूषा का वाहन, मेष वरुण का, हिरनी मरुद्गणों की, गधा अश्विनों का, घोड़ा व हाथी इन्द्र के, वृषभ रुद्र का वाहन (15/1.15)। रुद्र, अग्नि, सोम, ब्रह्मणस्पति आदि वृषभ के समान हैं। आकाश स्वतः वृषभ है, धरती गाय।

वैदिक काल में गाय की पूजा की बात निराधार है। आर्थिक कारणों से और एक लम्बे आन्दोलन के बाद गो और गो-प्रजाति के वध और गोमांस-भक्षण पर प्रतिबन्ध लगाया गया था और इसके बावजूद यह ब्राह्मण-काल तक जारी रहा था, इसे अन्य विद्वान् भी मानते हैं (102/55; 344/37-38)।

भाग-2

अध्याय : एक

वैदिक रचना-काल

सामान्यतः बुद्ध से पहले का भारतीय इतिहास काल-क्रम की दृष्टि से अनिश्चितताओं के एक ऐसे कुहरे में लिपटा रहा है जिसमें अपनी रुचि और रुझान के अनुसार दशाब्दियों को शताब्दियों में और शताब्दियों को सहस्राब्दियों में बदला जा सकता है। इस अराजकता का प्रधान कारण हमारी अनैतिहासिक दृष्टि रही है। परन्तु अनैतिहासिक दृष्टि की अभिव्यक्ति इस काल-प्रसार का तर्कहीन विस्तार करने में ही नहीं हुई है। इसका एक रूप ऋग्वेद को 'हास्यास्पद रूप में आधुनिक' सिद्ध करने का भी रहा है जो, जैसा कि विंटरनित्ज़ ने कहा था (630/290), पहली दृष्टि से कम खेदजनक नहीं रहा है।

वैदिक साहित्य से परिचित होने के बाद विद्वानों की दो स्पष्ट प्रतिक्रियाएँ रहीं। पहली यह कि यह अत्यन्त प्राचीन है, पर कितना प्राचीन, यह तय कर पाना कठिन था। दूसरी यह कि यह बहुत विशाल था, पर कितना विशाल, यह तय करना भी कम कठिन नहीं था, कारण, उपलब्ध साहित्य से इस बात की स्पष्ट झलक मिलती है कि इसका बहुत बड़ा अंश काल-प्रवाह में नष्ट हो चुका है। जो कुछ बचा रह गया है वह भी इतना विशाल है कि इसकी तुलना में किसी भी अन्य सभ्यता का प्राचीन साहित्य नहीं रखा जा सकता। इसके साथ ही हम एक तीसरी प्रतिक्रिया की भी बात कर सकते हैं, और वह यह कि इस विशाल साहित्य की रचना में बहुत लम्बा समय लगा है–इतना लम्बा समय कि इसके दौरान अपनी समूची परिरक्षणवादिता के बावजूद इसकी भाषा, मानसिकता, अर्थव्यवस्था, समाज-व्यवस्था, देवशास्त्र, रीति-विधान आदि में इतने गहरे परिवर्तन हो जाते हैं कि स्वयं वैदिक काल में ही इसका अतीत वैदिक अध्येताओं के लिए दुर्बोध हो जाता है। इनमें से प्रत्येक पक्ष को समझने की जी-तोड़ कोशिश के बावजूद स्थिति स्पष्ट नहीं हो पाती।

ऋग्वेद की रचना कब हुई हो सकती है या, कहें, कितने लम्बे दौर में हुई हो सकती है, इसका निश्चय करना एक जोखिम भरी चुनौती थी, पर इसे अनिश्चित बने रहने देना इससे भी अधिक विडम्बनापूर्ण बात थी। अतः इस चुनौती का सामना संस्कृत साहित्य के प्रख्यात विद्वान् मैक्समूलर ने किया।

1. मैक्समूलर का काल-निर्धारण

मैक्समूलर ने (411/244) वैदिक काल का निश्चय करने के लिए बुद्ध के काल को अपना प्रस्थान-बिन्दु बनाया। उन्होंने समूचे वैदिक साहित्य को चार काल-खंडों में बाँटा। इनमें से

अन्तिम को उन्होंने सूत्र-काल की संज्ञा दी और इसके लिए 600 ई.पू. से 200 ई.पू. का समय नियत किया और इस तरह इससे पहले के प्रत्येक चरण–ब्राह्मण, मन्त्र और छांदस्– के लिए दो सौ वर्षों की अल्पतम काल-सीमा नियत करते हुए यह सुझाया कि 1000 ई.पू. तक समूचा ऋग्वेद अपने वर्तमान रूप में अस्तित्व में आ चुका था, और इसका रचना-काल किसी भी तरह 1200 ई. पू. से बाद में नहीं रखा जा सकता। यद्यपि उन्होंने आगे चलकर (412/भू. 9) यह स्वीकार किया था कि उन्होंने ब्राह्मण, मन्त्र, छांदस् काल के विकास और परिपक्वता और ह्रास के लिए जो औसत कालावधि सुझाई थी वह दूसरे राष्ट्रों के बौद्धिक इतिहास में इसी तरह के दौरों के लिए नियत औसत कालावधि से कम है।

मैक्समूलर के इस काल-निर्धारण पर दो तरह की प्रतिक्रियाएँ देखने में आती हैं। पहली उनकी जिन्हें संस्कृत का अधिकारी विद्वान् कहा जा सकता है और जो ही इस जटिल समस्या पर कुछ कहने के अधिकारी माने जा सकते हैं। इनमें से अधिकांश ने मैक्समूलर द्वारा किए गए काल-निर्धारण को सही नहीं माना और वे बराबर इस बात पर बल देते रहे कि ऋग्वेद के रचनाकाल को 2000 ई.पू. के बाद नहीं लाया जा सकता। विंटरनित्ज़ ने जिस काल-निर्धारण को 'हास्यास्पद रूप में आधुनिक' (लुडिक्रशली मॉडर्न) कहा है, उसमें मैक्समूलर का काल-निर्धारण भी शामिल है।

रोचक बात यह है कि मैक्समूलर स्वयं भी अपने काल-निर्धारण को सन्तोषजनक नहीं मानते। उन्होंने बहुत धर्मसंकट की स्थिति में ही यह अल्पतम सीमा नियत की थी। कारण, तत्कालीन यूरोपीय समाज में संस्कृत से अपरिचित और भारतीय साहित्य और इतिहास के प्रति सन्देहशील एक ऐसा वर्ग था जो तरह-तरह की अटकलों से इसकी प्राचीनता को नकारने का प्रयत्न कर रहा था (417/185) और इसको ध्यान में रखते हुए ही मैक्समूलर ने यह दावा किया था कि ऋग्वेद के रचना-काल को 1200-1000 ई.पू. से बाद का किसी भी तरह नहीं ठहराया जा सकता। इस काल को इससे पीछे ले जाने पर न केवल उन्हें कोई आपत्ति नहीं थी, अपितु वह इसके हिमायती थे। उनकी सारी बहस उन लोगों से थी जो इतनी प्राचीनता को भी अधिक मान रहे थे (412 /टिप्पणी-3)।

मैक्समूलर स्वयं इस काल-सीमा को अधिक पीछे ले जाने के पक्षधर थे। इसकी एक मिसाल यह है कि उनके काल-निर्धारण पर जब विल्सन, ह्विटनी, हिलेरी आदि ने तीखी प्रतिक्रिया व्यक्त की तो विल्सन की आपत्तियों का साभार उल्लेख करते हुए उन्होंने इनको उचित ठहराया और स्वीकार किया (416/19) कि, "यदि इस समय यह सवाल उठाया जाए कि इन तीनों कालों की तिथियों को कैसे नियत किया जा सकता है तो, स्पष्टतः, हम इस बारे में कोई अन्तिम सीमा तय नहीं कर सकते। वैदिक सूक्त 1000 ई.पू. में रचे गए थे या 1500 ई.पू. में या 2000 या 3000 ई.पू. में रचे गए थे, इसे दुनिया का कोई आदमी तय नहीं कर सकता।"

हम कह सकते हैं कि मैक्समूलर एक ओर तो ऋग्वेद के लिए अल्पतम काल-सीमा के विषय में काफ़ी आग्रहशील थे और दूसरी ओर इसकी अधिकतम काल-सीमा के विषय में स्वयं भी अपने निर्धारण के प्रति आश्वस्त नहीं थे और इसे पीछे ले जाने के हिमायतियों में स्वयं भी आते थे। इस तरह हम विल्सन, ह्विटनी, हिलेरी, गोल्डश्टकर, याकोबी, बूलर, ब्लूमफ़ील्ड, विंटरनित्ज़, काणे, एन.एन. ला, तिलक आदि विद्वानों के साथ मैक्समूलर का भी

नाम जोड़ सकते हैं जो इस बात के समर्थक थे कि वैदिक साहित्य की भाषा और अन्तर्वस्तु को ध्यान में रखते हुए इसका रचना-काल 2000 ई.पू. से पीछे ले जाया जाना चाहिए।

मैक्समूलर द्वारा सुझाए गए काल के प्रति दूसरी प्रतिक्रिया उन अध्येताओं की थी जिनको संस्कृत साहित्य का या तो कामचलाऊ ज्ञान था या जो इससे शून्य थे। इनको एक ओर तो उस कल्पना का सहारा था जिसमें भारत में आर्य भाषा-भाषियों का किसी भी रूप में आगमन हुआ था। दूसरा सहारा था भारत से बाहर भारतीय आर्यों की उपस्थिति के प्रमाण। इन दोनों खम्भों पर तनी डोरी पर इन विद्वानों को अकादमिक बाजीगरी करनी थी और करते रहे पर खम्भे इतने ढीले थे कि आगे-पीछे झूलते रहते थे और आगे की ओर झुकने पर 600 ई.पू. तक दब जाते और पीछे की ओर झुकता तो तनकर 2000 ई.पू. पर पहुँच जाते (वूली, कोसंबी, उपाध्याय)। आर्य आक्रमण के पैरोकार कितनी बदहवासी में अपना काम करते रहे हैं और यह कल्पना स्वयं किस बदहवासी की उपज है इसका यह कालगत अस्थिरता एकमात्र प्रमाण नहीं है, यद्यपि है प्रभावशाली प्रमाण। इस अस्थिरता का ही विस्तार था यह सुझाव कि ऋग्वेद की रचना 2000 ई.पू. में आरम्भ हुई हो सकती है, कुछ सूक्तों की रचना इससे भी पहले से भी शुरू हो गई रही लगती है, पर यह रचना भारत से बाहर हुई थी और इसलिए इसे भारोपीय रचना कहा जा सकता है (ग्रियर्सन, हिल्लेब्रांट, चाटुर्ज्या, कोसंबी और उनके चट्टे-बट्टे)। पर इसको अन्य अध्येताओं का समर्थन प्राप्त नहीं था जो यह मानते थे कि अपने प्रस्तुत रूप में समूचे ऋग्वेद की रचना भारत में ही हुई हो सकती है (मैकडनल, कीथ)। इस अन्तिम लाचारी में ही ये ऋग्वेद की रचना के लिए 1200-1000 की काल-सीमा मानते हुए इसके लिए विविध प्रकार की युक्तियों का सहारा लेते रहे जो अपनी तार्किक परिणति पर पहुँच जाने के कारण अपने खंडन के लिए किसी तर्क या प्रमाण की भी माँग नहीं करतीं। 'बदहवासी ही बदहवासी है, मैं ही हूँ, मैं ही और कुछ भी नहीं।' भारतीय इतिहास के सन्दर्भ में इतना सरलीकरण उचित नहीं पर आर्यवादी भारतीय इतिहास का यही सच है, इसे छिपाना भी पातक है।

2. अवेस्ता और ऋग्वेद

आक्रमणवादी विद्वानों में से कुछ ने अवेस्ता और ऋग्वेद की भाषा को ऋग्वेद के रचना-काल के निर्धारण के लिए आधार बनाते हुए इसको 1000 ई.पू. में नियत करना चाहा है। इनका तर्क इस प्रकार है, "शुद्ध भाषा-वैज्ञानिक दृष्टि से वर्तमान रूप में ऋग्वेद को 1000 ई.पू. से पहले नहीं रखा जा सकता।...अवेस्ता की भाषा ऋग्वेद की भाषा से उससे अधिक भिन्न नहीं है जितनी पुरानी अंग्रेज़ी उच्च जर्मन से और यदि हख़्मनी अभिलेखों की भाषा की तुलना गाथा की भाषा से की जाए तो इनके बीच अन्तराल को ध्यान में रखते हुए गाथा का रचना-काल 1000 ई.पू. हुआ और चूँकि यह भाषा ऋग्वेद से समानता रखती है इसलिए ऋग्वेद की रचना 1000 ई.पू. से पहले नहीं हुई हो सकती। हाँ, जिस संस्कृति को ऋग्वेद में प्रस्तुत किया गया है वह इससे पहले की अवश्य होगी, पर उसे भी 1500 ई.पू. से पीछे नहीं ले जाया जा सकता" (237/207)।

जिस 'शुद्ध भाषा-वैज्ञानिक दृष्टि' की बात बड़े विश्वास से की जाती है वह अपनी अन्तिम व्याख्या में 'शुद्ध मरीचिका' सिद्ध होती है। सचाई यह है कि ऋग्वेद और अवेस्ता का कोई गम्भीर अध्ययन भाषा और देवशास्त्र की तुलना करते हुए किया ही नहीं गया है, और ऐसा न करने का कारण भी यह रहा है कि प्राथमिक जाँच-पड़ताल से निकलनेवाले निष्कर्ष पंडितों द्वारा गढ़े गए आक्रमण या आव्रजन के सिद्धान्तों से अनमेल पड़ते हैं, इसलिए इस क्षेत्र को बहुत उत्साहवर्धक नहीं पाया गया। अब तक अवेस्ता की भाषा का ऋग्वेद की भाषा की तुलना में जो महत्त्व आँका जाता रहा है वह भी मुख्य रूप से सम्भावनापरक ही रहा है। मैकडनल (395/12) लिखते हैं, "यदि हम अवेस्ता की भाषा के उतने ही पुराने चरण की जानकारी रखते जितने पुराने चरण के वेद हैं तो वह निश्चित रूप से वेदों से अभिन्न होती।"

अब हम उस गणितीय फ़ॉर्मूले पर विचार कर सकते हैं जिसके अनुसार ऋग्वेद की भाषा को अवेस्ता जैसी मानते हुए इसका काल 1000 ई.पू. रखा गया है। यह पूरा समीकरण कुछ निम्न प्रकार है :

'अवेस्ता की भाषा और हख़्मनी अभिलेखों की भाषा का अन्तर बराबर है प्राचीन उच्च जर्मन और प्राचीन अंग्रेज़ी के अन्तर के जो पुनः बराबर है 400 वर्षों के;

'अतः अवेस्ता का रचना-काल बराबर है हख़्मनी अभिलेखों का काल अर्थात् 600 ई.पू. धन 400 वर्ष, अर्थात् 1000 ई.पू.;

'यदि हमें अवेस्ता की उतने ही पुराने चरण की भाषा प्राप्त होती जितने पुराने चरण की भाषा ऋग्वेद की है तो अवेस्ता की भाषा बराबर होती ऋग्वेद की भाषा के;

'इसलिए अवेस्ता की भाषा का काल बराबर है ऋग्वेद के रचनाकाल के;

'अतः सिद्ध हुआ कि ऋग्वेद का रचनाकाल 1000 ई.पू. है।'

ज़ाहिर है कि यह 'यदि-होती-तो-होता' वाला समीकरण खासा मनोरंजक है, पर इसकी मनोरंजकता तब कुछ और बढ़ जाएगी जब हम स्वयं अवेस्ता के उन अंशों की भाषा को सामने रखकर और हख़्मनी अभिलेखों से उनकी इसी सूत्र से तुलना करते हुए इनका काल-निर्धारण करना चाहें जो विदित रूप में तीसरी या चौथी शताब्दी ई.पू. में या इससे भी बहुत बाद में रचे गए हैं। कुछ मामूली किस्म की भिन्नताओं को छोड़कर ये भाषा की दृष्टि से अवेस्ता और गाथा की भाषा के ही समान हैं और चूँकि दो समानान्तर भाषाओं के आधार पर प्रस्तावित समीकरणों में इतनी बारीक बातों को शामिल नहीं किया जा सकता, अतः इनका रचना-काल भी 1000 ई.पू. ही सिद्ध होगा, जो इस तरह की तुलना को हास्यास्पद बना देता है।

दो भाषाओं को तुलना का आधार बनाते हुए इस बात का ध्यान रखना ज़रूरी है कि यदि इनमें से एक भाषा आम बोलचाल की रही हो और दूसरी एक सीमित वर्ग में एक सीमित प्रयोजन से उपयोग में लाई जानेवाली भाषा, और इसके साथ नियमों और रूढ़ियों का अविकल पालन करने का आग्रह काम कर रहा हो तो पहली भाषा में कालक्रम में होनेवाले परिवर्तनों के आधार पर दूसरी का काल निर्धारण नहीं हो सकता। यदि कम-से-कम पाणिनि के समय से आज तक, लगभग ढाई हज़ार वर्षों तक, संस्कृत अपरिवर्तित रूप में

पंडितों के सीमित दायरे में व्यवहार में आ सकती है, या लगभग इतनी ही पुरानी हिब्रू बहुत क्षीण परिवर्तनों के साथ आज भी पुनरुज्जीवित की जा सकती है, तो हम इस बात का निर्णय किसी परिवर्तनशील भाषा को सामने रखकर कैसे कर सकते हैं कि उक्त भाषाओं में कितने परिवर्तन कितने लम्बे अन्तराल में घटित हो सकते हैं। सच कहें तो, अपनी बात को सही सिद्ध करने के लिए भाषिक साक्ष्यों की जिस तरह खींचतान की जाती रही है उन्हीं की एक मिसाल यह भी है, और इतिहास के अध्ययन में भाषा-शास्त्र का जो सीमित योगदान हो सकता था उससे भी इसे वंचित करने और पूरी तरह निःश्रेयस बनाने की ज़िम्मेदारी भी इस तरह के समीकरणों पर ही आती है।

भाषा के आधार पर अवेस्ता और वेदों की भाषा में प्राचीनता, नवीनता और समवर्तिता का निर्णय करना तो दूर रहा, स्वयं गाथा और अवेस्ता के बीच कौन अधिक पुरानी है, यह तय कर पाना प्रायः कठिन हो जाता है (281/256)। अतः वह भाषा और व्याकरणिक विकारों की तुलना नहीं, अपितु दोनों की अन्तर्वस्तु की तुलना ही कोई अर्थ रखती है। ऋग्वेद का विभाजन विद्वानों ने इसकी अन्तर्वस्तु को ध्यान में रखते हुए प्राचीन और नवीन मंडलों में किया है। जहाँ अवेस्ता की अन्तर्वस्तु का साम्य ऋग्वेद से बैठता है वहाँ यह साम्य प्राचीन नहीं, अपितु नवीन माने जानेवाले मंडलों के साथ ही दिखाई देता है। उदाहरण के लिए, ऋग्वेद के वाकोवाक्य या दार्शनिक प्रश्नोत्तर के सूक्तों को लिया जा सकता है जो मुख्यतः पहले और दसवें मंडल के उन अंशों में आते हैं जिनकी नवीनता के विषय में किसी प्रकार का सन्देह नहीं है। अवेस्ता की गाथाओं में कुछ गाथाएँ लगभग इन्हीं प्रश्नों को लेकर रची गई हैं। हर्त्सफ़ील्ड ने कुछ गाथाओं का अनुवाद दिया है (व/316-17) जिनका हिन्दी रूपान्तर निम्न प्रकार है :

'ऋत का जनक आदि-पुरुष कौन है? सूर्य और तारों के मार्ग का निर्माण किसने किया? चन्द्रमा किसके प्रताप से घटता और बढ़ता है?

'धरती और आकाश को किसने धारण कर रखा है जो ये गिरते नहीं? किसने जलों और वनस्पतियों को? मज़्दा, बहुमनो का जनक कौन है?

'किस ईश्वर ने प्रकाश और अन्धकार बनाया? किस प्रभु ने नींद और जागरण? किसने मध्याह्न उषा और रात? मेधावियों में स्मृति किसने जगाई?'

यदि ऋग्वेद से तुलना करें तो हम ऋग्वैदिक कवियों को लगभग इन्हीं समस्याओं से और मोटेतौर पर इसी भाषा और इन्हीं मुहावरों में जूझते पाएँगे। अन्तर यदि किसी बात में है तो यह कि ऋग्वेद में ये समस्याएँ कहीं प्रश्न के रूप में आती हैं तो कहीं उत्तर के रूप में। चिन्तन और विचार-मंथन का यह क्रम ऋग्वेद के नए मंडलों से आरम्भ होकर उपनिषद्-काल तक जारी रहता है।

अवेस्ता में उठाए गए प्रश्नों का कुछ अधिक सटीक उत्तर हिरण्यगर्भ सूक्त में पाया जा सकता है जिसे दशम मंडल की नवीनता प्रमाणित करने के लिए एक तर्क के रूप में प्रयोग में लाया जाता रहा है (412/3-6), क्योंकि इसमें जिस विकसित संकल्पना का परिचय मिलता है उसे पुराने मंडलों के लिए अकल्पनीय माना गया है। इसकी कुछ ऋचाओं को ही उद्धृत करना पर्याप्त होगा।

हिरण्यगर्भः समवर्तत अग्रे भूतस्य जातः पतिः एक आसीत्।
स दाधार पृथिवीं द्यां उत् इमां कस्मै देवाय हविषा विधेम॥
येन द्यौः उग्रा पृथिवीं च दृळहा येन स्वः स्तभितं येन नाकः।
यः अन्तरिक्षे रजसः विमानः॥
यं क्रंदसी अवसा तस्तभाने अभि ऐक्षेतां मनसा रेजमाने।
यत्र अधि सूरः उदितः विभाति... ॥
यः च अपः चंद्राः बृहतीः जजान... ॥ ऋ. 10. 121. 1; 5-6; 9

चिन्तन और ऊहापोह की इस भूमिका से क्या यह निष्कर्ष नहीं निकलता कि अवेस्ता और गाथा की रचना उस दौर में या उसके प्रभाव में हुई है जो ऋग्वेद के नए मंडलों से आरम्भ होकर उपनिषद् काल तक आता है? अतः इसके रचना-काल को भी इन दोनों के बीच में रखना क्या उचित नहीं होगा?

वैदिक और ईरानी यज्ञ-पद्धति से भी हम इसी नतीजे पर पहुँचते हैं। आरम्भ में यज्ञ के लिए किसी पुरोहित की आवश्यकता नहीं होती थी। यजमान स्वयं ही अपने यज्ञ का सम्पादन कर लेता था। (4.17.15) आगे चलकर पौरोहित्य का उदय हुआ और *शतपथ ब्राह्मण* के अनुसार वसिष्ठ पहले पुरोहित बने (31/12.6.1.41)। कुछ आगे चलकर यज्ञ में दो पुरोहितों की आवश्यकता पड़ने लगी (406/ऋ. 1.13.8 पर टिप्पणी)। ऋग्वेद के नवीन मंडलों तक यह संख्या बढ़कर चार तक पहुँची थी (10.71.11), पर सूत्र-काल तक आते-आते यह संख्या सोलह तक चली जाती है (25/2.1.1.4)। पुरोहितों की संख्या में होनेवाली यह उत्तरोत्तर वृद्धि कालक्रम को समझने में बहुत सहायक हो सकती है। अवेस्ता के रचना-काल में यज्ञ-सम्पादन के आठ पुरोहितों की आवश्यकता पड़ती थी। ये थे जओतर, हावनान, आतरबख़्श, फ्राबरतार, आबरतार, अस्नातर या आस्नाथ्र, रएविश्कर और सओषावरेज़ (2/19-20)। इस विकास पर ध्यान देते हुए अवेस्ता के रचना-काल को पुनः ऋग्वेद के नए मंडलों के बाद और श्रौत-सूत्रों के रचना-काल से पहले रखना उचित होगा।

अवेस्ता में प्रयुक्त शब्दावली से भी उक्त मान्यता की ही पुष्टि होती दिखाई देती है। इसमें अनेक प्रयोग ऐसे हैं जो ऋग्वेद के बाद के काल में ही लोक-व्यवहार में आते दिखाई देते हैं, जैसे–सेरिष्ठ–श्रेष्ठि, उपार्स्तेन–उपास्तरण, ज़ामातर–जामातृ, वइसपुथ्र–वैश्यपुत्र, फ्रवषिता–प्रवसित या प्रवासी, मोङ्हाइ–मोक्षाय, मिथ–मिथ्या आदि। इसका यह अर्थ नहीं कि अवेस्ता में प्राचीन वैदिक प्रयोगों का अभाव है, पर ऐसे प्रयोग तो भारत से लेकर यूरोप तक की आधुनिक बोलियों में भी पाए जा सकते हैं। प्रश्न यह है कि ये प्रयोग, जो निश्चय ही बाद के हैं, किस करिश्मे से ईरानी में पहुँच गए? इसके दो ही समाधान हो सकते हैं। पहला यह कि ईरान में 'आर्य भाषा-भाषी' इन विकासों के भारत में घटित होने के बाद पहुँचे और दूसरा यह कि ईरान में ये लोग जब भी पहुँचे हों और जितनी भी संख्या में पहुँचे हों, पर भारत से उनका सम्पर्क घनिष्ठ रूप में उस काल तक बना रहा जिस काल से इन विकासों का सम्बन्ध है और ऐसी स्थिति में इस सम्पर्क-सूत्र का भी कुछ आभास सेरिष्ठ, वइसपुथ्र, फ्रवषिता और नोतर (नवागत) जैसे शब्दों से मिल जाएगा और वह है व्यापार। वस्तुतः यही वह सूत्र है जो आर्य-भाषा के भारत से बाहर प्रसार के लिए भी उत्तरदायी है।

मैक्समूलर ने स्वयं भी अवेस्ता और वैदिक भाषा पर अपने विचार इसी रूप में रखे थे कि ईरान में ईरानी भाषा का प्रसार भारत से हुआ है, पर उनके मस्तिष्क में मूल भारोपीय संस्कृति का जो आदिम स्तर घर कर गया था उसके कारण वह इसे एक विशाल प्रव्रजन से भिन्न रूप में देखने में असमर्थ थे। वह (413/80) लिखते हैं, ''मैं आज भी मानता हूँ कि ज़ेंद संस्कृत के छन्द शब्द का तद्भव है जिसका प्रयोग पाणिनि ने वैदिक भाषा के लिए किया है।'' और, ''देवशास्त्र के मामले में भी यदि अवेस्ता के 'नोमिना और नूमिना' की तुलना महाभारत के मनु से की जाए तो पहली झलक में वे अधिक आदिम प्रतीत होंगे। परन्तु यदि वैदिक सिरे से विचार किया जाए तो सम्बन्ध तुरन्त उलट जाता है और ज़ोरास्टर के अनेक देवता वेदों के आदिम और प्रामाणिक देवताओं की मात्र परछाइयाँ और विकृतियाँ प्रतीत होते हैं'' (व/85)। वह आगे (व/85-86) लिखते हैं, ''अब यह भौगोलिक साक्ष्यों के आधार पर भी साबित किया जा सकता है कि ज़ोरास्टर मतावलम्बी फ़ारस में आने से पहले भारत में बसे हुए थे। मैं ज़ोरास्टर मतावलम्बी इसलिए कह रहा हूँ कि फ़ारस और मीदिया के राष्ट्रों के विषय में यही दावा करने का हमारे पास कोई साक्ष्य नहीं है। पर ज़ोरास्टर मतावलम्बी और उनके पूर्वज वैदिक काल के दौरान भारत से रवाना हुए थे, यह उतने ही दो-टूक ढंग से सिद्ध किया जा सकता है जैसे यह कि मेसीनिया के निवासी ग्रीस से रवाना हुए थे।''

मिल्स अवेस्ता के तीसरे खंड के अनुवाद की अपनी भूमिका में (424/36-37) ऋग्वेद और अवेस्ता के तुलनात्मक काल-निर्धारण पर विविध दृष्टियों से विचार करने के बाद इस मान्यता का खंडन करते हैं कि गाथा ऋग्वेद के प्राचीन अंशों से पुरानी है। उनके मत से, ''गाथाएँ ऋग्वेद के पुराने अंशों से बहुत बाद की हैं। हॉग की यह बात स्वीकार नहीं की जा सकती कि गाथाओं में एकाएक और इरादतन पुराने देवताओं को ख़ारिज कर दिया गया, न ही यह कि धार्मिक मतभेद के कारण भारतीय दक्षिण की ओर प्रव्रजित हो गए। यह प्रक्रिया निश्चय ही ठीक इससे उलटी थी।'' वह आगे (व/37) लिखते हैं, ''अतएव हम गाथाओं को प्राचीनतम ऋचाओं से बहुत बाद में रख सकते हैं। इसलिए, जहाँ ऋग्वेद के लिए नियत काल 2000 ई.पू. है। गाथाओं की रचना लगभग 1500 ई.पू. में हुई हो सकती है, इन्हें बाद में, कहें, 900-1200 ई.पू. में भी रखना सम्भव है, जबकि गाथा की भाषा में आए कुछ टुकड़ों को और बाद का मानना होगा। अवेस्ता के बाद के अंशों में से अनेक की रचना अनेक शताब्दियों के दौरान हुई हो सकती है, क्योंकि विभिन्न खंडों में ज़ेंद बोली की गाथाओं से बहुत अधिक विविधताएँ पाई जाती हैं। गाथाओं में वस्तुतः एक ही काल की भाषा है। अब बाद की अवेस्ता के प्राचीनतम अंशों को दारा से कुछ पहले रखते हुए हम उस काल को, जिसके बीच इसके विभिन्न खंडों की रचना हुई, ईसा से तीसरी या चौथी शताब्दी पूर्व तक रख सकते हैं। इनमें आए हुए प्रक्षिप्त अंशों को तो बहुत ही बाद का मानना होगा।''

भारतीय और ईरानी शाखाओं के बीच जिस धार्मिक मतभेद को प्रव्रजन का कारण बताया जाता रहा है उसके विषय में गिरिधर शर्मा चतुर्वेदी (41/190) एक भिन्न सुझाव देते हैं, ''ऋग्वेद के दसवें मंडल के 86वें सूक्त से आरम्भ करके आगे के सूक्तों में एक

वाक्कलह का संकेत प्राप्त होता है। ऋज्राश्व ऋषि का दौहित्र जरतुश्त नाम का एक व्यक्ति हुआ। उसके हृदय में स्वभावतः उस काल के ब्राह्मणों के प्रति द्वेष था।...उसी के समय में वह्लीक देश में ऋषियों में एक विचार-संघर्ष उठ खड़ा हुआ। सौत्रामणि इष्टि में ऋषि इस विषय पर आपस में झगड़ पड़े कि इन्द्र को प्रधान देवता माना जाए या वरुण को। जरतुश्त ने परम्परा से चले आते हुए इन्द्र के प्राधान्य को अस्वीकार किया और इसके स्थान पर वरुण को प्रतिष्ठित किया। इसका संकेत ऋक्संहिता के 'नेंद्रं देवममंसत' मन्त्रांश में पाया जाता है। उपस्थित ऋषियों में नृमेध, वामदेव, गार्ग्य आदि ने इन्द्र का पक्ष लिया और सुपर्ण, काण्व, भारद्वाज आदि ने वरुण का पक्ष लिया और वसिष्ठ आदि ऋषियों ने अपने-अपने स्थान पर दोनों का सम्मान माना। इस सम्बन्ध में भिन्न-भिन्न ऋषियों के सूक्त वही हैं और इन्द्राणी का क्रोध एवं इन्द्रकृत और अन्य ऋषिकृत उनकी सान्त्वना के मन्त्र वही हैं।"

महामहोपाध्याय ने इस पूरी कथा को जितने सुथरे ढंग से, और जरतुश्त का भी हवाला देते हुए पेश किया है उसका पूरा औचित्य उनके पास अवश्य रहा होगा, पर ऋग्वेद के उक्त स्थल से या इसके बाद आनेवाले सूक्तों से इसकी यथातथ्य पुष्टि नहीं होती। निश्चय ही इन्द्र के देवत्व को किन्हीं के द्वारा अस्वीकार करने का स्पष्ट उल्लेख आया है और इसके साथ ही इस बात को इन्द्राणी द्वारा बार-बार दुहराया भी जाता है कि इन्द्र देवताओं में सबसे ऊपर हैं।

इसमें कोई सन्देह नहीं कि भारत में इन्द्र के देवत्व को सार्वजनीन स्वीकृति नहीं मिली थी। ऋग्वेद मुख्य रूप से उन पुरोहितों की कृति है जो इन्द्र के देववाद में गहरी निष्ठा रखते हैं। इसके बावजूद छिटपुट रूप में ही सही, इन्द्र के देवत्व में अविश्वास करनेवालों की छाप इसमें भी बनी रह गई है और ऐसा तभी सम्भव है जब ऐसे लोगों की संख्या बहुत प्रभावशाली रही हो। सूक्त 10.86 के अतिरिक्त अन्यत्र भी इन भावनाओं की अभिव्यक्ति हुई है। उदाहरण के लिए एक रचनाकार (8.100.3) व्यंग्यपूर्वक कहता है, "भाइयो, तुम लोग इन्द्र के लिए सचमुच यज्ञ करो यदि तुम्हें विश्वास हो कि वह सचमुच है। पर इन्द्र तो है ही नहीं, यही नेम (भार्गव) का कहना है। उस इन्द्र को किसने देखा है? फिर मैं किसकी स्तुति करूँ?" इसी तरह का अविश्वास ऋ. 2.12.5 में भी प्रकट किया गया है। इसी तरह एक अन्य स्थल पर (1.165.3) इन्द्र को बिना किसी अनुगामी के एकाकी जाते हुए दिखाया गया है। रोचक बात यह है कि यह विवाद या इन्द्र के प्राधान्य में यह सन्देह ऋग्वेद के नए मंडलों में ही दृष्टिगोचर नहीं होता है। ईरानी क्षेत्र में इनका बाहुल्य होने के कारण इनकी इन्द्र-विरोधी और देव-विरोधी मान्यताओं ने ज़ोर पकड़ लिया जबकि भारत में इसकी अभिव्यक्तियाँ अन्य रूपों में हुईं।

जतीन्द्र मोहन चटर्जी (149/भूमिका) मानते हैं कि अवेस्ता भृगु की रचना है और इसका मुख्य बल भक्तियोग पर है। भृगु वरुण के उपासक थे और जिस विभेद की बात की जाती है वह उस पौराणिक प्रसंग में मूर्त है जिसमें भृगु को विष्णु की छाती पर लात मारते दिखाया गया है। वह महाभारत के 'भार्गवाः वारुणाः सर्वे तेषां वंशो महान् अपि' (21/13 85.37) में भी अपने मत की पुष्टि होते पाते हैं। अवेस्ता के पन्द्रह यस्नों की तुलना वह अथर्ववेद के सादृश्य रखनेवाले अंशों से करते हैं (150)। अवेस्ता पर आथर्वनों

के प्रभाव के विषय में शंका नहीं की जा सकती और ऋग्वेद में अथर्वा को प्राचीन ऋषि मानने के बावजूद अथर्ववेद को कुछ तिरस्कार के साथ देखा जाता रहा है जिसके मूल में भी सम्भवतः वैदिक समाज की मान्यताओं का टकराव रहा हो। यह ध्यान देने की बात है कि अथर्वा को ही सम्भवतः पश्चिमोत्तर के पहाड़ी मार्गों की खोज करनेवाला और बार-बार भारत से बाहर जाते-आते दिखाया गया है। अतः यह मानने का पर्याप्त कारण है कि ईरानी धार्मिक विश्वासों के पीछे अथर्वा का प्रमुख हाथ रहा है। इसी तरह हम पाते हैं कि शुद्ध आर्थिक कारणों से ऋग्वेद के नए मंडलों तक आकर गाय का दैवीकरण कर दिया गया था, जबकि प्राचीन मंडलों से इसका कोई आभास नहीं मिलता। अवेस्ता में गाय को नियमित रूप से 'अग्न्या' या अवध्य मानना और गोमेज़ या गोमूत्र की पवित्रता के उल्लेख पुनः इसे भारत में गाय के दैवीकरण के बाद का विश्वास सिद्ध करते हैं।

इस तरह भाषा, अन्तर्वस्तु, शैली, चिन्तन के स्तर और रचना-काल की दृष्टि से ही अवेस्ता ऋग्वेद के अन्तिम चरण के आसपास की और सम्भवतः बाद की रचना सिद्ध होती। ईरानी क्षेत्र में देववाद और इन्द्र की प्रधानता के विषय में जो प्रतिरोध दिखाई देता है तथा गाय की महिमा की जिस रूप में प्रतिष्ठा पाई जाती है उसकी भी व्याख्या भारतीय पृष्ठभूमि को सामने रखने पर और यहाँ पैदा होनेवाले विचारों और विश्वासों को समझने पर ही हो सकती है, अन्यथा यह एक पहेली बनी रहती है।

अवेस्ता के विषय में यह अवश्य कहा जा सकता है कि इसकी रचना से पहले ऋग्वेद की रचना पूरी हो चुकी थी और सम्भवतः अथर्ववेद और ब्राह्मणों आदि में से कुछ अस्तित्व में आ चुके थे। परन्तु इससे आगे, ऋग्वेद के काल-निर्धारण में अवेस्ता से कोई सहायता नहीं मिलती। जरतुश्तवाद स्वयं ईरानी क्षेत्र में पहले से चले आ रहे विश्वासों और मान्यताओं के विरुद्ध एक सुधारवादी आन्दोलन था और बार्थोलोम और हर्त्सफ़ील्ड (281/370) का विचार है कि जरतुश्तवाद को अपनाने से पहले ईरानी स्वयं भी देवपूजक थे।

वैदिक काल के निर्धारण में यदि कोई कमी थी तो वह थी किसी ऐसे वस्तुगत आधार की जिसके कारण वैदिक रचना-काल अटकलबाज़ी का ही विषय बना हुआ था और इस अटकलबाज़ी के आधार पर, जैसा कि मैक्समूलर ने स्वीकार किया था, कोई भी आदमी कभी भी यह तय करने की स्थिति में नहीं था कि वेदों की रचना ठीक कब हुई। इस दिशा में पहला प्रयास ज्योतिष के आधार पर किया गया।

3. ज्योतिष और वैदिक रचना-काल

सन् 1893 में जर्मनी में याकोबी और भारत में बाल गंगाधार तिलक ने स्वतन्त्र रूप से वैदिक साहित्य में उल्लिखित नक्षत्रों की स्थितियों के विश्लेषण से यह निश्चित करने का प्रयत्न किया कि इनका घटना-काल क्या हो सकता है (128)। दोनों के निष्कर्ष वैदिक रचना-काल को इतना पीछे खींच ले जाते थे कि इससे पाश्चात्य विद्वानों के बीच एक भूकम्प-सा आ गया। ये दोनों विद्वान् भिन्न मार्गों से इस नतीजे पर पहुँचे कि ब्राह्मणों के समय में कृत्तिका नक्षत्र, जो कि उस समय नक्षत्र-गणना में आरम्भ बिन्दु था, मधुसंपात या

विषुव के साथ घटित होता था। पर वैदिक ग्रन्थों में इससे भी पुराने पंचांग के संकेत मिलते हैं जब मधुसंपात मृगशिरा में होता था। पूर्ववर्तन का मान निकालने से पता चला कि कृत्तिका में मधुसंपात 2500 ई.पू. में होता था और मृगशिरा में 4500 ई.पू. में। पर जहाँ तिलक कुछ वैदिक कृतियों के लिए छह हज़ार ई.पू. की तिथि नियत करते हैं वहाँ याकोबी उस सभ्यता के आरम्भ को जिसके परिपक्व, या सम्भवतः बाद के कृतित्व के रूप में वैदिक गान हमें उपलब्ध होते हैं, 4500 ई.पू. मानकर चलते हैं (630/295-97)। उनके अनुसार सभ्यता का यह काल मोटेतौर पर 4500-2500 ई.पू. तक फैल जाता है और वह सम्प्रति उपलब्ध सूक्तों का रचना-काल इस अवधि के उत्तरार्ध में मानते हैं।

याकोबी को अपनी मान्यता की पुष्टि एक अन्य ज्योतिर्वैज्ञानिक अवेक्षण से होती मिली। गृह्यसूत्रों में प्राचीन भारत में प्रचलित एक वैवाहिक रीति का उल्लेख मिलता है जिसमें विवाह के बाद पति-पत्नी जब अपने घर वापस पहुँचते थे तब उन्हें बैल के चमड़े पर तब तक चुपचाप बैठना होता था जब तक तारे नहीं निकल आते थे। इसके बाद पति पत्नी को ध्रुवतारा दिखाकर कहता था, "ध्रुव की तरह स्थिर रहो।" और उत्तर में पत्नी कहती थी, "तुम ध्रुव हो, मैं अपने पति के घर में ध्रुव रहूँ।" यह विवाह-रीति जिसमें अडिग निष्ठा के प्रतीक रूप में ध्रुवतारे का उल्लेख है, उस समय आरम्भ हुआ होगा जब एक अधिक चमकीला तारा खगोलीय ध्रुव के इतने समीप रहा होगा कि उस समय के किसी देखनेवाले को यह स्थिर मालूम हो। खगोलीय विषुव के क्रमिक खिसकाव के कारण इसका उत्तरी ध्रुव भी खिसकता रहता है। ध्रुव के चारों ओर साढ़े तेईस अंश के एक चक्र में एक तारे को पुनः लौटने में 26,000 (वस्तुतः 25,867) वर्ष का समय लगता है। इस तरह एक-एक तारा खिसकता चला जाता है और उत्तरी तारा या ध्रुवतारा बनता जाता है। पर कभी-कभी ही ऐसा होता है कि कोई तेज़ रोशनी का तारा ध्रुव के इतने पास पहुँचे कि उसे व्यावहारिक रूप में ध्रुवतारा कहा जा सके। इस समय लघु सप्तर्षि मंडल का एक-दूसरे दर्जे का तारा अल्फ़ा उत्तरी गोलार्ध का ध्रुवतारा है। जब वैदिक काल में ध्रुवतारे की बात की जा रही हो तो आशय इस ध्रुवतारे से नहीं हो सकता। कारण, अभी 2000 वर्ष पहले भी यह तारा ध्रुव से इतनी दूर था कि इसे ध्रुवतारा नहीं कहा जा सकता था। 2789 ई.पू. में जाकर ही हमें अल्फ़ा ड्रैकोनिस नामक एक ऐसा तारा मिलता है जो 500 वर्षों तक नंगी आँखों से देखा जा सकता था और जो ध्रुव या अचल प्रतीत होता रहा होगा। अतः उस विवाह-रीति के प्रचलन को जिसमें अडिग निष्ठा के प्रतीक रूप में पत्नी को ध्रुवतारा दिखाया जाता था, उसी अवधि में, अर्थात् तीसरी सहस्राब्दी ई.पू. के पूर्वार्ध में रखना होगा। पर ऋग्वेद के वैवाहिक सूक्तों में इसकी चर्चा नहीं आई है। इससे याकोबी (292) ने यह निष्कर्ष निकाला कि यह विवाह-रीति वैदिक काल की न होकर उससे बाद की है और इसलिए वैदिक सभ्यता का काल तीसरी सहस्राब्दी से पहले है।

जैसा कि स्वाभाविक था, याकोबी और तिलक के काल-निर्धारण का तीखा विरोध हुआ। इनके प्रतिवाद जिन रूपों में सामने आए वे निषेधात्मक नहीं अपितु सम्भावनापरक हैं। इनमें से कुछ बिलकुल निराधार और पाश्चात्य विद्वानों के अज्ञान या उपेक्षा के परिणाम थे। उदाहरण के लिए एक तर्क यह दिया गया कि भारत में चांद्र गणना ही प्रचलित थी;

सौर गणना नहीं। यह दलील सही नहीं है। ऋग्वेद में उपजात मास का स्पष्ट हवाला आया है (1.25.8) जो चांद्र और सौर पंचांगों के समन्वय का परिणाम है। इसी तरह यह सुझाव रखा गया कि लघुसप्तर्षिमंडल का एक तारा 1250-1500 ई.पू. में साफ़ मौसम होने पर नंगी आँखों दिखाई पड़ सकता था और इसलिए ध्रुवतारे का यह हवाला इसी काल का हो सकता है। यह सच भी हो सकता है, पर इससे यही सिद्ध होता है कि कल्प सूत्रों का रचना-काल 1500-1250 ई.पू. के बीच है, न कि 600-200 ई.पू. के बीच, और यह विशाल अन्तर ऋग्वेद तथा अन्य वैदिक रचनाओं के विषय में तदनुरूप पूर्ववर्तिता और नए काल-निर्धारण की माँग करता है। कठिनाई उक्त काल में भारत में किसी भौतिक संस्कृति के प्रमाणों में अभाव की थी, कारण, हड़प्पा सभ्यता का उस समय तक पता नहीं चला था।

जो भी हो, इस नई उद्भावना ने काल-निर्धारण की एक नई दिशा का द्वार खोला। याकोबी और तिलक के अतिरिक्त कामेश्वर ऐयर (69), शंकर बालकृष्ण दीक्षित (43), गोरख प्रसाद (40), पी.सी. सेनगुप्त (548), एन.एन. ला (376) आदि अनेक विद्वानों ने नक्षत्र विषयक सूचनाओं के आधार पर ऋग्वैदिक काल निर्धारण की पुष्टि की और एन.एन. ला ने उसकी आलोचना करनेवालों की सीमाओं को अधिक स्पष्ट करते हुए–पहले किए गए निर्धारण का समर्थन किया।

इस गणना-पद्धति के विषय में यह आपत्ति उठाई जा सकती है कि जिन कृतियों में इनके उल्लेख हैं उनमें से अधिकांश भाषा आदि की दृष्टि से निश्चय ही बाद की हैं। अतः इन कृतियों के लेखन-काल से इनका सम्बन्ध नहीं है। पर इसका धनात्मक पक्ष यह है कि इन गणनाओं में एक संगति है और इन्हें केवल कल्पना-प्रसूत नहीं कहा जा सकता। इन दोनों पहलुओं का एक ही समाधान दिखाई देता है कि उन कृतियों को वर्तमान रूप में लिपिबद्ध करनेवालों को सम्बन्धित कालों की कृतियाँ उपलब्ध थीं। जैसा कि अन्यत्र भी देखा जाता है, भारतीय परम्परा में कुछ अत्यन्त पुरानी मान्यताओं को बाद की कृतियों में बार-बार यथातथ्य दुहराया जाता रहा है। इन नक्षत्रों के महत्त्व को भी समकालीन वास्तविकता की परवाह किए बिना दुहराया जाता रहा है। अतः यह कहना कठिन है कि जिन कृतियों में नक्षत्रों के ये उल्लेख आए हैं, वे उसी काल की हैं, पर यह निश्चित है कि ये उक्त नक्षत्र-स्थितियों से बाद की हैं। दूसरे शब्दों में कहें तो ये अधिकतम सीमा का निर्धारण करने में सहायक न होते हुए भी इस बात की पुष्टि करती हैं कि उन कालों में सभ्यता का विकास इस स्तर का था कि नक्षत्रों आदि की स्थितियों का ध्यान रखा जा सके, उन्हें नाम दिया जा सके और दूसरी ओर इन कृतियों के विषय में अधिकतम सीमा के निर्धारण में इनका कुछ उपयोग अवश्य है।

4. एशिया माइनर के अभिलेख

वैदिक काल के लिए अपेक्षाकृत छोटी काल-सीमा मानकर चलनेवालों के सामने एक उलझन उस समय पैदा हो गई जब 1907 में ह्यू गो विंकलर ने बोग़ाज़कुई से, जो हित्ती राजाओं की राजधानी थी, एक हित्ती राजा के मितन्नी राजा के साथ हुए सन्धि-पत्र का

उद्धार किया। यह सन्धि-पत्र कीलक लिपि में मिट्टी की पट्टियों पर लिखा मिला था और इसकी तिथि 1360 ई.पू. मानी जाती है। इन अभिलेखों में आए देवनामों का साम्य केवल भारतीय वैदिक देवताओं से बैठता है। इसके अतिरिक्त अश्वपालन पर एक पुस्तक का भी उद्धार हुआ जिसमें प्रयुक्त संख्यावाची केवल भारतीय शाखा से ही मेल खाते हैं।

वैदिक सभ्यता के विषय में पुरातात्त्विक साक्ष्यों के अभाव की शिकायत प्रायः की जाती रही है, पर यहाँ हमें इस बात का एक रोचक उदाहरण मिलता है कि पुरातात्त्विक साक्ष्यों को भी मूलबद्ध आग्रहों के कारण किस तरह झुठलाया जा सकता है। इन अभिलेखों से तथाकथित भारोपीय समुदाय की किसी भी अन्य शाखा का सीधा सम्बन्ध नहीं बैठता। संख्यावाचियों, व्यक्तिनामों, देवनामों, इनके युग्मों और यहाँ तक कि वर्ण-विभाजन के मामले में भी इन शासकों का सम्बन्ध केवल भारत से बैठता है। यह बात ध्यान देने योग्य है कि वर्ण-व्यवस्था का जन्म भारत में ऋग्वैदिक काल में हुआ था और ईरान और एशिया माइनर में पहुँचनेवाले लोग वर्ण-विभाजन के बाद वहाँ पहुँचे थे, जैसा कि अवेस्ता के बइसपुथ्र या वैश्यपुत्र और बोग़ाज़कुई के हत्ती-पालि खत्तिओ या क्षत्रिय से प्रकट होता है।

पर अनेक विद्वान्–गाइल्स, ओल्डेनबर्ग, कीथ, टा. बरो आदि–इस समस्या को यह कहकर सुलझाने का प्रयत्न करते हैं कि एशिया माइनर में पहुँचनेवाले लोग उस मूल शाखा के रहे लगते हैं जिसकी एक शाखा ने इसी समय के आसपास भारत में प्रवेश किया।

पर यह औचित्य-स्थापन अनेक दूसरे विद्वानों को किंचित् अग्राह्य या सन्देहजनक लगता है। इनमें याकोबी, कोनो, हिल्लेब्रांट, ब्लाख, हॉक्स, विंटरनित्ज़, भंडारकर, कोसंबी, भार्गव आदि का नाम लिया जा सकता है। हिल्लेब्रांट (285) ने ऋग्वेद के आठवें मंडल से भारतीय आर्यों के पश्चिमी एशिया के साथ सम्पर्क की ओर ध्यान दिलाया था। कोनो (व) इस तथ्य को ध्यान में रखते हुए कि मितन्नी अभिलेख में नासत्या का उल्लेख विवाह के प्रसंग में आया है और ऋग्वेद के दसवें मंडल में सूर्या के विवाह के प्रसंग में भी वह एक साक्षी देवता के रूप में आए हैं, यह मानते हैं कि मेसोपोटामिया में आर्यों का प्रवेश ऋग्वेद की रचना पूरी हो जाने या इसका बहुलांश अस्तित्व में आ जाने के बाद हुआ। अतः ऋग्वेद के प्राचीनतम अंशों की रचना मितन्नी सन्धि-पत्र से बहुत प्राचीन है। विंटरनित्ज़ (व) का कहना है कि इन्द्र-नासत्या का युग्म तो ऋ. 8.26.8 में भी आया है जहाँ उनका विवाह से कोई लेना-देना नहीं है। ब्लाख़ (115/11-12) यह निर्णय नहीं कर पाते कि यहाँ हमारा साबक़ा उन्हीं क़बीलों से पड़ रहा है जो बाद में भारत आए थे या वे भारत में आने के बाद यहाँ लौटे थे। कोसंबी (351/77) उन्हें भारत आकर लौटा हुआ मानते हैं। कोसंबी के शब्दों में, "भारत में प्रवेश करनेवालों में से कुछ या तो पराजित होने के कारण या इस नए भू-भाग की स्थितियों से असन्तुष्ट होने के कारण वापस लौट गए। यह दूसरी सहस्राब्दी के उत्तरार्ध की हित्ती मुहरों पर अंकित स्वविशिष्ट भारतीय ककुद्मान वृषभ के अंकनों से प्रकट होता है।"

जैसा कि हॉक्स ने (268/405-7) स्पष्ट किया है, यह स्वीकार करते ही कि हित्ती जन उक्त क्षेत्र में भारत से पहुँचे थे, भारत में वैदिक सभ्यता को कम-से-कम 2500 ई.पू. ले जाने की बाध्यता उत्पन्न हो जाती है और यही कुछ विद्वानों के लिए सबसे बड़ा कंटक रहा है।

5. कुर्गान संस्कृति

अनेक पाश्चात्य विद्वानों के लिए, और उनकी प्रतिभा में निष्ठा रखनेवाले अनेक भारतीय अध्येताओं के लिए तुलना का एक अन्य आधार काला सागर से ठीक ऊपर द्नीपर और द्नीस्टर नदियों के प्रवाह क्षेत्र में पलनेवाली संस्कृतियों का रहा है जिन्हें कुर्गान संस्कृति, पृथुपर्शु (बैटल ऐक्स) संस्कृति, गर्त समाधि (पिट ग्रेव) संस्कृति, रज्जु-मुद्रित भांड (कोर्डेड वेयर) संस्कृति आदि की संज्ञा दी जाती रही है। इसके पता चलने के बाद से ही इस संस्कृति को आदिम भारोपीय संस्कृति मानने का आग्रह रहा है, जैसे भारोपीय जनों की आदिम संस्कृति और मूल के बारे में विद्वानों को अब किसी प्रकार का संशय ही न रह गया हो।

इस संस्कृति के कुछ पहलुओं पर बार-बार बल दिया जाता रहा है। इनको सार रूप में पेश किया जाए तो कुर्गान जन अश्वपालन से परिचित थे और घोड़े को सम्भवतः ई.पू. पाँचवीं सहस्राब्दी में ही पालतू बना चुके थे, यद्यपि इसका उपयोग वे मांस और दूध के स्रोत के रूप में ही करते थे। इनके औज़ारों में गँड़ासे के ढंग का एक भारी फरसा भी है। कुछ स्थलों से प्राप्त मृद्भांडों पर जो चित्रांकन है यह सूर्य का प्रतीकांकन प्रतीत होता है, जो वैदिक देवताओं में से एक था। अवशेषों में कुछ अँगीठियाँ प्राप्त हुई हैं जो सम्भव है यज्ञ के लिए उपयोग में लाई जाती रही हों। इनका मुख्य आजीव पशुपालन और आखेट था, पर ये मामूली-सी खेती भी करते थे। इन्हीं लोगों का प्रसार तीसरी और दूसरी सहस्राब्दियों में यूरोप के उत्तरी और पश्चिमी भागों में होता है, जिसकी पुष्टि पुरातात्त्विक साक्ष्यों से होती है। इन लोगों का काला सागर के क्षेत्र में कहाँ से आगमन हुआ, यह तय नहीं है, पर सम्भव है ये वहाँ पूर्व से आए रहे हों। इनके सरदारों या राजाओं की समाधियों से काफ़ी क़ीमती सामान और आभूषण आदि प्राप्त हुए हैं जिनसे इनकी समृद्धि का पता चलता है। वे गाड़ी के पहिए से परिचित थे। उनकी गाड़ी के पहिए ठोस लकड़ी के होते थे और उसी अनुपात में छोटे भी, अतः इनमें घोड़ों को नहीं जोता जा सकता था (243)।

जहाँ तक वैदिक जनों का प्रश्न है, इन रोचक उपलब्धियों का कोई अर्थ नहीं है। न केवल भारत में अपितु प्राचीन जगत के अन्य क्षेत्रों में भी जहाँ भारोपीय जनों की उपस्थिति के निर्णायक प्रमाण मिले हैं, उनमें कहीं भी उनकी सभ्यता का स्तर अविकसित नहीं दिखाई देता। कुर्गान जन तो अन्त तक अश्व-चालित रथ से परिचित नहीं थे, जबकि वैदिक जनों को रथचालन पर अच्छा अधिकार था। उनके पहिए भी अरों वाले हुआ करते थे। यह धारणा कि आर्य या वैदिक जनों की संस्कृति अश्व-संस्कृति थी, अपर्याप्त जानकारी का परिणाम है। घोड़े से पहले, जैसा कि हम संकेत कर आए हैं, वे गधे से परिचित थे और इन गधों का, उनके मुख्य भारवाही पशु होने के कारण, खासा महत्त्व था। बंगाल में आज भी लक्ष्मी का वाहन गधा ही माना जाता है जिसका पुतला लक्ष्मी-पूजा की रात को बस्ती से बाहर खड़ा किया जाता है जो धनार्जन के लिए व्यापारिक यात्राओं के क्रम में उसी प्राचीन प्रयाण का सूचक है। वैदिक जनों का मुख्य पशु गाय थी, जिसकी उपस्थिति कुर्गान संस्कृति में बहुत कम है। जिन्हें अग्नि-कुंड माना गया है ये आग जिलाने की अँगीठियाँ प्रतीत होती हैं। वैदिक यज्ञ सार्वजनिक हुआ करते थे और अग्नि-कुंड कच्ची ज़मीन में ख़ासे

बड़े आकार का बनाया जाता था। व्यक्तिगत यज्ञ-विधान का वह युग नहीं था। जिन्हें सूर्य का प्रत्यंकन माना गया है वे भी रस्सी को गोलाकार लपेटकर भांडों पर इनके दबाव से तैयार किए गए अंकन हैं जिनको केवल एक ही नहीं अनेक रूपों में इन भांडों पर छापा गया है और जिसके कारण ही इसका एक नाम कोर्डेड वेयर कल्चर या रज्जु-मुद्रित भांड संस्कृति पड़ा है। अतः यहाँ पर हमें एक भी ऐसा सूत्र नहीं मिलता जिससे हम इसे भारोपीय या वैदिक संस्कृति का पूर्वरूप कह सकें। वैदिक अन्त्येष्टि में भी उस प्रकार के उन्मादपूर्ण प्रदर्शन की छाया नहीं मिलती जो यहाँ की गर्त समाधियों में दिखाई देती है। सबसे महत्त्वपूर्ण बात यह है कि दक्षिण-पूर्व–ईरान और भारत–की ओर इसके अग्रसर होने का कोई प्रमाण नहीं मिलता। इसके यूरोप की ओर अग्रसर होने के विषय में केवल यही कहा जा सकता है कि इस संस्कृति के लोगों ने सम्भवतः आक्रमण या क्रमिक प्रव्रजन के द्वारा मध्य और उत्तरी यूरोप में प्रवेश किया और वहाँ की आबादी में रच-खप गए।

इस संस्कृति का एक दूसरा पहलू भी है जो कुछ रोचक प्रतीत होता है और वह है इसका किसी ऐसे व्यापारिक सूत्र से जुड़ा होना जिसका प्रसार बहुत व्यापक था। कारण, इन बस्तियों से कतिपय ऐसी वस्तुएँ भी मिली हैं जिनका उद्गम स्थल बहुत दूर सिद्ध होता है। इसी का पूरक पहलू है इनमें से अत्यन्त समृद्ध व्यक्तियों की समाधियों से बहुत बड़ी सम्पदा का प्राप्त होना और इस वर्ग की शेष आबादी से अलग किलाबन्द बस्तियाँ। ये बस्तियाँ किसी नगर की अपेक्षाओं और इसकी प्रशासनिक आवश्यकताओं को देखते हुए बहुत छोटी हैं, पर इनके मकानों की बनावट, शेष आबादी से इसका अलगाव, अपनी सुरक्षा की समुचित व्यवस्था आदि से लगता है कि इन्हें चोरी-लूट आदि के खतरों से बचने के लिए एक विशेष व्यवस्था करनी पड़ी थी। आर्थिक आधार को देखते हुए, बिलकुल अलग ऐसी ऊँचाइयों पर, जहाँ से दूर तक के ख़तरों का पूर्वाभास पाया जा सके, इनका बसना इस कारण भी हो सकता है कि स्थानीय जनों से ये किन्हीं मामलों में भिन्न थे। यदि व्यापार से किन्हीं का सम्बन्ध हो सकता था तो सीधा सम्बन्ध इन्हीं का था जो ही इनकी असाधारण सम्पन्नता का कारण भी था। इनकी उपस्थिति तीसरी सहस्राब्दी ई.पू. से दिखाई देने लगती है। क्या यह सम्भव नहीं कि ये आर्य व्यापारियों के या उनसे सम्पर्क रखनेवाले स्थानीय व्यापारियों के अड्डे रहे हों और भारोपीय भाषा और संस्कृति के उस क्षेत्र में प्रसार के भी केन्द्र बने हों? हम यह जानते हैं कि पण्य वस्तुएँ और व्यापारिक सम्पर्क उत्पादकों और व्यापारियों की भाषा, संस्कृति और विश्वासों के प्रसार में कहीं अधिक गहरे स्तर पर काम करते हैं और इनके माध्यम से आनेवाला प्रभाव अपेक्षाकृत अधिक चिरस्थायी होता है। घोड़ों के लगाम आदि के प्रमाण, जिनसे प्रकट हो कि घोड़ों का सवारी के लिए भी उपयोग होने लगा था, इनकी बस्तियों तक ही सीमित हैं।

जो भी हो, कुर्गान संस्कृति से वैदिक काल के निर्धारण में हमें कोई खास सहायता नहीं मिलती या यदि मिलती है तो केवल इस सीमा तक ही कि सम्भवतः आर्य भाषा-भाषी व्यापारियों ने तीसरी सहस्राब्दी तक दक्षिणी और मध्य यूरोप के भी कुछ स्थलों पर अपने अड्डे बना लिये थे और इनके अड्डे क्रमशः उत्तर और पश्चिम की ओर बढ़ते हुए यहाँ पहुँचे थे।

6. वैदिक अन्तःसाक्ष्य

ऋग्वेद की रचना में बहुत समय लगा था। इसकी पुष्टि स्वयं ऋग्वेद में उपलब्ध ऋषियों की वंशावली से ही नहीं होती, अपितु इससे भी अधिक महत्त्वपूर्ण हैं ऋग्वेद में आनेवाली आवृत्तियाँ। इन आवृत्तियों को ध्यान में रखते हुए ब्लूमफ़ील्ड (118/21) इस नतीजे पर पहुँचे थे कि वैदिक काव्य एक लम्बे समय तक वातावरण में छाए रहे थे और इसी कारण ऋचाओं के अनेक चरण और, कभी-कभी, पूरी ऋचा नए सूक्तों में स्थान पा जाती रही। पूर्ववर्ती कवियों या पुराणकारों की पंक्तियों को नए कवियों द्वारा यथातथ्य आत्मसात् करते हुए रचना करने की यह परम्परा इनके लम्बे अन्तरिम चरणों की पुष्टि करती है।

पर इन दोनों तथ्यों से अधिक महत्त्वपूर्ण है समाज के आर्थिक और सामाजिक ढाँचे में परिवर्तन। इस पहलू पर हम कुछ विस्तार से आगे के अध्यायों में विचार करेंगे। यहाँ इतना ही कहना पर्याप्त होगा कि वैदिक समाज ने अपने आर्थिक और सामाजिक आधार को उस स्तर तक पहुँचाने में, जिसे हम ऋग्वेद में प्रतिबिम्बित पाते हैं, काफ़ी लम्बा–सहस्राब्दियों का–समय लिया है। यहाँ हम जिस पहलू पर विचार करना उचित समझते हैं वह है स्वयं ऋग्वेद में आई सूचनाओं के आधार पर ऋग्वेद के रचना-काल का निर्धारण।

ऋग्वेद के पुराने और नए मंडलों के बीच पाई जानेवाली अन्य अनेक भिन्नताओं की ओर अध्येताओं ने ध्यान दिया है, पर एक पहलू की ओर समुचित ध्यान नहीं दिया गया है। यह है प्राचीन और नवीन सूक्तों के बीच नदियों में तुलनात्मक महत्त्व का अन्तर। यद्यपि सिन्धु शब्द का सामान्य नदी के अर्थ में नए और पुराने सूक्तों में बार-बार प्रयोग हुआ है, किन्तु पुराने सूक्तों में नदी विशेष के अर्थ में इसका प्रयोग केवल दो बार ही आया है। पहली बार यह उल्लेख रसा के साथ नाम के लिए ही आया है (4.43.6)। दूसरे स्थल पर भी इसका नामोल्लेख मात्र दूसरी अनेक नदियों के साथ देखने में आता है (5.53.9)। सायण इन दोनों स्थलों पर भी सिन्धु को नदी विशेष के अर्थ में न लेकर उदक् और समुद्र के अर्थ में ही लेते हैं। यदि सायण की व्याख्या को मानकर चलें तो प्राचीन सूक्तों में सिन्धु का एक नदी के रूप में उल्लेख आया ही नहीं है। यदि उनसे अहमति रखी जाए, जिसका पर्याप्त कारण भी है, तो प्राचीन अंशों में सिन्धु का उल्लेख मात्र प्रासंगिक और रूप-रंग-हीन है, मानो कवि को सिन्धु नदी का ज्ञान तो हो, पर उससे किसी तरह की आत्मीयता न अनुभव करता हो।

इसके विपरीत सरस्वती का उल्लेख पुराने सूक्तों में पूरी गरिमा और वैभव के साथ किया गया है। यहाँ सरस्वती के प्रबल वेग, इसकी जलसम्पदा, इसकी बदलती हुई धारा, इसके भयानक रूप, आर्थिक महत्त्व, इसकी गर्जना, इसमें मिलनेवाली अनेकानेक नदियों और इससे सम्भावित ख़तरों का बहुत जीवन्त वर्णन किया गया है। यह अपने प्रबल वेग से पर्वतपार्श्वों को इस तरह तोड़ डालती है जैसे कोई कमल नाल को तोड़े (6.61.2)। यह धनधान्य से पूर्ण या प्रखर वेगवाली नदी है (1.3.10;2.41.18; 6.6.3)। इससे धन के लिए अनुरोध किया जाता है (6.61.5)। यह पूषा की तरह पोषक अन्न देती है (6.61.6)। यह एक भयंकर और कूल-कगार तोड़ने और धारा बदलनेवाली नदी है (6.61.7)। इसकी जलधारा गर्जना करती हुई प्रवाहित होती है (6.61.8)। बाढ़ के समय इसका पाट इतना चौड़ा हो जाता है कि लगता है यह क्षितिज तक फैली हुई है (6.61.11)। यह नदियों में

सबसे प्रखर वेगवाली और सबसे अधिक जलराशिवाली नदी है (6.61.13)। नदियाँ इसमें आकर मिलती हैं, यह सप्तधातु (6.61.12) और सप्तस्वसा है (6.61.10)। अपनी सखियों या अन्य नदियों की तुलना में यह अधिक धनधान्य देनेवाली है (7.95.4)। यह सदा कल्याण ही करती है (7.96.3)। यह सबसे बड़ी माँ, सबसे बड़ी देवी और सबसे बड़ी नदी है (2.41.16)। यह हिमालय से लेकर समुद्रपर्यन्त प्रवाहित होती है और इसके माध्यम से नहुष-पुत्र ने अकूत धन कमाया था (7.95.2)।

ऋग्वेद के नए माने जानेवाले मंडलों में स्थिति बिलकुल उलट जाती है। यद्यपि प्रथम मंडल के तीसरे सूक्त में (1.3.10; 12) भी इसके 'वाजेभिः वाजिनीवती' और 'महो अर्णः' विशेषण प्रयोग में आए हैं, पर इस मंडल के पहले से लेकर पचासवें सूक्त तक की रचना प्राचीन मंडलों के समय की बताई जाती है (118/639-40)।

नए मंडलों में सिन्धु को वही महत्त्व प्राप्त हो जाता है जो पहले सरस्वती को प्राप्त था। सरस्वती का वर्णन उसी तरह नामोल्लेख बनकर आता है जैसे पुराने मंडलों में सिन्धु का। सिन्धु का पहली बार कुछ महत्त्व के साथ उल्लेख आठवें मंडल में आता है जहाँ उसे अनेक नदियों को आत्मसात् करके बहनेवाली और तेज प्रवाहवाली या वैभवशालिनी (8.26.18) कहकर सम्बोधित किया गया है। उसके वैभव और जलसम्पदा का लगभग उसी भावाकुलता के साथ वर्णन नदी सूक्त में आता है जहाँ उसे समस्त नदियों में ओज की दृष्टि से सर्वोपरि (10.75.1) अदब्धा और जलभंडार में सर्वोपरि (10.75.7) कहा गया है। इसकी महिमा को महान् बताया गया है (10.75.1; 9)। इसे श्वश्वा, सुरथा, हिरण्ययी, वाजिनीवती, ऊर्णावती, मधुवृधा आदि विशेषणों से सम्बोधित किया गया है। यह धरती से अधिक पर्वतीय क्षेत्र से होकर प्रवाहित होती है (10.75.2)। इसे वरुण के आवागमन का मार्ग बताया गया है (10.75.2)। यह अपने वेगवान रथ से चलती है जिससे व्यापारिक यात्राओं से लाभ अर्जित किया जाता है (10.75.2) तथा यह अन्य नदियों को इस तरह लेकर आगे बढ़ती है जैसे कोई राजा सेना का नेतृत्व करे, और दूसरी नदियाँ इसकी ओर उसी तरह दौड़ती हैं जैसे माँ की ओर बच्चे, या गाय की ओर बछड़े (10.75.4)। सिन्धु के प्रवाह से ऐसी गर्जना होती है जिससे आकाश तक गूँज उठता है और यह इस तरह दौड़ती है, जैसे कोई वृषभ हुंकारता हुआ दौड़े (10.75.3)।

नदी सूक्त में यदि सरस्वती का उल्लेख न आया होता तो यह माना जा सकता था कि यह मात्र संयोग ही है कि पुराने सूक्तों में सरस्वती की महिमा का उल्लेख हुआ है और नए सूक्तों में सिन्धु का स्तवन किया गया है। पर सरस्वती का भी उल्लेख नदी सूक्त में ही आया है और इससे यह प्रकट होता है कि वैदिकों के लिए और उनके आर्थिक प्रचालनों के लिए इसका महत्त्व बहुत घट गया है (10.75.5)। नदी सूक्त में लगभग वे सारे विश्लेषण, जो पहले सरस्वती के लिए प्रयोग में आते थे, सिन्धु के लिए प्रयुक्त होने लगे हैं। सरस्वती के स्थान पर अब सिन्धु ही हिरण्यवर्तनी, वाजिनीवती, अपसां अपस्तमा, महान् महिमावाली, अनन्त शुष्मवाली हो जाती है।

महत्त्व का यह बदलाव और पहले के सारस्वत क्षेत्र की तुलना में पूर्व से पश्चिम की ओर लगभग समस्त हड़प्पा सभ्यता के क्षेत्र को समेटनेवाले भू-भाग का इस नए सन्दर्भ में

परिचय हमारे लिए बहुत महत्त्वपूर्ण है। इससे स्पष्टतः यह निष्कर्ष निकलता है कि वैदिक सभ्यता का आविर्भाव सारस्वत क्षेत्र में होता है, वहीं यह अपने विकास को प्राप्त करती है और बाद में उसका क्षेत्र-विस्तार होता है। इसी क्रम में यह मुख्यतः पश्चिम की ओर, और कुछ दूर तक पूर्व की ओर, बढ़ती है। सभ्यता का केन्द्र सरस्वती-तट से हटकर सिन्धु और उसकी सहायिकाओं के तट पर पहुँच जाता है और इस क्रम में इसकी व्यापारिक गतिविधियों का खासा विस्तार होता है।

काल-निर्धारण की दृष्टि से यह संकेत और भी महत्त्वपूर्ण हो जाता है। इससे स्पष्ट है कि ऋग्वेद के नए माने जानेवाले मंडलों का रचनाकाल परिपक्व हड़प्पा काल है और प्राचीन मंडलों की रचना सारस्वत क्षेत्र में हुई थी और ये उससे कहीं अधिक पुराने हैं, जितना सामान्यतः सोचा जाता रहा है। यदि परिपक्व हड़प्पा की अवधि लगभग पाँच सौ वर्ष की है तो समूचे ऋग्वेद की रचना की अवधि लगभग एक हज़ार वर्ष या इससे कुछ अधिक ही पड़ेगी। दूसरे शब्दों में कहें तो, ऋग्वैदिक काल का आरम्भ लगभग 3000 ई.पू. या इससे भी कुछ पीछे चला जाता है।

दोनों नदियों के नामोल्लेख में पाए जानेवाले इस अन्तर की ओर पहले भी ध्यान दिया गया था और इससे स्वतः फूटनेवाले निष्कर्ष को कि वैदिक सभ्यता का विकास सरस्वती की उपत्यका में हुआ और बाद में इसका प्रसार सिन्धु के क्षेत्र में हुआ, भारत पर आर्य आक्रमण या भारत में आर्यों के बाहर से आव्रजन के ठीक विपरीत पाकर वस्तुस्थिति को ही उलटने का प्रयत्न किया गया था। इस तरह कुछ विद्वानों ने (285/243; व 11/210) यह सुझाव रखा था कि सरस्वती अफ़ग़ानिस्तान की हरौती नदी रही हो सकती है, पर हरौती समुद्रपर्यन्त प्रवाहित नहीं होती जबकि सरस्वती के समुद्रपर्यन्त प्रवाह का उल्लेख है, अतः यह तालमेल बैठाने का प्रयत्न किया गया कि छठे मंडल की सरस्वती तो हरौती है और सातवें मंडल तथा बाद के मंडलों की सरस्वती भारत के मध्यदेश की सरस्वती। सरस्वती के समुद्रपर्यन्त प्रवाह को ध्यान में रखते हुए यह भी सुझाने का प्रयत्न किया गया (389/481) कि यह सिन्धु का ही पुराना नाम हो सकता है। सिन्धु का ही पुराना नाम सरस्वती रहा हो सकता है, इसकी व्यर्थता तो इस बात से ही साबित हो जाती है कि नदी सूक्त में यथाक्रम पूर्व से पश्चिम की ओर नदियों के उल्लेख में सरस्वती का नाम गंगा, यमुना के बाद ही आता है और उसी में आगे सिन्धु का पृथक् वर्णन भी है और अन्यत्र भी अनेक स्थलों पर सिन्धु और सरस्वती का साथ-साथ उल्लेख आया है। पहले मत पर टिप्पणी करते हुए *वैदिक इंडेक्स* के लेखक लिखते हैं (389/484), "यह मत अनिवार्यतः इस सिद्धान्त पर आधारित है कि ऋग्वेद का छठा मंडल, सातवें के विपरीत, ईरानी भूमि को अपने क्रियाकलाप का क्षेत्र मानता है : यह उतना ही अनुपयुक्त है जितना कि स्वयं यह सिद्धान्त। ब्रुनहॉफर ने एक समय इस ईरानी समीकरण को स्वीकार किया था, किन्तु बाद में उन्होंने उस ऑक्सस के पक्ष में अपना मत परिवर्तित कर लिया जो सर्वथा अप्रासंगिक है।"

पर यह सोचना ग़लत होगा कि परिपक्व हड़प्पा का आरम्भ हड़प्पा और मोहनजोदड़ो आदि नगरों के साथ होता है। इन नगरों की स्थापना एक विकसित और सुनियोजित

नगर-योजना के अन्तर्गत होती है, अतः यह आसानी से सोचा जा सकता है कि इन नगरों को बसानेवालों को नगर-जीवन का परिचय पहले से प्राप्त था। इन नगरों की आशा हम सारस्वत क्षेत्र में कर सकते हैं, परन्तु इनको ढूँढ़ पाना सम्भवतः आज अधिक कठिन हो। सम्भव है, इनमें से अनेक स्वयं सरस्वती के ग्रास बन गए हों और शेष कुछ इसके द्वारा लाए गए कचरे की तहों के नीचे दफ़न हों।

नगर-सभ्यता से पूर्ववर्ती विकास का पुनः एक बहुत लम्बा चरण हमें भारत में दिखाई देता है। इनमें कितने हज़ार वर्षों का समय लगा होगा यह कहना कठिन है पर इसकी विकास रेखा का अध्ययन हम वैदिक साहित्य–विशेषतः ब्राह्मणों और पुराणों–के आधार पर कर सकते हैं। इसे हम अगले अध्यायों के लिए स्थगित रख सकते हैं।

जब हम सरस्वती क्षेत्र में पुरानी नगर-सभ्यता के विकास की बात और उससे पहले के विकासों की बात कर रहे हैं जिनके भौतिक अवशेष अभी ढूँढ़ने होंगे, तो यह किंचित् अविश्वसनीय लग सकता है। पर स्थिति सर्वथा निराशाजनक नहीं है। कम-से-कम मेह्रगढ़ की खोज ने भारतीय सभ्यता के विकास की तस्वीर को आज पहले की तुलना में बहुत बदल दिया है।

7. मेह्रगढ़

मेह्रगढ़ बलूचिस्तान के क्वेटा जिले में बोलन दर्रे के नीचे, बोलन नदी के पास लगभग 500 एकड़ का क्षेत्र है जिससे हड़प्पा से पहले के अवशेष प्राप्त हुए हैं। इस स्थल पर निवास के चिह्न अनुमानतः 7वीं सहस्राब्दी ई.पू. में देखने में आते हैं। इस स्थल की खुदाई करनेवाले, जैरिज (296; 297; 295; 299) के अनुसार यहाँ लगभग नौ मीटर मोटी तह पाई गई और यह बस्ती लगभग तीन हज़ार वर्ष तक आबाद रही। इसका आरम्भ मृद्‌भांड-पूर्व नवपाषाणी चरण से होता है। पाँचवीं सहस्राब्दी ई.पू. में यहाँ ईंटों के प्रयोग के चिह्न मिलने लगते हैं। इसी के दौरान यहाँ भी इस चरण में दिखाई देता है" (296)। इसी के दौरान कृष्ट अनाजों के बीच, भंडार के पास और चूल्हे के पास कपास के बीज भी प्राप्त हुए हैं। इससे इस बात का पता चलता है कि इस काल तक कपास की खेती और सूती कपड़ों की कताई-बुनाई का आरम्भ हो चुका था। छठी सहस्राब्दी के बीच ही इस कृषि-मूलक अर्थव्यवस्था में कौशलों के विशेषीकरण और सुदूर स्थलों से सम्पर्क के चिह्न प्रकट होते हैं जो यहाँ से प्राप्त कौड़ियों, लाजवर्द और फ़ीरोज़ा आदि से प्रमाणित होता है। इसके तीसरे चरण में, चौथी सहस्राब्दी ई.पू. में यहाँ चाक से बर्तन भी बनने लगते हैं। "मकानों की योजना शहरी नहीं है, पर ये कई कमरोंवाले और सलीके से बने हुए हैं। करायल के प्रयोग से टोकरों को अछिद्र बनाने का चलन भी इस चरण में दिखाई देता है" (296)।

मेह्रगढ़ सभ्यता के इतिहास-ग्रन्थ के सबसे पुराने और दीमक खाए खंड के एक महत्त्वपूर्ण पन्ने के पार्श्व पर अंकित एक नन्ही-सी टिप्पणी जैसा है। यह इस मान्यता का तो खंडन करता ही है कि पश्चिमोत्तर सीमान्त के इस पार चार हज़ार ई.पू. की किन्हीं

संस्कृतियों का पता नहीं चलता, साथ ही यह भारतीय सभ्यता के विकासक्रम को समझने की दृष्टि से एक मानस्तम्भ का भी काम करता है। यद्यपि आहार-अन्वेषण और आखेट के पूर्ववर्ती चरणों को समझने के लिए यह हमारे लिए कोई उपयोगी सूचना नहीं दे सकता, पर स्थायी बस्तियाँ बसाकर रहने और हज़ारों वर्षों तक एक ही स्थल से बँधे रहने के कारण इसके निवासी हमारे लिए पशुपालन और आदिम कृषि के चरण से आगे के विकास को समझने के लिए एक महत्त्वपूर्ण संकेत छोड़ गए हैं।

पुस्तक के प्रथम प्रकाशन के समय जब हमने कहा था कि ''मेह्रगढ़ सभ्यता के इतिहास-ग्रन्थ के सबसे पुराने और दीमक खाए खंड के एक महत्त्वपूर्ण पन्ने के पार्श्व पर अंकित एक नन्ही-सी टिप्पणी जैसा है।'' और इस बात की आशा जताई थी कि भविष्य में किसी भी सुयोग या कुयोग से मुख्य मैदानी भाग में उस काल या उससे पहले की बस्तियों का पता चल सकता है तो यह साहित्यिक साक्ष्यों के आधार पर पाली गई दुराशा मात्र थी, परन्तु आज इसके तीसरे संस्करण में यह जोड़ना जरूरी लगता है कि पूर्वी उत्तर प्रदेश (गंगाघाटी) में लहुरादेवा और हरियाणा में भिर्राना उसी प्राचीनता की और कतिपय लक्षणों से हड़प्पा की विशिष्ट सांस्कृतिक उद्भव को मूर्त करनेवाले स्थल तलाशे जा चुके हैं जिसकी अपने जीवनकाल में मुझे आशा न थी। कुणाल नागर हड़प्पा से पीछे की सरस्वती घाटी की समृद्धि का संकेत देता है और राखीगढ़ी के निम्नतम स्तर तक पहुँचना सम्भव नहीं हो पाया है। सारस्वत क्षेत्र में अनगिनत रहस्य दबे पड़े हैं जिनमें से कुछ हमारी जानकारी और बढ़ा सकते हैं।

ये नए पुरातात्त्विक उद्घाटन हमारे उस प्रस्ताव का समर्थन करते हैं कि वैदिक सभ्यता का विकास सारस्वत क्षेत्र में होता है और इसके बाद यह सिन्धु की ओर अग्रसर होती है। इस प्रश्न के अन्य संगत पहलुओं पर हम आगे विचार करेंगे।

8. उपसंहार

अब यदि हम ऋग्वेद के रचना-काल के निर्धारण के लिए या मोटेतौर पर वैदिक साहित्य क रचना-काल के निर्धारण के लिए अब तक अपनाई गई विविध युक्तियों को यांत्रिक रूप में सामने रखकर विचार करें तो हमें इनमें इतना अन्तर दिखाई देगा कि इनके द्वारा नियत तिथियों में किसी को भी स्वीकार करने में कुछ घबराहट-सी होगी। पर यदि इन सभी का सारतत्त्व लें तो पाएँगे कि पहली नज़र में दीखनेवाली अराजकता मात्र आभासिक है और इन सभी से भारतीय संस्कृति के छठी-पाँचवीं सहस्राब्दी में एक स्वविशिष्ट और सुस्पष्ट रूपाकार ग्रहण कर लेने की पुष्टि होती है।

उदाहरण के लिए, जिस व्यक्ति ने ऋग्वेद और वैदिक साहित्य के अन्य ग्रन्थों की रचना के लिए अल्पतम काल-सीमा रखी थी उसने भी इस बात को स्वीकार किया था कि इस काल को कितना पीछे ले जाया जा सकता है इस विषय में कुछ भी निश्चयपूर्वक नहीं कहा जा सकता। इस लेखक ने रचनाओं के पूर्वापर क्रम को ध्यान में रखते हुए जिस तरह की अटकलबाज़ी की थी उसी के आधार पर दूसरे लेखक उससे लगभग दूने पीछे चले गए

थे और उनके मन में भी आशंका यही रही लगती है कि क्या इसे इससे पीछे ले जाना निरापद रहेगा? फिर भी उन्होंने निश्चित तिथि पर बल देने से बचने का सुझाव दिया था। दूसरे शब्दों में कहें, साहित्यिक सामग्री के आधार पर हम बिना किसी उलझन के हड़प्पा काल में पहुँच जाते हैं, और दोनों स्रोतों–साहित्य और पुरातत्त्व–के आधार पर हम पाते हैं कि ऋग्वेद के नए मंडलों का ही सम्बन्ध परिपक्व हड़प्पा से बैठता है।

इससे पीछे लौटने पर हम सारस्वत क्षेत्र में और चौथी सहस्राब्दी के उत्तरार्ध और तीसरी के पूर्वार्ध में पहुँचते हैं। पर ऋग्वेद के प्राचीन अंश भी हमें एक लम्बी रचना-यात्रा का आभास देते हैं जिसका दौर नए मंडलों से कुछ अधिक लम्बा रहा लगता है। केवल इस बात को देखकर कि पुराने माने जानेवाले अंश नए मंडलों की तुलना में कम हैं, यह सोच लेना उचित नहीं कि इनका रचना-काल भी इसी के अनुरूप कम होगा। पहली बात तो यह है कि नए माने जानेवाले मंडलों के भी बहुत-से सूक्त, जैसा कि ब्लूमफ़ील्ड ने सुझाया है; काफ़ी पुराने हैं और इन्हें पुराने मंडलों के साथ रखा जा सकता है। दूसरे, ब्लूमफ़ील्ड के ही अनुसार उपलब्ध सूक्त, भले ही वे पुराने मंडलों के ही क्यों न हों, उस प्राथमिक अवस्था को प्रकट नहीं करते जब वैदिक ऋचाओं की रचना आरम्भ हुई थी। कारण, इनमें भी भाषा और शैली का एक ऐसा कसाव और परिमार्जन दिखाई देता है जो एक लम्बे अभ्यास के बाद ही हासिल हुआ हो सकता है। ब्लूमफ़ील्ड (118/21) के ही शब्दों में, "ऋग्वेद, सच कहें तो, अपने किस्म की रचनाओं की अन्तिम अभिव्यक्ति (फाइनल एक्सप्रेशन) है, जो हर कदम पर पूर्ववर्ती क्रियाशीलता के एक लम्बे दौर का पूर्वाभास देता है। परिणामस्वरूप अपेक्षाकृत बाद की रचना होने के लक्षणों को बता पाना अक्सर काफ़ी आसान होता है, पर आज तक मुझे पूरी संहिता में एक भी सूक्त ऐसा नहीं मिल पाया है जिसमें प्राथमिक काल से, अर्थात् उस काल से जब इस तरह के सूक्तों की सर्वप्रथम रचना हुई थी, चलते आने के स्पष्ट लक्षण दिखाई दें।"

दूसरे शब्दों में कहें तो, पाठालोचन का निष्कर्ष यह है कि उस प्राथमिक अवस्था की रचनाएँ लुप्त हो चुकी हैं। ठीक यही बात भारतीय परम्परा बार-बार दुहराती आई है, जिसके अनुसार वैदिक साहित्य का काफी बड़ा अंश–और जो उक्त व्याख्या के अनुसार प्राचीनतम अंश भी है–नष्ट हो चुका है। यह तथ्य ही ऋग्वैदिक रचना-काल को ऋग्वेद के उपलब्ध अंशों के रचना-काल से भी बहुत पीछे एक ऐसे अतीत में पहुँचा देता है जिसकी अन्तिम सीमा के विषय में निश्चित रूप से कुछ भी कहना ख़तरा मोल लेना होगा।

यहाँ पहुँचकर हम ज्योतिष के आधार पर दो विद्वानों द्वारा लगभग एक ही समय में और एक-दूसरे से स्वतन्त्र रूप में ऋग्वेद तथा कतिपय अन्य रचनाओं के लिए नियत काल को लेते हैं तो पाते हैं कि रचनाओं की पूर्ववर्तिता को ध्यान में रखते हुए किए गए, या किए जा सकनेवाले, अनुमान और ज्योतिष के आधार पर की गई गणनाओं के बीच विरोध नहीं अपितु एक अद्‌भुत सादृश्य है और मेहरगढ़, जिसका प्रासंगिक उल्लेख हम पीछे कर आए हैं, पुरातात्त्विक दृष्टि से भी इस क्रियाशीलता के केन्द्र में किंचित् उन्नत विकासों के इतने पुरातन काल में घटित होने की सम्भावना को एक मुहर-सी लगाता प्रतीत होता है। ऋग्वेद के आन्तरिक साक्ष्यों से भी हम इसी अनुमान पर पहुँचते हैं। उदाहरण के लिए पुराने मंडल

के रचना-काल में सरस्वती एक महत्त्वपूर्ण नदी थी जिसकी जल-सम्पदा इसके रचनाकारों की दृष्टि में उनकी परिचित नदियों में सबसे अधिक थी अतः इस काल तक या तो वे सिन्धु से परिचित नहीं थे अथवा सरस्वती को सिन्धु से भी बड़ी नदी मानते थे। इस नदी के यौवन काल में इसकी उपत्यका में सभ्यता के नागर चरण तक पहुँचने तथा व्यापारिक हलचलों के बढ़ने तक एक बहुत लम्बा समय लगना चाहिए। फिर, इस तरह की विशाल नदी को जिन भी प्राकृतिक विपर्ययों का सामना करना पड़ा हो, इतना तो निश्चित है कि व्यापारिक गतिविधियों के लिए इसके अनुपयोगी होने में बहुत लम्बा समय लगा होगा। इन पहलुओं को ध्यान में रखें तो ज्योतिष के आधार पर नियत किया गया समय दूरारूढ़ नहीं लगेगा।

परन्तु ज्योतिष के आधार पर निकाला गया समय स्वयं भी एक विकसित चरण की सूचना देता है, जब कम-से-कम इतना विकास तो हो ही चुका था कि ऋतुओं और नक्षत्रों के भेद को समझना ही नहीं अपितु इनका नामकरण आदि करना और अन्य तथ्यों और कृत्यों को इनसे जोड़ना भी आरम्भ हो चुका था। यही नहीं, इस काल में अपने जातीय अनुभवों और व्यक्तिगत मनोभावों को हस्तान्तरणीय रूप में—चाहे वह कथाओं के रूप में रहा हो या गेय गाथाओं के रूप में—सँजोने और परिरक्षित करने का क्रम आरम्भ हो चुका था।

इस तरह हम ऋग्वेद के उपलब्ध और अनुपलब्ध अंशों के रचना-काल को कम-से-कम 4500 ई.पू. से 2000 ई.पू. में रखना चाहें तो इसमें कोई बाधा नहीं दिखाई देती, पर अपने वर्तमान रूप में उपलब्ध ऋग्वेद की रचना को 3500 ई.पू. से पीछे ले जाना उचित नहीं होगा।

दूसरे शब्दों में कहें तो ज्योतिष की गणना के आधार पर निकाली गई तिथियों का सम्बन्ध ऋग्वेद के पूर्ववर्ती चरण से हो सकता है जिसका उल्लेख ऋग्वेद में बार-बार किया जाता है और जिनको ही इस बात का श्रेय दिया जाता है कि उन्होंने नई व्यवस्था का, नए मार्गों का आविष्कार किया, और वे सभी काम किए जिनका अनुगमन वे स्वयं कर रहे हैं—इदं नम ऋषिभ्यः पूर्वजेभ्यः पूर्वेभ्यः पथिक द्भ्यः, (10.14.15); पूर्वेभ्यः जरितृभ्यः (1.176.6); नः पूर्वे पितरः पदज्ञा (1.62.2); पूर्वे पितरः पदज्ञाः (3.55.2); एषां पूर्वेषाम् अशृणोः ऋषीणाम् (7.29.4)। प्रश्न केवल ज्योतिर्गणना के माध्यम में एक सुदूर अतीत से चली आ रही परम्परा का है। वास्तव में जिस तरह का ठहराव हमें नागर हड़प्पा में मिलता है उससे मिलता-जुलता ठहराव ऋग्वेद में भी मिलता है। तकनीकी दृष्टि से वे सभी विकास ऋग्वेद की प्राचीनतम ऋचाओं से पहले हो चुके लगते हैं जिनको वैदिक संस्कृति से जोड़ा जा सकता है। इसका विकास काल, जो कई हजार साल के दौर में फैला प्रतीत होता है, ऋग्वेद की पृष्ठभूमि में है। इसके मिथक, प्रतीक, काव्यरूप, अलंकार, छन्दविधान, कविसत्य सभी वैदिक कवियों को लगभग बने-बनाए मिलते हैं।

यही बात दूसरे पक्षों के सम्बन्ध में कही जा सकती है जिनका प्रतिबिम्बन ऋग्वेद में ही नहीं, अपितु बाद की रचनाओं में भी हुआ है। इन पर कुछ रुककर विचार कर लेना ज़रूरी है।

ऋग्वेद की रचना आरम्भ होने से पहले से—कहें ऋग्वेद के उपलब्ध रूप से पहले के साहित्य की रचना आरम्भ होने से पहले से जो अब लुप्त हो चुका है—एक श्रुत परम्परा चली

आ रही थी जिसकी छाया ऋग्वेद संहिता में भी मिलती है। इसका आधार बनाकर ही अधिकांश सूक्तों की रचना हुई थी। जिन दिनों ऋग्वेद की रचना हो रही थी उन दिनों भी इन परम्पराओं का प्रचलन था और ये आगे की सहस्राब्दियों में भी समानान्तर चलती रहीं। इन परम्पराओं का गहरा ज्ञान या इनका श्रवण करके अपने को प्रबुद्ध बनाना उन कालों की एक बहुत बड़ी शर्त थी। यही कारण है कि ऋग्वेद में भी श्रुत और बहुश्रुत व्यक्तियों के महत्त्व का प्रायः आभास मिलता है, और यदा-कदा व्यक्ति-नामों में–यथा श्रुतर्य–यह पूर्वपद के रूप में जुड़ जाता है।

जैसा कि श्रुत परम्पराओं और गाथाओं के लिए स्वाभाविक है, इनके प्रचलन काल में इनमें अधिकाधिक विकृतियाँ आती गई होंगी। इसके बावजूद इनमें प्राचीन सामाजिक अनुभवों का सार जहाँ-तहाँ सुरक्षित रह गया था। इन श्रुतियों का जब तक वैदिक कर्मकांडीय विधानों और आडम्बरपूर्ण कृत्यों का औचित्य ठहराने के लिए उपयोग किया गया है और इसलिए ब्राह्मणों में और प्राचीन परम्पराओं को दुहरानेवाली अन्य कृतियों, जैसे पुराणों और महाकाव्यों, में हमें उनके रचना-काल से हज़ारों वर्ष पूर्व घटनाओं के विरूपित, पर सारबद्ध, संकेत मिल जाते हैं। इन घटनाओं को केवल इस आधार पर कि ये ऋग्वेद से बाद की कृतियों में आई हैं, ऋग्वेद के रचना-काल से बाद का मान लेना उतना ही ग़लत होगा जितना स्वयं ऋग्वेद में वर्णित सभी घटनाओं को इसके रचना-काल की घटनाएँ मान लेना। ब्राह्मणों और पुराणों में ऐसे बहुत से विवरण आए हैं जो ऋग्वेद में आए प्राचीनतम विवरणों से भी अधिक पुराने हैं और भारत के सामाजिक और आर्थिक विकास को समझने के लिए उनका बहुत महत्त्व है। ध्यान केवल इस बात पर दिया जाना चाहिए कि परवर्ती रचनाओं में उपलब्ध ये विवरण विकास के किस चरण से सम्बन्ध रखते हैं और यह चरण इनके रचना-काल को प्रकट करता है या ऋग्वैदिक काल को या उससे और उसमें वर्णित घटनाओं से भी पहले के चरणों को। अगले तीन अध्यायों में हम इस दृष्टि से ही वैदिक या, कहें, हड़प्पा सभ्यता की पृष्ठभूमि को समझने का प्रयत्न करेंगे और देखेंगे कि इनसे उभरनेवाले क्षीण संकेतों से इस विकास की क्या तसवीर उभरती है।

अध्याय दो

सभ्यता की दिशा में प्रथम चरण

मनुष्य ने सभ्यता की दिशा में अपना पहला चरण उस विशेष बिन्दु पर बढ़ाया जब आहार-संग्रह और आखेट पर अपनी एकान्त निर्भरता छोड़कर उसने उन चीज़ों का नियन्त्रण और उत्पादन अपने हाथ में लिया जिनका वह इससे पहले संग्रह और आखेट करता आया था और जिनकी उपलब्धि और अनुपलब्धि के विषय में वह प्रकृति पर ही पूर्णतः आश्रित था। इस प्रस्थान-बिन्दु को अधिकांश अध्येता कृषि-क्रान्ति की संज्ञा देते हैं और मानते हैं कि यह एक नीरव क्रान्ति थी। उत्पादन की दिशा में पहला चरण कृषि का ही था या नहीं, और कृषि-क्रान्ति स्वयं में नीरव क्रान्ति थी या एक विशेष अर्थ में रक्त-क्रान्ति थी, यह अपने आपमें एक विचारणीय समस्या है। यह मान्यता पश्चिमी एशिया को ही कृषि-क्रान्ति का प्रवर्तक मानने और उसी के साक्ष्यों पर सभ्यता के प्रथम उत्स को समझनेवाले विद्वानों की देन है। हमारे लिए इस बात पर विचार करना ज़रूरी है कि अपने वन्य जीवन को छोड़कर भारतीय समाज किस तरह और किन अनुभवों को अर्जित करते हुए आगे बढ़ा। इसके लिए हम पहले से नियत खाके को यथावत् स्वीकार करके कृषि-कर्म के आरम्भ पर विचार आरम्भ करें, यह उचित नहीं होगा। इसके विपरीत हमें जो दो प्रथम सम्भावित विकास दिखाई देते हैं उनको खुला छोड़कर पहले हम यह निश्चित करेंगे कि इनमें से कौन पूर्ववर्ती है और फिर इनमें जो प्रथम चरण प्रतीत होता है उसके विकास को समझने का प्रयत्न करेंगे। ये दोनों चरण हैं—पशुपालन और कृषि।

1. पश्चिमी एशिया की सृष्टि कथाएँ

बाइबिल की सृष्टि कथा के अनुसार जब परमात्मा ने धरती-आकाश, दिन-रात आदि बना लिये तो उसने सभी वनस्पतियाँ स्वर्ग में ही बनाईं, क्योंकि अभी तक धरती पर न तो उसने वर्षा की थी, न ही जोताई-बोआई के लिए मनुष्य को ही बनाया था। फिर एक धुन्ध उठी और उसने धरती को आच्छादित कर लिया। फिर परमात्मा ने धरती की धूल से मनुष्य को गढ़ा और इसकी नासिका में प्राण-वायु फूँककर उसे सजीव बना दिया। और परमात्मा ने *पूरब की ओर ईडन के उद्यान में उस मनुष्य को रख दिया* और धरती से विविध प्रकार की मनोरम वनस्पतियाँ उगाईं जो खाने में भी स्वादिष्ट थीं। इस उद्यान के बीच में जीवन-वृक्ष

या अमरता का वृक्ष तथा विवेकवृक्ष उगाया। इस उद्यान को सींचने के लिए उसने एक नदी बनाई जो आगे चलकर चार शाखाओं में बँट जाती थी। परमात्मा ने ईडन के इस उद्यान की देखभाल का काम उस आदि मानव के ऊपर छोड़ा जिसका नाम आदम था। उसने हिदायत दी कि वह जीवन-वृक्ष और विवेक-वृक्ष को छोड़कर किसी भी वृक्ष का फल खा सकता है, पर यदि उसने इनमें से किसी का फल चखा तो वह मर जाएगा। आदम को अकेला देखकर उसकी संगिनी के रूप में उसने आदम की पसली से ईव को बनाया। वे दोनों विवेकशून्य होने के कारण नग्नावस्था में रहते हुए भी शर्म अनुभव नहीं करते थे और प्रसन्न थे। इसी बीच साँप ने ईव को उकसाया कि वह विवेक-वृक्ष के फल को चखे। उसने उसे भरोसा दिया कि इसके खाने से वह मरेगी नहीं, 'परमात्मा ने उस वृक्ष का फल खाने से इसलिए वर्जित कर रखा है कि इसे खाते ही तुम्हारी आँखें खुल जाएँगी और तुम्हें अच्छे-बुरे का ज्ञान हो जाएगा।' ईव ने उस फल को सुन्दर, स्वादिष्ट और ज्ञानवर्धक पाकर खुद खाया और आदम को भी खाने को दिया। इस फल को चखते ही उनकी आँखें खुल गईं और उन्हें अपनी नग्नता पर शर्म आने लगी। इस शर्म का पता जब परमात्मा को चला तो उसे समझते देर न लगी कि इन दोनों ने विवेक का फल चख लिया है। ग़नीमत यही थी कि अभी इन्होंने अमरता का फल नहीं चखा था, अन्यथा आदमी और ईश्वर में फ़र्क़ ही न रह जाता और सारा मामला ही गड़बड़ हो जाता। और प्रभु ने कहा, 'देखो, मनुष्य हम लोगों की तरह अच्छे और बुरे का ज्ञान पा गया और हम अमरता के फल को इसके हाथ न आने दें कि कहीं यह अमर न हो जाए।' और फिर उसने आदम को ईडन के उद्यान से बाहर निकाल दिया और अमरता के वृक्ष से उसे दूर रखने के लिए उसने ईडन के पूर्व की ओर एक थर्राती हुई तलवार तैयार कर दी कि किसी तरह कोई इस अमरता के वृक्ष तक न पहुँच सके। इसी आदम की दो सन्तानें हुईं—ऐबल और कैन। इनमें पहला चरवाहा था और दूसरा किसान। प्रभु को पहला अधिक प्यारा था, इसलिए कैन ने ईर्ष्यावश उसे मार डाला...। (जेनेसिस, 2-4)

बाइबिल की उक्त कथा उसी हिब्रू या पश्चिमी एशियाई परम्परा से ली गई है जिससे इस्लाम की आदम और हौवा की कथा। ऐसा लगता है कि पश्चिमी एशिया में इस सृष्टि कथा के अनेक रूपान्तर प्रचलित रहे हैं। कारण, इस्लामी परम्परा के अनुसार आदम को जन्नत से किसी वृक्ष का फल खाने के कारण नहीं, अपितु स्पष्टतः गन्दुम या गेहूँ खाने के अपराध में निकाला गया था।

ये कथाएँ आहार-अन्वेषण की अवस्था से मनुष्य के कृषिकर्मी बनने की यात्रा को मूर्त रूप में पेश करती हैं। वन्य आहार-संचयी मनुष्य विवेकहीन था। नंगा रहता था और प्रकृति से उपलब्ध फल-मूल से ही प्रसन्न था। कृषि को अपनाने के साथ उसने एक कठिन और साहस-भरी यात्रा आरम्भ की, जिसने मनुष्य को सचमुच ईश्वर जैसा बना दिया। वह स्वयं स्रष्टा और अपना भाग्य-विधाता भी बन बैठा। बेशक, धर्म आरम्भ से ही उसके विवेक का, उसकी इस स्रष्टा और नियंता होने की चेष्टा का विरोधी रहा है और उसे उस आदिम स्वर्ग के सजीले चित्र दिखाता रहा है।

इस कथा के रोचक पहलुओं में से एक है उस उद्यान का नाम 'ईदन' या 'ईडन', जो इन्द/इन्ड या सिन्ध/हिन्द की याद दिलाता है। दूसरी है इस उद्यान की स्थिति जो पूर्व की

ओर बताई गई है। धरती को आरम्भ में जलरहित बताने के पीछे रेगिस्तानी अंचल की छाया देखी जा सकती है। वनस्पतियों की सृष्टि नदी की बाढ़ से नहीं अपितु वृष्टि से बताई गई है, और ईडन के उद्यान में दुनिया के विविध प्रकार के वृक्ष और वनस्पतियों को उगा दिखाया गया है। साथ ही अमरता के वृक्ष के साथ कल्पवृक्ष की अवधारणा काम करती दिखाई देती है। आदम का नामकरण 'आदि'–(मनु) और ईव का नामकरण इडा या इला से किंचित् मेल खाता दिखाई देता है–इसके अतिरिक्त ईश्वर का यह कहना कि विवेक के वृक्ष का फल खाकर मनुष्य 'हम लोगों जैसा' बन गया है, एकेश्वरवाद की अपेक्षा बहुदेववादी परम्परा की देन प्रतीत होता है। मैक्समूलर ने अन्य सन्दर्भों में यह दिखाया है कि कैसे बाइबिल की अनेक कथाओं का प्रेरणास्रोत भारत रहा है (414/531)।

जो कुछ बाइबिल में किंचित् अस्पष्ट है वह हदीस आदि के स्रोतों से अधिक स्पष्ट होता दिखाई देता है। इस्लामी परम्परा के प्रख्यात विद्वान् सैयद सुलेमान नदवी लिखते हैं, "हदीसों और कुरान की टीकाओं आदि में जहाँ हज़रत आदम की कथा है, वहाँ–भिन्न-भिन्न प्रवादों के आधार पर यह उल्लेख मिलता है कि जब हज़रत आदम आकाश की जन्नत से निकाले गए तब वे इस धरती की जन्नत या स्वर्ग में जिसका नाम 'हिन्दोस्तान जन्नत निशाँ' या स्वर्गतुल्य भारत है, उतारे गए" (45)।

प्रकारान्तर से कहें तो आदम और ईव की, या मनु प्रजापति की, कथा का सम्बन्ध मानव सृष्टि से न होकर, उस विशेष संक्रमण से है जिसे कृषि-क्रान्ति कहा जाता है। इस नई मानवीय सूझ की इतनी प्रखर प्रतिक्रिया हुई थी कि इसे लेकर परमात्मा तक के प्रकोप की या एक भाई द्वारा दूसरे के वध की कल्पना की गई है। निश्चय ही यह इस धरती पर ही जीवन निर्वाह की दो भिन्न प्रणालियों के बीच तीखे टकराव का भी सूचक है, जिसमें प्राचीन जीवन-पद्धति से जुड़े लोगों को कृषि की ओर कदम बढ़ाना घोर पातक प्रतीत हुआ होगा। इसे शैतान या साँप का बहकावा मानना उस प्राथमिक आक्रोश को व्यक्त करता है जो आहार-संचयी कबीलों के मन में इन क्रान्तिकारियों के प्रति अनुभव हुआ होगा। क्या आदम का उस स्वर्गीय उद्यान से निष्कासित किया जाना भी इस बात का संकेत नहीं देता कि इस द्वन्द्व में कृषि की ओर अग्रसर होनेवाले लोगों को प्राचीन जीवन-पद्धति से नाभि-नाल-बद्ध लोगों के प्रखर विरोध के कारण, या सम्भव है सीधे संघर्ष के कारण, उस क्षेत्र को छोड़ने को बाध्य होना पड़ा था, जहाँ पहले वे अपने इन बन्धुओं के साथ पूरे सौहार्द्र के साथ रहते और निर्विघ्न विचरते थे? उनका यह पलायन पूर्व के किसी असाधारण प्राकृतिक–वानस्पतिक–सम्पदावाले क्षेत्र से पश्चिम की ओर हुआ था?

2. भारतीय परम्परा

ऊपर पश्चिमी स्रोतों से प्राप्त की गई जिन सूचनाओं से हम वस्तु-स्थिति का एक धुँधला-सा चित्र पाते हैं उसे भारतीय परम्परा में अधिक मुखर रूप में और तार्किक विस्तार से प्रस्तुत किया गया है।

वायु पुराण के अनुसार कृत युग में मनुष्य आहार-अन्वेषण की अवस्था में रहता था :

"उस कृत युग में वे मानव नदी, सरोवर, समुद्र और पर्वतों के समीप रहते थे।...इच्छानुसार इधर-उधर घूमते थे। पृथिवी से उत्पन्न वनस्पतियाँ और फल-फूल खाते थे। धर्म-अधर्म का विचार नहीं था। सामाजिक भेदभाव नहीं था। वे आयु, रूप और सुखानुभूति में समान थे।...यद्यपि लोग हज़ारों की संख्या में थे, पर उनमें किसी प्रकार का संघर्ष, प्रतिद्वन्द्विता और क्रम का प्रश्न नहीं था। उनका कोई घर नहीं था। वे एकान्त, सुखी, शोकरहित और सतोगुणी थे। फल, फूल और कन्द का अभाव था। वे स्नान आदि नहीं करते थे।...शुभ-अशुभ का विचार नहीं था। वर्णाश्रम व्यवस्था नहीं थी, न ही संकर-दोष था। उनमें लाभ-अलाभ, मित्र-अमित्र, प्रिय-अप्रिय के व्यवहार नहीं थे। वे निरीह थे और मन की स्वाभाविक प्रेरणा से विषयों में प्रवृत्त होते थे..." (30/8)।

वायु पुराण का उक्त विवरण उस नन्दन कानन या स्वर्गीय ईडन का, जिसमें आदम और ईव या आदिम मनुष्य सुखपूर्वक रहता था, अधिक सही चित्र प्रस्तुत करता है। पशु-सुलभ नीति-नियम-बन्धन-हीन जीवन और पशु-सुलभ आनन्द। समस्त अभावों के बावजूद इससे किसी उच्चतर विकल्प के अभाव में और सामाजिक विषमता के अभाव में मनुष्य अधिक प्रसन्न था और आगे के विकासों से उत्पन्न विषमता के कारण पैदा हुई पीड़ाओं को ध्यान में रखते हुए इस कृत युग के लौटने के स्वप्न देखता रहा। यदि यह उसे स्वर्गोपम प्रतीत होता रहा तो इसमें आश्चर्य की कोई बात नहीं।

अन्यत्र भी इस जीवन की झलक बार-बार देखने में आती है। (21/12.58.8; 14; 107.30) *शतपथ ब्राह्मण* (31/3.1.2.13-17) की एक कथा के अनुसार प्राचीन काल में कभी मनुष्य वस्त्रहीन रहता था। उसके शरीर पर जो चमड़ी थी वह मोटी थी और वह इसके कारण धूप, शीत, ताप और वर्षा से प्रभावित नहीं होता था। फिर देवताओं ने उसकी चमड़ी गाय को दे दी ताकि वह मौसम के इन प्रभावों से बच सके, क्योंकि गाय ही मनुष्य का पोषण करती है। इसके बाद मनुष्य की चमड़ी पतली हो गई और ज़रा-सी खरोंच लगने पर ही उससे खून निकलने लगता है। आदमी ने चमड़ी की इस कमी को दूर करने के लिए ही वस्त्र पहनना आरम्भ किया। वस्त्र मनुष्य की दूसरी चमड़ी है। नंगे आदमी को देखकर गाय उससे डरती है कि कहीं वह अपनी चमड़ी न माँग ले।

बाइबिल की कथा में तो वर्जित फल को खाने के लिए साँप ने प्रेरित किया था, पर भारतीय विवरण के अनुसार उत्पादन की नई युक्ति देवताओं को सूझी थी। कृषि के प्रति इन दोनों परम्पराओं के दृष्टिकोण का अन्तर काफी महत्त्वपूर्ण है। ब्राह्मणों में (31/1.2.5.1; 2.1.1.8; 3.4.4.3) इस बात को बार-बार दुहराया गया है कि देवता और असुर दोनों प्रजापति की सन्तानें थीं। दोनों एक-दूसरे के भाई थे। इन दोनों में असुर को बड़ा भाई और देवों को छोटा भाई बताया गया है। असुर बलवान हैं और देव कमज़ोर। विकास से क्रम में नए विकास को अपनानेवालों को नया या छोटा और पुरानी पद्धति से चिपके रह जानेवालों को बड़ा कहा जाता है। आरम्भ में कृषि की ओर अग्रसर होनेवालों की संख्या भी अपेक्षाकृत कम ही रही हो सकती थी अतः उनका संख्या की दृष्टि से भी

अल्प होना सच लगता है। इन विवरणों में इस विषय में किसी तरह का भ्रम नहीं रहने दिया गया है कि देवों और असुरों के बीच का द्वन्द्व दो उत्पादन-पद्धतियों के कारण पैदा हुआ था।

कृषि के आविर्भाव को *वायु पुराण* में त्रेता युग के रूप में कल्पित किया गया है। इस युग के आरम्भ में तो मनुष्य जगह-जगह उग आई वनस्पतियों को (जिन्हें घर-घर में उग आई बताया गया है, जो एक कल्पना मात्र है, क्योंकि आगे ही इसका खंडन भी हो जाता है कि तब तक मनुष्य स्थायी आवास बनाकर नहीं रह रहा था। वस्तुतः यहाँ घर का आशय इन कबीलों का विहार-क्षेत्र लेना उचित है।) अपनी जीविका का आधार बनाता है। इस काल में अनेक बार वनस्पतियों के नष्ट होने और पुनः उनके उत्पन्न होने का ज़िक्र आता है, ''उनके सत्याभिधान के फल से'' फिर घरों में वृक्षादि उगने लगते हैं। इस प्रकार वे ''उन्हीं वृक्षों से वस्त्र, फल, आभरण एवं उत्तम गन्धवाला, देखने में सुन्दर, सरस और अत्यन्त वीर्यकारी अमाक्षिक मधु हरे पत्तों से प्राप्त करने लगे। फिर जब कालक्रम से प्रजावर्ग लोभ के वशीभूत होकर उन समस्त वृक्षों को और अमाक्षिक मधु को बलपूर्वक अपनाने लगे, तब उनके इस अपचार के कारण कहीं-कहीं वे कल्पवृक्ष मधु के साथ ही विनष्ट हो गए।...वे यथेच्छ विहारी गृहहीन प्रजागण गात्रावरण द्वारा वायु, शीत और घाम के कष्ट का निवारण करने के लिए घर बनाकर रहने लगे।...उस द्वितीय वृष्टि-सृष्टि से पृथ्वी का जो स्थान जल-हीन और शुष्क हो गया था, वह जलपूर्ण हो गया।...बिना जोते-बोए चौदह तरह की फल-फूल-मूल वाली औषधियाँ गाँवों और जंगलों में उग आईं। उस त्रेता युग में ही ऋतुओं के अनुकूल पुष्प, वृक्ष-गुल्म और जीविका की बहुत-सी औषधियाँ उत्पन्न हुईं। उन औषधियों के गुण से उस काल के प्रजागण सुखपूर्वक कालयापन करते थे। तब युग-धर्म के अनुसार अवश्यंभावी रोग और लोभ उनमें उत्पन्न हुए। अपनी शक्ति के अनुसार उन लोगों ने क्षेत्र, पर्वत, वृक्ष, गुल्म और औषधियों को अपने अधिकार में करना आरम्भ किया।...युगधर्मानुकूल पृथ्वी ने तब चौदहों प्रकार के जंगली और ग्रामीण शस्यों को अपने में छिपा लिया। प्रजागण उस समय फल लेते समय पुष्प और पुष्प लेते समय पत्र को भी तोड़ लिया करते थे, इससे वे सब नष्ट हो गए और प्रजागण व्याकुल हो उठे। वे व्याकुल हो पुनः जीविकालाभ के लिए स्वयंभू प्रजापति के पास उपस्थित हुए। उन्होंने सुमेर को बछड़ा बनाकर इस पृथ्वी को दुहा। दुहे जाने के बाद इस धेनु रूपी पृथ्वी ने जंगली और ग्रामीण बीजों को पृथ्वी-तल पर उत्पन्न किया। फल पकने तक जिनके बीज रहें वे औषधियाँ हैं। ये औषधियाँ सत्रह प्रकार की हैं। धान, जौ, गेहूँ, तिल, प्रियंगु, उदार, कारुष, सवीनक, माष, मूँग, मसूर, निष्पाव, कुलथी, आढक्य और चना—ये सत्रह (पन्द्रह) प्रकार की औषधियाँ ग्रामीण कही जाती हैं। ग्रामीण और जंगली चौदह प्रकार की औषधियाँ यज्ञ-साधन हैं। ब्रीहि, यव, माह, गोधूम, अणु, तिल, प्रियंगु, कुलथी, श्यामाक, नीवार, जर्तिल, गवेधुक, कुरबिंद, वेणुयव और मर्कट—ये चौदह (पन्द्रह) प्रकार की औषधियाँ ग्रामीण और आरण्यक दोनों हैं। त्रेतायुग के आदिकाल में पहले ये उत्पन्न हुईं। बिना जोते ये औषधियाँ जंगलों और ग्रामों में उत्पन्न हुईं। इनके अतिरिक्त वृक्ष, गुल्म, लता, बल्ली, वीरुध, तृण आदि भी प्रादुर्भूत होकर मूल, फल, पुष्प

आदि से प्रजाओं को सुख-समृद्ध करने लगे। ब्रह्मा द्वारा दुहे जाने पर पृथ्वी ने जिन बीजों को उत्पन्न किया था उनसे ऋतुओं के अनुसार विविध प्रकार के फल उत्पन्न हुए। किन्तु जब तक वे औषधियाँ अच्छी तरह उगीं नहीं तब तक के लिए उनकी जीविका का उपाय किया कि **भूमि को जोतकर अन्न उपजाया जाए**। स्वयंभू भगवान ब्रह्मा ने उनकी कर्मजन्य सिद्धि को देखकर ऐसा किया। **तभी से कर्षणज शस्योत्पत्ति आरम्भ हुई।...**" (30/8)

इस पौराणिक विवरण का अटपटापन ही इसकी विश्वसनीयता का प्रमाण है। यदि इसकी कुछ बारीकी से जाँच करें तो हम कह सकते हैं कि इस त्रेता युग में पहले तो मनुष्य पशुओं के समान ही पूरी तरह प्रकृति पर निर्भर रहता है, पर धीरे-धीरे उसका ध्यान उन जंगली बीजों की ओर जाता है जिनको असमय के लिए एकत्र किया जा सकता था और जो आगे चलकर उसके कृषि धान्य बने। इस अवस्था में अराजकता का खासा बोलबाला था और लोग इन वन्य शस्यों को पकने से पहले ही नोच-खसोट लिया करते थे। लगता है, इससे स्थिति अनेक बार काफ़ी गम्भीर हो गई। वनस्पतियों और धान्यों के अनेक बार पूरी तरह नष्ट होने की बात और फिर वर्षा के साथ नए सिरे से पौधों के उगने की बात यह सूचित करती है कि इन्हें कई बार भारी अकाल और सूखे का सामना करना पड़ा। सम्भवतः इस सूखे की भी एक महत्त्वपूर्ण भूमिका कृषि के विकास में थी, पर यह सोचना कि अकाल और सूखे की दशा में मनुष्य ने कृषि का आविष्कार कर लिया होगा, निरापद नहीं है। सूखे का त्रासद अनुभव और इसके बाद अनुकूल मौसमों के दौर में उपलब्ध समृद्धि, दोनों को सामने रखकर ही कृषि के आविष्कार की बात समझी जा सकती है। जो भी हो, जैसा कि उक्त विवरण से ध्वनित होता है, एक लम्बे सोच-विचार के बाद और सायास रूप में ही कृषि का यह विकास सम्भव हो पाया। *वायु पुराण* के उक्त विवरण में हाहाकार और व्याकुलता के चित्रण के बावजूद कृषि की दिशा में संक्रमण को कुछ इस तरह पेश किया गया है मानो यह एक नीरव क्रान्ति ही हो। पर ब्राह्मणों से और ऋग्वेद के अनेक अंशों से स्पष्ट संकेत मिलता है कि किसी अन्य क्रान्ति की अपेक्षा यह क्रान्ति अधिक अवरोधों का सामना करती हुई आगे बढ़ी थी और इसके कारण एक ऐसा भयानक संघर्ष छिड़ा था जिसकी अनुगूँज समूचे भारतीय साहित्य में ही नहीं, इसके लोक-विश्वासों और गल्प कथाओं में भी बनी रह गई है। इस संघर्ष ने भारतीय चिन्तन को, इसके सद्-असद् विवेक को, इसके जीवन-मूल्यों को बहुत गहराई से प्रभावित किया है। इस संक्रमण को भारतीय परम्परा में देवासुर संग्राम के रूप में बार-बार चित्रित किया जाता रहा है।

देवासुर संग्राम से इस पहलू पर हम आगे चलकर विचार करेंगे। यहाँ इस तथ्य को रेखांकित करना आवश्यक है कि पश्चिमी परम्परा के अनुसार आदम को स्वर्ग से निकाला गया था और उसके बाद वह पूर्व से वहाँ पहुँचे थे और भारतीय परम्परा के अनुसार असुरों ने देवों को मार भगाया था और इसके बाद वे सभी दिशाओं में भागते फिरे थे। पश्चिमी परम्परा के अनुसार आदम स्वर्ग में रहते थे और वह स्वर्ग वहाँ की धरती से दूर और एक भिन्न जलवायु का था और भारतीय परम्परा के अनुसार देवता पहले इसी धरती पर रहते

थे और फिर वे इसे छोड़कर स्वर्ग गए। स्वर्ग का धरती से दूर होना और एक भिन्न जलवायु का होना और किंचित् दुर्लंघ्य प्राकृतिक बाधाओं से युक्त होना तो है ही, अन्यथा हर कोई स्वर्ग पहुँच जाए। पर इन दोनों परम्पराओं में इस विषय में पूर्ण सहमति है कि कृषि के आविष्कार से पहले देवताओं का निवास भारत में ही था जहाँ से निकाले जाने या निकलने के बाद वे पश्चिम में पहुँचे थे।

परन्तु क्या मनुष्य आरण्यक अवस्था से सीधे कृषि के इस चरण में पहुँच गया या इसके बीच कोई अन्य चरण भी आया था? दूसरे शब्दों में कहें तो, क्या पशुपालन का चरण कृषि के साथ आया या यह इससे पहले या बाद की अवस्था है? आर्यों के सम्बन्ध में विचार करते समय यह सुझाया जाता है कि पहले ये पशुचारी थे, फिर इन्होंने बहुत प्राथमिक स्तर की खेती आरम्भ की और वैदिक आर्यों को बर्बर सिद्ध करनेवाले यह मानते रहे हैं कि इस काल में भी वे मुख्यतः अपने पशु-धन पर ही निर्भर कर रहे थे और खेती नाम-मात्र को करते थे। प्रकारान्तर से कहें तो कृषि का चरण पशुचारण के बाद का है। पर पश्चिम एशिया के सन्दर्भ में इस विकास को कुछ उलझे रूप में पेश किया जाता है : यह कि कृषि की ओर अग्रसर होनेवाले मनुष्य ने इसके समानान्तर ही पशुपालन भी आरम्भ किया। पौराणिक विवरण में भी, जैसा कि हम देख आए हैं, आहार-संग्रह के ठीक बाद ही कृषि को रखा गया है।

अग्नि को जिस तरह देवताओं में अग्रणी माना गया है उसी तरह पशुओं में बकरे को अग्रणी माना गया है। बकरा पशुओं में ब्राह्मण–ब्राह्मणं अजः (31/6.4.4.12) है; वह साक्षात् ब्रह्म है–ब्रह्म वा अजः (31/6.4.4.15)। इसके बाद या समानान्तर ही भेड़ को भी पालतू बनाया गया लगता है जिसके लिए प्रयुक्त अवि शब्द का अर्थ ही होता है पालतू या रक्षणीय पशु। यह वरुण का भाग है जो वैदिक देवताओं में एक प्राचीन देवता हैं। यही चरण सम्भवतः हिरन को भी पालतू बनाकर उससे दूध आदि प्राप्त करने के प्रयोग का रहा लगता है, परन्तु दूध के मामले में इसे अधिक उपयोगी न पाकर इसे पालने का कष्ट ज़रूरी नहीं लगा यद्यपि वन्य रूप में यह पशु पर्याप्त मात्रा में सुलभ था ही। यह मरुद्गणों का वाहन (1.39.6; 2.34.3; 3.26.4) है। इसका आखेट बहुत हाल तक प्रचलित रहा है। यह रोचक है कि इनमें से काले मृगों को तो यज्ञ का रूप ही कहा गया है (31/6.4.1.6) गधे, घोड़े या टट्टू और गाय-भैंस आदि का पालन इन छोटे जानवरों को पालने से अर्जित अनुभव और ज्ञान के बाद हजारों साल के बाद आरम्भ हुआ हो सकता है, यद्यपि इनका शिकार बहुत पहले से प्रचलित था।

कृषि से पहले पशुपालन की इस अवस्था के विषय में यह उल्लेख प्रायः आता है कि पशु का नामकरण ही इस आधार पर पड़ा है कि वे पोषण प्रदान करते हैं (31/5.2.5.6), वे अन्न हैं, रस हैं या कहें दूध और मांस के स्रोत हैं। दूसरे शब्दों में कहें तो कृष्ट अन्नों से पहले पशु पोषण के मुख्य स्रोत थे।

पशुपालन का आरम्भ कहाँ हुआ, यह प्रश्न कुछ टेढ़ा है। कुछ लोग मानते हैं कि पशुपालन का आरम्भ पश्चिमी एशिया में ही हुआ होगा। परन्तु ऐसे लोग सभी उपक्रमों का आरम्भ पश्चिम एशिया से ही मानते हैं। इसके पीछे उनकी यूरोकेन्द्रिता रही है। यूरोप का

आदमी हिमयुग की चपेट से बचने के लिए पश्चिम एशिया में खिसक आया था और यूरोप का आदमी तो, जैसी कि उसकी आदत है नई कॉलोनी पाते ही आविष्कार पर आविष्कार आरम्भ कर देता है सो उसने पश्चिमी एशिया में भी झटपट कृषि-क्रान्ति कर डाली और इसके साथ ही पशुपालन भी करने लगा।

परन्तु उन्नत कृषि पशुपालन से पूर्व के चरण में सम्भव नहीं थी। कृषि की दिशा में आरम्भिक प्रयोग और परीक्षण भी पशुपालन के अभाव में कठिन था। खेती की पहली शर्त थी स्थायी आवास। भले वह फसल बोने से लेकर उसके तैयार होने की अवधि तक का ही क्यों न हो। खेती के साथ केवल भूमिक में किसी कारण, इसके लिए भी किसी एक सीमित क्षेत्र में स्थायी निवास और इस स्थायी निवास के लिए उसके पास कोई ऐसा साधन होना ज़रूरी था जिसके बल पर वह स्वल्प आहार संग्रह करते हुए भी अपना निर्वाह कर सके। यह पशुपालन से उपलब्ध दूध और मांस का आधार हो सकता था, या हो सकता था मछली का शिकार जो उसे कम-से-कम पहले अवसर पर बीज बोने से लेकर फ़सल तैयार होने तक इसकी रक्षा करने के लिए अर्ध-स्थायी आधार प्रदान कर सकता था।

अन्यथा भी हम पाते हैं कि अनेक जनसमुदाय ऐसे रहे हैं जो पशुपालन से आगे बढ़े ही नहीं, कुछ पशुपालकों का तो कृषिकर्मियों से विरोध भी रहा है—जैसा कि हम इन्द्र की पूजा के निषेध की उस कथा में पाते हैं जिसका गोवर्धन पूजा से सम्बन्ध है। कारण, आरम्भ में जिन क्षेत्रों में खेती की जा सकती थी ठीक वे ही द्रोणी क्षेत्र हो सकते थे जिनमें चारण किया जा सकता था और इसलिए पशुपालकों और कृषिकर्मियों के बीच हितों का टकराव था। चारण-भूमि को क्रमशः कृषि-भूमि में परिवर्तित करने का सिलसिला आज तक चलता आया है। अतः पशुपालन को कृषि के बाद के चरण की खोज मानना या इसके समानान्तर रखना अतर्क्य है। पशुपालन के बिना उन्नत कृषि सम्भव नहीं थी, पर कृषि के बिना भी पशुपालन सर्वथा सम्भव था, अतः इन दोनों के बीच पहला और अनिवार्य चरण पशुपालन का ही हो सकता था।

पशुपालन का आरम्भ किस तरह हुआ, इस पर विचार करते हुए विद्वानों ने यह सुझाया है कि पश्चिमी एशिया के उन सीमित क्षेत्रों में जहाँ कृषिधान्य वन्य रूप में उत्पन्न होते थे, पशुओं और मनुष्यों का जमाव हुआ। मनुष्य ने हिंसक पशुओं से इन जानवरों को बचाने का प्रयत्न आरम्भ किया जिससे पशु विश्वस्त भाव से अपने इन रक्षकों के क़रीब खिंचते गए और इस प्रकार उनके बीच वह निकटता क़ायम हुई जो आगे चलकर पशुपालन का रूप ले बैठी।

इस मान्यता में एक दोष यह है कि यदि आदमी और वन्य पशु उसी क्षेत्र तक अपनी जीविका के लिए निर्भर थे तो पशु फ़सलों के तैयार होने से पहले ही उन वन्य शस्यों को चरकर साफ़ कर सकते थे। उन शस्यों की रक्षा के लिए इन जंगली पशुओं को भगाना ज़रूरी था, न कि परचाना! मनुष्य इन सहज सुलभ पशुओं का आखेट करके अपना गुज़र भी कर सकता था। पर इससे न तो कृषि के लिए अनुकूल स्थिति पैदा हो सकती थी, न ही पशुओं के साथ वह आत्मीयता पैदा हो सकती थी जो पशुपालन की अनिवार्य शर्त है।

जब तक मनुष्य शिकार पर निर्भर करेगा, पशु उससे उसी तरह दूर भागेंगे जैसे किसी अन्य हिंस्र पशु से। अतः पशुओं के बच्चों को पकड़कर उन्हें पालकर ही उन्हें पालतू बनाने का आयोजन किया जा सकता था, और वन्य हिंस्र जानवरों से यदि किसी की रक्षा का सवाल उठ सकता था तो इस प्रकार पाले हुए पशुओं के मामले में ही। इन्हें ही नियन्त्रित ढंग से चराया जा सकता था, अर्थात् उस क्षेत्र को सुरक्षित रखते हुए जिनमें कृषिधान्य पैदा होते हों, शेष चारण भूमि तक उन्हें सीमित रखकर ही एक साथ सुविधापूर्वक आहार संग्रह भी किया जा सकता था और पशुधन भी बढ़ाया जा सकता था। इसके लिए ज़रूरी था कम-से-कम वन्य शस्यों के क्षेत्र का परिरक्षण और यह उस प्राथमिक चरण में क्षेत्रीय वितरण के द्वारा ही सम्भव था, अन्यथा दूसरे पशु न सही दूसरे क़बीले ही इस प्रकार बचाए गए धान्यों के तैयार होने पर एक दिन में ही उनका सफ़ाया कर सकते थे।

वस्तुतः इस प्रकार के क्षेत्रीय बँटवारे की सूचना भी हमें कृषि से पहले के चरणों में ब्राह्मणों आदि में मिलती है। *वायु पुराण* का वह उल्लेख इस दृष्टि से महत्त्वपूर्ण है कि लोभ के वशीभूत होकर प्रजा-जन विविध अंचलों पर अधिकार करने लगे। *शतपथ ब्राह्मण* (1.2.5.2) में भी इसका उल्लेख आता है, पर इनमें कृषि के चरण को इस भू-वितरण से सीधे जोड़ दिया गया है। इसके अतिरिक्त ब्राह्मणों में क्षेत्रीय वितरण के कुछ ऐसे हवाले भी आते हैं जिनसे लगता है कि आखेट और आहार-संग्रह के चरण में ही क्षेत्रीय विभाजन हो चुका था और यह अस्वाभाविक भी नहीं है। इसके अनुसार देवों को अपने हिस्से में जो क्षेत्र मिला था उसमें गूलर के वृक्षों की अधिकता थी (31/6.6.3.2)। आहारसंग्रह के चरण में ही इस प्रकार का विभाजन इसलिए ज़रूरी हो गया लगता है कि अपने लम्बे जीवन-अनुभवों से वनचर मनुष्य ने देख लिया था कि यदि किसी प्रकार का नियन्त्रण न रहे तो लोग फलों और कंदों को तैयार होने से पहले ही तोड़ और खोद लेते हैं और इनका पूरा लाभ किसी को नहीं मिल पाता। इस अवस्था का संकेत हमें *वायु पुराण* के विवरण में मिलता भी है। अतः परस्पर मिलकर या अपनी शक्ति के अनुसार वन्य जनजातियों ने वन्य क्षेत्र का भी बँटवारा कर लिया था और इसके अनुसार कोई दूसरा क़बीला किसी अनधिकृत भू-क्षेत्र में कदम नहीं रख सकता था और यदि ऐसा दुस्साहस किसी ने किया तो उसकी हत्या की जा सकती थी और इसका कोई प्रतिकार नहीं हो सकता था। इस कठोर बन्धन का आदर सभी को करना पड़ता था। इस व्यवस्था के अवशेष बहुत बाद तक बने रहे हैं और इसकी झलक रामायण के किष्किंधा कांड से भी मिलती है जिसमें सुग्रीव तथाकथित ऋष्यमूक पर्वत क्षेत्र में रहता था और इससे बाहर नहीं जा सकता था, और बालि इस क्षेत्र में प्रवेश नहीं कर सकता था (23/4.11.64)।

भारत में हम पशुपालन का एक बहुत ही विश्वसनीय चित्र पाते हैं जिसकी पुष्टि न केवल साहित्यिक साक्ष्यों से और पशुपालन की परम्परा से होती है, अपितु भारतीय प्राकृतिक परिवेश भी इसके सर्वथा अनुकूल दिखाई देता है। पहली बात तो यह कि प्राचीन ग्रन्थों में ग्राम्य और आरण्यक पशुओं के उल्लेख बार-बार आते हैं और ये सभी जानवर जिन्हें पालतू बनाया गया है—बकरी, गाय, भैंस, गधा, ऊँट, सूअर, घोड़ा, कुत्ता, बिल्ली

आदि भारतीय जंगलों और कछारों में अभी हाल तक पाए जाते रहे हैं और कुछ आज भी पाए जाते हैं। इनमें से कुछ के विषय में तो सन्देह ही नहीं कि इनका सर्वप्रथम पालन भारत में ही हुआ था। बेशक कुछ जानवरों की स्थानीय नस्लें बहुत अच्छी नहीं रही लगती हैं। इसी तरह कुक्कुट जो जंगली रूप में आज भी भारत में पाए जाते हैं, पश्चिमी जगत को भारत की ही देन बताए जाते हैं और वे भी काफ़ी बाद में ही वहाँ पहुँचे लगते हैं (326/67; 102/26)। हड़प्पा सभ्यता के ककुद्मान वृषभ भारतीय नस्ल के हैं और मेसोपोटामिया आदि में जिन साँड़ों को नस्ल सुधारने के लिए मँगाया जाता था (229/62), सम्भव है, उनमें इनका भी स्थान रहा हो। सूअर के शिकार के उल्लेख प्राचीन साहित्य में प्रायः आते हैं। भैंस (296/82) की तरह यह जानवर भी पानी और दलदल से इतना लगाव रखता है कि यह सोचना कठिन लगता है कि मूलतः यह किसी शुष्क प्रदेश का प्राणी रहा होगा। अतः इसे नदियों में ऐसे क्षेत्रों का प्राणी मानना होगा जिसमें दलदल आदि का बाहुल्य रहता रहा हो। इस दृष्टि से इसका प्रसार विश्व में प्राचीन क़ाल से ही बहुत व्यापक रहा लगता है।

आरम्भिक पशुपालन के लिए हम जिस प्रकार के चारण क्षेत्रों की चर्चा ऊपर कर आए हैं उनकी परिधि में भारत की नदियों का द्रोणीक्षेत्र भी आता है जहाँ की नदियाँ अपनी धाराएँ इतने मुक्त ढंग से बदलती रही हैं कि उत्तर के समतल मैदान को देखकर लगता है जैसे नदियों ने इसे सहस्राब्दियों के दौरान क्रमशः जोत-सा डाला हो। इन नदियों की रेत काँस, कुश और दूब के लिए बहुत उपयुक्त रही है। कुश और दूर्वा के साथ जुड़ी हुई पवित्रता का एक प्रधान कारण यह दिखाई देता है कि पशुचारण की आरम्भिक अवस्थाओं में, हो सकता है बाद में भी, पशुओं के चरने के लिए ये सर्वथा उपयुक्त घासें थीं और आगे चलकर इनको प्रतीकात्मक महत्त्व मिल गया।

पशुपालन की क्रमिक प्रक्रिया और लम्बा अनुभव भी भारत में किसी अन्य क्षेत्र की तुलना में अधिक स्पष्ट दिखाई देता है। सीधे अधिक हिंस्र और तेज़ गतिवाले पशुओं को नहीं अपितु क्रमिक रूप में बकरी, भेड़, गाय, भैंस, गधा, टट्टू, घोड़ा, ऊँट आदि को पालना ही पशुपालन का सही रूप है। इस क्रमिक शिक्षण के अभाव में या इससे उपलब्ध जानकारी के अभाव में सीधे तेज़ गतिवाले जानवरों को पालतू बनाने और प्रयोग में लाने की बात एक लम्बी छलाँग जैसी लगती है। यदि ऐसे ही अनुभवों के बाद स्तेप आदि में भी घोड़े को पालतू बनाया गया हो तो इसमें आश्चर्य की कोई बात नहीं।

पशुपालन का अनुभव भारत में जिस झक का रूप ले चुका था उसकी भी अन्यत्र मिसाल नहीं मिलती। कुछ पशुओं को पालने और उनसे लाभान्वित होने के बाद हाथी, शेर, साँप, रीछ, बन्दर जैसे जानवरों और मोर, तीतर, बटेर, कबूतर, तोता, मैना आदि पक्षियों को भी फालतू बनाने की कोशिश की गई। यद्यपि इसमें पूरी सफलता नहीं मिली, पर इनको पोष्य तो बना ही लिया गया और मनोरंजन से लेकर कुछ छोटे-मोटे कामों में, जहाँ भी सम्भव हुआ, इनका उपयोग होता है। उदाहरण के लिए, हाथी को लिया जा सकता है जो अर्ध-पालतू बनकर ही रह गया। हाथी पालने के उल्लेख ऋग्वेद में उपलब्ध हैं (10.106.6) ऋग्वेद में सिंह को पिंजड़े में बन्द कर रखने का उल्लेख भी आता है

(10.28.10)। मनु ने सिंह को कठघरे में, पक्षियों को पिंजड़े में, साँपों को पिटारी में पोसने का उल्लेख किया है (25/9.2.4.4)। इन सबकी परम्परा बहुत पुरानी लगती है। ऋग्वेद में सिंह को फँसाने का हवाला है *अवरुद्धः परिपदं न सिंहः* (10.28010)। जैसा हम देख आए हैं ऋग्वेद में उन पालतू पक्षियों के नाम हैं और हड़प्पा के अवशेषों में उनके पिंजरों के मॉडल हैं।

ऊपर के विवरण इस बात की पुष्टि करते दिखाई देते हैं कि पशुपालन का आरम्भ जिन क्षेत्रों में हुआ हो सकता है, उनमें भारत अग्रणी स्थान रखता है। यह न केवल ऊपर के उदाहरणों में झलकता है, अपितु पशु और प्राणि-जगत के प्रति क्रमशः विकसित होनेवाले उस भारतीय दृष्टिकोण में भी दिखाई देता है, जिसकी अन्तिम परिणति प्राणिमात्र के जीवन का समभाव से सम्मान और किसी भी प्रकार के जीव-वध को पातक मानने में देखा जा सकता है, जिसे जैन धर्म ने पराकाष्ठा पर पहुँचा दिया। पर जैन धर्म के बाहर भी चींटी तक को चारा देने, पशुओं-पक्षियों के लिए खाद्यान्न का कुछ भाग छोड़ देने, उनके पीने के लिए पानी की व्यवस्था करने आदि में यह करुणा स्पष्ट देखी जा सकती है। बेशक, ये सभी बातें उत्पादन में वृद्धि और सम्पन्नता से जुड़ी हुई हैं और यह मनोवैज्ञानिक परिवर्तन एक दिन में घटित नहीं हो गया। मांसाहार की तुलना में शाकाहार की जो श्रेष्ठता भारत में क्रमशः विकसित हुई, उसके पीछे भी कृषिजन्य समृद्धि का हाथ है। जिसके पास सब कुछ उपलब्ध था, वे ही चुनावपूर्वक कुछ छोड़ भी सकते थे। जिनकी हालत ऐसी नहीं थी, मिसाल के लिए आर्थिक दृष्टि से विपन्न वर्ग और वन्य जातियाँ, वे इस प्रकार की वर्जना को अपने प्राणों की कीमत पर ही स्वीकार कर सकते थे। अतः शाकाहार उनमें कभी प्रचलित नहीं हो पाया।

परन्तु इन विविध अनुषंगी तथ्यों के बावजूद यह मानना निरापद नहीं है कि अन्यत्र भारत के प्रभाव से ही पशुपालन का आरम्भ हुआ हो सकता था या हुआ होगा। यह असम्भव नहीं है, परन्तु इस प्रकार के निष्कर्ष बहुत सावधानी की माँग करते हैं और इनके लिए जितनी व्यापक जानकारी का आधार होना चाहिए, यह हमारे समकालीन जगत को आज उपलब्ध नहीं है। जहाँ भी मनुष्य का अस्तित्व रहा है, अपनी भौतिक सीमाओं में वह अपनी समस्याओं के हल ढूँढ़ता रहा है और एक निश्चित सीमा तक वह इसमें सफल भी रहा है। अतः यह मानना अधिक निरापद लगता है कि अन्य क्षेत्रों में भी स्वतन्त्र रूप से पशुपालन के प्रयत्न हुए होंगे। इस पहलू पर ध्यान देना ज़रूरी है कि विभिन्न क्षेत्रों में एक ही पशु की किन किस्मों को पालतू बनाया गया। कारण, विगत लाखों वर्षों के दौरान भारी प्राकृतिक उपद्रवों और अस्थिरताओं के कारण पशु भी जीवन-रक्षा के लिए दूर-दूर तक भागने पर मजबूर हुए हैं और मूलतः कोई विशेष पशु, जिस भी क्षेत्र में क्यों न पैदा हुआ हो, नए क्षेत्रों में पहुँचकर उसने स्थानीय परिस्थितियों के अनुरूप अपने को ढालते हुए अपनी काया और आकार में भी भारी परिवर्तन कर लिये थे।

आरम्भ में पशुपालकों को कुछ कठिनाइयों का सामना करना पड़ा। पूरा समाज पशुपालन की दिशा में अग्रसर नहीं हुआ था। आहार-अन्वेषण और आखेट तक सीमित कबीलों के लोग जब-तब उनकी बकरियों, भेड़ों, घोड़ों और गायों को चुरा ले जाते थे और

इनकी वापसी के प्रयत्न में इनको लड़ाई-झगड़े भी करने पड़ते थे, जैसा कि आजि, वाजि, गविष्टि आदि शब्दों से पता चलता है, जो आगे चलकर सीधे युद्ध या संघर्ष के अर्थ में रूढ़ हो गए। विद्वानों ने इन शब्दों का अर्थ करने में ग़लती नहीं की है, पर इनके वास्तविक चरण को समझने में उनसे भूल अवश्य हुई है। यह शब्द-सम्पदा पशु-चारण काल की देन है, पर जिस काल तक इन शब्दों का प्रयोग होता रहा है, उस काल तक समाज पशु-चारण की अवस्था से आगे बढ़ ही नहीं पाया था, यह सोचना ठीक नहीं है।

अध्याय तीन

कृषि-क्रान्ति और देवासुर संग्राम

कृषि की ओर मनुष्य ने कब और किन परिस्थितियों में कदम बढ़ाया, यह अधिकारी विद्वानों के बीच अरसे से विवाद का विषय बना हुआ है। भारतीय स्रोतों से इस विषय में जो जानकारी प्राप्त होती है वह प्रचलित मतों के विपरीत है। इसके लिए उपलब्ध सूचनाओं को यथासम्भव सुलझे रूप में रखना और इसकी अपनी तर्कसंगति पर अपने विचार रखना ज़रूरी है।

आखेट और आहार-संग्रह के चरण में ही मनुष्य ने वन्य अनाजों का उपयोग करना आरम्भ कर दिया था और इसके हज़ारों वर्ष बाद उसको इन्हें स्वयं उगाने का खयाल आया। स्थायी खेती और आवास के प्रमाण सातवीं सहस्राब्दी से मिलने आरम्भ हो जाते हैं। परन्तु सचल खेती या झूम पद्धति का इतिहास तो पुरातत्त्व को पता ही नहीं। जिन स्थलों या क्षेत्रों से वन्य अनाजों के उपयोग के और फिर बाद में कृषि के प्रमाण मिलते हैं, उनके विषय में यह सोचा जाना स्वाभाविक ही है कि स्थानीय जनों ने स्वयं बिना किसी बाहरी प्रेरणा या प्रभाव के खेती का आरम्भ किया होगा। ऊपर से बहुत सीधा-सा दीखनेवाला यह प्रस्ताव भी कुछ निकट से जाँच की माँग करता है।

हमें यह न भूलना होगा कि आखेट और आहार-संग्रह के चरण में जब मनुष्य यायावर था, वह जहाँ-तहाँ, आहार की सुलभता होने पर या विशेष मौसमों में सुरक्षा के तकाजों से अस्थायी पड़ाव डालता था। हजारों वर्षों के जिस लम्बे दौर में वह विभिन्न क्षेत्रों के अनाजों में से कुछ को बटोरता और खाता था। इस तरह उसके पूरे भ्रमण क्षेत्र के भीतर धीरे-धीरे अधिकांश वन्य अनाजों के स्वाद और पौष्टिकता का ज्ञान कुछ ही शताब्दियों के बीच प्रचलित हो गया होगा। ऐसी स्थिति में उपलब्ध प्रमाणों के आधार पर हम इस बात का निर्णय नहीं कर सकते कि वन्य अनाजों का खाद्य-पदार्थ के रूप में उपयोग सर्वप्रथम कब और कहाँ आरम्भ हुआ। कृषि की दिशा में पहल इस प्रसार-क्षेत्र में कहीं भी हो सकती थी।

वस्तुतः अनाज के सूख जाने पर इसको जुटाकर रखने और फिर इसको भून और कूटकर सुखाद्य बनाने का चरण स्वयं भी एक मध्यवर्ती चरण रहा लगता है। इसके लिए एक अल्पतम तकनीकी विकास की ज़रूरत थी। पर वन्य अनाजों में दाने आने से लेकर इनके पकने तक वह इनको छील और मसलकर या, जहाँ ज़रूरी हुआ, सीधे बालियों को आग पर झुलसाकर इससे भी हज़ारों वर्ष पहले से खाता आ रहा था। कुछ देशों की स्थानीय

परम्पराओं में इस चरण के अवशेष आज भी पाए जा सकते हैं, जैसे—भारत में होली और नवान्न के अवसरों पर जौ आदि की बालियों को सीधे आग की लपट पर झुलसाकर इन्हें मसलकर प्रसाद के रूप में खाना या विभिन्न पकवानों में एक-दो दाने उस आदिम चरण की यादगार के रूप में डालना।

आहार-संग्रह के चरण से आगे बढ़कर मनुष्य ने कृषि की ओर कदम क्यों बढ़ाया? यह सवाल भी कम टेढ़ा नहीं है। आरम्भ में यह मान लिया गया था कि आहार-संग्रह और आखेट के चरण में मनुष्य का जीवन बहुत कष्टमय था और वह दिन-रात आहार जुटाने की चिन्ता में लगा रहता था। न आराम था, न अवकाश। इस दारुण स्थिति से उबरने के लिए ही उसने कृषि का सहारा लिया। पर विगत दो दशकों में हुए कुछ अध्ययनों ने इस सरलीकरण को खंडित करके इस समस्या को एक असाध्य गुत्थी का-सा रूप दे दिया। रिचर्ड ली (518/90) ने दक्षिण अफ्रीका के कुंग बुशमेन क़बीले के अध्ययन के बाद यह दावा किया कि कुंग कबीला जिस सूखे और उजाड़ पर्यावरण में रहता है उसमें भी क़बीले की महिलाएँ केवल दो घंटे के श्रम से अपने पूरे परिवार की गुज़र के लिए पर्याप्त आहार जुटा लेती हैं। यह आहार पोषकता की दृष्टि से भी बहुत अच्छा होता है। पुरुष जब-तब शिकार करते हैं और इसके लिए दल बनाकर निकलते हैं और प्रायः कई दिनों की भाग-दौड़ के बाद ही उनके हाथ कोई शिकार लग पाता है। उनका शिकार पर निकलना उतना आहार की तलाश के लिए नहीं होता जितना अपना शौर्य और कौशल प्रकट करने के लिए। अक्सर तो वे कई-कई दिन शिकार पर ही नहीं निकलते।

हार्लन (266) ने इस गुत्थी को कुछ और उलझा दिया था। उन्होंने तुर्की में वन्य रूप में उगे गेहूँ की हाथ से कटाई करने का और फिर एक कामचलाऊ दस्ता लगे आदिम किस्म के हँसिए से कटाई का प्रयोग किया और पाया कि जिस प्रकार के आदिम हँसिए का उपयोग वहाँ के मनुष्य ने पहली बार किया था उससे वह नंगे हाथों की तुलना में केवल बीस प्रतिशत अधिक अनाज जुगा सकता था। अन्तर इतना कम था कि यह समझ में नहीं आ रहा था कि आख़िर मनुष्य ने इतने जतन से हँसिए का आविष्कार क्यों किया? इतना ही नहीं, उसने यह भी पाया कि एक परिवार केवल तीन हफ्ते के श्रम से वन्य रूप में उगे अनाज का इतना संग्रह कर सकता था कि इससे पूरे परिवार का गुज़ारा पूरे साल हो सके। अब उनके सामने भी यही सवाल था कि मनुष्य ने आहार-संग्रह के मुक्त जीवन को छोड़कर किसानी की ज़हमत क्यों मोल ली? यदि ऐसा किया भी तो कटाई के वे आदिम हथियार क्यों बनाए जिनके बिना उसका काम लगभग उतनी ही आसानी से चल सकता था।

कहाँ तो पहले से चली आ रही मान्यता के अनुसार आहार-संग्रही मनुष्य का जीवन पशुवत् था और भोजन जुटाने की उसकी चिन्ता इतनी गहरी थी कि उसे सोचने-विचारने की फ़ुर्सत ही नहीं थी, कहाँ ठोस अनुभवों पर आधारित इन नए प्रस्तावों के अनुसार उसके पास फ़ुर्सत-ही-फ़ुर्सत थी। इन नई खोजों ने विद्वानों के सामने एक नई मुसीबत पैदा कर दी कि आख़िर मनुष्य ने आहार-संग्रह और आखेट की निश्चिन्तता का जीवन छोड़कर खेती की ज़हमत क्यों मोल ली?

कृषि की ओर मनुष्य के अग्रसर होने की विशेष परिस्थितियों को पश्चिमी एशिया को सामने रखते हुए ही कल्पित करने के प्रयत्न किए जाते रहे हैं, क्योंकि खेती के अपेक्षाकृत पुराने प्रमाण पहले इस क्षेत्र से ही आए थे। इनमें से एक था चाइल्ड (164) का प्रसिद्ध हिमयुग का सिद्धान्त। इसके अनुसार विगत हिमयुग के दौरान पश्चिमी एशिया और उत्तरी अफ्रीका की जलवायु आज की अपेक्षा अधिक आर्द्र और ठंडी हो गई थी और इसकी समशीतोष्णता के कारण यहाँ वनस्पतियों और आखेट के पशुओं का बाहुल्य हो गया था और जीवन बहुत आसानी से चल रहा था। पर दस हज़ार ई.पू. के लगभग जब हिमयुग समाप्त होने लगा तो यहाँ की जलवायु अपेक्षाकृत अधिक शुष्क और गर्म हो गई। पहले जहाँ आबादी का बिखराव पूरे क्षेत्र में था वहाँ अब यह क्रमशः सिमटकर नदियों के पार्श्वों पर और और कुछ नख़लिस्तानी क्षेत्रों में आ गई और इस तरह जो दबाव पैदा हुआ उससे बचने के लिए मनुष्य ने स्वयं खेती करना आरम्भ कर दिया और लगभग इसी के साथ, या इसके कुछ ही बाद, पशुपालन भी करने लगा। ब्रेडवुड (121; 518/96) को लगता रहा कि विगत 12,000 वर्षों के दौरान इस क्षेत्र की जलवायु में कोई खास परिवर्तन हुआ ही नहीं है, अतः उनके अनुसार कृषि का एक नाभिकीय क्षेत्र था, जो जैसा कि स्वाभाविक है, पश्चिम एशिया में ही था, जहाँ की अपनी मेधा और विशिष्ट परिस्थितियों के कारण कृषि का विकास हुआ और वहीं से इसका अन्यत्र प्रसार हुआ। कुछ दूसरे अध्येता (518/99-100) मानते रहे हैं कि हिमयुग के दौर में ही जब पश्चिमी एशिया की जलवायु अधिक खुशगवार थी, यहाँ की उर्वरता और सम्पन्नता के कारण आबादी में तेज़ी से वृद्धि हुई और इसके दबाव में ही खेती का आविष्कार करना पड़ा। इन विविध प्रस्तावों में से किसी को सर्वथा त्याज्य या स्वीकार्य नहीं पाया गया है और इन्हें इस जटिल समस्या को सुलझाने के लिए की गई अटकलबाज़ियों से अधिक महत्त्व नहीं दिया जा सकता।

वास्तविकता आधुनिक विद्वानों के अनुमानों की अपेक्षा पौराणिक विवरणों के अधिक निकट प्रतीत होती है, जिनसे प्रकट होता है कि मनुष्य ने कृषि का आरम्भ इसलिए किया कि आहार-संग्रह के चरण में क़बीलाई अनियमितता और मौसम की गड़बड़ी के कारण वन्य अनाज जुटाने में जो अनिश्चितता बनी रहती थी, उसे दूर किया जा सके। उसने कृषि को इसलिए अपनाया कि प्रकृत पौधे कहीं तो इतने सघन उग सकते थे कि उनमें बाली और दाना ही न आ सके और कहीं तो इतने विरल कि उनका होना-न-होना ही बराबर था, वहाँ अनाजों के प्रतिस्पर्धी घास-मोथों को निर्मूल करके या भूमि का संस्कार करके, अब बीजों को समुचित दूरी पर और अविरल क्रम में बिखराकर समुचित फ़सल पैदा की जा सके। एक कारण यह भी था कि जिन क्षेत्रों में वन्य रूप में अनाज नहीं उगते थे उनमें इनको बोकर और सिंचाई आदि की समुचित व्यवस्था करके पैदावार बढ़ाई जा सके। पर इसका आरम्भ आहार-संग्रह के चरण में ही सबसे पहले वन्य उपजवाले क्षेत्रों को जंगली जानवरों और अन्य जंगली क़बीलों से रखवाली करते हुए और फ़सल तैयार होने से पहले इसे नोचने-खसोटने के अपने निजी प्रलोभन को भी रोकते हुए, इस विषय में सामाजिक वर्जनाओं या वरुण (वर्जनात्मक) पाशों का विधान करते हुए ही किया गया। इन उपायों

के कारण कृषि के पहले के चरण से ही मुख्य फ़सलों–धान और यव–को वरुण प्रघास (31/1.2.4.14; 5.2.3.1-3) कहा जाने लगा था।

कृषि की दिशा में पहल को बागबानी के उदाहरणों से समझा जा सकता है। जंगल में और बाग में अन्तर यह होता है कि बाग में झाड़-झंखाड़ साफ कर दिया जाता है, कुछ चुने हुए पौधों को, एक निश्चित योजना के अनुसार, एक निश्चित अन्तराल पर ही लगाया जाता है, ताकि इनका समुचित विकास हो सके और भरपूर लाभ मिल सके। ठीक यही बात कृषि के आरम्भ पर भी लागू होती है।

कृषि का आविष्कार सर्वप्रथम कहाँ हुआ, इस बात का निश्चय करना आसान नहीं है। हमें जो सूचनाएँ उपलब्ध हैं उनके आधार पर यह कहना अधिक सही होगा कि अपेक्षाकृत एक छोटी काल-सीमा के भीतर, कुछ ही शताब्दियों में, एक बहुत विशाल क्षेत्र में मनुष्य ने उन अनाजों में से कुछ को जहाँ-तहाँ उगाना आरम्भ कर दिया, जिससे प्रथम दृष्टि में यह लगता है कि इन सभी क्षेत्रों में स्वतन्त्र रूप से कृषि का विकास हुआ। ऐसा सोचने का एक कारण यह भी है कि सर्वत्र किसी एक ही अनाज या उस अनाज की एक ही किस्म की खेती आरम्भ नहीं हुई। इनके आंचलिक भेद थे। अतः पुरातात्त्विक आधार पर इनके बीच किसी एक को सबसे प्राचीन और अन्य सभी का प्रेरक सिद्ध करना असम्भव-सा ही है। उदाहरण के लिए पुरातत्त्व के आधार पर यह कैसे तय किया जा सकता है कि इराक, तुर्की, सीरिया, जोर्डन आदि के वे स्थल जहाँ सातवीं सहस्राब्दी ई.पू. में यव की खेती आरम्भ हो गई थी भारत की विन्ध्य तलहटी–मगहरा, कोल्डिहवा–तथा लुंकरनसर तथा साँभर झील के बीच उससे कुछ पूर्ववर्ती धान की खेती को कैसे प्रेरित कर सकता था, या इसके ठीक विपरीत कैसे घटित हुआ हो सकता था? फिर जौ की छह क़तारोंवाली किस्म भारत में वन्य रूप में पैदा होती थी। इसके प्रमाण हड़प्पा के स्थलों से तथा मेहगढ़ से सातवीं सहस्राब्दी ई.पू. से प्राप्त होते हैं जो जौ की खेती के प्राचीनतम नमूनों में से एक है। ईरान-इराक़ के स्थलों से केवल दो क़तारोंवाले जौ के नमूने ही पाए जाते हैं और छह क़तारों वाला जौ वहाँ बाद में पहुँचता है (298; 289; 518/122)। यह जेरिको में पहले से मौजूद था, तो अन्तराल को देखते हुए क्या यह दावा किया जा सकता है कि ईरान-इराक़ के क्षेत्र की दो क़तारोंवाले जौ की खेती भारत की प्रेरणा से, या भारत की छह क़तारों वाले जौ की खेती जेरिको की प्रेरणा से आरम्भ हुई? भारत में वन्य धान की खेती किसी रूप में आठवीं सहस्राब्दी में आरम्भ हो चुकी थी, जो न केवल धान अपितु किसी भी अनाज की खेती का भी सबसे पुराना उदाहरण है। क्या यह माना जा सकता है कि यहाँ वन्य रूप में उगनेवाले अन्य अनाजों, यव और गेहूँ आदि की खेती का प्रयत्न नहीं किया गया होगा?

पुरातात्त्विक दृष्टि से इस उलझी स्थिति का एक ही हल दिखाई देता है और वह यह कि भारत से लेकर भूमध्य सागर के तट तक को घेरनेवाले महाअटन क्षेत्र में विचरण करनेवाले आहार-संग्रहियों और शिकारियों ने कृषि का आरम्भ होने से पहले हज़ारों वर्षों से वन्य अनाजों को भी अपने आहार का अंग बना लिया था। यह उनकी ज़रूरत पूरी करने की दृष्टि से बहुत अपर्याप्त था। फिर, इस विशाल क्षेत्र में जहाँ कहीं भी पहली बार इन

अनाजों को स्वयं उगाने का प्रयोग हुआ, इसकी सूचना कुछ ही शताब्दियों के भीतर पूरे क्षेत्र में फैल गई और इसमें अलग-अलग स्थलों पर स्थायी बस्तियाँ बसाकर स्थानीय वन्य अनाजों की नस्लों की ही खेती आरम्भ हुई। इस तरह अलग-अलग अंचलों की स्थानीय परिस्थितियों के अनुसार लोगों को स्वतः प्रयोग करते और अपनी भूलों से सीखते हुए आगे बढ़ना पड़ा।

दूसरे शब्दों में कहें तो यद्यपि यह तय करना कठिन है कि कृषि में पहल किसकी थी, पर इस सूचना के प्रसार के बाद इसका आरम्भ और आरम्भिक प्रयोग इस पूरे क्षेत्र में स्थान-स्थान पर होता दिखाई देता है। कृषि के आविष्कार के लिए सबसे उपयुक्त क्षेत्र कौन-सा रहा हो सकता है, इस पर कुछ विद्वानों ने (518/89) विचार करते हुए इसके लिए निम्न पाँच शर्तें सुझाई थीं :

1. अन्न प्रजातियाँ वहाँ वन्य रूप में पैदा होती रही हों;
2. जलवायु सह्य रही हो;
3. वर्ष के कुछ महीनों में तापमान बहुत ऊपर चला जाता रहा और सूखे की नौबत आ जाती रही हो;
4. मनुष्य वहाँ पहले से आबाद रहा हो; तथा
5. शिकार और वनस्पतियों का स्थानीय स्रोत स्थानीय आबादी का भरण-पोषण करने की दृष्टि से अपर्याप्त रहा हो।

यदि इन शर्तों को भारत पर घटित करें तो पाएँगे कि ये सभी इसे कृषि के मामले में पहल करने की दृष्टि से सबसे उपयुक्त क्षेत्र या कहें सबसे उपयुक्त क्षेत्रों में से एक सिद्ध करती हैं। पुरातात्त्विक साक्ष्य जो राजस्थान की साँभर झील के पास से तथा उत्तर प्रदेश के महगरा और कोल्डिहवा से प्राप्त हुए है। अब इनके साथ पूर्वी उत्तर प्रदेश का लहुरादेवा भी जुड़ गया है जिसका आरम्भ सातवीं सहस्राब्दी में हुआ था। निजी पहल से बहुत प्राचीन काल में ही भारत में खेती के आरम्भ को प्रमाणित करते हैं। इनमें यदि किसी तरह की कमी रह जाती हो तो वह भारतीय परम्परा से पूरी हो जाती है जिसके अनुसार यव या, कहें, रबी की खेती से पहले देव अन्य धान्यों—ख़रीफ़ के धान्यों—की खेती भी करते थे। पर फिर वे ऐसे क्षेत्र में आ गए जहाँ धान की खेती अधिक कष्टसाध्य थी, अतः उनका सारा प्रयत्न रबी की खेती तक ही सिमटकर रह गया। ब्राह्मणों में इस प्राचीन परम्परा को इस रूप में दुहराया गया है कि जब अन्य सभी औषधियों ने देवों का साथ छोड़ दिया तो भी यव ने उसका साथ नहीं छोड़ा, अतः सभी औषधियों के सारतत्त्व को उन्होंने यव में रख दिया। इसीलिए जब अन्य औषधियाँ पानी के अभाव में मुरझाने लगती हैं तब भी यह हरा रहता है। प्रकारान्तर से कहें तो, उन्होंने कृषि-कर्म उस क्षेत्र में आरम्भ किया जिसमें धान अधिक आसानी से उगाया जा सकता था और वहाँ से बाद में हटकर उस क्षेत्र में पहुँचे जहाँ पानी की कमी थी पर जौ आसानी से पैदा हो सकता था। महत्त्वपूर्ण अनाजों के उल्लेख में भी सम्भवतः इसीलिए व्रीहि के बाद यव का—व्रीहियवौ—नाम बार-बार आता है।

इसे पुनः सूत्र रूप में रखें तो, मौसम की अस्थिरता, जंगली क़बीलों की संयमहीनता, सूखे आदि के गम्भीर संकटों के दौर जिनमें खाद्य पदार्थों का अकाल-सा उत्पन्न हो जाता

था, मनुष्य को इस समस्या का कोई स्थायी हल ढूँढ़ने को बाध्य करने लगा। इस विषय में सामूहिक सोच-विचार के बाद, जिसे प्रतीकात्मक रूप में प्रजापति के पास जाने और उनसे मार्गदर्शन लेने के रूप में रखा गया है, वन्य अनाजों पर आश्रित रहने के स्थान पर स्वयं अपनी पहल से इनकी व्यवस्थित खेती करने का निर्णय किया गया था।

भारतीय साहित्य में कृषि-क्रान्ति के दौरान किए गए प्रयोगों और संघर्षों को देवासुर संग्राम के रूप में पेश किया गया है और कृषि को यज्ञ का पुरातन रूप कहा गया और इन विवरणों में जितने स्पष्ट और विस्तार से हम इस इतिहास को सुरक्षित पाते हैं वह अन्यत्र किसी परम्परा में दुर्लभ है। अतः इन विवरणों पर दृष्टि डालना और इससे भी पहले सुर-असुर और यज्ञ आदि के मूल आशय को स्पष्ट करना प्रासंगिक होगा।

1. सुर और असुर

सुर और असुर शब्द एक-दूसरे के विलोम हैं। इसके बावजूद परम्परागत व्याख्याकार असुर शब्द की व्युत्पत्ति 'असु' नामक एक कल्पित धातु से करते रहे हैं जिसका मूल अर्थ क्षेपण, प्राण आदि ('असु' क्षेपणे, असून् प्राणान् राति ददाति इति असुरः) किया जाता रहा है। असुर शब्द का प्रयोग वैदिक साहित्य में अनेक बार देवों के विशेषण के रूप में भी हुआ है, इसी से सम्भवतः इसे सुर का विलोम न मानकर इसके लिए कोई भिन्न मूल तलाशने की आवश्यकता हुई। निघंटु के अनुसार, 'असु' प्रज्ञा (14/3.9), प्राण व जीवन (14/3.7) का पर्याय है। सायण असुर को क्षेपणशील (1.24.14) निरसिता (1.54.3), प्रेरक (3.29.14), प्राणदाता (5.42.1), बलदाता (3.3.4) आदि अर्थों में ग्रहण करते हैं। सामान्यतः एक धातु से दर्जनों और कभी-कभी सैकड़ों शब्द निकलते हैं, पर इस 'असु' धातु से केवल एक शब्द 'असुर' निकला। यह तथ्य हमारे मन में इस व्युत्पत्ति के प्रति सन्देह पैदा करता है। वस्तुतः सुर और असुर शब्द केवल व्युत्पत्ति की दृष्टि से ही नहीं, अर्थ-विकास की दृष्टि से भी एक-दूसरे के विलोम हैं और इनको इसी रूप में ग्रहण करते हुए हम इनके मूल अर्थ को और इनके आपसी सम्बन्धों और विरोधों को समझ सकते हैं।

सू–जिसका मूल रूप चू भी हो सकता है, मूलतः जलवाची है, पर इसका प्रमुख भाव (चूने) टपकनेवाला या निकलनेवाला है, और यह बूँद के टपकने की ध्वनि का अनुकार रहा प्रतीत होता है। पर साथ ही किसी पतले छिद्र से पानी की धार के तेजी से निकलने की ध्वनि भी ध्यान देने के योग्य है जिसका प्रयोग आप आज भी अपने बच्चे से सवाल करते समय करते हैं–सू-सू करना है? जो भी हो, पैदा होना, निकलना, पैदा करना इसके धातुगत अर्थ बने जिनसे सुत, सुता, सवन, सुवन सविता, प्रसविता, सूत्-र, सुत्या, स्व (जल, भोजन, धन) आदि शब्द निकले हैं। जिन शब्दों का प्रयोग जल के लिए हुआ है उन्हीं में से कुछ का प्रयोग प्रकाश, कान्ति आदि के लिए भी हुआ है। सू–चू के प्रजनन और प्रचुरतावाले भाव से 'सु' उपसर्ग अधिक और अच्छे का भी द्योतक बना। प्रचुरता में प्र-चुः-ता को स्पष्ट लक्ष्य किया जा सकता है।

अतः सुर शब्द का व्यवहार मूलतः उत्पादक (कृषिकर्मी) के लिए आरम्भ हुआ लगता है और इसके विपरीतार्थक रूप में असुर शब्द का प्रयोग प्रचलित हुआ। इसकी पुष्टि इस बात से भी होती है कि असुरों को अकर्मा, नि-अक्रतू अव्रत, अघायु, गृध्नु, अयज्यू, अराध, अनप्नस आदि भी कहा गया है जिनका अर्थ है काम न करनेवाला, दूसरों की कमाई पर पलनेवाला, कंगाल आदि। इनके विपरीत देवों को सुकर्म, सुक्रतु, क्रतुविद, व्रतचरिष्णु, सुराध, श्रम और तप करनेवाला आदि बताया गया है जो उनकी कर्मठता का सूचक है। इस तरह मूलतः सुर शब्द मोटेतौर पर वही अर्थ रखता था जो अर्थ 'आर्य' शब्द।

2. कृषि यज्ञ

यज्ञ का सम्बन्ध उपभोग और उत्पादन से रहा है और बाद में इसे एक आनुष्ठानिक रूप दे दिया गया। यज्ञ ही वसु है (27/1.2), यज्ञ ही अन्न है (31/2.3.4.2), यज्ञ का ही सभी प्राणी भोग करते हैं (27/18.42), यज्ञ ही अपना (उत्पादित) भाग है (27/11.7), यज्ञ मधुसार है (31/3.4.3.1.4), यज्ञ ही श्रेष्ठतम कर्म है (27/1.1), यही प्रजापति या जनता का पालन करनेवाला है (31/2.2.2.4), यज्ञ ही तीनों वेद है (1.1.4.3), यज्ञ विश है, इसी में सभी जीव समाहित हैं (31/8.7.2.1), यज्ञ ही विश्व का आधार है (12/3.3.7.5) जिस बैल से खेती का काम होता है वह स्वयं भी यज्ञ ही है (1.1.2.7), संवत्सर जिसके ऋतु काल का ज्ञान कृषि के लिए आवश्यक था, और जिसके विशेष मौसमों में फल-फूल पैदा होते हैं, स्वयं भी यज्ञ है (31/2.2.2.4)। यज्ञकर्ता स्वयं भी यज्ञ है (31/13.2.2.1)। इसकी महत्ता यह है कि यह सभी प्राणियों और सभी देवताओं की आत्मा है (31/14.3.2.1)। मनुष्य और देवता सभी का निर्वाह यज्ञ से ही होता है।

इस तरह यज्ञ का सबसे महत्त्वपूर्ण पक्ष इसका उत्पादन पक्ष है। पशुचारण काल में सम्भव है, पशुवृद्धि को यज्ञ का रूप माना जाता रहा हो और मैथुनवाले या रेतः सेकवाले पक्ष पर ज़ोर उस काल का भी अवशेष हो सकता है, अन्यथा मैथुनवाले मामले में तो राक्षस भी यज्ञपरायण ही थे। जो भी हो, यज्ञ को आगे के चरण में कृषि-कर्म से या उत्पादन के उन्नत चरण से जोड़ लिया गया और फिर इसने आनुष्ठानिक रूप ले लिया।

ऋग्वेद में एक पहेली बुझाई जाती है कि इस पृथ्वी का परम अन्त क्या है? भुवन की नाभि क्या है (1.164.34)? और अगली ऋचा में उत्तर दिया जाता है कि यह यज्ञ की वेदी ही पृथ्वी का परम अन्त है और यज्ञ ही भुवन की नाभि है (1.164.35)। ब्राह्मणों आदि में पृथ्वी को ही वेदी बताया जाता है (7/5.28; 12/3.3.6.2)। इस वेदी से ही सब कुछ प्राप्त किया गया, अतः इसका नाम वेदी पड़ा (31/1.2.5.7)। जहाँ तक पृथ्वी है वहाँ तक वेदी है। जहाँ तक वेदी है वहीं तक पृथ्वी है (12/3.2.9.12)। धरती को तीन अंगुल जोतकर खेती की जाती है, अतः वेदी की मोटाई भी तीन अंगुल की है (31/1.2.5.9)। तांड्य ब्राह्मण (16.13.6) के अनुसार तो जुती हुई भूमि या उर्वी वेदी है और उसी से हर चीज़ पैदा होती है।

3. देवासुर संघर्ष

देवासुर संघर्ष का आरम्भ इस अन्तिम दौर में होता है। कारण कृषि के लिए क्षेत्र-विस्तार करते समय उन जनों ने, जिन्हें देव की संज्ञा प्राप्त हुई, जंगलों को जलाना आरम्भ कर दिया और यह एक ऐसा निर्णय था जिसका विरोध दूसरे क़बीले ही नहीं, अपितु इन क़बीलों के भी बहुत-से लोग कर सकते थे। कृषि भूमि के विस्तार और इसके लिए वनों के दहन को ही उस प्राथमिक यज्ञ का नाम दिया गया है जो प्राथमिक धर्म था। इसका उत्तरोत्तर विस्तार किया जाता रहा है (1.164.50)। यह संघर्ष कहाँ आरम्भ हुआ, या कहें कृषि की दिशा में ये आरम्भिक प्रयोग किस क्षेत्र में आरम्भ हुए, इसके विषय में हमें क्षीण संकेत ही मिल पाते हैं।

देवों की दिशा पूर्व बताई गई है (31/3.1.1.2)। यह अग्नि से और पुरोहितों से सम्बन्धित है। मात्र दिशा से क्षेत्र का निर्धारण कठिन है। हम इतना ही कह सकते हैं कि वैदिक साहित्य के रचनाकाल में वैदिक जन जिस क्षेत्र में रहते थे उससे पूर्व कहीं यह प्रयोग किया गया होगा। जिन जनों ने इस दिशा में पहल की थी उनकी परम्परा के अनुसार उनके पूर्वज दक्षिण की ओर से उस क्षेत्र में आए प्रतीत होते हैं; कारण, दक्षिण को पितरों की दिशा बताया गया है और उत्तर को मनुष्यों की दिशा (31/7.3.2.1)। इस पहल से पहले तक न कोई देवता था, न ही असुर।

जब जंगलों को जलाकर कृषि के लिए विस्तृत और तृण-गुल्म-रहित भूमि तैयार करने का काम आरम्भ हुआ तो पहली बार ये आग लगानेवाले लोग देव कहे जाने लगे (31/7.2.2)। कृषि उत्पादन के साथ वे सुर या उत्पादक हो गए। पहले मनुष्य कंदमूल को कच्चा ही खाया करता था, पर स्थायी खेती के साथ वह पके भोजन की दिशा में भी प्रयोग करने जा रहा है। देवता अग्नि के माध्यम से ही अपना भोजन ग्रहण करते हैं। अपक्व भोजन मानुषी या वन्य जीवन से जुड़ा हुआ है और पका भोजन इस देव-समाज से। अतः यज्ञ और व्रत के अवसर पर देवताओं को पक्वान्न का भोग चढ़ाने से पहले मनुष्य केवल वही आहार ग्रहण कर सकता है जो इससे पहले वह वन्य मनुष्य के रूप में ग्रहण करता था (31/1.1.1.7-10)।

देवताओं और असुरों के बीच हुए संघर्ष में एक महत्त्वपूर्ण बात यह है कि देवताओं ने असुरों को शस्त्र से पराजित नहीं किया, ते देवाः दडैः धनुर्भिः न व्यंजयन्त (31/1.4.5.6)। उन्होंने वन-दहन से, महाहवि से असुरों को पराजित किया (31/2.5.4.1)। उन्होंने अपनी नई उत्पादन पद्धति से या शाकमेध से असुरों को पराजित किया (31/2.6.4.1)। उन्हें व्रीही और यव से या वरुण-प्रघासों से असुरों पर विजय मिली (31/2.5.3.1)। वे यज्ञ के द्वारा असुरों को परास्त करने में सफल हुए (31/3.1.4.3)। असुरों का विरोध यज्ञ से है। उनकी शत्रुता क्षत्रियों से नहीं, ब्राह्मणों से या महायज्ञ के प्रवर्तकों से है। वे ही राक्षसों के अपहंता हैं (31/1.1.4.6)। अग्नि ही राक्षसों के अपहंता हैं (31/1.2.1.6)। संवत्सर प्रजापति या जनता का पालक है (31/2.2.2.3-4)। यज्ञ जनता का पालक या प्रजापति है। यह विस्तृत धरती भोजन पात्र है, प्रजापति है (31/7.5.1.27)। प्रजनन या उत्पादन ही प्रजापति है (31/5.1.3.10)।

देवता और असुर जब इस रूप में विभाजित नहीं हुए थे तब वे एक ही पिता की और एक ही माता पर आश्रित सन्तानों की तरह थे। दोनों प्रजापति के पुत्र हैं (31/1.2.5.1)। पर कृषि की ओर अग्रसर होने के साथ वे सौतेले (प्रतिस्पर्धी) भाई बन गए (31/1.1.5.10)। पिता तो एक ही रह गया, पर माताएँ दो हो गईं। एक की माता वह फल, फूल, कन्द, आखेट सब कुछ स्वतः देनेवाली धरती या दिति और दूसरे की माता वह धरती जिसको जलाकर तृण-गुल्म-हीन बना दिया गया है। यह अदिति है। यह स्वतः कुछ नहीं देती, इससे श्रम और तप से ही कुछ प्राप्त किया जा सकता है। देव इसी अदिति के पुत्र हैं।

4. आरम्भिक कठिनाइयाँ

जिन लोगों ने कृषि की दिशा में पहल की उनके सामने कई परेशानियाँ थीं। पहली समस्या तो यह कि सभी इस बात पर सहमत नहीं थे कि वनस्पतियों को, जो स्वतः फल-कन्द देती हैं, जलाकर अपने एक विश्वस्त साधन-स्रोत को समाप्त किया जाए। कुछ लोग ही इसके पक्ष में हो सकते थे, शेष इसका विरोध कर रहे थे। जिन्होंने यह रुख अपनाया कि इनकी रक्षा की जाए उनको राक्षस कहा गया (31/1.1.1.16)।

एक दूसरी आशंका यह थी कि क्या यह बृहद् प्रयोग सचमुच सफल हो पाएगा? सम्भवतः ऋतु-काल का जो अध्ययन किया गया था, वह बहुत सही नहीं था। देव पहले बीज बोने के लिए ठीक समय का निश्चय नहीं कर पाते थे। वन्य फसलें यूँ भी समय से पहले पककर तैयार हो जाती हैं। *शतपथ ब्राह्मण* में इस प्रसंग को एक रूपक के द्वारा प्रस्तुत किया गया है। ऋतुओं ने देवों से यज्ञ में अपना भाग माँगा, पर देवों ने ऐसा करने से इनकार कर दिया। ऋतुएँ देवों से रूठकर चुपके से असुरों की ओर चली गईं, जो कि इनको अप्रिय और इनसे द्वेष करनेवाले सौतेले भाई थे। इसके बाद असुरों को खूब समृद्धि मिली। वनस्पतियाँ बिना जोते-बोए उनके लिए खूब फसलें दे रही थीं, वे पककर तैयार हो चुकी थीं जबकि देव अभी जोतने-बोने में लगे हुए थे। वे इस पर सोच-विचार करने लगे और तय किया कि ऋतुओं को वापस बुलाया जाए। देवों ने अग्नि को ऋतुओं को मनाकर लाने को भेजा और अग्नि ने ऋतुओं को बताया कि उसने ऋतुओं को यज्ञ में हिस्सा देने के लिए देवताओं को मना लिया है (31/1.6.1.1-8)।

ऋतुओं के विपर्यय से एक बार को लगा कि खेती का काम सदा के लिए छोड़ देना पड़ेगा। कारण, ऋतुओं के अतिरिक्त स्वयं यज्ञ के भी रूठकर चले जाने का उल्लेख पाया जाता है और यहाँ भी देव उसे किसी तरह मनाकर लाने की कोशिश करते हैं। (31/1.5.3.21-24)। एक बार जंगलों को जला देने के बाद उनके पास दूसरा चारा भी क्या था? जले हुए जंगल में वनस्पतियाँ नष्ट हो चुकी थीं और उन्हें उगने में वर्षों का समय लगता, यज्ञ का यह रूठना सम्भवतः समय से वर्षा आदि न हो पाने के कारण नियत मौसम में बोआई आदि न हो पाने या बोआई के बाद सूखे आदि से सम्बन्धित है। अर्थव्यवस्था में क्रान्तिकारी परिवर्तन के साथ पहला अनुभव अधिक दारुण होता ही है। यदि क्षेत्रीय विभाजन न हो चुका होता तो शायद खेती का विचार छोड़कर देवों ने भी अपनी पुरानी

लीक अपनाई होती और कहीं अन्यत्र खिसक गए होते पर अब तो उनके जीने-मरने का सवाल पैदा हो गया था इसलिए वे उससे जुड़े रहे।

अपने आरम्भिक चरण में खेती जमीन को बिना जोते-बोए ही की गई लगती है। जंगल को जलाया और फ़सल का समय आने पर उसी की राख आदि में बीज बिखेर दिए। जब तक भूमि की उर्वरता रही तब तक खेती की और फिर नए जंगलों को जलाया (यह झूम खेती भारत के अनेक आदिम क़बीलों में पिछली शताब्दी तक ज़ारी है)। पर जल्द ही यह समझ लिया गया कि यदि जमीन को जोता जाए तो एक ही क्षेत्र में बहुत लम्बे समय तक खेती की जा सकती है। बोआई ठीक किस समय की जाए, जमीन में कितनी नमी होनी ज़रूरी है, एक नियत भू-भाग में कितने बीज डालें, या विभिन्न धान्यों के बीजों के बीच कितनी दूरी होनी चाहिए, बोने के लिए रखे गए बीज कैसे होने चाहिए, उन्हें कीड़ों आदि से कैसे बचाकर रखा जाए कि उनकी उर्वरता बनी रहे, ये तमाम बातें क्रमशः प्राथमिक प्रयोगों और कठिनाइयों से समझ में आती गईं। यज्ञ के लिए मुहूर्त-विचार, अर्थात् इसके लिए बिलकुल उपयुक्त ऋतु-काल का ध्यान जिसे कर्मकांडीय यज्ञों ने अपनी तार्किक परिणति पर पहुँचा दिया और जिससे ही ज्योतिष का जन्म हुआ, फ़सल की बोआई के लिए उपयुक्त ऋतुकाल या कहें इस कृषि-यज्ञ के आरम्भ के लिए उपयुक्त मौसम की पहचान की देन है। विद्वान् यह मानते हैं कि भारत में ज्योतिष के विकास में यज्ञों का बहुत बड़ा हाथ है, कारण इनके लिए उपयुक्त ग्रहों-नक्षत्रों का ध्यान रखा जाता था। उनका यह विचार ग़लत नहीं है। वे सिर्फ़ इस बात का ध्यान नहीं रखते कि यह यज्ञ का कौन-सा रूप था, जिसके लिए ऋतु काल का उचित ध्यान इतना ज़रूरी था? इसके पीछे अपरिहार्यता क्या थी? इन प्रश्नों का वे कोई उत्तर नहीं देते। इन्हें वे उठाते तक नहीं।

केवल दिन और रात के चक्र से बोआई के लिए सही समय का ज्ञान नहीं हो सकता था। चन्द्रमा भी सही समय (ऋतु काल) के निश्चय में सहायक नहीं हो सकता था। ग्रहों-नक्षत्रों के आधार पर ही बोआई के लिए सही समय का विचार आरम्भ हुआ। आज भी किसान सुकवा (शुक्र), बुधवा (बुध), सतभइया (सप्तर्षि) आदि के सहारे ही खेती का उपयुक्त समय विचार करते हैं। धरती की समस्याओं को सुलझाने में आसमान की मदद का दूसरा नाम ज्योतिष है। यह फलित ज्योतिष नहीं, वपन ज्योतिष है जिस नाम का कोई ज्योतिष कहीं है ही नहीं और है भी; यज्ञ में मुहूर्त विचार तो आरंभ का किया जाता है, फलप्राप्ति का नहीं। ज्योतिष अर्थात् ज्योतिर्विज्ञान का आरम्भ जब भी और जहाँ भी हुआ हो, इसका जितना सुदृढ़ और तर्कसंगत आधार भारत में है, वैसा कहीं नहीं। पश्चिम एशिया में जहाँ चान्द्र गणना थी, आज तक वही है। मिस्र में जहाँ सौर गणना थी, वहाँ चान्द्र गणना न थी। भारत अकेला ऐसा देश है जिसमें वैदिक काल से ही चान्द्र और सौर दोनों गणनाएँ थीं और उनके बीच के अन्तराल को समायोजित करने का विधान भी था। ध्यान रहे कि खल्दी चान्द्रवर्ष इस्लाम में आज तक प्रचलित है। मिस्री पत्रा के यूरोपीय संस्करण में किसी महीने को कुछ कम और किसी को बढ़ाकर जैसे-तैसे 365 दिन पूरे किए जाते हैं और फिर उससे बची त्रुटि का परिहार चतुर्वर्षीय और

शतवार्षिक समायोजनों से दूर की जाती है। यह विधान भी पोप ग्रिगरी के बाद आरम्भ हुआ। परन्तु भारत में वैदिक काल में ही इन दोनों के समायोजन का विधान चकित करता है और इसलिए भारत की जो छवि प्रचारित की गई थी, उसे मान लेनेवालों को अविश्वसनीय लगती है। अविश्वसनीय के दो निकास हैं। एक उसको भुला देना, दूसरा इसे कल्पनाविलास मानना। इन दोनों के दृष्टान्त इतने प्रचुर हैं कि नाम गणना भी पुस्तिकाकार हो सकती है।

बोने से पहले बीजों की परीक्षा भी आवश्यक थी। अनाजों पर कीड़ों आदि का असर हो जाना एक आम-सी बात थी। पर इसके बावजूद बीज उग सकते थे। बोने से पहले एक बार यह देख लेना ज़रूरी था कि उनके उगने की सम्भावना है भी या नहीं और बोने का ठीक समय आ गया है या नहीं। आज भी किसान बोआई से पहले, इसका मुहूर्त-विचार या समय विचार करते हैं। समय को भारत में पर्वों या गाँठों में बाँधकर रखा गया है। अतः अमुक पर्व के बाद कौन सा कृषि कर्म अपेक्षित है, इसका निर्वाह किया जाता है। एक कलश या लोटे में पानी लेकर किसान खेत पर जाएगा और इसके एक कोने में बीजों को बिखेरकर पानी डालकर चला आएगा। वास्तविक बोआई इसके हफ्तों बाद शुरू होती है। आज इसका रूप रस्मी ही रह गया है। आरम्भ में इन परीक्षणों का रूप वैज्ञानिक था। रामनवमी के दिन आज भी ब्राह्मण जई या जौ के इन कल्लों को यजमान की चोटी में बाँधते हैं। यह जई विजयादशमी पर्व का पूर्व दिवस है। कुछ विद्वान् मानते हैं कि राम कथा का सम्बन्ध कृषि से है। राम का अर्थ किसान और सीता का हलाई है। इस दृष्टि से ये तथ्य अधिक रोचक हैं। जो भी हो, कृषि-यज्ञ की सफलता असुरों पर विजय थी, इसे बार-बार दुहराया ही गया है। सीता जनक या उत्पादनकर्मी, कृषिकर्मी पिता की दुहिता है और इसका जन्म मानव पिता और माता से नहीं होता, अपितु असुरों द्वारा मारे गए उन ब्राह्मणों के रक्त से होता है जिसे घड़े में भरकर ज़मीन में रख दिया गया था। यह उस बलिदान की सजीव मूर्ति है जो कृषिकर्मियों को इस नवप्रवर्तन के लिए करना पड़ा था। कृषि-क्रान्ति निश्चय ही नीरव क्रान्ति नहीं थी। इसके साथ भी बलिदानों की एक कथा है जो अनेक रूपकों, परवर्ती कथाओं और चरित्रों से मिलकर कुछ दुर्बोध हो चली है।

इस विषयान्तर को छोड़कर हम इस तथ्य पर आएँ कि अपने आरम्भिक प्रयोगों के बाद इन कृषिकर्मियों को पशुधन के बाद एक नया और अधिक विश्वसनीय आधार प्राप्त हुआ और इससे उनको अपने अभावों पर और कुपोषण पर विजय मिली। वरुण प्राघासों या व्रीहि और यव की इस प्राथमिक खेती के बाद प्रजा वरुण के बन्धन से मुक्त हुई– 'इस फल को इस समय तक न खाओ', 'इन सीमाओं को मत तोड़ो' का बन्धन टूटा। पर यह टूटना नए बन्धनों की सृष्टि भी थी, कृषि सम्बन्धी बन्धनों या पाबन्दियों का आरम्भ। जो भी हो, अब इन लोगों को जो सम्पन्नता प्राप्त हुई उसके कारण ये पहले की अपेक्षा अधिक स्वस्थ और निष्पाप हो गए (31/2.5.3.1)।

इस सफलता के बाद अब वे वन्य औषधियों और कन्दों पर निर्भर नहीं रह गए। यह प्रकृति पर उनकी विजय थी। अब औषधियाँ उनकी पत्नियाँ हो गईं (31/6.5.4.4)। पत्नी

का अर्थ है पालिता या वह जिसका पालन किया जाए। अब धरती उनकी पत्नी हो गई (31/5.3.1.4)। इससे उन्हें एक स्वराज्य या आत्मनिर्भरता मिल गई।

5. कृषि यज्ञ का विस्तार

इन सफलताओं के बाद देवों को एक नया विचार सूझा कि क्यों न यज्ञ का विस्तार किया जाए। दूसरे शब्दों में कहें तो कृषि के प्राथमिक प्रयोग तो केवल उस क्षेत्र तक सीमित थे जो देवताओं के अपने हिस्से में पड़ता था, पर इसके बाद उन्हें यह बात सूझी कि क्यों न असुरों के क्षेत्र को भी कृषिभूमि बना लिया जाए (31/1.7.2.23)। यहीं से वह दुर्धर्ष संघर्ष आरम्भ होता है जिसका सिलसिला हज़ारों वर्ष तक निरन्तर चलता रहता है और जो आज तक जारी है। यज्ञ अब अश्व का रूप धारण करके विचरने लगा। देव जब मनमानी पर आ गए तो असुरों के लिए जीने-मरने का सवाल पैदा हो गया।

लगता है आरम्भ में जंगलों में आग लगाने का काम बहुत डरते-डरते और चोरी-छिपे किया गया। कारण कुछ थोड़े-से लोग ही कृषि की ओर अग्रसर हुए थे। जैसा कि *तांड्य ब्राह्मण* (12.13.31; 18.1.2) में लिखा है, असुर संख्या में अधिक थे और उनके सामने देव दयनीय स्थिति में थे। धोखे से आग लगाने की इस घटना का विवरण पुरोहिती तोड़-मरोड़ के बावजूद *शतपथ ब्राह्मण* (9.5.1.19-29) की एक कथा में बहुत विश्वसनीय रूप में दिया गया है : देवों ने कहा, अब हमने यज्ञ कर लिया, आओ हम इस सत्य का विस्तार करें। उन्होंने यज्ञ का आयोजन किया पर असुरों को इसका पता चल गया। उन्होंने कहा **देवों ने यज्ञ कर लिया है और अब वे इस सत्य का प्रसार कर रहे हैं**। आओ इकट्ठा होकर हम अपना हिस्सा माँगें। असुरों को देखकर देवों ने यज्ञ को समेट लिया और कुछ और करने लगे। असुर यह सोचकर कि ये तो कुछ और कर रहे हैं, वहाँ से हट गए। उनके चले जाने पर देवता आगे का आयोजन करने लगे। असुरों को फिर इसकी गन्ध मिल गई। वे फिर लौटकर आए, पर उन्हें आते देखकर देव फिर कुछ और करने लगे। इस बार भी असुर यह सोचकर वहाँ से हट गए कि ये तो कुछ और कर रहे हैं। यह नाटक तब तक चलता रहता है जब तक यज्ञ का समापन नहीं हो जाता और इसकी समाप्ति के साथ असुर पराजित नहीं हो जाते। यहाँ यह बात महत्त्वपूर्ण है कि असुरों को देवों से नहीं उनके यज्ञ से विरोध है, यदि वे यज्ञ न करते (जंगलों को आग न लगाते) तो उनको इनसे कोई आपत्ति न होती।

पुरानी जीवन-पद्धति और नई उत्पादन-रीति का यह संघर्ष बहुत रोचक है। असुर प्रायः देवों के जानवरों को चुरा ले जाते हैं। उनके क़बीले अकस्मात् आकर उनकी तैयार हो रही फ़सलों को नोच-खसोट लेते हैं। सम्भवतः मछली का शिकार करने के लिए वे तालाबों-पोखरों में मादक या विषैली जड़ी-बूटियाँ डाल देते हैं जिनसे उनका पानी पीने योग्य नहीं रह जाता और देवों के मवेशी भी इस पानी को पीकर मर जाते हैं (31/2.4.3.2)। अतः ठीक पड़ोस में जंगलों का और उन जंगली क़बीलों का होना उनके अस्तित्व के लिए निरन्तर ख़तरा बना रहता है (31/4.1.1.6)। केवल अतिरिक्त भूमि प्राप्त करने का लोभ

ही नहीं, अपने अस्तित्व और अपनी उत्पादन-पद्धति को बचाए रखने की चुनौती भी देवों को वन-दहन के लिए प्रेरित करती थी। इसके चलते वे उससे बहुत अधिक भूमि की सफ़ाई करते जा रहे थे जिसका सार्थक उपयोग वे अपने बल-बूते पर कर सकते थे। इस अतिरिक्त भूमि का उपयोग वे चारण भूमि के रूप में ही कर सकते थे और करते रहे।

6. पूर्वी क्षेत्रों से देवों का पलायन

जीने-मरने के इस संघर्ष में पहली बार हार का सामना देवताओं को ही करना पड़ा। असुरों ने उनका जीना दूभर कर दिया और वे पूर्व का अपना निवास छोड़कर भागने पर विवश हो गए।

देवों के प्राचीन निवास के विषय में तो यह उल्लेख मिलता है कि वे पूर्व में रहते थे, पर असुरों का निवास कहाँ था, इसका कोई संकेत नहीं मिलता। कारण स्पष्ट है। उस सीमित क्षेत्र को छोड़कर, जहाँ देवों ने कृषि का आरम्भ किया, शेष सभी कबीले आसुरी जीवन ही बिता रहे थे। वे वृत्र थे, वे चारों ओर फैले हुए थे, कोई स्थान उनसे शून्य नहीं था (31/1.1.3.4)। अतः पलायन के बाद देव जहाँ भी पहुँचते हैं उन्हें प्रतिरोध का सामना करना पड़ता है और उनको असुर पराजित कर देते हैं। अन्ततः वे उत्तर की ओर जाते हैं और यहाँ पहली बार उन्हें कुछ सफलता मिलती है या कम-से-कम कोई प्रतिरोध नहीं होता। सम्भवतः इस उत्तर के पहाड़ी क्षेत्र से होकर ही वे उस क्षेत्र में आते हैं जहाँ वे अपनी कृषि संस्कृति का सुदृढ़ आधार रखते हैं और क्रमशः बहुत बड़े भू-भाग पर, उनके अपने शब्दों में 'समस्त भुवन' पर, अधिकार कर लेते हैं। जिस क्षेत्र में उनकी पराजय नहीं हुई उसका नाम है **अपराजिता दिशा** और यह अपराजिता दिशा सारस्वत क्षेत्र से पूर्वोत्तर की दिशा में है (7/3.3.14)। पूर्व के अपने क्षेत्र से भगाए जाने की याद बहुत बाद तक बनी रहती है।

पर उस आदिम कृषि का सहारा लेनेवाले सभी जन पश्चिम की ओर ही नहीं आ गए, कुछ जन उसी क्षेत्र में जहाँ ठिकाना मिला रह गए।

उस पर्वतीय क्षेत्र में, जो बाद के निवास से पूर्वोत्तर में बताया गया है, यदि देवों को अपराजित बताया गया है तो इसका केवल यही आशय हो सकता है कि यह क्षेत्र उस समय आबाद नहीं था और इसीलिए यहाँ किसी तरह के प्रतिरोध का प्रश्न नहीं था।

कृषि के लिए भू-विस्तार के आयोजनों का विवरण अनेक कथाओं में मिलता है। *शतपथ* की एक कथा (31/1.2.5.1-11) और पौराणिक वामनावतार की कथाओं से लगता है कि इस क्षेत्र में बसने से पहले या इसे कृषि के उपयोग के लिए अपने हिस्से में लेने के लिए उन्हें स्थानीय क़बीलों से अनुमति लेनी पड़ी। *शतपथ* में कहानी निम्न प्रकार है :

'देवता और असुर दोनों प्रजापति की सन्तानें थीं। उनमें प्रतिस्पर्धा हुई। असुरों ने देवताओं को पछाड़ दिया और यह सोचकर कि सारी दुनिया हमारी है, वे बोले, हम इस धरती का बँटवारा करके जीवन यापन करें। वे पूर्व से पश्चिम की ओर बैल के चमड़े से धरती को बाँटने लगे। यह बात देवों ने सुनी। वे सोचने लगे कि असुर धरती का बँटवारा

कर रहे हैं। हम उनके पास चलें और उनसे पूछें कि हमारा क्या होगा? अगर हमें अपना हिस्सा न मिला तो हम कहाँ जाएँगे? वे विष्णु रूपी यज्ञ को नेता बनाकर उनके पास पहुँचे। वे बोले, तुम लोग धरती को बाँट रहे हो। इसमें हमारा भी तो हिस्सा है। असुरों ने कुछ अनमनेपन से कहा, विष्णु जितनी जगह घेरेगा उतनी जगह हम तुम्हें दे देंगे। विष्णु का आकार बहुत छोटा था, पर देवताओं को इस पर आपत्ति नहीं हुई। उन्होंने कहा, जिसने हमें यज्ञ के लिए जगह दे दी उसने हमें सब कुछ दे दिया।

'उन्होंने विष्णु को पूर्व की दिशा में रखा और दक्षिण, पश्चिम तथा उत्तर की ओर से क्रमशः गायत्री, त्रिष्टुप् और जगती छन्दों से घेर दिया। आग को सामने करके वे अर्चना और श्रम करने लगे और उसी से इस सारी पृथ्वी को प्राप्त कर लिया। इसीलिए कहा जाता है कि जितनी विस्तृत यह वेदी है उतनी ही यह पृथ्वी है। इसी से उन्होंने इस समस्त भुवन को प्राप्त किया और अपने सौतले भाइयों को परास्त कर दिया।

'फिर यह विष्णु थक गया। पर तीन तरफ से छन्दों से और चौथी ओर से अग्नि से घिरा होने के कारण उसके पास भाग निकलने का कोई रास्ता नहीं था। अतः वह वनस्पतियों की जड़ों में छिप गया। उसे अदृश्य देखकर देवता उलझन में पड़ गए। वे सोचने लगे कि चारों ओर से घिरा होने के कारण विष्णु भाग तो सकता नहीं, वह यहीं कहीं होगा। उसे इसी जगह खोजो। क्रमशः खोदते हुए वे उसे खोजने लगे। उन्होंने उसे तीन अंगुष्ठ नीचे जमीन में छिपा पाया। इसीलिए यज्ञ की वेदी तीन अंगुल गहरी होनी चाहिए।'

विष्णु ने अपने को वनस्पतियों में छिपा लिया था अतः उन्होंने यह कहते हुए कि 'तुम पोली मिट्टी के हो, कल्याणकारी हो' दक्षिण की ओर से उसे घेर दिया। कारण, **इस धरती को पाने के बाद उन्होंने इसे पोली और कल्याणकारी बनाया था।** पश्चिम की ओर से घेरते हुए कहा, 'तुम आनन्ददायक हो, सुसद्य हो।' उत्तर की ओर से घेरते हुए कहा, 'तुम उर्वर हो, पयस्वती हो।' क्योंकि **सर्वप्रथम इस धरती को पाने के बाद उन्होंने इसे उर्वर और पयस्वती बनाया था।**

इस अन्तर्कथा में गहरे भाववादी पुट के बावजूद इस बात को आसानी से लक्ष्य किया जा सकता है कि यह जंगलों की सफ़ाई और कृषि की दिशा में एक नए विकास को रेखांकित करती है। विष्णु यज्ञ है (31/1.1.2.13), विष्णु अग्नि है क्योंकि अग्नि ही यज्ञ है (31/2.1.4.19)। विष्णु ने जो पहले देखने में बहुत छोटा था प्रबल रूप धारण कर लिया तो पूरी धरती को और परवर्ती विवरण के अनुसार तीनों लोकों को–अपने अधिकार में ले लिया, और इस तरह एक बहुत बड़ा भू-भाग देवों के अधिकार में आ गया और असुर इससे वंचित हो गए। विष्णु को तीन ओर से घेर रखा गया था ताकि वह एक ही दिशा में आगे बढ़े–हवा का रुख़ देखकर आग इस तरह लगाई जाती थी कि इससे स्वयं वैदिकों के क्षेत्र पर प्रभाव न पड़े और आग इच्छित दिशा में ही बढ़े। विष्णु का थक जाना धरती का कुछ समय के बाद अनुर्वर हो जाना या परती पड़ जाना है। विष्णु का वनस्पतियों में, इनकी जड़ों में, छिप जाना है, तीन अंगुल खोदते हुए वनस्पतियों की जड़ों में से विष्णु को निकालना और इसकी थकान को मिटाना, स्वयं श्रम और अर्चना करना, धरती को उर्वर, पयस्वती, सुसद्य, कल्याणकर बनाना भूमि को जोत-गोड़कर स्थायी रूप से खेती करने का द्योतक है।

इस तरह इस रूपकीय आवरण के भीतर सांस्कृतिक विकास की एक महत्त्वपूर्ण कड़ी सुरक्षित है। समूची पृथ्वी को या कहें कृषि-योग्य भूमि (उर्वी) को यज्ञ की वेदी क्यों कहा गया है, और इसका आयोजन जीविका–उपजीवन–के लिए क्यों किया गया है, यह तथ्य इस अन्तर्कथा से स्पष्ट हो जाता है। यज्ञ का वास्तविक प्राचीन स्वरूप क्या था, यहाँ देखा जा सकता है।

बार-बार जगह बदलते हुए, जंगल जलाकर अस्थायी रूप से खेती करने के स्थान पर कहीं एक जगह बसकर और धरती की जोताई-गोड़ाई करके खेती करने का विचार जैसे भी सूझा हो, आरम्भ में यह बहुत कठिन निर्णय था। पहली बात तो यह कि वह धरती, जो माँ के समान है, क्या उसकी छाती को चीरना एक जघन्य अपराध नहीं? यह तो मातृ-हिंसा के समान हुआ। माँ का दूध पीने की जगह उसको आहत करके उसका रक्त पीने जैसा हुआ। दूसरा संकोच इस कारण भी था कि कहीं इससे धरती अभी जो उपज दे रही है उसे भी रूठकर बन्द न कर दे। इस दुविधा को दूर करने में तत्कालीन बुद्धिजीवियों को काफ़ी कसरत करनी पड़ी होगी, तभी वे इसके प्रति लोगों में विश्वास जगा पाए होंगे। जो भी हो, इस स्थिति का चित्रण दो रूपकों में हुआ है। पृथ्वी कहती है कि मेरी हिंसा मत करो। वह डरती है कि बृहस्पति अभिषेक के बाद अब बहुत प्रबल हो गया है, कहीं यह मेरी हिंसा न करे और दूसरी ओर बृहस्पति डरते हैं कि कहीं यह पृथ्वी मुझे झटककर फेंक न दे। इसका समाधान यह कहकर किया गया है कि यदि धरती के साथ माँ और पुत्र का सम्बन्ध रखा जाए तो इसमें कोई किसी की हिंसा नहीं करेगा (31/5.2.1.18-19)। पर सभी को यह तर्क रास नहीं आया होगा और आदिम कृषि को अपना चुके जनों में से अनेक उससे आगे बढ़ने को तैयार नहीं हुए होंगे और अगले चरण की ओर बढ़नेवाले आर्यों या देवों के लिए ये भी असुरों में ही परिगणित होने थे।

जोताई का काम आरम्भ में सम्भवतः जिन हलों से किया गया वे लकड़ी के बने होते थे, कहें इनका फाल भी लकड़ी का होता था। हल खींचने के लिए पशुओं का उपयोग आरम्भ होने से पहले मनुष्य स्वयं ही करता रहा। यज्ञ का स्फ्य सम्भवतः उस आदिम फाल का ही प्रतीक है जिसे अनुवादकों ने लकड़ी की तलवार माना है। इस स्फ्य से जुती भूमि ही सम्भवतः स्फिग्या है। सम्भव है भूमि जोतने के इस काम में स्त्रियाँ भी भाग लेती रही हों। जुती हुई भूमि या यज्ञ की वेदी योषा है ही, अनावृष्टि के समय वर्षा कराने के लिए पिछली शताब्दी के आरम्भ तक स्त्रियाँ रात में नंगे शरीर स्वयं हल चलाती रही हैं, जो उस आदिम अवस्था का अवशेष या प्रजनन-क्षमता का प्रतीक हो सकता है। कुछ विद्वानों का विचार है कि कृषि का आरम्भ जहाँ भी हुआ, महिलाओं द्वारा हुआ और इसमें सच्चाई हो सकती है।

पशुओं में पहले जोताई के काम के लिए गायों का उपयोग किया गया (31/5.2.4.13)। साँड़ों को हल में जोतना एक मुश्किल काम था। बधियाकरण के बाद इन्हें बैल बनाने के बाद ही उनकी उग्रता को नियन्त्रित करके उपयोग में लाया जा सकता था। ऋग्वैदिक काल से बहुत पहले बैलों का बधियाकरण आरम्भ हो चुका था यह 'बध्रि' शब्द के लाक्षणिक अर्थों में प्रयोग से तो स्पष्ट है ही, अनट्‌ और वृषभ–बैल और साँड़ के फ़र्क़ से

भी प्रकट है। स्पष्ट है कि *शतपथ ब्राह्मण* का यह विवरण इससे बहुत पहले की अवस्था का स्मरण है।

कृषि कार्य में पशुओं के उपयोग के कारण वैदिकों के दृष्टिकोण में सुधार हुआ।

गो वध को हतोत्साहित किया जाने लगा और केवल अनुपयोगी पशुओं का ही मांस खाया जाता था। यह बात अधिक रोचक है कि गाय को अघ्न्या करार देने से पहले कुत्ते को अबध्य करार दिया गया था। कारण, रक्षक के रूप में कुत्तों की उपयोगिता पशुचारण के दौर में ही सिद्ध हो गई थी। वैदिक काल में यदि कोई सचमुच अस्पृश्य था तो वे जंगली क़बीले जो कुत्तों को भी मारकर खा जाते थे। इन्हें ही श्वपच या चांडाल कहा गया है। कुत्ते का मांस खाने का अर्थ था व्रत-च्युत या धर्म-भ्रष्ट हो जाना। यह रुद्र का वह भैरव रूप है जो सचमुच पशुपति कहा जा सकता है। अवेस्ता में भी कुत्ते के वध को घोर पाप माना गया है—गो वध से अधिक गर्हित, मनुष्य के वध से भी अधिक दंडनीय। ईरानी दंड-संहिता के अनुसार यदि मनुष्य का वध करने पर चालीस कोड़े लगते थे तो कुत्ता मारने पर सौ कोड़े।

कोई भी क्रान्ति इकहरी नहीं होती। इसके साथ पूरी जीवन-पद्धति, सोचने-विचारने का तरीका, उपकरण और समाज-व्यवस्था सभी में भारी बदलाव आता है। आधार बदलने के साथ अधिरचना में तदनुरूप परिवर्तन होना अपरिहार्य है ही। अतः हम कृषि-क्रान्ति के साथ शक्ति के नए स्रोतों—घोड़ा, बैल, गधा, ऊँट का क्रमशः उपयोग होते पाते हैं। जब तक सारी सम्पदा पशुधन तक सीमित थी, तब तक इन स्रोतों की ओर ध्यान जाने का प्रश्न ही नहीं उठता था। कोई पशु उस समाज में दूध और मांस के स्रोतों के रूप में या इनकी रखवाली में अपने उपयोग के कारण ही पाला जा सकता था। जहाँ ढोने को ही कुछ न हो वहाँ भारवाही पशुओं की क्या उपयोगिता? यदि भारवाही पशु तक ज़रूरी नहीं तो फिर रथ, गाड़ी और नाव आदि की ज़हमत मोल लेने का प्रश्न ही कहाँ से उठता है! अब अर्थव्यवस्था के सुदृढ़ होने के साथ बहुत तेज़ी से—यद्यपि इसके बावजूद इसमें हज़ारों वर्ष का समय लगा होगा—एक पर एक नए आविष्कार सामने आते जाते हैं।

कृषि का बड़े पैमाने पर उपयोग नए धान्यों की तलाश का मार्ग प्रशस्त करता है। आरम्भ में जहाँ कुछ सुपरिचित और सुखाद्य अनाजों की ओर ही ध्यान गया था, वहाँ अब ऐसे सभी शस्यों को पैदा करने का प्रयास किया जाता है जिनको पशु-पक्षी खाते रहे हैं और इसलिए जो मानव उपयोग के लिए निरापद या कुप्रभाव से शून्य और पोषक माने जा सकते थे। स्वाद बढ़ाने के लिए वह अनेक कड़वी, कसैली खट्टी वनस्पतियों को भी उगाता है। तीसी, तिल, सरसों आदि को उगाना आरम्भ करता है। इन सबका उपयोग अधिक सार्थक ढंग से करने के लिए कूटने, पीसने, पेरने, ढोने, सँभालने, पकाने और संचित करने के यन्त्रों, पात्रों और विधियों को विकसित करता है। कृषि के क्षेत्र में गोड़ाई, जोताई, कटाई, मड़ाई आदि के विभिन्न उपकरणों का आविष्कार होता चलता है। इन खोजों और आविष्कारों में भी एक अन्तःसंगति बनी रहती है।

उदाहरण के लिए, कुछ अन्न, जैसे—साँवाँ, कोदों, मड़ुआ, ज्वार आदि आहार संग्रही अवस्था में मनुष्य के लिए अखाद्य बने हुए थे, कूटने, पीसने के तरीकों और यन्त्रों के विकास और पाक कला में विकास के बाद खाद्य बन जाते हैं। जब तक मनुष्य अनाज की बालियों को

अधपकी हालत में सीधे आग पर सेंककर उनका टूँड़-तृण आदि जलाकर जैसे-तैसे पेट भर लेता था तब तक दलहनों के अलावा जो उपयुक्त अन्न था। गेहूँ को भूनते समय जब तक उसकी खोल जले तब तक उसके दाने आग में बिखरकर स्वाहा हो सकते थे। पर अब गेहूँ प्रधान अनाजों में आ जाता है। कुछ विद्वानों का खयाल है कि अनाजों में अधिक उल्लेख जौ का ही आता है, अतः भारतीय कृषक को दूसरे अनाजों का, खासकर गेहूँ का, पता ही नहीं था। रोमिला थापर ने इस मान्यता की पुष्टि में 12वीं शताब्दी के अमरसिंह के लिंगानुशान में पूरक के रूप में अनुलग्न पुरुषोत्तम देव के त्रिकांडदेश का हवाला दे रखा है कि गेहूँ को म्लेच्छ भोजन कहा गया है (600/217, 232)। पर उससे प्राचीन परम्परा में गोधूम न केवल आरण्यक औषधियों में भी गिना गया है, अर्थात् यह भारत में वन्य रूप में उगता था, अपितु गेहूँ को मनुष्य के सबसे निकट भी माना गया है। *शतपथ ब्राह्मण* के एक विवरण के अनुसार अनाजों में गेहूँ का छिलका उसी तरह सबसे पतला होता है जैसे जानवरों में सबसे पतली त्वचा मनुष्य की होती है और इसलिए यह मनुष्य के सर्वथा निकट है और इससे ही असुरों पर विजय पाई गई थी (31/5.2.1.6)। गोधूम शब्द मूलतः उस कोदुमै से व्युत्पन्न है जो तमिल में सुरक्षित है (113/49; 60/32)।

आखेट और आहार-संग्रह के चरण में पके हुए बर्तनों की आवश्यकता नहीं थी। पानी के लिए यदि किसी पात्र की आवश्यकता हुई भी तो इसे लौकी या नारियल के खोल, बाँस के कूपे या चमड़े की थैलियों में रखा जा सकता था। ऋग्वैदिक काल तक पेय पदार्थ रखने के लिए चमड़े के थैलों का प्रयोग होता था (4.45.1; 8.5.19)। यह क्रम ब्राह्मण काल तक ज़ारी रहा। चमड़े के थैलों में दूध और दही रखना भी ज़ारी था। खोलदार बड़े फलों के कमंडलु या जलपात्र तो आज भी साधुओं में पाए जाते हैं जो मृद्‌भांडपूर्व चरण के अवशेष हैं। पर दूध गर्म करने या खाना पकाने आदि की बाध्यता ने मिट्टी के बर्तन बनाने और पकाने की आवश्यकता पैदा की, क्योंकि पत्थर के पात्र जो एकमात्र अग्निसह पात्र हो सकते थे, इन कामों के लिए बहुत उपयुक्त नहीं थे। अतः मृद्‌भांडों के आविष्कार को भी कृषि के आविर्भाव के निर्धारण में उपयोगी पाया जा सकता है।

इस तरह हम पाते हैं कि अपने उन्हीं अनुभवों और कार्यों के बल पर कृषि के चरण के आसपास कुछ सौ या हज़ार वर्षों के दौरान ही एक पर एक नए आविष्कार होते चले गए।

परन्तु जहाँ तकनीकी विकासों को लक्ष्य करना और इनकी विशेष परिस्थितियों पर ध्यान देना ज़रूरी है, वहीं इस बात की सावधानी भी बरती जानी चाहिए कि इनके महत्त्व का मूल्यांकन स्थानीय परिस्थितियों और विकल्पों का सही मूल्यांकन करते हुए किया जाए। हम पीछे इस बात का उल्लेख कर आए हैं कि नहरों का विकास एक विशेष परिस्थिति में आवश्यक था और इनके बिना सभ्यता विशेष एक सीमा से आगे बढ़ ही नहीं सकती थी, यहाँ तक कि आदमी अपने लिए पेयजल की व्यवस्था तक नहीं कर सकता था। परन्तु इसे ही विकास का मानक बनाकर दूसरी सभ्यताओं का मूल्यांकन करना ग़लत है। महत्त्व उन विकल्पों का है जो इनके लिए उन विशेष परिस्थितियों में उपलब्ध थे या तैयार किए गए थे। इसका एक रोचक उदाहरण मिस्र है जहाँ हेरोडोटस के समय तक भी

खेतों में जुताई नहीं की जाती थी। नील की बाढ़ उतरते ही बीज बिखेर दिए जाते थे और इसके बाद सूअरों को खोलकर इनमें दौड़ाया जाता था ताकि इनके पैरों के दबाव से बीज नीचे धँस जाएँ और उन्हें चिड़िया आदि चुग न सकें। इस निहायत अविकसित तरीके के बावजूद वहाँ बहुत अच्छी उपज होती थी (208/156)। इसी तरह भारत में आज तक कछारों के ऐसे टुकड़े पड़ते हैं जिनमें बोआई के समय तक हल आदि चलाने की सम्भावना नहीं होती और जहाँ-तहाँ पानी लगा रहता है। इनमें बीजों को कीचड़ में ही बिखेर दिया जाता है जिसे छींटा या बिखराव पद्धति कहा जाता है और इसके बावजूद इनकी उपज बहुत अच्छी होती है।

अतः जब किन्हीं प्राचीन स्थलों से कटाई आदि के अविकसित औज़ार मिलते हैं, जैसे जग्रोस की पहाड़ियों के कुछ स्थलों से, तो ध्यान इस बात पर दिया जाना चाहिए कि इनके अभाव में क्या खेती का आरम्भिक चरण पूरा नहीं हो सकता था और क्या यह सचमुच कृषि का चरण का सूचक है?

कृषि-क्रान्ति से अधिक आत्मनिर्भरता और सम्पन्नता के द्वार खुले और पहले की तुलना में मनुष्य स्वस्थ और नीरोग–अनमीव–तो हुआ ही साथ ही वह नए आविष्कारों, नई उद्‌भावनाओं के द्वारा अपने बौद्धिक विकास की दिशा में भी अग्रसर हुआ और इन सबके अतिरिक्त इस चरण ने मनुष्य को एक उच्चतर नैतिकता से भी जोड़ा। अनमीव के साथ ही मनुष्य ने अकिल्विष या निष्पाप होने की ओर भी पहला कदम बढ़ाया।

अब उत्पादन के लिए श्रम और तप का, इसकी रक्षा के लिए जागरूकता और कड़कती ठंड में भी पहरेदारी या रखवाली का मूल्य बढ़ गया। नई फसल बोने के लिए घोर अभाव की स्थितियों में भी बीज को बचाकर रखना, दूसरों के खुले खेतों की खड़ी फसल को भी न छूना, तथा उपद्रवकारी जमातों का मुकाबला करना तथा अन्य अनेक कामों में सामूहिक साझेदारी ने एक नए कार्य-विभाजन और नए ढंग की अन्तर्निर्भरता को जन्म दिया। सबसे बड़ी बात यह है कि कृषि के साथ मनुष्य पहली बार स्थायी बस्तियाँ बसाकर रहने को बाध्य हुआ और उसकी बाध्यता ने आगे सामाजिक और आर्थिक विकास की नई और उच्चतर मंजिलों को सम्भव बनाया, जिनकी चरम परिणति नगर-सभ्यता का विकास था।

भाषा जो मानवीय सम्पर्क का सबसे सशक्त माध्यम है, तकनीकी विकास, आर्थिक प्रचालन और सामाजिक सम्बन्धों से और इनके सन्दर्भ में मनुष्य के चिन्तन और प्रत्ययन से सबसे अधिक प्रभावित होती है। कृषि-क्रान्ति का आधार सुदृढ़ होने में जितनी शताब्दियों या सहस्राब्दियों का समय क्यों न लगा हो, उसके पिछले भाषिक ऋक्थ की तुलना में उसे एक बहुत अधिक सम्पन्न भाषा की आवश्यकता थी और यह भाषा विगत पाषाणी चरण की निरी कामचलाऊ और अदृश्य रूप में मंथर गति से विकसित हुई सीमित अभिव्यक्ति की तुलना में बहुत तेज़ी से विकास की माँग कर रही थी।

भाषा के विकास के इस पहलू पर कुछ रुक विचार कर लेना इसलिए ज़रूरी प्रतीत होता है कि भारोपीय भाषा और इसका प्रसार इतिहासकारों के लिए एक उलझन तो बना ही रहा है, स्वयं भाषा की उत्पत्ति और विकास भी एक समस्या बनी रही है। बाइबिल की

आदम और ईव वाली कहानी के आधार पर अधिकांश विद्वान् यह मान लेते हैं कि आरम्भिक चरणों में मनुष्य ने जिस नई चीज़ को जो भी नया नाम दे दिया वही उसकी संज्ञा बन गई। यह कोरा भाववाद है। हमें यह नहीं भूलना चाहिए कि मनुष्य में नए आविष्कार करने की क्षमता बहुत सीमित है। अपने पुराने अनुभवों को विभिन्न स्रोतों से संचित सूचनाओं से जोड़ते-तोड़ते हुए ही वह नए आविष्कार करता रहा है, यद्यपि कुछ आविष्कार उसकी भूलों से 'अन्धे के हाथ बटेर' की तरह भी हो गए हैं। इन नए आविष्कारों में उसके अनुभव और ज्ञान का दायरा और इनके बीच जोड़-तोड़ करने की उसकी क्षमता बढ़ती चली गई है और इसलिए बाद के कालों में नए आविष्कारों की सम्भावनाएँ भी इसी अनुपात में बढ़ती गई हैं।

तकनीकी जगत में नए आविष्कारों की तरह भाषा के क्षेत्र में भी नए और बिलकुल नए आविर्भाव बहुत दुष्कर पड़ते हैं और आज जब विविध क्षेत्रों में नित नए आविष्कार हो रहे हैं और भाषा में उसी अनुपात में तेज़ी से विकास हो रहा है, तब भी कोई व्यक्ति बिलकुल नए नाम नहीं दे सकता और वह भी तब जबकि हम जानते हैं कि कोई सम्पन्न-से-सम्पन्न भाषा भी अपनी ध्वनिमाला के समग्र सम्भावित चरों का उपयोग नहीं करती और इसलिए अब तक बचे हुए विकल्पों का प्रयोग करके नए और अधिक छोटे शब्द नई चीज़ों के लिए गढ़े जा सकते हैं। आज सुलभ संचार माध्यमों का उपयोग करके सबको यह बताया भी जा सकता है कि यह नया शब्द अमुक नई चीज़ के लिए गढ़ा गया है। यदि किसी एक व्यक्ति द्वारा नई चीज़ के लिए नया शब्द गढ़ने और बाकी लोगों के द्वारा इसे स्वीकार कर लिए जाने का तर्क यही है तो इसे अधिक निरापद रूप में सर्वमान्य भी बनाया जा सकता है। पर ऐसा नहीं होता। प्राथमिक चरणों में जब संचार से लेकर नई उद्भावनाओं का दायरा भी बहुत छोटा था तब तो इसकी कल्पना भी नहीं की जा सकती।

अतः मनुष्य ने उन्हीं ध्वनियों के जोड़-तोड़ से जो उसे सहज सुनने में आती थीं अपनी प्राथमिक अभिव्यक्तियों को जन्म दिया।

भारतीय सन्दर्भ में सबसे महत्त्वपूर्ण तथ्य यह है कि यहाँ की परम्परा कतिपय अति-प्राचीन महान् पुरुषों को महर्षियों और नवप्रवर्तकों के रूप में याद करती रही है और उनके असाधारण ज्ञान की धाक आज तक बनी हुई है। इन ऋषियों को सात बताया जाता है और इनके नाम भी सुरक्षित हैं। जहाँ तक संख्या और सटीक नामों की बात है, इस पर हम बहुत अधिक भरोसा नहीं कर सकते। पर यह मानने का पर्याप्त कारण है कि विभिन्न क्षेत्रों में किए गए आविष्कारों और खोजों के पीछे एक लम्बे दौर में पैदा हुए चिन्तकों और आविष्कारकों का हाथ था और इनको वह समाज उचित सम्मान देना जानता था। आरम्भ में मन्त्रों को रचने या यज्ञ करने-कराने के कारण नहीं, बल्कि अपने इन अनुसन्धानों के कारण, सत्य का या प्रकृति के रहस्य का सीधा साक्षात्कार करने के कारण ही इनको ऋषि और ब्रह्मर्षि की संज्ञा प्राप्त हुई थी।

इस तरह कृषि के सर्वतोमुखी विकास की एक सुथरी तसवीर हमें भारत में दिखाई देती है जिसमें कृषि की प्रेरणा से लेकर इसके क्रमिक विकास और इसके दौरान अनुभव की गई कठिनाइयों का बहुत विश्वसनीय विवरण मिलता है। पर यह सोचना ग़लत होगा

कि जो लोग इस विकासयात्रा में शामिल हुए थे, वे जो कुछ भी करने में समर्थ हुए वह सब केवल उनके अपने ही आविष्कारों और खोजों तक सीमित था। औद्योगिक क्रान्ति के मामले में हम देखते हैं कि एक बार इस क्रान्ति का आरम्भ हो जाने के बाद इसका तेज़ी से दूसरे क्षेत्रों में विस्तार होता है और जगह-जगह नए आविष्कार और खोजें होने लगती हैं और कुछ मामलों में इस दिशा में बाद में उन्मुख होनेवाले देश पहल करनेवाले देश से बाजी मार ले जाते हैं। औद्योगिक क्रान्ति के समय संचार के साधनों का उन्नत विकास हो चला था अतः यह काम कुछ ही शताब्दियों के भीतर हो जाता है। पुराने समाजों में संचार प्राथमिक स्तर का था और शिक्षा तथा सघन सम्पर्क की कमी के कारण सामुदायिक ग्रहणशीलता अपेक्षाकृत कम थी, अतः इसमें बहुत लम्बा समय लगा होगा। पर इन विकासों के विस्तार से अगले चरणों पर विभिन्न क्षेत्र एक-दूसरे से प्रभावित और लाभान्वित हुए होंगे।

अध्याय चार

अतिरिक्त उत्पादन और स्वर्ग की तलाश

कृषि-क्रान्ति सहस्राब्दियों के दौरान घटित एक ऐसा आर्थिक रूपान्तरण है जिसकी वास्तविक प्रकृति और भूमिका को कई बार ग़लत रूप में पेश किया जाता है। जब हम इसके लिए क्रान्ति शब्द का प्रयोग करते हैं तो कुछ ऐसा लगता है मानो यह सारा परिवर्तन एक झटके में ही पूरा हो गया हो। इसी तरह जब हम शहरीकरण को कृषि-क्रान्ति से सीधे जोड़ देते हैं, तो उस गुणात्मक परिवर्तन को सही परिप्रेक्ष्य में रखने में भूल करते हैं जो शहरीकरण के साथ घटित हुआ।

वास्तव में कृषि-क्रान्ति के दौर में मनुष्य के आहार-संग्रही से उत्पादक बनने से उतना अन्तर नहीं आया जितना इसके कारण हुए सामाजिक-आर्थिक सम्बन्धों में अन्तर से पड़ा। इससे पहले आहार-संग्रह के चरण में ही नहीं, बल्कि पशुचारण काल में भी जो उत्पाद थे उनकी प्रकृति नश्वर थी। कहें, दूध, फल, कन्द, मांस ये सभी अपने स्रोत से अलग होने के बाद इतने कम समय में ही नष्ट हो सकते थे कि इनका संग्रह नहीं किया जा सकता था, अतः इनके अतिरिक्त अंश को दूसरों के साथ मिल-बाँटकर खाना होता था। यह इस प्राचीन चरण के नैतिक तकाजों की ही याद है जिसके कारण व्यक्तिगत सम्पत्ति का विकास हो जाने के बाद भी दूध, फल, मांस आदि के विक्रय को पेशे के रूप में गर्हित माना जाता रहा है।

पर कृषि के साथ एक ऐसा उत्पाद हासिल हुआ जिसे अपेक्षाकृत लम्बे समय तक संगृहीत किया जा सकता था। इस संग्रह के बल पर लम्बे समय तक की निश्चिन्तता हासिल की जा सकती थी। यदि संग्रह का रूप ऐसा हो कि इसके साथ ही कुछ दूसरे लोगों को इससे अपेक्षाकृत वंचित भी किया जा सके तो अपने अतिरिक्त संचित भंडार के बल पर उनको अपना सेवक बनाया जा सकता था। अतः कृषि के आविर्भाव के साथ हम कुछ स्पष्ट विकास देख सकते हैं—

1. कृषि भूमि पर अधिकार और इसे घास-मोथे से रहित करके, जोताई और गोड़ाई से इसको उपजाऊ बनाना।
2. अपनी निजी शक्ति से जितनी भूमि पर खेती की जा सकती थी उससे भी अधिक बड़ी भूमि की सफाई और अधिकार करके उससे दूसरों को वंचित करना और इन स्वत्व-वंचितों को अपना सेवक बनाना।
3. इस क्रम में भूस्वामियों का उत्पादन कार्य से पूरी तरह मुक्त हो जाना और अपेक्षाकृत और भी बड़े भूखंड पर अधिकार करना और इसके लिए दमन-तन्त्र

और अपहरण-तन्त्र का विकास और फिर इस समग्र अतिरिक्त उत्पादन को हड़पकर बहुत अधिक समृद्ध और शक्तिशाली हो जाना।

4. इस अनुपातहीन सम्पन्नता के बल पर अपनी सेवा-सुश्रूषा के लिए भी घरेलू दास-दासियों का उपयोग और दूसरी ओर विलासिता और सौख्य के विविध रूपों—अच्छे आवास, वस्त्र, अलंकार, खाद्य पदार्थों आदि की चिन्ता।
5. इस अन्तिम के कारण इन वस्तुओं के उत्पादन या सुदूर स्थानों से जुटाने के लिए घरेलू उद्योग और क्षेत्रीय और फिर सुदूर व्यापार का आरम्भ। यही ऐसे स्थलों पर जहाँ से सुदूर स्थलों की यात्राएँ अधिक आसानी से की जा सकें, नगर केन्द्रों की स्थापना का कारण बनता है।

नगर-स्थापना की इस घटना को भारतीय परम्परा में लम्बे समय तक देवों के धरती या कार्य-क्षेत्र से अलग होकर स्वर्ग बसाने और स्वर्ग की यात्रा करने की कथाओं में बार-बार याद किया जाता रहा है। अतः इन परम्परागत विवरणों में कृषि के आरम्भ में उत्पादन-कार्य में लगे देवों की उस विकास-यात्रा को पहचानना सम्भव है जिसमें वे क्रमशः कृषक से भू-स्वामी और फिर व्यापारी और उपनिवेशवादी बनते हैं और फिर तो धरती और स्वर्ग का यह अलगाव इतना तीखा हो जाता है कि स्वर्ग धरती से उठकर आकाश में चला जाता है। हमें ये विवरण जिस काल की कृतियों से प्राप्त होते हैं वे द्युलोकीय स्वर्गों की कल्पना के भी हज़ारों वर्ष बाद की हैं, पर विभिन्न आनुष्ठानिक कृत्यों का औचित्य समझाने के बहाने पुरानी घटनाएँ जिस तरह दुहराई जाती हैं उनको निकट से देखने पर हम इनकी प्राचीनता और विश्वसनीयता दोनों के विषय में आश्वस्त अनुभव करते हैं।

1. कृषिकर्मी देव

देव शब्द मूलतः 'ती'/'दी'—आग से निकला है और इसका प्रयोग उन व्यक्तियों के लिए हुआ था जिन्होंने जंगलों को जलाकर खेती की शुरुआत की थी। सभी देवताओं को अग्नि का ही रूप-भेद मानना, सबका अग्नि और यज्ञ पर ही अपने जीवन के लिए निर्भर करना इस कारण भी हो सकता है। अतः देव और सुर शब्द भी आर्य और कृष्टी की तरह आरम्भ में कृषिकर्मी या उत्पादक के ही पर्याय थे।

इस प्रथम चरण में देवों ने स्वतः जमीन को तृण-गुल्मों से साफ करके खेती योग्य भूमि हासिल की (31/7.2.4. 17-20)। वे भूमि की स्वतः जोताई करते और इस जुती हुई भूमि में और इसके साथ कछार आदि की ऐसी जमीन में, जिसमें जोताई की आवश्यकता नहीं थी बिना जोताई के ही, बोआई करते रहे (31/7.2.4. 23-24)। उन्होंने अर्चना, श्रम और तप के बल पर दूसरों की अपेक्षा असाधारण सफलता हासिल की, जिसे बार-बार जय कहकर याद किया गया है। परन्तु इस विषय में किसी तरह का भ्रम नहीं रहने दिया गया है कि यह सारा प्रयास कृषिकार्य के सिलसिले में था (31/7.2.4.5-7)। यज्ञ जिसने आगे चलकर कृषि-कर्म का स्थान ले लिया या, कहें, देवों के स्वामी बनने के बाद जो वास्तविक कृषि-यज्ञ की नकल बनकर रह गया, आरम्भ में उत्पादन या कृषि का यही श्रेष्ठ कर्म था और यही धर्म का प्राचीन रूप था।

कृषि-कर्म अपनाने से पहले वर्ष के कुछ मौसमों में तो फल-कन्द और शिकार की अधिकता रहती थी, शेष में पेट भरना कठिन हो जाता था और क्षुधार्तता और अन्ध-उदरपूर्ति की इन दोनों अतियों का सामान्य स्वास्थ्य पर बहुत बुरा असर पड़ता था और इसके कारण कुपोषण और व्याधि से मृत्यु की दर बहुत अधिक थी। पर कृषि के बाद अब देव रोग और दोष से मुक्त, अनमीव और अकिल्विष होने लगे और उनकी आयु लम्बी होने लगी। अब वे मर्त्य—अकाल मृत्यु के पात्र—से अमर्त्य या पूर्णायु भोग करनेवाले हो गए। इस बात को दुहराना ज़रूरी है कि आरम्भ में अमरता का अर्थ मृत्यु से मुक्ति नहीं, अपितु इसका अर्थ पूर्णायु होना या शतायु होना, अर्थात् अकाल मृत्यु से बचे रहना था (31/10.2.6.8)।

इस आरम्भिक चरण में कर्म, धर्म, व्रत आदि ने परवर्ती कालों का वायवीय अर्थ नहीं ग्रहण किया था।

पर सुपोषण और आरोग्य का सीधा परिणाम था जनसंख्या में तेजी से वृद्धि और इस वृद्धि के कारण अधिक कृषि-भूमि की आवश्यकता और फिर देवों का अपने आसपास के जंगली इलाके को जलाकर वहाँ के क़बीलों को उनकी वनसम्पदा से वंचित करके उस पर ज़बरदस्ती कब्ज़ा करना। अपनी संख्या बढ़ाने के लिए यथाशक्ति अधिक-से-अधिक सन्तान पैदा करने पर ज़ोर दिया जाता है ताकि असुरों को परास्त किया जा सके (31/1.2.1.7)। दूसरी ओर असुर, जिनके लिए जीने-मरने का सवाल पैदा हो चुका है, देवों या इन कृषि-कर्मियों का जीना दूभर किए रहते हैं (31/1.1.2.3; 4.1.1.6 आदि)।

इस उग्र और साहसिक प्रतिरोध के बावजूद जब तक असुर स्वयं भी उसी उन्नत तकनीक को नहीं अपनाते तब तक उनको निरन्तर पराजित होते हुए अपनी भूमि गँवाते ही जाना था। यही हुआ। देव और कृषिकर्मी जमात ने उस समस्त भू-भाग को जिसमें आसानी से खेती हो सकती थी, अपने क़ब्ज़े में कर लिया और असुरों को बेदखल कर दिया।

अपने अरण्य क्षेत्र और इसकी प्रकृत सम्पदाओं से वंचित असुरों के पास केवल तीन विकल्प बच रहते हैं, इस क्षेत्र को छोड़कर किसी अन्य वनांचल में बसे जनों को पराजित करके उसे अपने अधिकार में करना या सुरक्षित क्षेत्र की तलाश में कहीं दूर भाग जाना। दूसरा विकल्प है अन्य वन्य क़बीलों को संगठित करना और उन्हें यह समझाना कि जो विपदा उन पर आज आई है वह कल इसी भूविस्तार के अभियान में उन पर भी आ सकती है और इस तरह उनके सहयोग से आक्रामक दस्ते तैयार करना और बदले की कोशिश करना। तीसरा विकल्प है इन कृषिकर्मियों के सम्मुख आत्मसमर्पण और उनकी सेवा करते हुए अपना जीवनयापन करना।

इस तीसरे विकल्प के कारण, देवों को भू-दासों की एक पूरी जमात मिल जाती है। इन्हें सुरक्षा देकर वे अपने श्रमिकों के रूप में उपयोग में लाना आरम्भ करते हैं। *वायु पुराण* के विवरण के अनुसार कर्षणज शस्य की उत्पत्ति होने के बाद, "उनकी संदिग्ध वार्ता में यानी जीविकोपाय के विवाद में ब्रह्मा ने बहुतेरी मर्यादा (व्यवस्था) स्थापित की। उनके बीच जो बलवान और भूमिपति थे उन क्षत्रियों को दूसरों की रक्षा का भार सौंपा। जो उन क्षत्रियों के निकट निर्भय होकर जीते थे, सत्यवादी और सर्वभूतों में ब्रह्मज्ञानवान् थे वे ब्राह्मण कहलाए। जो उनकी अपेक्षा क्रूर कर्मवाले और यम की तरह जान-बूझकर पृथ्वी पर प्रजाओं का नाश

करते थे उन्हें कीनाश पद से अभिहित कर वैश्य कहा और उन्हें सर्वसाधारण के वृत्ति-साधन कार्य में लगाया। जो सोचते हुए, शोक करते हुए इधर-उधर भ्रमण करते थे और निस्तेज थे, उन्हें शूद्र कहा और उन्हें परिचर्या कार्य में लगाया।"

वह विवरण बहुत बाद का है और इसमें कालक्रम से कुछ विकृति आ गई है, पर इसके बावजूद इसमें वास्तविकता का बहुत विश्वसनीय चित्र पेश किया गया है। भारतीय सन्दर्भ में एक तो कृषि, गोपालन और वाणिज्य को वैश्यों का काम बताया जाता रहा है जिससे ऐसा लगता है कि सम्पत्ति के सभी रूपों पर वैश्यों का अधिकार रहा है, दूसरी ओर सवर्ण समाज में उनको सबके नीचे स्थान दिया जाता है। सम्पत्ति पर अधिकार रखनेवाला वर्ग क्रूर और दमनकारी होता ही है। इसके बावजूद वैश्यों को शान्तिप्रिय और सहिष्णु बताया जाता रहा है। इसका अर्थ यह हो सकता है कि सम्पत्ति के सभी रूपों पर क्षत्रियों का अधिकार था और वे प्रत्यक्षतः कोई काम न करके जिन प्रबन्धकों या पर्यवेक्षकों के माध्यम से विविध काम करा रहे थे उन्हें ही वैश्य कहा गया, अन्यथा यह कि आरम्भ में वैश्य शब्द का प्रयोग समूचे स्वामी वर्ग के लिए होता था जिसमें तीन उच्च वर्ग शामिल थे और इनका अलगाव बाद में हुआ।

वायु पुराण के उक्त विवरण के अनुसार जिन लोगों को भूसम्पत्ति और पशुपालन का भार सौंपा गया था वे क्रूर कर्म करनेवाले और यम की तरह प्रजाओं को उत्पीड़ित करनेवाले लोग थे। अतः यही अधिक ठीक लगता है कि वैश्य शब्द आरम्भ में समूचे स्वामी-वर्ग के लिए प्रयोग में आता था और ये लोग अपने दासों और श्रमिकों के साथ बहुत कठोरता से पेश आ रहे थे।

इसी तरह दासों या शूद्रों के विषय में भी *वायु पुराण* का उक्त विवरण अधिक संगत प्रतीत होता है। अपनी वन-सम्पदा से वंचित हो जाने के बाद जो लोग निराश्रय हो गए थे उनमें से ही अधिकांश लोगों को इस अग्रधर्षी वर्ग के सम्मुख आत्मसमर्पण करने को और उसकी अपनी शर्तों पर जीने को बाध्य होना पड़ा था।

इस तरह उत्पादन के साधनों पर अधिकार करने के बाद पहले का मानव समाज जो सुर (उत्पादक) और असुर (अनुत्पादक) में विभाजित था अब देव, विश्वदेव या विश या मनुष्य और दास या असुर में विभाजित दिखाई देता है : देव उत्पादन के साधनों पर अधिकार रखनेवाले या भूसम्पदा और पशुसम्पदा के मालिक, विश्वदेव या मनुष्य उनके द्वारा नियुक्त कार्यभारी या पर्यवेक्षक और दास या श्रमिक।

दासों को न केवल श्रमिक और घरेलू नौकर का काम करना पड़ता है, अपितु उनको शिल्पी का काम भी क्रमशः सौंप दिया जाता है। कुशल श्रमिकों की स्थिति निश्चय ही निरे श्रमजीवी दासों से अधिक अच्छी रही होगी, पर बहुत अच्छी नहीं।

उत्पादन के स्रोतों पर अधिकार के बल पर ही अब वे ही देवता जो पहले श्रम और तप करते थे और असुरों को अकर्मण्य कहकर उनकी निन्दा करते थे, वे स्वयं 'असुरों' में या 'अनुत्पादकों' में बदल जाते हैं। जो काम वे पहले स्वयं करते थे वह काम अब मनुष्यों या कृष्टियों पर छोड़ दिया जाता है (31/2.3.4.4; 7.4.2.40)। देवों के पूर्वकृत कर्म ही अब मनुष्यों के आदर्श बन जाते हैं (31/1.3.1.1)। पर जहाँ पहले यज्ञ का अर्थ था उत्पादन करना और मिल-बाँटकर खाना, वहाँ अब इसका अर्थ है उत्पादन करना और पहले देवों का हिस्सा उन्हें पहुँचाना (31/1.3.2.15) और फिर बचे हुए में अपना भरण करना

(31/1.1.7.9)। यदि मनुष्य यज्ञ न करें, देवताओं का हिस्सा उन्हें न पहुँचाएँ, तो देवताओं को भोजन न मिले (31/1.2.5.24)। इस तरह देवों का उत्पादन पर अप्रत्यक्ष नियन्त्रण बना रहता है। सीधे उत्पादन-कर्म में हिस्सा न लेनेवाले ये देव जिनमें अग्नि और वरुण हैं जो क्रमशः ब्राह्मणों और क्षत्रियों के प्रतीक हैं, उपजीवी की-सी स्थिति में आ जाते हैं। इन्द्र वणिकों के प्रधान हैं। जो देव पहले भूमि का संस्कार और बीज का वपन करते थे, जोताई और बोआई करते थे, उनके प्रतिरूप क्षत्रिय और ब्राह्मण अब हल की मूठ भी नहीं पकड़ते और फिर भी सर्वोत्तम का भोग करते हैं।

इस तरह जो समृद्धि पैदा होती है उसके बाद प्रभुत्व की कामना और अपना-अपना वर्चस्व स्थापित करने की प्रतिस्पर्धा उत्पन्न होती है। देवों में आन्तरिक कलह पैदा हो जाता है। इस कलह के दो कारण हैं : एक तो अपने लिए अधिक बड़े हिस्से की माँग और दूसरा है अपनी अधिमान्यता की भूख। इसे ब्राह्मणों में अग्नि, इन्द्र, वरुण, ऋतुओं, वाणी आदि के द्वारा अपने हिस्से के दावों के रूप में अनेक अन्तर्कथाओं में प्रस्तुत किया गया है जो देव-समाज में अपने-अपने हिस्से के लिए हुई तकरारों का ही प्रतीकात्मक अवशेष है। दूसरा है प्रभुत्व को लेकर देव-समाज का अनेक बार कम-से-कम दो पक्षों में बँट जाना। जब तक देवता स्वयं उत्पादन करते थे तब तक भाग लगाने का झगड़ा नहीं था। जिसने जितना पैदा किया वह उसका। परन्तु जब उत्पादक दूसरे हैं और प्रश्न अतिरिक्त उत्पादन को हड़पने का है, तो इनमें से प्रत्येक दूसरे से चालाकी करेगा ही। वैदिक देव-भाग के वितरण को क़बीलाई वितरण नहीं माना जा सकता। क़बीलाई वितरण में अधिक-से-अधिक हड़पने की कोशिश नहीं होती। पर वैदिक वितरण में सर्वत्र चालाकी के दर्शन होते हैं और आदर्श यह रखा जाता है कि सभी को उसका उचित हिस्सा मिले।

ऐसा लगता है कि आपसी फूट और प्रतिस्पर्धा के इस दौर में दासों द्वारा विद्रोह भी किया जाता है और वे अपने स्वामियों के बन्धन से मुक्त होने का और उन्हें समाप्त करने का प्रयत्न भी करते हैं। इस आशंका से देववर्ग अपनी भूल पहचान लेता है और पुनः संगठित हो जाता है। इस तरह की घटना *शतपथ ब्राह्मण* (3.4.2.1-2) में निम्न प्रकार दी गई है :

जब देवताओं ने आतिथ्येष्टि यज्ञ कर लिया तो उनके बीच फूट पैदा हो गई। वे चार दलों में बँट गए और कोई किसी की श्रेष्ठता को स्वीकार करने को तैयार न था। अग्नि के साथ वसुगण हो गए, वरुण के साथ आदित्य, इन्द्र के साथ मरुद्गण और कुछ का कहना है कि बृहस्पति के साथ विश्वदेव हो गए, पर दरअसल जो चार वर्गों में बँटे थे वे ही तो विश्वदेव–समग्र देवता हैं। जब उनमें अलगाव हो गया तो असुर-राक्षस उनके पीछे आए और उनके बीच घुस गए। अब उन्हें इसका बोध हुआ कि अरे असुर-राक्षस हमारे बीच घुस आए हैं, अब हम मुश्किल में पड़ गए; हम अपने शत्रुओं के चंगुल में आ जाएँगे। आओ, हम एक हो जाएँ और किसी एक की श्रेष्ठता को स्वीकार कर लें। उन्होंने इन्द्र की श्रेष्ठता को स्वीकार कर लिया और इसीलिए कहा जाता है कि इन्द्र ही विश्वदेव या समस्त देवता हैं और वही समस्त देवताओं में श्रेष्ठ हैं।

इस कथा को दो रूपों में लिया जा सकता है। एक तो यह कि देवों के अनुकरण पर असुरों में से कुछ ने कृषि की ओर कदम बढ़ाया। अर्थात् देवों में शामिल होने और उनसे

आगे बढ़ने के लिए चेष्टा करने लगे, पर इन पुराने कृषिकर्मियों ने अपने को संगठित किया और उनके द्वारा साफ़ की गई भूमि पर भी अधिकार कर लिया। दूसरा रूप उन दासों का संगठित होकर या देवताओं (भू-स्वामियों) के ही पक्ष में आकर अपने उपजीवी स्वामी वर्ग के प्रभुत्व से मुक्ति पाने के प्रयत्न के रूप में। दूसरी सम्भावना अधिक उचित लगती है। इसका कारण यह है कि ऐसी ही एक अन्य अन्तर्कथा (31/3.4.3.6-8) में असुर देवों का वेश बनाकर उन्हें अकेले में पाकर मारते-पीटते दिखाए गए हैं। इस कथा में "जब देव दीक्षित हो जाते हैं और अपनी-अपनी समिधा लाते और अपना मन्त्रभाग पढ़ते हैं तो असुर एक-एक करके किसी-न-किसी देवता का वेश बनाकर उन पर प्रहार करते हैं। अब वे आपस में एकत्र होने पर शिकायत करते हैं कि देखो, तुमने मुझे किस तरह मारा है, तुमने मेरी क्या हालत कर दी। पर अकेले अग्नि ऐसे थे जिन्होंने न तो स्वयं किसी से ऐसा कहा, न ही किसी दूसरे ने उनसे ऐसा कहा। उन्होंने पूछा, 'अग्नि, क्या तुझसे भी उन्होंने ऐसा कहा?' उसने कहा, 'न तो मैंने किसी से बात की, न ही किसी दूसरे ने मुझसे बात की।' अब उन्हें होश आया, 'अग्नि सचमुच हम लोगों में राक्षसों को भगानेवाले हैं। आओ हम भी उन्हीं जैसे बनें। इस तरह हम राक्षसों से बच सकेंगे और स्वर्ग को प्राप्त कर सकेंगे।' इस तरह वे राक्षसों से बचकर स्वर्ग प्राप्त करने में सफल हुए।"

यहाँ देवों को अकेला पाकर उन्हें मारना और वह भी देवताओं का वेश बनाकर, इस बात का संकेत देता है कि यह जंगली असुर-क़बीलों का काम न होकर उनके बीच रहनेवाले भूदासों का ही प्रयत्न था।

जो भी हो, इन अनुभवों से देव-समाज अपने पारस्परिक कलह को भुलाने में और अधिक संगठित होकर काम करने में सफल होता है। वह किसानों और श्रमिकों पर कड़ी नजर रखता है और उनकी एक-एक गतिविधि का हिसाब रखता है। देव मनुष्यों के मन की बात जानते हैं (31/2.1.4.1)। वे मनुष्यों से छिपकर या बचकर रहते हैं (31/3.1.1.8)। वे हरस्विन् हैं। सबसे पहले वे अपना हिस्सा वसूल कर लेते हैं (12/3.8.7.3)। उन्होंने अपनी सुरक्षा और वसूली की पक्की व्यवस्था कर रखी है (31/10.3.5.13) और इस छन्द या व्यवस्था के द्वारा ही वे आनन्दात्म होकर रहते हैं (31/3.9.2.10)।

ऐसा लगता है कि इस कड़े इन्तज़ाम के बावजूद किसान देवभाग देने से कतराते हैं या बहाने बनाते हैं। यह भी सम्भव है कि फ़सल आदि खराब होने पर वे वसूली के समय जो तर्क देते हैं उसे झूठा और गढ़ा हुआ मान लिया जाता है। देवताओं को सत्य और मनुष्यों को अनृत कहने के पीछे शायद यह भी एक कारण हो (31/1.1.1.4; 2.17)।

देवताओं का स्वर्ग इस धरती पर ही बसाया जाता है। वे पहले स्वर्ग जाते नहीं अपितु स्वर्गलोक का भोग भोगते हैं। स्वर्ग में मनुष्य को काम नहीं करना पड़ता, पहले किए हुए कर्मों का अविकल भोग करने को मिलता है। देव जिन्होंने अपने श्रम, तप, साहस और पराक्रम से भूसम्पदा पर अधिकार कर लिया था, वे कर्म से मुक्त होकर अपने एकान्त में यज्ञ का लाभ भोग रहे हैं। दूसरे लोग उनके लिए काम कर रहे हैं। इनके यज्ञ का सर्वोत्तम अंश उनको चढ़ाया जा रहा है। इसके बदले में अपने अनुगतों की रक्षा का भार और इनके कर्तव्यच्युत होने पर इनको दंडित करने का विधान अवश्य करते हैं। श्रम और तप का

स्थान साम्राज्य ने ले लिया है और तांड्य ब्राह्मण (4.6.26) के अनुसार साम्राज्य स्वर्ग है। क़बीलाई आतंक बहुत लम्बे समय तक चलता रहता है और यदि देव जो छन्द या प्रशासन-तन्त्र पर अधिकार बनाए हुए हैं, उनकी सुरक्षा को सुनिश्चित न करें तो किसानों पर आए दिन विपत्ति पड़ती रह सकती है (31/3.2.1.18)।

ब्राह्मणों में प्रायः यज्ञ को मधुसार बताया गया है (31/3.4.3.14)। यज्ञ किसानों के लिए मधुसार हो या नहीं, पर इन कुलीन देवों के लिए तो है ही जिन्हें अब बिना कुछ किए-कराए उत्पादन का सार भाग मिल जाता है। एक विवरण के अनुसार जैसे भ्रमर फूल का सारा रस चूसकर अलग हो जाता है वैसे ही देवता यज्ञ का सारा रस चूसकर और यज्ञ-धूप गाड़कर, तिरोधान हो गए (31/3.1.4.3; 3.2.2.2)।

देवों के इस प्रकार तिरोहित होने के साथ ही नगर सभ्यता का जन्म होता है। इन प्राचीन स्वर्गों की जो स्मृति इस काल तक बनी रह गई है उसमें यह समझना कठिन नहीं है कि इन स्वर्गों से तात्पर्य नगरों से ही है और इसलिए स्वर्ग में नगर के सारे लक्षण पाए जा सकते हैं। स्वर्ग का शाब्दिक अर्थ है (सु-अर्क/अर्च), सम्पन्न। इसका अर्थ है साम्राज्य। इसको सधस्थ भी कहा गया है जिसका अर्थ कई रूपों में किया जा सकता है, जैसे—पास बसा हुआ और जहाँ 'अपां सधस्थ' आया है वहाँ स्पष्टतः 'जलधारा के निकट बसा हुआ' आशय स्पष्ट है। पर इसे बड़ी आबादी की बस्ती भी माना जा सकता है (31/9.5.1.46)। *गोपथ ब्राह्मण* के अनुसार इन्द्र के नगर विशाल जल-धाराओं के तट पर बसाए गए थे (*वसोर्धाराणां एन्द्र नगरम्*, 9/1.33)। इस तरह के विवरणों से कालक्रमबद्ध इतिहास नहीं गढ़ा जा सकता। उदाहरण के लिए वसोः धाराणां ऐन्द्र नगरम् उत्तरी ईराक़ के वसखनि या वसुकनि का सम्बन्ध दिखाई देता है जहाँ आर्य भाषा-भाषी व्यापारियों की समृद्ध बस्ती थी।

स्वर्ग के चारों ओर एक घेरा या नगर-प्राचीर होता है (31/13.2.1.5)। इसमें प्रवेश के लिए अनेक द्वार होते हैं और इन द्वारों पर रक्षक नियुक्त होते हैं और ये रक्षक पूरी निष्ठा और तत्परता से अपने कर्तव्य का पालन करते हैं (31/3.1.2.4.7)। इस सुचारु रक्षा-व्यवस्था के कारण स्वर्ग में किसी तरह का भय नहीं रहता (31/12.8.1.23)। देवों ने अपने नगर या स्वर्ग असुरों के डर से, अपनी रक्षा की चिन्ता से ही, बसाए भी थे। इसलिए इसमें प्रवेश भी जाँच-पड़ताल के बाद हो पाता है और सभी को प्रवेश नहीं मिल पाता, न ही साधारण हैसियत का आदमी इस तक पहुँच या इसमें बस सकता (31/3.1.4.3; 3.2.1.2) है। यह आकार में बड़ा है (12/1.2.3.7), पर पृथ्वी की तुलना में नहीं, अपितु ग्रामीण बस्तियों की ही तुलना में। इसका सबके लिए असमायी (7/6.26) होना ही इसके सीमित आकार को प्रकट करने के लिए पर्याप्त है।

स्वर्ग के अन्य पर्याय भी इस बात की ही पुष्टि करते हैं कि इनका सम्बन्ध नगरों से है; यथा अलका—अलंकृत अथवा सुव्यवस्थित नगरी। इसके एक अन्य पर्याय बैकुंठ का अर्थ है वह जिसे कुंठित या ध्वस्त न किया जा सके, जो इसकी रक्षा-व्यवस्था की सुचारुता के साथ-ही-साथ भवनों की मजबूती को भी प्रकट करता है। इससे मिलता-जुलता ही भाव इसके एक अन्य पर्याय अमरावती में भी है जो इसे अमर या सुदृढ़ भवनों की बस्ती सिद्ध करता है। अमरावती को भी नगर के रूप में ही कल्पित किया गया है। इसमें अर्जित पुण्य

के कारण ही सुख-सुविधा के सारे सामान हासिल हो जाते हैं। चूँकि स्वर्ग का एक अर्थ आनन्द या परम सुख है, अतः नगरों की स्थापना से पहले कृषिजन्य सम्पन्नता के दौर में यह पूरा कृषि-क्षेत्र या यजमान-लोक ही स्वर्ग था (7/3.46)। पर आर्थिक और सामाजिक सम्बन्धों में बदलाव और विषमता में वृद्धि तथा व्यापारिक गतिविधियों के कारण दूरस्थ स्थानों में अपनी अस्थायी और फिर स्थायी बस्तियाँ बसाने के क्रम में स्वर्गों की संख्या और इनकी स्थिति भी बदलती गई और अन्ततः वह द्युलोक में पहुँच जाने के बाद भी धरती से अपना सम्बन्ध पूरी तरह काट नहीं पाया और इसे मुख्य रूप से मेरु गिरि या हिन्दूकुश के क्षेत्र में बाद तक कल्पित किया जाता रहा (7/4.20; 31/7.5.2.36)।

तांड्य ब्राह्मण (16.5.15) से प्रकट होता है कि आरम्भिक नगर सरस्वती के तट पर बसाए गए थे। सम्भव है, आरम्भ में केन्द्रीय नगर के रूप में किसी एक का ही विकास हो पाया रहा हो और इसलिए यह स्वर्ग भी एक ही रहा हो, पर व्यापारिक तकाजों से कायम की जानेवाली बस्तियों और वहाँ से अर्जित समृद्धि ने उनको भी स्वर्ग बना दिया और इनकी संख्या भी एक से अनेक–सात, नौ या दस होती चली गई (7/4.16; 9/6.2)। ऐसा लगता है कि अन्य देशों में व्यापारिक केन्द्रों के कायम हो जाने के बाद यह शब्द मुख्यतः उन्हीं के लिए प्रयुक्त होने लगा। सम्भवतः विदेशी केन्द्र दूर-दूर तक के क्षेत्रों में फैले थे। इन तक पहुँचने के दो तरह के मार्ग हैं : एक तो जल-मार्ग, जिससे एक स्वर्ग तक की दूरी सरस्वती के मार्ग से चौवालीस दिनों की यात्रा बताई गई है। एक अन्य प्लक्ष प्रास्रवण और विनशन से चलने पर चौवालीस पड़ावों की दूरी बताया गया है। जहाँ स्वर्ग की दूरी इक्कीस दिनों की बताई गई है (12/3.12.5.7) वहाँ हम इसको बलूचिस्तान से आगे नहीं ढूँढ़ सकते। इसके विपरीत घोड़े से हज़ार दिनों की यात्रा कुछ अतिरंजित हो सकती है, पर यह भारोपीय प्रसार-क्षेत्र के दूरतम स्थलों के लिए ही प्रयुक्त हो सकती थी (7/2.17; 31/13.1.3.1)। इन स्वर्गों को व्यापारिक लाभ के लिए बसाया गया था, इस विषय में भी किसी तरह का सन्देह नहीं दिखाई देता। बाज जिसका अर्थ सामान्यतः अन्न लिया जाता रहा है, वस्तुतः समस्त धन का या पण्यवस्तुओं का सूचक है और फारसी का बाज़ार शब्द इसी से निकला प्रतीत होता है। घोड़े के लिए बाजि का प्रयोग भी सम्भवतः मालवाहक–टट्टू–के रूप में इसके प्रयोग के कारण आरम्भ हुआ। जो भी हो, *तांड्य ब्राह्मण* (18.7.12) के अनुसार स्वर्ग स्वतः बाज है। यह व्यापारिक केन्द्र या बाजार है।

इसी तरह इन स्वर्गों या उपकेन्द्रों की भौगोलिक स्थिति भी स्पष्ट है। इनके लिए जहाँ जल-मार्ग का संकेत मिलता है और जहाँ नौका से स्वर्ग पहुँचने की याद बनी रह गई है (7/6.27), वहाँ भारतीय तटीय स्थलों और खाड़ी देशों को स्पष्ट पहचाना जा सकता है। खाड़ी क्षेत्र की भीषण गर्मी के अनुभव उन यादों में सुरक्षित हैं जिनमें स्वर्ग का अधिपति अग्नि को बताया जाता है (12/3.8.18.2)। आदित्यों को इसके अधिपतियों में गिनाया जाना (12/3.8-18.2) एकाधिक केन्द्रों की ओर संकेत करता है। एक स्थल पर तो स्पष्ट कहा गया है कि यहाँ धूप प्रचंड होती है (31/12.9.2.8)।

इसी तरह स्थल मार्ग से स्वर्ग की यात्रा में पर्वत की चढ़ाई चढ़नी पड़ती है (31/7.5.2.36)। स्वर्गलोक की चढ़ाई बहुत कठिन है (7/4.20)। यह इस लोक से परे या दूसरी ओर है

(7/6.30), यह प्रतिकूल या दूसरे छोर पर है (प्रतिकूल इव हि इतः स्वर्गो, लोकः। तांब्रा 6.7.10) जैसे विवरण समुद्र पार और पर्वत-पार दोनों प्रकार के स्थलों पर लागू होते हैं।

व्यापार और वाणिज्य के प्रसंग में हम देख आए हैं कि पश्चिमी एशिया के व्यापारियों के लिए, जो वहाँ व्यापार से मालामाल हो रहे थे और सम्भवतः भारतीय व्यापारिक केन्द्रों में अपनी बस्तियाँ बसाने के लिए भी प्रयत्नशील थे, भारत भी जन्नतनिशाँ या स्वर्गतुल्य ही था। जिन विदेशी केन्द्रों से भारतीय माल पश्चिमी केन्द्रों को पहुँचाया जाता था वे भी उनके लिए स्वर्गतुल्य थे, जैसा कि दिलमुन और पुंत के हवालों में मिलता है। स्वर्ग की कीर्ति प्राप्त करने के लिए क्षेत्र-विशेष या स्थान-विशेष में कुछ विशेषताएँ इसके अतिरिक्त भी ज़रूरी थीं। इनमें से एक था इसका दूर या दुर्लंघ्य प्राकृतिक बाधाओं के पार बसा होना; जल-वायविक दृष्टि से इसका भिन्न होना और इसके उत्पादों का इस भिन्नता के कारण किसी क्षेत्र के लिए आश्चर्यजनक और आकर्षक प्रतीत होना और खनिज सम्पदा, संचित धन के मामले में असाधारण समृद्धि।

अब पुनः दोनों पार्श्वों के स्वर्गों की कल्पना का मिलान करें तो पाएँगे कि अपने स्वर्गों की तलाश वैदिक जनों ने वैदिक साहित्य की रचना से बहुत पहले आरम्भ कर दी थी और इस काल तक उनके स्थायी केन्द्र पश्चिमी क्षेत्रों में कायम हो गए थे। यहाँ खानों से वे विविध धातुएँ और कीमती पत्थर तथा ऐसे चुस्त और फुर्तीले अश्व ला रहे थे जो दैवी शक्तियों से युक्त थे और अपने सवार को लिये-लिये छलाँग लगा सकते थे। पश्चिमी एशिया के व्यापारियों के स्वर्गों का उल्लेख कुछ बाद में आरम्भ होता है और यह मिथक ईसवी सन् की सातवीं-आठवीं शताब्दी तक बना रहता है। इस बीच बहुत पहले से ही भरात के अपने स्वर्गों की एक बहुत धुँधली-सी याद इस रूप में बनी रहती है कि स्वर्ग उत्तरी पर्वत-माला के पार कहीं है। ज़ाहिर है कि व्यापार का यह सिलसिला, जिन भी कारणों से हो, टूट चुका था और कम-से-कम पश्चिम एशिया के सन्दर्भ में पहल भारत के हाथ से निकल चुकी थी।

हमारे लिए यहाँ रोचक बात यह है कि मध्य एशिया और पामीर का वही क्षेत्र जहाँ आर्यों का मूल या पूर्वतरीन आवास माना जाता रहा, ऐसे ही क्षेत्र थे जिनमें वैदिक व्यापारियों के अपने अड्डे या स्वर्ग बने हुए थे। कुछ विद्वानों ने इन क्षेत्रों के स्थान नामों और इनमें प्रचलित भाषा को ध्यान में रखते हुए यह सुझाया है कि आर्यावर्त या आर्यों का मूल आवास आमू दरिया से लेकर गंगा तक था और ये क्रमशः उधर से हट आए। इसके विपरीत कुछ दूसरे अध्येताओं का ख़याल है कि भारत में इनका आगमन कुछ बाद में हुआ है। मूलतः ये बलूचिस्तान से लेकर अफ़ग़ानिस्तान और सोवियत मध्य एशिया के क्षेत्र में बसे रहे लगते हैं। हम इन प्रस्तावों को निम्न कारणों से अग्राह्य पाते हैं :

1. जिन क्षेत्रों में स्वर्गों की कल्पना की गई है वे किन्हीं जनों के मूल निवास नहीं हो सकते। स्वर्ग की विशेषता है उसकी प्रत्येक दृष्टि से विचित्रता। यह इस बात का द्योतक है कि इस क्षेत्र के साथ सम्पर्क होने के बाद भी यह उनके लिए विचित्रताओं से भरा हुआ क्षेत्र ही था। इससे पहले से परिचित होने का प्रश्न ही नहीं उठता। स्वर्ग-यात्रा के विवरण भी बहुत स्पष्ट हैं, देवता पहले यहीं धरती पर थे, वे यहाँ से स्वर्ग गए, न कि स्वर्ग से धरती पर आए। स्वर्ग के लिए चढ़ाई करनी पड़ती है।

2. इनके निवासियों को अपने से भिन्न किंचित् असाधारण और अतिमानव या अपमानव–गन्धर्व, किरात, यक्ष, किन्नर–के रूप में कल्पित किया गया है। यह इनको सामाजिक रीति-नीति व व्यवस्था आदि के मामले में भी अलग सिद्ध करता है। यदि यह क्षेत्र पहले इन जनों का निवास रह चुका होता तो इस भिन्नता और विचित्रता का प्रश्न नहीं उठता।
3. जैसा कि सुझाया गया है कि बख्त्री प्राचीन बह्लीक, पामीर, बदख्शाँ पुराना कंबोज, बदख्शाँ पुराना द्वयक्ष, दरवाज़ प्राचीन द्वारका है। परन्तु इनसे हर मामले में यही प्रकट होता है कि ये वैदिक जनों के लिए सुपरिचित होते हुए भी उनके अपने प्रदेश से दूर और बाहर पड़नेवाले क्षेत्र और स्थान थे। जिस अपनत्व और अभिन्नता से अन्य वैदिक गणों को याद किया गया है उसी से बह्लीकों और कंबोजों को नहीं। वे दूरस्थ और भिन्न क्षेत्र के लोग हैं।
4. अनार्य जनों में जिस तरह मध्य प्रदेश के पूर्व और दक्षिण के निवासियों–अंग-बंग, कलिंग, आंध्र आदि की गणना की गई है उसी तरह दरदों की भी।
5. दरद भाषा की अशुद्धता की मात्रा और इसके साथ ही इसके लिए पैशाची का प्रयोग जो वैदिक कालीन आसुरी वाक् का द्योतक है, भी इसी की पुष्टि करता है। ऐसा लगता है कि भारत के साथ क्रमशः गहन सम्पर्क के कारण यहाँ की भाषा का पूरी तरह रूपान्तरण तो हो गया था, पर इसके बावजूद आरम्भ से ही इनको वैदिक भाषा का उच्चारण करने में असाधारण कठिनाई का सामना करना पड़ता था। भाषा को दूषित या म्लेच्छित न करने के विषय में वैदिक साहित्य में जो चेतावनी बार-बार दी गई है उसका सम्बन्ध भी इस क्षेत्र के लोगों से है और आश्चर्य नहीं कि इनको मृध्रवाच के रूप में सम्बोधित किया गया हो। म्लेच्छ का प्रयोग तो सम्भवतः इन लोगों के लिए आम हो चला था और इसलिए बाद में इस दिशा से आनेवाले किसी भी दल या जत्थे का पर्याय बनता रहा जैसे आगे चलकर यवन शब्द।
6. मध्य प्रदेश की भाषा और परिमंडल की भाषाओं की छानबीन करने पर उनसे प्रकट होता है कि इस भाषा का रूपाकार मध्य प्रदेश में निर्धारित होता है और इसके बाद ही इसका अन्यत्र प्रसार होता था।
7. वैदिक साहित्य स्वयं भी इस बात की ही पुष्टि करता है कि इसके प्राचीनतर अंशों की रचना सारस्वत क्षेत्र में या मध्य प्रदेश में हुई थी और इसका पश्चिम में विस्तार बाद में हुआ था।

अतः उक्त प्रस्तावों में हमें कोई सार नहीं दिखाई देता। हम इस पर कुछ भिन्न दृष्टि से अलग अध्याय में भी विचार करेंगे और देखने का प्रयत्न करेंगे कि यह मान्यता कहाँ तक खरी सिद्ध होती है।

अध्याय पाँच

प्रभाव-विस्तार और प्रव्रजन

भारत में आर्यों के कहीं अन्यत्र से आकर बसने की बात निराधार है, पर उस विशाल क्षेत्र में, जो भारत से लेकर यूरोप के सीमान्त तक पहुँचता है, समान भाषा और संस्कृति का प्रसार एक अकाट्य तथ्य है। यह प्रसार कैसे सम्भव हुआ? इसके वाहक कौन थे? प्रसार का माध्यम क्या था? इसका समय क्या था और प्रसार में कितना लम्बा समय लगा हो सकता है? क्या यह सारा प्रसार किसी एक ही केन्द्र से हुआ या प्रसार के क्रम में इसके उपकेन्द्र बनते गए जो आगे के क्षेत्रों में इस प्रसार में सहायक हुए? वे लोग, जो इस प्रभाव-विस्तार में प्रमुख रूप से सक्रिय थे, अपने लिए किस सम्बोधन का प्रयोग करते थे? इन विभिन्न प्रश्नों का उत्तर देना इस तथ्य के बावजूद ज़रूरी है कि वैदिक सभ्यता का विकास हज़ारों वर्षों के दौरान भारत में ही हुआ था। हर मामले में इन प्रश्नों का बिलकुल सटीक उत्तर दे पाना कठिन हो सकता है, पर विभिन्न स्रोतों से मिलनेवाली सूचनाओं के आधार पर हम इनका सन्तोषजनक हल ढूँढ़ने में सफल हो सकते हैं। इस अध्याय में हम इसी का प्रयत्न करेंगे, पर इन प्रश्नों को अलग-अलग उठाने के स्थान पर हम अपना ध्यान मुख्य रूप से प्रसार के क्रम पर रखेंगे और इस क्रम में ही अन्य विचारणीय पक्षों को यथाप्रसंग समेटने का प्रयत्न करेंगे।

1. आर्य और आर्य बस्तियाँ

पीछे आर्य शब्द पर विचार करते समय हम देख आए हैं कि आर्य शब्द का नृजातीय या भाषायी अर्थ में प्रयोग नहीं होता रहा है, पर इस तथ्य की ओर ध्यान देनेवाले विद्वानों ने भी प्रमादवश इसको जाति और भाषा से जोड़ने की भूल की है। अतः आर्य शब्द की व्युत्पत्ति पर ध्यान देना उचित होगा। अर्/अल्—चीरना, फाड़ना, खरोचना, आहत करना; अर/अरा/आरा—अल/आल/आड़/आला/अलि—उक्त क्रियाओं में सक्षम करण या उपकरण; फाल या तीक्ष्णाग्रदंड। अर्य—कृषि-सम्पदा के स्वामी, सम्माननीय आदि से होते हुए विकास के एक अगले चरण में पहुँचकर मात्र श्रेष्ठ, स्वामी, श्रीमान् के आशय में आर्य शब्द का प्रयोग होने लगा था। सच्चिदानन्द मिश्र (49/22) भाषावैज्ञानिक मीमांसा के बाद इस नतीजे पर पहुँचते हैं कि "जिस प्रकार महात्मा बुद्ध के काल में द्वितीय नगर क्रान्ति एवं

वाणिज्य-व्यापार की प्रगति के परिणामस्वरूप वैश्य वर्ग श्रेष्ठी कहलाया उसी प्रकार पूर्व-वैदिक युग में कृषि-क्रान्ति के परिणामस्वरूप 'अर्य' तथा 'आर्य' सामाजिक श्रेष्ठता के अधिकारी बने।'' इसमें इतनी बात और जोड़ी जा सकती है कि वैदिक काल तक यह शब्द भूस्वामित्व से ऊपर उठकर श्रेष्ठ, स्वामी या व्यापारी के विशेषण के रूप में प्रयोग में आने लगा था। श्रेष्ठता और स्वामित्व का यह बोधक शिष्टता और सभ्यता का भी द्योतक बन गया था और इसी दृष्टि से उसका प्रयोग आर्यजन-शिष्टजन तथा आर्य-भाषा-मानक भाषा के लिए भी हुआ। यहाँ तक कि आर्य 'आदर्श' और 'अकाट्य' के आशय में भी प्रयुक्त हुआ (आर्य व्रत, आर्य सत्य)।

आर्य शब्द वैदिक काल में मुख्यतः वैदिक व्यापारियों के लिए प्रयोग में आ रहा था। अपने व्यापारिक प्रसार के क्रम में ही ये व्यापारी भारत से बाहर भी गए। यह शब्द केवल भारत और ईरान तक सीमित नहीं रहा। जहाँ भी इन व्यापारियों ने अपना वर्चस्व कायम किया और अपनी बस्तियाँ बसाईं, उन्होंने इनको अपने नाम से जोड़ा। मैक्समूलर के अनुसार इसकी छाया अर्मीनिया (पुराना नाम अर्मिया), मीदिया (जिसके निवासी अपने को 'आरी' कहते थे), काकेशस की एक जाति जो अपने को 'ईरोन' कहती थी, थ्रेस के पुराने नाम 'अरिया', जर्मन के एक क़बीले 'आरी', कर्टियस के अनुसार ग्रीक 'एरिओतस' और पिक्ते के अनुसार 'आयरिश' और आयरलैंड में पाई जा सकती है (414/214)। अपने मूल क्षेत्र से यह प्रसार जितना दूर होता गया, इस नाम का रंग और असर भी उतना ही फीका होता गया है।

यहाँ दो प्रश्न उठाए जा सकते हैं : पहला, यह कि भारत से बाहर अपने को आर्य या आरी कहनेवाले जनों में से कुछ क़बीले बाद के कालों में भी पिछड़े स्तर पर क्यों पाए जाते थे? और दूसरा, यह कि क्या भारत से बाहर जानेवाले सभी लोग केवल वणिक ही थे और उन क्षेत्रों के स्थायी आवासी बन जाने के बाद भी उनकी गतिविधियाँ केवल व्यापार तक ही सीमित रहीं?

एक बार स्वामी और वैश्य या व्यापारी वर्ग के लिए प्रयोग में आने के बाद यह शब्द उन देशों और क्षेत्रों के ऐसे व्यक्तियों के लिए भी उतने ही औचित्य से प्रयुक्त हो सकता था जो या तो व्यापार-तन्त्र से किसी-न-किसी रूप में जुड़े हुए थे या स्थानीय सम्पदा के स्वामी थे, जितने औचित्य से भारत से जानेवाले व्यापारियों के लिए। ट्रेडर, शॉपकीपर, बिजनेसमैन अंग्रेज़ी के शब्द हैं, पर इन शब्दों का जो लोग अपने लिए प्रयोग करते हैं, उनका अंग्रेज़ होना ज़रूरी नहीं। अपने को आर्य या व्यापारी कहनेवाले सभी लोगों की आर्थिक स्थिति और व्यापारिक भूमिका भी एक जैसी नहीं हो सकती थी। इस बात को समझने के लिए भारतीय बंजारों पर नज़र डाली जा सकती है जो अपने गधों और खच्चरों पर पत्थर, सिल, चक्की आदि लेकर बेचते-फिरते हैं और खानाबदोशों की जिन्दगी जीते हैं। इनका सम्बन्ध कभी एक बृहद् व्यापारिक तन्त्र से रहा हो सकता है, पर एक निश्चित चरण पर इनका स्थिरीकरण हो गया। इसके बावजूद ये अपने को बंजारा या वाणिज्यकर्मी ही कहते हैं और दूसरों के द्वारा भी इसी रूप में पुकारे जाते हैं। यही स्थिति विदेशों में भी रही लगती है।

दूसरी ओर, भारत से बाहर जानेवाले सभी लोग केवल व्यापारी ही नहीं थे। उनके साथ उनकी रक्षा के लिए सैनिकों या रक्षकों का भी एक दल होता था। ऋषियों आदि से उनके साथ जाने की सूचना भी वैदिक साहित्य से मिलती है। इन व्यापारियों में से कुछ ने यदि विदेशों में अपने अड्डे कायम किए तो इनके साथ गए हुए सैनिकों ने भी सम्भवतः आसपास के क्षेत्र पर अपना प्रभुत्व कायम किया। हित्तियों के नाम के साथ यह बात स्पष्ट रूप में देखी जा सकती है। दूसरी ओर, ब्राह्मणों का प्रभाव उस सांस्कृतिक प्रसार के अनुरूप ही हो सकता था जिसके वे वाहक थे और स्थानीय आबादी में अपने मत का प्रसार करके और उसे अपने विश्वासों और रीतियों में दीक्षित करके ही वे उससे दान और सम्मान प्राप्त कर सकते थे। ऋग्वेद में समूची दुनिया को आर्य बनाने के जो दावे आते हैं (9.63.5; 10.65.11) उनका सम्बन्ध ऐसे लोगों से ही हो सकता है।

दक्षिण-पूर्व एशिया के साथ व्यापारिक सम्बन्ध कायम करने के बाद भारतीय भाषा और संस्कृति का प्रसार करने और व्यापार के समानान्तर ही कुछ महत्त्वाकांक्षी नेताओं द्वारा स्थानीय प्रभुत्व कायम करने और वहाँ की नदियों, स्थानों, पर्वतों आदि को भारतीय नाम देने के जो प्रयत्न काफी बाद में किए गए, या अरब व्यापारियों के प्रभाव से सिन्ध, गुजरात, केरल, श्रीलंका, मलेशिया आदि के कतिपय केन्द्रों से जैसे इस्लामी प्रभाव एक निश्चित सीमा में फैला और बिलकुल हाल में यूरोपीय व्यापारियों के कारण जैसे उपनिवेशों की स्थापना और उनमें अपनी भाषा और संस्कृति का प्रसार किया गया, कुछ वैसी ही बात आर्य या भारतीय व्यापारियों की इस पहल के साथ देखी जा सकती है, जो अब तक उपलब्ध उदाहरणों में सबसे पुराना है। यह प्रसार केवल उन्हीं क्षेत्रों में नहीं हुआ जिनमें आज भारोपीय परिवार की कोई भाषा अस्तित्व में है, अपितु इससे दूसरे क्षेत्र भी प्रभावित हुए, जिनसे वैदिक व्यापारियों के सम्पर्क थे। अनेक क्षेत्रों में यह प्रभाव केवल ऊपरी तबके तक ही सीमित रह गया और आगे चलकर इसका नाम-निशान मिट गया। इसका एक उदाहरण तुर्की है, जहाँ से यदि पुरातात्त्विक अभिलेखों का उद्धार नहीं हुआ होता तो आज हम इसकी कल्पना भी नहीं कर सकते थे कि वहाँ कभी आर्य भाषा-भाषी अभिजात वर्ग का अस्तित्व था। कुछ अन्य क्षेत्रों में यह प्रभाव केवल व्यापारिक बस्तियों तक सीमित रहा और स्थानीय बोलियों में भाषा और संस्कृति के कतिपय तत्त्वों को छोड़कर वहाँ कुछ भी बच नहीं पाया।

प्रव्रजित होनेवाले सभी संस्कृत का ही व्यवहार नहीं करते थे। भारत में भी वैदिक भाषा स्थानीय बोलियों के मिश्रण, विलय और मार्जन से एक सार्वदेशिक सम्पर्क भाषा के रूप में ही विकसित और मान्य हुई थी। संपर्क भाषा के रूप में संस्कृत का व्यवहार करनेवाले भी आपसी बातचीत में अपनी बोलियों का ही व्यवहार करते थे। बाहर जानेवाले लोगों में अपने अंचल से प्रवसित और अपनी भाषा बोलनेवालों के निकट पहुँचने की प्रवृत्ति होती है जिसके चलते वे परदेस में भी एक लघु स्वदेश कायम कर लेते हैं। अतः भारत से बाहर की बस्तियों में भी स्थानीय भाषा-द्वीपों के अनुरूप ही वैविध्य बना रहा लगता है, यद्यपि जैसा कि दक्षिण-पूर्व एशिया के तथा अन्य उदाहरणों से प्रकट होता है, व्यापक सम्पर्क के लिए संस्कृत का ही प्रयोग होता था जो वैदिक के निकट थी और यही कारण है कि इस

बात पर बार-बार बल देने के बाद भी कि भारतीय आर्य गण अलग-अलग बोलियाँ बोलते थे, जब भारत से बाहर की भारोपीय परिवार की किसी बोली का प्रश्न आता है तो साम्य केवल संस्कृत और वैदिक संस्कृत के ही साथ ढूँढ़ा जाता है जो इस बात का प्रमाण है कि हड़प्पा काल में भी व्यापक सम्पर्क भाषा के रूप में वैदिक का ही व्यवहार हो रहा था जबकि भारत के ही द्रविड़ और आस्त्रिक भाषा-द्वीपों से जानेवाले व्यापारियों का जिन क्षेत्रों में सघन जमाव हुआ वहाँ, जैसे—यूराल-अल्टाई क्षेत्र में, इनका प्रभाव वैदिक से गहरा पड़ा।

2. भारत से पश्चिम-उत्तर के पड़ोसी देशों के सामान्य लक्षण

जब हम वैदिक या हड़प्पा काल के पश्चिमोत्तर पड़ोस की बात कर रहे हों तो वर्तमान भारत और पाकिस्तान के मानचित्र को कुछ समय के लिए भुलाते हुए यह तय करना होगा कि तत्कालीन भारत या वैदिक क्षेत्र की व्याप्ति क्या है। इसमें हमें हड़प्पा की उपादान संस्कृति के अवशेषों से भी मदद मिल सकती है। इसी सन्दर्भ में इन पड़ोसी क्षेत्रों का निश्चय करते हुए उनमें प्रसार और प्रभाव की बात की जानी चाहिए। वर्तमान भारत-पाक के पश्चिमोत्तर के ये पड़ोसी देश होंगे अफ़ग़ानिस्तान और ईरान। वैदिक साहित्य तथा हड़प्पा के अवशेषों से यह स्पष्ट है कि यह सभ्यता मैदानी सभ्यता थी और मूलतः इसमें अफ़ग़ानिस्तान और ईरान नहीं आते थे। अपने सटे पड़ोस के पहाड़ी अंचलों में इसके अड्डे तो थे, पर इसका प्रसार नहीं था। अतः प्राचीन परम्परा में जब भी किन्हीं पहाड़ी क्षेत्रों का विवरण आता है, उसमें ऋषियों के आश्रमों और देवताओं के निवास की तो चर्चा आती है, जो सीमित पैमाने पर बसी आर्य बस्तियों का प्रतीक है, पर वहाँ के निवासियों के रूप में नागों, किन्नरों, गन्धर्वों, यक्षों, विद्याधरों और यदा-कदा दानवों आदि को ही गिनाया जाता है (30/41; 21/3.151-54)। दूसरे शब्दों में कहें तो वैदिक साहित्य और पौराणिक परम्परा दोनों इस बात का निषेध करते हैं कि वैदिक या आर्य-प्रसार पहाड़ी क्षेत्रों में भी था। दोनों से पता चलता है कि इन क्षेत्रों में वैदिक उपकेन्द्र कायम थे जिनमें वैदिक प्रवासी अपनी सुरक्षा की व्यवस्था करके रह रहे थे और अपने रीति-व्यवहार का पालन कर रहे थे। ठीक इसी तरह के उपकेन्द्रों की पुष्टि हड़प्पाकालीन वस्तुगत साक्ष्यों से भी होती है।

ऐसी स्थिति में हम यदि वैदिक भारत या हड़प्पाकालीन भारत की बात कर रहे हैं तो हमें वर्तमान कश्मीर घाटी और इसके पहाड़ी अंचलों, हिमाचल तथा पाकिस्तान के पश्चिमोत्तर सीमाप्रान्त व बलूचिस्तान को भी वैदिक या आर्य देश न मानकर पड़ोसी देश ही मानना होगा। भारत की एक देश के रूप में कल्पना और नामकरण दोनों बाद की चीज़ें हैं।

3. बलूचिस्तान

बलूचिस्तान का नाम जिस बलूच या बलूची क़बीले के नाम पर पड़ा है उसका प्रवेश दक्षिणी ईरान से बलूचिस्तान के दक्षिणी भाग की ओर से ग्यारहवीं-बारहवीं शताब्दी में

हुआ है और इस दृष्टि से इसे इस क्षेत्र का सबसे नया क़बीला कहा जा सकता है। इन सात-आठ सौ वर्षों के दौरान इसकी भाषा से लेकर रक्त तक का संकरण हुआ है और इसका प्रभाव बलूचिस्तान तक ही सीमित नहीं रहा है अपितु सिन्धु के मैदानी भाग पर भी पड़ा है। बलूचिस्तान में बसे दो अन्य क़बीले कहीं अधिक पुराने हैं। इनमें एक हैं ब्राहुई पहाड़ियों को आबाद करनेवाले जन, जिन्हें इसी नाम से पुकारा जाता है और जिनकी भाषा द्रविड़ परिवार की है। दूसरे हैं, पश्तो या पुश्तूभाषी पुश्तून या पख्तून जो अफ़ग़ानिस्तान से लेकर बलूचिस्तान तक फैले हुए हैं। ये ही सम्भवतः इस क्षेत्र के प्राचीनतम निवासी हैं। इन तीन के अतिरिक्त जाट जो कच्छी के मैदान में पाए जाते हैं, प्रशासनिक दृष्टि से भले बलूचिस्तान में आते हों पर भौगोलिक दृष्टि से नहीं, क्योंकि कच्छी पाकिस्तान के मैदानी भाग में आता है। जैसा कि इन जाटों की भाषा आदि से प्रकट होता है, ये इससे भी पूर्व की ओर से यहाँ बसे हैं, यद्यपि इनका पंजाब के जाटों से सीधा सम्बन्ध नहीं है। पश्तो, बलूच, जट—ये तीनों भाषाएँ आर्य परिवार की हैं जिनमें विकृति की मात्रा खासी अधिक है।

बलूचिस्तान में उत्तर से दक्षिण तक दर्जनों, हड़प्पा कालीन और पूर्वहड़प्पा कालीन स्थल हैं—गुमला, डाबरकोट, लोरा लाई, पेरियानो गुंडाई, रानागुंडाई, किले गुलमोहम्मद, मुगल गुंडाई, पठानी दंब, दंब सादात, शाही तंप, कुल्ली, नाल, सुत्कागेनदोर आदि। ये हड़प्पा के परिपक्व चरण से पहले या सारस्वत चरण से ही वैदिक व्यापारियों के अड्डे रहे प्रतीत होते हैं और परिपक्व या सैन्धव चरण में भी इनकी स्थिति में कोई विशेष अन्तर नहीं दिखाई देता।

वैदिक साहित्य में बलूचिस्तान के साथ गहरे सम्पर्क के अनेक संकेत मिलते हैं। इसकी एक नदी गोमल (गोमती) का उल्लेख ऋग्वेद में आया है (10.75.6), इस विषय में कोई विवाद नहीं है। बल की रूपात्मकता की चर्चा हम पीछे कर आए हैं। पर्वतीय मार्गों या दर्रों से लेकर खानों तक के लिए व्यापक प्रतीकात्मकता ग्रहण करने से पहले सम्भवतः बल प्रयोग बोलन दर्रे के सन्दर्भ में ही आरम्भ हुआ था। कहें, बोलन दर्रे के प्रतीक को ही आगे अधिक व्यापक अर्थवत्ता दे दी गई। बलूचिस्तान के एक स्थल का नाम बरखान है। अथर्ववेद में गन्धारियों और बह्लीकों के साथ महावृष का उल्लेख आया है जिसे बहुत दूर स्थित बताया गया है और तक्म या मलेरिया बुखार से उधर ही जाकर लोगों को कँपाने का अनुरोध किया गया है (1/5.22.4-5)। बरखान और महावृष के बीच नाम-साम्य इस समस्या पर पुनर्विचार की माँग करता है। ऋग्वेद के दसवें मंडल में वृषाकपि का ज़िक्र आया है जिसका निवास भी कहीं दूर है और यद्यपि वह इन्द्र का ही पुत्र है या कहें वैदिक मत का अनुयायी है, पर उसके द्वारा इन्द्र की श्रेष्ठता को चुनौती दी जाती है (10.86)। पंडित गिरिधरशर्मा चतुर्वेदी के अनुसार यह बह्लीक की घटना है (41/190)। जिन अनार्य जनों का उल्लेख सातवें मंडल के अठारहवें सूक्त में हुआ है (7.18.7), उनको पश्चिमोत्तर के अफ़ग़ानी-बलूची क्षेत्र का ही निवासी माना गया है। ऐसी स्थिति में यह सोचा जा सकता है कि क्या शिव का क्वेटा के सिबि और विषाणी का पिशिन से तथा भलान का बोलन क्षेत्र से सम्बन्ध हो सकता है? यदि हाँ तो पक्थ या पख्तून जो बलूचिस्तान से पश्चिमोत्तर

सीमाप्रान्त व अफ़ग़ानिस्तान तक फैले हैं, इस क्षेत्र के ही निवासी रहे हो सकते हैं। अलि क़बीले को भी इन्हीं के पड़ोस में रखा जा सकता है। इन सभी को सिबि-बोलन-लोरा-पिशिनवाले एक ही यात्रा-पथ और इसके पड़ोस से जोड़ने पर दासराज्ञ युद्ध की प्रकृति किंचित् अधिक स्पष्ट हो जाती है।

आठवें मंडल में एक दानी राजा बल्बूथ का उल्लेख आया है जिसको विद्वानों ने एक स्वर से अनार्य और पश्चिमी सीमान्त का निवासी सरदार माना है। बल-बोलन-भलान-बल्बूथ के सादृश्यों को ध्यान में रखें तो ऐसा लगेगा कि यह इस क्षेत्र का सरदार रहा हो सकता है (8.86.32)। *शतपथ ब्राह्मण* के अनुसार शकुन्तला ने भरत को नाड़पित में जन्म दिया था (31/13.5.4.13)। प्रचलित कथा के अनुसार शकुन्तला स्वयं एक अप्सरा की पुत्री थी और पति से तिरस्कृत होने के बाद इसे उसकी माँ अपने देश में उठा ले गई थी

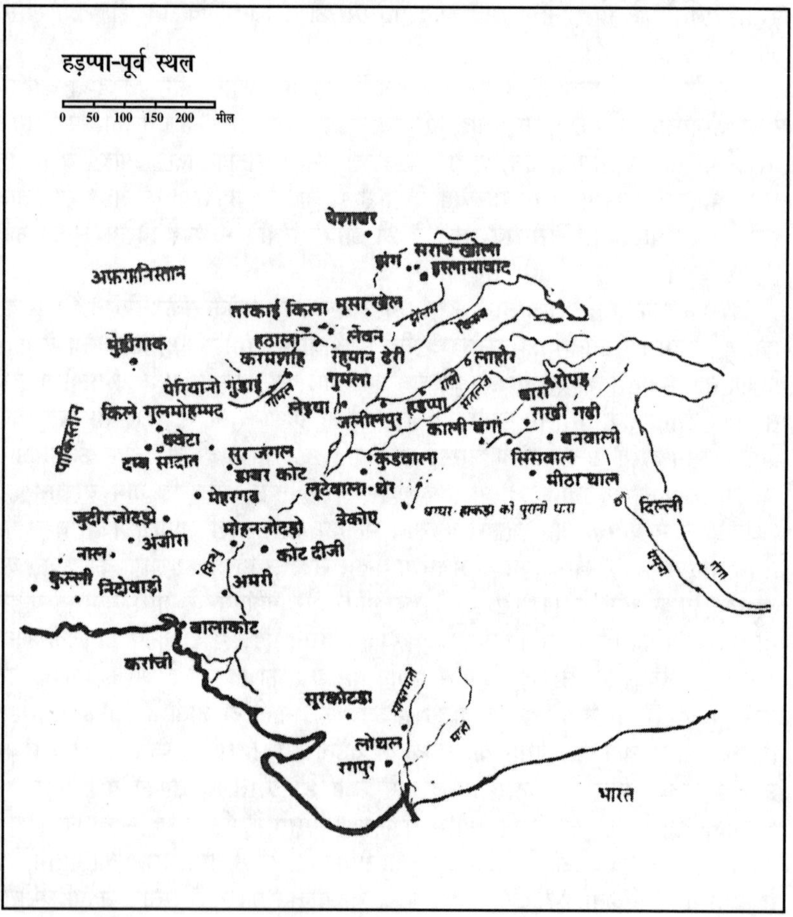

जो एक पर्वतीय घाटी का और वह भी पश्चिम की दिशा में स्थित क्षेत्र था जहाँ देवासुर संग्राम से लौटते समय पर्वतीय क्षेत्र में ही, पर अपेक्षाकृत अधिक ऊँचाई से उतरते हुए, दुष्यन्त ने उसे सिंह से क्रीड़ा करते देखा था। ऐसी स्थिति में नाड़पित के पूर्वार्ध का नाल से अभेद दिखाई देता है जो हड़प्पा काल का एक प्रमुख स्थल था। इस बात की सम्भावना दिखाई देती है कि मकरान पहाड़ियों का ही पुराना नाम मैनाक था और मेनका और शकुन्तला की माँ का नाम इस क्षेत्र के कारण पड़ गया जैसा कि गान्धारी, माद्री, कैकेयी आदि अन्य नामों के साथ भी दिखाई देता है। इसके अतिरिक्त ब्राह्मणों में किरात-आकुली नाम के दो असुर पुरोहितों का उल्लेख आया है और इनको किरात जाति का माना गया है (31/1.1.4.15), जो कलात या किरथार या बलूचिस्तान के दक्षिणी क्षेत्र के निवासी सिद्ध होते हैं।

इस तरह हम पाते हैं कि बलूचिस्तान के विषय में वैदिक साहित्य में प्रचुर सूचनाएँ पाई जाती हैं और इनसे जो निष्कर्ष उभरकर आते हैं उन्हें सूत्रबद्ध करें तो इस क्षेत्र के निवासियों का वैदिक जनों से भाषा, संस्कृति, समाज-व्यवस्था आदि के मामले में स्पष्ट अलगाव था। इसके बावजूद वैदिक व्यापारियों की आर्थिक गतिविधियों और क़बीलाई जनों के अर्ध-यायावरी संचलन तथा इस क्षेत्र में स्थापित अड्डों के कारण वैदिक काल तक रक्त और सांस्कृतिक तत्त्वों का मिश्रण एक सामाजिक तथ्य बन चुका था और बलूचिस्तान का आर्यीकरण इस स्तर तक का तो हो ही चला था कि इसके प्रधान व्यक्ति वैदिक मूल्य-व्यवस्था को अपना चुके थे। अधिक गहरा प्रभाव यात्रापथों पर पड़नेवाले क्षेत्रों और स्थलों पर पड़ा लगता है, पर लगता है यहाँ भी पूरा अभेद क़ायम नहीं हुआ था। यह रोचक बात है कि अस्थायी या अर्ध-स्थायी जीवन जीनेवालों में अपनी भाषा और रीति-नीति को लेकर अधिक आग्रह पाया जाता है और उन पर वैदिक प्रभाव अपेक्षाकृत नगण्य रहा। इसकी एक मिसाल ब्राहुई जन हैं जो हज़ारों वर्षों से प्रति वर्ष जाड़े के दिनों में मैदानी क्षेत्र में उतरते और मध्य एशिया तक विचरते रहे हैं, पर इसके बावजूद उनकी बोली आज तक अपनी अलग रंगत बनाए हुए है। भाषा और संस्कृति के मामले में वैदिक प्रभाव न तो आमूल परिवर्तनकारी था, न ही इस क्षेत्र की बोलियों की सहायता से हम प्राचीन आर्य-भाषा को समझने में सहायता पा सकते हैं, यद्यपि अनेक वैदिक प्रयोग जो अन्यत्र लुप्त हो चुके हैं, यहाँ की बोलियों में जीवित हो सकते हैं। संस्कृतीकरण का समूचा काम केवल वैदिक काल तक सीमित नहीं था। यह बाद में भी चलता रहा था।

यदि मेह्रगढ़ को किसी बात का सूचक माना जा सकता है तो भारतीय मूलभूमि में सातवीं सहस्राब्दी में ही सुदूर व्यापार का आरम्भ हो चुका था। प्राग्वैदिक प्रभाव अपने निकटवर्ती क्षेत्रों में क्षीण और अलक्ष्य रूप में ही सही, आरम्भ हो चुका रहा होगा। उर्वशी-पुरूरवा, वसिष्ठ और अगस्त्य आदि की कथाएँ वैदिक काल तक जैसी रंगत पा चुकी थीं उसे देखते हुए लगता है कि ये इस समाज में शताब्दियों, सम्भव है सहस्राब्दियों, पहले से चली आ रही थीं।

आर्थिक दृष्टि से किरातों की स्थिति यक्षों और गन्धर्वों से हीन दिखाई देती है और अक्सर इनकी तुलना शूद्रों से की गई है, पर इसके बावजूद यात्रा-पथों पर एकाधिकार

रखनेवाले कतिपय सरदारों के पास अकूत धन संचित रहा हो सकता है और वे अपने समय के महाजनों से प्रतिस्पर्धा करते रहे हो सकते हैं।

4. अफ़ग़ानिस्तान

अपने वर्तमान रूप में अफ़ग़ानिस्तान आज से केवल दो सौ वर्ष पूर्व अहमद शाह के द्वारा एक अखंड राजनीतिक इकाई के रूप में गठित हुआ, यद्यपि इसकी भी पूर्वी पट्टी अंग्रेज़ों ने अफ़ग़ान युद्धों के दौरान हड़पकर अपने साम्राज्य में शामिल कर ली थी जो आज पाकिस्तान का पश्चिमोत्तर सीमाप्रान्त है। इससे पहले अफ़ग़ानिस्तान अनेक छोटे-छोटे राज्यों में बँटा था जिनमें से कुछ ने जब-तब शक्तिशाली होने के बाद इस देश की वर्तमान सीमाओं से भी बहुत आगे बढ़कर विशाल साम्राज्यों की स्थापना की थी। अतः इसकी वर्तमान भौगोलिक सीमाओं के अनुसार हम प्राचीन भौगोलिक क्षेत्रों का कोई संकेत नहीं पा सकते हैं। इसकी वर्तमान नृजातीय और भाषायी संरचना इस दौरान आए अनेकानेक विजातीय तत्त्वों–मंगोल, तुर्क, ईरानी, अरब आदि–से प्रभावित हुई है। अतः वह भी हमें इसके इतिहास को समझने में बहुत अधिक सहायता नहीं दे सकती है।

इसके दक्षिणी-पूर्वी भाग में वर्तमान काफ़िरिस्तान से लेकर भारत-पाक के चितराल, यासीन, पन्याल, गिलगिट घाटी, हुंजा, नागर, अस्तर, घाटी, भूजी से लेकर बटेरा तक की सिन्धु घाटी पंजकौरा नदी की ऊपरी घाटी, स्वात घाटी या कोहिस्तान को शामिल किया जा सकता है, जिसमें दर्द बोलियाँ बोली जाती हैं। इसी तरह उत्तरी अफ़ग़ानिस्तान के बदख़्शाँ (प्राचीन द्वयक्ष) पर विचार करते समय इसे मध्य एशिया के साथ रखना अधिक सुविधाजनक हो सकता है।

अफ़ग़ानिस्तान का एक पुराना नाम आर्याना रहा है (72/29-57)। वैदिक स्वर्गों की चर्चा करते हुए हम यह देख आए हैं कि ये ऐसे विदेशी केन्द्र थे जिनमें भारतीय व्यापारी प्राकारवेष्टित बस्तियों में रहते थे। इसके कारण वैदिक काल में भी यह देवलोक बन गया था। इसकी यात्रा पर निकलनेवाली समितियों या सार्थों के लिए देवयान का प्रयोग (1.183.6; 3.58.5) होता रहा लगता है। हिन्दूकुश क्षेत्र में आज भी इसकी याद बनी रह गई है। देव-यक्ष-गन्धर्व-सेवित स्वर्ग की विलासिताओं में लिप्त इन्द्र और उनके कोषाध्यक्ष कुबेर (खैबर) को पहचानना कठिन नहीं है। अफ़ग़ानिस्तान के एक प्रदेश का नाम नूरिस्तान है। ऐसा लगता है यह वैदिकों का गन्धर्वलोक और सूर्यलोक है और इसी को पौराणिक विवरणों में उत्तरज्योतिष (21/2.29.10) कहा जाता था। नूरिस्तान इसी का अनुवाद प्रतीत होता है। इस उत्तरज्योतिष के सादृश्य पर रखे गए नाम प्राग्ज्योतिष ने किरातों आदि की स्थिति ही उलट दी।

सम्भव है, पश्चिमी परम्परा में भी स्वर्ग की रूपरेखा तैयार करने में अफ़ग़ानिस्तान का हाथ रहा हो और चार शाखाओं में बँटकर चारों दिशाओं में बहनेवाली स्वर्ग की नदी का सम्बन्ध यहाँ की नदियों–कोकचा, काबुल, हेलमन्द और हारीरुद–से और स्वर्ग के उद्यान का इन्द्र कुन से हो। ईश्वर द्वारा स्वर्ग में प्रवेश करने से मनुष्यों को विरत करने के लिए

स्वर्ग के उद्यान ईदन के पूर्व की ओर एक लहकती हुई तलवार खड़ी करने में अफ़ग़ानिस्तान के पूर्वी छोर पर उत्तर-दक्षिण की पर्वतमाला–सुलेमान व किरथार–का हाथ हो सकता है।

वैदिक विवरणों की रूपात्मकता और अमूर्तता के कारण अफ़ग़ानिस्तान के स्थानों की एक क्षीण झलक ही पाई जा सकती है। दाशराज्ञ युद्ध पर विचार करनेवाले अधिकारी विद्वान् यह मानते रहे हैं कि इसके पाँच अनार्य जन अफ़ग़ानिस्तान के रहे हो सकते हैं। काबुल और कुर्रम ऋग्वैदिक कुभा और क्रुमु हैं (5.53.9;10.75.6), इस पर सभी विद्वान् एकमत हैं। ऋग्वेद में भारत से बाहर के उपद्रवी क़बीलों को शंबर, वृत्र आदि के रूपकों में पेश किया गया है, अतः उनकी विशिष्ट पहचान कठिन है; पर गन्धर्वों के उल्लेख बहुत स्पष्ट हैं और चूँकि ऋग्वेद में किरातों, किन्नरों आदि के पृथक् उल्लेख नहीं हैं, इसलिए ऐसा लगता है कि गन्धर्व शब्द का प्रयोग सीमावर्ती पहाड़ी क्षेत्रों के निवासियों के लिए सामान्य रूप से किया गया है।

शतपथ ब्राह्मण में गन्धर्वों को यवमत्, उद्दालवत् और अन्तर्वान् (31/11.2.3.7-2) अर्थात् कृषि, पशुधन और खनिज सम्पदा के मामले में सम्पन्न कहा गया है। इससे प्रकट होता है कि नदियों और पहाड़ों की घाटियों में जहाँ भूमि खेती के उपयुक्त थी, वे अच्छी खेती भी कर लेते थे। इतना ही नहीं, चूँकि इन क्षेत्रों में भी खेती-बारी करना काफ़ी सावधानी और कौशल के बल पर ही सम्भव था, अतः इस मामले में उनके कुछ अनुभव दूसरों के लिए भी मूल्यवान थे। उक्त विशेषणों का जहाँ प्रयोग हुआ है वहीं यह उल्लेख आया है कि आरम्भ में यज्ञ-सम्पादन में देवों से जब कुछ भूलें हुईं तो इनकी ओर उनका ध्यान गन्धर्वों ने दिलाया।

इसी तरह पुराणों में मिलनेवाला एक विवरण के अनुसार पृथु वैन्य ने मेरु को बछड़ा बनाकर धरती का उस समय दोहन किया जब सारी औषधियाँ नष्ट हो गई थीं और इस तरह कृषि-धान्यों के बीज प्राप्त किए (30/62;22/10;20/4.16)। कुछ अध्येता यह मानते हैं कि कृषि का आविर्भाव अफ़ग़ानिस्तान में ही हुआ, जहाँ से इसका पूर्व और पश्चिम की ओर प्रसार हुआ। इसे कृषि की आदिम प्रेरणा माना जा सकता है; अकाल की किसी लम्बी विभीषिका के बाद अफ़ग़ानिस्तान से कृषि-बीजों का संग्रह करने का प्रयत्न भी कहा जा सकता है और कृषि के आदिम चरण में अफ़ग़ानिस्तान में उपजनेवाले वन्य धान्यों को पहली बार प्राप्त करके वैदिकों के पूर्वजों द्वारा कृषि की दिशा में नवप्रवर्तन भी कहा जा सकता है। परन्तु दो बातें बिलकुल स्पष्ट हैं : एक यह कि इस कथा का सम्बन्ध अफ़ग़ानिस्तान से ही है और दूसरे पृथु वैन्य उस क्षेत्र के निवासी नहीं थे, अन्यथा अपने निवास-क्षेत्र में ही उगनेवाले बीजों के लिए न तो यह कहा जाता कि धरती ने सभी धान्यों को छिपा लिया था, न ही मेरु को बछड़ा बनाकर इसे दुहने की चर्चा आती। धरती से प्रार्थना करके इसे प्राप्त करना ही पर्याप्त था, यद्यपि धान्यों के वहीं उपलब्ध होने की स्थिति में प्रार्थना की भी बात अर्थ नहीं रखती। एक तीसरी बात भी स्वतः स्पष्ट है और वह यह कि पृथु वैन्य की कथा हड़प्पा या वैदिक काल से हज़ारों वर्ष पहले की है; कारण, प्राचीनतम वैदिक साहित्य से और हड़प्पा-पूर्व के चरण से भारत में उन्नत कृषि के प्रमाण पाए जाते हैं।

दूसरे शब्दों में कहें तो उक्त विवरण को इस बात का प्रमाण माना जा सकता है कि अफ़ग़ानिस्तान और भारत के बीच कृषि के आरम्भिक चरण से ही सम्पर्क बना हुआ था, परन्तु यह सम्पर्क इससे भी काफ़ी पीछे जाता है और ऐसा प्रतीत होता है कि पशुचारण काल में भी ये दोनों क्षेत्र एक-दूसरे से सम्पर्क बनाए हुए थे। उदाहरण के लिए जैसा कि हम पीछे देख आए हैं, वैदिक जनों को भेड़ सम्भवतः उत्तर से या गान्धार से ही प्राप्त हुई थी (31/7.5.2.15), यद्यपि यही बात बकरी के विषय में सच नहीं है। ठीक इसी तरह घोड़े की उम्दा नस्ल का परिचय उन्होंने गन्धर्वों के माध्यम से ही पाया था। उपलब्ध विवरणों से ध्वनित होता है, सवारी के लिए घोड़े का प्रयोग सबसे पहले वैदिकों के पूर्वजों द्वारा किया गया था (31/5.1.4.8.41.163.2)।

परन्तु वैदिक काल से या कहें, परिपक्व हड़प्पा काल से पहले तक सम्बन्धों की प्रकृति कुछ ऐसी थी जिसमें पारस्परिक सम्पर्क के बावजूद इसमें गहनता नहीं आ पाई थी। यह माना जा सकता है कि अपनी सर्दियाँ बिताने के लिए मैदानी क्षेत्र में उतरनेवाले अफ़ग़ानी विभिन्न रूपों में मैदानी जनों से प्रभावित होते रहे होंगे। वे कुछ दूर तक दुभाषी भी बन चुके रहे होंगे। हड़प्पा काल में खनिज धातुओं और पत्थरों तथा अन्य दुर्लभ वस्तुओं की खोज और इन पर एकाधिकार के क्रम में जो तीखी घुसपैठ भारत की ओर से हुई और इसके कारण जो अड्डे और बस्तियाँ बसनी शुरू हुईं उन्हें ही यहाँ की भाषिक और सांस्कृतिक रूपान्तरण के लिए जिम्मेदार माना जा सकता है।

सामाजिक रूपान्तरण में सबसे महत्त्वपूर्ण परिवर्तन, कम-से-कम स्थायी बस्तियाँ बसाकर रहनेवालों के मामले में, समाज व्यवस्था का क्रमशः पितृप्रधान होते जाना है, पर यह प्रक्रिया न तो वैदिक काल में आरम्भ हुई, न ही इस काल तक पूरी हो पाई थी। देवशास्त्र के मामले में भी यहाँ के विभिन्न क़बीलों ने वैदिक मान्यताओं को अपने पूर्वप्रचलित विश्वासों में आत्मसात् किया; समग्रतः और समभाव से ग्रहण नहीं किया।

अफ़ग़ानिस्तान के हिन्दूकुश क्षेत्र में बसनेवाले काफिरों में प्रचलित रीतियों और विश्वासों को यद्यपि वैदिक रीतियों और विश्वासों से अभिन्न नहीं माना जा सकता, पर इसके बावजूद यह स्पष्ट है कि यहाँ के क़बीलाई जनों ने वैदिक प्रभाव काफ़ी दूर तक आत्मसात् किया है। वामा जन ईश्वर को इन्द्र कहते हैं और, "एक वामा गाँव ऐसा है जिसका नाम इन्द्रकुन है, जिसका शाब्दिक अर्थ है इन्द्र का उद्यान। इन्द्र को सोमरस से प्रेम था और उनके उद्यान में पत्थर का एक बड़ा पात्र बना है जिसमें अंगूर का रस निकाला जाता था।"

इसके अतिरिक्त "काफ़िर अपने देवताओं के लिए सुरा तैयार करते हैं और उनकी प्रशंसा में स्तुति-गान करते हैं। गाने के साथ जो वाद्य बजाते हैं उसे बाज (वीणा), सारनी (सारंगी) और ओर्वा कहा जाता है। पशशी (पशुपति?) देवता के साथ एक विशेष गायन का सम्बन्ध है जिसे पशशी नट कहा जाता है। यह सदा नाच के साथ गाया जाता है" (435/8-)। काफ़िर अपने देवों और पितरों की मूर्तियाँ बनाते हैं। वे इन मूर्तियों को मन्दिरों में स्थापित करते हैं, इनके पर्व मनाते हैं और इनके प्रति गहरा आदरभाव प्रकट करते हैं। इस तरह की बहुत-सी मूर्तियाँ प्रत्येक गाँव में पाई जाती हैं और प्रत्येक गाँव की मूर्तियाँ अपने खास ढंग की होती हैं। अनीसी अपने देवता को इम्र कहते हैं, जो इन्द्र का अपभ्रंश

है, और इन्होंने इसकी एक प्रतिमा बना रखी है, जो घड़े जैसी है। ये प्रति वर्ष उसे बलि चढ़ाते हैं। मूर्ति के चारों ओर 2000 गायें और बकरियाँ जुटाई जाती हैं और उनका वध करने से पहले उन पर पानी का छिड़काव किया जाता है।

यह इन्द्र का मेघ-विदारक, जल-वर्षक या असुर-संहारक रूप नहीं है, अपितु यक्षों, किन्नरों, गन्धर्वों से घिरे, विलासिता में रत, स्वर्ग का सुख लूटनेवाले इन्द्र का वह रूप है जो इन क्षेत्रों के व्यापारिक अड्डों पर एकाधिकार जमाकर बैठनेवाले प्रधान श्रेष्ठियों की अनुकृति पर गढ़ा गया है और जिसका आभास ऋग्वेद के दसवें मंडल के इन्द्राणी सूक्त में मिलने लगता है और जिसके कारण ही इन्द्र के देवत्व का इसके बाद स्खलन होता है। यह सर्वोपरि देवता न रहकर एक सीमित लोक में, जो अपने चित्रित रूप में एक नगर से अधिक बड़े क्षेत्र का दावेदार नहीं सिद्ध होता, विलास करनेवाले देवता बनकर रह जाते हैं। उपेन्द्र या इन्द्र से गौण स्तर का देवता विष्णु, रक्षा, जन-कल्याण और असुरों या आततातियों के संहार का वह भार ग्रहण कर लेता है जिसके लिए वैदिक काल में इन्द्र को स्मरण किया जाता था।

अफ़ग़ानिस्तान का प्राचीन नाम आर्याना ही नहीं, इसके अनेक भौगोलिक नामों–अर-ग़न्दाव अर्-ग़-स्तान, अर्-कोशिया के साथ अर्-पूर्वपद भी इस क्षेत्र के आर्यीकरण की कहानी कहता है और इस बात का संकेत करता है कि इसका आर्याना नाम इस पूरे देश को आर्यों द्वारा आबाद किए जाने के कारण नहीं पड़ा था, अपितु आर्यों या व्यापारियों की बस्तियों का नाम ही अपने अतिव्यापी रूप में एक विशाल क्षेत्र के लिए प्रयोग में आने लगा। आज यह सुनिश्चित करना कठिन है कि आर्याना क्षेत्र की व्यापकता या सीमा ठीक-ठीक क्या थी। इस क्षेत्र के सैकड़ों छोटे-बड़े स्थान-नामों के संस्कृत-पूर्व रूपों को भी याद किया जा सकता है, यथा–दरवाज (द्वारका), गोनरिद (गोमनुष्य), मुर्ग़ाब (कपोतक), कुनार (क्रौंच), काला खम्ब (कूट कम्ब), कबादियान (कृष्णपाद), मेद्य मिजकूट (मध्यमांचल कूट), सरेख्स (सुरेचक), सरवन (श्रवण), बैक्ट्रिया (केतुमाल), हरौती (हिरण्यवती), कुश्क (कुशद्वीप), कोकचा (कोकनद), रामगुल, मंडल, तरनक, रंगी, हेरात (हरिवर्ष) आदि (74/130)। अफ़ग़ानिस्तान में आर्यीकरण का यह क्रम इतना सफल तो रहा ही कि ईसवी सन् के पहले से ही हिन्दूकुश से इस ओर के भाग को लगभग भारत का ही हिस्सा माना जाने लगा था जिसकी छाया हिन्दकोह या हिन्दूकुश के नाम में भी बनी हुई है (611)। अधिकांश नामों का आज फ़ारसीकरण हो चुका है और इनके पूर्ववर्ती नामों को पहचानना कठिन है।

पुराणों और महाकाव्यों के अनुसार विश्वावसु गन्धर्वों के एक पड़ोसी हा-हा हू-हू कहे जाते थे। हा-हा हू-हू का अर्थ हुआ गूँ-गा अर्थात् अस्पष्ट भाषा बोलनेवाले। ऋग्वेद में जिन लोगों को अनास–बिना मुँह के या मुखहीन, अवाच–बेज़बान मृध्रवाच–भ्रष्ट या अस्पष्ट उच्चारण करनेवाले, वध्रिवाच–तोड़-मरोड़कर उच्चारण करनेवाले; ग्रथी–उलझी या अस्पष्ट ज़बान बोलनेवाले तथा बाद के कालों में जिन्हें म्लेच्छ या दूषित भाषा बोलनेवाले लोगों के रूप में याद किया जाता रहा है उनका सम्बन्ध इसी दिशा और मुख्यतः इसी क्षेत्र के लोगों से था।

5. मध्य एशिया

सोवियत संघ के ताज़िकिस्तान, किर्ग़ीज़िस्तान, उज़्बेकिस्तान, तुर्कमीनिस्तान के साथ ही यदि अफ़ग़ानिस्तान के बदख्शाँ और तुर्किस्तान को रखकर विचार करें तो पाएँगे कि इनके बीच परस्पर उससे अधिक निकटता बनी रही है जितनी उत्तरी और दक्षिणी अफ़ग़ानिस्तान के बीच। आर्य समस्या के अध्ययन में इस क्षेत्र का बहुत महत्त्वपूर्ण स्थान रहा है, कारण, भारतीय और ईरानी शाखा के अलगाव के बीज अधिकांशतः इसी क्षेत्र में बोए गए थे। इसी क्षेत्र में तुल्स, चू और इली तथा चार अन्य छोटी धाराएँ बहती हैं जो एक विशाल जलाशय में आ मिलती हैं। इनके लिए तुर्की और मंगोल भाषाओं के अनुकरण पर रूसी में 'सेमी रेच्ये' नाम प्रचलित है, अतः यह प्रस्ताव भी रखा गया है कि ऋग्वैदिक सप्तनद

सिन्धु क्षेत्र से आमू दरिया तक

(465/301 पर आधारित)

या सप्तसिन्धु शब्द इन्हीं के लिए प्रयोग होता रहा होगा (534/2); कारण, सेमी रेच्ये का शाब्दिक अर्थ यही है। इसी के खोकंद बदख़्शाँ में पहले-पहले आर्य बस्तियाँ बसी मानी गई थीं पर फिर जिन्हें हित्ती अभिलेखों के साथ तालमेल बैठाने के लिए ग्रियर्सन ने (248/99) 'उजाड़' दिया। कुछ अध्येताओं को ऐसा भी लगता रहा है कि भारत की ओर बढ़नेवाले आर्यों की द्रविड़ों से इसी क्षेत्र में पहली टक्कर हुई थी, जिन्हें उन्होंने पराजित करके तितर-बितर कर दिया था (488/4) और इसके बाद वे भारत पहुँचकर उन्हें दुबारा परास्त करने में सफल हुए। नमाज़्गा, हिसार, आल्तिन देपे, तेजेन डेल्टा, काइजिल कुम, शोर्तुगाई आदि स्थलों का हड़प्पा सभ्यता से प्रकट सम्बन्ध दिखाई देता है, जो कतिपय मामलों में परिपक्व हड़प्पा काल से भी पहले आरम्भ हो गया था। इसे देखते हुए अध्येताओं को प्रायः यह मानने का प्रलोभन होता रहा है कि हड़प्पा सभ्यता को प्रेरित या निर्मित करने में इस क्षेत्र का हाथ रहा हो सकता है (94/238-39)। इसी क्षेत्र के पश्चिमी भाग के लिए मीदिया शब्द का प्रयोग होता रहा है, जहाँ ग्रियर्सन के अनुसार (248/98) आर्यों ने 2500 ई.पू. में ही प्रवेश कर लिया था और कुछ लोगों का विचार रहा है कि वे इस क्षेत्र में भारत से ही पहुँचे थे, गो इसे लेकर मतभेद बना रहा है।

ग्रियर्सन (239/98-99) के ही शब्दों में, "जो लोग अन्य बातों में मतभेद रखते हैं वे भी यह मानते हैं कि मन्द आर्य थे। अतः यहाँ हमें एक ठोस कालबद्ध तथ्य मिलता है कि फ़ारस के उत्तर और पश्चिमोत्तर में ई.पू. 2500 में आर्य अपना दबदबा बनाए हुए थे। मूलतः वे जहाँ कहीं से भी आए रहे हों, हमें इस बात का संकेत नहीं मिलता कि वे दक्षिण या दक्षिण-पूर्व से, या जैसा कि कुछ लेखक सोचते हैं, भारत से आए थे। हम उन्हें पहली बार मीदिया में और इसके आसपास पाते हैं। यहाँ उनकी धाक थी और जैसा कि देख आए हैं, इन्होंने सुबर्तु को पराजित किया था। हमारे लिए तात्कालिक दिलचस्पी की बात यह है कि उनके देवता वे ही थे जिनके नाम बाद में हम भारत में पाते हैं और यह कि वे सतेम भाषी थे, जो प्राचीन संस्कृत से अधिक निकटता रखती है।" दूसरे शब्दों में कहें तो इस बात की हर सम्भावना दिखाई देती है कि मीदिया के आर्य भाषा-भाषी इस क्षेत्र में भारत से गए रहे हो सकते हैं या कम-से-कम भारतीय व्यापारियों के निकट सम्पर्क में थे।

मीद या मन्द कहे जानेवाले जनों के विषय में टिप्पणी करते हुए विल दूराँ (208/350) लिखते हैं, "मीद कौन थे? निश्चय ही इनका मूल उद्भव हमारी पकड़ में नहीं आता; इतिहास एक ऐसी पोथी है जिसे बीच से ही आरम्भ करना होता है। इसका प्रथम उल्लेख हमें कुर्दिस्तान की पहाड़ियों में परशुआ नामक स्थान में शालमानेज़ार तृतीय के अभियान को दर्ज करनेवाले एक फलक (837 ई.पू.) पर मिलता है। इससे पता चलता है कि अहमदई, मदई या मीदी कहे जानेवाले लोगों द्वारा विरल रूप में आबाद इस क्षेत्र के सत्ताईस छोटे-छोटे राज्यों पर सत्ताईस सरदार राज्य करते थे।"

मन्द या मीदिया पौराणिक काल का उत्तर मद्र रहा लगता है और सम्भवतः इसके दायरे में मन्दर से उत्तर-पश्चिम का क्षेत्र आता था। इसके लिए मन्द, मन्द्र आदि शब्द प्रचलित थे। ऋग्वेद में एक ऋचा में मान्दार्य शब्द का प्रयोग मिलता है (1.165.15;66.15 आदि), जिसके अर्थ के विषय में विद्वानों में कुछ अनिश्चितता पाई जाती है।

महाभारत (21/3.160) में आए विवरणों की असंगतियों को दूर कर लें तो इसके अनुसार मन्द्र की रक्षा इन्द्र और वैश्रवण या कुबेर करते हैं। मन्दर क्षेत्र और मन्दराचल का उल्लेख एक ऐसे क्षेत्र के रूप में किया गया है जहाँ सूर्य की आभा क्षीण हो जाती है (21/5.108.2)। इसकी दिशा पश्चिम या पश्चिमोत्तर बताई गई है (21/5.109.3)। मन्दर को हिमवान का मूल बताया गया है और चूँकि इसका विवरण किसी प्राचीन श्रुत परम्परा के आधार पर दिया गया है न कि प्रत्यक्ष अनुभव पर, अतः इसकी दूरी और विस्तार के साथ कुछ अतिरंजना भी देखने में आती है, अर्थात् यदि हज़ारों वर्ष चलते रहें तो भी इसकी जड़ या शुरुआत का पता नहीं चल पाता (21/5.108.9)। यह इसके बहुत दूर तक फैले होने का सूचक तो है ही। यहाँ स्वर्ण-पर्वतों और स्वर्णवाहिनी नदियों का अस्तित्व है (व/10)। यहाँ से सूर्य बहुत तिरछा दिखाई देता है (व/14)। इस क्षेत्र में नित्य प्रवहमान नदियों से बने सागर का जिक्र आता है (व/16)। इस क्षेत्र में पहुँचने के लिए दो बार दर्रों को पार करना पड़ता है (व/19)। यहीं कश्यप और मारीच ऋषियों का निवास है (व/18)।

भारतीय सीमाक्षेत्र की हड़प्पा-पूर्व संस्कृति

इन सभी विवरणों को एक सूत्र में पिरोने पर इनकी सार्थकता का पता चलता है। यहाँ से प्राप्त होनेवाली खनिज-सम्पदा, जिसमें रत्नों के अतिरिक्त सोना भी था, वैदिक व्यापारियों के आकर्षण का केन्द्र प्रतीत होती है। अराल और कैस्पियन सागर में आमू दरिया, सिर दरया, वोल्गा आदि कुछ नदियाँ आकर मिलती हैं और इन्हें इन नदियों के जल से बना समुद्र बताया गया है। कश्यप ऋषि और कैस्पियन सागर का नाम-साम्य भी रोचक है। प्राचीन काल में सोने की प्राप्ति का एक स्रोत था नदियों की रेत में से स्वर्णधूलि एकत्र करना और इसे गलाकर स्वर्णपिंड बनाना। लगता है, इस क्षेत्र की कुछ नदियों में भी स्वर्णकण पाए जाते थे।

अफ़ग़ानिस्तान के उत्तरी क्षेत्र में कोकचा और आमू दरिया के संगम के पास शोर्तुगाई में हड़प्पा के व्यापारियों की बस्तियों का पता चला है (255; 226; 227; 228)। सोवियत मध्य एशिया में तुर्कमीनिया और काइजिल कुम क्षेत्र से आल्तिन देपे, नामज्गा देपे, खापुज देपे, ताहिर बाई देपे, अनऊ आदि से हड़प्पा से मिलती-जुलती वस्तुएँ–बर्तन, ताँबे और काँसे की कला-वस्तुएँ मनके, हाथीदाँत की वस्तुएँ, मिट्टी की बनी चीज़ें और मुहरें आदि पाई गई हैं। इनका प्रसार केन्द्र सोवियत विद्वानों ने भी भारत को माना है (408/167)।

सोवियत संघ के इस क्षेत्र से फ़ीरोज़े तथा अन्य वस्तुओं के आयात की और इसके लिए उक्त क्षेत्र में हड़प्पा के व्यापारियों की गतिविधियों की चर्चा हम पहले ही कर आए हैं।

इस क्षेत्र से सीधा सम्पर्क कायम करने के बाद निश्चय ही ये व्यापारी यहाँ से अच्छी नस्ल के घोड़े भी स्वयं लाते रहे होंगे।

6. ईरान

अफ़ग़ानिस्तान के उत्तरी क्षेत्र से जितनी आसानी से सोवियत मध्य एशिया पहुँचा जा सकता है उतनी ही आसानी से उत्तरी ईरान भी पहुँचा जा सकता है। ईरान पहुँचने का एक अन्य स्थल-मार्ग कन्धार से होकर या हेलमन्द को पकड़कर भी हो सकता है। पर इस क्षेत्र में पहली बार किस रास्ते पहुँचा गया हो सकता है, यह कहना कठिन है। सम्भव यह भी है कि सोवियत मध्य एशिया के रास्ते मीदिया पहुँचनेवाले जनों ने उस दिशा से ही ईरान में प्रवेश किया हो। कारण, सम्पर्क के मार्ग सम्पर्क-क्षेत्रों से होकर ही गुज़रते हैं और कभी-कभी भौगोलिक दृष्टि से छोटे रास्ते को छोड़कर एक लम्बा रास्ता अपना लिया जाता है।

ईरानी शाखा का भारतीय मूल भूमि से प्रत्यक्ष और परोक्ष दोनों रूपों में सम्पर्क रहा है, अर्थात् सीधे ईरान और भारत के बीच भी और अफ़ग़ानिस्तान व मध्य एशिया में बसे व्यापारियों के माध्यम से भी। मीदिया से उनका सम्पर्क किंचित् तनावपूर्ण था और इसका कारण पारस्परिक प्रतिस्पर्धा से लेकर कुछ भी माना जा सकता है। अतः देवों और इन्द्र के प्रति ईरानी शाखा का रुख़, मुमकिन है, सीधे भारत के साथ इसके तनाव का परिणाम न होकर मीदिया के व्यापारियों के साथ तनाव के कारण पैदा हुआ हो।

मैक्समूलर का मानना था कि ईरानियों के पूर्वज ईरान पहुँचने से पहले भारत में बसे थे और यहाँ से ही वे ईरान गए थे (413/85-86)। इसका एक कारण अवेस्ता में सप्तसिन्धु शब्द का प्रयोग था जो मैक्समूलर की दृष्टि में सिन्धु और सरस्वती सहित पंजाब की पाँच नदियों–सतलुज, झेलम, रावी, व्यास व चिनाब–का प्रदेश है।

पर इसका इससे भी अधिक सशक्त कारण यह था कि अवेस्ता में कतिपय ऐसे शब्द पाए जाते हैं जो संस्कृत में नहीं मिलते, पर ईरान से आगे की भारोपीय भाषाओं में पाए जाते हैं, जिनकी एक लघु सूची भी व्याख्या के साथ मैक्समूलर ने दी थी (414/227-28)। ज़ाहिर है कि ये शब्द ईरानी क्षेत्र में बोली जानेवाली स्थानीय बोलियों से लिये गए हैं। यदि आर्यों का आगमन ईरान से भारत की ओर होता तो ये शब्द भी संस्कृत शब्द-सम्पदा में पाए जाते। इनका अन्य भारोपीय बोलियों में या कहें, यूरोपीय भाषाओं में पाया जाना इस बात का सूचक है कि भारोपीय प्रभाव-विस्तार का केन्द्र भारत था और उपकेन्द्र ईरान या मीदिया।

अवेस्ता की भाषा पर विचार करते हुए जेम्स डारमेस्टेटर (191/36-37) लिखते हैं, ''न केवल यह भाषा फ़ारस की राष्ट्रीय भाषा नहीं थी, बल्कि पहले भी कभी नहीं रही थी। वास्तव में, जैसा कि हख्मनी राजाओं के कीलक लिपि में लिखे अभिलेखों से पता चलता है, यह प्राचीन फ़ारसी से निकट सम्बन्ध रखती थी, जिससे आधुनिक फ़ारसी निकली है; पर प्राचीन फ़ारसी और अवेस्ता की भाषा के सम्बन्ध कुछ ऐसे हैं कि इनमें से किसी को भी दूसरी से निकला हुआ नहीं सिद्ध किया जा सकता। ये दोनों विकास के दो चरणों पर पहुँची हुई एक ही भाषा नहीं हैं, बल्कि एक ही चरण की दो स्वतन्त्र भाषाएँ हैं जो इस बात का प्रमाण हैं कि ये दोनों एक ही देश की भाषाएँ नहीं थीं और, इसलिए, ज़ेंद फ़ारस की भाषा नहीं थी।'' वह आगे अपने मत को कुछ और स्पष्ट करते हुए लिखते हैं, ''यद्यपि ज़ेंद केवल मृत भाषा ही नहीं थी बल्कि विदेशी भाषा भी थी, फिर भी यह अज्ञात भाषा नहीं थी। पहलवी में इसके अनुवाद से ही यह प्रकट होता है कि यह सुशिक्षित वर्ग द्वारा और पुरोहितों द्वारा जिन्होंने यह अनुवाद किया, अच्छी तरह समझी जाती थी'' (व)।

डारमेस्टेटर (व/52) लिखते हैं, ''अवेस्ता के मूल पाठ पारसियों द्वारा नहीं लिखे गए थे, क्योंकि वे एक ऐसी भाषा में हैं जो फ़ारस में प्रयोग नहीं की जाती थी। इनमें कुछ ऐसी रीतियों का विधान है जो फ़ारस के लिए अज्ञात थीं और कुछ ऐसी रीतियों का निषेध है जो फ़ारस में प्रचलित थीं। ये मीदिया में रचे गए थे–मीदिया की भाषा में।'' साथ ही (व/46) ''ईरान में दो धर्म थे। एक आम जनता का, दूसरा पुरोहितों का...अब हम समझ सकते हैं कि फ़ारस का धर्म-ग्रन्थ गैर-फ़ारसी भाषा में क्यों लिखा गया था; यह इसके रचनाकारों, मागियों की भाषा में लिखा गया था जो ग़ैर-फ़ारसी थे।''

अवेस्ता के अनुसार ईरान में प्रभुत्वशाली लोग, जिनके लिए आर्य शब्द का प्रयोग किया जा सकता है, सामान्य जनता से अलग थे और कुछ गिने-चुने परिवारों तक सीमित थे, जिनके लिए बांदवा (बाँधवा) शब्द का प्रयोग हुआ है। इनके भीतर से ही आरम्भ में शासकों का चुनाव होता था। इनमें से अनेक परिवारों का और उसमें उत्पन्न प्रधान व्यक्तियों का नाम वंशावली में दिया गया है (281/162)।

जरतुश्त स्वयं ईरान में कहीं बाहर से पहुँचे थे, जो मीदिया प्रतीत होता है। उनके आने पर कवि विस्तास्प ने उन्हें शरण दी थी। फ्रशोश्त्र और जामास्प उनके स्वजन हैं–फ्रशोश्त्र उनके श्वसुर और उनकी पत्नी हंगवी (संगवी) के पिता। जामास्प और जामास्प अपरजात, वार्श्न के पोते और हंहर्व के पुत्र हैं। फ्रशोश्त्र के दो पुत्रों दुश्योघ्न और ह्लादेन का भी उल्लेख आता है (व)।

अपने जिन रिश्तेदारों के पास जरतुश्त भागकर गए थे, वे व्यापार के सिलसिले में यहाँ आकर बसे हुए थे। जरतुश्त का मीदिया से भागकर आना इस बात का सूचक है कि वैचारिक या धार्मिक मुद्दे को लेकर विवाद या मतभेद मीदिया में ही हुआ हो सकता है। हर्त्सफ़ील्ड (व/155) लिखते हैं कि उन्होंने अवेस्ता में अनेक ऐसे शब्द ढूँढ़े हैं जिनका सादृश्य ग्रीक और जर्मन कानूनों से दिखाई देता है। पुराने रोमन कानून में भी वह इसकी झलक पाते हैं। इसके अनुसार सभी प्रकार के विदेशियों की वैध स्थिति का निश्चय हॉस्पितिएम करता था। चाहे वे राजदूत हों या व्यापारी; निर्वासित हों या शरणार्थी, इन सभी को अतिथि माना जाता था और देश के भीतर उनका पर्यटन हॉस्पितिएम के माध्यम से होता था। उनके साथ एक स्थानीय व्यक्ति 'सिविस'–ई. ह्जंतुश् या स्वजन–का होना ज़रूरी था जो उस क्षेत्र के भीतर उनके व्यापारिक और कानूनी हितों की देख-रेख करता था और साथ ही उनके दुभाषिए (ई. फ्रहेतवे भ्रूयात–हेतुवादी) का भी काम करता था, क्योंकि अतिथि स्थानीय भाषा की दृष्टि से बेज़बान (ई. वाचं न्रश असूरुह्य) या मृध्रवाच होता था।

यदि इस संस्था की शुरुआत, जैसा कि जर्मन, ग्रीक और ईरानी नियमों की समानता से पता चलता है, भारोपीय प्रभाव-विस्तार के आरम्भिक चरण में ही हो गई थी तो यह एक बहुत रोचक तथ्य है। इसका सम्बन्ध निश्चय ही एक ऐसे व्यापारी वर्ग से है जो अपने व्यापारिक हितों के लिए देश-देशान्तर को जाया करता था। या तो उसी की बिरादरी के कुछ लोग उन क्षेत्रों में बस गए थे या उससे व्यापारिक सम्पर्क रखनेवालों को उसकी भाषा का ज्ञान रखना होता था, जो स्थानीय स्तर पर उसके लिए मध्यस्थ का काम करते थे और साथ ही उसके जान-माल की हिफ़ाज़त भी करते थे। इसके अतिरिक्त इसके माध्यम से अपना माल बेचते और उसका माल ख़रीदते थे, जो क्लाएंट या ग्राहक शब्द से प्रकट होता है।

अब इसी के साथ यदि हम इस बात पर ध्यान दें कि अवेस्ता की भाषा ईरान की अपनी भाषा नहीं थी और निश्चय ही यह स्वयं जरतुश्त की और उनके रिश्ते में आनेवाले परिवारों की भाषा थी और यह कि जरतुश्त ईरान में एक शरणार्थी की हैसियत से पहुँचे थे, तो यह स्पष्ट हो जाएगा कि ईरान में बसे ये परिवार व्यापारियों के अपने परिवार थे जो वहाँ जाकर बस गए थे। वे वहाँ सीधे भारत से जाकर बसे थे या मीदिया से, इस बहस में जाने की यहाँ आवश्यकता नहीं है।

पर ईरानी व्यापारियों का केवल मीदिया से और मीदिया के माध्यम से ही भारत से सम्पर्क रहा हो, ऐसी बात नहीं है। ईरानी व्यापारियों के सप्त-सिन्धु प्रदेश में आने और यहाँ की नदियों में समुद्रपर्यन्त यात्रा करने के उल्लेख भी पाए जाते हैं जिससे इनका भारत से सीधा सम्पर्क प्रकट होता है (व/652)।

ईरान के साथ भारतीय सम्पर्क कितना पुराना हो सकता है और इन दोनों देशों ने एक-दूसरे को किन रूपों में और किन सीमाओं तक प्रभावित किया हो सकता है, यह ठीक-ठीक बता पाना कठिन है। पर इस बात की कुछ झलक मिलती है कि ईरान में एक साथ अनेक नए सांस्कृतिक तत्त्वों को लेकर एक छोटा-सा दल वहाँ कभी पहुँचा था और इसने वहाँ की जीवन-पद्धति को बहुत आमूल परिवर्तित किया था। ईरानी परम्परा (282-330) के अनुसार आदि-पुरुष या अल-औवल यिम जमशीद दुनिया की सारी जानकारी लेकर वहाँ पहुँचता है। वही लोगों को हथियार बनाना, जीन बनाना, लगाम बनाना, औज़ार बनाना, सूती, ऊनी व रेशमी सूत कातना और वस्त्र बुनना, खान खोदकर पत्थर और खनिज पदार्थ निकालना, चाक और गारा बनाना, खेती करना, पानी निकालने के यन्त्र बनाना, पुल बनाना, गन्ध-लेप बनाना, मछली पालना और मोती निकालना सिखाता है। इस बात की कुछ सम्भावना है कि कुछ अन्य स्रोतों से उपलब्ध ज्ञान को भी यिम जमशीद के साथ जोड़ दिया गया हो, पर इस विषय में सन्देह नहीं कि ईरान में एक विकसित संस्कृति का प्रवेश ठीक उसी तरह हुआ था जैसा दज़ला और फ़रात के क्षेत्र में और इसने स्थानीय समाज-व्यवस्था और अर्थव्यवस्था की काया पलट दी थी।

अब यदि हड़प्पा के पुरातात्त्विक अवशेषों पर दृष्टि डालें तो यह अधूरा चित्र कुछ भरा-पूरा नज़र आएगा। हड़प्पावासी चाँदी, टिन, सीसा, फीरोज़ा जैसे कुछ कीमती पत्थर आदि ईरान से प्राप्त करते थे (404/29; 280)। चाँदी प्राप्त करने का तो एक मात्र स्रोत ईरान ही था। मैक्समूलर ने ठीक ही कहा है कि संस्कृत का रजत शब्द मूलतः ईरानी से संस्कृत में आया है (414/236)। यह ईरानी अर्जन्तम् का संस्कृतीकरण है।

इराक़ के ठीक पड़ोस में बसे ईरान का वैदिक भाषा और संस्कृति से प्रभावित होना इस बात का सूचक है कि बेबीलोनिया, मेसोपोटामिया और सुमेरिया की सभ्यताओं के प्रभाव से पहले ही वैदिक प्रभाव यहाँ जड़ें जमा चुका था।

परन्तु यह प्रभाव परिपक्व हड़प्पा या ऋग्वेद के नए मंडलों के काल में ही अधिक गहरा होता प्रतीत होता है। ऋग्वेद के नए मंडलों में पहली बार युगों की अवधारणा अपने बीज रूप में दिखाई देती है (10.72.1-3), जिसका विकास आगे चलकर पुराणों आदि में होता है (39/4.331)। ईरानी और ग्रीक दोनों परम्पराओं में चार युगों की यह धारणा विद्यमान है।

7. बाल्टिक क्षेत्र

काला सागर से ऊपर और बाल्टिक सागर से पश्चिम के यूरोपीय क्षेत्र को जिसमें उक्रेन, मोल्दाविया, लिथुआनिया और लैटविया आदि आते हैं, कुछ अध्येताओं द्वारा भारोपीय जनों का मूल निवास माना जाता रहा है और अन्य सम्भावित क्षेत्रों की तुलना में इस क्षेत्र को बीसवीं शताब्दी के दौरान अधिक वांछित क्षेत्र माना जाता रहा। लिथुआनियन का वैदिक संस्कृत से बहुत गहरा साम्य दिखाई देता है। इसके विपरीत पिछले दो-तीन दशकों में काला सागर में गिरनेवाली नदियों, द्नीपर और द्नीस्टर की उपत्यकाओं में एक अति प्राचीन

संस्कृति की पुरातात्त्विक खोजों ने इस धारणा को बहुत बल दिया कि 'भारत की ओर आनेवाले आर्य' मूलतः इसी क्षेत्र के निवासी थे। दूनीपर और दूनीस्टर की उपत्यकाओं में बसे सामान्य जन न तो आद्य भारोपीय संस्कृति के सर्जक थे, न ही इसके संवाहक, इस पर हम पीछे विचार कर आए हैं। परन्तु कुर्गान क्षेत्र की किलाबन्द बस्तियों के निवासियों का सम्बन्ध भारोपीय भाषा और संस्कृति से हो सकता है।

कुर्गान जनों की संघर्षपूर्ण जीवन-स्थिति के विपरीत इन किलाबन्द आवासों में रहनेवाले अविश्वसनीय रूप से मालामाल दिखाई देते हैं। और इनकी कब्रों से मिली निधियाँ आँखों में चकाचौंध पैदा कर देती हैं। इनका प्रसार अपेक्षाकृत व्यापक क्षेत्र में था, "उत्तरी-पश्चिमी काकेशस के माजकॉप की समाधियाँ और उत्तरी मध्य-अनातोलिया (तुर्की) के अलावा हुयूक और होरोज़तेपे की समाधियाँ जो ठेठ कुर्गान समाधियों की तरह बनी हैं, कुर्गान शासकों की समाधियाँ रही हो सकती हैं। आमतौर पर इन्हें ट्राय द्वितीय और आरम्भिक मेसोपोटामियाई राजवंश तृतीय के समकक्ष रखा जाता है। इन अविश्वसनीय समाधि कोशों से शक्ति और सम्पदा के संग्रह की विलक्षण योग्यता का पता चलता है। इससे यह पता चलता है कि भारोपीय राजा **ऐसे लोगों के बीच जो उनसे भिन्न ज़बान बोलते थे और भिन्न सांस्कृतिक पृष्ठभूमि के थे** (मध्य अनातोलिया में हित्ती लोगों की तरह), बहुत दक्ष शासक थे" (324/181-82)।

इन्हें हम स्थानीय जनों से बिलकुल भिन्न जीवन-पद्धति अपनाए हुए भी पाते हैं। स्थानीय जन भूमिगत मकानों में रहते थे, जबकि ये इसके ठीक विपरीत ऊँचे स्थानों पर खुले मकान बनाकर रहते थे। इनकी अकूत सम्पदा भी स्थानीय साधनों को देखते हुए सामान्य उगाही के स्थान पर वाणिज्यिक प्रचालनों से अर्जित प्रतीत होती है। घोड़ा इनके लिए मुख्यतः मांसाहार का साधन न होकर, यातायात का साधन था। यदि ये लोग ही भारोपीय संस्कृति के वाहक थे तो इनकी संख्या स्थानीय जनता को देखते हुए बहुत कम थी। अन्य क्षेत्रों की तरह यहाँ भी वे गैर-भारोपीय भाषा-भाषियों के बीच अपने केन्द्र स्थापित किए हुए थे।

बाल्टिक क्षेत्र–लिथुआनिया और लैटविया–को मूल भारोपीय निवास मानते हुए सुनीतिकुमार चाटुर्ज्या (158/3) लिखते हैं कि भारत और ईरान आने से पहले इनके पूर्वज आज से लगभग 5,000 वर्ष पहले इसी क्षेत्र में रहते थे, हालाँकि वह मानते हैं कि वे मूलतः किस क्षेत्र में फैले हुए थे, यह कुछ अटकलबाजी का विषय है। चाटुर्ज्या के अनुसार वैदिक भाषा से इस क्षेत्र की भाषा का गहरा साम्य दिखाई देता है और वैदिक ऋचाओं की तरह कुछ मन्त्र (दायना) यहाँ पढ़े जाते रहे हैं और कुछ धूप-अगियारी जैसी रीतियाँ भी यहाँ प्रचलित रही हैं।

चाटुर्ज्या आगे (व/23-24) लिखते हैं, "प्रसंगवश इस बात का उल्लेख किया जा सकता है कि उन्नीसवीं शताब्दी में जब बाल्टिक जनों–लैटवियनों और लिथुआनियनों–ने अपने राष्ट्रीय साहित्य–दायना–का अध्ययन आरम्भ किया और अपने भारतीय उत्तराधिकार के प्रति सचेत हुए तो...उनमें एक अविचारित और भावुकतापूर्ण धारणा पैदा हुई कि बाल्टिक जन पूर्व से–एशिया से–और जैसा कि वे सोच रहे थे, भारत से, आए थे। लैटवियन लेखक

फ्रे. माल्बर्गिस ने तो वास्तव में 1856 में लिखा था कि लैटवियन जन रूसियों और जर्मनों की ही तरह गंगा के तट से आए थे। लैटवियन परम्परा के अनुसार बर्तनायक्स ज्ञान और विज्ञान लेकर भारत से आए थे। इस गहन विद्या के शिक्षक विदेवुद्स थे। प्राचीन लिथुआनी पुजारिनें अपनी प्राचीन भारोपीय रीति का पालन करने के लिए पवित्र अग्नि जलाया करती थीं और जैसा कि एक आधुनिक लिथुआनी कवि ने सुझाया था, लिथुआनिया में यह रीति सिन्धु तट से आई थी।''

चाटुर्ज्या मानते हैं कि बाल्टों को जर्मनी, पोलों और ज़ारकालीन रूसियों के हाथों जो अपमान झेलना पड़ा था, उससे मुक्त होने के लिए ही उनके द्वारा भारतीय मूल निवास के प्रति यह प्रेम व्यक्त किया जा रहा था। भारत उनके लिए संस्कृत का देश था, वेदों का देश था। अतः वह बाल्टों के इस रुख को अविचारित और भावुकतापूर्ण मानते हैं। भारत संस्कृत का और वेदों का देश भले रहा हो, पर यूरोपीय विद्वानों ने यह तो कभी स्वीकार नहीं किया कि आर्य जनों का मूल निवास भारत था। ऐसी स्थिति में लैटवियनों और लिथुआनियनों में भारत से वहाँ पहुँचने की धारणा क्या अनायास पैदा हो गई या इसका कोई अन्य ठोस कारण था? इसे भावुकता या हीनताग्रन्थि कहकर खारिज करना उचित नहीं है।

किसी परम्परा को यथातथ्य स्वीकार कर लेना विवेकपूर्ण नहीं माना जा सकता, पर इसकी छानबीन किए बिना हँसकर उड़ा देना ऐतिहासिक सूचना के एक महत्त्वपूर्ण स्रोत को नकारने जैसा है। बाल्ट कवियों के दावे को खारिज करने से पहले कुछ सवालों पर विचार किया जाना चाहिए था : जो परम्पराएँ बाल्ट क्षेत्र में बहुत प्राचीन काल से चली आ रही थीं और जिनके अनुसार बर्तनायक्स नाम का कोई व्यक्ति विदेवुद्स या अपने सुशिक्षित शिष्यों सहित इस क्षेत्र में बहुत पहले कभी पहुँचा था, क्या उनको भी अठारहवीं शताब्दी के इन कवियों ने गढ़ लिया था? विदेवुद्स और बर्तनायक्स शब्द क्या इन कवियों के गढ़े हुए थे? यदि भारत से अपने सम्बन्ध को जोड़ना ही था तो इन कवियों ने यह दावा क्यों नहीं किया कि उनका पूरा समाज, पूरी जाति भारत से, गंगा या सिन्धु के तट से वहाँ आकर बसी थी? किसी एक व्यक्ति के उनके अपने समाज में पहुँचने से एक नए विश्वास या धर्म के प्रति आस्था तो व्यक्त की जा सकती है, पर यह जातीय श्रेष्ठता का रूप तो नहीं ले सकता। इन विभिन्न तथ्यों को सामने रखते हुए और इनके मर्म को समझते हुए ही उस धार्मिक रीति का और वहाँ प्रचलित दायना का समाधान पाया जा सकता था।

यह बाल्ट परम्परा, श्रुत परम्परा की अतिजीविता का एक सुन्दर उदाहरण है। यह याद रहे कि संगठित रूप में अपने धार्मिक विश्वासों का देश-देशान्तर में प्रचार करने का, इसके निमित्त सुदूर देशों, अपरिचित जनों और अज्ञात भाषाओं के क्षेत्र में अपने केन्द्र स्थापित करने का एक हवाला ऋग्वेद (10.56) में आया है। इन केन्द्रों को धार्मिक केन्द्रों के साथ-साथ शैक्षिक केन्द्रों का भी रूप देने और इनके माध्यम से जनता को शिक्षित और दीक्षित करने और इनके बीच अपनी भाषा का भी प्रचार-प्रसार करने का सबसे प्राचीन उदाहरण भारत में ही पाया जाता है। इस दृष्टि से बौद्ध प्रचारकों का प्रयास और उनको

मिली सफलता के विषय में किसी विवाद का प्रश्न ही नहीं उठता। वैदिक कालीन ऋषि बौद्धों से भी दो हज़ार वर्ष पहले से यही काम करते आ रहे थे और सम्भवतः बौद्ध काल में भी उनके प्रयत्न जारी थे। एक जर्जर और विगलित रूप में इसकी छाया आज तक साधुओं के संगठनों में बनी देखी जा सकती है। ईसाइयत जिन अनेक मामलों में बुद्ध धर्म से प्रभावित हुई उनमें से एक, और सबसे प्रमुख, है धार्मिक प्रचार का ढाँचा। ठीक इसी तरह बौद्ध मत ने संगठित प्रचार-अभियान वैदिक काल से चली आ रही लम्बी परम्परा से उत्तराधिकार के रूप में पाया था।

प्रकारान्तर से कहें तो बाल्टिक क्षेत्र की छानबीन करने पर हम पाते हैं कि कुर्गान संस्कृति के प्रसार-क्षेत्र में बनी किलाबन्द कोठियों का सम्बन्ध घोड़े और स्थानीय खनिज भंडार में रुचि रखनेवाले व्यापारियों से हो सकता है और इनको स्थानीय आबादी का अभिन्न अंग मानना ठीक नहीं। इस क्षेत्र में और इससे आगे भारोपीय भाषा का प्रचार-प्रसार करने में भी इनकी प्रमुख भूमिका रही हो सकती है। ये केन्द्र ज़रूरी नहीं कि भारतीय मूल के व्यापारियों के ही रहे हों।

बाल्टिक परम्परा इस बात की पुष्टि तो करती है कि प्रसार का केन्द्र वैदिक मूल भूमि थी, साथ ही यह भी कि प्रसार के वाहकों का बहुत बड़े पैमाने पर स्थानान्तरण नहीं हुआ था और जिन समाजों में इन तत्त्वों का प्रसार हुआ था उनकी अपनी सामाजिक और आर्थिक रचना भी भिन्न-भिन्न थी। उदाहरण के लिए, लिथुआनिया में पुजारिनों के हाथ में वैदिक पूजा और रीति-विधान का सौंपा जाना इस बात का आभास देता है कि इसको ग्रहण करनेवाला क़बीला उस काल तक मातृसत्ताक था। इससे इस बात का भी पता चलता है कि प्रभाव-विस्तार का समय ठीक वह है जब वैदिक साहित्य की रचना ज़ारी थी और नए क्षेत्रों में पहुँचनेवाले वहाँ स्वयं इस तरह की रचनाओं को जन्म दे सकते और अन्य सुधी-व्यक्तियों को ऐसी रचनाओं के लिए प्रेरित कर सकते थे। कहें, प्रसार वेदों का नहीं, इनकी भावना और विचारों का, इनसे जुड़े आचारों और रीति-विधानों का और, निश्चय ही, इनकी भाषा का हुआ था। विदेवुदूस का अपना गहन ज्ञान लेकर वहाँ पहुँचना और इसके बाद उनकी ही भाषा और संस्कृति की छाप उस पूरे क्षेत्र में कायम हो जाना इस बात का कुछ आभास दे सकता है कि स्थानीय ज्ञान-विज्ञान और संस्कृति की तुलना में इस नई जमात द्वारा लाए गए ज्ञान-विज्ञान और संस्कृति का स्तर क्या रहा हो सकता है। इसी की पुष्टि ईरानी परम्परा में भी होती है, इसे हम पहले देख आए हैं। एक रोचक बात यह है कि ईरान और लिथुआनिया दोनों में नई सभ्यता और विश्वास के वाहक के रूप में व्यापारियों को नहीं, अपितु इक्के-दुक्के धार्मिक नेताओं को प्रस्तुत किया गया है। पर ध्यान रहे जरतुश्त से पहले वहाँ वे व्यापारी बसे हुए थे जिनके पास वह पहुँचे थे। यदि जरतुश्त का काल छठी शताब्दी ई.पू. है और ईरान में आर्य भाषा के प्रवेश को हज़ार-डेढ़ हज़ार वर्ष पहले बताया जाता है तो ये व्यापारी वहाँ शताब्दियों से जमे हुए थे। सत्रहवीं और अठारहवीं शताब्दियों के दौरान यूरोप में विभिन्न व्यापारिक कम्पनियों के गठन से और इनके द्वारा देश-देशान्तर की यात्राओं के कारण जिस तरह ईसाई धर्म-प्रचारकों में भी अपना धर्म-साम्राज्य स्थापित करने का या 'पिछड़े और असभ्य समाजों में धर्म की ज्योति

जगाने का' जोश पैदा हुआ और अनेक क्षेत्रों में तो वे इन व्यापारियों के पहुँचने से भी पहले पहुँच गए और अपना काम करते रहे, कुछ उसी तरह का वातावरण वैदिक व्यापारिक गतिविधियों के कारण पैदा हुआ था और अनेक क्षेत्रों में मिशनरियों की ही तरह भाषा और संस्कृति का प्रसार वैदिक ऋषियों द्वारा अपने बल पर किया गया था। इन प्रचारकों द्वारा तैयार किए गए वातावरण का लाभ व्यापारियों को और व्यापारियों द्वारा कायम किए गए केन्द्रों का लाभ प्रचारकों को तो मिलता ही रहा है, व्यापारी और उनके उदार दान ही इन प्रचारकों के संबल भी रहे होंगे।

8. ग्रीस

ग्रीस या ग्रीस पूर्वी भूमध्य सागर का एक प्रायद्वीप है। पूर्वी भूमध्य सागर में छोटे-बड़े पचासों द्वीप हैं जो इस प्रायद्वीप सहित बहुत प्राचीन काल से अन्तर्क्रिया के एक ही क्षेत्र में आते रहे हैं। तुर्की के किसी स्थल से समुद्र-मार्ग से ग्रीस में इन द्वीपों को पकड़कर पहुँचा जा सकता है। यह उत्तर की ओर यूरोप से जुड़ा है अतः यहाँ मध्य यूरोप की ओर से भी पहुँचा जा सकता है। अपने उत्कर्ष-काल में ग्रीस जितनी निकटता से पूर्वी भूमध्य सागर के तटीय और द्वीपीय क्षेत्रों से जुड़ा रहा है उतनी निकटता से अपने सटे यूरोपीय भू-भाग से नहीं।

ग्रीस का धरातल ऊबड़-खाबड़ पहाड़ियों से बना है, जिनको पार करके एक सिरे से दूसरे सिरे तक पहुँच पाना अपेक्षाकृत अधिक कठिन रहा है और इसलिए पूरे प्रायद्वीपीय क्षेत्र में यातायात का प्रमुख मार्ग समुद्री ही रहा है। इसका पाँचवाँ हिस्सा ही ऐसा है जिसमें खेती की जा सकती है और इस क्षेत्र के भी ऊँचा-नीचा होने के कारण अधिकांश खेती सीढ़ीनुमा बनी क्यारियों में ही होती रही है। दूसरे शब्दों में कहें तो, यह क्षेत्र खेती की दृष्टि से बहुत उत्साहवर्धक नहीं दिखाई देता। यही स्थिति चरागाहों की भी रही है। अतः यहाँ यद्यपि बहुत पहले से पशुपालन भी होता रहा है, पर किसी अच्छे पैमाने पर नहीं। इनके पालतू पशुओं में गाय, भेड़, बकरी आदि आते हैं, पर घोड़ों की संख्या बहुत अधिक नहीं थी और प्राचीन काल में भी घोड़ा रखना केवल रईसों के ही वश की बात थी (71/17)।

यदि उर्वरता ही नगर-सभ्यता का मेरुदंड मानी जाए तो यह एक असाध्य पहेली बनी रहेगी कि इस मामले में खासा निराशाजनक यह क्षेत्र विश्व की ऐसी गौरवशाली सभ्यता का निर्माता रह चुका है जिससे प्रेरणा लेकर आधुनिक यूरोप का जन्म हुआ है और जो चिन्तन और दर्शन के क्षेत्र में आज तक एक महत्त्वपूर्ण सन्दर्भ-बिन्दु बना हुआ है।

जिन लोगों को इस सभ्यता के निर्माण का श्रेय दिया जाता है वे भारोपीय भाषा-भाषी थे। ये ग्रीस में कब और कैसे पहुँचे और किस तरह उन्होंने अपने को उस शिखर बिन्दु पर पहुँचाया, इस विषय में काफ़ी उलझन बनी रही है। जो भी हो, ग्रीक भाषा अपने ठीक पड़ोस की यूरोपीय भाषाओं से उतना गहरा साम्य नहीं रखती जितना गहरा साम्य यह संस्कृत के साथ प्रकट करती है। बरो लिखते हैं, ''ग्रीक में केंतुम वर्ग की किसी भी अन्य

भाषा से निकट सम्पर्क के लक्षण नहीं दिखाई देते। इसके विपरीत इसका निकटतम सम्बन्ध सतेम वर्ग की भाषाओं से, ख़ासतौर से भारतीय-ईरानी और अर्मीनियाई से प्रकट होता है। संस्कृत के तुलनात्मक व्याकरण पर एक नज़र डालने से ही यह पता चल जाएगा कि संस्कृत और ग्रीक में पाई जानेवाली समानताएँ भारतीय-ईरानी शाखा के बाहर इस परिवार की किसी भी अन्य भाषा की तुलना में अधिक हैं। क्रियाओं की रूपावली में तो यह बात ख़ासतौर से पाई जाती है" (129/15)।

ग्रीस में आर्यभाषा या इस सम्पर्कभाषा का प्रवेश कब हुआ? किधर से हुआ? टी. बरो के अनुसार–इस क्षेत्र में भारोपीय भाषा-भाषियों का प्रवेश आठवीं शताब्दी ई.पू. से पहले और उत्तर की ओर से हुआ (व/10)। पर आठवीं शताब्दी के आसपास का समय और प्रवेश की यह दिशा और ग्रीस के उपनिवेशीकरण की मान्यता सतही अटकलों पर आधारित है, जिसका अब लगभग खंडन हो चुका है।

होमर द्वारा उनके महाकाव्यों में वर्णित परम्परा के आधार पर और ऐसे पुरातात्त्विक साक्ष्यों को सामने रखते हुए, जिनका इस विवरण के अनुसार एक कामचलाऊ अर्थ कर लिया गया था, सातवीं-आठवीं शताब्दी या मोटेतौर पर ट्राय युद्ध के बाद कभी हुए इस आक्रमण की मान्यता इतनी जड़ जमा चुकी है कि अनेक विद्वान् आज भी इसका उल्लेख एक सम्भावना के रूप में कर बैठते हैं। पर इसको सबसे पहली चुनौती मिनोआ (क्रीट), पाइलॉस (दक्षिणी-पश्चिमी पेलोपोनेसस), माइसीन (ग्रीक मुख्य भूमि) से प्राप्त रैखिक (लिनियर) 'बी' के अभिलेखों से मिली, जिसकी व्याख्या करने पर यह पाया गया कि इसकी भाषा न केवल भारोपीय है अपितु यह ग्रीक ही है। पुरानी मान्यता का दबाव कुछ ऐसा रहा कि कुछ समय तक अनेक विद्वान् इसे एक भ्रम मात्र मानते रहे, पर अब यह सन्देह से परे माना जाता है। 'बी' से पहले प्रचलित रैखिक 'ए' को भी कुछ विद्वान् भारोपीय ही मानते हैं। रैखिक 'बी' का काल 1400-1200 शताब्दी ई.पू. है और इसकी भाषा बाद की क्लासिकी ग्रीक से अधिक पुरानी और अधिक विकारग्रस्त है। लिपि मोटेतौर पर आक्षरिक है (202/42-43, 116-19)।

टी. बरो ने अपना विवरण, जिसके अनुसार ग्रीस का उपनिवेशीकरण आठवीं शताब्दी ई.पू. के आसपास उत्तर की ओर से, मध्य यूरोप से हुआ, वेन्ट्रिस और चैडविक द्वारा किए गए रैखिक 'बी' के पाठ से पहले तैयार कर लिया था। रैखिक 'बी' से नीचे ही रैखिक 'ए' का पाया जाना और इन दोनों के पुराने प्रमाणों का क्रीट में पाया जाना यह प्रकट करता है कि इस लिपि का प्रसार दक्षिण के द्वीपीय क्षेत्र से उत्तर को ग्रीक मूल भूमि की ओर हुआ, न कि इसके विपरीत। इस द्वीप में मूलतः ये आर्य भाषा-भाषी पूर्व की ओर से ही पहुँच सकते थे।

ग्रीकों की पोशाक से भी यह प्रकट नहीं होता कि मूल जन इस क्षेत्र में पहुँचने से पहले किसी ऐसे क्षेत्र में निवास करते थे जहाँ अधिक ठंड पड़ती रही हो। उनकी पोशाक पर टिप्पणी करते हुए डॉ. चाटुर्ज्या लिखते हैं, "ईरानी आर्यों के वस्त्रों का बहुत विश्वसनीय प्रस्तुतीकरण छठी शताब्दी ई.पू. की हख्मनी मूर्तियों और टेपेस्ट्री के अवशेषों में पाया जाता है। पारसी आर्यों ने भारतीय आर्यों की तरह खुले वस्त्र पहनने की आदत डाल ली थी, यह

प्राचीन मूर्तियों में देखा जा सकता है।...यूनानियों ने (जिनके प्रमाण स्पार्टा के डोरियनों और एथेंस के ऐटिकों में पाए जाते हैं) सादे अनसिले कपड़ों का चुनाव किया जो भारतीय आर्यों के दो वस्त्र-खंडों–धौत्र और उत्तरीय–में भी पाया जाता है" (158/99-100)।

ठीक यही बात ग्रीस और कतिपय अन्य यूरोपीय स्थलों के विषय में काफी पहले श्रेडर ने कुछ विस्तार में जाते हुए कही थी (499/335-36)। सुनीतिकुमार चाटुर्ज्या पूरी स्थिति को उलटकर पेश करते हुए यह मानते हैं कि मूल जनों की पोशाक मीदियनों और सीथियनों में बनी रह गई थी जो पहाड़ी क्षेत्रों में रहने के कारण ब्रीचेज़ व ऊँचे बूट पहनते थे। श्रेडर भी मानते हैं कि मूल जन ऊनी व कौशेय (लिनन) वस्त्र बुनना जानते थे। वह ग्रीक स्त्रियों में भी इस तरह के वस्त्रों के प्रचलन की बात करते हैं (व/336) और इनको पहनने की जिस शैली का हवाला देते हैं वह भारतीय स्त्रियों के पहनावे की याद दिलाती है। श्रेडर इस सम्बन्ध में एक अधिक उपयोगी सूचना देते हैं कि टैसिटस के अनुसार ट्यूटन पुरुषों में से बहुत-से एक अधोवस्त्र से ही सन्तुष्ट रहते थे और ऊपर बिलकुल नंगे रहते थे।

तीन बिलकुल भिन्न जलवायविक स्थितियों में, और दो के मामले में किंचित् असुविधाजनक स्थितियों में, चुस्त पोशाक को छोड़कर खुले और अनसिले वस्त्रों का चलन कैसे हो गया? साथ ही हड़प्पा की वेशभूषा ठीक वही थी जो सुनीतिकुमार चाटुर्ज्या के अनुसार ईरानियों और यूनानियों की और श्रेडर के अनुसार ग्रीक स्त्री-पुरुषों और ट्यूटनों की थी?

पोशाक की यह समानता मूल निवास और प्रसार-केन्द्र को समझने की दृष्टि से किसी भी अन्य साक्ष्य से अधिक महत्त्वपूर्ण है। परन्तु इसे इस बात का निर्णायक प्रमाण नहीं माना जा सकता कि ग्रीस में अपना प्रभाव कायम करनेवाले वहाँ सीधे भारत से ही पहुँचे थे, न ही यह कि इनकी संख्या बहुत बड़ी थी। सांस्कृतिक दृष्टि से अपनी श्रेष्ठता का सिक्का जमाने और आर्थिक समृद्धि प्राप्त करनेवाले लोग शेष जनों के लिए अनुकरणीय बन जाते हैं और उनकी पोशाक, भाषा रीति-नीति का अनुकरण स्थानीय जनता द्वारा घोर असुविधाओं के बावजूद किया जाता है। कारण, उनकी ये विशेषताएँ व्यक्ति की सामाजिक हैसियत का मानदंड बन जाती हैं। अंग्रेज़ी भाषा, और यूरोपीय वेशभूषा का प्रसार इसका आधुनिक उदाहरण माना जा सकता है।

इसके विपरीत रैखिक 'बी' की भाषा का क्लासिकी ग्रीक से, जो ही संस्कृत से अधिक लगाव रखती दिखाई देती है, भिन्नता इस बात का प्रमाण है कि इस क्षेत्र में प्रवेश करनेवाले और आरम्भ में इस लिपि का प्रयोग करनेवाले संख्या में बहुत अधिक नहीं रहे हो सकते हैं और इनकी बोली स्थानीय बोलियों से बहुत अधिक प्रभावित थी। पर साथ ही इस लिपि की सीमाओं के कारण भी इस भाषा को अटपटे ढंग से ही प्रस्तुत किया गया है जो अभी तक वर्णिक रूप नहीं ले पाई थी। आरम्भिक प्रसार के बाद इन केन्द्रों के महत्त्वपूर्ण होने के साथ यहाँ क्रमशः भारोपीय-भाषियों का जमाव अधिक होता चला गया और भाषा में अधिक निखार आता गया।

नई प्रेरणा का आरम्भ इस क्षेत्र में आकर बसनेवाले व्यापारियों के माध्यम से हुआ लगता है जिन्होंने इस प्रायद्वीप और इसके निकटस्थ द्वीपों का चुनाव इनके व्यापारिक

महत्त्व के कारण किया था। कारण, उर्वरता और स्थानीय सम्पदा की दृष्टि से ग्रीस आकर्षक क्षेत्र नहीं प्रतीत होता। ग्रीक प्रभाव के प्रसार से पहले से भी यह क्षेत्र व्यापारिक गतिविधियों का केन्द्र बन चुका था और यहाँ अपना प्रभाव जमाए हुए लोग नौचालन से परिचित थे जिसके पुरातात्त्विक साक्ष्य प्रचुरता से पाए जाते हैं। श्रेडर विभिन्न भारोपीय भाषाओं में डाँड़, सं.–अरित्र, ग्री.–एरेत्रस, लिथु.–हर्-ति/इर्-क्लस्, ला.–रेमूस, त्रिरेमिस, प्राउज.–रुओदर का जिसके साथ हम अंग्रेज़ी के रडर को भी जोड़ सकते हैं और नाव, सं.–नौ, प्रा फ.–नावि, ज़ेंद–आपो नावयाओ (नौगम्य नदियाँ), ला.–नाविस, अर्मी.–नाव्, प्राउज.–नाउए, प्रा. नार्स–लाउस्त (नौघाट) आदि के सादृश्यों के आधार पर यह मानते हैं कि मूल जन नौचालन से परिचित थे (546/353)। सं. पोत, अं. बोट और फ़्लोट को देखते हुए हम यह भी कह सकते हैं कि नाव के लिए मूल भाषा में एकाधिक पर्याय थे। और हम यूनानियों के मामले में उनके विषय में मिलनेवाली प्राचीनतम सूचना के समय भी उन्हें नौचालन में ही नहीं, अपितु युद्ध आदि के लिए भी नावों के प्रयोग में और वह भी समुद्रगम्य नावों के प्रयोग में निष्णात पाते हैं। ट्राय का युद्ध जितना युद्ध का वर्णन है (ईलियड) उतना ही नौ-यात्रा और इसकी यातनाओं (ओडेसी) का।

यदि इसके साथ ही हम यूनानियों के सम्पर्क-क्षेत्र पर नज़र डालें और सम्पर्क के देशों और जनों के प्रति उनके रुख को समझने का प्रयत्न करें तो भी यही प्रकट होगा कि वे दक्षिण और पूर्व की सभ्यताओं से अधिक जुड़े थे और उनकी संस्कृति इनसे अधिक प्रभावित थी। अपने से उत्तर के यूरोपीय देशों के लोगों को वे बहुत भर्त्सना की दृष्टि से देखते थे। लैटिमोर (374/419) लिखते हैं, "हेलेनी शब्द डोरियन शब्द से निकटता रखता है। यह पेलास्जियन, कैरियन, बार्बेरियन (बर्बर) का विलोम है।" प्रकारान्तर से कहें तो, ग्रीस में अपना प्रभुत्व कायम करनेवाला वर्ग या आर्य भाषा-भाषी होने का दम भरनेवाला वर्ग, अपनी श्रेष्ठता पर उसी तरह गर्व करता था जैसे आर्य करते थे। यूनानियों, जर्मनों और ईरानियों में प्रचलित हॉस्पितिएम की जिस संस्था का हम उल्लेख कर आए हैं वह भी इस बात का सूचक है कि व्यापारी वर्ग चाहे अन्यत्र से आया रहा हो या स्थानीय व्यापारियों ने अपने को नई सभ्यता से जोड़ा हो पर उन्होंने मूलतः जिस ढाँचे का विकास किया था वह आर्य तन्त्र की देन था।

अब यदि हम होमर की रचनाओं के आधार पर गढ़े गए उस आक्रमण पर विचार करें जो आठवीं शताब्दी ई.पू. के आसपास कभी उत्तर की ओर से हुआ था तो भी हम इससे उक्त मान्यता का विरोध होते नहीं पाते। रिकमांड लैटिमोर के अनुसार, "ट्राय युद्ध के बाद भारी उथल-पुथल और बड़े पैमाने पर प्रव्रजन शुरू हुआ। इससे ग्रीस में बसे हुए पुराने क़बीलों को धकेलते हुए नए क़बीले घुस आए। आक्रामकों की एक जाति जिसे थिसेलियन कहा जाता है, थिसली पर कब्ज़ा कर बैठी और इसने बायोटिया के निवासियों को उखाड़ फेंका और इन्होंने फिर कैडमियनों के क्षेत्र पर अधिकार जमाया जो उसके बाद बायोटिया कहा जाने लगा। डोरियनों ने हेराक्लीज़ के वंशधरों के साथ मिलकर उत्तर दिशा से पेलोपोनीज के स्पार्टा, माइसीनिया एर्कोस तथा अन्य स्थानों को जीतने के लिए चढ़ाई की। ये संचलन आकस्मिक थे या क्रमिक, इसका हर मामले में हमें पता नहीं। इस बात के

प्रमाण हैं कि कभी तो इन्होंने अपनी सत्ता शान्तिपूर्ण समझौतों से जमाई और कभी सीधी विजय से।''

पर यह घटना, जैसा कि ऊपर के विवरण से स्पष्ट है, ट्राय युद्ध के बाद की है जिसका समय लगभग 1200 ई.पू. माना जाता है। इस पूरे पट-परिवर्तन का काल 1200-800 ई.पू. के बीच कहीं आता है, या चार सौ वर्षों में फैला हुआ है। स्पष्टतः उत्तर की ओर से जिस क्षेत्र पर अधिकार जमाने की बात की गई है वह पेलीपोनीज के सन्दर्भ में है जो ग्रीस के दक्षिणी छोर का एक छोटा-सा उपप्रायद्वीप है। अतः यह ग्रीस से बाहर से नहीं, अपितु ग्रीस के ही मुख्य भाग से दक्षिण की ओर हुई किसी उथल-पुथल का सूचक है, न कि मध्य यूरोप से ग्रीस पर आक्रमण का प्रमाण। इसका समय भी, जैसा कि हम देख आए हैं, कुछ अनिश्चित है।

टिल अलेक्ज़ेंडर (71/20) लिखते हैं, ''ईसा की सातवीं शताब्दी में ग्रीस में स्लावों के आव्रजन से पहले यहाँ की आबादी में सबसे बड़ा अन्तिम उलट-फेर कांस्य युग के अन्त में ग्रीस पर डोरियनों तथा अन्य पिछड़े यूनानियों के आक्रमण के समय हुआ था। इस डोरियन आक्रमण की पुष्टि बाद की परम्परा से और सातवीं-छठी ई.पू. की शताब्दियों में ग्रीक बोलियों के प्रसार से होती है। विचित्र बात यह है कि इसका कोई वस्तुगत पुरातात्त्विक प्रमाण नहीं मिलता। ऐसा लगता है कि यह माइसीनिया के भवनों और इस सभ्यता के ध्वंस से सम्बन्धित है, यद्यपि इस ध्वंस की (जिसकी चर्चा बाद की परम्परा में नहीं मिलती) आंशिक या पूर्ण व्याख्या यह हो सकती है कि यह एक आन्तरिक क्रान्ति थी।''

यह अपनी अन्तिम व्याख्या में ग्रीस के बाहर से ग्रीस पर आक्रमण न होकर एक आन्तरिक क्रान्ति ही सिद्ध होता है। कारण, परम्परा के अनुसार भी इसका एक प्रमुख घटक या, सम्भव है, इसका नेतृत्व करनेवाला वर्ग हेराक्लीज के वंशधरों का था और ट्राय युद्ध के प्रधान सेनानियों में हेराक्लीज स्वयं था। वह और उसके वंशधर बाहरी तत्त्व न होकर स्वयं भी ग्रीक थे और यही स्थिति डोरियनों की भी रही लगती है। इसके संवाहक पशुचारी यायावर क़बीले नहीं थे, अपितु नौचालन आदि के मामले में शताब्दियों पहले से आगे बढ़े हुए सुसंगठित लोग थे। जिन्हें क़बीलों के रूप में कल्पित कर लिया गया है वे इस क्षेत्र में स्थापित प्रमुख व्यापारिक घरानों के लोग रहे लगते हैं। हेराक्लीटस के असाधारण शौर्य के बावजूद ईलियड में उसके प्रति आगमैनन का जो उपेक्षापूर्ण रुख़ है उससे ऐसा लगता है कि उसके साथ कुलीनता का वह आभामंडल नहीं जुड़ा था जो आगमैनन के साथ। उसके दैवी जन्म की कहानी के बावजूद ऐसा लगता है कि वह किसी साधारण स्थिति का ही एक असाधारण योद्धा था। माइसीनिया ही नहीं, अपितु पूरी माइसीनियन सभ्यता के भवनों और प्रासादों को ध्वस्त करने के साक्ष्यों को ध्यान में रखते हुए इसे अपने ही प्रभुवर्ग से खिन्न और उत्पीड़ित जनता का सुसंगठित और व्यापक विद्रोह माना जा सकता है। इनके इस विद्रोह ने माइसीनियन सभ्यता को, इसकी उपलब्धियों के साथ ही उजाड़ और मिटाकर रख दिया और कुछ समय के लिए अव्यवस्था का दौर इतना तीखा रहा कि शताब्दियों पहले से चली आ रही लिपि और लेखन की परम्परा नष्ट हो गई

और आगे चलकर पुनः जब ग्रीस का एक नए ओजस्वी राष्ट्र के रूप में उदय हुआ तो इसे अपनी लिपि फ़ीनीशियनों से लेनी पड़ी। इन विद्रोहियों का क्रोध सम्पन्न वर्ग के विरुद्ध था। सिर्फ़ पेलोपोनीज के अर्कादिया के निवासियों को उन्होंने हाथ नहीं लगाया, जो कि साधारण चरवाहे आदि थे। "कुछ स्थानों पर वे शासक बन गए और शेष में अपने पूर्ववर्तियों में घुलमिल गए।...हम डोरियन राज्यों को दक्षिणी और पूर्वी पेलोपोनीज में पाते हैं। इनमें से एक मेसीनिया में था, एक लाइकोनिया में, कई एर्गोलिद में थे और कुछ दूसरे कोरिथ और सिक्योन में। क्रीट, मेगरा और एजिना में भी डोरियन जम गए थे। उत्तरी पेलोपोनेसिया के तट के अखइयन ही...माइसीनियाई आबादी के अवशेष रह गए थे" (व/20-23)। ज़ाहिर है कि यह उपद्रव भी उत्तर की ओर से ही आरम्भ हुआ हो, यह ज़रूरी नहीं। अखइयन स्वयं भी ग्रीक भाषा-भाषी ही थे।

उत्तर से हुए डोरियन आक्रमण की आधारहीनता पर टिप्पणी करते हुए एंटनी ऐंड्र्यूज (85/33) लिखते हैं, "ग्रीक गल्पों को याद करके इतिहासकार स्वभावतः यह सोचते रहे कि इतने अधिक माइसीनी केन्द्रों का ध्वंस डोरियनों तथा अन्य नवागन्तुकों के साथ जोड़ा जाना चाहिए। माइसीनियन स्थलों पर पुनः कब्ज़ा या इनका लगातार आबाद रहना इस सुझाव के घोर विरोध में जाता है। वास्तव में एर्गोलिद के साक्ष्यों से स्पष्ट प्रकट होता है कि इसके 150 वर्ष बाद तक भी ऐसा कुछ नहीं हुआ जो किन्हीं नए बाशिन्दों को प्रकट कर सके।"

इस तरह चाहे हम कुछ धैर्य के साथ उस परम्परा का विवेचन करें जिसके आधार पर यह मान लिया गया था कि डोरियनों का आगमन ग्रीस में उत्तर की ओर से हुआ और इसी के साथ ग्रीक भाषा का ग्रीस में प्रवेश हुआ, या पुरातात्त्विक साक्ष्यों पर ध्यान दें, हम इस डोरियन आक्रमण को भी आर्य आक्रमण की ही तरह एक मिथक ही पाते हैं। अधिक-से-अधिक यह एक जनक्रान्ति थी और थी भी उसी जाति और भाषा के लोगों द्वारा अपने प्रभुवर्ग के विरुद्ध और सम्भवतः यह विश्व की सबसे पहली सफल जनक्रान्ति थी।

ग्रीस में माइसीनियन सभ्यता को 1600-1200 ई.पू. के मध्य रखा जाता है। क्रीट और एजियन में इसे इससे कुछ पहले माना जा सकता है। इस सभ्यता का यह प्रथम चरण लगभग 19वीं शताब्दी ई.पू. में आरम्भ हुआ लगता है (223/1)। यही ग्रीस और उसके समीपस्थ द्वीपों में आर्य-प्रभाव के प्रवेश का समय माना जा सकता है। इससे पहले भी यह क्षेत्र, जैसा कि हम कह आए हैं, अन्तःसम्पर्क से जुड़ा हुआ था। इसमें परस्पर मिलती-जुलती अनेक भाषाओं का प्रयोग हो रहा था, स्थानीय बोलियों का प्रयोग हो रहा था। उन बोलियों की कतिपय विशेषताओं में एक था 'न्थ' 'स्स' 'त्त' प्रत्ययों का जुड़ संज्ञा में जुड़ जाना जो कोरिंथ, कोरिंथस, पार्नेस्सस् आदि नामों में तथा अन्य शब्दों में बचा रह गया है (85/17-18)।

इस तरह विभिन्न पहलुओं से विचार करने पर ऐसा लगता है कि ग्रीक क्षेत्र में भी आर्य-भाषा का प्रसार व्यापारिक गतिविधियों के कारण हुआ था और इसकी दिशा तुर्की की ओर से भूमध्य सागरीय द्वीपों को और फिर दक्षिणी ग्रीस को पकड़ते हुए उत्तरी ग्रीस की

ओर थी। ग्रीक क्षेत्र में अपनी सत्ता जिन व्यापारिक लाभों को ध्यान में रखकर जमाई गई थी उसी की अनिवार्य परिणति मध्य यूरोप के कुछ क्षेत्रों का भाषिक और सांस्कृतिक दृष्टि से आर्यीकरण रहा हो सकता है।

इस क्षेत्र में प्रसार का काल भी उसके कुछ ही बाद पड़ता है जो एशिया माइनर में।

9. एशिया माइनर

एशिया माइनर में बोग़ाज़कुई से प्राप्त हित्ती अभिलेखों में एक वैवाहिक सन्धि-पत्र पर वैदिक देवताओं के नाम युग्मों (द्वन्द्व-समास) में प्रयुक्त हुए हैं और ये नाम तथा द्वन्द्व में इनका प्रस्तुतीकरण समूचे भारोपीय क्षेत्र में केवल भारत से ही साम्य रखता है। अश्व-पालन की एक पुस्तक में जिन संख्यावाचियों का प्रयोग हुआ है इनका भी सम्बन्ध केवल भारत से ही जुड़ता है, जिनमें सबसे रोचक है एक का रूप 'ऐक'।

इन अभिलेखों की भाषा में भाषाविदों के अनुसार कुछ ऐसे लक्षण पाए जाते हैं जो अन्य भाषाओं की तुलना में अधिक प्राचीन हैं। साथ ही हित्ती का वैदिक संस्कृत से सबसे अधिक साम्य दिखाई देता है इसीलिए यह कल्पित किया गया कि मूल भारोपीय भाषा जिन दो शाखाओं में पहले विभाजित हुई उनमें से एक भारतीय-हित्ती शाखा है और दूसरी शेष भारोपीय भाषाओं की शाखा (159/5)।

उत्तरी मेसोपोटामिया के सिरे पर मितन्नी, क्षेत्र के ब्राक से हड़प्पा के ककुद्मान वृषम के आशय की एक मुहर भी मिली है। मितन्नी जिनकी भाषा आर्य-भाषा थी, इस मुहर को देखते हुए हड़प्पा के व्यापारी प्रतीत होते हैं।

इस मुहर के साक्ष्य को देखकर कोसंबी यह सुझाते हैं कि एशिया माइनर में पहुँचे हुए आर्य उस शाखा के हैं जिसने भारत पर आक्रमण किया था और जो या तो यहाँ से पराजित होने के कारण अथवा यहाँ की जलवायु आदि रास न आने के कारण एशिया माइनर की ओर लौट गए (350/77)। पर यह बात कुछ अटपटी लगती है कि भारत पर आक्रमण करनेवालों में से वे जिन्हें मुँह की खानी पड़ी या वे जिन्हें यह क्षेत्र पसन्द नहीं आया, यहाँ से भागते-भागते भी हड़प्पा की मुहरें बनाना सीख गए, पर जिन्हें यह रास आ गया और जो यहीं बस गए, उन्होंने न तो मुहरें बनाना सीखा, न ही मुहरों की लिपि से परिचित हुए।

हित्ती प्रभाव क्षेत्र के विषय में सभी अध्येता एकमत हैं कि वहाँ आर्य भाषा-भाषी जनों की संख्या थोड़ी थी और आम जनता की भाषा से उनकी भाषा बिलकुल भिन्न थी। इस थोड़ी संख्या का ही परिणाम था कि इस क्षेत्र की भाषा पर आर्य-भाषा का इतना नगण्य प्रभाव पड़ा कि यदि इन कीलाक्षरी अभिलेखों का उद्धार न हो गया होता तो कोई इस बात का अनुमान भी नहीं कर सकता था कि कभी यहाँ ऐसी कोई भाषा किसी भी वर्ग के द्वारा प्रयोग में लाई जाती थी।

इतने स्वल्प लोगों द्वारा प्रयोग में लाई जानेवाली भाषा में विकृतियों का आना स्वाभाविक था। जिन विशेषताओं की ओर यह कहकर इशारा किया जाता रहा है कि ये

हित्ती को कुछ मामलों में संस्कृत से भी प्राचीन सिद्ध करती हैं, उनमें से कुछ तो स्वयं भारत में ही वैदिक की बोलियों की विशेषताएँ हैं जिनको मानकीकृत रूप देते हुए संस्कृत की सर्जना की गई थी, पर जो इसके बावजूद बोलियों में बहुत बाद तक प्रचलित रही थीं। यह प्रवृत्ति संख्यावाचियों में मुखर है जिसे हित्ती के पंज, सत्त आदि की तुलना पालि आदि में पाए जानेवाले प्रयोगों से करते हुए समझा जा सकता है। इसी हित्ती में कंठ्य वर्णों ह, क आदि के एकाधिक प्रभेदों को सामी भाषाओं में इनके प्रभेदों को सामने रखने पर समझा जा सकता है जिनकी भारत में प्रयुक्त वर्णमाला में भी अ (अलिफ़ और ऐन), ह (हे और दोचश्मी हे), क (काफ, क़ाफ), ग (गाफ, ग़ैन) के एकाधिक रूपों में लक्ष्य किया जा सकता है। प्रश्न यह है कि क्या यह सामी का एशिया माइनर की आर्य भाषा पर प्रभाव था या आर्य भाषा का सामी पर? क्या इतने सन्दिग्ध लक्षण को प्राचीनता का निश्चय करने का आधार बनाया जा सकता है? इसका प्रसार यदि किसी रूप में यूरोप की ओर होता है (सी/के/क्यू, जैसे केंटुम, किंग और क्वीन में; फ जैसे फैंटेसी में और फ़ जैसे फ़र में; मध्य एच और आद्य एच जैसे बिहाइंड और आवर में) तो इससे हमें यह तय करने में सुविधा हो सकती है कि दक्षिणी यूरोप की ओर आर्य भाषा का प्रसार एशिया माइनर की दिशा से हुआ या नहीं। एशिया माइनर में पहुँचनेवाले आर्य भाषा-भाषी क्या आक्रमणकारी थे? बट कृष्ण घोष (236/141) लिखते हैं, "यद्यपि कप्पादोसिया पर इतने पहले ही हित्तियों का अधिकार हो गया था, फिर भी इसे उनका मूल निवास नहीं माना जा सकता। कारण, वही क्षेत्र जहाँ हित्ती साम्राज्य का उदय हुआ इससे पहले कई शताब्दियों से असीरियनों के हाथ में था और पूरे देश में असीरियाई व्यापारिक बस्तियाँ बसी हुई थीं। परन्तु ये व्यापारिक बस्तियाँ 1950 ई.पू. के आसपास एकाएक खत्म हो गईं। ज़ाहिर है कि यह हित्ती आक्रमण के कारण हुआ जिनके उपरिलिखित अभिलेखों को लगभग 1400 ई.पू. के आसपास रखा जा सकता है।"

आक्रमण राज्य-सत्ता पर होते हैं और आमतौर पर इनका व्यापार पर सीधा असर नहीं पड़ता। असीरियाई व्यापारियों की बस्तियों का बीसवीं शताब्दी में उजड़ जाना इनके प्रतिस्पर्धी व्यापारियों के हावी होने के कारण भी सम्भव है। इससे हम यह नतीजा भी निकाल सकते हैं कि आर्य भाषा-भाषी व्यापारियों ने इससे पहले इस क्षेत्र पर छाए हुए असीरियाई व्यापारियों के हाथ से व्यापार छीन लिया और क्रमशः अपनी स्थिति इतनी सुदृढ़ कर ली कि आगे चलकर ये स्थानीय प्रशासन को भी अपने हाथ में लेने में सफल हो गए।

उनकी संख्या भी इस विषय में हमें निराश नहीं करती। अपनी अल्पसंख्यकता के बावजूद उनका इस क्षेत्र के प्रशासन पर हावी हो जाना इस क्षेत्र पर इनके व्यापारिक प्रभाव और एकाधिकार का ही सूचक है। इनके द्वारा मुहरों के प्रयोग का भी व्यापार से ही सम्बन्ध हो सकता है। पर सबसे महत्त्वपूर्ण है इन अभिलेखों में मिला एक त्रिभाषी शब्दकोश। इसमें सुमेरी, बेबीलोनी और हित्ती के प्रतिशब्द दिए गए हैं जिससे प्रकट है कि इनका सुमेर और बेबीलोन से नियमित और घनिष्ठ व्यावहारिक सम्बन्ध बना हुआ था।

एशिया माइनर के इस क्षेत्र में पहुँचने के दो सम्भावित मार्ग दिखाई देते हैं : एक काला सागर तक फैले व्यापारिक केन्द्रों की ओर से और दूसरा फ़ारस की खाड़ी की ओर से फ़रात नदी को पकड़कर। सुमेर और बेबीलोन से इनके व्यापारिक सम्पर्क को इस बात का निर्णायक प्रमाण नहीं माना जा सकता कि इस क्षेत्र में प्रवेश भी इस दिशा से ही हुआ। अश्व-पालन में इनकी रुचि और दक्षता को ध्यान में रखते हुए यह सोचना अधिक संगत होगा कि इस क्षेत्र में अपना व्यापारिक प्रभुत्व क़ायम करनेवाले मीदिया की ओर से आए होंगे और इनका सम्पर्क उन क़िलाबन्द अड्डों से रहा सकता है जो तीसरी सहस्राब्दी में आस्ट्रिया, पोलैंड, मीदिया आदि में फैल चुके थे। अतः यदि इन व्यापारियों की आरम्भिक अवस्था में अश्व-पालन और विपणन में दिलचस्पी थी तो ये तीसरी शताब्दी तक इस क्षेत्र में पहुँच चुके रहे होंगे और अपनी समृद्धि के बल पर प्रशासनिक सत्ता कायम करने में इन्हें शताब्दियों का समय लगा होगा।

10. दजला और फ़रात का क्षेत्र

हड़प्पा सभ्यता का पता चलने से पहले पश्चिमी एशिया की उन सभ्यताओं का पता चल चुका था जिनका उदय दजला और फ़रात की खाड़ी में हुआ, अतः हड़प्पा सभ्यता पर विचार करते समय बार-बार लेखकों का ध्यान इन सभ्यताओं की ओर जाता रहा जिनका उदय का काल भी परिपक्व हड़प्पा से काफ़ी पीछे जाता था। लेखकों के पास इस बात का प्रमाण है कि नगर-सभ्यता का उदय इस क्षेत्र में नहीं हुआ और इसके बावजूद अब तक उनको जिन नगर-सभ्यताओं का परिचय प्राप्त है उनमें सबसे प्राचीन सुमेरिया की नगर-सभ्यता ही सिद्ध होती है। यह विरोधाभास अध्येताओं के लिए एक चुनौती-सा बना रहा है और इसको लेकर तरह-तरह के अनुमान लगाए जाते रहे हैं और आज भी यह सिलसिला ज़ारी है।

वास्तविकता यह है कि जिस तरह ईरानी और बाल्टिक परम्पराएँ यह स्वीकार करती हैं कि यहाँ उन्नत तकनीक और सभ्यता के विभिन्न घटकों का एक खास चरण पर बाहर से आनेवाले लोगों द्वारा, और बाल्ट परम्परा में तो स्पष्टतः भारत से आनेवाले ऐसे लोगों द्वारा जो वैदिक परम्परा के प्रचारक थे, प्रसार किया गया, उसी तरह सुमेरी परम्परा भी सभ्यता के बीजारोपण का श्रेय पूर्व की ओर से आनेवाले लोगों को देती रही है। बेबीलोन की प्राचीन परम्पराओं के आधार पर इसका इतिहास लिखते हुए बेरोसस (दूसरी शताब्दी ई.पू.) ने लिखा कि दैत्यों का एक दल पूर्व की ओर से समुद्र-मार्ग से फ़ारस की खाड़ी में पहुँचा। इसका नेता ओएनेस (उषनस्?) था। अपने साथ उन्नत तकनीक लेकर आनेवाले इन लोगों के प्रति सुमेरियनों की कृतज्ञता इस स्वीकारोक्ति में देखी जा सकती है कि इन आनेवाले विलक्षण लोगों ने ही धातुविद्या, कृषि और लेखन आदि का प्रसार किया और ''उन सभी चीज़ों का आरम्भ किया जो उन्नत जीवन के लिए आवश्यक हैं, और उस समय से लेकर आज तक कोई नया आविष्कार नहीं हुआ'' (631/189)।

रे. हेरास (279) ने बेरोसस के विवरण में आए इन हवालों को लेकर कि आगंतुक जन आधे मनुष्य और आधे मत्स्य थे, वे अपनी बस्ती बसाने तक रात के समय किनारे पर न आकर अपनी नौकाओं में ही सोते थे और बाइबल की सृष्टि-कथा में भी इस बात की पुष्टि देखते हुए कि सभ्यता का प्रसार करनेवाले इस क्षेत्र में पूर्व की ओर से आए थे, साथ ही सुमेरिया और हड़प्पा की सभ्यताओं में पाए जानेवाले साम्यों को ध्यान में रखते हुए यह सिद्ध करने का प्रयत्न किया कि सुमेर में सभ्यता का आरम्भ हड़प्पा सभ्यता के निर्माताओं ने किया था। वह अपनी इस मान्यता पर अन्त तक क़ायम रहे। कुछ अन्य लोगों को इस प्रेरणा के पीछे बलूची संस्कृतियों का, विशेषतः कुल्ली के लोगों का हाथ दिखाई देता रहा जिनके बनाए हुए घीया पत्थर के डिब्बे सुमेरिया और मेसोपोटामिया में आरम्भ से ही मिलने लगते हैं। ऐसा समझा जाता है कि कुल्ली के व्यापारी इनमें सौख्य प्रसाधन या गन्धद्रव्य आदि भरकर मेसोपोटामिया को निर्यात करते थे (162/97-120; 102/14)

सुमेरी सभ्यता की उत्पत्ति के विषय में सैग्स (528/32) लिखते हैं, ''सुमेरियनों की उत्पत्ति के विषय में कोई चर्चा आज भी यह मानकर ही शुरू की जा सकती है कि वे जहाँ कहीं से भी क्यों न आए रहे हों, यह सुमेर नहीं था। इसे चुनौती तो दी गई है, पर इस चुनौती के समर्थन में कोई संगत तर्क नहीं दिया गया है। वास्तव में सुमेर में स्थानीय आबादी थी ही नहीं। यह पुराना ख़याल कि पाँचवीं सहस्राब्दी तक़ सुमेर फ़ारस की खाड़ी से निकला ही नहीं था, अब ग़लत माना जाता है। इस बात के अकाट्य पुरातात्त्विक साक्ष्य हैं कि एरिदू काल, जिसे 4500 ई.पू. या इससे कुछ बाद में रखा गया है, से पहले बेबीलोनिया में मानव संस्कृति का कोई अवशेष नहीं मिलता।''

कुछ दशक पहले तक यह आशा बनी हुई थी कि सम्भव है बहरीन की खुदाई से इस समस्या का हल निकल आए (व/33), पर अब यह आशा भी विफल हो गई है। एक बात साफ़ है कि नगर-सभ्यता की उत्पत्ति को पश्चिमी एशिया के दायरे से बाहर जाकर समझने के लिए अध्येता तैयार नहीं रहे हैं। अतः इसके बाहर के किसी प्रस्ताव को कटाक्षपूर्वक नकारना स्वाभाविक ही था। सैग्स (व) लिखते हैं, ''कुछ दूसरे लोग हैं जो सुमेरियनों के उद्भव को सिन्धुघाटी की या दक्षिणी बलूचिस्तान की प्राथमिक संस्कृति से या इन दोनों से जोड़ने का प्रयत्न करते रहे हैं। सिन्धु घाटी (हड़प्पा) संस्कृति के लोग जिनकी लिपि अभी तक पढ़ी नहीं जा सकी है, आर्यों से पहले के द्रविड़ रहे हो सकते हैं जो अब दक्षिण भारत में पाए जाते हैं और सुमेरियनों और हड़प्पावासियों के बीच रक्त-सम्बन्ध की बात उन्हीं को आकर्षक लग सकती है जो सुमेरियनों और द्रविड़ों के बीच भाषागत साम्य देखने के लिए आस्थावान हों।''

इस बात को तो लगभग सभी विद्वान् मानते हैं कि पश्चिमी एशिया की सभ्यताओं पर भारतीय व्यापारी छाए रहे थे और विभिन्न नगरों में इनके अपने अड्डे थे (468/210; 162/137) पर ''तीसरी सहस्राब्दी के इस साक्ष्य के आधार पर सुमेरियनों और द्रविड़ों के बीच उरुक काल से ही वाणिज्यिक और सांस्कृतिक सम्बन्धों से भी आगे बढ़कर एक नृतात्त्विक और भाषायी सम्बन्ध तक गढ़ डालने का सिद्धान्त एक आकर्षक नज़रिया है

जिसके विषय में यदि किसी चीज़ की कमी है तो वह है प्रमाण।" अतः "निरापद रूप में अधिक-से-अधिक इतना ही निष्कर्ष निकाला जा सकता है कि सुमेरियन बेबीलोन में पूर्व की ओर से कहीं से आए थे" (528/32)।

यदि हम इस समस्या को सुलझाना चाहते हैं तो पहले इसके उन मुद्दों को स्पष्ट कर लेना होगा जो इसे असाध्य बनाती हैं। इन्हें पहले हम कुछ प्रश्नों के रूप में रखकर इनका उत्तर ढूँढ़ने का प्रयत्न कर सकते हैं :

1. सुमेरी परम्परा से जिन लोगों के आगमन की सूचना मिलती है, क्या यह किसी बड़े पैमाने पर आव्रजन को प्रकट करता है? कारण, भाषा और रक्त का सम्बन्ध ढूँढ़ने का औचित्य इसी के सन्दर्भ में हो सकता है।
2. क्या यह आक्रमण का मामला था (403/68)? ऐसी स्थिति में इस क्षेत्र का जनशून्य होना ग़लत है। आक्रमण पहले से बसे हुए किन्हीं लोगों के ऊपर ही हो सकता है।
3. क्या यह पहले से बसे लोगों के बीच उन्नत सभ्यता के घटकों के साथ कुछ थोड़े-से लोगों के प्रवेश का और उनकी प्रेरणा से सभ्यता के उदय की कहानी है? ऐसी स्थिति में भी इस क्षेत्र को जनशून्य नहीं होना चाहिए।
4. ऊपर के क्रमांक दो और तीन में से किसी भी स्थिति में स्थानीय आबादी की पुष्टि होती है। ऐसी स्थिति में क्या यह कथन सही है कि हमारे पास इस बात के अकाट्य पुरातात्त्विक साक्ष्य हैं कि एरिदू काल से पहले फ़ारस की खाड़ी का यह क्षेत्र जनशून्य था?
5. वे लोग जो सभ्यता के समस्त तत्त्वों के साथ सुमेर में पहुँचे थे, कहाँ के निवासी रहे हो सकते हैं? उनका इस क्षेत्र में आगमन किन प्रयोजनों से हुआ हो सकता है?

पहले प्रश्न का उत्तर नहीं में दिया जा सकता है। इसका पहला कारण तो यह है कि कुछ थोड़ी-सी या, सम्भव है, किसी एक ही नौका में बैठकर आए हुए लोगों की संख्या इतनी अधिक नहीं हो सकती कि वे सुमेर के विभिन्न नगरों को अल्प समय में ही उस तरह आबाद कर सकें जिस तरह हम इन्हें आबाद पाते हैं। दूसरे, यदि यह पूरा क्षेत्र उन्हीं के द्वारा पहली बार बसाया जा रहा था तो ये अपनी ही नज़र में अर्धमानव और अर्धदैत्य नहीं हो सकते थे। तीसरे, यदि तट पर किसी तरह की आबादी ही नहीं थी तो अपनी रातें गुज़ारने के लिए उन्हें नौकाओं में ही नहीं रहना पड़ता। चौथे, यदि वे सभ्यता के एक उन्नत स्तर पर पहुँचे हुए थे और उसके साथ इस क्षेत्र में आए तो इस विषय में सचेत भी नहीं हो सकते थे कि वे पहली बार सभ्यता के नए तत्त्वों का बीजारोपण कर रहे थे। अधिक-से-अधिक वे इसके लिए अपने मूल देश को याद कर सकते थे।

दूसरे प्रश्न का उत्तर भी नकारात्मक ही हो सकता है। कारण, न तो इसका कोई संकेत सुमेरी परम्परा में मिलता है, न ही बाइबिल में। ऐसी स्थिति में सुमेर की भाषा और नृतात्त्विक रचना के लिए वहाँ पहले से आबाद लोग उत्तरदायी हो सकते थे, और थे। अतः भाषागत और रक्त-सम्बन्धी सादृश्य ढूँढ़ने का और इसके न मिलने पर उलझन में पड़ने या किसी अन्य संगत सम्भावना को नकराने का कोई औचित्य नहीं।

तीसरे प्रश्न का उत्तर ही हाँ में दिया जा सकता है, और ज़ाहिर है कि यह क्षेत्र पहले से आबाद ही नहीं था, अपितु इसकी ग्राम संस्कृतियाँ अपने पड़ोस की अन्य ग्राम संस्कृतियों के सम्पर्क में काफ़ी पहले से थीं।

चौथे प्रश्न के उत्तर में कहा जा सकता है कि विद्वानों का यह मत कि उनके पास इस बात के अकाट्य पुरातात्त्विक प्रमाण हैं कि यह क्षेत्र पहले आबाद नहीं था, पुरातात्त्विक साक्ष्यों की सीमाओं के विषय में सचेत न रहने और उपलब्ध प्रमाणों की इकहरी व्याख्या का परिणाम है। विल दूराँ सुमेरी सभ्यता का मूल्यांकन निम्न वाक्य से आरम्भ करते हैं, "सुमेरी सभ्यता का सार दो विरोधाभासों के रूप में पेश किया जा सकता है : अनगढ़ भांड और निपुण हाथों से बने आभूषण। यह अपरिष्कृत समारंभों और यत्र-तत्र विलक्षण सिद्धहस्तता का सम्मिश्रण है" (208/134)। इन अनगढ़ और सधे हुए हाथों की कृतियों में ही स्थानीय आबादी और विलक्षण सिद्धहस्तता लेकर इनके बीच आनेवाले नए जनों के पुरातात्त्विक प्रमाण पाए जा सकते हैं।

बेरोसस द्वारा वर्णित सुमेरी परम्परा पर आधारित इतिहास जहाँ स्थानीय आबादी और आगंतुक जनों के विषय में व्यंग्य रूप में संकेत देता है वहाँ बाइबिल का विवरण इसे कुछ अधिक मुखर रूप में पेश करता है। इसके अनुसार :

"और ऐसा हुआ कि जब वे पूर्व से आए तो उन्हें सिनार में एक समतल मैदान मिला और वे उसमें बस गए। और उन्होंने आपस में तय किया कि आओ, हम ईंट तैयार करें और इसे अच्छी तरह पकाएँ। और उन्होंने पत्थर के स्थान पर ईंट तैयार किया और मसाले के स्थान पर कच्चा गारा (प्रयोग में लाना आरम्भ किया)। और उन्होंने कहा, चलो, हम एक शहर बनाएँ, और एक मीनार बनाएँ। आओ, हम अपनी कीर्ति का विस्तार करें कि कहीं हम पूरी धरती पर बिखर न जाएँ।" (बाइबिल, जेनेसिस, 11.2-4)

इसके पहले वाक्य से लगेगा, यह एक जनशून्य प्रदेश में आकर बसनेवाले नए जनों का मामला है। यह भ्रम आगे बढ़ते ही टूट जाता है जहाँ यह स्पष्ट होता है कि इससे पहले और बाद की स्थिति में अन्तर केवल इस बात में आया कि पहले पत्थर आदि की चिनाई से दीवारें खड़ी करके मकान बनाए जाते थे और इन आगन्तुकों के साथ पहली बार ईंटें बनाने और इन्हें पकाकर मकान बनाने का आरम्भ हुआ और पहले नगर नहीं थे जबकि इसके साथ नगरों का आरम्भ हुआ।

पाँचवें प्रश्न का उत्तर कुछ अस्पष्ट है। इसमें इतना ही बताया गया है कि ये लोग पूर्व की ओर से आए थे। यह पूर्व का स्थान कहाँ और कितनी दूर था, इस विषय में कोई संकेत नहीं मिलता। इसका उत्तर देने से पहले कुछ और प्रश्न उठाए जा सकते हैं। क्या पूर्व का यह स्थल पश्चिमी एशिया का ही सुमेर से पूर्व का कोई स्थल, जैसे–सूसा, तेपे याह्या, हिसार, नमज्गा, आल्तिन देपे आदि में से कोई एक नहीं हो सकता? क्या इसकी खोज सुमेर के आरम्भिक चरण में पाए जानेवाले मृद्भांडों के साम्य के आधार पर नहीं की जा सकती? या क्या यह स्थल उन संस्कृतियों में से कोई नहीं है जो आद्य नगरीय चरण तक विकास कर चुकी थीं? यदि नहीं, तो क्या कोई ऐसा क्षेत्र हो सकता है जहाँ नगर-सभ्यता का जन्म हो चुका रहा हो और जिसे खाड़ी क्षेत्र में नगर-सभ्यता का

प्रेरक माना जा सके? यह एक टेढ़ी समस्या है और इस पर हम अगले अध्याय में विचार करेंगे।

भारत और मेसोपोटामिया के सम्पर्क के विषय में काफ़ी कुछ लिखा गया है जिसके विस्तार में जाने की यहाँ छूट नहीं है। यहाँ जिन दो मूल मुद्दों को उठाया जा सकता है, वे निम्न प्रकार हैं :

1. पश्चिमी एशिया में विभिन्न स्थलों से प्राप्त हड़प्पा सभ्यता से सम्पर्क के भौतिक प्रमाण 2300-2000 ई.पू. की कालावधि से ही क्यों सम्बन्ध रखते हैं? यदि सम्पर्क पुराना था, और जैसा कि ऊपर की व्याख्या से लगता है, यदि यह नगर-सभ्यता के खाड़ी क्षेत्र में उदय के समय से ही था, तो उस प्राचीन दौर के प्रमाण क्यों नहीं मिलते?
2. भारतीय व्यापारिक प्रसार के परिणामस्वरूप जिन देशों या क्षेत्रों से इसका गहन सम्पर्क कायम हुआ वहाँ की भाषा और संस्कृति पर इसकी गहरी छाप देखने में आती है। ऐसा पश्चिम एशिया की नगर-सभ्यताओं और पूरे क्षेत्र के मामले में क्यों नहीं हुआ?

इन प्रश्नों का उत्तर देने से पहले यह कहना ज़रूरी है कि मानव-सम्पर्क के सभी घटकों के भौतिक प्रमाण नहीं ढूँढ़े जाने चाहिए। इनकी पहचान के दूसरे भी उपाय हैं। दूसरे, जहाँ प्रमाण उपलब्ध भी हैं वहाँ इनकी प्रासंगिकता का पहलू इनकी प्राप्ति से अधिक महत्त्व रखता है।

ऊर से वूली को उनके अनुसार महाप्लावन के स्तर से नीचे आमेज़नाइट के मनके मिले थे। इनका निकटतम स्रोत उनके अनुसार (577/30-33) नीलगिरि का भारतीय क्षेत्र प्रतीत हुआ था। आमेज़नाइट के मनके हड़प्पा काल में भी लोकप्रिय थे। ह्वीलर ने यह सुझाया था कि इसकी प्राप्ति का स्थल अहमदाबाद से उत्तर की ओर हीरापुर था जो सिन्धु से 400 मील से भी कम की दूरी पर पड़ता है। इसके अतिरिक्त कुल्ली के कारीगरों के हाथों बने घीया पत्थर के डिब्बे सुमेरियाई नगरों के अनेक स्थलों से पाए गए हैं (102/14) और ये प्राचीन काल से ही मिलने लगते हैं जिनमें सौख्य प्रसाधन व गन्धद्रव्य आदि भरकर निर्यात किए जाने का सुझाव रखा गया है। इसके आधार पर यह कल्पना भी की गई है कि कुल्ली के लोग समुद्र-मार्ग से पश्चिमी एशिया के नगरों से व्यापार करते थे।

परन्तु इस सम्पर्क की गहनता का सही मूल्यांकन उन सांस्कृतिक तत्त्वों को सामने रखकर ही किया जा सकता है जिनका सुमेरी मानसिकता और विश्वासों के निर्माण में हाथ रहा लगता है। सुमेरी देवताओं के नाम यद्यपि सुमेरी भाषा में मिलते हैं, पर ये प्रधान वैदिक देवताओं के प्रतिरूप हैं, यथा–सूर्य–शम्स, इन्द्र–मर्दुक, वरुण–रम्मान, सोम या चन्द्रमा–सिन, वृत्र–तैमात। सुमेरी तन्त्र-मन्त्र का कुछ असर अथर्ववेद के एक सूक्त में देखा जा सकता है जिसमें आलिगी, विलिगी, उरुगूला, तैमात, अप्सू, ताबुवं आदि शब्दों का प्रयोग किया गया है (1/5.13.6-11) और जिन्हें सुमेरी माना गया है।

सुमेरी जनों की, विशेषतः महिलाओं की वेशभूषा और केशविन्यास की शैली पर भारतीय प्रभाव देखा गया है (319/289) जो आँखों में काजल, होंठों पर लाली, बालों में

तेल और शरीर पर उबटन लगाती थीं। पर इसके बावजूद आरम्भिक साम्य या प्रभाव उतने मुखर नहीं हैं जितने बाद के। परिपक्व हड़प्पा काल की तरह इन्हें इतना निर्णायक नहीं पाया जाता कि इनको स्थान और काल के सुनिश्चित दायरे में बाँधा जा सके। पर इसके बावजूद स्थिति इतनी निराशाजनक नहीं है जितनी अनेक दूसरे क्षेत्रों के विषय में पाई जाती है जिनसे भारत के सम्पर्क का पता उनके भाषागत साक्ष्यों के अभाव में नहीं चल सकता था, और जहाँ पता है भी वहाँ इस सम्पर्क के काल और दिशा के विषय में इतना भ्रम बना रहा है कि लगभग दो शताब्दियों का लम्बा समय पहेलियाँ बुझाने और 'आक्रमण' के समय और 'अभियान' की दिशा तय करने में ही लग गया और अब जाकर विद्वानों को यह बोध हुआ है कि यह कहीं भी आक्रमण या अभियान से जुड़ा हुआ नहीं था (335; 596; 64) पर, सुमेरी क्षेत्र में आर्य भाषा और संस्कृति का उस तरह का गहरा असर नहीं पड़ा जितना अन्य क्षेत्रों पर। इसका कारण स्पष्टतः यह है कि परिपक्व हड़प्पा काल से पहले जब तक भारतीय व्यापारियों ने विदेशों में अपनी बस्तियाँ और अड्डे नहीं कायम किए थे, उनका प्रभाव अन्यत्र भी क्षीण ही रहा। पर इस चरण तक खाड़ी क्षेत्र के विभिन्न नगरों ने अपनी सभ्यता का स्तर इतना ऊँचा कर लिया था कि वे कुछ मामलों में अपने समकालीन हड़प्पावासियों से भी आगे बढ़ चुके थे। अपनी निजी भाषा, संस्कृति और विश्वासों को भी तदनुरूप विकसित कर लेने के कारण भारतीय व्यापारी उनके प्रतिस्पर्धी तो थे, पर उनसे आतंकित होने का और श्रेष्ठता-बोध के लिए उनकी भाषा और संस्कृति को समग्रतः अपनाने का प्रश्न नहीं उठता था। परन्तु इसका यह अर्थ नहीं, कि सुमेर, मेसोपोटामिया, बेबीलोन, अक्कद और एलाम पर भारतीय प्रभाव पड़ा ही नहीं। वस्तुतः इसका सही मूल्यांकन करने के लिए एक स्वतन्त्र अध्ययन की आवश्यकता होगी। हम इतना ही कह सकते हैं कि इस विषय में जो सूचनाएँ अब तक प्राप्त हैं, वे कम-से-कम इतनी प्रभावशाली तो हैं ही कि इनके आधार पर यह सुझाव बार-बार दिया जाता रहा है कि भारतीय आर्य भारत में सुमेरी, मेसोपोटामियाई, बेबीलोनी, अक्कदी, एलामी, असीरियाई सभी तरह के प्रभाव लेकर भारत पहुँचे थे (158; 479; 480; 481; 619) और कुछ के अनुसार तो ऋग्वेद के कुछ अंशों की रचना मेसोपोटामिया में ही हुई हो सकती है।

पश्चिमी एशिया के नगर-केन्द्रों में हड़प्पा के जिन व्यापारियों की बस्तियाँ बसी थीं, वे वैदिक व्यापारी थे और जिन आपदाओं के कारण हड़प्पा के नगरों का ह्रास और पतन हुआ उनका ही एक भिन्न प्रभाव इन बस्तियों के व्यापारियों पर पड़ा। वे भारतीय सूत्र से कट जाने के कारण अपने क्षेत्र में ही सक्रिय हो गए और कुछ क्षेत्रों में उन्होंने अपनी शक्ति इस सीमा तक बढ़ाई कि वे वहाँ की सत्ता की बागडोर भी अपने हाथों में लेने में सफल हुए, यद्यपि इस दौर में भी वे स्थानीय भाषा को प्रभावित नहीं कर सके। सम्भवतः वे स्वयं भी व्यापारिक कारणों से अपने क्षेत्र की भाषा ही अपना चुके थे। इसके बावजूद उनके नाम अपनी पुरानी रीति पर ही रखे जा रहे थे। इनके नाम और यत्र-तत्र इनके देवनाम, जिनकी पूजा भी इनमें बहुत बाद तक प्रचलित रही लगती है, असीरियाई, मितन्नी और कस्सी अभिलेखों में मिले हैं, जिसकी चर्चा हम पीछे कर आए हैं। राजा मतिवाज तथा

बेबीलोनी देवताओं में शूरिअस और मरुत्तस–सूर्य और मरुत (129/27-29), नाम तथा बेबीलोन में अश्वमेध का प्रचलन (326) इस बात का प्रमाण है कि मिस्र से लेकर एलाम तक के क्षेत्र में ये आर्य व्यापारी कितने प्रभावशाली बने हुए थे और उनकी सामाजिक प्रतिष्ठा क्या थी।

हम हड़प्पा सभ्यता को एक अनार्य सभ्यता मानकर चलते रहे हैं और वैदिक साहित्य से इसका कोई सम्बन्ध न मानकर हड़प्पा सभ्यता के भारत से बाहर पड़नेवाले प्रभाव और व्यापारिक सम्पर्क को केवल पुरातात्त्विक साक्ष्यों के आधार पर समझने की चेष्टा करते रहे हैं और इसलिए हम उस व्याप्ति की कल्पना भी नहीं कर सकते जो इस बात के स्पष्ट होने पर दिखाई देती है कि हड़प्पा के जिस लुप्त साहित्य की कल्पना की जाती रही है उसी का एक अवशिष्ट अंश ऋग्वेद है और इस सभ्यता का प्रसार और एकाधिकार उसी अनुपात में देखा जा सकता है जिस अनुपात में आर्य भाषा का प्रसार दिखाई देता है। अनेक क्षेत्रों में इनकी उपस्थिति इतनी प्रभावशाली दिखाई देती है कि लगता है, भारतीय मूल के लोगों ने ही इस क्षेत्र को आबाद कर दिया था। परन्तु इतने विशाल क्षेत्र को देखते हुए यह सोचना ग़लत होगा कि यह भारत से बड़े पैमाने पर प्रव्रजन का मामला है। इसका कुछ साम्य सत्रहवीं-उन्नीसवीं शताब्दी के दौर में विश्व के दूरस्थ क्षेत्रों तक फैलनेवाले अंग्रेज़ व्यापारियों और प्रचारकों में देखा जा सकता है, परन्तु यह स्मरण रखना होगा कि इतिहास जहाँ अपने को दुहराता भी है वहाँ ठीक पहले जैसे ढंग से नहीं दुहराता, अतः दो भिन्न क्षेत्रों या कालों में दृष्टिगोचर होनेवाली प्रत्यक्ष समानताओं के बावजूद इनको सर्वसदृश मानने से यान्त्रिकता और सतहीपन आने का ख़तरा रहता है। अतः जहाँ समानताएँ प्रकट भी होती हैं वहाँ भी अधिक ध्यान इनमें से प्रत्येक की विशिष्टता पर दिया जाना चाहिए। यदि हमारी दृष्टि इस विषय में स्पष्ट रहेगी तो समानताएँ तो स्वतः उजागर हो जाएँगी। अब तक प्रसारवादी मान्यता के तकाज़े से विशिष्टताओं की खोज की तुलना में समानताओं के आरोपण का प्रयत्न अधिक मुखर रहा है।

अध्याय छह

नगर सभ्यता का उदय

हड़प्पा सभ्यता की पृष्ठभूमि, वैदिक या हड़प्पा सभ्यता के क्रमिक विकास और आर्य भाषा और संस्कृति के प्रसार की छानबीन करते हुए हम जिन निष्कर्षों पर पहुँचते हैं वे जितने विस्मयकारी हैं उतने ही उत्तेजक भी। ये निष्कर्ष प्रचलित मान्यताओं के इतने विपरीत पड़ते हैं कि हमारी पहली प्रतिक्रिया इनको एक बार को नकारकर मुक्ति पाने की ही होती है। कहाँ तो जिन आर्यों को हम जानते थे वे उस समय भी अर्ध-बर्बर, अर्ध-यायावर, पशुपालक और खेती से नाममात्र को परिचित थे और शहरों से तो उन्हें खास चिढ़ थी, जब मिस्र, पश्चिम एशिया और भारत में नगर सभ्यता अपने वैभव पर पहुँची हुई थी; और कहाँ वे स्वयं नगर सभ्यता के सर्जक और प्रवर्तक बनकर सामने आते हैं!

इस जटिल समस्या पर एक बार पुनः विचार कर लेना उचित होगा। सबसे पहले हम अपनी चर्चा को जिज्ञासा के रूप में ही रखें : क्या यह सम्भव है कि एक बार नगर सभ्यता का उदय हो जाने के बाद भी कोई मात्र किसान होने का दावा करके सामाजिक श्रेष्ठता का अधिकारी हो सकता था? यदि आर्य का शाब्दिक अर्थ किसान ही था और इस समाज का ठिकाना गाँवों तक ही सीमित था तो भारत से लेकर ईरान तक और उससे आगे भी क्या नगर सभ्यताओं के रू-ब-रू ये किसान श्रेष्ठ, शिष्ट और आदरणीय माने जा सकते थे? हम जो कुछ जानते हैं वह यह कि नगरों के बस जाने के बाद नगरों से इतर बस्तियों के निवासियों ग्राम्य, गँवार, प्राकृत, वल्गर, रस्टिक आदि शब्दों का प्रयोग सर्वत्र उनके अज्ञान, अशिक्षा, पिछड़ेपन और संस्कारहीनता के लिए प्रयोग में लाया जाता रहा है और नागर, पौर, सिविलाइज्ड आदि का सम्बन्ध नगर, सुरुचि और संस्कार से रहा है। नगर सभ्यता के उदय से पूर्व निश्चय ही किसानों को श्रेष्ठ माना जा सकता था, पर इसके उदय के बाद भी क्या ग्राम्यत्व को दोष के स्थान पर गुण समझा जा सकता था और किसानों को नागरों और पौरों से ऊँचा दर्जा दिया जा सकता था? फिर, किसानों की नज़र में चरवाहे उद्दंड और उजड्ड (ऊजड़ क्षेत्र में रहनेवाला) रहे हैं जिनसे आगे उठाईगीर या खानाबदोश रहे हैं जिनका नैतिक स्तर उठाईगीरी से प्रकट है। फिर यदि वैदिक आर्य कृषि से भी नाममात्र को ही परिचित थे तो क्या हम यहाँ कृषि-क्रान्ति के आदिम चरण की बात कर रहे हैं जिसमें कृषि से नाममात्र को परिचित होने पर भी कोई अपने को किसान कहकर दूसरों से अपनी श्रेष्ठता का दावा कर सकता था? यदि हाँ, तो

क्या आर्य शब्द स्वतः इस बात का द्योतक नहीं कि अपने लिए इस शब्द का प्रयोग करनेवालों ने ही कृषि-क्रान्ति की थी और तब से यह नाम उनके साथ श्रेष्ठता का सूचक बनकर जुड़ा रह गया? यदि नहीं, तो क्या उस चरण में जब दूसरे लोग कृषि के मामले में उनसे आगे बढ़े हुए थे, अपने पिछड़ेपन के बावजूद वे अपने को उनसे श्रेष्ठ मान सकते थे? अतः यदि हम अन्य बातों को छोड़कर केवल आर्य शब्द पर ही ध्यान दें तो यह स्पष्ट हो जाएगा कि कृषि के विकास में अग्रणी भूमिका इनकी थी और नगर सभ्यता के दौर में और इसके बाद भी यह शब्द यदि श्रेष्ठता का सूचक बना रह गया था तो इस दौर में अपने लिए इस शब्द का प्रयोग करनेवाले नगर सभ्यता से जुड़े हुए ही नहीं, सम्भवतः उसके सर्जक थे।

नगर सभ्यता के उदय की समस्या किसी जाति से नहीं, अपितु क्षेत्र विशेष के पर्यावरण और वहाँ के सामाजिक व आर्थिक परिवर्तनों से जुड़ी हुई है। परन्तु अभी तक पुरातात्त्विक खोजों के आधार पर मेसोपोटामियाई तथा हड़प्पा सभ्यता की ठीक पूर्ववर्ती कड़ियों की सर्वमान्य खोज नहीं की जा सकी है। न तो मेसोपोटामियाई और मिस्री सभ्यताओं की पूर्ववर्ती कड़ियाँ खाड़ी क्षेत्र में हैं, न ही हड़प्पा की पूर्ववर्ती कड़ी इन दोनों में निहित है। विल दूराँ (208/107) लिखते हैं कि इस सवाल का जवाब नहीं दिया जा सकता कि सभ्यता का आरम्भ कहाँ हुआ। फैंकफ़र्ट (229/50) मिस्री और मेसोपोटामियाई सभ्यताओं की उत्पत्ति पर विचार करते हुए स्वीकार करते हैं कि ये दोनों सभ्यताएँ बनी-बनाई कहीं बाहर से यहाँ लाई गई थीं और कुछ ही पीढ़ियों के भीतर इन्होंने अपना स्वविशिष्ट चरित्र ग्रहण कर लिया था। इनका उदय न तो मन्द गति से हुआ था, न क्रमिक चरणों में, बल्कि सब कुछ एक झटके में आपात की तरह आ धमका था। वह (व/7) स्वीकार करते हैं कि सभ्यताओं के उदय की खोज करते समय सारा झाड़-झंखाड़ काटने-छाँटने के बाद भी सभ्यता की जड़ों का पता नहीं चलता; सिर्फ इसका तना ही दिखाई देता है। हताशा का आलम यह है कि पुरातात्त्विक साक्ष्यों पर एकान्त निर्भरता को भी आज सन्देह की दृष्टि से देखा जाने लगा है। उदाहरण के लिए ऐडम्स (64) लिखते हैं, ''जैसा कि अनेक लोगों ने सुझाया है, पुरातत्त्व से इतिहास की पुनर्सर्जना सम्भावनाओं के बीच तालमेल बैठाने से अधिक कुछ हो ही नहीं सकती; प्रमाण जैसी कोई चीज़ नहीं होती।''

विगत दो दशकों में हुए अध्ययनों से यह स्पष्ट होने लगा है कि नगर सभ्यता के उदय के ठीक पूर्व आर्थिक अन्तक्रिया का एक ऐसा दायरा बन गया था जिसमें अनेक क्षेत्रों के लोग परस्पर मिलने और वस्तुओं का विनिमय करने लगे थे, जैसे—दक्षिणी ईरान की पत्थर की वस्तुएँ भारत में और भारत की पत्थर और सीपी की वस्तुएँ ईरान जाने लगी थीं। लैंबर्ग-कार्लोव्स्की (370) लिखते हैं, ''जिन अन्तर्राष्ट्रीय प्रतिदर्शों ने सुमेर, एलाम, फारस की खाड़ी, सीस्तान की हेलमन्द सभ्यता, तुर्कमीनिस्तान, बलूचिस्तान और सिन्धु घाटी को एक सूत्र में जोड़ रखा था उनको आज भी बहुत कम ही समझा जा सका है। परन्तु अब यह अधिकाधिक स्पष्ट होता जा रहा है कि किसी एक क्षेत्र में शहरीकरण की प्रक्रिया को इससे जुड़े हुए दूसरे क्षेत्रों के अभाव में समझा ही नहीं जा सकता।'' और फिर, नवोदित पृथक् राज्य-प्रणालियों की खोज करने के लिए सर्वेक्षण करनेवाले तथा

पुरातात्त्विक खनन कार्य में लगे हुए अपने सहकर्मियों को सलाह देते हैं कि वे अपने पाँवों के सटे दायरे से आगे भी देखने का (दु लुक बियांड दि होराइज़न ऑफ़ अवर ओन फ़ीट) प्रयत्न करें।

वास्तविकता यह है कि नगर सभ्यता का उदय, इस भ्रम के विपरीत कि आर्यों का सभ्यता से, विशेषतः नगर सभ्यता से कोई सम्बन्ध नहीं था, आर्य सभ्यता के उदय से अभिन्न रूप से जुड़ा हुआ है। नगर सभ्यता के उदय और आरम्भिक विकास को समझने में पेश आनेवाली कठिनाइयों में क्या सबसे बड़ी कठिनाई यह नहीं है कि जिस क्षेत्र और जिन जनों का इसमें सबसे अधिक योगदान रहा है उनको छोड़कर इसकी तलाश हर ऐसे कोने में की जाती रही जहाँ इसको न तो पाया जा सकता था, न ही आज तक पाया जा सका है?

1. भारत की स्वविशिष्ट स्थिति

कोई भी क्षेत्र या देश कुछ निश्चित भौगोलिक परिस्थितियों में बँधा होता है और इसके इतिहास को भूगोल से पूरी तरह काटकर नहीं देखा जा सकता है। कारण, इसी से उन शक्यताओं और सीमाओं का निर्धारण होता है जिनका उस क्षेत्र के भौतिक जीवन और सांस्कृतिक उपलब्धियों से गहरा सम्बन्ध होता है। परन्तु इन भौतिक परिस्थितियों का मूल्यांकन भी यदि निहित उद्देश्यों को अग्रता देकर किया जाए तो हम ठीक उन्हीं भूमिकाओं और शक्तियों का निषेध कर सकते हैं जो उसमें सबसे प्रधान रूप से पाई जाती हैं। इसकी एक ज्वलंत मिसाल भारत है।

विश्व सभ्यता के विकास में भारत के अपने योगदान का मूल्यांकन इस विवरण के साथ आरम्भ होता है कि उत्तर और पश्चिम से अलंघ्य पर्वत-मालाओं से और दक्षिण में समुद्र से घिरा होने के कारण, भारत शेष जगत से बिलकुल कटा-छँटा रहा है। यह ऐसे विलक्षण भले देशों में से एक रहा है जिन्हें जगत-गति नहीं व्यापती। भारतीय अलगाव को रेखांकित करने के लिए इसे प्रायः उपमहाद्वीप की संज्ञा दी जाती है। परम्परावादी शुद्धिवादियों से लेकर आधुनिक चेतना से सम्पन्न विचारकों और कवियों द्वारा भी इस पृथकता और असंपृक्तता को प्रायः बिना सोचे-विचारे गौरव-मंडित किया जाता है। प्राचीन भारत के विषय में इससे यह नतीजा निकाला जाता रहा है कि बाकी दुनिया से अलग-थलग रहने के कारण यहाँ की जिन्दगी अपनी मन्द-मन्थर गति से चलती रही है, जबकि इसके विपरीत पश्चिमी जगत हर कदम पर आगे छलाँग लगाता दिखाया जाता रहा है। वास्तविकता यह है कि पुरा-पाषाण काल से लेकर आज तक भारत दुनिया से कभी कटा-छँटा नहीं रहा और स्थायी बस्तियाँ बसने से पहले गंगा-सिन्धु क्षेत्र का भारत उस महा-अटन क्षेत्र का अंग था जिसका विस्तार यहाँ से लेकर मिस्र और भूमध्य सागर के तट तक था और इसके कुछ ऐसे अवशेष आज तक इस महा-अटन क्षेत्र में पाए जा सकते हैं जिन्हें देखकर हम चकित रह जाएँ। उदाहरण के लिए बांतू क़बीलों द्वारा आज तक अरणि-मन्थन से आग पैदा करने का चलन, जिसकी चर्चा हम मात्र किताबी रूप में वैदिक काल तक और वह भी

आनुष्ठानिक अवसरों पर ही पाते हैं। सोहन संस्कृति, पूर्व-हड़प्पा की संस्कृतियाँ, हड़प्पाकालीन और उत्तर-हड़प्पाकालीन संस्कृतियाँ भी भारत को किसी अलक्ष्य सम्पर्क सूत्र से पूर्वी ईरान और दक्षिणी मध्य एशिया तक के विशाल क्षेत्र से अन्तर्क्रिया के सूत्रों से जुड़ा हुआ सिद्ध करती हैं।

वास्तविकता यह है कि इन दुर्लंघ्य पर्वतीय बाधाओं के नाम पर भारत को शेष जगत से बिलकुल कटा दिखानेवाले विद्वान् स्वयं भी इसे कटा हुआ नहीं मानते रहे हैं। ऐसा कहते हुए भी वे यह दिखाने का बराबर प्रयत्न करते रहे हैं कि भारत प्रागैतिहासिक काल से ही पश्चिम की ओर से आनेवाले आव्रजक क़बीलों और आक्रमणकारी जत्थों का शिकार होता आया है। कहें, आनेवालों के लिए ये अलंघ्य पर्वतीय बाधाएँ कभी बाधा नहीं खड़ी करती रहीं। इनकी सारी रुकावट भारत से किसी भी रूप में किसी के बाहर जाने के समय ही पैदा होती रही है। इतिहासकार भारत को एक ऐसा अन्धा कुआँ सिद्ध करते रहे हैं जिसमें आकर गिरने की सम्भावना तो किसी भी चीज़ के लिए हो सकती थी, पर इससे किसी चीज़ के बाहर निकलने का कोई सवाल ही नहीं पैदा होता था। ऐसी स्थिति में भारत सभ्यता के विकास में किसी भी चरण पर पश्चिम को न तो कुछ दे सकता था, न ही दे पाया है। अतः यदि कहीं कोई भी ऐसे लक्षण भारत में किसी भी चरण पर पाए जाते हैं जिनका समरूप या प्रतिरूप पश्चिम में भी दिखाई देता है तो इसका एकमात्र हल यह था कि यह पश्चिम से आया हो सकता है। भारतीय परिदृश्य की इस एकपक्षीय व्याख्या को, जिसका निषेध ऐतिहासिक प्रमाणों से भी होता है, 'अविवेकपूर्ण' कहा जाए या 'कदाशयतापूर्ण', यह तय करना कठिन है।

वास्तविकता यह है कि जिन पर्वतीय बाधाओं ने भारत को एक सुरक्षित दुर्ग बना रखा था उनके कारण ही भारत में शान्ति और व्यवस्था के दौर अपेक्षाकृत अधिक लम्बे रहे हैं जो विकास की एक शर्त है। यहाँ के मैदानी भाग की विशाल उर्वर धरती ने जो तुलनात्मक समृद्धि पैदा की थी उसके कारण विकास की सम्भावनाएँ यहाँ अधिक थीं और सामान्य सामाजिक वातावरण अन्य क्षेत्रों की तुलना में अधिक सह्य था। जिन क्षेत्रों में जीवन-निर्वाह की परिस्थितियाँ अधिक दारुण रही हैं वहाँ के लोग अपेक्षाकृत अधिक निष्ठुर और भावशून्य होने को बाध्य थे। जब हम शकों, हूणों और मंगोलों की क्रूरता को, उनके द्वारा मामूली कारणों से और, यदा-कदा, अकारण ही क़त्लेआम के घृणित कृत्यों को देखते हैं तो यह कदापि नहीं भूलना चाहिए कि इसके पीछे उनकी धरती की आपेक्षिक अनुर्वरता और जन-सामान्य की बदहाली रही है और इसी क्रूरता को पराकाष्ठा पर पहुँचाकर उनके शासकों ने अपनी अभावग्रस्त जनता का बहुत निर्ममता से शोषण किया। इसके अभाव में वे अकूत समाधिकोश नहीं जमा हो सकते थे और वे क्रूर प्रथाएँ नहीं प्रचलित हो सकती थीं जिनकी पुष्टि सीथियन समाधियों से होती है। इसी तरह की क्रूरता के दर्शन हमें मिस्री और मेसोपोटामियाई क्षेत्रों में होते हैं, जिनके विस्तार में जाने की आवश्यकता नहीं। सीथियन समाधिकोश हों या मिस्री पिरामिड या बेबीलोनी जिगुरात, इन सबके पीछे जन-सामान्य के प्रति निर्ममता और दम्भ प्रदर्शन की वही मूर्खतापूर्ण झक देखी जा सकती है। कतिपय आश्चर्यजनक निर्मितियाँ किसी को सभ्य सिद्ध करने के लिए पर्याप्त नहीं हैं।

वास्तविकता यह है कि भारत की ओर से पश्चिम की ओर जानेवाले दल मुख्यतः व्यापारियों के और इनके अतिरिक्त धर्मप्रचारकों के थे, जिनके साथ उन सांस्कृतिक तत्त्वों का भी निर्यात होता रहा जिनको सभ्यता का सारतत्त्व कहा जा सकता है। इसके विपरीत, मध्यकाल से पहले भारत पर जो भी आक्रमण हुए उनको ऐतिहासिक घटना के रूप में तो पहचाना जा सकता है, पर भारतीय जीवन में परिलक्षित परिघटना (फ़िनोमिना) के रूप में नहीं; कारण, अपने प्रवेश के बाद कुछ दशकों के भीतर भारतीय चिन्तन और दर्शन तथा शिष्टाचार के विविध क्षेत्रों की भारतीय समृद्धि उनको इस तरह अभिभूत कर जाती थी कि उनका पृथक् अस्तित्व तक लुप्त हो जाता था।

यह सोचना जड़ता होगी कि दो भिन्न जीवन-पद्धतियों से जुड़े लोगों का किसी खास पैमाने पर मिलन हो और उनमें से कोई दूसरे से कुछ भी ग्रहण किए बिना रह जाए। परन्तु यदि तुलनात्मक मूल्यांकन का प्रश्न आए तो इस बात पर रुककर विचार करना ज़रूरी है कि भाषा, विश्वास, रीति, कथा, देववाद, कला-वस्तु, शिल्प और ज्ञान के विविध क्षेत्रों—चिकित्सा, दर्शन, गणित, ज्योतिष आदि—में किन चरणों पर किसने किससे कितना लिया और उसके बदले में कितना कुछ दिया है। आगन्तुक आक्रमणकारियों ने कितना नष्ट किया और कितना गढ़ा। हड़प्पा सभ्यता की तुलना पश्चिमी सभ्यताओं से करते समय अध्येता इस नतीजे पर पहुँचते हैं कि पश्चिमी एशिया के विभिन्न नगरों में भारतीय व्यापारियों की बस्तियाँ थीं, जहाँ वे अपने देवताओं की पूजा करते थे और अपने खास ढंग से रहते थे (468/211-12), जिसकी पुष्टि पुरातात्त्विक साक्ष्यों के अतिरिक्त वैदिक भाषा के पुरातन अवशेषों से भी होती है, पर भारत में वहाँ से क्या आता था यह अलक्ष्य ही रह जाता है। यह बात केवल पुरातात्त्विक साक्ष्यों तक ही सीमित नहीं है, अपितु इसे सभ्यता के अन्य नियामक तत्त्वों में भी पाया जा सकता है। भारत को पश्चिम का योगदान तो अपना महत्त्व रखता ही है, पर पश्चिम को भारत का योगदान भी कम-से-कम हड़प्पा काल से या, कहें, ऊर के तथाकथित प्लावन स्तर से पहले से स्पष्ट और अकाट्य रूप में दिखाई देता है।

2. वर्तमान स्थिति

भारतीय सभ्यता के अवदान या ऋण-स्वीकार का मूल्यांकन हड़प्पा सभ्यता के सन्दर्भ में ही किया जाता रहा है और इसमें बल सामान्यतः इस बात पर ही दिया जाता रहा है कि यह सभ्यता कैसे आरम्भ हुई हो सकती है और इससे पूर्व की ओर दृष्टि डालने का कोई कारण न देखकर बार-बार इससे पश्चिम की ओर से इसका सम्बन्ध जोड़ा जाता रहा है। पहले इसकी प्रेरणा का केन्द्र पूर्वी उत्तरी ईरान में तलाश किया जाता रहा और यदा-कदा तो इसके भी आगे बढ़कर इसे मेसोपोटामियाई प्रभाव में उदित सिद्ध करने के प्रयत्न होते रहे। अब इस विषय में किसी को किसी प्रकार का सन्देह नहीं रह गया है कि मेसोपोटामिया का हड़प्पा सभ्यता के उद्भव में कोई योगदान नहीं था, पर ईरान को एक सम्भावित प्रेरक क्षेत्र का स्थान देनेवाले विद्वानों की कमी नहीं है (533/26; 163/27; 626/85; 589; 468/50)।

दूसरी ओर, यह विचार व्यक्त किया जाता है कि दक्षिणी तुर्कमीनिया, सीस्तान, दक्षिणी अफ़ग़ानिस्तान और बलूचिस्तान के कुछ भाग तीसरी सहस्राब्दी के आरम्भ में एक गहन अन्तर्क्रिया के सूत्र में बँधे थे और इनसे लेकर सिन्धु घाटी तक कुछ आदान-प्रदान चलता दिखाई देता है जिसकी प्रकृति को ठीक-ठीक नियत कर पाना कठिन है। ऐसे में सम्भव है, इस क्षेत्र में सभ्यता का प्रसार करने में दक्षिणी तुर्कमीनिया का कुछ हाथ रहा हो। जब इसे तार्किक परिणति पर पहुँचा दिया जाता है तब यह प्रस्ताव भी रख दिया जाता है कि तुर्कमीनिया—तेज़ेन मुहाना और आमू दरिया क्षेत्र—से कुछ लोगों का संचलन तीसरी सहस्राब्दी के आरम्भ या चौथी सहस्राब्दी के अन्त में सिन्धु-गंगा के मैदान में हुआ हो सकता है और उन्हीं के माध्यम से यहाँ कृषि आरम्भ हुई और कृषिजन्य समृद्धि पैदा हुई हो सकती है, जिसने बहुत जल्द नगर सभ्यता का रूप ले लिया होगा (94/238-39)।

जैसा कि फ्रांसीसी पुरातत्त्ववेत्ता जैरिज ने कहा है, जिन सादृश्यों के आधार पर यह सरलीकरण किया गया है उनसे प्रकट होता है कि इन दोनों क्षेत्रों के बीच लेन-देन उभय-पक्षीय था और ऐसी स्थिति में यह किसी एक क्षेत्र से उसके निवासियों के आने का सूचक नहीं है (299)। यह आने-जाने या, कहें, व्यापारिक यात्राओं के चलते ही सम्भव हो सकता था और इस स्थिति में हमें देखना यह होगा कि जिन बस्तियों के प्रमाण पाकर हम इस सम्पर्क में तुर्कमीनिया की पहल स्वीकार करते हैं, क्या उनका आकार इतना बड़ा और अपना ढाँचा इतना जटिल है कि उनको अन्तर्राष्ट्रीय व्यापार में पहल का श्रेय दिया जा सके?

अब इसको ध्यान में रखकर यह सुझाव दिया जाने लगा है कि सिन्धु सभ्यता का उदय कच्छी मैदान में ही हुआ हो सकता है। भारतीय नगर सभ्यता की जड़ें भारत में हो सकती हैं, यह बात अब दिनोदिन अधिक साफ़ होती जा रही है।

इस चर्चा को आगे बढ़ाने से पहले विकास की प्रकृति पर विचार करना अधिक आवश्यक है।

3. विकास की प्रकृति

विश्व-इतिहास के विषय में हमें जो बातें मोटेतौर पर ज्ञात हैं उनके आधार पर हम कह सकते हैं कि किसी नव-प्रवर्तन का सम्बन्ध किसी जाति से नहीं है, पर परिस्थिति विशेष से इसका गहरा सम्बन्ध है। इसी का दूसरा रूप यह है कि विकास के एक चरण पर आगे बढ़ा हुआ क्षेत्र अगले चरणों पर भी आगे ही रहे, यह ज़रूरी नहीं। इसकी उपलब्धियों के प्रसार-क्षेत्र में कोई भी स्थल उपयुक्त परिस्थिति में अगले विकासों का केन्द्र बन सकता है। यही नहीं, जिस दौर में कोई क्षेत्र शेष से आगे बढ़ा होता है उस दौर में भी कुछ विशेष मामलों में वह उस क्षेत्र से कुछ बातें सीखता रह सकता है जिनको यह अधिक गहन रूप में प्रभावित कर रहा है।

यह एक निर्विवाद तथ्य है कि कोई विकास निपट एकाकीपन में नहीं होता। यह सम्पर्क की गहनता पर निर्भर करता है। अतः गाँवों की तुलना में नगरों में और छोटे नगरों

की तुलना में महानगरों में नए विकास की सम्भावना अधिक होती है। सम्पर्क की गहनता का अर्थ है सम्पर्क के दायरे का बड़ा होना, संचार के माध्यमों का प्रखर होना और वातावरण का अनुकूल होना।

यह एक सर्वविदित बात है कि इतिहास में हम ज्यों-ज्यों पीछे लौटते हैं, विकास की दर अधिकाधिक मन्द होती जाती है और एक बिन्दु पर यह मन्दता इतनी बढ़ जाती है कि लगता है कोई परिवर्तन घटित ही नहीं हो रहा है। शेष जगत से अलग-थलग रहनेवाले जनों में आज भी घोर मन्दता या ठहराव की-सी ही स्थिति दिखाई देती है और इनकी जड़ता का टूटना भी बाह्य जगत से इनके सम्पर्क के अनुपात में ही होता है। साथ ही यह भी कि प्राचीन काल में भी विकास की गति उन क्षेत्रों में ही अधिक प्रखर रही हो सकती है जहाँ अधिक बड़े प्रसार-क्षेत्र में सम्पर्क की सम्भावना रही हो और ऐसे क्षेत्र जो परस्पर विच्छिन्न रहे हैं, अपने विकासों के लिए उन गहन सम्पर्क के क्षेत्रों की तुलना में न केवल पीछे रहे हैं अपितु अपने अधिकांश विकासों के मामले में इन सघन सम्पर्क-क्षेत्रों से अपने सम्पर्क की सघनता या विरलता के ही अनुरूप रहे हैं।

अपने पूरे इतिहास में हम पाते हैं कि मैदानी क्षेत्रों में जहाँ विविध माध्यमों से आवागमन अधिक आसान रहा है और किसी तरह की व्यवस्था कायम करना अधिक सुकर रहा है, वहीं इनमें अपेक्षाकृत अधिक बड़े क्षेत्र में सम्पर्क भी बना रहा है और यह अपने समय को देखते हुए अधिक गहन रहा है। इसके विपरीत गहन जंगलों या अलंघ्य प्राकृतिक बाधाओं के कारण कटे हुए क्षेत्रों में ऐसा सम्भव नहीं था, अतः जंगली क़बीलों, दूरस्थ द्वीपों और पर्वतीय क्षेत्रों की बस्तियों में अपनी भौगोलिक बाध्यताओं के कारण कतिपय युक्तियों का विकास भले हो गया हो पर कोई ऐसा आविष्कार या विकास सम्भव नहीं दिखाई देता जिसका सार्वभौम महत्त्व हो। मैदानी क्षेत्र की सीमा पर पड़नेवाली गिरिपदीय बस्तियों के बीच परस्पर नगण्य सम्पर्क रहा है, ये प्रायः पर्वतीय क्षेत्र के निवासियों के लिए मैदानी क्षेत्र की वस्तुओं के विनिमय-केन्द्रों के रूप में विकसित हुई हैं और इसलिए इनमें मैदानी और पहाड़ी क्षेत्रों के कुछ तत्त्वों का मिश्रण पाया जाता है। इनका सम्पर्क अपने निकटस्थ मैदानी केन्द्र से उससे अधिक गहन रहा है जितना अपने समीपवर्ती अन्य गिरिपदीय स्थलों से। पहाड़ी बस्तियों के बीच आपसी सम्पर्क उससे भी अधिक क्षीण रहा है जितना गिरिपदीय बस्तियों से। पर जिन पर्वत शृंखलाओं को पार कर आगे जानेवाले यात्रापथ रहे हैं उनके किनारे पड़नेवाले कतिपय स्थलों का विकास बड़े पड़ावों के रूप में हुआ और इनमें भी मैदानी क्षेत्र की कतिपय उपलब्धियों को प्रतिबिम्बित देखा जा सकता है। दोनों पार्श्वों के बीच में होने के कारण इनमें कुछ का विकास गिरिपदीय बस्तियों की तुलना में अधिक उन्नत भी हो सकता था और कुछ का विकास इस स्तर तक भी सम्भव था कि कुछ मामलों में वे स्वयं भी पहल कर सकें। पर सामान्यतः एक-दूसरे से क्षीण सम्पर्क रखने के कारण और साथ ही सघन अन्तर्क्रियावाले एक ही मैदानी क्षेत्र से सीधे सम्पर्क के कारण इनमें दो तरह की प्रवृत्तियाँ पाई जाती हैं– पारस्परिक सांस्कृतिक भिन्नताएँ और इसके बावजूद इन सभी में कुछ समान तत्त्वों की उपस्थिति।

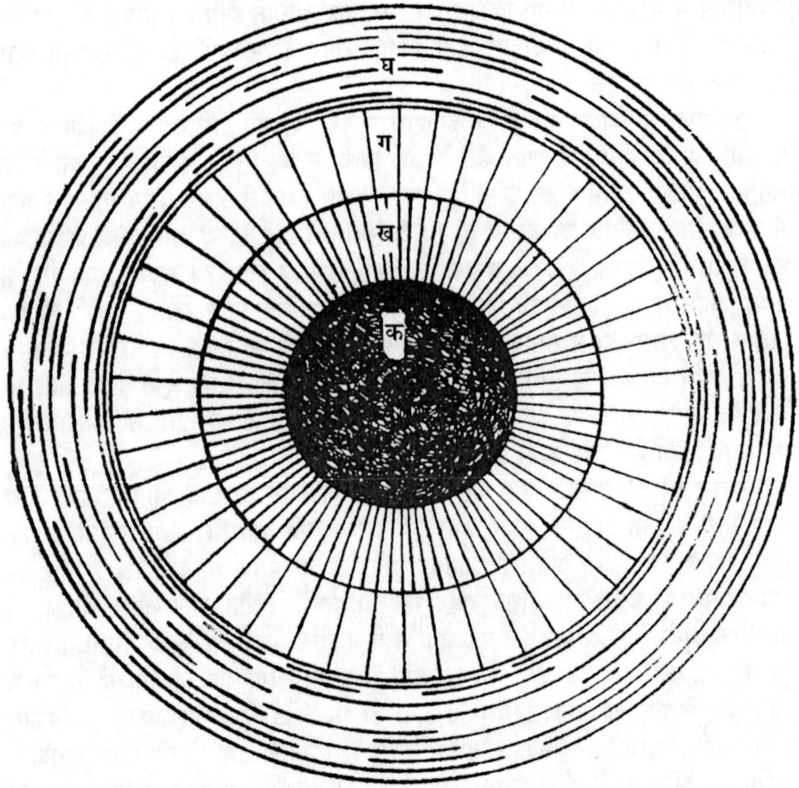

(क) मैदानी स्थल, सघन अन्तक्रिया के क्षेत्र, गहन सम्पर्क, अर्थव्यवस्था में वैविध्य, सुदूर स्थलों से सीधा सम्पर्क, स्थायी आवास।

(ख) गिरिपदीय स्थल–परस्पर कोई सम्पर्क नहीं। सीधा सम्बन्ध 'क' और 'ग' से। इनमें 'क' और 'ग' दोनों के कतिपय लक्षण पाए जा सकते हैं जिनके बीच ये सेतु का काम करते हैं।

(ग) पहाड़ी स्थल–परस्पर स्वल्प सम्पर्क, सीधे या ख के माध्यम से क से सम्पर्क। प्रायः 'क' के दूरस्थ उपकेन्द्र।

(घ) वन्य क्षेत्र–लघु क्षेत्र में परस्पर गहन अन्तर्किया। 'क', 'ख' और 'ग' से कटा हुआ या नाममात्र को सम्पर्क, जिसमें भी पहल 'क' की ओर से। घोर पिछड़ापन। पाषाणी सभ्यता के निकटतम।

उन विनाशकारी प्राकृतिक आपदाओं से अपेक्षाकृत मुक्त रहने के कारण जिन्हें मैदानी क्षेत्रों को झेलना पड़ा है, पर्वतीय और गिरिपदीय तथा रेगिस्तानी क्षेत्रों में भले ही स्थायी बस्ती और सांस्कृतिक विकास के कतिपय लक्षण मैदानी क्षेत्र की तुलना में हज़ारों वर्ष पीछे के बचे रह गए हों, पर इनमें परिलक्षित विकास मैदानी क्षेत्र के विकासों के प्रतिबिम्बन मात्र

हैं और इन्हें अपने समकालीन मैदानी केन्द्रों के विकासों का भी सही परिचायक नहीं माना जा सकता। इनको मैदानी क्षेत्र में अपेक्षाकृत बाद के अवशेषों में देखकर यह सोचना तो वास्तविकता को बिलकुल उलटकर देखने जैसा होगा कि मैदानी क्षेत्र के विकास इन्हीं के प्रभाव में हुए हैं। ऐसी स्थिति में जहाँ बलूचिस्तान की ग्राम-संस्कृतियों–दंब सादात, रहमान ढेरी, किले गुल मोहम्मद, राना गुंडाई, कुल्ली, कोटदीजी, शाही तुम्प, गुमला आदि में कुछ ऐसे तत्त्व पाए जाते हैं जिनको हम आगे चलकर हड़प्पा के नगरों में पाते हैं तो इसका यह अर्थ नहीं कि इन संस्कृतियों ने मिलकर या इनमें से किसी ने हड़प्पा को प्रेरित किया, अपितु यह कि मैदानी क्षेत्र से हड़प्पा सभ्यता के उस काल के अवशेष अभी तक खोजे नहीं जा सके हैं जिनका क्षीण प्रतिबिम्ब इन संस्कृतियों में पाया जाता है और जो हड़प्पा सभ्यता के पूर्वज व्यापारियों के अड्डे रहे हो सकते हैं। कारण, ये लघु, परस्पर सम्पर्क से कटी हुई और स्पष्ट आंचलिक भिन्नताएँ रखनेवाली, स्थानीय संसाधनों की दृष्टि से अकिंचन बस्तियाँ स्वतन्त्र रूप से ऐसे विकास नहीं कर सकती थीं, जिनकी अपेक्षा व्यापक सम्पर्क और समृद्धि की स्थिति में ही की जा सकती है। इसी तरह विन्ध्य के पदतल में जिन स्थायी और अर्धस्थायी बस्तियों का इलाहाबाद, प्रतापगढ़, बनारस और मिर्ज़ापुर के ज़िलों में पता चलता है, उनके आधार पर यह सोचना ग़लत होगा कि इनसे उत्तर और पश्चिम के मैदानी क्षेत्रों में भी विकास का स्तर यही रहा होगा। यह याद रखना होगा कि विन्ध्य का पर्वतीय और पदतलीय क्षेत्र, जिसमें प्रयाग तक का क्षेत्र आता है, रामायण काल तक भी ऐसे क़बीलों का ही क्षेत्र था जो मछियारी और सम्भवतः पशुपालन पर निर्भर करते थे, जबकि इससे उत्तर का क्षेत्र उन्नत अवस्था को पहुँचा हुआ था। इसके विपरीत सारन में गंगा के कछार से चिरंद नामक स्थान से चौथी सहस्राब्दी ई.पू. के गेहूँ तथा अन्य खाद्यान्नों के प्रमाण मिले हैं जिनसे प्रकट होता है कि इस क्षेत्र में गेहूँ और धान की खेती होती थी और यह तिथि यद्यपि हमें बहुत पीछे नहीं ले जाती, पर इससे यह तो प्रकट होता ही है कि चौथी सहस्राब्दी ई.पू. में भी कृषि का प्रसार बिहार तक था और मैदानी क्षेत्रों में विधिवत् खेती हो रही थी। अब इसमें एक अधिक प्राचीन स्थल लहुरादेवा जुड़ गया है जहाँ से सातवीं सहस्राब्दी से स्थायी बस्ती और धान की खेती के प्रमाण मिले हैं। यह क्रम कितने पहले से चला आ रहा था, इसके विषय में केवल अनुमान ही लगाए जा सकते हैं। यह भी ध्यान में रखना होगा कि यहाँ हमारा पाला गंगा की घाटी के ठीक उसी क्षेत्र से पड़ रहा है जिसके विषय में आम धारणा यह रही है कि यह सघन जंगलों में घिरा ऐसा क्षेत्र था जिसकी सफाई 'लोहे के कुल्हाड़े लेकर आनेवाले' आर्यों से पहले हो ही नहीं सकती थी। एक बड़ी नदी के कछार में, वह भी प्रचुर वर्षा और बाढ़वाले भाग में, खेती का यह प्रमाण इस भ्रम को भी दूर करता है कि तीसरी सहस्राब्दी से पहले या हद-से-हद चौथी सहस्राब्दी की अन्तिम शताब्दियों से पहले सरस्वती और सिन्धु आदि के तट पर न तो स्थायी बस्ती हो सकती थी, न खेती की जा सकती थी और कृषि की प्रेरणा पश्चिम की ओर से ही सम्भव थी।

निरे पुरातात्त्विक साक्ष्यों के आधार पर विचार करते समय एक भूल जो अक्सर की जाती है, वह है स्थानीय शक्यता की उपेक्षा और उपलब्ध प्रमाणों में जो अब तक सबसे पुराना सिद्ध हो रहा है उसे ही इसका जनक और शेष को इससे प्रेरित मानने की भूल। यह

भूल तब और अधिक ख़तरनाक रूप ले लेती है जब हम इस बात की सरासर उपेक्षा करते हैं कि विकास और समृद्धि के केन्द्र निरन्तर बदलते रहते हैं, और हज़ारों वर्षों के दौरान हुए विकास को अपनी दृष्टि से अग्रणी माने हुए केन्द्रों या क्षेत्रों से ही प्रेरित और परिचालित मान लेते हैं। जब हम नगर-सभ्यता के विकास पर विचार कर रहे हों तो कम-से-कम इतनी सूझ-बूझ का परिचय तो हमें देना ही चाहिए कि इसे कृषि के उदय और विकास से, जो इससे हज़ारों वर्ष पहले आरम्भ हुआ था, काटकर और इसकी अपनी अपेक्षाओं को सामने रखते हुए देखने का प्रयत्न करें।

4. शहरीकरण की पूर्वापेक्षाएँ

नगरों के साथ यद्यपि आर्थिक समृद्धि प्रायः देखने में आती है, पर शहरीकरण आर्थिक समृद्धि का दूसरा नाम नहीं है। इसी तरह ग्रामीण बस्तियों की तुलना में नगरों में आबादी का अधिक बड़ा जमाव दिखाई देता है, पर आबादी की विशालता मात्र किसी नगर का लक्षण नहीं है। विशाल भवनों, आराधना के स्थलों आदि से भी इसे जोड़ना ग़लत है। यह ग्रामीण अर्थव्यवस्था से भिन्न एक ऐसी गुणात्मक छलाँग है जिसके साथ उक्त तत्त्वों को तो पाया ही जाता है, साथ ही दूसरे दर्जनों लक्षण, जैसे—श्रम का विभाजन और विशेषीकरण, उत्पादन में दक्षता, नए आविष्कार, तकनीक, लेखन और गणना के संकेतों का प्रसार और इनकी शिक्षा, प्रशासनिक तन्त्र का विकास, मानों और बाटों का मानकीकरण, प्रतीक द्रव्यों का चलन, बस्ती की सुव्यवस्थित योजना, सामाजिक मूल्यों और आदर्शों की प्रतिष्ठा और शिष्टाचार के नियमों के पालन पर बल, सामूहिक भागीदारी में परिमाणगत और गुणात्मक अन्तर आदि दिखाई देते हैं, पर ये सभी मात्र इसके लक्षण हैं, कारण नहीं। इन सभी विकासों के मूल में रही हैं आन्तरिक और बाह्य व्यापारिक गतिविधियाँ जिनके चलते ही क्रमशः नगरों का उदय हुआ और नए नगरों की स्थापना तथा पुराने नगरों के महत्त्व में अन्तर के पीछे आज तक मुख्यतः इन्हीं को काम करते देखा जा सकता है।

शहरीकरण की प्रक्रिया पर विचार करनेवाले विद्वानों ने प्रायः इसके इक्के-दुक्के पहलुओं पर ही अधिक बल दिया है। पर इसके प्रमुख कारण व्यापार और उद्योग की ओर ध्यान आकृष्ट किए जाने के बावजूद इनके महत्त्व का सही मूल्यांकन करने में प्रायः चूक होती रही है। उदाहरण के लिए, शैफर के विचार से हड़प्पा नगर-सभ्यता से पहले के सम्पर्क यायावर क़बीलों के कारण सम्भव दिखाई देते हैं (94/15)। अस्थाना शैफर से सहमति प्रकट करती हुई लिखती हैं कि हड़प्पा काल से पहले व्यापार की बात करना ही फिजूल है (व/217)।

वास्तविकता यह है कि व्यापार का आरम्भ नगरों के बसने के बाद नहीं हुआ अपितु व्यापारिक गतिविधियों में आई प्रखरता ने ही नगर-सभ्यता को जन्म दिया और हमें ज्ञात परिपक्व हड़प्पा सभ्यता में नगरों का उदय होते नहीं दिखाई देता है, अपितु किन्हीं आपदाओं या अपरिहार्यताओं के कारण पहले से स्थापित नगर-केन्द्रों का वर्तमान स्थलों पर स्थानान्तरण

होता दिखाई देता है। नगर-सभ्यता के उदय पर विचार करते समय पश्चिम एशिया के 'उर्वर अर्धचन्द्र' या भारत में गंगा से सिन्धु तक के 'स्वर्णिम उर्वर क्षेत्र' पर एकांगी बल देना भी ग़लत है। यद्यपि व्यापारिक गतिविधियों में तेज़ी का बहुत गहरा सम्बन्ध आर्थिक समृद्धि और अतिरिक्त उत्पादन के कुछ थोड़े-से लोगों के हाथ में सिमट जाने से है, पर हमें यह नहीं भूलना चाहिए कि नगर-केन्द्रों से न तो कभी खेती की जाती रही है, न ही वे इस दृष्टि से सबसे उपयुक्त स्थलों पर बसाए गए हैं। वे सदा से विपणन, वितरण और प्रशासन के ही केन्द्र रहे हैं। अतः नगरों की स्थापना में कृषिजन्य समृद्धि की भूमिका परोक्ष रही है, प्रत्यक्ष और निर्णायक नहीं। नगरों की स्थापना में भी ठीक उस स्थल के निवासियों का–यदि इससे पहले वहाँ कोई छोटी-मोटी बस्ती रही भी हो तो–हाथ नहीं होता। इन स्थलों का चुनाव अपनी गतिविधियों के केन्द्र के रूप में, परिवहन की दृष्टि से इनके सुविधाजनक होने के कारण, उस अंचल के व्यापारियों द्वारा भी किया जा सकता है और सुदूर स्थलों के व्यापारियों द्वारा भी, पर किसानों द्वारा कदापि नहीं। इनकी उपयुक्तता इस बात पर निर्भर करती है कि इनके माध्यम से एक बड़े क्षेत्र से सम्पर्क रखा जा सकता है और उसमें अपना माल पहुँचाया जा सकता है। विशाल नदियों और समुद्र तट के कुछ विशेष स्थल इस दृष्टि से आज तक सबसे उपयुक्त रहे हैं। व्यापारिक गतिविधियों के लिए नौका और जलमार्गों का सफलतापूर्वक उपयोग आरम्भ करने से पहले, मनुष्य लम्बे समय तक भारवाही पशुओं की पीठ पर माल लादकर स्थल मार्ग से क्रियाशील रहा होगा और नगर-केन्द्रों का भी आरम्भिक जमाव इस भाग में ही आरम्भ हुआ होगा। हम पहली बार जिन नगरों को देखते हैं वे जल-मार्गों के उपयोग और नौकाओं और रथों के विकास के बाद की चीज़ हैं। कहें, हम इन्हें नगर सभ्यता के आरम्भ से वर्षों बाद देख रहे हैं। ऐसे क्षेत्रों में जहाँ नदियों का अभाव रहा है या जहाँ जल-मार्ग से पहुँचना सम्भव नहीं था, स्थल-मार्ग में पड़नेवाले ऐसे स्थल व्यापारिक केन्द्रों के रूप में विकसित हुए जहाँ से अनेक दिशाओं में अधिक सुकरता से पहुँचा जा सकता था। अफ़ग़ानिस्तान, बलूचिस्तान, ईरान और मध्य एशिया की अधिकांश आद्य-नगरीय या योजनाबद्ध बस्तियाँ और बाद के नगर ऐसे ही केन्द्र रहे हैं। परन्तु इन स्थलों के चुनाव की एक प्रधान शर्त थी यहाँ जल की उपलब्धता। कारण, जल के अभाव में बस्ती बसाना तो दूर, एक-दो दिन के लिए पड़ाव डालकर ठहर पाना भी सम्भव नहीं था। जल की सुलभतावाले इन आरम्भिक पड़ावों और बाद की बस्तियों के आसपास यदि भूमि उपजाऊ मिल गई तो कुछ खेती-बारी सम्भव थी। पड़ाव न तो किसी पहाड़ी की चोटी पर लगाए जा सकते थे, न ही ढलान पर। इनके लिए स्थल का चुनाव करते समय अपेक्षाकृत चौरस जमीन ही चुनी जा सकती थी, अतः जल की सुलभता के साथ चौरस जमीन पर बसे अड्डों और बस्तियों के साथ कमोबेश खेती सम्भव थी। भारवाही पशुओं के लिए चारे की उपलब्धता यहाँ तो सम्भवतः आरम्भ से थी। स्थल-मार्ग के पड़ावों की एक देखकर प्रायः यह भ्रम पाल लिया जाता है कि इन स्थलों पर एक अल्पतम स्तर का नागर विकास या आद्य नागर विकास इनमें होनेवाली खेती और इससे उत्पन्न आपेक्षिक सम्पन्नता के कारण सम्भव हुआ, जो ठीक नहीं लगता।

हमें यह स्मरण रखना होगा कि नगर के लिए किसी स्थल का उपजाऊ होना कतई ज़रूरी नहीं है। यदि विनिमय और वितरण के लिए अनुकूल स्थितियाँ मौजूद हैं तो नगर किसी ऊसर, बंजर, चट्टानी या पहाड़ी स्थल पर भी बसाए जा सकते हैं—और तटवर्ती नगर तो चुनाव करके ऐसे ही स्थलों पर बसाए जाते रहे हैं जो उर्वरता की दृष्टि से कदापि आकर्षक नहीं थे। इन केन्द्रों का तेज़ या मन्द गति से विकास, अन्य केन्द्रों की तुलना में इनका आगे बढ़ जाना भी मुख्यतः इसी बात पर निर्भर करता है कि इनसे कितने विशाल क्षेत्र में पहुँचा, अपना माल पहुँचाया और वहाँ का माल समेटा जा सकता है।

इसी तरह किन्हीं भी कारणों से व्यापारिक महत्त्व घट जाने या व्यापारिक आधार खंडित हो जाने के बाद नगरों का पतन और विनाश होने लगता है। इस पहलू पर ध्यान न देने के कारण सारस्वत नगर-केन्द्रों और हड़प्पा के नगर-केन्द्रों के पतन को समझने में तो कठिनाई पेश आती ही है, बौद्ध काल से ठीक पहले शहरीकरण के दूसरे दौर के पीछे काम करनेवाले तर्क को समझने में भी उलझन पैदा होती है। जो लोग यह मानते हैं कि शहरीकरण का सम्बन्ध कृषि के उत्पादन से है, उन्हें यह सिद्ध करना चाहिए कि हड़प्पा काल के बाद भारत में कृषि का आधार भी नष्ट हो गया था और इसका भी पुनः उदय शहरीकरण के दूसरे दौर के साथ हुआ। लोहे के आविष्कार से भी शहरीकरण को जोड़कर देखना ग़लत है। इसका निषेध तो इस बात से ही हो जाना चाहिए कि हड़प्पा के विशाल नगरों के लिए जो चीज़ ज़रूरी नहीं थी उसको इस दूसरे दौर का प्रधान कारण कैसे बनाया जा सकता है। अनेक विद्वानों ने इसका खंडन तो किया है, पर सही क़ारण को रेखांकित करने में विफल रहे हैं (147)।

इसका यह मतलब नहीं कि कृषि उत्पादनों का और उन्नत तकनीक का नगर-सभ्यता के विकास से किसी तरह का सम्बन्ध नहीं है। सम्बन्ध है, पर यह प्रत्यक्ष न होकर परोक्ष है। इसकी भूमिका पर इसके गुण और परिमाण को सामने रखते हुए ही विचार किया जाना चाहिए। मात्र कृषि-कर्म नहीं, अपितु कृषि का एक विशाल क्षेत्र में प्रसार और इसके लिए, अपने समय को देखते हुए, उन्नत तकनीक का प्रयोग जिससे भूमि का अधिकतम उपयोग अपेक्षाकृत कम श्रम से किया जा सकता था और इस प्रकार उत्पादकों की अपनी अपरिहार्य आवश्यकताओं की पूर्ति के बाद कुछ अतिरिक्त बचा रहना और इस अतिरिक्त का अपेक्षाकृत थोड़े-से लोगों द्वारा अपहरण कर लिया जाना और इससे उत्पन्न अनुपातहीन समृद्धि के निकास के लिए उनके द्वारा उपभोग, विलासिता और सौख्य के अनावश्यक उत्कृष्ट स्तरों और वस्तुओं की तलाश वाणिज्य और व्यापार का आधार बनी थी और इसमें होनेवाली उत्तरोत्तर वृद्धि ने नगर-सभ्यता को जन्म दिया था। पर जहाँ पहल करनेवाले देश के सन्दर्भ में कृषिजन्य समृद्धि अनिवार्य महत्त्व रखती थी वहाँ उन दूसरे क्षेत्रों के सन्दर्भ में यह ज़रूरी नहीं थी जहाँ से अपने उपभोक्ताओं की आवश्यकताओं की पूर्ति के लिए विविध वस्तुओं का आयात किया जा सकता था और इसके बावजूद इन क्षेत्रों में व्यापारिक केन्द्रों की स्थापना और एक अल्पतम सीमा तक इनका विकास सर्वथा सम्भव था। इसका एक उदाहरण दक्षिण-पूर्व एशिया के प्रायद्वीपीय और द्वीपीय क्षेत्र हैं जहाँ का समाज नितान्त पिछड़ी अवस्था में था और स्थायी बस्ती भी बसाकर नहीं रह रहा था, पर जहाँ के मसालों

की वन्य उपज भारतीय व्यापारियों के आकर्षण का केन्द्र बनी थी और जिसके चलते उनसे व्यापारिक सम्पर्क कायम हुआ था और वहाँ आरम्भ में व्यापारिक अड्डे कायम हुए थे और फिर भारतीय व्यापारियों और नेताओं के द्वारा ही नगर-केन्द्र स्थापित किए गए थे।

जो भी हो, एक बार व्यापारिक दृष्टि से इन उपयुक्त स्थलों पर बस्ती आरम्भ हो जाने के बाद सुरक्षा की चिन्ता और सम्पन्नता की अभिव्यक्ति के दुहरे तकाजों से सुदृढ़ और विशाल भवनों का निर्माण, निर्विघ्न यातायात के लिए ऐसे चौड़े मार्गों का निर्माण जिनसे दोनों ओर से वाहन गुज़र सकें, यथासम्भव प्रधान मार्ग का पक्का बनाया जाना, ताकि गर्मी में धूल और बरसात में कीचड़ और पानी के जमाव की समस्या न पैदा हो, बस्ती की सुरक्षा के लिए नगर-प्राचीर और तटबन्ध का निर्माण, विपणन केन्द्र होने के कारण दूर-दूर के ग्राहकों का आवागमन, इनके लिए सुविधाओं और ठिकानों का विकास, क्रमशः जनसंख्या का जमाव, इस जमाव से उत्पन्न अन्य सामाजिक-आर्थिक और स्वच्छता आदि की समस्याएँ और इनको सुलझाने के लिए स्थानीय प्रशासन तन्त्र, सामाजिक व्यवहार तथा निर्माण और स्वच्छता आदि के विषय में नियमों का बन्धन और इनके उल्लंघन पर दंड-विधान, खेल-कूद और मनोरंजन के केन्द्रों और साधनों तथा खिलौनों का निर्माण, अपने माल को प्रतिस्पर्धियों की तुलना में अधिक अच्छा बनाने के लिए दस्तकारों में होड़ और इन दस्तकारों के माल को दूर ले जाकर बेचनेवाले प्रधान व्यापारियों द्वारा इनको प्रोत्साहन, इस क्रम में दक्षता और विशेषीकरण में वृद्धि, शिक्षण और प्रशिक्षण के केन्द्रों की स्थापना, माल के भंडार व हानि-लाभ का हिसाब रखने के लिए क्रमशः दृश्य-चिह्नों और प्रतीकों का विकास और लम्बे दौर में इनका लिपि-चिह्नों में विकास और इसके बाद सामान्य रक्षणीय अनुभवों और रचनाओं को भी लिपिबद्ध करने का आरम्भ और ज्ञानात्मक और कलात्मक कृतियों का विकास के स्तर के अनुरूप प्रचलन, ये सभी क्रमशः व्यापारिक गतिविधियों के कारण और इनके दबाव में जन्म लेते हैं और अपने परिष्कार और परिरक्षण के लिए इनकी समग्र अभिव्यक्ति—नगर-केन्द्र—पर निर्भर करते हैं।

अतः शहरीकरण की प्रेरणाओं तथा इनके प्रथम केन्द्रों को तब तक नहीं समझा जा सकता जब तक हम यह समझने का प्रयत्न न करें कि इन विविध दृष्टियों से पहल किस क्षेत्र में सम्भव हो सकती है और कतिपय नागर लक्षणों को प्रकट करनेवाली बस्तियों का इस मूल केन्द्र के सन्दर्भ में क्या महत्त्व है। पर इसके साथ ही तकनीकी और सामाजिक विकास पर भी एक दृष्टि डालना ज़रूरी है जिनका व्यापारिक गतिविधियों से और आंचलिक समृद्धि से गहरा सम्बन्ध है।

5. सामाजिक व तकनीकी विकास

सबसे पहले हम कृषिजन्य समृद्धि को ही लें जिससे उत्पन्न अतिरिक्त संचय उत्कृष्ट उपभोक्ता वस्तुओं की माँग व इनको जुटाने के क्रम से व्यापार का प्रेरक बना था। इसके लिए ज़रूरी था विशाल समतल मैदान और इसका भरपूर उपयोग करने के लिए अपेक्षित युक्तियों और साधनों का विकास। विचारणीय काल में विशाल उपजाऊ मैदान के रूप में

तीन ही क्षेत्र मिलते हैं और वे हैं दजला और फ़रात की उपत्यका, नील की उपत्यका और सिन्धु-गंगा के बीच का विशाल मैदान। इनमें से पहली के विषय में पुरातात्त्विक प्रमाण और स्थानीय परम्परा दोनों इस बात की पुष्टि करते हैं कि यहाँ नगर-सभ्यता की प्रेरणा का आगमन पूर्व की ओर से समुद्री मार्ग से हुआ था और दूसरी का शहरीकरण पहली के प्रभाव में हुआ था। इनके विपरीत तीसरी की स्थानीय परम्परा एक बहुत लम्बे अतीत काल से स्थानीय विकास और नगर-जीवन की याद दिलाती है जो बाद के दौर में लगभग विस्मृतप्राय स्वप्न हो गया था और पुरातात्त्विक दृष्टि से ऐसा कुछ भी नहीं मिला है जिसे निषेधात्मक कहा जा सके। इसके विपरीत इसकी विशालता स्वयं में एक सशक्त प्रमाण है कि यह इस क्षेत्र में विगत अनेक सहस्राब्दियों के दौरान अंकुरित, पल्लवित और फलित हुई थी। विगत दो दशकों के बीच इस दृष्टि से आशाएँ बढ़ी ही हैं, यद्यपि पूरा क्षेत्र लगभग अनखुदा-सा पड़ा है। उक्त तीन के अतिरिक्त जिन क्षेत्रों से खेती के प्रमाण मिलते हैं वे ईरान, मध्य एशिया, अफ़ग़ानिस्तान और बलूचिस्तान के क्षेत्र हैं जिनको सामान्यतः ऊसर, पठारी या रेगिस्तानी पाया जाता है, जिनमें बीच-बीच में कहीं जलधाराओं के डेल्टों में, नखलिस्तानों या वादियों में सीमित क्षेत्रों में खेती होती तो दिखाई देती है, पर तकनीकी दृष्टि से कोई ख़ास प्रगति सम्भव नहीं दिखाई देती। तकनीकी विकास, यहाँ तक कि पशुपालन में भी हम 'आर्यों' को अग्रणी पाते हैं। अजपालन, अविपालन, रासभपालन से उत्साहित होकर गोपालन ही नहीं हस्तिपालन तक की यात्रा और सिंह-सर्प-रीछ पालन के प्रयोग उन्होंने किए। पहिये का आविष्कार उन्होंने किया। यदि मेरी मानें तो शून्य का आविष्कार उन्होंने किया क्योंकि सत् और असत् से परे किसी संभावना की कल्पना शून्य या खं या छिद्र और छिद्राकृति (0) के बिना सम्भव नहीं। यह याद दिलाने की ज़रूरत नहीं कि '0' हड़प्पा की मुहरों पर कई रूपों में विद्यमान है। थोड़ा लिखना, बहुत समझना, अर्थात् अलं विस्तरेण।

भारतीय परिदृश्य में कृषि के मामले में समृद्धि और कुछ थोड़े-से लोगों के हाथों में अतिरिक्त उत्पाद के संचय की दृष्टि से कृषि-क्षेत्र का विस्तार, सिंचाई के साधनों और युक्तियों का विकास, जोताई आदि के लिए यन्त्रों का विकास, मानव श्रम को कम करने या इसकी क्षमता को बढ़ाने के लिए पशु श्रम का उपयोग और सामाजिक सम्बन्धों में परिवर्तन या, कहें, समाज का स्वामी और श्रमिक वर्ग में विभाजन आदि प्रमुख हैं। सिंचाई के मामले में कुछ सीमित प्रयोग जैसे अफ़ग़ानिस्तान में ग़ोरबन्द और नहरों और नालियों का विकास सम्भव था और हुआ भी, पर शेष मामलों में कोई प्रगति नहीं दिखाई देती और इसलिए कृषि-क्षेत्र के विस्तार की सम्भावना नहीं थी। पर भारत और पाकिस्तान के इस मैदानी क्षेत्र में उक्त क्षेत्रों की तुलना में औसत वर्षा की अधिकता, जंगलों को जलाकर कृषि और चारण भूमि का विस्तार, कुओं, पोखरों, कुल्या या कृत्रिम नहरों का विकास, जोताई के लिए आदिम नुकीले डंडों या अरों के प्रयोग से क्रमशः बढ़ते हुए हल-फाल और जुआठ का विकास, आरम्भ में मानव-चालित हलों के स्थान पर इसके लिए क्रमशः गायों का उपयोग और फिर बछड़ों का बधियाकरण करके उनको साधना और बैलों के रूप में हल और बैलगाड़ी में उपयोग, समाज का आर्य और दास या स्वामी और श्रमिक में विभाजन,

कृषकों के लिए कृष्टी या प्रजा का प्रयोग जो स्वामी वर्ग की तुलना में इनकी विशाल संख्या को प्रकट करता है, अन्यत्र पैदा की जानेवाली एक फ़सल की तुलना में दो फ़सलों की खेती, ये सभी कृषिजन्य समृद्धि की अपेक्षाओं की पूर्ति करते हैं और इसमें कहीं कोई छिद्र दिखाई नहीं देता। वैदिक काल के आरम्भ तक ये सारे विकास हो चुके हैं। यह भी याद रखना होगा कि कालीबंगाँ से प्राप्त हलाई के निशान खेतों की जोताई के सबसे प्राचीन प्रमाण हैं।

सिद्धान्ततः भी हल का विकास और उपयोग दोनों मैदानी भागों में ही सम्भव था। पशु श्रम का उपयोग जोताई में हलों के सन्दर्भ में ही महत्त्व रखता है, अतः पहाड़ी, पठारी क्षेत्रों में मानव श्रम को कम करनेवाले और उसकी प्रभावकारिता और उत्पादन क्षमता को बढ़ानेवाले इस विकल्प का उपयोग हुआ दिखाई नहीं देता। सारा उत्पादन अपने ही बलबूते तक सीमित रहा लगता है जिसमें अपनी जीवन-रक्षा के लिए ही पर्याप्त उत्पादन एक समस्या बन जाती है, अतिरिक्त उत्पादन की तो बात ही नहीं सोची जा सकती। यही कारण है कि समाज-रचना में भी अन्यत्र उस तरह का स्पष्ट विभाजन नहीं दिखाई देता।

इसके अतिरिक्त कुछ अन्य तकनीकी विकास नगर-सभ्यता के उदय से पहले पूरे हो चुके हैं। किसी पहाड़ी या नखलिस्तानी और डेल्टाई क्षेत्र में सम्भव नहीं थे। इनमें से एक है नौका और दूसरा है पहिया। यदि सुमेर में सभ्यता का आरम्भ समुद्र-मार्ग से वहाँ पहुँचे हुए लोगों के द्वारा हुआ था तो इससे पूर्व की ओर एक मात्र देश भारत और पाकिस्तान का मैदानी भाग है जहाँ से यह बहिर्गमन सम्भव हुआ हो सकता है। ऐसी स्थिति में पाँचवीं सहस्राब्दी में किसी नगर-बस्ती को न ढूँढ़ पाना प्रत्यक्ष कारणों से पुरातत्त्वविदों की लाचारी हो सकती है, पर एक इतिहासकार को जो पुरातत्त्व को अन्धे की लाठी की तरह काम में नहीं लाता, यह मानना होगा कि भारत में न केवल चौथी सहस्राब्दी तक उन्नत व्यापार और व्यापारिक केन्द्र और नगर स्थापित हो चुके थे, अपितु इस काल तक यह इतना आगे बढ़ चुका था कि यह समुद्र-यात्रा का भी ख़तरा मोल ले सके। यहाँ यह याद दिलाना ज़रूरी है कि गाड़ी और पहिए के मॉडल या खिलौने भी मैदानी क्षेत्र–कालीबंगाँ, सराय खोला, मीठाथाल जलीलपुर, गुमला आदि से ही मिले हैं।

नौका की तरह पहिए का भी ऊबड़-खाबड़ पहाड़ी क्षेत्रों में या रेगिस्तानी इलाके में न तो उपयोग हो सकता था, न ही वहाँ गाड़ियाँ चलती हैं। स्थल-मार्ग से परिवहन का यह साधन भी मैदानी क्षेत्र में ही सम्भव था और इसके विकास के बाद भी पश्चिम के पहाड़ी क्षेत्रों और इनसे पार के देशों के साथ भारतीय व्यापारी भी जो अन्तर्देशीय स्तर पर गाड़ियों का प्रचुरता से उपयोग कर रहे थे, केवल बैलों, गधों, खच्चरों, टट्टुओं और घोड़ों को ही काम में लाते थे। अरायुक्त पहिया बनाने की उन्नत कला का संकेत ऋग्वेद के प्राचीनतम अंशों में भी पाया जाता है और उस प्राचीन काल में भारत अकेला ऐसा देश दिखाई देता है जो अरायुक्त पहिए बना रहा था। जब हम खिलौनों की गाड़ियों को वास्तविक गाड़ियों का सर्वसदृश प्रतिरूप मान लेते हैं तभी यह सोचने की भूल करते हैं कि हड़प्पावासी अरायुक्त पहियों से परिचित नहीं थे। आज भी खिलौनों की गाड़ियों में ठोस पहिए अधिक कारगर पाए जाते हैं। हाल के अध्ययनों से हड़प्पा के अवशेषों में अरायुक्त पहिए के बहुत सारे प्रमाण ढूँढ़े जा चुके हैं।

इस विषय में बहस की गुंजाइश नहीं होनी चाहिए कि कुम्हार की चाक की प्रेरणा गाड़ी के पहिए से ही मिली हो सकती है और सम्भवतः चाक-निर्मित भांडों का आविष्कार भी इसी मैदानी क्षेत्र की देन हो सकता है। यद्यपि इस मामले में विकास की प्रकृति को देखते हुए यह सोचा जा सकता है कि किसी नए आविष्कार से प्रेरित आविष्कार कहीं अन्यत्र हो और इसके एक व्यापक क्षेत्र में प्रसार पा जाने के बाद अगला आविष्कार किसी सर्वथा भिन्न क्षेत्र में। परन्तु हमारे उक्त प्रस्ताव का एक कारण तो यह है कि स्थानीय परिस्थितियों के कारण पहिए का व्यापक प्रसार पहाड़ी और रेगिस्तानी क्षेत्रों में सम्भव नहीं था; दूसरे, वहाँ पात्र आदि बनाने के लिए पत्थर उपलब्ध था, और तीसरे, भारतीय सन्दर्भ में हमें एक खास तरह की शुद्धवादिता का दर्शन कम-से-कम हड़प्पा काल से तो होता ही है जिसमें मिट्टी के बर्तन को खान-पान के लिए एक बार प्रयोग में लाने के बाद इन्हें जूठा मान लिया जाता था और फेंक दिया जाता था। अतः अधिक बर्तन बनाने की माँग हस्तनिर्मित भांडों से पूरी नहीं हो सकती थी और यही किसी अधिक उन्नत युक्ति का कारण बनी होगी। यह आग्रह हड़प्पा सभ्यता के आरम्भ से बहुत पहले से बना हुआ था। इस आग्रह ने भारत में मिट्टी के बर्तनों के विकास में बहुत बाधा भी पहुँचाई। उसी बर्तन का एकाधिक बार प्रयोग जहाँ ऊँची आर्थिक हैसियत के लोगों के लिए अधिक उत्कृष्ट और काँचल मिट्टी के तथा नक्काशीदार पात्रों के निर्माण को प्रोत्साहन दे रहा होता वहाँ यह शुद्धतावाद निरे कामचलाऊ पात्रों के निर्माण और उनमें कुम्हारों के अपने कलात्मक तकाजों से बहुत मामूली किस्म के प्रयोगों तक सीमित रहने के लिए उत्तरदायी माना जा सकता है। संग्रह के कुछ पात्रों में–मर्तबान आदि–यदि कुछ विविधता लाने की कोशिश की गई तो वह भी बहुत आगे नहीं बढ़ पाई।

चाकनिर्मित बर्तनों के समान ही पक्की ईंटों का प्रयोग और इनका विविध निर्माणकार्यों–मकान, कुएँ, सड़क, परनाले, स्नानागार, भांडागार आदि–में प्रयोग भारत में किसी भी अन्य देश से पुराना है (393/649)।

तकनीकी विकास का एक अन्य पक्ष है धातु-विद्या का। अब तक यह माना जाता था कि हड़प्पा के निवासी लोहे से बिलकुल अपरिचित थे और अब शैफर ने इस मिथक को भी तोड़ दिया है। जहाँ तक धातु-विद्या का प्रश्न है हड़प्पावासी लोहे से परिचित थे, पर लोहे का उत्पादन जिन भी कारणों से हो, एक हज़ार ई.पू. तक इतना कठिन था कि एक लम्बे समय तक यह सोने से भी महँगा बना रहा था और इस पूरे दौर में कोई भी ऐसा देश नहीं था जो अपने सामान्य औज़ारों और हथियारों के लिए ताँबे और काँसे पर ही निर्भर न करता रहा हो। अतः सामान्य उपयोग और विशेष लब्धि इन दोनों को अलग रखते हुए ही विचार करना उचित है। हम यहाँ जिस पहलू पर बल देना चाहते हैं वह यह कि वैदिक विवरणों के अनुसार कर्मार का एक पर्याय ध्माता है (5.9.5), कहें, वह धातुकर्म में चमड़े की भाथियों (दृति) का प्रयोग करता था और एक स्थल पर तो इस धौंकनी का बहुत स्पष्ट वर्णन आया है। भारत में कुछ ऐसे वृक्ष पाए जाते हैं जो उत्कृष्ट कोटि का कोयला बनाने के लिए सबसे उपयुक्त हैं, जैसे–इमली, बबूल आदि। यहाँ का

कर्मार जितनी उच्च दाहकता पैदा करने की स्थिति में था उस स्थिति में अन्य ज्ञात क्षेत्र नहीं थे और इसका धातु-विद्या के विकास की दृष्टि से बहुत अधिक महत्त्व है।

कुछ दूसरे विकास, जैसे—लकड़ी चीरने के लिए ऐसी दाँतदार आरी का प्रयोग जिसके दाँत क्रमशः दोनों ओर मुड़े रहते थे (102/92), ड्रमाकार मनकों के छिद्र के भीतर से नक्काशी (92) और टिकुलीनुमा मनकों के निर्माण के लिए अपनाई गई प्रविधि (270) आदि भी अपने समकालीन जगत के लिए नए कीर्तिमान थे। लेखन आदि के मामले में भी इसी प्रकार की अग्रता और इसके अनुरूप ही लम्बी स्थानीय परम्परा के दर्शन होते हैं। यदि बात उपलब्धि की न करके शक्यता की की जाए—कारण, उपलब्धि प्रायः स्थानीय तकाजों और दबावों की देन होती है—तो अपने आदिम स्तर से ही हड़प्पा सभ्यता बहुत आगे बढ़ी हुई और सक्षम दिखाई देती है।

6. शहरीकरण के प्रसार की दिशा

ऊपर हम जो चर्चा कर आए हैं उसी के सन्दर्भ में मेह्लगढ़ तथा उसके पास (बलूचिस्तान) तथा अफ़ग़ानिस्तान की उन बस्तियों पर विचार किया जा सकता है जिनमें कतिपय ऐसे लक्षण पाए जाते हैं जिनको हम परिपक्व हड़प्पा में देखते हैं। यदि इन स्थलों पर कुछ ग़ौर किया जाए तो हम पाएँगे कि नागर लक्षणों के प्रसार की दिशा पूर्व से पश्चिम की ओर है, न कि इसके विपरीत।

सबसे पहले हम मेह्लगढ़ को लें। इस स्थल की खुदाई करनेवाले पुरातत्त्वविद् जैरिज लिखते हैं, इस समय हमें जो कुछ मालूम है उसमें यह सोचना कठिन है कि मेह्लगढ़ और इससे सम्बन्धित स्थलों के कलाकार पाँचवीं सहस्राब्दी तथा आरम्भिक चौथी सहस्राब्दी में अपने समकालीन पश्चिमी एशिया के किसी भी अन्य स्थल के कलाकारों से कम दक्ष थे (297)। तकनीकी दृष्टि से मेह्लगढ़ तृतीय चरण के कुम्हार सियल्क चरण दो और तीन तथा नमज़्गा चरण एक व दो के हस्तनिर्मित भांडों की तुलना में बहुत उत्कृष्ट कोटि के मृद्भांड बना रहे थे (व)। और ये भांड केवल मेह्लगढ़ तक सीमित नहीं थे अपितु तोगऊ, किले गुलमोहम्मद लोरालाई, कलात, सुराब और कच्छी मैदान के एक बहुत बड़े भाग में फैले हुए थे (व/28)। एक ओर अपेक्षाकृत व्यापक प्रचलन और उत्कृष्ट उत्पादन और दूसरी ओर कुछ थोड़े-से स्थलों पर और पहले के मुकाबले में कुछ हलकी किस्म के माल का उत्पादन प्रसार की दिशा को स्पष्ट करने की दृष्टि से महत्त्वपूर्ण है। जो कमी रह जाती है वह इस बात से पूरी हो जाती है कि मुंडीगाक, दक्षिणी अफ़ग़ानिस्तान के प्रथम आवास के जो सांस्कृतिक निक्षेप पाए गए हैं वे मेह्लगढ़ चरण तृतीय से पहले के उपादानों से पूर्ण सादृश्य प्रकट करते हैं (257/7)। स्पष्ट है कि मुंडीगाक की स्थापना पूर्व से आनेवाले व्यापारियों के अड्डे के रूप में हुई थी और वह भी उस समय जब मेह्लगढ़ अपने तीसरे चरण पर पहुँच चुका था। इसी तरह शहरे सोख्ता, पूर्वी ईरान, अन्त्येष्टि की रीतियों, शिल्प की तकनीक, भौतिक जीवन और विचारधारा आदि के मामले में बलूचिस्तान और दक्षिणी अफ़ग़ानिस्तान के अपने से पूववर्ती लक्षणों से प्रभावित दिखाई देते हैं, जिसके प्रमाण

मेह्लगढ़ व मुंडीगाक चरण एक से मिलते हैं (व)। इस तरह जैरिज तुर्कमीनिया, पूर्वी ईरान और विशाल सिन्धु प्रणाली में चौथी सहस्राब्दी ई.पू. में विभिन्न सांस्कृतिक घटकों के निर्माण में हुए आदान-प्रदान को उभयपक्षीय मानते हैं (व/8)। पूर्व-हड़प्पा काल से लेकर हड़प्पा काल तक विभिन्न लक्षणों को पूर्व से पश्चिम की ओर जाते ही देखा जा सकता है। पश्चिम का इसमें अपना क्या योगदान रहा हो सकता है, यह अदृश्य ही रह जाता है। दिखाई यह देता है कि पूर्व के कलाकार और व्यवसायी पश्चिम से मुख्यतः कच्चा माल– सोना, चाँदी, रत्न और कुछ मेवों आदि जैसे उपभोग्य पदार्थ तथा घोड़े आदि ही हासिल कर रहे थे, अतः ये दिखाई देते हुए भी दिखाई नहीं देते, जबकि इसके विपरीत वे तैयार माल उनको बेच रहे थे। इस व्यापार का आरम्भ कृषि उत्पादों के बदले पश्चिम से कच्चा माल हासिल करने से हुआ लगता है और कृषि उत्पादों का निर्यात बाद तक भी उनके विदेश व्यापार का हिस्सा रहा हो तो आश्चर्य नहीं।

मेह्लगढ़, और अब लहुरादेवा और भिर्राना की प्राचीनता ने इस धारणा को भी बदल दिया कि अधिक प्राचीन बस्तियाँ पश्चिमी एशिया में ही पाई जाती हैं और इनकी तलाश पश्चिमोत्तर पर्वतमाला से पूर्व की ओर करना बेकार है।

मेह्लगढ़, क्वेटा, बलूचिस्तान का अंग है परन्तु भौगोलिक दृष्टि से नहीं, मात्र प्रशासनिक दृष्टि से। भौगोलिक दृष्टि से यह भारत और पाकिस्तान के विशाल मैदानी भाग के पश्चिमी छोर पर ठीक उस स्थल पर बसा है जहाँ से कुछ ही आगे बोलन का दर्रा पश्चिम की ओर जाने का सबसे पुराना सम्पर्क मार्ग रहा है।

क्या हम यह मान सकते हैं कि मेह्लगढ़ का विकास अपने 'भव्य एकाकीपन' में हुआ था? यदि नहीं तो अपने क्षेत्र का यह सबसे पुराना स्थल कहाँ से प्रेरणा ले रहा था या किस विशाल ढाँचे से जुड़ा हुआ था? अपने मृद्भांडपूर्व के चरण से ही मेह्लगढ़ से कतिपय ऐसे लक्षण दिखाई देते हैं जो इसके स्तर से अनमेल पड़ते हैं। इनमें सबसे प्रधान है इसका एक ऐसे तन्त्र से जुड़ा होना जो सुदूर-व्यापार की ओर अग्रसर हो चुका था और एक ओर तो समुद्रपर्यन्त और दूसरी ओर पश्चिमोत्तर पर्वतमाला से पार तक के क्षेत्रों के संग्रहणीय पदार्थों का संग्रह और वितरण कर रहा था। सातवीं सहस्राब्दी ई.पू. के इस दौर में मेह्लगढ़ कृषिजीवी भी नहीं हुआ था, पर स्थायी और एक सीमा तक सुनियोजित बस्ती का रूप ले चुका था। स्पष्ट है कि यह उन व्यापारियों का पड़ाव था और इसी रूप में स्थापित हुआ था जिनको इससे काफ़ी पूर्व की ओर ढूँढ़ा जाना चाहिए। कारण, इस तरह का पड़ाव प्रस्थान-स्थल के ठीक पास तो बनेगा नहीं।

कुछ विद्वानों का मत है कि उस प्राचीन काल में मैदानी भारत में, जो मुख्यतः बड़ी नदियों के कछारों का क्षेत्र है, बस्ती बसी ही नहीं हो सकती। पर इन सबसे उर्वर, जीवन-रक्षा में समर्थ और सम्भावनापूर्ण क्षेत्रों में मनुष्य का निवास क्यों नहीं रहा हो सकता, यह समझ में आनेवाली बात नहीं है। इसके लिए हिम-युग या इसके उत्तरवर्ती प्रभाव जैसा कोई तर्क भी ग्राह्य नहीं है।

यह कैसे सम्भव है कि जिस दौर में जग्रोस की पहाड़ियाँ या बलूचिस्तान की पहाड़ियाँ हिम-युक्त हो चुकी थीं, उसमें भारत-पाक का मैदानी भाग हिमयुगीन प्रभाव की चपेट में

रहा हो, जिसके विषय में स्पष्टतः यह दावा भी किया जाता है कि भारत पर हिम-युग का प्रभाव पड़ा ही नहीं था? अतः इसका एक ही विकल्प दिखाई देता है कि इस पूरे प्रसार में हड़प्पा काल के हज़ारों वर्ष पहले से स्थायी बस्तियों का अस्तित्व था।

आल्चिन (75) का कहना है कि सिन्धु के कछार में, और हम इसी तर्क से कहें तो गंगा-पर्यन्त के मैदानी क्षेत्र में, प्राचीनतर बस्तियाँ थीं, जिनमें से कुछ विरल बस्तियाँ जो चट्टानी स्थलों पर या रोड़ी-कंकड़ के कठोर वर्तुलाकार टीलों पर बसी थीं, काल-कवलित होने से बची रह गईं, जिनके प्रमाण हमें यहाँ मिलते हैं, पर शेष या तो बह गईं या बाढ़ के साथ आए कचरे की मोटी तहों के नीचे दबी पड़ी हैं (496)। राइक्स मोहनजोदड़ो के आरम्भिक चरण में एक भारी भूगर्भीय उपद्रव की बात करते हैं जिसमें सम्भवतः धारा में एक बाँध-सा बन जाने के कारण पानी में ठहराव-सा आ गया था और मोहनजोदड़ो के प्राथमिक चरण में पड़ी गाद की मोटी तह का कारण वह इसी को मानते हैं। राइक्स के उक्त विश्लेषण से ही नहीं, अपितु वैदिक कृतियों में सुरक्षित प्राचीन परम्परा से भी यह प्रकट होता है कि उत्तरी भारत और इसमें भी सिन्धु की तुलना में गंगा से लेकर सरस्वती तक का क्षेत्र चौथी सहस्राब्दी के अवसान और तीसरी के प्रथमार्ध तक भूगर्भीय अस्थिरता का शिकार हुआ था और इसका इस क्षेत्र की तटीय बस्तियों और केन्द्रों के लिए ही नहीं, स्वयं इस क्षेत्र की प्रधान नदियों के लिए भी महानाशकारी प्रभाव पड़ा था। इसके बावजूद यदि जहाँ-तहाँ कुछ विरल बस्तियाँ बची मिल जाएँ तो यही कहना होगा कि बड़ा-से-बड़ा विनाश भी सर्वनाशी नहीं होता।

ज्ञात रूप से अधिकांश प्राचीन स्थल जब तक अनखुदे पड़े हैं तब तक भौतिक साक्ष्य की दृष्टि से स्थिति विवादास्पद यूँ ही है। पर जहाँ तक सिद्धान्त का प्रश्न है, स्थिति बिलकुल स्पष्ट है कि पश्चिम की ओर फैलनेवाले प्रभाव पूर्व की ओर से जा रहे हैं और इनकी जड़ें मैदानी भारत और पाकिस्तान में हैं। यह बात मेह्रगढ़ की स्थिति से तो स्पष्ट है ही, साथ ही इसके मृद्भांड पूर्व प्रथम चरण से ही उपलब्ध कुछ उम्दा औज़ारों और मनकों को छिद्रित करने के अद्भुत कारनामों से प्रकट होता है जो इस बात का सूचक है कि यहाँ हमारा पाला एक ऐसी जमात से पड़ रहा है जो आहार-संग्रह और आखेट के चरण में ही यहाँ आकर बस गई थी। आगे इसका कुछ सम्बन्ध मँजी हुई दस्तकारी से भी है। यहाँ के भांडों आदि पर खचित पीपल के पत्ते के आशय, यहाँ से प्राप्त हाथीदाँत जो तराशने के लिए यहाँ लाया गया था, यहाँ के पशुओं में भैंस, कृषि चरण से ही प्राप्त कपास के दाने–कहें, ऊनी व सूती वस्त्रों से इनका परिचय आदि विविध तथ्य जो अपने एकाकीपन में बहुत अधिक सार्थकता नहीं रखते, अपनी समग्रता से यह प्रकट करते हैं कि यह इस मैदानी क्षेत्र से बाहर जानेवाले मार्ग पर स्थित अन्तिम मैदानी पड़ाव था और इसकी जड़ें उससे पूर्व की ओर थीं। रावी और सिन्धु के तट पर भी यह प्रभाव सरस्वती की दिशा से जाता दिखाई देता है। इसकी एक मिसाल हड़प्पा स्वयं है जिसके सबसे निचले और पूर्व-नगरीय चरण पर मिले कतिपय ठीकरे यह प्रकट करते हैं कि यहाँ पहले एक ग्रामीण बस्ती थी और इसका साम्य बलूची पहाड़ी बस्तियों से था। इसके ठीक ऊपर और बिलकुल एक झटके में और पूरी योजना के साथ यह पूरा नगर बस जाता है और यहाँ एक स्पष्ट सांस्कृतिक अलगाव

दिखाई देता है जिसको इससे पश्चिम से नहीं जोड़ा जा सकता। स्पष्टतः यह स्थल जो इससे पहले तक सरस्वती क्षेत्र के व्यापारियों का पड़ाव मात्र था, सरस्वती क्षेत्र की तबाही से उजड़े व्यापारियों द्वारा अपने प्रधान केन्द्र के रूप में चुन लिया जाता है और इससे मिलती-जुलती स्थिति ही मोहनजोदड़ो की हो सकती है जिसका तल आज भी रहस्य और कुतूहल का विषय बना हुआ है। सरस्वती क्षेत्र में अभी तक किसी बहुत पुरानी बस्ती की खोज न की जा सकी हो, पर पूर्व-हड़प्पाकालीन नगरों और बस्तियों की कमी नहीं है।

अब यह क्रमशः स्पष्ट होता जा रहा है कि भारत और पाकिस्तान के मैदानी क्षेत्र को समझने में विद्वानों की पश्चिमग्रस्तता के कारण भूल की जाती रही है। जैरिज लिखते हैं, "मोहनजोदड़ो से कुछ ही दूरी पर उस क्षेत्र को जहाँ नारी, बोलन और मूला नदियाँ दक्षिणी कच्छी मैदान में सिन्धु में मिलती हैं, आज भी बहुत कम समझा जा सका है। इनमें से सबसे बड़ा पठानी दंब जो कई हेक्टेयर में फैला था, हड़प्पा-काल में एक बहुत बड़ा शहर था...पर यह स्थल पहले से आबाद था; कारण इस विशाल टीले के एक हिस्से में किले गुलमोहम्मद-तोगऊ ए शैली के ठीकरे पाए जाते हैं जो मेह्लगढ़ तृतीय चरण के हैं।" परन्तु मेह्लगढ़ हो या पठानी दंब या बलूची पहाड़ियों या गिरिपदीय क्षेत्रों की अन्य कोई बस्ती, इन्हें हम उन अपेक्षाओं से बहुत पीछे पाते हैं जो परिपक्व हड़प्पा के उदय के लिए अपेक्षित हैं। हड़प्पा सभ्यता की सबसे बड़ी चुनौती है किन्हीं ऐसे स्थलों की खोज जहाँ वे सभी विकास पूरे हो चुके हों और अपने चरम शिखर पर पहुँच चुके हों जो हड़प्पा सभ्यता में इसके आरम्भिक काल में दिखाई देने लगते हैं। कारण, परिपक्व हड़प्पा अपनी परिपक्वता के पाँच सौ वर्षों के जीवन में एक विकासमान सभ्यता न होकर किंचित् स्थिरीभूत और कुछ मामलों में क्षरणोन्मुख सभ्यता है। हड़प्पा सभ्यता के अब तक के उत्खनित स्थलों की नींव में भी हम हड़प्पा सभ्यता के चरण एक को नहीं, अपितु–यदि कुछ छूट लेकर और अन्य क्षेत्रों के विकासमान स्थलों से सादृश्य लेकर कहें तो–मेह्लगढ़ चरण सात या आठ का दर्शन करते हैं। इसके उन्नत स्तर तक क्रमशः पहुँची हुई सभ्यता, इसकी समस्त उपलब्धियों को कृषि-क्रान्ति से लेकर आगे तक प्रत्येक दृष्टि से अपनी शक्यता से अर्जित करनेवाली सभ्यता की खोज का मसला ही हमें सिन्धु के क्षेत्र से निराश करता है और सरस्वती क्षेत्र की ओर मुड़ने को बाध्य करता है और इस क्षेत्र में पुरातात्त्विक चित्र के धुँधलेपन के कारण हमें भारतीय परम्परा में परिरक्षित सूचनाओं पर दृष्टि डालने को प्रेरित करता है जो अपने अटपटेपन के बावजूद अपने भीतर हमारे उपयोग के लिए बहुत महत्त्वपूर्ण सूचनाएँ सँजोए हुए हैं।

अध्याय सात

नगर सभ्यता का पतन

हड़प्पा सभ्यता के उद्‌भव की भाँति ही इसके पतन की कहानी भी अध्येताओं के लिए एक रहस्य बनी रही है। उद्‌भव और पतन दोनों ही आरम्भ में जितने धूमिल प्रतीत होते थे, उतने धूमिल नहीं रह गए, पर इसके बावजूद जितना कुहरा छाया रहा उसमें अटकलों के लिए काफ़ी गुंजाइश थी। मोहनजोदड़ो की खुदाई के बाद हठात् एक अतिशय परिपक्व सभ्यता का सामने आना और इसके पूर्व-सूत्रों का कोई संकेत न मिलना अपने आपमें एक पहेली थी। हड़प्पा की खोज ने इस पहेली को सुझलाने के स्थान पर और उलझाया ही। कारण, मोहनजोदड़ो के आद्य स्तर तक विद्वानों की नज़र और खुदाई करनेवालों के फावड़े कभी पहुँच ही नहीं पाए और इसलिए एक क्षीण आशा इस बात की बनी हुई थी कि सम्भव है उन निचले स्तरों में इसके आरम्भिक विकास के भी कुछ सूत्रों का पता चल जाए। पर हड़प्पा की स्थिति ऐसी नहीं थी और इसकी खुदाई ने यह सिद्ध कर दिया कि इस नगर की स्थापना ही सभ्यता के परिपक्व चरण में हुई और नगर-निर्माण से पहले इसकी पूरी योजना निर्माताओं के सामने स्पष्ट थी। इस सभ्यता की कुछ भेदक विशिष्टताएँ ऐसी थीं जिनको देखते हुए यह कहने का साहस तो विद्वानों को कभी नहीं हुआ कि इसके निर्माता पश्चिमी एशिया की सभ्यताओं से आए हो सकते थे, पर कालक्रम की दृष्टि से उनकी अग्रता को ध्यान में रखते हुए उन्हें इस बात का प्रलोभन बराबर बना रहा कि प्रत्यक्ष नहीं तो कम-से-कम परोक्ष प्रेरणा के रूप में इसका श्रेय वे सुमेरिया और मेसोपोटामिया की सभ्यताओं को दें। इस क्षेत्र में अग्रणी भूमिका पाश्चात्य विद्वानों की ही थी, जिनका सांस्कृतिक लगाव पश्चिमी एशिया से अनेक कारणों से रहा है, अतः विभिन्न विरोधी कारणों को स्वीकार करते हुए भी वे जैसे-तैसे हड़प्पा सभ्यता के पीछे पश्चिमी एशिया की कल्पना करते रहे हैं।

पाश्चात्य प्रेरणा के हिमायती विद्वानों को जिन असुविधाओं का सामना करना पड़ रहा था उनमें से एक थी हड़प्पा सभ्यता की स्वविशिष्टता और अपनी समकालीन पश्चिमी सभ्यताओं की तुलना में इसका उन्नत स्तर। मार्शल ने यद्यपि इस सभ्यता का काल निर्धारित करने में कुछ उदारता से काम लिया था, जिसे बाद के कार्बन-14 विश्लेषण से कुछ नीचे लाने की ज़रूरत अनुभव हुई, पर जैसा कि कुछ अन्य विद्वानों ने इस विश्लेषण की सीमाओं का उल्लेख करते हुए सुझाया था, इस काल-निर्धारण को भी

शताब्दियों पीछे ले जाने की आवश्यकता है। जो भी हो, किसी भी सूरत में यह सभ्यता वास्तु, नगर-योजना और शिल्प की दृष्टि से ही नहीं, लेखन-शैली, लेखन-सामग्री और लिपि की दृष्टि से भी सुमेरिया और मेसोपोटामिया की समकालीन सभ्यताओं से श्रेष्ठतर सिद्ध होती है। इसके आरम्भ बिन्दु से ही इसकी कलारूढ़ियाँ और कलावस्तुओं के साथ संवेदनात्मक लगाव, मार्शल के शब्दों में, क्लासिकी ग्रीक सभ्यता के युग से पहले की किसी अन्य सभ्यता में देखने को नहीं मिलते (404/7)। मार्शल ने ठीक ही कहा था कि इस सभ्यता का निर्माण भारतीय भू-भाग में ही कई हज़ार वर्षों के दौरान हुआ होगा (व/8)।

आरम्भ में जहाँ इस सभ्यता के प्रमाण कुछ नगरों से ही पाए गए थे वहाँ बाद की खोजों से यह क्षेत्र लगभग बारह लाख वर्ग किलोमीटर तक फैल गया। यह क्षेत्र सुमेरिया, बेबीलोनिया और मिस्र की सभ्यताओं के समग्र क्षेत्र के लगभग बराबर था और इससे जुड़ी हुई ग्राम्य-संस्कृतियाँ इसके भारतीय मूलाधार की अकाट्य पुष्टि करती थीं, अतः इसके भारतीय मूल के विषय में किसी प्रकार की आशंका की सम्भावना नहीं थी। आरम्भ में भी जब इसकी पहचान कुछ नगरों से ही हो पाई थी, एक तथ्य सुमेरियाई सभ्यता के विपरीत भारतीय पक्ष में जाता था। विदेशों से आयातित और आरोपित सभ्यताओं की बस्तियाँ समुद्र-तट के अधिक क़रीब हुआ करती हैं। जहाँ सुमेरी सभ्यता का उत्स उन केन्द्रों से दिखाई देता है जो समुद्र के निकट, दजला-फ़रात के मुहानों के पास थे, जो इसके विदेशी प्रेरक स्रोत के संकेत थे, वहाँ भारतीय नगर समुद्र से बहुत दूर, देश के बहुत भीतर धँसे हुए थे। साथ ही, ऊर में सभ्यता का बीजारोपण करनेवाले समुद्र-मार्ग से पूर्व की दिशा में आए लोगों की कहानी थी जिसको बेरोसस ने अंकित किया था।

जो भी हो, मार्शल जिन्होंने यह सुझाव रखा था कि हड़प्पा सभ्यता का उत्स हज़ारों वर्षों के दौरान भारतीय भू-भाग में ही हुआ लगता है, उन्होंने ही इसके सही पहचान के मार्ग में सबसे बड़ी रुकावट भी पैदा कर दी जब उन्होंने कहा कि हड़प्पा सभ्यता वैदिक सभ्यता से भिन्न है, इसका अवसान वैदिक जनों या आर्यों के भारत में प्रवेश से पहले हो चुका था। यद्यपि मार्शल ने यह लक्ष्य भी किया था कि हड़प्पा सभ्यता के धर्म और विश्वास, रीति और आचार वैदिक परम्परा में ग्रहण कर लिये गए थे, और वह भी विशेषतः उत्तर-वैदिक परम्परा में, पर उनके पास इसका कोई समाधान न था कि इस बीच यह परम्परा जीवित कैसे रही थी और इसे उत्तर-वैदिक परम्परा में ही क्यों अपनाया गया। मार्शल के लिए मैक्समूलर की तिथि अन्य सभी साक्ष्यों से अधिक महत्त्वपूर्ण थी और भारत में आर्यों को बाहर से लाने के लिए हड़प्पा सभ्यता और वैदिक सभ्यता का अलगाव दिखाना ज़रूरी था। अन्य विद्वानों ने जब वैदिक समाज की पूर्ववर्ती अवस्थाओं की स्मृतियाँ ब्राह्मणों आदि में सुरक्षित देखीं और उनके सहारे भारतीय समाज को समझने का प्रयत्न किया वहाँ भी वे या तो इस पूर्वावस्था को भारत से बाहर कल्पित करते रहे या आँकड़ों का मनमाना प्रयोग करके मनचाहे निष्कर्ष निकालते रहे, जैसा कि हमने पीछे के कुछ अध्यायों में देखा है। यदि सामग्री का सही ढंग से विवेचन किया गया होता तो इस सभ्यता के विकास को अधिक विश्वसनीय ढंग से समझा जा सकता था।

इसी तरह हड़प्पा सभ्यता के अवसान के विषय में आरम्भ से जो धुन्ध बनी हुई थी वह उत्तर-हड़प्पा से सम्बन्धित जानकारी में विस्तार के साथ छँटती गई है। अब यह स्पष्ट हो चला है कि हड़प्पा सभ्यता पूरी तरह ध्वस्त और लुप्त नहीं हो गई, अपितु इसका आधार खंडित हो जाने के बाद इसका क्रमशः पूर्व और दक्षिण की ओर स्थानान्तरण हुआ और यह अपनी विरासत को किसी-न-किसी रूप में आज तक जिलाए चली आई है।

हड़प्पा सभ्यता लुप्त भले ही न हुई हो, इसका ह्रास तो हुआ ही था। इसका क्या कारण था? यह एक टेढ़ा सवाल है और इसे लेकर तरह-तरह के अनुमान लगाए जाते रहे हैं। हम इन अनुमानों का जायज़ा लेते हुए यह देखने का भी प्रयत्न करते रहेंगे कि क्या वैदिक और उत्तर-वैदिक साहित्य में कुछ ऐसे सूत्र ढूँढ़े जा सकते हैं जिनसे इस सभ्यता के पतन की कहानी को भी समझने में उसी तरह मदद मिल सके जैसे इसके विकास को समझने में मदद मिलती है? साथ ही, हम यह देखने का भी प्रयत्न करेंगे कि इस पतन के बाद वैदिक समाज और संस्कृति में क्या परिवर्तन आए?

इतिहास में नगरों के ध्वंस के अनेकानेक उदाहरण पाए जा सकते हैं, परन्तु एक पूरी-की-पूरी सभ्यता और संस्कृति न तो अकारण पैदा होती है, न अकारण लुप्त। यदि सभ्यता का विस्तार हड़प्पा सभ्यता जैसा हो तो यह पतन या ह्रास भी किन्हीं बाह्य कारणों या आकस्मिक घटनाओं से हुआ नहीं माना जा सकता। कारण, आक्रमण या आकस्मिक घटनाएँ इतने विशाल क्षेत्र को इतनी तेज़ी से प्रभावित नहीं कर सकतीं। यही कारण है कि विद्वानों ने इसके लिए एकाधिक कारणों को उत्तरदायी माना है, पर जिन कारणों की ओर उनका ध्यान सामान्यतः जाता रहा है, वे भी इस ह्रास का औचित्य सिद्ध करने की दृष्टि से अपर्याप्त ही प्रतीत होते हैं। हम कह आए हैं, सभ्यता का निर्माण और पतन दोनों विशेष आर्थिक परिस्थितियों की देन हुआ करते हैं। जब आर्थिक आधार सुदृढ़ होता जाता है, सभ्यता का आधार उन उपक्रमों और अध्यवसायों के चलते ही सुदृढ़ होता जाता है, जो आर्थिक आधार की निर्मिति के लिए किए जाते हैं। आर्थिक विकास जब अपने युग की सामाजिक और तकनीकी सीमाओं के कारण अवरुद्ध हो जाता है तब इस विकास में अवरोध या ठहराव आ जाता है। इस आधार के विघटन के साथ सभ्यता का विघटन और इसके पतन के साथ सभ्यता का पतन आरम्भ हो जाता है। अतः जब भी हम किसी सभ्यता के ह्रास या पतन का अध्ययन कर रहे हों, इस बात पर ध्यान देना ज़रूरी है कि क्या वे कारण इतने प्रबल और स्थायी प्रभाव डालनेवाले थे जिनसे वह सभ्यता अपने पूरे प्रसार-क्षेत्र में प्रभावित हो सकती थी?

1. बाढ़

हड़प्पा सभ्यता के पतन के कारणों में से एक प्रधान कारण सिन्धु नदी की बाढ़ों को बताया जाता है। मैकाय (394/13-14) इस विषय में लिखते हैं, ''मोहनजोदड़ो को सम्भवतः अपनी स्थापना के समय से ही एक बहुत बड़े शत्रु का सामना करना पड़ रहा था। यह था सिन्धु।...इसके उद्गम-क्षेत्र में बर्फ़ और हिम के असाधारण तेज़ गति से पिघलने या

हिमसेतुओं के टूटने से या सिन्ध और बलूचिस्तान में बहुत अधिक वर्षा होने से बहुत तेज बाढ़ें आ सकती हैं, और आया करती हैं। इस नगर के दो भिन्न स्तरों पर जिनमें से एक बहुत नीचे है, तटबन्धों और कुओं की चिनाई से यह सिद्ध होता है कि मोहनजोदड़ो के आरम्भिक काल में एक बड़ी बाढ़ आई थी और फिर ऐसी ही दूसरी बाढ़ से इसका ह्रास आरम्भ हुआ था। इन दोनों अवसरों पर नगर को कुछ समय के लिए खाली कर देना पड़ा था और जब सारा खतरा टल गया था तब इसे आबाद कर लिया गया था।''

वह आगे (व/16) लिखते हैं, ''पर यह कल्पना नहीं कर ली जानी चाहिए कि मोहनजोदड़ो कभी बहुत गहराई तक डूब गया था। नगर बार-बार और हर बार आसपास के धरातल से काफ़ी ऊँचाई पर नए सिरे से बनाया जाता रहा ताकि इसके निवासियों के डूबने का ख़तरा न रहे, यद्यपि इसका पानी मीलों तक फैल जाता था और सारा व्यापार-वाणिज्य महीनों तक रुक जाया करता था।''

और ''अन्ततः मोहनजोदड़ो और हड़प्पा दोनों लगभग एक ही समय में छोड़ दिए गए। हड़प्पा को छोड़ने का कारण, ज़ाहिर है, रावी की धारा का हट जाना था, जिसके तट पर यह स्थित था। यह पता नहीं चलता कि मोहनजोदड़ो के निवासियों को यह नगर अन्ततः क्यों छोड़ना पड़ा। सम्भव है, सिन्धु की धारा में परिवर्तन ही इसका निर्णायक कारण रहा हो।''

सरस्वती की भयंकर बाढ़ सारस्वत क्षेत्र से इस सभ्यता के केन्द्रों के स्थानान्तरण का एक प्रधान कारण बनी थी। सरस्वती के प्रवाह के अवरुद्ध होने के बाद सरस्वती के ग्रहण-क्षेत्र की जलराशि पूर्व में यमुना और पश्चिम में सिन्धु की सहायिकाओं के ग्रहण-क्षेत्र में बँट गई और इसलिए सिन्धु में पहले की अपेक्षा अधिक उग्र बाढ़ें आने लगी होंगी। पर जहाँ तक वैदिक साहित्य का प्रश्न है, सरस्वती को जितनी भयंकर नदी के रूप में याद किया गया है, सिन्धु को नहीं। इन दोनों नदियों के प्रवाह का जो अन्तर है वह ध्यान देने योग्य है। सरस्वती का वेग अपने वैभव-काल में अधिक प्रचंड रहा लगता है। उसे पारावतघ्नी और पर्वतपार्श्वों को कमलनाल की तरह तोड़नेवाली कहा गया है जो बाढ़ के दिनों में इसके पर्वतीय क्षेत्र में होनेवाले भूस्खलनों का सूचक हो सकता है (6.61.2)। इसे तटबन्धों को तोड़नेवाली या वृत्रघ्नी, भयंकर या घोरा और हिरण्यवर्तनी या अपनी धारा को बदलनेवाली नदी बताया गया है (6.61.7)। परन्तु सिन्धु की विपुल जलराशि का ही वर्णन आता है। यह उमड़कर बहती है (10.75.1; 3; 7)। इसके विषय में यदि पर्वतीय क्षेत्र का उल्लेख आता है तो केवल इस रूप में कि यह धरती से अधिक पर्वतीय क्षेत्र में प्रवाहित होती है। यदि सरस्वती घोरा हिरण्यवर्तनी है तो सिन्धु को सुकृता हिरण्ययी (10.75.8) या व्यापारिक गतिविधियों में सहायक और सुरथा या नौवहन के लिए अनुकूल बताया गया है (10.75.8; 9)। सरस्वती से जहाँ इस बात की प्रार्थना की जाती है कि वह अपने तट से उजाड़कर अन्यत्र जाने को विवश न करे (6.61.14) वहाँ सिन्धु से इस प्रकार का कोई भय नहीं दिखाई देता। जैसे राजा अपनी सेना का नेतृत्व करता आगे बढ़ता है वैसे ही यह अन्य नदियों और जलधाराओं को लेकर चलती है (10.75.4)। जैसे बच्चा माँ की ओर भागता वैसे ही अन्य धाराएँ सिन्धु की ओर भागती हैं (व)। कहें,

सरस्वती की अपेक्षा सिन्धु को अधिक निरापद नदी माना जाता था। इन दोनों नदियों से सम्बन्धित सूक्तों को एक साथ पढ़ने पर ऐसा लगता है कि नदी-सूक्त का रचनाकार सरस्वती की महिमा में रचित सूक्तों से परिचित था और वह, जहाँ औचित्य है वहाँ, उसी शब्दावली का प्रयोग करता है, अतः यह दो कवियों के द्वारा रचित सूक्तों और दृष्टियों के अन्तर के कारण नहीं, अपितु दोनों नदियों की अपनी विशेषताओं के कारण है कि एक को परावतघ्नी, वृत्रघ्नी और घोरा या अधिक भयंकर बताया जाता है और दूसरी की विपुल 'जल-सम्पदा', उमड़ती हुई जलधारा की चर्चा आती है और गगनभेदी गर्जना के साथ प्रवाहित होने के बावजूद उसे अधिक निरापद बताया गया है। महत्त्वपूर्ण बात यह है कि सिन्धु को ऋजीत्येनी या ऋजु मार्गवाली, धारा न बदलनेवाली कहा गया है (10.75.7)।

वरुण के देवत्व के विषय में हम पीछे विचार कर आए हैं और यह कह आए हैं कि उनका सम्बन्ध समुद्री व्यापार से है। वरुण को नदी सूक्त में सिन्धु के मार्ग से व्यापार पर जाता दिखाता गया है (10.75.2)। आज भी सिन्ध में वरुण की पूजा झूलेलाल के रूप में प्रचलित है, जो सिन्धियों के सबसे प्रधान देवता हैं।

इन विवरणों से ऐसा नहीं लगता कि वैदिक व्यापारियों को सिन्धु से उस तरह की असुविधा अनुभव हो रही थी जैसी सरस्वती से इससे पहले हुआ करती थी। इन दोनों नदियों के पर्वतीय क्षेत्र से लेकर समुद्र-पर्यन्त तक के प्रवाह का वर्णन इस बात का सूचक है कि वैदिक काल के साहसी व्यापारियों और चरकों या खोजियों ने इन दोनों नदियों को अपनी गतिविधियों का प्रमुख माध्यम बनाया था। जो भी हो, यदि सिन्धु में एक-दो बहुत बड़ी बाढ़ें आई थीं तो इन्हें इतना भयंकर नहीं माना जा सकता कि इनके कारण इस सभ्यता का पतन हो जाए। स्वयं मैकाय भी इसी तरह का संकेत देते प्रतीत होते हैं। पहली बाढ़ का विनाशकारी असर तो इस बात से ही खत्म हो जाता है कि इसके बावजूद शताब्दियों तक मोहनजोदड़ो फलता-फूलता रहा और दूसरी घटना के बाद भी बाढ़ खत्म होने के बाद गतिविधियाँ पुनः आरम्भ हो गई थीं। जहाँ तक धारा के बदलाव का प्रश्न है, सिन्धु इस मामले में सरस्वती से भिन्न और ऋजुगामिनी या अपनी धारा को स्थिर रखनेवाली नदी बताई ही गई है। अतः यदि आज हड़प्पा रावी-तट से दूर है और सिन्धु भी मोहनजोदड़ो से कुछ हटी हुई है तो भी यह मात्र अनुमान ही हो सकता है कि इन नदियों की धारा के हट जाने के कारण इन नगरों का पतन हुआ। वस्तुतः यहाँ हम मात्र दो नगरों के पतन पर विचार नहीं कर रहे हैं। यह एक पूरी सभ्यता के पतन का सवाल है जिसके लिए बाढ़ या बहाव में परिवर्तन को कारण नहीं माना जा सकता। जो मोहनजोदड़ो वासी अक्सर बाढ़ों के दबाव से नए आवास बनाते रहते थे, वे धारा के बदलाव के साथ अपनी बस्तियों में भी बदलाव ला सकते थे। यदि वे अपनी गोदी तक नदी से काटकर नहर बना सकते थे तो धारा के हट जाने पर इस नहर को और लम्बी कर सकते थे। अतः इस तथ्य के बावजूद कि समकालीन अध्येताओं में कुछ और (179; 492; 493; 494; 495) भी बाढ़ को ही हड़प्पा सभ्यता के विनाश का प्रधान कारण मानते हैं, वैदिक साक्ष्यों से हड़प्पा सभ्यता के पतन का बाढ़ से सीधा सम्बन्ध नहीं जुड़ता और सामान्य बुद्धि भी इसे प्रधान कारण नहीं स्वीकार करती।

2. आक्रमण

हड़प्पा और मोहनजोदड़ो के नगर-प्राचीरों की ऊँचाई और मजबूती को और आगे चलकर इसकी बार-बार मरम्मत होने के प्रमाणों को ध्यान में रखते हुए यह अनुमान लगाया गया है कि अपने आरम्भिक काल से ही हड़प्पा और मोहनजोदड़ो के नगर और, प्रकारान्तर से कहें तो, पूरी हड़प्पा सभ्यता आतंक की छाया में जीती रही थी। इन लोगों को पश्चिम दिशा से खतरे का अन्देशा दिखाई देता है और इसके लिए बलूच पहाड़ियों में बसे उपद्रवी क़बीलों को जिम्मेदार माना जाता रहा है (102/27)। इसी की अगली कड़ी यह मानी जाती है कि अन्तिम दौर में हड़प्पा सभ्यता को एक अधिक बड़े हमले का सामना करना पड़ा और पहले से कमज़ोर हुई यह सभ्यता इस हमले को झेल नहीं पाई। मैकाय आदि ने हड़प्पा और मोहनजोदड़ो में अस्वाभाविक परिस्थितियों में हुई कुछ मौतों का उल्लेख किया है और इन मौतों को एक सूत्र में जोड़ते हुए ह्वीलर ने इसे एक हत्याकांड के रूप में देखा और इसके पीछे आर्य आक्रमण का हाथ माना था (393; 626), क्योंकि वैदिक संघर्षों का, पुरों के ध्वंस का और इन घटनाओं का कोई अन्य तर्कसंगत कारण उनकी समझ में नहीं आ रहा था।

इस मान्यता की आलोचना हम पहले कर आए हैं और देख आए हैं कि आगे चलकर दूसरे विद्वानों ने इसे कैसे एक मिथक से अधिक कुछ नहीं पाया। इन हत्याओं से आर्य आक्रमण का कोई सम्बन्ध नहीं था, हम यह भी देख आए हैं और विभिन्न पहलुओं से हड़प्पा सभ्यता पर विचार करते हुए हम इस बात की अकाट्य पुष्टि होती पाते हैं कि हड़प्पा सभ्यता स्वयं वैदिक सभ्यता है। यहाँ हम जिस पहलू पर बल देना उचित समझते हैं वह यह कि हड़प्पावासियों की जिस सुरक्षा-व्यवस्था का प्रमाण विद्वानों ने ढूँढ़ निकाला है, वह स्वयं वैदिक नगरों की सुरक्षा-व्यवस्था थी और जिन आतंकों की छाया में हड़प्पावासी जी रहे थे, वह वैदिक शहरी जमात का अपना आतंक था। इन्द्र को अपने स्वर्ग में, जिसे उन्होंने असुरों के लिए अगम्य बनाया था, पहुँचने पर भी असुरों के आतंक से मुक्ति नहीं मिलती। उनके नगरों पर असुरों के हमले होते रहते हैं। इन हमलों में देवताओं की जानें भी जाती हैं और अपनी संगठित शक्ति तथा सहायकों की सहायता से इन्द्र बार-बार असुरों को पराजित करने में और अपने स्वर्ग की रक्षा करने में समर्थ भी होते हैं।

परन्तु जहाँ तक नगरों का सम्बन्ध है, वे अपनी सुदृढ़ रक्षा-व्यवस्था के कारण लगभग अजेय हैं। अधिक परेशानी देवों या वैदिक व्यापारियों को अपनी व्यापारिक यात्राओं के क्रम में झेलनी पड़ती है और इस तरह असुरों या लुटेरों के साथ वैदिक व्यापारियों का संघर्ष एक निरन्तर चलनेवाला संघर्ष है, जिसे सामान्य उपद्रवों से अधिक महत्त्व नहीं दिया जा सकता। जाहिर है कि जिन दस्युओं का सामना वैदिक व्यापारियों को करना पड़ता था, वे पहाड़ी क्षेत्रों और जंगली इलाकों के होने के कारण बलूच पहाड़ियों पर बसनेवाले कबीलों की याद दिलाते हैं, यद्यपि उपद्रव की यह अकेली दिशा नहीं थी, न ही उपद्रव केवल हड़प्पा के प्रसार-क्षेत्र तक सीमित थे।

पर इन उपद्रवों को हड़प्पा सभ्यता के पतन का एकमात्र कारण मानना उचित नहीं है। अपने पूरे विकास और समृद्धि के काल में वैदिक जनों को इन खतरों से जूझना पड़ा और इसके बावजूद उनकी सभ्यता और संस्कृति इन चुनौतियों का प्रभावशाली ढंग से सामना करती हुई आगे बढ़ती रहीं। यही काम यह आगे भी कर सकती थीं। अतः हमें उन कारणों पर ध्यान देना होगा जो हड़प्पा सभ्यता या वैदिक समाज के भीतर विद्यमान थे और जिनके उग्र रूप धारण करने पर यह सभ्यता अपनी चुनौतियों का सामना करने में अक्षम हो गई।

3. सामाजिक और आर्थिक ह्रास

हड़प्पा सभ्यता के आर्थिक ह्रास को विद्वानों ने इसके पतन के कारणों में से एक माना है, परन्तु इन कारणों को सतही रूप में तलाश करके ही सन्तुष्ट हो गए हैं। स्वयं हड़प्पा सभ्यता के अपने ढाँचे में पलनेवाली विकृतियों को लक्ष्य करने का उनके पास कोई साधन नहीं था। यहीं हमें वैदिक साहित्य से कुछ सहायता मिल सकती है।

1. विलासिता और दुर्व्यसन : प्रत्येक सभ्यता के विनाश के बीज स्वयं उसके भीतर ही निहित होते हैं और कभी-कभी उसकी सबसे बड़ी शक्ति ही उसकी सबसे बड़ी दुर्बलता भी सिद्ध होती है। वैदिक समाज में अतिरिक्त उत्पाद एक सीमित दायरे के भीतर संगृहीत हो रहा था। इस सम्पदा से ही वह उस तन्त्र को विकसित और व्यवस्थित रखने में समर्थ था जिससे समाज के शेष वर्गों को नियन्त्रित किया और अतिरिक्त उत्पाद का अपहरण किया जा रहा था। पर इस सम्पत्ति का अकूत संग्रह अपने निकास के दूसरे रास्ते भी निकालने लगा। इसकी अभिव्यक्ति भोगवादिता और विलासिता में होती दिखाई देती है। इस प्रवृत्ति का आरम्भ ऋग्वेद के प्राचीन मंडलों के रचनाकाल में ही हो गया था, पर नए मंडलों में तथा अथर्ववेद के रचनाकाल में यह एक संक्रामक व्याधि का रूप लेती दिखाई देती है।

इन सम्पन्न लोगों की एक से अधिक पत्नियाँ, उपपत्नियाँ और दासियाँ अपनी सम्पत्ति के रूप में रखने के बावजूद वेश्यावृत्ति आदि की आदतें, एक ऐसे स्वैराचार का वातावरण तैयार करती हैं जिसमें दुराचार और यौनकुंठा की वृद्धि स्वाभाविक है। यदि कोई व्यक्ति इतनी अधिक स्त्रियों को अपने पास रखता है जिनकी तुष्टि करना उसके लिए सर्वथा असम्भव है तो बन्धन चाहे जितने भी लगाए जाएँ, वे अपनी तुष्टि के लिए रास्ते निकाल ही लेंगी और इसके बावजूद उत्पीड़न और घुटन के बीच जीने का प्रयत्न करेंगी। जार या पर-स्त्रीगामी शब्द वैदिक साहित्य में देवताओं के लिए भी प्रयुक्त हुआ है (1.66.4; 117.18; 134.3; 9.32.5)। कामी पुरुष चोरी से अपनी प्रेमिका से मिलने का प्रयत्न करता है और कामना करता है कि जब वह उसके घर में घुसे तब उसके परिवार के सभी लोग सो रहे हों (7.55.6; 8)। स्त्रियाँ अपनी सपत्नियों के सन्ताप से खिन्न उनकी अमंगल कामना करती हैं। अथर्ववेद के साक्ष्य इस बात की ओर संकेत करते हैं कि इस अमीर तबके की एक चिन्ता है अधिक-से-अधिक यौन-तुष्टि। वशीकरण या किसी स्त्री या पुरुष

को अपने वश में करना, वाजीकरण या यौन-शक्ति को बढ़ाना, सपत्न और सपत्नीनाश, आदि इस वर्ग की चिन्ताओं में शामिल हैं। उसकी प्रधान व्याधियों में से एक है यक्ष्मा जो यौन अतिचार का अनिवार्य परिणाम हुआ करती है।

अथर्ववेद के सूक्तों में से कुछ के शीर्षकों पर दृष्टिपात करना कुछ रोचक होगा : 2.30 कामिनीमनोऽभिमुखीकरणं, 2.36 पतिवेदनम्, 3.7; 3.31; 6.20; 6.127; 9.8; 12.2 आदि, यक्ष्मरोगनाश; 6.82 जायाकामना; 6.138 क्लीवत्व; 6.13.6 केशदृंहण, 4.3; 6.72; 6.101 आदि, वाजीकरण, 4.38 वाजिनीवान् ऋषभ। अथर्ववेद में जादू-टोने के प्रचलन को देखते हुए कुछ विद्वानों ने यह मत प्रकट किया है कि यह आर्य समाज के बीच बहुत प्राचीन काल से चले आ रहे विश्वासों और अन्धविश्वासों की अभिव्यक्ति है, पर इस बात पर ध्यान देना होगा कि यह एक विलासी समाज की आकांक्षाओं और उनके पुरोहितों और तान्त्रिकों द्वारा सोद्देश्य रूप में प्राचीन अन्धविश्वासों को व्यक्त करता है। हमें ऐसा एक भी सूक्त नहीं दिखाई देता जो किसी पिछड़े समाज की समस्याओं से सम्बन्धित हो।

इसके अतिरिक्त जुए के अड्डे हैं जहाँ जुआरी अपना सर्वस्व लुटा सकता है। यद्यपि ऋग्वेद में इस सम्बन्ध में केवल एक ही सूक्त आया है (10.34) और कुछ अन्य स्थलों पर कितव या जुआरी के प्रासंगिक उल्लेख हैं (2.29.5; 5.85.8), पर उक्त सूक्त को पढ़ने पर इस विषय में किसी प्रकार का सन्देह नहीं रह जाता कि यह एक व्याधि का रूप ले चुका था। ऋग्वेद में और बाद के साहित्य में भी मदिरापान की बार-बार निन्दा की गई है। सोम की तुलना में इसके उल्लेख भी कम आए हैं और सोम तथा सुरा की प्रकृति में भी विरोध दिखाया गया है, पर जो प्रासंगिक उल्लेख आए हैं उनसे ऐसा लगता है कि शराब के नशे में धुत होकर वैदिक नागर शिष्टाचार के नियमों की परवाह किए बिना गली-मुहल्ले में तमाशे खड़े कर दिया करते थे (8.2.12)। वह प्रवृत्ति नए सूक्तों में बढ़ती दिखाई देती है।

इन विवरणों से ऐसा लगता है कि अपने निर्माण-काल की लगन, अध्यवसाय, अनुशासन, संयम, नागरिक नियमों के प्रति सम्मान आदि को छोड़कर इसके प्रभुवर्ग का काफ़ी बड़ा हिस्सा अपनी अमीरी के नशे में चूर होता चला जा रहा था। उसकी विलासिताजन्य रुग्णता ने उसकी ओजस्विता, पहल की भावना, जोखिम उठाने के साहस आदि को कम कर दिया था। इस तरह का समाज बहुत अधिक समय तक अपने वैभव को कायम नहीं रख सकता था। दूसरे शब्दों में कहें, तो हड़प्पा सभ्यता अपने ही वैभव के अन्धकार में खोती चली गई और अपने अन्तिम दौर में यह अन्धप्राय-सी हो चुकी थी। यह उसके पतन के प्रधान कारणों में से एक है।

2. आन्तरिक प्रतिस्पर्धा : ब्राह्मणों आदि में प्राचीन समाज के जिस पहलू पर प्रायः बल दिया गया है, वह है विभिन्न देवताओं द्वारा अपनी श्रेष्ठता सिद्ध करने और यज्ञ या उत्पादन में अधिक-से-अधिक और सर्वप्रथम भाग पाने की होड़। सामाजिक उत्पादन से अधिकाधिक अपने हिस्से में डालने का वह प्रयत्न लगभग उस अवस्था से आरम्भ हो गया लगता है जब देव वर्ग आरामतलबी की ओर बढ़ने लगा और श्रम का भार उसके दासों पर पड़ गया। लूट के माल में सबसे बड़ी समस्या और, कहें, केन्द्रीय समस्या बँटवारे की ही

होती है। इससे पहले इस तरह की प्रतिस्पर्धा का सवाल इसलिए नहीं उठता था कि हिस्सा काम के अनुसार अपने आप बँटा हुआ था। जिसने जितना पैदा किया उतना उसका हो गया। पर जब श्रम करनेवाले दूसरे हों, प्रबन्ध का भार दूसरों पर हो, अनुशासन और दमन का भार किन्हीं दूसरे लोगों पर हो और मन्त्रणा तथा मार्गदर्शन का कार्य-भार एक अन्य वर्ग ने सँभाल रखा हो, अर्थात् अतिरिक्त उत्पादन के प्रमुख दावेदारों में से किसी का उत्पादन से सीधा सम्बन्ध न हो, तब यह निर्णय करना कुछ कठिन अवश्य हो जाता है कि इनमें बड़ा हिस्सा किसका होना चाहिए। ब्राह्मणों में वर्णित प्रतिस्पर्धा इसी को प्रतीकात्मक रूप में प्रस्तुत करती है।

वैदिक व्यापारियों के बीच प्रतिस्पर्धा काफी ज़ोर पर थी और इसकी एक मिसाल दासराज युद्ध है। वे एक-दूसरे को मिटाने पर उतारू थे और इसके लिए वे अपने से भिन्न गणों की सहायता लेने को भी तैयार थे। अतः इन्द्र को जब-तब केवल असुरों का ही नहीं, बल्कि अपने उपासक की रक्षा के लिए स्वयं आर्यों या वैदिक सम्प्रदाय के प्रतिस्पर्धी व्यापारियों का भी सफ़ाया करना पड़ता है (6.22.10; 7.83.1)। यह प्रतिस्पर्धा निश्चय ही वैदिक व्यापारियों के लिए एक अशुभ प्रवृत्ति को प्रकट करती है, पर यह उतनी ख़तरनाक नहीं थी जितनी समाज के विभिन्न वर्गों या वर्णों के बीच आपसी प्रतिस्पर्धा। जिन लोगों के हाथ में उत्पादन का प्रबन्ध था या जो व्यापारिक गतिविधियों से जुड़े हुए थे या जो नियन्त्रण, रक्षा और प्रशासन के लिए जिम्मेदार थे उनके लाभ बहुत स्पष्ट थे, पर मन्त्रदाताओं के हाथ प्रत्यक्षतः कुछ भी नहीं था और अपनी मन्त्रशक्ति या बौद्धिक सूझबूझ से ही वे यथासम्भव अधिक-से-अधिक लाभ प्राप्त करना चाहते थे, और उन्होंने इनके लिए जिस युक्ति का विकास किया, उसके परिणाम न केवल वैदिक काल के लिए अपितु आनेवाली सहस्राब्दियों के लिए भी भयावह सिद्ध हुए।

(क) ब्राह्मणों-क्षत्रियों का गठबन्धन : यह कहना कठिन है कि प्राचीन वैदिक काल में वर्ण-व्यवस्था का रूप ठीक-ठीक क्या था, पर इस विषय में किसी सन्देह की गुंजाइश नहीं कि ऋग्वेद के नवीन मंडलों में वर्ण-व्यवस्था पूरी तरह स्थापित हो चुकी थी। अपने कार्यभार के कारण भौतिक शक्ति से किंचित् शून्य ब्राह्मणों ने प्रशासन और सैन्यशक्ति के प्रभारी क्षत्रियों से गठजोड़ करते हुए स्वयं अपने और क्षत्रियों के वर्चस्व की नींव रखी। इन दोनों की मिलीभगत से न केवल दासों का दोहन प्रखर हुआ, अपितु वैश्यों का भी शोषण आरम्भ हुआ। इसका प्रभाव निश्चित रूप से अर्थव्यवस्था पर पड़ना था और पड़ा होगा।

(ख) कर्मकांड : मनुष्य में प्रतीक गढ़ने और उन प्रतीकों के माध्यम से अपने गौरवशाली पक्षों को जिलाए रखने की प्रवृत्ति बहुत पुरानी है। क़बीलाई जीवन के टोटेम आदि भी एक तरह के प्रतीक ही हैं। आज भी हम जाने कितने प्रतीकों का प्रयोग करते हैं। जिस अग्नि से जंगलों की सफाई करके कृषि का आधार रखा गया था और जो उत्पादन का प्रतीक बन गया था उसकी पूजा और उसमें सर्वोत्तम उत्पादों का प्रतीकात्मक विसर्जन कोई अस्वाभाविक बात नहीं थी। पर ब्राह्मण पुरोधाओं ने क्रमशः इस प्रतीक यज्ञ को वास्तविक यज्ञ या उत्पादन का स्थानापन्न बना दिया। इस बात का प्रचार किया जाने लगा कि यज्ञ के माध्यम से ही सभी सुख-वैभव, सभी प्रकार की सुरक्षाएँ और विजय प्राप्त की

जा सकती हैं। जिस समाज की शिक्षा का भार ब्राह्मणों के ऊपर था उसके ब्राह्मण पुरोधा अपने छात्रों के मन में कुछ भी उतार सकते थे और किशोरावस्था से ही इन विश्वासों को चेतना का अंग बनाकर वे समाज को अपने इच्छित रास्ते पर ले जा सकते थे, भले वह रास्ता पूरे समाज को देखते हुए कल्याणकारी हो या अकल्याणकारी। चूँकि वास्तविक अध्यवसाय और पराक्रम के बिना इन प्रतीकात्मक यज्ञों से कुछ भी हासिल नहीं हो सकता था, अन्यथा इनके पुरोधा किसी अन्य को कुछ देने से पहले स्वयं यज्ञ से अपने लिए सब कुछ हासिल कर लेते और उन्हें दूसरों के दान पर निर्भर नहीं रहना पड़ता, न दानियों की अतिरंजनापूर्ण प्रशस्तियाँ गानी पड़तीं, अतः यज्ञ-विधानों के बावजूद इच्छित फल प्राप्त न होने का दोष वे यज्ञ-विधानों में हुई त्रुटियों को देने लगे और इस तरह यज्ञ-सम्पादन को एक जटिल और पाखंडपूर्ण विज्ञान का रूप दिया जाने लगा जिसके चलते कर्मकांड का ऐसा विराट विभ्रम पैदा हुआ जो आज तक जारी है। इस कर्मकांडीय विस्तार ने समाज की क्रियाशीलता और वस्तु-दृष्टि को प्रभावित करते हुए हड़प्पा सभ्यता को जर्जर कर दिया होगा।

(ग) कर्म और भाग्य : केवल भौतिक शक्ति से किसी समाज को नियन्त्रित नहीं किया जा सकता, अतः प्रत्येक समाज को अपने ढंग से कुछ भ्रमों की सृष्टि करनी पड़ती है। जो व्यक्ति उत्पादन करता है उसे उत्पादन के अनुरूप ही प्रतिलाभ चाहिए। एक शोषण-मूलक समाज यह प्रतिलाभ उसे देना नहीं चाहता, अतः अपने शोषण का औचित्य सिद्ध करने के लिए उसके पास कोई तर्क चाहिए। वैदिक काल में स्वर्ग और नरक के तथा पूर्वजन्म और पूर्वकर्मों के सिद्धान्त कितने प्रचलित हो चुके थे, यह कहना कठिन है, पर भिक्षु आंगिरस द्वारा दक्षिणा के प्रतिलाभों का जो दिव्य वर्णन किया गया है उससे लगता है कि इस प्रकार की धारणाएँ कम-से-कम ऋग्वैदिक काल तक जन्म ले चुकी थीं। इन अभिनव आविष्कारों से एक ओर तो अधिक-से-अधिक दान पाया जा सकता था और दूसरे बिना उत्पादन किए ऐश की जिन्दगी बिताते हुए सामाजिक उत्पादन का अपहरण करनेवालों के इस अपहरण का औचित्य सिद्ध किया जा सकता था : यह उनके अपने कर्म का ही फल है जिसे वे भोग रहे हैं, पर यह पूर्वजन्मों का संचित फल है। जिन लोगों को श्रम के बाद भी घोर अभाव में जीना पड़ रहा है, वह भी उनके विगत जन्मों के कुकर्मों का परिणाम है। यदि इस जन्म में वे पूरी निष्ठा और निस्पृहता से अपना काम करते गए तो इसका लाभ उन्हें अगले जन्मों में मिलेगा, अन्यथा अगले जन्म में इससे भी अधिक कष्ट और अभाव सहना पड़ेगा। इस तरह भाग्यवाद और कर्मवाद क्षत्रिय-ब्राह्मण गठबन्धन का सबसे कारगर हथियार बना और इसने वैदिक या हड़प्पा समाज की निष्क्रियता को बढ़ाया—यदि वे जो कुछ भोग रहे हैं वह पूर्वजन्मों के कर्मों का संचित लाभ है और जो कुछ भाग्य में है उससे अधिक प्राप्ति सम्भव नहीं है, चाहे प्रयत्न कितना भी किया जाए, तो फिर अधिक प्रयत्न करने की आवश्यकता भी क्या है!

(घ) कृत्या : यज्ञ के समानान्तर तन्त्र और जादू-टोने से भी इच्छित फल की प्राप्ति का आश्वासन उसी धूर्तता का परिणाम था, जिसकी अभिव्यक्ति यज्ञों के पाखंडपूर्ण विस्तार में हुई थी। यज्ञ करानेवाले पुरोधाओं का इन तान्त्रिकों और मायाचारियों से सीधा

विरोध था, अतः यज्ञ के समर्थक पुरोधा जादू-टोने की भी बहुत तीखी निन्दा करते हैं। यह उनके लिए गाली के समान है। वसिष्ठ पर सम्भवतः एक आरोप यह लगाया गया था कि वह जादू-टोना करते हैं, वह यातुधान हैं और इससे खीझकर वह कहते हैं कि यदि मैं जादू-टोना करता होऊँ तो मैं आज ही मर जाऊँ, अभी मर जाऊँ और फिर शाप देते हैं कि जिसने मुझे मायाचारी और यातुधान कहा हो, इन्द्र उसका सर्वनाश कर दें (7.104.15-16)। वसिष्ठ निश्चय ही यातुधान नहीं हो सकते। कृत्या की उन्हें ज़रूरत क्या? वह तो यज्ञ-सम्पादकों में अग्रणी पुरोधा हैं और तन्त्र-मन्त्र से उनकी जमात पर सीधी आँच आती है। पर इसके बावजूद ऋग्वेद के पुराने मंडलों में जहाँ तन्त्र और टोटकों के फुटकल उल्लेख आते हैं, नए मंडलों में जादू-टोने का असर बढ़ता जाता है। सौत के नाश के लिए, राक्षसों के निवारण के लिए, आरोग्य-प्राप्ति के लिए, गर्भाधान आदि के लिए टोने-टोटके होते दिखाई देते हैं। अथर्ववेद तक पहुँचकर तो यह अपनी पराकाष्ठा पर ही पहुँच जाता है। कृत्या से कृत्या का प्रतिकार किया जा सकता है, शत्रुओं को सम्मोहित किया जा सकता है, धन प्राप्त किया जा सकता है, कृमियों से मुक्ति पाई जा सकती है, यक्ष्मा, कुष्ठ, ज्वर, विष के प्रभाव, गंडमाला, तक्म या मलेरिया, हरिमा या पीलिया आदि व्याधियों से मुक्ति पाई जा सकती है, किसी स्त्री को वश में किया जा सकता है, गर्भपात रोका जा सकता है, गर्भाधान कराया जा सकता है, झरते हुए बालों को रोका और केश को बढ़ाया जा सकता है, नपुंसकता दूर की जा सकती है, वाजीकरण प्राप्त किया जा सकता है, धन हासिल किया जा सकता है, शत्रु की सेना हो या एकल शत्रु उसका नाश किया जा सकता है—संक्षेप में, हर प्रकार की ऋद्धि और सिद्धि तन्त्र-मन्त्र से प्राप्त की जा सकती है। यहाँ यह याद दिलाना ज़रूरी है कि हड़प्पा सभ्यता के अवशेषों से भी तान्त्रिक प्रचलन के भौतिक प्रमाण मिले हैं।

पुरोधाओं ने अपने स्वार्थसाधन के लिए यज्ञ को लेकर जिस प्रकार के अन्धविश्वास की सृष्टि की थी उसकी यह तार्किक परिणति थी और कुछ हद तक उनके वर्ण-हित के विपरीत जाती थी; कारण, इस गुह्य विधान और गुह्य साधना में सभी वर्णों के पाखंडी अपना हिस्सा बँटा सकते थे। अतः अथर्ववेद को एक लम्बे समय तक वेदों के रूप में स्वीकार ही नहीं किया जाता रहा। वेदों के नाम पर केवल त्रयी का ही उल्लेख किया जाता रहा। अथर्ववेद को बहुत बाद में मान्यता मिली, यद्यपि इसकी भाषा, विषय आदि ही नहीं, दूसरे प्रमाण भी इस बात की पुष्टि करते हैं कि जिन दिनों इसको वेद की मान्यता देने से इनकार किया जा रहा था उन दिनों भी इसका अस्तित्व था।

इस प्रकार हम देखते हैं कि अपने अन्तिम चरणों में वैदिक समाज में अन्धविश्वास इतना घर कर गया था कि इसे पूरे औचित्य से एक सामाजिक व्याधि का नाम दिया जा सकता है और पराक्रम और पौरुष के स्थान पर टोनों-टोटकों का सहारा अपने आपमें एक स्खलित और मरणासन्न सभ्यता का लक्षण है। हताश और दिशाहीन व्यक्ति ज्योतिषियों के पास भागता है और निर्वीर्य होता हुआ समाज तन्त्रों और मन्त्रों की ओर।

(च) प्रशासनिक ह्रास : हड़प्पा सभ्यता के अवसान से ठीक पहले इसका प्रशासनिक स्तर गिर गया था। अब बड़े-बड़े मकानों को बाँटकर काम चलाया जाने लगता है, नगर के

भीतर ही भट्ठे और कारखाने चलने शुरू हो जाते हैं, नगर का कूड़ा-कचरा अब नगर के बाहर न फेंका जाकर नगर के भीतर ही फेंका जाने लगता है, नागरिक नियमों में शिथिलता बरती जाने लगती है (468/230; 102/30)। इन सभी का कारण असुरक्षा और भय, लुटेरों के हमलों का अन्देशा और इस कारण नागरिक आबादी में तेजी से वृद्धि माना गया है। इसको पूरी तरह दरकिनार नहीं किया जा सकता, पर इसका एक अन्य पहलू भी है : विलासिता और अन्धविश्वास में डूबे इस समाज की सार्वजनिक मामलों में उदासीनता और आत्मकेन्द्रिता और इसी के समानान्तर आर्थिक स्थिति में गिरावट। कम-से-कम मकानों में बाँटकर काम चलाने के पीछे बाहर से आई हुई आबादी का हाथ नहीं माना जा सकता। यह उन्हीं परिवारों के सदस्यों के बीच मिल-बाँटकर काम चलाने का प्रमाण है। जहाँ खुशहाली के पुराने दिनों में परिवार बढ़ने के साथ अमीर व्यक्ति नए मकान बनवा सकता था वहाँ अब नए मकान बनवाने की उसकी हैसियत नहीं रह गई है और जैसे-तैसे उस मकान को बाँटकर बढ़े और बँटे हुए परिवार के साथ मिल-जुलकर काम चलाया जा रहा है। नगर के भीतर ही कूड़ा आदि डालने के पीछे भी यही दिखाई देता है कि गिरावट के इन दिनों में नगर-नियमों का पालन करानेवाली संस्था कमज़ोर और सम्भवतः दिवालिया होती जा रही थी। कारण, हम इस बात की कल्पना नहीं कर सकते कि इस दौर में नगर से बाहर निकलना तक बन्द हो गया रहा होगा। लुटेरों की नज़र जिन भी चीज़ों पर रही हो, कूड़े में उनकी दिलचस्पी का कोई कारण नहीं दिखाई देता। फिर इसी तर्क से औद्योगिक इकाइयों द्वारा भी नियमों की अवज्ञा को समझा जा सकता है।

(छ) **शिल्पियों का दमन :** ऋग्वैदिक काल तक शिल्पियों की दशा बहुत अच्छी थी। उनकी विलक्षणता और सिद्धहस्तता की प्रशंसा उन्हें विभु, ऋतुविद्, कवि, सुहस्त आदि जिन शब्दों में की गई है वह इस बात की अच्छी मिसाल है। पर अपने गिरावट के दौर में प्रभुवर्ग का हमला अपने श्रमिकों और कारीगरों पर होने लगता है। उनको उचित पारिश्रमिक न देना, न्याय और औचित्य का ध्यान न रखकर उनके क्रूर दमन पर उतर आना, गिरावट के दौर के सामान्य लक्षण बन जाते हैं। ऋग्वेद में त्वष्टा और विश्वरूपा शब्दों का उल्लेख कुशल कारीगर और सर्जक के रूप में आया है, पर ब्राह्मणों में पुरातन परम्पराओं के आधार पर इन्द्र द्वारा त्वष्टा के पुत्र विश्वरूपा के वध का उल्लेख आता है जो वैदिक शिल्पियों पर होनेवाले अत्याचार और दमन का प्रतीकांकन है (31/1.6.3.1-2)। विश्वरूपा अर्थात् विविध प्रकार की वस्तुओं का सर्जक कलाकार त्वष्टा का पुत्र या उन शिल्पियों का वंशधर है जिनका काम पहले आयुध बनाने तक सीमित था। उसकी ग़लती यह है कि उसकी माली हालत बहुत अच्छी है। उसे तीन सिरों, तीन मुखों और छह नेत्रोंवाला बताया गया है। तीन सिर और छह नेत्र निश्चय ही उसकी असाधारण विचक्षणता के द्योतक हैं। तीन मुखों में से एक से वह सोम, दूसरे से सुरा और तीसरे से अन्न आदि ग्रहण करता है या, कहें, उसे देव, मनुष्य और असुर-सुलभ सभी भोग प्राप्त हैं और इसी बात को लेकर इन्द्र के मन में उससे द्वेष पैदा हो जाता है और बिना किसी अपराध के वह उसका सिर काट देते हैं। दूसरे शब्दों में कहें तो अपने गिरावट के दिनों में वैदिक प्रभुवर्ग अपने शिल्पियों को उचित पारिश्रमिक देने से कतराता है और उनके काम से इनकार करने

या अपना माल न देने पर उन पर जुल्म ढाना शुरू कर देता है और इसके परिणामस्वरूप कुछ का वध कर दिया जाता है और शेष को सम्भवतः भागना पड़ता है (394; 626; 102) और इससे इस डगमगाती हुई अर्थव्यवस्था पर करारी चोट पड़ती है। यद्यपि व्यापारियों के इस जुल्म के सामने शेष शिल्पी झुकते नहीं और उनको ही झुकने पर मज़बूर करते हैं (31/1.6.3.6)।

शिल्पियों और प्रविधिज्ञों के उत्पीड़न और शोषण की अधिक मुखर अभिव्यक्ति समुद्र-मन्थन की कथा में हुई है जिसकी प्राचीनता के विषय में किसी सन्देह की गुंजाइश नहीं है, यद्यपि इसका विस्तृत उल्लेख पुराणों में आकर मिलता है। अन्य पौराणिक वृत्तों की तरह इसमें भी एक नया रंग चढ़ाने का और वास्तविकता को इसी के अनुरूप अटपटा बनाने का प्रयत्न देखा जा सकता है, पर इसके बावजूद सचाई का चेहरा पूरी तरह छिप नहीं पाता।

मत्स्य पुराण में सागर-मन्थन का जो उल्लेख आया है वह खासा अतिरंजनापूर्ण है, और इसका लक्ष्य अमृत का मन्थन करना है या कहें क्षीरसागर को मथकर अमृत प्राप्त करना है। अमृतं हिरण्यम् (12/1.7.6.3; 1.7.8.1; 31/3.3.3.6 आदि) के तर्क से यह धनार्जन के लिए किए गए समुद्र-मन्थन या समुद्री यात्राओं का द्योतक है। पर इसके जिन संगत अंशों की ओर ध्यान दिलाना उचित प्रतीत होता है, वे निम्न प्रकार हैं : अमृत की प्राप्ति के लिए ब्रह्मा देवों को सलाह देते हैं कि वे असुरों से छद्म मैत्री करके, उन्हें अपना सहायक बनाकर, समुद्र का मन्थन करें (22.249; 13.14)। इसके लिए मन्दराचल को मथानी बनाया जाता है। मन्दराचल गुफाओं, कन्दराओं, वृक्षों आदि से युक्त पर्वत है। इस मन्थन के आयोजन में शेषनाग को रज्जु बनाया गया है (व/43; 53; 58; 59)। देवता असुरों को यह आश्वासन देते हैं कि अमृत का लाभ उन्हें भी मिलेगा (व/16-20)। मन्थन के समय देवता शेषनाग के पीछे की ओर रहते हैं और असुर आगे की ओर। शेषनाग के फूत्कार से जो विष आदि निकलता है उसे वे ही झेलते हैं (व/51)। मन्थन सैकड़ों दिव्य वर्षों तक, स्यात् हज़ारों वर्षों तक चलता रहता है (व/54)। जब समुद्र से रत्न निकलने लगते हैं तो देवता उन्हें क्रमशः आपस में बाँटते चले जाते हैं (22/251.3-4)। अमृत के निकलने पर दोनों पक्षों की ओर से उसके दावे होने लगते हैं (व/6-7)। अमृत पहले असुरों के अधिकार में चला जाता है, पर विष्णु, मोहिनी रूप धारण करके, छलपूर्वक उसे ले लेते हैं और अभी अमृत पाने के लिए युद्ध चल ही रहा है कि विष्णु उसका कुछ भाग पीकर अमर हो जाते हैं (व/34)। अब वह देवताओं में अमृत बाँटने लगते हैं। राहु छिपकर देवताओं के बीच आ बैठता है और अमृत का भाग उसे भी मिल जाता है। अभी अमृत की बूँदें उसके गले में पहुँचती ही हैं कि सूर्य और चन्द्रमा संकेत से रहस्य का उद्घाटन कर देते हैं। इस पर कुपित होकर विष्णु राहु का सिर काट देते हैं। अमृत पान कर अमर हो चुका राहु कटकर दो भागों में बँट जाता है और राहु तथा केतु का रूप ले लेता है। इसके बाद यह खुले युद्ध का रूप ले लेता है और इसमें देवताओं द्वारा असुरों का संहार तो किया ही जाता है, असुर भी देवताओं का संहार करते हैं (व/21-23), जो भी हो, देवताओं द्वारा ताड़ित असुरगण भय के मारे पृथ्वी, समुद्र के खारे जल में या जहाँ कहीं भी ठौर मिलता है, प्रविष्ट हो जाते हैं (व/34)।

इस रूपकीय इतिहासगाथा के मर्म को समझने के लिए इसे ब्राह्मणों के उन विवरणों से मिलाकर पढ़ना उपयोगी होगा जिनके अनुसार पहले पैदा होनेवाले देवता थे और बाद में पैदा होनेवाले मनुष्य। देवता पहले मर्त्य थे और उन्होंने इस धरती पर ही घोर श्रम और तप किया था। उनका यह श्रम और तप उत्पादन के निमित्त था। प्रतिस्पर्धा में असुरों को पछाड़कर इस लोक को जीतने के बाद ही वे धरती से स्वर्ग को पहुँचे। साथ ही, इस बात की ओर भी ध्यान देना होगा कि सोम, जिसे प्रायः अमृत कहा गया है, वह भी व्यापारिक लाभ का प्रतीक, सोना है। इस कथा में एक साथ समुद्री व्यापार और स्थल-मार्ग से विदेश-व्यापार दोनों को प्रतिबिम्बित किया गया है। स्थल-मार्ग से यात्रा को मन्दराचल (मध्यवर्ती पर्वतमाला या हिन्दूकुश) के द्वारा प्रस्तुत किया गया है जो इस मन्थन में दंड बनता है (व/250.26)। समुद्री व्यापार को क्षीरसागर के द्वारा प्रकट किया गया है। हज़ार फनोंवाले शेषनाग वस्तुतः उन समुद्रगम्य नौकाओं, शतप्लव जहाज़ों के प्रतिरूप हैं जिन्हें खेने के लिए सैकड़ों नाविक डाँड़ चलाते थे। असुरों का शेषनाग के मुँह की ओर होना उत्पादन, नौवहन और मार्ग के खतरों को झेलने में नाविकों आदि की अग्रणी भूमिका के प्रतीक रूप में आया है और देवों का पीछे होना, अपना माल-असबाब लेकर इन यात्राओं पर सुरक्षित होकर जानेवाले व्यापारियों का सूचक है। समुद्र-मन्थन से प्राप्त होनेवाले रत्नों (आयात और निर्यात की वस्तुओं) के लाभों को देवता हड़पते जाते हैं और अन्तिम लाभ में उनके द्वारा असुरों के साथ छल किया जाता है। उन्हें एक तो उचित भाग नहीं मिलता; दूसरे, इसके लिए ज़िद करने पर उनका दमन और संहार किया जाता है। मन्थन का हज़ारों वर्षों तक चलते रहना उस लम्बे दौर का द्योतक है जिसमें वैदिक समाज अपने विदेश-व्यापार की गतिविधियों में तल्लीन रहा। फसाद अन्तिम दिनों में होता है, जिसमें देवताओं के दमन का असुरों द्वारा प्रतिरोध किया जाता है, पर विवश होकर उन्हें देश-विदेश जहाँ भी शरण मिलती है, भागकर जाना पड़ता है। यह उस दुर्गति का बहुत सजीव चित्र है जिसका सामना हड़प्पा सभ्यता को या वैदिक समाज को करना पड़ा। व्यापारियों के शोषण और दमन ने उन्हें भागकर अन्य ठिकानों पर जाने को मजबूर कर दिया और इसका असर हड़प्पा के उत्पादों पर भी पड़ा और इसकी टूटती हुई अर्थव्यवस्था पर भी।

(ज) व्यापारिक केन्द्रों में अशान्ति और अस्थिरता : हड़प्पा सभ्यता में गिरावट का आरम्भ होने से ठीक पहले पश्चिम एशिया में भारी उथल-पुथल का एक दौर देखने में आता है। इस उथल-पुथल का दोष उन युद्धोन्मादी और नगर-सभ्यता के शत्रु आर्यों के बढ़ते हुए जत्थों को दिया जाता रहा है जो विद्वानों की कल्पना पर भूत की तरह छाए रहे हैं। वास्तविकता यह है कि न केवल वे आर्य नहीं थे, अपितु इन उपद्रवकारियों से सबसे अधिक प्रभावित होनेवालों में भारतीय वैदिक व्यापारी और इनके विदेशी ठिकाने ही रहे प्रतीत होते हैं। इनके द्वारा पैदा की गई अशान्ति ने व्यापारिक वातावरण को विषाक्त कर दिया होगा और हड़प्पा का व्यापार जो दिनोदिन विदेशोन्मुख होता चला गया था, इस झटके से बहुत गहराई से प्रभावित हुआ होगा।

(झ) विदेशी व्यापारियों की पहल : भारतीय व्यापारियों के व्यापारिक उपक्रमों में इस अशान्ति से जो बाधा पड़ी वह इसके बाद स्थापित हुई शान्ति और व्यवस्था से कम नहीं

हुई। एक बार आतंकित होने के बाद भारतीय व्यापारी अपने सम्पर्क के देशों से कट गए। व्यवस्था कायम हुई या नहीं, इसका उन्हें पता भी नहीं चल सकता था। इस बीच सम्भवतः भारतीय माल की भूख ने स्वयं उन केन्द्रों के बचे-खुचे भारतीय मूल के, तथा साथ ही अभारतीय, व्यापारियों को अपनी ओर से पहल करने का अवसर दिया। इस पहल के साथ ही पासा पलटने लगा। यद्यपि इससे उत्पादकों पर उतना असर नहीं पड़ा होगा; कारण, उनका माल तो खपने ही लगा था, और सम्भवतः उन्हें नए खरीदारों से कुछ अधिक लाभ भी मिलने लगा हो, पर इसके मध्यस्थों या बड़े नगर-सेठों और उनसे जुड़े हुए तन्त्र को फिर सँभलने का अवसर नहीं मिला होगा। त्वष्टा द्वारा इन्द्र को सोम भाग से वंचित करना, दुहरे आशय का प्रतीक है जिसमें उत्पाद नए ग्राहकों के हाथ बेचने का भाव भी निहित है। सम्भवतः यही वह काल है जब पश्चिमी एशिया में सीधे भारत–मेलुहहा, माकन आदि–से मँगाया जानेवाला माल पुंत आदि से मँगाया जाने लगता है। भारतीय व्यापारी इससे पहले कितना भारी लाभ कमाते थे अब इसका भी पता शायद चलने लगता है और, मुमकिन है, इस कारण ही क्रमशः दिलमुन की भूमिका अधिक प्रधान होती जाती है (575/226)।

(ट) बलूची उपद्रव : बलूचिस्तान की ओर से जिन उपद्रवों की सम्भावना की ओर पिगट और बैशम आदि (468/217; 102/27) ने संकेत किया है, उनको पूरी तरह नकारने का कोई कारण नहीं है। बलूचिस्तानी क़बीले बहुत पहले से उस क्षेत्र से होकर गुजरनेवाले वैदिक सार्थों के लिए और इस अंचल में कायम किए गए वैदिक उपकेन्द्रों के लिए, संकट पैदा करते आए थे। दस्युओं के कुछ संगठित दल जब-तब भारी बर्बादी कर दिया करते थे। राना गुंडाई को सम्भवतः 3000 ई.पू. में इनके हाथों तबाह होना पड़ा था। शाहीतुंप की नियति पर भी इनके उपद्रवों का प्रभाव पड़ा हो सकता है। पर ये उपद्रव एक लम्बे कालखंड–एक हज़ार वर्ष–के भीतर घटित होनेवाले उपद्रव हैं और इनका प्रभाव किसी एक समय में आसपास की बलूच बस्तियों तक भी नहीं फैला था। जहाँ पूरे बलूचिस्तान का ही प्रश्न नहीं उठता वहाँ भारत पर आक्रमण की तो कल्पना भी नहीं की जा सकती। स्पष्टतः ये स्थानीय प्रकृति की घटनाएँ हैं और इनसे केवल यही नतीजा निकाला जा सकता है कि बलूचिस्तान में अपने कुछ उपकेन्द्रों और इनसे होकर गुजरनेवाले वाणिज्यिक मार्गों के बावजूद वैदिक या हड़प्पा के प्रशासक इस पूरे क्षेत्र को कभी अपने अधिकार में लेने में या यहाँ स्थायी शान्ति और व्यवस्था कायम करने में सफल नहीं हुए थे और जब-तब इनमें से कुछ दुस्साहसी दस्यु-दल हड़प्पा के नगरों के लिए भी संकट पैदा करते रहे हो सकते हैं।

हम देख आए हैं कि नगर-केन्द्रों का प्रशासन किस तरह क्रमशः गिरता चला गया था और इसका आर्थिक आधार कितना मरणासन्न हो चला था। रक्षातन्त्र में भी इसके अनुरूप ही गिरावट आई होगी। ऐसी स्थिति में उन यायावर बलूची क़बीलों और उपद्रवी तत्त्वों ने तो इस शताब्दी तक कम-से-कम सर्दियों में मैदानों की ओर उतर आते रहे हैं, और इनके अतिरिक्त अन्य उपद्रवी तत्त्वों ने सिन्धु से परे के क्षेत्र में उपद्रव खड़े कर दिए होंगे और शहरी आबादी पर भी इनकी लूटपाट का असर होने लगा होगा। यह उपद्रव

हड़प्पा की नगर-सभ्यता के लिए घोड़े की पीठ तोड़नेवाला अन्तिम तिनका साबित हुआ होगा। ऐसा मानने का एक कारण यह है कि बहुत बाद की कृतियों में प्राचीन परम्पराओं के आधार पर सिन्धु से परे के क्षेत्र को तथा सौबीर और सौराष्ट्र को आर्य-वर्ज्य क़रार दे दिया जाता है और इस बात की आशा की जाती है कि यदि कोई प्रतापी राजा इन क्षेत्रों पर अधिकार जमाकर लोगों को पराजित कर सके और इनमें वर्ण-व्यवस्था स्थापित कर सके तो यह क्षेत्र भी यज्ञ के उपयुक्त हो सकता है और इसके लिए तर्क यह दिया जाता है कि पृथ्वी स्वयं दूषित नहीं होती, अपितु संसर्ग से ही दूषित होती है। यदि इसका प्रभाव किसी पैमाने पर हड़प्पा के नगर-केन्द्रों और सिन्धु से पश्चिम के क्षेत्र और सौराष्ट्र पर पड़ा, जो इनके अन्तिम पतन का कारण बना, तो यह स्वयं आर्यों या वैदिक किसानों और व्यापारिक केन्द्रों का संकट है जिसकी याद लम्बे समय तक भारत में आर्य या वैदिक परम्परा में बनी रहती है।

परिशिष्ट-1

सरस्वती घाटी से पलायन

वैदिक रचना-काल को मोटेतौर पर तीन चरणों में विभाजित किया जा सकता है : ऋग्वेद के प्राचीन मंडलों का रचना-काल, नवीन मंडलों का रचना-काल और उत्तर-वैदिक काल। हड़प्पा सभ्यता के सन्दर्भ में इसे आद्य हड़प्पा काल, परिपक्व हड़प्पा काल और परवर्ती हड़प्पा काल कहा जा सकता है। भौगोलिक दृष्टि से इसे सारस्वत काल, सैन्धव काल और गांगेय काल कहा जा सकता है। यहाँ हमारा यह आशय नहीं है कि सारस्वत काल में सभ्यता का प्रसार सरस्वती घाटी तक ही सीमित था, बल्कि यह कि इस दौर में सभ्यता का प्रमुख केन्द्र सारस्वत क्षेत्र था।

सारस्वत क्षेत्र से केन्द्रों के हटने का प्रधान कारण था सरस्वती नदी का ह्रास और इस अंचल को प्रभावित करनेवाले प्राकृतिक प्रकोप। इन प्राकृतिक प्रकोपों का एक प्रधान कारण तो भारतीय उपमहाद्वीप की विशिष्ट स्थिति है जहाँ भयंकर बाढ़ों और सूखों के प्रकोप प्रायः देखने में आते हैं, पर इसका एक कारण वैदिक जनों का अधिकाधिक भूमि प्राप्त करने का पागलपन भी था, जिसके चलते उन्होंने इस क्षेत्र के जंगलों को जलाकर खत्म कर दिया था। जंगलों की सफ़ाई केवल मैदानी क्षेत्र तक सीमित नहीं रही थी। लगता है, सरस्वती और इसकी सहायिका नदियों के पर्वतीय क्षेत्रों के जंगलों को भी अछूता नहीं छोड़ा गया था। इन क्षेत्रों की लकड़ी काटकर इमारती उपयोग के लिए नदियों के माध्यम से आसानी से बहाकर लाई जा सकती थी। इससे पहले इस बात का ज्ञान न होने के कारण कि जंगलों का जलवायु के सन्तुलन में कितना महत्त्वपूर्ण स्थान है, इस अन्धी दौड़ पर रोक नहीं लगाई जा सकी।

इस अविचारित भूमि-अधिग्रहण अभियान के कारण जलवायु का सन्तुलन बिगड़ गया : अतिवृष्टि और अनावृष्टि के दौर तेज़ हो गए। सरस्वती और इसकी सहायिका नदियों के पर्वतीय जलग्रहण क्षेत्रों में भूस्खलन और मैदानी क्षेत्र में भूक्षरण काफी बढ़ गया। सरस्वती नदी का रंग लाल बताया जाता है। बाढ़ के दिनों में इसके पानी के भीतर गाद की बढ़ी हुई मात्रा के कारण इसका जल केरल की नदियों की तरह गेरुआ-सा रंग ले लेता रहा लगता है। इस कचरे का प्रभाव सरस्वती के समूचे प्रवाह-क्षेत्र पर पड़ा। यह क्षेत्र क्रमशः मरुभूमि में परिणत होने लगा। इस कचरे के जमाव से इसका मुहाना भी किंचित् अवरुद्ध हो गया, जिसे आज हम कच्छ के रन के रूप में पाते हैं (274)। अपने ही बहाव

में लाई गई मिट्टी के भराव से इसकी पेटी उथली होने लगी। इन अवरोधों को काटकर अपना निकास बनाती हुई यह नदी अधिक तेज़ी से अपनी धाराएँ बदलने लगी और इस तरह तटीय बस्तियों के लिए सर्वनाश का-सा दृश्य उपस्थित करने लगी। पर्वतीय क्षेत्रों के स्खलनों के कारण इसके ग्रहण क्षेत्र का जल अपने लिए नए रास्ते बनाने लगा और इसकी निकास-क्षमता घट जाने के कारण इसमें मिलनेवाली नदियों को भी अवरोधों का सामना करना पड़ा और उनकी धारा में भी विचलन आने लगा। यमुना ने अपनी धारा बदलते हुए क्रमशः एक नया निकास चुन लिया। सरस्वती से अलग होने के क्रम में इसने अनेक बार अपनी धाराएँ बदलीं और इनमें से कुछ के चिह्न आज भी पहचाने जा सकते हैं (68)। ठीक यही नियति सतलुज की भी हुई। इन दोनों के अलगाव से सरस्वती की जलसम्पदा और कम हो गई और इस कमी ने इसके प्रवाह-मार्ग को और अवरुद्ध किया। नदियों के प्रवाह की गति में कमी आने के बाद इनके मैदानी ग्रहण-क्षेत्रों से कटकर आनेवाली मिट्टी इस धारा को क्रमशः पाटने का ही काम करती है। इस तरह सरस्वती एक जीवन्त और आसमुद्र प्रवहमान नदी के स्थान पर एक मरणासन्न नदी का रूप लेती गई। इसकी धारा नौगम्य नहीं रह गई। पर अन्तिम घटना जिसने इस रही-सही कमी को भी पूरा कर दिया, इतिहास की अविस्मरणीय आपदाओं में से एक बन गई। यह थी एक भयंकर बाढ़ जिसकी भयानकता का अनुमान इस बात से ही लगाया जा सकता है कि इसे जल-प्रलय के समान माना गया। एक बार को लगा कि केवल सरस्वती घाटी ही नहीं, अपितु समस्त सृष्टि ही जलमग्न हो गई है।

1. जल-प्रलय

अपनी विपुल जल-सम्पदा के कारण सरस्वती पहले भी बाढ़ के दिनों में भयंकर और विध्वंसकारी नदी बन जाती थी। हम यह देख आए हैं कि इसे घोरा या भयंकर, पारावतघ्नी या अपने कगारों को तोड़नेवाली नदी कहा गया है (6.61.7)। इसके पर्वतीय भूस्खलनों का चित्र प्रस्तुत करते हुए कहा गया है कि यह पर्वत-पार्श्वों को उसी तरह तोड़ देती है जैसे कोई कमल-नाल को तोड़े (6.61.2)। एक ऋचा में उससे अनुरोध किया गया है कि वह अपनी बाढ़ की चपेट से स्तोता के धनधान्य का नाश न करे। इस बात की आशंका प्रकट की गई है कि कहीं उसे ऐसा दिन न देखना पड़े कि सरस्वती के क्षेत्र को छोड़कर अन्यत्र जाने की विवशता उत्पन्न हो। उससे पुनः प्रार्थना की गई है कि वह स्तोता के घर-परिवार को सलामत रखे (6.61.14)। इन सभी विवरणों से इस बात का आभास मिलता है कि सरस्वती का क्षेत्र इस नदी की बाढ़ों से बुरी तरह प्रभावित होने लगा था और इस क्षेत्र में जीवन अधिक कष्टकर बनता जा रहा था और लोग इसे छोड़कर अधिक निरापद क्षेत्रों की ओर जाने लगे थे।

पर इसके अन्तिम दौर में आई भयंकर बाढ़ की तुलना किसी अन्य बाढ़ से नहीं की जा सकती। यह एक युगान्तकारी घटना थी। भारत में प्रलयंकारी बाढ़ें तो अक्सर आया करती हैं और कम-से-कम उत्तरी भारत से परिचित होना इन बाढ़ों से परिचित होना है।

डी.एच. गोर्डन (247/2-3) लिखते हैं :

"जिन लोगों ने इन भयानक बाढ़ों को देखा है, केवल उन्हीं की कल्पना में यह बात आ सकती है कि इतने प्रखर वेग से कितना विशाल जलभंडार एकत्र होकर प्रवाहित होता है और यही बात किसी प्लावन से होनेवाले विनाश के विषय में भी कही जा सकती है। बीस फीट या इससे भी अधिक उठी हुई पानी की एक दीवार एक ऐसी धारा में जिसकी गहराई कहीं-कहीं ही एक फीट से अधिक है, उमड़ी चली आ रही है। उदाहरण के लिए, उस स्थल पर झेलम नदी का वह दृश्य जहाँ रेल की लाइन को सड़क का पुल झेलम शहर से बाहर काटता है, लिया जा सकता है। एक मील से अधिक चौड़ी, एक गर्जना करती हुई तेज़ धारा को, जिसमें पेड़ों के तने माचिस की तीलियों की तरह चक्कर खाते दिखाई देते हैं, देखकर मन में सवाल पैदा होता है कि जल-प्रलय की घटना के साथ जिस विनाशलीला की बात की जाती है, क्या उसके लिए जल-प्रलय का दौर ज़रूरी है?

"जबलपुर से नौ मील पश्चिम की ओर भेड़ा घाट के पास नर्मदा के बाढ़सूचक बिन्दु सामान्यतया भी स्वयं नदी की धारा से इतनी अधिक ऊँचाई पर और इतनी दूर हैं कि अविश्वसनीय-से लगते हैं और इसी जगह पर सिर्फ एक बाढ़ द्वारा लाई गई मिट्टी की अठारह फीट मोटी तह को खोदकर निकाली गई सड़क को देखकर मिट्टी के जमाव और कटाव के प्रमाणों के आधार पर निकाले गए किसी निष्कर्ष को मानने की हिम्मत नहीं होती।"

इन भयंकर बाढ़ों के देश में जब सबसे भयंकर, सबसे विशाल और तटबन्धों के कटाव के लिए सबसे कुख्यात नदी सरस्वती की बाढ़ों में से भी एक असाधारण रूप से भयंकर और प्रलयंकारी बाढ़ का वर्णन हो जिसकी याद बाढ़ों के इस देश में भी हज़ारों वर्षों तक बनी रह गई हो, जिसने इसकी सृष्टि की अवधारणा और प्रलय की कल्पना को भी बहुत गहराई से प्रभावित किया हो, जिसके साथ मात्र बाढ़ का प्रकोप ही नहीं अपितु समुद्री तूफ़ान और भूस्खलन तथा भूकम्प का भी दुर्योग घटित हो गया हो तो हम सहज ही कल्पना कर सकते हैं कि उसकी भयंकरता और व्याप्ति क्या रही होगी। प्रलय के समय पंचभूतों के विखंडन की जो कल्पना भारतीय चिन्तन में देखने में आती है वह इस जातीय अनुभव की ही देन प्रतीत होती है।

इस घटना का उल्लेख, यद्यपि वह भी प्रासंगिक रूप में ही, *शतपथ ब्राह्मण* में आया है (31/1.8.1) और इसलिए जब-तब यह सोच लिया जाता है कि इस घटना का सम्बन्ध वैदिक काल से नहीं है और इसकी मूल कथा सम्भवतः पश्चिमी एशिया के स्रोतों से ली गई है। पर *शतपथ ब्राह्मण* में भी यह एक बहुत प्राचीन घटना के रूप में ही दुहराई गई है। इसकी छाप केवल मनु की कथा में ही नहीं है, बल्कि इसे अन्य विवरणों में भी रूपकीय कलेवर में प्रस्तुत किया गया है।

ऋग्वेद में इस घटना का बहुत सांकेतिक उल्लेख अनेक रूपों में आया है। इनमें से एक इन्द्र की स्तुति में आई ऋचा है जिसमें कहा गया है कि जिसने काँपती हुई धरती को स्थिर किया, क्षुब्ध पर्वतों को शान्त किया, आकाश को स्थिर किया और अन्तरिक्ष को मापा, वही इन्द्र है (2.12.2)। इसको मूल सृष्टि के विकास से जोड़कर देखा जाता है और एक सीमा तक यह सही भी है। पर प्रत्यक्ष अनुभव के अभाव में पृथ्वी के काँपने और पहाड़ों के

विकराल रूप धारण करने की कल्पना का कोई आधार आवश्यक है। इसका सम्बन्ध सारस्वत चरण की इसी भयंकर दुर्घटना से लगता है।

इसकी अगली ऋचा में वृत्र का वध करके समस्त नदियों को प्रवाहित करने का उल्लेख किया गया है और साथ ही पत्थर में आग पैदा करने की बात की गई है (2.12.3)। पत्थर के लिए अश्म शब्द का प्रयोग हुआ है और सायण ने इसका अर्थ बादल किया है जो अस्वाभाविक नहीं है, पर प्राकृतिक विप्लव में धरती के फटने और भीतर से आग निकल पड़ने की घटना भी इसकी प्रेरक बन सकती है।

ब्राह्मणों में मनु की कथा के अतिरिक्त वृत्र-वध के जो विवरण हैं उनमें जल के बीभत्स या भयंकर रूप धारण करने और भयानक तबाही लाने और फिर उस जल के तेज गति से समुद्र की ओर वापस लौटने की चर्चा बार-बार आती है और इसके संकेत ऋग्वेद में वृत्र-वध के उन विवरणों में पाए जाते हैं जिनका सम्बन्ध प्रकृतिलीला से है। इन विवरणों को सूखे से निस्तार और बादलों में बिजली की कौंध द्वारा बादलों पर प्रहार करके पानी बरसाने की इन्द्र की महिमा से जोड़ा जाता है। पर यहाँ यह स्मरण रखना होगा कि इसका उल्लेख प्राचीन काल में कभी एक बार असाधारण पराक्रम दिखाए जाने के रूप में ही किया जाता है। वर्षा के सन्दर्भ में इसमें भूतकालिक क्रिया के स्थान पर सामान्य वर्तमानकालिक क्रिया का प्रयोग अधिक उपयुक्त होता।

यूरोपीय कथाओं में जल-प्रलय की जो कथाएँ प्रचलित हैं उनमें से आइसलैंड की एक कथा वृत्र-वध की रूपकात्मकता को समझने में कुछ सहायक हो सकती है। इसके अनुसार प्रलय की बाढ़ एक विशालकाय दैत्य के वध पर उसके शरीर से निकलनेवाले खून से आई थी। इस कथा के मूल में वृत्र-वध की कथा हो सकती है और इसलिए मनु की कथा को कुछ समय के लिए स्थगित रखकर हम वृत्र-वध के विवरण पर पुनर्विचार कर सकते हैं, जिसने सन्दर्भों के अनुसार विविध रूप ले लिये हैं।

वृत्रः ह वा इदं सर्वं वृत्वा शिश्ये। यत् इदं अन्तरेण द्यावा पृथ्वी स यत् इदं सर्वं वृत्वा शिश्ये तस्मात् वृत्रः नाम। तं इन्द्रः जघान। स हतः पूतिः सर्वतः एव आपः अभि-प्र-सुस्राव सर्वत् एव ही अयं समुद्रः तस्मात् उ ह एका आपः बीभत्सान् चक्रिरे ता उपरि-उपरि अति पुप्रुविरे...(31/1.1.3.4-5)।

एगलिंग ने इसका जो अनुवाद किया है उसका हिन्दी रूपान्तर निम्न प्रकार होगा– "वृत्र ने पृथ्वी और आकाश के बीच के इस सारे अवकाश को घेर रखा था और चूँकि उसने समस्त अवकाश को घेर रखा था इसलिए उसका नाम वृत्र है। इन्द्र ने उसका वध किया। वध के बाद दुर्गंन्ध देता हुआ यह सभी दिशाओं में समुद्र की ओर प्रवाहित हुआ, क्योंकि समुद्र चारों ओर है और इसके परिणामस्वरूप जल ने भयंकर रूप धारण कर लिया और ऊपर बढ़ता हुआ वह चारों ओर बहने लगा..." यहाँ 'चारों ओर समुद्र है' के स्थान पर 'चारों ओर समुद्र का-सा दृश्य उपस्थित हो गया', अर्थ करना अधिक उपयुक्त होगा। वृत्र के वध की यह कथा यदि वृष्टि की कथा है तो यह एक असाधारण भयानक वृष्टि की कथा है जिसने बहुत बड़ी बर्बादी की थी। वृत्र की तुलना भयानक तूफ़ान और ड्रैगन से भी की गई है। यह ऐसे विकट समुद्री तूफ़ान का रूपक है जिसमें नाभिकीय निर्वात के कारण

तूफ़ान का केन्द्र तीव्र घर्षण से अग्निमुखी हो जाता है। वस्तुतः सामान्य वृष्टि से नहीं, अपितु इसी प्रकार की किसी असाधारण प्राकृतिक प्रकोप की घटना से ही इस कथा का और *शतपथ ब्राह्मण* में वर्णित वृत्र-वध और जलप्रलय के-से दृश्य का सम्बन्ध हो सकता है। इस बात को दुहराने की आवश्यकता नहीं कि ऋग्वैदिक कवि और उनके अनुवर्ती कवि और कथाकार एक ही रूपक का भौतिक-अति-भौतिक, इतने विविध रूपों में प्रयोग करते रहे हैं कि किसी एक ही व्यक्ति, देवता या असुर को अनेक क्रियाओं और घटनाओं का प्रतीक बनाया गया है, और यही बात वृत्र पर भी लागू होती है।

इससे ऐसा लगता है कि मूल घटना के दो रूपकीय कथानक विकसित हुए थे–एक वृत्र-वध की कथा के रूप में और दूसरा मनु की कथा के रूप में। यदि इनका निर्गमन भारत से बाहर हुआ तो इसमें कोई आश्चर्य नहीं। इससे केवल इतना ही नतीजा निकाला जा सकता है कि उक्त घटना निर्गमन से पहले की है। आर्यों के विदेश-सम्पर्क की दिशाओं के विषय में हम पहले विचार कर आए हैं और यहाँ उसकी आवृत्ति की आवश्यकता नहीं।

मनु की कथा में मनु एक महामत्स्य की सहायता से एक नौका में बैठकर हिमालय की ओर यात्रा करते हैं। इस कथा का नौकावाला पक्ष गिलगमेश काव्य और बाइबिल की प्रलय-कथा में सुरक्षित रहता है, पर ग्रीक संस्करण का नायक ड्युकालियन नाव के स्थान पर बहुत बड़े सन्दूक का निर्माण करता है और यह सन्दूक पार्नेसस पर्वत पर जाकर टिकता है। अन्य ब्योरे इन सभी कथाओं में लगभग एक जैसे रहते हैं।

जल-प्रलय की कथाएँ यूरोप की अन्य भाषाओं में विरल ही पाई जाती हैं, पर इनकी एक विशेषता पर ध्यान अवश्य जाता है कि ये मेसोपोटामियाई कथा या बाइबिल की कथा पर आधारित न होकर मूल कथा से सीधे विकसित हुई हैं।

जल-प्रलय में प्रधान भूमिका नदियों की बाढ़ की न होकर समुद्री तूफ़ान की है, जिसकी पुष्टि अधिकांश कथाओं में होती है। मूल घटना का क्षेत्र क्या था, इस बात को लेकर तरह-तरह के अनुमान लगाए जाते रहे हैं। दुर्भाग्य के एकाधिकार की इस अन्तर्राष्ट्रीय प्रतिस्पर्धा के विषय में हमें कुछ नहीं कहना है। बाढ़ लगभग हर नदी में आती है और बड़ी नदियों की बाढ़ों से किसी भी क्षेत्र में काफ़ी तबाही आ सकती है, अतः किसी भी उपत्यका से भयंकर बाढ़ों के प्रमाण ढूँढ़े जा सकते हैं और इन्हें आधार बनाकर यह कहा जा सकता है कि घटना-स्थल वही था। ऊर से कुछ इसी तरह के साक्ष्य वूली को मिले थे, यद्यपि इसके अन्य क्षेत्रों से प्राप्त स्तर को ध्यान में रखते हुए इसकी ऐतिहासिकता पर सन्देह व्यक्त किए गए हैं। दजला और फरात के क्षेत्र में बाढ़ तूफ़ानी प्रकोप और अतिवृष्टि से नहीं आती अपितु, इन नदियों के ग्रहण-क्षेत्रों में बर्फ़ के पिघलने से आती है, जबकि मेसोपोटामियाई और असीरियाई कथाओं में भी और इसके बाइबिल संस्करण में भी बाढ़ का प्रमुख कारण समुद्री प्रकोप माना गया है जिसके साथ भूगर्भीय उपद्रव भी जुड़ा हुआ था। इन सभी कहानियों में भी मोटेतौर पर जो समानताएँ पाई जाती हैं उनके निम्न पहलू केन्द्रीय महत्त्व रखते हैं :

1. प्लावन का पूर्वाभास नायक को या, कहें, उस जाति को जो इससे प्रभावित हुई थी, पहले ही मिल गया था और उसने इसकी अग्रिम तैयारी कर रखी थी। प्रकारान्तर से कहें तो, प्रभावित क्षेत्र में इस प्रलयंकर बाढ़ से पहले भी भयंकर बाढ़ें एक निश्चित मौसम में

आती रहती थीं (यह बात भारतीय भू-भाग पर पूरी तरह लागू होती है, यद्यपि दजला-फरात का क्षेत्र भी इसका अपवाद नहीं है)।

2. बाढ़ समुद्री तूफ़ान से आई थी और ऐसा लगता था कि कहीं कोई बस्ती या कोई अंचल इससे अछूता नहीं बचा है (यह बात केवल भारतीय क्षेत्र पर लागू होती है, पश्चिमी एशिया पर नहीं। दजला-फरात के क्षेत्र में जब बहुत बड़े पैमाने पर बाढ़ आती है तो भी यह स्पष्ट पता रहता है कि इसका प्रसार-क्षेत्र क्या है और उससे परे शरण लेने की बात बहुत आसानी से सोची जा सकती है। भारतीय क्षेत्र में जब बरसात में अनिश्चित अवधि और अनिश्चित गुरुता की बाढ़ें आती हैं तब पूरे-के-पूरे अंचल जलमग्न हो जाते हैं और यह पता नहीं चल पाता कि इसका कोई ओर-छोर भी है या नहीं)।

3. इससे भयानक बर्बादी तो हुई ही थी, पर्वतपर्यन्त धरती जलमग्न हो गई थी (यह निश्चित ही कुछ अतिशयोक्तिपूर्ण कथन है पर यह भी भारतीय भू-भाग पर ही लागू होता है जहाँ तराई के क्षेत्र से लेकर नदियों के मुहाने तक लगभग एक जैसी भयानक स्थिति पैदा हो जाती है)।

4. बाढ़ का झटका जैसे आरम्भ हुआ था वैसे ही गुज़र नहीं गया था, अपितु पानी लम्बे समय तक ठहरा रहा था। वृत्रवाले विवरण के अनुसार तो यह सड़ने लगा था (यह बात भी पश्चिमी एशिया की बाढ़ों पर लागू नहीं होती, केवल भारतीय बाढ़ों पर लागू होती है)।

5. नौका धारा की उलटी दिशा में अर्थात् पर्वत की ओर बह चली थी (यह पहलू दोनों ही क्षेत्रों के लिए किंचित् अतिशयोक्तिपूर्ण है; पर मनु की कथा में इसे महामत्स्य खींचकर ले जाता है)।

6. स्थल का पता लगाने के लिए बेबीलोनी कथा के अनुसार पहले कबूतर, फिर अबाबील और अन्तिम बार कौआ छोड़ा गया था। बाइबिल की कथा के अनुसार तीनों बार कबूतर ही छोड़ा गया था (कबूतर और अबाबील का उपयोग कभी तट या स्थल का पता लगाने के लिए नहीं किया जाता था। कारण, कबूतर की उड़ान इतनी लम्बी होती है कि यदि एक बार छूट गया तो जब-तब हज़ारों मील की उड़ान भर सकता है। अभी तीन वर्ष पूर्व एक कबूतर के यूरोप से उड़कर अटलांटिक पार करने की कहानी समाचार-पत्रों में प्रकाशित हुई थी। दो-चार सौ मील की उड़ान उसके लिए कोई कठिन बात नहीं है। अतः कबूतरों का उपयोग सन्देश ले जाने के लिए तो किया जा रहा था और इस दृष्टि से ऐसे कबूतरों की भी हम कल्पना कर सकते हैं जिनका उपयोग नौचालक आफत में पड़ने पर सूचना भेजने के लिए करते रहे होंगे, पर स्थल का पता लगाने के लिए नहीं। दूसरी बात यह कि यदि कबूतर पालतू हुआ तो वह अन्यथा भी उड़ान भरकर अपने पालक के पास आ सकता है। अबाबील का भी कभी स्थल का पता लगाने के लिए उपयोग नहीं किया जाता रहा है। वास्तव में बेबीलोनी और बाइबिल की कहानियों से यह नहीं लगता कि वे इस बात से परिचित भी थे कि नौचालन में पक्षियों का उपयोग कैसे किया जाता है, उनके लिए ये सुनी-सुनाई बातें थीं। स्थल का पता लगाने के लिए वैदिक काल में भी भारतीय व्यापारी कौओं का प्रयोग किया करते थे। अपनी जंगली प्रकृति और अधिक न उड़ पाने की विवशता के कारण यह यदि स्थल न दिखाई दे तो लौटकर जहाज़ पर ही आ जाता था

और यदि स्थल दीख गया तो उड़कर उस दिशा में चला जाता था। इससे स्थल की निकटता और दिशा दोनों का पता चल जाता था। पश्चिम जगत ने यह तरीका बाद में सीखा और यह तरीका कोलम्बस के समय तक प्रयोग में आता रहा पर भारतीय नाविकों ने ही इसका पहली बार प्रयोग आरम्भ किया था। अतः इस कथा के मूल में ही इस बात की सूचना मिलती है कि कथा की रचना से पहले या कथा को ग्रहण करने से पहले पश्चिमी एशिया के लेखक को भारतीय नाविकों और नौचालन की विधि का एक अधूरा-सा ज्ञान था। यह उक्त क्षेत्र में भारतीय प्रभावों की उपस्थिति का सूचक है और यह कथा इसी सम्पर्क की देन है जिसे बेबीलोनी और मेसोपोटामियाई परम्परा में तथा बाइबिल में कुछ अटपटेपन से एक और नई रंगत देते हुए पेश किया गया है)।

7. स्थल पर पहुँचने पर कथानायक ने देवताओं के लिए यज्ञ किया या बलि दी थी (यह भारतीय रीति का द्योतक है। यद्यपि बेबीलोन आदि में भी पशु बलि का चलन रहा हो लगता है) (326)।

8. इस घटना से इतनी बड़ी तबाही हुई थी कि इसके समाप्त होने के बाद लगा था, हर चीज़ नए सिरे से शुरू हो रही है।

ऊपर के इन कतिपय निर्णायक पहलुओं पर ध्यान न देने के कारण अधिकांश विद्वान् यह मानते रहे हैं कि यह घटना भारत में न घटित होकर सुमेरिया में घटित हुई थी और इसने एक कथाबद्ध रूप लेने के बाद आर्यों के साथ भारत में प्रवेश किया। उस दशा में भी ऋग्वेद के रचनाकारों को तो उससे अवगत मानना ही चाहिए था। रोमिला थापर भारतीय सन्दर्भ में इस बाढ़ का सम्बन्ध सिन्धु की बाढ़ से जोड़ने का प्रयत्न करती हैं जिसकी तिथि लगभग 2000 ई.पू. और मस्का संशोधन के बाद 2400 ई.पू. से पहले नहीं जाती। अतः 3102 ई.पू. के पौराणिक काल से इसकी दूरी को ध्यान में रखते हुए वह इसे मूलतः मिथकीय और सम्भवतः सुमेरियाई क्षेत्र से आयत्त मानती हैं जहाँ, उनके अनुसार; इसकी पुष्टि पुरातत्त्व से भी होती है (600/255)। सरस्वती की बाढ़ को सिन्धु नदी में पहुँचाकर उसकी तिथि नियत करने का औचित्य और फिर इसे अनुपयुक्त पाकर इसे सुमेरिया से आई हुई मानना हमारे लिए कठिन है।

चूँकि इस उपद्रव में समुद्री तूफ़ान का प्रमुख हाथ था, अतः इस पहलू को लेकर भी कुछ विद्वानों ने इस समस्या पर विचार किया है। सोलेस (548/303-22) के कथनानुसार इस प्रकार के महाप्लावन के लिए जिस उग्रता के समुद्री तूफ़ान की अपेक्षा है वह फारस की खाड़ी में यदि पहुँच भी सकता है तो अंडमान से शुरू होकर ही। पर यहाँ तक पहुँचने पर इसकी उग्रता वही नहीं रह जाएगी। वह लिखते हैं, "पूर्वी भारत में अंडमान द्वीप-समूह के पास एक ऐसा केन्द्र है जहाँ से विश्व के कुछ सबसे भयंकर तूफ़ान उठा करते हैं। कमोबेश उत्तर-पश्चिम की ओर बढ़ते हुए ये तूफ़ानी चक्रवात बंगाल की खाड़ी को रौंदते हुए समुद्र में पहाड़ों जैसी ऊँची लहरें पैदा करते हैं जो अक्सर निम्न अंचलों के हज़ारों बाशिन्दों को अपनी चपेट में ले लेती हैं। 14 अक्टूबर, 1737 को इसी तरह की एक लहर ने, जिसकी ऊँचाई 40 फीट थी, गंगा के कछार में बसे लोगों को अपनी चपेट में ले लिया था और इसमें 1,00,000 लोगों की जान गई थी।

"सामान्यतः ये तूफ़ान फारस की खाड़ी की ओर नहीं बढ़ते और उत्तरी अरब सागर इनसे अछूता रहता है। पर सूस ने 24 अक्तूबर, 1842 को आए ऐसे ही एक तूफ़ान को नज़र में रखते हुए सुझाव दिया था कि जल-प्रलय के मामले में पूर्वी भारत से उठा एक तूफ़ान अपने रास्ते से भटक गया होगा और ग़लती से फ़ारस की खाड़ी में पहुँच गया होगा। 1842 के तूफ़ान का मार्ग निम्न प्रकार था : 24 अक्तूबर को पाँच बजे यह पांडिचेरी पहुँचा। इसके बाद इसने अपना रास्ता बदल लिया और दक्षिण-पश्चिम को मुड़ गया और 25 को दोपहर के समय इसने पश्चिमी घाट को पार किया और दो हिस्सों में बँट गया। दक्षिण वाली शाखा से हमारा कोई सरोकार नहीं। उत्तरी केन्द्र उत्तर-पश्चिम की ओर फ़ारस की खाड़ी की ओर बढ़ा और इसका असर अदन की खाड़ी तक अनुभव किया गया। रास्ते में इसने कई जहाज़ों को नष्ट कर दिया।

"इन तूफ़ानी लहरों की अधिकतम ऊँचाई 40-45 फीट हुआ करती है और सूस ने संकेत किया है, निज़िर की पहाड़ियों तक समूचे मेसोपोटामिया को जलमग्न करने के लिए हमें बहुत बड़ी लहर की आवश्यकता होगी...हमें जिन समुद्री तूफ़ानों या भूचालों का विवरण प्राप्त है उनमें से कोई, या इन दोनों का सम्मिलित प्रभाव भी, समुद्र के पानी को इतनी ऊँचाई तक नहीं पहुँचा सकता कि उसकी लहर बगदाद तक भी पहुँच सके।...यदि यह मान भी लें कि फरात की घाटी यहाँ (निजिर की पहाड़ियों) तक डूब गई थी और फिर चौदह दिनों के बाद अपनी पहली अवस्था को लौट आई थी तो हमारे सामने एक ऐसी आपदा उपस्थित होती है जो उग्रता की दृष्टि से ही विकराल ही नहीं थी बल्कि इसकी प्रकृति की व्याख्या करना हमारी मौजूदा शक्ति से बाहर है" (व/315-16)।

इसलिए सोलेस मानते हैं कि कथा, 'मिथक के भीतर एक मिथक' है जिसमें दिए गए विवरण सर्वथा अविश्वसनीय हैं (व/320)।

मिथक को मिथक होने के लिए हम दोष नहीं दे सकते, न ही दोष दे सकते हैं इसे अपने भीतर एक और मिथक छिपाए रखने के लिए। हमारे लिए महत्त्वपूर्ण बात यह है कि यदि प्रकृति की किसी विडम्बना से इस तरह के उपद्रव का कोई असर मेसोपोटामिया पर हो सकता था तो वह भी बंगाल की खाड़ी में उठे तूफ़ान के ही कारण। इस तरह के तूफ़ान और इनसे पैदा होनेवाली बर्बादी का शिकार भारत को प्रायः होना पड़ता है। पर तटीय क्षेत्र को छोड़कर शेष भारत में इसका असर भयानक झंझावात और इससे जुड़ी हुई हफ्तों चलनेवाली मूसलाधार बरसात और इससे उत्पन्न भयंकर बाढ़ों के रूप में ही होता है। इन तूफ़ानों से अरब सागर का उत्तरी भाग तो सुरक्षित रहता है, पर वह इस कारण कि प्रायः ये अरब सागर को छूकर फिर भारत की ओर लौट पड़ते हैं और सामान्यतः महाराष्ट्र या गुजरात के आसपास फिर भारतीय भू-भाग में प्रवेश करते हैं और इस वापसी में भी तटीय क्षेत्रों में भारी बर्बादी और देश के भीतरी हिस्से में भारी वृष्टि करते हैं। जहाँ तक सरस्वती क्षेत्र का सवाल है यह बंगाल की खाड़ी से उड़ीसा या बंगाल के पास से भारतीय भू-भाग पर प्रहार करनेवाले तूफ़ानों से भी प्रभावित हो सकता है और गुजरात के आसपास से इसकी उलटी चपेट से भी। 1984 में केवल एक दिन के 'आकाश फटने' (क्लाउड बर्स्ट) से रोहतक नगर में नौकाएँ चलने की स्थिति पैदा हो गई थी।

अतः यदि इस उपद्रव की सम्भावना मेसोपोटामिया में नगण्य है तो भारत में इसके गम्भीर प्रभाव की हर सम्भावना दिखाई देती है। इस विशेष दृष्टि से इसको या तो पश्चिमी एशिया में ढूँढ़ने या कोरी कल्पना कहने के दो विकल्पों से अलग एक तीसरे विकल्प की बात अवश्य सोची जानी चाहिए थी और वह था भारत में इसके घटित होने की सम्भावना।

मेसोपोटामियाई और बेबीलोनी व इतर कहानियों के कुछ अन्य पहलुओं पर यदि कुछ बारीकी से विचार करें तो इनकी मिथकीय निर्मिति के भीतर जो सूत्र छिपे हैं, वे भारत की ओर संकेत करते हैं। उदाहरण के लिए, गिलगमेश काव्य का नायक जिस क्षेत्र का निवासी है, यह घटना उस क्षेत्र की नहीं है। यह कथा उसे लम्बी यात्रा के बाद, जब वह उत्नापिष्टिम के देश में पहुँचता है तब उनसे सुनने को मिलती है। उत्नापिष्टिम स्वतः आर्य भाषा का शब्द प्रतीत होता है–उत्तानपृष्ठ (तु. उत्तानपाद)। संक्षेप में कहें तो, अमरता का रहस्य जानने के लिए गिलगमेश को एक लम्बी, कष्ट और जोखिम-भरी यात्रा पर जाना होता है। उत्नापिष्टिम, जिनको अमरता का रहस्य मालूम है, उसी सुदूर देश में रहते हैं। अपनी कष्टकर यात्रा के बाद नायक पासू (फ़ारस?) की ऊँची पर्वत-शृंखला के पास पहुँचता है जहाँ वह दरवाज़ा है जिससे सूरज अपनी दैनिक यात्रा पर निकलता है। यह द्वार, ज़ाहिर है, नायक के निवास-क्षेत्र से पूर्व की ओर ही हो सकता है। इस दरवाज़े पर बिच्छू या वृश्चिक जाति के दो पहरेदार पहरा देते हैं जिनकी आँखों से मौत झाँकती है और जिनकी गरिमा पूरे पहाड़ पर छाई है। फिर दो दिनों की यात्रा के बाद वह अँधेरी सुरंग को पार करता है जिसमें से होकर गुज़रते समय उसे कुछ दिखाई नहीं देता (यह भारत के पश्चिमोत्तर के दर्रों को पार करने की सुनी हुई कहानी पर आधारित विवरण है। अब यदि पासू के ऊँचे पहाड़ और उस दरवाज़े पर, जिससे होकर सूरज अपनी यात्रा पर निकला करता है, ध्यान दें तो स्पष्ट हो जाएगा कि पासू वास्तव में पारस या फ़ारस है और यहाँ उससे पूर्व की ओर खुलनेवाले दरवाजे या भारत की ओर जानेवाले दर्रे का संकेत है और पुनः दर्रों की यात्रा को सुरंग की यात्रा के रूप में पेश किया है। जिस ज़माने की यह घटना और इसका विवरण है उस ज़माने में सुरंग जैसी किसी अन्य चीज़ की और वह भी दो दिनों की यात्रा वाली सुरंग की, कल्पना की ही नहीं जा सकती)। इस सुरंग को पार करने के बाद वह सुन्दर पेड़ों, कीमती पत्थरों, रमणीक लताओं और फलों के देश में पहुँचता है (यहाँ पुनः भारत का उल्लेख बहुत स्पष्ट है और यदि हम सातवीं-आठवीं शताब्दी के अरब व्यापारियों के भारत-विषयक विवरणों पर ध्यान दें तो इन दोनों में असाधारण समानता मिलेगी (45)। फिर वह दूर समुद्र की कोर पर देवी परिचारिका सीदूरी को देखता है और उससे उत्नापिष्टिम से मिलने की इच्छा व्यक्त करता है। उसके वर्जित करने पर भी जब वह नहीं मानता तो वह उसकी सहायता के लिए एक मल्लाह देती है। एक बहुत भयानक यात्रा के बाद दोनों समुद्र के पार पहुँचते हैं, उत्नापिष्टिम के देश में (यहाँ भारत को आनेवाले समुद्र-मार्ग का स्थल-मार्ग पर आरोपण हो गया लगता है जो मिथकीय विवरणों के सर्वथा उपयुक्त ही है जिसकी रचना-प्रक्रिया जातीय स्मृति में आनेवाले विपर्ययों के कारण स्वप्न-प्रक्रिया से काफ़ी मिलती-जुलती होती है)।

बूढ़े उत्नापिष्टिम की काया अत्यन्त कृश है (जो पुनः भारतीय तपस्वियों की यदि दिलाती है और इस तरह की साधना हड़प्पा काल में भी प्रचलित थी इसे पशुपति की उस

आकृति को सामने रखकर समझा जा सकता है जिसका अंकन हड़प्पा की मुद्राओं पर हुआ है)। इनसे गिलगमेश अमरता का रहस्य पूछता है (जो कठोपनिषद के नचिकेता की उत्सुकता की याद दिलाता है। यह स्मरण रखना होगा कि कठोपनिषद का कथाधार अत्यन्त पुराना है। नचिकेता उशना का पुत्र है, जिसका नाम सुमेरी क्षेत्र में पहुँचनेवाले और वहाँ सभ्यता का आरम्भ करनेवाले नेता 'ओएनस' से मिलता-जुलता है। उशना का उल्लेख ऋग्वेद में भी बार-बार आता है–1.51, 10; 4.26.1; 5.29.9)।

गिलगमेश की उत्सुकता को देखकर उसके प्रश्नों का उत्तर देते हुए ही उत्लापिष्टिम उसे जल-प्रलय की कहानी सुनाते हैं। प्रकारान्तर से कहें तो, यह घटना उस क्षेत्र में नहीं घटित हुई थी कि जिसके निवासी गिलगमेश हैं, अपितु वहाँ घटित हुई है जहाँ के निवासी उत्लापिष्टिम हैं और इस तरह गिलगमेश की कथा से भी घटनास्थल भारत ही सिद्ध होता है।

यहाँ हम जिस तथ्य पर बल देना चाहते हैं वह यह कि इस घटना से सरस्वती क्षेत्र का सम्बन्ध था और जिस घटना का दुष्प्रभाव इतना गहरा पड़ा हो कि इसकी तुलना समस्त सृष्टि के संहार से की गई हो उसकी वास्तविक भयावहता निश्चय ही इतनी उग्र तो रही ही होगी कि सरस्वती क्षेत्र के भुक्तभोगियों में से बहुत से लोग इस क्षेत्र को सदा के लिए छोड़कर अधिक सुरक्षित क्षेत्रों की ओर पलायन करने को बाध्य हुए होंगे। ग्रीक, रोमन, आयरी और आइसलैंडी कथाओं से यह प्रकट होता है कि इनमें जिन लोगों के माध्यम से ये कहानियाँ पहुँचीं वे भारत से इस घटना के बाद बाहर गए होंगे। फ़ीनीशियनों की यह दंतकथा भी इस दृष्टि से कुछ कम रोचक नहीं है जिनके अनुसार फ़ीनीशियन अपने मूल देश को भूकम्पों के प्रकोप के कारण छोड़ने पर मज़बूर हुए थे और वे अपने भूमध्य सागरीय क्षेत्र में 2500 ई.पू. में पहुँचे बताए जाते हैं (208/294)। इन सभी विवरणों से हम इस घटना का काल 3000 ई.पू. के आसपास पाते हैं।

जहाँ तक पुरातात्त्विक साक्ष्यों का प्रश्न है, भारतीय भू-भाग में इस घटना की सम्भावना पर विचार करते हुए विद्वानों का ध्यान उन भयंकर बाढ़ों की ओर गया जिनका सामना मोहनजोदड़ो को अपने आरम्भिक दौरों में करना पड़ा था, पर इन्हें काल-क्रम को ध्यान में रखते हुए स्वीकार्य नहीं पाया गया (600/255)। परन्तु क्या इसे इस बात का प्रमाण नहीं माना जा सकता कि कुछ शताब्दियों तक पश्चिम भारतीय भू-भाग भूगर्भीय अस्थिरता से प्रभावित रहा था (द्र. 179; 492; 494; 495)?

वैदिक व्यापारी, जो अभी मुख्य रूप से सरस्वती के क्षेत्र में ही बसे हुए थे, इन घटनाओं से अप्रभावित नहीं रह सकते थे। हमारे सामने सरस्वती क्षेत्र से नगर और व्यापार केन्द्रों के पश्चिम की ओर हटने का यदि कोई संगत कारण दिखाई देता है तो उनमें से यह प्रमुख कारण है। इस भयानक बाढ़ ने, सम्भवतः, सरस्वती की धारा को और दूसरी ओर इसके उद्‌गम-क्षेत्र को–भूस्खलनों के कारण–इस तरह प्रभावित किया कि इसके ग्रहण-क्षेत्र और निकास मार्ग बदल गए। इसमें बहकर आनेवाला पानी यमुना और गंगा की ओर मुड़ गया। वस्तुतः महाभारत में तो इस घटना को भी गंगा-तट से जोड़ दिया गया है। पौराणिक कल्पना के अनुसार सरस्वती धरती के नीचे बहती हुई प्रयाग में आकर उस बिन्दु पर गंगा और यमुना से मिलती है जिसे त्रिवेणी कहा जाता है। इस रूपकीय

कल्पना के पीछे यह सच्चाई है कि सरस्वती के ग्रहण-क्षेत्र की जल-सम्पदा ने गंगा और यमुना के निकास-मार्ग अपना लिये। पुराणकारों की अपनी भौगोलिक सीमा न रही होती तो शायद इतने ही औचित्य से वे यह भी कह सकते थे कि सरस्वती अदृश्य रूप में सिन्धु में भी जा सकती है। कारण, एक ओर तो यमुना ने सरस्वती से हटकर बेतवा के मार्ग को पकड़कर गंगा का रास्ता अपनाया और दूसरी ओर सतलज ने सरस्वती से हटकर सिन्धु का रास्ता। इसका ठीक-ठीक समय क्या है इसका निर्णय अधिकारी विद्वान् कर सकते हैं।

भयंकर बाढ़ों के दो उलटे परिणाम हुआ करते हैं। एक ओर तो ये नदी की धारा को और गहरी कर देती हैं, पर इसके विपरीत जब बाढ़ अधिक भयावनी हो और इसकी जलराशि के कारण जल-थल का भेद मिटाता हुआ पानी बहुत बड़े पाट के साथ बहने लगे तो इसके ठीक विपरीत मुख्य धारा नदी की बाढ़ में लाई हुई रेत और मिट्टी से पट जाती है। यह पटाव जब-तब नदी-द्वीपों की शक्ल ले लेता है, पर यदा-कदा पूरे पाट में बिखरी मिट्टी इसकी धारा को पाटकर इसे अनुपयोगी बना देती है और इसका ग्रहण-क्षेत्र भी प्रभावित हो, उसका जल अन्य दिशाएँ ले ले तो कम जल ग्रहण के साथ नदी मरने लगती है। यह केवल बरसाती नदी बनकर रह जाती है और क्रमशः लुप्त होती जाती है। सरस्वती के साथ भी यही हुआ। यद्यपि इसका आरम्भ इस महाप्लावन की घटना के साथ ही हुआ लगता है, पर इसे अपनी अन्तिम परिणति तक पहुँचने में हज़ारों वर्ष का समय लगा होगा।

नदी के मरने में जितना भी समय लगा हो, पर इसकी व्यापारिक उपयोगिता समाप्त होने में अधिक समय नहीं लगा होगा। और अब सारस्वत व्यापारियों को नए केन्द्र किसी ऐसी नदी के तट पर बनाने थे जिसका प्रवाह अजस्र और समुद्र-पर्यन्त हो। यही चरण है जब सरस्वती घाटी के केन्द्र सिन्धु और इसकी सहायिका नदियों के तटों पर बनने लगते हैं। चूँकि इन नगरों की स्थापना विकास के एक निश्चित स्तर पर पहुँचने के बाद सोच-विचार के बाद की जाती है, अतः इनकी स्थापना के समय से ही एक सुनियोजित नगर-योजना दिखाई देती है।

2. महादुर्भिक्ष

जल-प्लावन की घटना पर विचार करते समय इसे आबादी के स्थानान्तरण से जोड़ने का प्रयास नहीं किया गया। कारण स्पष्टतः यह था कि जिस क्षेत्र से जल प्रलय के प्रमाण जुटाए गए वहीं पर इसके अविच्छिन्न क्रम में सभ्यता के जारी रहने के प्रमाण मौजूद थे, अतः स्थानीय आबादी को डुबा भी दिया गया और सकुशल बचा भी लिया गया।

पर एक अन्य घटना को आर्यों के सरस्वती घाटी से हटकर मगध में पहुँचने से जोड़ा जाता रहा है। यह अग्नि वैश्वानर के प्रकोप से आत्मरक्षा के लिए विदेघ माथव का अपने पुरोहित राहूगण के साथ पूर्व की दिशा में अभियान है। इस घटना की व्याख्या कुछ इस प्रकार की गई है मानो यह कोई आक्रमण रहा हो और वैदिक जन अपने रास्ते में आनेवाली बस्तियों को जलाते हुए आगे बढ़े हों।

शतपथ ब्राह्मण की इस कथा पर टिप्पणी करते हुए एगलिंग लिखते हैं, "इस महत्त्वपूर्ण कथा की ओर सबसे पहले प्रो. वेबर (इंडि. स्टू. 1, 170 और आगे; देखें इंडि. स्ट्रा. 1, पृ. 13; *जे. म्योर संस्कृत टेक्स्ट्स* 2, पृ. 402 भी) ने ध्यान आकृष्ट किया था। वेबर ने इस बात का संकेत किया था कि इस कथा से ब्राह्मणवादी भारतीयों के पूर्व की दिशा में प्रव्रजन के तीन क्रमिक चरणों का बिलगाव हो जाता है। पहली बार आर्यों की बस्ती पंजाब से (जहाँ वे ऋग्वेद के रचना-काल में बसे हुए थे) सरस्वती घाटी तक फैल चुकी थी। हमारी इस कथा के अनुसार वहाँ से वे विदेघ माथव और उनके पुरोहित के नेतृत्व में पूर्व की ओर सदानीरा तक (अर्थात् वह जो सदा जल से भरी रहती है) बढ़ गए थे, जो सायण के अनुसार करतोया (आधुनिक कुरत्ती, जिस पर बोगरा स्थित है) है, जो विदेह की पूर्वी सीमा थी (देखें ब्रा. 17)। हमारी इस कथा से ऐसा लगेगा कि कुछ समय तक आर्यों का साहस इस नदी को पार करने का नहीं हुआ था, पर इस कथा के लेखक के समय से बहुत पहले से यह क्षेत्र उनके अधिकार में आ गया था। सायण इस कथा के नायक को माधव या मधु का पुत्र मानते हैं, पर विदेघ, जो विदेह का प्राचीनतर रूप है, ही (जैसा कि वेबर मानते हैं) शायद यहाँ इष्ट है, जो उस क्षेत्र (जो आधुनिक तिरहुत से मिलता-जुलता है) और इसके निवासियों के लिए प्रयुक्त हुआ है। अग्नि वैश्वानर (वह अग्नि जो सार्वजनिक है) जो इस आख्यान में वेबर ब्राह्मणवादी आराधना और सभ्यता का और इसके विनाशकारी प्रभावों का मूर्त रूप मानते हैं (32/12.104)।

इसके बाद विभिन्न अध्येताओं ने (175/40; 375/37; 451/257; 102/41) इसी मान्यता को मामूली हेर-फेर के साथ दुहराया है। कोसम्बी इसे जंगल जलाकर दलदली ज़मीन को खेती के उपयुक्त बनाने के अभियान से जोड़ते हैं और मानते हैं कि यह यात्रा तराई के क्षेत्र से होकर की गई थी (375)। कोसंबी (351/117) और गोविन्दचन्द्र पांडे (451/257) इसकी तुलना महाभारत के खांडव वन-दहन से करते हैं।

इस कथा में तिरहुत के क्षेत्र में वैदिकों के प्रवेश का विवरण बहुत स्पष्ट है। इस विषय में भी कोई सन्देह नहीं रहने दिया गया है कि इस क्षेत्र में आकर बसनेवाले सरस्वती क्षेत्र में आए थे। परन्तु इसके दो पहलुओं पर समुचित ध्यान नहीं दिया गया है। ये हैं प्रव्रजन का काल और कारण।

इस कथा का जिक्र यज्ञ प्रक्रिया में 'हिं', 'प्र' आदि के उच्चार का और इनकी उच्चारण-विधि का महत्त्व समझाते हुए आता है जिसका सम्बन्ध वाजपेय यज्ञ से है। इस यज्ञ का लक्ष्य है अन्न की प्राप्ति (1.4.1.9)। इसी प्रसंग में विदेघ माथव की यात्रा का उल्लेख एक दृष्टान्त रूप में आया है :

विदेघ माथव (कभी प्राचीन काल में वीतिहोत्र या वाजपेय यज्ञ कर रहे थे और उस समय) अपने मुख में अग्नि वैश्वानर को धारण किए हुए थे। गौतम राहूगण उनके पुरोहित थे। उन्होंने विदेघ को मन्त्र बोलने को कहा, पर विदेघ ने इस भय से कि कहीं अग्नि उसके मुख से गिर न जाएँ, कोई जवाब नहीं दिया। अब उन्होंने ऋग्वेद का एक मन्त्र पढ़ते हुए विदेघ का आह्वान किया, "वीतिहोत्रं त्वा कवे द्युमन्तं समिधीमहि। अग्ने बृहतं अध्वरम्। ओ विदेघ!" उसने फिर कोई जवाब नहीं दिया। पुरोहित ने पुनः मन्त्र पढ़ा, "उत् अग्ने

शुचयः तव शुक्रा भ्राजंत ईरते। तव ज्योतींषि अर्चयः। ओ विदेघ!'' उसने फिर जवाब नहीं दिया। पुरोहित ने आगे मन्त्र पढ़ा, ''तं त्वा धृतस्नवीमह...'' अभी उसने इतना ही कहा था कि अग्नि वैश्वानर राजा के मुँह से फूट पड़े : वह उन्हें रोक नहीं पाया; उसके मुँह से निकलकर वह धरती पर आ गिरे। उस समय विदेघ माथव सरस्वती के तट पर थे (या सायण के अनुसार वह अग्नि द्वारा उत्पन्न दाह को शान्त करने के लिए सरस्वती में कूद पड़े और उसी में थे। पाद-टिप्पणी)। इसके बाद वह जलते हुए पूर्व की ओर बढ़े और आगे आगे गौतम राहूगण उनके पीछे-पीछे विदेघ माथव। उसने सारी नदियों को जला दिया। अब चूँकि वह नदी जिसे सदानीरा कहते हैं, उत्तर-गिरि (हिमालय) से निकलती है, इसलिए इसे उसने नहीं जलाया। उसे ब्राह्मण पहले पार नहीं करते थे। सोचते थे कि इसे अग्नि वैश्वानर ने अभी जलाया नहीं है। पर आजकल बहुत-से ब्राह्मण इससे पूर्व की ओर हैं। उस समय यह (सदानीरा से पूर्व का भाग) बहुत बंजर, बहुत दलदल-भरा था; कारण, अग्नि वैश्वानर ने इसका स्वाद नहीं लिया था। पर आजकल यह बहुत कर्षित है, क्योंकि ब्राह्मणों ने यज्ञ द्वारा इसे अग्नि को चखा दिया है। कड़कती गर्मी में भी अब अन्य क्षेत्र सभी की तरह झुलसते रहते हैं, यह तीव्र गति से प्रवाहित होती है। यह इतनी ठंडी है, क्योंकि इसे अग्नि वैश्वानर ने बहुत अधिक नहीं जलाया है। अब विदेघ माथव ने अग्नि से पूछा, ''मैं कहाँ निवास करूँ?'' उसने कहा, ''तुम्हारा निवास इस नदी से पूर्व की ओर हो।'' आज भी यह नदी कोशल और विदेह की सीमा है, क्योंकि ये माथव हैं।

इससे आगे राहूगण विदेघ से पूछते हैं कि उन्होंने आह्वान करने पर जवाब क्यों नहीं दिया और वह इसका कारण बतलाते हैं और फिर कहते हैं कि जब पुरोहित ने 'घृतस्नवी' वाला मन्त्र पढ़ा तो क्या हुआ और अग्नि कैसे उनके मुँह से फूट पड़े और इसके बाद ब्राह्मण का रचनाकार कर्मकांडीय व्याख्या पर आ जाता है। वह 'अग्न आ याहि वीतये...' पढ़ने का महत्त्व समझाते हुए एक अन्य आख्यान सुनाता है, ''वह ऐसा इसलिए कहता है कि पहले ये लोक एक-दूसरे से मिले हुए थे और आकाश को तो कोई यूँ छू सकता था। फिर देवताओं ने इच्छा की कि इन लोकों को किस जुगत से एक-दूसरे से अलग किया जाए? हमारे लिए जगह कैसे बने? फिर उन्होंने इन्हीं तीन शब्दों के मन्त्र 'अग्ने आयाहि वीतये' को पढ़कर उच्छ्वास लिया और ये लोक एक-दूसरे से अलग हो गए और देवताओं के लिए बहुत सारी जगह तैयार हो गई और इसीलिए जो व्यक्ति इस बात को जानते हुए यह मन्त्र पढ़ेगा उसे प्रचुर भूमि मिलेगी।'' इत्यादि।

इस कथा का घटना काल बहुत पुराना है। इतना पुराना कि स्वयं ब्राह्मणकार ने जहाँ से इस कथा को लिया है, उसका अर्थ वह अच्छी तरह नहीं समझ पाया है, और उसने अपनी ओर से नई कहानी गढ़ ली है। कुछ पहलुओं को समझने में एगलिंग से भी ग़लती हुई है।

पहली बात तो सन्दर्भ की है। प्रसंग यज्ञ का है। यज्ञ के समय अग्नि को सम्मुख तो रखा जाता है जिससे अग्नि के लिए पुरोहित या आगे रखा हुआ सम्बोधन भी प्राप्त है, पर मुख में अग्नि को रखना असम्भव है। अतः मूल विवरण में 'मुखे' का अभिप्राय सम्मुखे रहा है, जिसे यहाँ ब्राह्मणकार ने वाचिक अर्थ दे दिया है। यह अर्थभ्रम इस बात का सूचक है

कि यह विवरण परम्परालब्ध एक अन्य विवरण की ग़लत समझ पर आधारित है और इससे यह प्रकट होता है कि मूल घटना का सम्बन्ध सुदूर अतीत से है।

इसकी पुष्टि इसी ब्राह्मण में दिए गए दूसरे अन्तर्वृत्त से भी होती है जो आदिम कृषि के चरण से सम्बन्ध रखता है जब जंगलों की सघनता के कारण ऐसा लगता था कि धरती और आकाश के बीच दूरी बहुत कम है और अपने लिए जगह बनाने या खेती के लिए ज़मीन तैयार करने के लिए आग लगाकर जंगलों की सफ़ाई की गई और इस प्रकार देवों ने अपने लिए धरती का या कृषि-योग्य भूमि का विस्तार किया और इस तरह के खुले मैदान से देखने पर आकाश और धरती एक-दूसरे से बहुत दूर हटे प्रतीत होने लगे। भूमि की सफ़ाई कृषि के लिए आग से जंगलों को जलाकर की गई थी, अतः 'अग्न आ-याहि वीतये'–अग्नि अन्नवृद्धि के लिए हमारे पास आओ, की उक्ति इस सन्दर्भ में सार्थक थी, भले ही इस प्रकार का कोई मन्त्र पढ़ा गया हो या यह बाद के पुरोहितों की अपनी कल्पना रही हो। यदि इतनी प्राचीन घटना का हवाला ब्राह्मणों में पढ़ने को मिलता है तो यह अनिवार्य रूप से ऋग्वेदोत्तर काल का ही होगा। इस प्रकार का पूर्वाग्रह तब और निराधार लगता है जब स्वयं इस ब्राह्मण में ही मूल घटना की प्राचीनता का उल्लेख है और इसकी पुष्टि अर्थभ्रम से भी हो रही है।

एगलिंग के अनुसार 'वीत्रिहोत्रं त्वा कवे...' मन्त्र द्वारा विदेघ के पुरोहित ने राजा को सम्बोधित किया। वस्तुतः इस मन्त्र को पढ़कर वह इस बात की अपेक्षा करता है कि राजा इस मन्त्र को दुहराए। मन्त्र स्वयं अग्नि की स्तुति में है और उसे ही सम्बोधित है।

'घृतस्नवी' का अर्थ है जल-वर्षक (14/1.12; 7.24)। अग्नि वैश्वानर मुख्यतः सूर्य के लिए प्रयोग में आता है (14/7.21-23)। इसका अर्थ सबकी साझी आग करना सही नहीं है। अर्थ है सर्वत्र जानेवाला। जिस प्राचीन प्रसंग को ब्राह्मण में स्थान दिया गया है वह वर्षा के लिए किए जा रहे यज्ञ का है। सामान्य विश्वास यह रहा है कि सूर्य अपनी किरणों से वायु की सहायता से जल का शोषण करता है और यह जल द्युलोक में संचित रहता है और जब यज्ञ द्वारा इन्द्र–सूर्य–को प्रसन्न किया जाता है तब वृष्टि होती है (16/3.14)। विदेघ इसी आशा में यज्ञ कर रहे थे और सम्भवतः यज्ञ लम्बे समय से चल रहा था और सारे मन्त्र और उपचार व्यर्थ जा रहे थे। वह इतने बेहाल और निराश हो चले थे कि अब उनके कंठ से शब्द भी नहीं फूट रहे थे और अन्ततः वह अपना धीरज छोड़ बैठते हैं और यज्ञ से वृष्टि की आशा छोड़कर पूर्व की दिशा में जान बचाने के लिए चल पड़ते हैं। 'न–शशाक धारयितुं' में अग्नि को मुँह में धारण न कर पाने से अधिक सार्थक है अपना धीरज न कायम रख पाना।

जो भी हो, दृष्टान्त में अग्नि वैश्वानर मुख से धरती पर गिरते हैं तो स्वयं वहाँ की धरती को जलाना आरम्भ कर देते हैं। क्या विजय पर चलनेवालों ने सबसे पहले अपने घर में ही आग लगाई थी?

पूर्व की दिशा में बढ़ते हुए वे पाते हैं कि अग्नि वैश्वानर ने सभी नदियों को जला या सुखा डाला है, 'स इमाः सर्वाः नदीः अतिददाह।' पानी में आग लगाना असम्भव को सम्भव सिद्ध करने के लिए प्रयुक्त एक मुहावरा है। वेबर आदि ने इसे भी सच्चा सिद्ध कर दिया।

इस बात पर ध्यान दिया जाना चाहिए था कि इस पूरे विवरण में न तो किसी बस्ती को जलाने का उल्लेख है, न किसी को जीतने का और सबसे पहले यह दाह सरस्वती क्षेत्र में ही अनुभव किया गया है और वहीं से अन्यत्र फैलता है, 'सरस्वत्यां स ततऽएव प्राक् दहन् अभि इयाय' और ये शरणार्थी जहाँ-जहाँ जाते हैं वहीं सूखे से झुलसा और उजड़ा हुआ इलाका मिलता है।

सदानीरा के तट पर उन्हें पहली बार कुछ राहत मिलती है और इसका कारण यह बताया गया है कि यह सीधे हिमालय से निकलती है और दूसरा कारण यह कि इसे अग्नि वैश्वानर ने अधिक नहीं जलाया था। यह उल्लेख पुनः यह स्पष्ट करने के लिए पर्याप्त था कि यहाँ सन्दर्भ प्राकृतिक प्रकोप का है, न कि आगजनी का। अन्यथा यदि नदियों में पानी नहीं पेट्रोल बह रहा था और आक्रमणकारी नदियों में आग लगाते हुए बढ़ रहे थे तो फिर इसमें किसी नदी का हिमालय से निकलना क्या अर्थ रखता था? उत्तर भारत की तो लगभग सारी प्रधान नदियाँ हिमालय से ही निकलती हैं। वास्तव में यह यात्रा सीधे पूर्व की ओर न होकर उत्तर-पूर्व की ओर है और यहाँ सदानीरा के उस बिन्दु का उल्लेख है जहाँ उसकी धारा पहाड़ से निकलकर मैदान में प्रवेश करती है और इसलिए ऊपर की बर्फ के पिघलने से इसमें आया हुआ पानी तेज़ी से बह रहा है जो सूखाग्रस्त क्षेत्र की नदियों में बिलकुल सूख गया था।

स्पष्टतः यह एक महान् दुर्भिक्ष का वर्णन है जिसका आक्रमण और विजय से कोई सम्बन्ध नहीं। दुर्भिक्ष इतना विकट है कि सरस्वती क्षेत्र में बसे हुए लोगों को, यहाँ तक कि साधन-सम्पन्न लोगों को भी आश्रय के लिए अन्य क्षेत्रों में भागने को मजबूर होना पड़ता है। इस लम्बी अनावृष्टि का ही परिणाम है कि पहली बार इस क्षेत्र के दलदल तक सूख जाते हैं। ठीक हिमालय की तराई में होने के कारण ही यह अनतिदग्ध रह गया है। पर जल के स्रोत के रूप में यहाँ भी वर्षा का नहीं, अपितु हिमालय से निकलनेवाली इस नदी का ही गुण गाया गया है। इसी ब्राह्मण में यह उल्लेख आया है कि यह नदी ही अब कोसलों और विदेहों की सीमा-रेखा है। ज़रूरी नहीं कि कोसल जन इस क्षेत्र में विदेह के प्रयाण से पहले बसे रहे हों। सम्भव है, वे भी इसी प्रकोप से ग्रस्त होकर इस क्षेत्र में आए हों। यदि ध्यान से देखें तो सरयू पार का क्षेत्र–बहराइच, गोंडा, बस्ती, गोरखपुर और देवरिया का तराई क्षेत्र दलदल और मच्छरों तथा इनसे फैलनेवाली बीमारियों तथा कतिपय आवश्यक खनिज तत्त्वों से रहित जल के लिए उतना ही बदनाम रहा है जितना सदानीरा का तराई क्षेत्र। अतः यदि सदानीरा को इस घटना से पहले पार करके इस व्याधिग्रस्त क्षेत्र में बसने का साहस नहीं किया जाता था तो इसको धार्मिक कारणों से जोड़ना उचित नहीं है। अथर्ववेद में सम्भवतः इसी क्षेत्र को तक्म का घर, महावृष और मूजवान–सोम–गन्ने का क्षेत्र बताया गया है।

इस महादुर्भिक्ष के कारण जो सारस्वत केन्द्रों को अन्तिम कठोर आघात पहुँचता है, सरस्वती क्षेत्र की अर्थव्यवस्था एक लम्बे समय के लिए बिलकुल नष्ट हो जाती है। बाढ़ों की तरह दुर्भिक्ष भारत में प्रायः आते रहते हैं और इसलिए यह कह सकना कठिन है कि इस भयंकर और लम्बे दौर के दुर्भिक्ष का समय क्या हो सकता है, पर जैसा कि हम ऊपर

संकेत कर आए हैं, यह वैदिक काल की घटना है। ऋग्वेद के प्राचीन मंडलों या सारस्वत क्षेत्र में रचे गए मंडलों में चतुर्थ मंडल सबसे बाद का मंडल बताया जाता है। इस मंडल की रचना का श्रेय गौतम वामदेव को दिया गया है। विदेघ माथव के पुरोहित गौतम राहूगण हैं। इन दोनों में गौतम नाम का होना कुछ रोचक है। महत्त्वपूर्ण बात यह है कि इसी मंडल की एक ऋचा में एक भयंकर अकाल का वर्णन आया है जिसके भुक्तभोगी स्वयं वामदेव गौतम भी हुए थे। ऋचा निम्न प्रकार है :

अवर्त्या शुनि आंत्राणि पेचे न देवेषु विविदे मर्डितारम्।
अपश्यं जायां अमहीयमानां अधा मे श्येनः मधु आ जभार॥

—ऋ. 4.18.13.

इस ऋचा का रूपान्तर निम्न प्रकार होगा : मैंने धर्म-विचार त्यागकर कुत्ते की अँतड़ी पकाकर खाई, अपनी पत्नी को अपनी आँखों के सामने अपमानित होते देखा। उस समय देवों में से किसी ने कोई राहत नहीं दी। अन्ततः हे श्येन (इन्द्र), तुम्हीं ने जल प्रदान किया।

यहाँ हमारा आशय इन दोनों विवरणों में प्रयुक्त 'मधु' और 'माथव' के साम्य पर बल देने का नहीं है। जल की प्राप्ति कब और कैसे हुई, इस विषय में इस ऋचा में कोई संकेत नहीं है। महत्त्वपूर्ण बात यह कि अकाल इतना भयंकर था कि जान बचाने के लिए कुलीन परिवारों की स्त्रियाँ तक अपना सम्मान बेचने को बाध्य हो गई थीं और धर्म-अधर्म का विचार छोड़कर ऋषि गौतम वामदेव को कुत्ते की अँतड़ियाँ पकाकर खानी पड़ी थीं।

महाभारत में सम्भवतः इसी अकाल की कथा दुहराई गई है, जिसमें वामदेव गौतम के स्थान पर विश्वामित्र का नाम आया है, पर कुत्ते का मांस एक चांडाल के यहाँ से चुराकर खाने का उल्लेख वहाँ भी आया है। कम-से-कम इतना तो उस कथा से भी जाहिर है कि इस अकाल का सम्बन्ध वैदिक काल से ही था। इस अकाल की भयंकरता इस बात से ही प्रकट होती है कि इसे युगसन्धि पर घटित होनेवाला बताया गया है (21/12.139.14)। इसके कारण नदियों के संक्षिप्त-तोया होने और किन्हीं नदियों के पूरी तरह सूख जाने (व/16), तालाबों, कुओं, धाराओं के सूख जाने (व/17), सभाओं संस्थाओं और आश्रमों के समाप्त होने (व/18), कृषि और गोपालन, वाणिज्य और बाज़ार सभी के परित्याग, नगरों के उजड़ने और जीवन-रक्षा के लिए इधर-उधर पलायन करने का (व/19-21; 26) विकल होकर एक-दूसरे को खा जाने (व/25) तक का वर्णन है और भयावहता की दृष्टि से इन तीनों विवरणों में एक संगति है।

परिशिष्ट-2

पुनरवलोकन

काल-निर्धारण

एक दशक पहले तक हड़प्पा सभ्यता के काल-निर्धारण को लेकर स्थिति बहुत भ्रामक थी। परिशोधित तिथियाँ भी खासी संकुचित थीं और कार्बन-14 द्वारा निर्धारित वह संक्षिप्त काल चर्चा में था जिसमें परिपक्व हड़प्पा को 2200-1800 के बीच कस दिया गया था। नए अनुसन्धानों की रोशनी में हड़प्पा संस्कृति की पिछली कड़ियों को सात-आठ हज़ार साल ई. पूर्व तक और बाद के दौर को दूसरी शताब्दी ई.पू. तक खींचा जा सकता है। फलक इतना विशाल है और उभार और दबाव के वक्र इतने रोचक कि इनको सही सन्दर्भ देना बहुत कुछ अध्येता के अपने दृष्टिकोण पर निर्भर करता था। जिन संस्कृतियों को अनेक अध्येता पूर्व हड़प्पा संस्कृतियाँ मानते हैं उन्हें मुगल आरम्भिक हड़प्पा की संस्कृतियाँ मानते हैं और आज अनेकानेक लोग उनकी इस मान्यता से सहमत हैं। यहाँ यह निवेदन किया जा सकता है कि इस देश का विकास एक छोर से दूसरे छोर तक एक जैसा कभी नहीं रहा है, इसलिए हड़प्पा सभ्यता के विकास के क्रम में भी, उसी क्षेत्र में नितान्त पिछड़ी या भिन्न संस्कृतियों के बीज तलाशे जा सकते हैं, जिनमें से कुछ का उच्च संस्कृति में विलय होता गया है। अतः जहाँ की स्थानीय संस्कृति में हड़प्पा सभ्यता के आरम्भिक लक्षण नहीं पाए जाते और इसके बाद भी वहीं परिपक्व हड़प्पा के अवशेष मिलते हैं, वहाँ न तो प्राक्-हड़प्पा शब्द उपयुक्त हो सकता है, न ही आरम्भिक हड़प्पा। इसे इतर-हड़प्पा गैर-हड़प्पा संस्कृति कहना अधिक उपयुक्त होगा, क्योंकि कालतः यह हड़प्पा-पूर्व न होकर उसी की सीमा में हो सकती है और प्रकृतितः उससे भिन्न। जैरिज (300) मेह्रगढ़-नौशारो-पिराक-हड़प्पा के बीच एक अविच्छिन्न परम्परा की वकालत करते हैं जिसमें काफी दम है। केनोयर (331, 333) हड़प्पा सभ्यता का काल-विभाजन करते हुए इसे पाँच चरणों में बाँटते हैं–1. आरम्भिक हड़प्पा (कोटदीजी चरण) जो 3300 ई.पू. से ही आरम्भ हो जाता है; 2. आरम्भिक हड़प्पा संक्रमण का चरण जो हड़प्पा चरण के आरम्भ 2600/2500 के साथ समाप्त हो जाता है; 3. हड़प्पा चरण जिसे 'परिपक्व' या 'नगरीय' हड़प्पा कहा जाता है, ए बी और सी इन तीन उपचरणों में बँटा हुआ है, जिसका अन्त चौथे चरण के आरम्भ 2000/1900 के साथ हो जाता है; 4. हड़प्पा/परवर्ती हड़प्पा के संक्रमण का चरण;

और 5 परवर्ती हड़प्पा। चौथे और पाँचवें चरण का कालांकन नहीं किया जा सकता और पाँचवाँ चरण दूसरी शताब्दी ई.पू. तक चला आता है।

1995-96 के सत्र में मीडो के निर्देशन में हड़प्पा के टीला ए बी के निम्नतम-स्तर की खुदाई करते हुए चार मीटर की मोटाई के पुरातात्त्विक निक्षेप से जो मिट्टी के बर्तन मिले हैं उन्हें अभी तक की किसी दूसरी संस्कृति से नहीं जोड़ा जा सका है। बर्तन हाथ के बने हुए हैं। इनका रंग लाल है और इन पर काले रंग से रेखांकन किए गए हैं जिनकी डिजाइन खासी सादी है। इसे केनोयर ने कोई और उपयुक्त नाम न पाने के कारण रावी भांड का नाम दिया है और इसकी तिथि यहाँ से मिले एक मनके के आधार पर 4000 ई.पू. से पहले रखी है क्योंकि शंख का बना ऐसा चपटा मनका मेह्रगढ़ प्रथम व द्वितीय में लोकप्रिय था जिसका काल 8000-4000 के बीच तय किया गया है। इस सन्दर्भ में कुणाल, हरियाणा से प्राप्त भांडों और सन्दर्भों की उपेक्षा नहीं की जा सकती जिन्हें भी कोटदीजी-पूर्व का माना जा रहा है। इन सभी को अभी सुनिश्चित सन्दर्भ देना बाकी रह गया है पर ये हड़प्पा सभ्यता के उदय के पीछे के बहुरंगी और व्यापक फलक को तो प्रकट करते ही हैं।

इस सन्दर्भ में यह याद दिलाना ज़रूरी है कि हड़प्पा सभ्यता के नागर लक्षणों के विकास को सामने रखकर चलते हैं तो कालफलक दूसरा हो जाता है और तब आरम्भिक हड़प्पा की वह सीमा आती है जिसे केनोयर ने लिया है। पर जब हम सांस्कृतिक परम्परा के विकास को केन्द्र में रखते हैं तो ज़ैरिज का आकलन अधिक सही और वस्तुपरक प्रतीत होता है। यहाँ रोचक बात यह भी है कि केनोयर ने स्वयं हड़प्पा में 1995-96 सत्र की खुदाई के नतीजों को ध्यान में रखते हुए इस तिथि में भारी बदलाव के संकेत दिए हैं।

अब यदि 2200-1800 के सँकरे कालखंड से तुलना करें तो पाएँगे कि हालात यूँ बदले हैं और इस हद तक बदले हैं कि इनके जोड़-तोड़ की कोई चीज़ सामाजिक विज्ञानों के क्षेत्र में नहीं, शाइरी की दुनिया में ही मिल सकती है जिसमें कतरे में दज़ला दिखाई ही नहीं देने लगता, अपितु, कतरा दज़ला बन भी जाता है।

वैदिक साहित्य और परम्परा से हम इसकी तुलना करने पर पाते हैं कि वहाँ भी इसी तरह का एक व्यापक काल-फलक मिलता है। इसमें नगरीय चरण से पहले का विशाल श्रुत साहित्य, रीतिविधान, जीवनदृष्टि और मूल्यबोध है जिसके आद्य रूपों को मेह्रगढ़ काल से पीछे तक ले जाया जा सकता है। इसी श्रुत परम्परा को आधार बनाकर वे स्तुतियाँ और सूक्त लिखे गए थे जिनके अंश के अंश लुप्त हो गए थे। ऋग्वेद में भी इसे प्रत्न कवियों की रचनाओं या प्राचीन उक्थों या स्तुतियों के रूप में याद किया गया है। ये लिपि के विकास से पहले रचे गए थे। इसी पर आधारित वे सामाजिक नियम भी थे जिन्हें स्मृतियों के रूप में लेखबद्ध किया गया था। इनमें किसी तरह की मन्त्र शक्ति कल्पित न होने के कारण, इन्हें समय-समय पर नई भाषा में लिखा जाता रहा और कुछ रद्द-बदल भी किया जाता रहा। इस आद्य काल की और, कुछ मामलों में, इससे भी पहले की घटनाओं और 'व्याख्याओं' को पुराण में भी संगृहीत किया गया था। वैदिक साहित्य की आज उपलब्ध रचनाएँ रेखांकन के सहारे रची गई थीं और लिखित रूप में भी सुरक्षित की गई थीं। यह लिखित अंश भी, जैसा कि हम देखते हैं, परिपक्व या नागर हड़प्पा चरण और परवर्ती

हड़प्पा चरण के बहुत बड़े काल को घेरता है जिसमें उपादान संस्कृति की ही तरह काल-विभाजन करना सदा आसान नहीं होता। परवर्ती वैदिक काल के अवसान को भी दूसरी शताब्दी ई.पू. तक खींचा जा सकता है और खींचा जाता रहा है। यदि सांस्कृतिक सातत्य की बात लें तो इसे पुनः ज़ैरिज की तरह बहुत बाद तक खींचकर लाना ज़रूरी हो सकता है।

जब इस भेद का ध्यान नहीं रखा जाता तभी ज्योतिर्वैज्ञानिक गणना के आधार पर ध्रुवतारे, कृत्तिकाओं और विषुवसम्पात का काल-निर्धारण करते हुए ऋग्वेद से काफी बाद की रचनाओं को भी नागर हड़प्पा से कई हज़ार साल पीछे ठेल दिया जाता है। यह भुला दिया जाता है कि यह एक प्राचीन परम्परा का उल्लेख मात्र है जो रीति विधान का अंग बन जाने के कारण, उक्त नक्षत्रीय स्थितियों के लुप्त हो जाने के बाद भी दुहराया जाता रहा और किसी न किसी उत्तरी तारे को ध्रुवतारा मानकर रीति सम्पादन उसी तरह कर लिया जाता रहा है जैसे उपनयन के अवसर पर कश्मीरगमन आदि का निर्वाह आज भी कर लिया जाता है।

हमने नागर हड़प्पा सभ्यता के इस पूरे कालखंड को दो चरणों में विभाजित किया था : सारस्वत चरण और सैन्धव चरण। आज इसके पक्ष में जो प्रमाण (431; 263) मिलने लगे हैं, वे इतने निर्णायक हैं कि हड़प्पा सभ्यता को सिन्धु-सारस्वत सभ्यता (263) के रूप में अभिहित करने की आवश्यकता अनुभव की जाने लगी है।

घोड़ा और रथ

यातायात और परिवहन के विकास की एक जटिल समस्या को अपने पूर्वाग्रहों के कारण इकहरा और अतिसरलीकृत बनाकर लगातार पेश किया जाता रहा है। इस सरलीकरण का पहला उदाहरण है अश्वपालन और रथ को युद्ध से जोड़कर देखना, ''काष्ठसमाधि संस्कृति के गतिशील व ओजस्वी तथा संसाधनसम्पन्न चरवाहे अपने हल्के अश्वचालित सामरिक रथों को लेकर अनेक दिशाओं में बढ़ चले।'' दूसरा है अश्वपालन की प्राचीनतम तिथि और घोड़े और रथ के प्रसार की तिथि के बीच के डेढ़ हज़ार साल के अन्तर को दरकिनार कर देना, ''दक्षिणी रूसी स्तेप्स की काष्ठसमाधि-संस्कृति की समाधियों से उस क्षेत्र में भारतीय आर्यों के होने का प्रमाण मिलता है क्योंकि अश्वपालन के प्रमाण यहाँ 4000 ई.पू. में ही मिलने लगते हैं।'' तीसरा है अश्वपालन के क्षेत्रों में भारतीय आर्यों की उपस्थिति के कारणों और कारकों को समझने से इनकार करना, ''यहाँ अश्वमेध के भी प्रमाण पाए जाते हैं जो ईरानियों की अपेक्षा भारतीय आर्यों की विशिष्टता है।'' भारतीय आर्यों की उपस्थिति को और 'उत्पादक अर्थव्यवस्था व धातु-विद्या से सम्बन्धित समान शब्दावली' को प्राचीनतम चरण से जोड़ना और फिर भी उन्हें घुमक्कड़ बनाए रखना (409) अगला सरलीकरण है।

मेह्रगढ़ (पाकिस्तान) और शताल हुयूक (तुर्की) से इस बात के प्रमाण मिलते हैं कि ताँबा बनाने की कला सातवीं सहस्राब्दी ई.पू. में हासिल कर ली गई थी परन्तु ताम्र-कांस्य युग इसके हज़ारों साल बाद आरम्भ होता है। इसका कारण यह था कि धातुविद्या के

विकास के बाद भी इस बीच परिवहन का ऐसा साधन विकसित नहीं हो पाया था जिससे धातु का बड़ी मात्रा में दूर तक प्रचार हो पाता। हम यह सोच ही नहीं सकते कि धातुयुग, या कहें ताम्र-कांस्य युग, परिवहन के विकास के बिना सम्भव था। धातु को खोदकर धातुशोधन के स्थान तक और फिर शोधित धातु को ऐसे स्थलों तक पहुँचाने के लिए जहाँ उसके हथियार या औज़ार बनाए जा सकते थे, या जहाँ से हथियार और औज़ार बनानेवाले धातु-पिंड खरीदकर ले जा सकते थे, किसी उन्नत भारवहन प्रणाली की आवश्यकता थी। आरम्भिक अवस्था में यह काम मानव-श्रम के द्वारा ही किया जाता रहा, पर इसी कारण उस लम्बे चरण में यह एक दुर्लभ धातु ही बना रहा और इसके मनके आदि आभूषण ही बनते रहे। इसके बाद पशुओं का, कहें पहले गधे और सम्भव है, घोड़े का भी, और फिर बैल का उपयोग किया गया। जितनी भी प्राचीन उन्नत संस्कृतियाँ हैं उनमें गोनर्द या भारवाही बैल की बड़ी महिमा है। गधा चलने में बैल से अधिक तेज़ था और इसका नाम रखा गया तेज़ जानवर। अश्व और इसके अधिकांश पर्यायों का प्रयोग पहले गधे के लिए होता था। कारण, अश्व (आशु), रासभ (सं, रस, अं, रश, रैश, रेस) और खर (प्र-खर), सभी का आशय तेज चलनेवाला है। अश्व का विरुद छिन जाने के बाद भी रासभ और खर का प्रयोग तो आज तक गधे के लिए होता ही आया है। खुरासान (खुर-स्तान या खरस्थान), या अश्वपालन का क्षेत्र, इस बात का संकेत हो सकता है कि 'खर' शब्द का भी प्रयोग कुछ समय तक घोड़े के लिए हुआ। एक मात्र गर्दभ शब्द, गधे के रेंकने या ऊँचे स्वर में क्रन्दन करने के कारण, गधे के लिए सीमित रह गया।

यूरोपीय भाषाओं में अश्व से सम्बन्ध रखनेवाले शब्द दो केन्द्रों से पहुँचे हैं। एक है काला सागर का उत्तर का क्षेत्र जिसे अश्वपालन का एक भिन्न क्षेत्र माना जाता है और दूसरा तुर्की जहाँ कानेस आदि नगरों से भारतीय आर्य घोड़े का व्यापार करते थे। पहले में अकार बना रह गया था और शकार सकार में बदला है जो मूलतः भारत में ही अश्व के 'अस्स' में बदलने के कारण हो सकता है जैसा कि प्राकृत में इसे पाया जाता है। दूसरे में अकार ए/इ में और 'श' 'क' में बदला है। इससे रोचक यह है कि अश्व के सगोत्र शब्दों का अर्थ गधा है–पु. अं. ass/assen गधा/गधी, गाथिक asilus, डच ezel, जर्मन esel, गधा, आइसलैंडी asni/asna, गधी/गधा, डेनिश asen, लिथुआनी asilas, गालिक asal, वेल्श asyn, लातिन asinus, और अंग्रेज़ी ass–गधा। अंग्रेज़ी horse पुरानी अंग्रेज़ी hors और जर्मन ross तथा आइसलैंडी hross अश्व शब्द से सीधे जुड़े नहीं लगते। ये रासभ के अधिक निकट हैं पर इनका स्रोत घोड़े के हिनहिनाने के लिए प्रयुक्त सं. ह्रेषा या हेषा, हर्ष भी हो सकता है। ये सादृश्य इस बात के प्रमाण हैं कि अश्व व्यवसायी आर्य अश्वपालन के केन्द्रों की ओर आकर्षित हुए थे और उन्होंने इसे अधिक अच्छी नस्ल का पाकर इसके साधने पर भी उसी तरह ध्यान दिया जिस तरह इससे पहले गधे के ऊपर दे चुके थे और चुनावपूर्वक जोड़, सुपोषण और प्रशिक्षण से इसकी नस्ल के सुधार में और व्यापारतन्त्र से जुड़े तत्कालीन जगत् में इसका प्रसार करने में महत्त्वपूर्ण भूमिका निभाई पर वे वहाँ अपने गधों को लेकर ही पहुँचे थे, जिसके पर्यायों का वे घोड़े के लिए भी प्रयोग करते रहे। घोड़े के लिए अश्व और इसके दूसरे पर्याय बाद में भेदक रूप में प्रयोग में आने लगे।

खनिज भंडार कुछ विरल और अक्सर दुर्गम क्षेत्रों में ही सीमित होने के कारण अपेक्षाकृत अगम्य स्थल भी ताम्रायस युग के आरम्भ से ही यात्रापथों से जुड़ गए थे। किसी उन्नत साधन की ज़रूरत परिवहन को अधिक सस्ता बनाने के लिए, न कि लड़ाई मोल लेने के लिए थी, जिससे वही प्राणी या पशु उतने ही श्रम से अधिक भार वहन कर सके। इसके चलते ही पहिए और गाड़ी का आविष्कार हुआ था। आरम्भ के रथ यदि हल्के रखे गए थे तो इसलिए नहीं कि उनको तेज दौड़ाया जा सके, अपितु इसलिए कि गाड़ी का अपना भार कम होने पर, उसी अनुपात में अधिक धातु उस पर लादी जा सकती थी। अनाज और दूसरे सामान लादने के लिए जितनी जगह गाड़ी में ज़रूरी होती है, धातु की ढुलाई के लिए उतनी जगह की ज़रूरत नहीं थी, इसलिए गाड़ी का स्वल्प आकार अधिक उपयोगी था। पहिए की, न कि घोड़े की, सहूलियत हो जाने के बाद, जिन्होंने इसका आविष्कार किया वे अपने कमज़ोर गधे के बल पर ही दूसरों से आगे निकल गए और जब समकालीन जगत के दूसरे देश अपनी सीमा में ही सिकुड़े रह गए थे, ये अपनी सीमाओं को तोड़ते हुए अश्वपालन के देश में भी बहुत पहले ही पहुँच गए थे। वहाँ वे 4000 ई.पू. में ही पहुँच गए थे या नहीं यह हम ठीक-ठीक तय करने की स्थिति में नहीं हैं, परन्तु भारतीय भू-भाग सातवीं सहस्राब्दी में ही एक विशाल सम्पर्क क्षेत्र से जुड़ गया था, इसके प्रमाण तो उपलब्ध हैं ही। सारस्वत क्षेत्र इस मामले में अधिक आगे रहा हो सकता है।

यह मात्र संयोग नहीं है कि हम ऋग्वेद में बार-बार हिरण्य रथ (1.30.16; 4.1.8; 5.57.1) और चन्द्र रथ (1.141,1; 3.3.5; 6.652) शब्दों का प्रयोग पाते हैं। इन प्रसंगों में हिरण्य और चन्द्र शब्दों का प्रयोग इन धातुओं के अधिक मूल्यवान होने के कारण आया है, परन्तु जैसा कि निघंटु (1.2) में दिए गए हिरण्य के पर्यायों के मामले में देखने में आता है, लम्बे अरसे तक इन शब्दों का प्रयोग धातु के सामान्य अर्थ में हुआ करता था। इस बात को समझे बिना हम यह नहीं समझ सकते कि हिरण्य के बसूले या हिरण्ययी वाशी का प्रयोग कहाँ होता रहा होगा।

यदि यह तय हो ही गया था कि भारतीय आर्य शाखा को ही घोड़े को जोतने और रथ के आविष्कार का श्रेय है तो पहले यह तय किया जाना चाहिए था कि जिस अश्व से वे परिचित थे वह कहाँ पैदा होता था या उसकी उत्पत्ति का क्षेत्र वे किस क्षेत्र को मानते थे? उसे वे मुख्य रूप से किस काम में लाते थे? जो अश्वमेध वे करते थे उसका अश्व कैसा था? जिस रथ से उन्हें अग्रता मिली थी उसे कौन-सा पशु खींचता था? अपने रथ में वे जिस पहिए का उपयोग करते थे उसमें किस लकड़ी का प्रयोग करते थे और वैसी कोई लकड़ी अन्यत्र कहीं पैदा होती थी या नहीं? जिस उत्पादक अर्थव्यवस्था का उन्होंने दक्षिणी रूसी स्तेप्स में प्रसार किया था उसने वहाँ के घुमन्तू क़बीलों को कितना बदला था?

इतना तो तय है कि अश्व के नाम पर जिस पशु का उपयोग वैदिक सौदागर करते आ रहे थे उसकी उत्पत्ति का क्षेत्र समुद्र से या जल के समुद्रवत् विशाल प्रसार से घिरा हुआ था (1.1631; 4)। कहें, यह अश्व कच्छ से प्राप्त किया जाता था, न कि दक्षिणी रूस के घास के मैदान से। साहित्यिक, भाषिक और पुरातात्त्विक सभी प्रकार के साक्ष्य इसकी पुष्टि करते हैं। कच्छ में आज भी एक हड़प्पाकालीन स्थल पाया जाता है जिसका नाम खिरसर

है (राव 1992, 100)। यह क्षीरसागर का तद्भव रूप है। प्राचीन परम्परा इन्द्र के अश्व उच्चैःश्रवा, जिसका अर्थ रेंकनेवाला या लम्बे कानवाला किया गया है, का जन्म क्षीरसागर से ही मानती है। इस स्थल का ही एक अन्य नाम घोड़ेवाली वाडी (राव 1992, 162) है, जो इसके घोड़े या अश्व की मंडी होने का संकेत देता है। रही-सही कमी उस प्रकार से पूरी हो जाती है जिसमें इन्हें सुरक्षा के कारणों से घेरकर रखा जाता रहा है और जिसके अवशेष आज भी खिरसर में पाए जाते हैं (510/156)। 'अश्व' के बछड़ों को पकड़ लिया जाता था और सिन्धु और सरस्वती के मार्ग से इन्हें उत्तर की ओर ले आया जाता था। घोड़े के पर्याय सैन्धव से भी यह स्पष्ट है।

सूरकोटडा के घोड़े को अश्वविद् बोकोन्यी ने 'आधा घोड़ा' कहा है। इसे उन्होंने असली घोड़े से, जो स्तेपी से आयात किया जाता था, कुछ उन्नीस माना है। यह एक ऐसा घोड़ा था जिसे कच्छ और सौराष्ट्र में पाए जानेवाले गधे से बहुत ऊँची कोटि का नहीं माना जा सकता। सूरकोटडा में जो अश्व प्रजाति की अस्थियाँ मिली हैं वे बोकोन्यी के अनुसार भी सबसे अधिक गधे, या भारतीय जंगली अर्धगर्दभ (Equus hemionus khur) की हैं, जो सामान्य गधे से अच्छी नस्ल की हैं। यही स्थिति अन्य स्थलों की भी है जहाँ से केवल भारतीय जंगली गधे की अस्थियाँ मिली हैं। घोड़े के विषय में हमने स्वयं भी यह सुझाव रखा था कि यदि भारत में पहले घोड़ा पाया भी जाता था (578/1.42) तो वह अपेक्षाकृत घटिया नस्ल का रहा लगता है, पर यह माल ढोने की दृष्टि से अधिक काम का था। यह घोड़ा मूलतः भारतीय रहा हो, या विगत हिमयुग के दबाव में भागकर आया हो और ऐसे क्षेत्रों में जहाँ जंगल न रहे हों, अनुकूलित होकर बचा रह गया हो, पर 'आधा' घोड़ा से यह भी स्पष्ट है कि इसका प्रवेश यदि बाहर से हुआ भी रहा हो तो उस काल से बहुत पहले हो चुका था जो इसकी नस्ल में गिरावट या 'पूरे' घोड़े के 'आधा' घोड़ा बन जाने से प्रकट है। अतः जो लोग इस बात के लिए आग्रहशील दिखाई देते हैं कि सूरकोटडा का घोड़ा 2000 ई.पू. के आसपास का है और इसलिए इससे पहले भारतीय भू-भाग में घोड़ा नहीं रहा है, उन्होंने इस पक्ष पर ध्यान नहीं दिया है। उनका कालांकन भी त्रुटिपूर्ण है।

मनुष्य जिन वाहनों का उपयोग माल ढोने के लिए करता है उनका उपयोग सवारी के लिए भी करता है। वैदिक जन अपने अश्वरथ को भले सवारी तथा सैनिक उपयोग में भी लाते थे, पर इन्हें वे मुख्यतः माल को ढोने के लिए ही पालते थे। अतः इस जानवर की गति को बढ़ाना नहीं, अपितु नियन्त्रित करना ज़रूरी होता था। इसके लिए वे इसके गले में एक खूँटा लटका देते थे जिससे तेज दौड़ने पर इसके अगले पाँवों के घुटने छिल जाते थे (1.162.6)। गति को नियन्त्रित करने का दूसरा उपाय था उसके पाँवों को छानना। इसको पड्वीश (1.162.16) कहा गया है। ये विवरण अश्वमेध के घोड़े के प्रसंग में आए हैं जो अश्वमेध की उस विधि की याद दिलाता है जो बेबीलोन में प्रचलित रह गई थी, अर्थात् घोड़े को नहीं गधे को मौत के घाट उतारना होता था (326)। नागार्जुनी कोंडा से भी इसकी पुष्टि होती है। हम जानते हैं कि गले में खूँटा या पाँव में छनना गधे के लिए ही प्रयोगों में आता रहा है। वैदिक अश्व को वीतपृष्ठ या पीठ पर माल ढोनेवाला या लद्दू

घोड़ा (1.162.7; 181.5; 3.35.5; 5.45.10) कहा गया है और पीठ पर माल लादे सैकड़ों 'घोड़ों' के दल बनाकर चलने के सन्दर्भ (*अस्माकं त्वा सुताँ उप वीतपृष्ठा अभिप्रयः। शतं वहन्तु हरयः।* 8.6.42) इस विषय में किसी सन्देह की गुंजाइश नहीं रहने देते कि ये व्यापारियों के लद्दू जानवर थे। सैकड़ों या हज़ारों की संख्या में कतार बनाकर चलनेवाले रथ एक ही कारवाँ के, जिसके लिए श्रेणी शब्द का प्रयोग किया गया है, अंग होते थे (*प्रत्यस्य श्रेणयो ददृश्र एकं नियानं बहवो रथास,* 10.142.5)। रथों की या अश्वों की इन श्रेणियों का बार-बार हवाला आता है (*चत्त्वारिंशद् दशरथस्य शोणाः सहस्रस्याग्रे श्रेणिं नयंति,* 1.126.5; *हंसा इव श्रेणिशो यतन्ते* 1.163.10; *उतस्मासु प्रथमः सरिष्यन् नि वेवेति श्रेणिभी रथानाम्,* 4.38.6) और इसी के कारण आगे व्यापारियों या सौदागरों के संगठन या गिल्ड के लिए भी श्रेणी शब्द का प्रयोग होने लगा। आक्रामक आर्यों की कल्पना करनेवालों की निगाह इन बातों की ओर जाती ही नहीं है।

जब हम कच्छ के गधे के पालन की बात कर रहे हैं तो यह नहीं भुलाया जा सकता कि आज यहाँ से जो नस्ल बची रह गई है उसे पालतू नहीं बनाया जा सकता। कहें, इसे इसके परिवेश से अलग ले जाकर प्रजनन नहीं कराया जा सकता। ज़रूरी नहीं कि इससे पहले वहाँ इसी नस्ल के गधे रहे हों। दूसरे यदि यह स्थिति रही भी हो तो यह इन गधों का मूल्य बढ़ाने में सहायक हुआ होगा। हाथी को आज तक पालतू नहीं बनाया जा सका पर उसे पोसा और उपयोग में लाया जाता है। अन्तर केवल यह है कि हाथी के कलभ बार-बार उन जंगलों से पकड़कर लाने होते हैं। ठीक यही बात जंगली गधों के विषय में भी कही जा सकती है। उनके बछड़े बार-बार फँसाकर लाए जाते रहे होंगे और इनको फँसाने, लाने, साधने और पालने-पोसने पर जो खर्च आता रहा होगा उससे इनकी कीमत उससे कई गुना बढ़ जाती रही होगी जितनी इन्हें पालतू बनाने और प्रजनन करा सकने की दशा में होती।

परिपक्व हड़प्पा काल तक वैदिक जन मध्य एशिया, ईरान और सम्भवतः चीनी तुर्किस्तान, तुखार या तुषार के साथ बहुत सरगर्मी से व्यापार कर रहे थे यह शोर्तुगाई, काइजिलकुम, आल्तिन देपे, हिसार आदि में उनकी उपस्थिति में प्रमाणों से या इस पूरे क्षेत्र पर आर्य भाषा के प्रभाव से समझा जा सकता है। यही वह काल है जब घोड़े और अश्वचालित रथ का प्रसार परस्पर व्यापारिक सम्पर्क से जुड़े तत्कालीन संसार में हुआ (402)।

आर्थिक दृष्टि से उपयोगी होने के कारण गधे को भी बहुत जतन से पाला जाता था। इस बात के प्रमाण हैं कि अपने उपयोगी पशु को वैदिक जन नहलाते (*अश्वों न निक्तो नदीषु* 8.2.2; *अश्वो न निक्तो वाजी धनाय,* 9.109.10) थे। वैदिक अपने अश्व का अवमार्जनी से खरहरा करते थे (1.163.5), मृक्षा से कंघी करते (*यः शक्रो मृक्षो अश्व्यो यो वा कीजो हिरण्ययः,* 8.66.3) और सहलाते थे, उन्हें धृतम्नु धाना या जौ के भूने में घी मिलाकर खिलाते थे (*इमाधाना धृतस्नुवो हरी इहोप वक्षतः। इन्द्र सुखतमे रथे।* 1.16.2) या केवल धाना (*कृता धाना अत्तवे ते हरिभ्याम्,* 3.35.7; हरिवते हर्यश्वाय धाना, 3.52.7) और गुड़ (1.15.11) और सम्भवतः घृतपक्व अपूप आदि खिलाते तथा सुरा पान या सोमपान (*चित्रा एतग्वा अनुमाद्यासः,* 1.1153) कराते थे। अग्निपुराण में शालिहोत्र का

हवाला देते हुए अश्वपालन के सन्दर्भ में इस तरह के विवरण कुछ अधिक स्पष्ट रूप में आए हैं (63)।

घोड़े को नहलाने के ये विवरण निर्णायक महत्त्व के हैं। यूरोप और पश्चिमोत्तर एशिया के लोग गर्म देशों के परिचय में आधुनिक काल में आने से पहले स्वयं भी नहीं नहाते थे, अपने पशुओं को नहलाना तो दूर रहा। कई सौ साल बीत जाने के बाद भी तुर्क अपने घोड़ों को खरहरा और कंघा तो करते रहे हैं पर नहलाने का विचार उन्हें सूझ ही नहीं सकता था। स्नान को वे अपनी सीमाओं के कारण स्वयं भी ज़रूरी नहीं मानते। घोड़ों को नहलाने के पक्ष पर यदि ध्यान दिया गया होता तो भी आर्यों और घोड़ों के विषय में बार-बार दुहराए जानेवाले खटराग को कभी का बन्द किया जा चुका होता।

इतने अच्छे पोषाहार के बाद गधों को कुछ पीढ़ियों के बाद शक्ति और गति में सराहनीय स्तर का बना लिया जाता रहा होगा। जब इससे अच्छी नस्ल के एक अश्व से उनका परिचय हुआ तो पोषाहार और उपयुक्त प्रशिक्षण, सही मेल और देख-रेख से उन्होंने इसे और अधिक भारक्षम बनाया। यह उनका रथवाही पशु भी था और पण्य वस्तु भी। प्राचीन जगत् में ही नहीं, आधुनिक काल तक पशु-व्यापार कितने बड़े पैमाने पर होता रहा है इसकी ओर हमारा ध्यान अक्सर नहीं जा पाता और यह भी एक कारण है कि हम पशुओं का उल्लेख आते ही चरवाही या हमलावरी से अलग कोई बात सोच ही नहीं पाते। अतः घोड़ा उनका ऐसा माल था जिसे उन्होंने देश के अमीरों और राजाओं को तो बेचना आरम्भ कर ही दिया, दूसरे देशों को भी बेचने लगे। परन्तु एक बार पोषण और प्रशिक्षण का रहस्य सभी पर प्रकट हो जाने पर उनका इस व्यापार पर एकाधिकार नहीं रह सकता था।

घोड़े को जिन्होंने 4000 ई.पू. में पालतू बनाया था उन्होंने मांस के लिए पालतू बनाया था। वही घोड़ा जब सौदागरों के हाथ लगा तो उन्होंने इसे भारवाही और रथवाही पशु बना दिया। पर भारवाही पशु के रूप में यह गधे के मुकाबले का नहीं था, इसलिए इसका मुख्य रूप से रथ में ही उपयोग होता था।

घोड़े को रथवाही बनाने के बाद अश्वमेध की प्रकृति में एक अन्तर आया। अब इस श्रेष्ठ जानवर की बलि आरम्भ हो गई पर पुरानी रीति का निर्वाह करने के लिए इसे गधे के साथ जोता जाता था। गधा बाएँ और घोड़ा दाएँ, पर बलिपशु घोड़ा बन गया। यदि ऋग्वेद के अश्वमेध सूक्त में वर्णित प्राणी गधा न होकर सचमुच स्तेपी का घोड़ा ही है तो मानना होगा कि इसके गले में खूँटा लटकाकर और पाँवों को छानकर गधे की नकल भी कराई जाती थी। इसे गधे के खूँटे में बाँधा भी जाता था (1.162.21)। यही वह चरण भी है जब देश-देशान्तर तक वैदिक व्यापारियों के फैल जाने के कारण अश्वमेध का दूसरे देशों में भी प्रसार हुआ जिसे मैलरी (1989, 136-37) ने उलटे सिरे से देखा है और दक्षिणी रूसी स्तेप्स के हिमायती बीच के सिरे से पकड़ते हैं। प्रश्न अश्वमेध का नहीं है, अश्वमेध के चरण का है और अश्वमेध के भी पूर्वरूपों का है जो अजाश्व से आरम्भ होकर अश्वमेध तक आता है और जिसकी छाया ऋग्वेद में बनी रह गई है (1.163.12)।

यह बात कुछ विचित्र लग सकती है कि भारतीय व्यापारी या आर्य घोड़े को पालतू बनानेवाले क्षेत्र में पहुँचकर, उसका आयात करके प्रशिक्षित करने के बाद स्वयं उन्हीं के पड़ोस के लोगों को बेच रहे थे। परन्तु लापिस लाज़ुली का व्यापार इसका अच्छा उदाहरण है कि स्वयं ईरान और अफ़ग़ानिस्तान के लोगों को इसके स्रोत का रहस्य नहीं मालूम था जबकि हड़प्पा के व्यापारी उन्हीं के क्षेत्रों से इनका खनन करके इन्हें ईरान और मेसोपोटामिया को बेच रहे थे। ठीक इसी तरह का काम वे मेसोपोटामिया के ठीक पड़ोस में रास अल ज़ुनैज, ओमान से ताँबे की खुदाई करके कर रहे थे। जहाँ पहले यह निर्यात भारत से होता था वहाँ अब उसके पास के देश की ही खानों से ताँबे का पता लगाकर, उसे निकालकर, वहीं पहुँचाकर वे ताँबा नियति करने लगे। किसी चीज़ या जीव का ठीक पड़ोस में होना इस बात की गारंटी नहीं देता कि वहाँ के लोग इसका उन्नत उपयोग भी कर लेंगे। चीन के ठीक पड़ोस में मंगोलिया है जहाँ जंगली घोड़ा आज भी बचा रह गया है पर चीन में घोड़े का प्रवेश भारत से लगभग दो हज़ार साल बाद हुआ। उपयोग उपलब्धता से अधिक विकास के स्तर और प्रकृति पर निर्भर करता है। जो जानवर वहाँ के निवासियों के लिए दूध और मांस का स्रोत मात्र था, उसे हड़प्पा के व्यापारियों ने सधा हुआ यानवाहक पशु बना दिया।

परन्तु व्यापार में उन्हें पहिए के आविष्कार के साथ ही अग्रता मिल गई थी और उनका छकड़ा या अश्विनों का वाहन ही उन्हें विश्वविजयी बना सका था। पहिए के विकास और निर्माण में भारतीय आर्यों की अग्रता केवल पहिए के एक-एक पुर्जे के उल्लेख में ही नहीं, भारतीय सांस्कृतिक चेतना में इसके घुल-मिल जाने से भी प्रकट होता है। कालचक्र, युगचक्र, ऋतुचक्र, धर्मचक्र, भाग्यचक्र, सहस्रार चक्र भारतीय चेतना में किस तरह समाए हुए हैं और नीचे छनकर आए हुए हैंः चक्कर में पड़ना, चकराना, चक्कर खाना, चाकर और चाकरी जैसी व्यंजनाओं में भी उतरे हुए हैं। यह, ध्यान देने योग्य है। वास्तव में स्वस्तिक का चिह्न जो हड़प्पा की मुहरों पर नाना रूपों में दिखाई देता है और जिसका ऋग्वेद में बार-बार प्रयोग हुआ है, चारों दिशाओं को जानेवाले मार्ग और पहिए की आकृति का संयुक्त मूर्तन है। यदि यह अभारतीय विरासत होता, जैसा कि इसे प्रायः सिद्ध करने का प्रयास किया जाता रहा है या इसका आविष्कार भारत से बाहर कहीं हुआ रहता तो इस तरह की संकल्पनाएँ वहाँ भी अवश्य मिलतीं।

इतना ही नहीं, जिस लकड़ी से रथ की धुरी बनाई जाती थी वह है शीशम, जो धातु का आविष्कार होने और लोहे के धुरे बनने से पहले, इस काम के लिए सबसे भरोसे की लकड़ी थी। ऋग्वेद से शीशम के हीर या पके हुए गर्भभाग का धुरा बनाने और खदिर की लकड़ी की पुठ बनाने का स्पष्ट उल्लेख (3.53.19) आया है।

प्राचीन जगत् के एक बड़े भाग में घोड़े और रथ का प्रचार का समय 2500 ई.पू. के लगभग माना जाता है जो परिपक्व हड़प्पा का उत्कर्ष काल है। पहले यह माना जाता था कि घोड़ा तो भारत में पाया नहीं जाता था, पर सूरकोटडा के साक्ष्यों को अब इस बात का निर्णायक प्रमाण मान लिया गया है कि घोड़े से हड़प्पावासी परिचित थे। उससे भी बहुत पहले बागोर से घोड़े के पालतू बनाए जाने के प्रमाण छठी सहस्राब्दी से मिलने लगते हैं।

पर यह बात कुछ इतिहासकारों को विचित्र लगती है कि हड़प्पीय मुद्राओं पर घोड़े का कहीं अंकन नहीं पाया जाता। गधे का अंकन कितनी मुद्राओं पर हुआ है और यदि नहीं हुआ है तो इसे गधे से भी अपरिचय का प्रमाण माना जाए या नहीं, इसे भी तय कर लिया जाना चाहिए था, पर इसे कभी इस रूप में नहीं उठाया गया। हमने यहाँ इस समस्या के केवल कुछ ही महत्त्वपूर्ण पक्षों को उठाया है। अन्यत्र (578; 63) इसके कुछ अन्य पहलुओं पर अधिक विस्तार से विचार किया गया है।

आक्रान्ता का भूत

पुरातत्त्व, नृतत्त्व तथा अनुषंगी क्षेत्रों में पिछले दशक में हुए अध्ययनों और विश्लेषणों से विद्वानों के दृष्टिकोण में जितना भी बदलाव क्यों न आया हो, पशुचारी, आयुधजीवी, सभ्यताद्रोही और रक्तपिपासु आर्यों की छवि जिन लोगों, समुदायों और संगठनों की राजनीतिक ज़रूरत बन चुकी है, उनकी सोच में अन्तर आना आसान नहीं है। प्रबल से प्रबल तर्क और प्रमाण हितबद्ध लोगों को उनके दृढ़संकल्प से डिगा नहीं पाते। ऐसे लोग आज भी आर्यों के आक्रमण की बात बड़े उत्साह से कर सकते हैं। समकालीन राजनीति की गति और अधोगति के कारण अनधिकरी लोग भी तीस-चालीस साल पहले पढ़ी या सुनी कहानियों को लेकर मैदान में कूद जाते हैं और कुछ समाचार-पत्र ऐसे विचारों को प्रमुखता देकर छापते हैं। इनमें ऐसे विद्वान् भी शामिल हो जाते हैं जो अपनी मान्यताओं में परिवर्तन को आत्मसम्मान का प्रश्न बना बैठे हैं। इन्हें आज भी आर्यों का गोरा और भारतीय आदिवासियों का काला रंग साफ़ नज़र आता है।

‘‘आर्यों को मानुषी प्रजा कहा गया है। वे अग्नि वैश्वानर की पूजा करते थे और इससे कभी-कभार काली चमड़ीवालों का घर जला दिया करते थे। लिखा है कि आर्यों का देवता सोम काले लोगों को मार डालता था। यह भी कहा गया है कि वह राक्षसों से, जिनका रंग काला था, युद्ध करता था और यह कि उसने 50,000 को मौत के घाट उतार दिया। वह असुरों की चमड़ी उधेड़ देता था’’ (54)।

इस अनुसन्धान में यह तो सुझाया गया है कि सोम राक्षसों से युद्ध करता था और उनकी काली चमड़ी उधेड़ देता था, पर जो बात छोड़ दी गई है वह यह कि चमड़ी उतारने के बाद वे उसका करता क्या था। नात्सी महिलाएँ तो यहूदियों की चमड़ी उतरवाने के बाद उसका पर्स बनवाती थीं। सम्भव है, उन्होंने इसकी प्रेरणा वैदिक कालीन भारतीय आर्यों से ही ली हो। पता लगाना चाहिए कि आर्य भी पर्स बनवाते थे या नहीं। ऐसे दृढ़निश्चयी लोग यदि यह सिद्ध करने पर उतारू हो जाएँ तो ऋग्वेद उन्हें निराश नहीं करेगा, क्योंकि उसमें चमड़े की थैलियों या दृतियों का उल्लेख तो आया ही है। पर यदि ऐसे पंडितों को यह समझाया जा सके कि देवता के रूप में सोम का अर्थ चन्द्रमा है, कि असिक्नी का अर्थ रात्रि और त्वक् का अर्थ आवरण है कि आग और चन्द्रमा दोनों अन्धकार को दूर करते हैं, तो सोम के सन्दर्भ में ‘‘त्वचं असिक्नीं भूमनो दिवस्परि’’ (9.73.5) या कहें चन्द्रोदय से साथ रात के अन्धकार का आवरण उतार फेंकने की इस मनोहारी उद्भावना को समझने

में उनकी सहायता की जा सकती है। रोचक बात यह है कि ग्रिफिथ ने जहाँ ऊपर उद्धृत ऋचा में कालों की खाल उतारने जैसा अनुवाद किया है वहीं पाद टिप्पणी में उसने वान रॉथ की व्याख्या 'दि स्पिरिट्स ऑफ़ डार्कनेस' भी दे दिया है। कहें, उन अनुवादकों के मन में भी अपना दामन बचाकर चलने की चिन्ता बनी हुई थी जिनका प्रधान लक्ष्य प्राचीन भारतीय कृतियों के रंगीन अनुवाद करना था। उपनिवेशवादियों और नात्सियों के इतिहास बन जाने के बाद, आज की तिथि में, सबसे बड़े नस्लवादी और आर्यवादी मार्क्सवादियों के बीच ही बचे रह गए हैं, यह भारतीय इतिहास की और भारतीय मार्क्सवाद की दारुण विडम्बना है।

मैकाय (383/443-4, 648-50) ने धरती में गाड़े हुए जेवरों के भंडार को देखकर यह अनुमान लगाया था कि यह सब किसी हमले की सूचना पाकर जल्दबाजी में गाड़ दिया गया होगा और बाद में इसके स्वामी वापस लौट नहीं सके होंगे। इसी तरह ज़मीन में गाड़ा हुआ भंडार वत्स (610/63) को भी अपनी हड़प्पा की खुदाई में मिला था। यह सोना-चाँदी और जेवर आदि चोरों के डर से छिपाने का पुराना तरीका है जो आज तक चला आया है। इसका आक्रमणकारियों से कोई सम्बन्ध नहीं। रोचक बात यह है कि इसका स्पष्ट उल्लेख ऋग्वेद में (*हिरण्यस्येव कलशं निखातं,* 1.117.12) आया है।

जो भी ढवलीकर का विचार है कि हड़प्पाई समाज स्वयं भी कम युद्धपिपासु नहीं था। वह अपनी पुस्तक (200/3) में तो यहाँ तक दावा करते हैं कि गुजरात में हड़प्पा सभ्यता के विस्तार की तुलना भारत में अंग्रेज़ों के आगमन से की जा सकती है। "यह तो सुविदित है ही कि आरम्भ में तो वे व्यापार करने के लिए आए और बाद में उन्होंने अपना राजनीतिक प्रभुत्व कायम कर लिया।" ढवलीकर के इस सुझाव से असहमत होने का कोई कारण नहीं है, परन्तु हड़प्पा जनों का यह प्रयास गुजरात तक ही तो सीमित रह नहीं सकता था। ठीक यही नमूना पूरे भारोपीय क्षेत्र में दिखाई देता है। तुर्की में भी, जैसा कि कानेस के अभिलेखों से पता चलता है, पहले वे व्यापार तन्त्र पर हावी हुए और असीरियनों या अशुरों को पृष्ठभूमि में डाल दिया और बाद में उस क्षेत्र पर राजनीतिक प्रभुत्व कायम कर लिया। उनकी औपनिवेशिक बस्तियाँ जगह-जगह दिखाई देती हैं और इस मामले में उस समय की कोई अन्य शक्ति उनकी तुलना में नगण्य मालूम होती है। यद्यपि मेसोपोटामिया और बेबीलोनिया पर उनका प्रभुत्व स्थापित नहीं हो सका पर व्यापारिक वर्चस्व के प्रमाण आर्य नामों और अन्य साक्ष्यों से मिलते हैं। ऋग्वेद में वर्णित धन और माल की सुरक्षा की चिन्ता और असुरों पर विजय की कामना, उनसे मुठभेड़ में इनकी विजय को इसी व्यापक फलक पर समझा जा सकता है। इससे हटते ही हम यह समझ ही नहीं सकते कि क्यों वे अपने शत्रुओं से इतने भयभीत रहते हैं और इसके बावजूद उन पर विजय के दावे भी करते हैं। पर इस बात को कदापि नहीं भुलाया जा सकता कि युद्धों के इन विवरणों में प्राकृतिक लीलाओं का रूपकीय विवरण वास्तविक युद्धों की तुलना में कहीं अधिक है। यदि विविध विकारों में 'जय' 81 बार आया है तो 'पाहि' 87 और 'पातु' 182 बार, 'त्राण' 58 बार तथा 'स्वस्ति' 186 बार और इस बात की कामना कि ऐसा न हो कि शत्रु उनके जान-माल को क्षति पहुँचाए, जिसे 'मा की' आवृत्ति से समझा जा सकता है, जो लगभग 400 बार है। इस

पहलू को लगातार नज़रअन्दाज़ किया जाता रहा है। न तो हड़प्पा समाज के व्यापारी अहिंसावादी थे न ही वैदिक आर्य। पर युद्ध उनकी आय और वैभव या प्रतिष्ठा का साधन नहीं था। यह अन्तिम विकल्प था। उनकी मुख्य दिलचस्पी व्यापार में थी।

आर्यों के प्रचारित आक्रमण का आतंक इतना प्रबल रहा है कि किसी का ध्यान इस ओर गया ही नहीं कि सुदूर क्षेत्रों तक अपना प्रभाव जमानेवाले, वहाँ अपनी बस्तियाँ बसानेवाले, अपने माल असबाब के साथ दूरस्थ देशों को जानेवाले और वहाँ का माल लानेवाले, हड़प्पा क्षेत्र के व्यापारी क्या निरीह और बेचारे लोग रहे हो सकते हैं? जिस इतिहास से हम परिचित हैं उसमें व्यापारिक शक्ति के रूप में उभरनेवाले देश ही सामरिक शक्ति के रूप में भी उभरे हैं और उनका व्यापारिक प्रसार जितना ही अधिक रहा है, उनकी सैन्य शक्ति का आतंक भी उसी अनुपात में अधिक रहा है। आरम्भ में रास्ते में अपने माल की रक्षा के लिए सेना की एक छोटी टुकड़ी या रक्षकदल से आरम्भ होकर अपने विदेशी ठिकानों की रक्षा और क्रमशः उस क्षेत्र में होनेवाले उपद्रवों से निपटने के लिए सेना का आकार बढ़ता रहा है और अन्ततः कुछ क्षेत्रों में अपना ही शासन कायम करने की आकांक्षा उत्पन्न हो जाती रही है।

ढवलीकर (201) ने कच्छ और सौराष्ट्र में हड़प्पीय प्रभाव विस्तार के सन्दर्भ में पहली बार इस पक्ष की ओर ध्यान दिया है। न तो हड़प्पा सुरक्षा व्यवस्था की उपेक्षा करके अपनी सम्पन्नता और व्यापारिक अग्रता कायम रख सकता था, न ही वैदिक समाज युद्धोन्मादी होकर उतने विशाल क्षेत्र में सांस्कृतिक और भाषाई रूपान्तरण कर सकता था जिसे हम भरोपीय प्रसार क्षेत्र में पाते हैं। पर त्राहि और पाहि की चीत्कार के बाद भी वे निरे भीरु नहीं थे। व्यापारी जैसे भी हों, उनके सैनिक और राजा अहिंसक नहीं हो सकते। इसका कुछ आभास सेना और आयुध से सम्बन्धित शब्दावली से मिल सकता है।

सेना और आयुध

अत्क (195.7)–वक्षत्राण, छाती पर लपेटा जानेवाला फेंटा।
अबला सेना (5.30.9)–कमज़ोर सेना।
अयोमुख (6.75.15)–धातु के सिरेवाला बाण।
अवीर (7.4.6)–कायर, भीरु।
अशनि (1.54.4)–क्षेप्यास्त्र।
अश्महन्म (7.104.5)–पत्थर के गोले।
असि (1.162.20)–तलवार
आखंडल (8.17.12)–ध्वंसकारी।
आयुध (2.15.5)।
आलाक्ता (6.75.15)–विषाक्त।
आस्का (1.186.2)–धावा बोलती हुई।
आर्त्नी (6.75.4)–धनुष के सिरे जहाँ प्रत्यंचा बाँधी जाती है।

इन्द्रसेना (10.102.2)।
इन्द्रसारथी (4.46.2)।
इषु (8.77.7)।
इषुकृत (1.184.3)–तरकश, तूणीर।
इषुधि (6.75.5)–तूणीर।
इषुबला (6.75.9)–धनुर्धारी सेना।
ऋष्टि (1.85.4)–तोमर जैसा एक हथियार।
कार (1.112.1)–युद्धगीत, चारणगान।
कारु (1.83.6)–चारण।
कुल्मल (अथ. 66.5)–धनुर्दंड का सिरा जिस पर प्रत्यंचा लगती है।
कृपाण (10.22.10)।
क्षयद्वीर (1.114.1)–मैदान मारनेवाला योद्धा, सफाया कर देनेवाला योद्धा।
गोधा (8.69.9)–हाथ में पहनने का खोल।
चित्रसेना (6.75.9)–एकाधिक अंगोंवाली (चतुरंगिणी?) सेना।
चतुरंग (1092.11)–चार अंगों से युक्त (सेना?)।
चतु अनीक (5.48.5)–चार विभागों से युक्त (सेना?)।
जूर्णि (1.127.19)–आग्नेयास्त्र।
तनूत्यज (10.4.6)–जाँबाज, बलिदानी।
तिग्मेषु (10.84.1)–पैने बाणोंवाले।
त्रिककुप (1.121.4)–तीन गाँठोंवाली गदा से युक्त।
दधृष्वनी (8.61.3)–दमनकारी।
दाधीच (1.84.13)–हड्डियों की नोकवाला बाण।
दिहान (10.87.4)–धार देते हुए।
देवसेना (10.103.8)।
द्रापी (1.25.13)–खोल अँगरखा।
धनु (6.75.2)।
ध्वज (7.85.2)।
ध्वस्मान (4.6.6)–संहार करता हुआ।
निषंग (3.30.15)–तरकश।
पुरुवीर (2.27.7)–बहुतों को पछाड़नेवाला।
पत्ति (अथ. 7.62.1)–पदाति, पैदल सेना।
पवि (5.62.2)।
पृथुपर्शु (7.83.1)–फरसाधारी।
प्रगर्धिनी सेना (10.142.4)–अग्रिम दस्ता।
प्रवीर (19.103.5)।
बाण (6.75.17)।

बाहुशर्धि (19.193.3)–बाहुबल पर भरोसा करनेवाला।
भृष्टि (1.162.11)–भाला।
महावीर (1.32.6)।
मृगदन्त (675.11)–मृग के सींग से बना बाण का सिरा।
रम्भिणी (1.168.3)–भाले का दंड भाग।
रुरुशीर्ष्णी (6.75.15)–मृग के सींग के सिरेवाला बाण।
वधत्र (4.28.4)–मारक अस्त्र।
वधस्न (1.165.6)–मारक हथियार, सब्बल, सेंध मारने की सबरी (7.6.5)।
वर्म (1.114.5)–कवच।
वर्मी (6.27.6)–कवचधारी।
वृषपाणि (6.75.7)–बाहुबली।
शक्ति (5.31.6)–आयुध विशेष।
शक्तिवन्त (6.75.9)–शक्ति से लैस।
शतानीक (8.49.2)–सैकड़ों का जत्था, विशाल दल।
शत्रुहन (10.159.3)–शत्रुओं का वध करनेवाला।
शत्रुषाह (8.60.6)–शत्रुओं को परास्त करनेवाला।
शर (6.75.16)–बाण।
शरु (7.71.1)–एक क्षेप्यास्त्र।
शल्य (अथ. 4.6.5)–बाण का दंड।
शिप्रा (5.54.11)–शिरस्त्राण, पगड़ी
शिशान (9.5.2)–पैना करता हुआ, धार देता हुआ।
शृंग (अथ. 4.6.5)–शराग्र।
संयद्वीर (2.4.8)–धीर वीर।
संवृक्त धृष्णु (9.48.2)–साहस से भरपूर।
समदा सेना (6.75.1)–मदमत्त योद्धा दल।
सर्ववीर (2.30.11)–सभी आयुधों में सिद्धहस्त।
सर्वसेन (1.33.3)–पूरी (विविध अंगोंवाली) सेना से युक्त।
सहस्रवीर (1.118.4)–सभी आयुधों में दक्ष।
सुवीर (1.31.10)।
सहस्रभृष्टि (1.25.9)–अनगिन नोकों या कीलोंवाला (मुग्दर)।
सायक (1.32.3)–मारक बाण।
सुपर्ण (6.75.11)–पंख लगा हुआ।
सेना (1.66.4)।
सेनानी (7.20.5)।
हस्तघ्न (6.75.14)–हस्तत्राण।
हेती (2.33.14)–क्षेप्यास्त्र विशेष।

हम पहले ही देख चुके हैं कि उस काल का सबसे प्रचलित हथियार धनुष और बाण ही था और इस मामले में हड़प्पीय जन किसी भी अर्थ में किसी से पीछे नहीं थे। उनकी सुरक्षा की तैयारियाँ और शक्ति दूसरों से आगे बढ़ी थीं। ढवलीकर ने केवल कच्छ और सौराष्ट्र पर ध्यान दिया है पर बलूचिस्तान, अफ़ग़ानिस्तान, ईरान, मध्य एशिया में ये हड़प्पा क्षेत्र से किसी न किसी रूप में चौथी सहस्राब्दी से ही प्रवेश करने लगे थे। सम्पर्क और पुराना भी हो सकता है। नृतत्त्वविदों के अनुसार एक सीमित पैमाने पर आवागमन निरन्तर बना हुआ था।

पशुपालन और कृषि

चाइल्ड ने विगत हिमयुग के दौरान यूरोप से दक्षिण की ओर, विशेषतः पश्चिम एशिया की ओर आए यूरोपियों के कारण, हिमयुग के अवसान के बाद मौसम में कुछ सुधार आने के साथ यूरोपीय प्रतिभा के प्रताप से कृषि के आविष्कार को एक क्रान्ति के रूप में कल्पित किया था। तब से यही मुहावरा दूसरों के द्वारा भी प्रयोग में आता रहा और पश्चिम एशिया के उर्वर अर्धचन्द्र में ही इस क्रान्ति के आरम्भ होने की बात चलती रही है। नए अनुसन्धानों से न केवल कृषि के आकस्मिक विकास या क्रान्ति की मान्यता ही खंडित हुई है, यह मान्यता भी खंडित हुई है कि कृषि की दिशा में पहल पश्चिम एशिया में हुई थी। मनुष्य ने अपने स्थानीय साधनों से और अपनी तकनीकी सीमाओं में, बीसियों हज़ार साल पहले से पादपों को बचाने और कुछ को रोपने के प्रयत्न किए। कुछ अध्येताओं के अनुसार न्यू गिनी के हैगन पर्वत के पास मध्यवर्ती पठार में स्थित बाघी घाटी से बहुत प्राचीन काल में पानी के कुछ खातों को नियन्त्रित करने के प्रमाण भी मिले हैं, जिन्हें सम्भवतः ताओ नाम के एक कन्द की खेती करने के लिए आज से 9000 साल पहले खोदा गया था।

इसी तरह ले द्वीप के उत्तर-पूर्व में हुआन प्रायद्वीप में 45,000-55,000 साल पुरानी सीढ़िनुमा निर्मिति पाई गई और इसके पास ही पत्थर के घिसे हुए बृहदाकार कुल्हाड़े पाए गए जिनकी आयु कम से कम 37,000 साल होगी। सम्भावना कुछ हज़ार साल अधिक पुराना होने की है। विशेषज्ञों के अनुसार इन कुल्हाड़ों का प्रयोग वृक्षारोपण के लिए किया गया था। उनका मानना है कि गन्ने और केले आदि की खेती का आरम्भ न्यूगिनी से ही हुआ। इस तरह की सूचनाएँ हमें एक ओर विस्मित करती हैं और दूसरी ओर इस बात से आगाह कि किसी विकास को अपने क्षेत्र या मानव समुदाय से जोड़कर देखने की प्रवृत्ति ने मानव के तकनीकी और सांस्कृतिक विकास को समझने में बाधा डाली है। चाहे यह प्राचीन भारतीय कृतियों का सभी विकासों को भारत से या भारतीय मानव से दिखाने की प्रवृत्ति हो, या आज के यूरोप की अपने को केन्द्र में रखकर पूरी दुनिया और इतिहास को देखने की इससे भी प्रबल चाह, इनसे बचकर चलना अधिक निरापद है। हमने स्वयं भी कृषि के प्रसंग में इसके भारतीय आविर्भाव की हिमायत की थी और इस सीमित अर्थ में यह सही भी हो सकता है, क्योंकि जहाँ भी मनुष्य ने इस दिशा में पहल की वह अपनी दृष्टि में आविष्कार ही कर रहा था, पर यह तय करना आसान नहीं है कि कितने अर्धसफल

या विफल प्रयोगों को, कितने अन्तरालों पर और किन प्रेरकों के कारण, करने के बाद मनुष्य ने कृत्रिम उत्पादन के महान् यज्ञ को सम्पन्न किया और यह काम कहाँ-कहाँ किस पैमाने पर सम्पन्न हुआ। यह सच है कि भारतीय परम्परा यव से पहले व्रीहि का नामोल्लेख करती है और पूर्व की दिशा से सरस्वती के क्षेत्र में आबाद होने और मुख्य रूप से रबी की फसलों तक सीमित रह जाने की बात करती है। अतः यह माना जाना चाहिए कि यहाँ कृषि का आविर्भाव और विकास पश्चिम एशिया से स्वतन्त्र रूप में हुआ था। हमारे लिए रोचक बात यह है कि ये विवरण उन कृतियों में सुरक्षित हैं जिन्हें आर्य या वैदिक परम्परा कहा जाता है।

हड़प्पा का नगरीय चरण आर्थिक विकास की एक लम्बी शृंखला के बाद, और अंशतः उसी के कारण, सम्भव हो पाया था। वैदिक सन्दर्भ में उन सभी प्रयोगों और उनकी परिणतियों का उल्लेख हमने किया है जिनसे गुजरने के बाद कृषिविद्या को इस स्तर का बनाया जा सका था जिसे हम हड़प्पा काल में पाते हैं :

अष्ट्रा (4.57.4)–पैना।
ऊर्दर (2.14.11)–धान्यागार।
कीनास (4.57.8)–किसान।
कीनार (10.106.10)–हलवाह।
कृष्टपच्य (यजु. 28.14)–कर्षणज।
अकृष्ट माष (ऋ. 9.86)–वन्य उड़द
क्षेत्र (3.31.5; 10.33.6)।
क्षेत्रं इवमिममुः तेजनेन (1.110.5)–खेत की तरह लट्ठे से मापा।
क्षेत्रसाता (7.19.3)–खेत का बँटवारा करनेवाला।
क्षेत्रसाध (3.8.7)–खेत की पैमाइश ठीक करनेवाला।
क्षेत्रसा (4.38.1)–खेत पाना या तैयार करना, *सर्वां भूमिं सनोति इति क्षेत्रसा-सायण।*
खनित्र (1.179.6)–खोदने का औज़ार।
खनिता (10.97.20)–खोदनेवाला, गोड़ाई करनेवाला।
खल (10.48.7)–खलिहान।
तितउ (10.71.2)–छलनी।
तिल्विल (5.62.7)–आर्द्र या उर्वर भूमि।
तेजन (1.110.5)–लट्ठा, कट्ठा।
दात्र (8.78.10)–दँतारा, दाँतदार हँसिया।
द्विपंच अन्न (1.112.13)–दस प्रकार के अनाज।
धान्य (5.53.13)–अनाज, खरीफ की फसलें?
धान्याकृत (10.94.13)–किसान, बोआई करनेवाले।
नहना (10.67.3)–बन्धन।
पयस्वती (2.3.6)–सिंचित भूमि।
पर्ष (10.48.7)– कटी फसल के गट्ठर।

पूषा (4.57.6)–किसान का दैवीकृत रूप।
बीज (5.53.13; 10.48.37)।
भद्रक्षेत्र (5.62.7)–जुता हुआ तृण-गुल्म रहित क्षेत्र।
माष (9.86)–उड़द।
यव (1.23.15)–जौ।
युग (3.53.17; 10.60.8)–जुआठ।
योनि (10.101.3)–हराई।
लांगल (4.57.4)–हल।
वपन (1.117.21)–बोआई/कटाई।
वधृवृष (1.33.6)–बधिया बैल।
वरत्र (10.60.8)–बरही।
वाह (4.57.8)–हल में जुते बैल।
वृक (1.117.21)– एक तरह का हल।
शुनाशीर (2.57.5; 8)–दैवीकृत हल और फाल।
सनतक्षेत्र (1.100.18)–बँटा हुआ खेत।
सीर (10.101.3; 4)–हल।
स्थिवि (10.68.3)–ओसाने का टोकरा।

कुछ अध्येता यह कहते रहे हैं कि ऋग्वेद में कृषि का उल्लेख केवल इक्कीस बार आया है। यह धारणा कितनी सही या ग़लत है यह पाठकों पर छोड़ा जा सकता है। हमने स्थान की बचत के लिए शब्दों का किसी एक स्थल का ही उल्लेख किया है जिससे पाठकों को इन्हें तलाशने में सुविधा हो पर ऐसा नहीं है कि ये वहीं और एक बार ही आए हों। उदाहरण के लिए वपन शब्द का प्रयोग ऋ. 1.117.21; 2.33.11; 6.6.4; 7.56.3; 8.7.4; 10.85.37 में आया है किन्तु हमने इनमें से केवल पहले स्थल का ही हवाला दिया है। ऋ.10.142.4 में इसका प्रयोग कटाई या सफाई के लिए हुआ है।

कृषि का प्रसार केवल नदियों के कछार तक ही सीमित नहीं था, इसे सिंचाई के साधनों और वर्षा के लिए किए जानेवाले यज्ञों के हवाले से समझा जा सकता है। इन्द्र की जिन विजयों को काली चमड़ीवाले आदिवासियों पर गोरी चमड़ीवाले आर्यों के आक्रमण और विजय के रूप में देखा जाता रहा है, उनमें से अधिकांश का सम्बन्ध वर्षा के लिए की जानेवाली प्रार्थनाओं और वर्षा के काव्यात्मक विवरणों से है।

सिंचाई और जल-प्रबन्धन

हड़प्पा परिपक्व चरण की जिन विशेषताओं की ओर अध्येताओं का ध्यान इधर विशेष रूप से गया है उनमें से एक है जल की आपूर्ति के लिए योजनाबद्ध कार्यक्रम। इसका सबसे अच्छा नमूना ढौलावीरा में मिलता है (112) जहाँ मनहर और मनसर नालों के निकास क्षेत्र के पास जलाशय का निर्माण करके पानी को रोककर सूखे के दिनों के लिए बचाने का, इन

नालों के बीच-बीच में बाँधकर बरसाती पानी को भागने से रोकने का और नगर के प्रान्तर भाग में जलाशयों की एक शृंखला का निर्माण करके बचा रखने का, किले की दीवारों और निर्मितियों के जल को एक बावड़ी में संचित करने का और इसमें फालतू पड़नेवाले जल के निकास का प्रबन्ध इतनी दूरदर्शिता से किया गया था, जिसे देखकर आज भी आश्चर्य होता है। इतना कुशल जल प्रबन्ध आज भी देखने में नहीं आता। अपने इस निपुण प्रबन्ध के बल पर ही वे, प्राकृतिक सम्पदा उपलब्ध होने की स्थिति में, ऐसे स्थलों पर जाकर बसने में भी समर्थ हुए थे, जहाँ पानी के साधन बहुत क्षीण थे।

इस प्रबन्ध कौशल को देखते हुए इस मान्यता पर पुनर्विचार की आवश्यकता अनुभव होती है कि ऋग्वेद में कुल्या शब्द, जिसका शाब्दिक अर्थ नहर है, का प्रयोग तो हुआ है, पर भारतीय परिस्थितियों को देखते हुए यह नहीं लगता कि उस समय सिंचाई के लिए नहरें निकाली गई होंगी। ऋग्वेद हो या हड़प्पाई अवशेष, हम जब उनको कई हज़ार साल पीछे की परिघटना मानकर आज से तुलना करते हुए कई विकासों को असम्भव मानकर अपनी कल्पना से खारिज कर देते हैं तो इनके प्रमाण हमें अभिभूत कर देते हैं। ढोलावीरा के सम्भावित राजप्रासाद से नीचे को आनेवाली सीढ़ियों के निकट ही बनी बावड़ी को देखे बिना यह अनुमान लगाना भी कठिन है कि बावड़ी का प्राचीनतम रूप क्या रहा हो सकता है। इसमें सीढ़ियाँ नहीं बनी हैं जिससे प्रकट होता है कि इसमें पानी ऊपर तक भरा रहता रहा होगा। यह विशिष्ट व्यक्तियों, राजकुल की रानियों और कुमारों, कुमारियों के नहाने के लिए काम में लाया जाता रहा होगा, इसमें सन्देह है। इसमें खड़े दो पाषाण स्तम्भ कृत्रिम पोखरों में बीच गड़ी लाट की याद दिलाते हैं जो इसलिए गाड़े जाते थे कि यदि तैराक को लगे कि वह पूरी पोखर को पार नहीं कर सकता तो इनको पकड़कर आराम कर सके या मदद मिलने तक रुका रह सके।

हड़प्पा के ग्राम्यस्थलों की खुदाई बहुत कम हुई है क्योंकि इसके नागर स्वरूप के प्रति अध्येताओं का आग्रह आज भी कम नहीं हुआ है, परन्तु यदि ऐसा हुआ भी होता तो सिंचाई के लिए की गई व्यवस्था का सही अनुमान कर पाना कठिन ही नहीं, लगभग असम्भव होता। परन्तु ऋग्वेद से हमें जल के साधनों और स्रोतों के प्रति जिस सावधानी का पता चलता है कि उसकी तुलना जल प्रबन्धन के मामले में हड़प्पा के ज्ञात स्थलों से करने पर निराश नहीं होना पड़ता।

जल के जिन स्रोतों के हवाले ऋग्वेद में आते हैं उनसे यह प्रकट होता है कि इस दौर में वर्षा का औसत आज की तुलना में अधिक था और खेती केवल नदियों के कछार तक सीमित न थी। मैदान का वह हिस्सा जो जंगलों से घिरा नहीं था और जिसकी भूमि उपजाऊ थी, उसमें खेती की जा सकती थी।

अंशत्रकोश (10.101.7)—मशक।

अनूप (10.27.23)—पोखर, विशाल जल भंडार।

अवत (4.17.16)—कुआँ, गहरा गड्ढा।

अश्मचक्र—(10.101.7)—पानी निकालने की घिर्री, कुएँ की जगत (यास्क)।

आहाव (10.112.6)—चौना, वह उथला और चौड़ा गड्ढा जिसमें नाली से ले जाने के

लिए पानी उलीचा जाता है।

उत्स (2.16.7)–सोता।

कर्त (9.73.8)–कुआँ, गहरा गर्त।

कारोतर (1.116.7)–सिंचाई का पात्र (मो. वि.), कुआँ (सायण)।

कुल्या (3.45.3)–नहर।

कूप (1.105.17)–कुआँ।

केवट (6.54.7)–कुआँ, जलाशय।

कोश (10.101.7)–मशक, चमड़े का थैला।

क्रिवि (2.17.6)–मोट।

खात (4.50.3)–गहरा, नाला, कुआँ।

खनित्रिमा आपः (7.49.2)–ज़मीन (कुआँ-पोखर) खोदकर निकाला गया जल।

नाळी (10.135.7)–नाली।

वेशंत (यजु. 14.37)–पोखर।

सरसी (7.103.2)–बावड़ी, पुष्करिणी।

सिंचन (4.57.5)–सींचना, गीला करना।

सिरा (1.121.11)–प्रवहमान जल।

सूद (7.36.3)–कुआँ, गर्त।

सूर्मि सुषिरा (8.69.12)–ढकी नाली।

सेक (3.31.1)–पानी डालना, तर करना।

सेक्ता (3.32.15)–पानी उड़ेलनेवाला, सिंचाई करनेवाला।

स्रुति (2.13.12)–धारा।

स्तिया (6.44.21)–ठहरा हुआ जल, जमा किया हुआ पानी।

स्वयंजा आपः (7.49.2)–प्राकृतिक जल, ओगरा।

जहाँ तक पशुधन का प्रश्न है। उसका दारिद्र्य न तो हड़प्पा के सन्दर्भ में दिखाई देता है, न वैदिक कृतियों में। महाभारत तक में इसका महत्त्व बना रहा है। मौर्यकाल तक और सम्भवतः बाद में भी यह परम्परा रही है कि कर उत्पादन के एक भाग के रूप में वसूल किया जाता था इसलिए चरवाहों से कर पशुओं के रूप में ही वसूल किया जाता था। कृषि का उन्नत विकास पशुधन के बिना सम्भव नहीं था और स्थल मार्ग से माल ढोने के लिए भी लद्दू पशुओं गाड़ियों–अनस, शकटी, रथ, उष्टारा या कहें बैलगाड़ी, छकड़ा, घोड़ागाड़ी और ऊँट गाड़ी की ज़रूरत थी। देश और विदेश दोनों स्तरों पर पशु व्यापार अभी हाल तक बहुत ज़ोर-शोर से चलता रहा है और अनेक स्थलों पर बहुत बड़े पशु मेले लगते रहते हैं। पशुओं की बिक्री के लिए निर्यात और आयात के संकेत ऋग्वेद में बहुत स्पष्ट दिखाई देते हैं।

भांड

ऋग्वेद में 'अग्निधान', 'अपिधान', 'अमत्र', 'आधान', 'उखा', 'कद्रुक', 'कलश', 'कारोतर'

'कुंड', 'कुम्भ', 'कोश', 'खारी', 'ग्रह;, 'चमस', 'चमू', 'चम्वी', 'चरु', 'जुह्वा', 'दर्वी', 'दृति', 'द्रोण', 'द्रोणी', 'पवि', 'पात्र' 'पोत्र', 'महाकुल', 'सुरा-धानी', 'सोमधाना', 'स्रुचा', 'स्रुचि' आदि बहुत तरह के पात्रों और भांडों का उल्लेख आया है। इतिहास और पुरातत्त्व के विद्वान् कहते रहे हैं कि उन्हें आर्यों के भांडों के विषय में कुछ ज्ञात ही नहीं और इसलिए वे भारत में आर्य संस्कृति की पहचान नहीं कर पा रहे हैं। यदि उन्होंने इन पात्रों को हड़प्पा के पात्रों में तलाशने का प्रयत्न किया होता हो उन्हें निराश नहीं होना पड़ता। पर पेंदी या आधार के लिए भांडेतर प्रसंगों में प्रयुक्त 'बुध्न' के योग से बनी शब्दावली पर ध्यान देने पर पता चला कि इसमें हड़प्पा के सभी प्रकार के बर्तन सिमट आए हैं और इस आधार पर इन्हें आठ वर्गों में बाँटा जा सकता है :

1. बेपेंदी के या 'अबुध्न' (1.24.7)।
2. चौड़ी पेंदी के या पृथुबुध्न (1.28.1; 4.2.5)।
3. गोल पेंदी के या चन्द्रबुध्न (1.52.3)।
4. अस्थिर पेंदी के 'अश्वबुध्न' (10.8.3)।
5. नीचे कुछ चौड़ी पर ऊपर दबी पेंदी के या 'अद्रिबुध्न' (17.108.7)।
6. ढक्कन या ऊपर की ओर पेंदीवाले अपिधान या उपरिबुध्न' (1.24.75; 10.73.8)।
7. ऊँची पेंदी के डिश ऑन स्टैंड टाइप के या 'उच्चबुध्न' (1.116.9)।
8. बहुत नुकीले नहीं पर फिर भी किसी खाँचे में ही रखे जाने योग्य पात्र या 'आस्त्रबुध्न' (10.171.3)।

इनके अतिरिक्त एक शब्द 'अहिर्बुध्न्य' (7.34.17), या 'सरकनेवाली पेंदीवाला' प्रयोग नौका के लिए हुआ है, जिसका दैवीकरण कर दिया गया है, पर यह घरेलू उपयोग में आनेवाले लकड़ी के पात्रों के लिए, जिन्हें टूटने का खतरा उठाए बिना सरकाया जा सकता है, होता रहा हो सकता है। हमारे लिए यह कम रोचक नहीं है कि लकड़ी के पात्रों में दो को क्रमशः 'डोगी' और 'डोंगा' या 'डूँगा' कहते हैं। डोंगा और डोंगी छोटी नौकाओं के लिए भी प्रयोग में आते हैं। 'महाबुध्न' का प्रयोग (अथर्व 1.14.1) पहाड़ के सन्दर्भ में हुआ है पर यह उन साधनों के लिए भी प्रयोग में आ सकता है जिनकी चौड़ाई ऊँचाई से अधिक होने के कारण इन्हें हटाया तो जा सकता था, पर खिसकाया नहीं जा सकता था।

इसी तरह शब्दावली का एक अंश ऐसा है जिसका प्रयोग कुम्हार और मनके आदि बनानेवाले और उनके गाहक करते रहे लगते हैं। इनसे इन उत्पादों की रंगत ही नहीं, इनके निर्माण में बरती जानेवाली कलात्मक सावधानी और दक्षता पर भी प्रकाश पड़ता है। ये हैं :

अकृत्तरुच् (10.84.4)–जिसकी चमक में कोई खोट या खरोंच न हो।

अखर्व (7.32.13)–जो सही आकार का छोटा या झँस न हो। यह परोक्षतः इस बात का भी संकेत है कि कुछ बर्तनों का उपयोग निश्चित माप के लिए भी किया जाता था। यह ध्यान रहे कि खारी शब्द का प्रयोग ऋग्वेद में एक पात्र के लिए हुआ है, जबकि प्राचीन साहित्य में इसके माप के एक मान के रूप में प्रयुक्त होने के उल्लेख मिलते हैं। इसी तरह द्रोण या दोन सोलह मानी या ढाई क्विंटल के लिए अभी हाल तक प्रयोग में आता रहा है।

अग्नितप्त (7.104.5) आग में पकाया हुआ। यह प्रयोग आग में पकाए गए अश्महन्म

या मुग्दर के लिए आया है। यह रोचक है कि मिट्टी के पकाए हुए मुग्दर हड़प्पावासियों द्वारा प्रयोग में लाए जाते थे।

अतप्ततनू (9.83.1)–कच्चा, जिसे पकाया नहीं गया है।

अतिरोचमान (10.51.3)–अतिशय चमकदार, झकाझक।

अधिविकर्तन (10.85.35)–फालतू अंश को छीलकर अलग करना।

सोफिमेरी (423) ने नौशारो, काल 2 से एक कुम्हार की कार्यशाला से प्राप्त सामग्री के आधार पर यह संकेत दिया है कि पाएदार परई का सिलिंडर आकारवाला हिस्सा और परई सम्भवतः साँचे से ढाले जाते थे और उनके जोड़वाले हिस्से की अतिरिक्त मिट्टी को तराशकर अलग करना होता था। सम्भवतः अधिविकर्तन इसके लिए ही प्रयुक्त शब्द था।

अनुदह (2.1.10)–सही या अनुकूल ताव पर पकाना।

अरिप्र (7.47.1)–सादा या कोरा, जिस पर लेप न लगा हो।

अरुच (6.39.4)–कोरा जिसमें चमक न हो।

कोम्या (1.171.3)–पॉलिश।

क्षद्म (1.30.4)–कुम्हार की छुरी। यह पत्थर या पकी मिट्टी या खपच्ची की भी हो सकती थी।

तनूरुच् (2.1.9)–चमकीला।

तनूशुभ्र (5.34.3)–नक्काशीदार।

पुरुरुच (10.104.5)–बहुत चमकदार।

रेप (4.6.6)–लेप, दाग।

सुरुच (3.7.5; 5.33.10)–सुन्दर कान्तिवाला।

इस तरह भांडों के विषय में पर्याप्त अनुषंगी सूचना हमें ऋग्वेद से मिल जाती है, जो केवल इसकी साहित्यिक सामग्री पर निर्भर करने पर नहीं मिल सकती। पर कुछ पक्षों के विषय में स्थिति स्पष्ट होते हुए भी कुछ अनिश्चयात्मक है। इनमें से एक है कुम्हार का चाक। चक्के से सम्बन्धित बहुत से शब्द प्रयोग में आए हैं, पर यह तय करना कठिन है कि इनमें से किसका प्रयोग कुम्हार के चाक के लिए होता था। ऋषिनाम कात्य उत्कील (3.15; 16) से कुम्हार के चाक की खूँटी का संकेत तो मिलता ही है, यह भी लगता है कि इस पेशे का सम्मान था।

शंक्वाकार पेंदेवाले विशिष्ट भंडारण पात्रों या कूँडों को, जैसा हम देख आए हैं, ज़मीन पर नहीं टिकाया जाता था। मिट्टी के ऐसे पात्र बनाना एक समस्या थी जो चपटे पेंदे के हों, इसलिए किसी गतिशील वाहन-नाव या रथ पर गोलाकार पेंदेवाले पात्रों को स्थिर रखना भी एक समस्या थी। शंक्वाकार पेंदे के पात्रों को पटरे में छेद करके उन छेदों में टिकाया जाता था। इस पटरे के अवशेष खुदाइयों में तो नहीं मिल सकते पर ऋग्वेद में इसके लिए भार्मन् (*त्रयः कोशासः श्चोतन्ति तिस्रश्चम्वः सूपूर्णा। समाने अधि भार्मन्,* 8.2.8) का प्रयोग आया है।

उद्योग-व्यवसाय

उद्योग-धन्धों से सम्बन्धित शब्दावली में सबसे महत्त्वपूर्ण है औज़ारों का वर्णन जो धातु, पत्थर और लकड़ी तीनों के हुआ करते थे। इनको तेज करने के संकेत भी बहुत स्पष्ट हैं :

अनिशित (2.38.8)–भोथरा।
कुलिश (1.32.5)–कुल्हाड़ी।
कुलिशी (1.104.4)–पैनी कुल्हाड़ी।
क्ष्णोत्र (2.39.7)–सान।
कूट (10.102.4)–छोटा हथौड़ा।
कृन्तत्र (10.27.23)–छुरा, कतरनी।
कृपाण (10.22.10)।
धन (1.36.16)।
तक्वा (1.66.1)–रन्दा।
तक्ष्या (8.102.8)–रुखानी।
तिगित (2.30.9)–पैना।
तिग्म (3.48.3)–पैना।
तिग्म अनीक (1.95.2)–पैने मुँहवाला।
तिग्ममूर्ध (6.46.11)–पैने सिरेवाला।
तिग्मजम्भ (4.5.4)–पैने दाँतवाला।
तेज (1.71.8)–पैनी धारवाला।
दिहान (10.87.4)–धार देता हुआ, सान देता हुआ।
द्रुध्ण (10.102.9)–लकड़ी का घन।
धारा (2.34.1)–धार।
निशित (4.24.8)–पैना किया हुआ।
परशु (1.127.3)–कुल्हाड़ा।
पवि (6.8.5)–नुकीला हथौड़ा।
पथु पर्शु (7.83.1)–चौड़े फलक का कुल्हाड़ा।
भुरिज (4.2.14)–पैना करने की पट्टी।
भ्रम (6.6.4)–बर्मा।
भृमि (1.31.16)–पतला बर्मा।
वाशी (10.101.10)–बसूला।
वृक्ण (10.87.5)–काट, तराश।
शिशान (8.60.13)–नोक तेज करता हुआ।
स्वधिति (2.39.7)–लम्बी छुरी, आरी?

वस्त्र और बुनाई से सम्बन्धित कुछ शब्दों की ओर हमारा ध्यान पहले भी गया था पर

कुछ हमारी दृष्टि में नहीं आ सके थे। सबसे महत्त्वपूर्ण है ऊर्ण, जिसके विषय में पहले हम किंचित् दुविधा में थे। बाद में वेल्थ ऑफ इंडिया में इसे रेशम के लिए प्रयुक्त पाकर हमने उन सभी स्थलों की पड़ताल की और पाया यह सही है। हाल ही में केनोयर ने भी हड़प्पा काल में रेशम के पुरातात्त्विक प्रमाण दिए हैं :

अत्क (5.74.5)–फेंटा।

अधीवास (10.5.4)–ऊपरी पोशाक।

ऊर्णम्रदा (5.5.4)–रेशम जैसा कोमल ।

ओत (6.9.2)–ताना, (10.130.2) बुनाई।

गान्धारी अविका (1.126.7)–गान्धार से लाई गई भेड़।

चित्ररश्मि (1.134.4)–रंगीन धागा।

तन्तु (2.3.6)–तार।

तन्त्र (10.71.9)–करघा।

तसर (यजु. 19.83)–ढरकी।

तसराणि (10.130.2)–बाना, तिरश्चीनानि सूत्राणि-सायण।

त्रिक (10.59.9)–तीन पहल का।

त्रितन्तु (10.30.9)–तिहरे तार का।

दंसरश्मि (1.134.4)–बहुत बारीक तार।

दीर्घतन्तु (10.69.7)–लम्बा तार।

धनुत्री (3.31.16)–धनुही।

द्रापी (1.25.13)–सुरक्षा के लिए पहनी जानेवाली मोटी पट्टी।

पेश (2.3.6)–कशीदा किया हुआ वस्त्र।

वयन (5.47.6)–बुनाई।

वर्म (10.101.8) - कवच।

वयी (2.3.6)–जुलाहन।

वार (5.16.2)–ऊन।

वस्त्र (1.26.1)

वास (1.34.1)–वस्त्र।

वेमन (यजु. 19.83)–करघा, जोगाड़।

वेशी (7.18.17)–सूई (कशीदे की)

शिप्रा (5.54.11)–शिरोवस्त्र, पगड़ी।

शुक्रवास (1.113.16)–धवल वस्त्र।

सिरी (10.71.9)–ढरकी मो. वि., बुनकर ग्रि., सायण।

सूची (2.32.4)–सुई।

सप्ततन्तु (10.52.4)–सतपहला।

सुवसन (6.51.4)।

स्यूत (1.31.15)–सिला हुआ।

भांडों और मनकों से सम्बन्धित कुछ शब्दों का उल्लेख हम कर आए हैं पर दस्तकारों के बीच ऐसे बहुत से शब्द प्रचलित रहे लगते हैं जिनका केवल संकेत ही किया जा सकता है। ऋग्वेद में तकनीकी शब्दावली का इतनी प्रचुरता से प्रयोग हुआ है कि इसके लिए एक अलग कोश की आवश्यकता हो सकती है। यहाँ कुछ और शब्दों पर दृष्टिपात करना उपयोगी हो सकता है :

अग्निभ्राज (4.54.11)–आग जैसा चमकीला।

अग्निश्री (3.26.5)–आग जैसी रंगत का।

अण्व (1.0.10.5)–बारीक सूराख।

अण्वी (9.1.7)–छिद्रित, सूक्ष्मदर्शी।

अण्व्य (9.14.9)–जिसमें छेद किया जा सके, वेध योग्य।

अतिविद्ध (8.96.2)–जिसका छेद अधिक मोटा हो गया हो।

अतिसर्पण (8.96.2)–छेद से गुजरना, पिरोना।

अतृदिल (9.94.11)–बिना छेद का।

अदब्धधीति (6.51.3)–जिसकी दस्तकारी बेजोड़ हो, निष्णात।

अद्‌भुतक्रतु (8.23.8)–आश्चर्यजनक प्रवीणता वाला।

अधिविकर्तन (10.85.25)–छाँटना, तराशकर अलग करना।

अनभिम्लात वर्ण (2.35.13)–तनिक भी फीके रंग का नहीं।

अनभिसस्त (9.88.7)–निखोट, निर्दोष।

अनवद्यरूप (2.27.3)–निर्दोष बनावट का।

अनवपृग्ण (1.152.4)–बिखरा हुआ, छितराया हुआ।

अनाविद्ध (6.75.1)–अनछिदा।

अरंकृत (8.5.17)–अलंकृत।

अरेप (5.53.3)–बेदाग।

अस्रेमाण (3.29.13)–निर्दोष।

आकृत (8.10.1)–बनाया हुआ, निर्मित।

आकृति (10.85.5)–बनावट, निर्मिति।

आतृद (8.1.12)–बाँटना।

आमा (3.30.14)–कच्चा।

कृत्नु (1.92.10)–कारीगर।

कृत्रिम (2.15.8)।

चाक्ष्म (2.24.9)–सुन्दर।

चारु (1.24.1)–सुन्दर मनभावन।

तृदिल (10.94.11)–छिदा हुआ।

त्रिधातु (1.34.6)–तीन वस्तुओं-पदार्थों का मिश्रण।

त्रिवर्तु (7.101.2)–तिपहला।

त्रिविष्ट धातु (1.102.8)–तीन धातुओं का मिश्रण, काँसा।

प्रमा (10.130.3)–माप, प्राक्कलन।

म्लात (8.55.3)–कमाया हुआ, मुलायम बनाया हुआ।

म्रद (6.53.3)–मुलायम।

रन्ध्र (8.7.26)–छेद।

रिप (2.32.2)–मैल, मलिनता, मिलावटी पदार्थ।

रिप्रवाह (10.16.9)–मैल हटानेवाला।

विचक्षण (3.3.10)।

विवर्तन (1.162.14)–चक्कर।

विष्ट्वी (3.60.3)–परिश्रमी।

शमी (1.110.4; 5.42.10)–परिश्रमी।

सुकर्मा (4.33.9)।

सुकृत (3.31.12)–सुन्दर बना हुआ।

सुक्रतु (2.31.3)–बुद्धिमान

सुदक्ष (3.58.7)।

सुदक्षिण (7.32.3)–कला निपुण।

सुदृशीक (4.16.4)–सुदर्शन।

सुमेधा (2.3.1)–प्रतिभा सम्पन्न।

श्री (9.71.4)–मिलाना, घोलना।

इस तालिका को विविध पेशों के अनुसार भी बढ़ाया जा सकता है, परन्तु यहाँ वह ज़रूरी नहीं। रोचक बात यह कि वैदिक धातुकर्मी स्वयं धातु का खनन, शोधन और उनसे औज़ारों आदि का निर्माण कर रहे थे। धातु शोधन करनेवाले के लिए 'द्रवी' और लोहार के लिए 'कर्मार' शब्द का प्रयोग हुआ है। जैसा कि ऋग्वेद के एक मन्त्र से ध्वनित होता है, यह काम वे बाजार के लिए कर रहे थे, न कि किसी स्थायी ग्राहक या मालिक के लिए-कर्मार को मालदार ग्राहक चाहिए *(कर्मारो अश्मभिः द्युभिः हिरण्यवन्तं इच्छति,* 9.112.2)।

चाँदी

हमने पहले ही संकेत किया था कि वैदिक समाज में सोने के साथ चाँदी का भी प्रचलन था। इस प्रसंग में चन्द्र या चाँदी और हिरण्य या सोने के कुछ समानान्तर प्रयोगों पर दृष्टिपात किया जा सकता है :

चन्द्र रथ (1.141.12)–चाँदी लदा रथ।

हिरण्य रथ (1.30.16)–सोना लदा रथ।

चन्द्र वर्ण (1.165.12)–चाँदी के रंग का।

हिरण्य वर्ण (2.34.11)–सोने के रंग का।

चन्द्राणि (5.42.3)–चाँदी के टिक्कल।

हिरण्यानि (1.162.16)–सोने के टिक्कल।
चन्द्रमिव (2.2.4)–चाँदी जैसा।
हिरण्यमिव (1.43.5)–सोने जैसा।
चन्द्रनिर्णिक (10.106.8)–हू-ब-हू चाँदी।
हिरण्यनिर्णिक (V. 627)–हू-ब-हू सोना।
चन्द्रवत् (5.57.7)–चाँदीवाला।
हिरण्यवत् (1.30.17)–सोनेवाला।

शब्दों के अर्थ में जो बदलाव क्रमशः वैदिक सभ्यता के विकास में ही आया है उसकी ओर ध्यान देना ऐसे मामलों में आवश्यक है। उदाहरण के लिए रत्न शब्द पहले समुद्र के उत्पाद–शंख, मूँगा, सीपी, कौड़ी आदि के लिए प्रयुक्त होता रहा है। इसी तर्क से समुद्र को रत्नाकर और धरती को रत्नाकर मेखला कहा जाता रहा है। समुद्री द्वीपों के उत्पादों को भी समुद्र से निकला हुआ माना जाता रहा है और यह तर्क कुछ दूर तक समुद्री व्यापार से प्राप्त द्रव्यों पर भी लागू होता है। अतः हड़प्पा के व्यापारियों के लिए अमहार्घ पत्थरों की प्राप्ति के स्रोतों में कच्छ के होने के कारण इनके लिए भी रत्न शब्द का व्यवहार होने लगा। इस तर्क से धरती भी रत्नगर्भा हो जाती है। जो भी हो, कीमती और अल्पमूल्य पत्थरों के लिए अधिक प्रचलित शब्द मणि रहा है। हड़प्पा सभ्यता में शंख का प्रयोग चूड़ियाँ बनाने और जड़ाई के लिए होता रहा है। इस प्रसंग में शंख के लिए रत्न शब्द का ही प्रयोग हुआ है और शंखतराश के लिए रत्नभाज (7.81.4) शब्द का प्रयोग देखने में आता है।

खनन

ऋग्वेद के अनेक शब्द, जिनको कुआँ या गर्त के अर्थ में ग्रहण किया गया है, खानों के लिए प्रयोग में आते रहे हैं। आकर शब्द जो खान के लिए आज तक प्रयोग में आता रहा है, ऋग्वेद में बहुत स्पष्ट रूप में वस्व आकर या धन का आगार, धन की खान के आशय में प्रयोग में आया है। खान के लिए प्रयुक्त अन्य शब्द 'अवत', 'कर्त्त', 'खात', 'गूढ़ निधि', 'बिल', 'बल', 'विवर' और 'वव्र' हैं।

वसु शब्द का प्रयोग ज़मीन में गड़े हुए धन या खनिज द्रव्य के लिए प्रचलित रहा है जिससे धरती का नाम वसुन्धरा, वसुधा या वसुमती पड़ा है। एक ओर ईरान, अफ़ग़ानिस्तान और मध्य एशिया तक के और दूसरी ओर कच्छ, सौराष्ट्र और ओमान तक के खनिज भंडारों का हड़प्पा के उपक्रमियों द्वारा दोहन इस बात का प्रमाण है कि वे कितने साहसी और शक्तिशाली हो गए थे। इन दूरस्थ क्षेत्रों के निवासियों का इनके प्रति रवैया तनावपूर्ण था। अक्सर इनके लिए 'अहि' शब्द का प्रयोग किया गया है और इनको इन खनिज भंडारों का रक्षक 'अहिगोपा' या इनके दोहन में बाधक माना गया है। इनके उपद्रवों का विवरण ऋग्वेद में भरा पड़ा है। इसी अहिगोपा की अवधारणा ने आगे चलकर गड़े हुए धन या वसु पर पहरा देनेवाले नागों–वासुकी–की कहानियों को जन्म दिया है।

खनन और धातुशोधन के प्रसंग में कुछ महत्त्वपूर्ण तथ्यों का उल्लेख हमारी अपनी

सीमाओं के कारण सम्भव नहीं हो पाया था। यह कुछ अचरज में डालनेवाली बात है कि कौटिल्य ने आकराध्यक्ष प्रकरण में जिस शब्दावली का प्रयोग किया है वह ऋग्वेद में किंचित् समान या भिन्न प्रसंगों में उपलब्ध है। इन्द्र के सन्दर्भ में मुष का धातुरूप में प्रयोग–मुषायति–देखने में आता है। मुषा उस खरल को कहा जाता है जिसमें धातु गलाई जाती है। इन्द्र तो धनों का स्वामी-वसुपतिर्वसूनां (4.17.6) हैं ही। सविता जिनको प्रसविता भी कहा गया है और द्रविणोदा अग्नि धातुविद्या के देवता हैं।

सोम का चन्द्रमा से सादृश्य और सूर्य तथा चन्द्रमा का धातुओं से सादृश्य ही चाँदी और सुवर्ण के नामकरण के मूल में रहे हैं। अतः वैदिक कवियों की अनेकार्थी और कुहरिल भाषा में यदि सोम शब्द का प्रयोग खनिज द्रव्यों के लिए भी हुआ हो और कुछ प्रसंगों में पवमान सोम शोधित होता हुआ सोना या चाँदी हो सकता है। इस दृष्टि से इसके अण्वी होने, या गलाने के लिए कूटे जाने या दूध, दही, गुड़, मधु, पर्ण आदि मिलाए जाने या इसके झिलमिलाते रंग के उल्लेखों का सन्दर्भ और अर्थ बदल जाता है। यह ध्यान देने योग्य है कि चाँदी और सोने के शोधन के लिए गुड़, दूध, दही और जव आदि का मिश्रण किया जाता था। कौटिल्य के अनुसार : *'यत्र मास तिल पीलु क्षारैः गोक्षीर अजाक्षीरैः वा कदलीवज्रकन्द प्रतिवापो मार्दवकरः।'*

'मधु मधूकं अजापयः सतैलं घृतगुड़किण्वयुक्तं सकंदलीकं यदपि सहस्रधा विभिन्नं भवति मृदु त्रिभिरेव तन्निशेकः।'

यहाँ आकर नमुचि या आसानी से धातुओं को अलग न करनेवाला कच्चा माल और फेन से उसकी हत्या का अर्थ भी बदल जाता है। कौटिल्य चाँदी की धातु के प्रसंग में विशेष रूप से इसके अधिक फेनयुक्त होने और धूमयुक्त होने की बात करते हैं– *'बहुफेनधूमाश्च रूप्यधातवः।*

सोम की पहचान में एक बहुत बड़ी बाधा यह रही है कि इसके आकाशीय रूप या चन्द्रमा और वानस्पतिक रूप गन्ना के बीच ही फर्क नहीं किया जाता रहा है और सभी की तलाश के क्रम में खींचतान इस हद तक जारी रही है कि आज तक इसकी सही पहचान नहीं हो पाई। इसका एक अन्य कारण रहा है इसके खनिज पक्ष को समझने का कोई प्रयत्न न हो पाना। दुनिया की सारी दौलत, चारों समुद्रों का सारा धन लानेवाला यह द्रव्य जो अमर भी है और जिसके कारण सोम के याजिकीय विवरण में इसे चाँदी कहकर चाँदी से खरीदने और सोना कहकर सोने से खरीदने और अमृत कहकर अमृत से खरीदने, अरुण कहकर अरुणी गाय से खरीदने के विवरण आते हैं, आखिर क्या है? यह असाधारण सोम जिसके रहस्य को बहुत मेधावी लोग जानते हैं और जिसका कोई भक्षण नहीं करता, वानस्पतिक सोम तो हो ही नहीं सकता, चन्द्रमा भी नहीं हो सकता, क्योंकि चन्द्रमा का भक्षण देवता करते हैं।

हम अफ़ग़ानिस्तान की खानों की सुरंगों का पहले भी उल्लेख कर आए हैं पर यह समस्या बनी रह जाती है कि साल-दर-साल खोदी जानेवाली इन सुरंगों के गहरे अँधेरे में खुदाई करनेवाले किस तरह प्रवेश करते रहे हो सकते हैं और इनका मलबा कैसे बाहर निकालते रहे हो सकते हैं। यह जानने के लिए भी कि जिस दिशा में वे खुदाई करने जा

रहे हैं उधर लाजवर्द है या नहीं, वे बार-बार बाहर निकलकर खोदी गई रोड़ियों की जाँच नहीं कर सकते थे। अतः एक तो उन्हें जाड़े के दिनों में जब काम बन्द कर दिया जाता था, इन सुरंगों में शेर या भेड़िए या साँप आदि के प्रवेश को रोकने का कोई प्रबन्ध करना था और दूसरे सुरंग में प्रवेश के लिए प्रकाश की ऐसी व्यवस्था करनी थी जो धुआँ या घुटन न पैदा करे।

कौटिल्य के अनुसार, काम का मौसम खत्म होने पर सुरंग का मुँह पत्थर की चट्टानों से बन्द कर दिया जाता था। खुदाई का मौसम आरम्भ होने पर चट्टानों को हटा दिया जाता था। ऋग्वेद में ठीक इसी तरह सुरंग के द्वार खोलने के उल्लेख पाए जाते हैं :

वि श्रयन्तामृतावृधो द्वारा देवीरसश्चतः। अद्या नूनं च यष्टवे। 1.13.6
अविन्दद् दिवो निहितं गुहा निधिं वेनं गर्भं परीवृतमश्मनि अनन्ते अन्तरश्मनि।
व्रजं वज्री गवामिव सिषासनंगिरस्तमः।
अपावृणादिष इन्द्रः परीवृता द्वार इषः परीवृताः। 1.130.3
वि श्रयन्तामृतावृधः प्रयै देवेभ्यो महीः। पावकासः पुरुस्पृहो द्वारो देवीर-सश्चतः। 1.142.6
वि श्रयन्तामुर्विया हूयमानो द्वारो देवीः सुप्रायणा नमोभिः। 2.3.5
देवीद्वारो वि श्रयध्वं सुप्रायणा न ऊतये। प्रप्रं यज्ञं पृणीतन। 5.5.5
उदातैर्जिहते बृहद् द्वारोर्देवी हिरण्ययी पवमानेन सुष्टुताः। 9.5.5
दिवो वा सानु स्पृशताः वरीयः पृथिव्या वा मात्रया वि श्रयध्वम्।
उशतीर्द्वारो महिना महद्भिर्देवं रथं रथयुर्धारयध्वम्। 10.70.5
व्यचस्वतीरुर्विया वि श्रयन्तां देवीर्द्वारो बृहतीर्विश्वमिन्वा देवेभ्यो भवत सुप्रायणाः। 10.110.5

ऐसे और भी बहुत से अंश उद्धृत किए जा सकते हैं। इनका सन्दर्भ इतना स्पष्ट है कि इन्हें खनन और विशेषतः ऐसी सुरंगों में खुदाई के आरम्भ के अतिरिक्त किसी अन्य सन्दर्भ से जोड़ा ही नहीं जा सकता जिनमें पिछले सत्र में खुदाई हुई हो और सत्रान्त पर उन्हें बन्द कर दिया गया हो। आप्रीसूक्तों का सम्बन्ध प्रायः इन्हीं उपक्रमों से लगता है। इन मन्त्रों से ऐसा भी प्रतीत होता है कि कार्यारम्भ से पहले मुहूर्त विचार और पूजापाठ का विधान होता था और उस अवसर पर ही ये मन्त्र पढ़े जाते थे। इन उपक्रमों पर ब्राह्मणों के जाने का एक कारण यह भी रहा लगता है। यद्यपि धातुविद्या का उनका ज्ञान या कौटिल्य के शब्दों में कहें जो तज्ञ 'सखा' या 'गोविद' होने का उनका वैशिष्ट्य भी उन्हें महत्त्वपूर्ण सहयोगी बनाने के लिए पर्याप्त था।

जहाँ तक प्रकाश का प्रश्न है सुरंगों में लकड़ी जलाकर रोशनी करना सम्भव नहीं था। धुआँ, ऑक्सीजन सोख लेने के कारण घुटन और मृत्यु का जोखिम उठाकर ही सुरंगों में आग जलाई जा सकती थी। इसलिए वे मशाल जलाकर ही अपना काम करते रहे हो सकते हैं। ऋग्वेद में समिधाग्नि के अतिरिक्त घृतपृष्ठ अग्नि का उल्लेख (1.13.5; 5.4.3; 14.5; 7.2.4; 10.30.8; 122.4) अनेक बार आया है। यह इन मशालों के लिए ही है जिनको बीच-बीच में घी से तर करते रहना पड़ता रहा होगा। इस बात की सम्भावना हो सकती है कि वे इस प्रयोजन के लिए दीयों का ही उपयोग करते रहे हों।

सुदूर-व्यापार

ऋग्वेद में स्थल मार्ग से कई नदियों को पार करके ही जानेवाली यात्राओं का अनेक बार बहुत मार्मिक वर्णन आया है *(मा वो रसानितभा कुभा क्रमु मा वः सिन्धुर्नि रीरमत्। मा वः परिष्ठात सरयुः पुरीषिणी अस्मे इत् सुम्नमस्तु वः,* 5.53.9) जिससे यह भी प्रकट होता है कि इन नदियों में बाढ़ या उफान के कारण इनको पार करने में बहुत कठिनाई होती थी और जब-तब उनका रास्ता रुक-सा जाता था। जब कवि अपने विदेश यात्रा की बात करते हैं तो नदियों की परिगणना पूर्व से पश्चिम की ओर को या घर से परदेस की ओर को होती है। जो ऋ. 10.75 में पाई जाती है और जब यात्रा से स्वजनों के लौटने के लिए चिन्तित होते हैं तो नदियों की गणना पश्चिम से पूर्व की ओर को होती है, जैसा कि यहाँ देखने में आता है।

मार्ग और यात्रा से सम्बन्धित शब्दावली

अखिद्रयाम (1.38.11)–राह में न थकनेवाला, अबाध गतिवाला (ग्रि.)
अतिध्वसन पथ (8.55.5)–घोर अँधेरा पथ।
अर्तूत पन्थ (5.42.1)–अबाधपथ (रहजनों से मुक्त पथ), खुला मार्ग।
अध्वा (1.113.3)–मार्ग, लीक।
अध्वस्मान पथ (2.34.5)–ऐसा पथ जो दोनों बाजुओं से वनस्पतियों या पहाड़ियों से घिरा न हो।
अंजस पथ (10.32.7)–सीधे जानेवाला पथ।
अनुपथ (5.52.10)–बाइपास (संकट मार्ग कालीन निकासी का)।
अन्तस्पथ (5.52.10)–भीतर (अन्तःपुर?) जानेवाला मार्ग।
अरेणु पथ (1.163.6)–धूलिरहित मार्ग (छिड़काव किया हुआ?)।
अवयान (1.185.8)–नीचे जाना, विकट संकट।
असम अध्वा (6.46.13)–ऊबड़-खाबड़ मार्ग।
आपथ (5.52.10)–वापसी का मार्ग।
ऋजु पथ (1.41.5)–सीधा मार्ग, सुगम मार्ग।
गातु (2.20.5)–मार्ग, रास्ता, गमन।
गातुवित्तम (8.103.1)–मार्गों का सबसे अच्छा जानकार।
गव्यूति (3.62.16)–मार्ग और इसकी माप (गेल्डनर), चरागाह (ग्रि.)।
ज्योतिष्मान पथ (10.53.6)–प्रकाशित मार्ग।
दक्षिणा पदा (10.61.8)–दक्षिणापथ, दक्षिण को जानेवाला मार्ग।
दीर्घयाथ (2.15.3)–दूरगामी मार्ग।
देवयान (1.83.6)–उत्तर का मार्ग, स्वर्ग का मार्ग।
द्युतत् याम (5.80.1)–आलोकित पथ, मार्ग को आलोकित करती हुई।

नियान (*प्रत्यस्य श्रेणयो ददृश्र एकं नियानं बहवो रथासः,* 10.142.5)–कारवाँ, मार्ग (ग्रि.)।

पथ्या (3.12.7)–मार्ग।

पथस्पथ (6.49.8)–प्रमुख मार्ग, सभी मार्ग (ग्रि.)।

पथिकृत् (2.23.6)–पथ निर्माता, पहाड़ी रास्तों को नए मौसम में साफ करनेवाले।

पथिरक्षी (10.14.11)–पथरक्षक।

पथी (5.1.11)–पथिक।

पथेष्ट (5.50.3)–मार्ग में स्थित।

पदज्ञ (1.62.2)–गंतव्य से अवगत।

पितृयान (10.2.7)–पितरों का मार्ग, दक्षिणापथ।

प्रपथ (10.63.16)–सुदूर देशों को जानेवाला मार्ग।

महस्पथ (2.24.7)–महामार्ग, देश-देशान्तर को जानेवाला मार्ग।

रजिष्ट पथ (8.101.19)–सबसे सीधा मार्ग, सुगमतम मार्ग।

रथ चर्षण (8.5.19)–रथगम्य मार्ग।

वार्ण पथ (2.4.6)–जलमग्न मार्ग।

वर्तनी (1.53.8, आदि)–गमन, पगडंडी, लीक।

वर्त्म (1.85.3)–मार्ग, गाड़ी का रास्ता, लीक।

विपथ (5.52.10)–गलत रास्ता, कुमार्ग।

विषूची (3.55.15)–जहाँ से सभी दिशाओं को रास्ता जाता है (मोवि), दो दिशाओं में जानेवाला मार्ग (ग्रि.)।

वृजिन पथ (6.46.13)–त्यक्त मार्ग, कष्टसाध्य मार्ग (ग्रि.)।

वृजिन वर्तनी (1.31.6)–त्यक्त राह।

साधिष्ठ पथ (7.64.3)–समुचित मार्ग।

सध्रीचीन पथ्या (3.55.15)–उसी गंतव्य को जानेवाला अन्य मार्ग, आम रास्ता (ग्रि.)।

सहस्रयामा पथिकृत (9.106.5)–असंख्य स्थलों को जानेवाले मार्ग के निर्माता (ग्रि.)।

सुगम अनृक्षर पथ (1.41.4)–कंटकहीन (विघ्नहीन) सुगम मार्ग।

सुपथ (1.25.12)–सुरक्षित मार्ग, निरापद मार्ग, सदाचार।

यात्राएँ इतनी लम्बी हैं कि अविराम चलते रहने पर बहुत ज़ोर है। जैसे वायु बिना थके बहती रहती है उस तरह, जैसे नदी बिना रुके बहती रहती है उस तरह, जैसे आँखें दूर तक बिना थके देखती रहती हैं उस तरह चलते जाने की कामना और जैसे भुजाएँ सँभाले रहती हैं उस तरह देव अनुकम्पा से अपने को सुरक्षित रखने की और जैसे पाँव पूरे शरीर ही ढोता रहता है उस तरह अपने माल को सँभाले की याचना करते हैं :

वातेवजुर्या नद्येव रीतिरक्षी इव चक्षुषा यातमर्वाक्।
हस्ताविव तन्वे शम्भविष्ठा पादेव नो नयत वस्यो अच्छ ॥ 2.39.5

ये शान्तिपूर्ण परदेशगमन और स्वदेश की वापसी की यात्राएँ हैं
मधुमन्मे परायणं मधुमत् पुनरायनम्। 10.24.6

पहले हमारा ध्यान इस ओर नहीं गया था कि इतनी लम्बी यात्रा पर निकलने पर अपने माल-असबाब के साथ व्यापारी अपने खाने-पीने का रसद एक सीमित मात्रा में ही लेकर चल सकते थे। इसलिए वे रास्ते में जो कुछ हाथ लग जाए, मुख्यतः उस पर ही निर्भर रहने को बाध्य थे। पानी की ज़रूरत तो हर हाल में पड़ती ही थी अतः वे मानते थे कि रास्ता सुगम्य हो, उसमें खाने-पीने की चीज़ें मिलती रहें और औषधियाँ मधुर फल प्रदान करें *(सदा सुगः पितुमा अस्तु पंथाः मध्वा देवा ओषधीः सं पिपृक्त,* 3.54.21)। उनकी एक चिन्ता यह थी कि राह में वर्षा और आँधी-तूफ़ान न आए पर यह इसलिए ही कि यात्राएँ सुदूर स्थलों की थीं जिनमें पर्वत भी पार करने होते थे *(आप ओषधीरुत नो अवन्तु द्यौर्वना गिरयो वृक्षकेशाः,* 5.41.11)।

इन यात्राओं पर व्यापारी गाड़ी, बैल, टट्टू, ऊँट आदि पर माल लादकर चलते थे, अतः परिवहन और इसके साधनों से सम्बन्धित पर्याप्त शब्द ऋग्वेद में प्रयुक्त हुए हैं।

यातायात और परिवहन से सम्बन्धित शब्दावली व उक्तियाँ

अधिगर्त्य (5.62.7)–चालक की जगह पर बैठा हुआ।
अनस (3.33.9)–गाड़ी।
अभिनक्षन्त (2.24.6, 8.96.5)–चारों ओर जानेवाला।
अश्व–घोड़ा, गधा, खच्चर।
आरोहण (1.59.11)–चढ़ाई।
उष्ट्र (1.138.2)–ऊँट।
उष्टारा (10.106.2)–ऊँट गाड़ी।
किलासी (यद् युयुज्रे किलास्यः 5.53.1)–चीतल, चितकबरी घोड़ी।
गातुविद् (1.51.3)–गंतव्य मार्गों से परिचित, भूगर्भविद्।
गर्दभ (1.29.5)–गधा।
गो–बैल, गाय, गाय से सम्बन्धित, चलनेवाली कोई वस्तु या जीव, धन।
चन्द्ररथ (3.3.5)–चाँदी से लदा रथ, चमकता हुआ रथ (ग्रि.)।
जगुरी (10.108.1)–अत्यन्त दूरस्थ प्रदेश जहाँ आसानी से न पहुँचा जा सके।
जूजुवान (5.29.9)–जाता हुआ।
ज्रयसान (5.66.5)–जाता हुआ, बहता हुआ।
तक्वो नेता (8.69.13)–यात्री दल का नेता।
दशग्वी (8.1.9)–एक दिन में दस योजन जानेवाला।
दशयोजन (10.94.7)–दस पशुओं से खींचा जानेवाला वाहन।
दीर्घाप्स (1.122.15)–रथ जिसका अगला हिस्सा बहुत बड़ा हो, बड़े आकार का।
दुर्धुर (5.56.4)–कठिनाई से जुत सकनेवाला, गलत ढंग से धुरे पर लगाया हुआ।

परिज्मन (1.63.8)–सर्वत्र जानेवाला, चारों ओर जानेवाला।

परितक्म्य (5.30.14)–जाने को कृतसंकल्प।

पुरोयावान (5.35.7)–आगे चलनेवाला, नेतृत्व करनेवाला।

पृषती (1.39.6)–चितकबरी हिरनी, घोड़ी।

प्रस्थित (1.93.7)–यात्रा पर रवाना, प्रस्थान किया व्यक्ति।

प्रातर्यावाण (1.44.13)–प्रातः ही यात्रा पर चल देनेवाले।

बृहद्रथ (5.80.2)–विशाल रथवाला।

बृहद्रेणु (6.18.2)–बहुत अधिक धूल उड़ाता हुआ (कारवाँ)।

भारभृत (8.75.12)–भारवाही, माल ढोनेवाला।

भृति (8.66.11)–ढुलाई, सेवा।

महिष (1.121.2)–भैंसा।

मिथूदृश् (1.29.3)–दोनों ओर नज़र डालते हुए, एक-दूसरे को देखता जोड़ा (ग्रि.)।

मिथूकृत् (10.102.1)–दोनों ओर चलनेवाला (ग्रि.), दुविधा में।

यन्तुर (3.27.11)–सक्रिय, नियन्त्रक, मार्गदर्शक।

रुद्रवर्तनी (1.3.3)–खतरनाक मार्ग पर चलनेवाला।

रथ–गाड़ी, रथ, नाव।

रथवीति (5.61.18)–जिसके रथ पर माल लदा हो (व्यक्तिनाम्)।

रोधस्वती (1.38.11)–अवरोध पैदा करनेवाली धारा, ऊँचे तट वाली नदियाँ।

वसुवाहन रथ (5.75.1)–मालगाड़ी।

वीड्वंग (1.118.9)–मजबूत काठी का (पशु)।

वीतपृष्ठ (1.162.7)–पीठ पर माल लादे।

दश श्यावा ऋधद्रयो वीतवारास आशवः (8.46.23)–धन को बढ़ानेवाले मालवाही दस श्याम घोड़े।

वृषजूति (5.35.3)–बैल की रफ़्तार से चलनेवाला।

वृषरथ (5.36.5)–बैलगाड़ी, शक्तिशाली रथ (ग्रि.)।

व्राजपति (10.179.2)–दल का मुखिया, भ्रमण करते कबीले का सरदार (ग्रि.)।

शकटी (10.146.3)–छकड़ा।

श्रेणी (10.142.5)–कतार, कारवाँ।

स्थूरी (19.131.3)–एक्का, एक घोड़े या गधे से चलनेवाला छकड़ा।

हारियोजन (1.61.16)–घोड़ागाड़ी, घोड़ागाड़ी की एक दिन की यात्रा की दूरी।

हिरण्यरथ (1.30.16)–सोने (धातु) से लदा रथ।

अभी हाल तक महीनों चलनेवाले जिस तरह के विराट मेले लगते रहे हैं और जिनमें हज़ारों किलोमीटर से व्यापारी और खरीदार आते रहे हैं उसी तरह के मेले बहुत प्राचीनकाल से लगते रहे हो सकते हैं। इस बात के संकेत हैं कि इन मेलों या बाजारों में सबसे पहले पहुँचनेवाले को दूसरों की तुलना में अधिक लाभ मिलने की सम्भावना रहती थी (*अश्वावति प्रथमो गोषु गच्छति सुप्रावीरिन्द्र मर्त्यस्तवोतिभीः*, 1.83.1)। अतः व्यापारियों के बीच पहले

पहुँचने की बहुत होड़ रहती थी। उनके बीच पारस्परिक प्रतिस्पर्धा के प्रमाण अनेक रूपों में मिलते हैं। कुछ प्रसंग ऐसे हैं जिनसे लगता है कि कुछ मार्गों पर कुछ व्यापारियों का एकाधिकार था (*माकिरेना पथा गात येनेमे यन्ति चेदयः*, 8.5.39) और इसलिए गति पर अधिक बल दिया जाना और अधिक वेगवान पशुओं को वरीयता प्राप्त होना स्वाभाविक था। क्षिप्रता या तड़ातड़ी का जैसा दर्शन ऋग्वेद में होता है, वह अन्यत्र दुर्लभ है। उन्हें हर बात की जल्दी है।

वेग और क्षिप्रता सूचक शब्दावली

अजस्त्र (1.100.14)–अनवरुद्ध प्रवाह।

अजिर (3.9.8)–क्षिप्र, चुस्त।

अगिरौकस (1.135.9)–जिन्हें चीख-पुकार से रोका न जा सके।

अक्षणयावन् (8.7.35)–दृष्टि वेग या प्रकाश की गति से चलनेवाले।

अतमान (2.38.3)–लगातार चलते रहनेवाले।

अत्य (1.52.1)–दूसरों के पीछे छोड़ जानेवाला, घोड़ा।

अश्व–तेज चलनेवाला पशु–घोड़ा, गधा, खच्चर।

आशुपत्वा (4.26.6)–वेगवान।

आशुहेमा (2.1.15)–वेग से चलनेवाली नौका।

आशुहेषा (8.10.2)–तेज गति से फनकारता हुआ, हाँफता हुआ।

क्रत्वामघा (5.33.9)–प्रखर गति के कारण श्रेष्ठ (*शीघ्रगमनादिलक्षणेन महनीया अश्वाः*–सायण)।

क्षिप्र (2.24.8)।

जव (1.118.11)–गति।

जीर (3.3.6)–फुर्तीला।

जू (1.134.1)–फुर्तीला, वेगवान।

जूति (1.116.2)–गति, वेग।

तकवान (1.120.6)–तेज गति से बढ़ता हुआ।

तरस्वी (8.97.10)–फुर्तीला, ओजस्वी।

तरीय (5.41.1)–वेग से निकल जानेवाला।

तरीषणी (4.37.7)–फुर्तीला, सबसे प्रखर, दमनकारी (ग्रि.)।

तरुक्ष (8.46.32)–फुर्तीला (व्यक्तिनाम)।

तुर (1.18.2)–भागना, आगे बढ़ना, तेज़।

तुरण्य (4.40.30)–फुर्तीला।

तर्तरीति (6.47.17)–गति में दूसरों से आगे निकल जानेवाला (*भृशं अतिक्रामति*-सायण)।

तूतुजान (1.3.6)–शीघ्रता करता हुआ।

तृपल (9.97.8)–क्षिप्र।

तृष्वी (4.4.1)–फुर्तीला।
तुर्फरी (10.106.6)–फुर्तीला।
त्वेषयाम (1.166.5)–वेग से बढ़ता हुआ।
त्वेषी (7.60.10)–फुर्तीला।
तूय (3.43.3)–वेगवान।
द्युगत् (8.97.4)–तेज।
पृक्षप्रयज (3.7.10)–वेगवान घोड़े को लेकर बढ़ता हुआ (मो. वि.)।
पृक्षयाम (1.122.7)–तेज हाँकता हुआ।
प्रस्थावन (8.20.1)–तेज, वेगवान।
प्रसर्स्रसाण (5.12.6)–चलता रहनेवाला (ग्रि.), वेग से चलनेवाला (प्रकर्षेण गच्छतः, सायण)।
प्राशु (1.40.1)–बहुत शीघ्र।
बस्रि (1.120.12)–वेग से।
बाढ़सृत्वा (1.122.10)–अद्भुत गति से बढ़ता हुआ।
भुरण्यु (1.68.1)–तेज।
मनोजव (1.181.2)–मन के वेग से चलनेवाला।
मक्षू (2.13.1)–जल्द, झट।
मक्षूजवस्तम (6.45.14)–प्रखरतम।
मक्षुंगमा (8.22.16)–तेजी से जानेवाले।
यह्वी (1.142.7)–बेचैन, फुर्तीला।
रंह (4.1.3)–वेग।
रभिष्ठ (5.58.5)–बहुत उतावला।
रध्वी (4.41.9)–बहुत फुर्तीला।
वातरंहा (1.181.2)–वायु वेग से चलनेवाला, पाल से चलनेवाला।
शीभ (1.37.14)–बहुत जल्द।
शूर्त (1.174.6)–झट सुधि लेनेवाला, अग्रसर होनेवाला (ग्रि.)।
सवीर (1.3.2)–वेग।
सकृत (2.16.8)–तत्काल।
सबाध (7.8.1)–अन्य सारे काम रोककर, सद्यः, तुरत।

इसके साथ ही उस शब्दावली पर भी ध्यान दिया जाना चाहिए जो व्यापारियों के बीच प्रचालित रही होगी।

व्यापार से सम्बन्धित शब्दावली

अकामकर्शन (1.53.2)–आशा के अनुरूप फल देनेवाला।
अतिरिक्त (8.58.3)–बचा हुआ।

अनवभ्रराध (2.34.4)–ईमानदारी से कमाया हुआ धन।

अनष्ट पशु (10.17.3)–जिसके जानवर खोए या चोरी न हुए हों।

अनष्ट वेद (6.54.8)–जिसका माल-असबाब खोया या चोरी न हुआ हो।

अनाप्त (1.100.2)–अप्राप्त, जो वसूल न हो पाया हो।

अनाप्य (7.66.11)–अप्राप्य, जो वसूल न हो पाए।

अन्यं अन्यं (5.44.11)–आपस में।

अपावृत (1.57.1)–व्याप्त, खुला हुआ।

अपवर्ता (4.20.8)–खोलनेवाला, छुड़ानेवाला।

अपह्नु (1.138.4)–इनकार करना, छिपाना।

अभिषाता (5.41.14)–विभक्ता (सायण), विजित (ग्रि.)।

अभिह्रुत (1.189.6)–ठग (अभिह्रुत आभिमुख्येन कुटिलं कुर्वतां-सायण)।

अविक्रीत (4.24.9)–न बिका हुआ।

आय (1.125.3)–प्राप्ति, आय।

कुसीदी (8.81)–सूदखोर।

ऋण (8.47.17)।

ऋणंचय (5.30.12)–व्यक्ति नाम।

ऋणकाति (8.61.12)–कर्ज वसूल करके रहनेवाला।

ऋणया (2.23.11)–वसूली पर निकलनेवाला।

ऋणवा (1.48.15)–किस्तों में कर्ज वसूलनेवाला।

ऋणवान (1.169.7)–कर्जदार।

ऋण सन्नयन (8.47.17)–ऋणशोध।

क्रीणाति (4.24.10)–खरीदता है।

गयसाधन (9.104.2)–आय या धन का साधन।

गयस्फान (7.54.2)–धन-धान्य की वृद्धि करनेवाला।

चित्रराध (10.65.3)–विविध सम्पदाओं से युक्त।

चित्रवाज (8.7.33)–विविध सामानों से युक्त।

चित्रामघा (7.75.5)–विविध प्रकार के धन।

जेत्व (6.47.26)–अर्जनीय धन।

जेन्या वसु (7.74.3)–ईमानदारी से कमाया हुआ धन।

तनय (1.112.22)–स्वतः उपार्जित धन।

दुवन्यसत (4.40.2)–परदेश में रहता हुआ, भले मानसों के बीच रहता हुआ (ग्रि.), पर्यटन करनेवालों के बीच रहता हुआ (*दुवः परिचरणमिच्छतो दुवन्याः तेषु सीदतिति दुवन्यसत्*-सायण)।

दुर्हृणायु (1.84.16)–दिवालिया।

नष्ट (1.116.23)–घाटा, चोरी।

पार्य दिवस (7.32.14)–नियत दिन।

पुनर्दान (4.24.10)–वापस करना।

बृहद्रयि (6.49.4)–बहुत सम्पन्न।

भूति (1.161.1)–सम्पदा, अच्छाई (ग्रि.)।

भृति (8.66.11)–बँधुआ चाकरी, सेवकाई।

भृत्या (1.84.16)–नौकरानी।

ममसत्य (10.42.4)–मेरा अपना, मिल्कियत के लिए तकरार (मो. वि.) युद्ध (सायण, ग्रि.)।

रत्नधा (4.34.6)–रत्नदाता।

रयिवह (6.5.7)–धन वहन करनेवाला।

रयिसात (1.58.3)–धनवान, धन का स्वामी।

रयिस्थान (6.47.9)–धनों की खान, अपार धनी।

रराण (3.4.9)–उपहार लाते हुए, बहु धन सम्पन्न।

रिक्थ (3.31.2)–दाय।

वणिक (5.45.6)।

वणिज (1.112.11)–व्यापारी।

वस्न (4.24.9)–मूल्य।

वस्नय (10.34.3)–मोल-भाव।

वाजगंध्य (9.98.12)–गाड़ी भरा माल जिसके पास हो (मो. वि.), जिससे शक्ति की गन्ध आ रही हो (ग्रि., सायण)।

वाजपति (4.15.3)–माल या धन का स्वामी, शक्ति का स्वामी (ग्रि.)।

वाजपत्नी (7.76.6)–धन की स्वामिनी।

वावहि (9.9.6)–अच्छी तरह ले जाता हुआ, ढोकर ले जाने में ठीक (ग्रि.)।

शर्मसद् (1.73.3)–घरघुसरा, आरामतलब।

शेवधि (2.13.6)–पैसे की थैली, दौलत, गहनों की पिटारी।

शेवधि पा (8.51.9)–खजाने का रखवाला।

अथर्व 3.15 से ध्वनित कुछ कूट प्रतीक

द्यु/दिव–उत्तर के व्यापारिक केन्द्र व खनिज क्षेत्र।

देवयान–व्यापारिक केन्द्रों व खनिज क्षेत्रों को जानेवाला मार्ग/उनकी यात्रा।

पृथिवी–स्वदेश, अपना क्षेत्र।

अन्तरिक्ष–स्वदेश और गंतव्य देशों के बीच का क्षेत्र, मार्ग।

अराती/परिपन्थी–रहजन, लुटेरा।

मृग–घुमक्कड़ कबीले।

तरण–निर्बाध यात्रा, व्यापारिक सफलता। (विस्तार के लिए देखें सिंह 1995, 236-80)।

आवास और नगर

एक जमाना था जब इस बात को ज़ोर-शोर से दुहराया जाता था कि आर्य शहरों से इतनी घृणा करते थे कि एक तो उन्होंने हड़प्पा के शहरों को मटियामेट कर दिया, इसके निवासियों का कत्लेआम कर दिया और फिर शहर को छोड़कर देहातों में लौट गए और भेड़-बकरियाँ, गाय-घोड़े चराने लगे। ऐसे में न तो वे कहीं टिककर रह सकते थे, न ही कोई स्थायी ठौर-ठिकाना बना सकते थे। वे अपने कामचलाऊ झोंपड़े सरकंडे आदि पर मिट्टी का लेप देकर तैयार करते थे।

आज उनकी चरवाहीवाली छवि को बदला जा रहा है। उनके क्रूर चेहरों को शालीन बनाया जा रहा है। दश्ली और सपल्ली आदि स्थलों पर जिन लोगों को आर्यों के रूप में पहचाना गया वे स्वयं किलाबन्द बस्तियाँ बनाकर रहते थे। ऐश का हाल यह कि उनके कब्रों से तीस-तीस तरह के बर्तन मिले हैं। दूसरे स्थलों से भी जहाँ 'आर्यों' के बसे होने का संकेत मिला है, वे वहाँ के सम्भ्रान्त जन हैं। इस तरह कल के गँवार, सभ्यताद्रोही चरवाहे, एक झटके में सम्भ्रान्त बन गए जो ही आर्य शब्द का अर्थ भी है। अब इनके सरकंडे के कामचलाऊ छप्परों में रहने का मामला गड़बड़ा गया। क्योंकि देश हो या विदेश इनको शहर में बसाना ही पड़ेगा या कम से कम उनके स्थायी गाँवों और उनके बीच उनके नगरों की उपस्थिति तो स्वीकार करनी ही होगी। पर एक पक्ष जिसकी ओर पहले ध्यान ही नहीं दिया गया था वह यह कि भव्य और सुव्यवस्थित भवनोंवाले हड़प्पा के नगरों की ऊपरी छत ठीक उसी तरह बनाई जाती थी जिसका वर्णन ऋग्वेद में पाया जाता है (578), अर्थात् उनकी बीच की छतों की छाजन कड़ियों पर सरकंडे और मिट्टी के लेप से ही तैयार होती थी। सभी मकान पक्के भी नहीं थे। बहुत से कच्चे भी थे।

हड़प्पा के नगरों के नागर चरित्र पर तो कुछ अध्येताओं ने यह कहकर शंकाएँ उठाना शुरू कर दिया है कि इनमें विशालकाय, भव्य, सार्वजनिक और प्रशासनिक भवनों का नितान्त अभाव है और पश्चिम एशिया के नगरों से तुलना करें तो आकार की दृष्टि से इनको नगर माना ही नहीं जा सकता था। इनमें राजा तो होता ही नहीं रहा होगा। अधिक से अधिक जल की शुद्धि में विश्वास करनेवाले बनिए इसका प्रशासन चलाते रहे होंगे? यूँ तो हमने स्वयं भी यह सुझाया था कि जिन प्रधान व्यक्तियों का राजाओं के रूप में उल्लेख है वे महाजन या प्रख्यात व्यापारी रहे हो सकते हैं। यही उन टकरावों से भी ध्वनित होता है जिनका विवरण ऋग्वेद में मिलता है। ऋग्वेद के कवियों के प्रधान संरक्षक बनिया या बड़े साहूकार थे, क्योंकि अपनी सुदूर व्यापारिक यात्राओं में उन्हें ही प्राकृतिक प्रकोप, रोग-व्याधि और चोरों-डाकुओं तथा प्रतिस्पर्धी व्यापारियों से अपने जीवन, धन और माल का खतरा लगा रहता था और उन्हें ही मन्त्रों के उस सुरक्षा कवच की सबसे अधिक आवश्यकता होती थी, जिनका थोक उत्पादन कवि पुरोधा कर रहे थे। जो वास्तविक राजा थे उनका उल्लेख ऋग्वेद में आया ही नहीं है। हम आज भी यही मानते हैं कि वैदिक समाज में राजसत्ता का तो अस्तित्व था और कुछ राजा बहुत प्रभावशाली और युद्धप्रेमी भी थे और किसी न किसी पैमाने पर नियमित सेना भी रखते थे, जो दूसरे राजाओं को आतंकित करने को पर्याप्त थी।

परन्तु इसके ठीक विपरीत कुछ लोग हड़प्पा सभ्यता के पूरे प्रसार क्षेत्र में एक जैसे मान-बाट, एक जैसी लिपि, एक जैसी मुहरों और एक जैसी निर्मितियों और अन्य लक्षणों को किसी एक विशाल साम्राज्य के अधीन होने के कारण ही सम्भव मानते हैं (201)। ऐसे लोगों को मोहनजोदड़ो इस साम्राज्य की राजधानी प्रतीत होती है। यह विचार नया नहीं है। इस तरह के चित्र इस बात को भुलाकर तैयार किए जाते हैं कि कतिपय समानताओं के साथ-साथ क्षेत्रीय विविधताओं की भी कमी नहीं थी।

हड़प्पा के नागर चरण के उद्‌भव के लिए जो काल सीमा रखी गई है। वह इतनी थोड़ी है कि इसमें उन सभी लक्षणों का विकास सम्भव नहीं है जिनके दर्शन इसके आधार से ही होने लगते हैं। जाहिर है कि इस सभ्यता का उच्च स्तर का विकास अन्यत्र हो चुका था। उसके बाद एक झटके में, किसी भयानक आपदा का शिकार होने के बाद, वहाँ की दूरी आबादी अपने क्षेत्र से पलायन करने या अन्यत्र बसने को विवश हुई। जेन्सन (295) का मानना है कि यह सभ्यता अपनी पूर्ववर्ती क्षेत्रीय आद्य-नगरीय संस्कृतियों के समन्वय से विकसित हुई थी। परन्तु सभी आद्यनगरीय क्षेत्रीय संस्कृतियों को जोड़नेवाला सूत्र क्या था और उसकी क्या भूमिका थी, इसका निर्णय करना ज़रूरी है। सच बात तो यह है कि इतने व्यवस्थित रूप में विकसित होनेवाले नगरीय केन्द्र अपने विकास की पराकाष्ठा पर पहुँचने के बाद उजड़े और लगभग एक ही साथ बसे थे और जिन लोगों ने इन केन्द्रों को बसाया था उनके पास असाधारण सम्पदा पहले से मौजूद थी। यह सम्पदा इतनी अकूत लगती है कि यह विश्वास करना कठिन हो जाता है कि मोहनजोदड़ो को किसी प्रतापी राजा तक ने बसाया हो सकता है। यह बात तो महत्त्वपूर्ण है ही कि इस नगर का आकार पहले आँके गए आकार के चार गुना था, यह भी ध्यान देने योग्य है कि यह नागर-योजना पर आधारित दुनिया का सबसे पुराना, सबसे व्यवस्थित, सबसे विराट और अपने समय का विशालतम नगर है। जैंसन का कहना है, ''सिन्धु घाटी के बृहद् क्षेत्र में उन पूर्व या आद्य हड़प्पीय संस्कृतियों के नगर हड़प्पा सभ्यता में विकसित होने की वास्तविक प्रक्रिया का प्रमाण आज तक किसी भी खोदे या खोजे गए नगर स्थल से प्राप्त नहीं हो सका है। इनमें मोहनजोदड़ो भी शामिल है। वह क्षेत्र, जहाँ यह मेधा विकसित हुई, आज तक लुप्त है।'' जैंसन और कोई चारा न देखकर अनुमान लगाते हैं कि ठीक मोहनजोदड़ो के कोर पर कोटदीजी, साथी और अमरी विकसित हो रहे थे, इनके मिलन में कुल तीन पीढ़ियों के संक्षिप्त काल के भीतर ही 2500 ई.पू. में परिपक्व हड़प्पा सभ्यता अपने पूरे वैभव पर आ गई, ''यही वह काल होना चाहिए जिसमें एक जटिल संचार प्रणाली के रूप में लिपि और आवश्यक स्थापत्य, इंजीनियरी कौशल के सभी तत्त्व, जिन्हें अपने पूर्ण विकसित रूप में मोहनजोदड़ो में तथा अन्य हड़प्पीय नगरों में व्यहृत किया गया है, विकसित हो गए।''

कहें हड़प्पा सभ्यता का नगरीय विकास जादूगर के हैट से या स्रष्टा के सात दिन में सब कुछ गढ़ डालनेवाली क्षमता से हो गया। उसने कहा, नागर लक्षणों का विकास हो और विकास हो गया। देवताओं के देश भारत में तो यह होना ही था। पर वह अपार सम्पदा कहाँ और कैसे पैदा हो गई जिसकी लागत पर यह विशाल नगर बना। जैंसन का कहना है, कि ये लोग नदी के तट पर इसलिए बसे कि परिवहन के लिए उन्हें नदी की आवश्यकता

थी, ''इन ऑर्डर टू एक्स्प्लॉयट दि रिवर सिस्टम एज ए मीन्स ऑफ़ ट्रांसपोर्ट ओवर लार्ज डिस्टैंसेज इन कंपैरेटिवली शार्ट टाइम दि हड़प्पन्स हैड टु सेटल क्लोज टु इट।'' वह यह भी बताते हैं कि ''मोहनजोदड़ो का स्थल अलग-अलग मेल के ऊँचे चबूतरों का एक पहेली भरा जमाकड़ा है। मोहनजोदड़ो के चतुर्दिक् का मैदान आज के तल से कम से कम सात मीटर नीचे रहा होगा। अवम नगर में मकानों के तल की औसत ऊँचाई 9 से 10 मीटर तक और कोट की ऊँचाई 10 से 12 मीटर रही होगी और इस तरह यह किसी बड़ी-से-बड़ी बाढ़ की पहुँच से बाहर था। भारी-भरकम मकानों के निर्माण के साथ ही मोहनजोदड़ो का नागर काल आरम्भ हो गया।''

इस पूरी परिस्थिति में जो बात सबसे स्पष्ट है वह यह कि (1) बसनेवाले सभी लोग पहले से असाधारण रूप से सम्पन्न थे; (2) वे किसी भयानक बाढ़ की आपदा के सताए हुए थे; (3) वे पहले से नदी के मार्ग से सुदूर व्यापार में संलग्न थे और इस भारी तबाही के बाद भी नए स्थल पर नदी के ही तट पर बसने को लाचार थे; (4) उन्होंने एक साथ यह फैसला लिया था जो इस बात का भी सूचक है कि उनके बीच महत्त्वपूर्ण निर्णय लेनेवाला कोई निकाय या संगठन पहले से विद्यमान था; (5) ये स्थल उस बाढ़ से इस हद तक नष्ट हो गए कि आज उनका नाम-निशान नहीं रह गया, यदि किसी सुयोग से बचे हो सकते हैं तो बहुत स्वल्प महत्त्व के उपनगर या छोटे स्थल जिनकी सुदूर व्यापार में सीधे कोई भूमिका नहीं थी, इसलिए वे नदी के इतने करीब बसने को भी बाध्य नहीं थे; (6) यह क्षेत्र सारस्वत क्षेत्र के अतिरिक्त कोई अन्य नहीं हो सकता जहाँ उन सभी व्यापारिक गतिविधियों की पुष्टि सैन्धव चरण से पहले होती है और जिसकी ओर हमने पहले केवल साहित्यिक स्रोत के आधार पर संकेत किया था; और (7) सारस्वत क्षेत्र में परिपक्व नगरीय स्थलों का न पाया जाना प्रमाण का अभाव नहीं अपितु उस आपदा का स्वयं एक सशक्त प्रमाण है। हमने ऋग्वैदिक रचना-काल का निर्धारण करते समय परिपक्व हड़प्पा से तुलना करके दोनों को एक ही कोष्ठक में रखकर इसलिए सन्तोष कर लिया था कि साहित्यिक साक्ष्य इस बात की माँग करते हैं कि इसे कम से कम मोहनजोदड़ो से भी पाँच सौ साल पीछे ले जाया जाए क्योंकि पुराने मंडल मुख्यतः सारस्वत चरण के हैं और अधिक प्राचीन होने के कारण उनका सब कुछ हमें उपलब्ध नहीं है—यहाँ तक कि सबसे महान् माने जानेवाले कवि उशना की कोई भी रचना हमें उपलब्ध नहीं है जबकि इस महिमा के साथ उनको ऋग्वेद में भी याद किया गया है। यह सम्भव है कि जिन बाध्यताओं में सारस्वत क्षेत्र से सिन्धु और उसकी सहायिकाओं का चुनाव करना पड़ा उनके कारण ही और भी पहले कुछ साहसी जन उसी उशना या ओएनेस के नेतृत्व में सुमेर जाने और वहाँ नगर बसाने का आयोजन किया हो। जरूरी नहीं कि वे संस्कृत भाषी रहे हों। हम इस पर लगातार जोर देते आए हैं कि यह सभ्यता बहुमिश्र थी जिसमें एक भाषा क्रमशः सर्वस्वीकृत सम्पर्क भाषा बन गई और दूसरे भी आवश्यकतानुसार उसी का व्यवहार करने लगे। ऋग्वेद के कवियों के सैंधव चरण से नए मंडलों का ही सम्बन्ध है, पर इनसे यह भी ध्वनित होता है कि इस काल में समृद्धि का स्तर सारस्वत चरण से बहुत अधिक बढ़ गया था।

हड़प्पा सभ्यता के नगरों की कुछ विशेषताओं का कोई सही हल तलाशते समय अध्येताओं को उलझन का सामना करना पड़ता है। उदाहरण के लिए हड़प्पा, मोहनजोदड़ो आदि अनेक नगर दो भागों में बसे हुए हैं और इनके निवासियों में न तो कोई सामाजिक या आर्थिक या पेशागत भेदक अन्तर दिखाई देता है, न ही यह कहा जा सकता है कि इनमें से कोई एक-दूसरे से बाद में बना है। इस अन्तर का कारण क्या हो सकता है? इसी तरह ढोलावीरा में पश्चिमी द्वार के दोनों बाजू के खम्भों और सम्भवतः दीवारों में कई जानवरों की हड्डियाँ पाई गईं। इस चिन्ता का तो हम उल्लेख कर ही आए हैं कि नगरों का आकार पश्चिम एशिया के नगरों को देखते हुए अपेक्षाकृत छोटा है।

भारतीय वास्तुकारों को महानगरों की यातनाओं का कुछ पूर्वानुमान अवश्य था। सम्भवतः नित्यकर्म की आवश्यकताओं के कारण भी रहा हो। अतः नगर का आकार अधिक बड़ा करने के स्थान पर उसे दो पृथक् खंडों में बसाने का विधान रहा है। अमरकोश में पहले बसे नगर को मूल नगर और दूसरे को शाखा नगर कहा गया है। जो दीवार हड्डी आदि मिलाकर बनाई जाती थी उसके लिए कुंड्य और एडक शब्दों का प्रयोग होता था जिसके प्रमाण ढोलावीरा में मिले हैं। हम बाद की कृतियों में उन निर्मितियों के विवरण देखकर यह तो समझ ही सकते हैं कि नगर और आवास की बनावट में कालक्रम से थोड़ा-बहुत अन्तर भले आया हो, इनकी परम्परा और इनकी निर्मिति की बुनियादी समझ निरन्तर बनी रही है। बाद की कृतियाँ हमारी अनेक उलझनों का समाधान कर सकती हैं।

इस संक्षिप्त परिचय के साथ हम आवास और नगर जीवन के विषय में ऋग्वेद में उपलब्ध शब्दावली पर दृष्टिपात कर सकते हैं।

आवास के रूप

ऊर्दर (2.14.11)–अन्नागार।
ओकस (4.50.8)–घर, आवास।
कृत्ति शरण (8.90.6)–चमड़े का घर, टेंट।
क्षय (3.8.1)–घर, आवास।
पृथु क्षय (5.12.6)–चौड़ा घर।
बृहद् क्षय (8.15.9)–विशाल आवास।
बृहन्तम क्षय (10.47.8)–विशालतम आवास।
क्षिति (1.65.3)–आवास।
गय (5.44.7)–घर, धनाढ्य का घर।
अर्यो गयं मंहमानं (8.24.22)–सम्भ्रान्त जनों का विशाल भवन।
अज्म (6.4.4)–घर (सायण), मार्ग, युद्ध (मो. वि.)।
गर्त (1.124.7)–आच्छादित रथ, सा. गृह।
गुहा (2.4.9; 8.6.17)–छिपने की जगह, खोह, आवास।
गृह (1.22.4)।

इतर गृह (10.16.10)–समाधि।
भद्र गृह (6.28.6)–सम्पन्न गृह (ग्रि.)।
मृण्मय गृह (7.89.1)–मिट्टी का घर, समाधि।
बृहन्तं मानं सहस्रद्वारं गृहं (7.88.5)–हज़ार (अनेकानेक) द्वारोंवाला विशाल गृह।
सहस्रस्थूण गृह (2.41.5)–हज़ार (अनेकानेक) स्तम्भोंवाला गृह।
छदि (10.85.10; 5.62.6)–छाजन।
छाया (1.73.8)–आवरण, छाया।
छर्दि (1.48.15)–चारदीवारी, प्राचीर।
छर्दिस्पा (8.9.11)–प्राचीर रक्षक, गृहरक्षी (मो. वि.), पालक (सायण)।
दम (2.1.7)–घर।
दुरोण (3.1.18)–घर, आवास।
धाम (7.61.4)–आवास।
मित्रस्य वरुणस्य धाम (7.61.4)–मित्र व वरुण का आवास।
निवेशन (10.142.7)–भवन, आवास।
नीळ (4.1.11)–रैन बसेरा, बासा।
सनीळ (1.34.9)–एक ही जगह टिकनेवाले।
पस्त्या (1.25.10)–घर, निवास, छावनी।
त्रिपस्त्य (8.39.8)–तीन भवनों में रहनेवाला।
भुवन (अथ.)–निवास।
योनि (1.15.4)–आराम की जगह, निवास, माँद।
वरुथ (2.34.14)–शरण, भवन।
त्रिवरूथ (4.53.6)–तीन तल्ले का मकान।
अनर्व वरूथ (5.49.4)–विशाल भवन।
उपमं वरूथं (7.30.4)–उपमायोग्य भवन, असाधारण भवन।
बृहद् वरूथ (8.18.20)–बृहदाकार भवन।
चित्रं उक्थ्यं वरूथं (8.67.3)–असाधारण और प्रशंसनीय भवन।
वस (5.2.6)–निवास, निवास या निवासी (मो. वि.)।
वसति (5.2.6)–बासा, बसेरा।
वस्तुं (10.40.3, आदि)–किसी इमारत की नींव रखने की जगह, आवास।
वेश्म (10.146.3)–निवास, घर।
देवमान वेश्म (10.107.20)–देवोपम भवन, सुरुचिपूर्ण और स्वच्छ भवन।
शर्म (1.22.15)–शरण स्थल, पनाह, आवास।
अच्छिद्र शर्म (5.62.9)–जिस मकान में सेंध न लगाई जा सके।
त्रिधातु शर्म (1.34.6)–धन, सन्तान और आरोग्य तीनों से युक्त मकान।
वीडु शर्म न सूनवे (1.127.5)–हमारे बाल-बच्चों के लिए मजबूत मकान।
सप्रथ शर्म (1.142.5)–विशद आवास।

स्वस्तिमत शर्म (*त्रिधातु शर्म त्रिवरूथं स्वस्तिमत्*, 6.46.9)–स्वस्तिक, राजमहल या धनाढ्य व्यक्ति की हवेली (वु. स्वस्तिकः ...ईश्वर-सदनं, अमरकोश)।

सदन (3.31.9)–स्थान, आवास।

शुशुक्वान सदन (1.189.4)–प्रकाशित भवन।

दिव्य, पार्थिव और अन्तरिक्षस्थ सदन (1.90.4)–स्वदेश का, रास्ते के पड़ाव का और विदेश का मकान।

देवानां सदन (8.13.2)–देवताओं का आवास, देवोपम आवास।

रयीणां सदन (6.7.2)–सम्पदाओं का घर, सम्पन्न गृह।

त्रि उत्तराणि ध्रुवः सदः (8.41.9)–तीन तल्ले का मजबूत भवन।

इनस्य सदन (9.77.4)–वैभव और विलास का भवन, राजा का निवास।

ऋतस्य सदन (4.42.4)–न्यायालय।

शरण (1.150.1)–पड़ाव, ठिकाना।

सदस (1.21.5)–घर, सभास्थल।

सद्म (1.38.10)–निवास।

ऋतस्य सद्म (3.55.14)–सत्य का निवास, न्यायालय।

दीर्घ पृथु पार्थिव सद्म (5.87.7)–चौड़ा, फैला हुआ, पार्थिव आवास।

सद्म यत् सभृतयः पृणन्ति (6.67.7)–नौकर-चाकर से भरा हुआ भवन।

महि दैव्य सद्म (9.83.5)–विस्तृत देवोवम भवन।

आ द्यां अरुक्षत उत्तराणि सद्म (10.67.10)–गगनचुम्बी भवन, ऊँचाई में आकाश तक उठा हुआ भवन।

हर्म्य (1.121.1)–विशाल भवन, ऊँचा भवन, हवेली (*हर्यादि धनिनां वासः*, अमरकोश)।

वैदिक स्थापत्य

अधिष्ठान (*किं स्विदधिष्ठानं*–10.81.2)–नींव, आधार।

अभ्व (1.39.8)–विराट बृहदाकार।

अमित (4.16.5)–अमेय, असीम।

आता (9.5.5)–चौखटा।

आरम्भण (10.81.12)–प्रारम्भिक कार्य, स्थापन, नींव रखने का कार्य।

अवरोधन (9.113.8)–अन्तपुरः, आँगन (*स्त्र्यगारं भूभुजामन्तःपुरं स्याद-वरोधमत्*, अमरकोश)।

आरोहण (4.8.2)–सोपान, सीढ़ी।

आवृत् (10.130.7)–छाया हुआ।

उत्तम (3.5.10)–उच्चतम, बहुत ऊँचा उठा हुआ।

उत्तम्भ (3.5.10)–उठाना, सहारा देना।

उपमित (*स्थूणेव जना उपमित ययन्थ* 1.59.1)–बड़ेर, मुंडेर को सँभालनेवाली तिरछी बल्ली जो खम्भे पर आकर टिकी रहती हैं।

उपमान (8.61.2)–माप।

चित्ति (3.2.3)–चिनाई, ईंटों की जोड़ाई।

छन्द (10.130.3)–शक्ल, आकृति।

तिरश्च (1.61.12)–तिरछा, आड़ा।

तिरश्चीन (10.129.5)–आड़ा, पड़ा।

तेजन (1.110.5)–लट्टा।

त्रिवृत (1.34.9)–तीन फेरोंवाला, तीन प्राचीरोंवाला।

दुर्य (2.38.5)–द्वार से सम्बन्धित, ओझल।

देवमान (10.107.10; 135.7)–देवोपम, एक बड़ी माप।

देह (7.6.5)–दीवार, मोटी दीवार जिसमें वधस्न या सबरी से सेंध लगाने का जिक्र है।

द्वार (1.13.6)।

धरुण (5.15.1)–सहारा, धारण करनेवाला।

धर्णि (1.127.7)–धरन।

निदान (10.130.3)–बन्धन।

निदित (5.2.7)–बँधा हुआ।

पक्ष (10.119.7)–आधा भाग।

परिमित (1.164.45)–अच्छी तरह नापा हुआ।

प्रतिमा (10.130.3)–समाकृति, समरूपता।

प्रतिमान (1.32.7)–समरूप, जोड़ का, मेल का।

मयूख (7.99.3)–मापने की रस्सी।

मान (1.39.1)–माप का डंडा।

मूर्धा (1.59.2)–शिखर।

वंश (1.10.1)–बाँस।

वरिमाण (6.47.4)–फेरा, परिधि।

वर्ष्मन् (3.5.9)–शिखर, ऊर्ध्व बिन्दु।

वरिवह (3.34.7)–स्थान, खुली जगह (मो. वि.), धन (*वरिवो धनं,* सायण)।

वास्तु (8.25.5)।

वास्तोष्पति (5.41.8)–वास्तुकृति का देवता।

विमान (2.40.3)–माप, निर्मित।

विषूवत (1.84.10)–जिसके दोनों पक्ष समभाग हों।

विष्टम्भ (9.2.5)–टेक सहारा देने का खम्भा।

विष्ठित (2.38.6)–स्थान च्युत, अपनी जगह से हटा हुआ।

सन्धि (8.1.12)–जोड़।

सुमित (5.45.1)–अच्छी तरह मापा हुआ।

स्कम्भ (3.31.12)–स्तम्भ, सहारा।

स्तम्भ (1.121.2)।
स्थाणु (10.40.13)–ठूँठ, खूँटा, खूँटी।

नगर-योजना

अवम् धाम (10.81.5)–निचला स्थान, बाद का, नई बस्ती।
अस्कृधोयु छर्दिस् (6.67.11)–विशालकाय दीवार, नगर प्राचीर।
आरम्भण (10.81.2)–शिलान्यास, आधार रखना।
काकुद (8.79.12)–मुहाना, वह गड्ढा जिसमें बन्द नाली का पानी आकर गिरता था।
छर्दिस्पा (8.9.11)–प्राचीर रक्षक।
ज्योतिष्मान पथ (10.53.6)–प्रकाशित मार्ग।
द्वार (1.13.6)–फाटक, दरवाजा।
नाळी (10.135.7)–नाली।
परमधाम (10.81.5)–उच्चतम पद, स्थिति, ऊँचे चबूतरे पर बना नगर भाग।
परिधि (10.90.15)–चारदीवारी; घेरा।
प्रमा (10.130.3)–मापा हुआ आकार, परिमाण।
प्रतिमा (10.130.3)–तदनुरूपता, उसी आकार का।
परिमिति (1.164.45)–नाप हुआ, विभाजित।
परिष्कार (10.135.7)–सफाई।
प्रउग (10.130.3)–कोण, पूर्व-उत्तर क्रम से पैमाइश (विष्ट)।
मध्यम धाम (10.81.5)–नगर के मध्य भाग अन्तरिक्ष में स्थित आवास।
मध्यमशी (10.97.12)–मध्य भाग में बसा हुआ।
रक्षितृ (1.89.1)–रक्षक, पहरेदार।
सुषिर सूर्मि (10.79.12)–अनवरुद्ध ढकी नाली।
सेतु (8.67.8; 9.41.2)–बाँध, पुल।

यदि इस शब्दभंडार के साथ हड़प्पा के नगरों की निर्मितियों को तुलना के लिए रखकर देखें तो ऐसी कोई निर्मिति नहीं मिलेगी जिसका उल्लेख ऋग्वेद में न आया हो, जबकि हड़प्पा सभ्यता के भौतिक अवशेषों से सुरक्षा, नगर व्यवस्था और रोज की जिन्दगी के विषय में उस तरह की सूचनाएँ नहीं मिल सकतीं जो इनसे मिलती हैं।

विशाल और भव्य प्रशासनिक भवनों के न पाए जाने के कारण राजसत्ता के निपट अभाव या मोहनजोदड़ो की विशालता को रखकर यह मान लेना कि यह एक विशाल साम्राज्य की राजधानी थी, दो तरह के अतिवाद हैं। इनको हम उसी तरह की रोचक उद्भावनाओं की कोटि में रख सकते हैं जिनमें वैदिक समाज में केवल सरदारों की कल्पना की गई थी, क्योंकि जिनकी यह सूझ है उनके अनुसार उस समाज में राजा तो हो ही नहीं सकता। इस सम्भावना की ओर तो हमने पहले ही संकेत किया था कि असाधारण धनी व्यापारियों या वैश्य समाज के प्रधानों के लिए भी राजा शब्द का प्रयोग होता था (*अयमस्तु*

धनपति-धनानां अयं विशां विश्पतिः अस्तु राजा। अथर्व. 4.22.3) और ऐसे ही राजाओं का निर्वाचन हुआ करता था। सामाजिक और आर्थिक निर्णयों में इनकी कितनी भूमिका रही हो सकती है, इसे मोहनजोदड़ो की आधारभूमि के सामने रखने पर ही स्पष्ट हो जाता है। परन्तु जनता से कर वसूल करके राजव्यय वहन करनेवाले राजाओं का इससे अच्छा परिचय क्या होगा जिसमें उसे अपनी प्रजा का सिंह की तरह भोग करने या कहें निर्ममता से कर वसूल करने और बाघ की तरह प्रजा की रक्षा करनेवाला बताया गया है–*(सिंहप्रतीको विशो अद्धि सर्वा व्याघ्रप्रतीकोऽव बाधस्व शत्रून्,* अथ. 4.22.7) नीचे दी शब्दावली सम्भवतः इस भ्रम को तोड़ने में सहायक हो सके कि हड़प्पाकाल में बनिये ही प्रशासन चलाते थे, या कि यह समस्त भू-भाग एक ही सम्राट के अधीन था, या कि ऋग्वेद में वर्णित राजा कबीलाई सरदार हुआ करता था।

प्रशासन तन्त्र और अमला वर्ग

अभित्रदंभन (2.23.3)–शत्रुओं का दमन करनेवाला।
अमित्रखाद (10.152.1)–शत्रुओं का विनाश करनेवाला।
कीस्तास (1.127.7)–वन्दीजन।
प्रशासन (8.72.1)।
प्रशास्त्र (2.1.2, 10.91.10)–प्रशासन।
प्रशास्ता (2.5.4.)–प्रशासक।
प्रशिष (10.121.2)–आदेश, फरमान।
राजा (1.24.14)।
अमवान राजा (4.4.1)–शक्तिशाली राजा।
प्रतापी राजा (7.17.2)–शत्रुओं को आतंकित रखनेवाला राजा।
सुव्रत राजा (9.20.5)–दृढ़निश्चयी राजा।
ज्येष्ठराज (2.23.1)–सम्प्रभु राजा।
राष्ट्र (4.42.1)–देश, प्रदेश, जनसमुदाय।
एकराट् (8.37.3)–एकक्षत्र राजा।
विराट (1.188.5)–विशाल क्षेत्र का शासक।
सम्राट (3.54.10)–राजाधिराज।
साम्राज्य (1.25.10)।
सम्राज्ञी (10.85.46)–महारानी।
वनेराट (6.12.3)–वन में चमकनेवाला, जंगली कबीले का सरदार।
जनराज (1.53.9)–जनप्रमुख, कबीले का सरदार।
विप्रराज (8.3.4)–बुद्धिमान राजा, परम बुद्धिमान।
समर्यराज (9.110.2)–सदाचारी राजा, युद्ध में श्रेष्ठता (ग्रि.)।
जनाषाट (1.54.11)–जनता को दबाकर रखनेवाला राजा।

जनभक्ष (2.21.3)–अपने सुख-वैभव के लिए जनता पर निर्भर, प्रजा को खानेवाला।
हितमित्र राजा (1.73.3)–जनता के कल्याण में लगा हुआ राजा।
जरणा (10.40.3)–प्रभुतासम्पन्न राजा (*जरणौ ऐश्वर्यप्रवृद्धौ राजानौ*-सायण)।
गभीरशंस (10.62.6)–अपने इरादे प्रकट न करनेवाला राजा।
दुर्मित्र (7.18.15)–धोखेबाज मित्र।
नृपति (2.1.1)–प्रजापालक, नृपाल।
नृपत्नी (1.22.11)–रानी।
प्रजापति (4.53.2)–जीवमात्र का स्वामी।
प्रियक्षत्र (8.27.19)–प्रजा को प्रसन्न रखते हुए शासन करनेवाला।
शतक्रतु (2.22.4)–जिसे सौगुनी सूझ, शक्ति या सलाहकार प्राप्त हों।
सत्राजित (2.21.1)–सदा विजयी।
सत्रासाह (7.20.3)–सब पर प्रभुत्व रखनेवाला।
सुप्रतूर्ति (1.40.4)–अतिशय जयी।
अक्षित ऊति (1.5.9)–स्थायी सहायता करनेवाला।
अज्ञातकेत (5.3.11)–जिसके इरादों का पता न चल सके।
अतथा (1.82.1)–जीहुजूरी न करनेवाला।
अतव्य (5.23.1)–दुर्बल।
आधिपत्य (10.124.5)–प्रशासनिक नियन्त्रण।
अध्यक्ष (8.43.24)।
अनुद (10.180.3)–उपहार चढ़ानेवाला।
अनुदेय (6.20.11)–उपहार, भेंट।
अनुदेयी (10.85.6)–भेंट लानेवाले।
अनुपस्पशान (10.14.1)–लगातार चौकसी रखनेवाले।
अनुपूर्व (1.117.3)–प्राचीन परम्परा के अनुसार।
अनुभृत (10.61.5)–सेवक, निम्नकर्मी।
अनुभर्त्री (1.88.6)–सेविका।
अनुमति (10.59.6)।
अप्नस्थ (6.67.3)–किसी काम पर नियुक्त राजकर्मी।
अप्रभु (9.73.9)–अयोग्य, जिसे किसी काम का अधिकार न दिया गया हो।
अश्वपति (8.21.3)–अश्वगार का अधिकारी।
उपमन्त्री (9.112.4)–सभासद।
उर्वरापति (8.21.3)–भूपति, भूराजस्व का अधिकारी।
ऋतस्यगोपा (3.10.2)–धर्माधिकारी, न्यायाधीश।
ओमास (1.3.7)–अंगरक्षक, प्रहरी।
ओम्यावती (1.112.20)–प्रहरीदल, अंगरक्षक दल।
ओम्यावन्त (1.112.7)–पहरेदार, पहरे पर तैनात।

कापया (10.40.3)–वन्दीगान।

कारुधाय (6.21.8)–कवियों का आश्रयदाता।

गणपति (2.23.1)–कबीले का नेता, गणप्रमुख।

गोपति (1.101.4)–गोस्वामी, धनी, राजकीय गोसम्पदा का प्रधान।

ग्रामणी (10.62.11)–ग्रामप्रमुख, कारवाँ का प्रधान, किसी दल का नेता।

जरिता (1.2.2)–भाँट, वन्दी।

ज्ञुबाध (6.1.6)–किसी के सामने घुटने टेकनेवाला।

दूत (2.10.6)–जनप्रतिनिधि, सन्देशवाहक दूत।

द्रोघमित्र (10.89.12)–विश्वासघाती, गलत सलाह देनेवाला।

निधा (9.83.4)–कारा बन्धन, अवरोध।

निधापति (9.83.4)–कारागार का अध्यक्ष।

निरोध (1.32.11)–रोकना, बन्दी बनाना, सेंध लगाने पर या कर की वसूली के लिए बाँधना (7.6.5)।

परिषद् (3.33.7)–मंडलाकार बैठना, पंचायत में बैठना, पंचायत।

परिषद्वान (10.61.13)–परिषद् या पंचायत में बैठा हुआ, पंच।

पूर्पति (1.173.10)–नगराध्यक्ष।

प्रसिति (2.25.3)–बन्धन, अवरोध।

बलि (1.70.5)–कर।

बलिहृत (7.6.5)–करदाता, कर देने को विवश।

यातयज्जन (3.59.5)–लोगों को इकट्ठा करना, यातना देना।

रत्नी (7.40.1)–प्रधान परामर्शदाता जिनमें ब्राह्मण, सामन्त, महिषी, परिवृक्ति, सेनानी, सूत, ग्रामणी, क्षत्रिय, संग्रहकर्ता, भागधुक, अक्षावाप आते रहे हैं।

रथस्पति (5.50.5; 10.64.10)–रथों का अध्यक्ष, रथ का देवता।

रयिपति (1.60.4)–मालखाने का अध्यक्ष।

राधपति (8.61.14)–कोषाध्यक्ष।

वर्षिष्ठ (3.13.7)–सबसे ऊपर का अधिकारी।

वर्षिष्ठ क्षत्र (8.101.2)–सबसे अधिक शक्तिशाली।

पश्चिम एशिया के नगरों से तुलना करने पर कुछ अध्येताओं ने हड़प्पा के नगरों की इस कमी की ओर संकेत किया है कि यहाँ उस तरह के आलीशान भवन और सार्वजनिक भवन नहीं मिलते जैसे पश्चिम में मिलते हैं। इसके मूल में भारतीय राजतन्त्र की विशिष्ट प्रकृति है जिसमें शासित जनता को प्रजा या सन्तान माना जाता रहा है और शासक को उनका पिता, अतः ज़ोर ऐश्वर्य प्रदर्शन पर नहीं, जनकल्याण पर, सार्वजनिक भवनों की विशालता पर नहीं, सार्वजनिक समृद्धि पर रहा है। राज-कर हलका से हलका हो तो भी इसे बल-प्रयोग या बल-प्रदर्शन से ही वसूला जा सकता है और इसलिए राजा को जनभक्ष भी कहा गया है। राज-कर बहुत हलका और सामाजिक समृद्धि पश्चिमी देशों की तुलना में अधिक रही लगती है जिसने ही, छोटे आकार के बावजूद अधिक व्यवस्थित, अधिक

सुशासित बस्तियों और उन्नत जीवन स्तरवाले नागर समाज को सम्भव बनाया।

एक लम्बे अरसे तक ऊर आदि की तरह यहाँ भी पुरोधा शासकों की तलाश की जाती रही या उनकी कल्पना की जाती रही और फिर यह महसूस किया जाने लगा कि यहाँ के राज्य धर्मनिरपेक्ष थे। भारत में हड़प्पा काल से चले आ रहे कल्याणकारी राज्य और प्रशासन की अवधारणा के विकास में इसके पीछे बुद्धिजीवियों की बहुत बड़ी भूमिका है। यह प्रबन्ध आरम्भ से ही इतना प्रभावशाली रहा कि प्रशासन राजा के हाथ में और नियम और विधान बनाने का अधिकार यहाँ के ब्राह्मणों या बुद्धिजीवियों के हाथ में रहा। ब्राह्मण का वर्ण के रूप में महत्त्व तो ऋग्वेद में निर्विवाद है ही, राजशक्ति और बुद्धिजीवी वर्ग की शक्ति में पहली को नियन्त्रित करने में दूसरी की भूमिका को ऋग्वेद में भी बहुत स्पष्ट रूप में प्रस्तुत किया गया है–प्रजा उस राजा के सम्मुख स्वयं ही झुकी रहती है जो ब्राह्मण का अनुगमन करता है *(तस्मै विशः स्वयमेवा नमते यस्मिन ब्रह्मा राजनि पूर्व एति* 4.50.8)। यह मात्र संयोग नहीं है कि जहाँ पश्चिमी राज्यों में यातनाएँ देकर इस हद तक कर की वसूली की जाती थी कि उनके विवरण पढ़कर भी रोंगटे खड़े हो जाते हैं वहाँ भारतीय राजाओं के लिए जो आदर्श विधानकर्ताओं ने रखा है वह है प्रजा से इस तरह कर की वसूली कि उसके अपने भरण-पोषण में कमी न आने पाए, स्रोत सूखने न पाए–*वत्सौपम्येन दोग्धव्यं राष्ट्रमक्षीणबुद्धिना* (महाभारत 12.88.18)। प्रजा को यह नसीहत भी कि वह अपने कर का भुगतान स्वयं कर दे क्योंकि जो गाय दूध चुराती है तंग उसे ही होना पड़ता है। ऐसा केवल इसलिए सम्भव हो पाया कि विधान निर्माण और प्रशासन तथा न्याय तीनों शक्तियों को अपनी मुट्ठी में कर लेने के कारण दूसरे देशों के राजा निरंकुश हो जाते थे। भारतीय ब्राह्मणों ने पश्चिम एशिया के नगर राज्यों के पुरोधाओं की तरह सीधे शासन तो नहीं किया पर विधान बनाने का अधिकार पूरी दृढ़ता से अपने हाथ में रखा। त्रासकारी राज्य के स्थान पर जनकल्याणकारी राज्य को सम्भव बनाना ब्राह्मणवाद का सबसे बड़ा अवदान है। अतः यदि राजा के असाधारण ऐश्वर्य प्रदर्शन के विविध रूप–आलीशान भवन, विशाल सैन्य बल, चित्रों, मुद्राओं, भित्तिचित्रों और मूर्तियों में राजा के अंकन–अन्यत्र पाए जाते हैं, पर हड़प्पा में नहीं पाए जाते, तो मुग़लकाल से पहले की पूरी भारतीय परम्परा में भी नहीं पाए जाते। इसे जैरिज (1994) ने विशिष्ट भारतीय मानसिकता कहा है और उनके अनुसार यह मेह्रगढ़ से मुग़लकाल से पहले तक अव्याहत बनी रहती है।

भाषा

भाषा का प्रश्न उठने पर भारोपीय भाषा और इसके प्रसार का मामला इतना प्रधान हो जाता है कि चर्चा मुख्य रूप, उसी पर केन्द्रित रहती है। सच कहें तो हड़प्पा सभ्यता की भाषा हो या तथाकथित भारोपीय भाषा, इन दोनों को समझने का सबसे विश्वसनीय स्रोत हमारे पास ऋग्वेद ही है। ऋग्वेद में तकनीकी शब्दावली इतनी प्रचुरता से भरी हुई है कि इसकी तुलना भारत की किसी अन्य साहित्यिक या पौराणिक कृति से नहीं की जा सकती। इस अर्थ में केवल अर्थशास्त्र इसके निकट आता है। जैसा कि हमने अनेक क्षेत्रों में प्रयुक्त

शब्दावली की बानगी से दिखाने का प्रयत्न किया है उद्योग, व्यवसाय, व्यापार, धर्म, समाज, प्रशासन, शिक्षा कोई भी ऐसा क्षेत्र नहीं है जिसकी बहुत प्रभावशाली तकनीकी शब्दावली इसमें भरी न हो। ऋग्वेद की अन्तर्वस्तु को देखते हुए यह और भी विस्मयकारी लगता है। यह समाज विकास को ऐसे शिखर पर पहुँचा हुआ था कि विविध तकनीकी क्षेत्रों की शब्दावली सामान्य व्यवहार की भाषा में प्रवेश कर गई थी और इसने काव्यभाषा में भी स्थान बना लिया था, जबकि काव्यभाषा सामान्यतः इस मामले में अपने समय के तकनीकी विकास को प्रतिबिम्बित नहीं कर पाती। इसमें प्रयोग के लिए शब्दों का लोक व्यवहार में घिस जाना या लोगों की जबान पर चढ़ जाना ज़रूरी होता है और अक्सर इसमें शताब्दियाँ लग जाती हैं। केवल तकनीकी शब्दभंडार के आधार पर ही हम कह सकते हैं कि यह हड़प्पा की भाषा के अतिरिक्त कोई अन्य भाषा हो ही नहीं सकती। पूरे भारोपीय क्षेत्र में किसी भी भाषा का विकास इतने उच्च स्तर का नहीं था कि हम उससे इन विविध क्षेत्रों की शब्दावली और उतने उच्च स्तर के अमूर्तन और प्रतीक विधान की, इतनी परिष्कृत और भेदक तकनीकी शब्दावली के विकास की, अपेक्षा कर सकें। हड़प्पा सभ्यता का कोई भी ऐसा पक्ष नहीं है जिसका संकेत ऋग्वेद में न मिलता हो, जबकि किसी एक कृति में किसी भी समय के पूरे विकास का प्रतिबिम्बन हो पाना एक असाधारण-सी बात है।

इस सभ्यता के कारण ही संस्कृत उस गरिमा को पा सकी कि भारतीय बोलियाँ जहाँ उससे अलग हटकर अपना स्वतन्त्र अस्तित्व बनाने का प्रयत्न करती भी हैं तो दर्शन, कला, प्रशासन, शिल्प किसी भी विषय के विवेचन की ओर बढ़ते ही वे संस्कृत से पारिभाषिक शब्दावली ग्रहण करने लगती हैं और कुछ समय बाद संस्कृतमय हो जाती हैं। यह बात भारत के किसी भी भाषा परिवार में परिगणित बोलियों पर और ज्ञात प्राचीनतम चरण से लेकर आज तक की भाषाओं पर लागू होती है। इस शब्दावली के बिना हम हड़प्पा संस्कृति और सभ्यता की कल्पना ही नहीं कर सकते हैं, या जो लोग कल्पना कर सकते हैं वे यह समझ ही नहीं सकते कि भारतीय भाषाओं का अन्तर्सम्बन्ध क्या है।

उदाहरण के लिए ऐस्को पार्पोला (1994) पहले तो सैंधव लिपि में प्रयुक्त चिह्नों के आधार पर इस नतीजे पर पहुँचते हैं कि यह भावलिपि ही हो सकती है। फिर मछली से मिलती आकृति पर लगे विकारी चिह्नों के आधार पर यह सुझाते हैं कि ऐसा उसी भाषा के सन्दर्भ में सम्भव है जिसमें एक ही ध्वनि का प्रयोग कई वस्तुओं के लिए होता रहा हो। मीन शब्द को वह द्रविड़ परिवार का शब्द मानते हैं और इसके विविध आशयों, जैसे—मछली, मीन-नक्षत्र, चाँद की एक कला, चमकना आदि को लेकर यह समझाते हैं कि ये विकारी चिह्न इन अर्थभेदों के लिए ही हो सकते हैं। यह तर्क विचित्र है क्योंकि इससे जो शब्दभंडार निर्मित होगा वह बहुत थोड़ा होगा, जो इतनी उन्नत सभ्यता के साथ न्याय नहीं कर सकता। दूसरे यदि आज तक एक ही ध्वनि एकाधिक शब्दों को प्रकट करती है तो इसके चिह्न में विकारी चिह्न लगाकर उसी ध्वनि को गढ़ने की आवश्यकता ही क्या रह जाती है। इससे अच्छा होता कि वह एक ही मूल से जुड़े पर भिन्न आशयों में प्रयुक्त होनेवाले शब्दों की शृंखला को लेते, यथा—मन, मीन, मान, मून, मणि आदि। पर इस दशा में भी उन्हें इसके बारह भेदों तक पहुँचने की बाध्यता होती। कोई शब्द किसी भाषा का है या नहीं,

इसे समझने के लिए यह ज़रूरी है कि हम देखें कि स्वर भेद से, उसी व्यंजन समुदाय के शब्दों की शृंखला में वह आता है या नहीं। मत्, मत्स्य, मति, मित, मद, मुद, मेद, मोद, मन्, मिन, मीन, मान, मेन, मून, मन्त, मन्द, मुन्द आदि शब्दों पर ध्यान दें तो पता चलेगा कि इस शब्द समूह का जिसमें मीन शब्द भी आता है, मूल मत् या जल है जिसे एकाधिक बोलियों में उच्चारणभेद के साथ विविध आशयों में बोला जाता रहा है। जल के पर्याय ही प्रकाश के द्योतक बने हैं और प्रकाश मनोव्यापार से जुड़ गया है। इस तरह एक विशाल शब्दावली एक जलार्थक शब्द से निर्मित हुई है। केवल इस कारण कि कोई शब्द यूरोपीय भाषाओं में नहीं पाया जाता, उसे आर्येतर मान लेना ठीक नहीं है और केवल इस कारण कि कोई शब्द आर्य भाषा के साथ ही भारत से बाहर की भाषाओं में भी पाया जाता है, उसे आर्य भाषा का मूल शब्द मानना भी निरापद नहीं है। भारतीय आर्य भाषा का निर्माण एक जटिल विकास-क्रम में अनेकानेक बोलियों को आत्मसात् करते हुए हुआ है और इसके बाद चौथी सहस्राब्दी या इससे कुछ पूर्व से ही इसका प्रसार भारत से बाहर होना आरम्भ हो गया है, अतः शब्दों के साथ भाषा परिवार का सवाल उठाना ही ग़लत है। यदि उठाना ही हो तो सम्पर्क क्षेत्र या परस्पर सम्पर्क में रह आए भाषा समुदायों और किसी एक भाषा के शब्द भंडार के इतर भाषा क्षेत्र में जाने से उसमें आनेवाले विकारों के अनुपात आदि की बात तो उठाई जा सकती है, भाषा परिवार की नहीं।

जैसा कि रामविलास शर्मा (1961) ने इंगित किया है, न केवल तथाकथित भारोपीय का निर्गमन भारत से हुआ है अपितु साथ ही यह भी कि निर्गमित भाषा में केवल आर्य भाषा के तत्त्व नहीं हैं। यदि ऐसा होता तो यूरोपीय भाषाओं की दो से बीस तक की संख्याओं के नाम आर्य भाषा के अनुसार और एक का नाम द्रविड़ 'ओन्र' के अनुसार न होता। इक्कीस से आगे की संख्याओं का क्रम आर्य क्रम से हटकर द्रविड़ क्रम अर्थात् इकाई-दहाई से हटकर दहाई-इकाई पर नहीं पहुँच जाता।

असल में अनेकानेक भारतीय भाषाएँ आपस में इस तरह घुलती-मिलती रही हैं कि इनका कुल-निर्धारण आसान नहीं है। हम 'पो' जाना, को द्रविड़ मान लें तो पवन, पावन, पवि, पोत को भी द्रविड़ मानना होगा। 'वा' आना, को द्रविड़ मान लें तो वायु, वाति, वाहन, वहन, वारि; अंग्रेज़ी वे, वैन या वान-यान, वाटर को भी द्रविड़ मानना होगा, जो सम्भव भी है, क्योंकि एक ही आशय को व्यक्त करनेवाले इतने शब्द भारतीय भाषाओं में पाए जाते हैं कि इनको केवल दो-तीन भाषा परिवारों में रखकर समझा नहीं जा सकता। भारत से बाहर भी इन सभी के तत्त्व इस तरह गए हैं कि अंग्रेज़ी का 'गो', जाना; तो सं. 'गम्' के अनुसार और 'वेंट', गया, 'वा' के अनुसार हो जाता है। पाथ, पथ के अनुसार और वे, रास्ता, 'वा' के अनुसार। अतः हम भाषा परिवारों की बात कामचलाऊ रूप में ही कर सकते हैं। यह ध्यान भी रखना होगा इस शब्दावली का एक उच्च सम्पर्क भाषा में विलय भारत में घटित हो चुका है, इसके बाद ये भाषाएँ बाहर जाती हैं। इसके बावजूद कुछ मामलों में यूरोपीय भाषाओं में ऐसे तत्त्व पाए जाते हैं जिनसे उस पूर्वावस्था की भाषा का संकेत मिल सके जिसका क्षीण आभास ही संस्कृत के उपलब्ध नमूनों से मिल पाता है। उदाहरण के लिए ऋग्वेद का कवि जब सृष्टि की बात करते हुए कहता है–'चन्द्रमा

मनसो जातः' (10.90.13) तो वह शायद ही इस विषय में सचेत है कि पूर्व काल में मन का अर्थ चाँद भी होता था, जो भारतीय भाषाओं में घिसकर मा–अमा, बिना चाँद की रात, अमावस–बिना चाँद का दिन, या बालकों का चाँद के लिए प्रिय सम्बोधन मा-मा बन गया है।

हड़प्पा की सम्पर्क भाषा के निर्धारण में एक और चीज़ सहायक हो सकती है। वह है मुहरों पर अंकित देवसमाज जिसे उन उपमानों या सादृश्यों के आधार पर समझा जा सकता है जिनको अग्नि, इन्द्र, वरुण, ब्रह्मणस्पति, मरुद्‌गण आदि के लिए प्रयोग में लाया गया है। इनकी तुलना सिंह, हाथी, वृषभ, अज, अवि, वराह, महिष, घड़ियाल आदि से की गई है और ठीक इन्हीं को हम मुहरों पर पाते हैं। इसका कुछ विस्तार से विवेचन हमने अन्यत्र (1995, 415-21) किया है, परन्तु संक्षेप में यह निवेदन करना ज़रूरी है कि वैदिक साहित्य से सहायता लिए बिना हड़प्पा मुहरों को समझा ही नहीं जा सकता है। उदाहरण के लिए उन आकृतियों का हम क्या अर्थ करेंगे जिनमें काया किसी अन्य पशु की है और उसके साथ हाथी का सूँड़ लगा हुआ है, या एक ही धड़ से तीन सिर निकले हुए हैं। इनमें से एक नीचे को झुका है, दूसरा मध्य में है और तीसरा आकाश की ओर उठा हुआ है। इसे हम किसी ऐसे देवता के प्रतीकांकन से अलग क्या समझ सकते हैं जिसके पार्थिव, अन्तरिक्षीय और द्युलोकीय तीन-तीन रूप हों? साँड़ की एकाधिक प्रकार की आकृतियों का हम क्या अर्थ ले सकते हैं? यदि एक ही जीव की उपमा अनेक देवताओं से दी गई हो तो उनमें परस्पर भेद करने के लिए कुछ शैली और प्रस्तुतिगत भेद ज़रूरी हो जाते हैं। उदाहरण के लिए अग्नि (1.65.4), रक्षोहा अग्नि (4.4.1), इन्द्र (4.16.14), मरुद्‌गण (1.64.7) और सोम (9.57.4) की तुलना यदि हाथी से की गई है तो ज़रूरी है कि हाथी के अंकन में इतनी विविधता बनी रहे कि इन देवताओं की पहचान हो सके। अग्नि को अज के रूप में कल्पित किया गया है और उनकी तुलना हाथी से भी की गई है, ऐसी स्थिति में बकरे के सिर पर यदि सूँड़ निकल आए तो हैरानी की बात नहीं है। हैरानी की बात यह है कि हड़प्पा सभ्यता को खींचतान कर अवैदिक सिद्ध करने और ऐसा कर पानेवालों के लिए विश्वविदित होने के अवसरों की सुलभता के कारण इस मोटी-सी बात पर कभी ध्यान ही नहीं दिया गया।

यदि हम अपने आपसे प्रश्न करें कि आख़िर वैदिक कवि अपने देवताओं को पशुओं के रूप में क्यों चित्रित कर रहे थे तो इसका एक ही समाधान हमें दिखाई देता है। वैदिक देवता उन्हीं प्राकृतिक शक्तियों के सम्मूर्तन हैं जिनको हड़प्पा के कलाकार एक भिन्न कला माध्यम में उतार रहे थे। दोनों का एक ही संवेदन था, एक ही दर्शन और एक ही कलादृष्टि। जो अपरिभाषेय है, अदब्ध है, अनिर्वचनीय है उसे अटपटे प्रकृत बिम्बों और अटपटी भाषा और उक्तियों से ही प्रकट किया जा सकता है। कहें दोनों अपने-अपने माध्यम में एक ही भाषा का प्रयोग कर रहे थे।

घोड़े या बैल का अंकन क्यों नहीं हुआ है, इसका कारण यह है कि ये भारवाही पशु थे जो स्वयं बँधे, कसे, जुते, लाचार अष्ट्रा या पैना अथवा कशाघात सहते हैं। उनकी जितनी भी प्रशंसा कर ली जाए, वे किसी देवता के प्रतिरूप नहीं हो सकते। ध्यान रहे, छुट्टा साँड़ तो मुहरों पर अंकित है पर गाय या बैल नहीं।

समाज

'आर्यों' के अपने समाज के बारे में, उनके 'आगमन' या 'आक्रमण' से प्रभावित समाज के बारे में, गम्भीर माने जानेवाले अध्येता भी आत्मविरोधी बातें करते हैं, क्योंकि नृतात्त्विक विवेचन की पुरानी पद्धतियाँ पहले परिष्कृत नहीं थीं और अनेक सवालों को आपस में उलझा दिया गया था।

1986-90 के दौरान हड़प्पा में डेल्स के नेतृत्व में किए गए उत्खननों की अन्तरिम रपट में हेम्फिल, केनेडी और लुकाक्स के दल ने पहली बार भारत, नेपाल, बलूचिस्तान, अफ़ग़ानिस्तान, ईरान, मध्य एशिया और तुर्की के अब तक उपलब्ध कंकालों की एक-दूसरे से तुलना करते हुए और हड़प्पा के अपने क्षेत्र में बाद के कालों में उपलब्ध कंकालों से मिलान करते हुए एक ऐसा अध्ययन किया जैसा इसमें पहले न हुआ था। उनकी यह रपट 1991 में प्रकाशित हुई थी जिसमें उनका दावा था कि मेह्रगढ़ काल से लेकर ई.पू. की आठवीं शताब्दी तक भारत में जनसंख्या में केवल एक क्षीण व्यवधान 4,500 ई.पू. में मेह्रगढ़ में मिलता है, इसके अतिरिक्त कोई अन्तर दिखाई नहीं देता, सिन्धु घाटी में मेह्रगढ़ के ताम्र-पाषाण काल (लगभग 4500 ई.पू.) से लेकर तीमारगढ़ (800 ई.पू.) के उत्तर हड़प्पा काल तक जीनगत निरन्तरता रही हो सकती है। इसके बाद सिन्धु घाटी के जीनगत इतिहास में दूसरा व्यवधान सरायखोला में आरम्भिक लौह युग के बाद (800-200 ई.पू.) में प्रकट होता है जिसमें तीमारगढ़ के उत्तर हड़प्पाई जनों से भिन्न प्रकार के तत्त्व पाए जाते हैं। उनके अध्ययन का एक और खास निष्कर्ष यह है कि मोहनजोदड़ो की जनसंख्या शेष भारत की जनसंख्या से किंचित् भिन्न पड़ती है परन्तु वे याद दिलाते हैं कि यहाँ के कंकाल इतने कम हैं कि इस विषय में निश्चित रूप से कुछ कहा नहीं जा सकता। इस अध्ययन के बाद इस दल ने इस मान्यता को तो ख़ारिज कर ही दिया कि आर्य भारत में बाहर से भी आए हो सकते हैं।

इसके बाद भी ऐस्को पार्पोला (449, 450, 451, 452) जैसे लोग कुछ तत्त्वों के पश्चिम एशिया की ओर से आने के कतिपय पुरातात्त्विक साक्ष्यों की ओर संकेत करते हुए यह सुझाते रहे हैं कि आर्य भारत में आक्रमणकारी के रूप में भले न आए हों, पर वे आए बाहर से थे, हड़प्पा सभ्यता के निर्माता द्रविड़ जन ही थे। पर पुराजीवविज्ञानी (273) इसे पुरज़ोर ढंग से नकारते हुए दावा करते हैं कि उनका आँकड़ा इसकी पुष्टि नहीं करता। अलबत्ता इस बात का प्रमाण है कि एक क्षीण स्तर का जीन प्रवाह दोनों दिशाओं में होता रहा है पर इसका आरम्भ हड़प्पा सभ्यता के क्षेत्र के पश्चिम की ओर होता है, इसलिए पार्पोला की यह मान्यता निराधार है।

यदि आर्य भारत में बाहर से नहीं आए और वैदिक समाज भारत के ठीक उसी क्षेत्र में सबसे प्रभावशाली रूप में बसा हुआ है जिसे हड़प्पा सभ्यता का प्रसार क्षेत्र कहा जाता है तो इन अध्येताओं को यह भी स्वीकार करना चाहिए कि हड़प्पा सभ्यता के निर्माता आर्य ही हैं। हम जिस आत्मविरोधी दावों का संकेत कर आए हैं। वे यहाँ उभरकर सामने आते हैं। ढवलीकर ने इसे निम्न शब्दों में पेश किया है :

''हड़प्पा के जन उतने ही झाँसेबाज सिद्ध हुए हैं जैसे वैदिक आर्य।...हड़प्पा से प्राप्त साक्ष्यों के विषय में निष्कर्ष गुमराह करनेवाले हैं'' (गुप्ता, दत्त और बसु 1962), पर सरकार (1964) ने पाया कि प्रभावशाली तत्त्व भारतीय आर्यों से निकटता रखता है जिसके लिए उन्होंने इंडो-कैस्पियन शब्द का व्यवहार किया है। उनका दावा है कि हड़प्पा सभ्यता की आबादी नृजातीय दृष्टि से उन क्षेत्रों में आज पाई जानेवाली आबादी से मिलती है। उनका मत गुहा से और केनेडी (327) से भिन्न नहीं है। यह बात रोचक है कि पाश्चात्य नृतत्त्वविद् आज रेस शब्द से नफरत करते हैं, जो उनकी नज़र में एक मिथ है, पर वे इस बात को बहुत ज़ोर देकर कहते हैं, ''हड़प्पावासी भारतीय कृतियों में वर्णित आर्य नहीं हैं'' (330/64)। यह भी लक्ष्य किया गया है कि आर्यभाषियों का पुरातात्त्विक साक्ष्य नदारद है और ''यदि हमें कोई ऐसा आर्य कंकाल मिल भी जाए तो हम उसे पहचानेंगे कैसे?'' (केनेडी 329/104)।

यह भी कम रोचक नहीं है कि इस धारणा पर व्यंग्य करनेवाले ढवलीकर स्वयं भी हड़प्पा की आबादी को आर्य नहीं मानते। केनेडी के कथन में हमें कोई विसंगति नहीं दिखाई देती, क्योंकि जिन कृतियों की इतनी हास्यास्पद व्याख्या की गई कि उनसे आर्य यायावर, बर्बर, खेती से अपरिचित, नगरद्रोही आदि सिद्ध किए जाते रहे हैं, उन्हें हड़प्पा सभ्यता का निर्माता कैसे माना जा सकता है? दोष किसका है, केनेडी का या वैदिक अध्येताओं का जिनके सामने एक पूरी सभ्यता पड़ी है, जो हज़ारों साल इस देश में सबसे प्रभावशाली बनी रही है, और उसका पुरातत्त्व ही ग़ायब है? वे कृतियाँ ठीक उन्हीं-उन्हीं अन्त्येष्टि रीतियों का उल्लेख करती हैं, पर उनका कोई कंकाल नहीं दिखाई देता। क्यों? क्योंकि उनका हड़प्पा जनों से अलग जातीय अस्तित्व ही नहीं है।

पुरानी ग़लतियों के नीचे दबे हुए इतर क्षेत्रों के अध्येता उनसे निकलने का रास्ता नहीं तलाश पाते तो दोष उनका नहीं है, अपितु उनका है जो इन गलतियों को दूर कर सकते हैं, पर आज भी दुहराते जा रहे हैं।

वैदिक समाज में तो चार वर्णों का विभाजन इतना कठोर है और इसने जाति की शक्ल लेकर और भी कठोरता अपना ली है कि कोई व्यक्ति धर्म बदल ले, आर्थिक स्थिति बदल ले तो भी उसकी जाति और वर्ण की पहचान नहीं जाती। यह प्रश्न ऊहापोह का विषय बना रहा है कि हड़प्पा के समाज में सामाजिक स्तर-भेद था या नहीं। जो विद्वान् सामाजिक स्तर-भेद को श्रम विभाजन और आर्थिक प्रगति से जोड़कर देखते हैं उन्हें तो यह मानना ही पड़ेगा कि हड़प्पा में सामाजिक स्तर-भेद था और इसलिए वे यह भी सुझाते रहे हैं कि आर्यों में इस तरह का स्तर-भेद नहीं था और उन्होंने वर्ण-व्यवस्था हड़प्पावासियों से अपनाई। जिनमें वर्ण-व्यवस्था नहीं थी, उन्होंने तो इसे अपना लिया और जिनमें यह पहले से मौजूद थी उनके वंशधरों ने इसे छोड़ दिया।

जो भी हो, इधर पुरातत्त्व से भी हड़प्पाई समाज में स्तर-भेद के प्रमाण तलाशे जाने लगे हैं। 'पूर्वहड़प्पाकालीन 30 बस्तियों में से 15 अर्थात् 50 प्रतिशत में दुहरे ढूह हैं। क्योंकि यह अब सर्वमान्य हो गया है कि हड़प्पा संस्कृति के निर्माण में पूर्वहड़प्पीय या कोटदीजी

संस्कृति का बहुत बड़ा योगदान है, सम्भव है पूर्वहड़प्पीय समाज में भी समाज का चतुर्विभाग मौजूद रहा हो।' (ढवलीकर, 1993)।

जो अभिव्यक्तियाँ और शब्द वर्ण-व्यवस्था और सामाजिक स्तर-भेद की द्योतक हैं, वे निम्न प्रकार हैं :

अकनिष्ठ (5.59.6; 60.5)–जिनके बीच कोई छोटा नहीं है।

अग्रनीति (2.11.14)–अगुआ।

अग्रअद्वाना (6.69.6)–जिन्हें सबसे पहले भोजन कराया जाता है।

अग्रेऽपा (4.34.10)–जिन्हें पिलाने के बाद दूसरों को पेय मिलता है।

अज्येष्ठ (5.59.6)–जिनके बीच कोई बड़ा नहीं है।

अद्मसद् (1.124.4)–जो पंगत में बैठ सकते हैं या साथ बैठकर भोजन कर सकते हैं।

तीन सवर्ण (तिस्रः प्रजा आर्या ज्योतिरग्रा–7.33.7)–अग्रगण्य (क्षत्रिय, ब्राह्मण, वैश्य)

क्षत्रिय (4.12.3; 8.67.1)।

दास (5.30.9; 8.56.3)।

दासपत्नी (3.12.6)।

दास प्रवर्ग (1.92.8)।

दास वेश (2.13.8)।

पूर्वपीत (8.3.7) जिन्हें दूसरों से पहले पान कराया गया है।

ब्राह्मण (6.75.10, 7.103.1; 10.71.9; 10.90.12)।

भृति (8.66.11)।

भृत्य (10.29.4)।

भृत्या (1.84.16)।

वणिज (1.112.11)।

वणिक (5.45.6)।

वैश्य (10.90.12)।

शूद्र (10.90.12)।

सुजात (5.21.2)।

ढोलावीरा की खुदाई से अन्त्येष्टि की रीतियों का एक नया ही पक्ष सामने आया है जिसे पुरातात्त्विक सामग्री को सामने रखे बिना समझा ही नहीं जा सकता। यहाँ की समाधिभूमि से किसी प्रकार की अस्थि या भस्मी या कोई और सामग्री नहीं मिली है, यद्यपि पात्रों की बहुलता है। अथर्ववेद (18.2.34) में प्रयुक्त परोप्त शब्द का शाब्दिक अर्थ पुनः वपन होता है। यह पुनर्जन्म की अवधारणा से जुड़ी हुई रीति थी। इसमें सम्भवतः भस्मी को मिट्टी में मिलाकर समाधि दी जाती थी। इसका कुछ आभास यजुर्वेद के (सविता ते शरीराणि मातुरुपस्थे आवपतु। तस्मै पृथिवी सम्भव। यजु. 35.5), सविता तुम्हारे शरीर को माँ के गर्भ में बीजारोपित करें इसलिए तुम मिट्टी से एकाकार हो जाओ, में पाया जाता है। ढोलावीरा के इन समाधि गर्तों में पात्रों के ऊपर की मिट्टी में राख के अंश के होने का अनुमान किया गया है।

एक अन्य पद्धति वहाँ समाधि को चारों ओर पत्थर के टुकड़ों के घेरे से घेरने की दिखाई देती है। इसका भी बहुत स्पष्ट वर्णन यजुर्वेद में (प्रस्थरेष्ठाः परिधेयाश्च देवाः। यजु. 2.20) में पाया जाता है। कहें मृतक को देवलोक में पहुँचा दिया गया है। जिसमें पत्थर की परिधि पर देवसमाज बैठा हुआ है और उनके बीच मृतक की आत्मा पहुँच गई है।

एक तीसरी विशेषता है समाधियों की दिशता जो ठीक उत्तर-दक्षिण को नहीं है। सभी की दिशता कुछ भिन्न है। यह ऊपरी समानता के भीतर स्थानीय विशेषताओं का अच्छा उदाहरण है। ढोलावीरा के महाप्रासाद के पश्चिमी घर के दोनों बाजुओं के खम्भों को लकड़ी के घेरे में मिट्टी भरकर बनाया गया था। इस मिट्टी में कई प्रकार की अस्थियाँ डाली गई हैं। अमरकोश में ऐसी दीवारों का हवाला है यह हम देख आए हैं। सम्भवतः यह किसी याजिकीय या तान्त्रिक क्रिया से जुड़ा आयोजन था।

समृद्धि

भवन आदि के अतिरिक्त भी सामाजिक समृद्धि के एक अन्य मानांक आभूषण और सोने-चाँदी का संग्रह है। हम हड़प्पा के व्यवस्थित नगर और छोटी बस्तियों के साथ ही साथ यह भी पाते हैं कि इनमें से कुछ स्थलों से आभूषणों का विपुल संचय मिला है। ठीक उन्हीं आभूषणों का और ठीक उसी आभूषण प्रेम का परिचय हमें ऋग्वेद से मिलता है। सोने-चाँदी को चोरों से बचाकर रखने का एक तरीका जो हड़प्पा काल से आज तक चला आया है, इन्हें किसी पात्र या घड़े आदि में रखकर जमीन या भीतरी दीवार में गाड़ने का रहा है। ऋग्वेद में इसके इतने स्पष्ट विवरण मिलते हैं जो रामायण या महाभारत में, या किसी भी अन्य कृति में नहीं मिलते, जबकि यह तरीका आज तक काम में लाया जाता है पर बैंकों और लॉकरों की सुविधा के कारण पहले की अपेक्षा बहुत कम मामलों में। हमारे लिए इतना ही पर्याप्त है कि कलशे में रखकर जमीन में गाड़े गए सोने–*शुभे रुक्मं न दर्शतं, निखातं,* 1.117.5–जैसे कोई गड़ा हुआ सोना दिखा रहा हो; *हिरण्यस्येव कलशं निखातं,* 1.117.12–जैसे जमीन में गाड़ा हुआ सोने से भरा मटका हो (ग्रिफिथ ने इसका अनुवाद सोने का मटका किया है); जिसने ढेर सारी दौलत गाड़ रखी हो, *'निखातं चित् यः पुरु संभृतं वसू दिद्ववपति दाशुषे',* 8.66.4, आदि से उन पात्रों और रीतियों का अनुमान लगाया जा सकता है जिनकी ओर मैकाय और वत्स ने बहुत पहले ध्यान आकृष्ट किया था। यहाँ हम उन अलंकारों और अलंकरणप्रियता पर एक दृष्टि डाल सकते हैं।

अलंकरण से सम्बन्धित कुछ शब्द

कर्णशोभन (8.78.3)–कनफूल।
खादि (1.168.3 आदि)–अँगूठी, कड़ा, छड़ा।
खादिहस्त (5.58.2)–कड़ा या अँगूठी पहने।
खादिन् (6.16.40)–जिसने खादि पहन रखा हो।

खादिपद (5.57.11)–जिसने पाँवों में गोड़हरा पहन रखा हो।

कृशन (1.126.4) मोती।

कृशनावत् (8.18.23)–जिसने मोती पहन रखा हो।

चन्द्र (3.3.5)–चाँदी।

चन्द्रवत् (3.30.20)–चाँदी से युक्त, धनी, चाँदी जैसा।

तंस (10.106.1)–सजाना।

निष्क (2.33.10)–मोहर, टिक्कल।

निष्कग्रीव (5.19.3)–मोहरमाला पहने हुए, सोने के टिक्कलों का हार पहने हुए।

मणि (1.33.8)–मनका।

मणिग्रीव (1.122.14)–मणिमाला पहने हुए, मनकों की माला गले में डाले हुए।

रजत (8.25.22)–चाँदी।

रत्न (1.41.6 आदि)–शंख, समुद्री उत्पाद, पर्वतीय उत्पाद।

रत्नधा (4.34.6)–शंख चूड़ियाँ पहनने/देनेवाला, कीमती पत्थर पहनने देनेवाला।

रत्नधेय (4.13.1)–शंख की चूड़ियाँ पहनने/देनेवाला।

रुक्म (1.88.2)–सोना।

रुक्मी (1.66.3)–सोने के आभूषण पहने हुए।

रुक्मवक्ष (2.34.2)–सुनहली माला पहने हुए।

वृषखादि (1.64.10)–मोटे-मोटे कड़े डाले हुए।

सुनिष्क (4.37.4)–मोहनमाला पहने हुए।

हिरण्य (1.46.10)–सोना।

हिरण्यकर्ण (1.122.14)–कर्णभूषण पहने हुए।

हिरण्यपाणि (3.54.11)–कंगन पहने हुए।

हिरण्यपिंड (6.47.22)–सोने के टिक्कल।

हिरण्यबाहु (7.34.4)–सोने के बाजूबन्द पहने।

हिरण्यय (1.7.2)–सोने के अलंकारों से लदा हुआ।

हिरण्यपेश (8.8.2)–सुनहले कशीदे के उत्तरीय डाले।

हिरण्य हस्त (1.35.10)–बाजूबन्द या भुजायठ पहने हुए।

हम इसके साथ ऐयाशी के दूसरे रूपों–जुआ, मद्यपान, व्यभिचार तथा मनोरंजन और कालयान के दूसरे साधनों की चर्चा कर सकते थे पर संकेत रूप में इनका उल्लेख किया जा चुका है और शब्दावली सीमित ही है, इसलिए इसकी उपेक्षा की जा सकती है। परन्तु यहाँ यह कहना ज़रूरी है कि कोई भी पक्ष ऐसा नहीं है जो हड़प्पा सभ्यता के अवशेषों से निर्मित होनेवाली छवि से किसी भी रूप में अनमेल पड़ता हो। जिन पक्षों के विषय में हमने यह कहा है कि उनसे सम्बन्धित शब्दावली सीमित है। उनका पूरा परिचय तो हड़प्पा के अवशेषों से मिलता ही नहीं। उदाहरण के लिए, हड़प्पा के नगर अवशेषों से इस बात के प्रमाण तो मिल जाते हैं कि कुछ लोग जुआ भी खेलते थे, पर यह पता नहीं चलता कि कुछ लोग इसके चलते इतने तबाह हो जाते थे कि कर्ज के बोझ के कारण उनके अपने लोग

भी अपने नहीं रह जाते थे। उनकी पूरी गृहस्थी तबाह हो जाती थी। उनकी अपनी पत्नी और माता-पिता तक उनको अपनाने से इनकार कर देते थे, इन बातों का समाधान ऋग्वेद से ही हो सकता है।

धर्म

ऋग्वेद में इतने सारे गण हैं, इतने सारे देवता हैं, इतनी सारी साधना और उपासना पद्धतियाँ हैं कि पूरे समाज को किसी एक से जोड़कर शेष को छोड़ देना या अनार्य करार देना अनर्थकारी है। इन सभी का हज़ारों वर्षों के दौरान समन्वय हुआ है और यह समन्वय ऋग्वैदिक काल तक सम्पन्न हो चुका है, पर समाप्त नहीं हुआ है। यह न सामाजिक या आर्थिक दृष्टि से एकाश्म था, न ही धार्मिक दृष्टि से।

हड़प्पा संस्कृति के किसी भी स्थल से किसी मन्दिर का प्रमाण न देखकर और इसे अवैदिक सीमा में ही कहीं न कहीं खपाने के लिए चिन्तित कुछ नए अध्येताओं ने यह सुझाया कि उनका कोई धर्म नहीं था। वे जलशुद्धि में विश्वास रखते थे (555)। हड़प्पा संस्कृति से जुड़े लोग केवल जलशुद्धि में विश्वास रखते थे या नहीं, यह तो उन मुहरों को देखकर समझा जा सकता है, जिन पर उनका देवशास्त्र लिखा पड़ा है, पर जलशुद्धि उनके विश्वास पद्धति में महत्त्वपूर्ण स्थान रखती थी इसे समझने में ऋग्वेद से लेकर आज तक का भारतीय साहित्य और आचार मदद दे सकता है।

परन्तु यह समस्या उनके लिए विचारणीय है जो वैदिक उपासना पद्धति से हड़प्पा का अलगाव दिखाने के लिए ही जलशुद्धि आदि के सुझाव देते हैं पर यह भूल जाते हैं कि पूरे भारतीय समाज में जलशुद्धि की यह परम्परा वैदिक जनों में ही आरम्भ से आज तक क्यों पाई जाती है?

हड़प्पा संस्कृति के अनेक स्थलों—कालीबंगाँ, लोथल, रंगपुर, नागेश्वर आदि स्थलों से यज्ञकुंड या हवनकुंड पाए गए हैं पर कुछ, यथा नागेश्वर के, मामले में यह सन्देह किया गया है कि वे कुम्हारों के आँवें हो सकते हैं (201)। जहाँ इन्हें यज्ञकुंड या हवनकुंड के रूप में स्वीकार किया गया है, वहाँ भी कुछ लोगों के द्वारा यह सुझाया गया है कि इनकी व्याख्या वैदिक कृतियों के हवाले से करना ज़रूरी नहीं। अस्तु।

यहाँ हम उसी प्राचीन आग्रह की शक्ति का नमूना पाते हैं जिसमें हड़प्पा संस्कृति की वैदिक प्रकृति का प्रमाण मिलने पर उसे नकारने के बहाने तलाश किए जाते हैं। पहली बात यह है कि यदि यह उपासना पद्धति प्राचीन काल से कृषि की उर्वरता की पूजा से जुड़ा चला आ रहा था, तो वैदिक परम्परा के अनुसार भी यज्ञ उत्पादन और उर्वरता की पूजा से अलग क्या है? इस बात को पूरी परम्परा में बार-बार दुहराया गया है कि यज्ञ से पर्जन्य (उत्पादन करनेवाले बादल) बनते हैं, पर्जन्य से अन्न उत्पन्न होता है और अन्न से जीवन सम्भव होता—*यज्ञाद् भवति पर्जन्यः पर्जन्यादन्न सम्भवः। अन्नाद् भवति भूतानि...*। जिस उर्वरता की उपासना की बात की गई है उसे हम ऋग्वेद में लक्ष्य कर सकते हैं। यहाँ तक कि अरणिमन्थन की क्रिया तक को मैथुन की क्रिया के रूप में अनेक बार (उ*त्तानायामजनयन्*

त्सुषूतं भुवदग्निः पुरुपेशासु गर्भः, 2.10.3; *उत्तानाया मव भरा चिकित्वान्...इलायास्पुत्रो वयुनेञ्जनिष्ट,* 3.29.3। देखें सिंह 1995, 428-29 भी) चित्रण मिलता है। एक अन्य प्रश्न, जिसका उत्तर हड़प्पा और वैदिक सभ्यताओं के अभेद को नकारनेवालों को देना चाहिए, वह यह कि यदि अग्निपूजा की यह प्रथा आर्येतर थी तो किसी आर्येतर समुदाय में बची क्यों न रह गई, केवल वैदिक परम्परा में ही हम इसे क्यों पाते हैं?

शिश्नदेव शब्द को आज भी कुछ लोग उर्वरता की पूजा से जोड़ते हैं और उर्वरता की पूजा को अवैदिक मानते हैं। उर्वरता के आशय को व्यक्त करनेवाली बहुचर्चित मुहर का चित्रण ऋग्वेद में क्यों और कैसे पाया जाता है (दानी व थापर 1992, सिंह 1995, 426-28)? शिवलिंग की जिस उपासना से शिश्नदेव को जोड़ा जाता है, वह स्वयं इससे संगति नहीं रखती। हमने इस पुस्तक के प्रथम प्रकाशन (1987, 395-96) में ही यह सुझाव रखा था कि शिवलिंग की प्रतिमा वास्तव में सोमयन्त्र या सोम का रस निकालने का यन्त्र है। कुरोचकिन (356) ने मार्लिक की समाधियों से प्राप्त और लिंग से मिलती-जुलती आकृति के यन्त्र को, जिसे उन्होंने भारतीय प्रतिरूपों से तुलनीय भी माना है, सोम का रस निकालने का यन्त्र कहा है। कम से कम अब तो शिश्नदेव और लिंगपूजा विरोधी आर्यों की समस्या का हल हो ही जाना चाहिए, भले इसे सोम का रस निकालने के यन्त्र से अलग कुछ भी माना जाए।

एक अन्य पहलू जिसकी कभी उपेक्षा नहीं की जा सकती, वह है किसी भी संस्था के विकास की प्रकृति। अनेक बार भूल समूचे वैदिक समाज को एकपिंडीय और वैदिक विश्वास पद्धति को सनातन और स्थिर मान लेने के कारण होती है जबकि वैदिक समाज के गण और गणप्रतीक तो कृतियों में स्पष्ट वर्णित ही है, इस बात का भी उल्लेख पाया जाता है कि धर्म की प्राथमिक अवस्था में इसका स्वरूप भिन्न था–*(तानि धर्माणि प्रथमानि आसन्,* 1.164.50; 10.90.16)।

ऋग्वेद का विशाल देव समाज अपने मूल में अनेक गणों के अपने देवताओं के मिलन का परिणाम था जिनमें से कुछ किसी एक ही प्राकृतिक शक्ति के एक भिन्न रूप में कल्पित और भिन्न आकांक्षाओं को पूरा करनेवाले रूप हैं, जैसे–पूषा, इन्द्र, सूर्य, विष्णु तथा ब्रह्मा। रुद्र तो इतने प्राचीन देवता हैं कि इन्द्र के देवत्व की स्थापना के बाद यह महेन्द्र बन जाते हैं और इनके पुत्रों–मरुतों या रुद्रियों–तक को इन्द्र का प्रतिस्पर्धी और अन्ततः सहायक और मित्र बना दिया गया है। यह जनजातीय विलयन प्रक्रिया में गणों द्वारा अपने देवता को प्रधानता देने और बाद में बहुजन की मान्यता के दबाव में अल्पजनों के देवता की हैसियत के ह्रास का प्रमाण है। पर जब इन दोनों में इन्द्र प्रधान हो गए तब भी शब्दों में रुद्र ज्येष्ठतम और श्रेष्ठतम बने रहे। उनके बीच तनाव और जुड़ाव का इतिहास बाद में भी बना रहा, पर मोटेतौर पर ये मिलकर एक ही जमात का हिस्सा बन गए। यह विविध गणों के एक समाज में ढलने और उसके भीतर अपनी पहचान बनाने की और उनके देवताओं का अपने निकटतम देवता से एक सम्बन्ध कायम कर लेने की कहानी है। वैदिक देवशास्त्र का विकास बहुत लम्बे समय में, हज़ारों साल के दौर में हुआ है, यह भूलने पर हम इसकी प्रकृति को समझ ही नहीं सकते।

हड़प्पा सभ्यता के सन्दर्भ में अब पहले की जड़ता टूटी है और 'विविध प्रकार के धार्मिक विचारों' की बात (दानी व थापर 1992) की जाने लगी है। हमने आदिम संस्कृतियों और उच्च या नागर संस्कृति के सन्दर्भ में हड़प्पा और वैदिक धार्मिक विश्वासों की व्याख्या की थी। अब 'महती परम्परा और लघु परम्परा' (दानी व थापर 1992) की बात भी की जाने लगी है। नग्नप्राय मिट्टी की आकृतियों को भी ग्रामीण मातृ-देवियों के रूप में स्वीकारा गया (वही) है।

हम धर्म और विश्वास से सम्बन्धित शब्दावली पर दृष्टि डालते हुए धर्म और उपासना-पद्धति की इस बहुलता और जटिलता को अधिक अच्छी तरह समझ सकते हैं :

अगस्त्य (1.170.2)–इन्द्र के स्थान पर रुद्रों या मरुतों के उपासक।

अग्निहोत्री (10.66.8)–अग्निचर्या करनेवाले।

अनीन्द्र (1.133.1)–इन्द्र की उपासना के विरोधी या इन्द्र विमुख।

अन्यव्रत (5.20.2)–भिन्न आचार संहिता माननेवाले।

अपव्रत (5.40.6)–आचारभ्रष्ट, धर्मभ्रष्ट।

अयज्ञ (7.6.3)–यज्ञ न करनेवाले, यज्ञ की आलोचना करनेवाले।

अव्रत (1.33.5)–व्रत विरोधी, व्रतशून्य।

अस्नाता (2.15.5)–अदीक्षित।

आहुति (1.31.5)–देवता का आह्वान।

इन्द्र (इन्द्रं वृणानः पितरं जहामि–10.124.4)–परम सत्ता।

इन्द्रवन्त (1.105.19)–इन्द्र रक्षित।

कृत्या (10.85.28)–जादू-टोना।

केशी (10.136.1)–जटिल।

गायत्रिणः (1.10.1)–गायत्री का पाठ करनेवाले।

गुह्यव्रत (गुह्येषु व्रतेषु, 3.54.5)–गुह्य साधना।

गोमातरः (1.85.3)–गाय को माँ समझनेवाले।

तप (*वपसा ये अनाधृष्याः तपसा ये स्वर्ययुः*, 10.154.2)।

दान (7.27.4)।

नग्न (8.2.12)–दिगम्बर।

धर्मवन्त (8.35.13)।

धृतव्रत (1.25.7)–नियम और आचार की दृष्टि से अविचल, इनका पालन कराने को संकल्पकृत।

पज्रहोषी (6.59.4)–बहुत यज्ञ करनेवाला (दुर्ग)।

परावृक्त (4.30.16)–प्रव्रजित।

पृश्निमातरः (1.23.10)–धरती को माता समझनेवाले।

प्रदक्षिणा (*प्रदक्षिणित् अभिवदन्ति कारवः*–2.43.1) किसी आस्था केन्द्र की दक्षिणाभिमुख परिक्रमा।

मनसा यजन (प्र यः सत्राचा मनसा यजात–7.100.1)–मानस यज्ञ।

मायी (1.39.2)–मायाचारी, तन्त्र और जादू का अभ्यास करनेवाला।
मुनि (7.56.8, *मुनयो वातरसना पिशंगा वसते मला,* 10.136.2)।
मुमुक्षु (10.111.9)–मोक्ष की कामना करनेवाले।
मौनेय (*उन्मादिता मौनेयेन*–10.136.3)–मौन साधना करनेवाले।
यक्ष (1.1.4)।
यातुधान (7.104.15)–जादू करनेवाला, मायाचारी।
योग (1.18.7)–(प्राण, अपान, व्यान और समान, अथर्व. 10.2.13)।
वन्दना (7.21.5)।
वन्दारु (1.147.2)–वन्दना करनेवाला।
वरुण प्रशिष्ट (10.66.2)–वरुण के उपासक, जिनके पथदर्शक वरुण हैं।
वातरसना (10.136.2)–दिगम्बर (?)।
वृषव्रत (1.85.4)–गोव्रतिक, शुद्ध शाकाहारी, अकृष्ट और अपक्व भोजी।
वृषाकपायी (10.86)–कपीन्द्र के उपासक, आद्य हनुमान के उपासक?
व्रत (2.3.8)–आचारगत शुद्धि का संकल्प।
शिश्नदेव (7.21.5)–आत्मोदरपरायण, लिंगोपासक, अनीश्वरवादी।
शुचिव्रत (1.15.11)–शुद्ध आचारवाले।
सत्यसाधना (*सत्येनोत्तभिता भूमि...:*–10.85.1)।
सामगा (2.43.1; 10.107.6)–साम गान करनेवाले।
सुव्रत (1.125.7)–दृढ़व्रती, दृढ़निश्चयी।
सूरी (1.54.11)–सूर्योपासक, भक्त।
सोमपा (1.4.2)–सोमयाजी।
स्तुति (1.84.2, 10.31.5)।
स्तोता (1.38.4, 3.52.5)।
स्तोत्र (1.30.5, 3.31.14)।

सहायक ग्रन्थ एवं निबन्ध

1. *अथर्ववेद संहिता* — सं. श्रीपाद दामोदर सातवलेकर, स्वाध्याय मंडल, पारडी।
2. *अवेस्ता* — सं. कांगा, एफ. एर्वाद न सोनटक्के, पूना।
3. ईषादि नौ उपनिषद् — गीताप्रेस, गोरखपुर।
4. ऋग्वेद संहिता — सं. एस.एन. सोनटक्के व सी.जी. काशीकर, 5 खंडों में, वैदिक संशोधन मंडल, पूना।
5. *ऋग्वेद संहिता* — सं. सातवलेकर, स्वाध्याय मंडल, पारडी।
6. *ऋग्वेद का सुबोध भाष्य* — सातवलेकर, स्वाध्याय मंडल, पारडी।
7. *ऐतरेय ब्राह्मण* — 2 खंडों में, आनन्दाश्रम, पूना।
8. *काठक संहिता* — सं. सातवलेकर, स्वाध्याय मंडल, पारडी।
9. *गोपथ ब्राह्मण* — भाष्य क्षेमकरण शास्त्री, अथर्ववेद भाष्य कार्यालय, इलाहाबाद।
10. *छान्दोग्य ब्राह्मण* — कलकत्ता संस्कृत कॉलेज, कलकत्ता।
11. *छान्दोग्योपनिषद्* — गीताप्रेस, गोरखपुर।
12. *तैत्तिरीय ब्राह्मण* — बिब्लिओथिका इंडिका।
13. *तैत्तिरीय संहिता* — बिब्लिओथिका इंडिका।
14. *निघंटु* और *निरुक्त* — मोतीलाल बनारसीदास।
15. *बृहदारण्यक उपनिषद्* — गीताप्रेस, गोरखपुर।
16. *बृहद्देवता* — सं. मैकडनल, मोतीलाल बनारसीदास, दिल्ली।
17. *बौधायन गृह्यसूत्र* — सं. आर. शर्मा शास्त्री, मेहरचन्द लक्ष्मणदास, नई दिल्ली।
18. *ब्राह्मणोद्धार कोश* — विश्वबन्धु, विश्वेश्वरानन्द संस्थान, होशियारपुर।
19. *भगवद्गीता* — गीताप्रेस, गोरखपुर।
20. *भागवत महापुराण* — गीताप्रेस, गोरखपुर।
21. *महाभारत* — 5 खंडों में, भंडारकर ओरिएंटल रिसर्च इंस्टीट्यूट, पूना।
22. *मत्स्यपुराण* — आनन्दाश्रम, पूना।
23. *मत्स्यपुराण* — अनु. रामप्रताप त्रिपाठी, हिन्दी साहित्य सम्मेलन, प्रयाग।
24. *मानव गृह्यसूत्र* — सं. रामकृष्ण हर्षजी शास्त्री, पाणिनि, नई दिल्ली।
25. *मानव श्रौतसूत्र* — अनु. गेल्डनर, इंटरनेशनल अकादमी ऑफ़ ओरिएंटल कल्चर, नई दिल्ली।

26. *मैत्रायणी संहिता* — सं. सातवलेकर, स्वाध्याय मंडल, पारडी।

27. *यजुर्वेद संहिता* — सं. सातवलेकर, स्वाध्याय मंडल, पारडी।

28. *रामायणम्* — सं. वासुदेव शर्मा, इंडोलॉजिकल बुकहाउस, दिल्ली-वाराणसी।

29. *वाजसनेयि-संहिता* — सं. वेबर, चौखम्बा संस्कृत सीरीज, वाराणसी।

30. *वायुपुराण* — अनु. रामप्रताप शास्त्री, हिन्दी साहित्य सम्मेलन, प्रयाग।

31. *शतपथ ब्राह्मण* — सं. चिन्नस्वामि शास्त्री, पट्टाभिराम शास्त्री व रामनाथ दीक्षित, चौखम्बा, वाराणसी।

32. *शतपथ ब्राह्मण* — अनु. एगलिंग सैबुईसी, मोतीलाल बनारसीदास, दिल्ली।

33. *श्रौतकोश* — सं. काशीकर, 2 खंडों में, वैदिक संशोधन मंडल, पूना।

34. *मनुस्मृति* 1887 चौखम्बा, दिल्ली।

35. अग्रवाल, वासुदेवशरण 1966 *भारतीय कला,* पृथ्वी प्रकाशन, वाराणसी।

36. अरविन्द 1972 *वेद रहस्य,* अरविन्द सोसायटी, पांडिचेरी।

37. आप्टे, नागेशभट्ट 1928 *हिन्दी सुमेरी संस्कृति,* सदाशिव पेंठ, पूना।

38. ओझा, गौरीशंकर हीराचन्द 1905 *भारतीय प्राचीन लिपिमाला*।

39. काणे, पांडुरंग वामन दू. सं. *धर्मशास्त्र का इतिहास,* 5 खंडों में, अनु. अर्जुन चौबे काश्यप, हिन्दी समिति, लखनऊ।

40. गोरख प्रसाद 1956 *भारतीय ज्योतिष*।

41. चतुर्वेदी, गिरिधर शर्मा 1881 (शकाब्द) वैदिक विज्ञान और भारतीय संस्कृति, पटना।

42. चाटुर्ज्या, सुनीति कुमार 1954 *भारतीय आर्य भाषा और हिन्दी* (मूलतः 1940), राजकमल, बिहार राष्ट्रभाषा परिषद्, पटना।

43. दीक्षित, शंकर बालकृष्ण 1957 *भारतीय ज्योतिष,* अनु. शिवनाथ झारखंडी, प्रकाशन ब्यूरो, उत्तर प्रदेश।

44. द्विवेदी, कपिलदेव 1951 *अर्थ विज्ञान और व्याकरण दर्शन,* लखनऊ।

45. नदवी, सैयद सुलेमान 1930 *अरब और भारत के सम्बन्ध,* अनु. रामचन्द्र वर्मा, हिन्दी एकेडेमी, प्रयाग।

46. पाठक, विश्वम्भर शरण 1984 भूमिका, *प्राचीन भारत में ग्राम और ग्राम्य जीवन*।

47. पांडे, राजबली सं. 2022 *अशोक के शिलालेख,* ज्ञानमंडल, वाराणसी।

48. मजूमदार, रमेशचन्द्र 1966 *प्राचीन भारत में संघटित जीवन,* अनु. कृष्णदत्त वाजपेयी, सागर विश्वविद्यालय, सागर।

49. मिश्र, सच्चिदानन्द 1984 *प्राचीन भारत में ग्राम और ग्राम्य जीवन,* पूर्वा संस्थान, गोरखपुर।

50. मीमांसक, युधिष्ठिर 1957 *वैदिक छन्दोमीमांसा,* अमृतसर।

51. राय, उदय नारायण 1965 *प्राचीन भारत में नगर तथा नगर-जीवन,* हिन्दुस्तानी एकेडेमी, इलाहाबाद।

52. शर्मा, मुंशीराम 1968 *वैदिक संस्कृति और सभ्यता,* कानपुर।

53. शर्मा, रामशरण 1979 *शूद्रों का प्राचीन इतिहास,* अनु. विजयनाथ ठाकुर, दिल्ली।

54.		1993	'प्राचीन भारतीय समाज : इतिहास के झरोखे से', *इतिहास*, 3.
55.	शर्मा, रामविलास	1979	*भारत के प्राचीन भाषा-परिवार और हिन्दी*, खंड-1, राजकमल, दिल्ली।
56.		1980	*भारत के प्राचीन भाषा-परिवार और हिन्दी*, खंड-2, राजकमल, दिल्ली।
57.		1981	*भारत के प्राचीन भाषा-परिवार और हिन्दी*, खंड-3, राजकमल, दिल्ली।
58.		1983	*मानव सभ्यता का विकास*, दिल्ली।
59.	शास्त्री, कपिलदेव	1978	*वैदिक ऋषि : एक परिशीलन*, कुरुक्षेत्र विश्वविद्यालय, कुरुक्षेत्र।
60.	सिंह, भगवान	1973	*आर्य और द्रविड़ भाषाओं की मूलभूत एकता*, लिपि प्रकाशन, दिल्ली।
61.		1985	'वैदिक समाज में नारी', *इतिहास*, 3, 7, 53-72।
62.		1986	'ऋग्वैदिक पुर', *ऋतम्भरा*, सं. कैलाश चन्द्र वर्मा, श्री उदयवीर शास्त्री फ़ेलिसिटेशन वॉल्यूम, 2, 67-74.
63.		1996	*भारत तब से अब तक*, शब्दकार, दिल्ली
64.	Adams, W. Y.	1968	'Invasion, Diffusion, Evolution?' *Antiquity*, XLII, 167, 194-215
65.	Agrawal, D.P.	1968	C-14 Dates, Banas Culture and the Aryan's, *Current Science*, 35, March, 5, 114-17.
66.		1968	'Harappan Chronology : A Re-examination of Evidence', Studies in *Pre-history*, *Robert Bruce Foot Memorial Vol.*, Calcutta, 139-48.
67.		1971	*Copper-Bronze Age in India Munshiram* Manoharlal, Delhi.
68.	Agrawal, D.P. and R.K.Sood	1982	'Ecological Factors and the Harappan Civilisation', HC, 223-29.
69.	Aiyar, Kameshvara	1921-22	'The age of the Brahmanas', *Journal of Mythic Society*, 11, 171-93, 223-46, 357-66.
70.	Alekseev, G.V.	1969	*Soviet Studies on Harappan Script*, tr. Hemchandra Pandey, Florida.
71.	Alexander, Till	1961	*The Greeks*, Thames and Hudson, London.
72.	Ali, Mohammad	1957	'Aryana : Or Ancient Afghanistan', *Afghanistan*, XII, 1, 29-57.
73.		1961	'A Glance at Afghanistan Cultural Heritage', *Afghanistan*, XVI, 3, 1-8.
74.	Ali, S.A.	1973	The Geography of the Puranas, Delhi.
75.	Allchin, Bridget	1984	'The Harappan Environment', *FIC*, 445-54.
76.	Allchin, Bridget and Raymond Allchin	1968	*The Birth of Indian Civilisation,* Penguin, Harmondsworth.
77.	Allchin, F.R.	1969	'Early Domesticated Animals in India and Pakistan.' *The Domestication and Exploi-*

			tation of Plants and Animals, ed. J. Ucko Dimbleby, London.
78.		1969	Early Cultivated Plants in India and Pakistan, *Ibid.*, 246-51.
79.		1969	'Dilmum and the Gulf of Cambay', Antiquity, XLIII, 172, 315-17.
80.		1973	'Problems and Perspectives of South Asian Archaeology', *SAA*, 1-12.
81.		1984	'The Northern Limits of the Harappa Culture Zone', *FIC*, 51-54.
82.	Allen, W.S.	1953	*Phonetics in India*, Oxford.
83.	Alpin, Mac	1975	Elamite and Dravidian : Further Evidence on Relationship, *Anthropology*, 16, 1, 105.
84.	Altekar, A.S.	1958	'Vedic Society', *CHI*, 221-33.
85.	Andrewes, Antony	1967	The Greeks, Hutchinson, London.
86.	Apte, V.M.	1958	'Vedic Rituals', *CHI*, 1, 234-63.
87.	,, ,,	1965	'Social and Economic Conditions', *The Vedic Age*, Bombay.
88.	Ardner, Edwin,	1971	*Introductory Essays in Social Anthropology and Language*, London.
89.	Arun Kumar	1972	On the Location of Dilmun, 301, XXI, 4. 348-50.
90.	Arvamuthan T.G.	1941-42	Some Survivals of the Harappa Culture, New India Antiquary, IV, 294-326.
91.	Asthana, Shashi, P.	1979	History and Archaeology of India's Contact with other Countries, Delhi.
92.		1982	'Harappan Trade in Metals and Minerals : A Regional Approach', HC, 271-85.
93.		1984	'The Place of Shehdad in Indo-Iranian Trade', FIC, 253-62.
94.		1985	*Pre-Harappan Cultures of India and Borderlands*, Books & Books, New Delhi.
95.	Atre, Shbhanagana	1987	*The Archetypal Mother–A systematic Approach to Harappan Religion,* Pune.
96.	Aurobindo	1956	*On the Veda,* Pondicherry.
97.		1962	*Vedic Glossary*, Pondicherry.
98.	Babun, Edward	1969	*The Varieties of Man*, London.
99.	Bagchi, P.C. (ed. & tr.)	1929	*Pre-Arayan and Pre-Dravidian in India*, Calcutta.
100.	Banerji, N.R.	1965	*The Iron Age in India*, Munshiram Manoharlal, Delhi.
101.	Bannerji, M.N.	1927	'Iron and Steel in the Rigvedic Age', *IHQ*, 8, 1932, 364-66.
102.	Basham, A.L.	1953 & 1967	*The Wonder that was India*, London & New Delhi.

103. Basu, Jogiraj 1969 *India of the Age of the Brahmanas*, Calcutta.

104. Bernt, Ronald M. 1964 *The World of the First Australians*, London.

105. Bhargava, M.L. 1964 *The Geography of the Rigvedic India*, Lucknow.

106. Bhargava, P.L. 1971 *India in the Vedic Age*, Lucknow.

107. 1984 'The word Asur in the Rigveda', *ABORI*, 64, 1-4, 119-28.

108. Bhattacharya, B.P. 1979-80 'The Indus Valley Civilisation–An Aryan Culture'? *Puratatva*, 11, 140-45.

109. Birt, Phillip 1964 *Finding about Phoenicians*, London.

110. Bisciane, R. 1973 'Dynamics of an Early South Asian Urbanisation : The First Period of Shahr-i-Sokhta and its Connection with Southern Turk-menia', *SAA*, 105-18.

111. Bisht, R.S. 1982 'Excavations at Banawali', *HC*, 113-24.

112. 1984 'Structural Remains and Town Planning of Banawali', *FIC*, 89-98.

113. Bloch, Jules 1929 'Sanskrit and Dravidian', *PAPDI*, Calcutta, 35 ff.

114. 1954 *The Grammatical Structure of Dravidian Language*, Poona.

115. 1962 *Indo Aryan, from Veda to Modern Times*, tr. Alfred Master, Paris.

116. Bloomfield, L. 1965 *Language*, London.

117. Bloomfield, M. 1897 *Hymns of the Atharvaveda*, *SBES*, XLII (1964 edn.), Delhi

118. 1916 *Rigvedic Repetitions* (1981 edn.), Delhi.

119. Boas, Franz 1955 *Race, Language and Culture*, New York.

120. Bose, A.C. 1965 *Hymns from the Vedas*, New Delhi.

121. Braidwood, R.J. 1952 *The Near East and the Foundations of Civilisation*, Eugene.

122. Braidwood, J.R. and Willey (eds.) 1960 *Courses towards Urban Life*, Chicago.

123. Radliff-Brown, A.R. 1968 Structure and Function in Primitive *Society*, London.

124. Brown, W. Norman 1964 'Indian Games of Pachisi, Choupar and Chausar' Antiquity, VI, 3, 32-35.

125. Buck, Carl Darling 1960 *Dictionary of Selected Synonyms in the Principal Indo-EuropeUn Language*, Chicago.

126. Budh Prakash 1966 *Rigveda and the Indus Valley Civilisation*, Hoshiarpur.

127. Buhler, G. 1959 *Indian Palaeography*, New Age, Delhi.

128. 1894 'Note on Professor Jacobi's Age of the Veda and on Professor Tilak's Orion', Ritambhara (1986), 106-15.

129. Burrow, T. 1955 *The Sanskrit Language,* London.

130. 1968 *Collected Papers on Dravidian Linguistics*, Annamalai.

131. 1969 'Dravidian and Decipherment of the Indus Script', *Antiquity*, 43, 172, 274-78.

132. Burrow, T and Emeneau 1961 *A Dravidian Etymological Dictionary*, London.

133. Buxton 1931 'Racial Affinities of the Peoples of India', *Census of India,* 1931, 1, 3. Delhi.

134. Campbell, A. 1933 *A Santhali English Dictionary*, Manbhum.

135. Cardi, Beatrice de 1984 'Some Fourth and Third Century Sites in Sarwan and Jhalawan, Baluchistan, in relation to Mehargarh Sequence', *SAA*-1981, 61-68.

136. Cornoy, Albert Jr. 1917 *Iranian Mythology*, Boston.

137. Casper, Elizabeth D. 1984 'Sumerian Trading Communities residing in Harappan Society,' *FIC*, 363-70.

138. Cauldwel, (Rev.) R. 1913 *A Comparative Grammar of the Dravidian or South Indian Family of Languages*, eds. R.L. Wyatt and T. Ramakrishna Pillai, London.

139. Chadwick, John 1968 *The Decipherment of Linear B*, Cambridge.

140. Chakaldar, H.C. 1962 *The Aryan Occupation of Estern India*, Calcutta.

141. Chakravarti, D.K. 1968 'Origin of Ahar Culture', Man in India, XLI, April-June, 97-105.

142. 1973 'Beginning of Iron and Social Change in India', *Indian Studies, Past and Present*, 14, 329-38.

143. 1976 'The Beginning of Iron in India', *Antiquity*, L, 114-24.

144. 1979 'Iron in Early Indian Literature', *JRAS*, 22-30.

145. 1983 'The Issues of the Indian Iron Age', *Paper in the Seminar on Recent Advances in India Archeology*, Decan College, Poona.

146. 1984 'Origin of the Indus Civilisation : Theories and Problems', *FIC*, 43-50.

147. 1984-85 'Iron and Urbanization : An Examination of the Indian Context', *Puratatva*, 15, 68-73.

148. Chand, R.P. 1916 *The Indo-Aryan Races*, Rajshahi.

149. Chatterji, J.M. 1932 *Atharvan Zarthustra Gatha*, tr. Ardeshir Bilimoria, in Gujarati, Navasari.

150. | 1937 | *The Prshnigatha, i.e., the Gathas of Ramchandra*, The Hymns of Zarathustra or the Cream of Atharvaveda, Navasari.

151. Chatterji, S.K. | 1926 | *The Origin and Development of the Bengali Language*, Calcutta.

152. | 1929 | 'Some More Austric Words in Indo-Aryan', *PAPDI*, Calcutta.

153. | 1948 | 'Sir William Jones', *Sir William Jones Centenary Volume*, 81-86.

154. | 1954 | 'Old Tamil and Ancient Tamil', *Indian Linguistics*, XIV, pt. I and II.

155. | 1958 | 'Contribution from different Language Groups', *CHI*.

156. | 1958 | 'Linguistic Survey of India : Languages and Scripts', *CHI*, 53-75.

157. | 1965 | 'Race Movements and Prehistoric Cultures', *The Vedic Age*.

158. | 1968 | *Balts and Aryans in their Indo-EuropeUn Background*, Simla.

159. Chattopadhyay, B.K. | 1965 | 'Mohenjodaro and Aryan Colonisation of Mesopotamia', *VIJ*, III, 1, 111-16.

160. Chattopadhyay, D.P. | 1959 | *Lokayat*, New Delhi.

161. Chattopadhyay, K.P. | 1970 | *Ancient Indian Cultural Contacts and Migrations*, Calcutta.

162. Childe, G. | 1942 | *What Happened in History*, Penguin, Harmondsworth.

163. | 1952 | *New Light on the Most Ancient East*, London.

164. | 1965 | *Man Makes Himself*, London.

165. | 1979 | 'Prehistory and Marxism' (Posth.), *Antiquity*, LIII. 93-95.

166. Chitwala, Y.M. | 1982 | Harappan Settlements in Ktch-Saurashtra Region. *HC*., 197-201.

167. Clauson, Gerard and John Chadwick | 1969 | 'The Indus Script Deciphered?' *Antiquity*, XLIII No. 171, 200-207.

168. Colebrooke, H.T. | 1805 | 'On the Vedas or Sacred Writings of the Hindus', *Asiatic Researches,* VIII, Calcutta, 369-476.

169. | 1801 | Sanskrit and Prakrit Languages *Misc. Essays*, II.

170. | 1937 | Discourse of the Royal Asiatic Society of Great Britain and Ireland. *Misc., Essays*, London, 1, 3.

171. | 1795 | On the Duties of a Faithful Hindu Widow, *Asiatic Researches*, IV, 209-19.

172. Costantini, Lorenjo 1984 'The Beginning of Agriculture in the Kachi Plain : The Evidence of Mehargarh', *SAA* 1981, 29-33.

173. Cowgill, Warren 1970 Comment on 'Origins of Settled Farming in Temperate Europe', by Barnard Wailes, *IE and IEs*, 279-305.

174. Cox, Sir George 1963 The Mythology of the Aryans, Varanasi.

175. Cunningham 1924 *Ancient Geography of India*, Calcutta.

176. Curzon, A.` 1856 'On the Original Extension of Sanskrit Language over Certain Portions of Asia and Europe', *JRAS*, XVI, 172 ff.

177. Dales, George F. 1962 'Harappan Outpost on the Makaran Coast', *Antiquity*, 36, 1 ff.

178. 1964 'Mythical Masscre at Mohenjodaro', *Expendition*, 6, 3, 36-43.

179. 1965 'Civilisation and Floods in the Indus Valley', *Expedition*, 7, 4, 36-43.

180. 1966 'The Decline of the Harappans' *scientific American*, 2, 14, 5.

181. 1973 'Archaeological and Radio-carbon Chronologies for Protohistoric North West India', *SAA*, 157-70.

182 1982 'Mohenjodaro Miscellany : Some Unpublished, Forgotten or Misinterpreted Features', *HC* 97-105.

183. 1984 'Sex and Stone at Mohenjodaro', *FIC*, 109-16.

184. Dandekar, R.N. 1967 'Vedic Religion and Mythology', *Review of Indological Research in the last 75 Years.*

185. Dange, S.A. 1972 *India from Primitive Communism to Slavery,* New Delhi.

186. Dani, A.H. 1963 *Indian Palaeography*, Oxford.

187. 1981 *Indus Civilisation New Perspectives*, (ed.) Islamabad.

188 Dani, A.H. and V.M. Masson 1992 *The Dawn of Civilisation: Earliest Times to 700 B.C.*, (eds.), UNESCO.

189 Dani, A.H. and B.K.Thapar 1992 'Indus Civilisation'.in *The Dawn of Civilisation: Earliest Times to 700 B.C.*

190. Darlington, C.D. 1963 *Chromosome Botany and the Origin of Cultivated Plants,* London.

191. Darmesteter, James 1975-80 *The Zend Avesta*, SBES, IV. XXII. Delhi.

192. Davis, H.S. 1955 'Some Contacts and Affinities between the Harappan and Sumerian Cultures and their Date. Could either have been Aryan?' *Indian Culture*, Calcutta 4, 169-75.

193.		1956	'Some Further Contacts and Affinities between Egypto-Minoan and the Indo-Dravidian Sumerian Culture', *Indain Culture*, 6, 56 ff.
194.	Davis, Richard S.	1984	'The Soan in Central Asia? Problem in Early Palaeolithic Culture History', *SAPSA*, 23-32.
195.	Delmas, A.B. and M.Casanova	1990	The Lapis Lazuli Sources in the Ancient East. in M.Teddei (ed.) *South Asian Archaeology 1987*, Rome, 493-505.
196.	Dennell, R.W.	1984	'The Importance of Potwar Plateau, Pakistan, to Studies of Early Man', *SAA*-1981, 10-20.
197.	Deshmukh, P.R.	1958	*Indian Civilisation in the Rigveda*, Yeotmal.
198.	Devasthali. G.V.	1967	'Vedic Literature', *Review of the Indological Research in the last 75 Years.*
199.	Devichand	1980	*The Yajurveda*, New Delhi.
200.	Dhavalikar, M.K.	1984	'Sub Indus Cultures of Central and Western India', *FIC*, 243-52.
201.		1995	*Cultural Inperialism : Indus Civilisation, in Ancient India*, New Delhi
202.	Diringer, David	1953	*The Alphabet : A Key to the History of Mankind*, London.
203.	Dixit, K.N.	1981	'The Excavations at Hulas and further Explorations in the Ganga-Yamuna Doaba', *Man and Environment*, 1978-79.
204.		1984	'Late Harappans in North India', *FIC*, 253-70.
205.		1986	'Archaeology of Ganga-Yamuna Doab', *Ritambhara*, 51-54.
206.	Dupree, Louis	1963	'Result of an Archaeological Survey in Afghanistan', *Afghanistan*, XVIII, 2, 1-15.
207.		1973	*Afghanistan*, Priceton.
208.	Durant, Will	1954	*Our Oriental Heritage*, New York.
209.	Durrani, F.A.	1984	'Some Early Harappans in Gomal and Bannu Villages', *FIC*, 505-31.
210.	Dyen, Insidore	1970	'Background 'Noise' or 'Evidence' in Comparative Linguistics : The case of Austronesian-Indo-EuropeUn Hypothesis', *IE & IEs*, 430-40.
211.	Dyson, R.H. (Jr)	1982	'Paradigm Changes in the Study of Indus Civilisation', *HC*, 417-427.
212.	Eggling, Julius	1978	*Satpath Brahman,* SBES, XII, XXV, XLI, XLIII and XLIV, Delhi.

213. Ehnrich. R.W. 1970 'Some Indo-EuropeUn Groups of the Middle Danube and Balkans : Their Boundaries as Related to Culture Geography through Time', IE & IEs.

214. Emeneau, M.B. 1966 'The Dialects of the Old Indo-Aryan', *Ancient Indo-European Dialects*, ed. Henrick Birnbaum, California, Los Angels.

215. 1980 *Language and Linguistic Area : Essays by Murray B. Emeneau*. ed. by Anwar Dil, Stanford Uni. Press, California.

216. Fairservis. W.A. 1975 *The Roots of Ancient India*, Chicago.

217. 1982 'Allahdino : Excavation of a Small Harappan Site', *HC*, 107-12.

218. 1984 'Archaeology in Baluchistan and the Harappan Problem', *FIC*, 277-88.

219. 1984 'Harappan Civilisation According to its Writing', *SAA*-1981, 156-61.

220. Fairservis. W.A. (Jr.) 1967 'The Harappan Civilisation-New Evidence and More Theory', *AMN*, New York.

221. Fentress, Marcia A. 1982 'From Jhelam to Yamuna : City Settlements in the Second and Third Mill. B.C.' *HC*, 245-60.

222. 1984 The Indus Grannaries : Illusion, Imagination and Archaeological Reconstruction', *SAPSA*, 89-98.

223. Findey, M.I. 1963 *The Ancient Greeks*, London.

224. Fischer, Klan 1961 'Preliminary Notes on Some Ancient Remains at Qunduz', *Afghanistan*, XVI, I, 12-26.

225. Flam, Louis 1984 'The Palaeography and Prehistoric Settlement Patterns of the Lower Indus Valley, Sind, Pakistan', SAPSA, 77-82.

226. Francfort, Henri Paul 1984 'The Early Period of Shortugai (Harappan) and the Western Bactrian Culture of Dishly', *SAA*-1981, 170-75.

227. 1984 'The Harappan Settlement of Shortugai', *FIC*, 301-10.

228. 1981 The Late : Period of Shortugai and the Problem of the Bacterian Culture, *SAA*, 1979.

229. Frankfurt, Henri 1954 *The Birth of Civilisation in the Near-East*, London.

230. Frost, Honor 1963 *Under the Mediterranian*, London.

231. Gadd, C.J. 1932 'Seals of Ancient Style found at Ur', *PBA*, XVIII, 1-22.

232. Gadd, C.J. and Sidney Smith 1924 'The New Links between Indian and Babylonian Civilisation', *ILN*, Oct. 4, 614-16.

233. Ghosh, A. 1964 'Archaeology in India', *Expedition*, 6, 3, 12-17.

234. 1973 *The City in Early Historical India*, Delhi.

235. 1982 'De Urbanisation of the Harappa Civilisation', *HC*, 321-24.

236. Ghosh, B.K. 1958 'The Origin of Indo-Aryans', CHI, 1, 129-43.

237. 1965 'The Aryan Problem', *The Vedic Age*, Bombay.

238. Ghoshal, U.N. 1957 *Studies in Indian History and Culture*, Calcutta.

239. Ghurney 1952 *The Hittities*, Baltimore.

240. Giles, P. 1921 'The Aryan's, (1967 edn.) *CHI*, I, 58-68.

241. 1959 'The Indo-European's, *Encyclo. Brit*, 12, 262-64.

242. Gimbutas, Marija 1960 *The Balts,* London.

243. 1970 'Proto Indo-European Culture : The Kurgan Culture during Fifth, Fourth and Third Millennia B.C.', IE & IEs, 155-98.

244. Goldstucker, T. 1965 Panini : His Place in Sanskrit Literature, Varanasi.

245. Ghurye, G.S. 1969 *Caste and Race in India*, Bombay.

246. Goodenough, Ward H. 1970 'The Evolution of Pastoralism and Indo-European Origin's, *IE & IEs,* 253-56.

247. Gordon, D.H. 1960 *The Pre-Historic Background of Indian Culture,* Bombay.

248. Grierson 1967 *Linguistic Survey of India.* Vol. 1, Delhi.

249. Griffith, Ralph T.H. 1973 *The Hymns of the Rigveda,* New Delhi.

250. Guha, B.S. 1931 'Racial Affinities of the Peoples of India', *Census of India*, 1, 3, Delhi.

251. Guha, J.P. 1967 *Seals and Statuettes of Kulli, Zhob, Mohenjodaro and Harappa,* New Delhi.

252. Gupta, M.N. 1980-81 'The Authors of the Indus Steel Texts of the Indus Seal Motif's, *Puratatva,* 12, 47-53.

253. Gupta, S.K. 1968 'The Aryan Problem', *JBRS*, Jan. Dec., LIV, 1-4.

254. Gupta, S.P. 1967 'The Mountaneous Neolithic Cultures of Central Asia and Northern India', T*he Anthropologist,* XIV, 2, Sept., 125-36.

255. 1970 'Prehistoric Indian Cultures in Soviet Central Asia', *ICWTC*, 239-48.

256. 1972 Disposal of the Dead and Physical Types in Ancient India, Delhi.

257. 1979 *Archaeology of Soviet Central Asia and the Indian Borderlands,* Delhi. Vol I

258. *Archaeology of Soviet Central Asia and the Indian Borderlands*, Delhi. Vol. II

259. 1980-81 'Herding as the Backdrop to the Growth of Agriculture in West and South Asia', *Puratatva*, 12, 101-11.

260. 1982 'The Late Harappans : A Study in Cultural Dynamics', *HC,* 51-59.

261. 1984 'Internal Trade of the Harappans', *FIC*, 417-24.

262. 1986 'The Problem of the Aryans and Archaeology', *Ritambhara*, 87-89.

263. 1996 *The Indus sarasvati Civilisation*, New Delhi.

264. Gurov, N.V. *et all* 1973 *Proto Indica,* tr. Hemachandra Pandey, Florida.

265. Haddon Alfred, C. 1934 *History of Anthropology*, London.

266. Harlan, Jack R. 1967 A Wild Wheel Harvest and Turkey, *Archaeology*, 20, 3, 197-201.

267. Harmatta, J. 1992 'The Emergence of the Indo-Iranians : The Indo-Iranian Languages,' In Dani and Masson (eds.), *History of Civilisation od Central Asia*, 357-78.

268. Hawkes, Jacquetta G. Sri Leorard Woolley 1963 *History of Mankind* : Cultural and Scientific Development, I, London.

269. Haywood, Richard M. 1965 *Ancient Greece and the Near East*, London.

270. Hegde, K.T.M., R.V. Karanth and S.P. Sychanthavong 1982 'On the Composition and Technology of Harappan Microbeads', *HC*, 239-44.

271. Heidel, Alexander 1963 *The Gilgamesh Epic and Old Testament Parallels,* Chicago-London.

272. Heine Geldner, R. 1936 'Archaeological Sources of Vedic Aryans', *JISOA*, 4, 87-113.

273. 1958 'The Coming of the Aryans and the End of Harappan Civilisation', *Man*, 56, 136-40.

274. Hemphill, Brian E., John R. Lukacs and K.A.R. Kennedy. 1991 Biological Adaptation and affinities of Bronze age Harappans.' in Meadow R.H. ed. *Harappa Excavations : 1986-90*, Madison, 137-182.

275. Hemphill, Brian E., and Alexander F. Christerton 1994 'The Oxus Civilisation as a Link Between East and West: A Non-Metric Analysis of Bronze age Bactrian Biological Affinities,'

South Asian Conference, Nov. 3-5, Madison, Wisconsin.

276. Heras, S.J. 1936 The Religion of Mohenjodaro People according to Inscriptions, *JUB*, 5, 1-29.

277. 1937 The Story of Two Mohenjodaro Signs, *JBNU*, 2, 1-36.

278. 1942 'Were the Mohenjodarians Aryan or Dravidians?', *JIH* XI, 23-33.

279. 1954 'Proto Indian Origin of the Sumerian Civilisation', *Sardar Panikkar Sastyabda-Purti Sovenir* 120-29.

280. Heskel, Denis L. 1984 'Iran and Indus Civilisation Connections', *FIC*, 333-46.

281. Herzfeld, Ernst 1947 *Zoroaster and his World*, Princeton, Vol. I

282. *Zoroaster and his World,* Vol. II

283. Hewitt, R. 1957 From Earthquake, Fire and Flood, London.

284. Higgs, E.S. and Jarman 1969 'The Origin of Agriculture', *Antiquity*, XLIII, 169, 31-34.

285. Hillebrandt, Alfred 1980-81 *Vedic Mythology*, 2 Vol., tr. S.R. Sharma, Delhi.

286. Hornley & Stark 1904 *History of India*, London.

287. Holditch. T.H. 1907 'Physical Aspects', *Imperial Gazetteer of India*, British Empire, I.

288. Hrozny, Bedrich 1962 'Human Skeletal Remains from Harappa', *Anthro. Survey of India*, Memoir No. 9.

289. Hunter, G.R. 1934 *The Script of Harappa and Mohenjodaro and its Connection with other Scripts*, London.

290. Hutchinson, J.B. 1974 'Crop Plant Evolution in the Indian Sub-continent', *Evolutionary Studies in World Crops,* Ed. Sir J. Hutchinson, Cambridge.

291. Hutton, J.H. 1952 *Caste in India*, Cambridge.

292. Jacobi, H. 1894 'On the Date of the Rigveda', tr. Marrison, Indian Inquiry 23, 154-59, Reprinted, *Ritambhara*, pt. II, 91-97.

293. Jansen, Michel 1984 Preliminary Results of Two Year Documentation in Mohenjodaro', *SAA*-1981, 135-53.

294. 1993 'Mohenjodaro : Type Site of the Eraliest Urbanization Process in South Asia,' in Howard Spodek and Doros M Srinivasn (eds.) *Urban Form and Meaning in South Asia : The Shaping of Cities from Prehistoric to Precolonial Times,* Washingtom D.C.

295. Jansen, M., M. Mulloy and G. Urban | 1991 | *Forgotten Cities of the Indus : Early Civilisation in Pakistan from the 8th to the 2nd millennium B.C.*, Mainzam Rhein.

296. Jarrige Catherine | 1994 | 'The Mature Indus Phase at Nausharo as seen from a Block of Period III,' In *SAA*.1993, Helsinki : 281-295.

297. Jarrige, J.F. | 1982 | Excavations at Mehragarh', *HC*, 79-84.

298. | 1984 | 'Towns and Villages of Hill and Plain', *FIC*, 280-300.

299. | 1984 | 'Chronology of Earlier Periods of Greater Indus as seen from Mehragarh, Pakistan', *SAA*-1981, 21-28.

300. | 1985 | Introduction to *Pre-Harappan Cultures of India and Borderlands*, by S.P. Asthana.

301. | 1990 | 'Excavations at Nausharo 1987-88, Pakistan Archaeology, 24, 21-68.

302. | 1993 | 'The question of the Begining od Harappan Civilisation as seen from Nausharo Excavations', in A.Gail, ed., *SAA* 1991, Berlin. 149-164.

303. | 1994 | 'The Indus Civilisation and the Civilisation of Ancient India', *South Asian Conference*, Madison, 5th. Nov.

304. | 1994a | 'Recent Discoveries at Nausharo, a Third Millennium site of Baluchistan, *The World Archaeological Congress-3*, Dec. 4-11

305. | 1994b | The Final Phase of Indus Occupation at Nausharo and its Connection with Following Cultural Complex of Mehragarh VIII, in Parpola & P. Koskikallio (eds.). *SAA* 1993, I. Helsinki: 295-314.

306. Jarrige, J.F. and Meadow | 1980 | 'The Anticidents of Civilisation to the Indus Valley,' *Scientific American*, 243, 102-110.

307. Jayaswal, K.P. | 1924 | *Hindu Polity*, Calcutta.

308. Jesperson, Otto | 1954 | *Language : Its Nature, Development and Origin*, London.

309. Johnson, B.L.C. | 1971 | 'Irrigation in West Pakistan', *ICO*, XXVIII, Canberra.

310. Jones, Tom | 1969 | *The Sumerian Problem*, New York.

311. Jones, (Sir) Willian | 1972 | *On the Gods of Greece, Italy and India* (Originally pub. 1784 and since revised), Varansi.

312. | 1988 | Third Annual Discourse, *Asiatic Researches*, I, 422-23.

313. Joshi, J.P. 1978 'Interlocking of Late Harappa Culture and Painted Grey Ware in the light of Recent Excavations', *Man and Environment*, 2.

314. 1972 'Transformation of Harappan Culture in Kaccha : Examination of Evidence from Surkotada'.

315. 1972 'Excavations at Surkotada, Old and New Light on the Harappan Migration', *JOI*, Baroda University, 98-144.

316. 1982 Harappa Culture, Emergence of a New Picture, *Seminar on Archaeological Perspective of India since Independence*.

317. 1986 'Settlement Patterns in Third, Second and First Millenia B.C. in India with special Reference to Recent Discoveries in Punjab', *Ritambhara*, 134-39.

318. Joshi J.P., Madhu Bala and Jassu Ram 1984 'The Indus Civilisation', A reconsideration on the Basis of Distribution Maps, *FIC*, 511-530.

319. Joshi, P.M. 1967 'Further India', *Review of Indologican Research in the last 75 Years*, 289-346.

320. Kalla, Lakshmidhar 1930 *The Home of the Aryans*, Delhi.

321. Keith, Arthur 1936 Review of B.S. Guha's 'Racial Affinities of the People of India', *Man*, 29, London.

322. Keith, A.B. 1917 Mythology of All Races, Vol. 4, Boston.

323. 1925 'The Date of Zoroaster and the Rigveda', *Hist. Quarterly*, 1, 1, March, (Reprint 1985), 4-17.

324. 1921 'The Age of the Rigveda', *Cambridge History of India*, 1962 edn. 1, 69-90.

325. The Language and Philosophy of the Vedas and Upanishads, HOS, 31, Harward.

326. ? 'Babylon and India', *Kuppaswami Sastri Commn*. Volume, Madras.

327. Kennedy, Kenneth A.R. 1982 'Skulls, Aryans and Flowing Drains : The Interface of Archaeology and Skeletal Biology, in ths Study of Harappan Civilisation', *HC*.

328. 1984 'Trauma and Disease in the Ancient Harappans', *FIC*, 425-36.

329. 1984a A Reassessment of the Theories od Racial Origins of the people of the Indus Valley Civilisation from Recent Anthroplogical Data, in Kennedy and Possehl (eds.). Studies in the Archaeology & Palaeo-

			anthropology of South Asia. 99-107, New Delhi.
330.		1992	'Biological Anthopology of Human Skeletons from Harappa : 1928-1988', The Eastern Anthropologist 45, 55-58.
331.	Kenoyer, J.M.	1991	'Indus Valley Tradition of Pakistan and Western India,' *Journal of World Prehistory*, 5, 331-85.
332.		1991a	'Urban Process in the Indus Tradition : A Preliminary Model for Harappa', in R. Meadow. *Harappa Excavations 1986-90*, 29-60.
333.		1994	'Experimental Studies of Indus Valley Technology at Harappa', in Parpola and Koskikallio (eds.), *South Asian Archaeology 1993*, Helsinki, 345-362.
334.	Kesharwani, Arun	1986	'The Problem of Indo-Aryans and the West Asian Documents with reference to Boghazkoi Tablet and Kikkuli Text', *Ritambhara*.
335.	Khan, F.A.	1964	'Archaeology in Pakistan', *Expedition*, 6, 3, 2-11.
336.	Kittel, (Rev.) F.	1894	*Kannad English Dictionary*, Manglore.
337.	Knorozov,	1969	Language of the Proto Indian Inscriptions, Social Studies on Harappan Script.
338.		1973	*Classification of Proto Indian Blocks*, Proto Indica.
339.	Kohl, Philip	1984	'Prehistoric Turan and South Turkemenia : Problem of Cultural Diversity', *FIC*, 321-32.
340.	Kondratov, A.M.	1969	Positional Statistical Analysis of Proto Indian Texts, *Soviet Studies on Harappan Script.*
341.	Konish. M.A.	1984	'Pre' or 'Early' Harappan Culture : A Conceptual Battle', *FIC*, 37-42.
342.	Konow, Sten	1906	*Linguistic Survey of India*, Vol. 4.
343.	Kopf, David	1969	*British Orientalists and Bengal Renaissance,* Calcutta.
344.	Kosambi, D.D.	1946	'Early Stages of Caste System in Northern India', *JBRAS*, New Series, 22 ff.
345.		1951	'On a Marxian Approach to Indian History', *BORI*, XXXI, 258-66.
346.		1953	'Brahmin Clans', *JAOS*, 73, 4, 202-08.
347.		1953	'The Study of Ancient Indian Tradition', Indica. *The IHRI Silver Jubilee Commemn.* Vol., Bombay, 196-214.

348. 1955 'What Constitutes Indian History', *BORI*, XXXV, 194-201.

349. 1955 The Basis of Indian History, *JOAS,* 75, 1, 41.

350. 1962 *Myth and Reality*, Bombay.

351. 1965 *The Culture and Civilisation of India*, Bombay.

352. Krammer, S.N. 1963 'Dilmun : Quest for Paradise', *Antiquity*, XXX VII, 111-15.

353. 1964 'The Indus Civilisation and filmun, the Sumerian Paradise Land', *Expedition* 6, 3, 44-52.

354. Krishnarao 1969 'Solution of the Indus Script', *The Hindustan Times, Weekly*, New Delhi.

355. Krogman, W.M. and W.H.Sassman 1943 'Skulls Found at Chanhudaro', *Chanhudaro Excavations* by Norman Brown, Connecticut, 252-59.

356. Kurochkin, G.N. 1994 'Archaeologucal Search for Near-Eastern Aryans and the Royal Cemetery in Marlik in Northern Iran', *SAA-1993*,I, Helsinki, 389-96.

357. Kuzmina, E.E. 1994 'Horses, Chariots and tne Indo-Iranians, An Archaeological Spark,' *SAA-1993*,I, Helsinki, 667-81.

358. 1994a 'Margiana and the Indo-European World', *SAA-1993*,I, Helsinki, 403-412.

359. Kunhan Raja, C. 1958 'Vedic Culture', *CHI*, I, 199-220.

360. Lal, B.B. 1953 'Proto-historic Investigations', *Ancient India*, 9, 80-102.

361. 1954-55 'Excavations at Hastinapur and other Explorations in Upper Ganges and Sutlej Basin, 1950-52', *Ancient India*, 10-11.

362. 1970 Some Observations on Harappan Script, *ICWTC* 189-202.

363. 1980-90 'Archaeology in India since Independence : Some Random Thoughts', *Puratatva*, 12, 17-21.

364. Lal. B.B. and S.P. Gupta (eds) 1986 *Frontiers of Indus Civilisation,* New Delhi.

365. Lal, B.B. and B.K. Thapar 1967 'Excavation at Kalibangan : New Light on the Indus Civilisation', *Cultural Forum,* 34, 78.88.

366. Lallanji, Gopal 1962-63 'Antiquity of Iron in India', *Antiquity*, 28, 8-2, 39, 54.

367. Lamberg Karlovsky, C.C. 1972 'Trade Mechanism in Indus Mesopotamian Interrelation', *JAOS*, 92, 2, 222-30.

368. 1973 'Pre-historic Central Asia', *Antiquity*, 47, 43-46.
369. 1973 'Urban Interaction on the Iranian Plateau, Excavations at Tepe Yahya, 1967-1973', *PBA* London, Vol. LIX, 7-43.
370. 1978 'The Proto Elamites on the Iranian Plateau', *Antiquity*, 52, 114-20.
371. Lambrick, H.T. 1964 'Sind, A General Introduction'. *History of Sind Series*, Vol. I, Hyderabad, Sind.
372. Langdon, S.H. 1931 The Indus Script'. *Mohanjodaro and the Indus Civilisation*, Vol. II, 423-55.
373. 1931b 'A New Factor in the Problem of Sumerian Origin's', *JRAS*, 539-96.
374. Lattimore, Richmond 1962 *The Illiad of Homer*, Chicago.
375. Law, B.C. 1924 *Some Tribes of Ancient India,* Calcutta.
376. Law, N.N. 1965 *Age of the Rigveda*, Calcutta.
377. Lehman, W.P. 1966 *Historical Linguistics*, Calcutta.
378. 1970 'Linguistic Structure as Diacritical Evidence on Proto Cutlure', *IE & IEs*, 1-10.
379. Leshnik, L.S. 1973 'Land Use and Ecological Factors in Prehistoric North West India', *SAA*, 67-85.
380. Lockwood, W.B. 1969 *Indo European Philology*, London.
381. Lord, Robert 1966 *Teach Yourself Comparative Linguistics*, London.
382. Lyonnet, B. 1994 'Central Asia and the Aryans and the Iranians : Some Reassessments from Recent Archaeological Data', *SAA-1993*,I, Helsinki, 425-38.
383. Macdonell, A.A. 1904 *The Brihaddevata* (Text trns) 2 Vols, Cambridge Mass., U.S.A.
384. 1908 'Sanskrit Literature', Ch, VI. *The Empiral Gazetteer of India*, Oxford, Vol. II, 206-69.
385. 1928 A History of Sanskrit Literature, London.
386. 1975 *Vedic Grammar*, Varanasi.
387. 1981 Vedic Mythology, Delhi, etc.
388. Macdonell and Keith 1962 *Vedic Index,* Hindi tr. Ramkumar Rai, Varanasi, Vol. I.
389. *Vedic Index,* Hindi tr. Ramkumar Rai, Varanasi, Vol II.
390. Mc. Crown, D.E. 1942 *Comparative Stratigraphy of Early Iran*, Chicago.
391. Mackay, Ernst J.H. 1925 'Sumerian Connections with Ancient India', *JRAS* 679-701.
392. 1934 'Thue Indus Civilisation : Some Connections with Sumer, Elam and the West', *JRAS*, XXI.

393. 1938 *Further Excavations at Mohenjodaro*, 1927-31, 2 Vols, New Delhi.
394. 1948 *Early Indus Civilisation*, Ed. and revised by Dorothy Mackay, London.
395. 1976 *Chanhudaro Excavations*, 1935-36, Delhi.
396. Mahadevan Iravathan 1950 'Dravidian Parallels in Proto-Indian Script', *JTS*, II, 1-120.
397. 1977 *The Indus Script : Text, Concordance and Tables*, New Delhi.
398. 1983 'Cult Objects on Unicorn Seals : A Sacred Filter?' *Paper presented at the 31st International Congress of Human Sciences*, Tokyo, Cycl. pp. 48.
399. Majumdar, D.N. 1950 *Race Relations in Cultural Gujarat,* Gujorat Research Society.
400. Majumdar, R.C. 1948 'Indian Culture as a Factor in the World Civilisation', *Sir William Jones Centenary* Vol.
401. Mallowan, M.E.L. 1965 *Early Mesopotamia and Iran*, London.
402. Mallory, J.P. 1989 *In search of the Indo-Europeans*, London.
403. Marguerson, Jean-Claude 1965 *Mesopotamia*, Tr. H.S.B. Harrison, London.
404. Marshall, (Sir) John 1931 *Mohenjodaro and Indus Valley Civilisation*, London,Vol. I.
405. *Mohenjodaro and Indus Valley Civilisation*, London, Vol. II.
406. *Mohenjodaro and Indus Valley Civilisation*, London, Vol. III.
407. Masson, V.M. 1976 'Altin-depe and the Bull Cult', *Antinquity*, 50, 197, 14-19.
408. 1968 'The Urban Revolution in South Turkmenia', *Antiquity*. XLII, 176-87.
409. 1992 'The Decline of the Bronze Age Civilisation and Movement of the Tribes', in Dani and Masson, *History of Central Asia*, 1992, UNESCO, 337-378.
410. Maucnaughton, D. 1930 *A scheme of Babylonian Chronology*, London.
411. Max Muller, F. 1859 *Ancient Sanskrit Literature (so far as it illustrates the Primitive Religion of the Brahmanas)*, London.
412. 1892 *Vedic Hymns*, SBES, XXXII.
413. 1867-68 *Chips from a German Work-shop*, 2 Vols., London.

414. 1881 *Selected Eassays on Language, Mythology and Religion,* 2 Vols., London.

415. 1888 *Biographies of the Words and the Home of the Aryans*, London.

416. 1890 *Collected Works,* London.

417. 1891 *The Science of Language*, London.

418. Meadow, R.M. 1984 'A Camel Skelton from Mohenjodaro', *FIC*, 137-40.

419. Meenakshisundaran, T.P. 1965 *A History of Tamil Language*, Puna.

420. Mehta, R.N. 1984 'Valabhi–A Station of Harappan Cattle Breeders, *FIC*, 218-22.

421. Mercer, Samuel, A.B. 1959 *The Origin of Writing*, London.

422. Mertz, Barbara 1965 *Temples, Tombs and Hieroglyphs*, Delta Book.

423. Mery, Sophie 1994 'Excavation at an Indus Potters House at Nausharo (Baluchistan), Period II, in *SAA-1993*,II, Helsinki, 271-282.

424. Mill, L.H. 1981 *The Zend Avesta* (Pt. III), SBES, XXXI, Delhi.

425. Miller, Daniel 1984 'Malwa' and 'Jorwe' in Chal-cholithic India', *SAA*-1981, 213-20.

426. Milner, G.B. and Eugenic J.A. Henderson (eds.) 1965 *Indo Pacific Linguistic Studies, Historical Linguistics*, Amsterdam.

427. Mirashi, V.V. 1967 'Epigraphical Research', *Review of the Indological research in the last 75 Years.*

428. Misra, D.P. 1971 *Studies in Proto History of India*, Orient Longman.

429. Misra, S.S. 1992 *Aryan Problem : a Linguistic Approach*, Delhi.

430. Misra, V.N. 1984 'Climate Factor in the Rise and Fall of the Indus Civilisation : Evidence from Rajasthan and Beyond', FIC, 461-90.

431. 1994 'Indus Civilisation and the Rigvedic Sarasvati', in *SAA-1993*,II, Helsinki, 511-25.

432. Monier Williams 1981 *Sanskrit English Dictionary*, Delhi.

433. Mookerji, R.K. 1957 *A History of Indian Shipping*, Orient Longman.

434. 1960 *Ancient Indian Education*, Delhi etc.

435. Motamedi, Ahmed Ali 1957 'Some Notes on the Mythology of Kafirs of the Hindukush (Before 1898); *Afghanistan,* XII, 4, 7 ff.

436. Mongait, Alexander 1959 *Archaeology in the USSR*, Moscow.

437. Mughal, M.Rafique 1970 *The Early Harappan Period in the Greater Indus Valley and Northern Baluchistan @ 3000-2400 BC,* Ph.D. Dessertation., University of Pensylvania.

438. 1981 New Archaeological Evidence from Bahawalpur, in *The Indus Civilisation: New Perspectives,* (ed.) Ahmad Hassan Dani, Islamabad, 33-43.

439. 1990 'Further Evidence of the Early Harappan Culture in the Greater Indus Valley : 1971-90', *South Asian Studies*, No. 6, 175-99.

440. 1992 Jhukar and Late Harappan Cultural Mosaic of Greater Indus Valley, in Jarrige (ed.), *SAA 1989, 213-21.*

441. 1992a The Consequence of River changes for the Harappan Settlements in Cholistan', *Eastern Anthropologist,* 45, 105-6.

442. Nasiri, A. 1962 'The Lapis Lazuli in Afganistan', *Afghanistan*, XVII, 4, 48-56.

443. 1963 'The History of Lapis Lazuli in Afghanistan', *Afghanistan*, XVIII, 1 & 2, 51-56 & 23-28.

444. Nesfield, J.C. 1885 *Tribes and Castes of the North-Western Provinces and Oudh*, Allahabad.

445. Oates, J., T.E. Davidson and H. Mackerrel. 1977 'Scafaring Merchants of Ur?', *Antiquity*, 51, 221-34.

446. Oldenberg, Herman 1981 *Vedic Hymns*, Pt. II, SBES, XLVI, Delhi.

447. Oppenheim, A.L. 1974 'The Scafaring Merchants of Ur' Reprinted in Ancient Cities of India, ed. G.L. Possehl.*HC*. 1979, pp. 6-17.

448. Pande, B.M. 1973 'Inscribed Copper Tablets from Mohenjodaro : A Preliminary Analysis', *Radio Carbon and Indian Archaeology*, eds. D.P. Agrawal & A. Ghosh. Bombay.

449. 1983 'The Ships of Meluhha, West ward Sailing', *Indian Horizon*, XXXII, 2, 7-19.

450. Pande, B.M. and Ramchandran 1971 *Bibliography of the Harappan Culture,* Florida.

451. Pandey, G.C. 1957 *Studies in the Origins of Buddhism.*

452. Pandey, Rajbali 1952 *Indian Palaeography,* Banaras.

453. Pandya, Suman 1980-81 'Recent Advances in Prehistoric Gujarat', *Puratatva*, 12, 59-63.

454. Pargiter, F.E. 1913. *The Puranic Texts of The Dynasties of Kali Age*. London.

455. 1922 *Ancient Indian Historical Tradition*, Oxford.

456. Parpola, Asko, et. al 1969 *Decipherment of the Proto-Dravidian inscriptions of the Indus Civilisation, A First Announcement,* Spl. Publ. No. 1, Copenhagen.

457. 1969 *Progress in the Decipherment of the Proto-Dravidian Script,* Spl. Publ. No. 2. Copenhagen.

458. 1970 *Further Progress in the Indus Script Decipherment,* Spl. Publ. No. 3, Copenhagen.

459. Parpola, A. 1988 'The Coming of Aryans into Iran and India and cultural and Ethnic Identity of the Dasas', *Studia Orientalia*, 64, Helsinki, 195-302.

460. 1990 'Astral Proper Names in India : An Analysis of the Oldest Sources, with Argumentation of an Untimely Harappan Origin', The Adyar Library Bulletin, 53, Madras, 1-53.

461. 1884 *Deciphering the Indus Script,* Cambridge.

462. 1994a 'Deciphering the Indus Script : a Summary Report', *SAA-1993*,I, Helsinki571-86.

463. Paterson, T.T. 1979 'Prehistory of Potwar and Indus Region', *A Source Book of Indian Archaeology*, Eds, Alchin, & Chakrabarty, Delhi.

464. Pathak, V.S. 1975 Presidential Address, 3rd Session of *All India Oriental Conference,* Ahamdabad.

465. 1986 Presidential Address, 12th *Annual Congress of the Epigraphical Society of India,* jabalpur.

466. Patyal, Hukum Chand 1981 'Non Indo-Aryan Sources as Aid for the Vedic Interpretation', *ABORI*, 62, 1-4, 219-25.

467. Paul, Friedrick 1970 'Proto Indo-European Trees', *IE & IEs*, 11-34.

468. Piggot, Stuart 1950 *Prehistoric India to 1000 B.C.*, London.

469. 1961 *The Dawn of Civilisation*, London.

470. Possehl, Gregory L. 1967 'The Mohenjodaro Floods : A Reply', *Am. Anth.*, 69, 32-40.

471. 1979 *Ancient Cities of India*, New Delhi etc.

472. 1980 *Indus Civilisation in Saurastra*, New Delhi.

473. 1982 'Discovering Ancient Indias Earliest Cities', *HC*, 405-13.

474. 1982 *Harappa Civilisation*, Delhi etc.

475. 1984 'A Note on Harappan Settlement Pattern in the Punjab', *SAPSA*, 83-88.

476. Prannath 1931 'The Script of the Indus Valley Seals', *IHQ*, 7, 1-52.

477. 1932 'The Script of the Indus Valley Seals', *IHQ*, 8 Suppl., 1-32.

478. 1935 'New Light on the Aryans before 1000 B.C. Did India's Culture Come from Babylonia? Rigveda a Sumerian Document?', *IWI*, July 7, 15 & 36.

479. 1935 'Was Prehistoric Egypt India's Ancestor? One fifth of the Rigveda Comes from the Nile', *IWI*, Aug., 4, 17 & 71.

480. 1935 'Was India Colonised from Egypt?' *IWI*, Aug. 18, 17 & 67.

481. 1937 'Sumero-Egyptian Origin of the Aryans and the Rigveda, *JBHU*, I, 303-58.

482. Przyluski, Jean 1929 'Non-Aryan Loans in Indo-Aryan', PAPDI, 3-32.

483. 1929 'Further Notes on Non-Aryan Loans in Indo Aryan', *PAPDI*, Calcutta, 129 ff.

484. Pusalkar, A.D. 1947 'Mohenjodaro and the Rigveda', *Bharat Kaumudi, Studies in Indology in honour of Dr. Radha Kumud Mookerji,* Allahabad, II, 551-63.

485. 1965 'Indus Valley Civilisation', *The Vedic Age*, Bombay, 169-200.

486. 1967-68 'Pre-Harappan, Harappan and Post-Harappan and the Aryan Problem', *QRHS*, VII, 4, 233-44.

487. 1967 'Puranic Studies', *Review of the Indological Research in the last 75 Years.*

488. Puskas, Idiko 1984 'Society and Religion in the Indus Valley Civilisation', *SAA*-1981, 162-65.

489. Radhakrishnan, S. 1966 *History of Indian Philosophy*, Vol. I, New York.

490. Rahulkar, V.C. 1964 *The Seers of the Rigveda*, Poona.

491. Raikes, Robert L. 1964 'The End of the Ancient Cities of the Indus', *Am. Anthropologist*, 66, 2, 284-99.

492. 1965 'Mohenjodaro Floods', *Antiquity,* XXXIX. 196-203.

493. 1967 *Water, Weather and Prehistory*, London.

494. 1968 'Kalibangan : Death from Natural Causes', *Antiquity*, XLII, 168, 286-91.

495. 1977 'Mohenjodaro Floods Reconsidered', *Journal of Palaeontological Society of India*, 20, 251-60.

496. 1984 'Mohenjodaro Environment', *FIC,* 455-60.

497.	Raikes, R.L. & R.H. Dyson (Jr.)	1961	'The Prehistoric Climate of Baluchistan and Indus Valley', *Amer. Anthro.*, 63, 265-81.
498.	Raja, Kunhan	1963	*Poet Philosophers of the Rigveda*, Madras.
499.	Rajgurn, S.N.	1979	'Late Pleistocene Climate Changes in Western India', *A Source Book of Indian Archaeology*, Delhi.
500.	Ramchandran, K.S.	1970	'Ancient Indian Maritime Ventures', *ICWTC,* 71-80.
501.		1984	'Dating of Indus Civilisation', *FIC*, App. I.
502.	Rao, S.R.	1962	'Further Excavations at Lothal', Lalit Kala, 11, 14-30.
503.		1963	'Excavations at Rangapur and other Explorations in Gujarat', *AI*, 18-19, 205-07.
504.		1964	'Contacts between Lothal and Susa', *ICO*, XXVI Session, New Delhi, Summaries of Papers, 10-11.
505.		1965	'Shipping and Maritime Trade of the Indus People', *Expedition*, 7, 3, 30-37.
506.		1980	Lohal–A Harappan Port town, Delhi.
507.		1980	'Indus Script and Language', ABORI, 61, 1-4, 131-35.
508.		1982	'New Light on the Urban Phase of the Indus Civilisation', *HC*, 353-59.
509.		1982	*The Decipherment of the Indus Script*, Bombay.
510.		1991	*Dawn and Devolution of the Indus civilisation*, Aditya Prakashan, New Delhi.
511.	Rapson, E.J.	1962	'The Aryans', *CHI*, Vol. I, Delhi, 58-68.
512.	Rawlinson, H.G.	1926	*Intercourse between India and the Western World*, Cambridge.
513.	Ray, Sudhadshu Kumar	1963	*Indus Script*, an Appeal to the Orientalists, Indian Institute of Egyptology, Memorandum No. 1, New Delhi, 1-16.
514.		1965	*Indus Script*, Memorandum No. 2, New Delhi.
515.		1965	'Research, Methodology and the Indus Script', *Shakti*, III, I, 31-33.
516.		1966	'Indus Script : Method of Study', *Anand K. Coomarswamy Memorial Lecture*, New Delhi.
517.	Raychaudhuri, H.	1950	Political History of Ancient India, Calcutta.
518.	Redman, C.L.	1978	*The Rise of Civilisation*, New York.
519.	Renou, L.	1971	*Vedic India,* tr. Philip Spratt, Varanasi.
520.	Riseley, H.H.	1902	*Tribes and Castes of Bengal*, Calcutta.

521. 1907 'Ethnology and Caste', *The Imp. Gaz. of India,* I, Census Report 1901.

522. Rishtya, S.Q. 1947 'Afghanistan from Geographical Point of View, *Afghanistan*, I, 13-18.

523. 1947 'The Rivers of Afghanistan', *Afghanistan*, 2, 8-14.

524. Rowney, H.B. 1882 *Wild Tribes of India,* London.

525. Roy. S.B. 1979 'Date of Mahabharat Battle, Astronomical Determinations', *Age of Mahabharat*, 222-32.

526. 1986 'The Beginnings of Indian Astronomy : 3102 B.C.', *Ritambhara*, V, 158-70.

527. Roy, T.N. 1964-65 'Stratigraphical Position of the Painted Grey Ware in the Ganetic Vailey', *Bharati*, 8, 2.

528. Saggs 1962 *The Greatness that was Babylon*, London.

529. Sankalia, H.D. 1962 *Indian Archaeology Today*, Bombay.

530. 1962 *Prehistory and Protohistory in India and Pakistan,* Bombay.

531. 1962 'From Food Collection to Urbanisation in India', *Indian Anthropology, Essays in memory of D.N. Majumdar*, Bombay, 66-104.

532. 1965 'Palaeolithic, Neolithic and Copper Ages', *The Vedic Age*, Bombay.

533. 1977 Prehistory of India, New Delhi.

534. Sankrityayan, Rahul 1964 *History of Central Asia*, New Delhi.

535. Santoni, M. 1984 'Sibri and the South Cemetery of Mehargarh, Third Millenium Connection between the Northern Kachi Plain (Pakistan) and Central Asia', *SAA*-1981, 52-60.

536. Sarkar, S.C. 1928 *Some Aspects of the Earliest Social History*, Oxford.

537. Sarkar, S.S. 1954 *The Aboriginal Races of India,* Calcutta.

538. 1958 'Race Movement and Races in India', *CHI*, I.

539. 1964 *Ancient Races of Baluchistan, Punjab and Sind,* Calcutta.

540. 1972 *Ancient Races of India*, Delhi.

541. Sastri, K.N. 1965 *New Light on Indus Civilisation.*

542. Saunder Rajan 1982 'Motivation for Early Indian Urbanisation : An Examination', HC, 69-75.

543. 1984 'Kacch Harappans : A Corridor of the Indus Phase', *FIC*, 211-17.

544. Sayce, A.H. 1930 'Relation between India and Babylonia in Early Times', *Dr. J.J. Modi Memo. Vol.,* Bombay, 559-64.

545. Schlaugh, Margaret 1949 *The Gift of Tongues,* London.

546. Schrader, O. 1972 *Prehistoric Antiquities of the Aryan People*, Delhi.

547. Sen, D.K. 1964-65 'Ancient Races of India and Pakistan–A Study of Method', *Ancient India*, 20-21, 178-205.

548. Sengupta 1928 *Some Aspects of Earliest Social History of India*, London.

549. Sethna, K.D. 1981 *Karpas in India*, New Delhi.

550. Shaffer, Jim G. 1982 'Harappan Culture : A Reconstruction', *HC*, 41-50.

551. 1984 'The Indo-aryan Invasions, Cultural Myth and Archaeological Reality', in John R. Lukacs (ed.) *The People of South Asia : The Biological Anthropology of India, Pakistan and Nepal*, New York, 77-90.

552. 1984a 'Bronze Age Iron from Afghanistan : Its Interpretation for South Asian Prehistory', *SAPSA*, 41-62.

553. 1988 'Reurbanisation : The Eastern Punjab and Beyond', *Studies in the History of Art*, Washington D.C.

554 1992 The Indus Valley, Baluchistan and Helmand Traditions : Neolithic through Bronze age', in Robert W. Erich,(ed.), *Chronologies in Old World Archaeology,* 3rd. rev. edn.,Chicago, London.

555 Shaffer, Jim G. and D.A.Litchenstien 1989 'Ethnicity and Change in the Indus Valley Cultural Tradition', in J.M.Kenoyer (ed.) Sumer to Meluhha, Wisconsin, 117-126.

556. 1993 'The Cultural Tradition and Palaeo-ethnicity', in George Erdosy (ed.), *Language, Material Culture and Ethnicity : The Indo-Aryan in Ancient South Asia*, Berlin.

557. Shankarananad 1943-44 *The Rigvedic Culture of the, Prehistoric Indus,* 2 Vols., Calcutta.

558. 1955 *The Indus People Speak*, Calcutta.

559. 1960-61 'What the Indus Seals Speak?', *PIHC*,23, 1.

560. 1962 *Hindu States of Sumeria, When India Ruled the West,* Calcutta.

561. 1963 *The Dictionary of Indian Hieroglyphs*, Calcutta.

562. 1965 *History of Mohenjodaro and Harappa, the Rigvedic Culture of the Prehistoric Indus* IV, I, Calcutta.

563.	Shankar Nath	1979-80	'Pre-Harappan Pottery from Distt. Saharanpur, U.P', *Puratatva*, 11, 122-23.
564.	Sharer, Robert	1982	'Did the Maya Collapse? A New World Perspective in the Demise of the Harappan Civilisation', *HC*, 367-83.
565.	Sharma, A.K.	1974	'Evidence of Horse from the Harappan Settlement of Surkotada', *Puratatva*, 7.
566.		1982	'The Harappan Cemetery at Kalibangan : A Study'. *HC*, 297-99.
567.	Sharma, G.R.	1979	'Mesoltithic Cultures in the Ganges Valley', *A Source Book of Archaeology,* Delhi.
568.	Sharma, R.S.	1974	'The Later Vedic Phase and the Painted Grey Ware', *PIHC*. Calcutta.
569.		1983	*Material Culture and Social Formations,* New Delhi.
570.		1993	'The Aryan Problem and the Horse', *Social Scientist*, 21. Nos. 7-8 July August.
571.	Sharma, Y.D.	1979-80	'Pre-Harappans in Punjab', *Puratatva*, 11, 32-38.
572.	Shastri, Suryakant	1950	*The Flood Legend in Sanskrit Literature,* Delhi.
573.	Sheard, J.A.	1954	*The Words We Use*, London.
574.	Shereen, Ratnagar	1981	*Encounters : The Westerly Trade of the Harappan Civilisation*, Delhi.
575.	Shendge, Malati	1981	*The Civilised Demons,* Delhi.
576.	Shrivastava, K.M.	1984	'The Myth of Aryan Invasion of Harappan Towns', *FIC*, 437-44.
577.	Singh, Bhagwan	1980-81	'Identification of Soma', *Puratatva*, 154-57.
578.		1995	*The Vedic Harappans*, Aditya Prakashan, 1995
579.	Singh, Fateh	1952	*The Vedic Etymology*, Kota.
580.	Singh, Gurdip	1979	'The Indus Valley Cultures seen in the Context of Palaeodacial Climate and Ecological Studies', *A Source Book of Archaeology*, Delhi.
581.	Singh, Ramcharitra	1961	'Homeland of the Aryans', *JBRS* 48, 1-4, 290-311.
582.	Sircar, D.C.	1960	*Studies in the Geography of Ancient India*, Delhi.
583.	Smith, Sidney	1931	'Sign List of Early Indus Script', *Mohenjodaro and Indus Civilisation,* II, 418-22.
584.	Sollas, W.J.	2nd Edn.	*The Age of the Earth and Other Geological Studies*, London.

585. Spate; O.H.K. 1964 *India and Pakistan, A General Regional Geography,* London.

586. Srinivas Raghavan 1979 'Date of the Mahabharat War', *Age of Mahabharat*, 210-215

587. Stewart, Colonel 1808 *Vidication of the Hindoo by a Bengal Officer,* London.

588. Stokes, E.T. 1961 'The Administrators and Historical writings of India', *Historians of India, Pakistan and Ceylon,* London.

589. Subbarao, Bendpudi 1958 *Personality of India*, Baroda.

590. Subbarayappa, B.Y. 1870 'India's Contribution to the History of Science', *ICWTC*, Delhi, 47-60.

591. Surajbhan 1968 'Dawn of Civilisation in Haryana', *Haryana Studies in History and Culture*, Kurukshetra, 1-5.

592. 1969 'Excavation at Mithathal (Hissar)', *JHS*. 1, 1-15.

593. Swarup, lakshman 1941 'Is the Indus Civilisation Aryan or Non Aryan?', *AIOC*, XI Session Summaries, 102-3.

594. Taddei, Maurizio 1970 *The Ancient Civilisation of India,* Tr. J. Hogarth, London.

595. Taraporewala, I.J.S. 1951 *The Chants of Zarathustra*, Bombay.

596. Thapar, B.K. 1970 'The Aryans : A Reappraisal of the Problem', *ICWTC*, 147-64.

597. 1973 'New Traits of the Indus Civilisation at Kalibangan : An Appraisal', *SAA*, 85-104.

598. 1975 'Kalibangan : A Harappan Metropolis beyond the Indus', *Expedition*, 17, 2, 19-32.

599. 1984 'Six Decades of Indus Studies', *FIC*, 1-26.

600. Thapar, Romila 1978 *Ancient Indian Social History*, New Delhi.

601. Thomas, Edward J. 1938 'Mohenjodaro and the Aryans', *IHQ*, XIV, 326-30.

602. Tilak, B.G. 1903 *The Arctic Home in the Veda*, Poona

603. Tosi, M 1973-74 'The Northern Eastern Frontier of the Ancient Near East', *Mesopotamia*, VIII-IX, 21-76.

604. 1979 'The Proto Urban Cultures of Eastern Iran and the Indus Civilisation', *SAA*-1977, 144-71.

605. Toynbe, Arnold 1951 *A Study of History*, Vol. I, London.

606. Turner, R.I. 1962 *Comparative Dictionary of Aryan Languages*, Oxford.

607. Varma, K.C. 1970 Some Western Indologists and Indian Civilisation, *ICWTC*, 165-80.

608. | 1979 | Age of Mahabharat War, Introduction.

609. | 1986 | *Ritambhara* (Ed.).

610. Vats, Madho Sarup | 1958 | 'Indus Valley Civilisation', *CHI*, I, 110-28.

611. Vedalankar, Jayachandra Narang | 1958 | 'Regional Structure of India in Relation to Langauge and History', *CHI*, 33-52.

612. Vij, Brij Bhushan | 1984 | 'Linear Standard in the Indus Civilisation', *FIC*, 153-64.

613. Vishnumitre | 1974 | 'Palaeobotanical Evidence in India', *Evolutionary Studies in World Crops, Diversity and Changes in the Indian Sub-continent*, ed. Hutchinson, Cambridge.

614. | 1975 | 'The Beginning of Agriculture', *Indian Express*, 19 Nov.

615. | 1978 | 'Origin and History of Agriculture in the Indian Sub-continent', *Journal of Human Evolution*, 7, 31-36.

616. | 1979 | 'Palaeobotanical Evidence in India', *A Source Book of India Archaeology*, Delhi.

617. | 1982 | 'Harappan Civilisation and the Need for a New Approach', *HC*, 34-39.

618. Volchok, B. Ya. | 1970 | Interpretation of Certain Proto India, Figures, *Proto Indica.*

619. Waddel, L.A. | 1925 | Indo Sumerian Seals Deciphered, London.

620. Wailes, Bernard | 1970 | 'The Origin of Settled Farming in Temperature Europe', *IE & IEs*, 279-305.

621. Wales, H.G., Quaritch. | 1957 | *Prehistory and Religion in South East Asia,* London.

622. Wardle, William Lansdel | 1959 | 'Deluge', *Encyclo. Brit.*, Vol. VII, 173-75.

623. Wasson, R.G. | 1968 | *Soma, Divine Mushroom of Immoratality*, New York.

624. Whatmough, Josua | 1956 | *Language : a Modern Synthesis,* London.

625. Wheeler, R.E.M. | 1947 | 'Harappa, 1946 : The Defence and the Cemetery R. 37', *Ancient India*, 3, 81-83.

626. | 1953 | *Civilisation of the Indus Valley and Beyond*, London.

627. | 1968 | *Early India and Pakistan*, London.

628. | 1969 | Review of the Birth of Indian Civilisation, by Allchin and Allchin, in *Antiquity*, 169, 72-73.

629. Wilson, H.H. | 1926 | *Rigveda Samhita*, 6 Vols., Poona.

630. Winternitz, M. | 1927 | *A History of Indian Literature*, Vol. I, Calcutta.

631. Wooley, (Sir) C. Leonard | 1928 | *The Sumerians*, Oxford.

632. | 1934 | *Ur Excavations II, Royal Cemetery,* London, Philadelphia.

633. 1958 *History Unearthed*, London.

634. 1907 *Emperial Gazeteer of India*, Vol. I, II.

635. Wright, H.E. (Jr.) 1968 'Climatic Change in Mycenean Greece', *Antiquity*, 42, 167, 123-27.

636. Zimmer, Henrich 1953 *Myths and Symbols in Indian Art and Civilisation,* New York.

अंग्रेज़ी ग्रन्थ-सूची में प्रयुक्त संकेत

ABORI	Annals of Bhandarkar Oriental Research Institute, Bombay.
Am Anth.	American anthropology.
CHI	Cambridge History of India, Delhi.
CHI	Cultural Heritage of India, Calcutta.
Ency Am.	Encyclopedia Americana.
Ency Brit,	Encyclopedia Britanica.
FIC	Frontiers of Indus Civilisation, Ed. B.B. Lal & S.P. Gupta, New Delhi.
HC	Harappa Civilisation, Ed. G.L. Possehl, Delhi etc.
ICO	International Congress of Orientalists.
ICWTC	India's Contribution to World Thought and Culture.
IE & IEs	Indo-European and Indo-Europeans.
IHQ	Indian Historical Quarterly, Calcutta,
Imp. Gaz.	Imperial Gazetteer.
IHRI	Indian Historical Research Institute, Bombay.
IWI	Illustrated Weekly of India, Bombay.
JAOS	Journal of American Oriental Studies
JAS	Journal of Asiatic Society, Calcutta.
JBRS	Journal of Bihar Research Society, Patna
JIH	Journal of Indian History, Trivandrum.
JOI	Journal of Oriental Institute, Baroda.
JRAS	Journal of Royal Asiatic Society of Great Britain and Ireland, London.
JTS	Journal to Tamil Studies.
PAPDI	Pre-Aryan and Pre-Dravidian in India, Ed. P.C. Bagchi, Calcutta.
PBA	Proceedings of British Academy, London.
PIHC	Proceedings of Indian History Congress.
QRHS	Quarterly Review of Historical Studies, Calcutta.
SAA	South Asian Archaeology.
SAPSA	Studies in the Archaeology and Palaeoanthropology of South Asia, Ed. Kennedy & Possehl.
SBES	Sacred Books of East Series, Gen. Ed. F. Max Muller.

शब्दानुक्रमणी

आ

घ

च

छ

प

य

र

ल

व

ह